谨以此书献给

中国共产党广东省第十一次代表大会

谨以此书献给

中国共产党广东省第十一次代表大会

跨越

广东 2007～2012

南方日报社 编

南方日報出版社
NANFANG DAILY PRESS

图书在版编目（CIP）数据

跨越：广东2007～2012 / 南方日报社编. — 广州：南方日报出版社，2012.5
ISBN 978-7-5491-0558-8

Ⅰ. ①跨… Ⅱ. ①南… Ⅲ. ①区域经济发展－研究－广东省－2007～2012 Ⅳ. ①F127.65

中国版本图书馆CIP数据核字(2012)第064576号

跨越——广东2007～2012　　南方日报社 编

出版发行：南方日报出版社
地　　址：广州市广州大道中289号
电　　话：（020）83000502
经　　销：全国新华书店
印　　刷：广州市岭美彩印有限公司
开　　本：787mm×1092mm　1/16
印　　张：23.25
字　　数：480千字
印　　数：1～4000册
版　　次：2012年5月第1版
印　　次：2012年5月第1次印刷
定　　价：88.00元

投稿热线：（020）83000503　读者热线：（020）83000502
网址：http://nf.nfdaily.cn/press/
发现印装质量问题，影响阅读，请与承印厂联系调换

《跨越——广东2007～2012》编委会

目录

叁 四海探粤

探路十题

序

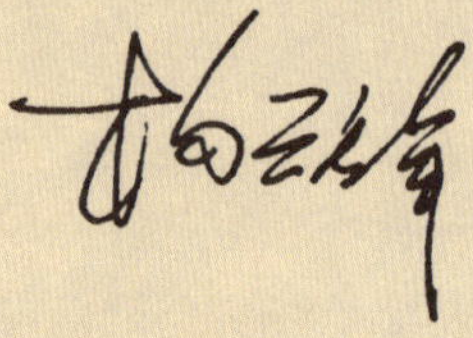

又是一个五年，一个不平凡的五年，仿佛弹指一挥间，但蓦然回首，南粤五年巨变，让身处其中的每个人，都感到无比自豪。这五年，广东实现了非同一般的大跨越，由改革开放的排头兵，走上了加快转型升级、建设幸福广东的康庄大道，成为推动科学发展、促进社会和谐的排头兵。

自2009年起，胡锦涛总书记连续三年到广东考察，对这片他提出了科学发展观重要思想的热土，殷殷寄望，加油鼓劲。2009年，总书记要求广东进一步解放思想、开拓创新、真抓实干，“努力当好推动科学发展、促进社会和谐的排头兵，在改革开放和社会主义现代化建设中取得新进展、实现新突破、迈上新台阶”。2010年，他寄望广东，“在新的起点上继续解放思想、坚持改革开放、奋力攻坚克难，着力加快经济发展方式转变，着力加强社会主义精神文明建设，着力完善社会服务和管理，努力当好推动科学发展、促进社会和谐的排头兵，在夺取全面建设小康社会新胜利、开创中国特色社会主义事业新局面的征程上再立新功”。2011年，总书记明确提出，广东要“立足新起点，把握新趋势，建立新机制，增创新优势，进一步加快转变经济发展方式，进一步深化改革开放，进一步推进以改善民生为重点的社会建设，进一步提高党的建设科学化水平，切实当好推动科学发展、促进社会和谐的排头兵，朝着率先全面建成小康社会的目标奋勇前进”。三次考察，总书记都提出广东要“当好推动科学发展、促进社会和谐的排头兵”，为广东确立了新的发展目标，明确了新的历史使命，成为广东实现大跨越源源不断的动力源泉。

2007年，广东吹响了“继续解放思想，推动科学发展”的号角。在发展的十字路口，广东毅然决然放弃原有重数量的粗放发展方式，斩断了一部分人过安稳日子的念头，直面发展中出现的问题，转向重质量、重民生、重可持续性的科学发展道路。虽然痛苦，但广东还是迈出了艰难而充满希望的一步，争当科学发展的先锋，为全国探索科学发展的新路子，积累新经验。

统一了思想，清楚了路径，广东大刀阔斧地进行了经济和社会发展的转型升级。从珠三角的“腾笼换鸟”到粤东西北的“双转移”，从提升高新区和经济技术开发区到加快推进产业转移园，从“广货全国行”到“整装”引进央企民企外企，广东产业转型升级节节突破。这是一次长征式战略转移，痛苦加艰苦，步步荆棘，但广东坚持了下来，为未来发展抢占了有利的战略制高点。

让发展的成果惠及全体人民，让发展的成果变成百姓实实在在的幸福感，“幸福”成为广东五年变化的又一个关键词。有了“幸福”支点，广东大胆先行先试，扎实探索，大力推进一系列改革创新，在社会管理创新上走在全国前面。大部制改革、财政资金竞争性分配、粤港澳一体化安排、厅局级干部公推比选……要么率先启动，要么全国领先，广东重新以改革之初“杀出一条血路”的勇气和锐气，为幸福广东建设铺下一块块基石。改革先锋，广东当之无愧。

加快转型升级，建设幸福广东，五年大跨越，南方日报是记录者、参与者和推动者，紧贴着省委、省政府的每一次战略行动鼓与呼，猛追着全省的每一次改革传与达，熨帖着百姓的每一点感受纾与引。五年时间，《南方日报》先后进行了三次改版，确立了“科学发展立报、改革开放立报、解放思想立报”的报魂，与科学发展的广东一起脉动，实现了办报理念和水平的又一次跨越。

为了迎接省第十一次党代会，按照省委领导要求和省委宣传部部署，南方日报精心策划了系列报道活动，自2012年3月底以来，先后推出“走读广东”、“四海探粤”、“探路十题”等大型系列报道，策划了“跨越——风起南方”网络论坛、广东治理创新奖评选，举办了“跨越——幸福广东”摄影大赛展览和“我看这五年”征文，推出了184版“幸福广东”特刊。凝其精华，汇成《跨越》一书，力图全过程全方位再现五载辉煌，铭记过去，展望未来。

为南粤亿万人民的幸福矢志不移谋发展，为全国的经济社会转型升级、科学发展探新路，为中华民族伟大复兴、中国和平崛起当先锋，广东在路上，南方日报在路上。

是为序。

中国道路，广东实践。

在2007—2012年这极不平凡的五年中，广东再次杀出一条血路，实现了一次精彩跨越。

当好推动科学发展、促进社会和谐的排头兵！广东的底气源于中央赋予的新使命，也源于艰辛的奋斗。时间浓缩了成就，也叠加了矛盾。在这五年里，广东经受了国际金融危机的严重冲击，经受住了经济社会转型发展时期矛盾凸显的考验。从解放思想到转型升级，再到深化行政体制改革、社会领域改革和幸福广东建设，围绕深入贯彻科学发展观，广东经历了一番脱胎再造。

站在新的历史起点上，“试点、总结、推广”，这一改革开放、科学发展的三部曲将继续唱响南粤。

壹 南方宏論

1

解放思想　永无止境

中国共产党广东省第十一次代表大会隆重开幕了！

此时的广东，正处在新的历史节点上。伴随着五年的思想大解放、改革大发展，广东沿着科学发展道路、沿着党的基本路线，在政治、经济、文化和社会各个领域既承续既往成就，又大兴改革，励精图治，一个逐步完善的社会主义市场经济体系日益呈现在南粤大地。改革开放呈现了新景象，党的建设事业呈现了新气象。都说岭南春来早，而今春天格外美。

追忆往昔，有过激昂，有过曲折，但更多的是成熟、理性和为改革拼搏向前的满腔热血。自1978年党的十一届三中全会以来，广东就一直是改革的沃土，是思想解放的前沿，是引领中国现代化事业不断向前的引擎，是中国特色社会主义的排头兵。五年来的广东，正是秉持着这样的精神和气度，不懈怠，不踯躅，反躬自省，怀抱理想，在“当好推动科学发展、促进社会和谐的排头兵”的新征程中昂首阔步。

一

五年来，广东经历了思想大解放的热潮涌动，科学发展终成共识。

遥想五年前，历经26年的高速增长，广东经济总量已经超越“亚洲四小龙”中的新加坡、香港和台湾，追“龙”战略取得阶段性成果，进入了黄金发展期。但是，同时广东也进入了矛盾凸显期。传统经济发展模式的弊端给广东造成了巨大压力：既有资源、能源、环境的压力，也有各种社会矛盾和人口的压力，还有区域发展失衡、城乡二元结构等种种压力。

这些压力不仅广东有，全国也有，只不过广东发展领先，遭遇压力也最先。如何解决传统发展模式带来的一系列压力，既是中国改革之命题，亦是敢为天下先的广东之义务。

看得准问题，也要开得准药方。

2007年12月始，面对长期以来传统发展模式下形成的思想观念和体制机制，省委十届二次全会开启了轰轰烈烈的解放思想大讨论。如果说，改革开放以来我们先后经历了针对“两个凡是”、针对“姓社姓资”之争的两次思想解放，那么，这一次针对的则是阻碍科学发展的体制、机制和理念。这场大讨论在全国引起巨大反响，广东也正是通过解放思想，深刻审视所处环境的变化，深刻分析优势与不足，深刻反思精神状态，逐渐把思想从不适应、不利于科学发展的认识中解放出来，逐步使全省形成科学发展的共识。

思想先行，谋定而动。有了共识，新时期的改革才能够按照省委十届三次全会的部署，从片面追求总量和速度的观念、从单一的经济价值取向、从“重物轻人”的观念以及从先富帮后富责任意识不强的被动状态等之中解放出来。在改革歧见显现、各种利益纠葛的时候，凝聚改革共识尤为重要。否则，改革会被曲意逢迎，阳奉阴违，会纷争不断，甚至暗箭难防。

从这个新的前奏开始，广东五年间的解放思想从未中止，改革开放从未停歇。从产业转型升级到降低社会组织登记门槛，从顺德大部制改革到正确处理“乌坎事件”，从湛江医保改革到惠州基本公共服务均等化改革，从“三打两建”到简化商事注册程序，无论是省里的改革措施，还是各地的改革试验，抑或处理突发事件的表现，都表明思想解放的意识已经深入到广东广大干部的观念之中。

以解放思想来凝聚科学发展之共识，并以此推动深层次改革开放，广东可谓先人一步。

二

解放思想，说易行难。

之所以要解放思想，关键是要推动改革，尤其是涉及体制机制调整的改革，这些改革无一不触及旧有体制机制，触碰既得利益格局。既得利益格局不仅包括以传统发展模式为基础的旧有经济结构格局、以GDP为导向的政绩评价格局，也包括以部门利益为表征的行政审批格局等等。五年前，中共中央政治局委员、广东省委书记汪洋表示要以改革开放初期“杀出一条血路”的气魄，在实践科学发展观上继续闯出一条新路。那时，广东面临着思想精神领域的“三重门”：官员求稳怕变，企业小富即安，改革动力失却。长此以往，广东势必错失经济结构调整的大好机遇，错失科学发展的大好前程，而传统发展模式的积弊、传统体制机制的窠臼将日益加深，乃至积重难返。把责任推给先行者，把矛盾抛给后来者，这都不是广东的作风。

广东的作风，就是踏踏实实搞改革，触碰矛盾动真格。

五年来，发生了许多故事，但改革常常是积小胜为大胜，积跬步以至千里。2008年5月，省委、省政府联合出台关于推进产业转移和劳动力转移的决定，即“双转移”决策。产业转移在此后又升格为“产业转型升级”，这一转移、转型虽不免经历转型之痛苦，但结构调整先行一步，传统发展模式先退一步，科学发展模式先进一步，我们不仅安然渡过国际金融危机带来的风暴，而且化危为机，落后产能逐步淘汰，先进产能日益扩张，劳动力素质大幅提高。退进之间，广东大变。

广东只有求变方能图存。这个“存”不是生存的“存”，而是排头兵地位之“存”。胡锦涛总书记和党中央要求广东当好推动科学发展、促进社会和谐的排头兵，这殷殷嘱托是希望广东通过改革成绩再度引领中国改革向前行，促使中国改革事业成功迈过深水区。长期以来，我们一直是改革开放的前沿，但是，今天广东是否还拥有这种地位，要靠改革业绩来说话，靠改革影响来体现。尤其是在我国全方位、多层次开放的背景下，一些地方正通过大力改革促使后发劣势变成后发优势。有内地官员甚至慨叹，已经多年不到广东学习改革经验了。

广东如若不变，改革必然“沉没”。变则通，通则达。但是靠什么变，如何变？广东在思考，中央也在思考。2008年12月，国务院颁布《珠江三角洲地区改革发展规划纲要（2008—2020年）》，珠三角区域的改革发展被提升至国家层面，这意味着广东再度拿到了先行先试的“尚方宝剑”。省委十届四次全会指出，中央此举实质上确立了珠三角在全国经济布局中作为探索科学发展模式试验区、深化改革先行区、扩大开放的重要国际门户、世界先进制造业和现代服务业基地以及全国重要的经济中心这五大战略定位。珠三角必须用好《规划纲要》这柄“尚方宝剑”，以率先解决系列改革难题为突破口，为中国全局改革提供经验，才能够把改革机遇转变为改革优势，才能够完成中央交付的改革重托。

“变”的过程是痛苦的。2008年和2009年，因国际金融危机的爆发，世界经济格局剧烈调整，尤其是广东长期以来存在外源型经济模式，一些“三来一补”产业、核心技术较落后产业遭遇倒闭风波。一时间，社会上出现了对产业结构调整和“腾笼换鸟”的质疑、责问。但是广东并没有动摇决心，省委十届五次全会鲜明地指出国际金融危机是“传统发展模式之‘危’，科学发展模式之‘机’”，明确要求转变作风抓好“三促进一保持”工作落实，把握和处理好传统产业与现代产业、就地转型和异地转型等五大关系。省委十届六次全会则以“转变经济发展方式”为核心，要求“坚定不移调结构，脚踏实地促转变”。事实证明，广东充分利用好了两大优势：一是《规划纲要》所带来的政策优势，二是国际金融危机所带来的产业环境调整的市场倒逼优势。两大优势加上广东自身的改革优势，实现了产业结构先调整、传统产业先转型、创新发展先促进，从而稳步抗击了国际金融危机所带来的利差，化危为机。与此同时，全省各地大力引进大项目，以大项目的带动作用实现赶超进位、后来居上，不仅富市县、富财政，而且富乡镇、富民众，也以这些先进产业“扶”了产业结构调整。

通过结构调整、自主创新、扩大内需、改革开放、惠及民生这五大基本点，广东全省经济从2009年4月起逐步走出低谷。尤其是经产业结构调整，第三产业增加值增长11.6%，成为经济增长的首要推动力，贡献率达52.3%。从解放思想而至科学发展之共识，由科学发展共识而至产业转型升级，步步为营，布局占优，广东遂以先手而得“棋局”胜算。

这盘棋，还在下。

三

广东之变，既是物质之变，也是精神之变、气质之变。

思想解放，本身就是文化的解放。党的十七届六中全会强调，要把建设社会主义核心价值体系作为推动文化大发展大繁荣的根本任务。社会主义核心价值体系包括诸多方面，但无论是哪一方面，其精髓离不开一个“人”字：以人为本。只有以人为本，人民群众的最根本利益才能够被代表好，全心全意为人民服务的根本宗旨才能够被实践好，时代大变局中的航向才能够始终被掌控好，中国特色社会主义事业才能够被发展好。

不同时期的人面临着不同的外在环境，不同的时代也要求不同的精神气度。文化是民族之魂，是立足之根，缺乏好的尤其是适应社会发展需求的文化引领，不仅经济发展可能走弯路，走倒退的路，社会发展也可能遭遇种种观念危机。广东的核心价值观主要是什么？一是30年来各项事业发展的精魂——“解放思想”和“改革开放”，这是广东立足之本，须臾不可偏离；二是科学发展，这是广东转型之本，更是未来前进的方向；三是省委十届九次会议提出的“我为人人幸福、人人为我幸福”的幸福核心价值观。但无论解放思想也好，改革开放也好，科学发展也好，还是幸福核心价值观，都离不开“人”这个主体，都需要“人”的参与，并落实到“人”的思想和实践中，最终享受到因人的前进、发展和安康所带来的幸福感。

近年来中国社会阶层分层化日益明显，各阶层之间利益不尽一致，各类文化交汇，纷繁复杂，良莠不齐。若无优秀文化立足，则人们之精神世界难免花果飘零，价值观难免混乱，而当社会整体性道德滑坡之时，便如打开了潘多拉的魔盒。

从文化大省到文化强省，这是省委十届七次全会的关键词，广东在文化建设方面对自身提出了新要求。文化强则人强，人强方是根本之强，是长久之强。这与转变经济发展方式又是一脉相承的。一些人把转变经济发展方式限定在经济领域，结果人的思想未转型，人的素养未升级，所谓经济发展方式的转变今年提、明年提，从20世纪80年代开始提起，提了几十年，转变还在途中。因此，转型升级的关键是人的升级，是文化的升级。

人的升级，又主要是劳动力的升级。五年来的广东也是人口素质全方位、多层次升级的过程。以“双转移”为例，自2008年始，广东实施了“普惠制培训政策”，让公共财政的阳光普照到农村的一家一户，在全国率先创造性地实施“一户一技能”计划，按照1400元/人的补贴标准专项用于农村劳动力技能培训转移就业。劳动力素质的提升，决定了区域竞争力的提升。2011年5月，由团省委和北大等联合主办的“圆梦计划·北大100”在广州开班，来自广东各地企业的100名农民工在主办方的全额资助下，攻读北大学位。从农民工到北大学生，原本横亘着天堑，而今变成通途，让人生的路越走越宽阔。

希望，就在前方。

当然，文化建设不仅仅是提升人的素养，还有文化产业的发展。中华民族要真正屹立于世界民族之林，既要在经济上崛起，也要在文化上乃至文明上崛起，让中华文明能够在世界文明版图上展现魅力，能够为人类文明的发展作出中国贡献。广东下大力气发展文化产业，目的正在于让中华文化一方面承续五千年文明之精粹，一方面开创当下文明之价值，使得社会主义核心价值观日益饱满，将“人”这个字越写越大。

有了文化支撑，有人的屹立，解放思想才有底气，才能延续。

四

贫穷不是社会主义，道德败坏、纲纪失常、丛林规则横生，更不是社会主义。社会主义的本质就是要让人民幸福。幸福，既要物质的安康，也要精神的富足。

省委十届八次全会明确，广东“十二五”发展核心就是要“加快转型升级，建设幸福广东”。这个一时成为海内外讨论热点的新提法，显然取决于两个基本判断：一个是“广东已全面进入经济社会发展转型期，传统发展模式难以为继”，再一个是“追求体面、尊严和高质量生活已成为全社会的强烈呼声和价值追求”。从此，广东开始了建设“幸福广东”的伟大征程。既然发展的目的是为了人民群众的幸福，那么相应的“唯GDP论”必然放弃，老百姓的幸福感终于取代干巴巴的GDP数据成为经济社会发展的指挥棒。只有让群众感到幸福，发展才是可持续的，群众才会去拥护我们的发展，才会和我们一起去谋发展。时隔一年多之后的省委十届十一次全会，再次强调抓紧落实加快转型升级、建设幸福广东这一核心任务，剑指部分干部认识不清、转变不足等弊病，要求广大干部不折腾、不懈怠、心无旁骛，全力以赴做好经济社会发展各项工作。两次全会先后以“加快转型升级，建设幸福广东”为主题，足见“幸福”社会主义已经在广东生根发芽，成为广东各项事业发展的风向标和评价标准。

幸福不是空气，不是空头支票，只有通过实实在在的，看得见、摸得着的公共品，幸福才能落地。幸福公共品要落地，社会建设是必由之路。

在汪洋书记眼里，社会建设与幸福广东相伴相生，与民生福祉如影相随，是一对“孪生姐妹”。省委十届九次全会以社会建设为题，破解长期以来的社会管理难题，要求大力推动社会管理体制改革，降低社会组织登记门槛，让越来越多的社会组织参与到社会管理中来。对于习惯了一切由政府来直管的人来说，这无异于石破天惊。事实上，经济建设“腿长”与社会建设“腿短”的弊端长期存在，相当一部分人认为社会建设是花钱的，而经济建设是挣钱的，因此要挣大钱，花小钱，少花钱。对此，汪洋书记直言不讳：不搞“花钱”社会建设，难搞“挣钱”经济建设！因为如果社会矛盾和群众的社会诉求得不到有效解决，社会就会出问题，不做一些花钱的事，挣钱的事也干不下去！

应当看到，改革开放的一大功绩就是社会的崛起。此前，政府是全能政府，包管一切，包打天下。改革开放以后，伴随着市场经济的逐步发育，“国家—社会—人民”的治理结构逐渐形成。这就对政府和社会分别提出了要求。对于政府来说，应实现治道变革，在权力上从全能政府过渡到有限政府，在职能上从经济建设型过渡到公共服务型；对于社会来说，则应通过社会组织的发展来承接政府职能的转移，避免出现公共服务品的真空地带，并力争带来更好的社会服务品。

广东省社会工作委员会的成立，便是广东依靠专门管理机构提供社会服务品的尝试。广东首先在省级层面设立了社会工作委员会，其后，市县两级也逐步设立了社工委，专司破解社会建设难题，促进社会建设事业。实际上，早在2008年，按照省委部署，珠海就开始借鉴香港社会管理的先进经验，在推进社会管理体制改革方面先行先试。2009年，深圳民政部门主动为遭遇身份注册难问题的壹基金提供了注册登记，成为社会组织放开注册门槛的“先声”。2010年东莞“坤叔”的“千分一公益服务中心”注册难问题发生后，广东展开了一场对社会组织管理体制的大讨论，并开始在全国率先实质性放开社会组织登记。

多年来，“小政府、大社会”的提法屡见不鲜，在理论界叫得响当当，一旦触及现实却徘徊不前，有的甚至反其道而行之，进一步拓宽行政管辖范围，增强部门利益，出现了“大政府、小社会”。二者很容易走极端。基于此，广东提出了“小政府、强政府”和“大社会、好社会”的理念，以破解政府与社会关系的迷局。

让政府的归政府，让社会的归社会，再加上让市场的归市场，厘清位置，各自有序，幸福才是稳固的、可靠的。

五

让市场的归市场，这是市场经济发展的常识，但常识一旦遭遇利益阻挠，其"落地"也注定是艰难的、不畅的。使市场成为资源配置的基础性力量，就必然令行政力量更少地干预资源配置。

这其中涉及到纷繁复杂的利益格局。

以转变经济发展方式为灵魂的广东改革，是一项超越单纯经济概念的综合改革，是面向社会主义市场经济前进方向的改革。在2012年3月召开的全省市县党政主要领导集中培训班集中交流会上，汪洋书记直截了当地提出要坚持这一方向，要完善社会主义市场经济体制。

为什么如此？因为若不完善，则经济转型无法治保障，人民生活无分配保障，市场经济的方向就有可能被逆转，改革开放就有可能被异化，经济转型也就难以成功。那么如何完善？这就需要按市场规律办，让政府这只"手"和市场这只"手"都要按规律"伸手"，不能为了利益什么手都敢伸。政府这只"手"原本应当是"看不见"的，但很多时候这只"手"又是"看得见"的，诸如土地财政、垄断企业等诸种问题上都能够看得见。改革就应当让政府的"手"从"看得见"回归"看不见"，退出市场经济的具体竞争格局中，只当裁判员、协调员、引导员，绝对不当运动员。

当一个好的裁判员并不容易。例如在企业注册问题上，部分行政部门插手其中，个个都掌握企业的生杀予夺大权，复杂的审批程序导致企业注册走正常渠道十分艰难。因为每一项行政审批权的背后都是利益，都是可以"吹黑哨"的寻租空间。要化解这些长期以来因经济体制改革、行政管理体制改革不到位而造成的利益格局，避免"吹黑哨"，也为了保护我们的官员不至因"吹黑哨"而犯错误，就必然要求政府"革自己的命"。前不久，以顺德、惠州为代表的珠三角城市率先出台一系列简化企业注册方法，在全国率先放权，革了自己的命，走出了完善社会主义市场经济体制的重要一步。

企业注册难的背后是行政审批制度。简化企业注册程序不过是改革行政审批制度的一个突破口。前面还有大大小小的"山"需要搬。搬动这些山，仍然需要勇气，需要智慧，需要思想的解放，需要冲破既得利益格局的阻挠。但是，我们毕竟大胆走出了这一步。一方面，限制权力，约束权力，排除特殊利益的干扰；一方面，严厉打击影响市场竞争的不正当力量尤其是黑恶力量，还市场经济一个风清气正，还人民一个对合法劳动、合法经营而带来的利益预期、幸福预期，广东可谓用心良苦。

一个干干净净的社会主义市场经济，一个按政治规律办事、按经济规律办事、按社会发展规律办事的社会，才是改革的航向所在，才是一个幸福社会。

从政府治道变革到社会管理体制改革，从经济改革到文化改革，五年的时间里，以完善社会主义市场经济体系为基础的广东改革的四轮驱动扎实有力，转变经济发展方式取得了革命性变化，一条深刻阐释符合科学发展规律性要求的新路径正在我们面前展现。

解放思想，永无止境！

（岳音）

2

★2011年8月14日下午，中共中央总书记胡锦涛在中共中央政治局委员、广东省委书记汪洋的陪同下视察广州番禺节能科技园。

科学发展 闯出一条新路径

“广东不仅是发展中国家的风向标，还正在成为世界经济的中心。”著名企业战略家罗伯特·劳伦斯·库恩在接受《南方日报》专访时这样评价广东5年来的蜕变。

几年前，库恩来到这个中国第一经济大省时，一场由金融危机导致的全球经济寒流正在逐渐蔓延，并使广东面临巨大的压力，也对“中国模式”构成巨大挑战。

“‘中国特色’到了关键时刻！”《联合早报》如是评论。

2007年底，在改革开放30周年之际，广东省委召开十届二次全会。中共中央政治局委员、省委书记汪洋甫一履任即要求：开展解放思想学习讨论活动，深化体制改革，努力在实践科学发展观上闯出一条新路。

在2012年省“两会”上，省长朱小丹宣布，广东实现了“十二五”时期良好开局。2011年，广东全省生产总值已达5.3万亿元，成为中国首个GDP突破5万亿元的省份。

2010年5月在《探索广东特色之路》一文中，汪洋强调，利益结构调整不容易，“自我否定”不容易，探索新路不容易。

解放思想潮涌南方

“亲爱的爸爸妈妈，这个地方比我们从外面看到的有趣得多……这真是一台大戏。我迫切期待来年夏天再到这里来。”2008年8月底，当美国《纽约时报》专栏作家托马斯·弗里德曼与汪洋书记会见后，给父母亲寄出这样一张明信片。此时，广东的GDP已经超过3万亿元，“亚洲四小龙”已超其三，实现小平同志的“追龙”嘱托又进一步。

然而，广东省委此时却决定打破“唯GDP论”的传统思维。2007年12月25日，省委十届二次全会吹响继续解放思想的号角，要求以改革创新铸魂，争当实践科学发展观的排头兵，引来世界瞩目。

在解放思想的热潮涌动之时，作为中国经济的外向依存度最高的省份，广东正感到国际金融危机的阵阵寒意。广东要如何“危中寻机”转变经济发展方式率先突围？

2008年11月，汪洋在湛江调研时强调，政府不能去干市场经济不允许干的事情，不能救落后生产力！在学习实践活动中，他又强调要把“三促进一保持”，即促进提高自主创新能力、促进传统产业转型升级、促进建设现代产业体系、保持经济平稳较快增长，作为我省当前经济工作的首要任务；坚决避免把“一保持”与“三促进”对立起来。

“着力提高经济发展质量和国际竞争力，这是我省要补的最大‘短板’！”2008年3月，省委专门召开常委扩大会议，集中务虚、解放思想，时任省长黄华华直指广东发展“短板”，要求在实践中大胆探索、勇于试验。

对这些，《星岛日报》、德国之声、BBC等相继发文评论：“这将让世界再一次驻足惊叹！”

挑战步步逼近。2008年上半年香港中华厂商联合会进行的一项调查显示，广东正经历企业倒闭潮，珠三角20%的受访港商计划关闭！

“2007年底，虎门一个镇就走了200家企业。2008年比2007年更严重！”东莞市虎门镇一位工作人员回忆道。

“扩大就业须善待中小企业！”2008年12月某中央媒体发表评论文章，迅速被外媒解读为批评广东的“双转移”和“腾笼换鸟”政策。

香一年，臭一年，香香臭臭又一年。改革开放30多年，每当广东先行一步，就往往要直面这样的争论。

“广东改革开放30年，走的是自己的路，让别人议论去吧。现在仍然是这样，走我们自己的路，科学发展的路，让别人议论去吧。”汪洋回应强调，不管别人怎么说，“双转移”要坚决，“腾笼换鸟”要坚决。

广东在行动。省委领导牵头12大专题调研，各地市、各部门主要领导沉下基层调研；出台《关于推进产业转移和劳动力转移的决定》，全面吹响“双转移”号角；发布省委《关于争当实践科学发展观排头兵的决定》，形成“八个必须、八个解放出来”的共识，着手解决一批影响和制约科学发展的突出问题……

“那时，谁也不知终点在哪儿，世界大部分地区的人们陷入无限的绝望和恐慌。而广东省主政者临危不乱的理智和卓见，让我印象非常深刻。”库恩回忆说。

“硬仗”中的“硬仗”

“我们做了20多年‘乌合之众’，现在终于有了‘名分’！”2011年12月1日，东莞坤叔助学团队的“千分一公益服务中心”正式挂牌。

从2005年起，坤叔助学团队按照相关规定要求，曾陆续向不少单位找“管家”，但他们的答复几乎如出一辙：我们管不着你。

2011年初，省委十届九次全会吹响了社会管理创新的号角，广东率先推进的民间社会组织管理改革解了坤叔的这个心病。现在，坤叔助学团队具备了在“公益”领域的平等参与、竞争的权利。

“东西南北中，发财到广东！”30多年前，广东先行先试，从计划经济的母体中“杀出一条血路”，由市场经济所产生的规则公平、机会均等，催生了令无数“孔雀东南飞”的“广东梦”。

时间浓缩了成就，也叠加了矛盾。作为改革开放的先行地，广东社会矛盾早发、多发、易发。

如果说经济结构的调整与转型升级是广东科学发展必须打赢的一场硬仗，那么包括积分入户在内的行政体制改革、社会管理创新，是广东在加快转型升级这场“硬仗”中的“硬仗”。

“我们要求企业转型升级，首先是我们机关的服务要转型升级；我们要求企业提高自主创新能力，首先是各部门要提高服务企业的工作创新能力；我们要建设现代产业体系，首先

★2011年10月14日下午，中共中央政治局常委、国务院总理温家宝在中共中央政治局委员、广东省委书记汪洋的陪同下视察广州市大阳摩托车有限公司，细心地询问一线产业工人的生产生活情况。

要建设现代服务型政府。”2008年11月，在全省转型升级的紧密鼓点中，汪洋直指这场硬仗的中心任务所在。

“我们是真改革还是假改革，是口头上说改革还是实际上促改革，对政府是个大的考验。”在2012年的全国“两会”上，广东省委副书记、省长朱小丹强调，当前改革最大的阻力是既得利益格局，政府自身改革的最大阻力来自于政府自身。

近年来，广东几乎年年召开经济体制改革和行政管理体制改革工作会议，每次会议均冠以“深化”二字。2012年上半年，省政府将出台政府职能转移目录，向下级放权，向社会放权，向市场放权，推动全省行政审批制度改革。

“梦工场”的新使命

我们正处于新旧发展模式交替的“十字路口”。

“保证转型升级成功才是战略成功！”在2012年初召开的省委十届十一次全会上，在听取省委常委会工作报告时，人们发现，汪洋书记只字未提GDP，尽管此时广东已经成为全国首个GDP突破5万亿元的省份。

中央“十二五”规划把经济增长率从“十一五”规划的7.5%下调至7%，而广东是率先弱化经济增长指标的省份。

“科学发展，先行先试。”4年前，在纪念改革开放30周年的特殊日子——2008年12月17日，国务院审议通过《珠江三角洲地区改革发展规划纲要（2008—2020年）》，赋予了广东新时期改革的“尚方宝剑”。

就在这同一天，广东公布了《关于经济特区和沿海开放城市继续深化改革开放率先实现科学发展的决定》，广东承担新使命的勇气与决心一览无遗。

30年前，中央给了广东八个字——“特殊政策，灵活措施”，广东为中国改革开放“杀出了一条血路”。30年后，《规划纲要》则将广东首先定位为“探索科学发展的试验区”、“深化改革的先行区”。

在近几年来国务院审议通过的区域发展规划文件或区域发展指导意见中，冠以“改革”二字的唯有《规划纲要》。这份文件关于试验区、先行区、示范区、中心、基地等的提法共有150处。

广东，这片中国改革的试验田，又成为中国科学发展的“梦工场”：

在经济层面，2008年5月，出台《关于推进产业转移和劳动力转移的决定》，在全国首创实施“双转移”的战略决策；2008年10月，确定云浮为我省农村改革发展试验区，2012年1月再上升为全国农村改革的试验区，肩负起为全国农村综合改革探路的重任；2009年6月，启动“双到扶贫”，向“穷广东”宣战，以精确的靶向疗法点亮贫困地区幸福之光。

在民主法治层面，2010年开始试行《中共广东省委政治协商规程》，一年后这部全国首个省级政治协商规程正式实施，实现了政治协商的“硬约束”；2011年，贯彻实施《法治广东建设五年规划》，为新一轮科学发展提供强大的法治保障。

在选人用人层面，干部考核抛弃“唯GDP论”，2008年6月出台中国首个科学发展指挥棒——《广东省市厅级党政领导班子和领导干部落实科学发展观评价指标体系及考核评价试行办法》。

在体制改革层面，2009年，广东先后在深圳、顺德力推大部制改革，打造与市场经济相适应的行政体制。推行富县强镇、简政强镇事权改革，从2011年起调整省与市县的四税分成比例，增强省级财力集中，加大对欠发达地区的财政转移支付力度，促进基本公共服务均等化和主体功能区建设。

在社会管理层面，2011年7月，省委、省政府出台《关于加强社会建设的决定》，推进社会管理创新，探索取消“镇官”GDP考核，为镇街松绑。

…………

面对科学发展这一当代中国的宏大命题，广东从解放思想到转型升级，再到深化行政体制改革、社会领域改革和幸福广东建设，经历了从思想到行动、从经济到社会、从重点突破到系统构建的不凡历程。

“广东改革的意义正在于它是否有真正的创新，为中国的未来探路。”新加坡国立大学东亚研究所所长郑永年如是点评。

（周志坤）

3

★2010年1月13日，中共中央政治局委员、广东省委书记汪洋，时任省长黄华华考察佛山禅城（清新）产业转移园。

转型升级　开辟一片新天地

一栋楼的税收超过一座大型工厂！深圳福田区招商大厦2011年纳税额达73.7亿元，相当于内地一个中等城市全年的总税收。这样的税收“亿元楼”，2011年福田全区就有63栋，纳税总额407.36亿元，占全区总税收的六成多。根据相关统计，深圳福田区地均生产总值为23.3亿元/平方公里，是全市平均水平的4.9倍，高效集约的总部经济由此可见一斑。

“亿元楼”从一个角度折射出广东这几年来艰辛推进转型升级所取得的巨大成效，经济发展方式正从高投入、高消耗、低产出的粗放型发展向低投入、低消耗、高附加值的集约型发展转变，为广东科学发展开辟了一片新天地。

在内外合力下加速转型升级

事非经过不知难!

回首广东转型升级风雨之路，可以清晰看到，广东省委、省政府居安思危主动决策，借助国际金融危机倒逼之机，内外合力加速推进转型升级的谋略和智慧。

“今天不积极调整产业结构，明天就要被产业结构所调整。”早在2008年3月，省委书记汪洋上任后首次到东莞调研，就抛下了这句意味深长的警示。

在改革开放中率先发展的广东也率先碰到了成长中的烦恼：土地荒、油荒、民工荒等一系列资源、环境瓶颈凸显……高投入、高消耗、高能耗、低效益的传统发展模式制约了广东进一步发展的空间。怎么办?

2007年底开启的新一轮解放思想的大潮中，思维激荡换来一项项科学发展决策的出台：实施“双转移”战略、建设现代产业体系、推动自主创新等等，并成为广东科学发展的“新指挥棒”。

然而，转型升级之路并不平坦，2008年下半年，国际金融危机袭来，外贸出口依存度远高于全国平均水平的广东，感受到的寒意更甚，一度位列全球前十的玩具供应商东莞合俊玩具厂在危机的冲击下轰然倒下。

当时借应对危机保增长而反对“双转移”的杂音不绝于耳，省委书记汪洋给出了最响亮、最坚定的回应：对于广东来说，当前的危机，是危中有机，是传统发展模式之“危”、科学发展模式之“机”，机遇大于挑战。

借国际金融危机的倒逼之势，乘珠三角改革发展上升为国家战略的东风，广东以“三促进一保持”为统揽，顺势“洗牌”，谋篇布局，产业转型升级加速推进，区域一体化进程提速，落子布局既立足当前的保增长，更着眼于未来的调结构。

“双转移”、“腾笼换鸟”启动了撬动经济社会转型和区域协调发展的双赢杠杆，珠三角地区的经济转型迈开了实质性步伐。

“大项目带动大转型”，广东一揽子提出了总投资2.37万亿元的“新十项工程”，成为扩内需、调结构、保增长的强大引擎。

“拓展市场，两条腿走路”，外需不足内销补，“老广”把内销生意做得红红火火，广东产品全国行全面开花。

“自主创新”、“用创新赢得尊严”，一批果断转型、狠抓自主创新的企业，在危机中脱颖而出，广东核心竞争力进一步提升。

…………

实践表明，在内与外的合力中，广东主动转型升级，“转”出一片新天地。

在经济发展最为困难的2009年，广东以调结构来保增长，实现经济V形反转。在经济发展

★2012年4月27日，中共中央政治局委员、广东省委书记汪洋，广东省委副书记、省长朱小丹等为中委合资广东石化2000万吨/年重质原油加工工程奠基。

环境最为复杂的2010年，广东坚定不移地推进转型升级。

在2011年以来欧债危机蔓延的国际金融危机“第二波”中，经历过转型阵痛后的广东显得更为从容。

综观2011年的成绩单，自主创新、外贸结构、产业结构、区域平衡等经济质量指标均逆势上扬，凸显转型升级成效：

内销比重提高，外贸依存度下降。全省工业品内销比重达70.1%，外贸依存度从国际金融危机前的152%降至108%；

现代产业体系快速构建，先进制造业和现代服务业占制造业和服务业的比重均已超过50%，战略性新兴产业实现产品产值1.5万亿元，新的增长点、增长极正在形成；

科技进步对经济增长的贡献率提升到53.8%，广东正从拼汗水、拼资源向拼服务、拼智慧转变。

在舍与得中探寻转型路径

转型升级意味着结构的调整、利益的重构。过去30多年里，广东抓住了每一次消费升级和世界产业调整的机遇，成为第一经济大省。在应对国际金融危机中，在全球新一轮产业结构调整中，广东在取舍之间积极探寻转型升级路径。

“腾笼换鸟”，既缩小了区域差距，又为珠三角腾出了新的发展空间。珠三角这几年累计已经转出企业6000多家，36个省级产业转移工业园2011年实现了3387亿元的总产值，相当于再造一座中等城市。同时，珠三角核心区6市新引入世界500强企业43家。“双转移”促“双提升”的双赢格局正在形成。

佛山建陶业的蝶变演绎了传统产业转型升级的路径，以“壮士断腕”的勇气“淘汰一批、转移一批、升级一批”，企业数量从400多家减少到50家。大浪淘沙中留下来的企业，在转型升级中提升了产业的附加值。以“中国建陶第一镇”南庄为例，2006年当地陶瓷企业75家，产值117亿元，税收2.6亿元；2010年陶瓷企业仅13家，产值却有128亿元，税收2.8亿元。南庄建陶业“一降一升”的数字表明，“双转移”中业界担心的“产业空心化”并没有出现。

同样，被喻为“制造车间”的外贸大市东莞，即以“忍住了暂时的阵痛、忍住了暂时速度的放缓、忍住了暂时收入的减少、忍住了社会的非议”的决心，坚定不移推进加工贸易转型升级试点，带动外经贸转型。2008年以来，该市新增外资企业研发中心89个，2011年内销总额占到内外销总量的29.4%，988家加工贸易企业拥有海内外注册品牌2678个，委托设计生产（ODM）外资企业比重提高到29.8%。

而列入国家“十二五”规划的广州南沙、深圳前海、珠海横琴新区，作为转型升级新平台，则是从政策、制度的创新突破上入手，致力于打造深化粤港澳合作、参与世界竞争的战略高地。继2011年珠海横琴获得“比特区还特”的一系列通关、税收等政策优势后，深圳将出台系列重大金融创新政策，包括试点深港跨境贷款、成立前海股权交易所等，在前海探路“金融+产业”双轮驱动，培育真正能够引领广东、深圳未来发展的现代服务业。而面积最大的广州南沙新区，省里的要求则是“科学开发，从容建设”，宁可发展慢一点，也要看得准一点，确保发展好一点。

在这场转型升级探索中，全省上下在取舍之间形成共识。东莞市市长袁宝成说，东莞已经在转型升级的阵痛中尝到了甜头，有3500多家企业正从简单加工向品牌和技术研发转型。佛山市市长刘悦伦坦言，2011年我们考虑把速度降下来，刚开始也有不同意见，怕速度一旦降下来，面子上不好看。事实证明，把速度调下来，增长的压力小了，政府就能有更多精力搞自主创新、高端项目，更加从容地抓转型升级。

事实上，广东正以前所未有的战略性眼光来考量“转型升级”这一核心任务。在2012

★2012年4月14日，广东省省长朱小丹出席第111届广交会开幕酒会，并同与会宾朋愉快交谈。

年初省委十届十一次全会上，省长朱小丹说，今年广东GDP增速预期为8.5%，低于去年的水平。

对此，专家指出，转型升级必须付出成本，广东暂时发展慢一点并不可怕，关键是切实调整结构、转变方式、规范市场经济秩序，积蓄未来发展的动力。

在舍与得之中，广东转型升级，“转”出的是广东未来持续发展的新动力。

在破与立中提升市场竞争力

转型升级必须破除传统发展模式下形成的利益格局，必然伴随利益格局的深刻调整。因此，更要靠深化改革，完善市场经济体制，来破解深层次体制性矛盾。

在全国政协委员、著名经济学家厉以宁看来，转型升级首先是产业转移，其次是产业升级，其三是制度创新。这三个问题是连在一起的。“所有的转型升级都是以制度创新为基础的，因为只有制度创新，才能将自己的优势发挥出来”。

对此，汪洋书记一语中的：广东产业转型升级要取得成功，不断提升经济国际竞争力，下一步还要靠发展市场经济。不管经济总量有多大、财政收入有多高，如果没有一个规范的、制度化的市场环境，广东难以拥有赶超香港、新加坡等的核心竞争力。

因此，要打赢转型升级这场攻坚战和持久战，就必须从思想观念到体制机制进行全方位的系统再造，形成支撑“持续转型升级”的科学发展的保障体系。

令人振奋的是，在省委、省政府的决策部署中，在全省各地的生动实践中，我们看到了这种转变的思想共识，看到了这种转变的创新尝试——

在行政体制改革领域，深圳、顺德试点推进大部制改革；在社会管理领域，社会管理创新释放了“坤叔”们的活力，农民工积分入户让更多新粤人共享广东改革发展成果……

在2012年全国“两会”上，省长朱小丹指出，广东要拿出革自己命的勇气，对行政审批制度动刀，加快完善广东市场经济体制的步伐。

又一场改革实践在南粤大地拉开序幕。

2012年2月，广东全面开展“三打两建”行动，打击欺行霸市、打击制假售假、打击商业贿赂，着力建设良好的社会信用体系和市场监管体系，目标剑指率先构建法治化、国际化营商环境。

3月，国家工商总局出台政策力挺广东转型升级，在粤设立全国首个商标局派出机构，在支持广东放宽市场准入先行先试、实施商标战略、创新市场监管执法、加快社会信用体系和市场监管体系建设等方面出台了一系列针对性强、支持力度大的政策措施。

4月，改革探路先锋顺德再“吃螃蟹”，率先向省委、省政府递交《关于提请批准顺德区商事登记制度改革方案的请示》，同时主动申请“削权”，清理压减超过1/3的审批事项。

…………

就像汪洋书记所说，每一个层面都有改革的空间。不要寄望上面先改，也不要寄望下面先改，谁有条件谁就来改。左脚走了右脚就跟上，两者配合，这样才能够形成一种轮番的前进动力。

在破与立中，“顶层设计”和“基层创新”相结合，广东转型升级，“转”出的是广东未来发展的竞争力！

（陈韩晖　黄应来）

4

★2011年元旦，"佛山市家庭绿道欢乐游活动"在佛山南庄生态休闲区绿道启动。

给力幸福　共圆一个新梦想

2010年，广州首次入选"中国最具幸福感城市"。消息一出，幸福之问频现——"你幸福吗？""这里凭啥最幸福？"

2011年1月，省委十届八次全会明确提出"加快转型升级、建设幸福广东"的核心任务。

9个月后，"幸福广东指标体系"出台，就业和收入、教育和文化、医疗卫生和健康、社会保障、消费和住房等成为体系中的一级指标，就连群众幸福感测评这一主观指标都有具体测评项目。

"幸福"就此"火"了起来！在一系列幸福事件中，"民生大投入"指向明显，"转变政绩观"意味深长。网络上多达数百万的搜索条目、随处可见的幸福言论，有关部门连续推出的工人农民幸福论坛，乃至街谈巷议，凝聚着亿万广东人对幸福的共同探求与追寻。

幸福之“火”，源于执政党对发展方式和发展目的的反思，源于解放思想、转型升级的不懈追求，源于人民群众内心的期盼。从解放思想的强大共识到转型升级的现实路径，共建共享幸福广东确定了发展的落点——共圆一个新梦想，让人民幸福更给力更持久！

吹响“幸福号角”　生活美卷徐徐展开

什么是幸福？

久旱逢甘霖，他乡遇故知，饥饿时一饭之哺，伤痛时一剂良药……狭义的幸福，1000个人可能有1000种答案。

老子的清静无为，孔子的尊礼崇德，柏拉图的“理想国”，康有为的大同社会……社会的幸福，古今中外有无数设计。

幸福作为人类的终极追求，本应潜藏在灵魂深处和哲人的心田，但2011年一声关于幸福的号角却又唤起了大众对于幸福的思考与讨论。

是年1月7日召开的广东省委十届八次全会上，中共中央政治局委员、省委书记汪洋在报告中屡屡提及“幸福”，正式提出“加快转型升级、建设幸福广东”的核心任务。当月，关于“幸福”的百度搜索条目激增至500多万条，“幸福”作为年度关键词率先大热！

搜索幸福，追逐幸福，诚如卢梭所言：“追求幸福乃是人类活动的唯一动力。”

曾几何时，“落后就要挨打”的百年信条让我们对“千秋强国”魂牵梦绕，航天梦、科技梦、经济梦……追求这一切的过程就是中华民族追逐幸福的过程。然而，当中国超过日本成为世界第二大经济体引发全球震惊之时，“圆梦”之后，却未见狂欢。

中国固然喜悦，但中国也在沉思——发展为了什么？

经济增速的“牛市”为什么会与幸福指数的“熊市”形成反差？“蒜你狠”、“豆你玩”、“姜你军”为什么会粉墨登场？土被污、光不足、水不净的发展阵痛何时能消？

中国改革、广东发展已行至关键节点，来自本我、自我和超我的人格源动力正在进一步衍生出生理、安全、情感归属、尊重、自我实现的巨大需求。而发展最快、经历阵痛最早最深的广东清醒地认识到需求的存在，率先吹响了建设幸福广东的号角。

20年前小平同志提出的“追龙”大业如今已更进一步，改革开放先行一步的广东稳坐着中国第一经济大省的宝座。但不可否认的是，与经济大省的地位相比，广东的民生社会事业发展相对滞后，再启幸福之“追龙”迫在眉睫。

让群众幸福更给力更持久！这是一场战略思维的根本转变，是一场以政绩观为核心的认识论的根本转变，更是一场科学发展以人为本的根本转变。

为此，广东在全国第一个公布了省级幸福指标体系——幸福广东指标体系，以量化的方式框住幸福，通过考核评价促使官员的政绩观发生根本转变，不让任何一个幸福被忽视。

正是源于这种根本性转变，广东花大力气修建了贯穿珠三角9市的2372公里省立绿道网，让慢跑、散步、垂钓等绿色运动变成幸福的生活方式，幸福生活的美卷正徐徐展开。

“今天，作为新人，我们在生机勃勃、美丽祥和的绿道上举行特别的婚礼。请绿道见证，从现在开始，我们愿意身体力行，做绿色生活的使者。”2011年元旦，来自广州的李帮曲和庄俊娟在绿道上发出了“爱的宣言”。

“幸福”伴随着绿道的建成向人们走来。那天，来自全省21个地市的105对新人在广州会展公园举行了集体婚礼。汪洋和时任省长黄华华等省领导共为见证，共游绿道。

“幸福”伴随着绿道的延展向未来延伸。广州市海珠区实验小学容加林说：“绿道是绿色的，我们散步，爷爷打太极拳。”不少广州市民纷纷留言：“休闲绿道，人生漫步”、“绿道通向未来，未来必将美好”……

致力“普惠共享”　给力幸福“双到”

“起来，不愿意再忍受贫穷的人们……满腔的热血应该沸腾，我们要为瑶山的幸福而斗争！”这是由连南瑶族自治县县委书记崔建军编写、并在连南广为流传的短信节选，道出了高寒山区瑶族群众迫切需要脱贫致富的心声。

那里是“广东最穷的地方”，生产生活条件恶劣，要脱贫致富，除了“移民搬迁”，别无他途。在扶贫开发“规划到户、责任到人”工作中，广东计划五年投入18亿元，搬迁6万户高寒山区等不具备生产生活条件地区的30万群众，被誉为扶贫工作的石破天惊之举。

胡锦涛总书记2011年视察广东时要求广东进一步推进以改善民生为重点的社会建设。近年来，广东以“双到”扶贫开发为指引，破积重、除沉疴，致力推动幸福到人、幸福到户——只有解决每个人、每一户的民生幸福，幸福广东才有依托和基础。

这是事关民生幸福的巨大投入。2011年，时任省长黄华华承诺2011年将集中力量办好“十件民生实事”，全省各级财政将累计筹集资金逾千亿元。2012年，省长朱小丹在省人代会上再提“十件民生实事”，承诺今年仅省级财政就将投入446亿元，集中力量办好扩大就业、保障性住房建设、提高社会保障水平等十项民生幸福大事。

这是社会领域的重大改革。2011年，省委、省政府出台关于加强社会建设的决定，广东省及各市县社会工作委员会相继成立。许多海外媒体异口同声地认为，2011年是中国的社会管理创新年，而广东又一次走在了全国前列。

★2012年2月28日，“幸福花开”——广东省各界妇女庆三八暨妇女健身展示活动在广州花城广场举办。

这场改革具有明确的幸福指向，它源于解放思想的共识，依托转型升级的路径。正如2011年省委书记汪洋在署名文章《重在全面理解　贵在持之以恒》中所指出的，加快转型升级是手段，建设幸福广东是目的。这是一个统一的整体，不能割裂，尤其不能把手段当作目的。

“以社会管理创新为代表的幸福追求，其核心在于改革向社会领域的深层次延展，是解放思想和转型升级在社会领域的体现。”中山大学政治科学系教授、博士生导师倪星指出，社会管理创新涵盖了改革发展和转型升级的深层含义。广东向来有着敢为人先、先行先试的改革精神，从改革开放之初“杀出一条血路”到现在，几乎在所有的改革领域，广东都发挥了排头兵的作用。

进而言之，继续解放思想，加快转型升级，建设幸福广东，是一以贯之的，体现了广东从认识、手段到目的的系统思维。30多年前，广东人依靠解放思想的法宝，冲破束缚，焕发出无限的生机和活力，开始了向改革开放要幸福的伟大征程。五年前，广东人掀起新一轮思想大解放，以“八个必须、八个解放出来”的思想共识向科学发展要幸福。几年来，广东人以转型升级经受住了国际金融危机的考验，以“双转移”实现经济质量和结构“双优化”向经济转型要幸福。

共圆"广东梦"　众手浇开幸福花

2010年8月30日上午，36岁的谢红芬从中山市公安局的工作人员手中接过户口本，成为中山市第一个通过积分入户的外来务工人员。谢红芬第一时间给丈夫唐钊华打去电话："户口办下来了，我们正式成为中山人了，儿子可以转入公办学校读书了。"

幸福如期而至！在中山奋斗了10多年的谢红芬终于圆了"广东梦"。

今天，回过头来品味这样幸福的场景，总能联想到三副对联：

"加快转型升级政府是关键，建设幸福广东匹夫也有责。"

"人人是创造幸福的主体，个个是享受幸福的对象。"

"我为别人的幸福努力工作，别人为我的幸福创造条件。"

这是汪洋书记在省十一届人大四次会议广州代表团分组审议时，为表达对建设幸福广东的理解和期望所作。三副对联的横批均是"共建共享"！

一切依靠群众，一切为了群众，幸福才能像花儿一样开放，谢红芬在拿到户口本后所说的一句话让人印象深刻："一步一步踏踏实实地努力，总能看到希望。"

希望固然有"给予"的因素，但自我追求的内在动力更为重要。只重共享，不重共建，幸福只能是镜花水月、空中楼阁；只求共建，不要共享，幸福就丧失了最终依归，乃至成为人民群众的不幸福。

以"文化"这个幸福旅程中不可或缺的因素为例，五年来，广东积极谋划由文化大省向文化强省的跨越。《广东省建设文化强省规划纲要（2011—2020年）》明确提出，到2020年，要让文化在综合实力竞争中的地位和作用更加突出，让解放思想、改革开放的时代文化精神更加彰显。随之，文化强省建设十项工程出台。从中，我们看到了对绿色环保生产生活方式的倡导，看到了对"生态文明"、"低碳生活"的追求。

环境优美乡镇、生态文明村、绿色社区、绿色企业、绿色学校、绿道网……这一切，实施和享受的主体都是最广泛的人民群众，绿色生态文明建设因应了人与自然的和谐。一切依靠群众，一切为了群众，幸福才能更深入、更真切，才能像花儿一样开放。正如绿道上的婚礼中那对新人所言："身体力行，做绿色生活的使者。"

"加快转型升级、建设幸福广东"是一个长期的过程，不能一蹴而就。幸福是一种境界，从"衣带渐宽终不悔"到"蓦然回首，那人却在灯火阑珊处"，只有每个人都提供幸福的光与热，每个人都沐浴在幸福的光芒下，才能脱离原生态的百无聊赖，走进幸福的更高境界。

"非常兴奋，终于圆了大学梦！所以我在第一时间就报考了北大人力资源管理专业。"参加"圆梦计划·北大100"入学考试的王晓菲显得非常激动。入读北大，让我们看到了农民工在转型大环境下的幸福圆梦。对王晓菲来说，如此艰难却又如此简单。而广东省

★2011年5月22日上午，“圆梦计划·北大100”开班典礼在广州珠岛宾馆红棉厅隆重举行。

“十二五”规划，更是专门有一个篇章提出“普惠共享，保障和改善民生”，把保障和改善民生作为加快转型升级、建设幸福广东的出发点和落脚点。

2011年，广东省前所未有地设立了社会工作委员会，由省委副书记担任主任，由24个部门派出委员进驻形成“超级机构”，负责研究和统筹处理社会工作中的重大问题。这正是广东充分尊重并发扬人民群众首创精神、发挥群众共建积极性的一个巨大变革。

2012年，广东将举行首届“南粤幸福节”，其核心就是让幸福真正“草根”起来，让人民群众能够以自我为主体自娱自乐，共享南粤文化的幸福魅力。而据最新的消息，“南粤幸福节”这一大型群众性活动将只搞开幕式，不搞闭幕式。

幸福或有开始，但难言结束。

无论是在过去、现在还是将来，关于“什么是幸福”的讨论、思考与追求仍会继续。可喜的是，“为谁发展、靠谁发展”的问题率先在广东破题，一场“幸福革命”正在由亿万广东人共同“圆梦”。

（徐林　赵杨）

5

★2011年6月24日，佛山禅城的农村基层党员集体聆听汪洋书记的特别党课。

创新党建　凝聚一个新动力

2011年夏天，中共中央政治局委员、省委书记汪洋给全省近170万名基层党员上了一堂党课，鼓励他们在加快转型升级、建设幸福广东的伟大实践中再立新功。

一堂由省委书记授课、全省党员参与的特别党课，昭示着广东对党的建设的高度重视。

犹记得2008年一场金融海啸肆虐全球。外向依存度最高的广东遭遇到改革开放以来最严峻的挑战。在此十字街头，广东向何处去？

“办好广东的事情关键在党！”广东响亮地回答。无论是坚持社会主义市场经济的改革方向，还是加快转型升级、建设幸福广东，关键都在于加强和改善党的领导。

走过五年光阴，广东各级党组织把党建视为“主业”，切实“耕”好党建“责任田”，运用马克思主义执政党建设规律创新党建，以改革精神推进科学管党、民主管党、制度管党，为加快转型升级、建设幸福广东凝聚了新的动力。

刷新知识结构　智慧引擎给力破浪领航

2007年岁末，广东政坛流行一部电影、一本书——《日本沉没》和《世界是平的》。

这是刚刚履新的中共中央政治局委员、省委书记汪洋推荐的。他一到广东，就要求广大干部群众树立世界眼光和战略思维，以新一轮思想大解放推动新一轮大发展。

回顾我们党的历史，就会发现抓好理论武装、抓好学习教育始终是与时俱进、永葆先进的重要武器。

广东铭记历史的启迪，五年来，省委和各级党组织认真学习，刷新知识结构，掌握执政规律，科学应对挑战。汪洋告诫全省各级干部：

“选择学习就选择了进步，放弃学习就放弃了明天。每一个干部都要回答：你走哪条路？”

“如果我们领导干部不弥补知识上的‘缺陷’，就会在思路和决策中出现‘缺陷’；不补齐知识上的‘短板’，就会在实践和工作中出现‘短板’。”

广东坚持用马克思主义中国化最新成果，尤其是用科学发展观武装广大党员、干部头脑。

《世界是平的》、《幸福的方法》、《对我们生活的误测——为什么GDP增长不等于社会进步》……在全省各大书店，汪洋推荐的一些书籍卖到断货。汪洋还亲自审定《加快转变经济发展方式干部培训系列读本》大纲，并提出编写要求，帮助干部掌握现代产业基础知识，促进干部知识结构转型升级。

建立学习型党组织，领导干部具有导向和示范作用。在武装思想、坚定信念的过程中，广东“一把手”亲自动员部署，带头作辅导报告、参加专题学习，全省形成了主要领导亲自抓、上下联动同步抓的工作氛围。

2011年夏天，省四套班子领导与众多“厅官”抛开繁忙的公务，召开省委理论学习中心组（扩大）读书学习务虚会。在三天半的脱产学习中，阅读了《中国共产党历史》、《中国未来30年》、《世界大趋势：正确观察世界的11个思维模式》等12本书。在领导干部的带动下，党员、群众掀起读书热，一年一度的南国书香节人山人海。

要向书本学习，更要向群众请教。建设学习型党组织，广东格外注重问政于民、问需于民、问计于民，广泛吸收群众参与，虚心听取群众意见，主动接受群众评判。

2008年4月17日，广州珠岛宾馆举行了一场特别的座谈会，省委书记、省长邀请数十位网友面对面交流、“拍砖”，听取他们对广东科学发展的建议。网络问政从此风行一时，领导干部带头“上线”、“触网”，察民情，听民声，聚民智。

干部队伍再造　选贤任能驱动科学发展

2012年3月30日，郭元强被任命为省外经贸厅厅长。这是广东首次公开选拔省政府组成部门正职，首次采用公推比选方式选拔干部。

2012年3月19日，由省委常委会差额票决产生的8名正厅职干部暨省委委员提名人选正式公示。这是广东首次采用组织提名、全委会民主推荐、常委会差额票决的方法产生省委委员提名人选。

12天内两次公选重要干部，广东对干部选拔用心良苦。这正如汪洋书记所强调的，选贤任能，以科学发展观引导正确用人观。

20年前的春天，小平南方谈话言犹在耳：“中国的事情能不能办好，从一定意义上说，关键在人。”

干部是党组织的核心和骨干力量，方针政策的制定和执行，干部是决定性因素。因此，广东格外重视干部选拔工作，通过选贤任能驱动科学发展。

不同的历史时期，选人用人的标准有所不同。当前，广东正处于经济转型的关键时期，需要用科学发展的思想和方法，去研究破解影响科学发展的种种难题，急需一大批善于推动科学发展的干部。

让善于科学发展的人上、不会科学发展的人让、阻碍科学发展的人下！广东竖起了新的选人用人指挥棒。

怎样才能让那些在加快转型升级、建设幸福广东的实践中有思路、有激情、有韧劲、贡献大的干部脱颖而出？一场干部人事制度改革拉开大幕。广东广开举贤荐能之路，坚持“五湖四海”的干部原则，使各方面优秀人才脱颖而出。

2008年春夏之交，广东推出“双百”领导干部人才计划，一次性拿出200个职位面向省内外公选，引得各路才俊“孔雀东南飞”。这些职位十分关键，包括地级市常务副市长、县委书记和县长等，“双百”计划一出炉，专家纷纷竖起大拇指，称赞广东大手笔。

鉴于机关干部较大一部分缺乏基层经历，广东将用人的视野对准了基层。2009年，首次在村官中选拔公务员，2010年首次把外来工纳入公务员的选拔范围，2011年则将选拔对象扩大到本地普通工农。目前，广东已选拔“工农牌”公务员2100多人，占新选拔人数的1/5强。

★2011年9月3日，广东省委理论学习中心组（扩大）读书学习务虚会总结大会在广州松园宾馆举行，与会代表认真记录学习。

2012年，广东将继续选拔3767名“工农牌”公务员。

为提高选人用人公信度，确保选人用人风清气正，使选拔出来的干部组织放心、群众满意，广东坚持民主、公开、竞争、择优原则。2011年，市、县、镇通过竞争方式产生的领导干部占新提拔总人数的49.1%；新一届县、镇党政班子成员人选通过竞争方式提名的占新进党政班子总人数的28.6%。

潮平两岸阔，风正一帆悬。

善于科学发展的干部，必将攻克阻碍科学发展的一道道难关。南中国的变革牵引了世界的目光，远在新加坡的《联合早报》也刊文称赞：广东竞争性选拔干部产生了巨大正面效应，大幅提高了党内民主的质量，强化了上任官员的民主意识。

★连南瑶族自治县三排镇连水村党务中心成为基层党员的新家。

与民同甘共苦　“辛苦指数”提升“幸福指数”

在崇山峻岭中，扶贫“双到”驻村干部关大雄一年有286天住在村里，天天徒步上山下山、走家串户，不知叩响了多少扇门，磨破了多少双鞋，流下了多少汗水。他与村民结下了深厚友谊，被村民们称为“瑶包贵”（瑶语：瑶家的好男人或是贴心人）。

在南粤大地，像关大雄一样的“瑶包贵”比比皆是。

干部的“辛苦指数”决定了群众的“幸福指数”，广东引导广大党员、干部特别是领导干部始终与人民群众同甘共苦、为人民利益不懈奋斗，给幸福广东建设注入源源不断的动力。

20年前的苏东剧变，留给我们的启示是，党的事业要永葆青春，必须深深扎根人民群众，永远和人民群众在一起。党长期执政，最大的危险是脱离群众，党最容易犯的错误也是脱离群众。怎样才能永远和人民群众在一起？这是摆在每一位党员干部面前的必答题。

广东创新方法、完善制度、注重民生，不断加强和改进新形势下群众工作，一股联系群众之风、求真务实之风、艰苦奋斗之风吹遍南粤——

硬性要求省级、市厅级、县处级党政领导干部每年到县以下基层或企业调研分别不少于

2个月、3个月、4个月，乡镇领导干部每年进村入户不少于半年。各级领导干部采取体验式、私访式、寻亲式和私谈式等多种方式开展调研。

省领导下基层调研带头做到“三不”：不搞层层陪同，不作事先安排，不用记者随访报道。

老老实实做人、干干净净做事的领导干部，人民才会爱戴。广东毗邻港澳，处于改革开放最前沿，防腐拒变的任务尤为艰巨。

“裸官”原则上不得担任党政正职和重要敏感岗位的领导职务；推广县委权力公开透明运行，使公权力在四壁通透的“金鱼缸”内运行……

广东坚决同一切腐败行为作斗争，构建具有广东特色的开放、动态、创新的惩防体系。在省委十届十一次全会上，汪洋书记要求更加注重制度建设，逐步实现由“权力反腐”向“制度防腐”转变；弘扬廉政文化，督促各级领导干部加强党性修养。

国家统计局2011年对广东的问卷调查显示，77.6%的人对反腐败成效满意，同比提高9.3个百分点；83.3%的人对反腐败有信心，同比提高8.3个百分点。

村看村，户看户，群众看党员，党员看干部。党执政的基础在基层，身边的党员表现好，老百姓就说共产党好；身边的党员表现不好，老百姓就说共产党不好。基层党组织和党员的形象直接影响党在人民群众中的形象。因此，广东始终把固本强基摆在更加突出的位置，努力把基层党组织建设成为坚不可摧的战斗堡垒。

（雷辉　辛均庆）

▶ 宏大主题，细节表现！

▶ 如何描述南粤大地正在发生的变化？只有掌握微观的事实才能得出宏观的结论。因此，我们采用调查与评论相结合的走读方式，深入全省各地，倾听百姓真实的生活感受。金杯银杯不如百姓口碑，用事实说话，突出细节、人物、故事，不说大话空话，只说实话真话，是我们追求的目标。

▶ 中国命题，广东试验！

▶ 我们试图通过总结五年来广东经济社会发展的经验和特点，展示其中的发展逻辑，并积极探索发展路径。转型升级、区域协调、社会管理、行政体制改革、共同富裕、环境治理等广东主题当仁不让地成为了走读的核心议题。

▶ 走读广东，我们在路上。

贰 走读廣東

1

★2012年3月24日，张全收来到佛山南海某制鞋厂，给他的派出员工传达“两会”精神。

珠三角用工环境改变，张全收迁移总部

产业转型升级倒逼“农民工司令部”战略转移

再次见到张全收时，他刚从北京开完全国“两会”回来，作为全国人大代表，他今年递交的一个提案是关于农民工养老保险问题的。“很多务工青年在沿海打了多年工，走的时候养老保险转不走，这不坑人吗？”

他的建议是一人一本“一卡通”，走到哪里带到哪里，“都是中华人民共和国的公民，为什么就不能带走自己的养老保险？”

说到张全收，不少读者都不陌生，他是深圳全顺人力资源有限公司董事长，他带领着1万多名农民工在广东打工，被媒体称为“农民工司令”。

企业用工信息是最能敏感地反映转型升级状况的，张全收由此成为对广东转型升级最有感觉的人，2008年金融危机以来，他感受到珠三角企业的发展风向一直在变，他的工人也随着这种变化而变，原来有七成工人被派到珠三角，三成在省外，如今，已经彻底倒过来，只有两成在广东，八成员工都去了省外。一场珠三角产业转型升级的故事正在真实上演。

由于广东转型升级等因素带来的影响，张全收计划把原来设在深圳的公司总部搬迁到河南郑州，一个离富士康河南公司很近的地方。

化解传统发展方式转型之根本困局

“农民工司令部”将战略转移

“司令”开会
咬着馒头传达“两会”精神

3月24日早，张全收从工厂食堂抓了个馒头吃着就进了会场，惹得工人们哄堂大笑。其实，这就是张全收管理工人的诀窍，这一大笑，就拉近了老板和员工的关系

3月23日，记者一大早赶到全顺公司位于东莞凤岗镇的培训基地时，张全收正用扩音器向几百名新来的工人传达“两会”精神。从国家大事、经济形势到个人琐事，张全收幽默的语言，不时逗得工人们哈哈大笑。

由于一直在北京开会，张全收已有近20天没有来新员工培训基地，不少事情要他亲自处理，现场办公。“你们这200人要去大连”、“你们300人要去福州”，不到半个小时，他就安排好了几百名工人的去向。也有一些工人对去向不太满意，便直接问张全收能否换个地方。

“这些工人大部分都是从河南等地来到广东的，他们大部分都想留在东莞、深圳等地工作，但现实的情况是，随着转型升级，不少原来在东莞、深圳等地的企业已经转移到韶关、河源甚至外省。”张全收直言。

在这期间，他也在不停地接着来自全国各地的业务电话，都是来问他要工人的，不过与往常不同的是，这些电话很少有来自广东的，尤其是东莞、深圳的，多数都是外省的。

“今天晚上我们还必须得赶到韶关，那里有一家日资高科技企业，也是从东莞转移过去的。他们用了我400多名工人，我也得去和工人们开开会，传达‘两会’精神，稳定军心！”

张全收向记者透露，相比深圳、东莞，韶关相对偏远，虽然给了同样的工资，有一些工人并不是很想在韶关工作，所以他想抓紧过去鼓舞一下士气。

处理完手头的各种事情，出发去韶关时已是晚上7点多，忙得连饭都没有吃。驱车四个多小时后，记者随张全收赶到韶关乳源县，随便在路边摊档吃了几大碗米线，又找了宾馆睡一觉，第二天一大早就赶到这家日资企业给全顺公司的员工开会。

这家原本在东莞生产高端产品的电子企业，转移了一部分到乳源县。但由于技术因素，工厂对工人的要求较高，在当地招不到足够的技术工人，只好向张全收要一批工人，保底工资为每月2300元，多的可以拿到近3000元。

3月24日早，张全收从工厂食堂抓了个馒头吃着就进了会场，惹得工人们哄堂大笑。其实，这就是张全收管理工人的诀窍，这一大笑，就拉近了老板和员工的关系。

面对几百名工人，张全收侃侃而谈他在北京开会的体会以及当前面临的政策和经济形势，并用河南话告诫大家，这家工厂条件不错，给的工资又高，大家一定要安心工作，来了就是赚钱的，要有信心。

昔日危机
积压三千人　“司令”变“旅长”

一场危机让张全收意识到，并不是说企业做得越大越好，而是越强越好，张全收决定就此转型

说到有信心，在2008年金融危机的时候，“张司令”并不是特别有信心。那个时候，企业订单锐减，用工人数也相应减少，2008年11月底，张全收让员工们提前回家过年。其实早在2007年底，他已感到了危机的寒意。

张全收还记得他当时告诉大家：“年后女孩子可以早些来，男孩子和年纪大的员工则等候通知。”不过，令他颇有感叹的是，刚过完年初三，不少人还是习惯性地回到了公司。

他看到的是员工们信任的眼神，“不着急，我们相信老板！”

大家都把找工作的希望寄托在他这位老板身上。张全收还真是着急了！为了安置越来越多的员工，张全收又租了一栋楼作宿舍。

“当时我手里至少积压了3000名工人。”张全收透露，当时他都不敢给工人们说还剩下这么多人。这么多张嘴要吃饭，每人每天还要支付40元底薪，一天的支出就是十几万元。

“当时我是成天晚上睡不着觉，愁眉苦脸，浑身不舒服又检查不出什么病来，后来医生给我诊断为忧郁症，你看我现在还两天吃一次药。”

有人劝张全收让这些农民工回家，但是许多人已经没有路费了，更主要的是，张全收不能把这些来投靠自己的老乡赶回去。

著名学者于建嵘与南方日报记者曾在2008年一起来看过他，见到老朋友，坚强的汉子都有些撑不住了，眼里含着泪花。

张全收用前几年赚的钱来应付开销，私底下他作了最坏的打算，也许自己奋斗多年的心血就要付诸东流了。

"农民工司令变旅长"，这是大多数媒体用以描述张全收困境的新闻标题。至今他还清楚地记得这样一个故事：当时张全收接到河源一家工厂的电话，电话那头说，即将退回的400名工人因饭卡没钱，没法吃饭了。张全收火了，吼着说："×的，饭还是要吃的。我明天过去。"但第二天，张全收首先要赶到的是东莞石龙镇。那里有一家日资电机厂，用了他们900名农民工，厂方刚刚通知，要退回600人。

"我想着2008年初肯定是没有订单的，但我想不管怎么危机，大家总还是要消费的，总还是需要产品的，所以我就养了3000人，我照样给这些人发工资。"张全收回想起当年还是觉得挺惊险，"好在我撑过了金融危机！"

直到2009年4月底，张全收兴奋地给记者打来电话报喜，现在农民工就业形势好转，他们公司已经出现工人短缺的情况，急需招进大量农民工。"我又重新当上农民工司令啦！"

至此，金融危机的影响慢慢散去，各厂家纷纷找张全收要人，张全收带着他的员工走出了危机。

一场危机让张全收意识到，并不是说企业做得越大越好，而是越强越好，张全收决定就此转型。这两年全顺公司一直保持着14000人左右的规模不再扩大，与此同时，由于加大员工的培训力度，增强工人产业技能，如今工人们的保底工资拿到了每月2300元。

★在韶关某日资电子企业工作的全顺公司员工随着企业一起转型升级。

战略转移
总部基地将从深圳迁往郑州

在张全收看来，中原地区是中国的枢纽，他已经开始谋划如何占领这个市场，把员工在中部培训好，再覆盖到珠三角、长三角、京津唐等全国各地

金融危机让张全收看到了太多的企业关门歇业，看到了太多的企业艰难度日，同时危机也让他看到，不少意识超前、提早转型升级的企业在危机中不仅

没有关门，反而赢得更大发展机会。他的老朋友马总（应当事人要求，此处为化名）就是这样一位台湾老板。马总的鞋厂位于佛山南海，用一般的眼光来看，鞋厂属于低端劳动密集型产业，没啥前途。但他的鞋厂不仅挺过了危机，而且赢得了不错的商机。

秘诀何在？

马总告诉记者，在改革开放之初他就来到大陆做生意，最为辉煌的时候是2002年，那一年，他的鞋厂有2万多名工人。

但就在当年，他发现虽然企业的规模大了，原材料、人工等成本也在快速上升，企业经济效益并没有提高。长期的商业经验告诉他，再这样下去是不行的。

于是他下决心转型升级，逐步压缩企业规模，剔除那些代工低利润的产品，多生产附加值高的高端产品。“由于我转型早转得快，2008年的危机对我的影响并不大。”

“很多大的鞋厂都倒闭或者转移了！”马总透露，当年和他一起来大陆做鞋厂的台湾朋友大部分都关厂回家了！

说起自己的经历，马总还是感觉很欣慰。“别看我们现在只有2000多名工人，但我们生产的大部分都是高端鞋产品！可以说，每双鞋我们都是当艺术品来做的。”

“产业无所谓低端高端，没有朝阳夕阳，关键看你占据的是产业链的哪一端。做鞋的通过转型升级同样可以做得很高端。”马总认为，这几年一些中型企业面临的压力比较大。

张全收的另外一个老朋友许老板在深圳有一个大型工业园，里面的企业五花八门。对于转型升级他也有着深刻的体会。“现在已经不是你要不要转的问题，而是你还能不能活的问题。”

“我估计今年6月份左右，还会倒闭一批中小企业。”许老板分析，因为国际订单减少，再加上各种原材料价格和人力资源成本的大幅提高，一些已经丧失转型机遇的中小企业很难撑得住。

广东企业依然面临着更大的压力，迫切需要在“危”中继续寻找持续发展的转“机”。

在珠三角转型升级的步伐中，张全收也在伺机而动。“我准备以郑州为中心，把我们的总部基地搬过去，从而实现覆盖全国各地的目标，把原来的深圳总部基地改为办事处。”

在张全收看来，中原地区是中国的枢纽，他已经开始谋划如何占领这个市场，把员工在中部培训好，再覆盖到珠三角、长三角、京津唐等全国各地。

“农民工司令”要带领他的“队伍”战略转移了。

边走边评

化解传统发展方式转型之根本困局

"今天不积极调整产业结构，明天就要被产业结构所调整"，2008年早春，广东用这样一句振聋发聩的话开启了产业转型升级的大幕。那个时节，传统发展模式还如日中天，"腾笼换鸟"、"双转移"一度被指责为"瞎折腾"。国际金融风暴旋即爆发，传统"三来一补"式的外向型经济一夜之间岌岌可危，珠三角一批工厂陷入倒闭风潮。

任何的产业转型升级都会有阵痛。4年时间过去，再度回首不难发现，伴随着产业转型升级，各类企业分别呈现出了不同的命运抉择，有的成功了，有的失败了，有的还在苦苦支撑，有的则在开怀大笑。

"农民工司令"张全收，这位带领农民工群体为各地企业进行订单式打工的河南籍全国人大代表，刚开始仅仅带领着几十名农民工在珠三角区域打工，后来发展到几千人、上万人，再到国际金融危机时期跌落几千人，然后重回万余人，一路命运的变迁见证并亲历了广东尤其是珠三角地区近几年来的工业变迁史。

传统发展方式的弊端诸多，毋须赘言。早在1979年中央就意识到了这一问题，并开启了第一波的国民经济结构调整，其后亦多次提出转变经济发展方式的思路。然而，产业结构30多年来一直在调整，总是难以有大的突破。主要原因有两个：一是各级政府的GDP至上观没有根本改变，二是传统发展方式在市场上还具有一定的生存空间。

"早转早主动、晚转则被动、不转行不通"，实践验证了广东的先见之明和先转之智。但是，转型升级是需要驱动力的。在市场经济纷繁复杂的信息环境下，短视性、盲目性、碎片化都可能影响市场竞争主体的前进方向。

为了推动企业转型升级，广东曾经出台多项优惠政策。有一部分企业听进去了，主动升级，及时应对了市场突发状况，获得了较好的发展空间，甚至有的还开展了体制机制创新，实现了企业的跨越式发展；有一部分企业虽然对是否转有所疑虑，但被动地跟着转，也"活"了下来，甚至稳扎稳打，攻城略地；还有一部分企业对于转型升级不置可否，甚至拒绝转型，死抱着低端加工贸易不放，妄图薄利多

↘ 广东企业依然面临着更大的压力，迫切需要在"危"中继续寻找持续发展的转"机"。

销，结果扛不住接踵而来的经济环境变化，“死”在半途中。

转型升级的经验和教训比比皆是。但是企业是不是要转型，是不是要升级，不是政府决定的，政府只能起到一个引导、指导作用，政府行为的关键不是强硬地关闭合法企业，而是应当积极说服、引导企业转型，同时做好产业转型升级的配套公共服务。广东之所以在产业转型升级方面取得成功，主要还是在于改变了企业发展的环境，使企业更好地科学发展，同时出台各项政策积极鼓励企业转型升级。

窥一斑而知全豹。“农民工司令”命运的变迁是广东转型升级的一面折射镜。这一变迁并不仅仅是政府对于转型升级的引领，更主要是市场主体的自主行为。在这一系列的资源配置过程中，我们可以骄傲地说，市场起到了资源配置的基础性作用，而广东各级政府只是及时、合理地挥动了指挥棒。

广东转型升级成功的一大秘诀应当说就是政府归位。通过建设“有限政府”，逐步增强了政府的公共服务职能，摆正了政府与市场的关系，从而激发了市场主体从跟着转到主动转的大转变。这一大转变，契合了广东的发展方向，使广东逐步从传统加工贸易的泥淖中摆脱出来，从产业链低端的位置摆脱出来。广东毕竟是改革开放的广东，完善社会主义市场经济、推动中国改革攻坚克难，需要广东更多类似的作为。

此即大智慧。

链接·对话张全收

“不转型就要掉队关门”

南方日报：此前你的员工主要分布在什么行业？你现在的工人在广东的还有多少？多分布在什么行业？

张全收：原来基本上是以玩具厂为主，还有鞋厂、电子厂等，基本上都是劳动密集型企业。公司现在在广东只有3000人，在日资企业的相对比较多，这些企业主要生产一些比较高端的电子产品，而玩具业的几乎没有了。

南方日报：在广东有3000名员工，那14000余名员工中剩下的那些输送到哪些地方了？

张全收：目前已经是遍及全国各地。我们对珠三角产业转型升级的感觉非常明显，很多企业已经转移到中西部地区。

中原地区是中国的枢纽地区，我已经谋划着如何占领这个中心市场。在这种大背景下，如果我再以深圳作为总部，就有点费事了！如果从内地到了深圳，培训后又不干了，既浪费了大家的时间，对公司又是一个损失。所以我准备以郑州为中心，把我们的总部基地搬过去，从而实现覆盖全国各地的目标，把原来的深圳总部基地改为办事处。

南方日报：你都打算把总部搬到郑州了，那你又如何看待广东的转型升级？

张全收：不要说是现在，就是在前两年，广东都已经在转型升级了，光我知道的企业都有很多。广东是中国改革开放的前沿，必须要想到发展到一定阶段，必然需要对一些低端产业，尤其是劳动密集型产业转型升级。市场竞争就像马拉松赛，能跑的企业就跟着跑，不能跑的企业就掉队关门了！所以市场竞争也在逼迫着企业转型升级。

广东转型升级成功的一大秘诀应当说就是政府归位。通过建设“有限政府”，逐步增强了政府的公共服务职能，摆正了政府与市场的关系，从而激发了市场主体从跟着转到主动转的大转变。

声音

网友热议“农民工司令部”搬离广东，专家认为——
这是产业转型升级的必然结果

网友

半数不希望“战略转移”

在南方日报通过南方报网和官微@南方日报推出的名为“‘农民工司令部’该不该搬离广东”的网上调查结果显示，有半数网友不希望“农民工司令部”搬离广东，有三成网友表示支持，有两成网友表示无所谓。

许多反对搬迁的网友都表示“较之内地，珠三角的就业机会和就业环境算是比较好的了”。在东莞工作的网友@胡克001就表示：“在东莞已经工作了5年，已经适应了这里的生活，在这里不愁找不到工作，许多企业都普遍缺工，就业机会有许多，关键看你知不知道、愿不愿意干。”

许多支持搬迁的网友则认为“珠三角生活成本高、压力大，买不起房子没归属感，更希望回家乡工作”。在广州工作的网友@莉莉lily就跟帖说：“在广州压力太大了，越来越多的企业搬到了粤西北地区，总是担心自己有一天要失业，结果婚不敢结，孩子不敢生，年龄越来越大，机会越来越少，越来越想回家乡工作。”

也有许多网友表示“是否搬迁并不重要，重要的是对农民工是否有利”，网友@硒眼看世界就认为：“只要是能为广大农民兄弟谋福利的，都应该支持，不要计较形式。”网友@时事看台也跟帖说：“到适合自己的地方，虽然迫不得已但也未必不可，祝福农民工兄弟！”

农民工代表

工资水平决定“在哪里工作”

记者采访了多位正在或者曾经在珠三角工作的农民工，不同的年龄、不同的收入、不同的遭遇让他们对于去留有着不同的认识。但是，他们普遍都比较看重“工资有多高”，这个评价标准直接决定了“在哪里工作”；而“农民工司令部”的搬离与否，他们并不关心。

作为第一代农民工的老王来自湖南邵阳，目前在一个大型小区门口从事搬运、收废品的工作，月收入2000多元。他告诉记者，自己来广州打工已经15年了，他很满意自己的生活，并且早已把妻子、儿子、儿媳带到了广州打工。他认为，广州工作的机会比家乡多得多，挣得也多，关键看你愿不愿意吃苦，他表示自己没想过要回家乡工作。

曾在深圳工作过的张大龙，20岁，来自河南南阳，去年一年换了10个工作，遍布全国各地，其中最短的3天，最长的3个月。他在接受记者采访时表示，自己还年轻，就想多跑跑多看看，哪里工资高就去哪里工作。让他颇感骄傲的是“去年挣了1万多元，基本上都是最后3个月在福州的一家公司挣的，一个月5000多元”。他认为，在哪里工作都有机会，就看哪里工资高，不管离家有多远。

在郑州富士康工作的周晶晶，来自河南驻马店，曾在张全收那里接受过培训，后来在东莞一家电子厂工作了两年。她告诉记者，在东莞工作的最后一年，企业接到的订单越来越少，工厂又不让加班，收入是越来越低，最后索性就回到河南，正好赶上富士康招工，工资不比广东低，且离家近，同事之间也分外亲切。她还告诉记者，她许多原来的同事都离开了广东，有的去了长三角，有的回家乡工作了。

专家学者

广东更吸引新型高素质劳力

记者还采访了多位产业经济学者和“三农”问题专家，他们认为“农民工司令部”计划搬离表明了农民工流向正在发生变化，“这对广东来说是好事情，这正是广东产业转型升级和区域经济梯度发展的必然结果”。

南方民间智库副主席、广州市社会科学院研究员彭澎认为，“农民工司令部”计划搬离广东具有符号意义，是农民工流向的最新反映。他认为，这对整个社会来说是好事情，产业转型升级到了内地，有利于区域均衡发展，同时对减少春运压力、避免家庭分离、克服留守儿童难题等也有积极意义。

国家行政学院决策咨询部副主任丁元竹教授认为：“这正是产业转型升级和经济梯度发展的必然结果。”他表示，20世纪80年代中期，发达国家的一些劳动密集型低端产业开始向中国转移，尤其是珠三角地区，同时吸引了许多内地农民工去广东打工。2008年金融危机后，广东通过“双转移”、“腾笼换鸟”等举措推进产业发展的转型升级，许多企业转移到了粤西北和内地城市，劳动力也必然会向这些城市转移。他认为，这一劳动力流动趋势对广东来说也是好事，“说明产业转型升级见效了，转变发展方式的目标显现了”。

广东社科院科研处处长丁力认为，随着珠三角产业转型升级步伐的加快，广东更需要一些新型高素质的劳动力，这是个挑战。

“因为全国各地都在抓转型升级，这部分劳动力是抢手货，各地都在抢，而广东并没有多大优势。”丁力指出，广东必须率先进行体制机制改革，比如户籍改革、外来工子女入学改革等，给予这些人“广东国民待遇”，创造一个公平竞争的市场环境，这样才有可能吸引这部分人来广州工作。

（胡念飞　周虎城　梁文悦　孙琳　丁建庭）

产业转型升级到了内地，有利于区域均衡发展，同时对减少春运压力、避免家庭分离、克服留守儿童难题等也有积极意义。

2

★云浮各镇村通过村民理事会的有效运作，实现村容村貌村事的村民自治。

探寻广东农村综合改革发展试验区改革路径

农村综合改革探索 村庄治理权交给村民自己

从2008年开始，广东开始进行农村综合改革先期探索。云浮，这个广东最年轻的地级市，也是经济欠发达的山区市，肩负起了广东农村综合改革开拓者的重任。

4年过去了，作为广东农村综合改革发展试验区的云浮市，通过一系列体制机制创新，从一个村庄的示范到上千村庄的普及，初步建立了一个群众积极参与的新型社会管理体系，为原本“脏、乱、差”的村庄旧貌换新颜，为广东省农村基层创新管理方式探索了新路。

南方日报记者走进这些“不一样的村庄”，试图探寻并解读这些村庄背后的农村综合改革路径与逻辑。

一个村庄的蜕变

村民理事会实行“一事一议”制，村里的每件事都先由理事会成员商讨后协定，理事会成了村里公共事务的“润滑剂”

沿着324国道一路西行，穿过层层云雾缭绕的青山，顺着路标右转而下，一个宛若桃花源般清新秀丽的横洞村便跃然眼前。

横洞村隶属于云浮云安县石城镇流洞村委会，是本次农村综合改革的名村示范村，全村113户733人，超过半数的村民在外经商或打工，2011年的人均收入达到了1.1万元，位居云安县前列。

在横洞村村长张秀泉的引领下，记者参观了村里刚刚落成的文化楼——公德楼。公德楼有三层楼高，外观和装修都具有农家特色，楼内设施齐全，有图书阅览室、议事厅、多媒体会议室等，是村民学习和聚会的地方。

张秀泉表示，公德楼的修建全靠村里几位外出经商的乡贤，在他们的组织下筹集了80多万元，再加上政府“以奖代补”的30万元，公德楼才得以顺利落成。

说到乡贤，张秀泉骄傲地告诉记者，为了更好地处理村里的事务，团结更多的村民，2011年4月，横洞村模仿古时农村社会中传统的“乡绅制度”，建立起了村民自治组织——横洞村民理事会。

理事会制定了相应的章程，共11名成员，主要是由一些在村里比较有威信的能人，如有财力的乡贤、退休的教师和退伍军人等组成，由每户村民代表推选产生，张秀泉兼任理事会理事长，在佛山经商并多次出资资助村里公共事务的张水金做副理事长。

听说记者要来，张水金专程从佛山赶回来。他认为，村民理事会的成立为他这种想为村里干事的人提供了平台，“以前想做点什么事，就怕人说闲话，有力无权，现在有了这个平台，为家乡做点事情也是名正言顺”。

据张水金介绍，自村民理事会成立以来，在政府“以奖代补”制度的带动下，通过理事会自筹的资金已经超过600万元，且这些钱已经全部投入到了横洞村的建设中。

理事会的成立，使得越来越多的群众都积极参与到了集体的活动中来，“理事会的出现，让大家感觉到是为自己做事，非常积极”。

云安县委书记黄泽寰向记者表示：“修路时遇到宅基地，理事会去做群众工作就是村民自己做事，而政府部门去做就成了‘拆迁’。”

A03

中国梦·梦之蓝

要让农村改革呈现不同突破

探寻广东农村综合改革发展试验区改革路径

村庄治理就交给村民自己

一个村庄的蜕变

张秀泉告诉记者，村民理事会实行“一事一议”制，村里的每件事都先由理事会成员商讨后协定，因为理事会成员商讨的结果更容易得到村民的认可，理事会在某种意义上成了村里公共事务的“润滑剂”。

张水金指着公德楼前的水泥村道说：“以这条路为例，修这条路的时候要拆掉两个猪舍，村干部做了很久的工作都没成，后来有了理事会，大家一合计，很快就搞定了。”

石城镇镇长范文龙向记者透露，目前石城镇已经建立起了镇、行政村和自然村的三级理事会体系，各级理事会负责各自区域内的公共事务协商，一事一议，协商结果以议案形式反映给各级行政单位，“让老百姓的意见得到充分的表达”。

建立村民理事会制度是云浮农村综合改革的重要组成部分，目的就是为了发现并激发群众的主体积极性，填补事实上普遍存在的农村管理真空。理事会制度的建立，使横洞村去年实现了刑事治安案件为零，矛盾纠纷为零，非正常上访为零，赌博吸毒为零。

省政府参事室的专家学者们对横洞经验作了深入的总结，他们认为，官民互信互动、以民为本、推动民主管理，优化了社会环境。横洞经验正是对传统文化的国家思想及民本思想的传承和发展。

村民们并不懂得如何总结自己的行为，但对于横洞村的未来，他们的态度基本一致：“横洞村现有的良好生态环境来之不易，我们将尽最大努力保护，不会发展任何工业。”

上千村庄的转身

镇级政府将政府社会服务职能下放到村级，在农村社区组建服务合作社，让村民足不出村就能享受到公共服务

横洞村建立村民理事会的做法引起了中共中央政治局委员、广东省委书记汪洋的关注。2011年11月初，汪洋亲自到横洞村考察，充分肯定了云安在加强社会建设方面的积极探索，并鼓励云浮充分发挥传统文化，积极调动乡贤，不断总结、完善和巩固理事会制度。

汪洋书记在横洞村体验到了良好的生态环境，还在树林中发现了一只蜥蜴。他幽默地说：“我看我当摄影师视觉也很敏锐啊！”

由此，在横洞村的示范效应下，云浮在全市上千个村庄开展了农村综合改革的普及工作，全市共组建了三级理事会1337个，其中村民理事会1162个。

横洞能做好，其他地方是不是也能做好？

南方日报记者来到了新兴县簕竹镇石头冲村，石头冲村是新兴县著名的温氏集团的发源

★农村综合改革已在云浮的上千个村庄呈现遍地开花之势。

地，通过成立村民理事会，使得温氏集团中的部分股东也加入到了村庄的建设和管理中来，特别是有效地整合了农业农村资源，积极地推进了农业农村的现代化。

在簕竹镇良洞村，当地村民在横洞村理事会改革的基础上，还引入了云浮在郁南县试点的农村金融改革模式，建立了诚信体系，使得农民的资产可以轻松地转化资金，再通过资金参与到农业产业化建设中，现在的人均收入也已超过了1.1万元。

在良洞村村口，记者看到了村民理事会张贴的大红“良洞村民理事会公告”，内容有名村建设倡议书及村民捐款情况公告。公告显示该村11名理事带头捐款，最多的捐了5万元，最少的也有5000元。在理事会成员的带领下，大部分村民都捐了款，有的还捐了上万元。记者在公告上看到，还有不少村民捐献的是港币，这个村庄有不少人在香港经商或打工。

再加上政府部门的奖励补助资金，仅2012年公共事务建设的资金就多达100多万元。

为了切实保障村庄的改革，云浮还从政府层面入手，推进简政放权改革，进一步明晰县、镇两级政府的事权和责任，推动县级行政管理职能和社会管理权限下放，扩大镇（街）应有的人事权，减少审批层次和行政干预，推动社会管理工作中心下移。目前，全市5个县（市、区）合计下放或委托征集的行政职权达到了329项。

在镇权扩大的同时，镇一级政府进一步将政府的社会服务职能下放到村级，在农村社区组建服务合作社，让村民足不出村就能享受到公共服务。

记者在新兴县六祖镇龙山塘村村委看到，办事大厅根据事务流程收拾得非常整齐，墙上贴着各种事务的详细流程，几名工作人员正在紧张地工作。

一位前来办理医疗保险补偿的村民告诉记者："以前每次报销都非常麻烦，要往镇上跑很多次，现在在家门口就能很快办好！"

目前，农村综合改革已在云浮的上千个村庄呈现遍地开花之势，基层政府也不仅仅局限于当前已有的改革，集思广益，进一步创新改革探索的思路。

贵在坚持的改革

云浮农村综合改革的基本体系已经建立，但是需要进一步加大后续具体制度的改革，需要更高层次的设计

以云浮为代表的广东农村综合改革虽然已经取得了比较大的进步，但面临的问题也不小。

长期参与农村改革工作的新兴县社会工作委员会覃副主任向记者阐述了一些在工作中遇到的困难。

首先，因为云浮属于欠发达地区，很多村庄里只剩下了老人和小孩，没有改革的牵头人，虽然理事会的成立能够吸纳许多外出的人员，但远水难解近渴，村庄的日常事务比较容易处于松散状态。

其次，并不是每个村庄都有非常出色的乡贤，而政府的财力也有限，村庄转型需要的经费得不到保证，"有些村的理事会建立了，但是连个办公场所都没有"。

最后，也是最关键的一点，云浮的农村综合改革的基本体系已经建立，但是需要进一步加大后续的具体制度的改革，"有些镇'大部制'改革完成了，但是却发现找不到上级主管单位了"，同样的困难也出现在了市和县一级政府，所以"需要更高层次的设计"。

针对当前云浮农村综合改革的态势，云浮市委书记黄强在接受南方日报记者采访时表示，当前进行的许多改革措施，方向都是对的，但是要深化改革的着力点，有所侧重，尽量发挥其所长，如三级理事会制度的着力点就在于自然村的村民理事会，因为自然村的村民理事会最有成效。

黄强认为，通过一系列的农村综合改革，特别是社会管理和城乡统筹的创新，云浮的农村变得更加美丽和谐了。"在接下来的工作中，云浮将立足于发展，继续强调和深化改革，特别在一些体制机制上，减少审批制度，增加许可制度，简化行政环节，大力推进村民自治、农业产业化和新农村建设等工作。”

对于改革中面临的挑战，云安县委书记黄泽寰认为，当前农村综合改革的一系列架构已经完成，接下来的重点是怎样提高这个体系的运行质量。

他表示，为了提高新的体系的运行质量，相关职能部门的工作将着力于提高公共服务水平，将更多农村的公共事务纳入预算，例如提高大病救助、五保户补助，加大饮水、村道和学校的建设投入等。

“无论再难，我认为农村综合改革路子还是要坚持下去，方向肯定是对的，不能半途而废！”云安县原县委书记金繁丰认为。在他任内，因为力推农村综合改革，一向默默无闻的云安县，一跃成为广东农村改革的“急先锋”，金繁丰亦被称为“个性官员”。

如今，53岁的他已官任云浮市人大常委会副主任兼市总工会主席，目前正谋划着工会机制的改革。

↘ 农村综合改革已在云浮的上千个村庄呈现遍地开花之势，基层政府也不仅仅局限于当前已有的改革，集思广益，进一步创新改革探索的思路。

边走边评

要让农村改革呈现不同突破

几年前，云浮这个名字在中国改革史上几乎是湮没不闻。1994年才正式成立的云浮市，是广东最年轻的地级市，也是经济总量在广东较为靠后的山区市，但地区有大小之分，发展有先后之别，经济总量并不是衡量一个地区发展势头、发展质量的决定性因素。一个后发地区干得好不好，关键看能不能抓住后发优势，减少后发劣势，从而形成比较优势。

今天的云浮已经通过近几年的农村综合改革实践，开始在中国改革版图中占有一席之地。在这里，农村综合改革就是云浮的一大比较优势，是云浮科学发展和改革崛起的重要抓手。云浮对于农村综合改革的试验不过区区两年，但改革的成效已经初显，一个政府引导、民间参与、官民有机互动的新型社会管理体系基本搭建，上千个村庄旧貌换了新颜。

对于村庄面貌的变化，对于政府提供公共服务品多寡和服务态度的变化，农民的感受最直接，也最真实。我们一路走来，有暗访，有明察，但绝大多数被问及的农民，均用肯定的回答验证了农村综合改革的成效。

农民的一句首肯胜过旁人的万语千言。

改革，从来都有成败之说。没有任何一项改革能够保证百分之百的成功，也没有哪一项改革是绝对完美的。改革就是一种试验，试对了就坚持和推广，试错了就再辟新径。如果某项改革从一开始设计就是完美的，那又何须搞改革试验呢？

之所以要搞改革试验，一是要发挥地方改革的积极性和创新性，激发基层改革智慧和民间的首创精神；二是尽量避免改革失误所带来的震荡，使改革不断地消除问题，扩大优势。这就涉及到对于改革的评价和坚持。改革，改对了就应坚持，改错了就立即修正，关键是要坚持改革的大方向，用继续改革的方法弥补昔日改革的不足，用继续创新来赢得新一轮改革的战绩。

农村问题复杂，涉及历史欠账多，涉及城乡格局下的利益纷争多。在一个经济欠发达的地区搞农村综合改革，只是广东农村改革全盘的一部分。云安县的三级理事会经验、主体功能区经验，郁南县的信用改革经验等等，都是在经济欠发达地区的改革经验，云浮市已将这些经验在全市范围内推广。

但是，经济欠发达地区可以推广的经验，并不一定就适用于经济发达地区。作为经济发达地区的农村来讲，还是要多搞改革试验。广东选择云浮作为农村综合改革试验区，既是出于对云浮一批改革者首创新型农村改革经验的肯定，又是出于对改革如何让震荡最小、如何最有利于解决“三农”难题等的全局考虑。

当然，从根本上解决“三农”问题，突破城乡二元格局，仅仅依靠云浮的几个改革试验点是远远不够的，一个地级市所能容纳的改革试验规模和多样性必定是有限的，纷繁复杂的“三农”问题需要更多的改革试验田，分兵突破、集中突破等多项并进。

任何改革都会遭遇阻力，尤其是遭遇既得利益格局的阻力。动真格的改革必然涉及利益调整，就会得罪部分既得利益者。农村综合改革需要有勇气去打破既得利益格局，也需要有智慧去寻找支持改革的最大公约数。

应对农村改革有一个统筹安排，在不同的地方进行不同的改革试验，比如云安经验和郁南经验的不同就是典型，从而分别寻找到改革较为适当的突破口。若农村改革能够在每一个地方都呈现不同的突破，则农村改革必然百花齐放，从而形成全社会推动改革的共识和行动。

声音

“村庄治理交给村民自己”理念获大部分网友认同，专家认为——

农村集体财产问题尚待解决

网友

支持理念，贯彻有困难

在南方日报通过南方报网和官微@南方日报开展的“村庄治理交给村民自己”相关调查中，其中一项调查结果显示，大部分网友都认同“村庄治理交给村民自己”的理念，同时也表示要贯彻这一理念面临着许多困难，目前还不具备普及推广的条件。

在另一项“改革关键是什么”的分析调查中，大部分网友的选择是“关键是改革的勇气以及上层改革的决心”，也有网友认为“农村改革的阻力来自既得利益者，要敢得罪人”，还有网友认为“农村越来越空心化，改革没有带头人”。

网友@立锥莫笑无余地认为“自上而下的改革才有力度”。网友@努力追求梦想的辉辉进一步分析说，基层治理不单是设立一些机构就可以的，关键是顶层设计与基层改革动力的结合。

专家学者

理事会是矛盾缓冲带

农业部农村改革试验区办公室副主任邓志喜接受采访时表示，村民自治、民主管理符合中央总体要求，云浮目前进行的改革是大势所趋，有很强的借鉴意义。

《南方日报》报道指出，云浮农村改革中创新设立的理事会成了村里公共事务的“润滑剂”。对此，省委农办副主任、省农业厅副厅长陈祖煌表示，如果还习惯于过去的老思路和老做法，认为大家举手投个票就叫做农村的民主自

农村综合改革的重点与难点在于如何保障农民土地权益。农村绝大部分矛盾都是因土地而起。政府要反思，在改革过程中如何让农民共同分享工业化和城镇化的成果。农村综合改革道路很漫长，云浮乃至广东现在只是开了个头。

——广东省委农办副主任、省农业厅副厅长陈祖煌

治，这不适应当前的形势。因为它实际上没有落实选举权到农民身上，并没有解决农民当家作主的问题。“三级村民理事会，恰好是让乡村民主落到实处的一个非常好的决策”。

陈祖煌引用《南方日报》报道中的例子表示，在新农村建设的过程中，有不少道路建设和旧房拆迁等工作，如果是政府与民众对话解决，容易形成对立与矛盾。若换成村民理事会，事情则顺利很多。三级理事会不仅能够成为政府和农民之间的桥梁和纽带，也能够为矛盾冲突提供缓冲地带，在今天新农村建设的背景下意义非凡，“希望能在更多地方推广”。

云浮市委副书记、市长卓志强透露，目前云浮全市三级理事会已发展到1337个，其中乡民理事会19个、社区理事会156个、村民理事会1162个。他说，通过完善三级理事会制度，发挥了理事会的桥梁作用，密切了企业、合作社、理事会与农户之间的联系，引导了农户联合发展。

设计者
改革与研究的完美结合

南方日报记者采访了云浮市云安县农村综合改革制度设计的参与者、华中师范大学中国农村研究院副院长邓大才教授。据介绍，2010年底，华中师范大学中国农村研究院和云浮市合作研究农村综合改革问题，并在云安县进行试点研究，率先提出了“创建三级理事会”等建设性意见。

邓大才认为，云安县的农村改革经验在广东很有推广价值，尤其是在“乡贤比较多”的珠三角和潮汕等地。同时，他也指出，理事会的定位一定要做好，职责是服务、协调、推进农村社会发展，村一级的理事会不能与村委会发生冲突，“可以议事但不能决事”。

回忆云安县农村综合改革，邓大才特意提到了两个人的贡献，一位是时任云安县县委书记的金繁丰，称赞他是一位锐意改革的个性官员；另一位是华中师范大学中国农村研究院院长徐勇教授，他提出了许多关于云安县农村改革的建议。邓大才认为，这是政府改革与学者研究的一次“完美结合”。

徐勇曾对“云安经验”进行了总结：第一，云安是以社会建设来促进社会管理；第二，云安是以改革来提高社会管理水平；第三，云安是以服务来提高社会管理水平，重新塑造政府权威，获得民众的拥护；第四，云安是以提高农民素质来促进社会管理水平。

观察者
建议清查农村集体财产

近年来，云浮在全省率先进行农村综合改革先期探索，初步建立了一个群众积极参与的新型社会管理体系，走出了一条城乡统筹发展的道路，被徐勇、党国英、于建嵘、俞可平、邓大才等知名学者誉为对全国具有借鉴意义的“中国农村发展第三条道路”。

中国社会科学院农村所社会问题研究中心主任于建嵘教授在接受记者采访说：“云安的改革突破了村庄公共生活过度政治化误区，逐步消弱了村委会的行政职能，充分发挥其社区治理功能，并培育了村庄社区组织的多样性和服务性，其改革经验具有普遍意义。”

于建嵘同时也指出了云安经验的局限性——改革并未解决最重要的“农村集体财产”问题。他建议，对农村集体财产进行一次全面的清查，通过制度习惯安排量化村民各种权利，特别是财产权利，严格限制村委会集体财产处置权。他认为，当前农村群体性事件的主要诉求仍集中在土地权利等集体财产问题上，但与此相关联的村务公开、民主选举等一系列问题也越来越成为事件的直接聚焦点。

著名“三农”问题专家党国英在接受采访时则表示，云安经验有其独特性，比如城乡边界模糊的地域特征、村里有能人有财力、地方名流热衷于村里的公共事务等，但也有许多村庄缺人缺钱缺热情，在这样的村庄推广起来就比较困难。

（胡念飞 陈清浩 周虎城 关明辉 胥柏波 徐滔 丁建庭 朱海威）

云安的改革突破了村庄公共生活过度政治化误区，逐步消弱了村委会的行政职能，充分发挥其社区治理功能，并培育了村庄社区组织的多样性和服务性，其改革经验具有普遍意义。

——中国社会科学院农村所社会问题研究中心主任于建嵘

3

★广佛肇城际轨道交通线力争2013年建成通车，怀集将完全融入广州一个半小时经济圈。

探访广佛肇经济圈一体化进程，透析怀集经济合作区招商启示

珠三角一体化
打破壁垒互惠合作谋多赢

广佛肇经济圈设想提出三年之后，怀集县招商局局长邓成钢的压力已经悄然发生变化：从四面出击招商到研究如何为企业建好合作园区，“不用再多喝酒，很多企业蓄势待动，我们憧憬一个山区发展极”。

这个变化源于，广东西北部的怀集县拥有了多重身份，除“中国燕都”、“竹子之乡”、“大西南桥头堡”之外，这个千年大县又多了一张新名片：广佛肇经济合作区。

经济合作区的概念始于广佛肇经济圈一体化，折射着珠三角从比较优势基础上的贸易往来到加工制造业的合作，发展为经济一体化高度融合的历史进程。

南方日报记者把目光瞄准广佛肇一体化下的企业转移，力图通过透视大时代下的企业身影，打量珠三角世界级城市群的区域融合。

企业进山记

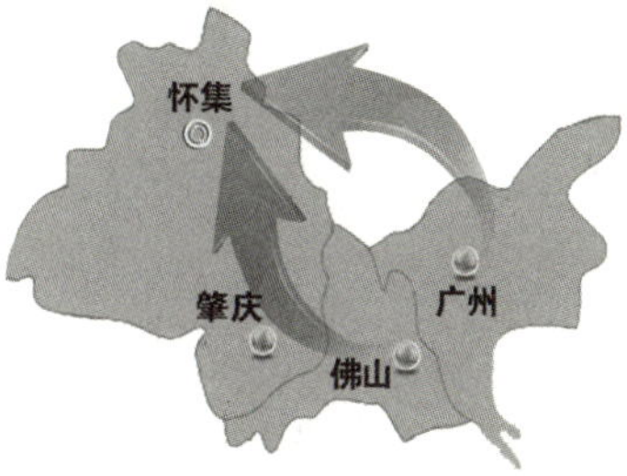

你可以想象一下，一个山区县成为交通大枢纽，这是多么难得

2008年金融危机，中国经济阵痛不断。位于广州白云区江高镇的奥吉斯新材料有限公司的董事长张宝庆，却被企业扩张所困扰。

长期以来，广泛用于防弹玻璃、安全玻璃建筑等方面的PVB膜片一直被国外企业所垄断，国内市场需求的90%靠进口，奥吉斯公司需要更多的生产基地扩张产能，但广州紧张的用地指标让他们必须走出去。

“如果继续留在这里，即便有地也办不到土地证，建了工厂没有房产证，没有房产证就没法在银行融资，企业只有死路一条。”张宝庆说，虽然金融危机影响步步紧逼，但广东省仍力挺“双转移”战略，这和他的想法不谋而合。

怀集县招商局局长邓成钢此时也感到苦闷。“明天会更好”这句标语一直悬挂在县城中心，但多年来他和大多数公务员工资水平几乎没有发生变化。尽管拥有丰富的土地、森林、矿产资源，尽管总面积达到3573平方公里，总人口达到105万，占到肇庆全市的1/4，但怀集的发展一直比较缓慢。

“产值500万元以上的企业只有50多家，不及顺德的一个村。”邓成钢每次到珠三角招商都深刻地感受到差距和落寞。

一次偶然的机会，时任怀集县县长江森源听说奥吉斯公司准备转移生产基地，立马赶到广州推介。

“第一次被请去怀集几乎没有什么好印象，没有高速，需要4个小时，运输成本太高了，回来之后我就不愿再理会这个事了。”张宝庆将目光投向了离广州更近的从化、花都和清远。

但他没有想到，几个月后，江森源和邓成钢再一次来到广州，而且带来了交通规划图，上面显示两条高速和贵广铁路将从怀集穿过，虽然这让张宝庆有一丝心动，但他顾虑仍多。

转眼进入2009年，江森源这一次带上了主管工业园区建设的副县长梁妙练，第三次拜访张宝庆。他承诺一定会提高行政效率，帮助企业办好各种手

体制壁垒不破 伪一体化或将抬头

探访广佛肇经济圈一体化进程，透析怀集经济合作区招商启示

大举进山 转移企业相中区域融合

续，而且怀集在承接广佛企业转移上有很大优势，未来三市将更加紧密地联系在一起。

“当时的江县长似乎预见到怀集发展的春天到了。”但张宝庆还是不放心，他抽了一天时间带着一众部下，悄悄到了怀集，遍访劳动局和乡野，了解当地劳动力情况。“在广州虽然不缺劳动力，但大部分来自外乡，成为熟练工人后由于家庭原因很容易流失，这让我们很痛苦，在怀集我们却发现27岁至35岁的劳动力大多在珠三角历练过，也是为了照顾家庭返回家乡，这是很稳固的工人群体。”

疑惑被现实的变化一点点消除。2009年3月3日，一个新的变化出现了。由省委书记汪洋带队的珠三角各市现场会进入肇庆，首次提出广佛同城带动肇庆，打造广佛肇经济圈。

虽然并不热心关注政策走向，但随后“二广”高速公路广州至怀集段建成通车让张宝庆真切地感受到了这个变化。怀集距离佛山仅一个小时车程，距离广州仅一个半小时车程，基本融入广州一个半小时经济圈。

接着，贵广高速铁路全面施工建设，随着贯穿怀集的昆汕、怀罗高速公路和贵广高速铁路的陆续建成，怀集将形成“三高一铁”交通网络新格局，成为周边乃至全省辐射粤桂湘的交通枢纽。“你可以想象一下，一个山区县成为交通大枢纽，这是多么难得。”

最终，张宝庆决定落户怀集工业园。这两年他无数次往返两地，更多的始料未及次第发生：广佛肇三地年票互认互通，一路上每两个县城间的收费站也取消了，连医保定点医疗机构也开始对接，最重要的是欠发达地区政府的服务意识越来越接近珠三角。

经济合作区

虽然经济合作区的规划尚未落地，但怀集已经在千年大县的土地上画了一个圈

3月19日，站在怀集工业园（二期）刚刚“三通一平”的土地上，副县长梁妙练望着这片原先是丘陵的开阔地踌躇满志地说：“这里将成为现代化的工厂。”他的兴奋暗合珠三角区域一体化的潮流。

在改革开放浪潮中，广州、佛山的市场经济几乎同时起步。广州外向，以“三来一补”起步，崛起为中国第三大城市；佛山内向，民营经济、镇街经济特色突出，成为珠三角第一梯队的生力军。广佛之外，肇庆则是“半只脚踏进珠三角”，发展步子落后于珠三角其他城市。

在分头发展20余年后，在区域竞争新形势下，珠三角城市间从竞争到竞合开始萌动，经过了金融危机，经济转型更成为珠三角发展的关键词。一个重要方式为：用产业和劳动力的“双转移”冲破行政疆界，推动珠三角区域的一体化进程。

★怀集工业园（二期）正在进行“三通一平”基础工程建设。

从2009年12月开始，原来不太关注新闻的张宝庆也养成了经常读报的习惯，“广佛肇三座城市的市长竟然坐在一起开会了，会上还选出了圈长，这是很新鲜的事情，前所未闻”。

到了2010年9月，《广佛肇经济圈发展规划（2010—2020年）》公布，纲领明确三市将在肇庆市怀集县建立经济合作区。张宝庆坐不住了，他打电话给怀集县县长江森源：“之前我是被你的热情所打动，现在是被你的眼光所感动啊。”

谋定方后动。江森源、梁妙练和邓成钢请来了《广佛肇经济圈发展规划（2010—2020年）》的起草负责人、中山大学规划设计研究院院长李立勋出谋划策。梁妙练说，虽然经济合作区的规划尚未落地，但怀集已经在千年大县的土地上“画了一个圈”。

“初步划定怀城、冷坑、闸岗、梁村、岗坪，合共200平方公里，怀城、冷坑发展工业，梁村、岗坪则利用大片优质平原发展绿色现代农业、生态旅游，而冷坑位于‘二广’高速、昆汕高速、怀阳（怀集到阳江）高速三条高速的汇合点，东西快驰可达，故规划为物流中心。”

按照《规划》，广州将强化国家中心城市功能，率先加快转型升级；佛山将发挥产业优势，推动产业结构战略性调整；肇庆将发挥资源优势，积极承接广佛的产业与资本转移建设成为传统优势产业转型升级集聚区及新兴产业区。

“《规划》的核心实际上延续了广东的‘双转移’思路，产业协调和融合是经济圈的重中之重。”李立勋说。

张宝庆注意到，正是得益于加速接受广佛的辐射，肇庆近5年来发展大大提速：仅2008年，肇庆新引进工业项目185宗，总投资217亿元，其中有近八成来自广州、佛山等地转型升级企业。

再过不到一个月，张宝庆的企业将要在怀集工业园试运行了。投资6亿元、占地110亩的集美新材料公司项目全部达标投产后，年产值约有30亿元，创利税3亿元，而怀集2011年一年的税收才7.6亿元。

边走边评

体制壁垒不破　伪一体化或将抬头

广州市市长陈建华从肇庆市市长郭锋手中接过新一期广佛肇经济圈“圈长”一职，掌声雷动。台下坐着的上百位官员几乎都是广佛肇三市推进一体化的党政要员。这是广佛肇经济圈第三次市长联席会议现场，此时距离《珠江三角洲地区改革发展规划纲要（2008—2020年）》发布刚过3年，而距离《广佛肇经济圈发展规划（2010—2020年）》发布不到半年。

广佛肇一体化，这个被三市人民寄予无限希望的战略终于进入到了一个新阶段，而更加宏大的珠三角一体化战略同样进入了攻坚阶段。在肇庆，从市到县，负责推进一体化的官员无不对未来踌躇满志。在珠三角一体化刚开始的这几年，区域合作已经给当地政府带来好处。由于频频与广佛官员接触，肇庆官员们普遍感觉政务水平和办事效率大大提高，而从行政上说，一体化进程已经倒逼肇庆完成多轮行政审批事项改革。基于经济合作开始的一体化带来的溢出效应显然已越过经济领域，对社会意识、政府转型带来全方位影响。

一体化有不可阻挡的力量。这种力量首先基于比较优势和规模报酬递减的经济学原理。广州缺少的土地资源可以在肇庆找到，佛山制造业亟须的人力要素可以在肇庆找到，而肇庆缺少的资本和技术同样可以求诸广佛。通过协调合作，将各自的比较优势发挥到最大，所有合作主体都能得到更多好处。道理就这么简单，小到广佛同城、珠三角一体化，大到欧洲共同体、东盟乃至全球化，无不是一体化理论的实践。

一个完满的理论往往有着自我循环和自我发展的内生动力，但现实的进展却充满艰难。为什么第三次市长联席会议让广佛肇三地官员充满期待？因为在这次会议之前，政府间协调机制的不健全已经引起普遍的焦虑。由于各政府行政权力互不隶属，运行机制各不相同，因此一体化的领

★广州白云区一家新材料公司生产基地落户怀集工业园。

导机构不够强有力。

一体化推进之初的大量工作需要政府搭台，政府之间的协调机制能否高效运作决定一体化推进的速度和效率。没有一个好的协调机制，搭台的速度和质量一定会大打折扣。

怎样破解难题？还是要追溯一体化的根本动力。珠三角一体化的动力在于，上级政府的行政要求、本级政府自身的政绩和利益推动、企业流动和居民的利益推动。

要激活珠三角一体化的动力主体，根本上取决于观念的进步和制度的改进。观念是指大珠三角意识，意识的主体首先必须是政府。政府之间利益难以协调以至于一体化难以推进的情况屡见不鲜，根本上是没有一体化的大局观。强化各地方政府的一体化意识需要顶层设计。观念先行，还要辅以将观念落地的具体制度的改进。观念的进步并非一朝一夕可以完成，但制度的改进可以一点一滴完善。

珠三角一体化，最关键的是要打破体制壁垒，体制壁垒不破，任何一体化都是伪一体化。

广佛肇经济圈第三次市长联席会议提出要成立经济合作区建设的专门机构，由三地副市长担任协调小组组长，还有政府在考虑将一体化工作纳入到政绩考核体系中来。

从广佛肇一体化推进的情况来看，基础设施建设、经济合作区规划等已经取得共识。接下来，就要进入真正攻关的阶段。政府之间需要磨合出默契，磨合出一整套制度，磨合出越来越深刻的一体化意识。而市场和民众的意识取决于一体化是否

珠三角一体化，最关键的是要打破体制壁垒，体制壁垒不破，任何一体化都是伪一体化。

真正落地，一旦真正落地，所有成果看得见、摸得着，一体化就会开始进入自我运转、自我发展的良性循环。那时候，我们才算真正迈入珠三角一体化的大门。

链接·"孤岛"警示

金沙洲困局可能会扩大

张宝庆兴奋到睡不着觉的日子里，在金沙洲上生活的钟小姐也睡不着。她不是兴奋，而是感觉生活在一座"孤岛"上。

这里是广佛交界处的狭长岛屿，广州和佛山两地政府公认的五大重要交界片区之一；这里1/3归广州管辖，2/3属于南海区域，网民形象地称其为"一岛两制"；这里的规划人口将超15万，若把南海多个在建大型楼盘计算在内，预计人口将超过30万。

但钟小姐一天的生活却是这样的：每天早上7时30分出门，到罗冲围转车，如果不塞车，2个小时到达位于广州沙河的公司上班。晚上6时下班，在金沙洲大桥堵塞1小时左右，到家已经是晚上8时半。

下班后，钟小姐偶尔去这里唯一的一家超市——家乐福转一转，但衣服和鞋子绝对要等到周末去市区购买。更苦恼的是，如果要去银行办理业务更不容易，离她家最近的银行在南海金沙湾。偶尔，钟小姐会收到朋友寄来的包裹，但她要打车10多公里才能找到邮局。更让钟小姐不理解的是，这里有非常漂亮的廉租房和商品房，可还没有一家医院。

去年，这样一则新闻让钟小姐担心不已。在与金沙洲相邻的南海黄岐，一位老人在家中晕厥，距离她家最近的是一家广州医院，于是她儿子拨打广州120，但被拒绝。广州市120急救指挥中心表示，120实行属地化管理，只负责广州辖区内的救治任务。

10万余人像被困在"孤岛"上，这是被广泛提及的一个例子。很多人诟病，长期以来，广州对金沙洲的基础设施建设并不热心，导致金沙洲的交通、医院、学校等基础设施相对落后。

"类似的矛盾可能会扩大到整个经济层面。"广州市社科院研究员彭澎表示，广佛肇经济圈能否成功，最关键的是协调和平衡各地方政府的利益。

3月20日，三市第三次市长联席会议上，南方日报记者注意到，佛山市市长刘悦伦总结完一体化成绩后强调，广佛同城化有8个项目至今因资金、土地、拆迁等问题推进困难，恳请广州给予大力支持。

饶有意味的是，半个小时后，广州市市长陈建华接任肇庆市市长郭锋担纲广佛肇经济圈新一任"圈长"。他当即朗声表态：感谢信任、敢于担当、不辱使命。刘悦伦热烈鼓掌。

张宝庆也仔细看了第二天的报纸，报纸上有一句评论让他印象深刻："政府以前的做法像企业，对自己有利的就干，没利的就不干。但在一体化过程中，怎么可能事事都对你有利？珠三角一体化，最关键的是要打破体制壁垒，体制壁垒不破，任何一体化都是伪一体化。”

“按照要求，广佛肇力争到2012年基本实现广佛同城化、有效推进广佛肇一体化；到2015年，全面实现广佛同城化，基本实现广佛肇一体化；到2020年，全面实现广佛肇一体化。我们会为此而努力。”肇庆市政府办公室副主任陈宇航对未来很有信心。

链接·新闻背景

珠三角一体化进程

2009年1月，国务院正式发布《珠江三角洲地区改革发展规划纲要（2008—2020年）》。紧随其后，广东提出打造广佛肇、深莞惠、珠中江三个经济圈的设想，希望通过以点带面的方式推动珠三角一体化进程。

三大经济圈中，广佛肇面积最大、人口最多、经济实力最强，是珠三角合作条件最成熟、产业综合性最强、区域互补性最明显的一个经济圈，定位为珠三角一体化的示范区与突破口。在签订《广佛肇经济圈建设合作框架协议》基础上，从2009年开始，广佛肇经济圈已经召开了3次市长联席会议，在交通运输、产业协作、教育培训和环境保护一体化等领域先行先试，并取得重大进展。2011年，三市率先制定了《广佛肇经济圈发展规划（2010—2020年）》，确定共建经济合作区。

5年间，粤港澳合作从区域合作提升到国家发展战略层面。CEPA服务业对港澳开放在广东先行先试实施；国务院分别批复《横琴总体发展规划》和《前海深港现代服务业合作区总体规划》；粤港、粤澳合作框架协议分别签署实施，为粤港澳合作搭建了重要平台。

深惠莞三市签订了《推进珠江口东岸地区紧密合作框架协议》，加快这一地区的经济一体化进程。《珠中江区域紧密合作规划》也在加紧编制中，目前已召开4次珠中江区域紧密合作联席会议。

广佛肇面积最大、人口最多、经济实力最强，是珠三角合作条件最成熟、产业综合性最强、区域互补性最明显的一个经济圈，定位为珠三角一体化的示范区与突破口。

声音

多数网友认同珠三角一体化构想；专家指出，这是漫长的过程——
"目前的一体化进程才刚刚起步"

网友
体制壁垒是最大阻力

在南方日报通过南方报网和官微@南方日报开展的珠三角一体化的相关调查中，其中一项调查结果显示，大部分网友都认同"珠三角一体化"的战略设想，同时也认为目前的一体化进程才刚刚起步，距离最终的理想目标还很遥远。也有网友悲观地认为，珠三角一体化只是一个梦想，"我想我这辈子是看不到了"；也有网友担心"政府拿伪一体化来蒙骗人民"。

在另一项"最大阻力在哪里"的分析调查中，大部分网友认为"最大的阻力是体制壁垒"，也有网友认为"关键是政府推动一体化的决心"，还有网友认为"这要看发达的广佛等地是否真心帮助欠发达地市"。

网友@守望六甲山说："珠三角一体化并不是那么容易实现的，各个城市之间要真正做到敞开门户，互通有无，才能促进各地共同发展，任重而道远。"网友@袁索也认为："现有的行政体制壁垒，决定了珠三角不可能出现伦敦、东京那样的城市群，只是距离较近的大城市的伪一体化而已。"

设计者
并不特别强调"产业合作"

中山大学规划设计研究院院长李立勋是《广佛肇经济圈发展规划（2010—2020年）》负责人、项目组组长。他认为广佛肇一体化除了能提高区域竞争力以外，还会为市民提供更大的生活空间，比如交通、公共服务更便捷，环境生态统筹保护。

李立勋详述了关于三市共建怀集经济合作区的更多考量。他说，共建合作区延续了"双转移"的思路，同时不局限于此，更希望整合广佛资金、发展能力的优势和肇庆发展空间及劳动力丰富的优势，互惠合作，创新合作机制，在增量上追求优质发展。

“但我并不特别强调一体化的核心是产业合作。”他说，产业协作并不是政府可以设计出来的，更多的要靠市场的资源配置作用，各地方先竞争后合作，一体化在政府层面更重要的还是基础设施、公共服务和环保生态上作出更大努力。

“珠三角一体化本着先易后难的原则，现在困难很多，核心是不同利益主体关心的平衡问题。”李立勋表示，现有的体制、政策设计不能满足一体化的要求，比如GDP考核、税收财政体制等，“实现利益平衡和互让不能靠哥们义气，需要一系列平衡经济利益的体制机制，只有靠不断尝试”。

观察者

一体化进程还远远不够

与同时进行中的深莞惠、珠中江经济合作项目相比较，广佛肇经济合作区以其自身的优势跑在了二者的前面。

广州市社会科学院研究员彭澎在接受采访时表示，服务业强势的广州、制造业发达的佛山和土地及劳动力资源丰富的肇庆三者之间优势互补，而作为一个省会城市，广州拥有强大的向心力；相反，“深莞惠”和“珠中江”经济合作区，城市间的同质性较强，竞争性较大，没有强大的龙头城市来统筹全局，诸多原因使广佛肇经济合作区的发展如鱼得水。

在其看来，现在广佛肇的发展进程还远远不够。“虽然新的领导上任推动进步，但是还是要加强三个城市之间的联动机制，推进工作的年度化，以加强城市间的交流，统筹安排，进一步促进工作的制度化。”

广东省社科院区域与竞争力研究中心主任丁力也表达了类似观点。他认为，整个项目有进步，但是离老百姓的期望值还较远。三家政府都在考虑自己的利益，互不让步，这种情况下想要让市场一体化比较难。诸如金沙洲这类的困局也成为广佛肇一体化进程的一大绊脚石。

如何突破体制壁垒，彭澎认为“现在的办法只有三者之间多交流，多协调，开展联席会议，推进其发展”。

（赵洪杰　翟永鸣　朱迅垚　曾强　张立微　丁建庭　王学芳）

服务业强势的广州、制造业发达的佛山和土地及劳动力资源丰富的肇庆三者之间优势互补，而作为一个省会城市，广州拥有强大的向心力；相反，“深莞惠”和“珠中江”经济合作区，城市间的同质性较强，竞争性较大，没有强大的龙头城市来统筹全局，诸多原因使广佛肇经济合作区的发展如鱼得水。

——广州市社会科学院研究员彭澎

4

★揭阳潮汕机场开通后，每天都有来自全国各地的商机运送到潮汕地区。

是桃园三结义，还是三国杀？透视汕潮揭一体化格局

区域融合助“小弟”快跑 三兄弟联手起飞

“这里应该是‘刘关张’桃园三结义，而不是‘魏蜀吴’三国杀！”

全国“两会”刚刚闭幕，但民众热议国是的余温仍不断发酵。在从北京飞返广东的归程中，有两名人大代表特别兴奋：一个是马兴田，一个是李林楷。

前者自以《三国演义》的典故喻证汕头、潮州、揭阳三市应是“好兄弟”后，成为媒体追逐的焦点；后者得益于汕潮揭一体化的大环境，刚签了一个大单。两人感触良多。

飞机稳稳落在揭阳潮汕机场，不管是急着去汕头的马兴田，还是要回揭阳的李林楷都明

白，这个外形像彩贝、散发着簇新气味的机场，正蕴含着粤东发展的珍珠，成为广东全面可持续协调发展的新引擎。

要帕累托改进 不要零和游戏

是桃园三结义，还是三国杀？透视汕潮揭一体化格局

“小弟”快跑 力推三兄弟联手起飞

一极还是多极？

机场之争

当听说民用机场要转场新建在揭阳时，汕头人“炸开了锅”，感觉“粤东大哥”地位岌岌可危

3月中旬一天，广州白云机场依旧繁忙。

汕头一家食品外企的销售员严蕾（化名）有些意外，她原以为飞揭阳的机票随到随买，哪知上午8时到达白云机场时，飞揭阳的早午航班机票均已售罄。

严蕾每个月都要出差两三次，“汕头的航班少，要转机，索性要么到深圳，要么到厦门坐飞机”。

最糟糕的一次是，她从北京回汕头，坐了两天飞机。“第一天下午，北京到广州延误，从广州飞汕头的最后一班机又取消；第二天，早上广州飞汕头的航班又延误，回到家都已经是第二天晚上了。”

改变，从2011年12月15日开始。

当日8时10分，揭阳潮汕机场首个航班腾空而起飞往广州，标志着军民两用、运营了38年的汕头外砂机场退出民用领域，新机场正式登场。

严蕾刚好喝上“头啖汤”。随后每月两三次的乘搭，扑面而来的感受是方便，还意想不到的是票务紧张。严蕾说：“这个机场建得好！”

汕头外砂机场从1974年开始民航运输业务，但由于同时承担着军用任务，该机场不仅民用设施规模较小，而且在空域使用、民用航班航线安排上也较受限制。

即便这样，汕头人也一直对自家门口有个机场，感到十分自豪和依恋。

“汕头经济总量一直是粤东地区最大的，机场选择放这里，大家觉得理所当然。”严蕾曾和绝大部分的汕头人一样，对新机场选在揭阳颇有微词，“好像有东西被别人夺走了，担心汕头将来会走下坡路。”

改革开放以来，作为经济特区的汕头理所当然成为“粤东大哥”，但近年来与粤东其他地级市相比，领先距离在逐步缩小，“小弟”揭阳紧紧追赶。

当听说民用机场要转场新建在揭阳时，汕头人“炸开了锅”，感觉“大哥”地位岌岌可危。

从1993年开始选址，1999年立项，2007年获得“准生证”，到最后启航，18年间，关于潮汕机场选址的口水战隔三差五就会上演，直到设想终于变成现实。

崭新的揭阳潮汕机场坐落在揭阳市揭东县登岗镇与炮台镇交界处，地处汕潮揭三市中心，距离三市市区各20公里左右，服务半径为总面积3万多平方公里的粤东地区，辐射闽南部分地区。

揭阳潮汕机场副总经理郭大杰告诉记者，机场大部分员工都已在汕头安家，每天来回2小时的上下班时间，对他们这些已经习惯了“半小时生活圈”的汕头市民来说，确实不习惯。“空间距离并不遥远，心理距离才更重要。”郭大杰说。

“旧机场发展空间确实有限，新机场的辐射力已经显现。”郭大杰说，运营三个月来，机场运送旅客50万人，同比增长一成多；春运期间累计接送旅客25.3万人，同比增长15%。“过去超过70%都是汕头本地客人，如今汕、潮、揭、外地的比例大概是5:2:2:1。”

小弟快跑

揭阳的用地感觉紧张了，不少企业闻风而动，瞄准了这片土地，于是过去是招商，现在是“挑商”

从新机场出来，道路平坦、舒适、靓丽，国际惯用的特色回环设计，路两旁开始平整的土地，高悬的巨幅房地产广告，明确地告诉踏入揭阳的每一个人：机遇的气息已经慢慢从机场渗出。

“以前是‘汽车跳，揭阳到’，路况很不好，现在神了，”广东中科信泰新能源有限公司总经理李林楷笑着说，“飞机停稳，客人打电话来，我们才出去接，往往车子到了，客人刚刚出闸。”

★揭阳的传统产业玉器加工同样面临着转型升级。

全国“两会”一结束，李林楷就急着赶回公司。搞新能源的中科信泰在市场上并没有多少知名度，却无意中拿到了一个大单。

2011年12月上旬，李林楷听说全国最大的电动车研发企业——湖北圣宝龙电动车有限公司有意寻找环保电池供应合作企业，这与他们研发的锂离子电池思路不谋而合。于是，他立马就把对方有关负责人请来揭阳，实地考察。

“我们本来已经有意投资天津，但到了揭阳后，发现这里整个空港物流链条很完备，比天津的性价比高。”圣宝龙的相关负责人告诉记者，最后打动他们的是无意中翻看李林楷办公桌上的政府扶持民营企业的“揭阳十二条”，“这样的政府，还有整个粤东市场，让我们改变了主意。”

两家公司初步达成合作意向后，投入了2亿元组建广东榕泰圣宝龙新能源车业有限公司，后来又追加6亿元，建起年产20万辆电动车的生产车间，目前已经投产。

“空港建起来后，揭阳的市场会特别大，对我们这些民营企业，特别是从事高新技术产业的民企来说，机遇难逢。”李林楷是土生土长的揭阳人，作为全国人大代表，他多年为粤东的发展奔走。

没有珠三角的便利，没有粤西的能源优势，在人多地少的粤东平原上，潮汕人仿佛有一种与生俱来的使命感：出门闯荡、改变命运，一旦机会来了，就牢牢抓住。

“其中揭阳面积最大、人口最多，人均经济水平偏低。”他感慨说，整个粤东地区要发展起来，揭阳这个“小弟”就得快跑。

因为家门口的飞机场，一下子拉近了揭阳和世界的距离。

对这样的“赶跑”，揭阳市发展和改革局综合科科长高文阁感受尤深。春节后，他的工作方式有了一个很大的转变：过去是招商，现在是“挑商”。

事实上，从2010年开始，随着中石油、中海油等项目落户带来的效应，新机场即将启用的利好消息不断溢出，不少企业就闻风而动，瞄准了揭阳这片沃土。

于是，揭阳的用地感觉紧张了，因为很多项目想进来，“我们不得不对投资商有所挑选”。

据介绍，2010年揭阳招商引资工作任务计划投资总额为1500亿元，结果完成了1935.4亿元；计划引入100个亿元以上项目，实际引入了231个。其中，在机场所在的揭东县，计划引入16个亿元以上项目，最后引入了58个；有着临港优势的惠来计划引入10个亿元以上项目，最后引入了13个。两地的项目动工率都超过了200%。

有关统计数据显示，2011年揭阳实现生产总值1232亿元，近五年年均增长17%，增速位列广东第二。是年，汕头实现生产总值1425亿元，潮州实现生产总值645亿元。三地之间差距进一步缩小，整个粤东经济圈生产总值几近粤北经济圈。

边走边评

要帕累托改进　不要零和游戏

人们常说，一个城市朝气蓬勃，或者，一个地区暮气沉沉，都是对一个地方最抽象也是最深入的评价。这个评价不仅仅指向于经济维度，更有着社会、文化、政治的多重考量。过去，要列举出一个朝气蓬勃的城市，最先想到的往往是改革开放初期勇往直前的深圳。彼时的深圳意味着最开明的经济环境、最前沿的时尚、最前卫的思潮、最有活力的年轻人，似乎无数梦想都可以在那里实现。

在揭阳采访几天下来，笔者感受到了同样的蓬勃气象。在当下中国，这是只有刚刚启动发展引擎的后发地区才有的气象。当经济特区和沿海地区已经进入成熟状态时，它们的气象可以说是繁荣，却难说蓬勃。后发地区的朝气正如当年的它们。在揭阳，朝气与锐气无处不在。“粤东老大”之争在民间早已经是公开争论的话题，已经连续五年经济增长速度排在粤东首位的揭阳，甚至公开提出争当“粤东经济发展极”。的确，原先粤东经济基础最薄弱的揭阳，其经济总量已接近粤东经济中心——汕头。

对于官方在某种程度上避讳的“粤东老大”之争，笔者认为利大于弊。中国过去30多年的经济发展，事实上就是区域竞争尤其是县级经济体竞争的结果。比招商引资，比优惠政策，比政务环境，比社会治理水平，以政府为主体的区域竞争在经济发展初期，总体上提高了市场资源分配的效率。

揭阳敢于大胆提出“粤东经济发展极”就是对竞争理论的深刻体悟，就是一种敢于打破中庸哲学的解放思想。这种敢为天下先的锐气将让粤东的区域竞争更加激烈，竞争中才能产生经得住考验的生产力，才能刺激粤东各市更加进取。

后发地区的锐气来自哪里？来自启动发展引擎之后。以揭阳为例，发展引擎的启动取决于三个方面：一是省级政府对粤东区域经济发展的规划以及战略上的支持。揭阳的战略定位、发展方向都在粤东经济发展纲要里有明确规划。二是新建的揭阳潮汕机场是揭阳努力争取近20年的结果。三是揭阳做足了功课，把握住了重大发展机遇。除去规划中的空港经济，一项与大型石化企业合作的重大项目即将在揭阳落地，构成未来揭阳发展的另一个重要驱动力——海港经济。我们发现，那些本来是后发地区，后来启动发展引擎的地区中，做得好的往往都符合这三点。

在省级层面，对协调发展粤东西北与珠三角的区域发展同样有清晰规划。规划是设计层面，要落到实地还是要取决于各地如何领悟和执行规划精神。从设想到落地，区域协调发展的核心是把握竞争与合作的边界。正如我们所说，“粤东老大”之争某种程度上利大于弊，但竞争重要，合作同样重要。以粤东为例，各市之间的经济同质化和恶性竞争大量存在，某种产品走俏，各地一窝蜂争抢的现象屡见不鲜，最终伤害到的是粤东整体的竞争力。区域的协调发展就是要加强增量合作，规避不合理竞争，要的是帕累托改进，不要零和游戏。

从政府到民间，从企业家到平民，揭阳的自信溢于言表。新机场的落成提升了人们对经济的信心和对地区的价值认同，空港经济与海港经济都将在可预见的未来落实，原本喜欢到汕头购置房产的揭阳人开始留意家乡的房子，而机场通往市区的高质量公路则让我们耳目一新。

除了那些物理上的变化外，空气中还有一股蓬勃之气。这是进取之象，是后发城市加快发展的内在动力。揭阳有此象，发展中的粤东各市都将有此象。区域经济发展的最终目的就是要让所有后发区域都能有此气象。

↘ 在省级层面，对协调发展粤东西北与珠三角的区域发展同样有清晰规划。规划是设计层面，要落到实地还是取决于各地如何领悟和执行规划精神。从设想到落地，区域协调发展的核心是把握竞争与合作的边界。

链接·论辩粤东发展极

一极还是多极？

尽管经济提速，但从多个人均指标看，揭阳仍然排在潮汕地区末位。

“对我们来说，必须‘干’字当头，‘快’字为先。”在2011年12月6日举行的揭阳市第五次党代会上，揭阳市委书记陈绿平提出了“打造粤东发展极，建设幸福新揭阳”的核心目标。

一时间，一个“极”字，使“粤东大哥”的争夺战异乎寻常。

汕头是经济特区，起步快，工业发展基础好，经济总量始终占先；但它历史不长，旁边却有历史名城潮州这个“大兄弟”，升格10多年本身发展也不差，未来还有高铁撑腰；而随着潮汕机场落户，“小兄弟”揭阳也开始让人刮目相看，还喊出了“粤东发展极”。

心急的汕头网友坐不住了，纷纷喊话：“粤东中心城市这个头衔，现在的汕头Hold不Hold得住？”“揭阳担得起这个‘极’吗？”“谁是老大？”一时间争论不休。

表面看，汕头、潮州、揭阳同根同源，说同样的语言，吃一样的菜，但记者采访三地一些普通民众，他们之间有很多相互不买账。

深一点看，粤东各地产业同质化程度相当高，服装业好做，大家都在做；玩具卖得好，一窝蜂又都去卖。互相之间比拼谁做得更好，更大。

“其实这是一个大经济圈，在发展的时候不是比大哥，而是要把整个区域盘起来规划。”省人大代表、吉荣空调有限公司董事长林小茁家住汕头，企业总部在揭阳，生意分布在国内外多个地区，在他眼里，粤东地区必须要有一种更包容、更开放、更团结的心态，才可能发展得更快。

吉荣空调的员工过去基本都是土生土长的粤东人，“20年前找几个能说普通话的都没有”，随着企业发展，目前技术人员约有一半从外地来。

“这是一种开放的态度，但还不够。”林小茁举例说，企业前后大约有30多个博士后进站，但出站后留下来工作时间最长的只有五年，“孩子要读书，但配套的资源在粤东很难找，或者很难有政策上的照顾”。

林小茁认为，粤东地区部分交通基础设施建设滞后，一些基础交通项目的布局屡屡受阻，与行政分割有很大关系。

“最显而易见的是，现在汕汾高速一直没开通，结果从澄海到揭阳潮汕机场就必须穿过汕头市区，需要近100分钟才能到机场，有的客源就流到了厦门。”郭大杰认同地说，从汕头到揭阳潮汕机场沿途初时甚至没有路标，“有的有了，也仅写着‘潮汕机场’，不熟悉的人根本不知道这个机场该往潮州走，还是往汕头走”。

“推进汕潮揭一体化是粤东地区实现跨越式科学发展的必由之路。”面对网友关于

"极"的表述批评，对揭阳急进求快"想做大佬"的质疑，陈绿平十分坦然。他说，提出"粤东发展极"的思路是揭阳基于自身的压力，想定一个"跳起来摘桃子"的目标。"如果揭阳这个'小弟'能跑起来，推动三兄弟都跑起来，那么就能对全省科学发展贡献粤东力量。"

"通俗一点理解，这个'发展极'可以是'一极'，也可以是'多极'，三市都来打造'粤东发展极'，那么就有'三极'。"陈绿平笑道。

"潮汕三市本是一家人，应该是'刘关张'桃园三结义，而不是'魏蜀吴'三国杀！"来自揭阳市的全国人大代表、广东康美药业公司董事长马兴田在2012年全国"两会"上建议，加快推进汕潮揭一体化，必须建立跨市的联络协调组织，打破利益格局。

据悉，汕头、潮州、揭阳三市已经"碰过头"。"只要建立相互协调、协商、理解、沟通的机制，制定具体时间表，从粤东人民最迫切、最需要的地方着力，很多问题都可克服。"陈绿平说。

汕潮揭一体化纳入国家主体功能区规划是粤东经济圈彻底扭转局面的关键支点，这能给粤东人民许下一个什么样的未来？

陈绿平说："我们的决心和信心，都前所未有。"

> 潮汕三市本是一家人，应该是"刘关张"桃园三结义，而不是"魏蜀吴"三国杀！
>
> ——全国人大代表、广东康美药业公司董事长马兴田

声音

网友支持汕潮揭争老大，但是担心上演三国杀，专家认为——

一体化布局方能良性竞争

网友

三地要把握好竞合边际

在南方日报通过南方报网和官微@南方日报开展的汕潮揭一体化的相关调查中，其中一项调查结果显示，大部分网友都认同汕潮揭区域一体化的战略设想，同时也认为三地之间的竞争远大过合作，担心发生恶性竞争上演"三国杀"。

在另一项"汕潮揭三市争老大，支持还是反对"的分析调查中，有39.1%

的网友选择支持，认为经济发展一定程度上是区域竞争的结果；有19.6%的网友选择反对，认为恶性竞争屡见不鲜恐伤害粤东整体利益；有41.3%的网友选择无所谓，建议最好是三地把握合作和竞争的边界。

汕头网友@南方欣闻就认为，汕潮揭一体化必须发挥汕头区域中心城市作用，潮州、揭阳、汕尾三地可以作为“副中心”。

揭阳网友@育辉陈_以梦为马分析了三市现状：“三市一体喊了几年，至今楚河汉界分明。揭阳给力，大手笔都投了大项目，潮汕机场拉近了揭阳与世界的距离，未来发展速度必将超过其他两市。”

潮州网友@纪中人-大头虾阿Jack则表示：“潮州不仅仅是历史名城，更是古代的中心。主动加强与汕头、揭阳等兄弟城市的对接，推动一体化发展尽快步入实施阶段。”

专家学者

没有龙头，经济缺乏牵引力

中山大学岭南学院教授林江对汕潮揭一体化格局的形成持谨慎乐观的态度。他认为，三市一体化有着先天的优势：“从文化来讲，这三市很相近；从人文环境来讲，容易沟通。”

林江认为，汕潮揭一体化发展，受到了没有龙头老大的影响。“三地到底哪一个是龙头老大？这一点不清楚。”他强调，“经济发展没有龙头，那就没有牵引作用。”

新潮汕机场建成，给揭阳注入了一股强劲的动力。对于网友们认为揭阳将领跑汕潮揭一体化的观点，林江认为，揭阳是个不可忽略的有潜力的城市，“我个人乐见其成。但是揭阳面临的挑战也不少”。

而对于一些汕头人对揭阳将赶超汕头的大哥地位的担忧，林江也表示理解。但他认为，实现一体化后，汕头也能获利，得到更多资源。“从竞争发展和一体化的角度来讲，汕头和揭阳能够实现共同增长。”

三地一体化实现协调发展的前景令人期待，但林江指出，摆在三地面前最大的考验是“三市各不相让”。

那如何解除这种一体化发展的障碍？林江认为，观念的更新很重要，三地不仅在形式上要实现一体化，在观念上更要一体化。

观察者

区域协调能避恶性竞争

是三结义还是三国杀？有网友们对此既抱有乐观期待，又不无对三地将产生恶性竞争的担心。

“其实刚好相反，一体化的思路能最大可能避免恶性竞争，实现区域的协调发展。”林江认为，按照一体化统一的布局，就能把各个城市的资源放在一个篮子里考虑，从整体上考虑资源整合和产业布局。

而这就需要放弃简单扶贫的看法。林江教授介绍，原来帮助汕潮揭发展是珠三角地区给三地一些支持。“但如果这三个城市能与珠三角地区有个整体的资源整合，就可以通过交易一些指标把资源更好利用起来。”

怎样才能实现区域的协调发展呢？林江打了一个比方说，揭阳有土地资源，汕头没有土地资源，汕头和揭阳可以协调土地资源，这样揭阳可以拿到发展资金，汕头就拿到土地资源。这样把三个地区的资源放在一个平台上利用，就不会出现厚此薄彼的现象。

“每个地方不可能只按照它自己的愿望发展。”林江说，一个地方建设某些工业项目，土地、环境等都难以得到保护。而一体化后既能满足经济发展的目的，又能保护环境。

（谢苗枫　赵洪杰　陈作成　朱迅垚　高笑　李秀婷　丁建庭）

↘ 汕头的工业基础比较好，有很好的工业基地，再加上它是一个商贸城市，所以在工业、商贸方面汕头占有很大优势。而潮州在陶瓷、文化产业方面占有很大优势。但是揭阳在发展新兴产业上比其他两地更有优势，比如LED、太阳能等。

——中山大学岭南学院教授林江

5

★大部制改革后，顺德区行政服务中心窗口集中办理业务，让市民办事更方便。

大部制改革攻坚制度设计，政府权力下放成核心，
顺德村干部说——

只要百姓方便 大部制改革放多少权都能接受

顺德区容桂街道华口村村民郭锦枝刚刚搬进新房，他在三楼的家中看到村支书刘映南从他楼下经过，飞快地跑下来把书记往屋里拉："我儿子月底娶媳妇，你一定要来喝喜酒。"

在郭锦枝心里，村支书刘映南是他们全家的恩人。之前村里修路占了他家约4平方米的宅基地，导致他一直无法报建翻修房子。从2003年开始，尽管他多次赖在国土、城建和规划等部门，磨破了嘴皮子，却遭各部门相互"踢皮球"，让这位老实巴交的村民有气无处发。

2009年，顺德启动大部制改革，国土、城建、规划等部门一同合并为国土城建和水利局。这一合并给郭锦枝带来了福音，村支书刘映南迅速帮他去新的部门办好了报建手续。

拖了七八年，郭锦枝终于建起了4层的小洋楼。一楼临街的门面租给商家，每月光租金就有6500元。

刘映南指着满脸笑容的郭锦枝一家，对南方日报记者说：“大部制改革带来的改变太多了，笑容满面心情灿烂，你感觉到了吧？”

大部制改革，从物理拼接到化学发酵

上面千条线 下面一根针

大部制改革攻坚制度设计，政府权力下放成核心，顺德村干部说——

只要百姓方便 放多少权到村里都接受

政府主动放权

群众不会管你是几大改革，他们关注的是，原来办港澳通行证要开很久的车、排很长的队，现在只要在镇里就能享受服务

操一口蹩脚普通话的郭锦枝是地地道道的“老顺德”，当记者问起政府大部制改革，也不知他是否听懂，只看到他向刘映南竖起两个大拇指：“样样都方便！”

郭锦枝口中的方便，道出了众多顺德人对大部制改革的最直接感受。

和郭锦枝一样，同住容桂街道的罗小姐最近也感受到了这种方便。3月15日，不慎遗失港澳通行证的她只用了不到一个小时，就顺利在容桂行政服务中心办好了补领手续。

大部制改革之前，容桂街道居民申领港澳通行证必须驱车经容奇大桥前往顺德区政府办理。大部制改革后，顺德区公安局将审批办证权下放，自2011年8月5日起，容桂行政服务中心开始接受顺德本地居民往来港澳通行证个人游的首次办理、换证和遗失补发工作。

细心的顺德人逐渐发现，大部制改革除了带给市民“方便快捷”之外，政府工作人员的“笑脸多了，语气温柔了，服务更贴心了”。

在容桂街道办事处，刘小姐用“受宠若惊”来向记者描述自己的感受。之前，她曾向维稳中心投诉邻居房屋违章搭建，维稳中心组织环运城管局和居委会先后到现场进行了两次调处，最终拆除了违章建筑。

在刘小姐惊诧政府变得高效的同时，她还接到了维稳中心的电话回访，询问她对处理意见是否满意。“太吃惊了，维稳中心的服务形象刹那间在脑海中变成了‘海底捞’。”

说起大部制改革，无人不想起顺德。顺德于2009年启动大部制改革，一举将区委、区政府的41个部门削减到16个。

享有“改革尖兵”美誉的顺德，因为这次“自我革命”再一次站在全国聚光灯下。

常年工作在基层的刘映南用最简单朴素的话语来描述心目中的大部制改革：就拿建房屋来说，在大部制改革之前，政府部门不管不理，各部门之间互相“踢皮球”，要去找国土、规划和城建部门盖章，一个月都无法办理下来；大部制之后，村里的行政服务中心就设立了国土城建窗口，村民前来报建，工作人员会告诉村民须提供哪些材料，村民交齐材料后就可以了，工作人员办好后直接通知村民取件，半个月就能办好。

刘映南突然想起一件事，悄声告诉记者：“前几天上面有领导在调研时候问我，如果下一步准备把权力更多下放到村里，问我这边是否方便接受？”

“不是我们方不方便，只要老百姓方便就行，放多少权力下来我都乐于接受。”尝到了大部制放权甜头的刘映南突然提高了声调。

顺德区委书记梁维东认为，让社会各界参与、认同，是大部制改革最大的难点。“群众不会管你是几大改革，他们关注的是，原来办港澳通行证要开很久的车、排很长的队，现在只要在镇里就能享受服务；企业通过改革，办事效率、与政府沟通、意见表达被接纳程度都改善了，他们就会觉得政府好。”

化学发酵可期

大部制只是开始，放权才是核心，建立一个符合市场经济发展的良好体制和机制，这是顺德社会体制综合改革的基调

顺德大部制，推行的是“减机构不减职能、减机构数量而不减人员”。相对于其他地方大部制改革产生的十多名副局长遭到热议，顺德最棘手的人事晋升“也已理顺”，原来的局长、副局长、局务委员格局，已经调整为局长、常务副局长、副局长的新格局。

现在，除了接受媒体采访，顺德人不再总提大部制，因为在他们看来这场“物理变化”已经稳妥。

记者第三次才约到顺德区委、区政府副秘书长李允冠，这位从顺德走出的北大哲学系高才生参与了顺德大部制改革的设计，答应在午餐期间接受采访。席间，还没等记者提问，刚坐下来的他就表示：“我下午要带队去深圳学习，只有半个小时采访时间，边吃边聊。”

"大部制只是开始。"年轻的副秘书长李允冠谈起大部制改革，信心和决心写在了脸上。大部制的核心并非部门之间的简单合并，成效也不仅仅体现在某个节点的改进。不能从表面来评价，要从整个现代政府的治理模式来看大部制改革，大部制改革最终是要为整个经济社会发展奠定长久的机制保障。"改革，要在体制上动刀子。"

"如何评价大部制改革以来的效果？"记者打断了李允冠，抛出更加尖锐的问题。

"目前来看，物理变化已经完成，化学反应正在起变化。"李允冠笃定地回答。他认为，大部制应该分三步走——第一步是"减"，第二步是"转"，第三步是"优"。"不是部门整合了就是大部制，整合之后，我们还要注重部门内部权力重组和流程再造，这样才能保证效率，确保不反弹。"

事实上，大部制改革不仅仅表现为部门合并和删减，还要变部门之间"扯皮"为部门内部协同。

谈到部门整合，李允冠重新打开话匣："整合后的大部门用了4个月来调整各个科室职能，通过内部优化，让各科室的职能运行更顺畅，审批流程也更

★镇级政府行政服务中心越来越便民。

大部制的核心并非部门之间的简单合并，成效也不仅仅体现在某个节点的改进。不能从表面来评价，要从整个现代政府的治理模式来看大部制改革，大部制改革最终是要为整个经济社会发展奠定长久的机制保障。

加简化——20%的事项经过局领导，80%的事项由业务主办科长就能终审。”以房产证办理为例，以前20天才能办理好的房产证，现在10天就能搞定。

如何定义政府的角色，是转变政府职能、提升行政效能的前提。随着大部制改革的逐步推进，其所产生的化学反应正在慢慢发酵。

顺德区卫生和人口计划生育局的一位工作人员接受南方日报记者采访时，称感觉到了大部制产生的化学反应正在起变化：最近购买甲流疫苗的经费，经局办公会议、局长直接请示区长后，3天内即获批。按照以往的程序，首先要由疾控中心打报告到卫生局，卫生局上报区府办，区府办给分管副秘书长，副秘书长给分管副区长，副区长报至区长处，区长批示财政局办理后，方原路传达回卫生局，这样的往返至少得一两个星期时间。

下一步，改革该往何处？

李允冠告诉记者：“大部制只是开始，放权才是核心。我们的目标是建立一个符合市场经济发展的良好体制和机制。”他再三强调，这是顺德社会体制综合改革的基调。“党委和政府要做掌舵者，做顶层设计，划桨的任务交给其他人，专业的人做专业的事。”

2012年春节后，顺德区委、区政府已经派出两批代表30多人到中国香港和新加坡进行为期一周的考察，考察内容的核心就是党群关系、法定机构和社会组织。

李允冠说，几次香港之行，对他冲击最大的就是当地的法治基础和社会诚信体系。他把这两者比作阳光和水分，将改革比作播种，“如果这些都没有就播种下去，很难长成大树”。

目前顺德改革正在攻坚制度设计，“打破既得利益格局，提高地区竞争力、市民生活水平”。

边走边评

大部制改革：从物理拼接到化学发酵

806平方公里的顺德，级别不高，却从来都是中国改革开放持续推进的风向标。20世纪90年代以制度创新为主的综合配套改革，至今让人振奋。他们冲破计划经济体制的束缚，率先建立市场经济和产权制度，领全国改革风气之先。

天下谁人不识“可怕的顺德人”，但富起来的顺德却逐渐远离改革的前沿。曾有一段时间，顺德的改革形象变得模糊，内部发酵着牢骚和不满，发展越来越受制于滞后的行政体制。中国第一个亿元镇——容桂有着城市的体量，却没有城市的发展空间便是例证。顺德各级官员以及民间人士无不慨叹当时曾有过的困境：先是被取消地级市管理权限，后又丢掉全国县域经济百强之首的桂冠。顺德当时的困境就像是今天中国改革困局的缩影。

无论“改革进入深水区”的官方说法，还是“改革处于十字路口”的民间概括，其实都是同一指向：政治体制改革仍然滞后于经济体制改革的进程，政府角色转型和政府职能转变不到位，大部分精力和资源都用在了具体的经济活动上，而不是为经济发展营造良好的行政环境和公共服务上。

但顺德人的血液里似乎天生有着改革创新的基因，他们给出的最新答案便是大部制改革。

大部制改革的意义在于开启了“政府自我革命”的开关，政治体制改革由此只能向前推进，不能回头。由于顺德经济发展和辖区人口增长，合并后的政府部门职能扩大，注定政府无力承担被重新赋予的地级市管理权限，如果不想再陷入“精简—膨胀”的怪圈，顺德只能简政放权，壮大社会组织，最终实现政府与社会的协同共治。2011年9月，顺德在此前大部制改革的基础之上，制定了一套社会体制综合改革方案，“大部制、小政府、大社会”的目标令人振奋。

然而，顺德大部制改革也并非一帆风顺。此时的大环境早已不同于20世纪90年代初，改革力量消散化，改革目标模糊化，改革动力的减弱出现在多个领域。

就在近日，大部制改革再次引发社会热议，被关注的原因却不是因为改革又取得了什么新成果，而是佛山南海多个局级单位出现“一正多副”现象。质疑声起，这意味着大部制改革在开倒车吗？佛山有关部门回应，这是“过渡时期的产物”。虽然对改革的困难人们都能理解，但大部制改革也早已不是一天两天，人们不禁要追问，什么时候才能走出“过渡期”？佛山等不起，对大部制改革殷殷期望的人们同样等不起。

人们对大部制改革的期望是什么？大部制改革就是要将政府职能相近的部门、业务集中，由一个部门统一管理。如果改革最后只是物理的腾挪拼接，人还是那些人，官还是那些官，办的事还是那些事，这样的改革意义何在？大部制改革要的是化学反应，要的是避免职能交叉、政出多门，要的是提高行政效率，降低行政成本。

人们对大部制改革最终的期望是要超越政治范畴，以行政改革的变化促成经济社会全方位质的变化。什么样的变化呢？抽象地说，就是还权于民，还经济自由于企业，还部分社会管理权于社会组织，政府、社会、企业等各方权力边界理不清的

↘ 改革者说

◎政府放权给社会并不代表政府什么都不做，该管的要管起来，该监督的不能放松，要从审批管制型政府向服务监管型政府转变。

◎改革不能靠下级政府的一厢情愿，上级政府也应该适时进行改革，要学会放手，要能支持和理解改革。

◎政府要积极培育社会组织，强大的社会组织能够将政府从繁琐的事务中解放出来，这对政府本身也是一种解放。

局面得到制度层面的梳理，最终实现社会整体的进步。如果大部制改革还让人们纠结在“一正几副”这种话题上，那么改革引起的化学变化最多只能说是有苗头，还远不到欢呼成功的时候。

顺德人对自己有这样的总结：这里是出经验的地方，不是出理论的地方。和20世纪90年代的敢为天下先一样，今天的顺德何尝不是广东乃至中国政治体制改革的试验田。如果真的做好了，建立起一个从“不该管、管不好”的领域中退出来的政府，一个廉洁、节约、低成本提供公共服务的政府，顺德就会再次为中国改革开放事业提供改革样板。

唯愿“可怕的顺德人”再回来！

链接·先行者的尴尬

上面千条线　下面一根针

作为先行者，摸着石头过河难免遭遇尴尬和烦恼，顺德大部制改革也不例外。

2009年12月，顺德区工商局并入市场监管局，新登记注册企业拿到的营业执照上，盖的都是市场监管局的公章。当这些企业走出去跨省经营时，不少人质疑：“市场监管局？这是从哪里冒出来的机构？执照是假的吧？”这让注册企业和顺德区政府都哭笑不得。

制服问题也一度让顺德官员苦不堪言。容桂街道市场监管局的一位工作人员告诉记者，他们外出执勤时，常被人戏称为“八国联军”。因为市场监管局是新机构，由原来的工商、质监、安监等部门合并而成，所以穿着各自原属机构的制服，五颜六色。一个小部门就像“八国联军”一样。后来，就都统一不穿制服了，工作人员上街执法，也是便装，以前老百姓看“大盖儿帽”，现在直接看脖子上挂着的执法证。

环境运输和城市管理局也有同样的遭遇。在环运局的执法队伍中，人员来自原来的交通、城管、市政等部门。“你穿路政制服，凭什么抓小贩？”公众对新机构并不熟悉，在看到这样一支执法队伍时，往往疑窦丛生，需要反复解释。

国务院对行政执法队伍的制服也有具体规定，不得擅自更改。大部制改革之后的顺德，新机构采用什么样的制服，还得向国务院法制办请示。

南方日报记者在顺德区委、区政府看到了“第六届中国地方政府创新奖”的调研报告，调研组在顺德发现，上下级党政部门之间的对接问题是目前存在的比较突出的问题之一。大部制改革后，存在一个下级部门对多个上级部门的问题，给上下级部门之间的衔接带来了不便，因此部门对接和运行机制在今后的改革中需要进一步完善。

顺德一名不愿意透露姓名的官员坦言，大部制改革后的“一个孩子多个爹”成为争议焦点，即使对接已经完成的部门，仍不得不面对“上面千条线，下面一根针”的困局。大部制改革以后，局长忙得晕头转向。“刚改的时候，省市上级部门的会议很多要求一把手参加，

★容桂行政服务中心开通港澳通行证业务。

局长每天都去开会，开完这个厅局的会接着赶往下一个厅局。每天不是在开会，就是在去开会的路上。”

在李允冠看来，随着顺德大部制改革的推进，上级政府也应该适时进行改革，“不联动也可以，但必须要学会放手，要能支持和理解改革”。

“改革需要谋而后动，要想清楚之后再动手。”李允冠一直在总结顺德大部制改革的不足，香港、新加坡等地的经验是值得借鉴的，但也必须结合自身的情况。

李允冠认为，大部制改革的核心在于政府职能的转变，该转给社会自己管理的事务要尽量转给社会，先进强大的社会组织能够提供个性化的服务，更有能力和条件去解决社会问题，“政府要积极培育社会组织，强大的社会组织能够将政府从繁琐的事务当中解放出来，这对政府本身也是一种解放”。

“我们不仅要做到‘小政府、大社会’，还要做到‘强政府、好社会’”，李允冠在谈到政府与社会的关系时说，政府放权给社会并不代表政府什么都不做，政府要制定管理服务标准，加强对违法行为的监管。“该管的要管起来，该监督的更不能放松，现在的政府要从审批管制型向服务监管型转变”。

在谈到顺德大部制进一步改革的困境时，李允冠强调上下级政府联动的重要性：“改革不能靠下级政府的一厢情愿，上级政府也要跟着改，哪怕现阶段改不了，也要给下级政府的改革以支持和理解。”

大部制改革的核心在于政府职能的转变，该转给社会自己管理的事务要尽量转给社会，先进强大的社会组织能够提供个性化的服务，更有能力和条件去解决社会问题。

声音

网友支持大部制改革但担心流于形式，专家认为——

必须变动政府与社会关系

网友

大多支持大部制改革

在南方日报通过南方报网和官微@南方日报开展的关于“大部制改革”的网上调查中，其中一项调查结果显示，大部分网友都支持大部制的改革方向，希望能有更多的城市向顺德学习，同时也有许多网友认为当前的大部制改革还停留在简单合并的层面，担心改革动力不足最后会流于形式。

在另一项“大部制改革，最大阻力在哪里”的分析调查中，有51%的网友认为砍掉政府部门的“冗员”阻力最大，有44.9%的网友认为最大阻力是政府部门和官员不愿意“权力下放”，还有4.1%的网友认为阻力来自于“害怕改变等落后的观念”。

专家学者

大部制改革的核心是转变政府职能

在广东省社会科学院科研处处长丁力看来，目前所推行的大部制改革，只是一种执政行为的改变，但改革更重要的应该是执政理念和执政机制的转变。“现在要做的不是把生出来的孩子再塞回去，而是应该改变整个利益格局，从而保证老百姓的幸福和地区的长远利益。”

广州市发展研究院名誉院长、广东省政府发展研究中心原副主任王利文则认为，大部制改革的核心不应在于部门之间的组合或分拆，而应该是政府职能的转变。换言之，政府应该对行政职能梳理和简化，正确定位职能角色。他解释道：“比如建设厅负责建设的总体规划就好，至于建设工程队的资质审核与管理等内容完全可以下放给房地产协会之类的社会组织管理。”

王利文表示，改革应该是一个由“大政府、小社会”向“小政府、大社会”转变的过程，政府与社会关系的变动才是真正的改革。

★对顺德人而言，改革不是什么新鲜事，人人都习以为常了。

“第六届中国地方政府创新奖”调研组成员郭伟伟表示，顺德区的大部门体制改革是一次全方位、宽幅度、深层次的行政管理体制改革和创新，力度之大、创新之多、效果之佳前所未有。但他也认为，其目前还存在两个问题：一是改革后存在一个下级部门对多个上级部门的问题，给上下级部门之间的衔接带来了不便，因此部门对接和运行机制需要进一步完善；另一个是干部的晋升空间变小、管道变窄、时间跨度变长、工作压力增大，今后的改革中须进一步深化人事制度改革来调动和保护干部的积极性。

（杨大正　王基国　朱迅垚　丁玎　徐刚　沈梦怡）

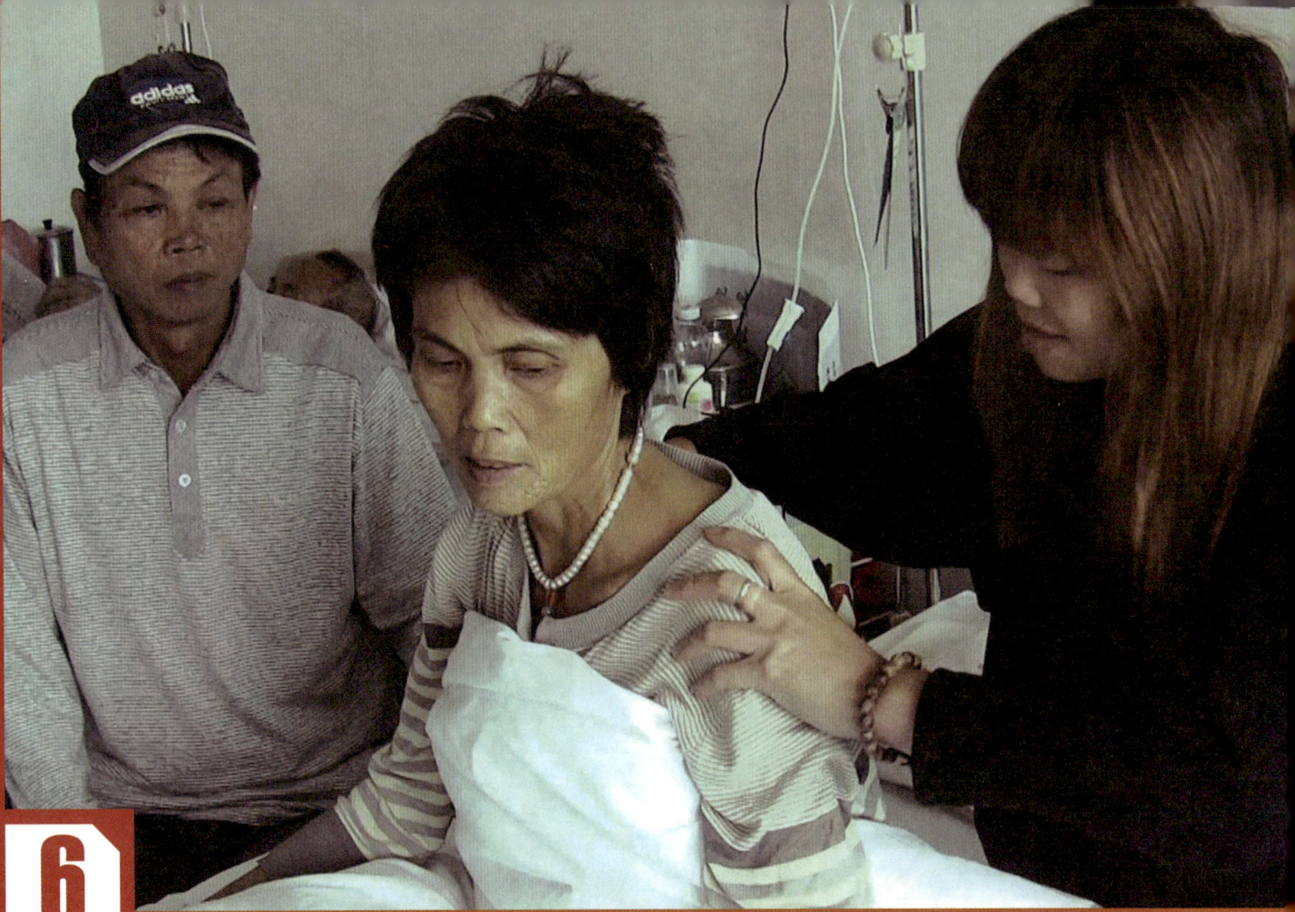

6

★身患癌症的陈少梅（中）已经享受到湛江医保改革带来的好处。

2009年湛江在全国率先迈出医保改革步伐

引入市场机制
医改立足解决大病致贫顽疾

疼了，吃点止痛药，熬过疼痛后，又继续干活……

湛江市坡头镇椰子根村村民陈少梅积劳成疾。3月28日，她躺在湛江市农垦中心医院病房中。“如果不是医保，肯定还一直拖着！”陈的女儿林真美说。

2003年，广东新农合正式启动，全省形成新农合和城镇居民医保并存的格局，但两种制度在管理和保障水平等方面差异较大。

2009年，湛江在全国率先迈出医保改革步伐，新农合与城镇居民医保合并为城乡居民医疗保险（以下简称“城乡医保”），并引入商业保险机构参与服务管理，走出一条“城乡一体、全市统筹、保险参与”的改革新路，力求破解老百姓“看病难、看病贵”难题。

3年来，从看不起病到敢于走进医院，与陈少梅一样，越来越多的湛江城乡居民均享医疗资源。

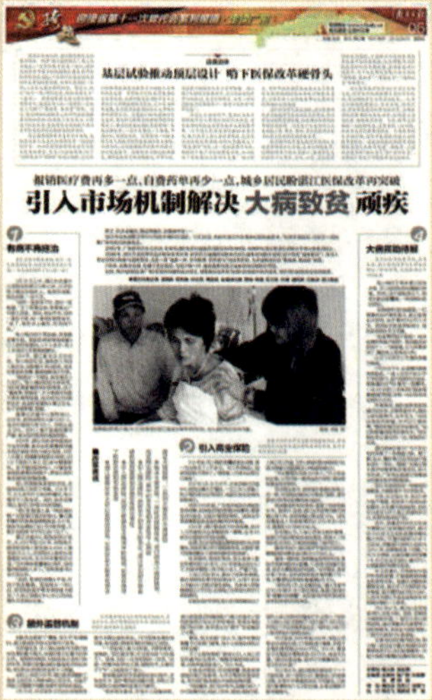
基层试验推动顶层设计 啃下医保改革硬骨头

报销医疗费再多一点，自费药单再少一点，城乡居民盼湛江医保改革再突破

引入市场机制解决 大病致贫 顽疾

有病不再拖治

农民长期不敢去看病，城乡一体化的医保改革，使老百姓均享医疗资源，一些久拖的病终于可以治一治了

3月28日上午，湛江市农垦中心医院住院楼515房40床，53岁的陈少梅坐在病床上。她身体消瘦，脸色发黄，一言不发。

“妈妈一直身体不好，之前一直拖着。”为了照顾母亲，林真美从广州辞工回家。她说，四五年来，母亲一直肚子疼，但一直没去医院治疗，“疼了，就吃点止痛药，吃完再干活”。

陈少梅并非不想治病，而是确实看不起。她家的两亩旱地背着6口人的吃饭重任，4个小孩中，有3人未完成义务教育就辍学。

2004年，湛江新农合正式启动。陈少梅回忆说，她和家人均加入新农合，但报销水平比较低，而且还是县级统筹，看病报销很不方便。

“随便进一下医院，肯定要花上几百元。”陈少梅的担忧并非孤例，当时全国普遍面临的困境是，由于“看病贵，报销低”，不少患病村民都不愿去医院检查，他们或自己找草药治疗，或去较实惠的乡镇卫生站，治不好就熬着、拖着。

据湛江农垦中心医院统计，2008年，该院住院总人数13507人，但农村居民只有389人，住院比例占2.9%。农村人看不起病的情况严重，城乡医疗服务的差距明显。

2009年，湛江市决定将医保改为全市统筹，新农合和城镇居民基本医疗保险并轨为城乡医保，并引入中国人民健康保险股份有限公司（以下简称“人保公司”）参与管理服务。在不增加政府投入、不增加参保居民缴费的前提下，使城乡居民享受同样的报销待遇。

担心因病拖垮家庭的农民，在医保改革上找到了希望。2011年12月，女儿在外打工有点积蓄后，陈少梅终于入院治疗。此时，除去自费项目，她可以获得50%的报销。

“我们和城里人享有一样的福利啊！”谈起湛江医改的变化，廉江高桥镇村民李美南感慨地说，2011年，医保为他减轻了近1万元的负担，久拖不治的病“终于可以治一治了”。

湛江农垦中心医院的统计显示，从2009年到2011年，该院城乡居民的住院人数先后从6906人增加到13112人，占住院总人数的比例提高到58.15%，比2008年增加近40倍。“农村患者数量增长得多，说明看得起病的人多了。”该院党委书记李太东分析。

“此前，医保的保障水平低，村民不敢去看病。医保城乡一体化后，老百姓的医疗需求得到很大满足。”人保公司湛江中心支公司总经理叶立坚告诉记者。

引入商业保险

在城乡居民公平享受医疗服务的同时，市场机制的引入使医保更具持续性和竞争性，医疗资源得到优化配置

2011年底，陈少梅的胆囊被查出问题，第一次住院花了2万多元。与几年前相比，她感觉报销方便多了，“直接拿二代身份证就可以减免”。

2012年3月28日中午，记者在湛江农垦中心医院结算大厅看到，一位工作人员输入陈少梅的身份证号码后，电脑系统自动减免报销部分。

而在2009年前，广东很多地区还停留在县级统筹阶段，到异地住院的报销手续繁琐，需要经过村委会、合医办等层层审核。医保由市级统筹甚至是全省统筹的呼声渐高。

2009年，湛江医保改为市级统筹，由市人力资源和社会保障局统一管理，全市183家定点医院均可实时报销。

在湛江社会保险基金管理局局长冯志强看来，医保改革之所以能提高效率，主要是“最大限度地整合了政府资源和市场资源”。

冯志强说，医保改革后，城乡参保人数突然增加到540多万，2011年更是达到631.2万，而政府管理人员只有20多人，严重不足。

人保公司的参与，解决了政府的难题。湛江在医保改革中的创新在于，从每个参保人所交的费用中拿出10元购买商业保险。当参保人报销额度超过2万元后，由保险公司来按比例支付报销费用。

记者在走访中发现，每个定点医院都设立了人保公司工作室，工作人员每天要对病房进

行巡查，给患者介绍医保知识，并检查治病处方。

“专业管理队员有200多人。”叶立坚告诉记者，公司对每一笔资金进行审核，确保医保基金有效使用。

冯志强也表示，政府每年都要和保险公司一起，对医院治病的处方等进行复核，请专家组对有争议的费用进行鉴定。

医保基金的有效使用，提高了医保报销水平。据统计，目前，湛江全市政策范围内报销比例70%，实际报销比例达到58%。住院统筹基金人均报销费用从2009年的1469元，提高到2011年的2066元。

冯志强认为，人保公司参与服务管理，是湛江市政府职能的有效转变，既放大了医保的社会效应，又有效地减轻了政府压力。

据保守估计，湛江每年节省的社保经办管理财政经费支出达到600万元以上。

值得一提的是，医保基金的有效利用，使医疗资源得到优化配置。“以前老百姓看不起病，很多乡镇医院运作困难。”冯志强说，医保改革3年来，全市住院率较改革前翻了约一倍，乡镇医院业务每年普遍增长约20%。

“政府讲公平，企业重效益。”湛江市委书记刘小华表示，引入商业保险，是湛江医保改革“精髓中的精髓”，实质是用市场机制使医保更具持续性和竞争性。

额外监督机制

医保基金的收支和新医改密切相关，在治疗处方、医疗费用的监督方面，保险公司与医院之间的博弈尤为激烈

在新农合面临“广覆盖、低水平”的难题时，湛江医保的市场化改革并不容易。

冯志强坦言，引入商业保险作为湛江医保改革的最大亮点，也是改革之初最大的争议点。按照相关规定，社保资金必须实行封闭专用，而湛江却拿出部分基金购买商业保险，其中的合法性和安全性令人质疑。

实际上，早在2001年，湛江就在城镇职工医保上先后引入两家保险公司合作。但由于两家公司管理不完善，连续亏本而先后退出。

改革者说

◎湛江医保改革之所以能提高效率，主要是最大限度地整合了政府资源和市场资源。

◎引入商业保险，是湛江医保改革“精髓中的精髓”，实质是用市场机制使医保更具持续性和竞争性。

◎引入商业保险，是改革之初最大的争议，湛江拿出部分基金购买商业保险，其中的合法性和安全性令人质疑。

◎解决大病救助，一是优化报销结构，通过调整小病报销率，保证大病报销；二是对大病实行分类保险。

3月29日，叶立坚在工作会议间隙接受南方日报记者的采访。作为医保改革的亲历者，他对湛江医保改革的历程记忆深刻。

“一开始每人就3元标准，卡得非常死，很难做。”回忆起改革，叶立坚坦言“付出很大”。他说，当时一位市领导的一句话——“这是一项复杂的民生工程，短期吃亏，长期吃不了亏”，让他坚定了信心。

医保基金的收支和新医改密切相关，在治疗处方、医疗费用的监督方面，保险公司与医院之间的博弈显得尤为激烈。

“很多医生都说，你凭什么监督我啊，我以前就是这样看病的！”湛江农垦中心医院医保物价科科长罗培寿说，医保改革刚推行的时候，很多医生对“额外”的监督很不习惯。

甚至，有卫生部门也认为，医疗收费问题属于行政部门管理，凭什么由商业保险公司来监督？

为了让医院等部门转变认识，人保公司组织宣传长达两年。“随着改革取得好的效果，这些声音逐渐变小。”刘小华说。

记者走访期间，冯志强透露，国家政策层面近期已有新规，允许合理使用医保资金，用市场机制来解决大病救助等问题。

“现在看来，我们也不吃亏，品牌打响了。”叶立坚满怀信心地说，3年来，在城乡医保方面，虽然人保公司的收支基本打平，还投入了很多人力物力，但公司拥有了几百万名客户，可以充分利用这个平台发展其他业务，“每年至少有3万人购买其他补充保险业务。”

叶立坚说，2009年至2010年，保险公司联合社保局对县以下医院进行清算，发现不合理的费用高达6800万元。2011年，清查的不合理医疗费降低到200万元，有很大改善。“通过巡查监督，医疗行为慢慢规范，这是无形的价值！”

刘小华认为，湛江医保改革经历了一个不断探索、统一思想认识、增强信心的艰难过程，改革中尽管遇到很多不同看法，只能说对新事物有个认识的过程，改革还需要不断完善提升。

大病救助待解

真正让老百姓致穷的，还是大病，湛江医保改革与全国医保面临一样的难题，大病救助水平仍然较低

陈少梅终于等来湛江医保改革，可以在医院寻求康复的希望。然而，由于病拖得太久，她被诊断出胆囊癌，一种很难治愈的顽症。

在她病床边的抽屉里，一沓厚厚的治疗清单显示，她已是第五次住院，治疗费用共计约5万元。即使除去医保报销部分，她的家庭再也无力支撑。

“检查费用能不能报？很多自费药物能不能报？妈妈都决定放弃了……”病房里，女儿林真美哭了，蹲在地上哭得很大声。

让这个女孩无力支撑的是重大疾病。

3月28日下午，记者随林真美来到她家。一家人住在不到20平方米的房间，室内地面坑坑洼洼，湿漉漉的空气中散发一股霉味。一台300元的二手电视机是家里最值钱的物品，还有一台已经无法运转的VCD机。

林真美说，她的堂弟因脑肿瘤已经休学，正等待做手术；她的父亲右脸肿大，右手无力。“应该也是良性肿瘤，手术切了就没事。”随访的医生初步诊断说。“但这种肿瘤很容易反复生长。”医生随后把记者拉到一边，悄悄地补充说。

湛江医保改革为广东欠发达地区探索了一条跨越之路。据了解，汕头、肇庆等已经开始试行医保城乡一体化。根据广东深化城乡医疗保障体制改革目标，到2012年年底，广东将全面建立统筹城乡的基本医疗保险制度。

但它与全国医保一样面临的难题是：大病救助水平仍然较低。

对此，叶立坚认为，在600多万名客户里面，有很多人有其他参保需求，比如重大疾病保险，因此可以适当允许人保公司提供多元化、多层次的保险产品。

此外，在建设村定点卫生站方便群众门诊报销的同时，湛江近2000家卫生站的监管问题也随之而来。“仅雷州就有500多个卫生站，而镇里只有两三名相关工作人员，监管确实是个问题。”3月28日傍晚，记者在雷州附城镇卜扎村卫生站走访时，雷州市人社局副局长陈景光坦言。

叶立坚建议，只有做好对医疗机构的监管，才能提高医保基金的使用效率。他建议完善医保管理系统，湛江可以对医院的治疗数据、医疗费用进行统计分析，以此作为湛江乃至全省制定科学报销标准的一个参考。

刘小华认为，真正让老百姓致穷的，还是大病。因此，在解决大病救助方面，一是可以优化报销结构，通过调整伤风感冒等小病的报销率，来保证大病的报销；二是对大病实行分类保险。

记者完成采访离开湛江时，陈少梅一家还在为重大疾病的治疗费用愁苦不已，他们盼望着有一天能不用再为厚厚的自费药单发愁。

边走边评

基层试验推动顶层设计　啃下医保改革硬骨头

到湛江走访之前，湛江医保模式已经闻名遐迩。所谓“湛江医保模式”，有三大关键点：一是实行城乡医保一体化，将新型农村合作医疗和城镇居民基本医疗保险两项制度并轨；二是将以往的县级统筹提升至市级统筹层面，由市人保局统一管理；三是引入商业保险机构。简言之，就是“城乡一体，市级统筹，保险公司参与”三者合一。在政府财政支出未明显增加的情况下，通过这项三合一试验在一定程度上化解了“看病难、看病贵”难题。同时，商业保险机构的介入和对部分公共服务职能的承担，既减轻了政府压力，又舒缓了社会压力，更使得自身寻找到了将社会责任与经济效益相结合的新途径。

湛江医保改革并不是十全十美的，无论在社会上还是在体制内均有一些批评的声音。比如引进商业保险公司参与基本医保的探索，就与《社会保险法》关于“社保基金不可挪用”的规定相悖，这让湛江的医保试验在顶层设计方面缺乏足够的制度支持。有争议不可怕，改革本身就是有争议的，关键问题是这项改革是不是有利于人民群众的根本利益，是不是可持续发展，是不是符合我国社会主义市场经济的前进方向。如果我们的顶层设计是完美的，那或许人民群众的看病问题早就解决了，那还需要各地搞改革试验吗？医改放诸世界，一直以来都是一个难题，中国如此，美国也如此。没有任何一个国家敢言自己的医疗保障体系设计是完美的，正因为此，必须通过改革试验不断改正、修订顶层设计。若各地均不搞突破性探索，都照着既有文件循规蹈矩，亦步亦趋，顶层设计的改进无异于空中楼阁。湛江敢于大胆探索医保改革，应当说是对改革责任的承担，更为重要的是，为下一步的总体医疗改革提供了一面可以参考的“改革之镜”。

在湛江走访过程中，笔者认为医疗保障改革引入市场化机制作为补充，这对我国的其他公共事业改革也有借鉴作用。以中国人民健康保险股份有限公司为例，他们在进入湛江医保市场后，已经在承担大病医保领域逐渐从亏损进入了“保本微利”阶段，这一块虽没挣多大钱，却获得了客户源和品牌美誉度，从而促进了其他保险业务的大发展。相应的是，市场开拓的卓有成效反过来又促进商业保险机构提高公共医疗服务品质量，这便形成了公共服务事业发展的良性循环和长效机制。

湛江是经济欠发达地区，湛江医保模式在其他经济欠发达地区是否有效，在经济发达地区是否适用，这些都需要新的改革试验来验证。这也是广东省为什么又要在珠三角、粤东、粤西、粤北等板块分别实践湛江医保模式的重要原因。

医疗保障改革毫无疑问涉及绝大多数老百姓的重大利益，是重大领域改革，这样的改革只有依靠湛江、番禺等先发试验以及肇庆、汕头、云浮、清远等区域的后续试验，才能够在不断的区域改革试验中总结出经验，从而将改革的区域优势转化为全局优势，推动顶层设计的优化，啃下人民群众长期以来存在的“看病难、看病贵”、“因病致贫”、“因病返贫”等硬骨头。

湛江医保改革使得500多万名百姓受惠，使得医疗机构能够多层次有机运转，这说明搞重大公共事业改革，一定要优化体制机制设计，学会放权，学会引进，学会厘清政府和市场的边界，正确合理地利用市场力量来助力，从而建立制度优势，增进改革优势。当然，改革总会触碰一些既得利益，总会出现一些问题，但这不是否定改革的理由。只要改革的大方向正确，改革中出现的问题应通过改革来解决。这就需要我们的改革者增强改革勇气和改革智慧。搞改革，应涌现出更多的“湛江勇气”和“湛江智慧”，担负起广东之于中国改革事业的重任。

湛江医保改革使得500多万名百姓受惠，使得医疗机构能够多层次有机运转，这说明搞重大公共事业改革，一定要优化体制机制设计，学会放权，学会引进，学会厘清政府和市场的边界，正确合理地利用市场力量来助力，从而建立制度优势，增进改革优势。

声音

网友热议“大病救助”医改难题，支持医保改革探索

医保“湛江模式”有望全省普及

据南方日报全媒体网络调查，大部分网友都支持湛江医保的改革探索，并肯定了湛江医保改革带来的积极变化，同时更希望这一改革经验能在全省范围内推广。专家认为，湛江医保改革模式与政府职能的转变相吻合，缓解重大疾病难题需从四方面着手。

网友

希望政府更多让利

在南方日报通过南方报网和官微@南方日报开展的关于“湛江医保改革”的网上调查中，其中一项调查结果显示，大部分网友都对湛江医保改革持支持态度，网友还比较了医保改革前后湛江百姓看病的深刻变化，普遍建议湛江医

保改革经验能在全省范围内推广。

网友@周希Chris分析了现行医保的弊端："表面上，增加了医保支付额度，但实质是以民养民，最终还是利好了医疗、医药企业。医民同苦，医药企业得利。"

在另一项关于"如何解决大病救助难题"的分析讨论中，大部分网友都认为政府需要更多让利，从而让患者报销医疗费再多一点，自费药单再少一点。也有网友将矛头指向了商业保险公司，认为参与医保改革的保险公司应该坚持公益性质，放弃商业盈利目的。

网友@人保健康龙分析说，商业保险机构的介入和对部分公共服务职能的承担，既减轻了政府压力，又舒缓了社会压力，更使得自身寻找到了将社会责任与经济效益相结合的新途径。

专家

与政府职能转变吻合

据广东省卫生厅农村卫生管理处处长冯惠强介绍，湛江医保改革开拓的"城乡一体，全市统筹，保险参与"模式，为广东省欠发达地区探索了一条跨越之路。

冯惠强告诉记者："商业保险机构承担着支付病人医疗费用的责任，为了维护自身的利益，它对不合理的医疗费用和医疗行为，有一个引导和监管的作用，不论从用人机制还是保险基金的管理、保险精算这些方面都有它的优势。"

据介绍，广东省2012年已有包括汕头、肇庆、清远、云浮在内的4个城市，在居民基本医疗保险中引入商业保险机构。潮州、肇庆、汕头、汕尾等市的新农合也正式与城镇居民医保合并为城乡居民基本医疗保险，实现基本医疗保险城乡一体化。我省仅剩下广州、韶关、梅州、河源、茂名五市继续实行新农合制度。"到2012年底，各地新农合或将全部与城镇居民医保并轨，正式移交人社部门。"

"湛江模式"何时才能在整个广东省普及？冯惠强认为："这个很难预测，因为具体做法是各个城市决定。"不过，他表示，如果省委、省政府推行的话，阻力不大，在"十二五"期间应该是可以实现的。

观察者

缓解大病难题的建议

广东省卫生厅农村卫生管理处处长冯惠强对缓解大病难题，有如下建议：

第一，设计多层医疗保障制度，增设"重大疾病医疗保险"作为补充，确保重大疾病患者利益。

第二，医疗机构要主动适应支付方式的改革，推广总额预付的收费方式，锁定医保支付的上限，促进医疗行为的规范化、合理化。

第三，提倡有序有效的分级治疗。大小医院明确职责和治疗范围，小病先到基层医院治疗，基层医院解决不了的病症，再到大医院，这样也减轻病人的费用支出。

第四，建议保监部门加强对商业保险机构的监管和指导。商业保险机构参与到医疗保险中，保险基金运行情况应透明，接受大众监督，确保基金安全。

（汤凯锋　崔财鑫　周虎城　曾强　肖雄　孙琳　汪良波　丁建庭）

湛江医保改革开拓的“城乡一体，全市统筹，保险参与”模式，为广东省欠发达地区探索了一条跨越之路。

7

★“7年争取，一个多钟头就搞定了。”10月1日下午，“东莞市千分一公益服务中心”注册成功。

受困于政策指导缺位，纠结于是否接受捐赠，“转正”半年后坤叔企盼——

政府松绑社会组织后更要给其插上翅膀

2012年3月31日，记者再次见到坤叔时，恰逢他以前资助过、如今在东莞打工的凤凰女孩龙平凤回来探望。坤叔有点兴奋地告诉记者，“这是我最早帮的一批孩子，现在终于熬出头了”。

坤叔，是人们对66岁的张坤的尊称。他所带领的公益团队助学23年，资助学生数千，但因为各种理由，曾被注册部门拒之门外。

直到2011年9月29日，《南方日报》一篇《坤叔公益团队“转正”受挫背后》的报道带来转机。接踵而至的省委书记批示、有关部门国庆假期加班、助学团队转正……坤叔多次用“幸运”来注解这段经历。

近半年过去，从草根组织转身成“正规军”，坤叔多年夙愿达成的同时，开启了广东社会管理创新改革的新篇章。

但有些出人意料的是，坤叔坦言，“转正后并没有开展更多的善行”。“下一步怎样走，真的很迷茫。”坤叔苦笑。

社会组织管理改革并非一劳永逸

政府松绑后更要给插上翅膀

转正篇
七年六挫　坤叔注册走进死胡同

“7年争取，一个多钟头就搞定了。”10月1日下午，一张“民办非企业单位登记批准通知书”放到了坤叔的面前，“东莞市千分一公益服务中心”注册成功，坤叔感觉“有点晕”

东莞市天海大厦的外墙已经有点旧，一楼接待客人的木沙发缩在一角，空荡荡的大堂显不出曾经“踏破门槛”的热闹，倒是大厦门楣上挂着的“东莞市千分一公益服务中心”（以下简称“千分一”）的牌子澄澄发亮。

1988年，做建材的东莞民营企业家坤叔，在帮女儿回复歌迷信件时，发现了贫困学生的求助，并由此开始了一场“收不住”的自发助学之旅。

1999年，坤叔投资的最后一单生意——天海大厦建成，关掉了建材生意的他，把房地产开发的生意也摘掉，这座大厦为他的商人身份画上了句号，继而开启了他的专业助学路。

坤叔每月花10元租金，租回天海大厦二楼的一个110多平方米的房间，作为“千分一”的办公室，也是助学者和被助学者的联络站。大厦的其他收入成了贫苦孩子的糖果、衣服，还有去探望孩子的各种车水杂费，“我自己一个月就花500元”。

“我们毕业还没有找到工作，也可以借住在这里。”20岁的龙平凤是坤叔早期资助的孩子之一，当年在凤凰山江镇读小学三年级，直到去年在东莞联合技工学校毕业后，在一家茶馆找到一份茶艺生的工作，坤叔对她的正式资助才结束，但有困难的时候还可以随时来找他。

龙平凤是近4000名被坤叔救助的贫苦孩子中的一员。

20多年助学以来，从个人慢慢发展到团队，坤叔及其团队尽管在民间赢得了无数口碑，但在官方话语中却始终默默无闻。

由于团队没有合法身份，自发形成的“千分一”公益理念只能口口相传，“每次团队核心成员聚会讨论时都不敢超过20人”。

“2000年，团中央要给我们颁奖，临时想了个名叫‘坤叔助学团队’，当时确实有种名不正言不顺的感觉。”坤叔说，“更重要的是我年纪大了，没有一个机构，我怕一些事情将来慢慢就淡了、丢了。”

于是，2005年起，坤叔开始向东莞民政部门申请组织的身份认证。当时的情况是，像助学团队这样的公共服务类社会组织，必须先找到一个主管单位，才能向有关部门提出注册申请。

关工委、教育局、残联、妇联、团委、政协、个体协会……找过多少部门“婆家”，他自己都不太记得，就记着几乎如出一辙的答复：我们管不着你。

“当时我已经灰心了，注册不注册没有关系了，但大家还是鼓动我再试试。”2011年8月5日，东莞出台社会组织登记新政，不仅无须挂靠主管单位，民办非企业类组织的注册资金门槛更是从最初的3万元降到了1万元。

8月9日，坤叔抱着一堆登记资料来到东莞市民间组织管理局，与局长利伟中探讨注册事宜。坤叔欲取名“东莞千分一公益协会”，这个名称寄托了一个美好的愿景：如果每个人都拿出自己收入的千分之一去帮助有需要的人，那么全世界没有哪个人得不到帮助。

这是一场愉快的会面，双方都以为“松绑”后会有实质性的进展。

然而，几天后，坤叔被告知，因登记机关认为“千分一”有可能会让公众误解为“硬性摊派”、“强迫捐款”等，违背了慈善自愿的原则，不能用。

申请7年的第六次“闭门羹”，坤叔公益团队“转正”之路似乎走进了一条死胡同。

谁料，2011年9月29日，省委书记汪洋在《南方日报》刊发的《坤叔公益团队“转正”受挫背后》一文上作出批示“很为坤叔的公益团队愤愤不平”，要求立即派工作组到东莞，解决“千分一”登记问题。

“7年争取，一个多钟头就搞定了。”10月1日下午，一张“民办非企业单位登记批准通知书”放到了坤叔的面前，“东莞市千分一公益服务中心”注册成功，坤叔感觉“有点晕”。

“你们同意了，我们很感激！”当晚6时，坤叔在微博发布了团队在惊喜中获“转正”的消息。这一刻，距他开始助学过去了整整23年。

★2011年11月14日，在湖南凤凰腊尔山希望小学，坤叔为资助学生送上毛衣。

名分篇
正式挂牌　是否接受捐赠很纠结

最令坤叔纠结的是，随着身份合法化，很多人赋予了“千分一”更大的期望，但“千分一”本身却有点力不从心

2011年12月1日，坤叔助学团队“转正”终于手续备齐，“东莞市千分一公益服务中心”在天海大厦正式挂牌。

“我们做了20多年‘乌合之众’，突然有了‘名分’，反倒有点不适应。”坤叔说，转正后的第一个月，每天都有记者来找他，最多的一天要接待

坤叔说

◎接受社会捐赠，是不是就一定要听命于人？！如果要违背我们20多年的做法，那么我宁愿维持现状。

◎想对得起社会的期待，对得起转正的结果，但最好有具体指导文件，明确我们哪些可以做，哪些不可以做。

三拨不同地方来的媒体。

“别人可能认为我们比较多波折，又比较戏剧化，事实上我也不觉得什么，就是比较幸运而已。”话虽这样说，但“名噪一时”的轰动还是带来了鲶鱼效应。

坤叔说，有了合法身份后至今，“千分一”团队又从湖南凤凰、江西寻乌领回了400多名贫困学生的资料，并将孩子们的资料挂在网站上。

“以前我们不敢多领，怕不能成功认助，辜负了别人。”他说，经媒体曝光后，很多善心人也来找到他，“过去平均两三天才成功认助一名孩子，现在每天约能认助三名孩子”。

这个速度，坤叔感觉有点“到顶了”。

“逐一核实、登记资料、放到网上，我们运作一名孩子的资料起码要花三个小时，”坤叔说，由于团队里只有他是专职助学，大量的基础工作都是他本人完成，“到最后找到人认助这名孩子，把双方成功搭上线形成对子，大约需要五天。”

2012年3月初，一位来自深圳松岗的文女士想认助一名学生，但她对坤叔助学团队的操作完全陌生，所以有许多问题咨询，什么时候可以一道随行、买些什么给孩子、怎样过账、钱经不经过“千分一”的账户，等等，问得特别细。

“我和她在QQ上聊了三个晚上，每晚都到凌晨三四点，最后她才认助了凤凰一名四年级小学生。”坤叔说。但令他高兴的是，成功牵手一个孩子后，文女士马上就发动了她的6个朋友，再认助了16名学生，“也不问问题了”。

半年下来，坤叔逐渐习惯了这样的工作强度。

不仅网上咨询的人多了，还有很多人经过天海大厦，看到“千分一”的牌子就直接走上二楼找坤叔。“有的捐钱，让我们帮忙买些文具用品；有的捐些旧衣服，让我们帮忙送到孩子们的手中。”

更有一些团队想把坤叔拉进去，壮大声势。“有个叫民间致富QQ群的，开群两三天就喊我进去。”坤叔说，他第一天入群就有几个人提出来，说“千分一”现在注册了，有实力了，要给任务，一个月内资助多少学生。

“简直是荒唐！”坤叔说，他有点理解为什么政府管理部门要对社会慈善组织登记仔细核对了，“真的是龙蛇混杂，有些组织理事长月薪三四万元，有的居然还摊派任务，很难令人信服。”

最令坤叔纠结的是，随着身份合法化，很多人赋予了“千分一”更大的期望，但“千分一”本身却有点力不从心。

“差不多半年过去，我们没有很大的新进展，反倒压力大了。”坤叔告诉记者，他把以往团队中的核心成员组成了一个理事会，参与决定今后“千分一”的事务讨论。

这个由21人组成的理事会已经开了两次会，讨论的核心内容就是“是否应该接受社会捐款”。每一次，赞成或反对的人都差不多对半开。

“如果想帮助更多的人，我们确实需要接受社会捐赠，因为目前的管理费用已经很庞大，每年都需要20万元至50万元。”坤叔说，比如探望一次孩子，我们给每个孩子买3斤糖果，大约30元，现在差不多有1900名孩子，单是这笔开支都要五六万元，“这些目前都是我们理事自己掏腰包，如果不接受社会捐款，确实很难再扩大。如果要扩大受助范围，就得请专职的工作人员，否则我的身体撑不了多久。”

然而，一个曾经撕开过的社会捐赠的口子却让坤叔团队“十分难受”：一名社会人士曾捐赠3万多元，支持坤叔助学行为，但其听说坤叔去看小孩要买糖果、御寒衣服，就不客气地指出“钱要用在刀刃上”。

“捐赠人说，捐出去的钱只能是给孩子读书用，不能涉及管理费、礼物费等其他费用。我一听，就气得想跳起来打人！”坤叔说，这些花费虽然非学杂费，但却是我们希望孩子幸福所必须的。

“接受了社会捐赠，是不是就一定要听命于人？！如果要违背我们20多年的做法，那么我宁愿维持现状。”坤叔倔强地说。

新困篇
指引缺失　培育和管理缺一不可

坤叔说，目前仍在团队中参与实质助学的有900人，专职做基础事务工作的只有他1人，“这显然不够，但下一步该怎样走，真的很迷茫。”

坤叔说，转正后的近半年，“千分一”并没有更多的作为。

“我一直在想，除了维持现在的助学，还能做什么。”坤叔坦承社会捐赠所带来的风波令他情绪受到影响，面对一些求助，“千分一”没有资金，没有能力解决，但也没有办法说服自己放开社会捐赠的口子。

“一个慈善团体所接受社会捐赠的费用怎样用才算合规、合法，或者社会捐赠的比例多大时须听从社会捐赠者的意愿，甚至社会捐赠者在捐赠物资时是否已经承认了委托等，都没有具体的法律条例可循。”

坤叔说，目前仍在团队中参与实质助学的有900人，专职做基础事务工作的只有他一人，“这显然不够，但下一步该怎样走，真的很迷茫。”

“想对得起社会的期待，对得起转正的结果，但没有办法，最好有具体指导文件明确我们哪些可以做，哪些不可以做。”坤叔盼望着。

在坤叔团队“转正”前，广东已经相继出台了一系列加强社会建设的文件，还成立了高规格的省社工委。2011年7月中，省委全会讨论通过《关于加强社会建设的决定》，大力发展有“稳定器”之称的社会组织。

不过，在政策、组织架构上取得突破后，实际运作中政府部门的老观念仍是“拦路虎”。

“之前，我们比较谨慎，思想不够解放，想渐进推进社会组织发展，不敢一下子把步子迈得太大。”利伟中接受记者采访时坦承，“坤叔事件后，一下子就把思想包袱放下了，社会公益热情也得到了释放。”

据其介绍，“坤叔事件”后，东莞又有近10家社会组织提出了转正申请，更多的社会组织也开始咨询登记政策。而在审批时间上，东莞市民间组织管理局也给予了最快速度，自闭症儿母亲罗女士申请的“东莞孤独症患儿家长互助中心”的审批仅用了4个工作日。

“有近40家是坤叔事件后冒出的。”利伟中说，政策松绑至今，东莞公益、慈善类社会组织有60家，其中已登记成立的有44家，已通过名称核准的有16家。

“没有压力是假的”，“坤叔事件”后，利伟中感觉“自己只是个小学生”，需要边实践、边摸索、边学习。

由于目前可援引的有关法律条例只有《社会团体登记管理条例》以及广东《关于加强社会建设的决定》的相关政策，具体的工作指引仍然空白，于是，降低门槛后的严管尺度如何拿捏，考验着监管者的智慧。

“社会组织是一把双刃剑，如何规范管理、使其有序发展至关重要。”利伟中说，目前，该局已接到群众的投诉，称个别新成立的社会组织在运作上不规范，“登记时是无偿为失业者找工作，但在实际操作中却收取了费用，相当于一个职业中介。我们已经给予其警告。”

利伟中坦言，半年来他最操心的是怎样制定监督的措施，提高监督的能力和水平。“在先行先试和依法办事之间，我的确希望能依法行政，有例可循。”

2011年11月底，广东对社会组织规范管理再次推出新规定，降低社会组织登记门槛。方案明确，从2012年7月1日起，申请成立社会组织不再需要挂靠主管单位。

包括坤叔、利伟中在内，许多人认为，广东社会组织改革的主要方向已经清晰可辨，而“政府不止为社会组织松绑，更要为社会组织插上翅膀”，也成为更多人的新期盼。

“培育扶持和规范管理缺一不可，不能偏颇，这才是对社会负责。”利伟中说。

边走边评

社会组织管理改革并非一劳永逸

可以确定，坤叔必定成为中国社会组织发展史上的标志性人物之一。

坤叔的标志性并不仅仅在于他在20多年的慈善生涯中助学了数千名贫困儿童，更在于他的遭遇对推动广东社会管理体制创新起到了催化剂作用。民间突破与顶层设计相结合是中国改革的常用路径，从这个角度说，坤叔之于社会组织管理改革的意义，可类比于“傻子瓜子”之于私营经济改革的意义。

民间突破与顶层设计，中间隔着庞大而坚固的体制。改革，就是要消解这个体制的惯性。对于社会组织管理，一直有一种刻板的思维，即对社会组织必须实行双重管理体制，一方面要有挂靠的业务主管单位，另一方面又要服从民政部门管理。这种思维的根源在于对社会组织的不信任，对民间群体有组织行为的警惕性。此种思维也并非政府独有，甚至不少学者乃至民间人士都有这种观念。

打破刻板成见需要解放思想。中国早已不是计划经济时代的封闭社会，政府包管天下显然已不可能。太多领域，政府鞭长莫及，比如针对特殊人群的救助、针对弱势群体的服务；太多方面，政府的服务效率远远比不上民间组织，比如在慈善捐助等方面。社会组织往往比政府更专业，更有影响力。

这几年，政府在不少社会管理领域越俎代庖所带来的弊病越发明显，而社会组织在化解社会矛盾、服务社会建设方面作出的贡献亦得到普遍承认。社会组织管理必须改革，成为政府和民间的共识。

2011年，社会管理创新成为重要政治关键词。从2012年7月1日起，广东省内成立社会组织，将不用找业务主管部门，并可直接向民政部门申请登记，而今后广东各级政府可购买社会组织的服务。

这是社会组织管理改革取得的重要进步。经过坤叔事件带来的鲶鱼效应，经过政策设计层与民间的隔空互动，广东省内社会组织管理者们经历了一轮思想洗礼，原本僵化的社会组织管理体制渐渐松动。看上去，社会组织正迎来好时代。

但是，这是否意味着社会组织管理改革可以一劳永逸了呢？显然没那么简单。如果说从解放思想到明确方向是社会管理改革的设计层面，那么接下来就要进入施

监管者说

◎在先行先试和依法办事之间，我们的确希望能依法行政，有例可循。

◎培育扶持和规范管理缺一不可，不能偏颇，这才是对社会负责。

工层面：社会组织如何规范，新的管理条例以及对应的法律什么时候出台，政府管理部门应当作怎样对应的改变，这些都需要尽快落实。

笔者在走访中观察到，对于那些如坤叔助学团队一样获得官方认可的社会组织来说，并未因为一个身份问题的解决就如释重负，它们虽然已经合法化，但由于社会组织管理的具体条例、法律尚未跟上，它们在现实运作中仍然会遇到各种有形或者无形的壁垒；对于社会组织管理者来说，他们一方面不再像以前一样小心翼翼，但另一方面也面临着很大压力，因为社会组织在不断繁育发展的同时，确实也存在鱼龙混杂的情况，监管面和监管难度都在加大，而监管所依据的条例、法律又多数没有升级更新，如何把握监管与培育的边界，他们亟须一把可以度量的标尺。

坤叔们的想法非常简单：我不过是想做一点好事，为什么会有那么多束缚？而从每个基层的社会组织管理者来说，他们的想法也很朴素：我们只是普通公务员，只不过依法执行政策制度而已。其实，这种悖论就是改革的空间。

如今，社会管理改革的观念性障碍已经通过顶层设计、通过思想解放扫除了，接下来就将进入真正的攻坚战。如同任何改革一样，社会管理改革势必要经历阵痛，势必会加入进步力量，也势必会遇到阻碍力量，但改革的大趋势已经明朗，就看我们是否有足够的决心和智慧走下去。

声音

“坤叔不敢接受社会捐赠”引发网友深思

社会组织管理：宽进不意味着放弃严管

在南方报网的互动栏目里，许多网友都抒发了对坤叔几十年如一日坚持助学的敬佩和感动，也对他历经23年最终“转正”的经历感到欣慰。但也有一部分网友注意到，坤叔对是否接受社会捐赠很纠结，“转正”后的团队仍面临缺乏明确的指导文件等问题。如何化解这些问题？网友和学者们都纷纷建言献策。

网友

希望“坤叔模式”发展到其他领域

在南方报网上，很多网友对坤叔的坚持表示钦佩，也对事件背后折射出的制度的改革与进步感到欣慰，网友“度小月”就分析说：“让这些原本游走在边缘地带的组织走到阳光下，反而能减少原本在阴影中难以管理和控制的部分，坤叔助学团队的转正是一个社会进步的信号。”

也有一些网友认为，“放开社会组织注册限制”与“强推政府职能转移和购买服务制度”，正是新时期广东社会组织管理的两大关键突破。他们希望能把“坤叔模式”发展至其他领域的社会组织，@周公馆满少就评论说：“从坤叔的遭遇中，人们极易举一反三、见微知著：坤叔尚且如此，其他一些知名度不高的民间公益组织又会如何？作为改革开放前沿的广东尚且如此，其他一些地方又会如何？民间公益组织尚且如此，其他一些社会组织又会如何？”

专家

政府须承担的职责不能转嫁

据有关方面透露，广东省民政厅已草拟了《关于进一步培育和发展行业协会和商会的意见》、《关于进一步培育、发展和规范社会组织的方案》两个政策性文件，步子迈得很大，以进一步助推社会组织的发展。

多年指导青年志愿服务工作开展的广东青年干部学院青年研究所所长谭建光就指出，广东正从以前“政府管理社会”、“政府办社会”的思维模式转向“政府支持社会”、“政府培育社会”的新的柔性社会管理思维方式。

“但培育和管理确实缺一不可，不能一放就全放，宽进后也得严管。”他说，“社会和政府分工要更明确，适合市场和社会提供的服务，应坚决交给社会，而政府必须承担的职能责任，比如管理、指导、规范等，就不能推卸和转嫁。”

（谢苗枫　朱迅垚　高笑　蒋哲）

社会和政府分工要更明确，适合市场和社会提供的服务，应坚决交给社会，而政府必须承担的职能责任，比如管理、指导、规范等，就不能推卸和转嫁。

8

★黄埔直街上改造后的梁氏宗祠。

日赏千年古迹，夜饮明月江风，探访沧桑黄埔村文化保护历程

文化建设
重在提高文化自我繁衍能力

黄埔村，一个距离广州琶洲国际会展中心咫尺之遥的地方，一个涌现出晚清至民国时期诸多叱咤风云、在中国历史上留名的豪杰的地方，一个清代“一口通商”时期唯一的对外口岸，一个停泊过哥德堡号、中国公主号等著名商船的古港，一个拥有千年历史的岭南古村。

这里也曾经是一个典型的城中村。如果不是近年来文化强省建设的浪潮，这里为数众多的古建筑很可能依然淹没于众多的“握手楼”当中。2010年广东省委全会专题研究文化强省工作，汪洋书记在会上提出“富而思进、富而崇文”，通过文化建设，让公民的身心健康得到更好发展，成为广东省的中心工作之一。

如今，黄埔村的房屋树木、庙宇祠堂，都在无声之中传递着岭南水乡的文化神韵。与周庄、乌镇等古村落的保护不同，这里的村民依然悠闲地生活在村落中。将古村落与村民纳入一体化改造，在改造过程中突出考虑村民生活与文化传承，黄埔村改造成为中国古村落改造中一次革命性的实验。

A07

不能再以经济建设思维发展文化

日赏千年古迹，夜饮明月江风，探访沧桑黄埔村文化保护历程

古村改造贵在吸纳村民活文化

改造城中村

保护古村落

改造城中村

相当于在家里有人住时来搞装修，所以要用最大的利益去得到老百姓的支持，只要是村民集体决定不同意的，我们就不干

这是一个相当静谧的地方。池塘涟漪、果树飘香，看不到乱拉挂的电线杆，瞧不见黑漆漆的沙井盖。这里是有着千年历史的海珠区黄埔村。

砖雕、木雕、灰雕、镬耳屋、青石板路……虽然黄埔村已看不到昔日港口码头那种繁荣的景象，但村中的古祠堂、古民居、家塾和宫庙却透露了这座岭南村落积累千年的文化底蕴。

长达3公里多的麻石路面贯穿全村。一般的城中村昏暗拥挤的“握手楼”、蜘蛛网般乱拉挂的电线杆在这里根本难见踪影——所有的管线都埋到了地下。

在必须标示地下管道的地方，出现的是小篆字样的“污水”、“电信”，看起来与周围古色古香的建筑风格无比和谐。

村内7口水塘经过水体净化工程，全部变成了荷花池，6000平方米的绿化小景以及两个大型公园，基本上做到了屋前有树木，转角有小景。

胡仲化的家就坐落在村中的吉辰大街上。作为中国著名铁路公路大师，亲手规划了惠爱路（今中山四、五、六路）、永汉路（今北京路）、长堤大马路等广州马路的胡栋朝先生的嫡孙，胡仲化一开始对于这种改造并不是特别理解。

但在看到改造效果之后，他主动将胡家的故居贡献出来做纪念馆。他的妻子郭丽钗告诉记者，这个房子并没有很大改动，基本都是胡栋朝设计时的样子，除了原先三层楼的小屋被削去一层之外，其他的都还是老样子。

作为名门之后，胡仲化在村民中的见识已经算高的，连他一开始都对黄埔村改造心存疑虑，可见其改造之初的艰巨。

村民冯剑辉表示："一开始许多村民都抱有怀疑的态度，但大家都没想到，旧村改造后会这么漂亮，我们的居住环境可以这么舒适。"

"开始很多人都坚决反对，看到效果图不敢相信。街道工作人员一次次上门介绍说明，又接受村民的建议修改方案，大家才开始接受。"村支书梁就成说。在改造的过程中，每个村民都对自家附近的工程进行监督，负责监工的村中老人梁广柏告诉记者："村中原来的一砖一瓦都保留了下来，麻石板一块都没少。"

也正是出于这样的做法，海珠区在对黄埔村进行改造的两年中，没出过一例强拆，也没出过一次上访事件。

胡家的故居改造了，梁家的祠堂也成了博物馆。在记者走访该村时，位于村口的梁氏宗祠正在展出晚清时出身于该村的著名外交家梁诚的事迹。根据村民们的说法，这才是祠堂的"正当用途"。

将祠堂改建成博物馆，让岭南文化、广东历史在镬耳屋内、蚝壳墙下展示出来，已经成为增强黄埔村文化辐射力的一种重要手段，也是一种将古村落保护与文化产业开发相结合的全新尝试。

从现在的效果来看，村民们不仅是这次改造的受益者，更是这一改造的主体。

根据海珠区黄埔村改造项目负责人的说法，"黄埔村的改造不但是改造、保护'死'的文物建筑，而且是将'活'的村民一并纳入改造的考虑之中。我们的目的就是让村民们生活得更好"。

"规划重民利，建设顺民意，发展解民忧，结果得民心。因为我们做的事，相当于在家里有人住的时候来搞装修，所以要用最大的利益去得到老百姓的支持，只要是村民集体决定不同意的，我们就不干。"

村民与政府齐心，才能形成合力，而这也是广东建设文化强省的方针原则之一。根据《广东省建设文化强省规划纲要（2011—2020年）》的要求，广东的文化强省建设正是要"建立政府主导与社会参与相统一、多层次、多元化的文化建设管理体制，最大限度激发全社会参与文化建设热情，努力形成多方共建的强大合力"。

由此看来，黄埔村现在的舒适景象，正是这种热情的最直接体现。

而值得注意的是，受益的村民已经开始自觉地对现有的环境进行保护。用梁就成的话说，以前不少村民习惯乱丢垃圾，随地吐痰，自从村落改造以后，村民们看到环境这么好，大家都不舍得乱倒垃圾。

琶洲街道办事处主任黄向斌透露，在实施改造的同时，黄埔村已经开始了严格的围院式管理，禁止一切重型车通行，外来车辆全部禁止入村，要停靠在新港东路和石基村口的两个大型停车场，保证古村环境的舒适和安全。

★端生家塾改造成的岭南剪纸艺术馆于2011年9月成立，吸引了大批游客。

保护古村落

广州如果没有开发黄埔古村，那是广东的一大损失，现在看到黄埔村改造成这个样子，我死也瞑目了

这是一个拥有上千年历史的古村落。村内的黄埔古港是中国古代对外贸易的重要口岸、清代“一口通商”的窗口，是广州辉煌海贸史的见证。

梁氏宗祠、胡氏宗祠、姑婆屋、梁询故居、端生家塾、左垣家塾、潮江胡公祠、子牙居、日本楼……几乎每栋古建筑都有着一个传奇的故事。

走进黄埔村，你会发现近代史上很多著名的人物、著名的事件都与这里有联系。比如，这里的荣西里走出了巨商、大学者、科学家等一门7代名人；这里出现过冒死奋战55天营救孙中山的永丰舰（即中山舰）舰长冯肇宪；这里走出了向美国成功追讨庚子赔款、用于开办清华大学的爱国外交家梁诚，让南粤人民告别购买洋糖历史的糖业专家冯锐，与詹天佑同时期的铁路工程师胡栋朝……这里的老巷子、老房子，走出了一批响彻中国近现代史的名人。

对于历史学家们来说，黄埔村的保护和开发具有格外重大的文化意义。

2011年，黄埔村一期改造基本完成之后，著名学者、中山大学历史系教授罗汝才这样说："我曾经说过，广州没有开发黄埔古村，是广东的一大损失。见不到黄埔古村的开发，我们是死不瞑目。现在看到黄埔村搞成这个样子，我跟项目负责人开玩笑说，我死也瞑目了。"

在中山大学副校长、著名历史学家陈春声看来，黄埔村的改造更像是让一颗蒙尘的珍珠重放光华的过程。

"2000年的夏天，我们一些专家去了当时差不多将近荒废了的黄埔村北帝庙，发现了8块被石灰封存多年的碑刻，里面就有'黄埔税口'字样的石碑，是'一口通商'时期的海关税口的重要佐证，具有极大的历史研究价值。"

而像这种有历史价值的古建筑，在黄埔村内一共有51处。从2002年开始，黄埔古村历史建筑群被定为广州市文物保护单位。

在黄埔村一期改造完成之后，陈春声和其他专家再次回到这个村子，给他们的感觉则是"非常满意，感觉比较震撼。通过'抽疏保旧'将原来被挡住的古建筑露出来，形成连贯的游览路线，这种保护开发的模式值得推广"。

陈春声谈到的"抽疏保旧"是黄埔村改造的十六字方针之一。其全部内容是"抽疏保旧、完善配套、适度开发、商业运作"。

所谓的"抽疏保旧"，其实就是让淹没在诸多现代城中村建筑中的诸多文物显露出来。

根据专家们的意见，改造过程中相关单位就规划了一个村中古建筑的主线路，把这个线路中的新建筑置换掉，让文物连接起来形成规模。

根据专家们的建议，改造过程中并没有将破损的文物建筑换成新的，而是利用原材料、原工艺在原地方重新修补。

同时，还要利用这些文物建筑加强文化辐射，像梁氏宗祠改造成博物馆、端生家塾改造成岭南剪纸艺术馆，就是这种文化辐射的具体体现。

关于古村落的保护，在《广东省建设文化强省规划纲要（2011—2020年）》中也有着明确的要求："加强以广府古民居、客家古民居、潮汕古民居、开平碉楼侨乡民居为突出代表的广东古村落保护。"而作为广府古民居的代表，黄埔村的改造从一开始就没有走推倒重来的道路。

"我们从一开始就是把这个当成文化项目来运作的。一方面对延续古村风貌和肌理的古建筑进行保护修缮，另一方面完成雨污分流、三线下地、市政供水、视频监控工程等建设。"

而作为黄埔古村保护的最早倡导者之一，广州市委统战部原部长司徒梅芳倡议成立黄埔古港黄埔村研究会，发掘黄埔古港古村深厚的人文内涵，得到了专家学者们的一致认可。

目前，黄埔古港黄埔村研究会已经成立，正与中山大学展开深度合作。

唱响新名片

黄埔村的适度开发不能用僵化的观点去看，要让文化自我繁衍，从“死文化”变成“活文化”

3月24日，传统的农历“三月三”北帝诞。从清早开始，黄埔村就锣鼓喧天、鞭炮齐鸣，热闹程度不亚于过年。

作为主会场的玉虚宫门口，很早就被围观者堵得水泄不通。“一龙一凤”在村里走街串巷地飞舞，《西游记》里的师徒、挺着大肚子的八仙，还有来自番禺的飘色在广场上巡游……

这种热闹的场景并不多见。村中80多岁的老人冯广深说，除了最近这几年，印象中热闹的庙会都是解放前的事情了。

黄埔村的庙会已经衰落很久了，直到2006年，海珠区翻修村里的重点文物保护单位、建于北宋年间供奉北帝的玉虚宫之后，这一传统民间活动才开始逐渐恢复。

除了一些传统民俗活动的时候，黄埔村基本上都很安静。保护和修缮还在进行中，而作为旅游产业开发，则是未来的事情。

但是，这种静谧会维持多久？毕竟在规划之中，这个古村落是要进行适度的商业开发。而当文化遇到商业，如何在市场的洪流中保存文化的价值，则是更多人关心的话题，也是文化强省建设中不可回避的话题。

★晚清黄埔港的繁华场面。

改造者说

◎作为广府古民居的代表，黄埔村的改造从一开始就没有走推倒重来的道路。

◎将祠堂改建成博物馆，让岭南文化、广东历史在镬耳屋内、蚝壳墙下展示出来，是一种将古村落保护与文化产业开发相结合的全新尝试。

◎黄埔村，这个都市中心的古村落将成为广州的文化名片，成为广州从旅游的过境地变成目的地的一个重要地标。

在几位黄埔村改造负责人看来，这方面完全可以探索，因为即便发生偏差，也是可以挽救的，并不像拆掉一栋文物建筑那样让人无法原谅。在商业运作过程中，学者、专家们同样可以随时提出意见，一旦商业开发与专家学者的意见产生冲突，依然会以学者们的意见为主。

“我们这次做的，是文化保护的探索尝试。接下来的适度开发、商业运作，更不能用僵化的观点去看。”

“文化的发展要有内循环的机制，我们的目标是以文化养文化，以文化发展文化。让文化自我繁衍，从‘死文化’变成‘活文化’。单纯的政府投入是不行的。商业运作的意思，不是政府永久参与下去，要有专业资质的公司来经营，让黄埔村人得到眼前利益的同时，还要找到一条长期发展的路子。而适度开发，意思就是要用文化养文化。”黄埔村改造项目负责人说。

根据该负责人的设想，未来的黄埔村，“白天希望是丽江那样的古城，晚上希望是富有岭南特色的高端消费场所”，因为得天独厚的地理位置，这个都市中心的古村落将成为广州的文化名片、旅游名片。

“我们有理由和信心相信，它能做成一张广州的新名片，成为广州从旅游的过境地变成目的地的一个重要地标。”

“你可以想象，未来的黄埔村将是这样一个地方：古村里有星巴克，有酒吧，有博物馆，有古建筑。白天的时候，你看到的是一片古迹和沧桑；夜晚的时候，这里就变成消费场所，你可以在江边伴着小风，喝点小酒……”

边走边评

不能再以经济建设思维发展文化

黄埔村这样的古村落能够成为广东文化发展的优秀典型，原因是多方面的。首先，文化遗址本身得到了很好的保护，原有村貌基本没有改变，名人故居得到较好修缮；其次，黄埔村的改造过程相当顺利，没有出现强拆等违反村民意愿的行为，当地村民与政府、学者三者之间良性互动，使得村落改造顺利实现；最后，黄埔村的改造将与商业主义实现良好结合，这便是所谓的“以文化养文化”，古村落文化与现代商业文化、旅游文化融合在一起。

黄埔村的文化建设有很多亮点，但它仅仅是广东文化坐标系中的一个小村落。从全省来看，有太多有价值的古村落仍然没有进入人们的视野，有太多文物遗迹正在消亡，有太多文化遗址被改造得不伦不类，而对于经济发展中富裕起来的人们来说，文化生活仍然相对贫瘠，没有足够好看的电视剧、电影，没有迪士尼那样的娱乐文化品牌，没有类似于北京798那样的现代文化坐标。广东要实现文化大发展，一个黄埔村显然远远不够。

分析黄埔村的成功原因，我们可以从中借鉴很多。文化发展是一个系统工程，不是只有保护意识，或者只有开发意识就够的，而需要全方位考量；文化发展也不是政府一家说了算的，必须考虑当地居民、学界的综合意见，实现文化效应、经济效应和社会效应的最佳结合。

从黄埔村的微观角度抽离出来，我们应该看到更宏观的制约文化发展的症结。那就是一些地方很多时候仍然搞不清楚经济与文化的关系，仍然在以经济建设的思维发展文化。

经济的发展当然是文化发展的重要条件。从黄埔村的文化建设就能看出来，经济发展首先给文化发展提供了优厚的物质条件，没有发达的现代装潢业、家具业和物流业，没有地方财政的大力支持，黄埔村恐怕现在仍然处于脏乱差的环境中。其次，文化本身就是经济发展的重要组成部分，如黄埔村开发者所说，黄埔村将会建成类似于丽江那样的集商业、购物、休闲于一体的广州文化地标，这种设想很大程度上正是基于商业主义的冲动。最后，文化的繁荣反过来促进经济发展，如果类似于黄埔村这样的古村落最终开发出来，广州的城市文化品位必然随之提高，广州经济自然受惠无穷。

我们可以看出，经济与文化互相促进，但文化并不是经济的简单产物，并不是经济建设搞好，文化自然就搞上去了。文化发展绝对不同于经济发展，也不同于社会发展，而是有其自身发展的逻辑。因此，我们要明确一点，如果说经济建设需要懂经济的官员，那么文化建设也应该培养懂文化的官员；如果说发展经济，建立了多种政府考核体系和社会评价体系，那么发展文化必然也须建立符合文化发展规律的各种体系。但目前很多文化发展仍然遵照着经济发展的思维，经济发展可以有一个GDP标杆，文化发展的标杆是什么？经济发展大多看得见摸得着，文化发展却需要积淀，需要远见，有时候并非一朝一夕就能看得出来。因此，我们的社会应当对文化发展给予足够的宽容和耐心。

坦白说，提到文化强省这样宏大的命题，无论是政府还是媒体往往都有使不上力的感觉。原因就在于宏观上整个社会对待文化建设仍然是经济建设的思维，微观上对待任何一个文化事业或文化产业又没有经营黄埔村那样的先进理念。

广东文化强省之路任重道远。

↘经济与文化互相促进，但文化并不是经济的简单产物，并不是经济建设搞好，文化自然就搞上去了。文化发展绝对不同于经济发展，也不同于社会发展，而是有其自身发展的逻辑。

声音

黄埔村文化保护模式感动网友

古村落文化发展应与时俱进

网友

“黄埔村”模式应普及

在@南方日报的新浪微博上，许多网友在关于本篇报道的微博后留言，网友@广州鹤鸣结合自己的游览经验评价说：“黄埔村的古建筑文化遗产非常丰富，保护得非常好。进村后，让人有一种安居乐业、非常舒适的感觉，历史上这条村的建设发展应得益于‘一口通商’，当时这里应是非常发达兴旺的。特别是街巷都比其他村宽很多，尤其是祠堂特别多。”

★黄埔古村。

一些网友自己总结了对传统文化保护的理解，网友@Motinel就认为，不能单纯为了文化保护而保护文化，一定要让历史文化和建筑在现实中发挥作用，才能保护完整的文化。他在南方报网的互动栏目中留言说：“广州黄埔村的细节保护方面很值得关注，最重要的是，整治后的房屋住的大多是原来的居民。实际上，历史上的东西不在当代生活中发挥价值，想保也保不住，历史文化保护要与美食、住宿等结合才能焕发活力。”

专家

历史古村落要有新发展

对于黄埔村没有采取“推倒重建”的改造模式，多位专家表示了肯定。“修缮不是重新翻新，里面可以装修，外形一定要保留。”中山大学中文系教授、民俗学者叶春生说。广州大学建筑与城市规划学院教授汤国华则认为，对于古村落的修缮应该分类：对于祠堂、有价值的民居等建筑应当修旧如故；对于大量居民正在使用居住的建筑则不能勉强。

“历史古村落是一定要发展的，不可能永远停留在一个时代。”汤国华认为，“因为时代在发展，人们的生活方式和生产方式都已经改变，所以不可能按照原来那种比较旧、比较暗的民居来修缮，应当允许居民适当改善自己的生活环境，采用新的生活方式。”

（郑照魁　范琛　朱迅垚　高笑　蒋哲）

村里新旧建筑都贴清砖片，这点不太合适，对于老的建筑、好的建筑我们要保存下来，原状保留。新的建筑，包括靠近旧建筑的新建筑，建筑高度不要太高，但建筑的样式不一定要跟以前一样，新时代有新时代的建筑风格，可以按照时代特点来建，所以不要勉强它们全部贴清砖片。

——广州大学建筑与城市规划学院教授汤国华

9

★陈能场考察跨界河流污染，取水检验。

归国博士和退休官员联手修复“中毒”土壤

政府民间齐治污染 迎来民主环保时代

“东莞中堂镇属于工厂型重金属污染，肇庆四会市下茆镇江湾属于漂染型重金属污染，云安县茶洞镇稻田则属于矿山型污染，这些地方的土壤里都检测出了镉、铅等重金属超标。”

2011年很长一段时间里，广东土壤学会土壤污染与修复委员会副主任陈能场，在广东矿山和工厂周边四处挖土——他的愿望是，推动广东重金属污染农田综合治理技术研究及其应用示范制定。但各地遮遮掩掩的态度让他稍有失落。连与他一起同行的合作伙伴省环保基金会常务副理事长、广东省环保局原局长袁征也很着急。

在广东越来越重视生态文明的当下，这位归国博士和昔日的环保大员走到一起，为了被忽视的土壤重金属污染。

2011年2月18日，国务院通过了《重金属污染综合防治“十二五”规划》，指出了我国目前重金属环境污染严重。广东省被列为14个重金属重点治理省区之一。之后，广东发动专家学者在大宝山、莲花山、贵屿等地展开土壤修复试验，大力整治重金属污染排放企业，2012年省环保厅还将重金属污染整治列入了十大民生实事。

发挥群众在环境保护中的主体作用

归国博士和退休官员联手修复“中毒”土壤

官方民间齐治污染 迎来民主环保时代

民主环保深入人心

回国拯救“癌症村”

18年间矿区的上坝村有250多人死于癌症，央视称其为“死亡村庄”。他感觉到，同日本20世纪六七十年代一样，中国经历了经济迅速增长期后，环境事件开始集中爆发

新世纪初，尚在日本鹿儿岛大学留学的陈能场从网络上看到了韶关大宝山矿污染的报道，报道称，18年间矿区的上坝村有250多人死于癌症，央视称其为“死亡村庄”。他感觉到，同日本20世纪六七十年代一样，中国经历了经济迅速增长期后，环境事件开始集中爆发。

公害患者相继离世，河流逐渐自我净化，土壤的污染却不会自动解除，即使过千百万年，它仍然稳定地存在，这正是重金属污染的特殊之处。即使是不乏技术和财力的日本，修复土壤的任务也仍未完成。而对于中国，困难刚刚开始。

2005年，北江发生了镉污染事故，而湘江仅仅因为上游清理淤泥爆发了一场震动全国的镉污染事故，“说明我们的环境脆弱到了何种程度。”他感慨。

这个时候，陈能场回国，很快就去了大坝村。此前，华南农业大学林初夏教授曾做了个实验，把村庄附近的横石河水稀释万倍，发现水生物还是不能在里面存活24小时。

在横石河上投资修电站的一位老板向陈能场感慨，每年都要更换一个几万元钱的水轮机。不需要多长时间，横石河水就能把钢铁栅栏泡成如腐朽的树干，一层层绿皮掉完，一年过去，铁栅栏就被泡软了。陈能场决定就在这里展开土壤修复工作试验。

这年，袁征已卸任省环保局局长，转到了省人大环资委工作。省人大代表、韶关翁源教师沈演泉等人多次提议案后，在省“两会”上直接询问省有关部门，呼吁解决上坝村污染问题。袁征恰好见证了大宝山污染整治的艰难过程。

“询问完，时任广东省人大常委会副主任张凯、省政府副秘书长徐尚武率省人大、省直有关部门20多名领导，主动‘赴约’赶到粤北大宝山矿区，听取代表意见，协调解决上坝村污染问题，尽快落实资金建好上坝水库。”他说。

官方和民间几乎同时开始了对广东最著名“癌症村”的拯救。

启动土壤修复试验

他们看到这些城市来的“科学家”将农田分成一小块一小块的试验田，而且不厌其烦地分别施肥、分别管理、分别收割。“农民对重金属污染几乎没有概念，我只能解释说，土里有毒，我们的工作是帮他们镇住或者取出来。”

刚回来不久，陈能场陪同两位老师——长崎大学校长、环境医学专家齐藤宽和东京大学终身教授茅野充男去了大宝山矿区。当时恰逢北江镉污染事件，“尾矿坝泄水时，当地拼命地往里面撒石灰，对这种临时抱佛脚的做法，大家感到不可思议”。

而随着相关调查的深入，陈能场越来越感到紧迫。广东在对179个保护监测点近8.4万公顷农田的监测中，发现稻田重金属超标率高达70.9%。

2006年7月18日，国家环保总局局长周生贤透露，据不完全调查，每年因重金属污染的粮食达1200万吨，造成的直接经济损失超过200亿元。

土壤修复试验便在此背景下启动了。在对上坝的河流、土壤、井水、稻米、蔬菜、动物内脏以及人体的尿镉、尿砷进行调查，取得了第一手资料后，专家认为在重金属方面，镉是影响当地居民健康的最主要重金属，陈能场的团队开始制定污染治理方案。

当地村民都感到诧异。他们看到这些城市来的“科学家”将农田分成一小块一小块的试验田，而且不厌其烦地分别施肥、分别管理、分别收割。“农民对重金属污染几乎没有概念，我只能解释说，土里有毒，我们的工作是帮他们镇住或者取出来。”

在一块约6亩大小的田地里，他们先后尝试了硅肥和水分管理、土壤固定剂等多种方式控制重金属，而在另一季度种植高富集镉的水稻品种，将重金属镉等从土壤中提取出来，将稻秆送到中科院广州能源所进行生物质能转换和重金属回收。通过这种轮作的方式，修复中毒农田。

他们的工作得到了广东省相关部门的重视。2006年，省科学院同意在大宝山上坝村建立重金属污染土壤治理的野外台站，并持续给予基金支持。

而在袁征所在的省人大的推动下，政府和企业联合投入1341万元建设了上坝水库，收集雨水和山泉水引入上坝村。2007年，省发改委与西门子公司签订协议，由西门子公司投资200万元，安装了净水设备。

2008年年底，袁征正式退休，担任广东省环境保护基金会副理事长。

环保公共需求快速增长

这8年下来，最兴奋的就是通过上坝村的科研和媒体报道，让全社会都对土壤重金属污染加以重视

“经过土壤专家们的努力，广东重金属污染的状况已经较为清楚。”陈能场说。

“这8年下来，最兴奋的就是通过上坝村的科研和媒体报道，让全社会都对土壤重金属污染加以重视。”第三届中日生态环境学术研讨会开完后，陈能场说。

到了2009年11月，广东省环保厅正式挂牌，由原本的“局”升格为“厅”。

袁征记得，在省委十届六次会议上，省委书记汪洋指出，环保局变成环保厅了，规格也升了，工作力度要加大，“要能做‘恶人’才行”。

与此同时，广东更加重视大气和河流污染的整治，建立起了珠三角和江河水质断面自动监控网络。

2009年珠三角现场会上，深莞惠联合治理跨界河流污染问题就成为焦点。2011年10月下旬，陈能场曾带着检测仪器和南方日报记者一起考察淡水河、北江、练江等跨界河流污染整治现状。

通过对淡水河交界断面的测定发现，深惠交接断面、西湖村断面综合污染指数同比下降明显，一条被省人大一直列入监督计划和重点督办项目的河流，水质恶化趋势得到遏制并呈改善趋势。

在省环保基金会工作的袁征几乎失去了每一个可以休息的周末。“我感觉到社会公众对环境保护的诉求更加强烈，环保公共需求进入了快速增长期。”

“以前企业与基金会联系少，但这几年主动找上门的变多了。”环保厅采取了开展污染减排目标责任制、挂牌督办环境违法“黑名单”企业、实行行业

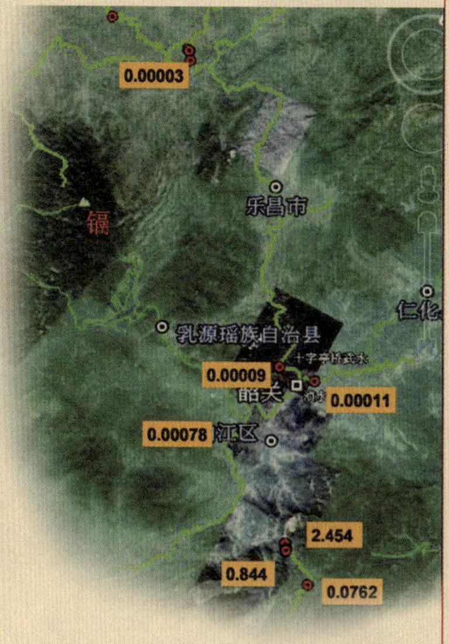

★我国地表水环境质量标准的镉I到V类水的标准值分别是≤0.001，≤0.005，≤0.005，≤0.005，≤0.01mgL。对照上图，可见大宝山尾矿水严重镉超标（测于2011年）。

区域限批等“狠招”，倒逼很多企业转型升级，他们只能拿出钱来找专业人士帮助企业完成减排，而基金会恰好起这个桥梁的作用。

民主环保深入人心

民主环保的概念开始深入人心。“比如，PM2.5这么专业的词汇成了全社会街谈巷议的热门词汇，群众已经不满足每天空气都是‘优或良’的空气质量公报了，而政府也及时采纳了这些意见。”

由于经费短缺等原因，广东目前没有实质意义的土壤修复工程，哪怕是广州等城市地区。

陈能场认为，中国用只占世界7%的耕地以生产出粮食养活占世界22%的人口，人多地少，大量污染农田不可能像一些发达国家可以通过休耕或者植物修复技术慢慢进行治理。所以，他才选择了边生产边修复的农业污染土壤综合修复技术。

2011年，重视重金属污染问题的袁征终于和陈能场走到了一起。他们都认为，虽然目前对重金属污染农田的治理技术进行了很多研究，但至今未能形成一套针对农田重金属污染特点、适合国情的行之有效的治理技术体系和操作规程。

在全省，跑了几个有代表性的地方，他们感觉基层官员还是非常害怕自己与重金属污染扯上关系。因此愿望实现并不顺利。

陈能场还是隔三差五地跑到大宝山，8年的努力找到了适合当地的土壤修复方法，但他的轮作修复办法同样没有办法深度推进。“主要是因为经费短缺，项目资助额度低。”

对陈能场的担心，袁征总结为“一些地方环境优先发展理念尚未牢固建立，有利于环境保护的体制机制尚未建立健全”。

即便如此，壮士暮年的袁征却更充满了干劲，他的信心来自民主环保的概念开始深入人心。“比如，PM2.5这么专业的词汇成了全社会街谈巷议的热门词汇，群众已经不满足每天空气都是‘优或良’的空气质量公报了，而政府也及时采纳了这些意见。”

“在我刚回国时，这是不可想象的。我希望今后政府能有序、科学地对土壤污染展开治理，当然这也需要社会公众进一步推动。”陈能场说。

采访期间，陈能场接到袁征的电话，商讨众所周知的电子垃圾处理重镇——广东省贵屿镇的土壤污染调查和治理问题。昔日的环保局长和这位土壤治理工作者，很快将前往汕头贵屿镇展开土壤修复整治工作。

边走边评

发挥群众在环境保护中的主体作用

经济社会转型期的中国，发展与资源环境的矛盾，从未像今天这样突出。这并不是大而空的套话，在跟一直致力于重金属污染研究治理的陈博士交流后，更加让人忧虑环保的现状。仅仅是重金属污染，这些年就频繁出现紫金矿业污染等重大事故，出现了上坝村这样的“死亡村庄”，更不用说人们早就熟悉的大气污染、水污染、噪声污染。

中国正经历着大部分国家工业化过程中必经的阵痛。而处在工业化发展最前沿的广东，环境保护形势格外严峻：环保事件层出不穷，环保工作仍处于被动应对阶段，不少危害群众健康的突出环境问题还未得到根本性解决。原因在哪里？从社会角度来说，民众的环保意识和环保知识远远不够；从政府角度来说，一些地方政府仍然没有树立保护环境的发展意识，用资源换发展，用环境换GDP的现象仍然大量存在，保护环境的体制机制仍然没有健全。为什么媒体屡次报道过这里，不少专家学者、政府高层来过这里，问题还没有完全解决呢？是因为还没有形成一个环境保护和污染事故处理的整体机制，导致人们只能干着急，却毫无办法。

那么，怎样建立这样一个整体机制呢？政府当然重要，但仅靠政府远远不够，要充分发挥人民群众在环境保护中的主体作用。政府自己要有作为，但更要发动更多的社会力量参与环保。环境保护与人民群众的生产生活息息相关，人民群众既是环境保护的建设者，同时又是受益者。对于加强环境保护，他们有很强的愿望，应当充分调动他们的积极性和主动性。最近广东环保的一件大事情就是将PM2.5纳入空气环境质量标准，这其中社会力量的推动发挥了重要作用。这就是与民众良好互动，充分调动和发挥他们在环保工作中的主体作用的典型案例。而之所以能够做到，前提就是充分尊重、扩展和保障社会公众的环境知情权、参与权和监督权。

将PM2.5纳入空气环境质量标准进行测试当然是一个好例子，但类似于这样的例子不是太多，而是太少。在环保问题上，政府、社会、民众三者的互动仍然不够，根本症结在于政府。首先，公众的环境知情权并未完全落实。民众和政府部门、企业之间的信息缺少互动，企业的环境信息公开得尤其少。只有建立环保信息公开

改造者说

◎农民对重金属污染几乎没有概念，我只能解释说，土里有毒，我们的工作是帮他们镇住或者取出来。

◎这8年下来，最兴奋的就是通过上坝村的科研和媒体报道，让全社会都对土壤重金属污染加以重视。

◎PM2.5这么专业的词汇成了全社会街谈巷议的热门词汇，群众已经不满足每天空气都是“优或良”的空气质量公报了，而政府也及时采纳了这些意见。

制度，才能保障法律赋予的公众知情权，才能增强公众在环境公共事务中的权利、责任和义务意识。其次，公众的环境参与权和环境监督权也未完全落实。人们只有参与才能深入了解环保问题的症结，人们只有能够监督才能表达自己的环保诉求，维护自己的合法权益。最后，环保组织发育并不完善，环境保护需要专业的非政府组织，但目前我国的民间环保组织无论是数量、影响力还是组织的规范性都远远不够。

我们要充分保护公众的环境知情权、参与权和监督权。要进一步完善环保信息公开制度，通过各种正式渠道和微博等新媒体，形成上下联动的环境信息公开体系。要为公众参与影响环境的重大项目决策创造更多条件，建立健全重大项目环境保护的公众咨询制度，积极探索公众参与环境保护的新途径、新方式。要建立环保问题的信访投诉机制和公益诉讼机制。要建立和完善社会力量参与环境保护的工作机制，鼓励发展民间环保组织，积极壮大环保志愿者队伍。我们要挖掘更多陈博士这样的环保人才，也要发挥袁征这样热心环保的老干部的工作热情。唤醒全社会的环保意识，引导全社会都来关心环境、保护环境，环境保护这个难题才能真正解决。

声音

政民互动共创“民主环保”

《南方日报》的大型调查性报道《走读广东》关注了归国博士和退休官员联手修复中毒土壤的环保新模式，报道透视了环境保护工作从官方走向民间的过程，官民互动搞环保的形式引发了网友们的一致肯定。

网友

民间环保需官方支持

中华环保联合会的一项调查结果显示，据不完全统计，目前我国环保民间组织共有2768家，从业总人数达22.4万人。但一位从事环保工作多年的网友“绿色冰凝”就在互动栏目中留言说，并不是每个地方环保事业的工作环境都如报道中所说的那么好。“有时候我们走上街头搞一些环保宣传活动，却反而被路人认为是哗众取宠，一些环保工作者义务付出劳动搞环保活动，反而很难拿到相关部门的批文。”

这名网友道出的环保工作者的困境引发了许多网友的共鸣，微博网友“洛枫”也指出，民间环保是环保工作中非常重要的组成力量，而环保也绝对不能只靠政府，“许多人认为，环保主要是政府、企业的事，因为环境污染的‘大头’来自大型企业和工程项目，作为普通人再积极参与环保也是杯水车薪。其实，许多污染事件的发生恰恰源于普通人生产生活中的一些不当行为”。

★陈能场和他的老师在上坝村考察。

专家

民主环保体现公众参与

“环保事业关系到每个人的安居乐业，全民参与的民主环保正是公众参与原则的体现。”省环保局原局长、目前在省环保基金会工作的袁征分析说，要真正搞好“民主环保”的工作，需注意三个要点。首先，要把环境污染的真实情况传达给民众，“环保信息的公开化，是我们政府需要大力推进的，包括空气质量、水质情况，都要及时通过媒体权威发布，才能让民众有的放矢地参与到环保中来”。

其次，袁征谈到，应该让群众参与到对环境保护的监督工作中来，“让群众及时地监督环保工作的进展以及环境变化的情况，是控制环境质量的途径之一”。

“最重要的一条是维护好民众的环境权益，环保是一个民生问题，只有维护好民众的环境权益，才能发挥环境保护的真正意义。”袁征还补充道，政府也要加强在社会日常中的宣传力度，普及生态教育，宣传环保理念，“全民参与，全民环保”。

（赵洪杰　朱迅垚　梁文悦　蒋哲）

10

★左拔村村民钟国红在照料自己家的灵芝，该村过半的贫困户都有自己的灵芝种植场。

真心帮扶让小山村老百姓重拾致富信心

扶贫“双到”猛甩“穷广东”帽子

山重水复疑无路，柳暗花明又一村！

经过一个多小时的快艇冲锋，绕过了无数的湖中山峰，下船上岸，再经过七八公里的山路，我们来到了一个叫“左拔”的省定贫困村。

如果走陆路，从河源到这个村要花三四个小时。由于万绿湖水库建设，东源县半江镇左拔村原本通往县城的陆路被切断，村民现在多选择水路出行。

去一趟城里坐船要每人35元钱，去一趟当天回不来，还得住一晚。村民没事情不出门，有事多找村干部代劳。现在公路通了，可以开摩托车去韶关新丰县，大约40分钟。

山沟里的新房

一路走着，与老旧的土坯房对比明显的是，这两年村子里盖起了越来越多的新房子，不少人已经搬进了新居，过年时大红的对联表达着村民的喜悦

扶贫"双到"奏响新的农村变革曲

真心帮扶让小山村老百姓重拾致富信心

扶贫"双到"猛甩"穷广东"帽子

山沟里的新房

不断提高的幸福感

由于山路崎岖，左拔村的工作人员特意开车前来接送我们。开车的男子名叫余海滨，是深圳市龙岗区委组织部派驻左拔村的扶贫干部，村民都亲切地称他“滨哥”，虽然他才35岁。

他告诉我们，左拔在册人数432户1532人，其中贫困人口有142户625人。由于地理位置偏僻，不少村民都已搬到东源县城或河源市区居住，村中的青壮年更多数在外打工，如今村内的现住人口只有359人。

七八公里的山路开行了近20分钟，远远望去，一栋两层高的新楼房特别显眼。滨哥说，那就是竣工没多久的左拔小学兼村委会大楼。

原来的小学和村委会房屋由于年久失修，已经成为危房，得益于扶贫“双到”政策，帮扶单位出了20多万元，村民和外出乡贤捐了一些，剩下的由政府补贴，终于建起新教学楼，改造后的学校面积达2000多平方米。

左拔村党支部书记钟高州告诉记者：“左拔小学最多时有200多名小学生，村里还有一个初中，加起来有400多名学生。”不过，由于学校合并，左拔小学只留下了一、二年级的学生，一共只有8名学生和3名老师，初中也早就被撤并了。孩子读书的时候需要住校，每个星期回来一趟。当地政府安排了船只接送，每趟需要一个半小时，很是辛苦。

一路走着，与老旧的土坯房对比明显的是，这两年村子里盖起了许多新房子，不少人已经搬进了新居，过年时大红的对联表达着村民的喜悦。

更多的房子还在“大兴土木”，尤其是在左拔小学旁边的一块空地上，28户新房已经完成了框架建设。

滨哥告诉我们，扶贫工作组进村后的一项重要内容就是帮助贫困户实施危房改造，有效地改善居住条件。得益于广东省的扶贫政策，住房改造的贫苦户每户可获得省里1万元的补助。“为了帮助他们改造，帮扶单位也决定给予每户5000元的补助。”

经过帮扶单位的多方争取，左拔村还被东源确定为半江镇唯一的县级幸福安居工程示范点，极大地推动了全村的农房改造进程。

左拔村示范点项目共有住房改造117户，目前已经有113户动工，4户正在筹备。“有了上级的1.5万元补助，我们盖起房屋来就容易多啦！”贫困户钟国

红已于2011年年底搬进了新居。

谈到新生活，钟国红兴奋地打开水龙头，“你看，现在都有自来水啦！手机也可轻松打通了，而以前因为家里没信号，还要跑到山顶上去打。”他认为，山区想发财致富就必须通路，现在路也通了。记者了解到，2010年帮扶单位出资35万元，帮助左拔村完成了10.3公里村道建设。2012年又增加投资6.12万元在主村道上安装路灯，进一步改善交通条件。

除了盖新房，让钟国红最为自豪的是他的灵芝种植场。虽然在扶贫工作组到来之前左拔村的老百姓就已经开始种植灵芝，不过真正形成产业化，还是在工作组对村民提供技术培训、资金补贴之后。“过半的贫困户都拥有了自己的灵芝种植场。灵芝属于高附加值产品，价位也比较高。”滨哥透露，大部分贫困户家庭种养已经取得较好的销售收入，工作组和村委多方积极联系有关农产品销售公司，为贫困户解决农产品市场销售问题。

不断提高的幸福感

虽然目前广东省已从总体上消除了绝对贫困，但收入差距问题还很尖锐，相对贫困还将长期存在，扶贫开发依然任重道远

年初的一个消息，让滨哥紧张和兴奋了许久。

2月1日，汪洋书记在全省扶贫开发工作会议上宣布，省委、省政府已决定按2012年全省农民人均年纯收入的33%确定2013年至2015年农村扶贫标准。这意味着我省贫困线由原来的人均年收入2500元提高到了3000多元。而由此推算，我省新一轮扶贫开发“双到”工作的扶贫对象约为35万户171万人。

让滨哥兴奋的是，这说明广东省越来越重视扶贫工作，紧张的是，这也意味着他必须加倍努力，才能更好地做好村里的扶贫工作。

实际上，滨哥已经基本完成了“双到”扶贫所下达的工作目标。“双到”工作实施以来，帮扶单位已经整合各类资金700多万元投入到左拔村。村集体收入大幅度增加，接近12.5万元，远远超过3万元的达标标准。贫困户人均年收入4800多元，也远超2500元的标准。

根据省扶贫办提供的数据，“双到”工作开展以来，我省扶贫开发工作取得了突破性进展，预计今年我省将全面实现农村贫困人口人均年纯收入达到或超过2500元的扶贫开发“双到”工作目标任务。

但即便如此，扶贫的形势依然艰巨，因为扶贫开发“双到”工作进展还不平衡，仍没有脱贫的贫困户贫困村，不少是脱贫难度大的“硬骨头”，比如2500元的年收入水平仅为2011年全省农民人均年纯收入的27.1%。所以，全面完成扶贫开发“双到”工作的预期目标，仍要付出艰辛的努力。

从国际上看，许多国家包括发达国家的扶贫标准也是动态调整的。随着经济的发展，不断提高扶贫标准，把更多低收入人口纳入扶贫范围，是社会发展进步的重要体现。我们以往的扶贫开发工作主要是解决温饱问题、消除绝对贫困，但这只是扶贫开发的一个阶段。而随着扶贫标准的提高，新增的扶贫对象数量依然庞大。扶贫开发已经转变到以解决相对贫困为主的新阶段。相对贫困将长期存在，而且解决相对贫困问题不单是缩小贫富差距的问题，甚至是事关发展全局，事关群众福祉，事关长治久安的问题。

朱小丹省长在全省扶贫工作会上表示，虽然目前我省已从总体上消除了绝对贫困，但收入差距问题还很尖锐，相对贫困还将长期存在。

左拔村只是广东3409条“双到”扶贫村扶贫改造的一个缩影，经过近年来各级政府和社会各界的共同努力，村民的生活发生了喜人的变化，然而这并不意味着我们的扶贫工作可以结束，随着全省扶贫标准的提高和贫困户的增加，相对贫困问题依然十分突出，要保证稳定脱贫，实现共同富裕，依然任重道远。

按照计划，广东省扶贫开发工作将全面转入巩固脱贫成果、加快奔康致富新阶段。根据党中央的精神，广东省也已经出台了《广东省农村扶贫开发实施意见》，这是广东省深化扶贫开发工作的纲领性文件。广东省将粤东西北地区自然条件比较差、经济社会发展相对滞后的山区、石灰岩地区、沿海干旱地带和革命老区、少数民族地区、省际边界地区等连片地带，包括处于这些地区内的林场、农业垦殖场、华侨农场等，确定为扶贫开发重点区域。

按照省里的决心，以后类似左拔村这样的贫困山区、库区依然将成为下一阶段扶贫开发的主战场。滨哥相信，“看来，左拔村的幸福将不断提高！”

记者又问他：“你认为扶贫给村民带来的最重要变化是什么？”他说：“我觉得是老百姓有了信心！”

出走与回来

晚上有人突发疾病的话，最可能致命的是延误治疗。打电话给河源，那边派船过来，要一个小时，加上出去要两个小时，这是最快的方式

采访组在村里走访发现，除了新房，破旧的泥土房也随处可见，这些房屋多数空无一人，空留残垣断壁。它的主人早就远走高飞，偶有过年过节回来打

变·通

◎贫困户钟国红说，以前没有自来水，要从外面挑水喝，有体力的还好，年龄大的就很麻烦。2010年年底，在帮扶单位的支持下，村里终于通上了自来水。

◎手机也可以打通了，以前村民从外面回到家，想打个手机都很困难，没信号打不通，要跑到山顶上去打。现在方便多了。

◎山区想发财致富就必须通路，现在路也通了。2010年帮扶单位出资35万元，帮助左拔村完成了10.3公里村道建设。今年又增加投资6.12万元在主村道上安装路灯。

◎让村民自豪的还有他们的灵芝种植场。过半的贫困户都拥有了自己的灵芝种植场。大部分贫困户家庭种养已取得较好销售收入。

扫一下。

由于左拔村地处万绿湖库区，交通不便，生存条件艰苦，稍微有点条件的人都争着搬走了，村里已经很少有青壮年劳动力。

滨哥开玩笑说：“村里目前最青壮年的就是村支书了！”钟高州马上笑了起来：“我也已经40岁了！”就算是625名贫困人口，也有很大一部分外出打工了。

左拔的情况虽说稍显极端，但这是目前广东山区农村“空心化”的真实写照。村支书钟高州原来也一直在河源做生意，后来看到村里事务实在没有什么人来管理，便主动回来竞选村主任。

为了跑山路方便一些，他专门购买了一辆二手越野车，每次他都在河源加满油，开回村里过一段时间。“在这里头住实在不方便，卫生、就医、上学这三块是最麻烦的。”“晚上如果有个人突发疾病的话，最可能致命的是延误治疗。我们要打电话给河源，河源那边派船过来，要一个小时，加上出去要两个小时，这是最快的方式。如果开车出去，到最近的码头那边，开车就要一个小时，山路蜿蜒。”

“实际上，搬出大山是一个不可逆转的趋势。”东源县扶贫办有关负责人告诉记者，由于自然条件恶劣，再加上万绿湖是自然保护区，东源县也划为保护生态限制发展区，只有想办法把村民转移出去，才有大面积脱贫致富的可能。即使能在库区边远的村一时形成某些产业，但最终可能会因缺乏竞争力而劳民伤财。

“比如，在库区某镇某村发展蔬菜（基地）种植，肯定会因交通不便而增加生产成本，同样因交通不便而增加销售成本，甚至增大损耗、降低产品品质，其竞争力肯定不如城市郊区的蔬菜基地，该蔬菜基地的前景可想而知，因此导致劳民伤财的事例不少。”

一个只有二三十人常住的村，按“双到”工作要求，如果要通硬底化道路、通讯、通电等，往往需投入几百万元资金，受益面低下可想而知。

“所以我们要跳出固有的扶贫思维，引导贫困户向城镇集聚，同样的几百万元资金投入到城镇的公共基础设施建设，受益面将达到最大化。”

汪洋书记此前曾多次强调，“双到”扶贫要在“靶向疗法”的基础上，更加注重“辨证论治”，做到标本兼治。就像中医看病，号不准脉，就下不准药，治不好病。做好扶贫开发“双到”工作，关键要号准脱贫致富的脉，找准症结，开好方子。

为了鼓励有条件的村民搬出去，河源市制定了比较优惠的鼓励政策，比如，在外面建房子的同样可以享受省里的房屋改造政策，帮扶单位也给予与村里建房一样的补贴。

扶贫开发“双到”工作实施三年多来，各地各部门都结合自身实际，因地制宜推动扶贫，出现了不少有创造性的举措，很有针对性，也很有生命力。

比如，东莞突出产业扶贫、经贸扶贫等七个抓手，提前实现帮扶目标；清远“引龙头、建基地、扶大户、带农户、联城乡”，着力解决贫困村和贫困户自我发展能力；梅州则有效整合各方面资源，推动贫困户稳定脱贫。

顺德引进龙头企业带动产业扶贫，实现农村、农户双增收；省交通厅加快新农村公路建设，改善广大农村地区的交通条件；省水利厅大力加强粤东西北地区水利建设，显著增强贫困地区的农业综合生产能力；省人力资源和社会保障厅加大贫困户劳动力技能培训和转移就业工作力度，不断完善就业扶贫，等等。

这些特色方法的使用，有效地解决了贫困户的脱贫致富问题。

★与老旧的土坯房对比明显的是，这两年村里盖起了许多新房子。

边走边评

扶贫“双到”奏响新的农村变革曲

自从在全国率先推出“规划到户、责任到人”的扶贫“双到”政策以来，广东的贫困农村发生了显著变化。河源市东源县偏僻的左拔村就是一个典型写照。这里虽然说不上已经绝对脱贫，但显然好生活就在眼前，村民不断提升的幸福感、不断改善的生活质量是最真切的，也是对扶贫“双到”政策最为恰当的评价。

长期以来，因改革开放而成就辉煌变化的“富广东”为世界所熟知，但这里既有鳞次栉比的高楼大厦，也有矮小漏水的土坯房，家徒四壁与灯红酒绿形成了广东的穷富两极。广东的地区发展不平衡和贫富差距问题，同样“当惊世界殊”。但是，扶贫是有时代性和历史性的，改革开放前的广东基本上是全省贫困，是改革开放开启了第一波脱贫史，自那时开始，珠三角一带以改革促开放，又以开放促改革，使得珠三角区域不仅早早脱贫，还逐渐成为了中国改革开放的发动机和先富区域。20世纪90年代以来，面对日益拉大的区域性贫富差距，广东开始在粤东、粤西和粤北等区域大力开展扶贫工作，一年又一年的努力，一年又一年的接续，到了扶贫“双到”时期，再次奏响了一轮新的农村变革交响曲。

“允许一部分人先富起来，先富带动后富，最终实现共同富裕”，这是邓小平同志提出的发展路径。1992年在南方谈话中，小平同志在深圳强调，“社会主义制度应该而且能够避免两极分化”，而在生命的最后几年时光中，小平同志最为关心、谈论次数最多的问题就是“共同富裕”。“允许一部分人先富起来”，广东通过率先改革、率先开放，成为排头兵，交出一张让老人家较为满意的答卷；然而，“考试”并没有结束，如何消除民困、改善民生、实现共同富裕是当今时代赋予我们的新问卷，也是老人家早就提出来的老问卷。怎么答，答什么，广东一直在探索。从扶贫“两大会战”，到重点解决“一保五难”问题，再到如今的扶贫“双到”，广东的扶贫工作步步为营，稳扎稳打，一个难题接一个难题地化解，最后让上万干部扎入基层，深挖农村内生问题，帮助农民解决实际发展问题，应当说，“围剿穷广东”取得了相当的成效。

河源左拔村现在实际居住的人口只有359人，大多数人已经移居在外，由于扶贫政策支持，无论在村还是不在村，只要是贫困人口，都受到一定的支持，一些在外发展的人因此开建新房，让自己有了一个新家。这说明我们在扶贫方面的工作思路是开阔的，关键问题不是解决外界看到的乡村土地附着物问题，而是解决人的问题。解决人的问题既要解决人的居住问题，也要解决人的教育问题和发展问题。所以在广东扶贫“双到”中，有的地方搞产业扶贫，有的地方搞“扶大户，带农户”，有的部门搞水利扶贫，有的部门搞技能培训扶贫，方式是多样化的，效果各有不同，但归根结底是要增强农民在市场经济条件下的生存能力与发展能力，避免贫困的固化，并拓宽教育和就业渠道，使农民子弟获得更为宽阔的、向上流通的渠道。

落实扶贫“双到”政策至今，广东的扶贫开发已经转变到以解决相对贫困为主的新阶段。只要我们有信心，拿真心，干真事，就能够从根本上进一步解决“穷广东”难题，以农村新变革的优异成绩交出一份“消除贫困，实现共同富裕”的新答卷，不仅为中国实现共同富裕再探新路，更以人民的幸福发展来告慰邓公。

声音

让所有人都能分享经济发展的果实

网友热盼“双到”扶贫成果再扩大

网友

加大扶贫“双到”惠及力度

在南方报网的互动栏目里，一些网友对《走读广东》深入一线，实际调查扶贫情况的精神表达了肯定，有网友真诚地说：“可能真正需要扶贫的农民群体能上网留言的还不多，在不了解实际情况的时候，我们怎么谈都是纸上谈兵，而被扶贫的对象也很难有渠道发出自己的声音，因此记者去扶贫的最前线，是非常有必要也非常可贵的。”

在肯定现有的“双到”扶贫成果的同时，也有许多网友对进一步开展“双到”扶贫工作建言献策，网友@飞鱼水月就表示：“扶贫要找到‘贫困’的根，要在学习、生产上给予更多扶持；对于一些独、老、五保人家，要从生活上给予帮助。”

也有网友保持了冷静，指出报道中优秀的扶贫事迹是一些个案，也可能存在一些观察不到的做得不太好的地方，“应该同时也给他们说话的机会”。网友@正统就指出：“在潮汕一些农村地区，所谓的贫困户，往往是那些村干部的近亲。该扶贫的没有被扶到，不该扶的却被扶贫到，不能做到雪中送炭，而是在锦上添花。”网友@肥猪飞行员也提醒，在取得了一定的“扶贫”成绩的当下，更要在扶贫的同时管理好扶贫干部，“把好扶贫关，坚决杜绝干部在扶贫开发‘双到’工作中出现和可能出现的优亲厚友、徇私舞弊、弄虚作假等问题”。

众论

因地制宜巩固“双到”成果

扶贫开发“双到”工作实施三年多来，各地各部门都结合自身实际，因地制宜推动扶贫，出现了不少有创造性的举措。著名“三农”学者于建嵘就评价说，与以往不同的是，这些扶贫方式看起来更靠谱，无论在可持续性、可操作性和可推广性上都有进步。

“认真、全面、真实地考评各个地方政府的工作情况，不能单纯听听报告、看看表格，考评工作要注意防止片面化。”网友@故乡具体提出了三点建议：一是要实现确定了解对象，二是要查扶贫开发的实际效果，三是要鼓励网络媒体对各地扶贫工作的监督。

同时也有专家指出，在考察扶贫效果的同时，对扶贫干部特别是驻村干部本身的考察也尤为重要，“凡是驻村干部驻村时间长、工作精力投入大的贫困村，即使是资金投入相对较少，扶贫的效果也相对明显。也只有深入贫困村、贫困群众，真正了解他们的需求，因地制宜拟订脱贫方案，才能真正地摆脱过去扶贫的‘走过场’怪圈，取得‘双到’扶贫的长远胜利”。

（胡念飞　周虎城　梁文悦　毕嘉琪　孙琳　蒋哲）

▶ 30多年来，广东作为中国改革开放的前沿窗口，勇敢直面世界，执著找寻方向，努力找准定位。过去5年历程，世界怎么看？未来5年发展蓝图，“外眼”怎么说？通过访谈海外知名人士、外国官员、专家学者和外媒负责人，从这些凝聚了全球高端人士智慧的谈论中，我们能够从另一种角度体认广东的建设实绩。

▶ 让世界评说，邀外人支招，广东，已渐渐将胸怀拉阔。

叁

四海探粤

《从“广东制造”到“广东创造”》作者大卫·弗格森：

加快转型升级 是科学发展必由之路

大卫·弗格森，这位来自苏格兰的资深作家，在2006年随太太踏上了中国的土地。那一刻他发现，了解这个东方古老国度的窗口一下子就打开了。

一年后，弗格森首次来到广东。中国改革开放的领头羊顿时吸引了他犀利的目光。有着多年媒体工作经历的他，在中国参与了诸多重大事件的报道。短短几年，他便报道了汶川地震、北京奥运、上海世博会……此次他将目光放在广东，以广东转型升级为主题，深入剖析广东在此过程中面临的一系列挑战及应对措施，写成《从“广东制造”到“广东创造”》一书。

他坦言，西方部分媒体对中国、广东仍存在误解，“在广东省备受世界关注的今天，我希望本书能为读者了解广东省打开一扇独特的窗口，尤其是为西方读者提供一个更加客观、更加真实的平台。”这是他于2011年9月在该书序言中写到的话。

关于“转型”
调结构非金融危机产物　广东早有构思

南方日报：有人认为，广东转型升级是金融危机倒逼形成的，您怎么看？

大卫·弗格森：在我看来，广东省经济和产业结构调整并非金融危机的产物，金融危机并没有对广东省这一巨大经济体造成破坏性影响；转型战略也是早在金融危机发生之前就已经构思好、未来还将继续实施的战略。

南方日报：为什么这么认为？

★大卫·弗格森的著作《从"广东制造"到"广东创造"》为西方读者了解广东打开一扇窗。

大卫·弗格森： 广东省的经济转型并不是一些激进的新发展，而是早已在进行的战略。它既是市场作用的结果，也是政府在各个层面广泛采取措施的一部分。从省级政府机关到最低的基层组织中，经济转型都在进行。

过去30多年，广东省注重解放思想、改革创新，成功实现了从一个农业省份向全国第一经济大省的历史性转变，引领了全中国的发展潮流。但是，随着经济发展，土地成本、劳动力成本上升，环境保护压力加大，拼资源、拼成本的传统发展模式难以为继。以加工贸易为主体的劳动密集型产业处于国际分工的低端，消耗高、附加值低、国际竞争力弱、产业结构不够优化。

广东主政者曾说，今天，如果广东看不到面向未来、面向世界的差距，就难以应对已经出现的挑战，就会丧失科学发展的机遇。从中，我们感受到了市场先行者强烈的自省精神。于是，有着改革传统的广东省，就开始酝酿新的转变。

南方日报： 调结构毕竟是要付出代价的，您怎么看待广东的决心？

大卫·弗格森： 不管国际金融危机影响下市场如何波动，广东始终坚持结构调整不放松，加快转型。我认为加快转型升级是广东发展的必由之路。如果把眼光放到全中国，中国和很多经济在20世纪后半期才发展起来的亚洲经济体不同。中国很大，人口众多，中国内部发展潜力非常大，而这一切都会让中国的发展周期变长，从而缓解全球经济发展中可能出现的一些问题。这个时候，政策调控对发展中的经济体而言，只要是建立在翔实循证有效的基础上，的确能对保障发展的稳定性和有效性起到积极作用。西方的经济危机，我觉得在很大程度上归因于新自由主义过度的影响以及政府判断失当。所以，一个稳定的进程非常重要。

南方日报： 您如何定义广东经济在中国经济发展中的位置？

大卫·弗格森： 好比汽车、轮船要发动起来，就必须有个引擎。一旦它们

1

观点

◎在我看来，广东省经济和产业结构调整并非金融危机的产物，金融危机并没有对广东省这一巨大经济体造成破坏性影响；转型战略也是早在金融危机发生之前就已经构思好、未来还将继续实施的战略。

◎我觉得建设幸福广东至关重要，这意味着给了加快转型升级一个大前提，这个前提意味着平等、公平。

被安装到汽车、轮船上，一个整体的交通工具就能运转起来。而广东，就相当于中国发展的一个引擎，尤其在经济方面。

我想提示的是，广东经济的发展哪怕慢一点，也必须要避免陷入不平衡，我相信中国和广东的执政者也已经深刻地意识到这一点，所以，我们看到广东坚持调结构。

今年，温家宝总理在政府工作报告中指出，2012年中国GDP目标将调低至7.5%。中国各省已经在逐步淡化GDP增长速度。然而，从更长远的角度看，无论是中国还是广东都必须寻求更可持续的增长模式，以确保在大量增长基础上，仍有公平的分配制度。同时要避免陷入过于物质化和由债务促进的经济，这些是从一些西方经济体中得到的教训。

关于“幸福”
建设幸福广东意味着平等和公平

南方日报：在您的言论和书籍中，我们发现您很关注建设幸福广东的问题。

大卫·弗格森：我觉得建设幸福广东至关重要，这意味着给了加快转型升级一个大前提，这个前提意味着平等、公平。而广东提出建设幸福广东，引起了我的关注，尤其是建设幸福广东评价指标体系的编制。

南方日报：您如何评价这个指标体系？

大卫·弗格森：据我了解，建设幸福广东评价指标体系包含主客观两种指标：客观指标着重反映政府建设幸福广东的工作实绩，下面设置了十项一级指标，分别为就业和收入、教育和文化、医疗卫生和健康、社会保障、消费和住房、公用设施、社会安全、社会服务、权益保障、人居环境。一级指标下再设49个二级指标。主观指标主要是反映群众对幸福广东建设实现程度的感受。具体设置了一个“对个人幸福程度总体评价”的总指标，一级指标包括个人发展、生活质量、精神生活、社会环境、社会平等、政府服务、生态环境等七个方面。

建设幸福广东评价指标体系在编制过程中非常注重科学性和民主性，在指标的选取、权数的设定、评价方法等方面进行了广泛论证，吸纳各方面专家和民众的意见。我觉得这是必要的，也是值得肯定的。

关于误解

许多外国人通过二、三手材料了解中国

南方日报：您是抱着什么态度研究中国和广东的？

大卫·弗格森：如果我来到中国时本身就抱着找问题的心态，那我肯定会更倾向于关注中国负面的东西。事实上，无论是中国还是我的家乡苏格兰，任何国家、地区的发展都会存在问题。

我的太太是中国人，她刚到苏格兰时也只是个访客，但是她并没有批判地审视苏格兰，这成为我来到中国后所采取的态度。我也希望我的同事们，能持相似的态度来看待中国和中国的问题。来的时候，是抱着学习的态度，而不是以老师自居。

南方日报：那是否意味着，西方在认识上的误解的确存在？

大卫·弗格森：的确。事实上，许多外国人对中国和广东的印象只是大致的，尤其是对广东，仍然停留在廉价劳动力、塑料玩具等低端产品出口上。这个印象之所以能够经久不衰，完全归因于许多西方媒体评论员持续地挖掘，他们所教化的读者是一群从未到过中国，而且将来也不会来中国的人，对于“中国是什么样的”认知完全来自这些评论员的报道。而作为一个到过中国、到过广东的人，我认为，他们的观点确实是对中国、对广东的误解。

但是，这也是可以理解的。很多西方国家面临着内忧外患。因此，统治者会有意识地寻找一个目标去转嫁国内矛盾，而中国就是一个显而易见的目标。因为中国很大，人口众多，更重要的是，很多西方人没来过，也许这一辈子都不会来这里，因此在他们眼中的中国，都是从二手、三手材料中了解的。

其实，如果他们把中国看成是一张图片，那么得出的结论也永远是静态的，因为10年后，图片还是一成不变，但现实图景却发生了变化。我更倾向于用影像的观念去看待中国、广东，并每时每刻都留意到她的变化。

（曹斯　赖竞超）

A05

《从“广东制造”到“广东创造”》一书作者大卫·弗格森——

加快转型升级
是广东发展必由之路

美国《侨报》董事长谢一宁：

广东应成为“中国加州”

美国《侨报》董事长谢一宁：

广东应成为“中国加州”

“我们这代人是幸运的：以时间为纵线看，我们身经‘文革’到改革开放，体验社会剧变和进步的痛与乐；以空间为横线看，我们身处中西方之间，观察两种社会形态的优与劣。”美国《侨报》董事长谢一宁接受南方日报记者采访时忍不住感慨，“在这一过程中，广东始终都处在风口浪尖上，也一直都是中国前进的排头兵，我以身为广东儿子而自豪！”

三个肯定
总在关键时刻贡献经验

南方日报：尽管离开故乡25年了，但您不管距离远近，对她的关注从未变淡，请您评价广东，您会怎么说？

谢一宁：广东在30多年的解放思想、改革开放浪潮中，始终充当着排头兵，一路披荆斩棘，至今从未松懈，扎实、开放、进取。

我对她有三个最主要的肯定：

第一，我要肯定广东作为中国改革开放排头兵的历史作用。30多年前，广东率先推进改革开放，以“杀出一条血路”的历史勇气和魄力，站在时代桥头，在现代化建设中，持续取得令人瞩目的成就。值得指出的是，30多年来积聚的广东经验，并不仅仅是经济发展的经验，更是体制改革，包括思想解放的经验，“开放、务实”的广东精神，已成为这个时代的财富。广东的发展不仅造福广东，更是起到了引领中国改革开放的重大作用，这一历史功绩应该高度肯定，它也是海外华人为之自豪的。

第二，我要肯定广东“思想解放”、推进经济转型的努力。5年前，中共中央政治局委员、广东省委书记汪洋刚刚履新，即提出“第三次思想解放”，以推进经济与产业升级。这种在巨大的成绩面前冷静和睿智的思想，实在值得称道和敬佩。

★谢一宁原籍潮州，一直在中美之间频繁往来，时近时远观察故乡。他认为，广东可以而且应该成为中国的加州。

第三，我要肯定广东启动新一轮改革，倡导“科学发展”，建设“幸福广东”的宏图。最近，广东提出“掀起新一轮改革大潮”，全面加快政治、经济、社会、文化各领域的改革步伐。汪洋书记在“两会”期间，一针见血地指出了新一轮改革中“利益集团”和“政府权力”的位置和关系，这不仅需要冷静和睿智的思想，更需要为了社会健康发展“舍得一身剐”的胆魄和勇气。

三大意义
法治、公平与发展

南方日报：您如何评价，在社会急剧发展、变化的背景下，广东过去5年所作的努力？

谢一宁：从中国改革开放的全局角度，审视广东新一轮改革中所提出的设想和目标，我们会发现，广东的探索至少有三方面重大意义：

其一，改革与法治的关系：对于在发展中伴随而来的社会矛盾与冲突，广东坚持从法治的轨道，从遵循市场经济规律的角度去解决，而不是以运动的方式、折腾的方式，更不是以高压的方式解决，这事关中国改革开放的道路是否能坚持，所取得的政治社会进步成果是否能保持的大是大非问题。

其二，公平与效率的关系：公平与效率孰为优先，做大蛋糕还是分好蛋糕孰为优先，成为如何推进改革的难点和争议点。其实，简单、割裂或过分地强调其中的一面，都是片面的。社会公平是文明社会追求的目标，但只有从发展中求公平，才能保证发展的持续，也才能提供推进公平的经济基础，“均贫”与“均贫富”是两个截然不同的哲学概念。广东坚持从发展中求公平，将为深层次的改革创造出一个合理的模式。

其三，增长与发展的关系：单纯追求GDP增长，还是寻求科学平衡发展之径？这也是困扰中国发展的重大问题。这个道理大家都懂，但恰恰是典型的“知易行难”。建设“幸福广东”是以人为本的科学发展观的产物，其实践将为中国探索在经济高速发展后，如何谋求可持续的发展道路积累经验。

五大均衡
新一轮改革的重中之重

南方日报：谈广东的新一轮改革，回避不了“中等收入陷阱”这个话题，广东要跨越“中等收入陷阱”，应解决哪些问题？

谢一宁：在广东，造成“中等收入陷阱”的主要原因可能是：在经济结构上，发展模式没有完成从出口到内需的转变；在产业结构上，没有完成从劳动密集到技术创新的转型；在社会结构上，没有缩小贫富鸿沟，完成从金字塔形社会到橄榄形社会的转型；在政治结构上，没有完成向参与型政治的转变。具体来说，可以表现为以下五个方面的失衡：

第一，经济发展模式的失衡：广东靠外向型的劳动密集型产业起家，对其有较深的依赖，对核心技术掌握不多，尤其在信息产业迅猛发展的今天，广东缺乏像美国的苹果、微软这样的龙头企业。

第二，区域经济结构和水平的失衡：粤东、粤西、粤北与珠三角经济发展水平差距甚大，而且有拉大的迹象。

第三，收入结构的失衡：城乡收入差距，区域经济结构和水平失衡，加上政策性因素，造成巨大的贫富差距。

第四，经济与教育文化发展失衡：从高校毛入学率、高中入学率等指标，再到著名高校和两院院士数量在中国的比例，都与广东经济第一大省的地位不相符。

第五，经济发展与政治社会管理体制的失衡：政治体制改革严重落后于经济体制改革，必然导致官民矛盾、贫富矛盾、土地矛盾等一系列政治社会问题，而这些矛盾反过来必将制约经济的可持续发展。

南方日报：这五大问题，哪个最为迫切？

谢一宁：我认为第五个是主要矛盾，应该成为新一轮改革的重中之重。广东有改革的经验，有经济发展积累的基础，更重要的是，有继续改革的勇气，广东有条件也必将能再次成为中国政治与社会管理体制改革的排头兵。实际上，广东在这块“试验田”中，已率先播种，以乌坎为例，我们已看到了萌芽。

一个“异想”
广东可成为“中国加州”

南方日报：您所领导的美国《侨报》一纸风行，报社所在地洛杉矶是美国最为发达的城市之一，用“外眼”来探粤，您想必有许多心得。

谢一宁：洛杉矶属于加州。我有一个“异想”：广东应成为中国的加州。

加州与广东的情形有很多类似之处，都是所在国家经济第一大省（州），都是对外贸易的门户，外向型经济高度发达。但广东与加州相比，有着明显的差距，尤其是在广东经济与社会可能出现失衡的几个领域，恰恰是加州做得比较好的地方，广东可以向加州学习借鉴以下经验教训：

第一，经济发展的结构平衡：加州在传统产业与新兴产业协调发展方面有独到的经验，一方面高新产业、精密制造产业领先全球，但在另一方面也没有放弃传统产业的发展，它同时也是农业大州，水果、畜牧、粮食业高度发达，同时，传统产业的科技含量也越来越高，绿色发展领先全美。

第二，经济发展的区域平衡：加州幅员辽阔，但南北经济基本平衡，这是因为加州形成了多个世界级的发展中心：以好莱坞为中心的电影业中心，以迪斯尼为中心的娱乐与旅游中心，以硅谷为中心的电脑科技中心，以圣地亚哥为中心的生物医药业中心，以中加州为中心的农业中心。广东在经济布局时，应认真借鉴加州经验，利用各地不同的资源禀赋条件，创立更多的增加极，扭转区域经济失衡的状况。

第三，经济发展与教育科技的平衡：加州不仅是经济第一大州，更是美国教育重镇，有着加州理工、伯克利、斯坦福、洛加大等世界一流大学。更值得广东借鉴的是，加州通过教育改革，形成了研究型、应用型大学与社区大学三位一体的教育体系，为社会提供不同层次的人才。同时，教育、科研、创业三位一体的“硅谷模式”，也是正在探索产业升级和科技创新的广东应该认真研究的。

第四，经济发展与社会管理的平衡：美国是移民国家，加州更是移民之地。加州鼓励移民参政，从法律上捍卫多元文化，保护少数族裔利益，从而加速了社会融合，缓和了社会矛盾。广东有着中国最大量的外来工，如何在调动最大产能的同时，营造一个和谐的社会，加州也有不少地方值得学习。

第五，经济发展与社会公平的平衡：这一条既是经验，也是教训。加州是民主党的大本营，强调社会福利，有效地缩小了社会贫富鸿沟。但是，由于福利开支失控，加州也出现了严重的预算危机，这些都是广东可以借鉴的。

（林旭娜）

观点

◎评价广东的探索精神和价值，要把广东放在全中国的天平上来看。结合中国经济改革与发展的进程，尤其是近年来伴随着高速发展，出现许多新的冲突和挑战，广东坦然直面存在的问题，着手进行解决，其担当的结果是全局受益。

◎广东有改革的经验，有经济发展积累的基础，更重要的是，有继续改革的勇气，广东有条件也必将能再次成为中国政治与社会管理体制改革的排头兵。实际上，广东在这块“试验田”中，已率先播种，以乌坎为例，我们已看到了萌芽。

◎加州与广东的情形有很多类似之处，都是所在国家经济第一大省（州），都是对外贸易的门户，外向型经济高度发达。但广东与加州相比，有着明显的差距，广东可向加州学习。

著名作家库恩：

广东正在成为世界经济中心

说起罗伯特·劳伦斯·库恩，科学家、库恩基金会主席、著名作家、企业战略家…… 一连串的身份足以让人眼花缭乱。而对于不少中国人而言，对其最熟悉的身份是，他是《江泽民传》的作者。

库恩将行走中国多年的切身经历，变成文字、化作语言，向世界诉说一个真实的中国。他也十分关注广东，在任何地方都深切感受到广东面临的挑战及广东对变革的激情与渴望。他与中共中央政治局委员、广东省委书记汪洋有在珠江边喝咖啡之约。

库恩在接受南方日报记者独家专访时表示，他期待再次踏上广东的土地，见证和记录她的成长。

谈“减速”
适度控制增速对他国也是好事

南方日报：2012年中国适当调低了GDP增长目标，对此您怎么看待？

库恩：中国适度控制经济增长速度对其他国家而言是一件好事。中国仍然是一个发展中国家，人均GDP仍然很低，却被过分地要求为世界经济的发展承担超出合乎其真实能力的责任。在我看来，中国能为世界做的最好的事，就是继续她自身的发展——而这还有很长的一段路要走。

南方日报：广东在中国经济发展过程中扮演何种角色？

库恩：广东的年GDP预计很快就将超过1万亿美元，这是广东模式取得的傲人成绩。正因为如此，广东不仅是中国改革开放的先驱者和引路人，更是整个发展中国家的风向标。

★库恩，《江泽民传》的作者。库恩将行走中国多年的切身经历，变成文字、化作语言，向世界诉说一个真实的中国。

3

谈“转型”
转型不要被风险吓倒

南方日报：有人说，是金融危机倒逼广东转型升级，您怎么看？

库恩：从某种意义上说，广东应该感谢金融危机，由此广东更加意识到独立自主创新的重要性，而这种意识比盲目徒劳更有效。在那场金融危机中，低劳动成本的贴牌企业最先倒下，而那些拥有自主研发能力的企业则顽强地存活下来。当时，广东主政者颇有先见之明地指出，在遭遇金融危机后，广东需要一个全新的面貌，而不仅是原有发展模式的扩大。

南方日报：以创新为核心的转型是要付出很大代价的，不是吗？

库恩：必须承认，创新型经济是更加冒险的，但它们的回报也更丰厚。目前，广东正在探索由廉价劳动力密集型经济向基于技术、服务、研发和品牌创新的知识型经济转型，这个在新形势下的转型比起过去开创劳动力密集型的简单制造业要难得多。转型很艰难，但是很必要。在过程中出现不确定性和失败不要紧，那些并不意味着策略的失败。

我曾经对自己公司的员工说，如果你的想法轻易成功了，那意味着你的好点子太少了，或者你的点子还没有足够的无畏！广东转型也是一样。永远不要害怕失败，真正需要害怕的是试图保持现状，那才会导致根本的失败。

南方日报：广东提出“加快转型升级、建设幸福广东”，对此您如何看待？如何防止“中等收入陷阱”？

库恩：“中等收入陷阱”是真实存在的现象，它是经济转型不完全和政治改革不充分，在非最优状态下相结合的产物。

为了广东的繁荣，努力实现最高水准的技术创新很重要，特别是像广东这样中小企业聚集的省份，更有优势。企业的发展必须与世界需求相适应。而这

观点

◎中国适度控制经济增长速度对其他国家而言是一件好事。在我看来，中国能为世界做的最好的事，就是继续她自身的发展——而这还有很长的一段路要走。

◎目前，广东正在探索由廉价劳动力密集型经济向基于技术、服务、研发和品牌创新的知识型经济转型，这个在新形势下的转型比起过去开创劳动力密集型的简单制造业要难得多。转型很艰难，但是很必要。

个世界“订单” 最需要的就是基于科学技术的新兴工业。此外，工人的工资待遇必须提升。但这必须在不损害企业活力的前提下，企业的竞争优势是摆在第一位的。而结构合理、代表工人最大利益的工会，将会成为解决社会冲突的有效方式。

谈“形象”
外交事业是人人参与的事

南方日报：众所周知，您是一位研究中国问题的专家，近年来一直致力于向世界讲述一个真实的中国。

库恩：对！几年来我一直在坚持不懈做这个事情。喜人的是，大家对中国的认识，真有可观的变化。尤其是2011年春季胡锦涛总书记访问美国，是一个重要的转折点。而在今年，中国国家副主席习近平访问美国，也是一次宣传中国形象的很重要的外交活动。

南方日报：但是否世界对中国的疑虑、担心乃至恐惧仍在增多？

库恩：这个世界对中国的心态其实很矛盾。一方面，中国成为世界第二大经济体后，很多人担心中国会罔顾他国利益而谋发展，有人称中国是个“危险分子”。

但另一方面，他们又非常依赖中国的经济增长，认为中国有义务、有能力将世界从经济萧条中拯救出来。

这些言论和观点的确存在。早在2009年末的一次调查中，44%的美国人认为中国已经是世界最大的经济体，而只有27%的人选择了他们自己的祖国。可是要知道，当时美国人均GDP是4.7万美元，而中国才3400美元。

南方日报：在您看来，中国该怎么做？

库恩：我想，当下中国最该做的是：紧抓高端政治外交，同时大力开展公共外交。习近平访问美国获得美国媒体和公众一致好评就是高层外交成功的极好典范，至今我仍然忘不了他在艾奥瓦州会见27年前的老朋友和在洛杉矶观看NBA篮球赛时展现的友善、自信和亲和力。

但是外交事业不是靠领导就能完成的。仅仅凭借政府的聚合力量制造出的巨大“魔术子弹”就能瞬间“秒杀”外交问题吗？外交事业应该是多领域、多角色、人人参与的一件事。

很高兴广东早早地就看到这一点。2011年末，广东省公共外交协会的成立就是具有历史意义的进步。今后在公共外交领域，可以“大展拳脚”。被誉为世界“钢琴王子”的中国钢琴家郎朗，他让中国的形象在世界范围内，尤其是全球精英分子圈，有了显著的提升。因此，动员社会的每一份力量参与进来，在医疗、音乐、学术、地方政府等领域加强交流。中国与日俱增的赴海外旅游者同样能为公共外交作贡献。

南方日报：近年来，越来越多海外华文媒体、外文媒体纷纷跑来看广东，他们关注广东的转型升级、执政理念和改革思路等。这说明了什么？

库恩：这正好证明了我之前的看法没有错。广东不仅是发展中国家的风向标，还正在成为世界经济的中心。

谈"缘分"
将坚持与汪洋的约定

南方日报：还记得上次您与广东省委书记汪洋的会面吗？

库恩：当然！要知道当时正是金融危机让世界经济跌入谷底的最灰暗时刻。那次到访让我对广东同时也对中国迫切渴望转型有了一个大致了解。后来我在自己写的杂志评论中说到，中国改革开放30年取得的成就不能抹杀，但同时经济危机暴露出的发展中的严峻问题也不容忽视。那个让广东在过去30年快速致富的旧有增长模式，弱点频频闪现。"怎样提高自主创新能力，仍然是摆在我们面前的一个困难。我们现在仍在摸索，但是我们下了决心要做。"我清晰记得汪洋说过，"否则的话，我们在整个世界的产业分工中，可能要永远处于'打工仔'的水平上。"

南方日报：自上次您来广东已经3年多了，您觉得广东有什么变化？

库恩：2009年我来到广东时，金融危机肆虐全球正值巅峰。那时，谁也不知终点在哪儿，世界大部分地区的人们陷入无限的绝望和恐慌。而广东省主政者临危不乱的理智和卓见，让我印象非常深刻。那时汪洋就告诉我，广东必须利用好金融危机这个时机，推动产业、社会的全方位转型。

今天的广东是那么充满自信。她为自己勾勒的蓝图清晰明了：不久的将来实现跨越式、根本性的改变，政治改革的脚步紧跟经济转型的步伐。她坦荡地拥抱新的思想，为身体注入新鲜的血液。

南方日报：那次，您二位有个10年的约定。汪洋说希望10年后能请您在珠江边上品咖啡。

库恩：现在一转眼虽然隔了这么久，但是那个对话的场景还历历在目。如今的广东正铿锵地行进在科学发展的道路上。那个约定我将一直坚守下去。此刻的我无比期待再来一次广东，见证和记录她的成长！

（赖竞超　曹斯）

广东正在成为世界经济中心

广东化危为机能力令人赞赏

《星洲日报》总编辑萧依钊：

广东化危为机能力令人赞赏

“近年来，走在广州街头，映入眼帘的是各种世界名牌轿车川流不息，这种现象在东盟各国的大都市如吉隆坡都难以见到。这5年来，广东人除了变得更有钱，最大的变化是变得更加自信，更加愉悦，更加文明。”过去5年，马来西亚《星洲日报》总编辑萧依钊曾5次来广东，她认为与以前相比，中国的政治、经济、社会大环境都发生了很大的变化，与此对应，广东人的精神世界变化尤为明显。

在接受南方日报记者专访时，萧依钊认为，这与广东提出建设“幸福广东”的理念有很大关系。

广东游客是大马商家的最爱

南方日报：您来广东很多次了，这5年来，哪些变化令您印象深刻？

萧依钊：广东变化最大的领域当然是经济建设，广东人的富裕程度在国内外知名，广东游客在马来西亚旅游时消费能力之强，已令其成为最受大马商家重视的“外国财神爷”。

官方统计数据表明，去年广东地区生产总值达5.3万亿元人民币，增长10%；人均GDP50500元，增长8%，按年平均汇率折算达7819美元，跨入中上等收入国家或地区水平。而5年前的2006年，广东生产总值仅为25969亿元人民币，人均GDP为3509美元。我在广东的经历虽是浮光掠影，但广东人生活水平提高之快，却是我亲身体会到的。

近年来，走在广州街头，映入眼帘的是各种世界名牌轿车川流不息，这种现象在东盟各国的大都市如吉隆坡都难以见到。我有一位当主编的女性朋友，住在广州郊区的一栋洋房，开新款的德国进口轿车，喜欢红酒和咖啡，熟悉西方名著，懂得鉴赏中外艺术品，周末在自己庭园栽种有机蔬菜和水果，过着富有品位的优雅生活。这位主编周围有不少朋友比她更优裕，开更高档的轿车。

★萧依钊曾5次来广东，她认为与以前相比，中国的政治、经济、社会大环境都发生了很大的变化，与此对应，广东人的精神世界变化尤为明显。

南方日报：广东人越来越有钱的同时，国际形象是否也随之变化？

萧依钊：每次到广东，我都惊讶于广州、深圳等广东大城市在城市基建方面的长足进步，而且这些大城市的绿化程度愈来愈高，街道愈见整洁漂亮，让人感到的舒适度愈来愈高。由此不难看到，广东愈来愈将是否适宜人居作为发展的重要指标。

不过，就个人观感而言，广东人变化最大的地方是，他们越来越自信，更加愉悦，更加文明，更加礼貌。相信这与广东领导层提出的建设“幸福广东”的理念有很大的关联。

“广东创造”正在取代“广东制造”

南方日报：然而，过去的5年对广东而言，也是挑战危机、艰难前进的5年，面对金融危机等挑战，以外向型经济为主的广东想了很多办法。

萧依钊：回望这并不遥远的时期，广东的表现令人赞赏！可以说是勇气及智慧俱佳。

过去5年，国际社会经历了美国的金融危机、欧洲的债务危机，种种世界性危机皆对中国等新兴经济体构成经济上的巨大挑战。广东作为中国的一个出口大省，其受到国际金融危机的冲击之大，影响之广，远超中国其他省份。

但是，正如俗语所说，有危即有机。金融危机冲击之下，广东能够壮士断腕，借机加快省内产业的转型升级，推出包括交通运输体系工程、能源保障工程、现代服务业工程、高新技术产业工程、先进制造业工程、现代农业和水利工程、产业转移工程、宜居环境工程、社会发展工程和资源储备保障工程等十大工程，同时淘汰种种落后产能，这样的魄力、这样的作为，在许多新兴经济体是根本难以办到的。

现在，我们已经可以看到，十大工程正在产生效果。广东经济在金融危机冲击下依然保持较快速度的增长，这样的成就让其他国家和地区的人民羡慕不已。“广东制造”能够逐渐被“广东创造”所取代，十大工程功不可没。

希望广东人共享发展成果

南方日报：目前世界经济进入调整期，欧债危机影响广泛，美国经济缓慢复苏，您对广东有何建议？

萧依钊：由于世界经济一体化的影响，中国目前面临的困境，与东南亚国家面对的困境非常相似。欧债危机、美国经济复苏缓慢直接影响了广东这个出口大省，不过，中国政府适时调降经济增长率，走扩大内需之路，显然是充分考虑到了欧债危机、美国经济复苏缓慢的负面影响，广东也在积极进行转型升级，效果初显。

总结这些年广东的表现，可以说是中国奇迹的缩影，我对广东乃至中国经济的未来有信心。我们希望看到，广东乃至整个中国，能够在打击贪污腐败、缩小社会贫富差距、让全体人民共同分享改革开放和经济发展的成果，实现社会公平、社会和谐、道德重建等领域有所成就。

比如说，由于海内外传媒的广泛报道，乌坎事件在海外甚受关注。从出动武警、公安截访，到出动武警、公安为乌坎村委会选举保驾护航，广东有关当局处理这一群体性事件的方法转变，无疑反映了广东有关当局管治思维的某种转变。不过，对于乌坎事件，本人基本赞同中共广东省委书记汪洋在今年全国“两会”上所说：乌坎的民主选举是按照村民委员会的《组织法》和《广东省村民委员会选举办法》进行的，没有任何创新和突破，只不过我们把《选举法》和《组织法》的落实过程做得非常扎实，对这个村子在过去选举中走过场的形式作了纠正，如此而已。很多媒体认为乌坎事件在民主选举上开了先河，其实有过分解读之嫌。

广东省处理乌坎村的重要经验，在于对村民利益的重视和正视，在乌坎村村民向政府官员讨要说法时，广东当局及时介入乌坎事件，中共广东省委派工作组进驻乌坎村，了解村民的要求，了解村民的利益所在，最后让村民的合情、合理、合法要求得到满足，这对中国地方当局处理群体性突发事件有一定的启示作用。

汪洋说，“要解剖乌坎村这个麻雀，而且要取得经验，推动村级组织的建设”，亦说明广东领导层对乌坎事件的政治智慧，能够将乌坎事件由坏事变好事的经验推广到广东其他地方。当类似的群体性事件发生时，官员们若能倾听民众的呼声，了解民众的要求，以民众的合理合法利益为依归，就不难将群体性事件消弭于萌芽状态。

进一步解放思想大胆尝试

南方日报：最近召开的中国全国“两会”上，改革话题成为一道强音，汪洋书记在广东团提到改革，温家宝总理更是史无前例地在国内正式场合大篇幅谈改革。广东在改革中可以成为什么样的角色，您怎么看这个问题？有何分析？

萧依钊：对于中国的进一步改革，外界普遍期待，希望中国能够在政治体制改革方面有所突破，中国国务院总理温家宝亦多次谈到这一点。“两会”上，温家宝强调“没有政治体制改革的成功，经济体制改革不可能进行到底”，“文化大革命还有可能重新发生”，“改革只能前进，不能停滞，更不能倒退，停滞和倒退都没有出路”，可谓振聋发聩，令海外华人振奋。

温家宝强调，“中国的民主制度会依照中国的国情循序渐进地得到发展。这也是任何力量所阻挡不住的”，这就是说，中国的政治体制改革将主要体现在中国30多年改革开放的成果上，并依托改革开放打下的坚实基础，一步步往前迈进。过去30多年，广东一直走在前面，以“先行先试”的改革先行者自居。今天，根据中国的特殊国情，广东在公权力制约、监督方面一定也大有可为，广东可进一步解放思想，大胆尝试。

（林旭娜）

观点

◎广东变化最大的领域当然是经济建设，广东人的富裕程度在国内外知名。不过，就个人观感而言，广东人变化最大的地方是，他们越来越自信，更加文明。

◎金融危机冲击之下，广东能够壮士断腕，借机加快省内产业的转型升级，推出十大工程，同时淘汰落后产能，这样的作为，在许多新兴经济体是根本难以办到的。

◎我们希望看到，广东乃至整个中国，能够在打击贪污腐败、缩小社会贫富差距、让全体人民共同分享改革开放和经济发展的成果，实现社会公平等领域有所成就。

◎过去30多年，广东一直走在前面，以“先行先试”的改革先行者自居。今天，根据中国的特殊国情，广东在公权力制约、监督方面一定也大有可为。

亚行中西亚局首席城市发展专家郑利平：

包容式增长
是兑现幸福诺言的密码

他曾留过洋、下过海、从过政、当过学者，他曾作为市长、市委书记主政云浮近10年，刮起一场公共管理改革旋风。如今，他转战马尼拉，仍心系祖国。面对不解，他坦言：“升官不是终极目标，希望能用中国人的智慧和自己的发展经验促进亚太地区的进步。”

他就是亚洲开发银行中西亚局首席城市发展专家、广东揭阳人郑利平，赴任亚行近4年，多次到国内调研。

谈协调发展
地区协调发展应坚持市场导向

南方日报：如何看待非珠三角地区的相对落后状态？

郑利平：广东省地域跨度广，人口过亿，省内各地区间历史人文和自然禀赋迥异，发展程度也不尽相同。各地区有不同的比较优势，因而形成了地区间的分工合作。广东省近年来通过“双转移”和“扶贫双到”等政策措施，努力缩小发展差距。

由于地理、区域功能不一样，相对落后的非珠三角地区不能照搬珠三角发达地区的路径。比如深圳、东莞、惠州因靠近香港，过去曾以来料加工贸易等发展起来。但梅州就没有这样的区位优势，河源则要为下游东江供水，必须保护好水源，如果发展工业污染了环境反而得不偿失。所以，各地一定要根据自己的比较优势和特点，形成合作互补，而不是简单的同质化竞争。

南方日报：对于怎样促进广东内部地区间的平衡协调发展，您有什么看法和建议？

郑利平：首先应该是坚持市场导向，这是第一位的，因为资本具有逐利性。其次，要有

★郑利平坦言："升官不是终极目标，希望能用中国人的智慧和自己的发展经验促进亚太地区的进步。"

合理的区域规划，形成功能互补，在空间和区位上彼此连接，改善珠三角周边地区的可到达性，使其在承接产业转移时有相对较好的优势。第三是政策扶持，比如上面说的承接产业转移，政府一定要有优质高效的服务。近年来，一些地区发展了，政府服务不像以前那么热情，一些企业抱怨基层的营商环境和服务效率没有以前好。

谈避免"中等收入陷阱"
能否跨越"中等收入陷阱"取决于产业升级

南方日报：广东2011年GDP比肩世界排名第16位的荷兰，但人均GDP（8130.14美元）还不如南非。广东应如何避免落入"中等收入陷阱"？

郑利平：广东是人口大省，尽管过去几十年经济发展迅速，但在全球范围内仍处于初级阶段，整个中国也是这样。

"中等收入陷阱"是现在发展经济学讨论比较多的话题。有些国家和地区过渡很顺利，像香港地区、台湾地区、新加坡等，但泰国、马来西亚、菲律宾及拉美很多国家却不幸落入窠臼。

对广东而言，现在提"中等收入陷阱"非常及时。2011年，广东的人均GDP已经达到8000多美元，属于中上等收入水平。如果处理得当，就能超越"中等收入陷阱"，向高收入行列迈进。

能否摆脱"中等收入陷阱"，取决于产业能否升级换代，产业的升级换代

观点

◎要促进广东内部地区间的平衡协调发展，首先应该坚持市场导向，其次要有合理的区域规划，第三是要有政策扶持。

◎广东的实体企业尤其是民营中小企业发展到目前，仍然缺乏较为完善的金融系统的扶持，"走出去"也面临一些体制性的障碍。中小企业亟须得到更完善的金融体系支持。

◎广东要兑现"幸福诺言"必定要践行"包容式增长"。社会经济发展的成果应惠及各个区域、各个阶层人民群众。如果没有包容性增长，贫富差距拉大了，人们的幸福感就会降低。

取决于研发能力，而研发能力又取决于教育，包括高端教育和职业技能教育。2000年初，我曾在《香港商报》上提出了广东第二次跨越式发展的高教先行战略。目前，广东也有一些不错的学校，但在国际上还是不够领先，教育、科研、生产的结合也不够。避免“中等收入陷阱”还要解决资源环境问题，提高政府运作效率，改善金融服务体系支持中小企业，创造良好的营商环境，加大社会保障体系投入，走包容式增长道路，让发展的成果惠及各个阶层群众。

南方日报：在2012年的博鳌论坛上，有专家表示，中国等亚洲国家的人口红利将在未来8至20年内消失，您认为这对广东有什么启示？

郑利平：中国人口红利问题成为近年来经济学界普遍关注的话题，有观点认为中国的人口红利即将消失，可能面临未富先老的尴尬。理论上讲，中国（广东）的刘易斯拐点肯定会到，但是否会马上到来要看城市化进程、职业技能培训以及产业转移的情况。

现在珠三角以外地区的劳动力仍有潜力，若产业转移、农村青年职业技术培训及产业升级处理得好，10至15年内不会出现劳动力紧缺。如果转型升级能为我们赢得时间和财富，等到刘易斯拐点来临时，广东对劳动力依赖的程度已经大大降低，经济将从劳动力密集型变成知识和资金密集型。所以，眼下广东一定要加大力度来促进产业升级。

谈用活政策
中小企业亟须得到更完善的金融体系支持

南方日报：过去几年，金融危机席卷全球，广东在“转型升级”和“双转移”等战略思维的引导下，比较成功地抵御了金融危机。您认为，政府的工作还有哪些需要改进的地方？

郑利平：广东经济外向度很高，国际金融危机对广东冲击很大，省委、省政府及时提出产业升级和“双转移”应对全球经济不景气，作用明显，功不可没。

但回过头去看，还是留有一些遗憾。比较关键的是，广东的实体企业尤其是民营中小企业发展到目前，仍然缺乏较为完善的金融系统的扶持，“走出去”也面临一些体制性的障碍。尽管一些政策全国一盘棋，但广东能否先行先试，采用更多主动灵活的金融政策？如何在职权范围内用活相关政策，值得仔细研究。

广东民间金融过去曾因风险管理跟不上，出现过一些问题，交过一些学费，这是很难避免的。随着珠三角金融改革创新综合试验区建设的推进，广东的金融体系必然会更趋完善。如果没有成熟的金融体系，中小企业和民营经济就不可能有好的发展环境，亦不能做大做强。

值得一提的是，在未来20至30年内，制造业依旧是广东经济的脊梁，发展服务业应该着眼于为制造业提供支撑。

谈“幸福广东”
出台政策时应多从民众角度考虑

南方日报：您2011年接受《南方日报》采访时，曾提出“包容性增长正当其时”，您认为，“幸福广东”与“包容性增长”有何联系？对于如何落实“幸福广东”，您认为还需要在哪些方面取得突破？

郑利平：广东要兑现“幸福诺言”必定要践行“包容式增长”。社会经济发展的成果应惠及各个区域、各个阶层人民群众。如果没有包容性增长，贫富差距拉大了，人们的幸福感就会降低。

如何落实“幸福广东”，我认为，首先依赖于社会管理方式的改进。按照委托代理理论，人民与政府是委托代理关系，政府通过使用个人委托的资源执行公共事务。因此，政府在出台政策时，应多从民众的角度来考虑。比如，一个决策要民众付出多少资源，牺牲多少自由度等。但我们现在还是经常看到，一些政府部门动不动就说不惜一切代价，实际上是不合适的。

政府的公共管理创新还包括发展民间群团组织，使其充当政府和民众的中间人。以前，我在云浮的时候，就有过一些成功的尝试，各类基层民间组织解决了很多政府不好出面协调的问题。

另外，环保、食品安全、社会保障体系以及教育也是“幸福广东”亟须破题的地方。在这些方面，政府还要加大投入，广东是有这个能力的。

南方日报：当前社会经济局势多变之际，您认为，如何才能更好地协调经济发展和社会和谐管理的关系？

郑利平：没有稳定就没发展可言，但不能为了稳定而一味压制或者念“拖字诀”。社会管理要有新思维，应该通过积极化解问题谋求和谐，如果是经济问题就尽量用市场方法来解决。比如征地，理论上土地是国家的，但是农户有使用权，补偿价格要参考市场水平，不让老百姓吃亏。

政府不能缺位，但更不能越位，要完善对政府和行政单位的监督机制。公共管理要程序化、透明化，误传谣言就会大大减少。另外，还应注意提升社会文化建设，传统文化就是一个很好的工具，包括道德规范、精神追求等，完全可以在建设和谐社会中发扬光大。

（高国辉　王泉）

包容式增长
是兑现幸福诺言密码

做官就要做“人官”

《星岛日报》海外版总编辑邝景廉：

做官就要做“人官”

“一个区域的官吏表现形态，反映出当地的治理水平，体现着一个区域的文明状况。”改革开放30多年，广东经济上始终位居全国前列，在市场经济蓬勃发展的同时，广东的官员形象又如何呢？

《星岛日报》海外版总编辑邝景廉接受南方日报记者专访，与读者分享他5年来的观察和思考。

无论是社会主义的官，还是资本主义的官，都标榜自己是人民的公仆。其所作所为、一言一行是否体现这一点，则需要检验。

打分
“人官狗官”论令人叫绝

南方日报： 您所在的《星岛日报》海外版，密集覆盖北美、欧洲、澳洲各大城市，作为这一海外华文世界知名报业的领导者，您的视野一直贯穿海内外，如果请您点评广东，您会对哪个领域最感兴趣？

邝景廉： 我很想谈一谈粤官形象这个话题。因为客观地说，在中国，一个地区的发展优劣，与其长官的综合形象和素养关系紧密：官员若是满怀公仆理念，肯定民生意识浓烈，具智慧大略，有涵养底蕴，谦恭为民，礼贤下士；相反，则必定会立场错位，盛气凌人，把自己当“民王”，而不是人民的“服务员”。

广东省委书记汪洋不久前在正式场合上提出了“人官狗官”论，对官场现象的揭示入木三分，令人拍案叫好：“先做人，后做官”，只有做好了人，做官才能成为“人官”，而不会被老百姓骂为“狗官”。

南方日报： 提起粤官形象，有什么案例令您印象最为深刻？

★《星岛日报》海外版总编辑邝景廉接受南方日报记者专访，与读者分享他5年来的观察和思考。

邝景廉：回望5年前，汪洋刚上任广东省委书记一职时，就有很多令人耳目一新的说法，一开始，这些说法并不完全能令海外所理解，比如“腾笼换鸟”、“要为广东今后的发展杀出一条血路”等。众所周知，广东的经济总量、国民生产总值以及人均收入长期位居全国前茅，此言一出，有些人不理解，觉得好像否定了广东的成绩。

然而，经过这些年的验证，特别是面对金融危机和欧债危机的冲击，广东保持了健康和持续的发展，这的确有赖于几年前就及时鸣响的危机警报。

海外耳熟能详的广东乌坎事件，无论过程中有多少个版本，但事件能平稳合理地得以解决，需要智慧，需要胸怀，更需要庙堂与江湖对于民主理念的认同。乌坎事件，就是广东官员的代表作，一定会令海外对广东的人文状况和投资环境的评价显著加分。

观察
“人官”一定有大局观

南方日报：人民需要“人官”，国家需要“人官”，您认为“人官”有没有一定的判断标准?

邝景廉：“人官”一定有大局观，善于换位思考将心比心，而“狗官”必小鸡肚肠，总是功利先行，私欲横流。不少广东官员，经我观察，可视为“人官”。

每年的春运，广东都是其中最为“汹涌澎湃”的一站。广东省省长朱小丹在任广州市委书记时亲临广州火车站广场指挥春运，慰问旅客，曾给我留下十分深刻的印象。他不用官腔说虚话，而是亲力亲为与工作人员商讨如何疏散人流，划分候车区域，最后敲定增加会展中心这个大平台来大规模腾挪人流，令候车大军井然有序。如今他升任广东省省长，同样活力十足，谦虚谨慎，在2012年3月21日召开的广东省侨务工作会议上，朱小丹提出要总结提炼和弘扬具有广东特色的粤侨精神，获得海外华人、华侨肯定。

20世纪90年代，我到东莞采访当时的市委书记李近维，等候期间，当时挂职东莞市委副书记的林雄走过来，和我侃侃而谈珠江三角洲的大交通构思，今天都已实现，印证了其构想极具前瞻性。如今，广东传媒、文化产业在中国国内独领风骚，相信与这位省委常委兼宣传部长的努力不无关系。

前些天，广州新市长陈建华在综合治理同德围区域的会议上，拍板决定了一批与民生息息相关的项目，这个有30万人居住的"城市角落"终于有了令人鼓舞的喜讯。他在会上不仅有沉稳的许诺，更有责任到位的细致布置，人们感奋：这是一个办实事的官员。

南方报业传媒集团长期稳坐国内省委机关报首位，大家一直锲而不舍，致力于创建具有更强大冲击力的文化品牌。这是广东媒体人志在巅峰的缩影，是广东为何成为全国最有活力的媒体市场的重要原因。

要害
小官作为体现吏治水准

南方日报：在现代社会，无论大小官员，其职能都是严格使用公民赋予的权力，为国民服务。您每到一个地方，会通过哪些指标评价当地治理优劣，广东在这些方面，做得如何？

邝景廉：直率地说，无论是社会主义的官，还是资本主义的官，都标榜自己是人民的公仆。其所作所为、一言一行是否体现这一点，则需要检验。

媒体就是检验真身的第一道"圣器"，作为社会公器，媒体应该起着重要的监督作用。广东的报纸、电视、广播、网络每天都有力度十足的批评报道，汪洋等主要官员还曾公开欢迎网友"拍砖"，这在一定程度上说明广东的开放和开明。

只有当一个地方的媒体能够公开、透明地报道当地的官员，才能将公平、公正的阳光普照社会的每一个角落。广东能有这样一片政通人和的天空，可以说，离不开政府的开明和胸襟以及媒体积极开拓空间。社会上最不怕官的，恐怕就是媒体人了。舆论监督是最锐利的武器，聪明的官员就应善于通过媒体与民沟通。

南方日报：这种对比的确令人印象深刻，相信您在粤港往来间，类似的体验十分丰富。

邝景廉：是这样，我体验得比较多。检验一地吏治水平的是政府部门的对外窗口，这可视为第二道"圣器"，因为普通人接触政府对外窗口时的感受最直接、最广泛、最具普遍性。

在一个社会中，总是需要许许多多办事的小官，这些基层运作的小官的理念、执行力非常重要，他们给了普通人最直接的感受，无时无刻不在告诉百姓，到底是什么人在治理这个国家。

为民服务改进得最明显的，要数公安出入境部门等窗口行业，真的是态度和蔼，效率很高。不过，有些小官的作派，也令我哭笑不得。有一天下午2时35分，我敲开了某镇建设办公室的木门，一个小官伸展懒腰没好气地对我说："这里是机关重地，不能随便走动。"

大官很少，小官很多，平头百姓很难见到大官，而与小官的接触则很多。如果小官们都能做到脸好看，话好听，这吏治就是良好乃至优秀。

境界
当官不像官才是"人官"

南方日报：据您观察，总体上广东的官员形象可以打几分？

邝景廉：我眼中广东的官，多是"人官"，总体来说，多是好官，而我也衷心希望这些"人官"的分值不仅是60分至80分，而是优秀，力争100分。

吏治古制有云："去家五百里为官。"这有其平易而深刻的道理，抛开干系，撇清猜忌，不存在瓜田李下，为官就有了实现清正廉明的客观条件。

我印象特别深刻的是广州市原市长黎子流敢于承担而又谦逊让功。他提出建设广州地铁，但开工后受金融风暴影响，地块的资金不能到位。这时新市长上任了，他改当顾问，安排的唯一工作就是收拾地铁残局。他埋头苦干，终于地铁开通了。但剪彩台上唯独没有这位老功臣。我相信，他决不会因这种安排而耿耿于怀。这绝对是一个当官不像官的典范，受到市民的好评。

南方日报：您长年在香港工作，香港官员身上有哪些值得粤官学习的地方？

邝景廉：官员与民间的交流，香港也有值得内地借鉴之处。每逢春节前夕的一个傍晚，位于中环的香港公园露天咖啡厅就成为港府一众官员与各路媒体畅所欲言的交流地。港府的三司十二局及各署、处等机构和部门的首长及官员在此3个多小时，与媒体有个默契，知无不言，言无不尽，装于胸腹，绝不见报。双方尽情交流，细细解释，这是良性互动，是官员们一年中最放松，也渴望得到媒体对政策和运作的理解的好机会。我想，如果广东也有一个这样的交流时段和平台，对于促进官民之间的良性互动，一定会有积极作用。

（林旭娜）

观点

◎乌坎事件是广东官员的代表作，一定会令海外对广东的人文状况和投资环境的评价显著加分。

◎"人官"一定有大局观。不少广东官员，经我观察，可视为"人官"。

◎大官很少，小官很多，平头百姓很难见到大官，而与小官的接触则很多。如果小官们都能做到脸好看，话好听，这吏治就是良好，乃至优秀。

◎我眼中广东的官，多是"人官"，总体来说是好官，而我也衷心希望这"人官"的分值不仅是60分至80分，而是优秀，力争超过100分。

新加坡国立大学东亚研究所所长郑永年：

经济形态转型了 社会组织要跟上

改革开放以来，广东经济一直处于发展“快车道”，GDP总量连续20多年保持全国“冠军”位置即是例证。然而，在新加坡国立大学东亚研究所所长郑永年眼里，夺“冠”固然可喜，前途更具挑战。

郑永年在接受《南方日报》专访时表示，从廉价劳动力与土地的掣肘，到经济结构调整，从政府职能转变，到社会管理创新，广东都直面可持续性发展的努力探索，其经验也将为中国总体改革提供新的借鉴与启迪。

谈转型升级 指向“经济的可持续发展”

南方日报： 近几年，广东相继提出“腾笼换鸟”、“双转移”、“转型升级”等发展理念，您如何理解这些理念？在广东转型升级之路上存在哪些制约因素？

郑永年： 在过去30多年里，珠三角一直是世界制造业的中心，但大多是生产低附加值产品的产业，依赖的是廉价的土地和劳动力。近几年，广东相继提出“腾笼换鸟”、“双转移”、“转型升级”等发展理念，其实这些理念都是同一个主题——经济的可持续发展。

以前，广东产业走的是劳动密集型道路，依靠的是廉价的劳动力与土地，成为世界加工基地，经济方面也主要以出口导向型为主。2008年国际金融危机一来，这一发展模式就变得不可持续，面临不得不转型的压力。

在产业发展道路上，对廉价劳动力与廉价土地的过度依赖已经成为广东转型升级的障碍。如果投资者还可以依靠压低劳动工资获得利润，他们就没有创新技术和提高管理的意愿。

★郑永年表示，广东直面可持续性发展的努力探索，其经验也将为中国总体改革提供新的借鉴与启迪。

南方日报：亚洲“四小龙”的经济转变为时不长，它们转型升级的经验对广东有何启迪意义？

郑永年：目前，由于国内劳动力与资源成本价格的上涨，越来越多的跨国公司将附加值低的产业转向越南、印度、柬埔寨等国生产，这意味着在中国能生产的东西，在其他国家也能生产，其中的意味值得深思。

由于知识产权等方面的问题，中国屡屡与欧美等国家发生国际贸易纠纷，发生纠纷的原因其实与产品的低附加值是有关系的。同样生产服装，为什么没有国家和意大利打国际官司？其他产品的纠纷也是同样的道理。

在转型升级的道路上，亚洲“四小龙”的发展模式可供借鉴。在不到30年的时间里，新加坡经历三次产业转型，就从第三层级世界走到了第一层级世界。当然，亚洲“四小龙”由于土地有限，不得不放弃一些附加值低的产业，改为从事高附加值的产业。但广东地区那么大，不应轻言放弃某一种产业，其中大部分可以就地升级。

谈结构调整
要加强扶持中小企业

南方日报：“十二五”经济结构调整势在必行，应如何平衡国有企业与民营企业之间的关系？

郑永年：在蓬勃发展的经济中，民营、中小型企业是不可忽视的主体力

观点

◎近几年，广东相继提出“腾笼换鸟”、“双转移”、“转型升级”等发展理念，其实这些理念都是同一个主题——“经济的可持续发展”。

◎国有企业与民营企业、大型企业与中小企业之间存在结构性失衡。广东的强势在于民营企业、中小企业，因此要加强政策扶持的力度。

◎在社会管理领域，政府和社会需要认清自己的“边界”：属于政府管理的，政府应责无旁贷地管起来；在社会也可以管好的领域，政府应当把权力下放给社会。同时，经济形态转型升级了，社会组织也要跟上。

量。然而，由于经济政策导向性的原因，国有企业与民营企业、大型企业与中小企业之间存在结构性失衡。但广东的强势就在于民营企业、中小企业，因此要加强政策扶持的力度，来活跃经济。

经济结构调整注定要改革国有企业。如何改革？由于像交通、市政等基础设施建设需要国企出力，因此全盘私有化并不可取，如美国在经济领域完全私有化后还是碰到一些问题。

事实上，应该对国企实施“鸟笼经济”，也就是把国企赶到“鸟笼”里面去，对其的发展有一定的限制性，然后将可以让民营企业做的让给民企做，再进行市场化改革引入竞争机制，在对国企监管的前提下进行分红让利。其实，新加坡也有国有企业，但它是高度企业化和市场化的。

谈幸福广东
要考虑政府社会一起来做

南方日报：在市场经济快速发展的同时，如何兼顾民生工程、“幸福广东”理念的实施？

郑永年：在市场经济方面，要继续深化“经济领域的市场化”，尤其要对国有企业进行市场化。只有经济领域的市场化，才能继续做大蛋糕。市场经济是社会主义的物质基础，没有物质基础，贫穷社会主义下的老百姓也不会感到幸福。

如何缩小贫富差距？这需要政府“有形之手”的介入，平衡“先富”与“后富”之间的关系，提高普通劳动者的工资，为底层民众提供社会保障等，这也是社会主义的真正内涵。

广东提出“幸福广东”的理念，需要将一件件实事细化，比如民生工程、基本公共服务均等化，这些都可以考虑政府与社会一起来做。政府切不可大包大揽，民生工程单靠任何一方之力都不能做好。毕竟，与经济一样，幸福也同样面临怎么可持续的问题。经济改革、社会改革二者之间一定要明确区分，同时两个领域的改革要齐头并进。

谈社会管理
社会组织要跟上转型步伐

南方日报：目前社会管理创新备受关注。在社会管理中，政府和社会将各自发挥什么样的作用？

郑永年：有些人仅仅认为社会管理就是政府管理社会，这是一种表面的认识。事实上，政府管理社会只是社会管理的一部分，社会管理主要内容是社会的自我管理。要让社会学会自我管理，就要求政府向社会分权。

在社会管理领域，政府和社会需要认清自己的“边界”：属于政府管理的，政府应责无旁贷地管起来；在社会也可以管好的领域，政府应当把权力下放给社会。比如，政府可以向社会收购服务，二者结成“伙伴关系”，类似于顺德提出的政府与社会的“协调共治”。

南方日报：在社会改革中，社会组织如何重新找到自己的定位？

郑永年：社会改革需要社会组织与社会力量的参与。有一些社会组织需要培育，比如慈善协会等，有一些社会组织是在现有组织的基础上重新定位，比如工会、妇联等，它们都可以在社会管理中发挥较大的作用。

经济形态转型升级了，社会组织也要跟上。以工资集体协商制度为例，由于物价上涨，越来越多的工人希望能够加薪，此时，工会如何加强引导，在劳方、资方、政府三者之间协调，利用工资集体协商制度为工人争取利益就显得至为关键，这完全可以将很多矛盾提前解决。

广东大力倡导建设“小政府、大社会”的格局，离不开社会组织的参与，这一政策目标尽管早在20世纪80年代初就已经提出来，但由于当时“大社会”毫无条件，发展起来却是近几年的事。如今，以市场化为导向的经济改革已经培育了社会力量的成长。

（彭国华）

A06

经济形态转型了
社会组织要跟上

跨越中等收入陷阱
要有前瞻性思维

《欧洲时报》副总编辑武佩荣：

跨越“中等收入陷阱”要有前瞻性思维

《欧洲时报》副总编辑武佩荣和广东的缘分结于广州。在改革开放之初，他就在当时的广州外国语学院求学。在接受《南方日报》专访时，武佩荣坦言：“广州的巨变给我留下深刻印象。”

对于“中等收入陷阱”这个热门话题，武佩荣认为：“有些发展中国家没有给出理想的答案，其中一个重要原因是缺乏远见，其主要表现形态之一是教育没有跟上，而只是片面地强调通过消费拉动经济，因而影响了经济的竞争力。因此，跨越中等收入陷阱要注意人才教育的转型。”

目前广东经济发展最需要注意的是什么问题？武佩荣认为，社会发展到一定程度，应当超越短期性的实用主义，尽可能结合自身特点、借鉴海内外成功和失败的经验教训，进入中长期的前瞻性思维。

谈结缘广东
广东改革创新值得借鉴

南方日报：您近5年是否到过广东？

武佩荣：我与广东算是有缘分的，1978年至1982年曾在广州读过四年书。2009年底故地重游造访广东。

南方日报：您2009年造访对广东哪个领域的变化最为印象深刻？

武佩荣：广州的巨变给我留下深刻印象。由于我出国前一直在大学学习，因此对学校比

★《欧洲时报》副总编辑武佩荣和广东的缘分结于广州，“广州的巨变给我留下深刻印象”。

较关心，对学校的变化感触也更深一点。当年广州的一些大学周围更像乡村，现在全都处于闹市中心了。好在老的大学并未夷为平地，原先的格局基本还在，从人文传承的角度来看，这是件好事情。出于发展教育的需要，广州郊区出现了新的大学城，10多个大学集中在一起，气派确实很大。

从与部分学校师生有限的接触和观察来看，高教领域对硬件的重视超过软件，可是育人的核心并非硬件和形式，而是师资和内容。从发展的角度来看，教育是一个国家、一个民族立足的根本，虽说从广义经济的角度来看，教育也列在其中，但这是一个特殊的领域，不能等同于其他门类，不能以短期效益为衡量标准，更不能金钱“挂帅”。

由于我2009年到访广东，主要是跟新闻业同行交流，因此得以见证媒体业的兴旺发达，同时也可以感觉到相对宽松的新闻环境。记得当时讨论得比较热烈的一个话题是广州郊区垃圾场的选址，在那场争论中，媒体发挥了很大的活力和作用。从我有限的了解来看，广东的特色由此可见一斑。

另外从乌坎事件的解决来看，我认为这一事件的结果在某种程度上也体现出广东的特色，即在中国的政治和社会现实中，探索符合广东实际的改革之路。

考虑到中国的国情，广东不局限于教条、改革创新这种精神，还是值得借鉴的。

谈跨越"中等收入陷阱"
要注意人才教育转型

南方日报：广东2015年人均GDP将达到14139美元，整体实现跨越中等收入。您如何理解"中等收入陷阱"？

武佩荣：广东提出转型升级、转变经济发展方式等本身就表明广东十分重视"中等收入陷阱"问题。事实上，这是两个相互关联的问题，即经济发展到一定的程度，收入进入"中等"，同时，由于生产力的过剩，从以生产为主的社会过渡到生产、消费并存的社会，如何处理好这样一种综合的转型，是一个很大的问题。有些发展中国家没有给出理想的答案，其中一个重要原因是缺乏远见，其主要表现形态之一是教育没有跟上。因为说到底，要在经济转型中保持竞争力，教育是关键，即如何培养未来的人才。有些发展中国家都未能做到人才教育的转型，而只是片面地强调通过消费拉动经济，因而影响了经济的竞争力。

因此，跨越中等收入陷阱要注意做到人才教育的转型。

南方日报：您认为，目前广东经济发展最需要注意的是什么问题？

武佩荣：社会发展到一定程度，不可能总是停留在诸如摸着石头过河的探索阶段，而应当超越短期性的实用主义，尽可能结合自身特点，借鉴海内外成功和失败的经验教训，进入中长期的前瞻性思维。

有一个例子可以说明这个问题：两年多前，我听到一种说法，即"中国仅用了30年时间就赶超了西方用了300年才达到的经济成就，应当允许中国有时间去解决在赶超过程中出现的问题"，也就是所谓的"压缩赶超双效应"观点。在我看来，用这种说法解释已经出现或存在的问题不能说有什么错误，但这种思维方式难免让人产生疑问，因为后人赶超前人时可以见到以往的经验和教训，不一定要连弯路也照单全收，否则可能得不偿失。中国的环境问题可以视为这方面典型的例子。目前中国一些地方频频爆出环境污染问题，公众的健康因此受到严重的影响，需要很长时间才可能扭转，即使是环境本身的改善，恐怕也要用较长时间才能解决。

谈欧债危机
实质是资本主义失控

南方日报：那您认为欧债危机爆发症结在什么地方？

武佩荣：在我看来，西方目前主要问题的实质是资本主义失控。以德国和法国为例子，这两个国家推行的所谓“社会民主政治”是一种变相的自由资本主义。从理论上说，这种意识形态强调在尊重市场经济规律的前提下注重福利，但实质上是以促进竞争力为名推行形形色色的税务优惠，同时为了避免中下阶层的不满而通过借贷维持相应的福利。

多年来的税务优惠甚至放任资本逃税，在造成资本集中加速的同时，削弱了政府的财政实力。与税收形成对比的是，政府为维持相应福利却要不断借贷，直到产生债务危机。

西方握有重要话语权的媒体往往以欧洲债务危机为“活标本”，痛批“高福利”的弊病，似乎欧洲的问题核心就是没有彻底推行“纯粹”的资本主义。在我看来，这是不顾最基本事实的说法。

南方日报：广东应当从欧洲的经验或者教训中学习到什么？

武佩荣：回头再来说广东应当学习借鉴的东西。处于转型期的中国，或者具体到广东，在制定重大改革政策和中长期发展规划时，需要借鉴发达国家的经验和教训，而这种借鉴应从大处着眼，超越集团的利益，否则可能产生长远的严重后果。

比如医疗保健体制这样重大的民生项目的改革，欧洲体制明显比美国体制更能体现以人为本的精神。从社会层面来看，欧洲体制不仅代价要低得多（德国和法国占国内生产总值约在10.5%到11%，而美国则高达18%），而且从效果来看优势也十分明显（德国、法国属于全民保险，而美国15%的人没有任何医保，同时美国的期望寿命也远远低于法国）。中国医保改革的目标是惠及全民，实现这一目标将是一个巨大的进步，但目前部分地区的现状似乎有突出经济效益的趋势，而忽略了保健体系在社会结构中的特殊性质。

（周煦钊）

观点

◎从乌坎事件的解决来看，我认为这一事件的结果在某种程度上也体现出广东的特色，即在中国的政治和社会现实中，探索符合广东实际的改革之路。

◎社会发展到一定程度，不可能总是停留在诸如摸着石头过河的探索阶段，而应当超越短期性的实用主义，尽可能结合自身特点，借鉴海内外成功和失败的经验教训，进入中长期的前瞻性思维。

◎多年来的税务优惠甚至放任资本逃税，在造成资本集中加速的同时，削弱了政府的财政实力。与税收形成对比的是，政府为维持相应福利却要不断借贷，直到产生债务危机。

日本大学终身教授、日中管理学院院长李克：

“腾笼换鸟”关键是培育“自己的鸟”

任教于日本大学的教授李克是日本排名前十位的商学院中最年轻的教授。目前，李克还兼任着日中管理学院院长、美国圣约瑟夫大学经济学讲座教授、《亚太经济评论》主编、香港城市大学金融与经济学系客座教授、中国人民大学经济学讲座教授等。2011年9月，他出版畅销书《中国经济转型产业升级》，书中参考美国和日本等国的经验，结合国内经济和产业的实际，对我国的经济转型和产业升级提出了许多独到的建议，受到广泛关注。

2011年“3·11”日本大地震后，广东马上对日本地震的影响作出快速反应及预判。作为我省调研日本地震专题中的特聘专家，李克为广东应对日本地震的影响与对策提出很多建设性意见。

谈日企投资
日中小企业往外走多选择广东

南方日报：来自海关的数据，2012年头两个月，广东与日本双边贸易额达46.61亿美元，比上年同期大幅增长45.3%。近年日本企业不断加大对广东的投资，特别是一些如松下、东芝电子以及本田等汽车制造等大型企业。据您对日企的了解，它们在内地选择广东的出发点在哪？未来对日企投资广东您有何展望？

李克：日本海外“产业备份”选择广东，主要是看重制度环境、基础设施和产业配套网络。

从2011年夏天起，日本政府以及很多财经类机构共同推动本土企业第二轮的“走出去”

9

★李克，著有畅销书《中国经济转型产业升级》，对我国的经济转型和产业升级提出了许多独到的建议，受到广泛关注。

战略，而这次“走出去”战略主要是以中小企业为主体。日本中小企业在原来的日本模式中是为大企业做配套的，很多核心配件和服务是通过“下包制”由中小企业完成的。20世纪90年代以后，大企业往外走得快，但中小企业“走出去”的少，近些年由于日本国内市场的萎缩，让很多没有独立产品的中小企业日子更难过。日本的贸促会、中小企业协会等从2011年年初就不断推出新的计划，鼓励中小企业往海外走，在这个过程中，中国大陆则成为它们的重要选择。

尤其在“3·11”日本大地震后，日本更加意识到“产业安全”的问题。其实受灾地区对日本GDP的影响不到5%，但是东北三省是电子、汽车部件重要生产基地，不仅对日本相关行业，而且对全球特别是中高档汽车、电子产品的影响都很大。

南方日报：日本“产业备份”为什么选择广东？

李克：我想主要基于三方面的原因：

一是广东是改革开放的前沿阵地，目前来看广东经济总值规模大，最主要是已经形成特定产业的较完整的产业链和配套的网络。

二是日本企业原来在广东投资的项目是零敲碎打的，但是从2000年后，日本开始有计划地在广东重点推进汽车、电子行业的发展。目前广东已经成为日本重要的相关产品的生产基地。原来在小排量汽车方面，其实日本更倾向于泰国，可是2011年发生在泰国的水灾，让日本对这种选择有了一些反思。同时，日本也要转型升级，传统优势行业都有巨额亏损。从2011年年底开始日本不断扩大以广州为中心的中国华南生产基地的投入。

三是看重广东的制度环境、基础设施以及政府行政能力的综合方面的因素。广东无论外贸体制、物流体系、信息，还是交通基础设施、政府行政能力都相对完善和优越。

观点

◎未来广东的发展，还是要挖掘和创造新的“内生比较优势”，重点是提升经济的核心竞争力和在国际市场网络中的话语权。

◎“腾笼换鸟”还是建立在外部依赖的基础上面，广东未来发展更关键的是要培育“自己的鸟”。

◎广东各地市在建设新兴产业园区、创新园、孵化园的时候，我想说，政府要注意“有所为，有所不为”。

谈合作空间
粤企应主动承接技术合作

南方日报：促进广东与日本之间的进出口贸易，两个地区在哪些方面需要磨合和改善？

李克：广东企业应主动去承接对日技术合作，而不是“坐等”。

从整体来看，广东和日本未来合作的空间还是很大的。日本传统优势产业已经出现了新一轮向海外转移的势头，例如松下最近就表示，未来所有手机生产全部放在海外。其他日本企业也有类似的计划。这就又回到中国企业的应对问题，我们是否准备好去承接这些日本企业的产业转移计划了？在我看来，中国在承接LED电视、电子音响、精密加工、汽车配件、数控加工等方面技术上，广东有很好的产业基础，同时又是通往东盟和南亚的桥头堡，对日本企业是有极大吸引力的。

对于广东未来对日出口的产品，不能再以简单的劳动密集型来认知。更多应利用现有的比较优势，考虑动态的、主动的合作模式。依托日本企业向海外转移的变化，以日本中小企业为主要目标，主动承接技术上的合作机会和进入日本的产业供应链。一些条件成熟的企业，甚至可以自动“走出去”，通过和日本企业的股权合作，包括并购模式，在部分行业取得更大的国际市场空间和中高端产品的进入通道，甚至可以将部分“中国制造”产品转变为“日本制造”产品。

谈转型升级
创造“内生比较优势”

南方日报：当前广东正在加快转型升级，您有什么建议？

李克：继续单纯靠外向型经济、招商引资不足以缓解转型压力。对软实力和核心竞争力的提升如果不够，广东转型升级的压力是非常大的。要从根本上解决问题，还是不能单纯靠代工、贴牌、OEM等简单化的外向型经济模式。未来和日本合作的话，应该更多考虑怎么把他们的技术和产品的优势，逐步嫁接到现有的中国企业中来，建立新的外向型经济模式，以提高广东当地企业的软实力。

南方日报：借鉴欧美日等发达国家地区发展经验，广东在这一轮转型升级中，应注意些什么问题？

李克：其实，我们过去一直有一个认识误区，认为“现代化”就是“工业化”，“工业化”就等同于“工厂化”；与此同时，还有很多人认为，经济发展就是从“第一次产业（农业）”，向“第二次产业（工业）”，再向“第三次产业（服务业）”不断过渡、扩展的梯度提升的过程。

其实，一个国家或者地区的经济发展和“现代化”并不一定就是要通过“工业化”来实现，也可以通过“服务业化”、“农业化”、“教育业化”、“科技业化”、“金融业化”、“贸易业化”等很多其他方式来实现。当然，在发达国家的经济发展的早期，“现代化”和“工业化”、“工厂化”是被大致画上等号的。当今世界，我们看到的是，很多的国家和地区，通过不断地实现它们特定产业的转型升级、不断地推动专业化和品质提升，从而实现经济的发展和实际收入的提高。那些所谓“朝阳产业”、“夕阳产业”的提法和论断，已经被证明是站不住脚的。其实，绝大多数行业，只要能不断推动它们升级换代、增加附加值，就都是有潜力、有前景的。

这样的例子比比皆是：比如美国的夏威夷、拉斯维加斯靠旅游业支撑发展；澳大利亚、加拿大和英国的海外教育也已经举足轻重；澳大利亚和加拿大的农业和资源类产业，对经济发展贡献非常大；甚至于农业中的大米，日本现在是净出口国……

特别是行业发展中，一定要依托本身的比较优势，自己在行业中挖掘、创造内生的比较优势。改革开放以来，广东是通过不断创造“内生的比较优势”取得经济高速发展的。早期通过代工、OEM取得好的发展，后来通过深圳的特区模式来发展。未来广东的发展，还是要挖掘和创造新的“内生比较优势”，重点是提升经济的核心竞争力和在国际市场网络中的话语权。

谈未来发展
关键是培养优势企业

南方日报：您如何看待过去几年广东省在应对危机以及转型升级的过程中取得的成绩？未来还有哪些需要改进的地方？

李克：广东应立足产业升级政策，培养本土企业“走出去”。

广东“腾笼换鸟”的思路没有问题，但这个过程中很多人担心“笼子”腾出来了，新的“鸟”没进来，这种担心有一定的道理。不过，“腾笼换鸟”还是建立在外部依赖的基础上面，广东未来发展更关键的是要培育“自己的鸟”。也就是立足新的产业升级政策，培养自己的优势企业。

很多时候，我们以为不断“市场化”就可以解决很多转型升级中的问题。其实不然，如果没有产业升级政策跟贸易政策的支撑和衔接，沿海地区的企业因为成本的原因内迁或外迁，留下的会是一个“产业空心化”的问题。过去，日本、韩国就是在产业升级政策的带动下，逐步完成了产业升级，而中国目前则没有很明晰的产业升级政策。

广东在产业升级政策上要有意识地去规划、去实施、去调整、去评估。要立足于现代产业，在研发能力、核心部件加工和开发方面多动脑筋。依托于广东已有的国外先进经验和有外资背景的企业的横纵向联系，把海外产品和技术嫁接起来。

广东品牌要有“走出去”的意识和思路，在产业上下游方面尽可能地去延伸，争取向国际市场网络上拓展。目前在东南亚，广东即便作了一些拓展，但力度有限，而且，还是在国际产业链的中低端、被动的位置。我们可以将海外拥有核心技术的中小企业作为突破口，把跨国投资作为主要的手段之一，采取海外并购和股权合作的方式。比如，可以考虑和日本企业的股权合作，产品在广东生产以后，将部分加工环节放在日本来做，把“中国制造”转换为“日本制造”，再走向全球。同时，直接引进欧美国家和日本的一些高端人才，也是目前可以参考的国际合作和提高自己核心竞争力的方式之一。

谈新兴产业园
重在创新型产品市场化

南方日报：广东作为改革开放的前沿，近5年也到了转型的节点上。以新能源、高端电子信息产业等新兴产业为主的园区建设方兴未艾，您如何评价？在这个过程中我们需要注意什么？

李克：广东各地市在建设新兴产业园区、创新园、孵化园的时候，我想说，政府要注意“有所为，有所不为”。各地不是比拼建得多、规模大就有成效。要重在考量创新型产品的市场化程度，而不是园区规模。

政府的“有所为”更多的是在对经济可持续发展的制度建设和完善方面，也就是为企业发展和创新、为企业长远的发展前景的预期方面，通过建立和不断完善其对应的“制定环境”，从而提供一个非常好的支柱和保障，而且是稳定的、固化了的制度环境。从而让企业愿意为提升自己的品质、提升自己的核心竞争力去进行中长期投资。同时，政府的“有所为”也应该表现在为企业，特别是中小企业，提供有效的、持续的在财务、技术、管理、国际化方面的实际的帮助。推动企业提升自己的研发能力、创新能力，以及与国际市场和技术的更多的接轨和参与，一步一步提升企业品质。政府的“有所不为”应该是避免过度地介入到实际的经济活动中去，包括现在到处在建设的“科技园”、“创业园”、“孵化园”等，这些活动应该交给企业和市场去解决，否则又会回到过去以“GDP增长率”为考核指标的发展老路上去。

（谢梦）

希腊《中希时报》总编辑汪鹏：

每次到广州都要换张新地图

生于1979年的汪鹏是希腊华文报纸《中希时报》的总编辑兼执行董事，更是希腊中文门户网站“希中网”的创始人。在接受采访之初，他曾谦虚地表示对于这个题材“有些惭愧和不知所措”，但最后还是应允接受了采访，并着重从希腊面临的问题以及所取得的经验提出对广东未来发展的借鉴和建议。

汪鹏认为，如今的希腊人已从教训中学会了“发展经济是重中之重”这个硬道理，体会到只有经济发展了，人民的生活才会好过。

他觉得，在经济仍然高速增长的时期，广东就提出“转型升级”，是一件高瞻远瞩的事情。

谈转型升级 “做蛋糕”论非常精妙

南方日报：希腊现在面临债务危机，请您结合希腊的情况谈谈这场危机给广东经济发展带来的借鉴。

汪鹏：在广东经济高速增长时期，省委高瞻远瞩地在“十二五”规划中提出“加快转型升级，建设幸福广东”这个核心任务。对于这个核心任务，广东省委书记汪洋曾用“做蛋糕”与“分蛋糕”的关系打了个比方，他说，如果说“建设幸福广东”是“分蛋糕”的话，“加快转型升级”就是“做蛋糕”，我觉得这个比喻非常精妙。

那么幸福是什么？我个人觉得对于社会而言，就是政府及政府官员在处理公共事务中要保持高度的责任感，注重每个公民的心理感受。

★汪鹏觉得，在经济仍然高速增长的时期，广东就提出“转型升级”，是一件高瞻远瞩的事情。

就此来看，近几年希腊人很不幸福。随着国家债务危机袭来，为了取得经济援助，希腊政府不得不要求普通民众“勒紧裤腰带”过日子。其原因除了欧元本身的些许设计缺陷外，归根到底，还是多年来希腊政治和经济方面运作不佳的缘故。

面对困局，希腊政府正不得不被动地进行经济结构改革，逐步消除因管理不善等因素带来的体系运转不良和低效分配，减少大量浪费和滥用，同时在包括立法、审查、行政手续等方面进行简化。

如今的希腊人已从教训中学会了“发展经济是重中之重”这个硬道理。体会到只有经济发展了，人民的生活才会好过，幸福感才能踏实地增加。保守、被动就会使经济陷入窘境，而主动出击、主动改革才是令经济保持增长，使社会繁荣稳定的良方。

与希腊的不幸相比，广东的幸福显而易见。

广东加快转型升级，包括推动产业结构升级、抓自主创新、推进消费投资出口的协调拉动、推进绿色低碳发展、打造更加开放的合作新格局等方面。

在省领导统一的共识和有力的指挥下，2011年广东经济社会发展呈现出“转型升级加快、经济运行稳健、物价趋于稳定、区域差距缩小、民生保障有力”的态势。

老百姓手里有钱了，对生活质量和生活环境的要求越来越高，对此，政府部门在城市规划，基础建设和环境治理等方面，长期做了大量有益工作。

南方日报：您如何评价“建设幸福广东”的目标？

汪鹏：追求幸福是世界人心所向，如何让人民安居乐业是当前各国政府需要承担的首要责任。

汪洋就说过，“加快转型升级是手段，建设幸福广东是目的”。

广东作为中国改革开放的先锋，走在了时代前列，勇于探索和实践，为建设幸福强省开拓了一条光明的道路，也为包括希腊在内的世界各国提供了一个很好的模式。

谈希腊经验
对文化遗产实行“三优先”

南方日报：作为生活在希腊的华侨，广东给您的印象是什么？

汪鹏：都说广东变化大，从改革开放至今，前进的脚步从来就没有停滞过，尤其是其省会城市广州，随着“一年一小变，三年一中变，十年一大变”规划目标顺利实现，在2010年更成功地举办了亚运会，向全国乃至全亚洲展现了广东的整体水平和广州的城市魅力。

雅典有一位曾在广州生活了20多年的华侨跟我说过，现在每年到广州他都要更换一张新的广州地图，因为在短短一年时间里，数量众多的高楼大厦拔地而起，新建、改建的道路和桥梁迅速投入使用，旧区老房子“穿衣戴帽”旧貌换新颜，地铁、BRT等公交设备和线路不断增加，这一切都足以让一个“老广东”不能再依赖以往的记忆，只有随身带上新版地图，才不至于出现迷路的尴尬。

南方日报：您认为希腊在哪些方面的成功经验是值得广东学习的？

汪鹏：希腊首都雅典和广东省会广州有一些相似的地方——它们都是有着几千年辉煌历史的名城，也是名扬海外的国际大都市，但如果在城里漫步一天，就会发现两者不尽相同。

与广州的日新月异相比，有着丰富文物古迹的雅典更强调保存历史旧建筑，对城市的环境规划也进行了严格的管理。

一直以来，希腊政府都严格地执行了对文化遗产的“三优先”配套政策，规定文化遗产管理部门对古迹、考古、历史建筑具有优先的保护管理职能，拥有干预的特权。一旦在城市建设中发现古迹，没有文化遗产管理机构的允许，不得乱拆乱建。例如在修建穿越雅典市中心地铁的时候，发现了古迹，当时经专家论证后，政府决定改机械施工为人工挖掘，其间还停工过一段时间，目的就是要保护古迹不遭到破坏。

这些措施得到了国际社会的赞誉和认同，如今慕名前来雅典的游客，都是为了一睹历史建筑和文物的真颜，以及在古街旧巷中畅游。

在广州天河和珠江新城等新区的成功开发和定位的同时，对荔湾等旧区的改造也被提到议事日程上来。对如何改建，是留是拆，社会上有很多不同的声音。

我认为，对现代化都市和历史名城的选择不一定要二取其一，最佳的方案应该是二合为一，对有历史价值的建筑物应尽力保护，修旧如旧，让历史和现代互相辉映，建设一个有深刻文化底蕴的现代化大都市。

（周煦钊）

观点

◎在修建穿越雅典市中心地铁的时候，发现了古迹，当时经专家论证后，政府决定改机械施工为人工挖掘，其间还停工过一段时间，目的就是要保护古迹不遭到破坏。

◎我认为，对现代化都市和历史名城的选择不一定要二取其一，最佳的方案应该是二合为一，对有历史价值的建筑物应尽力保护。

世行拉丁美洲与加勒比海区城市管理、水务和自然灾害管理局局长陈广哲：

做好可持续发展 广东仍可领先

现任世界银行拉丁美洲与加勒比海区城市管理、水务和自然灾害管理局局长的陈广哲，长期负责策划、执行、管理世界银行和亚洲开发银行在全球三大洲40多个国家，累计总额近百亿美元的投资项目和政策咨询，在基础设施管理、城市经济发展以及灾害风险管理方面有20多年国际工作经验。

值得一提的是，陈广哲还是一个“老广州”，1987年中山大学经济学毕业后即赴美国哈佛深造。他是目前在世行屈指可数的中国籍高层决策者之一，也是广东省政府《珠江三角洲地区改革发展规划纲要（2008—2020年）》（以下简称《规划纲要》）的特聘专家。

陈广哲在华盛顿接受了南方日报记者的专访，分享他对广东城市化进程的感受、近期与广东经济发展相关的研究成果。

谈珠三角《规划纲要》 注重推进社会层面低碳发展

南方日报：我们注意到您是广东省政府珠三角《规划纲要》的特聘专家，作为广东本土走出去的国际官员，您对珠三角肯定有着特别的情感，能否介绍一下当时跟广东省合作的经历？

陈广哲：未来20年中国城市化发展，广东还会走在前面。

虽然在外工作已近20年，在世行工作期间走遍了大半个世界，但我从小在广州长大，对珠三角尤其对故乡广州有着特殊的感情。

最近这七八年我致力于城市化方面的一些工作，根据经验判断，我觉得中国今后20年城

★陈广哲是目前在世界银行屈指可数的中国籍高层决策者之一，也是广东省政府《珠江三角洲地区改革发展规划纲要（2008—2020年）》的特聘专家。

市化发展会持续较快地前进，而且肯定的是广东会走在前面。我在此希望把我在国外所积累的一些经验，包括看到的一些问题带回给中国和家乡广东，避免一些国家在城市化过程中走的弯路。

中国在很多方面发展都很好，但是有时候在与国际接轨方面有所欠缺。广东省政府看中我在世行工作多年又在广东成长的经历，当时我们这个组的专家也主要是国内的专家，具体参与珠三角《规划纲要》的讨论、提出一些看法。最有意义的是当时还要我们几个专家就这个项目自己选题来做一个跟广东省比较切合的事情。

南方日报：那您确定的选题致力于哪一方面？可以和我们分享吗？

陈广哲：我们最近在做的项目是“珠三角地区低碳城市生活方式的比较研究”，这个项目的想法基于低碳增长将成为中国今后城市发展以及地区单一发展的一个重要战略课题。国内近几年来对低碳发展越来越重视，但国内在这方面做的工作主要还集中在低碳经济的技术层面，相对来说比较少注重于社会层面的低碳发展，所以我们就想在这方面做一些比较研究，就国际上的一些先进做法给广东省政府和珠三角城市做一个参照。

谈广东城市化问题
政府要提供有效公平的城市服务

南方日报：如果您以后有机会参与世行与广东省的合作项目的话，您会投

观点

◎根据经验判断，我觉得中国今后20年城市化发展会持续较快地前进，而且肯定的是广东会走在前面。

◎低收入保障住房项目必须要列到城市中期发展的规划里，这样才可以保证低收入保障住房有充分的、配套的基础建设，比如说交通、供水、供电、垃圾回收、学校、医院等。

◎广东外向型经济发展中，欧美已经开发得差不多了，在东南亚也是。而另一个潜藏大量机会的市场就是非洲。

入到哪方面的合作中？

陈广哲： 城市化的可持续发展，政府提供的城市服务，依照我个人的工作背景和经验，我还是比较注重城市化的可持续发展方面。当时我在广东省开会的时候也提到过一些看法，所谓可持续城市化需要三方面作为支撑：一是确保经济的可持续发展，没有一个活跃健康的经济，就没办法提供这个城市居民所需要的就业机会和经济收入；二是要保持经济的可持续性，也就是说一定要把经济增长作为地区发展战略的一部分，广东省政府对珠江三角洲制定的4年大发展的十大工程就是在推动可持续低碳增长这个目标；三是随着中国城市化的发展，很多政府在对市民提供有效公平的城市服务时会面临很大压力，包括供水、供电、住房、环境、废物处理等。

中国这个进程可以借鉴其他发展中国家走过的路子，特别是拉丁美洲，因为这个地区20世纪80年代城市化发展巅峰时期也产生过很多问题。

南方日报： 能否举一个具体的拉丁美洲案例以供中国及广东地区借鉴？

陈广哲： 巴西近10年花了大量财力来解决城市化产生的贫富悬殊。巴西的情况是中国最可参考的，它在20世纪80年代的城市化较快发展过程中，没有政府干预直接让市场去调节，这导致了很多问题，比如说贫富悬殊。大量的农村居民流往大城市，但是城市不能负担起这个容量，产生了大片的贫民窟。巴西政府这10年花了很多的精力和财力来解决这些问题。

从正面来说，最近这10年巴西政府出台了一个低价房的计划叫“我的家我的生活”，就是政府出钱，在城市里面大规模地建低价房，然后通过各种措施把房子分到低收入贫民窟居民里面，不断地改进他们住房的情况，这是可以借鉴的做法。

谈最紧迫问题
将保障房列入城市发展规划

南方日报： 基于拉丁美洲这些国家在发展中产生的问题，您觉得广东社会经济发展最紧迫的问题是什么？

陈广哲： 建议将低收入保障住房项目列入城市中期发展规划。我觉得“低收入保障住房政策”这方面是非常重要的。我已经看到广东省政府把这个政策列到珠三角《规划纲要》里面，并作为基本公共服务均等化工程很重要的一部分。

对于这方面政策我的看法是：首先是低收入保障住房项目必须要列到城市中期发展的规划里，这样才可以保证低收入保障住房有充分的、配套的基础建设，比如说交通、供水、供电、垃圾回收、学校、医院等。因为很多国家有时候搞低收入保障住房的时候找一些城市边缘的地价便宜的地方来建一些住房，然后分给那些低收入阶层，但是要是这些地方没有跟城市规划接轨的话，很可能由于交通不方便或者没有供水、供电、学校等，对这些低收入阶层的生活不会有什么实质性提高；另一方面可以借鉴的就是为了确保低收入保障住房的可持续性，低收入家庭应该拥有这种住房的产权，但产权的转移也应该受到一定的限制，这样就可以避免低收入阶层拿到房子后把它转掉从中牟利，避免达不到原来规划的目标和意义。还有就是分配机制要透明、要公平，申请获得保障性住房的家庭的收入、姓名、人员构成等信息都应该对公众、对媒体公布，这样的话可以在一定程度上防止分配过程中的不公平现象，而且能确保所需要的低收入者的利益。

做好可持续发展
广东仍可领先
引进海外高端人才，助力广东再出发

谈粤企投资非洲
前往非洲投资要实地考察

南方日报： 作为一个中国人被任命为世界银行非洲地区国家负责人，您能否与我们分享一下广东的企业在非洲的投资情况？就我们所知广东的企业在非洲的投资已经超过了8000万美元，您对广东企业投资非洲有什么评价和建议？

陈广哲： 广东企业“走出去”，非洲市场潜藏大量机会。广东改革开放30多年到现在，沿海地区随着工资水平的上升，劳动密集型产业受到冲击。该地区到了产业向技术型升级的阶段。广东地区还能不能有新的比较优势，应该怎么“走出去”，其中一个是往内地转移，另一个方向就是中国政府倡导企业走到国外去。

广东外向型经济发展中，欧美已经开发得差不多了，在东南亚也是。而另一个潜藏大量机会的市场就是非洲。比如埃塞俄比亚，当地劳动力平均工资水平是珠三角地区的25%左右。当地工业化程度低，和中国制造业没法比，很多产品都是中国制造。差价这样大，又有这样的需求，把中国制造的产品出口到其他国家，为他们创汇，当地非常欢迎。

如果选择非洲，建议政府一定要做实地考察，而不是随便看看文件这样简单。

我在哈佛读书时，读过费正清东亚研究中心主任傅高义写的一本书，叫《先行一步——改革中的广东》，书中总体梳理了广东在中国改革开放中的区位意义。30多年的发展总体来说，广东也一直走在中国经济发展的前列。相信今后20年做好城市化的可持续发展，广东也是可以先行一步的。中国已经开始并将继续走向世界，广东已经先行！未来20年也希望走好先行的每一步。

（谢梦　艾诚）

泰国《星暹日报》副总编辑洪林：

引进海外高端人才
助力广东再出发

“广东敢为天下先，历来为世人所称道。广东今天所取得的成绩，离不开开拓精神。建设‘幸福广东’，不仅要依靠来自海外华侨这股不可忽视的力量，而在经济逐步腾飞的同时，更要强化‘走出去’、‘拿进来’等有效途径。”祖籍广东潮汕的泰国《星暹日报》副总编辑洪林，在接受南方日报记者采访时动情地说，“作为广东省潮汕华侨后裔，我除对广东有一份深沉感情外，长期以来十分关心广东一事一物。”

她认为，建设幸福广东、低碳广东、法治广东……都是利在千秋的重要战略部署，因此要大力引进海外高端人才，为广东经济发展注入持久强心剂，这将大大助力广东在新一轮发展中再出发！

谈广东变化
今日广东成绩离不开开拓精神

南方日报：您是广东潮汕华侨后裔，对广东有着一份浓厚的乡情，曾多次回乡探亲、访问。在您印象中，您觉得广东近几年有哪些变化？

洪林：改革开放前后这一段历史时期，我到广东省各地包括潮汕、广州等次数已不计其数，看人文看环境甚至社会秩序，确是今非昔比。

20世纪八九十年代的广州、潮汕，在社会治安、交通秩序方面，给人感觉是一种挺糟糕的印象。1985年元月，泰华报人访问团访问广州多家媒体，促进交流，其中就曾因为一起交通警察的不文明行为，我撰文并向省里反映此事。后来再访，在广东省领导重视下，果然得

★洪林介绍《星暹日报》和南方报业合作采访泰国大水灾。

到改变。潮汕也一样，亦有改进。

作为一生从事媒体工作的人，作为广东省潮汕华侨后裔，我除对广东有一份深沉感情外，长期以来十分关心广东一事一物。今日谈广东，亦以这份心情来看今日广东。

广东敢为天下先，历来为世人所称道。广东今天所取得的成绩，离不开开拓精神。广货长年出口旺盛，为广东经济发展注入了持久的强心剂。但在传统的贸易伙伴出现经济、消费疲软之际，广东该如何寻求新的发展极?

在广东省委书记汪洋、省长朱小丹等省领导的推介下，广货近来大力挺进中西部地区、东盟等新兴市场。广货在国内攻城略地，已经成为广东开拓意识、开拓精神的新时代范例。然而，看到成绩的同时，也要看到，目前广货在开拓市场方面仍有待进一步加强。这就要广东商人、广东民众弘扬开拓精神，积极加快迈出“家门”的步伐。

谈文化输出
让侨省“品牌”更好扎根海外

南方日报：广东有3000万华侨华人分布在世界各地，这是广东的独有优势和重要资源。您觉得，广东应如何擦亮侨省这块“品牌”？

洪林：在海外华侨华人社会中，已经形成了文化传播的四大载体：华侨华人本身、华人社团、华文传媒和华文教育。在推动中华文化“走出去”的过程中，不仅要构建广东自己的软实力，同时必须调动海外华人华侨的积极性。

我认为，必须充分利用对外交流这个宗旨，从文化入手，扩大广东独具的富有乡土文化特色的影响。

诸如在传统文化方面，广东占有特别的优势，应从这里扩大其作用与影响，尤其是在东南亚区域华侨华人聚集之地。泰国潮人侨社众多，广东可在华文教育复苏、文化输出等方面给予有效措施，将侨省特有文化内涵“推出去”，让更多的海外华侨后裔，从华文教育领域领略更好更深的侨省文化风采。

2011年12月4日至6日，第二届世界客商大会在世界客都广东梅州举行。这不仅是崇商论道的盛会，也是客家文化交流的盛会。“优秀的中华文化是海外儿女共同的灵魂和精神家园。海外有5000多万侨胞，其中粤籍侨胞有3000多万。长期以来，海外侨胞为传承中华文化做了很多工作，使中华文化在海外得到了广泛传播。”

在推动岭南文化“走出去”方面，广东派团送文化大餐，派出了具有岭南特色的各个团组到海外表演、授课、辅导，为海外华人华侨表演与展示中华传统文化，既影响了华人，也提高了中华文化在海外的知名度。

南方日报：以您了解的泰国来说，广东在文化输出上是如何影响着海外华人的？

洪林：从泰国来说，就是20世纪90年代后，中国国侨办、汉办等有关部门加强对海外尤其是东南亚的华文教育支持与援助，倾注全力在人才资源、教材、志愿老师等有关华教人才方面进行输出，给予较为全面的关注、支持，对促进海外华教起着相当好的作用。

因此，广东更应在文化教育这块天地，发挥积极的作用。广东是侨省，更有条件来扩展这块天地，让侨省更务实地实现“幸福广东”，造福海内外广东人。

谈发挥侨省优势
引进人才助力广东再出发

南方日报：围绕“加快转型升级、建设幸福广东”这个核心，请您谈谈作为全国最大的侨省，广东如何利用并发挥这些优势？

洪林：作为中国30多年前开始改革开放的省份，广东今非昔比。

广东是全国最大的侨省，她有着3000万华侨华人分布在世界各地，华侨文化积淀深厚，是广东独有的优势和重要资源。因此，广东要充分利用这种千丝万缕的海外资源与其文化传统的紧密关系，吸引外力，以侨引资、以侨引智、以侨促贸，增强经济、文化领域实力，争取更大成效。

汪洋指出，在“加快转型升级、建设幸福广东”核心任务的实施过程中，海外华人华侨仍然是广东加快转型升级、促进经济发展社会进步必须倚重的重要力量。

《广东省建设文化强省规划纲要》中也提出，要把广东建成全国重要的华人华侨文化交流中心。广东是侨务大省，应继续发挥好这个独有优势，着力做好侨务文化和对外传播力建设，提升广东文化软实力和国际传播力。

建设“幸福广东”，不仅要依靠来自海外的这股不可忽视的力量，在经济逐步腾飞的同时，也必须强化“走出去”、“拿进来”等有效途径。

近几年，广东在发挥侨务资源方面有很多令人称道的举措，效果也很好。例如连续第5年组织“海外杰出华人广东行系列活动”，吸引了来自30多个国家和地区的250多名海外杰出华侨华人代表参加，他们充分感受到了“幸福广东”的建设成就，推动了侨胞与广东的经济文化交流。以乡情、亲情为纽带，广东在深化实施“华裔寻根工程”中收到了很好的效果。

南方日报：广东目前正积极实施“海外人才为粤服务计划”。您觉得这些措施对广东的进一步发展将起到怎样的作用?

洪林：广东围绕落实“加快转型升级、建设幸福广东”的核心任务，正采取多种形式，加大海外人才引进和服务力度，着力引进适应转型升级要求的各类领军人才。其中“海外人才为粤服务计划”也在积极实施。

2011年，“海外华人高层次人才智汇广东”系列活动首次举办，特别针对广东省急需发展的电子信息和半导体照明（LED）两个行业，组织高层次人才带项目来粤对接，在广州、佛山两地的企业中反响热烈。另外，还邀请美国硅谷科技协会、新加坡中国科技交流促进会等专业社团，中组部“千人计划”入选者刘志翔，广东省领军人才、欧洲人文与自然科学院院士孙大文等高层次人才近百人次到广东考察。2012年，广东又创新政策激励扶持，增创引才引智新优势。在引进海外人才智力方面，广东将启动“外专千人计划”，用5—10年时间，引进500—1000名高层次外国专家，重点引进一批能够突破关键技术、发展高新产业、带动新兴学科的战略科学家、领军人才和国际化创新团队。

这些人才计划，都将为广东经济发展注入持久的强心剂，大大助力广东在新一轮发展中再出发!

（黄扬华）

观点

◎广东敢为天下先，历来为世人所称道。广东今天所取得的成绩，离不开开拓精神。

◎在推动中华文化“走出去”的过程中，不仅要构建广东自己的软实力，同时必须调动海外华人华侨的积极性。

◎广东要充分利用这种千丝万缕的海外资源与其文化传统的紧密关系，吸引外力，以侨引资、以侨引智、以侨促贸，增强经济、文化领域脉搏，争取更大成效。

香港中华总商会会长蔡冠深：

港商对“腾笼换鸟”从不理解到深深认同

祖籍广东中山的蔡冠深是第一批来粤发展的港商之一，现任全国政协委员、香港中华总商会会长、香港新华集团主席、新华科技集团主席、新华传媒集团主席及在香港上市的新华汇富金融集团主席。

谈起广东的“双转移”、“腾笼换鸟”，蔡冠深认为，港商已从“不理解”到“深深认同”。而在粤港合作方面，他认为，两地要做到优势互补和错位发展，合作共赢，才是好事。

谈转型升级

“不转型升级就没有出路”

南方日报： 2008年5月，广东省提出“双转移”、“腾笼换鸟”，并出台了一系列政策促进低端出口企业加快转型升级。我们了解到，港商在这过程中对这个政策的认识是有一些曲折的，您能否回忆一下这个过程？

蔡冠深： 广东省最先提出关于“腾笼换鸟”的时候，相当一部分港商很不理解，但是随着2008年金融危机的不断加剧，以及这两年来外部市场的持续疲软，他们已经日益深刻地认识到“不转型升级就没有出路”的事实。

珠三角成为世界制造业的基地，港商作出了相当大的贡献。但20世纪80年代开厂的港商，陆续面临退休、接班、工厂老化的问题，很多无暇顾及如何提高产品的高科技含量和附加值问题。所以，当广东提出“双转移”、“腾笼换鸟”、加快转型升级的时候，一部分港商开始时并不能完全接受。但是，经过市场经济洗礼多年的香港商人心里其实非常明白：历史发展的大趋势必然是这样，竞争力跟不上来，自然就会遭到淘汰，这也是经济自然调整的过程。

★蔡冠深是第一批来粤发展的港商之一。谈起广东的“双转移”、“腾笼换鸟”，蔡冠深认为，港商已从“不理解”到“深深认同”。

“腾笼换鸟”的实质就是地区、企业生产力的转型升级过程。除了转型升级的大趋势以外，节能减排和环保是一个关乎全球发展的大趋势。其实，珠三角很多地方都制定了节能环保的限定措施，很多企业的工厂不转型已经无法跟上社会和时代发展的要求。此外，珠三角地价也已经很贵，企业把厂房转出去，到边远的地方，可能在物流上暂时有些不方便，可规模的扩大可以弥补这方面的损失。我们中华总商会也支持国家和广东省在大方向上作出的指引。

南方日报：这几年，世界经济格局由于金融危机、欧债危机，发生了很大的变化。很多出口企业面临严峻的挑战。在广东发展的港商是否也因此对“腾笼换鸟”有了新的认识？

蔡冠深：是的，很多港商已经深深认同这个（腾笼换鸟）观点。要知道，现在我们面临的挑战，已经远不是如何转型升级本身了，整个世界经济进入了经济周期中的调整期，如何应对成了港商面对的核心问题。而在这过程中，转型升级是促进企业发展的核心，是未来发展的动力。

在珠三角，大部分厂商都是出口型的，主要面对的是欧美国家市场。但是2008年的金融危机以及其后的欧债危机，直接影响了欧美国家的购买力。加上近年来内地工人工资提高、人民币快速升值、土地租金和原材料价格上涨等，都令港商面临严峻的挑战。其实，不用政府告诉他们要转型升级，他们自身也要进行调整：如何降低成本、提高附加值和科技含量、加强产品设计等。另一方面，现在内地已经成为世界上最大的市场之一，在海外市场收紧的时候，港商必然要考虑加紧融入内地市场。

所以，我们非常清晰地看到，不管是在珠三角还是在香港，转型升级都是必要的。现在很多在粤港商在广东政府的帮助下，采取了很多有效的应对措施，比如面对欧美市场的萎缩，寻找新的市场，如东盟、南美、非洲、中东

观点

◎“腾笼换鸟”的实质就是地区、企业生产力的转型升级过程。广东刚提出的时候，相当一部分港商不理解，现在很多港商已经深深认同。

◎粤港融合要硬件、软件融合，推进基础设施全面无缝对接，同时软件对接方面要避免出现“大门已开小门未开”的情况。

◎前海、横琴、南沙不仅可以大力发展现代服务业，更可以打造成香港人的优质生活圈。香港要建立一个内地企业“走出去”的平台，首先面向的就应该是粤企。

等。在内需方面，全球经济都不太景气，大家都看重中国的大市场，香港企业也同样如此。

南方日报： 在您眼里，港商与广东是一种怎样的关系？

蔡冠深： 港商和广东就是一种唇齿相依、一家人的关系。现在广东的外资，港资还是排在第一位。港商和广东已经连在一块，不能分割。在考虑两者发展的时候，只能考虑怎么充分融合，一起发展，一起往前走，一起往外走。

谈粤港合作
要做到优势互补错位发展

南方日报： 粤港合作一直是广东和香港两地政府施政的核心之一。《珠江三角洲地区改革发展规划纲要（2008—2020年）》的最重要部分就是粤港合作，《粤港合作框架协议》、CEPA协议也在稳步推进，可以说，近年来粤港合作取得了令人瞩目的发展。下一步粤港两地应采取什么措施，以进一步推动合作？

蔡冠深： 广东和香港要在区域竞争中上一个台阶，就需要粤港合作。粤港融合一方面是硬件的融合，另一方面是软件的融合。硬件融合就是基础设施，我们要考虑香港和广东的无缝对接，包括航空、港口、高速公路、铁路（高铁、城际铁路、地下铁路）等这些基础设施要能够全面对接，这是非常重要的。现在已经有很大的进步，但是我们需要考虑今后几年粤港融合的发展大趋势，推进基础设施的全面无缝对接，而且要提升对接的质量。

另外就是软件的对接。比如金融业、现代服务业、创意产业（文化产业）、医疗、教育等香港优势产业跟广东进行对接的过程中，要避免出现“大门已开小门未开”的情况。

南方日报： 广东毗邻港澳，又是中国市场经济最早发展起来的地区，广东一直致力于为投资者提供良好的投资环境。作为港商，您怎么看广东当前的投资环境？相比其他地区，广东的优势在哪里？

蔡冠深： 广东的投资环境是有目共睹的，广东的优势也是显而易见的——广东毗邻港澳，粤港合作是两地天然的竞争优势。

如今，香港和内地的融合是一个必然的大趋势，国家非常重视。CEPA已经签到第八个文本，很多方面，特别是现代服务业，内地基本上都对香港市场开放了。去年，李克强副总理到香港时就讲得很清楚，凡是对香港有利的，特别是对双方都有利的，中央都会支持。这个前提就是内地和香港互利。在整个合作之中，粤港合作是重中之重。这也是广东的一个最大的优势。

在这过程中，我认为需要注意的是，香港和广东要做到优势互补和错位发展。香港和广东有各自的优势和强项，也有自身不足的地方。香港和广东要把自身放在一起来考虑发展问题，不要出现资源浪费和重复性建设。错位发展、合作共赢，才是好事。

香港的定位是自由开放、与国际接轨的金融市场，特别是国家给了人民币离岸中心、资产管理中心这些政策，这同时也是广东的极好机会。香港地方小，人口不多，广东就是香港的广阔腹地，大的资源在广东，粤港应抓住这些机会，在融合的过程中获得共同的发展。

香港中华总商会会长蔡冠深：
港商对“腾笼换鸟”从不理解到深深认同

广东转型升级选对了时机

谈合作平台

前海、横琴、南沙是极好的平台

南方日报：目前，广东正在全力打造深圳前海、珠海横琴、广州南沙等三大粤港合作平台，这三个平台有“特区中的特区”之称，也被认为是内地走向海外、香港走向内地的“双跳板”，您如何看待？

蔡冠深：是的，应该说，香港的强项是国际市场，现在国家支持企业“走出去”，香港就是一个再好不过的现成平台。而外国企业到内地去发展，通过香港和广东这一跳板进入内地也是非常方便。

广东近几年一直致力于充分发挥自身的优势来跟香港进行融合。深圳前海、珠海横琴、广州南沙都是粤港合作的极好平台。我觉得这些地方不仅可以大力发展现代服务业，更可以打造成香港人的优质生活圈。

南方日报：您认为粤港合作未来的重点应该在哪里？

蔡冠深：中央“挺港36条”中有两条我们是非常关注的：一是香港在国际与区域合作当中发挥什么作用，二是香港融入“10+3东亚合作区”。现在内地企业，特别是像珠三角这种技术和资金积累到了一定程度的企业通过香港“走出去”是一个大趋势。粤企要“走出去”，如何借助香港这个平台，这是两地今后的合作重点之一。

国务院副总理李克强考察访问香港时曾提出，内地企业“走出去”还得加强研究如何与香港充分合作。近年来，国内民企、央企“走出去”，成功的不少，走弯路的也不少，所以李克强副总理就说，希望内地企业能够好好地考虑如何与香港企业联合投资、联合招标、联合投标、联合承揽项目。在我看来，香港要建立一个为内地企业“走出去”的平台，首先面向的就应该是粤企。广东跟香港这么近，粤企走出去和香港对接是顺理成章的，也是发挥各自优势的好事。

（黄颖川　周强）

日本驻穗总领事田尻和宏：

广东转型升级选对了时机

日本驻穗总领事田尻和宏接受南方日报记者专访，全程无需翻译，因为田尻先生完全可以用流利的普通话和笔者交流。

早在1977年，田尻和宏就踏上了中国土地。此后30多年，他频繁往返于中日两地。说他见证了中国30多年的改革开放，一点都不夸张。田尻和宏到广东两年半，他是个热心的观察者，在采访时他多次强调，“广东转型升级，选对了时机”。

谈合作共赢
在粤日企逐步转向第三产业

南方日报：近年来，广东的日资企业增加多少？

田尻和宏：据我了解，截至2010年11月，广东有日资企业1700多家。到2011年同期，这个数据是1900多家，增加了不少。

南方日报：数量逐步增加的原因是？

田尻和宏：一方面是因为日本国内经济情况不好，且面临老龄化、少子化等社会问题，人力成本越来越高。另一方面是因为中国国内市场很大，广东作为中国改革开放的前沿，生产环境好，许多日本企业尤其是中小企业愿意来这里投资生产。

南方日报：这一两年进来广东的日资企业类型跟以往有何不一样？

田尻和宏：过去主要是一些劳动密集型企业，现在涌入的主要是银行、保险公司、旅游公司等第三产业，且中小企业比较多。服务业的增多恰恰也证明了广东正走在转型升级的道路上。

南方日报：您如何看待广东的投资环境？

田尻和宏：我想举个例子。位于广东佛山的“南海日本中小企业工业园”，这是由南海

★田尻和宏到广东两年半，他是个热心的观察者，在采访时他多次强调，“广东转型升级，选对了时机”。

区政府与日本贸易振兴机构共建的一个极具现实意义的大工程。其初衷是，很多日本企业想到中国来投资，但人力、资金有限，南海区政府于是和日本合作，建起了这个工业园，园中有很多标准的厂房，有会说一口流利日语的工作人员，甚至还聘请了日本籍的管理人员，一旦日资企业有需求，就可以直接与管理人员商量，而后管理人员再与南海区政府沟通就好了。

南方日报：广东企业到日本投资的情况如何？

田尻和宏：2010年日资企业到中国投资达40亿美元，而中国对日本投资总额为8000多万美元，那时差距还比较大。近两年，越来越多广东企业到日本投资或参股日本企业。比如深圳华为公司就在日本东京设立了办事处。

谈广东印象
广东是看中国的窗口

南方日报：从您作为日本国驻穗总领事的角度来看，广东发生了什么样的变化？

田尻和宏：两年半前我刚到广州时，驻穗总领事馆还不到40个。近年来，外国驻穗领馆数量持续增长，目前已有44个国家在穗设立了总领事馆。来广东做生意的外国人也越来越多，现在广东约有17000个日本人，1900多家日资企业。这说明广东与外国的交流越来越多。

南方日报：2011年11月，“世界主流媒体看广东”活动在广东举行，包括来自日本读卖新闻、日本经济新闻等在内的海外媒体记者纷纷来到广东，聚焦广东产业转型升级。您觉得这说明了什么？

田尻和宏：可见广东在中国的地位之重要。作为中国改革开放的前沿地带，广东在很多方面都走在前面，特别是经济。到广东投资的外国企业越来越多，他们都非常关心广东的发展趋势。广东是看中国的窗口。

而从更大范围来看，中国已经成为世界第二经济体，在国际事务方面的影响力越来越大，很多人在关注中国的一举一动。如果你到日本去，就会发现每天的报纸、电视上都有关于中国的新闻。

南方日报：您一再强调世界对中国的关注。

田尻和宏：是的。坦白说，当中国GDP总量超过日本时，日本国内出现了各种各样的说法。因为两国邦交正常化30多年以来，一直是日本作为第二经济大国，后来中国突然超过日本，有些日本人的确担心“中国会如何发展下去”、“对日本的态度和政策会不会改变”等。但总的来说，日本国民大部分还是比较冷静。归根结底，中国的发展事实上对日本有很多好处，我们要看到这是一个“共赢”的事实。

南方日报：有误解意味着两国民众还有加深了解的空间。您认为这该怎么做？

田尻和宏：民间（企业、个人）交流对两国良好关系的构建所起的作用非常大。今年是中日两国邦交正常化40周年，我们要利用好这个机会，增加双向投资、办事处，举办更多的文化活动。在广东和中国其他地方举办更多的文化活动，这将有利于增进双方互信、加深国民感情。

谈转型升级
强忍阵痛狠抓环保节能

南方日报：中国GDP增长速度下调至7.5%，您怎么看？

田尻和宏：由于受到欧债危机、美债危机的影响，全球物价普遍上涨、原材料价格上升，世界经济整体状况不佳，这也对中国造成了一定的影响。因此，今年中国政府工作报告中就明确提出要降低GDP增速，我想这是中国为了转变经济增长方式，取得长期稳定的经济可持续发展。

我想指出，7.5%的增长速度相较于过去中国的经济增长速度而言，是比较慢的，但对比其他国家，还是很高的，中国还需要进一步考虑长远、稳定的经济发展战略。如果能够在成功实现产业转型升级的同时GDP增速依然保持在7.5%，那将是非常了不起的一件事。

南方日报：您如何看待广东的转型升级？

田尻和宏：在全球经济面临困难的时候，广东选择转型升级，其实是抓住了一个很好的时机。我记得，在金融危机爆发的时候，广东有企业倒闭，一些外资企业“仓皇而逃”，但有趣的是，熬过那段时间后，这些外资企业又选择回到广东，而且投资更加高端的产业。这说明什么？说明外资企业深知广东的市场潜力，且相信广东的实力。

南方日报：其实，早在几十年前，日本经济发展也经历了转型期。在转型升级过程中，是否也经历了不小的阵痛？

田尻和宏：没错，转型升级对每个国家而言都非常重要。一个国家若想在经济上取得更进一步的发展，尤其是实现经济可持续发展，就一定要转型升级。只不过，具体情况因国情不同而不一。

我想举日本汽车行业的例子说明这个问题，因为日本经济转型升级，突出体现在汽车产业上。大家都知道日本汽车业巨头本田公司，其实最早本田是生产摩托车的，后来通过不断革新生产技术、积累资金，成为日本三大汽车公司之一。在日本汽车公司升级革新的过程中，有一项法宝是他们始终都没有丢的，那就是对汽车环保和节能功能的重视。其实不只是本田，在日本几乎每一个行业的企业在发展中首先想到的就是环保和节能。广东产业转型升级的时候，也要强忍阵痛，狠抓环保、节能这两个关键词。

南方日报：广东一直在思考，如何避免陷入“中等收入陷阱”，您的建议是？

田尻和宏：我认为一个国家社会经济发展到一定程度后，即使出现了问题，还是应该继续致力于改革创新。很高兴，广东很早就意识到这方面，也作了很多努力。对于“中等收入陷阱”这个问题，我想目前广东要做的更多是扩大内需，即提高居民消费水平，妥善解决收入分配不均问题。做好这一步，对广东跨越“中等收入陷阱”很有帮助。

（赖竞超　曹斯　雷册渊）

观点

◎这一两年进来广东的主要是银行、保险公司、旅游公司等第三产业，且中小企业也比较多。服务业的增多恰恰证明广东正走在转型升级的道路上。

◎广东与外国的交流越来越多。到广东投资的外国企业越来越多，他们都非常关心广东的发展趋势。广东是看中国的窗口。

◎在日本几乎每一个行业的企业在发展中首先想到的就是环保和节能。广东产业转型升级也要强忍阵痛，狠抓环保、节能。

巴基斯坦驻穗总领事穆罕默德·意夫迪卡·安准：

积极开拓新兴市场 让广东经济保持增长

巴基斯坦驻穗总领事穆罕默德·意夫迪卡·安准于2008年6月来到广州，迄今已近4年，是目前外国驻穗总领事中待的时间最久的人之一。

4年来，安准是广东省发展的见证者。因此一见面，他就真诚地慨叹：短短4年，今非昔比。“当我来到广州上任时，这里的交通状况不是很好。而现在，便捷的地铁贯通城市的每个角落，从市区乘坐地铁直达机场，我很幸运地和广州市民一起享受这个便利。”

在广东省第十一次党代会即将来临之际，安准接受《南方日报》独家专访。看着新建现代化基础设施投入使用，目睹城市越发具有规模，他说，他见证了短短几年广东的奋力奔跑。

谈转型升级
转型到一定程度GDP增速将回升

南方日报：今年中国GDP目标增速调低至7.5％。从2005年起，每年中国经济增速预期目标都设定在8％左右，今年是8年来第一次调低。据了解，中国各省已经在逐步淡化GDP增长速度，您如何看待中国控制经济增速？

安准：众所周知，经济转型的过程中，生产力和经济增长率会有所下降，因此，中国政府作出这一决策是非常必要的。如果要搞转型升级，那么中国的确有必要放慢速度，保持发展和增长的平衡。转型到一定程度之后，GDP增长速度自然会回升。

南方日报：在中国调整产业结构、转变经济发展方式的大进程中，广东将发挥什么样的作用？

安准：广东是中国改革开放的先锋、领头羊。以深圳为例，30多年前她只是个边陲小渔村，现在摇身一变成了国际化大都市。2011年，广东省GDP总量已经达到5.3万亿元，占了全

★看着新建现代化基础设施投入使用，目睹城市越发具有规模，安准说，他见证了短短几年广东的奋力奔跑。

国经济总量的12%左右，人均GDP达到50500元。我认为，在转型升级中广东还是会处于全国领先位置，2015年广东省人均GDP将达到65000元，这一数字非常可观。

南方日报：广东省委书记汪洋强调，要进一步“加快转型升级、建设幸福广东”，防止掉入“中等收入陷阱”。在掉入“中等收入陷阱”这个问题上，您怎么看？

安准：就广东而言，当经济发展到这个阶段，需要拓展进出口的新市场和新渠道，以及扩大内需，增加中等收入人群。最大的挑战就是如何从廉价劳动力密集型的产业转型升级为以技术创新为根本增长动力的现代知识产业。要做到以上几点，国家需要投入更多的资金用于现代化基础设施建设和教育研发，我想广东省领导人已经意识到了这一点。

谈民间外交
多“走出去”展示岭南文化

南方日报：在您和外国朋友眼里，广东是怎样的？

安准：我不得不赞叹广东的经济实力。尽管国际市场订单减少，但去年广东的经济增长速度仍然保持在10%。全球经济危机大背景下，包括美国、欧洲在内的许多国家和地区出现经济衰退，导致广东省收到的来自欧美国家和地区的订单下降，但是来自非洲、中东和拉美等地区的订单和经济合作让广东经济得以保持增长。

观点

◎如果要搞转型升级，那么中国的确有必要放慢速度，保持发展和增长的平衡。转型到一定程度之后，GDP增长速度自然会回升。

◎我非常希望能够向广东的企业家传递一个信息：广东乃至整个中国的企业到巴基斯坦投资有很大的优势。

南方日报：有言论指出，目前世界对中国的疑虑、担心乃至恐惧在增多。您对此怎么看？

安准：我个人认为，那些人的恐惧和怀疑是站不住脚的，因为中国的领导人始终致力于与其他国家共建和谐稳定的世界，贯彻执行和平友好的外交政策，坚持互不干涉内政的外交原则，以友好协商的方式解决国际争端。

中国是巴基斯坦非常好的朋友，是紧密的合作伙伴。作为战略伙伴，中巴关系比山要高，比海更深，比钢更硬，比蜜还甜。

外文媒体或许有很多关于中国的负面报道。但是事实胜于雄辩，中国的发展是没有侵略性的，就拿最近欧洲债务危机来说，中国积极地为帮助欧洲摆脱危机提供了不少援助。让更多外文媒体来了解一个真实的中国，不仅对中国有利，对全球也很有利。

南方日报：2011年，广东省公共外交协会成立，并开展了一系列有意义的活动。为充分发挥广东在全国公共外交中的先锋作用，您认为像商会等社会组织应该如何发挥作用？

安准：应该组织广东省各级商会更频繁地访问海外，和国外的当地商人深入交谈和交流，畅谈合作空间、挖掘合作潜力。我们巴基斯坦就特别欢迎广东的商会前去。另外，鼓励更多的文化团体走出国门，向外展示有特色的岭南文化。每年在广东省的广州、深圳及其他城市都会举办各种各样的商业、文化交流活动，世界各地的朋友纷纷来到这里，无论是在经贸、投资、文化还是教育领域，都取得了良好的效果。我觉得，广东省也可以把活动“搬到”外国的“家门口”去，到国外办展览，这样就可以让更多的外国人有机会了解广东文化。

谈合作空间
希望广东促巴实现纺织业转型升级

南方日报：能谈谈广东和巴基斯坦的合作吗？

安准：2009年，我们的总统扎尔达里访问广东期间，参观了威创公司、华南农业大学、广州甘蔗糖业研究所及中国水产科学院珠江水产研究所，并出席了由巴基斯坦驻华大使馆、巴基斯坦驻穗总领事馆、巴基斯坦广东省贸促会联合主办的“巴粤贸易及投资机遇论坛”，与省贸促会、中国水产科学院南海水产研究所、中兴公司等5个单位签署了通信、渔业、海水养殖等方面的合作备忘录，以求推动双方经贸代表团互访，开拓巴基斯坦和广东贸易投资新的增长点。那是总统第一次来广东访问，就开启了两地合作的新纪元。

南方日报：当时，扎尔达里总统也接受了我们的独家专访。谈话间他屡次提到来广东主要是为寻求农业的合作。

安准：是的，特别是蔗糖业和渔业方面的合作。巴基斯坦迫切地需要广东这边早日提供甘蔗新品种，为我们进行全面的甘蔗栽培技术指导，并希望能够尽快引进糖厂新工艺、新设备以求实现3—5年内产糖量翻番的目标。

南方日报：双方还可以在哪些领域展开合作？

安准：有很多领域可以合作。2011年，巴基斯坦和广东的进出口总额达到17.8亿美元。广东的很多公司，如华为、中兴、中国移动等，都在巴基斯坦建立了分公司或生产基地。目前中国在巴基斯坦的120多家机构，囊括了建筑、能源、水利工程和电信等领域。

我特别想强调一下纺织业领域的合作。巴基斯坦正在迎接整个世界纺织业升级的挑战。在这一国际市场的挑战中，纺织产品的品质无疑已经成为最为重要的因素，而技术正是品质最为有力的保证。广东的纺织机械产品在技术和价格方面，都很适合巴基斯坦纺织业的当前需要。伴随着巴基斯坦纺织工业的行业升级，中国产品的前景将会更为广阔。

南方日报：对广东企业到海外投资有何建言？

安准：我非常希望能够向广东的企业家传递一个信息：广东乃至整个中国的企业到巴基斯坦投资有很大的优势。

一方面，是因为巴基斯坦人民热爱中国人民，我们不仅是朋友，还是兄弟，我们的友谊源远流长。另一方面，我们有很多“硬件”条件。从地缘优势来看，巴基斯坦与印度、伊朗等国毗邻，飞往中东大概只需两个小时，广东企业家来这里投资，可以开拓一个广阔的市场。从投资环境上说，巴基斯坦已经建起相当完善的基础设施，我们还盛产棉花，可以为广东棉纺企业提供丰富的原材料。而且，随着转型升级的逐步推进，广东省的劳动力成本逐渐增加，而巴基斯坦劳动力相对廉价，是广东企业转移的好选择。总而言之，巴基斯坦可以为广东企业家提供一个全新的投资环境。

（赖竞超　曹斯　卞德龙）

A10

巴基斯坦驻穗总领事穆罕默德·意夫迪卡·安准：

积极开拓新兴市场 让广东经济保持增长

爱尔兰皇家科学院、欧洲人文和自然科学院院士孙大文：

自主创新是提高 国际竞争力唯一出路

爱尔兰皇家科学院、欧洲人文和自然科学院院士孙大文：

自主创新是提高国际竞争力唯一出路

孙大文，是爱尔兰皇家科学院院士和欧洲人文和自然科学院两院院士。在广东潮汕地区成长的他，虽已在海外生活多年，却一直深深关注中国尤其是广东的发展。

在今年举行的全国“两会”中，孙大文以全国政协特邀华侨华人代表身份出席，一口气递交了5份提案。他接受南方日报记者专访时，特别谈及学术环境建设的一条，经《南方日报》率先报道后，得到各方面极大反响。

作为广东引进领军人才中的一员，孙大文去年带着现代食品工程项目，回到母校华南理工大学一展拳脚。也许正因如此，广东调结构、创新、幸福等“热词”，尤其成为他关注的焦点。

谈转型升级
要确保经济质量优先于经济速度

南方日报：过去5年，广东肩负“科学发展、先行先试”的历史使命，大力推进产业转型升级，建设幸福广东，您对此如何评价？

孙大文：产业转型升级是促进产业结构从低端走向高端、发展现代经济内在且必然的趋势，幸福是人们对生活的感受和追求。改革开放30多年来，广东经济发展快速，2011年广东人均GDP已达到50500元，接近中等收入国家水平，目前广东已全面进入经济社会发展转型期。广东传统的外向型经济对外商投资和原材料来源依赖较大，同时易受国际环境的影响。为了把广东建设得更加美好，产业转型升级刻不容缓。建设幸福广东的宗旨是以人为本，满足人民群众对物质精神的需求。因此，加快转型升级是手段，提高民众生活水平是目的。加快产业转型升级可更好地为建设幸福广东服务，以经济的发展带动人民生活水平的提高。

★在广东潮汕地区成长的孙大文，虽已在海外生活多年，却一直深深关注中国尤其是广东的发展。

南方日报：在您看来，加快转型升级必须注意什么？

孙大文：像广东省委书记汪洋一直强调的，加快转型升级，首先要处理好发展速度与发展方式的关系。经济发展的质量应优先于经济发展的速度，必须是争取又好又快的发展，特别必须是可持续性的发展。此外，广东还要处理好硬实力与软实力的关系。与硬实力有关的指标如经济总量，广东领先于其他省份，但是在软实力方面广东省有待进一步提高。譬如在我熟悉的科技教育方面，广东与国内先进省市还有一定差距，特别是广东的基础研究实力相对薄弱，重大原始性创新能力不足。

谈广东形象
广东知名度还有进一步提升空间

南方日报：您长年在海外，如何评价广东在世界的形象？

孙大文：我想人们对广东的第一印象就是经济高度发达，广东省的GDP领先全国，人均可支配收入在各个省份中也名列前茅。广东省的经济自由度较高，可轻松吸引到外商投资。深圳更是在几十年间由一个小渔村发展成国际化大都市，其传奇经历早已闻名全球，是中国改革开放成功的典范。第二个重要印象是，广东是著名的侨乡，典型的“华侨社会”，拥有深厚的华侨文化底蕴。在广东的现代化建设中，侨资企业率先引进世界先进的技术、先进的管理制度和先进的思想文化观念，华侨对广东的贡献具有时间早、投资大、分布广等特点，使广东在许多方面开启了现代化中国风气之先。让人感到印象深刻的还有广东人民敢为天下先的精神。这些都深得海外的赞誉。

南方日报：最早在海外谋生的中国人多来自广东。但是，从今天的知名度上来看，广东是否还有进一步提升的空间？

孙大文：的确，广东人是最早在海外谋生的中国人，长期代表着中国人的形象。来自广东的华人华侨在海外勤劳友好，不仅赢得了当地人的赞誉，也与来自其他地区的华人华侨一起，共同在海外维护中华民族的良好形象。但与广东的经济繁荣相比，广东在国际上的知名度远远不如北京和上海，因此还有进一步提升的空间。同时，广东文化的影响力相对较弱，在世界的学术影响力也不太高，对国外留学生的吸引力不足。这都是要思考的问题。不过说到广东形象，2010年广州成功举办了亚运会，这不仅提高了广东的知名度和世界影响力，也进一步巩固了中国的国际形象。

南方日报：您提到了广州成功举办亚运会。有人说，亚运会让广州一夜成名，您怎么看？

孙大文：亚运会作为全球仅次于奥运会的综合性体育盛会，为广东提供了一个很好的国际展示舞台。广州市自从获得亚运会的主办权以来，在城市硬件建设上，如交通设施、环境卫生、市容市貌、运动场馆等，都有了很大的改善，城市面貌焕然一新，在许多城市软件建设上，如城市管理、文明水平、文化观念等，也有了很大程度的提升。不仅如此，广东也为世界奉献了一台精彩绝伦的体育文化盛会，体现了中国特色，展示了广东风格，得到了四方宾客的赞赏。作为中国改革开放的前沿和门户，毋庸置疑，亚运会的举办进一步提升了广东的综合竞争力、国际知名度和影响力，同时也加快了广州现代化国际大都市的建设进程，促进了广东经济的全面发展。

谈自主创新
广东应制定引进人才后续政策

南方日报：创新，是这几年来广东发展的一个热词。在您看来，自主创新对广东发展而言，意味着什么？

孙大文：广东的经济模式目前仍旧以外向型经济为主，对外来资金和原材料的依赖性很强。在2007年开始的席卷全球的金融危机中，广东许多企业都受到了很大冲击，许多低端劳动密集型、没有自主创新能力的企业纷纷倒闭。然而在金融危机的冲击下，一些具有自主知识产权、有核心技术、自主创新能力强的企业却能够逆势增长，有些甚至增长超过100%。据海关最新发布的进出口贸易统计数据，广东省2012年头两个月高新技术产品出口为278亿美元，增长2.3%，高新技术产品出口增幅高于广东的整体增幅。由此可见，自主创新是广东经济发展的生命力，是广东获取核心技术和自主知识产权的关键，是广东提升产业国际竞争力的唯一出路。这证明了广东这些年鼓励企业转型升级是必要的。

南方日报：您如何评价广东如今的自主创新能力？

孙大文：在我看来，影响自主创新的核心因素就是人才，人才是自主创新的关键和主体。目前，广东省投入到科技工作中的科研人才数量已排在全国前列，但是在人才结构上并不合理，高层次人才方面依旧比较缺乏。广东省领导已意识到此问题，相继出台了引进和培养海内外高层次人才的意见，着力引进领军人物和创新团队，提升广东自主创新能力。目前，广东所承担的国家级科技计划项目迅速增加，也高度重视产学研的结合。根据省科技厅的材料，广东1万家企业已与全国200多所科研院校进行了合作，开展产学研合作项目6000多项。但另一方面，以企业作为主体的自主创新体系尚未普遍建立起来。广东重大原始性创新能力仍须大力提高。

南方日报：您提到广东也在大手笔引进创新科研团队、领军人才，您作为领军人才中的一员，如何评价这项举措？

孙大文：广东省政府对于高层次人才的引进予以了高度的重视，大力实施人才强省战略，制定了加快吸引培养高层次人才的重大政策。近两年已经引进了具有世界先进水平的创新科研团队31个、领军人才31名。在我看来，人才资源是世界各国竞相争夺的稀缺资源。广东近年首创的重金引进创新科研团队和领军人才，在开发尖端科学技术、推进高新技术产业化、攻关重点工程建设等方面正在发挥相当重要的作用，在广东经济社会发展中的战略性和决定性地位也越来越显著，这为广东再创辉煌提供了强有力的技术和人才支持。

南方日报：广东引进团队和领军人才的政策和措施若要进一步完善，您是否有好建议？

孙大文：目前的政策支持是5年，应该着手考虑制定后续的支持方针政策，使引进的创新团队和领军人才没有后顾之忧，能够深深扎根于广东。同时也可增加相关政策的灵活性，例如：建设科学家工作室，培养和造就世界级科技大师；设立专项，资助入选领军人才和创新团队购买大型专用仪器设备；建立交流联谊平台，促进领军人才和创新团队的合作和联系。

（曹斯　林亚茗　沈卫红）

观点

◎加快转型升级，首先要处理好发展速度与发展方式的关系。经济发展的质量应优先于经济发展的速度，必须是争取又好又快的发展，特别必须是可持续性的发展。

◎影响自主创新的核心因素就是人才，人才是自主创新的关键和主体。目前，广东省投入到科技工作中的科研人才数量已排在全国前列，但是在人才结构上并不合理，高层次人才方面依旧比较缺乏。

美国大学联合会主席、卡内基梅隆大学校长柯亨：

培养本土人才 为产业升级“造血”

杰瑞德·柯亨（Jared Cohon），1997年起成为美国卡内基梅隆大学历史上第八任校长，是美国环境及水资源专家、著名教育家，美国大学联合会AAU主席。卡内基梅隆大学是全美本科和研究生学位排名前十的私立大学，目前正积极在全球发展，推广其先进的办学模式、创新的研究机制以及在工程领域中丰富的产业化经验。

值得一提的是，2011年，柯亨校长作为广东省省长“洋顾问”，应邀到广州参加广东经济发展国际咨询会。他在接受记者采访时说，卡内基梅隆大学愿意以教育为契机，深化与中国及广东的合作，并希望结合匹兹堡市的转型经验给广东以启示。

谈人才培养
鼓励学生培养各自兴趣

南方日报：卡内基梅隆大学的校训源自于卡内基先生的名言：My heart is in the work（吾心在吾业）。据说卡内基梅隆大学学生的课业压力全美闻名。对人才的培养模式您又有什么心得?

柯亨：是的，“My heart is in the work”是卡内基梅隆大学的校训，它来自于安德鲁·卡内基先生1900年写给匹兹堡市市长的一封信。校训遵循严谨的学术传统，鼓励师生热爱学习、工作。我们学校的学生确实很勤奋，曾被称作世界上最刻苦的学生群体。

在我们看来，勤奋是一种很重要的美德。我们在各个学科领域都有着杰出而严谨的学术传统：无论工科还是人文艺术，我们希望学生在毕业之前，能够获得尽可能多的知识，做尽可能充足的准备。我觉得我们基本上算是成功了，因为我们的毕业生找工作很容易。企业或其他用人单位愿意排着长队来招收我们的学生。

★柯亨校长说，卡内基梅隆大学愿意以教育为契机，深化与中国及广东的合作，并希望结合匹兹堡市的转型经验给广东以启示。

17

此外，我们鼓励学生培养自己的兴趣，基本上在哪一方面的兴趣都可以，只要是全心全意地热爱，我们就鼓励他们投入其中。

谈中国渊源
合作项目密切与广东联系

南方日报：1919年，卡内基梅隆大学的第一个博士学位就授予了中国人茅以升。可以说，中国和卡内基梅隆大学“结缘”已久。您如何看中国校友和卡内基梅隆大学的关系？

柯亨：你说得没错，卡内基梅隆大学和中国结缘已久，早在100多年前就开始了。我们很自豪的是茅以升毕业于卡内基梅隆大学，他回到中国之后有了那么大的名声和成就，我们感到很骄傲。李开复也是卡内基梅隆大学的杰出校友。

目前，我们跟中国的紧密联系一如既往，现在大概有1000多名中国留学生。要知道，卡内基梅隆大学的学生总数不过是11000名，中国学生就占了将近10%，其中，来自中国的博士生尤其多。中国的学生都很优秀，学习成绩很好，在活动中也有活力，相信他们回国之后也能取得很多成就。所以，我们很高兴能够和中国有这样的联系。随着卡内基梅隆大学和广东合作项目的开展，我们之间的这种联系将更加密切。

观点

◎卡内基梅隆大学的中国留学生约占10%，相信他们回国之后也能取得很多成就。随着学校和广东合作项目的开展，我们之间的这种联系将更加密切。

◎很欣赏广东省政府领导层对于产业转型升级的决心，尤其是将教育视为转型关键因素的态度。在广东本地培养技术人才是正确的选择。

◎在大学里就注重不同学科的交汇融合，一定会开辟出文化产品有生命力的全新形态。如果广东的高校在大学里就注重交叉学科的培养，未来就会为区域文化产业发展输送符合市场需求的高端人才。

谈发展经验
人才让经济“旧貌换新颜”

南方日报：2011年11月，卡内基梅隆大学选择和广东的中山大学成为战略合作伙伴。您如何看待这次联合人才培养？根据匹兹堡经验，人才在拉动地区经济的转型中起到什么样的作用？

柯亨：我认为，只要是跟经济发展相关的人，包括政府领导人、学者以及业界人士，都会同意的一点是：教育是最重要的。吸收接受过高端教育的人才，对于任何地方而言都有着至关重要的意义，因为这些人才不仅懂技术，而且有新点子，能够创造出符合市场需求的产品，让地区经济“旧貌换新颜”。

对于匹兹堡和宾夕法尼亚州是如此，对于广州和广东省也是如此。我们在匹兹堡的经历可以看作是广州市乃至广东省的一个很好的参考样本。30年前，匹兹堡以钢铁制造业闻名，可在短短的18个月内，几乎所有的钢铁厂都倒闭了。不过，如今的匹兹堡市，从任何方面来看都是很出色的。

匹兹堡在过去30年里所取得成就的关键就在于大学教育——不仅仅是指从大学毕业之后进入各行各业工作的学生，还包括大学创办的公司及这些公司带来的就业机会。此外，大学还吸引了大批的技术人才来到匹兹堡。6年前，我们特别建起了一座大楼，将当今的各大高科技公司和工程研究机构汇聚在一起，包括谷歌、英特尔、苹果、迪斯尼在内的多家公司都在我们这儿设立了办公室，这不仅为匹兹堡带来了就业机会，也带来了技术创新。

南方日报：在转型的过程中，当地政府起了怎样的作用？

柯亨：我上面所说的全部事情，都离不开当地政府的支持。政府的贡献主要体现在两方面：政策支持和配套设施。政府机构能够为新公司的成立提供帮助，包括咨询和建议，有时还有经济上的支持，如提供风险投资。前面我提到的那栋大楼，即是受惠于匹兹堡市政府放宽税收限制的政策，使得我们能够更顺利地建起大楼，还能以较低的租金租给那些公司。所以，当地政府是我们重要的合作伙伴。

谈转型升级
欣赏广东人才培养举措

南方日报：近几年广东面临人口红利优势弱化，传统产业正在加速转型，您如何看待广东目前的经济转型升级？有哪些可供借鉴的经验？

柯亨：我第一次到广州大概是十几年前，2011年再到广州参加广东经济发展国际咨询会，发现已经大变样，城市很现代化很干净，基础设施建设也很好。

在与广东省政府领导见面时，他们谈到，广东现在亟须实现从低成本的制造业向创新型制造业转型。这确实是个很具挑战性的任务，也是我们与中山大学开展合作项目的原因。

我很欣赏广东省政府领导层对于这一转型的决心，尤其是他们将教育视为转型关键因素的态度。省长和很多公司的CEO表示，许多公司想在广东做大做强，但是要以更多技术人才和工程师的到来作为先决条件。他们也认识到了，从中国其他地区挖掘人才到广东来的代价太高了，因为广东的房地产价格和生活成本都很高。所以，大家才转变思路，在广东本地培养技术人才。

培养本土人才
为产业升级"造血"

给高新技术产业
更多优惠政策

谈文化产业
交叉学科培养高端人才

南方日报：卡内基梅隆大学的戏剧专业在全美一直名列前茅。近年来，广东也在不遗余力地发展文化产业。广东处在改革开放的前沿，该如何走出有自身特色的文化产业复兴之路？

柯亨：现在，文化产品和文化活动越来越全球化了。在美国能够看到中国的戏剧，在中国也有来自美国的各类文化产品。这是很有意义的，能够增进彼此之间的了解。我想，在大学里就注重不同学科的交汇融合，一定会开辟出文化产品有生命力的全新形态。

举一个我们自己的例子。"娱乐技术中心"，这是计算机科学和戏剧学之间的合作，主要是进行电脑游戏设计和动画制作。这个项目的特别之处在于将拥有技术背景和艺术背景的学生聚集在一起进行合作。现在的电脑游戏公司或电影公司，如迪斯尼，最喜欢的是既懂技术又懂艺术的人才。一个技术生只会编程，不懂讲故事的技巧，就不知道如何让游戏的场景更漂亮；学艺术的学生只知道如何讲好故事，但是不懂如何用技术实现也很遗憾。将两类学生的长处结合在一起，就是我们在"娱乐技术中心"所做的事情。如果广东的高校在大学里就注重交叉学科的培养，未来就会为区域文化产业发展输送符合市场需求的高端人才。

（谢梦）

美国布鲁金斯学会约翰·桑顿中国中心主任李侃如：

给高新技术产业更多优惠政策

李侃如（Kenneth Lieberthal），被誉为继费正清、鲍大可之后美国当代卓有成就的中国问题专家，现任美国布鲁金斯学会约翰·桑顿中国中心主任、资深研究员。1998年8月至2000年10月，他曾担任美国总统国家安全事务特别助理。

李侃如在密歇根大学执教近30年，讲授中国政治课程，学生分布在美国政界、学界和商界。从20世纪60年代中期以来，他广泛研究中国及亚洲事务，目前已出版包括《治理中国：从革命到改革》、《克服中美在气候变化合作中的障碍》等20余部关于中国研究的著述。

4月22日，李侃如在“华盛顿智囊驻地”——布鲁金斯学会接受了南方日报记者专访。他虽然已经十余年没到访过广东，但通过中美关系走势分析了广东在改革开放中的作用，并对广东未来城市发展建言颇多。

谈中国研究
已出版20多本专著

南方日报：我听说您第一次到中国是在1976年，那一年在中国人的记忆中非常特殊。当时的中国给您留下了怎样的印象？您为什么选择中国作为长期研究的课题？

李侃如：1976年夏天我第一次去中国内地，此前我在中国香港住了一年。当时的中国是个很特殊的国家，人民的革命情绪高昂，经济比较落后。当时我就对这个社会主义大国萌发了研究兴趣。

我本来的研究兴趣在于苏联，读高中时我学习了俄语，本科时我的专业是“苏联研究”，后来到哥伦比亚大学读研究生，觉得中国也是一个社会主义大国，挺有研究价值的，就从研究苏联转向了研究中国，一直研究到现在。

目前，我已经写了20多本关于中国研究的书。最新的学术作品《治理中国：从革命到改

★李侃如，广泛研究中国及亚洲事务，出版了20余部关于中国研究的著述。

革》2010年在中国出版，是根据2004年在美国出版的版本翻译过来的。

谈中美关系
两国需建立长期互信

南方日报：您在一篇文章中提到了中美两国间“战略互疑”的概念，并指出这种“战略互疑”在2012年或有继续膨胀的可能。而不久前，中国国家副主席习近平访美时提出，希望通过此行来增进中美的“战略互信”。对此您怎么看？

李侃如：我非常认同习近平副主席的看法。因为他不仅认识到了这个问题，还将此视为中美两国之间的重要议题。我的看法是中美两国在发展双边关系方面其实是很成功的：两国间每年都有超过16次的双边对话，双边经济互相依存，我们都很了解对方在重大问题上的立场，两国的高层领导互相之间也很熟悉，处理双边事务的能力日益增强——在我看来，这是一种很成熟的双边关系。

回首过去30年，中美两国的外交关系唯一的遗憾在于没有建立起长期的互信。美国其实是更倾向于一种双赢局面的。一个更加富强和积极的中国能带来很多好处。我们常说，“我们乐于看到中国的崛起，我们乐于看到中国在国际舞台上扮演更加重要的角色”。如果中美两国对对方的长远意愿方面缺乏信任，将会带来很大的麻烦。至于我们该做些什么，我认为，邓小平、尼克松和吉米·卡特他们认为该做的，大部分都已经做到了。

比如，有很多的美国公司在中国进行投资，中国也开始在美国投资——不仅仅是购买美国的国债，还有并购美国的公司、在美国开办公司等等。我们正在探讨订立双边投资协定，确定一些清晰而重要的规则来规范中美之间的双向投资行为。这种探讨可能是长期的，但是，探讨本身就能够减少不确定性并缓和矛盾。

谈投资环境
珠三角的优势吸引美企

南方日报：近年来，中美两国贸易摩擦逐渐增多。而广东省的外贸进出口规模多年来位居全国第一，贸易摩擦及美国对企业设置的壁垒对广东是不利的，您如何看待中美两国在贸易关系上的平衡？

李侃如：相对贸易摩擦，美国更看重中国的投资环境。

2000年以前，亚洲这些国家的贸易伙伴主要是美国。事实上，2000年以前，这些国家跟美国进行贸易时，都处于贸易顺差的地位，美国是逆差的情况。而过去的10年中，这些国家开始在中国投资，利用中国的设备，在中国的分支机构来组装生产具有高附加值的产品，然后再卖到美国。所以，美国对中国的贸易逆差迅速上升，而美国跟其他国家之间的贸易逆差反而下降了。对于美国来说，这并不碍事。这些国家只是将中国带入了整个价值链中，不会侵犯美国的战略利益。

对于中国，美国较关心的问题是投资环境。确实，如今在中国投资的机遇良多，美国也在中国投资中获利。但是我们希望看到一些改变。例如，中国对于知识产权的保护仍然不够。中国在这方面的法律是很好的，但是执行情况不理想。建议地方政府要摒弃“中央有政策，地方有对策”这种思想，保证基层的实际执行。美国公司的竞争优势在于其技术，对知识产权的保护不力就会大大损害美国公司的利益，削弱其竞争力。

当然，我们也要看到投资环境中积极的一面。我想，之所以中国现在拥有这么多的机遇，最重要的原因在于经济的持续快速发展。尤其是改革开放前沿的珠三角沿海地区，像宝洁都是较早进驻并选择这一区位发展的世界500强美国企业。当然希望广东能继续挖掘新的吸引力并保持长久以来建立的投资优势。

谈广东发展
保护知识产权促创新

南方日报：广东作为中国改革开放的先行省份，您如何看待它这30多年以来的发展？尤其是近几年的经济转型升级？

李侃如：1976年夏天，我第一次去中国时就到了广东省。但是很遗憾，最近一次到访广东却是10年以前的事了，有些久远。但在我看来，广东在中国经济改革开放中的成就，习仲勋功不可没。作为广东的老省长，他20世纪80年代访问过美国。这次习近平访美，美方还赠送了当年他父亲访美时的纪念照片给他。邓小平最初的设想是加强与世界各国，尤其是亚洲各国的经济关系，因为这些国家跟中国有着千丝万缕的联系，有些甚至有着家族方面的渊源，其中有很多来自广东的华人。所以，这也就是广东在作为中国经济改革开放先行者方面具有的优势。广东30多年的改革开放实践很成功，也一直被视为中国最有企业家精神和长远眼光的一个省份。

虽然我近些年并没去过广东，但我知道这个地区面临的贫富差距大、发展不平衡等问题亟待解决。

现在的情况是，中国大陆很多进城务工人员不再到沿海城市去，他们宁愿到成都、重庆、长沙这些城市，而不是去广州、东莞等地。这对于广东来说，既是挑战，又是机遇。这一现象使得广东低技术含量的制造业难以维持。以前，广东的劳动密集型行业高度发达，但这些都是利润率低的行业。一旦这里的劳动力成本上升，这些行业很快就会随着投资转移到其他地方去。你可以在广东造鞋，同样也可以去越南造鞋。我认为广东应当重视的是高新技术领域，深圳的华为就是个很好的例子。

广东应该为高新技术产业提供更多优惠政策。同时，我觉得广东在知识产权的保护方面要付出更大的努力，以保证进行技术创新的一方能够得到回报。

南方日报：您对广东吸引世界高端人才有什么建议？

李侃如：广东想成为真正现代化地区，必须创造出人们所期待的生活环境。

广东要想吸引投资商和顶尖科学家、高等院校和科研机构，必须提高其环境质量。比如，广东应该大力提升空气质量、水质量，创造美好的环境，这样才能吸引广东所需的高端人才到来，共同为广东经济更上一层楼而努力。

不过，水质、空气的问题在全中国都有，如果人们对吃的、用的觉得不放心，留住人才就很难。在我看来，人才是世界性的，他们有选择自己到哪儿去的权利，所以，广东要想成为真正现代化的地区，必须创造出现代人所期待的生活环境。

（谢梦）

观点

◎中美建交30年来，两国在发展双边关系方面其实是很成功的，相互了解是增多了，但未建立长期互信是两国外交唯一的遗憾。

◎如今在中国投资的机遇良多，美国也在中国投资中获利。希望广东能继续挖掘新的吸引力并保持长久以来建立的投资优势。

◎广东在中国经济改革开放中的成就，习仲勋功不可没。广东一直被视为中国最有企业家精神和长远眼光的省份，应为高新技术产业提供更多优惠政策。

全国政协常委、香港四洲集团董事长戴德丰：

粤港加深合作 打造“经济巨无霸”

囊括了香港特区政府颁发的金、银、铜紫荆星章以及多个国内外荣誉勋章的全国政协常委、香港太平绅士、香港四洲集团董事长戴德丰时常别在西装上的，却是广州市荣誉市民勋章。这位号称“香港食品大王”、祖籍普宁的商界巨人非常自豪地告诉南方日报记者，广东大地培育了他和他的集团，他今后要为广东多作贡献。

早在1996年，戴德丰就在广东汕头投资设厂，近年来大力启动四洲集团的大陆市场。在广东近年来大力推动的“腾笼换鸟”和“转型升级”中，戴德丰不仅是亲历者和见证者，更是政策的推动者。

谈“双转移” 粤东西北营商环境大大改善

南方日报：2008年5月，广东省提出“腾龙换鸟”促进转型升级，并出台了一系列政策推进“双转移”。我们了解到，港商在这一过程中对这个政策的认识是有一些曲折的，您能否回忆一下这个过程？

戴德丰：在广东省提出“腾笼换鸟”、“双转移”政策之初，确实有港商误读，甚至对这个政策产生排斥的情绪，以为广东要把他们“赶走”。但事实证明，广东省委书记汪洋提出的“腾笼换鸟”以及“双转移”战略，是具有远见和前瞻性的。

在这个说法提出后，我积极推动了这个政策的实施，并发现这个政策对广东经济发展的重要性。经过这几年的发展，现在粤东、粤西、粤北已经大大不同，营商环境改善了很多，因此，广东的市场潜力得到了极大提升，吸引了大量中高端投资者。

南方日报：您多年前就在广东有大量的投资，作为优秀的港商代表，您既是“双转移”

★在广东近年来大力推动的“腾笼换鸟”和“转型升级”中，戴德丰不仅是亲历者和见证者，更是政策的推动者。

的见证者，更是“双转移”的推动者。

戴德丰：是的，记得在2009年11月，广东省政协组织港澳政协委员“双转移”考察团赴湛江考察前，汪洋书记与我们考察团的成员进行了亲切的会晤，当时我任考察团的团长。

那次会晤，汪洋书记第一次正式地就“双转移”政策对港商进行了阐述。他说了三句话：首先是肯定了港澳企业对广东积极发展所作的不可磨灭的重要贡献；二是劳动密集型产业梯度转移符合世界经济发展规律，实施“双转移”是市场推动，政府引导，顺势而为；三是无论实施“双转移”，还是推进“腾笼换鸟”，广东都不会放弃劳动密集型产业。未来广东，将逐步形成资金密集型、技术密集型、劳动密集型等产业共同发展的局面。

其后，2010年1月，广东省政协港澳台委员会、香港广东省各级政协委员联谊会，连同香港的其他重要的社团、商会，共同参与主办了首次在香港举行的“双转移”政策推介会，在当地商界引起了很好的反响。经过这几年的发展，港商对“腾笼换鸟”政策已经完全接受并十分欢迎，积极配合，自觉地去加快自身的转型升级步伐。

谈投资环境
要在营商环境上下工夫

南方日报：广东毗邻港澳，又是中国市场经济最早发展起来的地区，一直致力于为投资者提供良好的投资环境。您怎么看待广东当前的投资环境？

观点

◎经过这几年的发展，港商对“腾笼换鸟”政策已经完全接受并十分欢迎，积极配合，自觉地去加快自身的转型升级步伐。

◎要保持广东的竞争力，重要的还是要做好粤港澳合作，优势互补，形成合力，发挥《珠江三角洲地区改革发展规划纲要》、《粤港澳合作框架协议》和CEPA协议的政策优势，发展成为亚洲具有吸引力的城市集群，这样才能保持好大家的竞争力。

戴德丰：确实，广东一直致力于为投资者提供良好的投资环境。香港是广东外资的最大来源地，也是广东各地过去招商引资的重点地区。过去，广东各地政府更倾向于靠优惠的地价、优惠的税收政策和较低的水电费等优惠政策来打造投资环境。随着外商投资优惠政策不断变化，各地交通条件不断完善，内地其他省份的对外开放也已经加强，投资者对投资环境的要求已经不再停留在单纯的低价优惠上。

香港的投资吸引力有赖于其多年培养的经济自由度和完善的法制。这对广东而言有一定的借鉴。如今讲投资环境，更重要的还是在于良好的营商环境和完善的法制法规。

南方日报：相比其他地区，广东的优势在哪里？

戴德丰：广东最大的优势在于与港澳毗邻。我在多个场合表示过，香港加广东等于一个日本，这不仅指人口和面积，主要指的是经济总量和发展潜力。

粤港区域合作发展到今天，拥有一些其他地区所不可比拟的优势：一是两地人缘地缘紧密相连，文化背景相同，地方语言相通；二是与其他内陆地区相比，粤港经济发达，市场潜力巨大，更有条件率先实现经济发展方式的转型；三是国家政策的配合较以往任何时候都要到位，特别是《粤港合作框架协议》的签署，明确了两地合作的六大定位，意义重大；四是港珠澳大桥和广深港高速铁路都计划于2015年投入使用，这为粤港两地的进一步融合创造了前所未有的交通便利。

要保持广东的竞争力，重要的还是要做好粤港澳合作，优势互补，形成合力，发挥《珠江三角洲地区改革发展规划纲要》、《粤港澳合作框架协议》和CEPA协议的政策优势，发展成为亚洲具有吸引力的城市集群，这样才能保持好大家的竞争力。

南方日报：您觉得，现在港资企业有兴趣去粤东、粤西、粤北投资吗？

戴德丰：当然。粤港的关系绝不仅是表面的，更多的是深层次的、分不开的关系。这就意味着，两地的关联不仅是政府层面，更是深入到港商实实在在的投资中去的。经过这些年的发展，港资到内地的其他省份投资已经不是新鲜事，基本上每周都会有别的省份的招商团来到香港。但是相比较起来，我认为粤东、粤西、粤北地区显然更为便利，人文环境对港商来说也更为熟悉，这对投资是很重要的。

所以，在这样的基础上，广东省政府应积极地把这些港商尽量留住，并引导他们到粤东西北投资，把整个广东平衡起来。

谈转型升级
可借鉴香港服务业成功经验

南方日报：粤港合作一直是广东和香港两地政府施政的核心之一。近年来，粤港合作取得了令人瞩目的发展。很多经济观察家认为，粤港合作是两地寻求未来发展的必然需求，您怎么看待这个观点？

戴德丰：对于“粤港合作是两地寻求未来发展的必然需求”这个观点，我是认同的。

粤港双方在过去30多年的合作，香港凭借资金、技术等优势，利用广东丰富的自然资源、廉价的劳动力和广阔的地域，将劳动密集型产业转移到广东，这种“前店后厂”的合作模式不仅推动了广东的工业化进程和经济社会的迅速发展，也使香港顺利完成了从劳动密集型制造中心向国际金融中心和服务中心的成功转型，令粤港双方能做到优势互补，达致双赢。

如今广东要转型升级，为未来30年的发展寻求新的增长点，我认为，广东的转型升级仍离不开唇齿相依的香港。香港的竞争优势仍然十分突出：资金雄厚的金融中心、人才鼎盛的专业服务、四通八达的国际网络、高度自治的“一国两制”。香港更连续18年被评为全球经济自由度最高的地区。而这些优势，正可以为广东的经济转型提供人才、经验等支持，香港完全可以担当好广东联系国际市场的桥梁，并协助广东提升专业服务水平，与国际接轨，达致双赢。广东可通过借鉴香港打造营商环境的经验，在现阶段的投资环境、营商环境方面下些工夫。

南方日报：目前，广东正在全力打造深圳前海、珠海横琴、广州南沙等三大粤港合作平台，这三个平台有“特区中的特区”之称，也被认为是内地走向海外、香港走向内地的“双跳板”。值得注意的是，这三大平台均提出要大力发展服务业。具体到服务业，您如何看待服务业在下一步粤港合作中的地位？

戴德丰：服务业的合作是今后粤港合作的重点。这与服务业本身的特点和粤港两地的实际需求和实际情况有关。

从世界各国经济发展的实践来看，很多国家依次都经历了从农业立国到制造业主导再到服务业独大的发展阶段，可以说，服务业的发达程度和经济发展程度有很大关联。通常，经济发达的经济体，服务业的发展程度也比较高。

广东提出的转型升级，其中也把发展现代服务业作为转型升级的重要支点。香港目前有超过九成的GDP来自服务业。香港服务业中的物流、金融及电信服务等产业在全球都占据着重要的地位。香港在吸引外资推动服务业发展方面的一些经验，对广东而言具有一定的借鉴意义：一是实行低税率的自由贸易政策和投资政策；二是推进“前店后厂”式发展战略；三是构建完善的法律法规体系。

香港发展服务业方面的经验和多年的人才培育，以及广东城镇化建设和转型升级带来的巨大市场需求，为粤港两地服务业合作发展提供了良好的条件，前景广阔。

（黄颖川　周强）

全国政协常委、香港四洲集团董事长戴德丰：

粤港加深合作打造“经济巨无霸”

马来西亚“丹斯里皇室拿督”、企业家古润金：

“来广东投资，我确信来对了！”

马来西亚"丹斯里皇室拿督"、企业家古润金：

"来广东投资，我确信来对了！"

1992年，马来西亚青年古润金第一次回到故乡中山，被那里的兴旺和繁荣惊呆了。第二年，他就回到中山投资。此后，企业越做越大，成为中山市纳税冠军，今天的他还成为中国企业界的慈善名人。

由于在马来西亚社会贡献突出，古润金受到元首封赐"丹斯里皇室拿督"和"太平绅士"。作为马来西亚出生的第三代华裔，古润金在接受南方日报记者专访时真诚地表示，第一次回祖国寻根时，就萌生了回来创业的念头，从此没走过回头路。

"从道理上说，到故乡投资发展，是因为我们华人的文化和种族感情有渊源；从形势上看，中国的腾飞为我们提供了发展的空间。我自己亲眼一看，就相信中国的发展趋势，应该有很大的市场。现在看来，来广东投资，我确信来对了！"古润金说。

在粤19年，古润金关注广东发展。这位"新岭南人"对加快转型升级、建设幸福广东之路，有着独到见解。

谈投资广东
"我搭上中国发展的快车"

南方日报：据不完全统计，您已经在广东投资了19年，企业越做越大。能否谈谈这19年广东的变化？

古润金：作为一个广东籍的海外华人，我有幸回到广东投资，19年来，在家乡这片热土上，我所创办的完美公司从无到有，从小到大，成长为一家现代化大型企业，这一切有赖于

★古润金在接受南方日报记者专访时真诚地表示，第一次回祖国寻根时，就萌生了回来创业的念头，从此没走过回头路。

广东政策的持续性、各级政府部门的大力支持。我搭上了中国发展的快车。特别是来广东投资，我确信来对了。

正因为有这19年的经历，才让我对广东的发展有这么深的感触。我觉得，广东人民抓住了改革开放的大好时机，取得了经济、社会、文化各个领域的大发展。特别是近5年来，面对国际经济形势的不断变化，金融危机的影响，广东在做大经济总量后，开始注重经济发展的“质量”，引导企业进行转型升级。

南方日报：广东要更好引进投资，在投资环境和配套优化方面，您能否结合自身经历，给些建议？

古润金：广东之所以能成为许多外商投资的首选，首先得益于其良好的投资环境。不过，要更好引进更优质的投资，我也建议政府在反不正当商业竞争、知识产权保护、专业人才培养和高效、廉洁的行政管理服务体系建设方面进行完善。

南方日报：这几年有越来越多广东企业“走出去”。作为来自马来西亚的成功企业家，您认为怎样走，才能让广东企业走得更顺？

古润金：我想到了8个字：内塑品质，外适环境。企业“走出去”，除了要增强自身实力，发展当地政府扶持的产业外，还要了解当地环境，适应当地文化，并为当地作贡献。这更有利于企业融入地方、稳健发展。

谈转型升级

广东经验可供其他地区作参考

南方日报：您向来非常关注广东的发展。广东省第十一次党代会将于2012年5月隆重召开，届时将总结广东过去5年发展成就，描绘未来5年发展蓝图。您认为广东要实现“加快转型升级，建设幸福广东”的目标，该怎么做？

古润金：中国经济经过30多年的高速发展，已走过了做大总量的发展阶段。目前，世界经济发展给我们提出新要求，要求中国要在发展速度和发展质量中寻求平衡。所以，广东必须寻求一些调整。

站在企业家角度来看广东，加快转型升级，要着力提升自主创新能力，加快建设现代产业体系，促进内外需协调拉动经济增长，促使企业实实在在受益，从而达到提高人民群众物质生活水平的目标。而谈到建设幸福广东，要坚持以人为本，维护社会公平正义，保护生态环境，保障人民权益，畅通诉求表达渠道，满足人民群众文化需求，从而强化转型升级的目的依归和价值导向，使转型升级成果更好地转化成人民群众福祉。

南方日报：在您看来，中国第一经济大省广东，在整个中国调整产业结构、转变经济发展方式的大进程中发挥着什么样的作用？

古润金：中国经济总量世界第二，但是发展质量相对发达国家来说还差之甚远。而广东作为中国第一经济大省，其外向型、传统加工型为主的经济特点其实是中国经济的一个缩影。广东现在开展的产业升级、战略转移是下一阶段中国要走的必经之路，广东的经验未来可以给中国其他地区一个参考。

南方日报：但是我们都知道，要转型，必然给广东发展带来“阵痛”。您如何看待这个“阵痛”？

古润金：我是办企业的，对这个“阵痛”也有所体会。比如，近年来随着社会经济的高速发展，广东也出现了类似“用工荒”等问题，一度让许多企业陷入困境。不过，越是这样，越意味着广东必须进行产业转型升级，要从劳动密集型转向资金技术型，从资源密集型转向环保低碳产业，这是必经之路。

而广东的发展要实现战略转移，就要从战略高度出发，解决经济发展的质量、效益和结构的优化问题。这一过程，肯定有不可避免的现象发生，比如，经济增速会放缓，经济发展紧追广东的省份，也会给广东带来越来越大的挑战。但话说回来，广东如果在发展质量上不抢先一步，而盲目追求发展速度，那将来就更有可能被超越。关于这点，广东省委书记汪洋总结得好：“保证转型升级的成功是战略的成功，而保持总量位次不变只是战术的胜利。如果过分注重总量规模，可能在战术上能够暂时胜利，但贻误了转型升级的时机，造成战略上的失败就是彻底的失败。”

谈民生幸福
广东基本实现全民医保

南方日报：有人说您的第一职业是做慈善，第二职业才是做企业。在完美公司正式开业的第一天，您就为中山博爱医院捐款10万元，开启了您的慈善之旅。在马来西亚，您也经常捐资助学。为什么要这样做？

古润金：我很喜欢一个词，舍得！你有所舍必有所得，舍的越多得的也越多，这是一种良性循环。取之于社会，用之于社会。企业赚了钱之后面临一个深层问题，即怎样花钱。这就涉及到三个方面：个人、他人、社会。用赚回来的钱回报社会，帮助他人，人们会更容易认同你的事业，接受你的产品。赠人玫瑰，手留余香，施比受更有福。

南方日报：您所做的慈善事业中，十分侧重教育等与民生福祉有关的领域。在您看来，"保民生"为什么这么重要？

古润金：我想这也是对"幸福广东"的最好诠释，就是使转型升级成果更好地转化成人民群众福祉。我的确很关注教育，因为教育可以改变一个孩子的人生。所以说，保障民生可以促进社会稳定和人民安居。近年来，广东在全国率先基本实现了全民医保以及城乡免费义务教育，这些都是关系到民生福祉的大实事。

广东要更好地造福人民，就要坚持以人为本的原则，切切实实解决老百姓最关心、最迫切的问题。在经济发展的基础上，加大对医疗、教育、养老、弱势群体等的财政支出比例，关心农民工生存发展问题。

（曹斯　林亚茗　黄爱华）

观点

◎企业"走出去"，除了要增强自身实力，发展当地政府扶持的产业外，还要了解当地环境，适应当地文化，并为当地作贡献。这更有利于企业融入地方、稳健发展。

◎站在企业家角度来看广东，加快转型升级，要着力提升自主创新能力，加快建设现代产业体系，促进内外需协调拉动经济增长，促使企业实实在在受益，从而达到提高人民群众物质生活水平的目标。

▶ 科学发展，何处破局？何为题眼？

▶ 取势明道，探路之义。解放思想、科学发展、转型升级……十个宏大命题，非明大势、读全局、破题眼不能答。抢得先手，方能占得先机。

▶ 广东，解放思想得风气之先，对外开放而挺立潮头，30多年来始终是中国发展的排头兵。探路先行，广东当仁不让！是自信，是勇气，是担当！

▶ 探路，也即问道。问广东发展之道，亦问中国发展之道。

肆 探路十题

1 解放思想

释题

2007年12月25日，中共中央政治局委员、广东省委书记汪洋到任不久，在广东省委十届二次全会上以“继续解放思想，坚持改革开放，努力争当实践科学发展观的排头兵”为题作报告。次年1月，广东省委号召全省开展解放思想学习讨论活动。

一场“以新一轮思想大解放推动新一轮大发展”学习讨论活动在南粤迅速展开。

解放思想要解放什么思想？怎么解放？广东省领导按分工牵头12大专题调查研究，各地市、各部门主要领导下基层调研，社会各界都参与到了调研、讨论中，经过学习宣传、讨论调研、决策部署三个阶段，持续半年之久，大家达成了“八个必须、八个解放出来”的思想共识。

为落实好省委十届二次全会提出的决策部署，把解放思想学习讨论活动形成的创新性成果转化为推动我省科学发展的强大动力，省委决定，以省委、省政府的名义整理并出台《关于争当实践科学发展观排头兵的决定》，作为指导广东当前和今后科学发展的指导性和纲领性文件。

可以说，“八个必须、八个解放出来”既是学习讨论的重要成果，也是广东此后落实科学发展观的重要思想基础、行动指引和衡量标准。它们是：

必须全面准确理解科学发展观的内涵，从片面追求总量和速度的观念中解放出来；

必须全面把握现代化的综合价值取向，从单一的经济价值取向中解放出来；

必须坚持以人为本，从“重物轻人”的观念中解放出来；

必须创新发展模式，从粗放型的发展路径中解放出来；

必须发扬积极进取精神，从小富即安的思想中解放出来；

必须树立世界眼光和战略思维，从过分依赖地缘优势及习惯于在本行政区域配置资源的思维定势中解放出来；

必须增强实现共同富裕的政治责任感，从先富帮后富责任意识不强的被动状态中解放出来；

必须认清民主法制是落实科学发展观最根本的保障，从不重视人民群众主体作用的意识中解放出来。

《决定》于2008年6月17日至18日召开的广东省委十届三次全会上首次亮相。自此，广东再一次冲破思想禁锢，开始了科学发展的新实践。

新一轮思想大解放，广东得到什么？

改革开放以来，解放思想、敢闯敢冒，一直被认为是广东改革创新的精神特质。

2007年12月25日，到任不足一个月的中共中央政治局委员、省委书记汪洋在广东省委十届二次全会上作了题为“继续解放思想，坚持改革开放，努力争当实践科学发展观的排头兵”的报告。

旋即，一场“以新一轮思想大解放推动新一轮大发展”的解放思想学习讨论活动在南粤大地全面展开。

先行先试
靠思想解放破除“小富即安”观念

党的十七大报告提出解放思想号召后，广东首个应声。广东的思想大解放不仅是广东的事，只不过这一次，广东更加迫切一些，走得又快人一步

四年多前广东为什么要提出解放思想？为什么这场解放思想学习讨论活动开展半年间能让全省各界如此酣畅淋漓？

当时的广东，经过30年的高速发展，取得了举世瞩目的成就。从1985年到2007年，广东经济总量已连续23年居全国第一。但长期捧着“总量第一”这块“金字招牌”的广东，却逐渐缺乏改革创新的精神和锐气，缺乏忧患意识，小富即安、小进即满。所以，当时很多领域的改革已经滞后于人。

★东莞举行深入学习实践科学发展观青年论坛。

那时的广东，30多年来"见物不见人"。全省依靠劳动力成本优势，通过透支土地、环境资源等方式，实现了经济的快速扩张。但是，这种发展方式已经难以为继。30年开发已让深圳、东莞几近无地可用，深圳当时未用土地仅剩2.23%，相比之下，香港经过200多年持续开发，使用率仅为1/4。全省经济总量遥遥领先，但人均GDP水平已经落后于上海、浙江、江苏等省市，全省仍有近2000万父老乡亲没有摆脱贫穷，有近2000万失地农民生活缺乏保障。

在这样的背景下，省委提出开展解放思想的活动。整个活动历时半年：广东党政代表团到华东取经，广东省领导按分工牵头12大专题调查研究，各市、各部门主要领导下基层调研，网络问政，与世界找差距……大讨论、大调研一时间席卷广东各地，深入人心。

这场活动引起了海内外广泛关注。2008年3月6日，全国"两会"广东代表团开放日上，100多名中外媒体记者高度关注广东的"解放思想"。路透社高级记者储百亮请汪洋帮着解释他一直不太明白的"解放思想"。汪洋回答："请你回去认真学习十七大报告，因为报告对在中国解放思想的意义、目标和效果都作了全面的阐述。"

党的十七大报告提出解放思想号召后，广东首个应声。可见，广东的思想大解放不仅是广东的事，只不过这一次，广东更加迫切一些，走得又快人一步。

当时的广东，确实亟须再来一场思想大解放。

科学发展
以转型升级破解经济发展难题

大家意识到，粗放的发展方式再不转变，广东竞争力将会很快丢失，于是，珠三角开始下定决心转型升级

几年前有人在探讨党的十七大提出的“解放思想”时，曾经争议不断，认为此“解放思想”不能与当年的“解放思想”相提并论。时隔数年，事实已让这样的争议之声渐渐消散。

人类社会的每一次重大变革、经济飞跃都是一次激烈的思想解放的过程。中国改革开放过程就是一个例子。1978年，中国从以阶级斗争为纲转到以经济建设为中心，曾经克服了很多意识形态上的阻力，是公认的第一次解放思想。

那个时候广东能产生经济特区，就是广东解放思想的产物。在陈开枝撰写的《1992年邓小平南方之行》一书中这样记录着：“当时吴南生看到汕头很穷，向省委请缨去办特区，说：‘如果要杀头，就杀我好啦！’”对于这种精神，汪洋曾经当着全省干部的面说道，如果现在的广东不能“特”，缺少“特”，那就是我们自己的思想束缚了自己。

第二次解放思想以“社会主义市场经济体制”的提出作为标志。我国市场经济体制的提出，先是从只提计划经济改为以计划经济为主、市场调节为辅，到1985年改为二者相结合，1992年的小平南方谈话明确提出资本主义可以有市场经济，社会主义也可以有市场经济，党的十四大正式把建设社会主义市场经济体制作为目标。至此，市场经济不可逆转地成为了中国改革发展的主线，东方大国跨入了发展快车道。

★广东加快产业转型升级，通过“腾笼换鸟”和“双转移”实现区域协调可持续发展，各地工业园区化进程加速。图为建设中的广州（梅州）产业转移园。

关键词 >>

■ 转变经济发展方式

把原先粗放式发展、不科学发展转变成科学发展，是广东新一轮思想大解放的核心要义。要践行科学发展观，就必须在发展观念、思维方式上彻底改变和摆脱既有思维方式的束缚和路径依赖，推动经济发展方式由粗放型增长到集约型增长，从低级经济结构到高级、优化的经济结构，从单纯的经济增长到全面协调可持续的经济发展的转变。

■ “双转移”、“腾笼换鸟”

加快推进“双转移”，是我省开展解放思想学习讨论活动的第一个重要成果，是事关广东落实科学发展观成败的重大战略举措。省委十届二次全会正式提出广东产业和劳动力“双转移”战略后，“双转移”不再只是欠发达地区一厢情愿的招商引资，而是同和劳动力有关的人、同珠三角地区的“腾笼换鸟”、同世界新一轮产业转型升级紧密联系在一起。2008年5月以来，广东以省委、省政府名义发布了相关《决定》并先后召开三次全省“双转移”工作会议，坚定不移地推进“双转移”。目前“三年初见成效”目标已经实现，2011年9月第三次“双转移”工作会议上，汪洋书记再次要求推动“双转移”从量变到质变。

2007年，党的十七大提出解放思想时，广东之所以首个应声，既是广东对改革开放30年来形成的传统模式的自我觉醒和反思，也是国际、国内经济形势下催生的变革。

2008年9月，美国雷曼兄弟公司轰然倒掉，此后一年内东莞等多地出现工厂倒闭现象。广东经济外向依存度高，欧美市场急剧萎缩，全球产业链重新整合，订单没了，加之各项原材料和劳动力成本急剧上升，不少企业徘徊于生死边缘。

大家意识到，粗放的发展方式再不转变，广东竞争力将会很快丧失。

这时，广东人耳边突然回响起半年前汪洋在解放思想学习讨论活动期间的一句警言：如果今天不积极调整产业结构，明天就要被产业结构所调整。于是，珠三角开始下定决心转型升级。有预见的企业或就地升级或早早转移，避免了国际金融海啸的波及。市场倒逼机制让整个广东对产业转型升级形成了共识，这离不开此次解放思想充分的思想酝酿。

★2008年起，省委、省政府多次邀请网友座谈，为广东发展建言献策。图为网友代表在座谈会上发言。

实践创新

用解放了的思想抢占发展先机

解放思想既是观念革命，更是实践创新。广东经济领域的“腾笼换鸟”和政治领域的大部制改革等举措释放了发展活力

“解放思想既是观念革命，更是实践创新。”这是汪洋曾经对于解放思想的一种解释，也是对新一轮解放思想学习讨论活动结束之后的一种要求。

如果现在回忆这一次学习讨论活动有什么成果的话，翻开2008年6月出台的《关于争当实践科学发展观排头兵的决定》，里面的几个字眼非常突出，那就是“八个必须、八个解放出来”。

此后，广东的生动实践将这“八个必须、八个解放出来”的意义和张力呈现得淋漓尽致。

发生在广东全省的“双转移”和珠三角的“腾笼换鸟”，就是很好的例子。过去，广东根据市场规律及时提出产业转移，推动省内欠发达地区承接珠三角企业。然而，好的企业珠三角“捂”着不愿放，如果粤东西北地区一味“接”走了高污染、高耗能企业，只会重新走上珠三角粗放式发展的老路。通过解放思想学习讨论，“双转移”战略应运而生。从产业转移到“双转移”的递进，不仅是名称的变化，更是发展理念的重大飞跃，产业和劳动力、物和人、珠三角和粤东西北之间产生了更为有机的联系。可喜的是，珠三角树立起世界眼光，主动“腾”出“笼子”引“凤凰”，穗、深、佛、莞等地在国际金融危机引发新一轮国际产业大转移中夺得先机。

经济领域里解放思想的成果处处可见。梅州的“绿色崛起”、湛江的大项目带动、汕尾的“砍尾”行动……地方党委政府政绩观发生了转变，不再一味追求经济总量的赶超。广州“跳出水来治水”，把“治水”与国际化都市综合发展结合起来；惠州市在转型升级中沉住气，紧紧盯住电子信息和石化两大产业板块，产业链质的提升带动了量的增长，近年经济增幅持续居于全省前列。

在行政体制领域，深圳、顺德试点推进大部制改革；在社会管理领域，社会管理创新释放了“坤叔”们的活力，农民工积分入户让更多在广东的外来工共享广东改革发展成果……

这些正是作为解放思想成果的“八个必须、八个解放出来”在不同时期、不同领域里的集中体现和实践创新。

关键词 >>

■ 忧患意识

省委十届二次全会上，汪洋拿出的一连串对比数据让广东人警醒。随后，广东党政代表团赴华东学习考察，思维火花再次激发。运用世界眼光，向世界找对手、找老师、找发展目标，成为新的发展理念和发展方法。如果现在的广东不能再“特”，缺少“特”，那就是思想束缚了自己。解放思想就是要开阔视野、增长见识，在此基础上，再提出解决阻碍科学发展的办法。“忧患意识”与“世界眼光”、“排头兵意识”成为互相关联的关键词，逐渐被全省干部群众所接受。

★思想大解放使广东区域发展释放出强大活力，经济社会发展硕果累累。图为巨轮泊靠珠海中化码头。

就在2012年4月，顺德再“吃螃蟹”，率先向省委、省政府递交《关于提请批准顺德区商事登记制度改革方案的请示》，同时主动申请“削权”，清理压减超过1/3的审批事项。也就是在2012年3月的全国“两会”上，广东省省长朱小丹强调，省政府要拿出“革自己命”的勇气，对行政审批制度动刀，加快完善广东市场经济体制的步伐。又一场改革实践在南粤大地拉开序幕。

南北连线

南 广东省政府发展研究中心主任汪一洋：
解放思想揭开广东转型升级大幕

早在2008年初，广东省委、省政府开展了一场解放思想的大讨论。这场讨论是要找到有别于传统发展路径的科学发展的新路。

对于是否要"双转移"、是否要转型升级，当时社会有不少的争议。有人认为，当前广东发展势头不错，企业还有钱可赚，为什么要进行"双转移"？有人不理解，说风凉话，讲"腾笼换鸟"小心"鸟飞笼空"。但省委、省政府围绕着解放思想、实事求是，结合广东的实际情况，找到了一条可持续发展的新路。

2008年5月，"双转移"政策出台，它成为广东解放思想的第一个重要成果，也成为落实科学发展观的一个战略措施。现在回头看，也正是当时的解放思想，才揭开了广东产业转型升级的"大幕"，开创了广东科学发展的崭新局面。

在国际金融危机全面爆发后，广东紧紧围绕"调结构"这一主题，利用政府引导这只"有形的手"和市场倒逼这只"无形的手"，"两手抓"加快产业的转型升级，化传统发展模式之"危"为科学发展模式之"机"。

正是由于加快了产业结构调整，才让广东在金融危机的寒风中傲然挺立。如今，欧债危机再度袭来，国内一些地区的企业纷纷倒闭、老板"跑路"，但广东经过"强筋健骨"的结构调整，经济的抗风险能力增强，这充分证明当时省委、省政府的解放思想、未雨绸缪是十分正确的。

事实上，不管是"双转移"、"腾笼换鸟"，还是转型升级，都是广东解放思想的产物。而今，广东"双转移"三年初见成效的目标已经实现，调整产业结构，转变经济发展方式迈出重要的一步，成为全国转型升级的"先行地"、科学发展的"排头兵"。

北 国务院发展研究中心发展战略和区域经济研究部部长侯永志：
广东的率先探索为其他地区提供借鉴

广东本轮解放思想大潮，使广东的发展更加符合科学发展观的要求，更加体现以人为本的思想，对于广东和谐社会建设以及城乡、区域协调发展都有着重要的推动作用。在我国，任何地区的发展都需要反对平均主义和防止两极分化，都需要在

关键词 >>

■ 广州治水

解放思想既是观念革命，更是实践创新。"跳出水来治水"，回顾广州多年来的治水过程，河涌治理从开始时的简单水利治理到越来越注重治理与文化、商业、生态特色的结合，正是治水观念的一大进步，也是治水实践的一大创新。

“绝对平均”和“绝对失衡”之间寻找平衡点，此次思想大解放有助于广东找到这种平衡点。

思想大解放要符合广东经济发展的实际和发展方向。发展除了要关注经济增长、产业结构调整、产业技术水平提高外，更需要关注是否有助于形成持续发展的能力。广东此次思想大解放热潮促进了产业转型升级，有助于形成长期、持续的发展能力。比如，广东通过思想解放推出了“双转移”战略、产业转型升级等政策，有助于广东突破旧有发展模式，推动广东经济发展模式的转型，为实现科学发展探索一条路径。

在过去30多年里，广东尤其是珠三角发展迅速，在居民收入增长、产业发展壮大等方面都走在全国前列，向人们展示的是未来中国整体发展的前景。广东遇到的问题是未来其他地区乃至整个中国都会遇到的问题，其在新时期的率先探索可以为其他地区提供借鉴，具有很强的开拓性意义。

南雄样本：
“双转移”盘活山区市

韶关的南雄市如今好风光：经济实力成倍增长，产业资本高度热情，省内外专家学者接踵登门，省领导接连批示和肯定……可以说，这个山区市新一轮发展的势头已然形成。

对此，南雄市委书记许志新认为，短短四年，南雄能找到一条适合山区科学发展的新路子，得益于抓住了“双转移”战略机遇、定准了发展思路，“归根到底是因为我们不断解放思想”。

思想突围
冲破思想禁锢　找准发展方向

2008年初，南雄市里四套班子那场有关“要不要发展”的大讨论相当激烈。在井冈山会议上，发言不断，讲到动情处甚至有人热泪盈眶

2008年初，在广东的省会城市，全省解放思想学习讨论活动的冲锋号吹响了。

随即，广东北部欠发达地区的南雄市就组织四套班子领导和各科局、乡镇“一把手”来到井冈山。

南雄的一名干部回忆，在井冈山邮电招待所会议室里，时任南雄市委书记的林楚欣语气沉重：“我们应该怎么办？要不要发展？请大家畅所欲言把想法讲出来，讲错了也不要紧，总的一个目的就是为了南雄。”

★南雄精细化工基地。

要不要发展，还需要讨论？

原来，20世纪80年代，南雄依靠烟草业成为广东全省四个财政收入过亿元的县之一。2001年国家烟草政策调整，南雄财政从2亿元掉到了6000多万元，“连菜价都跌了”。这种经历让当地干部情绪十分低落，发展信心严重不足。

有人说，南雄既没资源又没区位优势，没有发展条件。有人认为，前几年搞过招商引资，可是引不到企业。有人感觉，不知道该怎么操作。让40多名干部集中到井冈山，关了手机，关起门来，畅所欲言，就是为了推动大家在发展上形成统一认识。

事实上，井冈山会议发言不断，讲到动情处甚至有人热泪盈眶。最终的讨论结果是：南雄要扭转目前单一经济结构所造成的不利局面，根本出路就是大力发展工业和大力招商引资。

解放思想学习讨论活动在南雄激发了“求变”的欲望，也是南雄发展的起式。

许志新那时候任南雄市市长。他回忆，南雄的解放思想大讨论一共做了四件事，即井冈山会求变，南下考察求方，高校办班求智，班子会议求招。

当地负责招商引资的干部说，2008年初，四套班子和乡镇部门负责人到过禀赋相近却发展极快的清远、河源、赣州参观学习，“看到这些近邻敢思敢想敢干，大家都很激动”。

很快，南雄提出了以建设粤北门户城市为总抓手，以招商引资为突破口，实施“工业绿灯工程”的工作思路。

许志新认为，南雄从2008年初开始用了半年时间，在思想解放上实现了重大突破，思想禁锢冲破了，思路完全开拓起来，“甚至在招商引资的实践中，通过研究国家政策还找到了南雄产业园后来的主业方向”。

思维转身
立足产业集聚　区位劣势变优势

通过思想解放大讨论，南雄决定建设产业转移工业园，将远离珠三角的区位劣势转化为连接长三角的区位优势

为了尽快发动所有力量招商引资，当地“主官”带头发起了一场干部集体招商行动。

这场行动把2008年中到2009年底作为一个考核期。其间，南雄各级党委政府的每个单位负责人都会分到招商任务，任务下达9个月后如果完不成任务，这位干部就得“离岗招商”，3个月后还完不成任务，就“离职招商”。

南雄招商部门负责人说，这套办法其实是在外省参观学习后搬来的。

“看到别人这样做有成效，大家很激动，回来动真格时个个都强调困难。”对于新的招商办法，广大干部一开始没有接受。

许志新坦言，当时他和书记私下合计，如果按大家意见不推行新政，南雄还是没法突破，于是两人决定主动承担任务。

看到书记、市长在党政班子会议上承诺“全市任务完不成，我们就引咎辞职”，干部们后顾之忧解决了，招商任务很快分配了下去。

这一着为南雄彻底推进招商引资奠定了好基础。事实上，因为2009年末以后，南雄已经不愁招不到商了，第二轮招商考核并没有启动。

招商动员开始后，南雄也曾陷入一种饥不择食的情况，“当时见到什么都

微评 >>

@厦门浪： 最重要的是让一直觉得自己是第一名的广东人知道了，“第一”不是唯一，知道了广东的短板后，大家有了新的共识：一是解放思想，不让“第一”成为踱步的借口；二是“腾笼换鸟”双提升，以科技为抓手为今后发展找准方向，科学发展；三是反腐败树政府公信，抓了1500多名处级以上贪腐干部；四是倾听民意，培育社会组织，加强文化建设，建设“幸福广东”。

招，但实际招商成果并不好”。

“2008年4月，汪洋书记在韶关调研提出了‘产业集聚’的课题，我们马上有一种茅塞顿开的感觉。”许志新告诉记者。

与此同时，南雄在招商引资中关注到一个信息，国家将规定从2010年起化工企业都要进入专业园区。

珠三角精细化工企业数量占了全国四成，当时的化学专业园区却屈指可数，大批企业必须转移，机遇千载难逢。于是，在中山大学的帮助下，南雄有关园区的规划展开，确立了选择科技含量高、经济效益好、占地少、产业关联度大、污染小的精细化工产业作为主要方向。这就是有“南雄模式”之称的南雄产业转移工业园的前身。

幸运的南雄上了一趟快车，便趟趟提速。彼时的南雄，通过解放思想学习讨论活动，思维来了个“华丽转身”，将南雄定位为连接珠三角与长三角的桥头堡和珠三角企业打开内销市场的最佳据点。近年，珠三角企业转型扩大内销市场，南雄远离珠三角的区位劣势即刻转化为连接长三角的区位优势。

南雄产业集聚发展之路就此打开了。

思辨前进

经济大发展带动社会大繁荣

如今，南雄开始考虑“如何发展”的问题，经济大发展带动了当地社会经济全面发展，就连南雄菜价也涨起来了

2009年2月14日，一家企业刚刚建厂房，货车拉着钢筋到南雄，在进入南雄境内短短一公里路程内，先后被交警和交通执法部门无故罚款，客商一气之下投诉到南雄招商部门。有关人士透露，市领导听说此事后，比客商更加生气，马上召开会议，严肃查处此事，随后出台了“南雄绿卡”制度。

“2009年起特别2010年以后，我们的任务就从招商转向了服务企业。”许志新说。

南雄产业转移工业园招商恰逢国际金融危机，园区70%的企业都有融资的呼声，南雄政府及时意识到企业需要政府搭建融资平台并迅速行动。

远大粘胶制品有限公司是众多得益者之一。

2009年7月，远大正式在南雄产业园动工建设新生产车间。国际金融危机让该公司董事长吴远剑十分犹豫，“土地成本200多万元、建设成本七八百万元、设备投入300万元，林林总总要砸1200多万元。”更焦头烂额的是，受国际金融危机影响，订单减少了两成，资金链

★2009年12月，南雄市举办大型经贸洽谈会暨千年古塔庆典大会。

更加紧张。“银行贷款？不可能！”他在珠三角的工厂既无土地证，也没房产证，如何贷款。在南雄政府融资平台上，吴远剑很快拿到了500万元贷款，企业比预想提前一年建成投产。

园区企业稳步落户带动了韶关成为华南地区最大的精细化工生产基地。广

微评 >>

@某某某：记得那一年，广东的党员干部大讲解放思想、媒体大谈解放思想、民众热议解放思想，使得奇峰突起、凯风南来，广东再一次跑在了前面。

东省经信委最近到南雄调研，希望着手打造一个年交易金额300亿元以上的广东化工产品电子交易物流中心。

经济大发展给该地社会经济带来全面发展。“就连南雄菜价也涨起来了。”一位当地市民幽默地说。

“总之，‘没有不能办，只有怎么办’这样的信念已经贯穿在南雄发展过程中。”许志新说，这是南雄四年改革创新的体会。

亲历者说

揭阳市委书记陈绿平：

广东干部放开了手脚

汪洋书记到广东工作后，多次提出克服“见物不见人”观念，2008年下半年又出台了新的落实科学发展观的干部政绩考核办法。其效果如拨云破雾，震撼心灵，让大家打开了发展思路，也使大家在谋发展中更加放开了手脚。揭阳作为欠发达地区，我们要实现跨越式的科学发展，不能忽略改善民生和发展社会事业。

这几年，省委、省政府在粤东大手笔布局，此前揭阳潮汕机场开通，如今广东石化炼油项目也即将动工，成为揭阳跨越式科学发展的绝好时机，也是我们以前想都不敢想的发展机遇。要想实现赶超进位、后来居上，我们唯有珍惜机遇、用好机遇、放大机遇，唯有解放思想，改革创新、攻坚克难，奋力开创一片新天地。

佛山市委常委、顺德区委书记梁维东：

此后改革迈出关键一步

纵观广东每一轮发展，都是利用市场优势进行体制机制改革创新的结果。顺德率先发展，也率先遇到发展的难题，2009年的大部制改革迈出了改革创新的关键一步。随着时代的发展，要素与市场的制约会更加明显，未来发展的关键仍在于进行体制机制创新。在改革的过程中，发展依然是第一要务，而发展的核心在于产业转型升级。当前顺德有突出的经济优势，《珠江三角洲地区改革发展规划纲要（2008—2020年）》又给顺德带来了区位和交通的叠加优势，未来顺德还要叠加一个优势，就是政府服务和社会管理。当然，当改革从体制内向体制外延伸时，群众的社会满意度是最关键的。如果群众和社会感觉不到好处和进步，他们是不会支持改革的。我对改革感到最大欣慰的是，这轮改革真正能够在顺德“落地”，有利于顺德长远的竞争力。如果做不到这一点，那我们的改革就是“假引领”。

省政府参事、省委党校教授陈鸿宇：

思想解放倒逼观念转变

省委十届二次全会刚刚结束的第4天，我就接到省委办公厅电话，说省委主要领导要调阅我主持的国家重点课题《粤港产业结构战略性调整优化》。6天后，我参加了省委召集的全省思想理论界专家座谈会，轮到我发言时汪洋书记插话说：“你的研究报告我正在阅读。”我才知道，全会结束后，省领导立即按照分工，深入基层调研，向群众学习，问政于民。如今回想，广东的解放思想最大的特点就是用全民的思想大解放倒逼干部观念的转变。那年，我们第一次从互联网上看到了省委书记和省长欢迎网民“灌水”、“拍砖”的春节贺词；网民代表第一次受邀走进省委常委会议厅，“意见领袖”慷慨陈词时，政府领导干部坐在后排恭听；第一次出现了“民间智库”等体制外的决策咨询组织。今天，“网络问政”、“媒体问政”、“网上信访”、“网上办公问责”蓬勃发展时，我们应该记住，这一点一滴的进步，源于2008年的“新一轮思想大解放”。

（谢思佳　彭国华　赵晓娜　陈作成　张培发　白庆虹）

微评 >>

@血鼋：寻求新的经济发展模式，把高劳动密集型、低技术含量企业转移出去，虽然暂时对广东经济会有阵痛，但是长远来看是好的。

@直到膝盖中了一箭：广东人敢为人先，我很庆幸自己生活在这样一个相对开放的地方。

2 科学发展

释题

科学发展观是中共中央总书记胡锦涛在2003年7月28日讲话中提出的“坚持以人为本，树立全面、协调、可持续的发展观，促进经济社会和人的全面发展”，按照“统筹城乡发展、统筹区域发展、统筹经济社会发展、统筹人与自然和谐发展、统筹国内发展和对外开放”的要求推进各项事业的改革和发展的一种方法论，也是中国共产党的重大战略思想。在中国共产党第十七次全国代表大会上写入党章，成为中国共产党的指导思想之一。

广东省委、省政府《关于争当实践科学发展观排头兵的决定》提出，力争经过五到十年的努力，基本建立科学发展的体制机制，率先走出一条物质文明、精神文明、政治文明和生态文明相协调的科学发展道路，全面开创科学发展新局面。

——基本实现发展方式的根本转变。全面实现经济又好又快发展，产业结构明显优化，自主创新能力和国际竞争力显著增强，社会主义市场经济体制更加完善，节约能源资源和保护生态环境的产业结构、增长方式和消费模式基本形成。

——基本实现以人为本的和谐发展。全民受教育程度明显提高，社会就业更加充分，城乡居民人均收入与经济增长水平相适应，社会保障体系不断完善，人民生活质量显著提高，基本建成平安和谐广东。

——基本实现全面协调可持续发展。经济建设、政治建设、文化建设和社会建设相协调，生态文明观念在全社会牢固树立，城乡区域基本实现协调发展，文化软实力明显增强，宜居城乡建设呈现新面貌，实现经济社会永续发展。

——基本形成统筹兼顾的新机制。科学发展的若干重大关系基本理顺，统筹兼顾的利益协调体制机制基本形成，广大人民群众推动科学发展的积极性充分发挥，总揽全局、科学运筹、兼顾各方的工作格局得以确立。

前

科学发展，广东如何先行先试？

几年前，外有一波波国际金融危机的冲击，内有传统发展模式留下的弊端干扰，引领中国改革开放30年风潮的广东，再次被推到了时代的前台。

广东，如何当好推动科学发展、建设和谐社会的排头兵？

2008年开始，以全省一批批深入学习实践科学发展观活动为契机，以给予广东“科学发展，先行先试”历史使命的《珠江三角洲地区改革发展规划纲要（2008—2020年）》（以下简称《规划纲要》）为指引，一场学习贯彻落实科学发展观的伟大实践在这片热土上轰轰烈烈地展开。

争当排头兵 广东率先转变方式科学发展

根据党的十七大部署，中央决定从2008年9月开始，用一年半左右的时间，在全党分批开展深入学习实践科学发展观活动。

这次，广东在2008年上半年全省解放思想学习讨论活动与学习实践活动试点工作取得明显成效和丰富经验的基础上，同年7月上旬，省委常委会开始对学习实践活动的有关重大问题进行研究部署。省委主要领导带头学习调研，一场场务实而又别开生面的学习实践活动在全省各地不断掀起高潮。

随着活动的深入开展，一些固有的思想束缚逐渐被打破，一批学习成果也陆续出台。广东继《关于争当实践科学发展观排头兵的决定》重磅推出后，又陆续在推进现代产业体系建设、实施产业转移和劳动力“双转移”等方面迈出了有力而坚实的步伐。

势

关键词 >>

■ **“一年开好局，四年大发展，十年大跨越”**

“一年开好局”：2009年要确保实施《规划纲要》开好局、起好步，取得初步成就。

“四年大发展”：到2012年要实现《规划纲要》第一阶段目标，珠江三角洲地区率先建成全面小康社会。

“十年大跨越”：从2008年到2020年要全面完成《规划纲要》的各项目标任务，使珠三角地区率先在全国基本实现社会主义现代化。

■ **珠三角区域经济一体化**

加快形成广佛肇经济圈、深莞惠经济圈和珠中江经济圈，突出推进基础设施和产业一体化。基础设施一体化主要包括交通、能源、水利、信息网络四个一体化，重中之重是交通基础设施的一体化。产业一体化要着重解决的是同构化严重、恶性竞争以及产业链发展不足等问题。

“又好又快发展”，是体现科学发展观本质要求的经济发展指导思想。而“好”与“快”的矛盾，在广东这片改革开放的热土上体现得尤为激烈。

“快”，一直是以“深圳速度”为代表的广东的骄傲。改革开放30年间，全省生产总值以年均13.7%的速度快速增长，创造了“世界走一步，广东跨四步”的发展奇迹。

“好”，在一定程度上是广东的难言之隐。数十年繁荣的表象背后，是土地、资源、能源的快速消耗，区域发展差距的不断扩大，环境承受能力的日益脆弱。

“广东用一个姿势快跑了十多年，现在放缓了一些速度，调整一下姿势，提高一下长跑动作的技术含量，应当是很正常的事情。”汪洋书记用这样一个生动的比喻，形容广东正在迎来的转变。

然而，随着国际金融危机影响的日渐加深，种种担忧依然存在。“现在推进产业升级转型是不是时候”、“‘双转移’还要不要搞”、“现在搞改革会不会影响保增长”……争论声中，广东渴望国家对珠三角发展有新的战略和定位。

短短半年多时间，温家宝、李长春、习近平、李克强、贺国强等多位党和国家领导人莅临广东视察指导，充分表明了对广东的重视。

2008年底，国务院常务会议原则通过了《规划纲要》。这是第一份在国家层面对珠三角改革发展进行规划的纲领性文件，在改革开放30年后，国家通过《规划纲要》再次赋予广东“科学发展，先行先试”的重任。

2009年全国“两会”期间，胡锦涛总书记在参加广东团审议时，特别要求广东要落实好《规划纲要》，争当实践科学发展的排头兵。

落实《规划纲要》
珠三角城市“全局一盘棋”

纲举目张。

“全省科学发展的大政方针已经确定。现在摆在我们面前的任务只有一个字：‘干！’”汪洋书记的动员令掷地有声，表明了广东全省上下时不我待的紧迫感和使命感。

2009年就此成为实施《规划纲要》的重要开局之年，也成为“抓落实”年。

在一幅五彩斑斓的珠三角地理版图上，珠三角九市当家人郑重签名，共同写下了他们对珠三角新一轮腾飞的梦想，这是在落实《规划纲要》现场会上的一幕。这种被与会人员称为“封闭式特训”的现场会，由汪洋书记和时任省长黄华华带队，省有关领导和各地当家人、省直单位“一把手”等共同组成。现场会从珠三角九市开到了粤东西北，一路走来，既找差距更找思路。

2009年4月11日，省委、省政府召开贯彻落实《规划纲要》动员会，会后正式印发了《关于贯彻实施〈珠江三角洲地区改革发展规划纲要〉的决定》（以下简称《决定》）。这意味着实施国家战略、推动珠江三角洲地区新一轮改革发展开始进入全面实施阶段。

在《规划纲要》的指引下，各地多年的行政壁垒被逐一打破，用“全局一盘棋”的高度与眼光，重新谋划区域资源的优化配置。《广佛肇经济圈建设合作框架协议》、《推进珠中江紧密合作框架协议》、《深莞惠三市城市（乡）规划紧密合作框架协议》先后签订，“广佛肇”、“珠中江”、“深莞惠”三大经济圈悄然成型。

作为推进珠三角一体化的重要行动指引，环境保护、基础设施建设、城乡

★近年来，深入践行科学发展观在广东各地不断掀起高潮。

关键词 >>

■ 广佛同城

指广州和佛山两市打破行政壁垒，进行区域一体化建设。广佛同城，是对未来珠三角区域一体化的先行先试，也是未来珠三角九市（广州、佛山、珠海、深圳、东莞、江门、肇庆、惠州、中山）加清远市等四大经济圈建设的基础。

■ 深化改革先行区

《规划纲要》赋予珠三角继续承担全国改革“试验田”的历史使命，大胆探索，先行先试，全面推进经济体制、政治体制、文化体制、社会体制改革，在重要领域和关键环节率先取得突破，为实现科学发展提供强大动力，为发展中国特色社会主义创造新鲜经验。

★在贯彻落实科学发展观的过程中，广东人民再次发扬了拓荒牛的实干、敢闯精神。

规划、产业布局和基本公共服务五个一体化规划公布，从目标任务、实施机制、保障措施等方面谋划布局、整合资源。

而《决定》中所提出的总体工作目标："一年开好局，四年大发展，十年大跨越"，"一年开好局"的目标实现后，省委、省政府在2010年10月正式印发了《实施〈珠江三角洲地区改革发展规划纲要〉实现"四年大发展"工作方案》，里面不仅勾画了"四年大发展"的总体目标，而且重点突出、注重实操，对"四年大发展"的任务进行了细化分解，成为推动"四年大发展"的重要路线图和"施工图"。

又好又快
经济社会发展全线飘红

正如汪洋书记所指出的，容易做的工作先做了，接下来就要啃"硬骨头"，还可能遇到更多的新情况、新问题。

好在广东向来就有"杀出一条血路来"的勇气与胆识。从主体功能区规划试点、节约集约用地试点、率先启动大部制改革、统筹城乡发展综合改革试点、加工贸易转型升级试点，到全国低碳省试点、社会管理创新，再到横琴、前海、南沙三大国家级创新平台的先后设立，借助《规划纲要》所赋予珠三角的“科学发展，先行先试”的历史使命，广东已经开始了一系列的大胆创新和先行探索。

断头路打通了，河流跨界污染治理取得阶段性成果，珠三角今年实现年票互认、高速公路实现联网收费、莞惠和佛肇城际轨道和港珠澳大桥等一批在建交通项目加快推进。随着行政区划隔阂的不断打破，珠三角真正实现“一盘棋”，让资源得到自由流动。

贴牌加工消耗最多资源却仅有微薄利润，一直是“广东制造”的软肋，如今经过几年洗礼，广东加工贸易产业链条由短向长转变，市场结构由单一依赖国外向兼顾内外两个市场转变，2011年全省从事加工贸易的外商投资企业产品内销金额达13979.6亿元。

科学发展离不开人才的支撑。2012年广东将投入8.5亿元用于引进高层次创新科研团队和领军人才，2011年广东省发明专利申请量和授权量增长分别位居全国第二和第一。

科学发展不能为了“金山银山”，而丢了“绿水青山”。PM2.5监测写入政府工作报告，每年投入超过3亿元支持节能减排工作……

科学发展的最终目的是为了增进民生福祉。今年省财政投入446亿元办好“十件民生实事”：开工建设保障性住房、棚户区改造住房14.39万套（户）；新农合和城镇居民医疗保险补助水平由200元提高到240元；投入5亿元用于教师队伍建设；新建20个养老福利机构，为社会养老提供8000个床位……

把人民的利益作为一切工作的出发点和落脚点，把科学发展观的“以人为本”落到实处，广东正又好又快发展，脚踏实地前行。

南北连线

南 广东省政府发展研究中心主任汪一洋：珠三角一体化提高了资源配置效率

广东不仅在产业转型升级上领先一步，在探索科学发展之路上也是排头兵，并得到了中央的高度重视和肯定。

贯彻落实《规划纲要》是广东推动科学发展的又一战略举措。其目的就是推进

关键词 >>

■ 探索科学发展模式试验区

《规划纲要》赋予珠江三角洲地区发展更大的自主权，支持率先探索经济发展方式转变、城乡区域协调发展、和谐社会建设的新途径、新举措，走出一条生产发展、生活富裕、生态良好的文明发展道路，为全国科学发展提供示范。

珠三角一体化，让资源在更大范围内进行配置，发挥出更大作用和效益。过去我们是以市级行政单位来配置资源，现在我们把珠三角作为一个整体，提高了资源配置效率。

按照《规划纲要》的要求，到2012年，实现基础设施一体化，到2020年，实现区域经济一体化和基本公共服务均等化。以前市与市之间有些路甚至都不相通，现在我们要在一个更大的范围内把基础设施做好。珠三角一体化也分两步走：第一步，区域的一体化，由9并3，形成广佛肇、珠中江、深莞惠三个“圈”。第二步，3并1，实现珠三角一体化。现在到2020年还有8年时间，相信一体化能够在加强基础设施协调、促进产业转移、资源有效配置上发挥更大作用。

汪书记、朱省长多次讲过，改革是广东的根，是广东的魂。广东是靠改革开放发展起来的，是改革开放的先行地、试验区。前人杀出一条血路来，创造了我们今天的辉煌。我们作为后人的前人，也要栽一点树，给后人留一点果。党员领导干部要有一些历史的眼光，要有历史的使命感、责任感。

北 国家发改委宏观经济研究院研究员常修泽：广东正以实际行动纪念小平南方谈话20周年

《规划纲要》可谓是广东先行先试的最大亮点。广东在中国改革开放的前30年中一直充当着排头兵的角色，《规划纲要》的颁布和实施标志着珠三角在改革开放30年后一个新的起步，承载了中央寄予珠三角的发展厚望，希望珠三角发展建设取得更辉煌的成就。《规划纲要》实施以来，更促进了珠三角地区经济结构的战略性调整，增强了整个珠三角的发展后劲和活力，有效地提升了我国整体的对外开放水平、国际竞争力和抵御国际风险的能力。其率先探索符合科学发展的体制机制，为全国提供了新的经验。

2012年是邓小平同志南方视察发表重要谈话20周年，广东正以实际行动纪念小平南方谈话20周年，就是以实际行动来推进中国新一轮的改革。

近年来，广东社会管理体制创新方面已经远超经济体制改革，这是值得肯定的方面。在社会管理格局方面，要正确处理改革发展和问题的关系，关键是要落实四个权：知情权、参与权、表达权和监督权，但无论是体制改革，还是社会管理创新，最根本的是必须摆脱既得利益格局的特殊利益的束缚。怎么摆脱这种束缚呢？省长朱小丹提出要突破利益格局就要“壮士断腕”，“自己砍自己的手”。尽管让“壮士断腕”非常难，但改革到了这一步也是势在必行了，否则改革就会停滞不前。

“两河”治理：三城携手建绿色家园

同一蓝天下，共饮珠江水。

在以科学发展观贯彻落实《珠江三角洲地区改革发展规划纲要（2008—2020年）》的过程中，广东开创性地制定了珠三角环境保护一体化等5个一体化专项规划，跨界水污染治理作为环保一体化的两大重点之一。其中，石马河与淡水河（以下简称“两河”）流域的整治是个“老大难”问题。

2011年5月，汪洋书记再度专门考察“两河”治理。他表示，跨界河流污染问题要看治理效果，“该‘秋后算账’了”，希望深圳、东莞、惠州三市继续把跨界河流污染治理作为促进转型升级的重要任务。

在推进珠三角一体化过程中，如果说空间的一体化需要交通网络拉近，那么在水体与空气质量保护的一体化上，各地有着天然联系，责无旁贷。2012年是“两河”整治实现既定目标——淡水河“五年基本好转”、石马河“近期有所突破”的收官之年。“大考”在即，“两河”污染整治进展如何？

行走“两河”
“臭水沟”水清岸绿居民喜

郁郁葱葱的深圳龙城广场被龙岗河像丝带一样缠绕。“水清了！更美了！”在广场游玩的市民纷纷发出这样的感慨。

如今，曾经是“臭水沟”的龙岗河（位于淡水河上游）经过两年多的整治已经水清岸绿，不仅没有了昔日的黑臭与脏乱，入眼更是清澈的河水与两岸的

★广东破解治水难题，使珠江以及各地河流水清岸绿，惠及民生。图为众多市民在横渡珠江。

绿树碧草，水边观景台上晨练的市民打着太极拳。走在堤岸上，工作人员介绍，脚下密封的涵管将原本排入河流的污水全部收集输送到污水处理厂处理。

“几年来，龙岗河治污工程已成为区政府最大的民心工程。”深圳龙岗区副区长胡嘉东介绍，今年端午节，这里将举办龙舟赛。

2010年9月，为了恢复龙岗河的生态，达到持续变清效果，龙岗投入17.6亿元实施龙岗河干流综合治理工程，实现了龙岗河干流防洪、水质和生态景观“三位一体”的蜕变。2011年7月大运会开幕前夕，流经龙岗中心城的一期工程顺利完工，兑现了市委、市政府提出的“水清岸绿”的承诺。

无独有偶，在石马河上游主要支流——观澜河的中游，整治后的观澜河水光潋滟，一幅城市田园风光。“推开窗，过去眼前的一片大菜地，变成了美丽的湿地公园，楼下的臭水沟也变成了清水河。”谈起变化，居住在观澜河畔某小区的黄阿姨笑逐颜开。

省环保厅介绍，在流域各市共同努力下，近年“两河”水质持续改善，部分黑臭现象得以消除。省环境监测中心提供的监测数据显示，与上年相比，2011年淡水河干流、龙岗河、观澜河水质有所好转。其中，淡水河干流综合污染指数下降了10.9%，龙岗河综合污染指数下降了20.4%。

三城共治
“插花地”从严整治灭死角

不过，在上游部分河段明显改观的同时，交接断面的水质情况仍不容乐观。“污染一滴水轻而易举，而要还原成一滴干净纯洁的水却很难！”环保部门坦言，经过艰辛治理，龙岗河工业污染有所减轻，但生活污水改善缓慢。

根据4月省环保厅公布的情况，2011年，惠莞深交界的龙岗河、坪山河、深圳河水质仍属重度污染，主要污染指标为氨氮、总磷和部分耗氧有机物。

在省环保厅检查组考察“两河”整治过程中，在深圳观澜河东莞石马河企坪交接断面，黑色水体仍泛着白沫冲向下游，深圳坪山河和惠州淡水河上垟交接断面，河水水质依旧不理想，甚至有恶化趋势。检查组组长、省环保厅厅长李清面色凝重：“不尽如人意，仍须加大力度，查找原因。”

一直以来，大量非法禽畜养殖在深莞惠“插花地”偷排，是造成三地跨界河流氨氮污染严重的重要元凶，3月26日至28日，省人大环资委现场检查“两河”污染整治工作时，发现潼湖流域东莞区域非法养殖业反弹严重，石马河沿岸的桥头、樟木头、清溪等镇非法养殖业都在不同程度上死灰复燃。

除了非法排污禁而不止，“管网建设滞后，也导致污水有效处理能力‘打折’”。当地环保部门介绍，深圳坪山河流域唯一的上垟污水处理厂（22万吨），由于截污管网不完善，导致实际进水量仅为8万吨，流域仍有约1/3的污水直接排入坪山河。由于配套支线管网不完善，深圳龙岗河流域横岭污水处理厂二期（40万吨）和横岗污水处理厂二期（10万吨）工程，进水COD浓度偏低。惠州淡水河流域5个镇的污水处理设施，也未能按计划建成运行。

省环保专家说，淡水河治理自1994年就是省人大一直关注的重点环保问题，长达18年的跨界治污路，让“两河”成为污染与治理的“标本”：它验证了经济发展片面追求发展的恶果，也用长期的治污时间验证了跨界河流污染治理的“老大难”，警示意义非同寻常。

微评 >>

@云龙刷烧瓶：广东经济总量连续第一之后，更应该看到产业转型的机遇和必要性。否则只能是故步自封，迟早被超过。

@言己记：提倡科学发展，是为了弥补物质和精神发展一条腿长一条腿短的改革思路，挺好！

@汇通达封心振：改革的思路已经很清晰，监管的措施也很多，关键看是不是真有勇气“从自己身上开刀”。

★珠三角城际轨道交通建设拓宽和优化了城市发展空间，加快了珠三角一体化进程并提升区域整体竞争力。图为首次运营的广珠城轨动车组。

环保一体
“水气地”联防联控大宜居

“两河”的状况仅是缩影。省环保厅相关人士坦言，珠三角区域内工业废水和城镇生活污水排放量非常巨大，而城市间河流河涌自然环境容量有限，在珠三角一些跨界河流，水体污染已呈现一体化趋势。

时不我待。正如曾任分管环保工作的副省长，现任省委常委、秘书长林木声所说，珠三角环保一体化是破解珠江三角洲区域环境难题的重要途径，是推进区域经济社会一体化的重要内容，是实现区域可持续发展的重要保障。

珠三角环境保护一体化不仅体现在跨界河流治理上，在区域性大气污染防控方面，联防联控的思路也被证明是正确的——广东是首个建立区域性污染防治联席会议的省份，并第一个将珠三角大气污染联防联控工作机制写进地方规章。

目前，珠三角地区已建立了我国首个大气复合污染立体监测预警体系，在清洁油品供应、实施机动车环保标志等方面，也是珠三角乃至全省统一部署。

★转变经济增长方式，着力自主创新，广东经济跨入可持续发展快车道。图为广汽研制的自主品牌乘用车生产线。

过去四年，广东灰霾天数减少了四成，PM2.5近六年间减少了34%，今年3月8日，珠三角有底气成为全国首个公布PM2.5的城市群。

上述统筹联动的经验，在如今的跨界河流治理中已有所体现。目前，深莞惠三市已决定联手，根据《珠三角环保一体化规划（2009—2020年）》，以严格环保准入和淘汰落后产能，推进产业结构调整，从源头上更有效地保护和改善水质。三市将按计划每年淘汰20%的重污染企业，在2015年底前关闭流域内所有重污染企业。截至2011年底，三地市共关闭“两河”流域内99家重污染企业。同时，在污染设施建设上，三市也在各负其责，协同发力。

根据环保部门的规划，随着《珠三角环保一体化规划（2009—2020年）》的深入实施，将力争到“十二五”期末，我省PM2.5浓度水平较“十一五”期末有较明显的下降；今年淡水河从劣Ⅴ类水提升到Ⅴ类水，到2015年达Ⅳ类水标准，初步达到“经济共山水一色，环保与产业齐飞”的科学发展愿景。

微评 >>

@周林生：广佛经济融合还是初级发展趋势，应加快推进珠三角一体化发展，充分发挥广州作为国家中心城市和港深作为区域金融中心的优势与作用。珠三角各市小而全的产业结构已基本走到尽头了……

@娜娜的秋日微语：高铁福田站深化深港一体化，CBD令港人受益匪浅：刚刚过去的清明假期，深圳、东莞、香港等地有不少人乘着广深高铁直达长沙、武汉，或到长沙游玩、看楼，或到武汉品美食、赏樱花。广深港高铁串起广州、东莞、深圳、香港，珠三角与香港的一日生活圈已经成形。

亲历者说

江门市市长刘海：

要利用好广州“智库”

珠三角一体化进程的启动，给江门带来了极大机遇。过去江门尽管在地理上有区位优势，但由于交通没有发展起来，制约了经济的发展。现在，江门境内的高速公路已近400公里，过去的交通短板已转变为长处。轻轨建成后，江门到广州只需40分钟。这种发达的交通网络，将改变人们的生活习惯和工作习惯，为江门引进人才提供有利的条件。

过去东莞、顺德的发展充分利用了广州的“星期天工程师”，现在江门完全可以凭借交通优势，利用好广州这个人才的“智库”，将来或许有一天可以做到上午来江门上班、下午回广州。在珠三角许多发达城市，土地的开发强度已超过40%，而江门目前的土地开发强度只有10%。江门一定要充分利用珠三角一体化带来的各种有利条件，立足珠中江，主动靠近广佛肇，才会有出路，才能拉动江门经济的大发展。

广州市社科院高级研究员彭澎：

一体化带来多地共赢

在珠三角一体化过程中，广佛肇在三个经济圈里面的阶梯性和互补性最明显。广佛肇三个城市处于不同的发展阶段，珠三角的9个城市，“老大”和“老九”都在广佛肇经济圈。

广州现代服务业和先进制造业较为发达，佛山传统制造业较发达，而肇庆土地资源丰厚，优势产业虽不明显，但有相当的农业基础。目前，三个城市一体化的程度加深，广州已经在喝西江水，佛山的投资者到肇庆买楼，肇庆有30%的客人来自佛山，肇庆还要打造广州人适合居住的区域，城际高铁建成后，30分钟就可以从广州到肇庆。

广佛同城化是一个比广佛肇一体化更高的发展层次。要做到同城化，不仅需要政府在民生上推动，更重要的是要让企业以更广阔的市场意识来操作。三个经济圈是珠三角一体化的阶段性产物，要服从于珠三角一体化的大局和未来。通过三个经济圈各自融合，最终实现整个珠三角大融合。

85岁的平冈中心学校退休老师林立：

有生之年看龙岗河水清

“龙岗河水流惠州，淘米洗衣泛渔舟。十年一朝繁华梦，哪日河清水不臭？”在我的记忆中，龙岗的母亲河是清澈见底的，20世纪80年代工业兴起使之变为“臭水沟”，人们避而远之。经过两年多的综合整治工程，终于能在有生之年再次体验水清岸绿的新龙岗河。

龙岗河作为淡水河的一部分，其治理初见成效，起码可以证实，流域污染还需流域共同治理，只有这样才能实现流域水环境的整体好转。淡水河治理之难，也证明了一点，片面追求发展速度造成环境欠账等后遗症，是得不偿失的。

广州铁路职业技术学院毕业生黄炯文：

《规划纲要》指明方向

我的家乡在珠海斗门美丽如画的灯笼沙水乡风景区。作为一名农村小伙子，我深深感受到家乡近几年的快速发展，难掩心中喜悦之情。2008年珠海受到金融海啸的猛烈冲击，各项经济指标增长迅速下滑，是建市以来经济社会发展最为困难的一年。《规划纲要》的实施，为珠海指明了前进方向。近年来，珠海各项社会发展取得较大进步，在珠三角一体化的政策下，一批批大项目落户珠海。广珠铁路和港珠澳大桥的建设、横琴新区的开发、广珠城轨的通车、机场的复兴、高栏港的雄起，带动了珠海经济快速发展，加快了建成珠江口西岸核心城市和区域交通枢纽的步伐！

（吴哲　谢庆裕　白庆虹　徐少中　刘晓静　黄慧诚　钟奇振　陈杰俊）

微评>>

@珠海特区报付洪军：“整三年了。”三年前的4月17日，珠中江区域紧密合作在珠海召开第一次党政联席会议，开启珠中江一体化合作发展进程。今天，三年后的4月17日，三市党政领导聚首中山，召开第五次联席会议。今年是《珠江三角洲地区改革发展规划纲要（2008—2020年）》、“四年大发展”的验收之年，如何加速推进珠中江区域一体化进程，实现区域整体崛起成为聚焦点。

@想当DJ的CHF：TOD模式是珠三角五个一体化规划中的亮点，它的推行将会改变珠三角的生活模式。打个比方：家在肇庆，但早上在广州喝茶，上午在深圳逛街，下午在珠海体验海滨休闲生活。不久的将来我可以下课以后搭地铁或轻轨去找你一起吃晚餐了。

3 转型升级

释题

转型升级主要指产业转型升级，即从低附加值向高附加值升级，从高能耗、高污染向低能耗、低污染升级，从粗放型向集约型升级。

有专家指出，产业转型升级应定义为产业结构高级化，即向更有利于经济社会的方向发展。其关键是技术进步，在引进先进技术的基础上消化吸收，并加以研究、改进和创新，建立属于自己的技术体系。产业转型升级必须依赖于政府行政法规的指导以及资金、政策支持，需要把产业转型升级与职工培训、再就业结合起来。

对经济外向度较高的广东而言，几年前受国际金融危机的影响，低端加工企业面临停产甚至倒闭的冲击，全省经济面临前所未有的严峻挑战，从而决心进行转型升级。

有研究表明，当人均GDP达到5000至10000美元阶段时，将成为产业结构快速变化的重要时期，产业结构主要矛盾将由过去部门间的不协调，转向研发设计、品牌培育、营销体系、供应链管理等环节。事实上，广东2008年人均GDP正好超过5000美元“关卡”。

广东省委、省政府旗帜鲜明地提出：金融危机是落后生产力之“危”，是先进生产力之“机”；是传统发展模式之“危”，是科学发展模式之“机”。“双转移”、“双提升”、“三促进一保持”等理念的提出，勾勒出广东转型升级的清晰路径。

在推进产业转型升级的过程中，广东坚持以高端产业转入促进低端产业转出，以增量引入带动存量调整。同时，加快发展先进制造业和现代服务业，构建现代产业体系。

依靠转型升级，以退为进化危为机

2008年早春，在广东，一场向传统发展模式开刀的大谋划箭在弦上。

珠三角“腾笼换鸟”、产业转移转型，腾出发展空间；粤东西北“筑巢引凤”、整合资源，与珠三角进行产业对接。而“双转移”、“双提升”、“三促进一保持”，则勾勒出广东转变发展方式的清晰路径——促进提高自主创新能力、促进传统产业转型升级、促进建设现代产业体系，保持经济平稳较快发展。

以一种历史的视野定位现实的坐标，我们悄然发现，广东一直走在转型升级的路上。

从金融危机的倒逼，到历经转型中的阵痛，到后来经济发展的渐入佳境，广东转型升级如同一本思辨的哲学书，“危”与“机”、“舍”与“得”、“退”与“进”成为这一路前行的详细注脚。

化“危”为“机”
全省迎难而上调结构

传统发展模式之“危”，正是科学发展模式之“机”。面对传统模式发展的历史欠账，以及金融危机倒逼产业升级的现实问题，务实的广东人迎难而上，开始了一场轰轰烈烈的“涅槃”

“今天不积极调整产业结构，明天就要被产业结构所调整。”2008年早春的喜气尚未消散，广东转型升级就以这样一句振聋发聩的讲话拉开了大幕。

★广东通过产业转型升级，高端装备等先进制造业布局全省。图为我国首台采用自主品牌核电技术CPR1000制造的百万千瓦等级核电蒸汽发生器在广州完工。

当时，国际金融危机尚未爆发，但广东传统产业发展模式的弊端屡现。一种强烈的“穷则变、变则通、通则久”的意识倒逼敢为天下先的南粤人民再度启程。

30年前，珠三角在没资金、缺技术、少人才的状况下，为迫切改变落后面貌，只得采用不惜代价、加快赶超的传统发展模式。

仅仅过了30年，深圳、东莞等市在传统产业的挤压下面临“无地可用”的困境，土地告急、资源短缺、环境透支、区域失衡等恶性后果一一显现。

随着国际金融危机的全面爆发，世界经济滑向谷底的警报持续不绝，身处改革开放前沿的珠三角，也感受到了“冬天”的寒意。2008年底，一度位列全球前10名的玩具供应商东莞合俊玩具厂在危机的冲击下轰然倒下。

传统发展模式之“危”，正是科学发展模式之“机”。面对传统模式发展的历史欠账，以及金融危机倒逼产业升级的现实问题，务实的广东人迎难而上，开始了一场轰轰烈烈的“涅槃”。

2008年，广东提出产业和劳动力的“双转移”战略，出台《关于加快建设现代产业体系的决定》，希望通过主动调整结构，探索出一条发展新路。2010年，广东遴选现代产业500强，为转型升级夯实“地基”。2011年，广东出台30条措施支持外经贸企业转型升级化

"危"为"机"。

一系列的扶持政策不胜枚举。

土地有限，环境无价，如何利用有限的土地容量，支撑广东特别是珠三角地区的可持续发展，这是广东五年来一直思考的深刻命题。

功夫不负有心人。据省统计局局长幸晓维介绍，"十一五"期间，广东在贸易结构调整速度、工业重型化和高级化转变速度、主要污染物排放降幅方面均领先于全国，显示出广东转型升级力度大于全国。

有"舍"有"得"
产业此消彼长开新局

有专家指出，产业转型升级是一个必然的过程，不可避免将存在转型的阵痛和障碍，必须要扛过去，没有什么捷径可走。事实上，正是由于广东在低端产业上的"舍"，才能收获现代产业的"得"

传统发展模式的弊端众所周知。然而，受GDP至上等观念影响，加上传统发展方式还具备一定的生存土壤，在很多地方，产业结构调整总是难有大的

★近年来，广东各地积极淘汰落后产能，为新兴产业项目上马腾出环境容量。图为广州一家电厂的钢筋混凝土烟囱被爆破拆除。

关键词 >>

■ "双轮驱动"

在构建以先进制造业和现代服务业"双轮驱动"为主体的现代产业体系上，广东"双手都要抓"，为经济发展提供"双核"动力。

2011年，广东先进制造业实现增加值增长12.2%，占规模以上工业增加值的47.8%。战略性新兴产业生产加快，新能源核能发电量、风力发电量同比增长27.5%和46.2%，能源改装汽车增长197.4%。现代服务业稳步发展，实现增加值增长8.5%，占第三产业比重比上年提高0.3个百分点。

■ 现代产业500强

作为构建现代产业体系的重要抓手，广东于2010年全面推进现代产业500强项目建设。包括103个战略性新兴产业项目、100个先进制造业项目、101个现代服务业项目和101个优势传统产业项目、100个现代农业项目，总投资11945亿元。500强项目的组织实施，对我省以增量投资调整产业结构，促进全省尽快形成"双轮驱动"的发展格局，引领广东省构建具有创新性、开放性、融合性、集聚性和可持续性特征的现代产业体系具有重要意义。

突破。

佛山禅城区南庄镇镇干部回忆说，转型升级的阵痛“就像嫁女一样”，全镇75家陶瓷企业有65家企业进行关停并转移，“几十亿元的生产总值一下子不见了，感情上非常不好受”。

不经历风雨，哪得见彩虹？转型升级就需要有壮士断腕的决心与魄力。正是加速发展转型的步伐，才使南庄这个陶瓷低端生产制造重镇，向“中国陶瓷商贸之都”迈进。

离东莞南城汽车站不足一公里的高盛科技园，一片几十亩的土地默默地演绎着转型升级的故事：三年前，这里还是以制鞋、机械等劳动密集型企业为主的旧厂区，如今已成为拥有凌康科技、爱玛数控、钜大电子等62家高新企业入驻的园区，园区总产值由原来每年3000万元提升到13亿元。在广东，像佛山、东莞这样的例子很多。

求木之长者，必固其根本；欲流之远者，必浚其泉源。转型升级也需要有破有立，有疏有堵，有舍有得，从而固经济之根本，浚产业之泉源。

在过去的几年间，广东鼓励和推进落后产能淘汰，为新兴产业项目上马腾出环境容量，为广东未来发展打下环境基础。一连串数字为此作了生动注脚。“十一五”以来，广东省共关停小火电1209万千瓦，淘汰落后钢铁产能1274.7万吨、水泥产能5782万吨、造纸产能33.505万吨，提前超额完成国家下达的淘汰任务。

暨南大学产业经济研究院院长朱卫平认为：“产业转型升级是一个必然的过程，不可避免将存在转型的阵痛和障碍，必须要扛过去，没有什么捷径可走。”

事实上，正是由于广东在低端产业上的“舍”，才能收获现代产业的“得”。103个战略性新兴产业项目、100个先进制造业项目、101个现代服务业项目、101个优势传统产业项目和100个现代农业项目，广东以令人目不暇接的“500强”项目，托起了广东现代产业的脊梁。

以“退”为“进”
经济科学发展好又快

目前，广东产业呈现出先进制造业和现代服务业比翼齐飞，经济呈现“好”字当头、“好”中求“快”的格局。有专家认为，淡化GDP数量、重视发展质量是一种聪明的“以退为进”的做法，只有这样，广东经济才能实现“平稳健康可持续增长”的目标

百舸争流千帆竞，勇立潮头逐浪高。历经数年的磨炼与涅槃，广东产业呈现出先进制造业和现代服务业比翼齐飞、经济“好”中求“快”的格局。

在中山，2005年，以包装印刷、玩具制造、纺织外贸为主的传统产业占比达72%。目

★通过“筑巢”引来“金凤凰”成为粤东西北城市新的发展良机。图为清远的产业转移园。

关键词 >>

■ 低碳发展

作为中国的第一经济大省，广东同时也是能源资源消耗大省，实现低碳发展的意义对广东来说不容小觑。2010年，广东省及深圳市分别列入首批国家低碳试点省、试点城市，转型升级的意义从一个新的角度呈现。

从成立省应对气候变化及节能减排工作领导小组，到建立工作联席会议制度，再到出台《广东省应对气候变化方案》，广东在低碳发展之路上，一直在探索与破局。

前，装备制造、新能源、健康医药等新兴产业取代传统产业，占比由原来的不足两成提升到七成以上。

在江门，LED、新能源、轨道交通装备等新兴产业开始成为“主攻方向”；在珠海，中航工业通用飞机珠海航空产业基地、银通新能源有限公司等产业开始进行“上天入海”的突破；在东莞，电子信息产业开始从“加工型集群”向“创造型集群”转变……

窥一斑而知全豹。中山、江门、东莞只是广东产业转型升级的一个缩影。在广东，LED、高端电子信息、新能源汽车，三大战略性新兴产业开始呈“燎原”之势，生物、高端装备制造、节能环保、新能源、新材料等产业也全面布局全省，现代产业成为广东科学发展的“新引擎”。

在经济得到发展、产业得到升级的同时，全省的环境保护也得到进一步提升。“十一五”期间，全省经济总量增长超75%，主要污染物排放量削减近19%。

2012年初，广东经济发展再传捷报：GDP跨越5万亿元大关，达5.3万亿元，人均GDP超过7000美元，跨入中高等国家或地区收入水平。

面对成绩，广东有如默默流淌的珠江之水，不事张扬，吐故纳新。政府报告中淡化GDP数量，咬定青山不放松，通篇贯穿的“红线”依然是科学发展和转型升级。

有专家表示，随着产业转型升级的进一步深入，淡化GDP数量、重视发展质量是一种聪明的“以退为进”的做法，只有这样，广东经济才能实现“平稳健康可持续增长”的目标。

在实践科学发展的浪潮中，广东风正帆扬，再立潮头，迎接着浩瀚的大海与广阔的天空。

★2008年以来，大量传统工厂通过技术改造重新焕发生机。东莞南兴木工投入6000多万元引入数控木工机械设备，不到两年新增产值便超过公司总产值的10%。

南北连线

南

广东省政府发展研究中心主任汪一洋：

从“拼汗水、拼资源”到“拼服务、拼智慧”

肇始于2008年的产业转型升级就像一场浪潮，是传统发展模式之“危”，却是科学发展模式之“机”。产业结构调整具有转移产业、平衡区域发展、破解城乡二元发展格局“一石三鸟”的作用。

转型升级改变了以前“拼汗水、拼资源”的经济增长模式，取而代之的是“拼服务、拼智慧”的发展方式，这为地方政府的发展找到了一条新路。拿广州、深圳来说，以前第二产业比重超过50％，第三产业仅为40％多。通过转型升级，2010年，广州第三产业比重达到62％，仅次于北京，深圳也达到55％，改变了过去主要依靠加工制造业拉动经济的发展格局。

曾经有人担心，广东的转型升级会导致“产业空心化”。其实，不能把“产业”的概念仅仅理解为是第二产业、制造业。第三产业、服务业也是重要产业，而且是附加值较高、可持续发展的产业。

随着转型升级的推进，广东的制造业逐渐向产业链的两端——设计、研发、标准、品牌、销售等高端环节延伸，同时也向价值链的高端发展，以获取更多附加值。

就广东来说，不是不要制造业，而是不要低端的制造业；不是不要传统产业，而是要对传统产业进行改造。国外许多炙手可热的奢侈品，如手表、皮包、香水，它们都是传统产业演变而来的。事实上，没有落后的产业，只有落后的技术。通过技术、研发、品牌、营销等手段提升产业水平是产业转型升级的一大核心任务。

北

中国社会科学院工业经济研究所产业组织室主任张其仔：

广东“腾笼换鸟”、“双转移”符合经济发展规律

2008年，我们曾到包括广东在内的全国各地调研，发现广东经过30多年的发展，旧有的依赖廉价土地和劳动力的产业模式不利于实现可持续发展，从而适时提出“腾笼换鸟”、“双转移”、“转型升级”等发展理念，这符合经济发展规律。

由于改革开放早，广东产业的国际竞争力也比较强，但我们调研时也明显地感受到，广东当时在产业发展中的研发经费投入不高，与其产业竞争力不匹配。因此，加大研发投入、提高技术水平成为广东转型升级的当务之急。

我们知道，新兴产业引领地区经济发展势头迅猛，但也不能忽略传统产业，毕竟传统产业吸引了大量劳动力，一旦放弃，必将造成大面积失业。同时，传统产业也为新兴产业发展提供基础，以广东的高端新型电子信息产业为例，它其实是以低端电子作基础才得以发展的。

此外，广东还可以生产附加值高的产品，赋予产品更多文化内涵，增强其品牌影响力，从而在制造环节向研发、设计、品牌环节延伸。

南庄蝶变：从工厂到总部基地

从广州驱车经佛山一环，不足一小时便可抵达南庄。甫入南庄，但见天蓝水清、街道井然，一条条醒目的标语“中国陶瓷产业总部基地”、“热烈祝贺第5届艺术陶瓷节开幕”也映入眼帘。很难想象，五六年前这里还是一个烟囱林立、浓烟滚滚的污染重镇，如今却已悄然变身为风景如画的岭南水乡。

“总部基地”
国内外知名陶企入驻南庄

进入南庄，位于季华西路的中国陶瓷产业总部基地显得格外的引人注目。在总部基地展示厅门口，一块硕大的液晶屏上滚动播报着最新“中国（佛山）陶瓷价格指数”实时价格，暗示着国内陶瓷价格在这里“定价”。

R.A.K（哈伊马角）、圣奥古丁、太阳、高德、嘉俊、所罗门、华美嘉……一排排陶瓷“大佬”的名字让人难以想象这是在南庄小镇。在陶瓷展示厅，几可以假乱真的仿皮、仿木板陶瓷，废渣制作成的再利用瓷砖，能够保温隔热防火的特制瓷砖等等，也让人对“陶瓷仅是低端产业”的刻板印象产生怀疑。

据中国陶瓷产业总部基地工作人员介绍，R.A.K（哈伊马角）是全球第二大陶瓷制造商，为针对国内外一线城市的目标消费群，扩大品牌影响力，特意将中国区总部搬到了南庄。目前，中国陶瓷产业总部基地的进驻企业总数超过1000家，其中在南庄设立总部的企业就超过150家。

佛山禅城区南庄镇镇长梁梓熙介绍，南庄的陶瓷产业得益于转型升级。这个国内赫赫有名的“建陶第一镇”在20世纪80年代末开始进入以建陶为主的工业化时代，90年代中达到建陶生产高峰期，“仅仅一个小镇陶瓷年产量达6亿平方米，占全国的1/4、全球的1/8”。

然而，这一劳动密集型的低端产业发展模式最终“此路不通”。为了“腾笼换鸟”，南庄选择了对陶瓷进行严厉整治：全镇75家陶瓷企业关停转移了65家，留下10家“尖中拔尖”的龙头企业则积极推广清洁生产，目前全部实现废水废气达标排放。

大浪淘沙始见金。一批高新陶瓷、特种陶瓷、航天陶瓷等高端陶瓷制造业得以保留，有雄厚实力的本土陶瓷企业将地区总部、销售中心和研发平台留在南庄，而R.A.K（哈伊马角）、意大利Powergres、Sant'Agostino等知名外国品牌也纷纷入驻。

如今的南庄陶瓷，已经从生产转向设计、研发、营销、信息等环节，世界级的陶瓷国际会展中心、国家级的华夏建陶研发中心、陶瓷全球采购中心遍布这片70多平方公里的土地。梁梓熙说，南庄不再只是低端制造的生产商，“而是开始朝着掌握行业‘定价权’与‘话语权’的总部基地迈进”。

“二八法则”
两成优质企业贡献八成利税

在南庄镇罗南村，这个面积不过3.75平方公里、户籍人口3800多人的村庄，原来有大大小小的陶瓷企业近20家。经过近五年的“腾笼换鸟”，共有12家陶瓷企业被关停。

当地居民发现，“关停”并不一定意味着红利的损失，甚至还有“利”可图。

一开始，罗南村人担忧的是：陶瓷工厂搬走后，罗南村一年损失7000万元收入怎么办？往年人均4000多元的分红怎么弥补？

然而事实证明，罗南村人大可不必担忧。就在陶瓷企业相继搬离不久，村里就招进总投资达12亿元的海盛东方汇都城项目，华美达酒店、天星影城等大型品牌商家也相继签约入驻，原来长达1.75公里的陶瓷生产厂房污染长廊，摇身一变，成了一条商贸黄金走廊。

据了解，在陶瓷产业为罗南村腾出土地的同时，村民们也得到了实实在在的好处。2006年，村民一亩土地年收租约为6000元，现在这一数字涨到了10万元以上。2011年，全村人均分红突破1万元“大关”，较2009年的4400余元增长127%。

罗南村的变化仅仅是南庄镇的一个缩影。梁梓熙告诉记者，其实南庄的转型升级也符合“二八法则”，比如原来全镇有75家陶瓷企业，65家关停企业占了总数的八成多，“尖中拔尖”的企业占总数的比例接近两成。

但事实上，八成左右的利税都是由这两成优质企业贡献的。在2006年，陶瓷产业占当地产

★经过几年的转型与升级，“建陶重镇”南庄已实现完美一跃，成功塑造了新产业和新形象。

业比重达75%，贡献2.7亿元税收；如今转型升级后，企业数量虽然减少到10家，但2011年税收也是2.7亿元。

梁梓熙形象地说，转型升级“就像嫁女一样难受”，但成功后，南庄从“微笑曲线”的中间生产环节向两端靠拢，从而成为市场主导者。

“有凤来栖”
岭南水乡引来高新技术企业

对于5年前南庄的空气环境，一名姓余的湖北籍公务员有着切身的体会。转型升级前，南庄镇烟囱林立，漫天的粉尘遮挡住太阳，而衣服也只好晾在室内。她一来南庄皮肤就出了状况，浑身发痒，医生告诉她：“住南庄，害皮肤病很正常。”

有业内资深人士测算，以前陶瓷厂每座窑一天少则使用五六吨重油，多则八九吨甚至十几吨，燃烧一吨重油将产生20公斤二氧化硫，“70多家企业光二氧化硫排放每天就超过7万公斤”。

中国陶瓷产业总部基地工作人员表示，以前南庄70多家陶瓷生产企业，由于只涉及生产、加工、制造等产业链低端领域，区域生产总值只有几十亿元，而二

微评 >>

@南海微力：只有转型升级，才能增强城市的集聚效应和联动效应，整体提升经济社会发展质量。

@NOVA：经济下行对能耗高、产出低的传统产业冲击最大，只有现代制造业和战略性新兴产业才能为寒风中的经济输入抵抗力。

@xiaoxiaobenxiong：转型升级是必要的，因为没有任何一个国家能够靠做皮鞋牛仔裤、装配电子产品强大起来。

@张昊：廉价劳动力和土地是资本累积必要的过程。但现阶段廉价劳动力和土地已经不能赚取足够的利润，要么产业升级转型，要么慢慢死去。

@李小爷的幸福生活：随着社会发展，已无所谓廉价劳动力。企业人力成本上涨、人才流动加剧，都是企业加快升级改造的动力。

氧化硫日均浓度却达到惊人的每立方米0.111毫克。

在完成华丽的“转身”后，人们熟悉的“岭南水乡”重新回归。在绿岛湖畔，数千只久违的白鹭又回来了，1000多亩生态湖成为人们喜爱去的休闲中心，绿岛湖还被国家体育总局授予国家级全民健身基地“城市绿色社体家园”，旅游度假、体育休闲、文化娱乐等功能项目将孕育而出。

据了解，目前南庄工业总产值在年均增长20%以上的同时，二氧化硫的浓度却不增反降，如今浓度为每立方米0.055毫克，空气达到国家二级标准。

“岭南水乡”的回归，也让诸多高新科技企业“有凤来栖”。在健博通电讯实业有限公司新落成的大楼前，数年前污染严重的陶瓷工厂已不复存在，取而代之的是一家产值4亿元、成功研发出“神五”、“神六”、“神七”航天飞船返回舱地面搜救天线等3000多种天线产品的高新技术企业。

在产业转型升级的带动下，南庄加快融入城市中心的步伐，“岭南水乡”赢得了前所未有的机遇。

一沙一世界，一叶一乾坤。一个“建陶重镇”的变迁，折射出广东产业转型升级的蜕变历程。

亲历者说

珠海市金湾区委书记、航空产业园党委书记吴轼：

抢占航空产业先机

这些年珠海金湾区紧跟着广东省产业转型升级的脚步，以“中航通飞基地”为核心的航空产业，发展弥补了广东省的产业空白，并且纳入了全国航空产业的发展布局。作为我国经济结构调整中的新兴增长点，通用航空在“十二五”期间将迎来爆发式增长，并将带动相关产业链的迅猛发展。当前，我们主要围绕加快产业转型升级，提升产业竞争力，有效地转变经济发展方式，抢占通用航空产业先机。

我们区委、区政府提出“二次创业”加快产业转型升级步伐。经过近两年的产业发展，区内三大战略性新兴产业和传统先进制造优势产业有了良好的基础，龙头项目的带动效果明显。我们依托中航通飞项目，通过国际并购，通过吸引上下游产业的快速集聚，实现了产业集聚和与国际产业发展水平的同步。“十二五”期间，我们仍然需要坚持，继续推进航空产业发展，培育新兴产业，为率先转型升级、建设幸福珠海和加快建设珠江口西岸核心城市作出贡献。

省社科院竞争力研究中心主任丁力：

“转”的任务基本完成　“升”的问题仍是关键

总的来说，目前广东“转”的任务已基本完成，剩下的就是“升”的问题。

在转型方面，“双转移”战略已经为全国促进区域协调发展提供了良好的实践经验。不过，在“双转移”战略实施的具体过程中还是出现了一些难题。例如，如何让产业转入地区有利可图？将珠三角的劳动力转移出去后，珠三角的劳动力缺失问题怎么解决？如果这些问题解决不好，“双转移”战略的效果可能会打折扣。

在我看来，加快企业自主创新的步伐是产业实现“升级”的最佳途径。在这方面，位于佛山的广东蒙娜丽莎新型材料集团有限公司就做得不错。它先后投入1亿多元科研经费，率先在国内研制开发出薄瓷板、轻质无机多孔板等产品。50元/吨的陶土经过该公司的艺术加工后，可以创造5000元、甚至5万元的价值，还节省了原材料和劳动力。

佛山溶洲建筑陶瓷二厂罗淑芬：

南庄转型后空气好多了

公司在南庄设厂已经25年了。从一开始的100多人发展到现在的1000多人，我们一步步走来，见证着南庄的产业变迁。

以前的南庄空气，由于陶瓷粉尘太多，可以用白茫茫一片来形容，很多芒果树受到污染都“只开花不结果”甚至“不开花不结果”。

在转型升级之后，陶瓷企业在大气、排水、固废、粉尘等各个方面都提高了标准，以前的脱硫塔改成烧天然气，同时发展循环经济、固废利用等，如今南庄的空气比以前好太多了。

比如陶瓷废渣，以前的处理方式是填埋，企业得付230元/吨的费用，所以很多企业偷排。但我们公司通过技术攻关，将废渣重新利用到生产中。目前我们不仅自己产生的废渣全部回用，每天还从外面收购数百吨用量，从而实现了循环生产的目标。

（彭国华　赵晓娜　白庆虹　徐少申）

微评 >>

@lee：广东需要的是更多的研发、创新型企业，低端加工制造型企业可以向西部转移。

@你太肥了：民营经济发达的广东，要想在金融体制深化改革的道路上成为排头兵，重燃企业家们的热情，必须革掉陈腐机制的命，把职能部门的思维从管企业转到服务企业上来，才能从根本上激发民营企业进入金融业的热情和活力，让金融业真正成为转型升级和幸福广东建设的抓手。

@绝密档案馆：如此起点——诺基亚创建于1865年，生产纸品，1898年改行做胶鞋；三星起步于杂货店，并生产面条；任天堂起步于生产日本纸牌；夏普，起步于生产自动铅笔；松下，起步于生产插座；摩托罗拉，1928年成立时生产电池整流器。

4 幸福广东

释题

在2011年1月召开的广东省委十届八次全会上，中共中央政治局委员、广东省委书记汪洋作省委常委会工作报告时，首次正式提出“建设幸福广东”，“幸福广东”一词由此登上广东政治舞台，也写入了各种施政纲要中。

汪洋书记在全会上清晰、完整地阐释了“幸福广东”。建设“幸福广东”，就是要坚持以人为本，维护公平正义，保护生态环境，建设宜居城乡，改善社会治安，保障人民权益，畅通诉求表达渠道，满足民众文化需求，从而强化转型升级的目的依归和价值导向，使转型升级成果更好地转化成民众福祉。归根结底，就是要通过转型升级增强广东经济社会发展的均衡性、协调性、可持续性和核心竞争力，不断创造社会财富和公平分配社会财富，让人民群众共享发展成果，过上好日子，增强幸福感。

有专家指出，“幸福广东”是一种勇气和宣告，广东将以民众福祉为重，告别“唯GDP论”的政绩观。“幸福广东”蕴涵崭新风气，足以为广东的“十二五”规划破题。

近年来，广东凭实力迈入GDP超级大省俱乐部，拥有稳定而巨大的经济总量，这为幸福广东的重大转型奠定了基础。广东将未来五年GDP年均增长率定为8%以上，略高于全国，低于很多省份的预期目标，此举体现了广东的自信。而专注于民众生活、个人尊严、公民权利等方面，则表现了广东的理智。

加快提高民众的幸福指数，这是广东现在已开始的事业。

建设幸福广东，发展成果全民共建共享

2011年初，南粤大地刮起了“幸福”的旋风。

同年1月6日召开的广东省委十届八次全会上，省委书记汪洋在作工作报告时正式提出“建设幸福广东”，“幸福”一词在该报告中出现了40多次。“建设幸福广东”也与“加快转型升级”一起，被明确为广东落实“十二五”规划发展主题主线的核心任务。

以“幸福”作为广东发展的一个主题，这还是第一次。特别是对于30多年来，在改革开放路上经历过许多鲜花、荆棘的中国第一经济大省而言，“建设幸福广东”的提出，不仅是广东发展路径方向和价值取向的重大转变，也再次体现出处于转型关键时期的广东勇闯新路、敢为人先的气魄。

谋求“幸福”
广东破除“唯GDP论”以人为本

广东提出“建设幸福广东”，绝不是否定过去30年的发展，正是由于30年的发展提供了强有力的物质基础，现在才要重新发现“人”，谋求“人的幸福”

究竟是什么力量推动了广东发展理念的这一次转变？

在广东省委党校副校长陈鸿宇看来，“建设幸福广东”的提出不是一个短时间的运动，而肇始于新一轮的思想大解放。“有外地的朋友感觉广东从2008年的‘解放思想’到眼下的‘幸福广东’，之间好像不太有关系，其实这是一脉相承的”。

★推进发展成果惠及全民，广东出台了多项关爱外来工政策，并举办了一系列活动。图为在集体婚礼上，一名来自甘肃的新娘被来自四川的新郎高高举起。

实际上，2007年以来，广东的历次省委全会都有关于发展主题的阐述，而“解放思想大讨论”、“争当科学发展排头兵”等贯穿其间。这些主题可以看作是围绕继续解放思想，推进科学发展不断深化的过程。

省政府发展研究中心主任汪一洋解释说：“过去我们注重发展经济，但出现了诸如读书难、看病难、就业难、社保难等社会问题。这样就有了一些反思，包括2008年提出的新一轮思想大解放对‘见物不见人’的反思：唯GDP的取向越来越重，人们的幸福感却在下降，那我们发展的目的究竟是什么？”他说，我们不仅要重视经济发展，还要注重社会发展，而经济社会发展的目的就是人民幸福，以人为本。

省发改委副主任张军分析说：“将群众‘幸福’的诉求，上升为统领全省经济社会发展的一种核心理念，强调在创造物质条件的基础上，要更加注重群众幸福共享，更加充分地体现科学发展观以人为本的核心要求。”汪一洋也表示：“以建设幸福广东为主题，就是要改变唯GDP论。这就又回到科学发展观、回到以人为本上来，显示出广东对社会发展的认识更加深刻了。”

值得注意的是，2011年1月召开的省委十届八次全会处在一个特殊的时间节点——

"十二五"的开局之年。在这次会议上提出的发展主题，也将是广东"十二五"发展总的指导思想。

张军介绍，早在广东研究制定"十二五"规划建议的过程中，"建设幸福广东"的理念就开始逐步成形，经过反复调研、充分酝酿，最终在省委全会上确定下来。

当然，"广东提出这个目标，绝不是否定过去30年的发展，正是由于30年的发展提供了强有力的物质基础，现在才要重新发现'人'，谋求'人的幸福'。"熟悉广东省情的中国人民大学国际关系学院教授任剑涛说。

评价"幸福"
主客观标准强化科学发展理念

"幸福广东"指标体系体现的是一种全面发展的思维，强调"包容式增长"，提升了发展的内涵，这其实是"一种执政思维的嬗变"，更是对南粤大地群体价值观的一次重塑

★广东大手笔推进民生工程，使人民群众幼有所教、病有所医、老有所养。图为广州居民麦婆婆领到医保卡后笑逐颜开。

关键词 >>

■ 幸福广东指标体系

历经9个多月的酝酿与编制，2011年10月，全国首个省级幸福指标体系率先在广东出台。幸福广东指标体系由客观指标和主观指标两部分构成。客观指标体系称为"建设幸福广东评价指标体系"，将全省21个地级以上市按珠三角和粤东西北分为两类地区，并分别设置类别指标和差别权重。主观指标体系称为"广东群众幸福感测评指标体系"，主要是反映群众对幸福广东建设实现程度的感受。

■ 十件民生实事

2011年1月6日，在省委十届八次全会上，省委书记汪洋说，今后，每年省里都要做几件改善民生的实事，形成制度长期坚持。在随后的省十一届人大四次会议上，时任省长黄华华代表省政府承诺，2011年将集中力量为人民群众办好十件实事，内容涵盖扶贫、就业、教育、医疗卫生、保障房建设、城乡文化设施等民生热点。截至2011年底，十件民生实事圆满完成，其中还有不少任务超额完成。2012年，省政府提出为民再办十件实事，与2011年的十件实事相比，财政投入大幅增加，民生重点更加突出，2012年列入了两项全新的内容：改善外来务工人员工作生活条件、抓好食品安全。

幸福是什么？

"建设幸福广东"提出后，迅速在全省上下掀起了一场有关"幸福"的大讨论。

正如一千个读者心目中有一千个哈姆雷特，一千个人心目中也有一千种幸福感。人们普遍关注，广东将打造怎样一种人人普惠的幸福，"幸福广东"又将如何量化？

汪洋书记解释："幸福像花儿一样，但却不能像筐儿一样，什么都往里装。""建设幸福广东"，就是要坚持以人为本，维护社会公平正义，保护生态环境，建设宜居城乡，改善社会治安，保障人民权益，畅通诉求表达渠道，满足人民群众文化需求，从而强化转型升级的目的依归和价值导向，使转型升级成果更好地转化为人民群众福祉。

就在"建设幸福广东"提出当月，广东启动了"幸福广东"指标体系的研究和编制工作。2011年3月，指标体系面向社会公众征求意见。在反复的争辩、研讨当中，各方诉求得到充分表达，民众呼声得到充分吸纳，"幸福广东"的理念逐步深入人心，什么是"幸福广东"也越辩越明。

★保护生态环境、建设宜居城乡是"建设幸福广东"的重要内容。图为一对外国夫妇带孩子在广州发展公园游玩。

2011年10月11日，全国首个省级幸福指标体系正式出台。

在这个指标体系当中，包括了客观、主观两类指标。客观指标着重反映政府建设幸福广东的工作实绩，既设置了就业收入、教育文化等反映物质建设的指标，也设置了社会安全、权益保障等精神层面的指标。主观指标更侧重反映人民群众的主观感受，反映人民群众在精神层面更深层次的诉求。

张军表示，“幸福广东”指标体系的出台，有利于引导各级政府树立科学的发展理念，形成正确的工作导向，从制度上督促各级政府把建设幸福广东的各项工作落到实处。

“建设幸福广东”由此也正式成为了广东发展新的“指挥棒”。

一个明显的信号是，“十二五”期间，广东提出GDP增长目标为8%，相比“十一五”时期有所调低，也低于国内的多个省份。

有专家指出，“幸福广东”指标体系体现的是一种全面发展的思维，强调“包容式增长”，提升了发展的内涵，这其实是“一种执政思维的嬗变”，更是对南粤大地群体价值观的一次重塑。

感受“幸福”
办民生实事带来个人幸福提升

“真金白银”的投入，换来老百姓看得见、摸得着的幸福。广东开始把指标体系一步一步变成人民群众触手可及的幸福生活

有了量化可考的指标体系，广东开始把“建设幸福广东”这一美好愿景一步一步变成人民群众触手可及的幸福生活。

2011年，省政府承诺办好“十件民生实事”，着力解决群众反映强烈的热点难点问题。当年，全省财政民生投入达到4233亿元，占全省一般预算支出比重达到63%。就在这一年，广东压缩行政经费2%以及增加国有资本经营收益10%用于民生。一增一减，民生之重，自不待言。“真金白银”的投入，换来老百姓看得见、摸得着的幸福。

同时，珠三角绿道网不仅按时全线贯通，还日趋成熟完善。

而扶贫开发“双到”工作同样扎实。围绕“抓票子、盖房子、强班子”，智力、金融、产业等多种行之有效的扶贫模式各显其能，一种举全社会之力的“大

关键词 >>

■ 珠三角绿道网

2010年1月，省委十届六次全会上，汪洋书记提出了“一年基本建成，两年全部到位，三年成熟完善”的建设目标，并把绿道摆到了与轨道同等重要的位置，要将其打造成全国的标志性工程。2010年3月22日，珠三角绿道网在番禺启动建设。2011年1月5日，珠三角各市累计建设完成省立绿道2372公里，按时完成全线贯通的目标，规划确定的18个市与市之间城际交界面也全部实现省立绿道互连互通。2011年底，绿道网长度增至2828公里。

■ 基本公共服务均等化

为满足广大群众日益全面增长的公共需求、加快广东发展方式的转型，2009年12月，广东省政府印发了《广东省基本公共服务均等化规划纲要（2009—2020年）》，在全国率先编制了基本公共服务均等化规划。《规划纲要》提出，到2020年，全省基本建成覆盖城乡、功能完善、分布合理、管理有效、水平适度的基本公共服务体系，实现城乡、区域和不同社会群体间基本公共服务制度的统一、标准的一致和水平的均衡，全省居民平等享有公共教育、公共卫生、公共文化体育、公共交通、生活保障、住房保障、就业保障、医疗保障等基本公共服务，使基本公共服务水平在国内位居前列，在国际上达到中等发达国家水平。

扶贫”工作格局逐步形成。截至2011年底，全省已有31.5万户、134万贫困人口年人均纯收入达到2500元以上，分别占帮扶对象的85%、86%。农村居民收入实际增速创1981年以来新高，城乡收入比近8年来首次缩小到3倍以内。

“幸福广东”共建共享，广东也没有忘记外来务工人员，在“幸福广东”指标体系中，外来工工伤保险覆盖率成为政绩考核指标之一，而积分入户、“了解广东、热爱广东、共建共享幸福广东——万名外来工‘幸福广东游’”等活动也让外来工获得了实惠。

作为发达地区的珠三角城市，如何在“建设幸福广东”上带好头？佛山提出“调结构强市、惠民生富民”；江门实现城乡居民基本医疗保障“无差别待遇”，建设幸福侨乡；中山为集中力量办好十件民生实事投入超过21亿元……

在粤东西北，“快马”阳江实施“幸福追赶”，每年用于民生的财政支出占到地方财政一般预算收入的56%以上；梅州探索“绿色崛起”，大企业、大项目陆续进驻梅州带来超千亿元的投资……

仅一年多时间，务实的广东人再次用实践证明，“幸福广东”不是虚无缥缈，更不是纸上谈兵，“幸福广东”的大门正在逐步开启。

★广东各地紧密结合汪洋书记提出的“加快转型升级、建设幸福广东”要求，加大投资保障民生。图为市民假日在从化石门森林公园游玩。

南北连线

广东省政府发展研究中心主任汪一洋：形成理性和谐的“幸福文化”

广东省委、省政府把“建设幸福广东”作为核心任务，充分体现了广东落实科学发展观，坚持以人为本的发展理念，也体现出广东对社会发展的认识更加深刻。

坚持以人为本，不断提高人们的幸福感。过去我们把发展经济这一让人民群众更幸福的手段当成了目标，过分追求GDP，导致了许多社会问题。现在深化了对科学发展观的认识，提出建设“幸福广东”，这将使人民群众更多地、实实在在地感受到经济发展的成果。

民生幸福是加快转型升级的根本依归，也是建设幸福广东的主体工程。“建设幸福广东”应该成为地方制定、执行政策时的出发点和落脚点，通过抓实事，解决突出问题，整体推进社会建设。要通过保障和改善民生来实现“幸福广东”。通过产业转移、公共服务均等化解决区域间发展的不平衡，整体提升广东幸福水平。

新的领导干部落实科学发展考评体系和“幸福广东”指标体系是“指挥棒”，是制度保障。考核评价体系，不仅包含经济发展，还包括社会发展、人民生活、生态环境，改变了过去过分注重经济指标的不足，以此推动地方全面发展。

目前广东幸福指标体系有两套表：一套客观，一套主观。这是因为幸福本身是主观感受，但它又必须有一个客观的物质基础。比如有没有房子、收入水平、受教育程度、子女读书看病等基础的物质条件，都会影响到人们的幸福感。

在发展的初级阶段，人们的幸福感是随着物质条件的改善而增加的，但经济发展到一定程度，幸福感就会停滞，有时还会下降，呈现“倒U形”的轨迹，这时候主观感受对幸福感的影响就大得多了。比如美国，现在的生活水平比20年前高，但很多美国人并没有觉得比20年前更幸福。

因此客观物质基础和主观感受在幸福感当中是相互影响的。所以建立主观、客观两套表相结合的“幸福广东”评价体系是比较科学的。努力创造提高人民群众幸福感的物质基础，同时形成理性和谐的“幸福文化”，工作上不断进取，生活上知足常乐，创造事业，享受生活。

关键词 >>

■ 广东医改

广东医改在2009年拉开帷幕。至2011年全省各级财政新增投入420亿元，在3年内实现医保全覆盖。而2012年则计划投入4.4亿元启动15项公共卫生服务项目。此外，将建立基本药物供应保障体系，制定各级各类医疗机构使用基本药物的比例。从当年8月开始，广东新增480种处方药纳入限价管理范围，至此，省内大部分处方药纳入限价范围。

北 国家发改委社会发展研究所所长杨宜勇：建设“幸福广东” 广东人民得到了许多便利

2011年广东省将“建设幸福广东”和“加快转型升级”列为“十二五”规划的核心任务，这样的规划是广东经济社会发展到一定程度的必然步骤。现代中国不能一味追求经济的快速增长，应该把步调放缓，让人们有时间去享受生活，感受幸福。

在“建设幸福广东”的思路下，广东省委、省政府采取了很多实质性的举措，比如珠三角绿道建设、宜居环境建设等，这些政策给广大市民带来不少便利。但这些都是幸福的硬件，是幸福的必要条件而非充分条件。

幸福究竟是什么？幸福又属于主观的心理感受。“建设幸福广东”不仅要从硬件上加以保障，也要为幸福创造“软环境”，比如提供一个公平、公正的社会环境，增强居民的安全感，增强社会整体的责任感，培养多元化的价值观等。

“建设幸福广东”的实质是创造集体幸福，但集体幸福与个人幸福有很大不同，我们不能够以集体的幸福来掩盖个体的不太幸福、不幸福。无论是“幸福工程”，还是“幸福建设”，都必须扎扎实实地从消灭不幸福开始，比如国外的通货膨胀、失业率、收入差距、最低生活保障、有没有体面和尊严的生活等，这是我们要多加努力的方面。

广东人口众多，珠三角地区和粤东西北各地在经济社会发展上存在区域发展不平衡，所以“建设幸福广东”必定是一项需要长期坚持的任务，并非三五年就可以完成。“幸福工程”的建设要埋头苦干，多做少说，政府要努力创造好幸福的环境。

南沙蕉门河：绿道建设让臭河涌变CBD

4月的南国大地，春花吐艳，绿树葱茏。清明节假期，出外拜祭的广州市民比往年减少，去绿道踏青赏花成了市民的新兴选择。

樱花灿烂的蕉门河、山清水秀的流溪河、瓜果飘香的东莞麻涌农业园、鸟语花香的松山湖……宛如一条环绕珠三角的绿丝带，绿道网串起了广东9个城市的200多处森林公园、海岸河堤、风景名胜、文化古迹，吸引市民纷至沓来。

幸福蜕变
“西伯利亚”成了赏樱胜地

2012年清明假期，广州天河区的白领小宁再也不用奔波来回武汉看樱花了，“绿道开通以后，一家三口足不出城就有欣赏樱花的‘美事’，还可以腾出两天时间在家看看书。”

小宁所指的是南沙蕉门河的绿道。2011年3月，当地农业部门从数千公里外的山东运来了一批樱花成树，在河两岸的绿道亲水平台种植，不到一个月就开了花，当年游客就突破10万人次。今年，南沙的樱花早已名声在外，当地更专门举办了赏樱“踏青节”。

一边垂柳依依，另一边600多棵粉红的樱花娇艳欲滴，游客还可以泛舟河上，通过“水上绿道”体味两岸风景。不仅小宁这样的游客没有想到，连在蕉门河岸土生土长的老村民也慨叹家乡的变化。曾几何时，距离广州市中心城区约80公里的南沙，曾因经济落后、交通闭塞、水域隔绝而被称为这座城市的“西伯利亚”，而蕉门河更是“西伯利亚”中的一条几乎被遗忘的臭黑河涌。

“蕉门河虽然是珠江八大出海河之一，过去却是工业污水排放集中的纳污河，两岸满目烂船、窝棚、违章搭建，一派破落无序的景象。家里有点钱的，都纷纷搬离河岸了。”当地横沥镇的村民李伯说。

2009年末开始，绿道建设启动。蕉门河被纳入珠三角省立绿道网的1号线，一场拆违建、整堤岸、建游径、种花绿化的轰轰烈烈的绿道建设，将蕉门河的生态景观建设与南沙治水结合起来，令破败的蕉门河重生。

如今的蕉门河两岸，设了游艇码头、亲水平台、广场、照明系统以及人行道、绿地、园林小品等，绿化面积约18万平方米，各类树木与原生态植物相互搭配，形成了一道姹紫嫣红、景态万千的靓丽风景线，成为了广大市民日常休闲的好去处。

广州大学刚毕业的小周对此深有感触，他记得读书的时候，途经大学城和蕉门的地铁四号线，车厢里乘客总是稀稀落落，“一过了大学城南基本上剩下的人也下车了。绿道贯通之后，这一年，地铁拥挤了很多，许多人都是到了蕉门才下，一家老少就是为了来这里走绿道、看樱花”。

在绿道驿站，上午11时地铁蕉门站门口驿站的自行车已被租赁一空，记者沿绿道步行半小时来到位于樱花观赏区的蕉门河驿站，轮候租赁自行车的市民络绎不绝，其中不乏自驾到此赏花并体验“拜客”乐趣的。驿站工作人员介绍，樱花“落户”加上恰逢假日，这里的游客多了数倍。

风景靓了，人气足了。“通过绿道连接，把蕉门河打造成漂亮的景观带之后，附近的房地产已经大幅提价，升到了八九千元每平方米，而购买的人也越来越多。”南沙区政府一名干部告诉记者，南沙区政府将把蕉门河一带打造成区域行政、经济中心，“今后这里是南沙的CBD，而不是‘西伯利亚’。”

幸福解密
让市民共享发展成果

蕉门河的巨变是珠三角绿道网综合效应的缩影。事实上，在2010年的广东省委十届六次全会上，“绿道”才第一次被摆上了与会者的案头，作为一个新鲜事物出现。汪洋书记提出了“一年基本建成，两年全部到位，三年成熟完善”的建设目标。作为一项着重生态民生效应的工程，绿道被摆到了与轨道交通等经济发展同等重要的位置。

2011年初，“加快转型升级、建设幸福广东”确立为我省“十二五”的核心任务，初生的绿道更被委以重要使命——“绿道网是加快广东转型升级与建设幸福广东的结合点”。汪洋书

★蕉门河两岸成了一道靓丽风景线，成为南沙居民日常休闲的好去处。

记在多个场合表示，建绿道就是要以实际行动证明，高速发展的珠三角也能搞好生态，也能让民众享有高品质的休闲生活。

时光荏苒，转瞬一年，绿道贯通之后大受欢迎。以往，经济发达，人口、产业高度集中，土地开发强度大，是人们对珠三角城市的原有印象。如今，珠三角这片有“世界工厂”之称的土地处处交织着生意盎然、宁静宜人的绿色地带。三五成群悠闲漫步，结伴骑行散心，幸福的微笑成为绿道上人们最常见的表情。

过去，骑单车是收入低、交通落后的表现，现在是代表绿色低碳的潮流、时尚。

绿道通过推进生态文明和宜居城乡建设，全面改善民生，让广大城乡居民共

微评 >>

@静静teresa：哈佛大学有一门“幸福课”，告诉你幸福的真谛：什么带给我意义？什么带给我快乐？我的优势是什么？当你找到问题的答案时，那代表你也找到幸福了。

@吖lock：今天挤公交的时候，司机和乘客调侃，什么是“幸福广东”，我们要求很低嘛，坐车不挤就很幸福了嘛。不用6点半去医院排队，等到8点医生来，不用10点半离开，外加没人打尖，就是幸福。

享改革发展成果，打造幸福广东的新征程正从绿道开始一路往前延伸。

幸福持续
绿道成了“摇钱树”

多位经济学家曾说，GDP高不一定幸福，但物质基础贫乏更谈不上幸福。为实现“幸福广东”这一目标，广东也许将暂时放缓GDP的增速腾出环境容量，但珠三角省立绿道这条“幸福纽带”却没因生态建设而使经济放缓，反而让沿途特别是山区市县的特色产业得到了发展的新机遇，推动了城乡协调发展，这也成为广东绿道可持续发展的特色模式。

据《珠三角绿道网规划纲要》估算，珠三角绿道网可直接服务人口约2565万人，增加约30万个就业机会，带动社会消费约450亿元。广州市规划院副院长蔡云楠介绍，珠三角绿道每公里，平均每年能够带动2000万元的社会消费额，而每公里平均造价才120多万元。

于是，绿道不仅不是“赔钱路”，反而成了“摇钱树”。

从长远看，绿道要保持这种生态、民生、经济“三赢”的效果，离不开互利机制的建立。蔡云楠说，在绿道设计时，规划团队和各部门逐步把休闲娱乐、拉动内需经济、保护文化等要素增加进去，立刻赢得了地方上的大力支持。如今，尝到甜头的不少城市绿道建设已经不满足于省立绿道，自发争相“加码”。

幸福坦途，前景可期。按照设想，全省将建设区域（省立）、城市、社区三级绿道网络，从珠三角向粤东西北地区延伸并与港澳对接，远期目标是将总长上万公里计的绿道网互连互通，打造成为区域性的“绿色生活网络”和城市内部的“低碳出行”慢行系统。省住建厅透露，2012年全省要新增绿道2500公里以上，实现珠三角绿道网“三年成熟完善”的目标任务。

亲历者说

省住建厅副厅长蔡瀛：

绿道管护可学美国建立社会参与机制

在广东省，绿道方兴未艾，其能否真正为广大市民所接受和享用，关键在于公众的支持和广泛参与。我曾在美国留学，觉得美国绿道的一些经验值得借鉴。

美国大多数成功的绿道项目，都注重推行市场化、产业化的运营模式，发动社会公众参与规划建设和运营维护，确保绿道的公共产品属性得到切实体现。如科罗拉多州允许特定商家开发绿道沿线餐馆等设施，并由商家负责管理沿线相应设施并缴付一定的绿道维护费用等。绿道建设上采用多渠道资金筹集模式，包括政府财政直接拨款、将绿道建设与政府其他专项基金相结合、鼓励社会捐赠资金、发行绿道建设债券和福利彩票等。

省委党校邓小平理论与现代化战略研究所所长段华明：

广东社会活力在增强

从全局和深层次看，民生不仅是社会问题、经济问题，更是政治问题。“十件民生实事”就是通过把保障和改善民生抓好落实，进一步明确科学发展的价值取向和工作重点，使幸福广东的目标更明确，重点更突出。目前广东社会活力显著增强，同时社会建设和社会管理面临诸多新课题，特别是许多深层次矛盾和问题，大都与民生密切相关。解决重点民生领域人民群众最关心、最直接、最现实的利益问题，使广大人民群众享受到发展成果，就抓住了解决经济社会不平衡和影响社会和谐安定的关键。

东莞“打工作家”塞壬：

市民生活习惯在改变

打工者平时大多时间处于封闭式管理的厂区中，一到休息日或放长假，也会选择外出休闲放松。绿道的建成，为他们提供了一个新去处。这也是城市发展带给打工者、回馈打工者的一种福利。

我相信，绿道还会改变东莞市民的生活习惯。市民进入优美如画的绿道，忍心随地乱扔垃圾或者吐痰吗？良好的环境对人的行为和语言有约束作用。从城市发展的角度来说，绿道时代的到来，会改变东莞对外的刻板印象：经过几年的发展，东莞已是商贸业发达、适宜人居的城市，绿道的建成可以成为城市的一张新名片。

（卢轶　谢庆裕　赵晓娜　徐少申　白庆虹）

微评 >>

@愚公格言： 幸福，什么是幸福？因人而异吧！有人认为钱多就是幸福，有人认为家人健康就是幸福。我觉得人达到无欲无求才是真正的幸福！广东提出“幸福广东”的“十二五”目标，提得非常好，政府有这方面的意识和目标，让普通百姓有个盼头，让民众对我们的政府有信心。

@庄庄的微博世界： 到底什么是幸福？不是GDP增长值，不是一串串经济数据，甚至不是有房无房。幸福是让我们没有后顾之忧，不要生活在焦虑与恐惧中；是让我们敢于去做自己想做的事，敢于去实现理想、追求梦想；是让我们感到人间有爱，这个社会值得我们去付出、去奉献。

@炜双： 什么是幸福？今天在幸福广东论坛听到的几个版本：A.大家好，才是真的好！B.拥有健康的身体和家庭和睦就是幸福。C.既实现自己又促进他人是幸福。D.幸福就是吃饱穿暖，过上好日子。没有标准答案，你觉得幸福就好！

5 自主创新

释题

“破题”转型，重在创新。

五年来，广东科技自主创新工作始终坚持解放思想，树立世界眼光和战略思维，按照“大科技、大开放、大合作”的发展思路融入到经济社会建设中，对广东的转型升级和科学发展起到了关键的支撑引领作用。

“破题”创新，重在产业。在产业创新发展方面，科技支撑引领了现代产业体系，建设成效显著。特别是近五年间，广东高新技术产品产值从1.91万亿元增加到3.4万亿元，以LED产业为突破口，攻克一大批核心技术，有力支撑了全省战略性新兴产业迅猛发展。专业镇的转型升级成果也同样显著，近年来，广东大力实施专业镇“一镇一策”行动计划，把科技创新这个源头导进去，以“技术+服务”的形式加快专业镇转型升级步伐。

此外，广东积极发展科技服务业，促进现代服务业加快发展，迈上专业化、连锁化、网络化和集聚化的发展阶段。这些都使得广东以自主创新为关键的转型升级在产业发展中呈现了巨大威力。

更为可贵的是，这种巨大的产业威力有着多方面保证。比如科技合作有效集聚了各类国内外创新资源。仅对“三部两院一省”产学研合作新格局，5年来省级财政就投入了16亿元，带动地市财政投入100多亿元，为提高广东省自主创新水平、有效抵御国际金融危机的冲击、加快产业转型升级发挥了重要作用。此外，国际科技合作方面也创建了“哑铃形”国际科技合作模式，广泛集聚利用国外创新资源和前沿科技成果，继续加强与香港、台湾地区的科技合作与交流，加强深港创新圈建设。

高层次人才一直都是自主创新的关键因素。在此方面，广东全面贯彻省委有关做好高层次人才的引进、管理、使用和培养工作的精神，同时兼顾创新科研团队的引进和人才载体的建设，不断拓宽吸引和培育高层次人才的思路，不断优化创新环境，改革科技奖励和收益分配制度，有效调动科技人才的创新积极性，让“人”的因素不再成为创新障碍。

还有自主创新环境优化、核心技术攻关、重大科技专项等方面措施的实施和保障，使得广东可以集中优势兵力突破一批重点难题，并灵活吸引带动地市、企业和社会资金的投入，形成一个个新的增长点。

在民生科技领域，科技服务民生能力更是明显提升。比如，大力实施“广东农村信息直通车工程”，成为国家农村农业信息化试点省；积极发展民生科技事业，在低成本医疗器械等方面取得了丰硕成果，这些自主创新的实践都为“幸福广东”的建设贡献了力量。

立足自主创新，“广东创造”引领经济发展

阳春三月风，南粤木棉红。珠三角，这片经受过金融风暴考验的地区，如今在科技创新大旗的引领下，高新技术产业蓬勃发展、新兴产业迅速壮大，传统产业转型升级，处处让人感受到广东经济从“广东制造”向“广东创造”转变的澎湃春潮。

“这五年，广东的科技工作迎来了大发展、大跨越的春天，企业、高校、科研院所的创新创业积极性都被调动起来，开创了科技工作的全新局面。”广东省科技厅厅长李兴华感慨地说。

在省委、省政府建设创新型广东的战略部署中，广东是如何借力自主创新破茧，助推“广东制造”向“广东创造”蝶变的？

制度保障
多项目政策支撑创新型广东建设

随着《广东省建设创新型广东行动纲要》、《关于加快吸引培养高层次人才的意见》等政策性文件相继出台，省政府促进企业自主创新政策联席会议制度实施，企业研究开发费用税前加计扣除等政策落地开花，建设创新型广东的新局面被迅速打开

改革开放以来，广东承接国际产业转移，走出了一个外向带动的经济发展模式。然而，在取得巨大成就的同时，也出现了产业层次偏低、自主创新能力

★佛山市禅城区通过建设省部产学研结合基地和产学研结合示范区，探索出一条“以政府为主导，企业为主体，高校、科研院所为技术支撑，以市场为导向，以项目为纽带，以基地为载体，产学研紧密结合”的新路子。

不强、区域发展不平衡等一系列深层次的矛盾。

这些深层次矛盾存在着巨大隐患。果不其然，2008年国际金融风暴的滔天巨浪使广东产业发展的短板暴露无遗。一大批没有自主技术、自主品牌的加工型企业被逼入绝境。

在这严峻的形势下，广东吹响了转变经济发展方式、开展自主创新的号角。在解放思想大讨论、大调研的基础上，省委、省政府于2008年开始实施《珠江三角洲地区改革发展规划纲要（2008—2020年）》、《广东自主创新规划纲要》两个重要的规划纲要，科学系统地谋划了建设创新型广东的新蓝图，先行先试地开展促进自主创新的综合试验。

一轮思想风暴开始后，《广东省建设创新型广东行动纲要》、《关于深化省部产学研结合工作的若干意见》、《关于加快高新技术产业开发区发展的意见》、《关于加快吸引培养高层次人才的意见》等政策性文件如雨后春笋相继出台；省政府促进企业自主创新政策联席会议制度开始实施，企业研究开发费用税前加计扣除、高新技术企业认定等政策指南落地开花，瞬间打开了建设创新型广东的新局面。

创新方式
先行先试加速科技经济融合

广东在全国率先启动了省、部联合推进产学研结合试点工作，并在全国开了以政府名义、团队形式规模化引进高层次人才的先河……这些“率先”与“首次”让科技工作迅速转化为经济主战场的重要战斗力

广东经济需要转型，就需要形成新的发展方式，实现新的增长方式转变。在省委、省政府的一系列政策驱动下，广东把自主创新作为转变经济发展方式的核心推动力，使科技工作快速融入经济主战场，并取得了显著成效。

为了突破科技资源匮乏的瓶颈问题，广东在全国率先启动了省、部联合推进产学研结合试点工作，与科技部、教育部、工信部和中科院、中国工程院全面合作，引导和支持全国院校与广东省产业界开展产学研结合。

为了解决高层次人才缺乏的问题，广东在全国开了以政府名义、以团队形式规模化引进高层次人才的先河，两批共引进31个创新科研团队；从最高支持金额达1亿元，到工作经费一次性下拨到位、30%经费可用于人员费、2%经费可自由支配等引才重大创新政策相继落实。

如何使自主创新能力和产业竞争力实现“双提升”，也成为广东亟须面对的问题。对此，广东的方向很明确，就是要有明确的抓手：抓高新区“二次创业”，抓专业镇转型升级；要有具体的产业调整：抓战略性新兴产业，培育新的经济增长点，抢占新制高点。

为了充分引导高新区真正成为高端产业集聚区，省委、省政府2009年提出了一系列扶持高新区建设发展的政策措施。目前，高新区以占全省0.2%的土地面积创造了全省约1/6的工业增加值、1/6的出口额、1/3的高新技术产品产值。高新技术产业在国际金融危机中逆势上扬，成为广东经济发展的支柱……

这些“率先”与“首次”让科技工作迅速转化为经济主战场的重要战斗力。而专业镇和战略性新兴产业发展，亦各自形成了鲜明特色，为广东抢占新一轮经济增长点和发展主动权作出了重要贡献。

关键词 >>

■ 企业科技特派员

2008年，受国际金融危机的影响，广东一些企业受到冲击，对科技创新的需求更加迫切。教育部、科技部和广东省政府启动了“省部企业科技特派员行动计划”，每年从全国高校、科研院所中选派一批中青年教师或科技人员到广东科技型企业驻点，服务企业发展。这项计划的实施，掀起了全国高校、科研院所的专家教授到企业去、到车间去、到生产一线去的热潮。从2008年起，累计共派出企业科技特派员共5291名，这些特派员来自全国273所高校和科技机构，进驻2822家企业，帮助企业大幅提升技术水平和国际竞争力。

■ R&D经费占GDP比重

R&D经费占GDP比重是指全社会用于科研与试验发展活动的经费支出占国内生产总值的比例，是评价一个国家或地区科技创新能力和水平的主要指标之一。“十一五”期间，广东R&D经费占GDP比重快速提升，2010年达到1.76%，扭转了十多年来一直落后于全国平均水平的状态。2011年，更是上升至1.85%。

助推转型

广东自主创新促进工作法制化

目前，广东区域创新能力综合排名连续4年位居全国第二，创新绩效等指标位居全国首位。今年3月，我国首部自主创新地方性法规——《广东省自主创新促进条例》开始实施，标志着广东自主创新促进工作进入了法制化阶段

经济发展方式转变是一场攻坚战，只有凭借自主创新的支撑引领，才能在这场战役中掌握主动、收获战果。近年来，广东让科技唱主角，破茧成蝶，硕果累累。

2011年，全省高新技术产品产值达3.4万亿元，增长17%，约占全省工业总产值的30%。全省高新区工业总产值突破1.5万亿元，同比增长约20%。战略性新兴产业加快发展，实现产品产值1.5万亿元，增长24%。全省专业镇经济规模突破1.5万亿元，增长16%，成为区域经济的重要增长极。

一个个数据让科技显得前所未有的重要。目前，广东区域创新能力综合排名连续4年位

★在东莞现有的产学研合作中，政府、企业和高校都在寻求各种各样的对接方式。图为技术人员正在进行模拟试验。

居全国第二，创新绩效等指标位居全国首位，科技综合实力继续稳居全国第一梯队。全省技术自给率达66.8%，加快实现从对外技术依赖型向技术自给型转变；研发人员达38万人，创新人才队伍不断发展壮大；发明专利申请量和授权量分别达52012件、18242件，位居全国第二位和第一位。

更为可喜的是，2012年3月，我国首部自主创新地方性法规——《广东省自主创新促进条例》开始实施，自主创新促进工作进入了法制化阶段。

"科技的地位和作用从来没有像今天这样重要，科技发展的紧迫性从来没有像今天这样突出。"朱小丹省长在2012年的全省科技工作会议上如此强调。在新形势下，自主创新助推广东转型升级，广东正以乘风破浪之势扬帆前行。

南 北 连 线

南 广东科技发展战略研究院院长曾祥效：
广东自主创新为经济转型提供有力支撑

近五年来，广东在推动经济由要素驱动向创新驱动转变中，充分发挥政府的引导力和创新资源的整合作用，大胆探索，取得明显成效。

早在2007年，广东省委开展解放思想大调研时就找出了经济发展的症结是创新能力不足，提出了要大力提高自主创新能力的思路；2010年省委十届六次全会，汪洋书记明确提出，把自主创新作为加快转变经济发展方式的核心推动力。省委、省政府在推进经济转型中，通过政府的号召、政策的导向，引导企业等社会力量转到提高自主创新能力上来。五年来，各级政府投入到自主创新的引导资金明显提高，带动了企业的创新投入。全省的研发费用占生产总值的比重，从五年前的1.3%提高到2011年的1.85%。

五年来，创新资源整合力度不断加大，这是广东创新能力提高的重要举措。在2007年，广东的技术自给率为53.9%，大量的技术设备要靠引进。要提高技术自给率，除了促进创新的主体之外，还要开展合作创新。广东在全国率先建立"三部两院一省"的产学研创新合作机制，把国内优秀的创新资源吸引到广东，为广东的经济发展提供技术的支撑；在国际上，建立了"哑铃形"的国际科技合作新模式，把先进的国际技术吸引到广东实现产业化；特别是针

关键词>>

■区域创新能力

据科技部《中国区域创新能力报告》，广东的区域创新能力综合排名已跃居全国第一梯队。自2008年起稳居全国第二，创新的经济绩效和创新环境等多项分指标位居全国第一。在建设国家大科学工程（散裂中子源项目）、获得国家自然科学一等奖成果等方面，实现了零的突破。研发（R&D）人员规模跃居全国第一，引进一批以诺贝尔奖科学家为代表的创新科研团队。在超材料、基因组、中微子振荡、新能源汽车等领域，跻身世界领先或先进行列。

■技术自给率

全省加快实现从对外技术依赖型向技术自给型转变，技术自给率从2007年的53.9%快速上升到2011年的66.8%，对外技术依存度降至33.2%。

对全球金融经济危机的具体形势，开展人才抄底，推进高端创新人才团队的引进，使得广东的科技创新在充分利用和整合国内外创新资源的基础上展开。因此，广东的区域创新能力从2007年的全国第三提高到2011年的全国第二，技术自给率也从五年前的53.9％提高到2011年的66.8％，为广东的经济转型提供了强有力的技术支撑。

北 中国科学技术信息研究所副所长赵志耘：
广东率先解决了科技与经济“两张皮”的问题

广东的科技工作走在全国前列，最突出的表现是广东科技基本解决了科技与经济“两张皮”的问题。过去，从中央到地方经常说这“两张皮”难以融合，而先行先试的广东，科技发展与经济发展已经密切结合。

广东是全国出口导向比例较大的地区。在全球金融危机中，广东依靠科技实现产业转型，依然保持强劲增长势头。这里面科技作了很大的贡献。

广东的财政收入居于全国前列，使科技投入增长与经济增长同比增长，甚至高于经济总量增长速度。这样，科技有了经济作后盾和支撑后，就有能力推动经济转型。我们来粤调研新兴科研机构，就发现很多典型是在广东这个“敢于吃螃蟹”的地方才能做得这么好的。整体上，广东科技工作发展的主线，即科技与经济密切结合是抓得非常对的，通过科技去促进发展方式转变和解决资源环境瓶颈问题。

另外一个最深的感受是，广东科技体制改革作了一些大胆尝试，建立起以企业为主体的技术创新体系。这是未来长久发展过程中需要解决的创新动力机制问题。我们都知道，创新动力来源于企业、市场。广东科技发展得比较好，是天时、地利、人和共同作用的结果。经济总量、领导魄力、企业家和科研人员的创新精神，缺一不可。这么一个结合就是我们科技和经济腾飞的基石。

东莞制造工程研究院：产学研成就“科技大款”

位于武汉的华中科技大学是我国工科院校的“大腕”，拥有24位两院院士、35位长江学者特聘教授以及7个一级国家重点学科。

2008年，在广东大力鼓励产学研结合的形势下，这所高校也派人南下，在中小企业最密集、政府推动产学研最积极的东莞，成立了东莞制造工程研究院。几年来，工研院在与广东开展产学研合作中，奔跑得最快最欢，成就最为显著，其产值2011年是3亿元，而2012年预计为5亿元。

该院常务副院长张国军说，自己爱上了珠三角——这块有经济发展活力、有科技发展潜力的热土，甚至在东莞安了家。

机遇
企业对科技的需求提高

为了引进能够支撑产业核心竞争力的科研力量，广东省及东莞等地都资助外地院校来粤设立机构。东莞、深圳等市的支持可谓是大手笔。

东莞工研院就得到广东省科技厅400万元、东莞市政府1.2亿元经费的支持，于2008年建成上万平方米的建筑。

但当时东莞数以万计的企业，靠着来料加工也能过上好日子，大多数并没有自主创新的动力。如何让企业认识到创新的威力以及外地院校的实力，张国军从大学讲坛上走下来，转变角色，成为走镇串厂的“科技经纪人”。

他深有体会地说：“工研院成长的这五年，就处在一个绝好的机遇期。

随着广东省及东莞市不断地推动企业转型升级，以及企业在市场竞争中提高了认识水平，其对科技创新的需求明显增强了。加上这几年全球发生金融危机以来，以外向型经济为主的东莞，尤其感到出口市场的压力加大。一方面生产企业要提升竞争力，来争取客户；另一方面国外的客户如今不仅是看产品的价格、质量，还重视产品的无害性、生产过程对环境的无害性。这些因素致使企业迫切地要靠科技的宝库，来为自己在激烈的竞争中争取主动权。”

工研院作为国家科技部的技术示范机构，迄今服务企业2000家，在北京、上海、武汉和广州已经设立办事处，工研院也成了成果满仓、客户如云的“科技大款”。

工研院不仅有本校的科研实力作后盾，还有6个国家级科研平台在东莞建立分中心，并自建了一支更切合珠三角实际的创新服务队伍。张国军说：“原先，有人说工研院应定位为华中科大的办事处和窗口。我觉得这种说法不对。高校的科研成果到生产应用是有距离的，而

★东莞华中科技大学制造工程研究院大楼竣工典礼。

我们要消除这个距离，将青苹果变成红苹果，才能真正推向企业。”

这五年来，工研院不断壮大研发实力，团队从30人增加到500多人。2011年还建立广东省重点实验室，并牵头设立了东莞第一个国家“863”重点项目——中小企业云制造平台。

华中科大的机械类专业是强项，拥有5位院士。因此，工研院为企业服务最多的也是这方面，有毛纺机、木工机、墙材机和模具装备等。近年来，随着物联网服务业的兴起，他们将重点转移到有关的核心装备的技术研发和服务。他们筹集了4000多万元购置先进的设备，为企业提供设计、激光加工和检测等高端服务。

过去产品附加值较低的广东志成冠军集团有限公司，经过与华中科大及工研院的技术合作，研发出了多项填补国家空白的高端新产品，产品结构得到极大优化。公司在几年内年销售收入猛增十多倍、年利税增长20倍。该公司与工研院合作成立的志成华科公司，主要生产LED的检测分选装备。其投产不久，预计2012年的产值将达到几千万元。

多媒体融合器也是工研院的强项。依托其技术成立的闪图科技公司，自主研发了大屏拼接融合设备、互动软件、模拟仿真台、多媒体控制、图像拼接等技术和产品。在为世博会中国馆、北京馆等开发多媒体展示产品后，2011年闪图科技公司接到的订单超过1亿元，包括茅台酒公司和三一重工在内的著名企业也成为他们的客户。

秘诀
“两张皮”融合育“良驹”

科研与生产过去常常被形容成“两张皮”，指它们难以真正地融合。工研院在这几年较好地融合了这“两张皮”，还培育出完全合二为一的“良驹”，即孵化出最新科研成果转化的企业，为当地培育出新的经济增长点。

张国军说，对于工研院来说，“创新、创造、创业”是基本定位，也是工研院发展的三个不同阶段。经过4年左右的发展，工研院基本完成了“创新、创造”的发展阶段，目前正处于“创业”阶段，需要一个好的孵化平台，将前期积累的优秀技术和成果以及产业资源进行孵化，并发展壮大。同时，利用工研院的技术优势及专业判断力，引进、选择产业界的高科技成果或具有高成长潜力的中小企业进行孵化，在松山湖国家级高新区形成物联网、LED等战略性

微评 >>

@罗村小管家：“一对一”对接，科技和需求对接，企业科技特派员受到企业热捧。降低企业成本，服务共性需求，科技创新服务平台管大用。变单打独斗为抱团创新，产业创新联盟促进合力最大化。

@元业伯乐科技：广东省财政性资金设立的自主创新项目，其人力资源成本费最高可达到项目经费的30%，其中软科学研究项目和软件开发类项目，人力资源成本费可达50%。广东省主动大幅提高人员经费占科研预算的比例，对科研人员来说是一种信任、一种激励。

★广州获颁国家创新型城市试点。图为亚运科技成果展上小朋友“试驾”新型电动车。

新兴产业的集群式发展。

工研院谋划的这一新方向，也与企业发展的需求相吻合。该院在近年来与企业合作，成立了7家高科技实体公司，另外还与松山湖管委会合作，建设了4.3万平方米的“松山湖华科产业孵化园”，主要从事科技成果转化、产业孵化、股权投资等活动，为院所的科技成果转化提供孵化服务，为科技型中小企业提供创业服务，发展战略性新兴产业。

如今，刚刚落成的3座颇有气势的6层大楼，已经有5家企业入驻。这里预计可以容纳30家较大规模企业以及40余家“小微企业”。对于后者，孵化园将采取减免租金等方式予以培育。

张国军笑着说：“我以后的工作重点和办公室要转到孵化园。因为工研院是为现在的企业服务，而孵化园是为未来的企业服务。”

工研院不仅是华中科大与企业合作的平台，也向国内外科研力量开放。2010年，该院引入以香港大学李泽湘教授为首的运动控制团队，入选广东省第一批引进的创新团队。为了让更多企业认识到智能控制对传统产业的改造前景，工研院开办了6期运动控制的讲习所，被戏称为“农民讲习所”，200多名企业主和技术骨干参加。在该专业拥有国际知名度的李教授，亲自参与讲课。一些企业老板听课后，还将专家们请到企业去做咨询。

张国军概括工研院的功能是“扬帆起航，带动企业，引领产业”。

微评 >>

@林涛_戾天飞鸢：广东在推进产学研合作方面有一种大开放的思路，至少敢于去设计一种顶层框架。在各种探讨的背后，其实要干的事情就是建研究生院、依托各院系建各种平台，吸引科技人才来粤创新创业，引进更多科技成果来粤转化。也许这是打破教育与产业体系鸿沟的一种努力！

亲历者说

易步机器人公司董事长吴细龙：

创新，让企业找到了新生

我是1992年南下来到广东东莞打工的。后来，我凭着模具技术，与朋友合开了一家模具厂。

模具厂本来发展还顺利，年产值有2500万元。不料金融危机一来，厂子订单少了一大半。当时，东莞市政府号召企业转型升级，组织我们到松山湖高新区去听课。我自己也深深感到：除了市场因素，我们的技术和设备也落后了，不创新就只能等死。

这时，华中科大的教授向我推荐一个项目，是由在校的研究生团队搞起来的，利用动态平衡原理来控制的代步机器人。尽管大部分朋友劝我不要冒险，但我还是被灵活有趣的样机吸引了，毅然与研究团队和华中科大东莞制造工研院三方合作，成立易步机器人公司。我们先后投入2500万元，并让年仅24岁的研究者周伟担任了总经理。

如今，公司成立不到两年，机器人公司显示出很好的前景。我们是全中国首家推出这种机器人技术的企业，已经申请了25项专利，投产几个月的销售额已经超过1000万元，有一半产品出口。我们现在又进行技术升级，其自身重量从18公斤减少到13公斤，智能性也更强，速度更快。美国的同类产品售价为1万美元，而我们则为1万多元人民币。如今，首都机场、深圳边检和大运会的安保人员巡逻用上了它。我们有了20家国外代理商。2012年预计产值会超过1亿元。

我由衷地感到：政府的号召和我们的行动都是对的。利用自主创新来转型升级，令我们找到了新生，找到了前程。

肇庆市委常委、肇庆高新区党委书记刘龙平：

创新令“丑小鸭”变“金凤凰”

肇庆高新区是十年前落户肇庆市大旺的。它虽然地处珠三角核心区边沿，但在各级领导的高度重视和高新区人的努力下，特别是乘着广东省“双转移”的战略机遇，得以超常规、跨越式地发展。2011年，我区实现GDP、工业总产值、财政一般预算收入比2002年增长48倍、128倍、57倍。2008年竞得省首批示范性产业转移园，2010年升级为国家高新区。

肇庆高新区从一般加工贸易型的园区发展模式，走上了“金融+科技+产业”的园区发展模式。我感到，首先是科技创新成为了高新区的脊梁，令“丑小鸭”变成“金凤凰”。我们近年来出台了一系列支持创新创业的政策措施，区财政设立了1亿元的科技发展基金，重点用于支持创新体系建设以及中小企业自主创新能力的培育，并且已经建成科技企业孵化器和加速器，形成了电子信息、金属新材料、装备制造和生物医药四大产业集群。

区内以骨干企业为依托，建立了国家级和省级工程中心、技术中心和实验室15家，还有博士后工作站、院士专家企业工作站3家，并与清华大学、中科院等校所开展合作。区内高端人才集聚效应明显，引进了海外高端人才32人，硕士、博士1300多人。 2011年我区申请专利415件，比2010年增长3倍多。2012年已有一个项目获得广东省科技进步一等奖。

企业自主创新的动力在逐年加强。比如，我区龙头企业之一——亚洲铝业在2003年进区时，已经比迁出地提升了工艺技术、生产规模和产品档次。2008年该厂进行第二期工程时，又再次自我提升，从生产建筑型材到生产工业板材。2011年投产后所产出的航天航空、汽车和易拉罐材料附加值提高两倍以上。

2012年在全球严峻的经济形势下，我们区招商引资还是客似云来，第一季度就有24家企业入驻，投资额达到129亿元。

中科院顺德工业与信息技术研究中心总经理陈冰冰：

产学研在市场的牵引下才能走得好

我是2008年来到广东从事产学研工作的。2009年，中科院与广东省开展产学研合作，顺德区向中科院提供1000多万元科研经费，鼓励我们与这里的企业开展产学研合作，于是中科院计算技术研究所顺德分所和顺德工业与信息技术研究中心成立了。为什么要成立公司呢?

科研人员希望成果能够被企业应用，但要达到这个目的并不容易，因为院所的研究成果与企业的应用要求是不一致的。我们成立公司，才能向客户的要求靠近，将利益与其捆绑在一起，达到共赢同发展。这也就是说：产学研在市场的牵引下才能走得好。

佛山及顺德一带，作为全球著名的制造业基地，面对金融危机、招工难、成本增加带来的压力增大。其实，金融危机是大浪淘沙的时候，也是科技创新的机遇。有远见的企业，为未来更好的发展投入创新。我明显感到，如今企业转型升级的愿望越来越强，可以说是老板在追着我们，争取科研方面的合作。

一项技术往往牵涉到多门学科的综合知识，企业没有能力找到这么齐全的专业技术团队。而我们的优势在于中科院系统有多个学科的顶尖技术力量，可以集结材料、纳米、机电、软件、化学等学科的成果和专家，为客户进行全面的技术服务。另外，我们的科技服务也在升级，不是停留在一个项目一个技术问题的解决，而是深化高端科技服务，即联合企业、行业、产业，以及其他科研院校，甚至国外的专家，来打通解决整体技术问题的发展路径，打造行业的标准要求。这样，不仅是令与我们合作的企业得益，也令它们下游的中小企业得益，服务的价值就更大了。我有信心，这里会形成一个信息化技术的生态圈。

（徐林　林亚茗　辛均庆　陈丽园　邓媚　叶青　方斌）

微评 >>

@梁傑JeffreyLeung：广东现今面临着高新技术产业转型同起步，希望能够在金融业同软件科技产业两条线上取得发展和突破。广州已计划连同佛山打造金融产业高新区和员村国际金融城。软件产业方面，我曾经同中大管理系教授交流过，认为南沙区同四会大旺高新区都具有很好的软实力发展潜力，只要资源方面予以配合能收到很好的成效。

@義忠仁_周洁莹：广州开发区汇集不少世界500强企业，建议与之合作，建立大学生实习基地。

6 社会管理

释题

2011年以来，从中央到地方，从高层决策者到基层群众，“社会建设”、“社会管理创新”频繁出现于中国社会话语体系之中。

2011年初，中共中央总书记、国家主席胡锦涛等中央领导同志在省部级主要领导干部社会管理及其创新专题研讨班上发表了重要讲话。随后，党中央、国务院出台了《关于加强和创新社会管理的意见》，对社会管理创新提出了明确要求。8月中旬，胡锦涛总书记在广东视察时要求广东进一步推进以改善民生为重点的社会建设。

过去，社会成员隶属于不同的“单位”，形成独特的“单位人”现象。如今，“单位人”已转变为自主性越来越强的“社会人”，社会形态从紧密型走向松散型。这种变化的影响表现在两个方面：一方面，社会阶层不断分化，社会矛盾日渐凸显；另一方面，公民参与社会事务的热情日益高涨。但是这种热情带有一定的自发性和盲目性，增加了社会运行的风险，迫切需要把分散的“社会人”重新组织起来，引导人民群众有组织和有秩序地参与社会管理和公共服务。

于广东而言，社会建设与“幸福广东”相伴相生，是一对“孪生姐妹”。经过30多年经济高速发展，广东率先遭遇社会层面的种种难题，而这些问题如果不解决、社会结构得不到优化调整，社会经济发展将难以为继。为此，广东于2011年出台了社会建设“1+7”文件，这些文件共同构成了广东社会建设的政策体系，也明确了工作任务。

创新社会管理，简政放权惠民善治

改革开放30多年来，广东经济高速增长，社会财富“蛋糕”越做越大，同时也遇到社会层面的种种难题。2011年7月，中共广东省委十届九次全会专题研究部署社会建设工作，把社会建设摆在与经济建设同等重要的位置。这意味着对广东发展战略进行一次重大调整，推动新一轮的社会领域改革和创新。2012年2月27日，广东省首次社会工作会议在广州召开，提出广东要加快建设适应社会主义市场经济发展的“大社会、好社会”，加快建设与社会管理创新要求相适应的“小政府、强政府”。

寻求善治
经济社会失衡矛盾凸显

作为改革开放的前沿阵地，广东比国内其他地区更早尝到经济社会“一条腿长、一条腿短”的苦头，对社会管理创新的渴望异常强烈

从2011年初省委十届八次全会提出“加快转型升级、建设幸福广东”，到同年上半年省委高层频密调研社会管理创新，“问政于民、问需于民、问计于民”，从省委十届九次全会专题研究部署社会建设工作，到省、市、县（区、市）三级社会工作委员会建立，广东谋求社会善治的努力贯穿始终。

作为改革开放的前沿阵地，广东对社会管理创新的渴望异常强烈。经济社会多年来呈现失衡发展，社会管理体制改革与经济体制改革在一定程度上存在

★广州市青年社会组织孵化基地在广州市青年文化宫举行落成仪式。图为团市委领导向专家团队代表授聘书。

脱节，一些矛盾进入凸显期。与国内其他地区相比，广东较早地尝到经济社会“一条腿长、一条腿短”的苦头。社会管理任务重、压力大，社会矛盾和社会问题早发多发，触点多、燃点低。

经济基础决定上层建筑，当我们开始告别短缺型经济状态，物质生产越来越丰富，并且经济体制也由计划经济向市场经济转型之后，整个经济基础已经发生了深刻变化，必然对其他领域的改革提出新的要求。

2011年1月，中共广东省委十届八次全会召开，提出“加快转型升级、建设幸福广东”，拉开了广东加强社会建设、创新社会管理的大幕。

人民群众最需要什么？基层社会治理有哪些经验？省外、国外将给广东带来哪些借鉴？为了摸清这些问题，广东高层频频走出珠岛、离开大院，深入街道、社区、乡间、企业，足迹遍及省内省外和境内境外，针对社会管理创新“问政于民、问需于民、问计于民”。

在这场调研中，领导重视的程度前所未有，调查研究的深度前所未有，征求意见的广度前所未有，社会参与的热度前所未有。来自基层的经验、智慧不断汇集，民意表达的通道不断畅顺，人民群众的主体地位不断凸显。同时，调研也发现很多社会发展的深层次问题和群众最为迫切的呼声。这些都成为省委、省政府进行决策的前提和基础。历时半年的深入调研在中共广东省委十届九次全会上交出了答卷。

频出良策
“1+7”构建政策体系

2011年，《中共广东省委、广东省人民政府关于加强社会建设的决定》以及7个配套文件集中出台。这些文件共同构成了广东社会建设的政策体系，也明确了工作任务

2011年7月11日，是在广东加强社会建设、创新社会管理进程中具有纪念意义的日子。当天开幕的省委十届九次全会专题研究加强社会建设和创新社会管理，并作出全面部署。这次历史性的会议审议通过了《中共广东省委、广东省人民政府关于加强社会建设的决定》（以下简称《决定》）。

《决定》是广东社会建设政策体系的核心与精髓，设定了八个方面的目标任务，为广东加强社会建设作出了顶层设计。总体目标是：经过五到十年的努力，健全和完善党委领导、政府负责、社会协同、公众参与的社会管理格局，探索和实践社会建设与经济建设、政治建设、文化建设协调发展的新路子，为全面建设小康社会、率先基本实现社会主义现代化提供重要的社会支撑，创造良好的社会环境。

为了实现这一目标，省委、省政府及相关部门一口气集中出台关于加强社会建设的7个配套文件，涉及社会体制改革、建设服务型政府、社会组织管理、人口服务和管理、社会工作人才队伍建设、社会建设信息化以及城市社区居委会、村民委员会建设等多个领域，与《中共广东省委、广东省人民政府关于加强社会建设的决定》主文件一起构成广东省加强社会建设的政策体系。

随后，全省深化体制改革工作会议在汕头召开。《关于深化广东省城乡医疗保障体制改革方案》、《广东省住房保障制度改革方案》、《关于广东省进一步培育发展和规范管理社会组织的方案》提交会议审议讨论，也把社会管理创新进一步引向深入。

在政策体系逐步完善过程中，东莞坤叔助学团队加进了一段恰逢其时的插曲。东莞公益人士张坤从1988年开始开展助学活动，一手创办了坤叔助学团队。该团队想以“东莞市千分一公益服务中心”的名称，向东莞民政部门申请登记注册。但是民政部门却认为“千分一”字号涉嫌摊派，不予登记。

2011年国庆节前夕，汪洋书记对《南方日报》报道的《坤叔公益团队“转正”受挫背后》作出重要批示，要求有关部门要转变观念，努力成为社会公益和社会慈善发展的助推者，而不是障碍。规范社会公益组织发展重在监管，而

关键词 >>

■ 五自四无

广东早在2006年初就在全国率先对行业协会管理体制进行改革，把行业协会的业务主管单位改为业务指导单位，取消前置性审批，实行直接登记和“五自四无”，推行行业协会民间化和自主性。

“五自四无”即自愿发起、自选会长、自筹经费、自聘人员、自主会务和无行政级别、无行政事业编制、无行政业务主管部门、无现职国家机关工作人员兼职。广东省2012年将全面推进社会组织民间化、自治化和市场化。社会组织全面落实“五自四无”。

■ 政府转移职能

广东初步建立了政府职能转移和购买服务制度。在上一轮政府机构改革中，广东省明确交给社会组织或事业单位的职能达130多项。目前，全省已有11%的社会组织承接了政府转移的职能，9%的社会组织有政府购买服务。2011年，全省性社会团体共承担政府委托、转移的职能394项，获得政府补助超过1.2亿元。

■ 社会组织孵化基地

广东省将在省级和各地级以上市实施社会组织扶持发展专项计划，分别建立社会组织孵化基地。省财政立项安排省孵育专项资金。广州、深圳、东莞、佛山市南海区等地建立了社会组织孵化基地。

不是把“人”挡在门外，这样广东的社会组织健康有序发展才有良好的空间。

坤叔团队转正就此有了最强大的支持，最终挂牌成功。此后，广东及各市也相继采取措施降低社会组织登记门槛。例如，广州市率先出台系列制度创新，将能放开的社会组织全部放开，从2012年开始社会组织不用再“挂靠”主管单位，并允许“一行多会”。

赢得久安
外来人员在粤归属感增强

广东省社会建设政策体系建立之后，效应已初步显现。随着社会组织登记准入门槛的降低和外来工积分入户政策的完善，群众诉求得到及时回应，社会矛盾得到有效解决

如果社会矛盾和群众的社会诉求得不到有效解决，社会就会出问题，不做一些花钱的事，挣钱的事也干不下去。

★近年来，深圳市宝安区委、区政府开展素质工程、关爱劳务工、培训村改居居民、爱护青少年等一系列活动，构建起社会各群体共建共享系统工程。图为劳务工用免费发放的电话卡给家里打电话。

广东省社会建设政策体系建立之后，效应已经初步显现。降低准入门槛后，社会组织登记注册渐行渐快，出现了一个热潮，县区以下基层社会组织蓬勃发展，数量约占全省社会组织总数的60%，年均增长达15%。

广东正着力从制度上打通外来工的融入渠道，增强外来人员在广东的归属感和融洽度。2012年，广东省开始实施积分入户新政策，将适用对象范围由"在粤务工的农业户籍劳动力"扩大至所有在粤务工城乡劳动者，积分使用范围也由原先仅用于积分入户扩大至享受城镇公共服务。推进农民工随迁子女平等接受义务教育，逐步将农民工纳入城镇住房保障和社区服务管理体系，扩大社会保险覆盖面，加强法律援助等服务。

2012年，在连续三年选拔近2000名"工农牌"公务员充实到基层一线后，广东再次面向8类人员选拔乡镇基层公务员达3767名，不仅继续从优秀异地务工人员、本地工农和村（社区）正职中选拔，并允许异地务工人员在珠三角范围内跨市报名，还首次将基层社会工作者纳入选拔范围。

南北连线

南 中山大学行政管理学系教授、博导倪星：
做大"馅饼"已不能回避社会矛盾

广东向来有着敢为人先、先行先试的改革精神，从改革开放之初杀出一条血路来，到现在的科学发展排头兵，几乎在所有改革领域，广东都发挥了中国排头兵的作用。广东的改革是在为中国探路，广东逐渐形成了改革的"顶层设计"。

从学术的角度可以梳理出近年来广东省本届党委政府有一个清楚的发展目标，并围绕这一目标设置了三条主线。开展社会治理的目标是通过政府善治达成一个美好社会，对于广东而言就是建成"幸福广东"。公共部门和私人部门之间的合作共治，达成良善治理、经济社会协调发展、人和环境和谐共生、生态环境可持续利用，这些都是美好生活的基本要素。

广东达成目标需要有三条主线：一是经济层面的，主要是转型升级，包括市场经济体制改革完善等问题；二是政治层面的，包括行政体制改革、提高政府效率、优化政府职能、民主法治建设以及反腐监督等；三是社会层面的，强

关键词 >>

■社会组织等级评估

广东省建立了社会组织等级评估制度，出台了《关于社会组织评估管理的暂行办法》，成立省社会组织评估中心，建立评估委员会和专家库。省本级和广州、深圳、珠海、汕头、佛山、中山、江门、肇庆等地均已开展评估。

■社会组织监管

2012年广东将重新梳理和界定各有关部门对社会组织的监管职责。民政部门、社会组织党工委、公安、消防、安全生产、食品安全、价格、财政、审计、税收、工商、质监、司法、金融等部门各司其职，协调配合。

■社会组织分类扶持

广东将重点培育、优先发展四类社会组织：一是工商经济类社会组织。对行业协会放宽准入门槛，实行一业多会。二是公益慈善类和社会服务类社会组织。允许公益慈善类社会团体名称使用字号。三是城乡基层群众生活类社会组织。对它们给予资金扶持，降低准入标准。对达不到法人登记条件的，实行非法人登记；对以社区、村为活动范围的组织，免于登记。四是"枢纽（联合）型"社会组织。推动同类型、同性质、同行业、同领域的社会组织建立枢纽（联合）型社会组织。

调加强社会建设、创新社会管理等。

现在看来，社会层面问题的重要性越来越凸显。过去解决社会矛盾的思路是靠经济增长，把“馅饼”做大。现在，用把“馅饼”做大的方法来回避社会矛盾的做法已经不可能继续了。政府必须直面一些社会矛盾，把社会建设这条短腿补长。

北 中国乡村治理研究中心教授吴毅：社会建设创新　广东具有有利条件

当前，加强社会建设和管理创新有这样两个背景：一是政府从行政包办向放权于社会的转型，二是不断深化的市场经济需要相对独立于政府力量的社会组织来承接诸多社会功能。

我国传统的治理方式压缩了社会力量的活动空间，导致社会发展不健全。很多本应该让社会承担的职能变成由政府承担，导致政府负担过重、权力过大、缺少制约。实际上，有很多事务是不需要政府亲力亲为的，有些事政府管不了也管不好。所以，今天我们需要重建社会治理结构，充分发挥社会的力量，鼓励公民参与社会事务，培育社会组织承接政府转移出来的职能，这是时代发展的要求。

改革开放以来，我们以经济建设为中心，取得了非凡成就，但同时也产生了很多问题，比如社会不公、贫富分化、腐败现象等，我们现在开展社会领域的建设和改革，就是要从社会体制和运作机制的角度来解决这些问题，补足社会建设的短腿，把被压缩的社会空间释放出来，让社会组织承担更多职能，让社会更加多元，这与建设“小政府、大社会”、“强政府、好社会”的目标是相符合的。

但是，我们也应该清楚地看到，现实中仍存在着对传统体制的路径依赖。转变传统观念、打破路径依赖还有很长一段路要走，改革措施落实到位还有一定的难度。

经过30多年改革开放的洗礼，广东建立了较成熟的社会主义市场经济体制，社会多元化程度也相对较高。从这一点上讲，广东开展社会建设的条件比内地其他地区要好，也为社会组织的发展提供了有利的客观条件。广东省委、省政府从主观上切实推动社会建设，符合中国社会发展的大趋势。

从全国的总体情况来看，社会组织的成长还面临着不少体制性的困难。社会改革首先是观念的改革，用观念的转变突破社会组织发展的体制障碍。政府应主动培育扶持社会组织作为社会发展的主体，承接政府购买服务。在民生事业、公益事业中，社会组织都有着发挥作用的巨大空间。

坤叔助学团队：“黑户”23年终“拿证”

已经生了的孩子，但是没有身份证，孩子该怎么办？长期以来，社会组织注册艰难的问题始终无解。

得到汪洋书记的批示，东莞的坤叔助学团队是“幸运”的。2011年国庆节当天，坤叔（张坤）收到了东莞市民间组织管理局发来的一张“民办非企业单位登记批准通知书”。“东莞市千分一公益服务中心”注册成功，坤叔助学团队从此结束了23年没有身份证的日子。

★坤叔助学团队“转正”走完最后一步。图为“东莞市千分一公益服务中心”挂牌仪式。

7年的奔波一分钟搞定，坤叔助学团队成功注册成为广东社会组织登记管理体制改革的一个标志性事件。在坤叔的背后，是成千上万双期待“转正”的眼睛——大量隐形社团将搭上广东社会组织登记管理改革的和谐号动车。

“转正”困局
坤叔团队没“婆婆”难注册

东莞坤叔助学团队是广东社会组织一个极具典型意义的样本。坤叔说，自己从2005年开始多次向东莞市民政局申请注册为正式组织，但终因找不到主管单位而愿望破灭。“在注册之前，我们感到自己是一帮‘乌合之众’，没有被官方认可。当别人问我们是哪个单位时，

★深圳社会组织登记管理改革成为全国“试验田”。

我们便哑口无言。”

在多年来实行的社会组织登记管理传统体制下，由民间自发产生的社会组织想要找一个主管单位当“婆婆”，难度不亚于走蜀道。到底有多少民间草根组织没有登记注册，可能谁也说不清。

2011年，广东省政协社法委的一份调研报告显示，深圳市登记各类社会组织4110个，但实际上有3万多个，登记管理的只占现有的10%。这意味着九成社会组织没有到深圳市民间组织管理局进行登记注册。而深圳市民间组织管理局在一份研究报告中则测算，中国社会组织的数量大体在登记量的5到10倍之间。中央编译局副局长、北京大学中国政府创新研究中心主任俞可平也认为，在中国至少有300万未登记的社会组织，近九成民间组织处于未登记状态。

以上数据至少表明，隐形组织数量远高于登记的组织是一个无可争议的现实。省政协社法委在调研中发现，一些地方和部门对社会组织地位和职能作用缺乏正确的认识。有的地方和部门将社会组织视为一般群众组织，缺乏有力的组织引导；有的将社会组织看作与部门“争利”，持限制和排斥态度；有的甚至把社会组织的大量出现视为“洪水猛兽”，对一些因各种原因尚未登记的新生社会组织，简单采取“打击”、“取缔”方法处理，造成消极影响。

在过去很长一段时间内，对社会组织成立的条件要求过多且过于严苛。双重的管理体制下，由于登记“门槛”过高，大量社会组织因找不到业务主管单位无法登记，导致未登记的比依法登记的多得多。对于没有雄厚实力和人脉资源的草根组织来说，成立的过程相当“煎熬”。

随着解决经济社会发展“一条腿长、一条腿短”的问题摆上各级党委政府的议事日程，作为新的社会治理结构的构建要素，社会组织尤其是大量没有身份证的隐形社会组织，敏锐地感受到不同寻常的变化正在孕育萌发。

登记“元年”
“隐形组织”摘掉“黑户”帽

变化发生在2011年8月。东莞市民政局在一次会议上向媒体透露，当地的公益慈善类社会组织登记不需再找业务主管单位。坤叔闻风而动，再一次来到东莞市民间组织管理局，申请注册“千分一”公益协会。

“虽然不要主管单位了，但是这一次民政局认为‘千分一’这一名称涉嫌硬性摊派、强迫捐款；同时认为我们是以助学为主，不应用‘公益’二字，

微评 >>

@陈潭物语：广东颁发了《关于加强社会建设的决定》。这是一件值得欣喜的事情！强调全面加强社会建设，实现富裕安康、公平正义、活力创新、文明有序，争当中国特色社会主义建设的排头兵，努力开创具有时代特征、中国特色、广东风貌的社会建设新局面。

@周超：法治是广东社会建设的前提条件，政府、市场和社会必须依法运行。首先政府必须明确：第一政府管什么，第二政府为什么要管，第三是怎么管。政府要从传统的直接管理（行政命令管理）转向间接管理（政策管理），逐步退出对市场、社会和私人生活的过度干预。

@李鸿文：约束权力，下放权利，平等赋权，是社会建设之要义，广东的步子可以更大一些。

@卫正言：去年有关政府放权与社会建设的话题在整个广东屡屡热议，几轮讨论下来，政府与民间、官员与民众，达成不少基础性共识，特别是来自政府方面的强劲改革信号，坚定了人们“必须改”的信心。也只有在这样的改革共识之下，探讨如何按步骤推进，如何突破与化解各方掣肘，才具备了坦诚沟通与群策群力的可能。

而且用‘协会’的名称也不太合适，应改为‘服务中心’。”坤叔说，“当时场面搞得有点僵。‘千分一’、‘公益’我们是不会改的，因为这是我们的理念，每个人奉献收入的千分之一帮助有需要的人，让公益成为习惯，这不等于摊派捐款。”

因为坚持名号，坤叔的登记梦再一次破灭。2011年9月29日，《南方日报》刊发《坤叔公益团队“转正”受挫背后》报道。随即，省委书记汪洋作出重要批示，并要求立即派工作组到东莞，解决“千分一”登记问题。10月1日，“东莞市千分一公益服务中心”注册成功。12月1日，“千分一”正式挂上了锃亮的牌匾。

和坤叔一样，“黑户口”一直是广州市癌症患儿家长会的“心病”。广州市癌症患儿家长会会长崔伟雄说，想要在民间组织管理部门登记，就必须先找到主管单位，但实际上却怎么也找不到愿意担当的单位。

广州市癌症患儿家长会成立于2006年6月，由15名来自“草根阶层”的癌症患儿家长自发成立。家长义工们通过举办经验分享讨论会、“重症儿童愿望成真”爱心项目等，纾缓患儿和家长的心理压力，让他们更加配合治疗，提高患癌症儿童的治愈几率。家长义工共有30多名，非家长义工则有100多名。每年有超过600名癌症儿童和他们的家人受惠。

由于没有对公账户、固定场地、专职工作人员，广州市癌症患儿家长会经过几年的发展还是停留在小规模的志愿行动上，活动资金也十分紧缺。它向一些基金会和爱心企业申请善款，然而对方规定必须与合法登记的团体合作，不能向未注册的草根组织提供资金。就算有基金会愿意提供捐助，也只能将资金存进对公账户，仍然帮不了忙。崔伟雄说：“因为没有合法的身份，广州市癌症患儿家长会的公信力也会受到怀疑。”

对于广州市癌症患儿家长会而言，2011年也成为自己的“登记元年”。在坤叔转正之后，广州市癌症患儿家长会也成功转正，彻底甩掉戴了5年的“黑户”帽子，拿到了广州市民政局颁发的民办非企业单位登记证书。成功登记后，它使用的全新名称是“广州市金丝带特殊儿童家长互助中心”。广州市民政部门担任广州市癌症患儿家长会的指导单位，依法进行登记管理，解决了它找不到主管单位的障碍。

建“大社会”
广东政策创新支持社会组织

记者从省民政厅获悉，广东降低社会组织登记门槛、坤叔助学团队的成功转正、政府妥善解决的方式以及社会舆论的支持，促进广东社会组织登记注册渐行渐快，出现了一个热潮。

目前，广东省县区以下基层社会组织蓬勃发展，数量约占全省社会组织总数的60%，年均增长达15%。全省登记的社会组织数量年均增长10%以上，其中非公募基金会和异地商会年均增长率分别为20%和25%。随着新农村建设和城乡一体化建设的推进，不具备法人条件的服务型、群众性社会组织快速发展，经各级民政部门备案的农村专业经济协会达2000多个、城市社区社会组织近万个。

广东给社会组织吃了一颗“定心丸”：在社会组织的成立环节，不再需要到处找主管单位这个“婆婆”。从2012年7月1日起，除特别规定、特殊领域外，广东省社会组织的业务主管单位将全部改为业务指导单位；申请成立社会组织，除法律法规规定需要前置审批的外，直接到民政部门申请登记。

同时，由坤叔引发的社会组织“字号”问题也在更大范围内得到解决，新政允许公益慈善类社会团体名称使用“字号”。

“转正”为坤叔助学团队带来了更高的知名度和认可度。坤叔告诉记者，从“千分一”批准注册到现在短短半年多，已经有150多名爱心人士新加入助学团队，受助学生数量也增加了近400名。受助学生和捐赠人数量的增长速度是过去的5倍，只要把待助学生的资料在网上公布，平均一天就有3名学生受到资助。如果时间和精力允许的话，预计在一年内，受助学生总数可能会在过去十年的基础上翻一番，达到5000多人。

据悉，广东“十二五”期间，将在省级和各地级以上市实施社会组织扶持发展专项计划，建立孵化基地，落实社会组织税收优惠政策。

微评 >>

@昔日水兵：2011年，广东社会建设体制机制有新突破，涌现一批社会创新典型，各级政府注重以平等、对话、协商的方式回应村民诉求，将“为民作主”改为“由民作主”，因而赢得主动权。百姓拥护，十分可喜。

@墨阳子：要从思想上高度重视加强社会建设，充分发挥人民群众主体作用和首创精神，加大人才、资金及领导力量的投入，培育理性、包容、平和、科学的社会心态，在实践中鼓励大胆探索和创新社会管理机制体制。

亲历者说

“东莞市千分一公益服务中心”理事长坤叔（张坤）：

“转正”让助学事业延续

在注册之前，我们感到自己是一帮“乌合之众”，没有被官方认可。当别人问我们是哪个单位时，我们便哑口无言。有的部门和单位给我们助学行动颁奖时，都不知道应该在奖牌上写什么名称。我们感到必须成立一个正式的机构，要有一批人参与管理，经费由核心成员、理事共同承担。有朝一日，就算我离开了世界，至少还有人接班，助学事业可以延续。

我找了好几年主管单位，教育局、团委、关工委等我都去找过，但是一直没有人愿意当我们的“婆婆”。他们都怕承担责任，其实我也挺理解他们的，

★深圳市南山区将初步实现建设和谐社会示范区的目标，为建设最适宜安居、创业、发展的现代化海滨城区打下具有决定性意义的基础。

全国都没有先例，很难让东莞破例。

我从1988年开始开展助学活动，逐渐形成了一个助学团队。坤叔助学团队20多年来始终坚持公开透明这一最基本的原则，我们从来不接受社会捐款，捐赠人的善款一直都是直接交给受助者的，经得起社会的检验。

助学团队一直辛勤运作，现在助学规模扩大，工作压力也更大了。受助学生和捐赠人数量的增长速度是过去的5倍，只要把待助学生的资料在网上公布，平均一天就有3名学生受到资助。

广州市软件行业协会秘书长张建军：

协会承接政府职能转移

党委政府培育扶持社会组织发展，我作为社会组织的一员深感振奋。广州软协是广州市行业协会商会改革发展的典型样本，是广州首批3家5A级行业协会之一。软协虽然仅有十几名专职员工，但所服务的软件企业却达560多家，占全市经资质认定的软件企业的60%，会员企业的产值占全市行业总产值的80%。协会的收入连续三年翻番，2011年底已达到年收入500万元。

目前国家关于社会组织的法律法规尚不健全，行业协会应该承担哪些具体职能还不是很清晰。政府当好裁判员，社会组织当好运动员。只有有了明确的游戏规则，社会组织才能够规范健康发展。行业协会是承接政府职能转移的重要载体。在政府的支持下，理顺行业协会管理体制，实现去行政化，发动会员企业开展自我管理和服务，帮助会员企业从政策中得到实惠，这是软协这些年改革发展获取的经验。

广州优势力社会工作发展中心执行总监张良广：

政府购买服务很成功

广州市购买社会组织——民办社工机构的服务，在街道社区运营家庭综合服务中心。社会工作不是简单的跟风，而是真正借助专业解决实际问题，引导专业的发展。

每个社区都有着自身的发展脉络，任何脱离社区情境的努力，都不可能有太大进展。新建立起来的家庭综合服务中心与原有社区服务体系之间的关系如果不理顺，势必造成很多关节不畅。理清社区服务的条块界限，清晰政府、社会、市场的功能，明确社会组织的身份，是优化社会服务供给体系的前提。

开展社区服务，单靠任何一方都是不现实的，只有联合政府、企业、社会组织三方进行多元治理才能适应新型城市化的需要。

（李强　雷册渊　白庆虹）

7 内外平衡

释题

2009年，美国雷曼兄弟公司宣告破产，国际金融形势刹那间巨浪滔天。全球经济险象环生，中国也无法独善其身。而对外经济依存度全国最高、受国际金融危机冲击程度全国最深的广东则显然是站在了金融海啸的风口浪尖。

是年，对外依存度高达155%的广东省经济经历了如坐过山车般的惊险，划出了一道深深的“V”形曲线。是年，广东财政收入占据着全国1/6强，广东经济增长的猛然收窄不仅令广东省委、省政府担心，更受到了中央的高度关注。

在这样的背景下，广东迅速将目光投向了成长较快的国内市场。当年，广东省采取了外需不足内需补、出口不足内销补的政策，以极高的行政效率为陷于困境的企业亮起明灯。仅两个月时间就迅速筹备完成的2009年首届广东外商投资企业产品（内销）博览会（以下简称“外博会”），以及由省委书记和省长亲自为企业“站台”的“广货全国行”活动等一系列扩内需举措相继出台，均取得了良好成果。

与此同时，为了避免出现大量的企业迁移和倒闭，导致厂房的空置和财政、居民收入的减少，广东推进来料加工企业不停产转型，让来料加工企业原地不停产转型为“三资”企业，使其成为独立法人，具备了内销资格。此外，还安排加工贸易转型升级专项资金，支持加工贸易企业自创品牌、扩大内销等；建立和实施加工贸易转型升级统计指标体系，对任务完成情况进行检查。开展加工贸易转型升级示范企业认定工作，提升企业影响力。

此后数年，这一系列动作持续进行，直接推动了广东经济实现“内外平衡”取得重大进展。来自省外经贸厅的统计数据显示，广东外贸依存度从2007年的155%降至2011年的111.4%，2011年全省从事加工贸易的外商投资企业内销总额达13979.6亿元。

令人瞩目的是，在广东经济的新平衡中，不仅是内外需拉力失衡的结构之病取得了看得到的实在转变。在2011年，广东通过启动针对央企、国内知名民企、世界500强企业的三大招商活动，为广东经济未来的内外平衡注入了新鲜而有活力的血液，更为珠三角的经济结构带来了质变。

走向内外平衡，广货成功转型产销两旺

2008年末，一场始于美国、席卷全球的金融危机悄然袭向位于广东珠三角的东莞市。是年，这个被称为世界制造基地的城市，曾经如雪片般不断飞来的订单，陡然零落下来；一些曾经满负荷转动的生产线，突然停止了运转。据东莞市提供的统计数据，2008年全年该市共关闭企业接近900家，占当地企业总数的6%。

东莞仅是广东的缩影。多年来，广东全省经济的鲜明特点就是外向度高，加工贸易比重大。在危机爆发前的2007年，广东省外贸依存度为155%，较全国平均水平高出89个百分点。而多年来的传统经济发展模式，使广东的产业层次总体偏低、贸易结构不合理等深层次矛盾和问题日益突出，因此，广东经济对国际金融危机的影响更为敏感。2009年第一季度全省经济增速下滑至5.8%，为1990年以来的最低增速。

毫无疑问，作为全国第一经济大省，广东保持经济稳定增长具有“牵一发而动全身”式的全局意义。如何保证经济的稳定增长，如何转变经济发展方式，这两道难题摆在了广东的面前。

未雨绸缪
主动求变启动转型升级

在这场转“危”为“机”的战斗中，广东选择了稳健的方式，开始有序“推进来料加工企业原地不停产转型”。在政府“有形之手”和市场“无形之

★首届广东外商投资企业产品（内销）博览会，阿里巴巴公司与东莞市政府积极推动东莞外贸企业应用电子商务开拓新的销售渠道，在全球范围打造“东莞制造”电子商务品牌，帮助东莞具有国际竞争优势的产品开拓国内外新兴市场。

手”合力推动下，广东的经济结构悄然发生了深刻变化

所幸的是，广东打的并非全无准备之仗。

美国次贷危机初显端倪，尚未发展成金融危机之时，2008年3月，正在东莞考察的中共中央政治局委员、广东省委书记汪洋就敏锐地指出：“如果今天不积极调整产业结构，明天就要被产业结构所调整。”在这场转“危”为“机”的战斗中，广东选择了稳健的方式，开始有序“推进来料加工企业原地不停产转型”。

所谓“来料加工企业”，是指改革开放初期，许多外商建立的生产车间设在广东，总部在香港、台湾等地的不具有法人资格的工厂。广东鼓励这些企业通过不停产转型，成为具有独立法人资格的外商投资企业或其他类型的企业，也即令这些企业具备了转内销的资格，为其从事自主经营、自主创新，开拓国内外两个市场创造了条件，同时更增强了企业的竞争力和抗风险能力。

国际金融危机最直接的影响，就是外需不足，这对一向以出口为主的广东制造业造成了很

大冲击。订单的缺失导致产能一夜之间过剩，原本只关注国外市场的出口企业不得不将目光转向了国内市场。转身向内，成为粤企的不二选择。

来自省外经贸厅的数据显示，2008年，全省共有来料加工企业1.2万家，截至2012年初，全省已有6000余家完成了转型，剩下的大部分也将在当年完成。正是在政府“有形之手”和市场“无形之手”合力推动下，粤企转型升级自觉性不断提高，广东的经济结构悄然发生了深刻的变化。

正如全国政协常委、香港四洲集团董事长戴德丰所言，广东省委、省政府在2008年启动了具有前瞻性的产业转型升级，不仅有效地帮助在粤港商度过了2009年的金融危机，更帮助港商打开了国内市场，促使其拓宽了未来的发展空间。

双腿走路
内外销市场渐趋平衡

国际金融危机冲击广东最严重的时候，省委、省政府搭台，外博会和“广货全国行”迅速启动，使广东经济增长开始加速向内外平衡拉动的模式转变

2009年，也即国际金融危机冲击广东最为严重的时候，全国过剩生产能力占GDP的比重是8%，广东则已经达到25%，为全国最高。为消化严重过剩的生产能力，倒逼多年来走遍全球的“广东制造”在国内市场找到新的出路成为了广东经济发展的必然选择。

正是在来料加工企业逐步完成转型的基础上，中共中央政治局委员、省委书记汪洋和时任省长黄华华公开表示，要大力推动并扩大广货在国内市场的销售，特别是鼓励出口企业转型内销。在这样的背景下，首届广东外博会，以及由省委书记和省长亲自为企业“站台”的“广货全国行”活动等一系列帮助企业扩内需的举措迅速得以筹备并展开。

外博会就是为了帮助当时海外订单锐减、产能过剩的加工贸易企业消化产能的有效措施。仅用了两个月即迅速筹备完成的首届外博会展场面积近6万平方米，吸引了4400多家国内外知名采购商参展、观展、采购，而来自广东省21个地级以上市的外商投资企业就占了1181家，9大类上万种优质消费产品参展。展会3天累计超过10万人入场观展采购，共达成商贸项目（含合同、协议和意向）4879个，总金额达509亿元人民币。这让很多以往依赖纯出口的企业在黑暗中看到了曙光。

关键词 >>

■ 来料加工企业不停产转型

2008年至2012年，广东鼓励来料加工企业通过不停产转型，成为具有独立法人资格的外商投资企业或其他类型的企业，也即令这些企业具备了转内销的资格，为其从事自主经营、自主创新，开拓国内外两个市场创造了条件，同时更增强了企业的竞争力和抗风险能力。

■ 外博会

区分于广交会的针对进出口、专门为外商投资企业搭建的内销平台，将“出口转内销”这一模式制度化、程序化。统计显示，前三届外博会每届都有超过1100家来自全省的优质外商投资企业、加工贸易企业参展，吸引了近万名国内外专业采购商前来洽谈对接，累计超过35万人入场观展采购，共签订商贸项目16208个、总金额超过1600亿元，为广大外资企业特别是加工贸易企业搭建起开拓内销市场的新平台。

在另一场声势浩大的“广货北上”活动中，则以政府深入内陆省份搭台、企业唱戏的形式，为粤企推开了深耕内销市场的沉重大门。

2009年，132场“广货全国行”活动在省委、省政府主要领导的直接关心下迅速拉开战幕，并贯穿全年。潮州的陶瓷在上海受到了追捧，东莞服装在东北旗开得胜；在北京、南京、武汉、成都、重庆等近20个城市举行的一系列展销促销活动提高了广货知名度和市场占有率。特别在2009年5月，书记、省长亲自到湖南、广西当“售货员”推销广货，几天洽谈就令粤企收到了千亿元的订单。据不完全统计，当年广货北上、西行收获的订单金额高达5800多亿元。

省统计局数据显示，2009年，工业品内销对广东工业增长贡献率达173.5%。这个数字告诉我们，当年广东能够实现工业增长8.7%、GDP增长9.5%，内销起到了关键作用。制造业大省广东，在遭遇突如其来的国际金融危机、外销市场受阻的危难之际，内销接过了原本压在外销肩头的重担，才使全省工业的增长保持了平稳的轨迹。

省社科院区域竞争力评估中心主任丁力教授认为，也正是上述两大措施，促成了广东经济的增长自2009年起开始加速向内外需平衡拉动的模式转变。

三大招商
新能量促进内部结构平衡

成功战胜金融危机后，广东开始面向国内央企、知名民企和世界500强企业招商，平衡了广东一向以外资为主的经济结构和以往分散、小型的简单来料加工贸易结构，对全省经济的转型升级起到了引领作用

如果说外博会、广货北上有效促进了粤企逐渐实现目标市场的内外平衡，那么2011年的面向国内大型央企、知名民企、世界500强企业的3场大招商则为广东的经济注入了新的能量，在促使广东的存量经济大大迈上一个新台阶的基础上，更令广东，特别是珠三角的内部经济结构实现了内外平衡。

经过2009年、2010年的艰苦奋斗，广东经济一方面顺利战胜金融危机，实现了经济稳定增长；另一方面，在抗击危机中，珠三角城市通过“双转移”为引入高新、优质产业腾出了空间。

2011年初，中共中央政治局委员、广东省委书记汪洋在省委全会上强调，要把工业投资特别是战略性新兴产业投资作为衡量各市经济工作的重要方面，下决心扭转工业投资徘徊的局面。汪洋提出，2011年广东将组织3场分别面向央企、知名民企和世界500强的重大招商活动，进一步增强产业发展后劲，推动加快经济发展方式的转变，并明确将战略性新兴产业、先进制造业、现代服务业作为优先发展的重点行业。

当年3月，由汪洋书记亲自带队，各主要部门、地市领导悉数到场的广东省政府招商团来到北京，与70家中央企业签下包含290个合作项目、合同协议投资达2万亿元的大单，涵盖了城际交通轨道、船舶制造、新能源、航空航天等先进制造业领域。

2011年6月，面向国内知名民企的“广东与全国知名民营企业合作发展共促转型升级大会”在广州举行，大会共签约项目809个，投资总额11975.56亿元。其中，百亿元以上的项目36个，70%以上项目属于战略性新兴产业、传统产业转型升级和现代服务业。

2011年9月，被视为广东本轮招商压轴戏的“广东省与世界500强和境外大型企业合作交流会”聚集了140家世界500强和145家境外大型企业共906位高管，参会代表规格之高、人数之多，大大超出预期。交流会共签订外商直接投资项目233个，外商出资总金额217.65亿美元。

统计显示，3场招商吸引了3万多亿元资金、数百个优质大项目涌入南粤，不仅使广东的产业转型升级驶入了快车道，突破了经济发展的瓶颈，更重要的是，引入的大批央企和民企平衡了广东一向以外资为主的经济结构，而引入的世界500强企业则改变了广东以往分散、小型的简单来料加工贸易结构。

时任省外经贸厅厅长梁耀文表示，这批引进的500强企业正是代表了当今世界最富活力、最具竞争力和发展能力的产业力量，其先进的经营理念、扎实的环保措施、特色的企业文化与和谐的用人体系，将对广东经济的转型升级起到引领作用。

关键词>>

■广货北上

即广货全国行，它是广东积极应对国际金融危机的影响，通过抓好拓市场、促消费与区域合作，着力推动建设广东商贸城的方式，积极帮助粤企开拓国内市场，提高广货市场占有率的经贸活动，并取得明显成效。2009至2011年，广货北上举办活动495场，签订购销合同近2万亿元，其中2011年举办180多场经贸活动，签订购销合同金额7000多亿元。

■三大招商

2011年广东组织了3场分别面向央企、知名民企和世界500强的重大招商活动，进一步增强广东产业发展后劲，推动加快经济发展方式的转变，并明确将战略性新兴产业、先进制造业、现代服务业作为优先发展的重点行业。三场大招商活动，使3万多亿元资金、数百个优质大项目涌入南粤，广东经济发展瓶颈被打破，产业转型升级驶入了快车道。

南·北·连·线

南 广东省政府发展研究中心主任汪一洋：外贸要转型升级　内销要拓展空间

早在2008年初，广东省委、省政府开展了一场解放思想的大讨论。这场讨论是要找到有别于传统发展路径的科学发展的新路。

对于是否要“双转移”、是否要转型升级，当时社会有不少的争议。有人认为，当前广东发展势头不错，企业还有钱可赚，为什么要进行“双转移”？有人不理解，说风凉话，讲“腾笼换鸟”小心“鸟飞笼空”。但省委、省政府解放思想、实事求是，结合广东的实际情况，找到了一条可持续发展的新路。

外贸是广东经济的一个独特优势，所以我们要明确的是，“抢占国际市场，赚全世界的钱”这个理念不能变。在金融危机背景下，广东的出口量可能会稍微减少，或只能实现微增，但是市场份额不但不能减，还要努力扩大世界市场的份额。

广东要适应新的国际形势变化，推动外贸转型升级。过去我们以量取胜，以薄利多销形式获取市场，现在我们要以质取胜，要提高出口产品的附加值。比如过去我们一件衬衫只要赚1美元就够了，但现在一件衬衫要赚10美元，这其中就是要提高质量、品牌等附加值。所以，即使广东出口量下降了，但是价值总额并没有下降，份额没有下降。这也是广东外贸转型升级要达到的目标。

与此同时，我们也不能像过去那样过于依赖外需，这就涉及经济增长模式问题。广东过去是出口导向型的经济发展模式，而现在我们经济的发展动力不能只放在国外，更要放在国内。

拉动内需并不是意味着放弃外需，国外有需求我们要打出去，国内有需求我们更要满足，立足点应放在内需上。从长远来看，我国毕竟是一个有13亿人口的大国，内需很大。我们要进一步利用好“广货北上”，鼓励企业将生产地靠近销售地，鼓励企业将总部扎根在广东，而把生产环节放在内地，使两地能形成双赢。特别是对广东的企业而言，能够起到降低成本、提高国内市场占有率的效果。

北 商务部国际贸易经济合作研究院研究员梅新育：广货“北上”产销　内地货“借道”广东出口

未来粤企与内陆的合作可重点体现在三方面：第一，内地货物在广东市场的销售以及通过广东口岸进入海外市场；第二，广货出口转内销；第三，广东成熟产业向内地转移，延长其生命周期。

广东企业的优势是很多的：第一大优势就是广东制造外向度特别高，与国际市场联系紧密，这意味着广东企业、广东制造从一起步就较多地依照国际标准执行，其规模效益等相对比较突出；第二大优势是粤企集中使用了来自全国的劳动力；第三大优势是经过近30年的快速工业化，广东当地制造业产业配套已经相当齐全。

在这些基础上，广东在不断开拓内需的同时，仍积极面向世界500强进行新一轮的高质量招商引资，既抓国内，又不放松海外。在这一发展策略指引下，广东开展新一轮高质量招商引资可推动广东产业升级，新一轮招商引资亦可吸引国内强势企业增加在广东的投资；同时，面向国内招商和开拓内销市场又可以降低广东经济对外资和出口的依赖性，从而在外部经济环境波动性加剧，而国内经济稳定性优势突出的情况下，提高广东经济的稳定性。

外博会：企业的“内销版”广交会

生产高端LED节能灯、路灯的东莞市乐域公司董事长劳应海最近又在为即将召开的第四届广东外商投资企业产品（内销）博览会（以下简称“外博会”）而忙碌了。对于刚刚获得了一张来自国内市场1.5亿元订单的乐域来说，外博会的重要程度已经超过了广交会。“这张1.5亿元的订单就是在上届外博会结识的客户下的，现在内销占我们公司的总销售额已经达到一半以上了。”

2008年之前还是纯出口的乐域公司，进入国内市场仅仅只有4年时间。但现在，“内销市场”已经成为劳应海和他的同伴们挂在嘴边的话。“政府常跟我们说的‘内外平衡’，现在已经在我们企业中开始实践了。”

助力内销
参会企业国内订单连续翻番

来自香港的劳应海虽然现在普通话发音仍不标准，但已能说得很溜了。他笑着告诉记者，因为要和内陆客户打交道，现在工作中大概一半时间是说普通话。而他的内销之路，就是从外博会开始的。

“我们以前纯做出口，国内的关系非常少，加上内外销在实践中的差别非常大，虽然想过做内销，但一直迈不开脚步。直至参加外博会，这一切才有了180度的转变。”

劳应海说，外博会对他们的意义应该是一把“金钥匙”。“当时我们在内地的关系没有这么多，营销网络更是根本没有。记得第一次参加外博会，我们

★第三届广东外商投资企业产品（内销）博览会开幕式2011年6月14日在东莞市隆重举行。智能电控赛车吸引了众多大小朋友的眼球。

在展会期间的内销辅导课上，才弄明白了内销的各种程序。不过，就是在首届外博会，我们接到了一张来自沃尔玛的订单，并由此推开了内地市场的大门。随后，很多内地采购商主动找到我们寻求合作，来自内地的订单也迅速将缺失的外单补了起来。”

经过第二、第三届外博会，劳应海的内销网络从无到有、从少到多、从小到大。他兴奋地告诉记者，这两年乐域公司的内销比例都是以两位数的速度在增长的，2009年内销额还只是3000万元，到2010年已经是6000多万元，2011年达到1亿元，预计2012年将超过2亿元。

“外博会对于外贸企业而言，应该是个内销版的广交会，我们的产品能够展示给来自内地的采购商，对推广很有帮助。”

劳应海的乐域公司是众多东莞企业的缩影。2008年，金融危机导致加工贸易企业订单急剧下滑，外博会正是作为广东应对金融危机的有效措施而举办的。

自2009年以来，广东省成功举办了3届外博会，据外博会组委会数据，前两届外博会参展商回头率超过了60%。据统计，近3年广东从事加工贸易的外商投资企业内销总金额达到33732亿元人民币，且每年较上年的增幅均超过25%。

数据显示，外博会对促进内销的成效非常明显，而广东的外商投资加工贸易企业的内销业绩也随之有不断提高的趋势。

“贴身”辅导
免费培训“手把手”帮扶企业

不仅是劳应海，许多参加过外博会的企业负责人，都这样跟记者形容：“外博会就像一把‘金钥匙’，逐一解开横在外贸企业转型路上的难题，为外商投资企业打开了一扇通往内地市场的大门。”

说起国内市场，没有一个外贸企业会否认它的巨大吸引力。但说起“转内销”的困难，则几乎每家企业都有一本难念的经。

据了解，在2009年出口转内销之初，抛开法律和制度障碍、产品结构与国内市场需求的差距、企业内销隐性成本不谈，光是在内销手续方面，在广东海关及广东省政府已相继出台了来料加工企业就地转型操作指引、简化企业转型手续的情况下，企业办理转型仍需要11个部门审批，对规模普遍较小的中小型工厂来说，手续仍显得较为复杂且过于耗时。

更重要的是，对外贸企业而言，内贸与外贸实行的是完全不同的体系，包括交易方式、交易规则以及结算方式均不相同。而内销品牌打造的复杂性、长期性和高额费用投入也成为了外销企业转型的巨大障碍。当时，有不少出口企业存在这样的忧虑：“即使我们的品牌在国外已经有相当的知名度，在国内仍然无人知晓，而内销渠道的建设、客户的开发更需要投入巨大的精力。”

为全球大部分知名鞋企代工的华坚鞋业的张华荣也表示，出口商品的交易方式比较简单，主要是看样订货，一次下单，货到付款。但国内的商品零售行业的规则就复杂多了。进入超市需要付入场费，且潜规则是对供货商的货款拖后3个月付，如果货物卖得不好，还有退货的风险；进入百货商场，除需要接受严格挑选，前者还要通过“扣点”的方式获取利润。

针对外贸企业的种种“水土不服”，外博会在为企业提供了展示平台的基

微评 >>

@Louis-c-l：广东开放早、开放度高，市场化程度较高，产业体系完善，具有资金、管理、技术、市场等方面的优势。加强与其他地区的产业合作和梯度转移，共同开拓内需市场，可以为“广货北上”提供便利，也有利于内陆扩大开放之门、加速市场化进程，开辟承接东部产业转移的便捷通道，为经济发展注入动力。

础上，配套举办了形式多样的免费活动，如中国连锁经营协会就在首届外博会期间举办了一次免费的内销业务辅导活动，“手把手”地为企业做起了贴心辅导。

搭建平台 助粤湘桂琼企业拓内销市场

事实证明，外博会为广东企业目标市场的内外平衡起到了极大的促进作用。以出口形势最为严峻的2009年为例，当年广东外商投资加工贸易企业内销总金额约1174亿美元，相当于2011年全省外贸出口额的32.7%。外贸依存度比危机爆发前的2007年下降22个百分点。

在订单直线下滑的2009年春季广交会上，“出口转内销”战略成为政府和企业的共识。但实际上，帮助企业开发内需市场对广东而言，其实并不仅仅是应急之举，也不仅仅是顺应扩大内需的中央政策。在金融危机之前，“加工贸易转型升级”已经是广东省委、省政府“双转移”战略部署的一部分。事实证明，广东的产业转型乃颇具前瞻性之举，如果没有产业转型的思想准备和路径推进，广东当年的“保增长”就不会太顺利。

在具体措施上，如何出口转内销，这一重担仍然落在政府身上。2009年春交会上，商务部就组织了大批国内企业前来参展，为出口企业内销搭台。广东省政府吸取商务部这一经验，在出口下行未见底的背景下，干脆设置了一个专门致力于“出口转内销”的外博会。

据外博会组委会负责人介绍，外博会的意义在于，它区别于广交会的针对进出口，专门为外商投资企业搭建内销平台，将“出口转内销”这一模式制度化、程序化。统计显示，前三届外博会每届都有超过1100家来自全省的优质外商投资企业、加工贸易企业参展，吸引了近万名国内外专业采购商前来洽谈对接，累计超过35万人入场观展采购，共签订商贸项目16208个，总金额超过1600亿元，为广大外资企业特别是加工贸易企业搭建起开拓内销市场的新平台。

如今，鉴于外博会的影响力逐步提高，其参展企业已经不限于广东。在2011年第三届外博会上，湖南、广西、海南等泛珠省区的外资企业首次参展。据外博会组委会负责人透露，目前外博会正在积极向商务部争取升级为国家级展会，届时，外博会平台将进一步扩大，不仅为广东，更有可能为全国的外资企业，特别是加工贸易企业提供促进内外市场平衡的平台。

★2011年6月28日，广东与全国知名民营企业合作发展共促转型升级大会开幕。作为广东2011年组织的面向大型央企、知名民企、世界500强的3场重大招商活动中民企部分的“重头戏”，1200多名全国知名民营企业家齐聚南粤，签下100多个转型升级合作项目。

亲历者说

广东省外经贸厅副厅长吴军：

两个月完成首届外博会筹备

在2008年全融危机背景下，由于外需不足，订单不够，省内数量庞大的加工贸易企业出现产能过剩。这些企业很多都是港资企业，它们生存状态的好坏关乎香港的繁荣稳定。当时为了帮助这些企业生存、发展下去，省委、省政府从政治、经济的角度综合考虑，决心帮助它们开拓国内市场。

但我们知道，外资企业特别是加工贸易企业绝大部分没有内销的网络和经验，甚至连内销的程序都不知道。那么以什么作抓手呢？在这样的背景下，省委、省政府决定搞外博会，为广东这些数量庞大的加工贸易企业搭建起内销

微评 >>

@万商联行魏子棣：虎门服装企业开拓华中市场，不但增强企业抗风险能力，还促进服装产业转型升级。

★深圳市龙岗区对符合产业导向的加工贸易企业，通过减轻台账保证金负担、扩大内销、原地不停产转型等方式鼓励其转型升级，以此达到减轻其出口压力的目的。

的平台。在这种情况下，各部门全情投入，说起来真是神速，仅仅两个月就把展会筹备搞完了。值得一提的是，为了不加重企业的负担，省政府决定拨一大笔资金出来筹备这个展览，所有企业都免费参加，这在国内可能是史无前例的。

此外，外博会不仅为企业提供展示平台，针对当时很多出口企业对内外销差异认识还很模糊的情况，外博会专门举办了相关的培训和论坛，告诉广大的外资企业和从事加工贸易的企业怎样进入国内市场。我们专门邀请了比较大的连锁企业，通过它们和企业对接，告诉省内企业怎样进入人家的营销网络。

扩大内需是外博会的一个非常重要的内容。当时外博会还提出，除了应对金融危机以外，更重要的是为加工贸易企业扩大内需作一个探索。现在事实证明，这个尝试成功了。当时的“要帮助加工贸易企业积极地开拓两种市场”的考虑，现在看来完全符合中央的决策：既要保证国际市场份额不下降，又要加快开拓国内市场的步伐。

沃尔玛（中国）投资有限公司政府关系总监杨国超：

外博会的效果是“多赢”

作为比较大的连锁零售商，沃尔玛十分看好外博会，每届都派出较大的采购团队参加。在外博会上，我们将设立展台给供应商提供方便，并积极参与外博会的采购培训环节，给外商投资企业如何投资内销市场提供培训。此次外博会对采购商来说，是一个非常好的机会，可以通过这样的平台引进一些新奇的商品。出口型企业有个特点，就是生产的产品质量好、生产能力强、产品新颖，如果引入卖场，将有助于吸引顾客，也可以使我们的商品品种更加完善。

对于外商投资制造企业来讲，如果它们能进入国内的连锁零售商，也就能找到快速扩展国内市场的渠道，实现外贸和内销并进、两条腿走路的战略升级。我觉得，外博会对于采购商和制造企业来说是双赢的，对于政府和消费者来说也是有利的，应该说这是一个多赢的博览会。

（黄颖川　刘晓静　周强　白庆虹　徐少申）

微评 >>

@罗路熙：很多国内的服装行业发展，初步是代工为主，在此基础上积累了资金与技术，就会同时逐步推出自己的品牌；同时，由于国际经济的影响，很多企业谋求服装出口转内销，于是更加促进了品牌建立与发展的必要性，广东很多企业已经开始推销自主品牌。

8 区域协调

释题

改革开放30多年来，由于地理位置等客观条件，珠三角地区迅猛发展起来，而粤东西北等地区则发展缓慢，差距越来越大。这种区域发展不平衡在全国也是普遍现象，更是一项世界性难题。

新时期，广东提倡共建“幸福广东”，但珠三角地区和粤东西北经济发展差距仍较大，如何平衡区域发展，让广东发展“均”起来，就成为广东亟待解决的问题。所以，要建设幸福广东必须缩小这些差距，必须让更广大的老百姓享受到改革开放的成果。

为了解决经济发展的不平衡，面临转型的广东率先在全国提出了产业转移并在实践中不断推进。近年来广东省委、省政府实施的“双转移”更让这一举措在解决区域协调发展问题中起到了关键作用，而“规划到户、责任到人”的“双到”扶贫和产业扶贫等政策实施表明，广东省正以“复合驱动”模式助推区域协调发展。

推进区域协调，创新举措共同发展

“全国最富的地方在广东，最穷的地方也在广东。”省委书记汪洋道出了广东的实情与尴尬。

几年前，区域发展不均衡、贫富差距大、贫困人口多，已成为广东之痛、广东之耻，并越来越成为制约广东经济社会全面发展的软肋和短板。要实现“幸福广东”的宏大目标，“穷广东”的帽子必须先甩掉。

从2008年以来，在科学发展观的指引下，广东一直在积极摸索推动区域协调发展的路径与机制。“双转移”、“双提升”和扶贫“双到”等一系列战略举措陆续出台并贯彻实施，广东区域协调发展开始逐步取得成效。

2011年，全省城乡居民收入比在近8年来首次低于3倍的警戒线，区域发展差异系数从2005年的0.7559缩小到0.613。这意味着，广东开始出现贫富差距由扩大转向缩小的拐点，区域协调发展也迎来拐点。

靶向疗法
广东向贫穷“宣战”

为破解地域发展不平衡难题，广东提出了新时期的扶贫策略——“规划到户、责任到人”。到2011年底，全省被帮扶的37万贫困户年人均纯收入达到了3504元，相比2009年，增幅达121%

改革开放以来，广东经济率先发展起来，GDP总量连续23年独占全国鳌头。

★团省委八年如一日开展"青春情暖"活动，筹集近千万元物资关爱困难青少年。

但在这光鲜的背后，广东却有占全省行政村总数16.2%的贫困村庄3409个，贫困人口316万，超过40%的贫困线以下人口人均年收入不到1500元，他们大多住在危房、泥砖房、茅草房中。

由于历史条件的限制，在珠三角地区实现快速发展的同时，广东东西两翼和粤北山区发展相对落后，发展很不均衡。广东地区发展差异系数一度高达0.76，远高于全国水平。

贫富差距大，贫困人口多，已经成为广东之痛，这个痛越来越成为广东经济发展的软肋和短板，制约着全省经济社会全面协调可持续发展。

2007年底，中共中央政治局委员、广东省委书记汪洋到广东上任不久就深入粤北山区调研，他指出要"深入贯彻落实科学发展观，推进区域协调发展，实现共同富裕，让山区群众过上好日子"。

在这次调研中，汪洋首次提出，扶贫开发工作要"规划到户、责任到人"，这就是广东新时期的扶贫策略——"双到"扶贫。

2009年，广东“双到”扶贫战役正式打响：省财政一年拿出20多亿元，3451个工作队，驻村干部达到11524人，对口帮扶3409个贫困村，实行定点清除贫困。

中国扶贫大业自1986年启动，持续至今已近30年，如今这个国家最富裕的省份启动了史上力度最猛、打击最精准的贫穷围歼战。

“衡量一个社会经济发展水平的高低，不是看它最高水平是什么，也不是看平均水平，而是看它的最低水平，它的穷人的生活状况怎样，这是衡量社会经济发展水平一个很有效的标尺。就像一个木桶，能够装多少水，取决于最短的那一块板。”广东省政府发展研究中心主任汪一洋道出了广东这场史上最大规模扶贫战的真正原因。

汪一洋指出，扶贫“双到”改善了过去那种“面上扶贫”的局面，现在是点对点“靶向疗法”，这样资金效益能发挥得更好。

经过两年多的努力，南粤贫困山区面貌日新月异。翁源县江尾镇仙北村是省级贫困村，2009年村集体经济收入仅1万元，有贫困户124户430人。

当年，扶贫工作组将仙北村的450户农户组建成仙北蔬菜专业合作社，与翁源县宝源市场开发有限公司和粤北农副产品批发市场建立合作关系，构筑了“公司＋合作社＋农户”的现代农业生产模式。

不到一年时间，仙北村村集体收入已超过3万元，88户摘掉“穷帽子”，脱贫率达到90.7%。

据省扶贫办预计，到2011年底，全省被帮扶的37万户贫困户年人均纯收入达到3504元，比2009年的1588元增加1916元，增幅达121%；其中31.5万户贫困户达到人均年收入2500元的脱贫标准，占总数的85%。

一石三鸟
“双转移”应运而生

广东推进产业和劳动力的“双转移”战略，在“造血”扶贫的基础上给经济落后的粤东西北地区带来了前所未有的发展机遇，成为缩小地区差距、促进区域协调发展的有效途径

事实上，在“双到”扶贫政策酝酿的同时，一盘牵涉广东未来数十年发展的更大棋局开始落子布局。

关键词 >>

■ 规划到户、责任到人

2007年12月11日，省委书记汪洋上任不到10天，首站调研就来到清远大古坳村。在这次调研中，汪洋首次提出扶贫开发“规划到户、责任到人、登记造册、电脑管理”。

之后，汪洋多次进行批示：“规划到户、责任到人”是为了调动全社会的力量进行扶贫开发。3409个贫困村，70万户，在规划的基础上，分配到省直、珠三角、当地市县的国家机关、事业单位，有能力、有意愿的企业，再由这些单位落实到部门、责任人，定点、定责扶贫，除特殊原因外，争取5年内让这些贫困户脱贫。

2009年6月，广东省委、省政府办公厅印发了《关于我省扶贫开发“规划到户、责任到人”工作的实施意见》。

■ 对口帮扶

珠三角7个市与10个经济欠发达市“对口帮扶”，省直单位、中直驻粤单位、企事业单位与贫困村“挂点帮扶”，粤东西北14个市及下属单位与本地贫困户“直接帮扶”。全省100%的贫困村实现“定点对接”，实行“对口问责”，定点挂钩，不留“死角”，解决“谁扶”的问题。

2008年5月，广东推出产业转移和劳动力转移的“双转移”战略，着力推进珠三角地区相关产业加快向粤东、粤西、粤北地区转移，推进农村劳动力向城市和第二产业、第三产业转移，实现产业转移和劳动力转移有机结合。

“要解决我们区域发展不平衡的问题，就要通过产业转移和劳动力转移使我们的社会结构发生变化。”亲自参与起草“双转移”文件的广东省政府发展研究中心主任汪一洋表示。

“所以通过推行‘双转移’战略，这样可以同时解决产业转型升级的问题、区域发展不平衡的问题和城乡二元结构分割的问题，可以起到‘一石三鸟’的作用。”汪一洋指出。

在全球产业结构、需求结构、生产结构、贸易结构发生重大变化和处于深刻调整的当今时代，珠三角地区产业和企业面临着前所未有的巨大市场压力与成本压力，产业横向转移和纵向升级成为产业突围的现实选择。

“双转移”战略及时顺应了产业演进趋势，由市场主导与政策引导两股力量形成的倒逼机制打破了该地区产业技术演进原有的路径依赖和锁定效应。

“这是一种双赢的结果。”汪一洋说，过去政府力推产业转移但成效并不明显，一方面因为落后地区基础设施还不够完善，对珠三角地区的企业吸引力不强；另一方面，经过金融危机的冲击，发达地区和企业调结构促转型的动力前所未有的强劲。

对于落后的粤东西北地区而言，“双转移”给它们带来了前所未有的发展机遇。

★实施“双到”扶贫后，清远市2010年就有10万人脱贫，100个贫困村集体经济收入达3万元以上。

近年来，省级转移园区增加值占全省规模以上工业的比重从2009年的1.8%提高到2011年的3.2%。2012年一季度，36个省级转移园区增加值同比增长12%，高于规模以上工业增速5.3个百分点。

事实上，广东将“双转移”和“双到”有效结合，不仅缩小了贫富差距，还破解了区域发展失衡的难题。

近年来，广东农村居民收入增幅一直高于城镇居民，城乡居民收入差距不断缩小。2012年一季度，城乡居民收入差距比从2011年同期的2.74收窄至2.70。2011年，这一比值更是自2003年以来首次降至3倍以内。

华南师范大学人力资源研究所所长谌新民指出，推进产业转移和劳动力转移是缩小地区差距、促进区域协调发展、提高城乡居民生活水平的有效途径。而广东省的贫困村主要集中在粤东西北山区，推进这项工作，有利于充分发挥珠三角地区辐射带动作用，发挥东西两翼和粤北山区的比较优势，实现优势互补、相互促进，较快提高全省人均生产总值和城乡居民人均收入水平，整体提升城乡居民生活品质。

着力向下
破解区域发展失衡难题

“双转移”经验被广东创造性地应用到对口援助地区的产业合作中，使受援地区经济迎来了跨越式大发展。专家认为，“双转移”和“双到”扶贫举措是广东破解区域发展失衡难题的有效探索，对全国都很有启发性

随着“双转移”、“双到”扶贫等举措的推进，广东区域协调发展正朝着良性方向发展，这些政策措施开始得到外界关注和肯定。

国务院扶贫办主任范小建指出，广东“规划到户、责任到人”的做法，在许多地方，特别是东部省区带有普遍性意义。它反映了发达地区扶贫工作的一个共同的趋势：随着经济社会发展水平的提高，扶贫工作的着力点要越来越向下延伸。这种办法，完善了扶贫的瞄准机制，扎实可行，有利于各项扶贫政策措施的落实。

知名区域经济专家、国家发改委国土开发与地区经济研究所副所长肖金成对广东的“双转移”持肯定态度。

他说，要消除贫困，最根本的还是要转移人口。在市场经济下，人应该从

关键词 >>

■靶向疗法

广东大胆尝试，重心下移，创建“瞄准”机制，将扶贫“重心”从县延伸到村、户，一步到位。扶贫“双到”，定点、定人、定责。组织、制度、投入，三层保障，立体推进。“精确探位”、“对口问责”、“靶向治疗”，三个环节，标本兼治。“精确探位”，摸清“家底”，建档立卡，解决“扶谁”的问题。按照工作要求，村集体年收入不到3万元、农村家庭人均年收入不到2500元，均列为帮扶对象。地毯式排查，造册登记，分类录入，动态管理。户有卡，村有表，镇有簿，县有网。

■广东扶贫济困日

2010年，经国务院批准，广东省将每年6月30日定为“广东扶贫济困日”。突破以往单纯依靠政府扶贫部门来组织实施扶贫工作的传统做法，充分调动社会力量，组织动员全省各级党政机关、企事业单位、驻粤部队、社会团体、全省群众以及港澳同胞和海外侨胞都参与到“双到”扶贫中来。在已经开展的两届活动中，共筹集善款62.8亿元。目前全省落实的扶贫资金中一半以上来自社会组织、民间力量。

欠发达地区流向发达地区。欠发达地区的人口减少了，人均GDP才能提高，区域协调发展才有可能。

同时，“双转移”战略创造性地探索出一条适合国情和省情的发展转型新路径，为全国范围内的产业转移、产业合作、区域协调发展以及摆脱“中等收入陷阱”提供了示范和经验。

广东的“双转移”战略在欠发达地区建设产业转移平台、强化政府间的区域协作和利益共享机制、完善园区建设管理体制机制、探索省际企业间互利合作等方面先行先试，为国家实施中西部承接产业转移的工作奠定基础。

广东“双转移”经验进而被创造性地应用到对口援助地区的产业合作中，使对口援助由早期以财政和无偿援助的方式拓展到以产业合作方式的长效合作阶段。例如，2011年广东投入10.78亿元实施78个援建新疆项目，引进企业数百家，受援地经济迎来跨越式大发展。

“广东的‘双转移’对全国来说，都是很有启发性的。别的省份可以从广东的经验中学到更多东西，但任何地方都要选择适合本地的政策。”著名经济学家厉以宁表示。

国家发改委城市和小城镇中心研究员易鹏就认为，中国西部开发和发展政策可充分借鉴广东的政策。“广东有沿海，也有山区，有经济发达地区，也有贫困地区，这一定程度上可看作中国东西部的缩影。广东近年来区域经济发展推出的各项政策，以及在推进区域协调发展中关于生态保护、特色产业发展等方面的经验可被西部发展借鉴。”

南北连线

南 广东省政府发展研究中心主任汪一洋：
区域协调：“双转移”促进粤东西北和珠三角双赢发展

区域不够协调、地区差异大，这是我们广东的省情，要建设幸福广东就必须缩小这些差距。缩小差距的路径是在实践中探索的，产业转移和劳动力转移（“双转移”）与扶贫“双到”目前收到了成效。

要解决我们区域发展不平衡问题，就要通过产业转移和劳动力转移使我们的社会结构发生变化。广东常住人口城市化率是66％，但是我们的户籍人口只有51％，所以农村人口还有很多，要把农村富余劳动力转移出去。我们的工业化程度已经很高，城市化相对滞后，企业招工困难，所以要通过培训，把农村人口逐步转移到城市中来，并且是我们的产业所需要的技能型劳动力，而不是一般的劳动力。

通过推行“双转移”战略，这样可以同时解决产业转型升级、区域发展不平衡和城乡二

★清远市对于区域协调发展问题的积极探索，无疑将为广东乃至全国解决类似问题提供一个突破口、一种新思路。图为北江沿岸着力打造的以污染少、效益高、结构优为特色的生态工业发展带。

元结构分割的问题，起到“一石三鸟”的作用。

广东历届省委、省政府都十分重视区域协调发展问题。但当时的条件还不完全具备，比如那个时候想提出产业转移，道路不通，基础设施配套跟不上，要转也转不进去。现在基础设施搞好了，珠三角到粤东西北很多地区之间就是一两个小时的车程。这就为我们缩小区域差距打下了一定的基础。

产业转移和劳动力转移是一个双赢的政策。珠三角招不到人，粤东西北地区输送农民工，这肯定受到珠三角欢迎。珠三角土地利用饱和，企业要扩张或者要上新的项目，已经没地可用了，可以把一部分产业转移到粤东西北去。产业梯度转移，市场经济的规律在发挥作用。

如果说产业转移、劳动力转移给粤东西北欠发达地区“造血”，那么我们的基本公共服务均等化措施则是直接“输血”。全省财政不断加大投入，目的是让不同区域、城乡居民都享受到大致相当的基本公共服务，缩小区域间差距。这是建设幸福广东的重要内容。

“双到”扶贫这一新的扶贫方式，改变了过去“面上扶贫”的局面。“双到”就是点对点，把有限的资金用于点对点，实施“靶向瞄准”，这样效益就好。同时根据经济社会发展情况，动态调整“扶贫线”，把扶贫“双到”作为一种制度，长期坚持下去。把“相对贫困”作为今后扶持的重点，加长“短木板”，提高整个社会发展水平。

北 国家发改委城市和小城镇中心研究员易鹏：广东政策可供我国西部借鉴

新时期，广东经济发展更提倡共同富裕，但目前，珠三角和粤东西北地区的经济发展差距仍较大，如何平衡区域发展，让广东发展“均”起来，就成为广东亟待解决的问题。

扶贫“双到”政策是一种创新，这种创新体现在“双到”的“干”字上和责任方面。其加大了政府扶贫执行力，细化了落实责任制，通过提升执行力，切实把扶贫工作落实到位。

值得注意的是，广东“腾笼换鸟”政策已经使得非珠三角地区经济增长了1—2个百分点，目前处在经济拐点上。这种变化意义非凡，有利于整个广东经济的可持续发展，更有利于广东以人为本，打造“幸福广东”发展理念的实施。

但同时，有几个问题是必须注意的：首先，在努力让广东经济总体做强做大的前提下，发展粤东、粤西、粤北应吸取珠三角发展在环境污染、加工贸易低附加值等方面的教训，以后发优势发展更高层次的产业；其次，非珠三角地区经济发展还应充分考虑自身特点，例如，湛江根据自身优势，开发核电、石油，这既保持了新型工业的发展，也推动了海洋经济，为非珠三角地区经济比重提高作出了贡献；最后，区域协调发展不应仅考虑经济角度，还应该在公共服务均等化、生态环境发展、教育、医疗等方面加大投入，缩小地区差距，更好诠释“幸福广东”概念。

还有一点要明确的是，区域协调发展，不仅需要中央和地方政府的支持，同时，各地区自身亦需要自力更生，发展比较优势，营造可持续发展之路。

此外，广东有沿海，也有山区，有经济发达地区，也有贫困地区，这一定程度上可看作中国东西部的缩影。广东近年来区域经济发展推出的各项政策，以及在推进区域协调发展中关于生态保护、特色产业发展等方面的经验可被西部发展借鉴，西部未来发展在考虑经济增速的同时，也应充分考虑经济、政治、社会和文化四位一体的全面发展思路，只有全面发展，才是可持续发展之路。

扶贫样本：点亮山区的幸福之光

情系瑶民

汪书记五到大古坳村

2007年12月，中共中央政治局委员、广东省委书记汪洋到任不足10天，首站调研就来到清远大古坳村，并提出扶贫开发“规划到户、责任到人”。汪洋书记前后5次来到大古坳村进行实地调研，始终惦记着大古坳村的扶贫工作。“双到”工作开展后，这个村有什么变化呢？

2010年2月9日，汪洋书记第三次来到大古坳村，在唐马七四尔一家，汪洋了解到她家正在商量搬迁到县城的事情。汪洋鼓励唐马七四尔说：“你是一个有远见的妈妈！现在搬下去，可能人们生活不太适应，但只有下山，你的孩子才能和城市的孩子一样接受好的教育，才会更有前途。”

2011年1月27日，汪洋第四次来到大古坳村。这一次，他先到了5个月前落成的移民新村，首期4栋新楼已有110户移民搬迁入住，村民们正欢天喜地准备过个“城里新年”。

移民新村管委会主任邓妹一告诉汪书记，已经有422名村民搬进了移民新村，希望通过努力，能够让村民在县城里住下来、富起来。汪洋关切地同大家共同探讨如何“搬得出，稳得住，能致富”。

2012年1月19日，农历腊月二十六，这是汪洋书记第五次来连南。这一次，他只带了几名工作人员，直接来到了大古坳村，他要进行一次“微服”私访。

走进一栋低矮的平房，一名老人正在用煤气炉做午饭，汪洋就跟他拉起了家常。谈到扶贫“双到”，这位名叫唐买胡的老人说，大家生活都改善了，吃穿不成问题……两人一聊就是半小时。而汪洋书记的思绪，已转到如何让扶贫

“双到”工作持续下去，建立长效机制。

在省委十届八次全会上，省委明确提出广东省“十二五”时期的核心任务是“加快转型升级、建设幸福广东”，正是有省委的高瞻远瞩，广东掀起了轰轰烈烈的扶贫“双到”这一伟大实践，给山区的群众点亮了幸福之光。

树山新篇
从移民村到花园式家园

2012年春节前夕，清远英德市西牛镇树山村支书罗世煌和全省8名扶贫开发“双到”优秀村的代表一道，受到了省委书记汪洋和省长朱小丹的接见。罗世煌在座谈会中第一个发言，还将新村建设前后的照片编成一本相册送给汪洋书记看。

而在20世纪70年代，因修建水库树山村整体进行移民，分散居住在窄小的山沟里，居住和生活状况非常差。可谁能料想到，一直处于贫困的树山村却能因一场名为“双到”的扶贫工作，而发生翻天覆地的变化。

走进今天的树山村罗屋自然村，村头建起了漂亮的凉亭，结实的地砖铺满村中，小溪河岸边种满绿化树，一幢幢漂亮的小洋楼整齐地散布山间，村民家中有了自来水，电视网络也一应俱全……

这一切变化，源自一名地产商的爱心捐助，他就是碧桂园集团创始人、董事局主席杨国强。2010年6月，“广东扶贫济困日”启动，杨国强和他的女儿杨惠妍承诺，从2010年6月至2014年6月，分4年捐赠2亿元，用于广东各类扶贫济困慈善事业。紧接着，杨国强又马不停蹄地在广东多个扶贫点上考察，最终选中了英德树山村作为对口帮扶村。

同年9月，碧桂园开始落实扶贫规划中的重头戏——实施住房改造工程。按照自愿原则，碧桂园准备对村里的泥砖房进行改造，进行整村推进，帮扶农民建起两层半、面积约110平方米的框架结构房，每户造价约10万元，农民自筹约1/3。

看着规划图和立起来的大沙盘，村民们有点不敢相信，这样一条东西长6公里、南北长10公里的山沟里，遍布着一条条颇具特色的别墅村，这幅美景真的会出现在自己眼前吗？

通过选举，树山村成立了整村改造推进工作理事会，专门协助碧桂园进行就地重建工作，并确定了就地重建规划，将村民的宅基地全部统一收购，然后按户分配，用货币多收少补。

根据测算，每幢房屋造价10万元，每户还得出3.5万元，钱虽然不多，但一些贫困户照样出不起。最后，有10户人家确实拿不出钱，经树山村委向西牛镇汇报后，最后还是从扶贫经费中帮助进行解决。

2011年4月12日，省委书记汪洋来到树山村视察扶贫工作。望着一排排即将落成的新楼，

★连南瑶族自治县大坪镇大古坳村的居民都用上了自来水。

一张张喜气洋洋的笑脸，汪书记也开怀地笑了。他喝了一碗村民们酿好的擂茶粥，激动地说："我们要感谢杨国强为代表的具有社会责任感的企业家，勤劳致富后，再帮助大家勤劳致富，希望更多的人向他学习！"

帮扶新村
吉祥"布谷鸟"飞入瑶寨

如果说碧桂园是企业扶贫的优秀代表，那么省军区帮扶乳源瑶族自治县建设的"八一瑶族新村"，则是省直单位帮扶"双到"中的典型。

省军区帮扶的大寮坑村水源宫自然村，以前是一个家家住在吊脚楼，用泥砖和树皮建房子的瑶寨。经过详细规划，省军区先期以300万元的投入，将破旧的水源宫村打造成全新的"瑶族新村"。计划建设90户新居，每户建设为3层具有瑶族传统特色的"吊脚楼"，面积不少于148平方米，每户帮扶投入10万元。

这是人民军队的一次大手笔、大投入！听到省军区要把瑶寨打造成一个新村的计划，部分村民立即来了精神，村里连夜召集167人的村民小组大会。但

微评 >>

@中国城市发展网官方： 先富帮后富是发达省市破解区域发展不平衡难题的最大比较优势。广东从2008年开始推动"双转移"战略，把"最穷的广东"和"最富的广东"拉到一起。"双转移"实施3年，欠发达的东西两翼及粤北山区工业、投资、财政收入增速均高于珠三角，区域发展差异系数从2007年的0.721降至0.633。

@虎门外经-通： "腾笼换鸟"和"双转移"是方法，产业升级是目标。换鸟方法固然是好，新换进来的必是好鸟大鸟，但人家也是辛辛苦苦才养大的鸟，未必会心甘情愿双手奉上；若能花点工夫气力将笼内鸟养大育强，也不失为一个好方法。

@pongor彭歌： 扶贫不能一刀切！对于老弱病残而贫的，这些真正需要帮助的要多给予关心；而对于好吃懒做而贫的，这些则要多给予指导；对于确实困难的，要多给予政策支持和多一些"绿道"。

一些特困户，还是为自己要出的4.2万元自筹款而发愁，并没有立马同意。

获悉这一情况后，省军区决定，除了为极度困难的瑶民捐款资助外，还为每户担保建房贷款2万元。经过一番思想工作后，终于做通了瑶民的思想工作。

经过6个月的全力奋战，省军区以700多万元帮扶，总投资为1680多万元的瑶族新村终于落成。2011年11月，88户瑶民，共392人搬进了新居。为了铭记人民军队的帮扶贡献，水源宫村正式更名为"八一瑶族新村"。

据省扶贫数字化系统统计，截至2011年底，全省各级领导累计到村共近46万人次，干部职工到户达327万多人次。全省落实到贫困村的帮扶资金达130亿元，平均每村381.3万元以上。37万户贫困户人均年收入比帮扶前的2009年增加1916元，增幅达121%；其中31.5万户贫困户达到人均年收入2500元的脱贫标准，占总数的85%。

全省各地创建"对口支援"、"产业扶贫"、"金融服务"、"整村搬迁"、"培训转移"等多种模式，因地制宜，硕果累累。各地坚持"扶智"是前提，"扶业"是核心，在扶持产业发展上下工夫，确保贫困户实现稳定脱贫。

清远扶贫任务重，脱贫心情急，率先摸索出"五子登科"的经验——"强班子、换脑子、开方子、闯路子、结果子"。韶关市乳源县在搞好产业发展的同时，建设了一批整村推进示范村，并取得显著成效。中山市实施"一村一基地"，把先进的种养技术带到汕尾市，指导贫困村工作。

亲历者说

广东省烟草专卖局驻清远市连南瑶族自治县三排镇三排村干部王清明：

开荒垦山，脱"耻"致富

2009年3月，我背上行李，肩负脱"耻"重任，经过3个多小时的高速公路行程，又在乡村公路颠簸1个多小时，我们来到了要扶贫的三排村。

三排村是瑶胞聚集地，第一天走进一些农户家中，他们的贫困程度让我没有料想到，背着受"耻"的心情，我一夜无法入眠。在一次偶然的机会中，我从两个来三排村的外地人口中得知，这里的气候和土壤条件适合于种桑养蚕，第二天我就跑到县城农科所进行请教，专家肯定了我这种想法。

回到村里，我找村干部商量，决定召开一次村民会议，将荒废多年的零散山地全部租下来，然后分给82户扶贫对象。说干就干，我们一口气租了295亩有石头的山地，请人翻好，全部无偿分给贫困户种，可是，桑苗免费分发下去了，蚕房也免费分发下去了，一些村民却因看不到种桑养蚕的前景，不愿意将桑苗种植到山地上。

于是，我挨家挨户去动员，用真诚感动村民，使村民心头的“要我富”变成“我要富”。在一次4个小时的培训课上，村民从头听到尾，一个都不开溜。

两年多时间里，我们把单位投入的287.6万元扶贫款全部花到了实处，扶贫养猪3045头，种植桑树420亩，种植金银花368亩。现在，全村有劳动能力的82户贫困家庭，通过种桑、种茶、养蚕、养猪，今年全部脱贫，人均年收入8000元以上。

中山市国税局驻汕尾海丰县黄羌镇合门村干部林小星：

授之以鱼，授之以渔

2009年底，中山市扶贫工作会议后的第三天，市国税局扶贫领导小组便由严局长亲自带队，直赴海丰山区一线。在中山所有扶贫单位中，我们第一个与扶贫单位对接，第一个将第一笔扶贫资金20万元打入海丰县扶贫办的账户。

在第一次村委会议上，我开门见山地把一路思考的问题抛给村干部：同在党的领导下，大家不缺胳膊不少腿，合门村为何这样穷呢？出人意料的是，会议还没开到一半，5个干部被老婆骂走了。我当时就想，这样的村干部，在群众中怎么能有号召力？一个没有集体收入的村委，怎么可能有群众基础？

我们经过摸索探访，发现邻村种植的黄花菜见效快、效益好，收获期可长达30年，我当时就想，可以利用村里现有闲置的21亩荒地，再租用农民82亩地，建立黄花菜种植基地。说干就干，一年下来基地就实现了8.9万元集体收入，预计两年以后每年纯收入能增加50多万元。村民们拿到了第一年收入分红，尝到了甜头，27户村民自发种起了大片的黄花菜。

为了让这个项目能够得到持续发展，我们决定建立深加工基地，走品牌发展道路。我们建立了以烘干黄花菜为主的农副产品加工基地，以不低于保底价格统一收购村民种植的黄花菜。还帮助专业合作社向国家工商总局申报认定了“黄羌六宝”商标，形成完善的绿色产品系列，该品牌后来被评为汕尾市农业名优产品。经过两年多的摸索，我们终于打通了“一村一品一产业，集体个人皆增收”的有效扶贫路径。

为了说服村民接受扶贫的“造血”理念，我们经常和他们讲，就是要送给农民一些吃不了、拿不走，但照着做下去就有钱，能够改变面貌的东西。

（黄应来　刘晓静　刘俊　白庆虹　徐少申）

微评 >>

@亚浅：扶贫“双到”经三载，山村面貌渐次改；因地制宜定对策，上澄新颜正展开。两委建设增活力，干部形象树风采；投资产业长收益，集体经济活水来；农技培训送上门，村民增收喜入袋；老有所养病有医，后顾无忧得自在。

@幸福厨房：第三间“幸福厨房”位于梅州市丰顺县潭江镇箭竹村小学，成立于2011年6月22日，箭竹村地处偏远山区，是省“双到”扶贫的帮扶村之一，学校共有学生113名，有23名学生过着全日制寄宿生活，一日三餐都在学校，条件艰苦的住校生伙食常年都以白饭加咸菜为主。“幸福厨房”建成后，孩子们终于吃上热饭了！

9 文化强省

释题

广东没文化吗？当然不是。自古以来，广东都是文化大省。两千年来，广东的先民们在这片土地上创造了与中原文化紧密相连又别具地方特色的文化。尤其是鸦片战争以来的近现代中国，随着西方列强入侵，在中华民族救亡图存的关键时刻，“开放兼容、创新争先”的岭南文化特质得以充分发挥。当时风云际会的广东一度成为时代潮流的“风向标”，一部波澜壮阔、高潮迭起的中国近现代历史由此展开。而在改革开放之后，广东的流行文化更是风行一时。但是，广东人思想深处的务实精神，却使得广东的文化建设、文艺产品在很长一段时间里也显得相当低调。即便广东人一直在创造，也被人总结为“只会生孩子，不会起名字”。因此，广东之于外界，与经济上的光彩夺目相比，其文化底蕴虽然深厚，却从来都处于“配角”地位。

而2010年7月出台的《广东省建设文化强省规划纲要（2011—2020年）》（以下简称《纲要》），其出发点远远不止宣传广东文化这么简单。除了广东本身的文化形象以及广东人富起来之后自然形成的对文化方面的需求之外，广东的经济发展也已经到了需要文化进行支撑的时候。2008年开始的金融危机，已经让诸多珠三角企业感受到了寒意。而伴随着产业的转型升级，诸多外向型企业对于上游文化创意的需求也更加急迫。在这种情况下，发展上游文化创意企业，打通下游制造业与上游企业之间的联系，也成了广东经济发展中的一道必解之题。

根据《纲要》的设想，建设文化强省的目标有四个：一是建立和完善具有时代特征和实践特色的社会主义核心价值体系，全面提升全民思想道德文化素质，培育现代人文精神，建设广东和谐文化和现代文明社会，成为我国社会主义核心价值体系建设的示范区；二是建立和完善结构合理、发展均衡、网络健全、运行有效、惠及全民的公共文化服务体系；三是建立和完善产业结构合理、产业布局科学、产业发展集聚、产业竞争高端的现代文化产业体系，文化产业成为广东省的重要支柱产业和战略性新兴产业，广东成为全国乃至全球具有较强竞争力的文化创意产业中心；四是建立和完善具有国际竞争力的现代文化传播体系，成为华南现代文化传播中心和全国对外文化交流枢纽。

在《纲要》通过之后，一年多的实践已经证明了，文化强省建设使得广东政治、经济、文化等社会各个层面都得到了良好有序的发展。

建设文化强省，既富“口袋”又富“脑袋”

2010年7月16日，广东省委十届七次全会召开，这次全会最大的特殊性，就是专题讨论从文化大省到文化强省的文化建设工作。中共中央政治局委员、省委书记汪洋作了近两个小时的主题报告，会议通过了《广东省建设文化强省规划纲要（2011—2020年）》，提出“要把握大势，与时俱进，肩负起建设文化强省的历史使命”。而以省委全会的规格来讨论文化建设，在广东历史上非常少见。

形象之困
建设文化强省的根本目的是提高公民文化素质

在进入新世纪后，广东一直没有新的文化形象示人，“解放思想，改革开放”的时代文化精神也有所弱化。仅仅经济发展领先全国，早已不是广东现在的目标。如果不能坚持文化精神优势，发展领先地位也可能不保

为什么要建设文化强省？在省委十届七次全会之前，很多人都有这样的疑问。虽然有人不理解，但绝大多数广东人都有过这样的“郁闷时刻”：在多次春晚的相声、小品等语言类栏目中，广东人总是以“操鸟语的傻大款”形象出现，有钱但无礼。虽然这其中夹杂着一些人的误解，但不能否认的是，广东文化建设在进入新世纪之后，一直没有新的文化形象示人。

这种“低调”最直接的结果，就是广东在全国人心目中的形象被丑化了。此外，随着广东物质的富足，改革开放之初引领全国风潮的“解放思想、改革

开放”的时代文化精神，在广东也有所弱化。仅仅经济发展领先全国，早已不是广东现在的目标。所以，汪洋书记在全会上说：“如果我们不能坚持长期以来形成的‘解放思想、改革开放’的文化精神优势，我们不仅保不住已有的发展领先地位，还可能在千帆竞发、百舸争流的竞争中处于劣势。”

除了外部原因，还有内部动力。2010年时，广东人均GDP已近6000美元，总体进入小康社会。但在经济富足之后，广东人在文化生活方面却相对贫乏，而且公共文化服务设施也相对落后。而在省委十届七次全会上，汪洋书记引用了《论语》中记载的孔子与冉有的对答，清晰地表达出广东建设文化强省的内在动力。他表示，目前广东可以说已经基本“富之”，下一步更重要的是要“教之”，以教“开”智，以文“化”人，既富“口袋”，又富“脑袋”。也就是说，广东建设文化强省的最根本目的，就是要提高广东公民的文化素质。

社会之需
大批符合现代意义的“广东公民”涌现

广东的文化强省建设，实质上是“文化民生”建设。从两年的实践效果看，做得最多的是通过最基础的文化设施投入和群众文化活动开展提高广东人的文化素质，进而产生“广东公民”

建设文化强省，广东有着天然的优势。富裕的经济环境，开明的政治气氛，宽松的文化氛围，这些都为“真我”涌现、为民间表达、为多元化的现代文明社会的建立提供了可能。

关于社会，史学家傅斯年曾经有过这样的定义：社会是由独立能动的个人通过交流协作而结成的组织。他敬告中国青年要以“无中生有地造社会”作为自己志业的同时，也明确表示，“造社会”的更根本事业在于造就一个“真我”。这话用今天的话语方式来说就是：培育大批具有强烈社会责任感和参与精神的现代公民。

从近两年来的实践效果来看，广东建设文化强省，所做最多的是通过一些润物细无声的方式，通过最基础的文化设施的投入和群众文化活动的开展，从根本上提升广东人的文化素质，进而产生符合现代意义的“广东公民”。一句话，广东的文化强省建设，实质上就是“文化民生”的建设。因此，近两年来，广东在公共文化服务体系上取得了一系列可喜的成绩。截至2011年底，提前9个月实现农家书屋覆盖全省所有行政村的总目标，并且超额完成建设1521家。农村电影放映工程全年总放映296509场，观影人次超过7210万；全省县级以上公共图书馆达标107个、文化馆102个、县级以上博物馆58个、乡镇综合文化站1159个、城乡社区“五个有”文化站6328个……有效缓解了农民“读书难、看电影难”等问题。

★台湾“四大漫画才子”之首的敖幼祥为广东建设文化强省加油鼓劲。

随着基础文化设施的配备齐全，广东人的素质提升也极为明显。广东省新闻出版局前段时间到粤西调研，发现农家书屋建设得好的地方，赌博的人少了，吸毒的人少了，侃大山的人少了，读书的人多了。而在城市中，更是涌现出诸多急公好义、有着强烈社会责任感的良好公民。如“举牌哥”、“巴索风云”等人，都用合理的方式来表达着各自所属群体的社会诉求。

产业之道
广东文化产业产值连续8年全国居首

在广东发展文化强省的策略之中，政府只在需要投入、支持的公益性、基础性项目上保持长期投入和建设，对于市场化程度较高的文化产业，更注重市场的引导

发展经济，只要政府思路对头，很快就可以见到效果，毕竟产品的生产，真金白银的交换都是很迅速的。但文化发展与经济不同，对整个人类而言，文

关键词 >>

■ 保护与交易

文化产业，其核心是文化创意产业。如今，创意已经成为诸多文化产业企业中最为核心的部分。创造力的多寡直接决定了文化创意企业的存在价值。而在目前的市场环境下，如何让文化创意企业的创意价值得到更有效的实现，是发展文化强省的一个关键问题。为此，广东从2009年开始，就在东莞举办了中国国际动漫版权保护和贸易博览会，通过这一博览会，不但让诸多上游文化创意企业在版权登记、版权保护方面享有了充分的利益，同时也沟通了上游创意企业和下游制造业企业，让创意真正通过广东强大的制造业资源而充分体现。

化都是一种异乎寻常的创造物。正如法国史学家布罗代尔在《文明史纲》中所说的，就是要“以缓慢的呼吸去思考历史”。

这样的要求对于学者来说在情理之中，但官员毕竟不同。所以发展文化强省，首先要做的就是领导干部的思想解放，打破自身利益的桎梏，根据汪洋书记的说法，就是要有“功成不必在我任期”的理念和境界。思想解放带来了一系列观念的转变。划清楚文化和市场的边界，弄清楚什么是政府该管的，什么是可以由市场自行发展的，有意识地多发挥、多利用市场配置资源的能力，就是广东近两年来发展文化强省的基本思路。

所以，近两年来我们看到的广东发展文化强省的策略之中，政府并没有在所有方面都占据强势的主导地位，而是只在需要投入、支持的公益性、基础性项目上保持长期投入和建设，而在市场化程度较高的文化产业领域，广东更加注重的是市场的引导。而正是因为文化产业领域内的“放开”，才导致广东文化产业的产值连续8年位居全国第一，已然成为广东经济发展的另一个增长点。进而也让文化与经济、科技相互交融、共生发展，产生极大的聚变效应，在广东的整个经济发展中，文化产业如今已经起到了加快转变经济发展方式、调整产业结构的重要战略支点的作用。

★东莞市麻涌镇麻二村村民在宽敞明亮的农家书屋翻阅图书。

不过，广东的文化企业有一个特点，即总量很大，但“小、散、弱”，与其他省份比起来，政府强力组合的大的文化企业不多，但民营的、非公有制的资本比较蓬勃。让市场配置资源，既意味着对自身权力利益的让渡，另一方面也对管理水平提出了更高的要求。政府少了直接干预，但监管市场健康发展的力度却加大了，在金融等方面服务企业的办法也增多了。比如，广东在全国第一个统一了文化市场的综合执法，大大加强了对文化产品版权的保护力度。广东也是国内为数不多的可以由政府提供信用担保，为没有资产抵押的中小文化创意企业向建设银行、光大银行、民生银行进行贷款的省份。

南北连线

南

上海交通大学教授单世联：

用文化的软，来推广东的硬

文化领域、社会领域各个方面的建设对文化强省都很重要。但真正要持续性发展，还是要靠文化产业。文化强省有两个含义，一个是把“强”字作为形容词来理解，一个是把“强”字作动词来理解。作为形容词的“强”，就是说广东的文化是强的，广东有非常好的文化硬件设施，有非常高素质的公民，有非常丰富的文化消费等等。文化产业之所以强，就在于它的利益性。它有内在的自我发生、自我发展的动力。文化强省的“强”作为动词来理解的话，通过文化使广东强起来，就是强调文化重要性问题。文化产业在这样一个强省的过程当中，它的特殊意义就在于可以在短期内比较迅速地提高广东的文化生产力。但文化再强它也是软，它始终硬不起来，因为文化是软实力。

当我们说文化强省的时候，理所当然地包含了一个意义，就是用文化来使广东的经济、政治、社会都能够不断地发展起来，用文化这个软来推动广东社会的硬。一般意义上的文化产业需要教育普及、政策民主、经济转型、技术发展这四个方面。这里涉及的问题非常丰富。就广东来讲，我们发展文化产业，如果按照经济、政治、社会和文化四位一体，文化产业作为一种文化，它理所当然地需要我们的政策规范和扶持，因此它可以推动我们的政治体制改革。文化产业需要把文化和产业经济结合起来，因此文化产业可以推动广东正在蓬勃开展的产业结构调整。文化产业的发展需要有市场，需要整个社会公众消费水

关键词 >>

■整合与交流

到2011年底，广东文化产业产值占中国文化产业比重超过1/4，已连续8年位居中国首位。其中广东省网络文化及相关数字互动游戏产业年收入已经占到全国1/3，居全国第一。而为数众多的文化创意企业的存在，使得如何整顿市场秩序，如何进行有效推介和交流成为亟须解决的问题。

为此，2012年伊始，广东就开始举办广州国际网络及数字互动游戏博览会，通过对这些新兴文化业态的展示，引导行业结构调整，整合优势资源，扩大业内合作交流，加强国际合作。而在2012年4月24日，广东省省长朱小丹更是在广州会见了在粤访问的美国华特迪士尼公司董事长兼首席执行官罗伯特·艾格一行，就文化创意等领域的合作达成共识。迪士尼贸易（广州）有限公司和迪士尼英语培训（广东）有限公司也已经落户广东中新广州知识城，在“引进来”之后，也让广东的文化创意企业在“走出去”时更加方便。

平的大幅提高，因此可以推动广东公民文化权利的实现，有助于推动我们和谐社会的建设。

此外，文化产业在现代社会当中具有内在动力，但一个完备的、成熟的现代文化制度，至少还有公共文化、精英文化这两个方面。从文化强省来讲，第一要建立一个包括公共服务和文化产业、精英文化共同发展的完整格局。不能以发展文化产业为由，把发展文化的责任全部推给社会和企业，不能以发展文化产业为由，轻视或者不重视公共文化的供给和服务。很多人往往以为文化产业代表文化。我始终认为，文化产业只是我们现代文化系统的一块。每个公民个体也有文化产业之外的文化生活和个人文化。

广东在文化产业方面拥有很多优势。产业起步早，早在20世纪80年代就开始了文化的产业化；产业规模大，占GDP总量的比例高；市场化程度高，政府干预相对较少；文化氛围比较宽容，吸引了大量的外地人才等。同时，广东开放比较早，对经济发展的危机性也有较早的认识，经济社会的发展已经内在地提出了发展文化创意产业的要求，而不是行政推广。但广东的文化产业发展也有几个方面的不足，比如尚未形成完整的文化生产体系。因此，必须注意不能像发展经济那样来发展文化产业，不能简单地认为多建几个文化园区或动漫产业园就是发展了文化产业。要建立完整的文化创业体系，同时还要有强有力的推动力度和强大的媒体集团或机构。还特别要创造宽松的文化氛围，对文化人才不能只是给予物质上的奖励，还要让他们觉得在这里有很好的实现个人价值的机会和空间。

北 北京大学文化产业研究院副院长陈少峰：利用制造业优势，打造“活动经济”

文化产业对于文化强省的意义已经毋庸多说。基础配置只能为文化发展提供温床，但产业的发展可以为整个文化发展提供更广阔的进步空间。目前，国家推动文化产业成为支柱性产业，对于各地政府和企业而言，都面临着良好的发展机遇。但是，我们也面临重大挑战。对于广东来说，最重要的是分析好自身有什么，根据自身的优势来进行发展和建设。

文化产业的核心价值是知识产权，而不是传统的物质产品；是高附加值的知识产权的持续价值增值，而不是一般的产业规模。尽管在“十二五”期间我们要争取文化产业成为国民经济的支柱性产业，但是它不意味着一窝蜂和大跃进，而是要根据各地的具体情况采取循序渐进的做法。文化产业的发展需要许多条件，包括经济基础、人力资源、产业经验的积累，等等。因此，应当根据可行性来布局产业发展，要根据文化产业的发展规律和本地的资源条件来规划发展，而不是突出主观意志和长官意志，不能成为政绩工程。

具体到广东，广东目前优势最大的是强大的制造业。而如何将制造业的生产能力与文化产业的知识产权相结合，就是广东现在正在解决的问题。广东把与制造业相关的一些会展活动资源挖掘深、挖掘透也是一条出路。良好的会展业可以直接推动商品流通、技术交流、信

★在2011年4月23日“书香岭南”活动启动仪式上，省委常委、宣传部长林雄，副省长雷于蓝等领导在广东省中山图书馆为市民在阅读月首日封上签名。

息沟通和经贸合作。东莞的漫博会、深圳的文博会，都是这些解决方式的具体体现。而以会展为龙头带动产业发展，这种“活动经济”也是一个很好的发展产业的方式。通过北京奥运会、上海世博会、广州亚运会，我们可以看到，大型的、世界性的活动作为一种文化活动，对当地实体经济有着明显的拉动和提升作用。总体而言，广东尤其是广州和深圳，在会展业方面很有竞争力，把原有的一些在全国有影响力的论坛、文化交流活动固定下来并且办好，这样不但能够提升整个城市的影响力，同时也可以通过文化交流促进经济的提升。

另外我觉得，广东发展文化强省，必须要注意到这样的问题，就是城市的文化和城市文化产业方面的区别。一个城市要发展文化，要继承历史文化，弘扬它原有的文化艺术。我们现在看到，我们传统的一些文化形态受到了很大的挑战，比如一些非物质文化遗产没有得到很好的保护。但根据我的观察，凡是可以申报非物质文化遗产的，都没有什么产业的空间。历史越悠久，越没有产业的空间。非物质文化遗产为什么要保护，就是因为它不能产业化，能产业化的何须保护？一个城市不能没有文化，而一个城市要发展文化产业，则不能完全依靠去发掘它固有的悠久历史。我以前说过，文化底蕴深的地方，文化产业一般都做不好。以西安和深圳为例，西安的文化产业跟深圳的文化产业相比，

关键词 >>

■培养与引进

任何文化的发展都离不开人才。广东发展文化产业，如何培养与引进人才也非常关键。改革开放已经过去30多年，过去全国人才蜂拥南下闯广东，现在是南雁北飞，集中于京沪。而在《广东省建设文化强省规划纲要（2011—2020年）》中，将“构筑文化人才高地”摆在了突出的位置，特别提出要制定出台《引进文化领域高层次人才办法》，面向国内外重点引进社科理论和文学艺术名家大师、文化创意和文化产业领军人物。建立健全人才激励机制，健全以政府奖励为导向、用人单位和社会力量奖励为主体的人才奖励体系，对为广东文化发展作出突出贡献者以及重大文化成果进行奖励。实施特级专家聘任制度，实施首席专家、文化大师工作室制度。

★2012年4月20日，越秀区在区图书馆举办“沐浴书香　幸福越秀——2012年越秀区阅读文化周暨纪念世界读书日”系列活动。图为解放军士兵在为盲人朗读图书。

差距不是一点点。西安旅游资源很丰富，但是去西安旅游的人跟去深圳旅游的人相比差了一大截。我们再对比一下美国和法国。美国的文化底蕴肯定浅得多，而法国的文化底蕴肯定深得多，但是美国的文化产业却是法国的10倍以上。

今天我们所说的文化产业更侧重于创意，是面向未来的创新，不是指历史。文化产业不是将已有的文化拿来产业化，而是在理解的基础上借鉴文化元素、创意故事和艺术表现形式，“无中生有”出来的新产品和设计等。所以，文化产业叫文化创意产业可能更恰当。如上海世博会就属于文化产业，吸引了8000万人去观看，世博会吸引人的基本上都是创意出来的东西，是原来没有的。而故宫一年的门票收入在五六亿元，但是它就是老祖宗留给我们的遗产，它不是文化产业，应该算旅游景点，因为它没创意。

所以，区分好文化遗产与文化产业，用不同的思路去进行保护和发展，这是以后更需要注意的问题。

喜羊羊：一只“羊”的蝴蝶效应

2011年7月，《华尔街日报》上出现了一篇文章，标题是“让喜羊羊来当中国的宣传大使？”，文中提到，不如把喜羊羊拿来做中国的国家形象大使——因为这部动画片已经在全球几十个国家放映，在亚洲几十个国家和地区也得到了孩子们一致的好评。

作为现在中国最具影响力的原创动漫，《喜羊羊与灰太狼》的成功曾被业界认为是一个奇迹，但另一方面，它却被认为只是一个不可复制的个案。然而，在3年之后，我们却看到这个属于广东的奇迹正在发挥它的蝴蝶效应，诞生更多的奇迹：“喜羊羊之父”黄伟明的新作《开心宝贝》系列继承了喜羊羊的精神基因，同样大获成功；喜羊羊的周边产品救活了深圳一家玩具厂，使之得以转型升级……经过几年的实践，《喜羊羊与灰太狼》这部动画片最终实现了文化创意产业最核心的功能：融合与提升。

基因复制
喜羊羊本质上是一种生活方式的胜利

“不管《喜羊羊与灰太狼》还是《开心宝贝》，这些动画片的内容本质上都是一样的，都是从生活中找到一些幽默的元素，然后把它改造成动画故事。”江湖人称“喜羊羊之父”的黄伟明如今又有了一个新的称呼：“开心超人他爹”。与当年的“喜羊羊”一样，尚处于品牌发育期的《开心宝贝》系列已经开始攻城略地，在全国的动漫圈里打出了名号。

在广州越秀区大南路一个面积并不大的工作室里，记者见到了黄伟明。当然，如果不是他自己介绍，这个工作室很可能被认为是一个大型网吧：数十台电脑在闪烁，近百名年轻人在不停地按动着鼠标。只是屏幕上显现的虽然也是卡通人物，却不是网游角色，而是他们的各种“超人”。

谈起成功，黄伟明表示喜羊羊已经是“过去时”，但依然掩饰不住自豪：“我觉得，与其说这是一种形象的胜利，倒不如说这是一种生活方式的胜利。”在他看来，只有生活中的幽默才更容易被小孩子们接受，而越是平民化的地方，就越容易从生活中找到灵感：“举个例子，我的小孩现在两三岁大，如果你让他听你说话，听你讲笑话，可能他还真听不懂，但是如果我走在平地上，突然‘仆街’摔了一跤，那么他肯定会笑起来。”

所以，黄伟明成功的“秘诀中的秘诀”，就是在生活中发现幽默的元素。很多人认为，黄伟明的《开心宝贝》是在复制《喜羊羊与灰太狼》当年的道路，但在他自己看来，这并不是复制，而是觉得这更应该算是一种进化：“毕竟‘喜羊羊’当年遇到的很多事情，当时处理起来没有经验，但现在有了前车之鉴。比如在版权保护、下游合作商之间的选择这些方面，我们都已经知道该怎么做了。”

产业延伸
一只羊救活一家深圳玩具厂

“给玩具量身打造故事，让优秀的动漫故事有出处，也让玩具厂的玩具有生命力。”

从2009年开始，《喜羊羊与灰太狼》系列电影的票房一直保持国产动画电影票房三连冠的纪录，2012年新作《喜羊羊与灰太狼之开心闯龙年》更是上映8天便突破“亿元大关”；除此之外，羊和狼的故事还被改编成舞台剧《小灰灰的心愿》即将在广州大剧院上演……喜羊羊在影视行业的内部进行了充分的资源共享与整合，让无形的文化创意价值转化成了实实在在的经济价值。

在广东原创动力公司负责人刘蔓仪看来，喜羊羊的成功在于抓住了“时机”：“喜羊羊”系列在第一部电影出来之前，就已经有不少有消费能力的青年人喜欢这一形象了。这些人虽然可能未婚，但在电影上映之后，他们的观感完全可以给单位里那些稍微年长点的已有子女的同事带来相当好的口碑宣传效果，这样那些家长在经过推荐之后，带孩子进场也就成了必然。当然，如果只是在影视行业内的资源共享与整合，“喜羊羊”系列并不足以成为文化创意产业带动其他产业升级改造的成功样本。下面的故事更能体现出“喜羊羊”的强大生命力与品牌效应。

2009年2月，深圳龙岗的坪山碧岭工业区，香港耀邦国际有限公司旗下的玩具厂由于外需减弱本来已经濒临歇业停产，但正是“喜羊羊”的订单，让这家工厂重新焕发了活力。不仅如此，这个此前一直为迪士尼等知名外国玩具商做OEM的工厂，现在的利润率由过去的10%提高到30%。如同“迪士尼”、“史努比”等美国动漫经典形象一样，喜羊羊的卡通形象不局限于玩具，而是延伸到了生活的方方面面，如糖果包装、服装甚至纸巾盒等。

动画片必须通过衍生产品的开发才能实现盈利，这是国外动画的行规，比如《狮子王》投资约4500万元，票房收入约7亿美元，而其衍生产品的收入达到20亿美元。“我们以前有试过自己开发衍生品，但并不成功。比如说，做毛绒玩具我们不会区分黑心棉和品质棉，不知道哪些材料容易掉毛，也不知道配件去哪里采购，根本做不好。”广东原创动力文化传播有限公司总经理卢永强说，如今他们已经明确了方向，依靠品牌授权获利，据动漫业内人士估计，这只羊的品牌价值已经超过10亿元。这种“各司其职”的方法还带来了附加效应：如同那个被救活的玩具厂一样，上下游产业被动漫产品盘活，实现了制造业向高附加值产业的转化。

行业瓶颈
市面上的喜羊羊八成是盗版

“盗版是一个大问题，《喜羊羊与灰太狼》热播后，市面上盗版猖獗，甚至在我们楼下都有盗版批发，一个盗版喜羊羊毛绒大玩具就卖900元。”广东原创动力文化传播有限公司副总经理刘蔓仪颇有些无奈地说，“目前市面上80%的喜羊羊产品都是未经授权的盗版。”

“每年律师帮我们公司收集的侵权案例就有1600多例，有一次官司打赢了，法院只判对方赔我们1000元，远不够打官司手续费的。”刘蔓仪说，“整个动画片系列的制作投入是2000多万元，开始两年基本都是亏的，从去年开始才收回投资成本。我们对动画片中的主要角色都注册了形象版权，这些费用多达上百万元。”她有点激动地反问：“原创作品成功后，收益都被盗版商获得了，那还有谁愿意去做原创呢？大家都不花心思去搞原创，都急功近利地去模仿甚至剽窃，动漫产业如何升级？”

刘蔓仪认为，目前广州文化知识产权保护的意识比较薄弱，虽然政府工作

微评 >>

@人在2012漂：广东是我国改革开放的窗口，也是经济第一大省和文化强省，在全国发展格局中具有重要地位。近年来，广东围绕加快转型升级、建设幸福广东的核心任务，成为提升中国国际竞争力的主力省、探索科学发展模式的试验区和发展中国特色社会主义的先行地。

@作家王万兵：引导和发展包括网络文学在内的文化新业态已成为广东文化强省建设的重要内容。广东网络文学发展态势良好，在全国的优势地位显著，是广东省值得优先引导发展的文艺新业态，我们必须抓住机遇，乘势而上，继续壮大广东网络文学实力，提升影响，使之成为广东文化强省建设的一支重要力量。

@中凯文化集团：广东文化产业如何能保持优势？首先不要太功利，要提高文化的含金量。其次要了解什么是文化产业，是与文化沾边就可以还是那种有传承意义的有深厚底蕴的文化。总之要清晰文化产业的核心，把它整合提炼出来。不然就只能沦为其他文化的服务商，只能为他人作嫁衣裳。广东要寻找出有自己特色的、原创的东西。

报告中提到了文化软实力和广州创造的问题，但原创动漫品牌公司在实际操作中还是会遇到很多版权保护问题。“我们很担心安全问题，尤其是涉及药品、食品和护肤品的，一旦盗版出现安全问题，会非常影响我们的品牌。”刘蔓仪说，曾经有武汉的医院拿了美羊羊的形象去做不孕不育广告，还在电视上播放，这种行为严重误导了青少年。

据广东省新闻出版局版权管理处副处长郭秀文介绍，近年来，相关部门已经加大了对盗版的日常巡查和专项行动力度，并在基层建立了若干个版权工作站，帮助企业登记版权、培训人员、完善维权渠道，但就目前来说，打击盗版主要还是依靠被侵权企业的自我维权，缺钱、缺人、维权成本大。已在东莞举行三届的中国国际影视动漫版权保护和贸易博览会给了广东的动漫产业一个版权交易的良好平台。但在刘蔓仪看来，政府还应在政策上加强对知识产权的保护，对盗版分子严罚，才能起到震慑的作用。

亲历者说

广东咏声文化传播有限公司总经理助理刘维述：

做中国特色的动漫才有出路

咏声文化传播有限公司打造的“猪猪侠”在设计上非常注重“中国特色”，颜色上选用传统的中国红，同时，给憨态可掬的猪赋予智慧与幽默，让观众有一种耳目一新的感觉。当前，国内原创动漫抄袭非常严重，如果不做出自己的特色，就很难在竞争中占据有利位置，我想猪猪侠身上的中国元素就是我们的优势。

虽然现在国内动漫不乏很多优秀作品，但我们必须认识到差距：一是技术和创意上的差距，二则是还没有形成成熟的产业链。不过，我们可以看到，虽然国内动漫起步时间晚，但技术和创意上的差距肯定将随着时间的推移而缩小。那么，我们在产业链上的差距则是最大的难题。我们在周边产品的开发、版权保护、人才培养等方面仍有很多的工作要做。

佛山1506创意城董事长邱代伦：

实现从卖产品到卖文化的转变

文化产业就是一门“编故事、讲故事、卖故事”的生意。作为文化创意产业园，1506创意城应建设园区来推动文化产业与其他产业的“杂交”，从而助推其他产业升级转型。文化产业园区除了搭建完善的生活配套服务设施以外，更应搭建文化产业的投融资平台，降低入园企业成本，提高其生产效率，增加其交易机会。

以前我们是靠租金赚钱，但现在要靠卖服务赚钱。硬件软件提升了，虽然租金如今都涨了两三倍，但是想进园的企业还有很多。现在园区入驻中小企业近400家，文化交易商店近400家，从业人员有1万多人，成功举办了1000多场文化活动。将园区打造成文化产业创业平台、上市孵化平台是我们的梦想。目前，园区已投资了3家入园的中小企业，其中1家已在香港创业板上市。

迅雷集团CEO邹胜龙：

创新使迅雷"不及掩耳"

"迅雷发展到今天，一个很明显的优势，就是创新能力很强。"在迅雷集团CEO邹胜龙看来，科技+文化，完全可以让诸多广东的文化新兴业态企业尝到十足的甜头。

一家2003年创立时不足10人、办公场所仅仅只有85平方米的小公司，仅用了短短7年时间便发展到员工700多人、用户3.29亿户，占据市场份额85%，成为全球最大的下载引擎，迅雷的发展确实是"不及掩耳"。"推动迅雷发展的核心，是我们拥有创新的企业文化。"邹胜龙告诉记者。2003年7月，迅雷1问世，但到2006年时，迅雷已经将对手远远甩在了身后。"在下载这个领域，只要有创新技术出现，基本上都是迅雷做出的。云下载、离线下载，都是迅雷率先做的，别人都跟在后面模仿我们。到目前为止，迅雷已申请了100多项专利。"

（郑照魁　吴敏）

微评 >>

@黄士芳： 广东中心城市包括广州、深圳、佛山、中山、东莞、江门等市启动大规模的文化创意产业园区建设，仅广州从2011年到现在就有30多个园区启动，真是文化产业的黄金时代呀！深圳已建在建的有54个。创意体现价值是知识产权，但到哪找那么多企业，警惕文化地产和二房东呀！

@王鹏信中利资本： 广东是名副其实的"文化大省"，不过文化产业盘子虽然很大，但整体竞争力不强。可以通过股权投资模式，以资本为纽带，投资优势企业，最终上市融资获取更多发展资金，相信基金将会进一步推动广东"文化强省"的战略向前再迈一大步。目前广东已有粤传媒、天威视讯、奥飞动漫、省广四家文化类上市公司。

10 社会主义市场经济

释题

1992年，邓小平同志发表了著名的南方谈话。在此基础上，1992年10月召开党的十四大，提出了建立社会主义市场经济体制的经济体制改革目标以及政治体制改革目标，为社会主义市场经济体制绘制了蓝图。

这就终结了长期以来的计划与市场之争，引发了新一轮思想解放，将改革开放推向新的阶段。

继党的十四大提出建立社会主义市场经济体制的战略目标后，1993年十四届三中全会通过的《中共中央关于建立社会主义市场经济体制若干问题的决定》（以下简称《决定》），描绘了社会主义市场经济的框架和蓝图，成为改革的纲领性文件，为改革指明了方向。

《决定》指出新体制的基本框架由六个方面构成：第一，必须坚持以公有制为主体、多种经济成分共同发展的方针，进一步转换国有企业经营机制，建立适应市场经济要求，产权清晰、权责明确、政企分开、管理科学的现代企业制度；第二，建立全国统一开放的市场体系，实现城乡市场紧密结合，国内市场与国际市场相互衔接，促进资源的优化配置；第三，转变政府管理经济的职能，建立以间接手段为主的完善的宏观调控体系，保证国民经济的健康运行；第四，建立以按劳分配为主体，效率优先、兼顾公平的收入分配制度，鼓励一部分地区一部分人先富起来，走共同富裕的道路；第五，建立多层次的社会保障制度，为城乡居民提供同我国国情相适应的社会保障，促进经济发展和社会稳定；第六，围绕以上环节建立相应的法律法规体系，为市场经济的健康运作提供完备的法律保障。

改革进程日新月异，改革的内容也将逐渐覆盖到经济体制的方方面面。

深入“三打两建”，营商环境法治化国际化

过去几年，诸如“历史罕见的重大挑战和考验”、“经济发展最为困难时期”、“世界经济深度衰退”等词语频频见诸报端，这些2008年金融危机以来的标签勾勒着近年国内外经济发展的严峻背景。

对于外向型经济为主的广东而言，这更是一场前所未有的挑战。作为改革开放的排头兵，在前30年“摸着石头过河”的基础上，广东再一次担负起“先行先试”的重任，在严峻的经济形势下，一步一步迈过改革的深水区，以探索完善社会主义市场经济体制的广东样本。

改革探路
“社会主义市场经济”助广东腾飞

广东“先行先试”，在社会主义市场经济建设中狂飙突进。经历30多年改革开放后，广东又一次踏上经济体制改革的“二次探路”征途

广东历来以破旧立新的精神领风气之先。

在改革开放中先行一步的广东，抓住国家赋予的特殊政策和灵活措施，如支持广东最早开办经济特区、实行综合改革试验等，率先进行社会主义市场经济发展的探索。

事实上，成立特区前，广东就已显露出市场经济的种种特征。作为最富活力的珠三角地区，当时农产品的统购统派已经从117种减到了只有粮、糖、烟3

种的状态，即使是相对滞后的广州市，其工业生产指令性计划也由1978年的208种减少到了19种，主要商品的指令性计划由几百种减到54种，物资调配由几十种压缩至15种。广东农副产品、工业消费品、生产资料产品的价格百分之八九十已经放开了。

随后，"先行先试"市场经济机制迸发的活力，使广东从一个落后的农业省份迅速发展，经济总量和综合实力迅速由全国中下水平一跃成为全国第一大省。在此后长达20多年的"狂飙突进"中，广东一直稳居榜首，成为国内经济的领头羊。

2008年，在全球金融危机影响下，广东在全国范围内率先踏上了经济体制改革的"二次探路"征途。

此时，社会主义市场经济的发展正处在极为重要的历史岔道上。30多年的改革开放，既取得了举世瞩目的伟大成就，也积累了诸多矛盾和问题；既面临"中等收入陷阱"等严峻挑战，又面临中国特色社会主义理论与体制深化完善的挑战。

广东再次承担起为社会主义市场经济破冰、"杀出一条血路"的先锋队作用。

有破有立
广东"试验田"、示范区再出发

《规划纲要》的出台，赋予了广东"科学发展，先行先试"的使命。"试验田"和示范区的进一步深耕，广东以行政管理体制改革为突破口，率先建立完善的社会主义市场经济体制

金融危机使广东清醒地认识到，经济对外依存度过高，传统的资源消耗型发展模式已经走到尽头，调整经济结构、转变经济发展方式，借危机倒逼产业转型升级已刻不容缓。站在深化体制改革的关口，下一个30年该往何处走？犹疑困惑之际，《珠江三角洲地区改革发展规划纲要（2008—2020年）》（以下简称《规划纲要》）适时出台。

《规划纲要》明确提出：珠三角要全面推进经济体制、政治体制、文化体制、社会体制改革，在重要领域和关键环节率先取得突破，为实现科学发展提供强大动力。

在很多人看来，这个针对中国改革开放先行者的强调"改革"的《规划纲要》，对于广东深化改革再出发、珠三角为全国科学发展再探路的意味呼之欲出。

"《规划纲要》的精髓就是'科学发展，先行先试'。" 正如亲身参与了《规划纲要》的编制工作、国家发改委副主任杜鹰所言，在这份近3万字的纲领性文件里，"率先"、"先行先试"等字眼出现了近40次，明确授予珠三角的全国性试点有9个，示范区、试验区高达12个。 深圳成为"综合配套改革试验区"，惠州、佛山、中山被确定为统筹城乡发展综合改革试点，四个市戴上"新特区"的帽子，珠三角由此获得巨大的探索和发展的空间。

★佛山市顺德区召开社会体制综合改革工作会议。

那么，如何继续发挥珠三角地区特别是经济特区的“试验田”和示范区作用？《规划纲要》指出，“以行政管理体制改革为突破口，深化经济体制和社会管理体制改革，健全民主法制，在重要领域和关键环节先试先行，率先建立完善的社会主义市场经济体制”。

“以行政管理体制改革作为新一轮改革的突破口，是抓住了珠三角发展的牛鼻子。”中山大学政治与公共事务管理学院教授、博士生导师郭巍青认为，

关键词 >>

■三打两建

“三打”即是打击欺行霸市、打击制假售假、打击商业贿赂，“两建”即是建设社会信用体系、建设市场监管体系。2012年1月6日，在省委十届十一次全会上，广东在全国率先提出2012年要组织开展以“打击欺行霸市、打击制假售假、打击商业贿赂，建设社会信用体系、建设市场监管体系”为内涵的“三打两建”、“建设幸福广东”的活动。

■大部制改革

广东推行行政管理体制改革的措施之一。珠三角《规划纲要》出台后不久，深圳、佛山顺德、广州等地旋即率先启动了大部制改革。随后，珠海、江门、东莞等地大部制方案陆续公布。按照决策权、执行权、监督权既相互制约又相互协调的要求，各地的大部制改革都在不同程度上大幅精简政府机构，通过调整、撤并，将政府的部分职能还给市场，交给社会组织，实现了从全能型家长式的政府向服务型政府的角色转变。

行政管理体制是中国经济社会发展的一个龙头，改革开放30年来是在强政府的主导和推动下，取得了举世瞩目的成绩。在这样的制度下，要进一步改革，谋求新的发展，行政管理体制的改革就是关键。

“政府要明确自己的权能，不要与社会争利，把精力集中到落实国家宏观调控的政策措施，改善发展环境，规范市场秩序，加快社会事业发展等方面。” 郭巍青表示，从广东的经验来看，如果行政管理体制能够适应新的社会关系、适应新的生产力的话，那么它就会形成一个良性发展的好局面。

体制创新

探索与国际接轨的市场经济营商环境

让政府职能“归位”，广东拿出了“革自己命”的勇气，全力推进行政管理体制的改革。大部制改革、深化行政审批制度改革等一系列措施的试点实施，对全国其他地区都有很好的探路意义

行政管理体制应该怎么改？《规划纲要》提出了一个基本原则：“全面推行政企、政资、政事、政府与市场中介组织分开。凡是能够由市场机制调节的事，坚决放给市场；凡是应由企业自主决策的事，一律交还企业；凡是能够由社会组织解决的事，积极移交社会组织管理；凡是应由政府承担的职责，要切实履行好。”

随后，深圳、佛山顺德、广州、珠海在全省率先掀起大部门体制改革，打响了行政管理体制改革的第一枪。按照决策权、执行权、监督权既相互制约又相互协调的要求，大部制改革将政府的部分职能还给市场，交给社会组织，从全能型家长式的政府转向服务型政府，一时引发全国热议。

在中山大学政治与公共事务管理学院教授、博士研究生导师陈天祥看来，实行大部制改革，需要培育发达的市民社会，需要有成熟的NGO、非营利组织去承接政府转出去的职能，而深圳、顺德的社会组织在全国来看都较为发达，在此试点对全国其他地区有很好的改革探路意义。

与此同时，试行省直管县体制、推行强镇扩权的乡镇机构改革、创新乡镇事业站所管理体制、深化行政审批制度改革等一系列重磅措施不断加紧出台，广东拿出“革自己命”的勇气，全力推进行政管理体制改革。

“深化行政体制改革最核心的环节在加快推进行政审批制度改革。”在今年全国“两会”上，广东省省长朱小丹提出，要通过“减”、“放”、“转”，改变用政府这只“有形的手”取代市场这只“无形的手”的状况，让政府职能归位，“政府的审批制度不改彻底，

政府的职能转变最终会是一句空话，不可能真正落实。”

2012年3月10日，在省委书记汪洋、省长朱小丹的推动下，国家工商总局出台《关于支持广东加快转型升级建设幸福广东的意见》（以下简称《意见》）。《意见》共32条内容，其中19条涉及企业注册登记，有12条属于首创性政策突破。《意见》赋权广东，为市场准入主体大“松绑”，降低企业登记注册资本门槛，一条条措施直指行政审批制度改革。

纵观《意见》，从支持实行宽松登记管理到试行商事登记制度改革，从推行注册资本“认缴制”、支持注册资本“零首期”到试点企业全程电子化网上登记注册，32条措施为企业大开方便之门，一种新的“宽准入严监管”的审批监管制度正在形成，从而也推动广东加快形成与国际市场接轨、“宽入严管”的国际营商环境。

南北连线

南 广东省政府发展研究中心主任汪一洋：广东未来发展优势在于构建法治化、国际化营商环境

我国在1992年中共十四大提出建立社会主义市场经济体制，1994年中共十四届三中全会提出用10年建立社会主义市场经济体制的基本框架，2003年十六届三中全会提出用10年完善社会主义市场经济体制。现在这个10年马上就要到了，但是市场经济还是不够完善。

这与我们这几年改革滞后有关系，所以省委、省政府提出“三打两建”，打击欺行霸市、打击制假售假、打击商业贿赂，它们都是妨碍公平竞争、破坏市场经济的秩序。市场经济就是要公平竞争，通过建立社会信用体系、建立市场监管体系，创造良好的市场秩序、社会环境，促进社会经济的发展。

“三打两建”是解决市场经济运行中存在问题的手段，但更重要的是怎样深化市场经济体制改革。我们正在进行的政府职能转换和培育发展社会组织，则是从根本上解决问题。正如朱小丹省长在全国“两会”上所言，要以自我革命的勇气，加快政府职能转变。第一“减”，减少审批；第二“放”，下放权力；第三“让”，让给社会。审批的项目少了，放给基层了，让给社会了，社会活力增强，权力寻租减少，商业贿赂也会大大减少。从“重准入轻监管”

关键词 >>

■行政审批制度改革

金融危机证明，前30年中国崛起的发展模式已难以为继。站在改革深水区，须进一步深化和完善社会主义市场经济体制，其关键就在于深化行政体制改革，推进政府职能转变，理顺政府与市场、政府与社会这两组最关键的关系。而深化行政体制改革最核心的环节又在加快推进行政审批制度改革。在2012年全国“两会”上，广东省省长朱小丹提出，要通过进一步压减审批事项，大胆下放行政管理事权，把一些社会管理职能转移给社会组织承担，突出“减”、“放”、“转”，改变用政府这只“有形的手”取代市场这只“无形的手”的状况，让政府职能归位。而国家工商总局日前出台的《关于支持广东加快转型升级建设幸福广东的意见》，赋予广东工商部门在行政审批制度改革方面先行先试的权力，目前已在全省各地市掀起一股改革风潮。

转变为“宽准入严监管”。职能要转换给社会，就要培育发展社会组织。行业商会协会要去垄断化、去行政化，允许“一业多会”。去行政化就是没有行政级别，不需挂主管单位，只要去民政局登记就可以成立，法责自负。大力发展行业协会商会，由社会组织来承接政府转移的职能，提高社会自治能力、组织能力，从而建立起“小政府、大社会、强政府、好社会”。我们现在做的这些改革都跟完善社会主义市场经济有很大关系。通过完善社会主义市场经济体制，率先构建法治化、国际化营商环境。这是广东未来发展的核心竞争力所在。

北 北京大学国家发展研究院博士后、研究员陈秋霖：顶层设计要与底层创新探索相结合

党的十四届三中全会以来，社会主义市场经济体制建立20年来，我国经济高速增长，但也出现贫富差距加大、腐败现象突出等问题。这些现象也凸显了我国社会主义市场经济体制的不完善之处。

我国现行市场经济结构过度依赖粗放型、过度依赖出口和创新不足的经济体，这样的经济体，面对外来冲击抗风险能力很低。不过，我认为现行社会主义市场经济体制中，最大的问题是经济增长过快，而社会建设发展相对滞后。

过去20年来，政府主要侧重经济建设，而忽略了教育、医疗、养老、卫生、住房、社会保障等民生方面建设。社会建设与经济建设不协调，导致贫富差距加大。因为人们从出生开始，资源禀赋相差太大，实际上阻碍了机会公平，阶层流动停滞，不利于社会发展和创新。另外，社会建设的滞后也将影响政治体制改革的深化。因此，社会建设同样重要，各项社会保障工作到位，人们就可无后顾之忧，直接刺激内需，间接上可以促进经济结构的调整。

实际上，广东省作为我国经济改革的排头兵，市场经济体制改革面对的调整压力最大，同时也肩负了为其他地区“趟出一条路”的使命，成为新一轮改革的排头兵。据我观察，广东这五年来在社会主义市场经济体制改革方面有不少举措，如“腾笼换鸟”等，也很重视社会建设。下一步广东应该会面临扭转基层政府“唯经济发展是瞻”的发展理念以及财政体制方面的改革。在大方向上，完善社会经济体制中，要注意顶层设计与底层创新、探索相结合。

对于广东目前正在实施的“三打两建”政策，我持肯定态度。这些政策在短期内能减少欺行霸市、制假售假、商业贿赂等不公平现象，有利于社会诚信体系的建设。不过，从长期来看，政府不能单纯依靠这种运动式打击，而要为公平、诚信社会体系建设提供法制环境，包括相关法律法规的制定和执行；逐步限制公权力过度介入，防止矫枉过正。

另外，诚信社会体系的建设要从教育入手，从娃娃抓起，扭转当代这种急功近利、过于强调物质享受的教育观，让人们从小就有公民意识，遵守社会公德。

“兵团作战”：粉碎灰色利益链条

雷霆行动
大罗塘问题冻品整治

毒胶囊事件尚未走远，垃圾蜜饯事件又被曝光……近年来，食品、药品安全领域事故频发，制假售假现象屡禁不绝，消费者越来越强烈感觉到消费不安全、食用不放心，假冒伪劣同样困扰企业、行业，成为他们最头痛的事。为保障民众利益，净化市场环境，创造良好的市场经济环境，维护正常的市场秩序，今年广东省委、省政府部署“三打两建”，重拳出击，轰轰烈烈地开展了一场铲除“毒瘤”的运动，众多造假售假、欺行霸市、商业贿赂等违法犯罪者纷纷落网。

2012年“3·15”前夕，南方日报记者暗访并揭露了以番禺大罗塘冷冻食品市场为流通枢纽的走私冻品产业链条。报道刊登后，引起国家、省、市等各级领导的高度关注。汪洋、朱小丹、朱明国和刘昆等广东主要领导先后作出重要批示，要求有关部门深挖幕后团伙，严查幕后“保护伞”。

在省委、省政府的直接部署下，广州市番禺区政府及相关部门组成工作组，对该市场展开铁腕整治和地毯式清查。以大罗塘事件为突破重点，一场以围剿制假售假违法犯罪、规范全省冻肉行业和重建正常经济秩序为目标的“治本”战役，正以雷霆万钧之势，在全省各地展开，从而把“三打两建”的工作推向又一个高潮。

风声鹤唳
昔日问题冻肉泛滥，今番大罗塘市场变“干净”

“用风声鹤唳来形容这段时间的冷冻食品市场，一点都不为过。”日前，一位从事冷冻品运输、常年往返于顺德和番禺两地的货车司机老徐告诉记者。一个月前，在档主们开始感觉到“形势很不妙”的那几天，平时热闹的顺德冻品批发一条街，霎时变得死一般的寂静：所有“做贼心虚”的铺面无不关门谢客。

然而，一个月过去了，店主们发现，关门也解决不了问题。打私部门昭示对一切危害食品安全的违法犯罪的“零容忍态度”，几乎让所有与冷冻食品相关的从业人员都直接感受到了什么叫动真格：周而复始的地毯式检查以及“再也无法预警”的突击检查，使得一些吃惯灰色利益的“肥佬”躲无可躲。

日前，记者到番禺大罗塘市场回访，走了十多家批发店铺都没有发现进口冻肉“手续不全”的现象，个别档主则表情复杂地宣称，这一个月来，很多货拿不到了，部分肉品类的价格开始回复正常，上面三天两头都会有各种检查行动，有些证照不齐的档口甚至已经被“永久性关门”了。

据悉，目前由反走私巡防督查大队、海关缉私、边防、交通、工商等部门组成24小时巡查队伍，在大罗塘冷冻品市场内部及周边地区、市场出入口和主干道设卡拦截，确保走私冷冻品和腐烂变质冷冻品不流入番禺区冷冻品市场。在市场内，还建立信息化台账管理制度和冷冻品视频监控系统。监管部门多次向市场内的商户宣传强调，冷冻品市场内若存在贩私和经销单证不全的冷冻品及销售腐烂变质冷冻品的店铺，一律关停。为深挖利益链、打击保护伞，番禺区政府还悬赏1000万元，广泛发动群众为打击行动提供举报线索。

这场声势浩大的围剿行动，实际与南方日报的一篇报道有关。今年3月15日，为配合“三打两建”的工作部署，南方日报率先曝光了一条以番禺大罗塘冷冻食品市场为流通枢纽的走私冻肉产业链条，指出有大量未经检验检疫的洋冻肉，通过该批发市场流入广州、珠三角甚至内地市场。

消息见报后，番禺区对大罗塘冷冻品市场开展多轮整治，并成立专项整治和督导组，全面清查整治。截至4月9日，在不到一个月的时间里，番禺区累计出动执法人员4700多人次，通过入库检查、设点截查、单证核查等方式，并结合群众提供的线索，对大罗塘冷冻品店铺和冷库进行了地毯式清查，共检查各类商铺820多间次，查封冷库29间，就地封存待查手续不完备的冷冻肉644.809吨，查封其他经营户23家，取缔无证照经营店铺28间，排查非住宅出租屋（商铺）954间，发出整改通知453份。

据公开资料显示，大罗塘冷冻食品市场的肉类冷冻食品进口总量占全国的70%，年交易金额超过300亿元，每年从这里流向全国各地的冷冻食品多达数十万吨。目前在番禺从事冷冻食品生产经营的供应商、代理商以及运输、冷冻、报关、批发零售、加工的企业约有500家，其中大多数集中在大罗塘。

4月9日至10日，海关总署、全国打私办、国家工商总局、国家质检总局组成的工作组，分三队对大罗塘冷冻品市场再次进行检查。巡查后，工作组有关人士表示，初步来看，大罗塘冷冻品市场总体上都很规范，存在的问题已经不太突出了。

严密部署

以大罗塘事件为契机，全省掀起冻肉市场大整治

媒体曝光的番禺大罗塘冷冻食品批发市场走私冻肉泛滥事件，成为广东省全力整治当前不规范冻肉市场的导火线。

在媒体报道后，汪洋、朱小丹、朱明国和刘昆等广东主要领导先后作出重要批示，要求有关部门深挖幕后团伙，严查幕后“保护伞”。3月27日，省政府正式宣布建立省一级的打击冻品走私联席会议制度，并于当天召集海关、公安、工商、检验检疫、环保、质监、公安边防等有关部门召开打击冻品走私第一次联席会议，共同研究部署打击走私和非法经营走私冻品问题。

3月28日至3月30日，连续三天，执法人员对全省专业冷库、冻肉生产、销售企业（自有冻库）展开全面清查行动，对各类无合法来源的问题冻肉立即就地封存，查清其源头和去向，控制现场证据并通报公安机关。3天时间全省共出动执法人员14328人次，检查企业、单位4063家，查处违法企业、单位328家，查封各类问题冻肉3716.6吨。目前，清查行动已完成，相关部门正进一步追查问题冻肉产品的来源和去向。

近期广东对问题冻肉大围剿后，消费市场得到净化，很多正规做生意的商家都感到欣慰。日前，广州一家知名餐饮店有关负责人告诉记者，最近该店的早茶生意比以前旺了两三成：“以前，附近餐馆的早茶排骨、凤爪一碟价格比我拿货价还低，怎么可能？那些肉类肯定有问题。现在，隔壁几家酒家有些肉类茶点价格涨价，有些不做早茶生意，人流都回来了，所以我生意变好了。”

据悉，省整治问题冻肉还将持续进行。记者从全省打击制假售假专项行动工作会议上获悉，问题冻肉整治被列为广东省打假专项行动的重要战役，全省将全面开展问题冻肉重点整治。近日省打假专项行动小组代拟了《关于在全省开展问

微评 >>

@莲之舟：广东省的“三打两建”是发展市场经济的重要根基。这一大举措遵循了郎咸平教授一直提倡的中国经济改革的基本思想，广东省的领导如此之有远见，敢为天下先，佩服！

@V_亞喆_：今日在街口新城区见到山寨奥利奥，支持“三打两建”。我要举报。

@推特乐：我们认为，改革的目标还远未达到。坚持改革，进一步完善市场经济体制，建设符合社会上绝大多数人而不是极少数寻租者利益的法治的市场经济。

★东莞市公安民警在全市多个镇街同时展开“三打两建”清查行动。这是东莞市公安局开展打击制假售假专项行动以来第一次大规模的清查整治行动，也是“三打两建”工作的重要一环。

题冻肉重点整治的通知》，并以省“三打”办名义下发各地、各有关单位，据介绍，该通知对包括海关、检验检疫、质监等相关部门都制定了明确的重点整治问题冻肉的任务和分工。

创新打假
“联合兵团”作战，打利益链、打保护伞

“今年省打击制假售假专项行动的工作重点放在打大要案、打利益链、打保护伞上面。”日前，省打击制假售假专项行动小组副组长、专项办主任，省质监局稽查局局长汤武在接受记者采访时指出，要做到上述重点，需在“打假”工作中创新工作方式，多部门联合作战，对“打假”案同步进行全方位打假，从而提高执法有效性。

据介绍，2012年省打击制假售假专项行动小组建立了上下联动、部门联动、区域联动的工作机制，信息互通、整个链条式打假。“今年省打击制假售假专项行动小组的成员，除了省质监局外，还有27个成员单位共同参与，以十大专项行动为例，共有9个牵头单位，他们都选派了骨干人员集中在设立于省质监局的打假专项行动办公室工作。”

在2012年打击制假售假中，打掉整个利益链条突破了往年各环节各自打假时效率和威力有限的局限。汤武指出，正因为兵团合作，在具体打假方案中，今年打假能做到将整个制售假链条打掉，覆盖了制售假冒伪劣的各个环节。

以食品为例，若我们在生产加工环节查到造假产品，对上将追查该造假工厂的原材料来源，上游的农产品、种植养殖等环节将交由农业部门追查，对下将追查造假食品的流通，该环节将交由工商部门追查，若造假食品流通到餐饮消费，则交由食药监局。“我们在此次打假中提出‘五不放过’，其中包括原料来源不放过，即要追查上游农产品；问题产品流向不放过，即追查问题产品在市场的流通。”

记者日前从省打假专项行动小组召开的全省打击制假售假专项行动工作会议上获悉，在对问题冻肉的专项整治行动中，提出整治范围将覆盖生产、流通、消费整个链条，“力求斩断利益链，端掉保护伞，进一步净化和规范全省冻肉市场”。

番禺区委常委、常务副区长陈德俊此前就表示，在此次整治大罗塘冷冻品市场专项行动中，区纪检部门已介入，若发现国家公职人员充当保护伞的，坚决查处。

长效机制
“两建”杜绝毒瘤再生

事实上，每年广东省都在打击问题冻肉，其中番禺大罗塘冷冻食品市场一直是省、市、区打击走私工作的重点。仅2011年，番禺打私办便组织开展联合行动和专项斗争12次。其他打假工作同样如此，年年打假，如何才能长效杜绝假冒伪劣产品冲击市场？

“‘打’不是目的，杜绝制假售假的长效机制，应是建立完善的社会信用体系和市场监管体系。”省打击制假售假专项行动小组有关负责人指出，打假

微评 >>

@李龙：欺行霸市的背后，是一些团伙对局部市场的垄断，为此买单的则是个体经营者和普通消费者；而全国各地不时爆出制假售假的案例，毒奶粉、地沟油、各种违规添加剂等，危害的是公众安全和健康，损害的是公众对食品安全的信心。至于商业贿赂，则通常伴随着权钱交易、官商勾结，既侵害社会的利益，也有损政府的廉洁形象，还容易由经济纠纷问题激化为社会群体事件，从而影响社会稳定。所有这些都扭曲市场机制，扰乱经济秩序，败坏政府公信，危害社会安全，侵蚀民生权利和福祉。“毒瘤”不除，商业诚信就难以建立，公众利益就难以得到保障。因而，无论是对普通百姓，还是对企业商家来说，“三打”都是得民心的民生工程，老百姓拍手称快。因为市场公平竞争了，价格才会公道，食品安全、产品质量才会有保障，民生工程才会更到位。

的目的不是要打垮行业或企业，打假的目的是要净化市场环境，规范市场经济秩序，维护公平正义，使企业、行业回归科学发展的正确道路，使消费者们得到安全、放心的消费环境。

边打边建，以打促建，完善社会信用体系和市场监管体系，是今年广东省部署“三打两建”的最终目的。据悉，目前广东省相关部门在“打”的同时还注重“建”，即在依法从严打击的同时注重加强服务，帮助企业建立健全标准、计量、检验检测等质量基础保障体系和质量管理体系，促进市场主体健康发展。

在建立质量诚信体系方面，质监部门现时选择在佛山、汕头开展试点，探索实施工业产品生产企业分级分类监管，完善企业质量信用档案和产品质量信用信息记录，健全质量信用评价体系，建立质量“红黑榜”制度。番禺区委副书记、政法委书记刘苑珊此前也表示，下一步将从标本兼治方面下工夫，完善整治方案，有针对性地开展密集大整治。

亲历者说

广州新港海关通关科工作人员杨玉蓉：

广东企业重视知识产权保护

在新港海关，每天都有大批的货物进出，而这其中包括部分侵犯他人知识产权的假冒物品。近年来，我们查处此类侵权案件就有10余起，而这其中大部分的产品都是对国外知名品牌的侵权，包括仿冒的LV包、爱马仕手袋，还有宝洁公司生产的日化用品。国外企业对自身知识产权保护意识非常强，他们通常会将自己的正品送到海关申报，这样每一次货物过港，我们就能有针对性地检查。

近年来，一些国内企业也加强了对知识产权的保护意识。2007年，中山榄菊就率先将自己的产品送到海关总署，提出知识产权保护备案申请。之后，榄菊蚊香在非洲曾有75%都是假冒伪劣产品的情况得到了极大的缓解。这说明，国内的企业在竞争激烈的市场环境下，加强了对侵权的重视度，我们海关的工作也帮助他们维护了自身利益。

广东省打击制假售假专项行动小组副组长、专项办主任，省质监局稽查局局长汤武：

群众和企业踊跃举报 “三打两建”深得民心

2012年省委、省政府统一部署的“三打两建”深得民心，举个例子，在打假专项行动开展两个多月以来，我们共收到制假售假举报线索12058宗（截至4月20日），其中9000宗是群众提供的，而且绝大部分举报线索是有效、真实的，恶意的极少，这说明群众对“三打”的认知度、认同度、关注度和参与度高，“三打”得到全省人民的关心、支持和拥护。最近，我们和广东外商投资企业协会合作，该协会旗下有200多家企业，而且大多是名优企业，我们鼓励这些企业提供举报线索。日前在与该协会旗下企业开会宣传时，会前就收到几条线索，会上又收到几百条线索，企业对我们打击制假售假的行动十分肯定和支持。

为了进一步发挥群众力量，我们将完善举报制度、加大举报奖励力度，如对举报生产假冒伪劣产品的，给予5万元以下或者实际收缴罚没款10%以下的奖励；对举报食品生产加工违法行为的，最高给予30万元奖励。特别强调的是，我们还建立了保护举报人制度，对举报人的信息，我们将严格执行保密制度，确保举报人人身安全。

广州立白集团新闻发言人许晓东：

打假为企业发展营造有序的外部环境

“三打两建”工作是省委、省政府在广东省经济发展进入关键时期的一项重大决策，是促进广东省经济持续健康发展的重要举措。对企业而言，“三打两建”在保护企业创新、维护正当竞争、规范市场秩序等方面都起到重要的作用。

我们公司主营的是与群众生活密切相关的日化产品，这也是假冒伪劣产品的重灾区，因此我们一直非常关注制假售假现象。立白从1994年成立之日起就设立了打假队，1998年更改为打假办，2004年设立为打假科，规模从起初的一支打假队、一辆打假车、三名打假人员发展至今，已有9支打假队、9台打假车、9个打假责任管辖区、38名打假人员；每年打假经费的投入，也由最初成立时的3万多元，发展到2011年的400多万元。

对假冒伪劣品，我们是深痛恶绝，低质低价的假冒品进入市场，不仅损害消费者利益，还对我们公司品牌、声誉、销售冲击很大。今年广东开展“三打两建”活动后，我们集团更加强了打假工作的力度，积极联合工商局、质监局、公安局等执法部门，密切配合相关部门的打假维权行动。

目前出现了一些制假新特点：一是售假方面偏向经济贫穷落后的乡镇；二是制假方面偏向省会及大城市；三是假冒产品仿真技术越来越先进，仿真度大大增高等等。因此，我们希望有关部门能结合新涌现的制假售假现象，增加打假工作的新内容，并给予企业更多专业的指导。

（刘熠　白庆虹　徐少申　赵晓娜　欧志葵　徐少申　张天赦）

跨越

KUAYUE

本书摄影（排名不分先后）

梁文悦　陈清浩　关明辉　吴伟洪　曾　强　高　笑　宋文辉　丁　玎　肖　雄

符超军　赵洪杰　张由琼　陈奕启　金　强　艾　诚　林旭娜　谢　梦　莫伟浓

梁文祥　何　俊　郭长荣　苏仕日　王　亮　曾亮超　梁　宇　何建文　鲁　力

王　辉　龚名扬　李细华　潘　亮　雷　雨　叶敏亮　罗文清　兰红光　刘力勤

谷立辉　朱祖纯　李子亮

中国广告图史

南方日报出版社

革命 促
夺取春耕生产的
公司

《中国广告图史》

编撰人员

主编

黄升民　中国传媒大学广告学院院长、教授、博士生导师，广告历史与理论研究专家

丁俊杰　中国传媒大学副校长、教授、博士生导师，广告传播理论研究专家

刘英华　中国传媒大学广告学院副教授、硕士生导师，广告历史与理论、广告与大众文化研究学者

“中国广告图史”课题组

资助

中国传媒大学亚洲传媒研究中心
资助重大项目

组长

黄升民

副组长

刘英华

成员

黄升民　丁俊杰　刘英华
黄　蜜　杨　音　姚政邑　周婷婷
胡静涛　陈　晔　孙　莹　彭恒禛

時報館
時報館

Jinfan

目录

CONTENTS

第一编 中国古代广告
(原始社会—1840年鸦片战争前)
2 /129

先秦 秦汉

秦汉 魏晋－隋唐 宋元

第二编 中国近代广告

(1840年鸦片战争—1949年中华人民共和国成立)

130 /225

近代

近代

第三编 中国现代广告

(1949年中华人民共和国成立—1979年改革开放前)

现代

现代

第四编 中国当代广告

(1979年改革开放至今)

当代

当代

当代

376 > 391
第五章 广告管理、团体交流及教研

第五编 港澳台广告史 392 /416

近代 现代 当代

主要参考文献 后记 417 /428

中国广告图史

ZHONGGUO

GUANGGAO

TUSHI

第一编

-2000 -221 265 581 960 1368 1912 1949 1979 2000

1

原始社会
—1840 年鸦片战争前

中国古代广告

第一章
先秦时期的广告

先秦时期包括史前时代和有史书明确记载的夏、商、周几个朝代。原始社会早期，在经历简单的群居生活之后，氏族公社开始形成，并逐渐由母系氏族演变到父系氏族公社阶段。原始社会末期，黄帝作为部落联盟的首领统一了黄河流域，被尊奉为华夏族的祖先。后来，尧舜禹通过禅让制成为部落首领，在此时期，阶级随之形成。

公元前21世纪，中国进入到奴隶社会，建立了历史上第一个奴隶制国家夏朝。同时，王位世袭制代替禅让制成为统治者选择继承人的方式，这种方式一直贯穿整个古代社会。商朝是中国奴隶制文明的高度发展时期；西周是中国奴隶社会的鼎盛时期，通过分封制和井田制，周王朝成为地域空前广大的奴隶制国家。

公元前770年至公元前221年，是春秋战国时期，这是中国奴隶社会瓦解和封建社会形成的过渡时期。各国新兴的地主阶级进行了不同程度的改革变法，使封建制度得到确立。

-2000 -221 265 581 960 1368 1912 1949 1979 2000

第一节 原始社会时期的生产生活与商业萌芽

原始社会时期实际上是没有商业存在的，因为那时没有规模生产，也就没有商品交换。现代意义上的商业兴起是直到商朝才逐渐发展起来的。

/11001/ 原始人的简单劳动

一 原始社会时期的生产生活状况

[一] 原始的生产状况

旧石器时代（公元前10万年—公元前1万年），人们已经开始了简单劳动 [图11001]，过着群居生活。到了山顶洞人时期，他们已开始采取磨制和钻孔技术，制造石器、骨器，也会制造骨针，把兽皮缝成衣服，他们还懂得人工取火，开始了氏族社会的生活。

到公元前5000年，具有农业、制陶、村落和纺织的新石器时代普遍出现。农业的出现无疑是一个最关键的变化，栽培作物使中国先民的聚合地更密集、更长久，制陶和纺织使他们的生活更为舒适：陶罐便于积水和储存粮食，用布制成的衣服和被褥能够御寒。与此同时，永久性的聚落产生了社会组织的新形式：一种地域性的单元——村落，补充着以亲族为基础的组织形式。

生产状况的不断改进，生活方式的进步以及社会基本结构的逐步确立都促进了信息传播的不断发展，也为古代商业广告的出现和发展奠定了坚实的社会物质基础。

[二] 原始的生活状况

1 火——人类社会较早的信息载体

在原始社会，火被认为是神圣之物。最原始的时候火都来自大自然，人们在生活中逐渐认识到用火烧过的肉食更加香美，对火有了新的认识。直到燧人氏见大鸟啄木出火，知道木中藏火，因而创造了钻木取火之法。《拾遗记》中记载了燧人氏取火［图11002］的来由：

遂明国有大树名遂，屈盘万顷。后有圣人，游至其国，有鸟啄树，粲然火出，圣人感焉，因用小枝钻火，号燧人氏。

后世也一直沿用此法，数千年不改。人造火的出现改变了人类的生产和生活，火不仅能够满足人们的温饱需求，也作为一种早期传播元素传递着信息，比如后来的烽火传信就是利用火来完成的。

2 农耕与交通工具的雏形

“黄帝作舟车以济不通。”[1]

“黄帝作车，引重致远。少昊时略加牛，禹时奚仲加马。”[2]

“舟车之始见也，三世然后安之。”[3]

“黄帝臣骸作服牛。”[4]

这些记载都可以看出早在黄帝时期就已经有交通工具了，这为信息的快速传播和广而告之提供了设施上的保证。

3 原始图腾

在原始社会就出现了很多近似于现在广告标志的图腾[5]。

1 “鱼”图腾

鱼在远古生活里扮演着重要的角色，人们以捕鱼为生，相信鱼能给他们带来多子的保证，这从出土的人面鱼纹彩陶盆［图11003］可以看出。古人认为，鱼是江水之灵，也是生殖之神。这个彩陶上的人面纹，也有人说它是婴儿面，象征人的出生和鱼之间的关系。因为对鱼的生殖崇拜，许多以鱼为原型的神祇便产生了。可以说，鱼在原始人生活中已被符号化，这些鱼图腾传递着人对鱼的无限敬仰，鱼也就成了在原始社会比较典型的图腾。

2 原始人的舞蹈

公元1975年在青海大通县上孙家寨发现一件舞蹈纹彩陶盆［图11004］。史学专家对这个陶盆有不同的解释。

有专家认为：舞蹈纹彩陶盆的画面表现了先民们劳动之暇，在大树下、小湖边或草地上跳舞和歌唱的生活状态。还有专家认为舞蹈纹彩陶盆是表现原始人祭祀的舞蹈场面。因为歌舞是原始人一种重要的祭祀仪式，凡是遇到重大的活动，人们都要歌咏舞蹈以娱神。有的专家则认为，陶盆上的画面正是《尚书·益稷》中“击石拊石，百兽率舞”所描述的，在原始石制乐器的敲击伴奏下表演的狩猎舞。

也有专家认为这是一种图腾活动的表现，具有巫术作用或祈祷功能。那些头带发辫似的饰物以及下体带有尾巴似的饰物，正是原始歌舞中“操牛尾”、“干戚羽旄”、“发扬蹈厉”的图腾舞蹈。

从专家的讨论中我们或多或少能了解到原始人的生活状态，舞蹈在原始人的生活中占有相当重要的位置，成了原始社会人们抒发感情、传递信息的主要方式。

类似的图腾还有很多，它们都是早期信息符号的源点。

[1] 《汉书》。

[2] 谯周（三国）：《古史考》。

[3] 《吕氏春秋》。

[4] 《世本》。

[5] 图腾是指原始社会的人认为跟本氏族有血缘关系的某种动物或自然物，一般用作本氏族的标志。

/11002/ 钻木取火

/11003/ 人面鱼纹彩陶盆

/11004/ 舞蹈纹彩陶盆

二 早期的商业萌芽

商业是在生产力发展到一定水平,有了社会分工和生产物的剩余之后产生的。其萌芽状态是生产者之间直接的物物交换,后来才有发展了的交换形式——商业。

[一] 交换的出现

最早的交换发生于原始社会。据考古发现可知,距今六七千年,河南、甘肃、陕西等属于早期仰韶文化的村落遗址中都发现了产于沿海的海贝(用于装饰),这就是在外地交换而来的物证。当时的交换还带有偶然性。到了距今5000年的原始社会晚期,畜牧业与种植业分工,手工业(制陶、青铜)也相继与农业分离,交换相应扩大。正如《易·系辞下传》中所说的:“神农氏[图11005]作,日中为市,致天下之民,聚天下之货,交易而退,各得其所。”这表示当时交换已比较普遍,并且有了比较固定的时间和场所。

最初的交换,发生在因生产门类、自然条件不同而拥有不同产品的氏族、部落之间,由氏族、部落首领为代表,对外进行交换。当时氏族部落的首领舜就是擅长从事交换活动的一位有名的历史人物。传说舜曾“顿丘买贵,于是贩于顿丘;传虚卖贱,于是债于传虚”[6]。顿丘在现今的河南浚县,传虚在现今的山西运城。顿丘缺少一些物品,所以“买贵”,舜就在这里出售为人所需的物品,主要是舜部落的特产;而传虚当地有些产品很多,所以“卖贱”,舜在那里以赊购(债)方式收进那些产品,主要是河东的池盐。舜利用两地东西的贵贱,从中获利。舜成为尧的继承人后,把政治中心迁到靠近盐池(名解池)的蒲坂,大力发展食盐生产。曾有一首《南风歌》这样写道:“南风之薰兮,可以解吾民之愠兮;南风之时兮,可以阜吾民之财兮。”[7] 意思是说夏季薰风吹来,池盐就自然结晶,部落的财富就可以增多,熟稔食盐交换之利的舜,对池盐生产的好坏自然非常关心。如今,以盐湖为背景的南风集团已成为全国最大的无机盐生产基地,他们还借这首《南风歌》来做企业形象宣传。

后来舜命令禹治洪水[图11006],禹曾设法组织粮食在地区间的调剂,通过交换以解决洪灾后人民的生活问题。《尚书》中记载禹时所说的“懋迁有无,化居,烝民乃粒”,就是指这件事而言。懋迁即贸易;化居,“交易其所居积”,即以其所有,易其所无,“调有余相给”;“烝”指众多;“乃粒”指乃有粒食(粮食)。后世称做生意为“懋迁有无”也是由此而来。

早期的物物交换促成了商业萌芽,也促进了人们生产与生活的交流沟通,促进了信息传播的发展。

[二] 市井的由来

古书中还有“因井为市”的传说,这说明交易经常在井旁进行,以便于汲水供人畜饮用或将货物洗净。这也是“市井”这种称法的最早来源。

市井的最早含义就是城市中的市场,是专门做买卖的地方,所谓“处工就官府,处商就市井”。但是不

[6] 《古今图书集成·食货典·盐法》。

[7] 《尚书·大传》、《尸子》、《帝王世纪》。

/11005/ 神农氏

/11006/《禹王治水》(杨柳青年画)

久，市井又成了城市的代称。比如在《汉书·食货志》里，说当时中央直辖的有长安、洛阳等五大市，“东市称京，西市称畿，洛阳称中，余四都各以东西南北称”。这里的“市”就更多地与城市中的生活有关了。书中还提到：“筑城郭以居之，制庐井以均之，开市肆以通之，设庠序以教之。”这与今天的“市井”概念已经很接近了。因为在它提到的城市里，只把“市”作为一种流通设施，它与其他三种设施一起，构成对民生的服务，这种民生性正是日后成熟市井的特点。

到了战国时代，市井的概念又有了发展，它既指贸易之地，又指城中平民的住宅区。《孟子》说“在国曰市井之臣”，《史记》说“政乃市井之人”，这就基本接近于以后把市井泛指城镇平民生活区的意义。这种区分，到了汉代更为明显：当时的长安城，宫殿占了大半，另一小半是官府和手工业区，这种官宦贵族与平民百姓在城中分区共居的状况，就区分了最早的宫廷与市井。

第二节 夏商周时期的生产与生活状况

这一时期农业收入是经济的主要来源，人们已经开始用自制的木制工具进行种植收割，还实现了原始的水利灌溉。到了商代，以农业为主的社会经济的大发展，以及畜牧业、渔猎业的兴起，推动了手工业的兴盛和繁荣。

此外，商朝的酿造业格外兴盛，发达的酒酿造业甚至还带来了严重的社会问题。所以周人贬损殷人“惟荒腆于酒”[8]，殷人自己也说：“我用沉酗于酒，用乱败厥德于下……”[9]这说明殷商时期民族好酒成风。所以传世的青铜器，以酒器为多。甲骨文中有关酒名、酒具、酒事的字也特别多。中国酒文化历史悠久，酒幌、酒帘也成了古代社会最典型的广告宣传形式。

周代由于商业活动的普遍开展，货币作为流通媒介的重要职能便显示出来。当时的主要货币仍以贝币［图11007］为主要货币，并以“朋”为计算单位。与此同时，“铜”也开始被作为货币使用，一般以“锊”或“锾”作为计量单位，这成为后来金属铸币的前身。西周时期还出现了铲币［图11008］。

8 《周书·酒诰》。

9 《商书·微子》。

货币的使用方便了交易，也促进了商业的繁荣发展。

/11007/ 贝币

/11008/ 铲币

一 商业与商人的由来

[说法一] "商业""商人"源于商族的买卖活动

商族人善于经商，所以从事商业的人叫做"商人"，殷朝也被称为商朝。

1 职业"商人"的出现

早在公元前1800年，夏代商部落就以善于交换出名。其部落首领、殷七世祖王亥常亲自带着牲畜等物与其他部落开展贸易，成为中国历史上第一个有史记载、真正意义上的商人。

牛车的发明和应用，使大规模的商业贸易活动及长途贩运成为现实，极大地促进了物资交流和商品流通，推动了商业贸易的发展。直到清末，牛车还是古代商业运输的重要工具之一。《尚书·酒诰》中也曾记载当时殷人牵着车牛，去遥远的地方从事贸易活动，专营买卖，由此可知当时商业已开始发展。此外，商纣王时姜太公——吕望在朝歌和孟津的市肆内干过"负贩"、屠宰和卖酒的营生，这是平民从事交换的例子。

商王朝建立了一个奴隶制的大国，各种交换活动十分广泛。此时远离生产的奴隶主已将交换的事情改由奴隶管事率领奴隶去具体操办，这些人成了专门搞交换的人。由于役使奴隶跑买卖非常有利，在商朝上流社会里，这一行当就很受重视，有的大贵族更以交换为其主业。现存商代的一个饕餮纹鼎的内部，刻有人挑着贝站立在船里的铭纹，旁边还有一人以手划船，一人挑着货币，坐着船到别处去，显然是去做买卖。这个鼎可以说是中国早期商业活动的真实写照。

由于商代统治者十分重视商业贸易活动，并且大规模修筑夯土城墙，商品经济有了进一步的发展，特别是货币(海贝币)、铜贝币的出现，标志着商业活动的繁荣。从此，商业活动由不太稳定的"集市"型商业活动转变为大规模的稳定型的"城市"商业，从而使商业更进一步从农业、手工业中游离出来，成为一门独立的行业。与此同时，一些人也从社会当中的其他行业上独立出来，专门从事买卖、组织产品交换，成为社会生活中一种经常性的、人所公认的职业——商人。

2 官商与民商

西周时的商业活动可以分为两类：一类是官府经营的商业。这是当时商业活动的主体。周天子、诸侯与卿大夫所在的王城及都邑都有官府掌握的商业市场，由官府派官吏及商贾奴隶，从事牛马、丝帛、珍宝、兵器、日用品，还有奴隶的买卖，满足统治者及各"封建"领主的需要。这些主管工商的官吏均由官府给予俸禄，而从事劳作及具体商业活动的奴隶，均为官奴。他们生产产品、经营商品都是为官府服务的，所以被称为"工商食官"。手工业生产和商业主要由官府控制着。

另一类则是民间的商业活动。这种商业活动所占比重不大，它包括一般平民自带货物在市场上的买卖，有时是农民的物物交换，也包括肩挑背负的商贩的买卖，以及坐在商肆里进行交易的商贾。这些民间的商业活动在《周礼·地官》中均有详细记载，如《周礼·地官·司市》记载：

大市，日昃而市，百族为主；朝市，朝时而市，商贾为主；夕市，夕时而市，贩夫贩妇为主。

《周礼·考工记》中也记载：

通四方之珍异以资之，谓之商旅。

这些人都是官府商业以外、以经商为业的民间商人。

虽然商朝的遗民到周朝的境况大为窘困，但他们仍然保持了善于经商的传统。后来，商族和周族之间的民族界限越来越模糊，非商族的买卖人也逐渐多了起来，但人们却不分种族，仍把“商人”作为买卖人的统称。最开始，人们只把跑贩运贸易的人叫做“贾”，即所谓“行商坐贾”，后来逐渐把它们统称为商人了。现在我们称用于出售的生产物为“商品”，称专门从事交换的行业为“商业”，就是从“商人”一词沿用而来的。商族、商人、商品、商业，都和商朝这一时期有历史渊源。

[说法二]
商为一种乐器

还有一种说法认为：“商”是一种乐器，是商代商人为招徕顾客而使用的一种广告“响器”；后来用“商”作了族名、地名乃至于国名。[10]

无论“商人”的称谓从何而来，他们都是早期利用简单广告宣传形式，懂得推销自己商品的人，商业活动中蕴含着的信息传播元素更成为中国现代广告的萌芽。

二 “城”与“市”的形成

[一]“城”的产生

有记载的“城”出现在殷商时代，“城”的最初含义只是宫殿外面用作防御的墙，而围绕整个城市的墙则称之为“郭”。

“城”字在古语中有多种解释。《诗经·出车》中写道：“天子命我，城彼朔方。”这里“城”作动词，意思是在朔方修筑城墙。因此，“城”字可作“城墙”理解。到了汉朝，许慎在《说文解字》中说：“城，以盛民也，从土从成”，即城墙围起来的一个可以使人们生活的区域。最早的“城”，据考古发现，在河南封登的王城岗、山西夏县的东下冯等处。[11]它们距今约有2000年历史。到了西周时期，随着分封制的推行和社会经济的发展，各地诸侯、卿大夫的都邑大量产生，其数量也比商代显著增多。

社会分工导致了商品生产和商品交换的出现，随着生产力的发展，经济的发达，在社会上就自然地形成了许多城市，成为交易的中心。有了人们聚居生活的城，才会促进人们交易场所“市”的发展，这对于研究当时的信息传播活动有很大的帮助。

[10] 姜亮夫：《殷商辩名》一文下篇《说商》。

[11] 参见吴刚：《中国古代的城市生活》，商务印书馆1997年版，第3页。

[二]“市”的产生

1 关于“市”由来的传说

“市”与“城市”有关，城与市上是密不可分的。商朝统治者所住的城市，称为“邑”，里面有“市”、“肆”，是往来做买卖的人聚集之处。“市”与货物的交换有关系，《说文解字》说：“市，买卖之所也。”关于“市”的起源，有一种说法是“祝融作市”（祝融是传说中的火神），另一种说法是神农氏创造了市，他规定每天中午兴市，各方的人们可带着货物来交易，黄昏来临时，各自又拿着交换所得回家去，“市”也就散了。早期的市，有时间的限制，却没有固定的店铺，这很像今天农村里的“赶集”或“趁墟”。“集”反映的是将人或货物集结在一起，“墟”是说它“满时少，虚时多”。

2 “市”产生于周代

1 “市”所处的地理位置

作为城中做买卖的特定场所，“市”最早出现在周代。记载早期城市建筑的《周礼·考工记》介绍，周代的城有九里见方，边上开了三个城门，城中的道路分“九经九纬，经涂九轨”。城里以国王的宫殿为中心，“左祖右社，面朝后市”。这里所说的“后市”，就是专门做买卖的地方。

邑所在的地方也常设有“市”，一般在田野之间。据《管子·乘马》记载：

方六里命之曰暴，五暴命之曰部，五部命之曰聚，聚者有市，无市则民乏。

2 周朝对“市”的规定

西周营国制度规定，“市朝一夫”[12]就是城中的“市”，面积只能有“一夫”的大小。按当时的计量单位，“一夫”即一百亩。随着春秋战国时期以及汉代商业经济的发展，“一夫”范围的“市”已容纳不了，这一规定也逐步被取消。

据《周礼·地官·司市》等篇记载：西周对市场有专门的规划，市内行列整齐，有市社，有官厅，肆廛排列于两旁，对市政的要求也相当严厉。市场上的货物必须按类别陈列，不许杂乱摆放；严禁浮夸与诈欺；货物都有固定的价格，并且卖者要将价格悬挂于高处让买者知道。这种悬挂价牌也是早期广告宣传形式之一。

市中又有若干市、巷，由不同的官吏负责管理。其中，掌管各种货物的供求及管理买卖双方交易活动如书契、度量衡器的是“质人”，掌管“政令”及市场管理条令和负责陈列货物的是“胥师”、“肆长”，主管物价的是“贾（价）师”，负责市场治安的是“司武虎（暴）”，负责巡查市场的是“司稽”，掌管货物检查（检查是否有违禁物品流人市场）及查验出入门关之“传”（通行证）、符节、玺印的是“司关”、“司门”等等。市场的最高官员叫“司市”，负责整个市场的行政和治安。此外，还有各种“胥”等一类的下层小吏和“廛人”、“司关”等专门负责征收商业税的管理人员。[13]这说明，西周王朝及各诸侯国都的市场管理已达到相当完备的程度。

《孟子·公孙丑下》有“有贱丈夫焉，必求垄断而登之，以左右望而罔（网）市利”的记载。这是“垄断”一词的语源。“垄”古义指田界、田塍，也指田野间的高丘。商人站在高垄上、窥测市场动态的神情被描绘得活灵活现。

有了城市以后，经济方面的生产、商业贸易、消费生活，社会方面的家庭、婚姻、社群组合方式，信仰方面的迷信、节令等集合在一起，磨合成趋向一致的生活方式与文化。因此城市不仅提升了土地的生产能力，也提升了人类综合创造物质、精神的生产能力。

[12] 《周礼·考工记·匠人》。

[13] 《周礼·地官》。

三 夏商周时期的文化与生活

[一] 青铜器及陶俑蕴含文化气息

商朝时期青铜器制造是手工业的重要部门，品种繁多，有盛器、武器、工具等 [图11009]。尤其商朝青铜器中的精品之作四羊方尊 [图11010]，造型雄奇，工艺高超。羊在中国古代被视为吉祥之物，对古代西北地区的许多游牧民族来说，是与其生存息息相关的家畜，直接关系到人的祸福，羊多就是大吉大利。所以，在古代牛、羊都作为祭祀时能通神和祈福的牺牲。从文字学的角度来看，甲骨文中“羊鸟”一词，意为“祥鸟”；金文中的“吉羊”就是“吉祥”的意思，说明羊和祥是相通的。另外，汉字中的“美”字也与羊有关，即羊、大两字合体，羊大为美。《说文解字》中说：“羊，祥也”；“美，甘也。从羊从大。羊在六畜主给膳也，美与善同义”。可见，羊与祥、美、善是联系在一起的。四羊方尊造型表明了古人吉祥观念和迎祥纳福的思想。这些民族文化深深地影响着人们的思想和创造力，以至于他们在以后的传播活动中用“羊”给人带来好感，用“羊”来为人祈福。这也是一个将造型设计与文字意念相结合的早期典型实例，这种创作理念一直影响到后来的广告创意。

另外，俑在中国墓葬制度中是一种非常独特的雕塑艺术品，这在本时期表现得尤为典型。早期的俑 [图11011] 大都用泥、陶、木、石、玉等材料来制成，用来替代奴隶作殉葬品。这些青铜石俑也或多或少传递着当时的文化信息。

[二] 城市居民的日常生活

1 周朝时城市消费阶层逐渐形成

西周初年城市大量兴起，在封建领主制的政治体制下，城市的结构以及由之而来的城市生活，完全是适应封建领主统治需要的，除了领主、贵族以外，无论是独立的手工业者阶层，还是城市消费阶层——市民阶层，都还没有真正形成。城市居民的日常生活仍然要通过农牧业的劳动，即使是手工业者，其生活来源在很大程度上还离不开山林湖泽。这时的城市，不是经济起飞的产物，而是政治领域中的工具。

2 周朝时夜禁以及街道行人秩序

《周礼·秋官·司寤氏》记载：“御晨行者，禁宵行者、夜游者。”说明周朝时已经有这种安全防范措施，安排兵力夜间游行，一是防止有人盗窃，二是防止有人被盗，所以禁止人们夜行。另外，周朝对行人在街上行走也有一定的规定。《周礼·王制》记载：“道路，男子由左，妇人由右，车从中央。”这一规定是较早的人的尊卑贵贱观念的体现。

虽说这种种规定都有利于当时城市的政治发展，但市民没有宽裕的消费水平，再加上尊卑的限制，这在一定程度上束缚了当时商业的顺利发展，也不利于商业广告活动中有个性的宣传方式的实施。

/11009/ 黄觚 商朝晚期青铜器

/11010/ 四羊方尊

/11011/（左）石雕女神像（新石器时代，距今7000年）。女神是最早的祈子神灵，雕像反映了古代对女性繁衍后代的崇拜。(右) 陶塑女神像（新石器时代，距今5000年）。

第三节 春秋战国时期工商业的发展

春秋战国时期，铁器与牛耕的使用，提供了新的劳动工具、劳动手段和技术条件，大大提高了生产力。使生产规模和劳动组织形式随之发生革命性的变化。与此同时，社会对手工业、商业的需求进一步扩大，促使手工业、商业进一步发展。当时的手工业包括个体经营的小手工业和官营手工业。个体手工业在当时普遍存在，已有车工、皮革工、陶工、冶金工、木工等，统称“百工”。他们把产品放在“肆”上出售，形成“百工居肆”[14]的局面。官营手工业作坊则由各国封建政府直接经营，已有相当大的规模。

在这一时期，首先发展起来的是贩运商业。当然，这一时期不从事商品生产，仅靠贱买贵卖、长途贩运、囤积居奇的商人还是少数，更多的是兼有手工业者与商人双重身份的工商业者，他们中的小工商业者依靠自身的技艺，制造、销售手工产品；大工商业主则主要从事矿冶、煮盐等特殊行业的生产和经营。这两部分人的生产与经营是战国时代商品经济繁荣的主要基础。

一 “市”的发展情况

自春秋后期以来，农业生产力逐步提高，个体农民有了越来越多的剩余产品要求出售，也有购买生活与生产资料的需求。另外，一些诸侯为了增强经济实力，取得争霸战争的胜利，都积极扶持、发展本国的商业，对商业活动采取保护和鼓励的政策。

所以这一时期商品交换已有了固定的场所——“市”，坐肆里贩卖的都是些小商人和自产自销的小手工业者。市的四周有“市门”，由专门的官吏管理。市内仍然列肆成行，按商品归类分置。战国时的市上，有金铺、珠宝玉器铺、粮食铺、绸布铺、皮货铺、盐铺、药铺、鞋铺，上至卖良剑的，下至卖兔、羊、豚、鱼、鳖，卖茅草、黍种，卖浆，杀狗卖狗肉的，以至卖矛和盾的，无所不有；还有“悬帜甚高”招徕顾客的酒店；在牛马等大牲畜的交易中，为买卖双方评价说合的牙人

14 《论语·子张篇》。

已经出现。

从春秋后期以后，为了方便顾客，有的小手工业者已被允许在自己的住所前屋接受加工订货。如宋相国子罕的南邻是“为鞔（皮革制的鞋帮）者”，子罕没有逼他家迁徙，因为这家“为鞔以食”已经“三世”，如果搬走，在宋国就不知道到哪里找到这位制皮革鞋帮的工人了[15]。工商合一，前店后坊，这是商品交换的一种补充形式，以后在封建社会中长期保留下来。

那时的市是封闭型的，营业时间也有限制，市门朝开夕闭。交易时间主要在上午，过了午后顾客就稀少了，罢市之后，市场就空了，正所谓“市朝则满，夕则虚”。《韩非子》上有一个小故事说：郑国有个人要买双鞋，在家先量好了尺寸，忘记带到市上，回家取来鞋子尺寸再去时，“市罢，遂不得履”[16]［图11012］。这虽是个笑话，但也说明当时的市场交易是有一定时间限制的。

集市上一般是产需双方的直接交易，但后来也有商人涉足其间。那时农民的“余粟”、“余布”，很大部分就是通过商人之手积少成多，供外地和本城市手工业者及一般平民消费的。

交易形式的增多，间接促进了更多宣传手段的出现与发展，招幌广告、市声广告等等已经出现。

同时，春秋战国时期的商业贸易活动有一个很大的特点：尽管当时各国间经常发生战争，但这并没有完全妨碍各国间商人的商品交换及商业贸易活动。郑国的商人最为活跃，其足迹遍于齐、楚、晋、周之间。

二 民商地位的提高

西周时主要的商业由大贵族以官府的名义垄断，平民中经商的很少。西周后期，“如贾三倍，君子是识”[17]，小贵族也热衷于做买卖。开发工商之利的新兴工商业者成为“多藏”的富豪。他们是历史上最早的私商，构成了“工商食官”制度的外在威胁。

春秋前期，在建国（郑）、复国（卫）、兴国（晋）的过程中，统治者为了争取商人的支持，改变其低贱的身份，从而造就了一些受保护和优待的私营商人。春秋后期，随着封建制的形成和发展，统治者逐渐认识到“待农而食之，虞而出之，工而成之，商而通之”的道理，意识到“商不出，则三宝绝”是一条基本的社会规律，于是纷纷实行惠商政策，原本是奴隶身份、“食于官”的贾人和百工与西周末春秋初富而不贵的私商后裔合在一起，成为不受命于官府的私营工商业者或个体小工商者。随后，士人、离职官僚、平民、农民经商的人数也日益增多。具有自由身份、独立经营权利的私商——“自由商人”的队伍不断扩大，到战国时私营商业在流通领域开始居主要地位。“工商食官”制度崩溃，官营商业只在某些场合下存在。

[15]《吕氏春秋·召类篇》。

[16]《韩非子·外储说左一》。

[17]《诗经·大雅·瞻卬》。

/11012/ 郑人买履

三“城”的大量兴起

随着商业的发展，作为商品交换中心的城市大量兴起。汉代的桓宽在《盐铁论·通有》篇追述战国时的大城市说：

燕之涿（今河北涿县）、蓟（今北京市），赵之邯郸（今河北邯郸市），魏之温（今河南温县）、轵（今河南济源县），韩之荥阳（今河南荥阳），齐之临淄（今山东临淄），楚之宛（今河南南阳）、陈（今河南淮阳），郑之阳翟（今河南禹县），三川之二周[秦庄襄王元年（公元前249年）灭二周（西周、东周之都城）而置三川郡]，富冠海内，皆为天下名都。

其中，以齐国都城临淄规模最大，商业最为繁荣。《史记·苏秦列传》中纵横家苏秦形容说：

临淄之中七万户，臣窃度之，不下户三男子，三七二十一万，不待发于远县，而临淄之卒，固已二十一万矣。临淄甚富而实，其民无不吹竽鼓瑟，弹琴击筑、斗鸡走狗、六博蹋鞠者。临淄之涂壁车毂击、人肩摩，连衽成帷，举袂成幕，挥汗成雨，家殷人足，志气高扬。

与此同时，“城”与“市”有了萌芽状态的结合。为了便于商人贸易，城中兴建起具有相当规模的商品交换及贸易的市场。如楚国郢都有“蒲胥之市”[18]，郑国都城新郑有专门进行牲畜买卖的“羊肆”[19]，鲁国有进行牲畜买卖的“马肆”[20]，晋国的都城绛（今山西侯马）也是富商云集之地。

四 货币币种大量出现

商品交换的发达促进了货币经济的发展，金属铸币（主要是铜币）大量产生，广泛流通，主要有四种：布币（布，“镈”的假借字。“镈”本是一种农具，形状如现今的铲。布币流通于韩、赵、魏一带）、刀币 [图11013]（形状像刀，流通于齐、赵、燕一带）、圆形圆孔铜钱（流通于周、秦一带。方孔铜钱 [图11014] 出现较迟）和铜贝（俗称“鬼脸钱”或“蚁鼻钱”，流通于楚一带）。另外，战国时期的楚国还铸造一种方形的金币，即将每块正方形金币划分为十六小方格，以便于分割；每小块上还铸印有“郢寻”、“陈寻”二字，或单印一“郢”字。每大块金币重约半斤，约合现今250克。宋代出土时，被称为“印子金”、“金饼”。货币的大量产生也促进着商业繁荣，货币上铸印的名号有识别、传递信息的作用。

18 《左传·宣公十四年》。

19 《左传·襄公三十年》。

20 《左传·昭公二十九年》。

/11013/ 刀币（齐）

/11014/ 方孔铜钱（齐）

第四节 先秦时期的广告传播活动

从原始社会到春秋战国末期，社会经济有了显著发展。社会分工和剩余产品的出现，使得买卖或交换行为成为可能。买卖除了走街串巷以外，也有了相对固定的交易场所。与社会发展的形态相适应，早期的社会广告传递了社会管理方面的信息，而商业广告则把商品信息传递给人们，出现了以口头广告、实物陈列广告为主的人类原始广告形式。

一 本时期的信息传播形式

在原始社会初期，人们只能以渔猎和采集方式，利用自然界现成的动植物维持生活。为了生存，人们需要相互交往，原始的信息传播在社会发展中发挥了重要作用。社会信息的传播加快了社会生产水平的提高，推动了人类社会的进步。

[一] 最原始的记事方法

原始人在有了把信息记载下来进行远距离、长时间传递的需求时，便开始不断地探索。为了向远方传递信息，人们曾利用过实物、篝火、烽烟、击鼓等等原始手段；为了把信息保留到异时和传达到异地，人们曾尝试过结绳、刻契、结珠、编贝和积石甚至掘地穴等极其原始的方法。

1 结绳记事

结绳记事指的是在绳上打结，通过在绳上打结来辅助记录事情、传达信息。结绳的方法，据郑玄《周易注》说：“事大，大结其绳；事小，小结其绳。”古文献中有较多关于结绳记事的记载：

上古结绳而治。(《易·系辞下》)

昔者容成氏、大庭氏、伯皇氏、中央氏、栗陆氏、骊畜氏、轩辕氏、赫胥氏、尊卢氏、祝融氏、伏羲氏[图11015]、神农氏，当是时也，民结绳而用之。(《庄子·胠箧篇》)

及神农氏结绳为治，而统其事。(《说文解字·叙》)

以上古代典籍传说均认为在中国历史上曾存在一个结绳记事的时代；这个时代的时间大致相当于伏羲氏和神农氏时代。

结绳是世界上原始民族普遍采用的一种重要的记事法，中国的许多少数民族和国外的一些民族至今仍有采用结绳法来帮助记忆事情(特别是与数有关的事)的。

从古代南美洲秘鲁的印第安人[图11016]那里我们能了解到古代结绳的一些细节。如用一根木棒，棒上拴着长长短短的绳子，绳子上面打着许多结头；结头离棒越近、所指的事越紧要；黑结表示死亡，白结表示银子或和平，红结表示战争，黄结表示金子，绿结表示谷类；如果结上完全没有染色，就是代表数目，单结表示“十”，双结表示“百”，三结表示“千”。结绳的用途是多种多样的。一般认为，最初是用来记数，如五斗米，打五个结，七尺布，打七个结；进而表示事物的性质，如记米用禾茎作绳，记布用麻缕作绳。

在古汉字中，我们至今仍然可以找到一些有明显结绳记事痕迹的字例。如在商周金文中，“十”和十的倍数“廿”、“卅”和“卌”的字形，均像若干打结的绳的形象。另外，间接取形于结绳的汉字还有“世”字，“世”是由“卅”略加变形而来的，《说文解字》释曰：“世，三十年为一世”。

2 刻契记事

刻契记事是伴随结绳记事而出现的刻木记事[图11017]，也是古代流行的一种帮助记忆的方法。最原始的刻契记事主要是指木刻、竹刻或骨刻记事，即在木块、竹块或骨片上刻画一些简单的纹路或缺口，用来记载财务的数量，或向别人传达什么事情，或作为向有关人员作解释的凭据。其作用与结绳相似。刻契记事有一方独存的形式，也有

/11015/ 伏羲氏

双方共有的形式。双方共有的形式一般是把竹木板劈成两半，各拿一半，最后以木或竹齿的互相吻合为凭据或验证。刻契记事在促进文字产生方面，与八卦和结绳的作用类似，但可能更为直接。当时，其他国家也有同样的记事法。中国历史文献中有一些关于

/11016/ 印第安人结绳记事

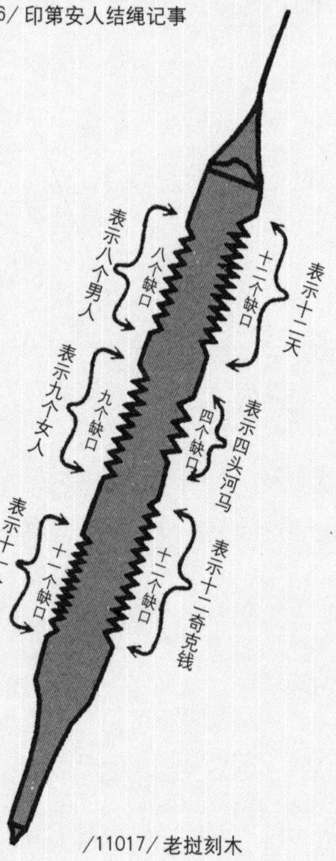

/11017/ 老挝刻木

刻契的记载。

契，刻也，刻识其数也。（《释名·释书契》）

宋人有游于道，得人遗契者，归而藏之。密数其齿，告邻人曰：吾富可待矣。（《列子·说符》）

这些记载说明中国古代民间社会的确存在刻契记事的事实。刻契为约的方法，到现代还保存在一些少数民族中，这也是现今契约的最早由来。虽然在木契上进行简单的刻画，并不能算是文字，但极有可能逐渐演化成类似甲骨文、青铜器上的族徽文或是竹简木牍之类的文书。因此，刻契可能比八卦和结绳都更具有促进文字产生的条件。

虽说结绳和刻契都不是真正的文字符号，但它已经具备了信息保存、信息传播的功能，对文字的产生，对后世信息传播提供了宝贵的借鉴。结绳记事和刻契记事也是原始的信息传播方式。

[二] 汉字的起源——文字传播

1 仓颉造字

在中国古代文字起源学说中，仓颉［图11018］（或写作苍颉）造字说是最流行的。古文献中有多处关于仓颉造字［图11019］的记述。

故好书者众矣，而仓颉独传者，一也。（《荀子·解蔽》）

奚仲作车，仓颉作书，后稷作稼，皋陶作刑，昆吾作陶，夏鲧作城，此六人者所作，当矣。（《吕氏春秋·君守篇》）

仓颉之作书也，自环者谓之私，背私谓之公。（《韩非子·五蠹篇》）

黄帝之史仓颉，见鸟兽蹄远之迹，知分理之可相别异也，初造书契……仓颉之初作书，盖依类象形。（《说文解字·叙》）

仓颉是古史传说时代黄帝的史官，但历史上是否确有其人其事已无从考证。“仓颉”就是“创契”的谐音。“创契”就是创造文字，故“仓颉”应是后人对创造文字的古代史官的一种追称。从中国古代汉字创制的繁复性看，汉字绝非是一人一时可以创造出来的，而应是一个虚拟的包含了所有在中国早期历史上从事过创造汉字工作的群体。

就目前中国的考古发现而言，商代晚期的甲骨文字是仓颉造字概念下所见最早且确凿无疑的成熟的成系统的古汉字。

/11018/ 仓颉像

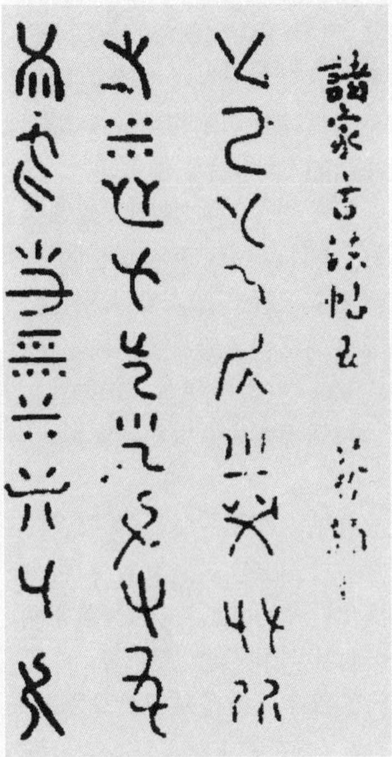

/11019/ 传说中的“仓颉书”

2 图画文字

为了使传递或保留的信息量增大和更准确，人们后来又找到了可以自我说明的图画表示方法，这就是图画符号记事法，或称“图画文字”［图11020］。这种记事方法由于与文字的书写记录情景或状态十分接近，所以一般认为这便是文字产生的雏形，并对象形文字的诞生产生过直接的影响。

经历了结绳、刻契、图画以及其他诸如结珠、编贝和掘地穴等等原始记事方法的尝试，人类社会的文字最终从图画式的符号逐渐演变为象形文字，又从象形文字逐渐向表意文字和表音文字发展，这应该便是人类文字演进的主要规律。这种文字发展演进规律可概括为一简

/11020/ 玛雅图画文字

单的公式：原始的记事方法→图画符号→象形文字→表意文字→表音文字。

3 殷商甲骨文

刻画在新石器陶器上的符号、图徽，可能是中文象形的早期形式，早商的青铜器上有时也铸有类似的符号。但完整句子的最早证据发现于晚商的甲骨文上。

甲骨文是一种比较成熟的文字，是刻(或写)在龟甲和兽骨上的一种古代文字，是殷代文字的大宗，是殷商王室刻在龟甲兽骨上的占卜记录[图11021、11022]。甲骨文以刻为主，但也有用墨或朱红颜料涂染或直接书写的。

可见，现今在各种形式广告上司空见惯的文字，是有着一个漫长的演化过程的。文字一旦得到采用，就会对社会和文化发展起重大作用。今天的汉字，就是从甲骨文发展来的。有了稳定的文字，才会有稳定的信息传播，才会有后来各种广告的出现。因此，文字的产生为后世的广告传播奠定了基础，提供了重要的载体，让很多信息的传递变得简单化、符号化。

[三] 与政治相关的信息传播活动

中国最初的文字广告，以政治、军事性质的社会广告为主。如“诰”[图11023]是夏、商、周三代一种训诫勉励的广告，“誓”是夏、商、周三代告诫将士的言辞。此后各朝代的“制”、“策书”、“诏书”、“檄文”、“露布”等，都是社会广告的形式。

先秦时期最典型的社会广告活动主要有：“进善之旌”、“诽谤之木”、“敢谏之鼓”与“悬诸象魏”及“振木铎巡于路”等几种。[21]

1 “进善之旌”、“诽谤之木”、“敢谏之鼓”

据古籍记载，上古时期开明的统治者，如尧舜等为了搜集信息、尊重舆论，在“五达之道”或“通都大邑”设置“进善之旌”、“诽谤之木”、“敢谏之鼓”。“进善之旌”指悬挂旌旗作为进言的标志；“诽谤之木”指树立华表之类为标志，让老百姓在其下进“诽谤”之言，或将意见写在木牍上；“敢谏之鼓”指进言之前击鼓以引起人们的注意。

关于“诽谤之木”的形式，崔豹

/11021/ 商代殷墟甲骨

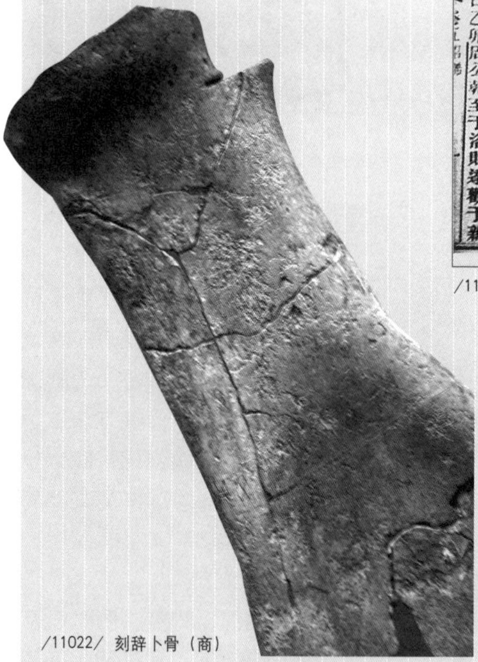

/11022/ 刻辞卜骨（商）

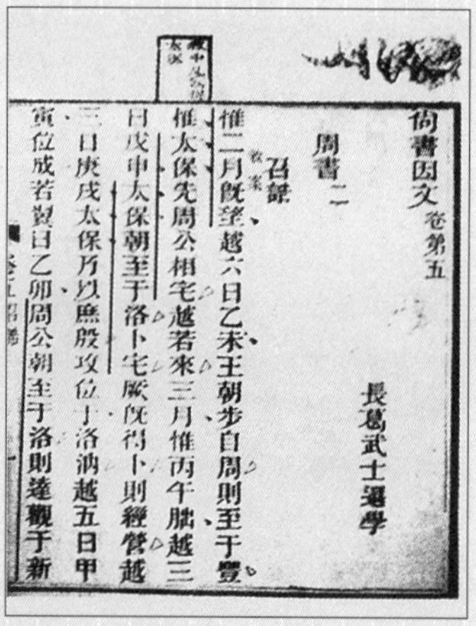

尙書因文 卷第五

長葛武士選學

周書二

召誥

惟二月既望越六日乙未王朝步自周則至于豐
惟太保先周公相宅越若來三月惟丙午朏越三
日戊申太保朝至于洛卜宅厥既得卜則經營越
三日庚戌太保乃以庶殷攻位于洛汭越五日甲
寅位成若翼日乙卯周公朝至于洛則達觀于新

/11023/《尚书·周书·召诰》

《古今注·问答释义》记载：

程雅问曰：“尧设诽谤之木，何也？”答曰：“今之华表木也。”以横木交柱头，状若花也，形似桔槔，大路交衢悉施焉。或谓之表木，以表王者纳谏也，亦以表识衢路也。

[21] 刘家林：《新编中外广告通史》，暨南大学出版社2000年版。

看来，“华表”[图11024]就是古代的“诽谤之木”，《汉书·贾谊传》颜师古注释道：“讥恶事者，书之于木。”人们可以向统治者谏言或提意见。以后，它又演化为指示方向的路标。再到后来，便成了宫门外的一种雕刻着精美的蟠龙流云纹饰的汉白玉柱石装饰物。另据蒋良骥《东华录》卷一记载，清太祖努尔哈赤也曾于公元1620年（天命五年）六月“树二木于门外，有欲诉者，书而悬之木，览其颠末而按问焉”。这也是“诽谤木”的演化物。

关于“敢谏之鼓”，古书记载大同小异。《吕氏春秋·自知》记载：“尧有欲谏之鼓，舜有诽谤之木。”《淮南子·记论》则说：“禹为号曰：教寡人以道者击鼓。”《管子·桓公问》也记载：“舜有告善之旌而主不蔽也，禹有谏鼓于朝而备讯唉。”后世历代朝廷在宫阙外设置的“登闻鼓”与上古“谏鼓”是一脉相承的，老百姓若遭受冤屈，可以直接到公堂门口，击鼓伸冤。

2 “悬诸象魏”

“象魏”，上古天子、诸侯宫门外的建筑物，又称阙、观，是古代张榜公布法令的地方。据《左传·哀公三年》记载：“夏五月辛卯，司铎火……季桓子至，御公立于象魏之外……命藏《象魏》，曰：‘旧章不可亡也。’”现代有史学家说：“魏，阙名；象，乃刑典之名。‘象’悬于‘魏’，因称‘魏’为‘象魏’，古有之矣。”

由此可见，“悬诸象魏”即统治者把有关国家政教、法令的图像或条文，悬挂在“阙下”，以广泛告知人民群众。后世的统治者也有类似的信息传播活动。

3 “振木铎巡于路”

“铎”是一种铃；木铎就是带木舌的铃，古代施行、宣传政教法令时用的东西。据《尚书·胤征》记载：“每岁孟春，遒人以木铎徇于路。”“徇”在古代有“巡行”、“巡视”以及“当众宣令”、“巡行示众”多种意思。汉代郑玄注释说：

正岁，谓夏之正月也，得四时之正，以出教令者，审也。古者，将有新令，必以木铎以警众，使明听也。木铎，木舌也。文事奋木铎，武事奋金铎。

《汉书·食货志（上）》也说：“行人振木铎徇于路以采诗。”以上所谓“遒人”、“行人”均指商周时期政府派到各地宣达政令的官员。

/11024/ 华表

他们坐着轻便的小车，一边摇着“木铎”，一边宣讲教令。另外，这些宣达政令的官员除宣传政教、法令外，还在春、秋二季出巡列邦，摇着木铎，采风问俗，把搜集到的歌谣“上诸太史”。《诗经》就是当时使者以“振木铎”方式，采风问俗的成果。古代统治者用这个办法可以知道各地的民情风俗，作为政治的借鉴和参考。这种“振木铎”以警示百姓、宣传政教的方法，一直到汉代还在广泛使用。

4 “立木为信”

公元前356年（秦孝公六年），秦孝公任命商鞅实行变法。商鞅在法令还未刊布前，为了取信于民，便在国都雍的市井南门竖起三丈长的木头——“立木为信”，悬出赏格：有能把木头搬到北门的赏五十金。有一个人搬走了，商鞅马上兑现，以示讲求信用。由于商鞅言出必行，法令顺利颁布下来。

又据《史记·吕不韦列传》、汉代桓谭《新论·本造》、王充《论衡·自纪》等文献记载：战国晚期，秦国丞相吕不韦［图11025］曾组织门客著写《吕氏春秋》，为扩大声势，他便将该书（简牍）刊布在咸阳城门口，旁边还挂着布告声称“能增省一字者予千金”。城门口顿时人头攒动，议论纷纷。尽管赏金分外诱人，但这是吕不韦的大作，没有人敢轻易增删。吕不韦的目的，不过是利用这样的活动，扩大影响，造成轰动效应罢了。

以上这些典故，都是一种民意的收集，或者是一种政令的传播，或者是一种个人声望的造势，抑或是一种社会公益的宣传，已经可以看到广告活动的雏形，用今天的眼光来看，和“政治广告”比较接近。这些“广而告之”的活动，对宣达政令、传播政治信息起到了很大的作用，也对后来商业广告的产生、发展有着巨大影响。

[四] 早期的信息传播者

当时主要有以下两种较为特殊的信息传播者：

1 媒妁之人

古人很重视婚姻大事，有各种礼仪规矩，其中有一项就是结婚要讲求门当户对，讲求媒妁之人的穿针引线。“取妻如之何？非媒不得。”[22] 婚姻之事必须由媒人来介绍，不然就犯了大忌。古人还以此来评价一个人是否知书达理，是否知廉耻。同时，也因为以前女孩子不能随意出门，男女双方的了解只能通过媒妁之言来实现，所以古时的媒妁之人是传播信息、联络感情的重要使者。

周时已有官媒，春秋时官媒更发达，“凡国都皆有掌媒”[23]。专门从事做媒的人，我们一般常听说的是“媒婆”，多为女性，其实“媒”指男性媒人，“妁”才是女性媒人。不论说媒之人是男是女，都起到了信息桥梁作用。他们为了撮合新人，一般都“推销”接受说媒双方的优点，为他们提供一手有利信息，这与现代广告代言人在功能上有很多相似之处。因此，媒妁之人也算是“广告代言人”的早期形式之一。这一职业延续至今，形成了规模不等的婚介公司。

2 游士

春秋战国时期，魏文侯、赵烈侯、燕昭王都有过动人的求贤故事，秦孝公下过求贤令，还有著名的战国四公子的养客“雄风”，以及吕不韦的广集天下之士。这类食客或门客，都是主公与社会交换信息的使者，是“中转”豪门内外力量关系、资讯的传播者。门客，是后世幕僚的前身。高级的是受尊重的“大秘”、顾问，低级的则是走狗、杀手、家丁。有名的“冯谖市义”、“鸡鸣狗盗”的故事，显示出他们巨大的调解功能。他们连接了豪门与底层社会的关系。因为他们是“游民”，身上裹挟着杂七杂八的信息，把社会上的“街头新闻”带回豪门，也把豪门的生活方式传向社会，他们穿梭于社会各阶层，对社会风气有时好时坏的影响。这种私属的人身依附集团，在篡权之类的阴谋斗争中，作用很大，在后世的宫廷政变、藩镇割据中显示了其深刻的影响。这也是在政治史上得以验证的传播现象。

游士的种类很繁杂。上有孔子

22 《诗经》。

23 《管子》。

/11025/ 吕不韦

式的为推行其“主义”而周游列国的，下有毫无主义可言，完全是追逐权力、财富的。这类人的中性称谓是策士，有人说孔子的高足子贡就是策士的祖师。这些策士们不同于一般学者、教育家、思想家。他们类似于古希腊的“辩者”，没有一定的立场和主义，而是迎合任何时代的时代迎合论者。他们操纵外交风云，倒卖各种情报，乃至刺探对方头面人物的隐私，为主公出谋划策，当间谍、顾问、说客、使节。[24]

当时各国都搞军事竞赛、综合国力竞争，极需高智能人才。游士的自由流动，极大地促进了不同地区、不同学派的文化融合。各类游说人士，成了当时最活跃而富有成效的“传播媒体”。

二 本时期不同的商业广告形式

[一]“商”与“贾”的不同广告形式

中国自古以来便有“行商坐贾”的说法。东汉班固等编撰的《白虎通》中有这样的话：

商之为言章也，章其远近，度其有亡，通四方之物，故谓之商也。贾之为言固也，固其有用之物，以待民来，以求其利者也。故通物曰商，居卖曰贾。

所谓行为商、坐为贾，即按地区的远近和供求的实际情况，带着货物前往进行交易的称为商，把人们需要的货物，在固定场所销售并谋取利润的称为贾。由于二者经商方式不同，传达商品信息的方式也不一样，于是产生了两种不同的广告形式。

“行商”以走街串巷、贩运叫卖为主，这就形成了最原始也是流传最广泛的广告形式——口头叫卖广告；但由于是扯着嗓子吆喝，不但费口舌，声音又传不远，于是响器广告就应运而生了。除此之外，他们的宣传还促进了表演及展示广告的形成。

“坐贾”有固定营业场所，他们的广告活动以店面装饰装潢广告、招幌广告等为主，最常用的广告形式还是招牌和幌子。招牌最初是一种无字的布帘，后来帘上题写了店铺名号。继而又以木牌代替布帘，在木牌上题写文字，多用来指示店铺的名称和字号，可称为店标（店铺的标记）。幌子原为布幔，后来扩展为多种可吊挂的实物样式。幌子主要表示经营的商品类别或不同的服务项目，可称为行标（行业标记）。招牌和幌子，在古代商业贸易广告宣传中起着相当重要的作用。

[二] 市声广告

1 市声广告的发展概况

吆喝叫卖和响器，属于商业标志民俗中的声音标志形态，也称为“市声”。所谓“市声”，除市场商贩叫卖声以外，通常泛指街市上的喧嚣之声。这种“市声”，一般可分为“叫卖声”和“代声”两种。叫卖，是在原始的以物易物的自然交易活动中形成的，直接用口头语言传达所售商品内容、质量、价格等的一种商业广告（或称商业标志），属于市声的主要形式，早在先秦时期这种市声广告就已经出现。俗语说：“卖什么吆喝什么”，就是这种商业

24 周月亮：《中国古代文化传播史》，北京广播学院出版社2000年版，第101—102页。

广告的形象说法，它是商业宣传的最直接方式。

2 先秦时期市声广告的记载

诗人屈原在《楚辞·离骚》中记载："吕望之鼓刀兮，遭周文而得举。"并在《楚辞·天问》中提到："师望在肆，鼓刀扬声。"（师望就是吕望，即姜太公）[图11026]"鼓刀扬声"即一边用刀拍打肉案，一边吆喝招徕。这是响器广告和叫卖广告的结合。

人们熟知的寓言"自相矛盾"[图11027]，在广告史上也有重要意义。《韩非子》的《难一》、《难势》两篇都记载：有一个楚国人在市场上出售矛和盾。他先举起盾来夸耀说："我的盾最坚固，什么武器也戳不穿它！"接着又拿起矛来称赞说："我的矛最犀利，什么东西都能刺穿！"旁观的人问他："拿你的矛戳你的盾，那结果又怎么样呢？"这个楚国人张口结舌，无言以对。

这个寓言反映了商业贸易中最普遍的一种广告形式——吆喝叫卖，这是中国古代最原始的商业广告。通过叫卖宣传来推销商品，而且在叫卖时把自己商品的优点、特长尽量加以显示、凸现，甚至于夸张，给顾客留下深刻的印象，从而刺激人们的购买欲望。

3 早期的响器广告

响器广告在西周时代便出现了，《诗经》中的《周颂·有瞽》一章里就有"箫管备举"的诗句。汉代郑玄注："箫，编小竹管，如今卖饧者所吹也。"唐代孔颖达疏解："其时卖饧之人，吹箫以自表也。"可见，在西周的时候，卖糖食的小贩就已经懂得通过吹箫管以引起人们注意而招揽生意。

行商经常采用不同的器具，摇、打、划、吹，以各类特殊响器来代表不同的行业。货郎打"小铜锣"，摇"巴郎鼓"，卖油郎敲"油梆子"，磨刀人拿4块刀形铁片串成的"铁滑链"，让铁片互相撞击发出声音。这些响器广告，至今还流传于全国各地，如福建闽南一带"补鼎补锅补面桶"的小贩，常拿一串用七八片宽10多厘米、长20多厘米的铜板串片，上下打叠出"咧、咧、咧"声；卖"敲糖角"的小贩，利用錾糖的槌和刀敲打出铛铛声；卖"油柑串"的将长竹签放在长罐子里忽上忽下，发出响声。

除了这些市声广告形式，通过口头方式来传递信息的人际传播形式，可以说是最原始也是最流行的广告形式，这些信息传播者类似于今天的广告代言人。

[三] 招幌广告

招幌，是"招牌"和"幌子"的复合式泛称，是行业和店铺的经营标志。从前，无论是行商还是坐商，都具有使用招幌的习俗，尤其是手工作坊、商业店铺，更注重招幌的作用。招幌作为招徕顾客的识别标志，虽然不是语言的形式，但也具有与语言同样的传播功能，因此，它是一种具有符号语言性质的副语言的标志语形态。

1 招牌

招牌，在汉语中取招引之义，其形式为标有文字或图画的标志广告牌子。商业招牌一般情况下分三种形式：第一种是横放在店堂门上的牌匾，上面标有字号，即通常所说的店标标志。第二种是立在商店柜台上的竖式招牌，也有放在柜台两头或包柱上的。其文字一般结合行业性质，选择高雅含蓄、有宣传诱惑性

/11026/ 姜太公

/11027/ 自相矛盾

的词句，如药铺的“寿域宏开”，鞋店的“平步青云”，绸布店的“锦绣光华”，典当铺的“利在便民”等。第三种是耸立于店铺门外距地面三至五米高的冲天招牌。树立这种招牌的目的，主要是为了使顾客从老远就能看到这家店铺。[25]

2 幌子

幌子，又称“幔子”、“望子”、“招子”等，是以商品实物，或旗、帘等各种标识物来标示商家经营内容的商业标志形态。这种习俗在中国产生较早，早在战国时期，《韩非子·外储说右上》载有：

宋人有酤酒者，升概甚平，遇客甚谨，为酒甚美，悬帜甚高。

这里的“悬帜甚高”，就是指酒旗高高挑起。这个寓言虽然另有寓意，却把酒店介绍得头头是道，不仅说了卖酒讲究服务态度，而且酒的质量好，给的分量足，更重要的是他们知道如何做广告——使用高高悬挂的旗帜来招引顾客的注意。悬帜广告的出现不但说明当时已具备了这种广告形式产生的织染、缝制技术等物质条件，而且说明商人广告宣传意识的增强。后来其他行业也采用悬帜广告，如闹市中的茶馆，高悬一面写有“茶”字的旗帜[图11028]。

1 实物幌广告

实物幌广告就是以实物作为幌子的广告。实物幌广告与口头广告差不多同时产生，是当时交换、推销商品的最原始的广告形式之一。这种广告形式在各国古代文明中，都是比较普遍的。

《晏子春秋·内篇·杂下》中记载：

灵公好妇人而丈夫饰者，国人尽服之，公使吏禁之。……晏子对曰：“君使服之于内，而禁之于外，犹悬牛首于门，而卖马肉于内也……”

晏子是春秋时齐国的宰相，这句话说的虽是“要使臣民从内心信服，要表里如一”的意思，但在客观上也反映了当时已有将牛头陈列于门首来招徕顾客的实物幌子出现。

另外，《诗经·卫风·氓》记载：“氓之蚩蚩，抱布贸丝”。这是对当时农民以物易物交易方式的生动写照，也是实物广告的著名例证。有一种说法认为“布”就是钱币。《庄子·山木》：“赤子之布寡矣。”郭象注：“布，谓财帛也。”而汉代桓宽《盐铁论·错币第四》认为：“古者市朝无刀币，各以其所有易所无，抱布贸丝而已”，他将“布”解释为“布帛”。

货币作为媒介，把买与卖分为两个过程，买卖的时间和地点的分离，使得商品交换的形式发生了很大变化。物物交换方式逐渐消失，实物广告形式也逐渐消失，或演变成陈列、实物招幌等形式。

2 最早的物价牌广告

《周礼·地官·司市》记载：

司市……以量度成贾（同“价”）而征儥（同“卖”）……市之群吏平肆，展（整也）卒（平也）奠（定也）贾（同“价”），上旌于思次（市亭）以令市。

这句话的意思是：管理市场的小官吏，负责整顿、平抑物价，并将定下的物价写在旗幡上，悬挂于市场管理机构——市亭上，使买者能清楚地看到，表示诚信。这是史籍中最早的物价广告的记载。

[四] 标记广告

标记广告也是中国古老的广告形式之一。最初，在物件上加刻铭文、年号，只是为了表示所有权或者作为纪念、装饰。商品经济的发展，生产上的分工，交换的扩大，逐渐出现了商业性的标记。标记的式

25 参见齐守成：《都市里的杂巴地——中国传统闹市扫描》，辽宁人民出版社1999年版。

/11028/ 现代上海城隍庙里的茶幌

样开始很简单，一般是把制造者或各种官工的印记刻在产品上。如在西周墓葬出土的文物中，我们发现了封建领主产品的标志和各种官工的印记。山东寿光县出土的西周“已候”悦钟，铭文刻有“已候作宝钟”五字，“良季鼎”的铭文上有“良季作宝鼎”字样。这些铭文又叫“陶文”，一般用玺印、戳记的方式打在器物的泥坯上显眼的地方，也有用刀、锥刻划在泥坯上的，然后烧制而成［图11029］。

从春秋战国出土的文物中，我们也发现不少民间手工业者制造的陶器、漆器以及绢绣等产品的上面，都刻印有“某记”的字样。如果上述刻印着文字标记的产品，有一小部分拿到市场上作为商品交换，那么这些文字标记也就具有商标和招牌的作用了。

到了战国中晚期，城市中还出现了拥有巨资及大量劳动力的大工商主手工业者。他们服务的对象主要是农民及城市居民，他们的产品都是大众的日常生活用品，其生产及出售往往采取前店后坊的形式。为了对购买者、消费者负责，也为了竞争及扩大影响、提高知名度，他们在自己生产的产品上程式化地标明制造者的籍贯、姓氏，有的还冠以监造或督造者的名字、司职地点和年份，也有的附上产品的名称。如当时齐国都城临淄城郭内外，官、私营的手工制陶业非常发达，现出土的大量齐国陶器上一般都有“×里×”或“×鄙×邑×里×”，即“某鄙某邑某里某”制造的意思。现出土的秦国都城咸阳一带私营陶器作坊生产的陶器上，也大都有个人印记，注明“咸阳如硕”、“咸阳成申”等，或“咸(阳)×里×”(即“咸阳某里某人”制造)等制作人的名字，一般只写一个字。

除了私营手工业外，传统的官营及官府手工业在战国时期手工业中也一直占有重要地位。官营手工业的服务对象主要是官府及统治阶级，为官府和统治阶级提供奢侈品和军需品，产品质量一般要求很高。因此，当时的官营手工业作坊生产的产品，都要“物勒工官”，即在产品上刻或铸上“造者”的姓名，同时再注明“工师”或“监造者”。秦国“物勒工官”的题铭制度创立于商鞅变法时期。各种兵器上的题铭内容是最完整的，往往有纪年、督造者、官署、工官、工匠，最简略的如剑、矛、弩等，也要题上官署或地名。在长沙出土的楚国漆器上也是这样，这种情况一直延续到汉代。

以上例子都反映出产品制造者的负责精神和品牌意识，具有原始商标雏形的性质。这种广告形式一直保持至今，成为一种很好的自我宣传方式。

/11029/ 西周青铜铭文
(英国不列颠博物馆藏)

[五] 早期的“名人效应”广告

春秋战国时期不仅出现了一些新的广告形式，而且开始讲究广告技巧，能够巧妙地运用名人的可信度销售商品，诱发人们的购买欲望。“马价十倍”[图11030] 的故事就发生在这一时期。据《战国策·燕策二》记载：

人有卖骏马者，比三旦立市，人莫之知，往见伯乐，曰：臣有骏马，欲卖之，比三旦立于市，人莫于言。愿子还而视之，去而顾之，臣请献一朝之贾（价）。伯乐乃还而视之，去而顾之，一旦而马价十倍。

同样一匹马，伯乐未看前，在市场三天未卖出。而伯乐“还而视之，去而顾之”之后，不仅卖出去了，而且价格上涨为10倍。从中可以看到，借助名人的声望做广告，古已有之。这是利用专家权威、名人效应来做广告宣传的最早记载。“还而视之，去而顾之”，这也是最早的“表演性”广告。其实，换个角度，伯乐也是最早的“托儿”，这也是最早请名人做“托”的记载。

/11030/ 伯乐相马

这一时期我们看到了人类漫长的演变过程，也看到了人类文明的萌芽与发展。商业随着人类社会的逐步完善而出现，并得到一定发展；封建制度影响了中国数千年，这些都对广告的发展有着直接或间接的影响。先秦时期虽然没有现代意义上的商业广告，但是已经有了原始的信息传播形式，市声广告、招幌广告等一些基本的广告形式也都已经开始出现，并且有了一定程度上的发展。本时期是中国历史上具有文化积淀的时期，也是中国广告传播的奠基时期。

[六] 陈列展示广告

早期的展示广告形式简单，主要是商品陈列。《周礼·地官·司市》有“以陈肆辨物而平市”的记载。汉代郑玄注：“陈，犹列也；辨物，物异肆也。肆异则市平。”这句话的意思是：将档次不同、风格各异的各类商品，分别摆放在不同的摊肆，以免互相混杂，以次充好；这有利于人们在购买时辨别和比较，做到市场公平、价格合理。“陈肆辨物”是典型的商品陈列式广告。

第二章 秦汉时期的广告

公元前221年，秦始皇建立了统一的封建中央集权的秦王朝。为了巩固统一、加强中央集权，秦始皇采取了一系列措施，在政治方面确立了皇权至高无上的地位，在经济方面统一度量衡和货币，在文化方面统一文字，通过焚书坑儒加强思想控制。这些措施对中国历史的影响深远。

公元前202年，西汉建立，定都长安。汉高祖刘邦以及后来的几代皇帝，吸取秦朝灭亡的教训，采取休养生息的政策，使社会经济得到了一定的恢复，为汉武帝时期西汉的强盛奠定了基础。但西汉后期，土地兼并严重，阶级矛盾尖锐。王莽趁机代汉建新，实行改制。汉朝皇室刘秀逐步消灭了各地割据势力，完成了国家统一，于公元25年重新建立汉政权，定都洛阳，史称东汉。他在位期间，调整统治政策，社会经济得到恢复和发展。东汉中期以后，外戚和宦官交替专政，东汉政权逐渐瓦解。

秦汉时期是中国中央集权进一步强化的时期，这不仅反映在政治上，而且对包括广告在内的工商业、社会文化的影响都是巨大的。

第一节 秦汉时期工商业的发展

一 重农抑商的社会风气的形成

中国自古以来就有“农为本，商为末”的传统。为了发展农业生产，防止大量农业劳动力流失到工商业经营的领域中，为了避免商业资本对国家政权机构的腐蚀，以及由此带来的奢侈、腐化的生活方式对整个社会风气的败坏，也为了避免由于商人势力膨胀到一定程度而对专制政权构成的威胁，中国从秦汉时期开始就实行了“抑末务本”、“重农抑商”的政策。

商鞅［图12001］变法时，就规定：“戮力本业，耕织致粟帛多者复其身；事末利及怠而贫者，举以为收孥”[1]。秦始皇，更把商贾和罪犯同等看待，著名的《琅琊刻石》中还刻有“上农除末，黔首是富”的基本国策，商人的社会地位很低。

汉代政治家继续鼓吹重农抑商。汉高祖时曾命令商人不准穿绸缎做的衣服，不得佩剑，不准骑马乘车，子弟不准做官，不得购买土地等等。孝惠、高后之时才“复弛商贾之禁”[2]，但商人子弟仍不许做官为吏，也不能占有土地。到武帝时，在实行盐铁官营、酒类专卖，以及“均输”（调剂物资）、“平准”（平抑物价）政策，发展国家官营工商业的同时，严厉打击富商大贾、“豪强兼并之家”的经济势力。武帝时还曾实行“算缗”和“告缗”。[3]如果情况属实，则没收其全部财产，并戍边一年。这一措施，在打击了富商大贾的同时也增加了国家的财政收入。

重农抑商的观点，整整影响了中华民族近2000年，也奠定了未来中国商业发展的基调。

二 本时期商业的发展

尽管从本时期开始“重农抑商”的观点就根深蒂固，但有识之士仍然对工商业在整个社会经济发展中的重要作用有充分的认识，本时期的工商业也有着不同程度的发展。

/12001/ 商鞅

[1]《史记·商君列传》。

[2]《史记·平准书》。

[3]“算缗”是向大商人、大高利贷者征求财产税和所得税。“告缗”是鼓励知情人揭发那些对自己财产、收入隐藏不报或呈报不实的商人。

[一] 秦朝统一度量衡、车轨和文字

秦王朝统治仅存在了15年时间，但其重视商业却有其悠久的传统。早在公元前383年（秦献公二年），秦国将国都从雍迁到关中东部的栎阳（今陕西临潼栎阳镇武家屯附近）时，商业就比较发达。这里是东西往来的必经之地，经济发达，“东通三晋，亦多大贾”[4]。

秦始皇统一中国以后，采取了一系列加强中央集权的重大举措，社会由动荡趋向相对稳定，农业和手工业生产由恢复走向发展，商业也迅速活跃起来。首先，他在全国范围内统一度量衡。诏令曰：“廿六年，皇帝尽并兼天下诸侯，黔首大安，立号为皇帝，乃诏丞相状、绾：法度量则不壹、歉（嫌）疑者，皆明壹之”[5]。这条诏令就刻在较大的权或量器［图12002］等法定标准器上。法定标准度量衡的制定，使长度、容量、重量都有了统一标准，为商业发展、商品交换提供了极大的便利。

与此同时，秦王朝又采取了“车同轨、书同文字”的措施[6]。车轨定为六尺宽，使各地的车道宽窄统一。另外，秦始皇还下令开辟“驰道”、修筑“直道”；整饬水运，开掘渠道。所有这些，都有助于发展水陆交通，有利于各种物资及商品的运输和交流。在文字方面，由于商业上的来往常常需要文书契约，如果没有统一的文字，商业契约活动必然要受到影响。因此，秦始皇用简化后的字体“小篆”作为标准字体，通令全国使用，这无疑也有利于商业的发展。

度量衡、道路以及文字的统一，促使全国运用统一的标准开展商业贸易，这对于“全国市场”的形成非常重要，也为商业信息的传播翻开了崭新的一页。

[二] 统一币制

为了进一步发展商业，秦始皇又废除了原来六国的货币，建立了统一的新币制。

新币制规定货币分为二等：“黄金以溢（镒）为名，上币；铜钱质如周钱，文曰半两，重如其文。而珠玉、龟、贝、银、锡之属，为器饰宝藏，不为币”[7]。即以黄金为“上币”，单位是“镒”，一镒即二十两；以圆形方孔的铜钱为“下币”，单位是“半两”。黄金大概只用于大额款项的支付，日常交易一般用“半两”铜钱［图12003］。

秦统一货币后，克服了过去币制不一和换算的困难，为各地的商品交换及人们的日常交易活动提供了极大的便利。自秦代创造使用圆形方孔铜钱以后，这种铸币形态一直长期沿用下来，成为中国封建社会中的主要流通货币样式。

王莽也多次改变币制。原来通行的是五铢钱［图12004］，王莽发行了大钱［图12005］，每个大钱不到五铢钱两个半重，却要当五铢钱50个用。这是一种掠夺财富的手段，很多人因此倾家荡产。

[三] 官营工商业的垄断

到西汉前期，富商大贾层出不穷，涌现出了一批相对独立、富可敌国的巨子。但至武帝时，随着以盐铁官营为核心的经济干预政策的实施，这一局面有所改观。自此以后，在相当长的一个历史时期内，城市工商业便沿着两条主线发展：一条是官营工商业，它的特色是对盐铁等重大经济命脉的垄断性生产、经营，以及以超经济强制为基础的

4 《史记·货殖列传》。

5 吴大澄：《愙斋集古录》第二四册《秦始皇廿六年权文》。

6 《史记·秦始皇本纪》。

7 《汉书·食货志下》。

/12002/ 秦汉陶器印文。量器上印有公元前221年秦始皇统一度量衡的诏书。

/12003/“半两”铜钱（秦）

/12004/ 五铢陶范（汉）

/12005/ 一刀平五千（新莽）

官营手工业作坊面向皇室与官员的消费服务性生产，后来则是官与商的结合、以特许商人的商运商销为主；另一条是私营工商业，它的特色是以商为主、以工为辅，依托政权，服务于官方与上层社会。[8]官营工商业的垄断限制了私营商人的自由经商贸易，也在一定程度上限制着私营商人更好地发挥自身的宣传优势，束缚了他们的创造性思维活动，不利于广告活动的开展，这也是本时期广告发展的障碍。

[四]“市”的进一步发展

1 “市”成为合法经营场所

公元前378年(秦献公七年)，秦在栎阳“初行为市”[9]，即设立市场和统管市场的官吏，鼓励从事商业活动。这时的“市”与奴隶制时代的“市”的性质已有所不同，它是封建经济发展的结果；商人也不同于原来“工商食官”制度下处于奴隶地位的“贾人”，而是城市居民的一部分。“初行为市”意味着秦国政府正式承认商人具有自由民的独立地位，并正式为封建的商业经济发展提供合法的经营场所。

秦统一之后，在全国设36个郡，后又增辟为46郡，每郡之下，又设若干县。郡县治所，都是一个地区的政治经济商业中心。这就使战国时期的一些旧城市又恢复了昔日的繁荣，新的城市也陆续出现。首都咸阳更是呈现出“市张列肆”的繁荣景象[10]。公元前221年（始皇二十六年），“徙天下豪富于咸阳十二万户”[11]，推动了商品经济的发展。当时咸阳有“咸阳市”[12]、“直市”[13]、“平市”[14]、“奴市”[15]、“军市”[16]等等。

2 汉朝“市”的拓展

到了西汉，市场很快得到扩充，“市”的规模比先秦时代大得多。据《三辅黄图》卷二“长安九市”条记载：“长安市有九，各方二百六十六步。六市在道西，三市在道东。凡四里为一市”，“市”里还修筑亭楼重屋。从这里可见，原来一城仅一市，一市100步见方；到了汉朝一城有9市，一市260步见方。

这些市，有的设在城内，有的设在城外，市场所处的位置也有比较严格的要求。比如有一幅内蒙古和林格尔县东汉护乌桓校尉墓葬出土的宁城城市图壁画[图12006]，图中的“宁市中”用墙围筑成四方形，这就是宁城与外地贸易的“胡市”，也是宁城中的商业区。壁画展示了市与民居用墙隔开的建筑布局，是最早反映中国古代城市结构特点的珍贵资料。居住在市区的商贾必须到市政官员的府上去登记注册，取得市籍，才可在市场上营业。据《三辅旧事》记载：“长安城中，八街九陌”，《三辅黄图》也提到：“有香宝街、夕阴街、尚冠前街。”这说明汉代长安的街衢已经是很繁华。

/12006/ 内蒙古宁城城市图壁画

此外，还有一些特别的“市”。《三辅黄图》记载：

汉元始四年，起明堂、辟雍长安城南，北为会市，但列槐树数百行为队，无墙屋，诸生朔望会此市，各持其郡所出货物，及经书传记、笙磬器物，相与卖买，雍容揖让，或议论槐下。

这就是有名的具有儒商色彩的“槐市”。“槐市”是中国最早的书市及儒商市场，因为是在槐树下交易而得名，主要是为了便利太学的学生而设置的。每逢“朔”(农历初一)、“望”(农历十五)，太学生们便将各

8 齐涛：《中国古代经济史》，山东大学出版社2003年版，第14页。

9 《史记·秦始皇本纪》。

10 常璩（东晋）：《华阳国志·蜀志》。

11 《史记.秦始皇本纪》。

12 《史记·李斯列传》。

13 宋敏求（北宋）：《长安志》。

14 黄家沟秦墓陶罐上印记。

15 《汉书·王莽传》。

16 《商君书·垦令》。

自家乡的土特产及书籍、笙磬乐器之类作为商品进行交易。

另外，汉代的“军市”也很兴旺，《史记·冯唐列传》载：“臣大父言，李牧为赵将居边，军市之租皆自用飨士，……今臣窃闻魏尚为云中守，其军市租尽以飨士卒。”司马贞为之索引：“谓军中立市，市有税。税即租也。”《汉书·胡建传》又记载：“时监军御史为奸，穿北军垒垣以为贾区。”这说明首都长安驻军中也有经商活动。

［五］汉代工商业的兴盛

整个汉代的工商业都是非常兴盛的。《史记·货殖列传》中说：“汉兴，海内为一，开关梁，弛山泽之禁，是以富商大贾周流天下，交易之物莫不通，得其所欲”，促进了商业的发展。同时，汉代承袭秦始皇的措施，继续实行“徙豪杰诸侯强族于京师”的政策[17]，“内实京师，外消奸猾”。《汉书·地理志》记载：“汉兴，立都长安，徙齐诸田，楚昭、屈、景及诸功臣家于长陵。”

三 国内外贸易

秦统一后，为了加强对各地的统治和管理，进行了大规模的道路建设，促进了商业贸易的发展，各种物资的流通在中国境内畅行无阻，中国与西域、周边各少数民族和南海及印度洋诸国有了频繁的贸易往来。另外，战国时期秦国大量人工运河的开凿和航海事业的开拓，也为交通的便利提供了条件。交通的发达直接促进了商品经济的繁荣。

汉王朝的社会稳定、经济发展以及道路交通的发达，使其商业日益繁盛，除一些盐铁酒类大商人及兼销自己产品的一般商人外，还出现了“贩夫走卒”似的小商人。

由此可见，两汉时期贩运商业的经营原则和贩运物品变化不大，但与战国相比，贩运业的服务对象和经营范围都有了较大的变化。一方面，服务对象不再局限于富有阶层，而是深入下层社会的生产和生活日用之中；另一方面，国家的统一，内部壁垒的减少，使得贩运业更加灵活。

同时，随着国家版图的扩大和经济的发展，交易物品也大量增加，既有农、林、畜牧、渔等产品，又有手工制成品和半制成品，还有各地的特产和奇罕之物。这种商品生产和交换的兴盛，反过来促进了汉代社会经济的进一步发展。[18]

汉朝时与周边少数民族和国际间贸易更为发达。在西北丝绸之路［图12007］上，有满载丝绸、玻璃、玛瑙等货物的骆驼商队。在东南，有贩运货物的船。左思的《吴都

/12007/ 丝绸之路图

17 《史记·货殖列传》。

18 齐涛：《中国古代经济史》，山东大学出版社2003年版，第299页。

赋》描写道：

水浮陆行，方舟结驷，唱棹转毂，昧旦永日。……轻舆按辔以经隧，楼船举飒而过肆……乘时射利，财丰巨万。

但是西汉城市的繁荣并没能持续发展下去。到东汉时，这种繁荣景象随着商品经济的衰落而悄然消失了。东汉时大规模的商业贸易和巨商大贾已不多见，城市的商业贸易活动也随之日趋枯萎。

四 秦汉时期“城”的发展

秦朝时的城市大为发展，由春秋以前狭小的统治堡垒发展为规模巨大、人口众多，集政治、军事、工商于一身的新型城市。西汉以后，历代皇帝不断增设郡、国，到汉平帝时，全国已有郡、国103个，所辖大小县城1587个，形成了国都、郡治、县治三级城市网络。

[一] 人口众多的长安城

由于长安诸陵从外地迁来了大量的豪富巨室及诸侯贵族，诸陵邑特别是五陵地区成为人口稠密、经济繁荣的商业城镇。长安作为西汉政治、经济、文化中心和当时国际大都会，更是商业繁荣、人口众多。据《汉书·地理志》记载：长安有80800户，人口246200，面积36平方公里，是当时罗马城的3倍。现代一些学者认为：《汉书·地理志》记载的人口数字可能是征收租税的基本人口数字。若按每户实际人口5人计算，应当在40万左右，若再加上皇族、驻军等特权阶层和各官署大量的刑徒及奴婢等人数，长安实际人口应当在50万左右，形成了广阔的、深具潜力的消费市场，为商业的发达奠定了坚实的基础。

班固在《西都赋》中这样描写长安城的繁华：在长安城的街上，“人不得顾，车不得旋，阗都溢郭，旁流百廛，红尘四合，烟云相连。于是即庶且富，娱乐无疆……”[19]

[二] 其他商业中心城市

东汉都城洛阳也相当繁盛。据陆机《洛阳记》中记载：洛阳有“三市”，“金市在大城西，南市在大城南，马市在大城东。”两汉时期除长安、洛阳等城市商业兴旺发达外，其他一些大都市如邯郸、临淄、陶、宛、颍川、南阳、江陵、成都等也都如此。

一般的县城，人口也发展到数万人，如河南郡郡治洛阳城（今河南洛阳县东），颍川郡的阳翟（今河南禹县）、鄢陵（今河南鄢陵县北），南阳郡的宛（今河南南阳）等县城，人口都在10万以上，有的甚至超过20万，这在当时都是相当繁荣的城市[20]。

随着汉朝初期社会经济的迅速发展，各地又出现了一批商业城市。城市的不断发展，不仅丰富了城市人的生活，也为广告提供了很好的发展空间。

[19]《昭明文选·京都·西都赋》。

[20]《汉书·地理志》

第二节 秦汉时期的思想文化与社会生活

一 封建思想的形成

[一]“大一统”思想

汉武帝时期，儒生董仲舒［图12008］为了适应君主专制中央集权政治的需要，对儒家学说作了发挥，宣扬天是万物的主宰，皇帝是天的儿子，即天子，代表天统治人民。因此全国人民都要服从皇帝的统治，诸侯王也要听命于皇帝，这就形成了封建社会的“大一统”思想。封建统治者用“天人合一”的观念来维持自己的统治。

中国古代的中庸之道是一种调节社会矛盾使之达到中和状态的高级哲理。秦汉以后，儒家这种贵和尚中的思想，正好既适应了“大一统”的政治需要，又迎合了宗法社会的伦理情感的需要，从而成为千百年来中华民族的情感心理原则。

[二]“独尊儒术”

董仲舒在提出“大一统”思想的同时，还提出了“罢黜百家，独尊儒术”的建议，主张只提倡儒家学说，禁止传播其他各家，以实行思想上的统一，从而巩固政治上的统一。汉武帝采纳了董仲舒的学说，用儒家思想教育子弟。从此以后，儒家思想逐渐成为封建社会的统治思想。

[三]“三纲”、“五常”

“三纲”、“五常”也是统治者惯用的伎俩。“三纲”是宗法等级原则的集中体现，是指“君为臣纲”、“父为子纲”、“夫为妻纲”；臣民对君主的“忠”，子女对父母的“孝”和妇女要遵守的“贞节”则是最基本的规范，分别是“三纲”的具体化。这意味着它是整个封建道德的纲领，集中体现了封建社会全部道德关系的精神实质，是封建道德关系网的总纲。“贞节”是封建统治阶级专门为妇女制定的道德规范，它是封建道德的重要组成部分，反映了封建社会轻视妇女、压迫妇女的道德观念。即仁、义、

/12008/ 董仲舒

礼、智、信，是封建道德的准则。“五常”在长期的封建社会中，“五常”一方面起着欺骗、麻醉劳动人民的作用，另一方面也起着调整统治阶级内部关系、缓和社会矛盾、维护社会秩序的作用。[21]

无论是汉代董仲舒的“三纲五常”和天人感应理论，还是宋明理学家“存天理、灭人欲”的说教，都是先秦儒家和谐理论的不同表现。这些封建思想对后世影响深远，虽在一定程度上禁锢了人们的思想，但作为中华民族的传统文化，这些思想有其存在的合理性，是人们生活的精神依托。直到现在，一些广告作品仍用这些思想做创作元素，引起亿万国人的共鸣。例如，中国人重亲情、重孝道、重恩义人情，很多商家就看准了这条人们再熟悉不过的道德准则，用情感诉求来吸引消费者[图12009、12010]。

二 秦汉时期的消费生活

汉高祖推行休养生息政策，使劳动人民得到了一些土地和劳动时间，有利于经济的恢复。不过，由于统治阶级的腐化奢侈，本来已占主要地位的奢侈性贸易更是无限膨胀，而人民大众日趋贫困，购买力低下，以至日用品贸易不断萎缩。比如东汉的商业的发达程度不如西汉，但奢侈品行业却生意兴隆。洛阳以贵戚为首的富贵人家，衣服、饮食、车舆、装饰、庐舍需求量很大，且非常奢侈。

人口的增加，必然带来城市生活的变化。汉代时，老百姓的假期有所增多，开始有了冬至、夏至放假的习俗。《汉书 · 薛宣传》记载：

及日至休吏，贼曹掾张扶独不肯休，坐曹治事。宣出教曰：“日至，吏以令休，所由来久。曹虽有公职事，家亦望私恩意。掾宜从众，归对妻子，设酒肴，请邻里一笑为乐。”师古曰：“日至，冬至、夏至也。”

假期的增多使得百姓得到了休息，能够有更多的时间消遣和消费，也就促进了商业的进一步繁荣。

在安居乐业的基础上，人们开始对衣着有了更高的要求。秦代的袍服是一种有絮棉的夹层内衣，穿着时在袍服的外面罩一件外衣。这种穿着习惯到了汉代产生了变化，很多妇女时兴把袍服当外衣穿，令袍服逐步演变为外衣，成为一种十分流行的服饰；上至帝王，下至百官，不分级别、不论男女都如此，甚至还可以作为朝服。因此，这种实用的服装便取代了深衣[图12011]，成为最时尚的服饰。

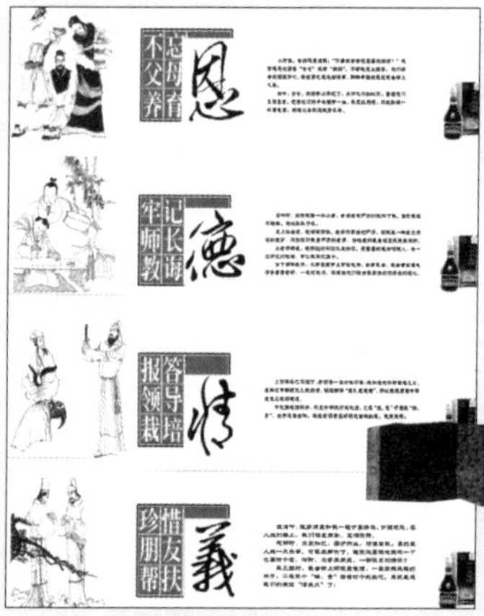

/12009/ 海南椰岛鹿龟酒广告

/12010/ 中国平安保险2001年电视广告截图

/12011/ 汉代深衣

汉代妇女出嫁，都穿木屐，还要在屐上画上彩画，系上五彩的带子。而且秦汉时期妇女的鞋已经有锐形的了。《史记 · 货殖列传》记载：

今夫赵女郑姬，设形容，楔鸣琴，揄长袂，蹑利屣，目挑心招，出不远千里。不择老少者，奔富厚也。

这反映出自古妇女就体弱多病，

[21] 田广林：《中国传统文化概论》，高等教育出版社2003年版，第174页。

因此女子服饰注重轻纤，而忌重拙，鞋也是一样。[22]

除此之外，人们也有了更多的业余活动。从西汉开始，城市生活不像春秋以前的城市生活那样单调了。随着城市平民的增多，城市中的各种娱乐活动［图12012、12013、12014］，包括文体活动、赌博、妓院等等，都已具有了一定的规模。民间歌舞娱乐成为很大一部分青年男女社交集会、表达爱情的主要方式。

三 早期的传播媒介和工具

本时期纸的发明以及相关书写工具的不断完善，丰富了信息传播的手段，促进了传播的发展，为早期的广告发展奠定了基础。

［一］从竹帛到纸

1 纸发明之前的书写工具

在纸尚未发明并应用于书写之前，中国人已采用种类极多的材料来写作文书档案、历史记录、私人信函等。这些材料包括动物的骨、甲壳、象牙、丝帛［图12015］，青铜、铁、金、银、锡、石、玉、陶土等矿石，以及竹、木等植物。《汉书》记载："讽诵《诗》、《书》百家之言，不可胜数，著于竹帛。"

其中使用最为普遍的是竹帛，竹帛又分多种。

小的竹书称为简［图12016］。如《左传·闵公元年》："请救邢以从简书"。比木简更小的称为札。《史记·司马相如列传》中有："上许，令尚书给笔札。" 因此现在有时还把信件称之为信札，也有札记的说法。与简札异名同物的叫做牍或毕。《史记补传》："（东方）朔初入长安，至公车上书，凡用三千奏牍。"另外，《礼·学记》中记载："今之教者，呻其占毕。"

大竹书称为方或策。蔡邕《独断》记载："策者，简也。单执一札，谓之为简；连编诸简，谓之为策。"用简还是用方、策书写主要是看字的多少，一行能写完的用简；数行

/12012//12013/ 东汉乐舞俑

/12014/ 绿釉三层陶戏楼（汉）

/12015/长沙马王堆出土的西汉帛书。现存最古的《老子》两种文本之一。

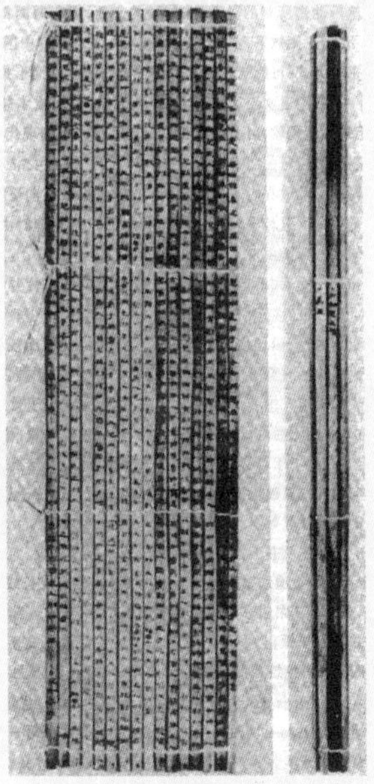

/12016/甘肃武威出土《仪礼》长简。书写于长形木简，左图为简册展开，右图为卷拢。

才能写完的用方；如果方都无法容纳，则按次序连续编排，称为策。杜预在《左氏序》中说："大事书之于策，小事简牍而已。"[23]

另外，契券都是用竹木的。《汉

[22] 佘惠敏：《仕女》，山东画报出版社2004年版，第54页。

[23] 尚秉和：《历代社会风俗事务考》，中国书店2001年版。

书·高帝纪》记载："此两家常折券弃负。"唐代的颜师古说："以简牍为契券，既不征索，故折毁之。"而且刑法律例对简的长度也有明确规定，《汉书·杜周传》记载："君为天下决平，不循三尺法。"汉朝时，刑书竹简的长都是三尺，比平常的竹简书长六寸。

2 纸的出现

西汉时期已经出现了纸的雏形。1933年新疆罗布淖尔汉烽燧遗址中出土了公元前1世纪的西汉麻纸；1957年西安东郊灞桥出土了公元前2世纪的西汉初期古纸，主要由大麻、纻麻纤维制成。东汉蔡伦［图12017］在吸取前代造纸经验的基础上，总结了造纸的剪切、沤煮、洗涤、舂捣、漂絮、抄造、定形等基本工序［图12018、12019］，扩大了原料来源，终于制造出能真正用于书写的纸［图12020］。《后汉书·蔡伦传》记载：

自古书籍多编以竹简，其用缣帛者谓之纸。缣贵而简重，并不便于人。伦乃造意用树肤、麻头及敝布、鱼网以为纸。元兴元年奏上之，帝善其能，自是莫不从用焉，故天下咸称"蔡侯纸"。

从此以后，纸由于其价格低廉易于推广，逐渐代替了简帛，这对于文化信息的传播是一次革命。但东汉至魏这一段时期，仍然兼用竹简书写。到了隋唐时期，纸开始被染成各种色彩缤纷的笺纸，或被剪成各种形状的装饰用纸。除用于拓印碑石铭文，缮写文件书籍外，字画、柬帖也都开始采用纸质材料，后来家用的扇、伞、灯笼、风筝等，也都开始用纸制成，甚至出现了厕纸。[24]

到了宋元时期，造纸术更是广泛应用，政府为制造纸钞、交子［图12021］等，在徽州、成都、杭州、安溪（今福建省）等地设置纸坊。随着印刷术的盛行，印制书籍需要大量纸张，这又进一步刺激了造纸业的发展，众多私家及商贾也开始从事印刷及造纸业。

总之，纸的发明对于后世影响极大，为信息传播以及广告业的发展注入了新的活力。

24 《中国古代印刷》。

/12017/ 蔡伦

/12018/ 造纸流程图

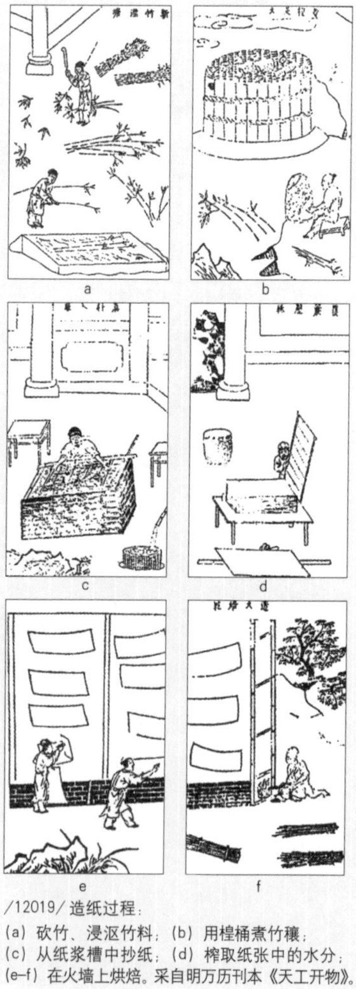

/12019/ 造纸过程：
(a) 砍竹、浸沤竹料；(b) 用楻桶煮竹穰；
(c) 从纸浆槽中抄纸；(d) 榨取纸张中的水分；
(e–f) 在火墙上烘焙。采自明万历刊本《天工开物》。

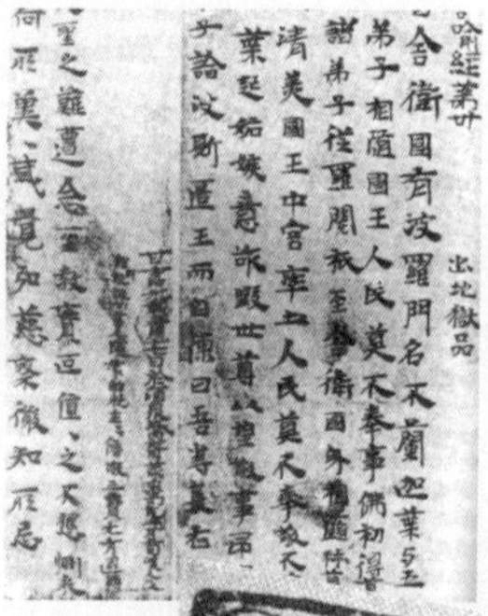

/12020/ 现存最古的纸写本。书体介于楷隶之间的写本《譬喻经》残卷。（现东京书道博物馆藏）

/12021/ 现存最早的纸币。北宋"交子"雕版印本，约1024–1108年。

[二] 书写工具的演变

先秦的书写材料都比较硬，古人多用刀书写。《周礼·考工记》："筑氏为削，长尺博寸，合六而成规。"可见，周以前都是用削刻字，没有笔，所以到汉朝有"书刃"一说，就是指用刀刻字。虽然西汉时有帛书，东汉时有纸，但竹简仍是常用的书写材料，刀仍然是重要的书写工具。《汉书·郅都传》记载："临江王欲得刀笔为书谢上。"

由于纸的出现，到了秦汉时，书写工具有了改进，笔墨砚等文具开始在市上大量出售。之前人们主要采用竹木染墨书写，但由于竹木不能含墨，写字非常吃力。秦朝的蒙恬"以枯木为管，鹿毛为柱，羊毛为被，所谓苍毫也"[25]。鹿毛苍劲，羊毛韧柔，含墨多，写字速度快了。后世对笔的制作更加精益求精，用更好的兔毫和竹管来做笔。《西京杂记》记载："天子笔管，以错宝为跗，毛皆以秋兔之毫。"

另外，春秋战国时曾用漆代替墨，《后汉书·杜林传》记载："林前于西州得漆书《古文尚书》一卷。"古时在竹简上写字，由于竹简太光滑，墨干了后容易脱落，所以用漆来充当书写工具。到西汉时开始将墨制成块状，《汉官仪》中有："尚书令仆丞郎日给隃糜墨二枚。"使用块状墨时需要研磨，就必须用砚，所以《汉书·薛宣传》说："下至材用笔研，皆为设方略。"

书写工具的不断完善也促进了相关行业的发展，很多以帮人书写为生的人出现了。《拾遗记》记载：

> 汉安帝时，家贫不得仕，乃挟竹简、插笔，于洛阳市佣书。美于形貌，又多文辞，来僦其书者，丈夫赠其衣冠，妇人遗其珠玉，一日之中，衣宝盈车而归。

士人也会书法，但他们认为以写书法为生是种耻辱，所以出现了专门受雇写书法的人。而且这些手抄的书籍已进入流通，城市里出现了书肆。

书写工具的演变不仅促进了工商业的发展，也为未来大众媒介的变革创造了物质条件。

[25] 崔豹（晋）：《古今注》。

[三] 与战争相关的信息传播方式

1 "烽燧报寇警"

烽燧是传递信息，及时汇报敌寇来袭信息的重要途径。在当时，传递信息还是以烽燧报寇警法最为迅速。历代封建统治者修筑长城，修建烽火台［图12022］，都是为了更快地传递敌寇入侵的信息。长城上的烽火台就起着"信息源"的作用，一般在大道上每十里设一墩，高约四丈，有警示的时候便用这种方式传烽，烽烟顷刻可达数百里。为了报告敌兵来犯的多少，在符号设置上分别以燃烟、举火数目的多少来加以区别，明朝还在燃烟、举火数目的同时加放炮声，以增强报警的效果，使军情传递速度更快。在当时没有无线电通讯设备的情况下，这种传递军情信息的办法可以说十分先进了。

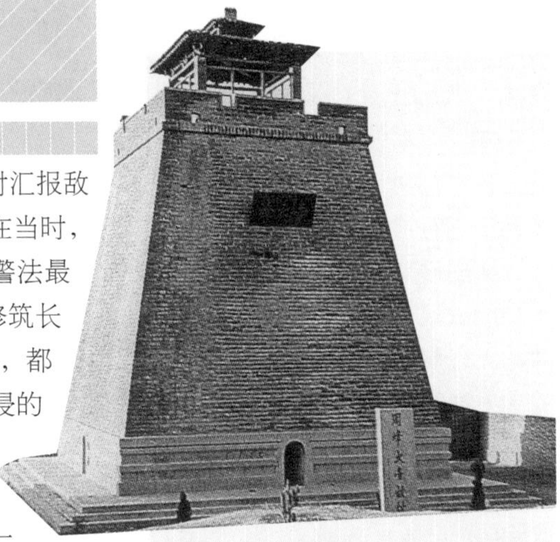
/12022/ 陕西临潼县城南骊山烽火台遗址

为了信息传递的有效性和及时性，烽火台的布局也有明确的规定，其中重要的一点是要把它布置在高山险处或是峰回路转的地方，而且必须是要三个台都能相互望见，以便于传递。烽火台在汉代有过亭、亭隧、烽燧等名称，明代时称作烟墩。它除了传递军情之外，还为来往使节保护安全，提供食宿、供应马匹粮秣等服务。有些地段的长城只设烽台、亭燧而不筑墙，可见烽火台在长城防御体系中的重要性。历史上流传的"幽王烽火戏诸侯"的故事，由此产生的严重后果也可以显示出烽火台在古代信息传递尤其是军事信息的传播方面的重要地位。《墨子》中记载：

> 筑邮亭者圜之，高三丈以上。令侍杀为辟梯，亭一鼓。寇烽、惊烽、乱烽，传火以次应之，至主国止，其事急者引而上下之。烽火以举，辄五鼓传，又以火属之，言寇所从来者少多。且弇还，去来属次烽勿罢。望见寇，举一烽；入境，举二烽；射妻，疑为栖。举三烽一鼓；郭会，举四烽二鼓；城会，举五烽五鼓。

墨子详细地描述了筑亭燃烽之法。除此之外，还有很多有关烽燧的记载。

《汉书·贾谊传》:“斥候望烽燧不得卧。”孔文颖曰:“边方备胡,作高土橹,橹上作桔槔,桔槔头兜零,以薪草置其中,常低之,有寇即火燃举之以相告,曰烽。又多积薪,寇至即燃之,以望其烟,日燧。”张宴曰:“昼举烽,夜燔燧。”颜师古曰:“昼燔燧,夜举烽。”

至于烽燧的区别,《史记索隐》中说道:“烽主昼,燧主夜。”魏张宴也说:“昼烽夜燧。”主要是白天不能见光,所以用烽烟通告警示;夜晚能见光,但不能见烟,于是就用火光来报警。这就是昼烽夜燧的意思。实际上烽燧是同一种东西,都是需要燃薪的,之后升起烟或火光,只不过白天以烟,夜晚以火光作为识别符号。

从燃料来看,唐朝出现的狼粪燃烧的效果最佳,燃烧起来的烟直冲上天,风都不能将其吹动,从很远的地方都能看到。从此以后,烽燧被称为狼烟。狼烟在此后历朝的信息传递中仍然得到广泛应用。《宋史·曹翰传》记载:“先是虏至,必举狼烟。翰分遣人举烟直上,虏疑有伏,引去。”

正是由于烽火台在媒介历史中所起的重大作用已经家喻户晓,所以现今的许多媒介仍然在这方面大做文章。中国网通[图12023]曾借鉴了长城传递信息的“形象功能”做了一则以长城为背景的“由我天地宽”的电视广告。润迅通信[图12024]“一呼天下应”的电视广告与之也有异曲同工之妙。大红鹰集团[图12025]2002年和2005年的形象广告都运用了烽火台形象,将其企业形象渲染到了极致。烽火台的狼烟虽然早已消失在历史的轨迹中,但是作为一种曾盛极一时的信息传递工具至今仍然肩负着媒介的象征意义。

2 “金鼓为号”

古时两军对垒,将领都会通过击锣鼓或鸣号来发出战斗信号。金鼓在战争中的作用类似于商业交易中的广告作用,它传递了准确的战斗信息,有号召、鼓舞人心的作用。

早在周时就以击鼓为进攻信号,敲金(即今天所说的锣)为退兵信号,即我们今天仍沿用的“金鼓收兵”、“鸣金收兵”。据《左传·哀公十一年》也有记载:“吾闻鼓而已,不闻金矣。……鼓以进军,金以退军。不闻金,言将死也。”由此可见古代战争声势之浩大。

/12023 / 中国网通电视广告

到了汉朝,战争时仍用金鼓为进退的信号。《汉书·韩信传》记载:“信建大将旗鼓,鼓行出井陉口,大战良久。于是信、张耳弃旗鼓,走水上军,复疾战。赵空壁争旗鼓。”《汉书·李陵传》也记载:“鼓声不起,又闻金而止。”《后汉书·光武纪》也说:“钲鼓之声,闻数百里。”

/12024 / 润迅通信电视广告

[四] 驿传的出现与发展

驿传是古代传递信息的另一种重要方式。中国是世界上最早建有驿传的国家之一,中国有组织的官办驿传始于商周。起初驿传仅限于传递军事文牍,后来由于政治、军事、经济和文化的发展,举凡运送使客、接待官员、转输军需、运送贡品等等,均属于驿传运输范围。云南的茶马古道以及目前全国规模最大、保存最完好的古代驿站——盂城驿,

/12025 / 大红鹰集团2002年形象广告

都是驿传文化的历史见证。古代的官文书信来往、紧急报告，都依赖于这种传递方式。法定千里为一驿，只要车马上路就要疾驰，到下一处驿站才可以停留，所以用这种方式传递信息也很迅速。春秋时称之为“遽”，《左传·僖公三十三年》记载：“且使遽告于郑。”《左传·昭公二年》记载：“郑公孙黑将作乱，子产在鄙闻之，惧弗及，乘遽而至。”驿在当时也被称为“驲”，《左传·文公十六年》记载：“楚子乘驲会师于临品。”

汉朝称为“传”。《汉书·高帝纪》：“（田）横惧，乘传诣洛阳。”《汉书·英布传》：“王怒欲捕赫，赫上变事，乘传诣长安。”如淳曾说：“四马高足为置传，四马中足为驰传，四马下足为乘传，一马二马为轺传。急者乘一乘传。”传一般用四匹马的情况最多，也有用六匹马的。《汉书·袁盎传》：“将乘六乘传，会兵荥阳。”可见事情愈急马愈多。

汉朝也有把驿传称为“置”，《汉书·刘屈氂传》：“是时，上避暑在甘泉宫，丞相长史乘疾置以闻。”春秋时人不能骑马，所以只有传车，而且那时候往来的文书都是竹简，体积很大，只有车才能载得动。官吏有急事，也常乘驿传，所以仍然有传车。到了晋初纸，文书简省，马也可以传递了，所以就改用马来作为传输工具，信息传递也就迅速了。《马可波罗行记》中记载：“元世祖时，自塞外辟大道，直达西域，东西数万里。凡传递文书，二十五里为一站，骑马摇铃，到站即更易，传递迅速。朝发夕至。”这里说的就是马递。到了清朝，只有官吏以及往来于蒙古的人才可以乘传车。光绪末年，邮政兴起，这种古老的信息传递工具驿马［图12026］才逐渐被废弃。

秦汉是中国历史上道路运输的大变革时期。秦统一中国后在驿传体制上，以都城咸阳为中心，在全国各地沿驿道设立亭舍，并制定了邮驿法令，有厩置、承传、副车、食厨等有关驿传的法律。汉代继承了秦朝的驿传制度，并进一步完备。当时，用车传送称“传”，用马传送称“驿”，步递称“邮”，三种称呼常通用，也称为“置”。驿传效率很高，西汉时，从金城（今甘肃永靖西北）到长安，公文往返只需七天。东汉时，奉天子玺书使者三骑行，一昼夜可达千里。这就大大便利了政令的传达和各地的联系，起到巩固中央集权统一国家的作用。

驿路也是重要的商道，有利于人民的往来和各地经济的交流。随着汉朝势力的向外发展，汉朝政府把国防设施和交通邮递结合起来，加强了边疆地区驿传的建设。汉武帝通南夷后，从公元前129年（元光六年）起沿途设置邮亭。张骞开通西域后，酒泉亭障展筑到玉门，后又延伸到盐泽（今新疆罗布泊），以后直到东汉，这一带地区仍是“列邮置于要害之路。驰命走驿，不绝于时月；商胡贩客，日款于塞下”。

古代驿传中马是作为信息载体而存在的，主要传递的是文书，虽然形式与现在不同，但是把消息广而告之的本质是相同的。现在中国邮政的标志［图12027］就是变形的马，其中就包含了驿传的深厚文化内涵。

现今，在广告的表现中仍有利用驿传元素的例子。杜牧的《过华清宫绝句》中表现了驿传运输的重要地位：“长安回望绣成堆，山顶千门次第开。一骑红尘妃子笑［图12028］，无人知是荔枝来。”强力饮料电视广告［图12029］就借鉴了这首诗中杨贵妃的形象以及驿传运输过程中的保质、新鲜的利益点来推销和突出自己的产品。

/12026/ 清明上河园内模拟驿传的信息牌

/12028/ 启东烟华股份有限公司香烟广告。近代借用杨贵妃与荔枝的典故做的广告宣传画

/12029/ 强力饮料电视广告。当代借用杨贵妃与荔枝的典故做的电视广告

/12027/ 中国邮政的标志

第三节 秦汉时期的广告

本时期除了商业广告继续发展外，社会政治广告也有所增加。如秦始皇统一中国后，登泰山刻石铭志、求仙士发布告等，都是为了威慑天下，加强中央集权统治。

一 市声广告

汉朝时也有对在街上吆喝叫卖的记载。《三国志》记载：“赵岐遭家祸，诣北海贩胡饼。孙宾硕过市，疑其非常人，问道：‘自有饼耶？贩之耶？’岐回答说：‘贩之。’宾硕又问：‘买几钱？卖几钱？’岐回答：‘买三十，卖亦三十。’”这就是当时市上叫卖广告的真实写照。

二 招幌广告

[一] 悬物广告

悬物广告是实物广告的发展，

汉朝以后更为盛行。如经营扫帚的店铺，在门前悬挂一把扫帚作标记；卖灯笼的铺子在门口挂上一个灯笼；卖酒的店铺在门口悬挂一面酒旗或垒个“当垆”，就是在酒店门前垒土为垆，安放酒瓮，卖酒的坐在垆边，称为“当垆”。《史记·司马相如列传》中记载：“相如置一酒舍沽酒，而令文君当垆［图12030］。”讲的是卓文君随司马相如私奔到成都后，无以为生，开了一家小酒店。由于卓文君长得好看，司马相如便让她“当垆”卖酒，以吸引顾客，而自己则穿上“犊鼻挥”（即围裙）主内。

卓文君卖酒也算是早期用美女做广告的典型案例，这种利用美人做广告以吸引顾客的手法，被后来的酒店所仿效。

除此之外，卖药的则是将葫芦悬挂在药铺上空。“悬壶济世”的典故出自东汉的仙人“悬壶于市”。《后汉书·方术传·费长房》记载：“费长房者，汝南人也，曾为市椽。市中有老翁卖药，悬一壶于肆头。唯长房于楼上睹之，异焉。”所以“悬壶”，即古代行医的招幌标志，就是将葫芦高高地悬挂在市场的街头（肆头）或药铺的上空。这是当时新出现的广告物，以至于市场管理者站在旗亭楼上，望见这种新形式的悬壶广告也感到奇异。

另据《神仙传》记载：东汉时，市中有一卖药的人，常在屋上悬挂一壶，晚间就跳入壶中。人们都是觉得他是位仙人，因此尊称他为“壶公”。还有传闻说现在的所有召军符、召鬼神治病玉符等等，都是壶公所作，因此，这些符有一个总的称谓是“壶公符”。

所以后代常用“悬壶济世”［图12031］来形容医生治病救人的医德。《清明上河图》中的赵太丞药店就在门前悬壶作为招幌。后来中医医家虽然不以“悬壶”作为行医的招幌标志，但“悬壶”依然作为挂牌行医的象征代称。

［二］秦朝的价格牌

秦简《秦律·金布律》规定：“有买及买（卖）殹（也），各婴其贾（价）。小物不能各一钱者，勿婴。”“婴”有“系”、“悬挂”之意。按照这一规定，商品价值在一钱以上的都要在商品之上悬挂价格牌，以防商人“妄为贵贱”。这说明当时商品是有统一的官价的。这种制度，一方面有利于官署监督物价，另一方面也方便买者购物，带有广告性质。这与《周礼·地官·司市》的“上旌于思次以令市”属同一广告类型。到了汉代，“婴价”这种标示商品价格的方式仍被采用，称之为“题署物”，并成为一种重要的商业制度。

三 以画像砖为代表的汉朝市场规制

汉代的四川，农业、手工业发达，商业繁荣。四川地区出土的东汉时期画像砖，为研究该地区汉代市场形制及商业繁荣的景象，提供了许多具体形象的实物资料。

汉代各地市肆都由政府委派官吏管理，并在列肆中心设立官署，称“市楼”或“旗亭”。今本《三辅黄图》卷二“长安九市”条记载：“市楼皆重屋，又曰旗亭”，“有令署以察商贾货财买卖贸易之事。三辅都尉掌之”。东汉张衡《西京赋》描写当时长安市肆情景说：“郭开九市，通阛带阓。旗亭五重，俯察百隧。周制大胥，今也惟尉……”因此，市楼是

/12030/ 文君当垆

/12031/ 清明上河园中的赵太丞家药店，门前挂有一葫芦，意为“悬壶济世”，表明该店的医术高明。

市肆中最高大显著的建筑，可站在上面观察并监视“市”内活动。市楼上还悬挂着一个鼓，敲击它可以警示开闭市门。楼下则坐着市署官吏。市署官吏除令、长、丞之外，还有“市啬夫”，负责市场内的治安管理。市署还有对市中的某些商品实行监制、收纳市租及负责市井度、量、衡的检验等项职权。

这在四川汉墓出土的诸多《市井》画像砖，以及张衡的《西京赋》、班固的《西都赋》对长安市场的描绘，左思《蜀都赋》对成都市场的描述，都可以得到验证。

从广汉县出土的《市井》画像砖 [图12032、12033] 左边绘有门垣(即“阛阓”[26])，门垣上有隶书题署“东市门”三字。门内侧的灶上有釜甑等炊具，一人正在灶前操作，并回头招揽顾客。砖的中间上下共有6人，都在进行交易，呈现出一派热闹的市场景象。砖的右边是市楼，看起来像宾主样子的和楼内二人相对而坐，其中一人冠服，席地而坐，像是管理市场的官吏。市楼上有隶书题记“市偻（楼）”二字，楼顶挂着一个市鼓。

四川新繁县、彭县及成都西郊土桥出土的《市井》画像砖对该地市场情形的描绘更加全面：整个市场平面略呈方形，周围有市墙围绕。围墙三面设门，每门又有三个出入口。这就是古代所谓的“阛阓”之制。整个市场用十字形的“隧”(即人行通道)分隔成四大部分，即列肆。列肆中，人物繁多，神态各异，人们正在进行交易：有的手提货物叫卖，有的坐地摆摊，有的叫卖，有的设帐为店……市场内非常热闹。市场中心建有一座重檐市楼。市楼下，正中开门；楼上则悬一大鼓，之间有楼梯可供登爬。[27] [图12034]

四 本时期的其他广告活动

[一] 商品命名广告

汉代以来，由于手工业的发达，商品种类繁多，市场上竞争加强。《汉书·禹贡传》记载：“商贾求利，东西南北，各用智巧，好表美食，岁有十二之利。”商人为了保住自己的商品市场，用商品生产者的名字或与商品有关的故事情节、历史背景来命名商品，以加深顾客的印象，于是形成了商品命名广告。

比如史书《三辅决录》中记载：“夫工欲善其事，必先利其器，用张芝笔、左伯纸及臣墨。”这里说的是东汉市场上比较流行的著名的文具商品是“张芝笔”、“左伯纸”、“韦诞墨”等。张芝擅长草书，人称为“草圣”；左伯是继蔡伦之后的制纸专家；韦诞擅长制墨和制笔，他所制造的墨深受当时文人学士的欢迎和好评。这些纸、笔、墨用能工巧匠的名字来命名商品，从而体现商品与众不同的特色，保持了商品的鲜明形象。近代以及现在很多商品也是选用创始人或该商品相关人的名字作为品牌名，比如李宁 [图12035]、羽西、郑明明等等，或直接用名人效应来做广告，或用人名来提高商品的亲和力，促进销售。

[二] 原始形态的商标

中国古代文化传播与政治有着

26 崔豹《古今注》中记载：“市墙曰阛，市门曰阓。”

27 刘家林：《新编中外广告通史》，暨南大学出版社2000年版，第44—45页。

/12032/ 汉《市井》画像砖（四川广汉），国家历史博物馆藏

/12033/ 汉《市井》画像砖实物

/12034/ 汉朝市场交易画像砖

/12035/ 李宁2003年平面广告“篮球篇”

密切联系，具有中央集权、官本位、大一统、政治领先的特色。早期铜器或漆器上的铭文 [图12036]，官员或私人用的印章 [图12037]，以及之后演化而成的碑帖，都是媒体，它们扮演着政治图腾和宣示板的双重角色，其本质都是宣传，是一对多的、由上而下的、不可违抗的、霸权的信息传播。这种信息传播衍生起来就是“品牌”化，一种差别性的证明。用于商业，就是品质的差别。这方面最典型的就是代表商品品牌和品质的商标。

秦朝时就使用过标记。例如，湖北江陵凤凰山70号墓出土的一件漆盂上，用锥、针之类工具刻有“廿六年左工”铭文，说明它是秦国官府作坊的产品。汉朝时不少漆器上面也都烙有戳记、漆书文字或铭文。长沙马王堆、湖北凤凰山等地汉墓出土的漆器上，凡是汉文帝、汉景帝时期的漆器上，经常可以看见“成市草（造）”、“成市饱”、“市府草（造）”等烙印戳记。由此可判断它们产自蜀郡成都市府作坊。在马王堆汉墓出土的漆器上大多数都有隶书“轪侯家”、“君幸酒”、“君幸食”等吉祥语，有的还有“石”、“四斗”、“二斗”、“斗”、“一升”、“九升”的容量标志。安徽阜阳双鼓堆汝阴侯墓出土的漆器上则烙有“女（汝）阴”戳记，并有用针或锥刻划的“女（汝）阴”年号、司造官吏和制造工匠姓名、器物名称、尺寸、容量等内容的铭文，表明这些器物是汝阴侯府自设漆工作坊的产品。

20世纪70年代在湖北云梦县秦汉墓中发掘的大量汉代漆器中，许多漆器上面也都有烙印、锥针刻或漆书的文字。如，标记产地的有“咸亭”、“许市”、“郑亭”、“市”、“亭”和“阴里”、“左里”、“路里”、“中乡”、“陬里”等字样。其中，标记“咸亭”烙印者的为多。咸、许、郑分别是咸阳、许县、新郑的省文。带有这些标记的产品，都是该地市府管辖的官营漆器作坊的产品。汉初漆器上还有烙 “素”、“上”、“包”、“告（造）”等字样的戳记，这是把各道工序工匠的名字都烙上了。

直到西汉后期，工官所造漆器铭文里也经常见到素工、造工等工种名称。这段铭文里有器具的制造时间、地点、容量、治坯工人和各种漆工名字及监造官的名字。漆器上刻的有带“素”、“草”、“饱”等字样的市印，表示这些工序都是在市吏监督下完成的，或是经过市吏检验的，能够确保质量，可见具有宣传意味及广告性质。

这些铭文都已经具备了商标的基本要素，可看作是中国古代最为原始的商标形态。

/12036/ 公元9年王莽诏令拓片

[三] 早期的江湖骗术

江湖骗术[28]中的成仙之术在春秋战国时已广泛流行于东南沿海及南方广大地区。其中服不死药是成仙的基本方法之一。

公元前219年，秦始皇到泰山祭神求长生不死之药，有个叫徐福（又叫徐市）的方士摸清了秦始皇追求长生的迫切心理，就上书说：海中有三座仙山，叫蓬莱、方丈、瀛洲，那上面都住着神仙，他们炼出了长生不死药。秦始皇相信了他的

/12037/ 东汉“长安市长”印

28 韩鹏杰、朱金萍:《中国古代的江湖骗子和骗术》，商务印书馆1997年版。

话，耗资巨万，派徐福征发童男，童女数千人入海求神仙，寻找长生不死药。但是，徐福入海几年，也没有找到长生不死药。于是徐福开始编造谎话说：由于海上有大鲛鱼兴风作浪，所以没有办法到仙山上去，要是有善于射箭的武士一起去，把大鲛鱼射死就可以了。秦始皇信以为真，命人入海捕捉大鲛鱼，还亲自用连弩射杀。但无论秦始皇怎样虔诚，还是没有得到那根本无法得到的不死神药。

汉时也有这种能够洞察皇帝心理的人。有个历史典故叫“望气取鼎”，是历史上有名的大骗局。这个骗术有这样几个步骤：

一是新垣平谎称他看见了祥云瑞气。皇帝最喜欢听的就是别人看到他周围有五彩之气，这样更能证明他是真命天子。新垣平正是迎合皇帝这种心理，以售其奸。二是他事先派人按约定的时间在宫外献上刻有“人主延寿”的玉杯，以博得皇帝的欢心。有了这两步，就会让人相信，他能为皇帝找到周鼎。但百密终有一疏，有人上书揭露他的骗局，据说新垣平伪造古器的手书也被汉文帝认出，结果被怒斩于长安。

另外，还有个叫哀章的江湖骗子。他骗术并不高明，只是伪造了赤帝刘邦传位于王莽的谶语。他能成功地骗得高官，一是他迎合了王莽［图12038］想当皇帝的心理；二是他不是只写他自己，还写了其他11人，自然有人极力拥护。像这种江湖骗子竟然凭伪造的丹书就得到了“美新公”的高官。这也吸引了一位胆大包天的骗子甄寻，伪造出这样的符命：“故汉代平帝后黄皇室主，为寻之妻。”就是说汉平帝的皇后、王莽的女儿应是他甄寻的妻子。这下可惹恼了王莽，一改以往对符命的“虔敬”态度，立即发兵追捕甄寻，“寻随方士入华山，岁余捕得。”[29]可见谶语的制造多出于这些依附权贵的江湖骗子之手。

这里之所以介绍江湖骗术，其实从另外的一个侧面反映了古代广告的成型。广告的功能其实就是“说服”，有目的有对象的“说服”是古今广告人通用的操作手法，用得好就是正面的信息传播，用得不好就落入江湖骗术的糟粕。

［四］谶纬术

所谓谶语，就是假托神意玩弄的文字游戏。《后汉书·光武帝纪》记载，东汉第一位皇帝刘秀，就多次利用谶纬术来消灭王莽，复兴汉室。《后汉书·桓谭传》说：“是时，帝（光武）方信谶，多以决定嫌疑。”当时由江湖骗子和朝野各色人物所献的图谶共计81篇，不少人因献图谶而官运亨通。

王莽也是用这种方式来抵制刘秀的，认为自己姓王，“三者天地人，连其中者，君主也”。而“劉”是一个很不好的字，理应被王取代。王莽是用阴阳五行来解释“劉”字，“卯”是光明的象征，“金”是国家的基石，分别代表着仁和义，“刀”也被认为是专门用来击秦的。王莽篡汉后，一直害怕人们灭王兴刘，他看到西汉时使用的钱币上面的金刀图案暗含了“劉”字之意，将其改为“货泉”［图12039］。至于“货泉”，也同样被用拆字的方法，将“泉”拆为“白”、“水”，将“货”离合为“具”（真）“人”。刘秀正好是在白水（今河南兰考东北）这个地方出生的。言下之意是预示刘秀要出来的谶语了。[30]

用谶纬术不能不说是煞费苦心，它充分说明，汉字的独特结构和不确定性是非常值得利用的。

[29] 《汉书·王莽传》。

[30] 韩鹏杰、朱金萍：《中国古代的江湖骗子和骗术》，商务印馆1997年版。

/12038/ 王莽

/12039/ 货泉

汉代以后利用谶纬术的人也很多。从当今一些广告文案来看，也不乏采用谶纬术来吸引消费者的。当然，用这种方法来做广告在某种程度上也会让人觉得有拙劣的感觉，比如利用谐音字滥用成语，有人就认为贬损了语言，也损害了品牌的形象。

［五］早期的招贴

1 汉朝的寻人招贴

清代顾张思《土风录》卷二“贴招子”中记载：“高士奇《天禄识余》云：《齐谐记》有失儿女零丁。《后汉书》戴良有失父零丁。零丁，今之寻人招子也。”由此可见，汉代曾出现了“零丁”这种寻人广告[31]。清代方浚师《蕉轩随录·续录》将戴良的失父“零丁”寻人招贴全文记载下来：

戴良字文让，《失父零丁》曰：“敬白诸路行者，敢告重罪。自为积恶致灾，交天固我。今月七日失阿爹，念此酷毒，良可痛伤。当以重币赠用相偿，请为诸君说事状：我父躯体与众异，脊背伛偻卷如葳，唇吻参差不相值，此其庶形何能备。请复重陈其面目：鸱头鹄颈猲狗眼，眼泪鼻涕相追逐，吻中含纳无牙齿，食不能嚼左右蹉，似西域骆驼。请复重形骸：为人虽长甚细材，面目芒芒如死灰，眼眶白陷如米羹杯。”按：零丁即今之招贴也。[32]

这便是中国最早的寻人启事。

2 汉朝求贤诏书

公元前196年（汉高帝十一年）汉高帝下诏求贤，声明说“贤士大夫有肯从我游者，吾能尊显之”[33]，于是布告天下。

公元前178年（西汉文帝二年）十一月，汉文帝诏诸侯王公卿郡守“举贤良方正，能直言敢谏者，以匡朕之不逮”[34]。

公元前106年（西汉武帝元封五年）四月，武帝“（因）名目文武欲尽，诏曰：盖有非常之功，必待非常之人。故马或奔踶而致千里，士或有负俗之累而立功名。夫泛驾之马、跅弛之士亦在御之而已。其令州郡察吏民有茂材异等，可为将相及使绝国者。”[35]

这些其实就是汉朝皇帝的求贤招贴，类似于今天的招聘广告。

[31] 刘家林：《新编中外广告通史》，暨南大学出版社2000年版。

[32] 方浚师（清）：《蕉轩随录·续录》。

[33] 《汉书.高帝纪下》。

[34] 《史记·孝文本纪》。

[35] 《汉书·武帝纪》。

秦朝统一了全国，文字、度量衡的统一为中国文化的发展奠定了坚实的基础。中央集权以及“大一统”、“独尊儒术”等封建思想一直统治了中国两千多年，这对广告的发展有很大影响。纸的发明为文字书写与保存，也为以后印刷广告的迅速发展做了很好的准备。这一时期，除了已有的广告形式之外，还出现了对后世影响极大的烽传和驿传的信息传播形式，以及洞察人心理的文字游戏。东汉画像砖则生动地再现了当时市场形制及广告活动。由此可见，秦汉时期中国的广告发展已经达到了一定的水准。

第三章 魏晋至隋唐时期的广告

东汉末年出现魏、蜀、吴三国鼎立的局面。公元265年，司马炎从曹魏手中夺取政权，建立西晋；公元280年又灭吴，结束三国割据的局面，暂时统一了中国。司马氏皇室随后在江南建立起东晋政权，与匈奴、鲜卑、羯、氐、羌等少数民族在北方先后建立的十六国形成对峙局面。

东晋之后，南方又先后出现了宋、齐、梁、陈四朝，史称“南朝”。北方则进入“五胡十六国”的大乱时期。十六国之后，北方出现的北魏、东魏、西魏、北齐、北周等政权，合称为北朝。北魏于公元439年统一北方。北魏孝文帝的改革，又加速了民族大融合的进程。后来北周统一了北方，为隋朝统一全国打下了基础。

公元581年，北周外戚杨坚废掉周帝，自立国号“隋”，定都长安。公元589年，隋南下灭陈，统一全国，结束了300多年的分裂局面。公元618年3月，隋朝灭亡。

唐朝建立于公元618年，前期处于繁荣阶段，是中国历史上少有的封建盛世时期。三省六部制和科举制得到完善和发展。继唐太宗后的武则天和唐玄宗前期，社会经济继续发展，玄宗前期达到全盛，号称“开元盛世”。从唐玄宗后期开始，唐朝逐渐衰落。

第一节 魏晋至隋唐时期工商业的发展

魏晋南北朝时期，由于战乱与相对稳定局面交替出现，商业发展也呈现起伏不定的反复过程。东汉末年战乱频繁，社会经济遭到严重破坏，商业处于全面萎缩阶段。西晋统一后，为全国范围内的商业发展奠定了基础，而西晋上层统治集团的奢侈，更大大促进了贩运商业的活跃。西晋灭亡后，北方陷入持续战乱，生产被破坏，城市被焚毁，完全倒退到自然经济状态。

东晋南朝时，由于江南地区相对稳定，社会经济有所发展，因而商业活动也随之恢复。各地商品流通规模较以前有很大提高，除奢侈品外，一般生活必需品的运输也明显增多。这时出现了专门以贩运粮食为业的商人。此外，各级官员及其亲属也利用往来之便，挟带货物以牟利。北魏统一北方后，北方经济在较为安定的环境里开始缓慢恢复，商业也随之逐渐活跃。当时从事商业活动的人数相当多，洛阳人口的十分之一在从事商业。

由于隋朝统一了南北，国内环境相对安定，生产得以恢复和发展。特别是公元605年，隋炀帝下令开凿大运河［图13001］，使之成为沟通南北交通的大动脉，促进了南北物资、经济的交流。较之前代，隋朝的商业得到了恢复和发展，城市经济较为繁荣，促使商业由纯粹的贩运，向商品生产与商业贸易相结合的方向过渡。这是从隋朝开始中国商业的重要变化。

在唐代，商品经济和商业的发展更为显著。首先是农业和手工业的社会分工更加发达，经济作物和以它为原料的手工业都有了很大发展，为市场提供了新的大量的商品。其次，由于南北交通条件的改善，国内市场的繁荣和对外贸易的扩大，推动了城市作为经济中心的发展，近代型的商业城市开始出现。再次，商业组织和经营技术也有显著的变化，商业经营规模扩大，地区间联系加强，商品运输和储存的手段也得到相应发展。这些都促使广告成为必要的信息传递手段，灯笼广告等新型广告形式出现了。[1]

盛唐时人口垦地与西汉时的最高数字差不多。南方人口开始增多，根据公元742年的人口普查，南方登记在册的人口占全国总人口比重已从7世纪初的四分之一左右增加到近一半。商品流通的规模也比汉代有所增大。唐代著名诗人杜甫在《忆昔》里说“忆昔开元全盛日，小邑犹藏万家室。稻米流脂粟米白，公私仓廪俱丰实”，生动地描绘了唐朝的繁荣景象。

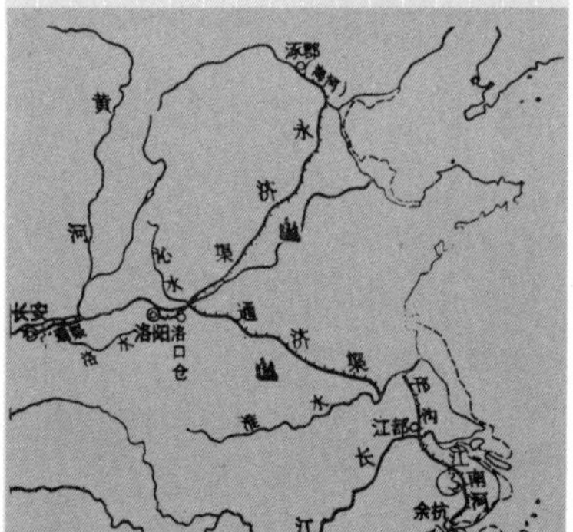

/13001/ 隋朝大运河

1 陈培爱：《中外广告史》，中国物价出版社1997年版，第19页。

一 “城”与“市”的发展

[一] “城”与“市”的结合

唐朝的社会经济、政治制度、思想文化等方面，都进入到中国封建社会的鼎盛时期。具体表现在，城市发展到这一时期，不仅维护了统治者权力和尊严，又实现了城市的政治功能与经济功能的结合，即“城”与“市”的合一。

在这以前很少将“城”和“市”二字连用。虽然韩非子在《韩非子·爱臣》中说“是故大臣之禄虽大，不得藉威城市；党羽虽众，不得臣士卒”，但类似这段话中的“城市”并不是一个词，而是包含着“城”与“市”两个意思。唐代的城市无论在规模还是布局上，都有了巨大的发展，并大大超过了以前任何朝代，它已经具备了近现代城市的一些功能：组织商品的生产和交换，交通运输，信息传递，生活必需品的供给等等。如唐朝都城长安，在当时已成为亚洲最大的政治、经济、文化中心，成为东西方著名的国际大都市。

[二] 市场的繁荣

1 市场与民间的结合

“市”在三国时期就已经有了一个新的发展。

三国两晋南北朝时期，作为中国历史上一个重要的社会分裂时期，也是继春秋战国以后的又一个重要社会变革时期，无论在土地制度、税赋制度、政治制度，还是思想文化制度方面，都发生了巨大的变化。同样，“市”在这个时期也经历了一次深刻的变革。它首先表现在三国前期的曹魏时期，“市”就从后宫的禁锢之中，移到了民间街巷之中，从而开始了“市场”与民间的结合。

从公元210年（建安十五年）起，曹操就开始营建邺城，重新规划、设计了邺城的布局。其格局冲破了原来“宫市”（或“后市”）的传统，而将“市”与“里闾”、“坊巷”结合，这在春秋战国和秦汉时代是没有的。曹操这样的做法，使市场与民间结合起来，客观上使商业活动由纯粹为统治阶级服务转向民间。从此，一场市场的变革逐渐兴起，市场由单一面向贵族，开始向平民开放。《木兰辞》中记载木兰从军之前“东市买骏马，西市买鞍鞯，南市买辔头，北市买长鞭”的情景［图13002］，就足以反映出当时“市”的兴旺，在城的东西南北都有出售大众化商品的集市，而且商品种类繁多，大大方便了市民的生活。

2 坊市制的初步突破

唐朝初期以前，都实行严格的“坊”、“市”制度。“坊”（或称“里”）是居民住宅区，“市”是商业区，“坊”和“市”分开设置，严禁商人在坊间开设店铺。

到了中唐以后，大都市中坊和市严格区分的旧体制逐渐被打破，到坊间开设店铺的商人逐渐增多。如崇仁坊的乐器铺，靖恭坊的毡曲，宣阳坊的彩色丝绢铺，延寿坊的金银玉器店，还有在坊里售卖日用零星商品的小铺子，卖饼、馄饨、抓饭的饮食店和出售美酒的酿酒作坊。《唐阙文·王居士神丹》、

/13002/ 花木兰从军前在集市上买东西

《北里志·王团儿》诸篇记载：京师延春坊有卖金银珠玉者，宣阳坊有彩缬铺，升平坊门旁有胡人鬻饼铺。这都说明交易场所已超出“市”外，向住宅区发展，极大方便了市民。

3 唐朝的市场管理

1 “行会”的产生

由于商业的发展，经营分工越来越细，从商的人也日益增多。《全唐诗》卷十八中“客行田野间，比屋皆闭户；借问屋中人，尽去作商贾”的诗句便说明了这一点。各种店肆在长期的营业活动中，都有着某些共同的利益和要求，于是便产生了“行”。唐代城市中行业种类很多，长安东西市各有220行，洛阳有120行，其中许多是商行。有些“行”只买卖现成的商品，如马行、鱼行、丝行、绢行等等。有些“行”，如金银行、钉行、秤行等等，则是在后面作坊内加工制造出物品，然后拿到前面店铺出售。

众多商铺的出现，促进了市场的繁荣，同时市场也需要组织和管理，于是行会便逐渐形成。唐代的商业行会多是同行商人的组织，唐中宗景龙年间，各行按市制要求，固定售货地区，店前明示行名。同行之人推选行中财力雄厚、有地位和影响的人为行首或行头。行会的产生促进了城市工商业人口的增加以及工商业在城市经济中比例的增加。

2 市场的管理制度

由于商业都市的发达，唐代统治者对“市”有一套比较严密的管理制度。市场有固定区域，外有围墙，每天鸣锣击钲，对营业时间进行管制。据《唐会要》卷八十六《市》记载：

“景龙元年十一月敕：诸非州县之所，不得置市”（州县治所才能设“市”）；“其市当以午时击鼓二百下，而众大会；日入前七刻击钲三百下，散。散州县领务少处，不欲设钲鼓，听之”（“市”的启闭有一定时间限制）。

准许设市的地方，就有“市令”等官吏管理，掌管市场的交易事务。另有一些官吏负责检查、评定货物的质量等级，然后按货物的类别等级，标上市价，挂牌经营。在“市”的中央，设有市场负责人，即“市师”（也称司市，市令）的办公地点，四周还有“市师”下属官员“胥师”、“贾师”办公的市亭。如果买卖的任何一方违反了市场规定，触犯条律，就按其所犯等次进行处罚。此外，每件商品上都要印上所在市场的印记。

4 肆的经营范围

隋唐时期，市内出现了许多肆、店、铺、行。“肆”即出售同一种商品的摊铺，排列成行，称为肆。肆与店都是商店，但稍有差别。“肆”更接近于现在的零售商店，“店”则更像是批发商店，有时店也可能兼零售。两者差别不明显，所以肆店常连用。

肆店经营大致有几种：一是出卖某一种商品的肆，如帛肆、鞋肆、衣肆、书肆等。二是出卖各种杂货的“星货铺”，因为铺中货物摆放杂乱如繁星而得名。三是专门收购和寄卖旧物的“寄附铺”，类似近代的委托店、拍卖行。如唐代蒋防在《霍小玉传》中写道：“箧中服玩之物，多托于西市寄附铺侯景先家货卖。曾令侍婢浣纱将紫玉钗一只，诣景先家货之。”四是为参加贸易的人提供餐饮的酒肆、茶肆等。五是为外地商旅储存与批发货物及收存拨兑货款的邸店、柜坊。唐代各地城市中就开设了许多邸店。外国商人，特别是波斯商人也有很多经营邸店的。

（杜子春）衣破腹空，徒行长安中，日晚未食，彷徨不知所往。于东市西门，饥寒之色可掬，仰天长吁。有一老人策杖于前，问曰：“君子何叹？”春言其心，且愤其亲戚之疏薄也，感激之气，发于颜色。老人曰：“几缗则丰用？”子春曰：“三五万则可以活矣。”老人曰：“未也。”更言之十万，曰：“未也。”乃言百万，亦曰：“未也。”曰三百万，乃曰：“可矣。”于是袖出一缗，曰：“给子今夕，明日午时，候子于西市波斯邸，慎无后期。”及时子春往，老人果与钱三百万，不告姓名而去。[2]

肆店的经营范围如此广泛，可见当时市场交易的活跃。

5 夜市的兴起和草市的发展

唐朝初期，城市里普遍实行“宵禁”，因而唐代有“六街鼓歇行人绝，九衢茫茫空有月”[3]的诗句。只有元宵节，皇帝才特许开禁三天。但随着城乡商品交换的日趋频繁及市场的日益繁荣兴盛，中唐以后，一些城市出现了“夜市”。特别是扬州，夜市极为兴盛。王建诗中描写了扬州夜市的盛况：

夜市千灯照碧云，高楼红袖客纷纷。[4]

京城长安也有“夜市”，《唐会要》卷八十六《市》记载：“开成五年（公元840年）十二月敕：京夜市，宜令禁断。”

中唐以后，农村集市贸易也得到很大的发展，各地“墟”、“圩”、“集”、“场”等“草市”兴起，成为农村贸易集散的中心。“草市”是非正式的“市”，属集贸市场性质，是民间自发的、经常性的非官方市场。早在东晋南朝的建康城外，就出现了不少的“草市”。中唐以后，“草市”规模扩大，更加繁荣。在集市上还开展音乐舞蹈活动，以招徕更多的顾客。王建在《汴路即事》中描写了“草市”的情况：

千里河烟直，青槐夹岸长，天涯同此路，人语各殊方。草市迎江货，津桥税海商。回看故宫柳，憔悴不成行。

6 城市居民的形成

早在南朝，城市就开始出现了小本经营的小商品经营者。

比如南梁时，朝廷重臣吕僧珍回故乡任刺史，他那以“贩葱为业”的叔伯兄弟想攀附其势，讨个一官半职。但吕僧珍为官清廉，将其教训一顿，要他不可“妄求叨越，但当速返葱肆耳”[5]。从“葱肆”二字可知，当时小本经营的葱贩子，已不是单个设摊了，他们在市场上已有相当的数量。由此推断，起码到了南梁时，市场上平民百姓的小商品、日用品已相当普遍。

大众日用品市场的开拓，引起了家庭手工业生产性质的巨大变化，即由自给自足为目的转变为以出售产品为目的。手工业者自身的生活来源也可通过市场来解决，城市手工业者便成为真正的城市居民。

二 兴盛的国内外贸易

隋朝时的对外贸易很发达，主要通过水陆两条途径进行。在陆路，西域各国多到张掖（今甘肃张掖）与中国互市；在海路，广州、扬州等地设置了“市舶司（使）”，管理外来商舶，并准许与外商互市，同时向外商征稽商税。“市舶司”成为唐以及后来宋元时期市舶管理制度的先驱。

到了唐朝，水陆交通更为发达，中外商贾南来北往，沿途交易，促进了国内市场的联系和各地商品的流通，商业空前兴旺。比如公元721年和751年扬州地区的两次暴风雨导致1000余艘船只被毁。随着中国沿海与东南亚一带的海上贸易剧增，广州、泉州和福州等南方港口城市发展起来。特别是广州，成为南方的大都市，有阿拉伯、波斯、印度、南洋等地商人、僧侣来此经商或居住。唐政府也在那里设置市舶使，管理对外贸易。

[2] 李昉：《太平广记》卷十六《杜子春》，引自《玄怪续录》。

[3] 《全唐诗》卷八百六十六《秋夜吟》。

[4] 王建：《夜看扬州市》。

[5] 姚思廉（唐）：《梁书·吕僧珍传》。

第二节 魏晋至隋唐时期城市的繁荣

进入三国时期，各个军阀集团互相征战，无数人死于战乱，人口锐减，商业活动和私人手工业几乎陷于停顿，自然经济基本上占统治地位。

两晋南北朝时期尽管南北对峙，战乱频繁，但经济及商业开始有了一定程度的发展。在南方，自西晋末年“永嘉之乱”后，北方人民为逃避战乱，大量向江南一带迁徙，形成中国历史上规模最大的移民潮，使南方人口大增，促进了经济的繁荣。随之，城市的兴建也日益增多，建城速度相对快。到南朝最后一个朝代陈时，已有大小县514个。建城的趋势也日渐南移。南朝陈时广东和广西的东部地区，共有大小县城232个，占当时整个南方县城的45.1%。

自此，中国城市的发展形成了这样的格局：北方，以政治中心为圆心，向四周辐射的城市布局形成；南方，以经济发展为基础，遍布各经济区的城市布局形成。这样的南北城市格局，奠定了中国城市发展的基本趋势。[6]正是由于城市市场经济的发达，广告才有了存活的土壤。

一 六朝古都建康

建康（今南京市）一直是南朝历代（东晋、宋、齐、梁、陈）的首都，是政治、经济、文化及商业的中心，也是江南第一大都会。梁朝时，建康有28万余户，如果以平均每户五口人计算，可达140多万人口，可见城市规模相当庞大。

城内设有四个大市：“建康大市，孙权所立；建康东市，同时立；建康北市，永安（公元304年）中立；秣陵斗场市，隆安（公元397—401年）中发乐营人交易，因成市也。”[7]史称建康“人物本盛，小人率多商贩，君子资于官禄，市廛列肆，埒于二京（“二京”指汉时的长安和洛阳）”[8]。

6 吴刚：《中国古代的城市生活》，商务印书馆1997年版，第26页。

7 李昉：《太平御览》卷八二七引山谦之《丹阳记》。

8 魏征：《隋书·地理志下》。

二 东都洛阳

北魏孝文帝的改革，加速了民族大融合的进程。公元494年北魏由平城（今山西大同）迁都洛阳，并对洛阳城进行大规模修复。

公元500—503年，洛阳城实行“坊”、“里”制度，修筑“三百二十三坊”、“二百二十里”[9]。洛阳城内外有三大市：洛阳城东有“小市”，“小市”附近有殖货里、孝敬里等商业区。洛阳城西，有“洛阳大市”，方圆八里。市东有通商、达货二里，里内的人都是能工巧匠，主要以做小生意为生，有上万的资产。市南有调音、乐律二里，里内的人能歌善舞，天下的名妓都出自这里。市西有延酤、治觞二里，里内的人多以酿酒为业。市北有慈孝、奉终二里，里内的人以卖棺椁和车匹为业。另外还有阜财、金肆二里，这里是富人住的地方。这十里中多是些从商的人，着装华贵，房屋气派，商业贸易往来频繁。由此可见当时的里坊繁荣，商贸兴隆。洛阳城南的“四通市”则是当时的国际贸易市场。

到了隋唐时期，除首都外，东都洛阳［图13003］的商业也相当繁盛。该城位于黄河与大运河干流通济渠的汇合点，也是全国水陆交通中心。《隋书·炀帝纪》记载：“徙天下富商大贾数万家于东京（洛阳）。”这是自秦汉以来“徙商”政策的继承。大批工商业者都迁居洛阳，大大促进了洛阳城市经济及商业的繁荣。

隋朝时，洛阳设有东、南、北三市，东市又叫“丰都”市，南市又叫“大同”市，北市又叫“通远”市。三市规模都很大，丰都市周围八里，有120行、3000余肆、400余家店[10]，而这些行、肆、店，已不是早期城市中那些临时性的摊铺，而是固定的店铺了。在一些地区还出现专业性行市，如米市、草市、丝市、药市等。通远市周围六里，濒临运河干流通济渠，停泊在这里的郡国舟船舶舻数以万计。

唐代洛阳的宫城、皇城［图13004］在整个城的西北角。整个城区又以洛水为界分成南北两部分。这时的洛阳城也设有三市，即南市（隋朝时的东市）、西市（隋朝时的南市）、北市（隋朝时的北市），城市经济空前繁荣。

洛阳不仅是国内著名商业大都市，也是国际贸易的重要据点。为了招商引资，隋炀帝甚至弄虚作假，《资治通鉴》就记载了这样的场面：

/13003/ 隋唐洛阳城模型

诸蕃请人来都市交易，帝许之。先命整饰店肆，檐宇如一，盛设帷帐，珍货充积，人物华盛，卖菜者亦藉以龙须席。胡客或过酒食店，悉令邀延就坐，醉饱而散，不取其直。绐（欺哄）之曰：“中国丰饶，酒食例不取直。’胡客皆惊叹。其黠（聪明而狡猾）者颇觉之，见以缯帛缠树，曰：“中国亦有贫者，衣不盖形，何如以此物与之，缠树何为？”市人惭不能答。

虽然这一切都是隋炀帝制造的假象，但从另一方面看，洛阳的商业繁荣还是不容小视的。

/13004/ 唐朝洛阳城皇宫沙盘

9 魏收（北齐）：《魏书·世宗纪》。

10 杜宝：《大业杂记》。

三 西都长安

长安兴建于公元582年（隋文帝开皇元年），既是全国的政治中心，又是全国最大的商业中心。隋朝时，长安城内设东西两市，东市叫“都会”，西市叫“利人”，这是长安的工商业区，云集国内外商人，开有几千家店铺。

到了唐朝，长安城[图13005]的规模有了更大的拓展，拥有一百多万人口，是当时全国乃至世界最大的城市。全城通南北方向的有11条街道，通东西的有14条街道，纵横交错，区划出众多的坊、里。各坊、里四周是方方正正、整整齐齐排列着的墙垣，形成“百千家似围棋局，十二街如种菜畦”[11]的城市格局，成为中国古代里坊制封闭式形式的典范。

长安城分为两个城区。官吏住东城，百姓住西城。在东城、西城众多的坊、里中，开辟有两个商业中心：东城有“东市”，西城有“西市”。东市主要经营来自全国各地的土特产，共有220多个行业，“四方珍奇，皆所积集”。西市“市内店肆，如东市之制。长安县所领四万余户，比万年为多（东市属万年县所领）。浮寄流寓，不可胜计”[12]，是少数民族商人和外国客商进行贸易的地方。除东西两市之外，每个坊里也有店肆或行商，如在东城的崇仁坊，车马喧闹，整夜灯火通明。

四 其他商业城市

随着整个经济重心的逐渐南移，江南及四川一带的都市日渐兴盛繁荣。除长安、洛阳两大都市以外，唐代最著名的商业都市还有扬州和成都。扬州位于水陆商路的交汇处，对内对外的贸易都集合在这里。安史之乱后，它又是盐铁转运使的驻地，总汇东南财赋，各道节度使和京中百官，也多派人置邸店贸易。成都则被誉为“江山之秀，罗锦之丽，管弦歌舞之多，伎巧百工之富，……扬不足以侔其半”[13]。

以唐都长安为中心，“东至宋（商丘）汴（开封），西至岐州（凤翔），夹路列店肆待客，酒馔丰溢，每店皆有驴赁客乘，倏忽数十里，谓之驿驴。南诣荆襄，北至太原、范阳，西至蜀川、凉府，皆有店肆，以供商旅”[14]。

除以上大都市外，江南的苏州、杭州，也是中唐以后新兴的大都市。长江中游的大都市有荆州、鄂州，岭南最大的都市是广州，福建的泉州则是著名的国际大商港。

11 白居易：《登观音台望城》。

12 宋敏求（北宋）：《长安志》。

13 《资治通鉴》卷二五九。

14 杜佑：《通典》卷七。

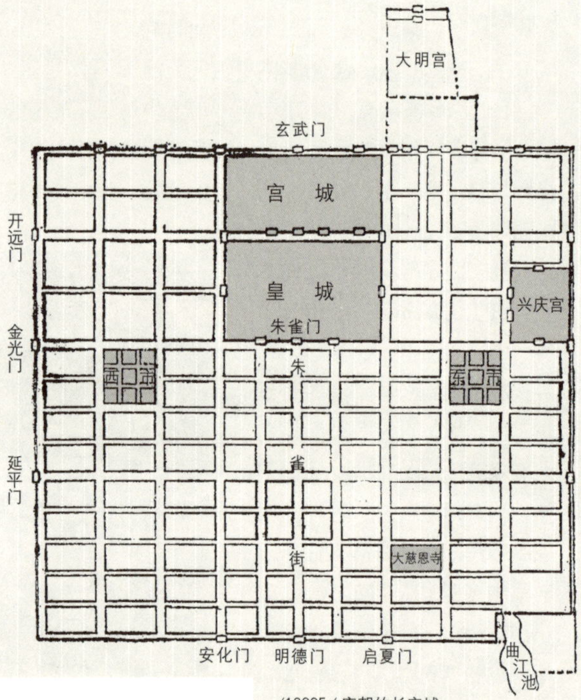

/13005/ 唐朝的长安城

第三节 隋唐时期的文化与生活

一 灿烂的文化

隋唐时期，中国南北统一，疆域辽阔，经济发达，有利于文化的发展、中外文化的交流。这一时期，建筑、雕版印刷、天文、医药都处于世界领先地位；哲学、史学名家辈出，宗教兴盛；唐朝的文学艺术更是光耀千古。

[一] 雕版印刷术的发明

中国是世界上最早发明印刷术的国家。雕刻印章，被认为是中国印刷术发明的技术先导。印章的使用，最初是捺于封泥［图13006］上呈凹凸形文字，后改为用墨色或朱色印在帛或纸上。古人用竹木书写文书，为了保密和区别真伪，在传送之前，文件上覆盖一块木板，用绳捆扎，上面用一小块黏土作为封泥，在泥土上再加盖印记，作为关防。竹木不再用来作为书写材料后，印章开始直接加盖在缣帛等书写材料上。

另外，在铜器上铸刻铭文［图13007］和在石板［图13008］上刻写文字，是直接或间接有功于雕版印刷及其后活版印刷发明的两种技术。早期铸造器皿的某些技术，甚至可能启发了铸工使用活动字范以组成较长的铭文。最著名的例子是秦公簋上的铭文，文中每一个字分别用一个单独的字范铸成，在字与字之间可以看到字范间界限的棱印。有的学者认为这种用各个单独的字范拼组成一篇文字的技术，是活版印刷的先驱。[15] 目前流传最古老的石刻铭文是战国时秦国刻在10个鼓形石墩上的“石鼓文”。自公元2世纪或3世纪起，刻立石碑除了作为纪念、颂功以外，又被广泛用于永久保存儒、释、道家的经典著作。石刻有时与后来印刷用的雕版一样，刻成阳文反字，有时也刻成阴文反字，与一般刻成阴文正字的做法相反。[16]

/13006/ 封泥金钣

/13007/ 白马寺香炉上的铭文

/13008/ 少林寺的石碑

15 罗振玉：《松翁近稿》。

16 参见《中国纸和印刷文化史》。

到了隋唐时期，已经有佛经、日历、诗集等雕版印刷品。现存世界上最早的、有确切日期的雕版印刷品，是公元868年我国印制的《金刚经》[图13009]。唐朝的印刷实物中，还有公元877年印制的唐朝历书［图13010］，它与近代历书非常相似，上面印有细小的图画表格，太阳历象的术语，代表十二支的动物图形等。这很容易让人想起近代的月份牌广告，可以说是月份牌的雏形了。

雕版印刷术的发明，大大有利于文化的传播，同时也为印刷广告的产生提供了重要的技术支持，从而进一步丰富了广告种类。但由于雕版印刷术工序较为复杂，技术尚未成熟，所以这一时期用此方法做的广告很罕见。

[二] 报纸的出现

中国最早的报纸，通称为邸报，孕育发展于唐代中期，是与唐代藩镇制度的发展紧密联系的。各节度使在京都设立办事机构，开始叫邸，公元777年改称上都知进奏院，简称进奏院。经由进奏院传发给各藩镇用来介绍朝廷政事动态和各项消息的书面报告，就是最早的官报雏形，后来称作“进奏院报”。“进奏院报”虽说是用来上传下达官令的，但它的产生为后来宋朝邸报、小报的产生奠定了基础。报纸这种媒介形式一经产生就为广告的传播提供了一种新的媒介。

[三] 唐朝的文化交流

唐朝是我国多民族统一国家的重要发展时期，各民族进一步融合，疆域空前广大，民族间的经济文化交流更加亲密，文化极富国际色彩。例如甘肃敦煌莫高窟，是我国石窟艺术的精华，也是世界最大的艺术宝库之一。莫高窟壁画反映了唐代社会的丰富生活，表现了耕地、收获、饲养牲畜的场面，奏乐、舞蹈的情景，各民族和中外商人贸易的形象，以及繁荣的经济生活状况。

唐朝时各民族间文化交流频繁。其中，回鹘族经常用马匹和皮毛换取汉族的丝和茶，他们还在长安修住宅，开店铺，和汉族通婚。长安、洛阳的汉人也喜欢穿回鹘服装，当时有人写诗说：“回鹘衣装回鹘马”。另外，吐蕃曾几次与唐通婚，保持“和同为一家”的亲密关系，特别是松赞干布和文成公主[图13011]的结合为发展吐蕃的经济文化，加强唐蕃的联系，作出了重大贡献。

唐朝时，与中国来往最为密切的是日本。日本曾13次派“遣唐使”到唐朝学习哲学历史、政治制度、文学艺术和生产技术。日本的文字也是在当时通过学习而创制的，其饮食、服装和日常生活，至今还保留着唐朝的某些风尚。除日本之外，唐与天竺（印度）、波斯（伊朗）、大食（阿拉伯）

/13011/ 文成公主进藏图

/13009/《金刚经》卷首图

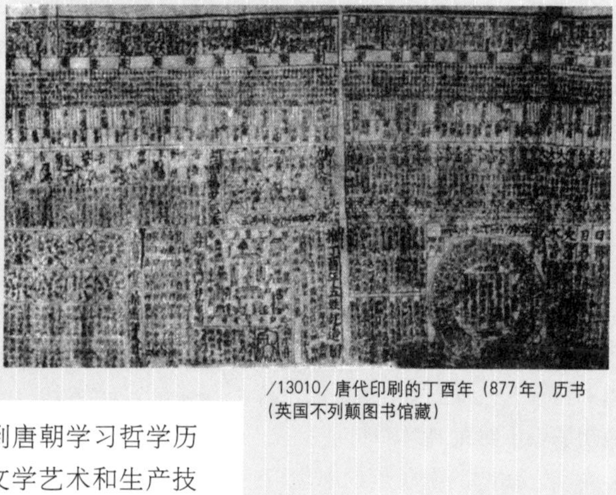

/13010/ 唐代印刷的丁酉年（877年）历书（英国不列颠图书馆藏）

也交流甚密。从中亚属国来的使臣、商贾和香客带来了马匹、珠宝、乐器和织物。人们常常模仿异国发式、着装。从印度、伊朗和中亚传入的新乐器和新曲调，使中国音乐发生了重大变化。

唐朝的文化博大精深，是当时世界上最先进的文化，不仅影响到亚洲文明的发展，而且促进了西方乃至世界文明的进步。直至今日，有些国家和地区仍称聚居该地的中国人为“唐人”，有些街道叫“唐人街”。

二 丰富的社会生活

[一] 统治阶级的奢侈生活

本时期城市生活不像以前那样单调无味了。城市中的各种娱乐活动，包括文体活动、赌博、妓院等等，都已有了一定规模，早期的城市流氓不仅开始出现，而且具有一定的势力和社会影响。

南北朝时，老百姓的生活必需品、日用品、生活调剂品，仍然是靠自己生产所得而不是从市场通过交换来取得（除了铁器、食盐等之外）。这种经济体制决定了当时商业活动的主要对象，不是普通的平民百姓。一般人购买力低下，日用品贸易不断萎缩。而统治阶级日益腐化奢侈，本来已占主要地位的奢侈性贸易更是无限膨胀。“竞鬻无用之货，淫侈之币”[17]的商业在此时就千方百计为统治者的奢侈效劳，商业为消费服务的职能被严重扭曲了。这种奢侈腐化现象直到唐朝依然存在。

[二] 唐朝新颖开放的服饰

唐朝服装［图13012］很开放，强调体态的美感，有袒胸露臂的特色。唐朝女装主要由裙、衫、帔组成。帔又名帔帛，像一条长而薄的披巾，这是受了西亚佛教的影响才在中原流行的。贵妇人的礼服多以袒胸、低领、大袖为丰。同时又有襦裙、半臂（短袖）肩披帛巾。

由于中西文化的交流增多，许多新颖的服饰纷纷出现，胡服［图13013、13014］在此时的影响巨大，尤其是

/13012/ 红陶女俑（唐）

/13013/ 胡服骑俑

/13014/ 绿釉胡商俑、三彩胡俑

17 《潜夫论·务本》。

-2000 -221 265 581 960 1368 1912 1949 1979 2000

襦褶服饰的产生，将秦汉时期的交领、宽衣大衫、曳地长裙的服饰逐渐淘汰，被盘领、系身窄袖、合身的短衫、瘦长裙所代替。盛行胡服的原因与当时舞蹈的流行有关。如唐代剑器舞，舞者穿的“玉帽锦衣”就是美化了的军装，由于服装设计非常成功，竟成为唐代风行一时的时装。[18]唐服到现在也是相当流行的服饰之一。

另外，古代女子以长发为美，但并不是每个人都有丰厚的长发，那些贵族女子要梳起夸张的高髻[图13015]时，头发往往不够用，所以假髻一度非常流行，使假髻业空前发达。这股假髻的风尚早在魏晋时就已流行，唐朝五代时更是风行于世。直到近现代女子衣饰发型的简化，假髻越来越少，现今假发的盛行更多是变换不同的发式和发色。

[三] 唐朝的其他生活方式

唐朝时，人们的生活方式有了较大的改进。全国各地的人都开始饮茶，茶叶成为主要商品。产自南方的茶叶不再被视为药材，而主要用于提神。当时人们的娱乐生活也相当丰富，用“歌舞升平”来形容当时的贵族生活可以说恰如其分。这从现存的唐三彩和陶俑[图13016、13017]都可以看出来。而且人们逐渐不再使用座垫，而是像外国人那样坐在凳子和椅子上。

唐代女子不仅服装开放，还积极参加各种游戏。比如，当时马球类的娱乐成为有钱人喜好的消遣，很多女子出门骑马[图13018]，而且还参加马球游戏。

另外，长安街头出现做冰生意的商人。《唐摭言》有“蒯人为商，卖冰于市”的记载，可见，当时的人已经有吃冰的习惯了。

[18] 佘惠敏:《仕女》，山东画报出版社2004年版，第54页。

/13015/ 三彩垂练髻女俑、三彩刀髻女俑、三彩丫髻女俑、三彩鹦鹉髻女俑

/13017/ 白釉陶奏乐女俑、白釉陶吹箫女俑、白釉陶弹琵琶女俑、白釉陶女舞俑

第四节 魏晋至隋唐时期的广告

/13016/ 彩绘陶乐舞俑（唐）

一 市声广告

早期出现的口头广告在这一时期又有了新的发展，人们开始用“心理战术”来推销自己的产品。因为人际传播具有很强的效力，信息在彼此熟悉的人之间直接传递，更具亲和力，容易被人信服，所以人们已经认识到一种好商品，不仅质量要好，还要善于利用人们的口头宣传做广告。

/13018/ 彩绘骑马俑（唐）

[一]“鹤觞酒”

北魏著名散文家杨衒之在《洛阳伽蓝记·法云寺》卷四记载了一则酒商刘白堕巧做广告的故事。

市西有延酤、治觞二里。里内之人多醖酒为业。河东人刘白堕善能酿酒。季夏六月，时暑赫晞，以罂贮酒，暴于日中；经一旬，其酒味不动，饮之香美，醉而经月不醒。京师朝贵，多出郡登藩（出郡：出任州郡的官职；登藩：往封地就职、赴任），远相饷遗，逾于千里。以其远至，号曰“鹤觞”，亦名“骑驴酒”。永熙年（北魏孝武帝元修年号）中，南青州刺史毛鸿宾赍酒之藩，路逢贼盗，饮之即醉，皆被擒获，因此复名“擒奸酒”。游侠语曰：“不畏张弓拔刀，唯畏白堕春醪。”

刘白堕利用鹤觞酒的故事进行口头宣传，使其畅销中原，闻名遐迩。洛阳城内的朝臣贵人不但自己饮用，还定购许多赠送给远方的朋友，以至此酒的美名传到千里之外。

[二] 攻心战术

光有口头宣传的意识是不够的，做广告至关重要的一点是要抓住顾客的心理状态，运用攻心之术。北魏时代（公元386—534年），洛阳是政治和商业中心。《洛阳伽蓝记》记载了一段巧用“心智”做广告的故事：有一个僧人在挖掘旧坟墓的时候，挖出一个已死去12年的人，此人叫崔涵。他来到奉终里（地名，专门卖棺木郭的市肆）对卖棺材的老板说：“做柏木棺，不要用桑木做木欀。”别人问他为什么？他说：“我在地下看见一个鬼诉说他是用柏木棺，按理可以免受刑罚。可是其他鬼卒认为他虽然用的是柏木棺，却是用桑木欀做成的，所以不能免除刑罚。”棺材店的老板把这个荒诞不经的故事在洛阳城中广为流传，一时间，洛阳各地出现了“柏木踊贵”的现象，人们争先恐后地抢购柏木棺。这个故事使我们看出奉终里的商人，利用当时人们害怕死后受地狱之苦的迷信心理大做口头广告宣传，使卖不出去的柏木棺变成了畅销货。[19]

[三] 唐朝僧侣的“唱卖”活动

隋唐时期，统治者对外来宗教的态度也比较开明，无论佛教、道教和其他外来宗教，都受到重视，得以兴盛发展。这些大大小小的佛寺，一般都拥有大量财物，包括钱、粮、布帛等，除了主要用来消费及继续盘剥生利外，其中一部分衣物等日用品，有时会拿出来“分卖”以牟利，“分卖”时要唱出所卖物品的名目。

在唐代寺院里，有所谓“分卖”衣物的制度，而且相当盛行，所以又叫“唱卖”、“唱衣”、“估唱”等。在敦煌遗书中，就可以找到不少关于“唱衣”的史料。其中，又有不少“唱衣”的“布”（指货币）的记载。僧侣们边唱边卖，其内容大多是衣物的样式、质料、价格及质量等等，是很到位的口头广告。

二 招贴广告

[一] 现存最早的广告实物

20世纪初，新疆吐峪沟（吐鲁番）遗址出土了一张公元594年（高昌国延昌卅四年）的告白残纸，上有“白官私……延昌卅四年甲寅，……家有恶狗，行人慎之”等字样。这是我国现存最古老的广告实物。有人据此认为此残纸是我国最早的印刷广告，但

[19] 陈培爱：《中外广告史》，中国物价出版社1997年版，第16—17页。

我国历史学者经过考证，认为此残纸片上文字是麴氏高昌国时期毛笔楷书，是民家张贴于户外的告白，还不算是真正意义上的印刷广告。[20]

[二] 唐朝的招工广告

唐代有的商人还贴出招佣的“纸榜子”，类似今天的招贴式招工广告。据唐人李公佐所写的著名传奇小说《谢小娥传》中记载：谢小娥为了报杀父杀夫之仇，女扮男装，“为男子服，佣保于江湖间”。年末，她到了浔阳郡（今江西九江），看见竹门上有招贴写着“召佣者”，便应招受聘了。

[三] 唐朝的戏剧演出海报

中国的戏剧艺术，到唐代有了很大的发展，出现了固定的演出场所——戏台（寺庙演出时的“庙台”）。其他市井闾里演出则出现了“勾栏”，也出现了做宣传用的戏剧海报。后来明朝人张宁《唐人勾栏图》诗中就提到此事：“天宝年中乐声伎，歌舞排场逞新戏。教坊门外揭牌名，锦绣勾栏如鼎沸。”从“教坊门外揭牌名”看，“教坊”指的是民间表演机构，不是朝廷里的教坊，只是官称的民称化，如唐代的“和尚教坊”一类；“牌名”指的是戏码；“揭”则是张挂、张贴，也有公布、宣传的意思。可见这张贴的戏码便是早期的海报，吸引着众多的戏迷入场看戏。

[四] 店铺的招贴

岭南及苏杭一带的人，喜爱色彩鲜艳、款式新颖的“语儿巾”，小孩儿看见了，也会牙牙学语索要。元稹诗中写道：“贡兼蛟女绢，俗重语儿巾”，“南方去京华绝远，冠冕不到，唯海路稍通。吴中商肆多榜云：‘此有语儿巾子’”。[21]既然那么多人喜欢“语儿巾”，那么写在商店招贴上的这类广告语言，就能很好地吸引顾客，引起他们的购买欲望。

三 招幌广告

唐朝的招幌广告以酒旗的使用最多。酒旗是古代酒家用来招徕酒客的一种招幌，有的酒幌高高挑起像面旗，迎风招展，有的则把布挂在竿上，悬于门首，成为酒文化的一个重要组成部分。酒旗又称“酒帘”[图13019]、“酒旌”、“酒旆”、“酒幔”、“酒标”、“青帜”、“青帘”、“青旗”、“彩帜”等等，是周围呈锯齿状的长条旗子。后来又叫“酒家望子”，《广韵·盐韵》中有“帘，青帘，酒家望子”的记载。最初的酒旗用青白二色布制作，后来发展到用五彩酒旗绣上图案或店名。

酒旗广告在唐代时多用于酒店，并在许多文人的诗句中得到大量反映：

张籍《江南曲》：“长干午日沽春酒，高高酒旗悬江口。”

刘禹锡《堤上行》：“酒旗相望大堤头，堤下连樯堤上楼；……春堤缭绕水徘徊，酒舍旗亭次第开。”

杜牧《江南春绝句》：“千里莺啼绿映红，水村山郭酒旗风。”

杜牧《入茶山下题水口草市绝句》：“依溪侵岭多高树，夸酒书旗有

20 参见刘家林：《新编中外广告通史》，暨南大学出版社2000年版，第54页。

21 元稹：《和乐天送客游岭南》。

/13019/ 酒帘

小楼。"

杜牧《送沈处士赴苏州李中丞招以诗送行》："酒旗夸酒美"。

陆龟蒙《怀宛陵旧游》："陵阳佳地昔年游，谢朓青山李白楼。惟有日斜溪上思，酒旗风影落春流。"

皮日休有一篇专门咏"酒旗"的诗，对古代酒旗的样式、颜色作了更具体、更生动的描绘：

"青帜阔数尺，悬于往来道。多为风所飏，时见酒名号。拂拂野桥幽，翻翻江市好。双眸复何事，终竟望君老。"

酒旗又叫"酒旆"。

杜牧《代人寄远》(六言诗)："河桥酒旆风软，候馆梅花雪娇。宛陵楼上瞪目，我郎何处情饶？"

酒旗又叫"青旗"、"青帘"。

元稹《和乐天重题别东楼》诗："唤客潜挥远红袖，卖垆高挂小青旗。"

白居易《杭州春望》诗："红袖织绫夸柿蒂，青旗酤酒趁梨花。"

刘禹锡《鱼腹江中》："风樯好住贪程去，斜日青帘背酒家。"

酒旗又叫"酒幔"、"幌"、"帜"。

王建《宫前早春》诗："酒幔高楼一百家，宫前杨柳寺前花。内园分得温汤水，二月中旬已进瓜。"

陆龟蒙《和袭美初冬偶作》："小垆低幌还遮掩，酒滴灰香似去年。"

李中《江边吟》："闪闪酒旗招醉客，深深绿树隐啼莺。"

当时的酒楼店家，除以旗帜做幌子招徕顾客外，还讲究环境的幽雅，为客人来店畅饮频添了几分情趣。韦应物的《酒肆行》写道："碧流玲珑含春风，银题彩帜邀上客。"显然，这是一处为上流社会开设的酒店，在五颜六色的"彩帜"上醒目地绣着白色的"酒"字，既显示了行业的特征，又突出了广告的艺术性。

四 灯笼广告

唐代繁荣的"夜市"导致了灯笼广告 [图13020] 的兴起。用灯笼做广告，是唐代及以后酒楼、饭馆的特色之一。它一般悬挂在店铺的门前，灯笼上用文字表明其商号的商业性质，如写上"酒楼"、"茶馆"或"客栈"等字样，在夜间点烛放亮十分引人注目，起到了招牌广告和悬帜广告的作用，也有现在霓虹灯广告的效果。各行业灯笼造型也略有区别，如酒楼悬挂的灯笼形如酒瓮，药店悬挂的灯笼状如葫芦，都是为了便于识别。

/13020/ 灯笼广告

中唐时期，王建在描写"夜市"的诗中提到了"千灯"——"夜市千灯照碧云，高楼红袖客纷纷。如今不似时平日，犹自笙歌彻晓闻。"其《江馆》诗中也有"客亭临小市，灯火夜妆明"的诗句。

灯笼广告的兴起，首先是由于夜市的出现。在江南繁华的商业夜市里，不但叫卖声不绝，而且轻歌曼舞通宵达旦，万盏红灯照耀夜空，这给灯笼广告的产生创造了重要的条件。其次是此时灯笼的制作技术也达到了一定的高度，为商人做广告宣传提供了物质基础。直到现在，许多店铺还都用灯笼作为广告标志，并把灯笼的数目及颜色作为传递广告信息的要素。灯笼数目的多少代表饭店的等级（如普通饭店，或可承办宴席的饭店），而颜色的不同则是代表饭店经营内容的差别（如北京菜、上海菜、四川菜等）。

五 演示广告

演示广告主要包括陈列展示广告和表演广告两种，属于现在说的铺货和售点促销广告的范畴，直到现在很多卖场仍采用陈列、堆头、表演等方式招揽顾客。

唐代著名的文学家刘禹锡曾写过一篇《观市》，其中描绘了沅州（今湖南黔阳一带）西南一个新开张集贸市场的热闹情景：集市上陈列着“榜”——大牌子，榜上标明货物价格；织锦和生绢直接摆放在打开盖的箱笼里陈列出来；精雕细磨的工艺品放在搁板上，供人观看、选购；“白黑巨细”的各种土特产被摆放在方形或圆形的盛物竹器里；热气腾腾的饼饵层层叠起，散发出诱人的香味……市场上有如此多的商贩将商品陈列出来吸引顾客，既反映出当时市场的繁荣景象，也反映出陈列广告在当时已经相当普遍，不失为宣传商品的好方法。

除陈列广告外，还有人卖药时耍弄刀枪，用表演来招徕顾客。《太平广记》卷八十五“蜀城卖药人”条记载：成都“市内有一人弄刀枪卖药”。这是典型的表演广告。

六 传单广告

自东晋起，纸的使用已经相当广泛，这为广告的发展提供了良好的技术支持。

唐朝时佛教兴盛，再加上印刷术的发明与普及，唐太宗时，高僧玄奘取经［图13021］归来后曾印刷了大量的普贤菩萨像［图13022］散发给普通民众。

/13021/ 玄奘取经图

/13022/ 普贤菩萨像

七 为政治服务的广告

［一］魏晋南北朝时期的“露布”

这一时期的政治广告及社会广告中，最重要的是“露布”。所谓露布，指的是不加检封而公开发布的官方文书。“露布”分两种形式，一种是在出师讨伐时，用来暴露、宣布、声讨敌人罪恶的文书，属“军书”

性质，也叫“檄文”，一般是将文字书写在一尺多长的木板上。刘勰在《文心雕龙·檄移》中考证：“檄”这种文体源于上古三代的“誓”，“暨乎战国，始称为檄”；到了汉末及魏晋南北朝时期已很流行了，著名的檄文有隗嚣《移檄告郡国》、陈琳《为袁绍檄豫州》、钟会《檄蜀将吏士民》、桓温《檄胡文》等等。

“露布”的另一种形式是“捷报”，一般将克敌制胜的经过、俘获的人数和立功将士的姓名等书写在“长缣”（长幅的绢帛）上。

唐代封演《封氏闻见记》记载：

“露布”，捷书之别名也。诸军破贼，则以帛书建诸竿，上兵部，谓之“露布”，盖自汉以来有其名。所以名“露布”者，谓不检封露而宣布，欲四方速知。亦谓之“露板”。

宋代高承《事物纪原》记载：

《隋书志》曰：“后魏每征战克捷，欲天下闻知，乃书帛建于漆竿之上，名为露布，露布自此始也。其后相因施行。”《通典》亦云尔。

当擎送奏报的将士换马、休息或住宿时，露布就像旗帜一样插在地上，周围群众便聚到一起观看，并将其上所书的信息四处传播。露布这种宣传工具不仅公开性和时效性强，传播面也较广，是报纸诞生以前，中国最有影响的政治广告形式之一。

[二] 科举榜文

榜是中国自古以来就有的一种由政府部门发布的，以张贴单状的方式公布信息的新闻传播手段。政府通常用榜来公布法令和某些急需向公众宣布的诏书、奏章和赏功罚罪等方面的事情。在非常时期，也用榜来通告战讯及人民群众关心的军国大事。榜的本义是指木片、木板，后引申为写了字的木牌，再后来公开张贴的文书、告示也叫榜。榜通常“揭之通衢”，张贴于“州县城郭乡村要会处”，其中以皇帝名义发布的则称为皇榜。大部分的榜是用笔书写的，也有一部分是用雕版印刷的。

科举榜是榜的一种特殊形式，也是独特的广告宣传方式。中国科举［图13023、13024］制度产生于隋代，到唐高祖武德年间逐渐完善。科举制度奠定了中国文官制度选拔人才的基础，受到历朝的高度重视。但是，历朝也有因科考而导致的众多徇私舞弊［图13025］的事情。

唐朝科举制度逐步完善，放榜［图13026］也步入正轨，有一套完整的模式。唐代会试二月放榜，可谓盛况空前。金榜张贴于礼部南院，只书写及第人姓名；有的还将同榜人姓名、籍贯，并注上主司衔名字，汇集在表面贴有金花的册子里，四处

/13023/ 河南大学内仿造的科举考场

/13024/ 河南大学内的贡院碑

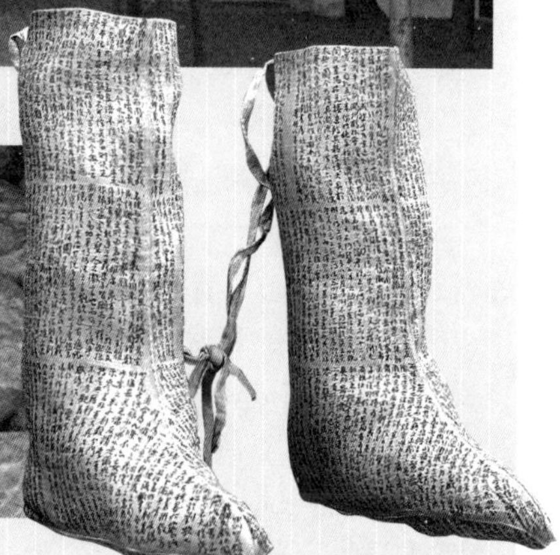

/13025/ 清代科举考试的夹带鞋

/13026/ 清代进士公布名单

传阅，称为“金花帖子”或“榜帖”。与此同时，新科进士及第后，就用泥金书帖向家乡亲友报喜［图13027］，称为“喜信”。刘禹锡的诗《寄刘侍郎放榜》也描写了这样的情景：“礼闱新榜动长安，九陌人人立马看；一日声名遍天下，满城桃李属春官。”[22]

到了清代，殿试结束后，礼部尚书手捧黄榜，用云盘托着，由撑着黄伞的校尉等鼓吹引导送出太和中门，将殿试黄榜张挂到东长安门外的长安街上。清末还会在报纸上公布。公元1905年（清光绪三十一年）八月，清廷宣布：“停科举以广学校。”[23]从此，这种特殊的广告形式绝迹。

这种特殊的广告，宣传面广，而且由于所宣传的内容与人们息息相关，具有很好的效果。现今一些地方的高考“状元”榜，与此有一脉相传的“遗风”。

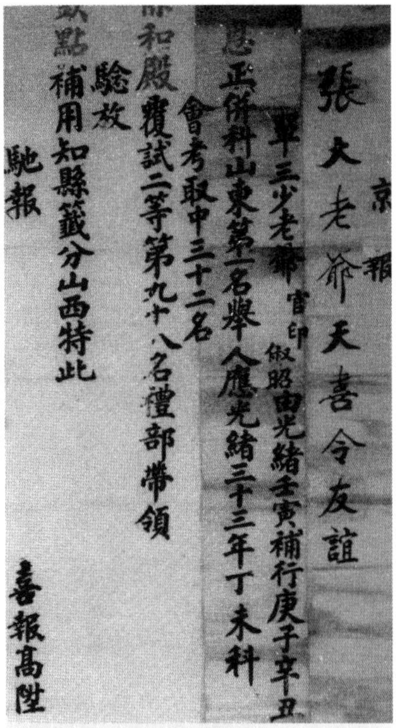

/13027/ 清光绪年间的科举喜报

［三］广发诏书

隋文帝为统一江南，大规模攻打陈。在大军出发前，“送玺书，暴（揭露）帝（陈后主）二十恶，下令散写诏书三十万张，遍谕江外。”[24]隋文帝用强大的政治宣传攻势，瓦解陈的民心和军心，次年便一举消灭了陈。大量发放诏书，不但所要传达的信息详尽明确，可以传阅，让更多的人知道这条信息，而且传单便于保存信息，不像口头信息那么转瞬即逝。这样的高招是隋文帝制胜的关键。

八 路标、牌坊广告

［一］警示性路标

当时道路上没有记里程的路碑，而是每隔一里堆一堆土来记里程。但久经风雨之后，土堆常要塌毁，官府为此花费不少修理费。到了五代后周时，雍州刺史韦孝宽任在原来每个土堆的位置上种一棵槐树，这样就节省了经常修理的人力财力，又使行人有蔽荫之处。周文帝得知这一举动，大为褒奖，并下令“天下同之”[25]。以后沿道路种树就成为一种制度，并作为地方官政绩的评定依据之一。

[22] 刘禹锡：《寄刘侍郎放榜诗》。

[23] 《清帝谕立停科举以广学校》，见《光绪政要》第27册第31卷。

[24] 《资治通鉴》。

[25] 《后周书·韦孝宽传》。

今天城市街道上常有各种标记，如单行道、快车道、慢车道、横道线等标志，当时是钉立各种朱漆杈子来警示行人，北宋时，汴梁城内的御道两边禁止行人通行，于是在路心钉立两行朱漆杈子，“杈子里有砖石砌御沟水两道，宣和间尽植莲荷，近岸植桃李梨杏，杂花相间，春夏之间，望之如绣”[26]。

路标在现在看来广告的意义不大，但就当时而言，它提醒人们注意的功能正是现代意义上广告的作用之一，因此，路标也可以认为是我国早期的广告形式之一。

[二] 牌坊广告

牌坊 [图13028] 也叫牌楼，历史上曾有绰楔、坊楔、华表等名称，是有价值的历史文物珍品，也是人们传递信息的载体。牌坊主要有功德坊、陵墓坊、桥梁坊、街巷坊等等。牌楼来源于坊，就像现在小区的大门，是一个街道的标志性建筑，牌楼不外乎是作为装饰性建筑，增加主体建筑的气势，表彰、纪念某人或某事，或作为街巷区域的分界标志等。唐朝时，牌楼是记录好人好事，发布公告的地方，比如谁中了状元、进士等等。随着坊市的繁荣，很多铺面也自己修建牌坊招徕顾客。后来贞节牌坊 [图13029] 也比较多。

26 《东京梦华录》卷二。

/13028/ 少林寺牌坊“祖源谛本”

/13029/
安徽歙县明代贞节牌坊

九 擅做广告的商人

[一] 长安西市的窦乂

唐朝长安西市是个商业繁荣的地方，各种店铺的商品琳琅满目。其中有一个叫窦乂的大商人，尤其善于经营，窦家店生意红火。据《太平广记》卷二四三记载，窦乂用雇人收集来的破麻鞋和废弃碎瓦砾，加工制成一万多条长三尺、直径三寸的“法烛”。等到“六月，京城大雨”，家家户户缺柴烧时，窦乂高价出售这些“法烛”，供人作柴烧，“与薪功倍，又获无穷之利”。

有了这一笔钱，窦乂便筹划开店。他见长安西市有十几亩低洼地积水很多，便以三万钱的低价购入。这片低洼地俗名“小海池”，填起来很费劲。窦乂便围绕小海池，开了六、七个煎饼铺，再在洼地中间竖起一根挂旗幡的标杆，并召集众多小孩用瓦砾片去砸幡，打中了的人就奖给他煎饼团子吃。不到一个月，这个“小海池”便被儿童用瓦片填平了。窦乂“造店二十间，当其要害，日收利数千，甚获其要”。

窦乂借用几乎免费的人力为自己的店铺打好地基，他应该算是一位有策略的商人。这一小孩掷瓦片填海池事件在当时可算是新闻、趣闻，他利用现在所谓的“事件营销”，为自己做了免费的广告，获得了市场先机，迅速抢占了市场。这样看来，他也是一位精明的“广告人”。

[二] 用图画做广告的“江淮贾人”

《唐国史补》记载：“江淮贾人，积米以待踊贵，图画为人，持钱一千，买米一斗，以悬于市。扬子留后徐粲杖杀之。”宋人王谠的《唐语林》也有类似记载。这个江淮米商囤积大量米，想乘机抬高物价，牟取暴利。于是，他画了一个人，手持着用一千钱才能买到一斗米的标示，以暗示人们日后米价将会上涨，怂恿人们赶快抢购，故意煽起顾客的恐慌心理。由于他的行为带有欺诈和暴力，所以扬州留后徐粲将他处死了。

虽说这商人的行为不值得提倡，但是他懂得挖掘消费者的心理，懂得做广告的时机，懂得用形象的手法吸引顾客，是一个精明的广告人，只是过于精明反而被精明所累。

本时期虽然经历了漫长的分裂动荡，但隋唐时期的统一为商业发展创造了良好的社会条件，特别是唐朝，经过“贞观之治”、“开元盛世”，各民族高度团结，人们生活富足，有很多娱乐休闲活动，开放的文化促进了与其他各国的交流。当时的城市规模和消费水平已达到一个顶峰，雕版印刷的发明为信息传播提供了技术条件，也为印刷广告的发展打下了坚实的基础。越来越多的事物被当作广告媒体来使用，包括由夜市的兴隆而产生的灯笼广告。商人兼广告人的新兴营销者也登场了，大型的广告宣传活动频频出现。

中国的城市、商业、市场，都肇始于为官府服务，后来才移入民间。对广告而言，这个影响非常大，先有官样广告，所谓政治广告，然后才有民间的商业广告。而外国则先是商业发达，城市发达，但这都是民间自然形成的，与官府关系没有那样深。所以，从本时期看由官到民、沿着官本位发展的中国广告也算是具备了中国特色。

第四章 宋元时期的广告

-2000 -221 265 581 960 1368 1912 1949 1979 2000

公元960年，赵匡胤发动“陈桥兵变”建立北宋，建都东京汴梁城（今开封），结束了五代十国的分裂局面。北宋建立后，统治者在政治、经济、军事各方面加强了中央集权。

公元1126年（靖康元年）冬，金兵大举入侵、攻陷开封，结束了北宋的统治。1127年，高宗赵构重建宋朝，继位于南京（应天府），史称“南宋”。1129年（建炎三年），升杭州府为临安府。1138年（绍兴八年）正式定都临安（今杭州）。1279年，南宋被元所灭。

公元1206年蒙古族领袖铁木真统一蒙古各部，建立蒙古政权，并被尊称为“成吉思汗”，即元太祖。1264年，忽必烈（元世祖）迁都燕京（后称大都，今北京）。1271年（至元八年）定国号为“元”。1279年灭南宋后统一了全国。元朝疆域空前辽阔，行省制度的建立，保证了对全国广大地区的有效统治，民族融合进一步加强。

第一节 宋元时期工商业的发展

本时期工商业又有了新的发展，宋朝时达到了继唐朝之后的一个新的顶峰，成为中国封建社会时期城市经济及商业经济最为发达的时期。

北宋初期，统治阶级采取了一系列安定社会秩序，奖励生产的措施，使封建经济从唐末的严重破坏中得到休养生息。生产的发展、经济的繁荣，带来了人口的剧增。据宋史专家考证："与前代相比，两汉人口最高5000多万，唐开元之际的人口6000万上下，这些人口创造了汉唐盛世。宋代自宋仁宗时候起，户数即超过1200万，已经与唐相等，并超过了汉代；到宋徽宗年间，户数超过2000万，每户以5口计算已超过了1亿，远远超过汉唐，几乎为汉唐的两倍……显然可见，宋代人口的增长与生产的发展有着密切的关系。"[1] 由于劳动力增加，佃农的封建依附性减弱，"和雇"、"招募"被官方手工业普遍采用，手工业者所受的封建束缚也有所放松，这些都有利于提高生产积极性。

同时，自南宋以来，南方经济得到更快发展，南方商业的繁荣逐渐赶超北方，实现了经济重心南移这一历史性的转变。南宋时，金在北方也推行了一些恢复农业生产的措施，使北方经济有所恢复和发展。

到了元代，统治者俘虏和掠夺工匠，以发展他们部族性的贵族手工业，而且使已获得相当自由的手工业工人重新沦为奴隶或半奴隶。手工业生产遭到严重破坏，商业发展受到影响，特别是汉族民间的商业受到限制，但朝廷、贵族和西域商人所经营的商业，仍有畸形的发展，特别是大都、临安、泉州等城市，商业仍很繁荣。

虽然元朝统治时期经济有所回落，但总体上看，宋元时期的工商业发展为明清时期的资本主义萌芽创造了必要的条件。

[1] 邓广铭、漆侠：《两宋政治经济问题》，上海知识出版社1988年版，第121页。

一 工商业经营场所的变迁

[一] 工商贾合一

宋代以前，工、商、贾都各有所指。“工”指手工业，“商”指长途贩运，“贾”指坐守待售，是三个不同的经营部门。但在宋代，这三者逐渐趋向合一。由于社会经济在各地普遍发展，长途贩运在商业活动中已不占主要地位。各大城市中，手工业生产的比重逐渐增加，尤其是民间手工业，人们在住家的当街前屋开设各种店铺，在后院进行生产制作，产品直接拿到当街的铺面上出售，类似于今天所说的“前店后厂”，自产自销成了他们最好的经营方式。北宋政府顺应了这一经济发展的趋势，取消坊巷制度、市里制度，允许沿街开设店铺。

[二] 坊市合一

工商贾合一也就意味着“坊”与“市”之间的隔离状态最终被打破。宋朝以前，城市里的“坊”与“市”是分开的。“坊”是城市居民居住区，“市”是店铺集中的商业区。城市的商业贸易和商品交换活动，只能在划定的“市”内进行。随着城市规模的大发展，商业的繁荣和市肆的空前繁盛，城市建设格局出现了大变化，“市”冲破了“阛阓”的局限，在街衢大道以及坊巷之内，到处都可以开设店铺。这是中国商业史上一个划时代的变革。沿续千年的坊巷、阛阓、宫市制度崩溃了。

自此以后，城市中类似唐朝以前那些集中的“市”不见了，取而代之的是坊市合一。这时已经找不到“坊”、“市”的固定位置。住户人家也都打通坊墙，临街设门。“市”此时也不再是官家特设的固定区域，“市”里的商人获得了完全自由，交易地点完全由商人自由选择。市内和坊内的店肆都争相朝着街面开设，以招徕顾客，固定的店铺更多地代替了摊席。北宋后期，这些店铺甚至开到了皇宫附近的御廊边上。“自宣德楼一直南去，约阔二百余步，两边

/14001/ 清明上河图（局部）

乃御廊，旧许市人买卖于其间，自政和间官司禁止。”[2] 在城市里还大量出现了摊贩和沿街叫卖的货郎。从《清明上河图》[图14001] 上可看出汴梁沿街叫卖的小商贩的活跃情景。

[三] 取消经营空间和时间的限制

1 经营格局的转变

坊市制崩溃后，商业网点的分布

2 《东京梦华录·御街》。

出现了两种情况：一种是多数同业商店或商贩的交易仍集合在一定的地点。像一些特殊商品(如金银、彩帛、珍宝、香药、鹰鹘等)和一般商品的批发贸易大都集中在一定的街巷。汴梁的果子行、姜行、纱行、肉行、青鱼行、牛行街、马行街、油醋巷等就是大宗批发交易集散地。这里的行、市都是批发交易的场所。另一种是商店脱离同业街区的限制，各自独立分散在各处。像一般商品的零售店铺和饮食业，就多倾向于分散到各街各巷，以便于消费者购买。这与为大众服务的生活日用品在市场上地位提高的趋势是相适应的。

2 宋朝的夜市与早市

宋朝的商业活动在时间上的限制已完全被打破，坊市门开闭没有时间限制，夜市已完全没有拘束了。很多大城市里的坊、市每天从天没亮到深夜都在营业。从此以后，出现了许多热闹的夜市和早市。如南宋临安城中，市四坊面食店，“通宵买卖，交晓不绝”。而城外宫墙御街附近的店铺，“闻钟而起，卖早市点心”，“有论晴雨霜雪皆然也”[3]。

夜市适应了城市人闲适生活的需要，除了有大众化的食品和用品以外，更满足了有钱人的休闲生活。不仅有饭食、百货，还有各种勾栏、瓦肆的娱乐业。北宋汴梁城内盛行夜市，从朱雀门到龙津桥一带是最热闹的地方，一到晚上，街上人头攒动。

宋代人姜白石曾有首诗生动地描绘了当时的景象：[4]

灯已阑珊月色寒，舞儿往往夜深还。
只因不尽婆娑意，更向街心弄影看。
南陌东城尽舞儿，画金刺绣满罗衣。
也知爱惜春游夜，舞落银蟾不肯归。

这种情景，从宋代开始，一直到清朝，夜市早市都是都市一景，充分反映了都市生活的繁荣。

北宋汴梁著名的夜市有以下几个：

• 州桥夜市 [图14002]。出朱雀门直至龙津桥，自州桥南去，当街卖水饭、鳖肉、干脯及各种各样的食品。每夜营业一般都到三更。

• 潘楼东街巷的夜市特别繁盛。潘楼东旧曹门街，北山子茶坊，内有仙洞仙桥，仕女常常夜间到这里游玩并吃茶。

• 马行街 [图14003] 夜市灯火辉煌。马行街人多嘈杂，灯光照天，每晚到四更停止，是都城夜市酒楼极为热闹的地方。

一般边远和僻静地区的夜市有卖饼、猪杂碎、鱼蟹以及水果、团子、汤之类的。每逢元宵节，中秋节，观灯赏月，夜市更加繁盛。

南宋临安也有类似的繁荣夜市和早市。除上面提到的惯有的贸易活动以外，严冬大雪天气，夜市仍照常营业。

但到了元代，夜市再次受到严格限制。元大都曾一度禁止夜间活动，夜市随之取消。《马可波罗行记》记载，大都中央有一个很高的建筑物，上面悬挂一口大钟，每晚按时敲打，在第三次钟声之后，任何人都不得在街上行走。遇到紧急事情可以外出，但必须提灯笼。虽然这只是对夜市的暂时限制，却使原本活跃的市场再次变得冷清，严重阻碍了商业的正常发展。

3 宋朝草市的特征

除集市、夜市以外，草市也有了很大的发展，许多诗词和史书对此有所记载。草市中常设的是药肆，也有酒肆饭馆等设施，陆游《村居》诗中有“草市寒沽酒，江城夜捣衣”的名句。范成大在《离池阳十里清溪口复阻风》中也有“远寻草市沽新酒，牢闭蓬窗理旧书”的诗句。大的草市非常繁华，有来自四面八方、语言各异的商贾，有长途贩运来的货物。如距汴梁不远的汴水渡口上的一个草

3 《梦粱录》卷一三。

4 《武林旧事》卷二。

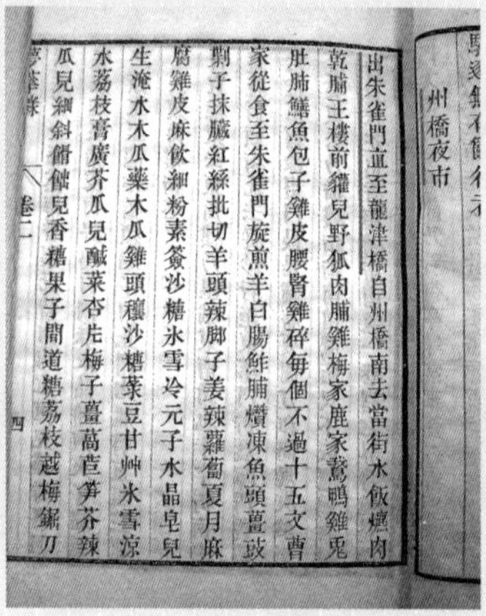
州橋夜市
出朱雀門直至龍津橋自州橋南去當街水飯爊肉
乾脯王樓前貛兒野狐肉脯雞梅家鹿家鵝鴨雞兔
肚肺鱔魚包子雞皮腰腎雞碎每個不過十五文曹
家從食至朱雀門旋煎羊白腸鮓脯爎凍魚頭薑豉
𠜂子抹臟紅絲批切羊頭辣脚子姜辣蘿蔔夏月麻
腐雞皮麻飲細粉素簽沙糖冰雪冷元子水晶皂兒
生淹水木瓜藥木瓜雞頭穰沙糖菉豆甘艸冰雪涼
水荔枝膏廣芥瓜兒醎菜杏片梅子薑萵苣筍芥辣
瓜兒細料餶飿兒香糖果子間道糖荔枝越梅鋸刀
夢華錄 卷二 四

/14002/ 《东京梦华录 · 州桥夜市》书影

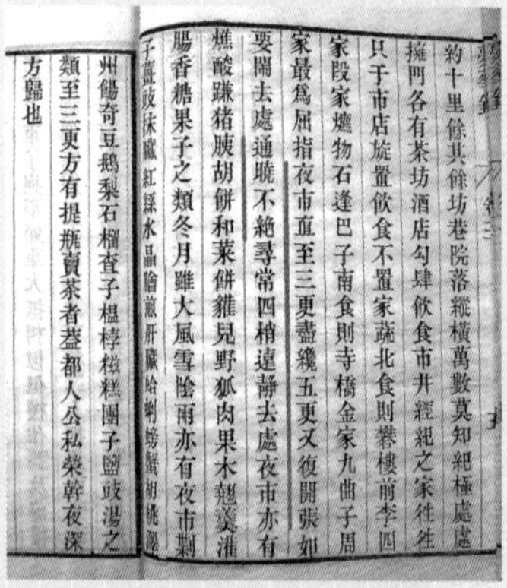
約十里餘其餘坊巷院落縱橫萬數莫知紀極處處
擬門各有茶坊酒店勾肆飲食市井經紀之家往往
只于市店旋置飲食不置家蔬北食則礬樓前李四
家段家爊物石逢巴子南食則寺橋金家九曲子周
家最爲屈指夜市直至三更盡纔五更又復開張如
要鬧去處通曉不絕尋常四梢遠靜去處夜市亦有
燋酸豏猪胰胡餅和菜餅貛兒野狐肉果木翘羹灌
腸香糖果子之類冬月雖大風雪陰雨亦有夜市剿
子薑豉抹臟紅絲水晶鱠煎肝臟蛤蜊螃蟹胡桃澤
州餳奇豆鵝梨石榴查子榅桲糍糕團子鹽豉湯之
類至三更方有提瓶賣茶者蓋都人公私榮幹夜深
方歸也

/14003/ 《东京梦华录 · 马行街》书影

市就有“江货”、“海商”。有的草市设有管理的官吏——草市尉。

草市虽说不是很正规的市，但正是因为它的自由性，才使它有了更活跃的交易气氛。草市既是城中集市、夜市的补充，又具有其他市所不具备的经营优势，更具开放性。

[四] 行制的转变

在宋代，行业组织也发生了很大变化。由于各种商店分散在大街小巷，商业管理出现了很大的问题。于是行业组织的作用加强，“行制”就代替了“市制”。“行”既是某一批发单位的名称，又是某类商品行业组织的名称。在唐代一个行业在同城的各个市内各有一行，到宋代一个城市同一行业就只有一个统一的组织——行，分散在各处的零售铺户，和集中在某些街区的批发商人都加入到这个“行”。各行各业都有显著的传统服饰、贩卖形式和惯用的行话。“行”的首领——行老、行头，由官府批准，应付官府的命令，同时还有权掌握买卖的价格，检查商品的质量和较验度量衡器具等。

南宋时市场形制、行业组织继续承袭了北宋的制度。两宋市场形制和行业组织与唐朝时相比，有了很大的改观，这是宋代商业发展的一个重要标志。

二 宋朝民间手工业的社会化

[一] 民间行业贴近日常生活

宋代的手工业由原来只为统治集团、贵族官僚服务，开始转向普通市民。元代人吴自牧在描写南宋都城临安时说：

杭州城内外，户口浩繁，州府广阔，遇坊巷桥门及隐僻去处，具有铺席买卖。盖人家每日不可阙者，柴米油盐酱醋茶。或稍丰厚者，下饭羹汤，尤不可少。虽贫下之人，亦不可免。5

但是那些能获得巨额利润（如冶炼、采矿）和事关国家利益（如军械制造等）的部门都已由国家垄断，民间手工业只能局限在普通日用品、饮食业，以及需要特种工艺的特色工艺品方面。

南宋孟元老的《东京梦华录》[图14004]，专门追记了北宋都城汴梁的繁华。灌圃耐得翁的《都城纪胜》、西湖老人的《西湖老人繁胜录》、吴自牧的《梦粱录》和周密的《武林旧事》[图14005] 等史料中，也都记载了两宋的京城中与城市生活紧密相关的各种行业和店铺，描述了当时“行”在临安的繁荣。据载，南宋“京都有四百四十

5 《梦粱录》。

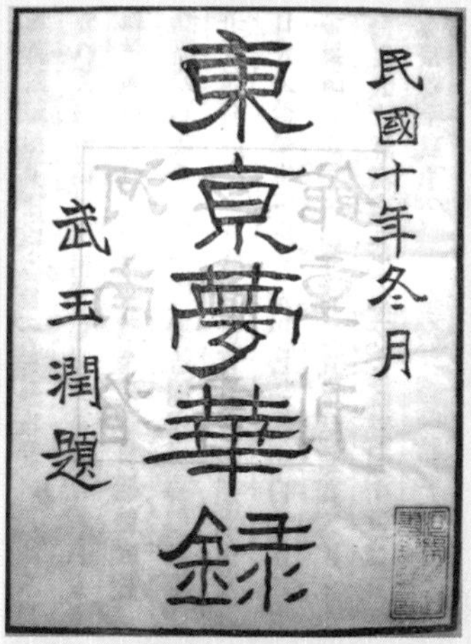

/14004/ 《东京梦华录》封面书影

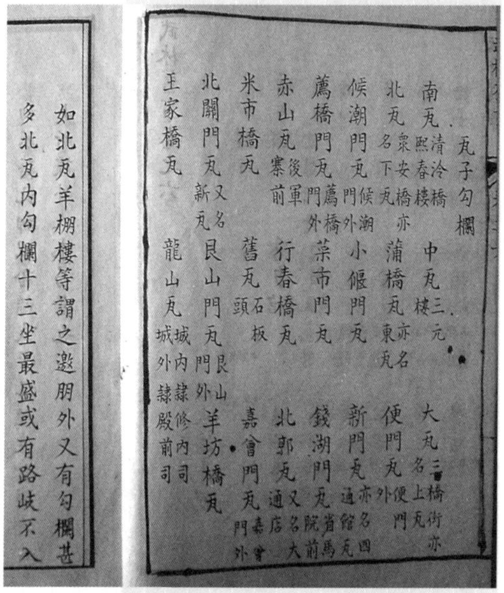

/14005/ 《武林旧事·瓦子酒楼》书影

行”[6]［图14006］。如饮食行业（包括各种酒楼、酒铺、饭店、茶楼、茶馆）；肩挑手提小贩业（包括走街串巷叫卖羊肉、干果、杂货等货郎）；服务性行业（包括修路、箍桶、掌鞋、刷腰带、修幞头帽子、补角冠等）；还有专门为人家打水、砍柴、换扇子柄、供香饼子、帮人杀鸡宰鹅的人。到了夏天，还有帮人家洗毡、淘井、苫房的各种帮工。此外，还有专为人家操办婚丧喜事的人员［图14007］。如果有人要出门游玩而不想步行，“自有假赁鞍马者，不过百钱”。[7]假如需要修整房屋，或家中有生辰忌日，需请僧尼道士，则“早辰桥市街巷口皆有木竹匠人，谓之杂货工匠，以至杂作人夫，道士僧人，罗立会聚，候人请唤，谓之‘罗斋’”[8]。

［二］大众服务业的发展

由于“市”突破了“阛阓”的限制，商业活动的规模日益扩大，城市手工业者的专业分工也越来越细，各种服务性行业大量产生，诸如酒楼、饭铺、茶馆、浴堂、瓦舍、勾栏及各种服务行业等等广泛兴起。大众服务业在整个商业贸易活动中的比例越来越大，甚至超过了生产性行业。

于是，整个商业活动与城市民众的日常生活更加贴近，商业功能已开始向近代城市的方向迈进。从史料中反映的北宋城市生活方式来看，它已基本脱离了早期的生产盲目性和自给自足的生活方式，手工业生产者只要通过自己适应市场需要并有利可图的手工业生产经营活动，就能换取一家人的一切生活来源，而不用再同时从事农业和其他劳动。随着手工业与农业的真正分开，城市手工业者已经融入到城市居民应该具备的那种生产专业化、生活消费型的生活方式中，而这种消费型生活方式，正是以社会化的大众服务业为基础的。

三 国内外贸易

［一］宋朝各民族之间的贸易

宋代是中原文化与少数民族文化并存的时期，北宋澶渊之盟后，辽宋维持了长久的和平关系。双方各在边境的一些地点设“榷场”，北宋用丝织品、稻米、茶叶等换取辽的羊、马、骆驼。“榷场”有官员进行严格管理。北宋对平稳物价、限制私下交易、奖励捉捕走私、防范奸细等都有明确规定。

商业在加强地区间经济联系方面的作用比过去更为增大。传统的以名贵土特产品和奢侈品为主的贩运贸易，在南朝和唐代时已经有了改变，宋代后变化加速。除了珠玉金银器和从广南[9]贩来的进口犀象、香药、珍宝仍占重要地位外，粮、帛、茶、盐、铁、瓷、纸、糖、什器等开始成为向远距离、较大规模地区销售的商品。

南宋时，海外贸易有所发展，主要的海港有泉州、广州和明州，泉州附近至今存有港口、船坞遗迹。南宋政府很重视广南的海外贸易，将每年收入所得的数十百万缗钱，用来减轻人们的负担，这可从《建炎

[6]《西湖老人繁胜录·诸行市》。

[7]《东京梦华录·杂赁》。

[8]《东京梦华录·修整杂货及斋僧请道》。

[9] 广南在宋代和浙江、淮海等都属于州，相当于现在的省。那时的州多分为两路，广南西路简称广西，广南东路简称广东。

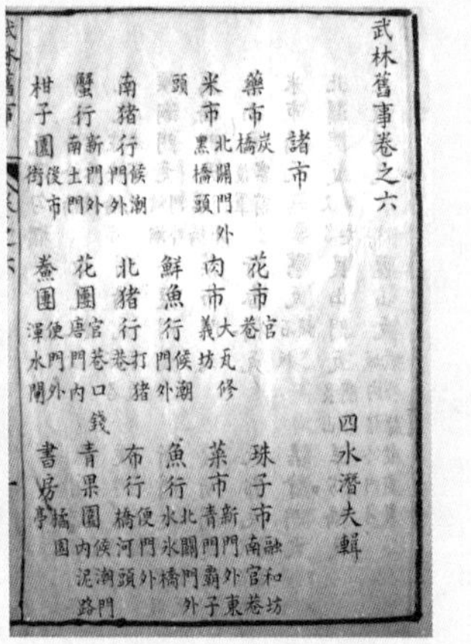
武林舊事卷之六
四水潜夫輯
諸市
藥市
米市
南猪行
蟹行
柑子團
花市
肉市
鮮魚行
北猪行
花團
珠子市
菜市
魚行
布市
青果團
書房

/14006/《武林旧事·诸市》书影

/14007/
清朝嫁娶周堂图，专门为人分析嫁娶之用

以来系年要录》的记载中看出：

上（宋高宗）谕大臣曰："广南市舶，利入甚厚，提举官宜得人而久任，庶蕃商肯来，动得百十万缗，皆宽民力也。"

[二] 元朝繁盛的海外贸易易

到了元朝，政府的海外贸易已相当发达。公元1277年（至元十四年），朝廷在泉州、庆元（宁波）、上海、澉浦四处海港设置市舶司，大大促进了对外贸易的活跃。日本、朝鲜等国商船相继入口交易。比如在上海港，除中国方面的官船进出这里与东南亚各国之间外，上海及其周围地方上的私人商人也造船、购船，以上海作为进出口岸，从事远洋海上贸易。泉州是元朝最大的对外贸易港口，经常停泊着数百艘海船，大量货物在那里汇集和起运。至今屹立的六胜塔，就是当时引导海船进出港口的灯塔。

元代的民间海外贸易也很发达。东南沿海一带，"海贾"们所到的地方有琉球、柬埔寨、印度尼西亚、朝鲜、日本等处，贩运的商品有香料、药材、象牙、犀角等等。频繁的民间对外贸易使沿海人民具备了航海的知识技能和通商经验，这为此后的郑和七下西洋打下了基础。

第二节 宋元时期城市的繁荣

一 北宋都城汴梁

汴梁坐落于汴河、黄河的交汇处，是漕运中心，四面八方的物资都集中到这里。汴梁的空前繁荣及消费市场的宏阔令人惊叹。《东京梦华录》记载：

"东华门外，市井最盛，盖禁中买卖在此。凡饮食时新花果、鱼虾鳖蟹、鹑兔脯腊、金玉珍玩衣着，无非天下之奇。其品味若数十分，客要一二十味下酒，随索目下便有之。其岁时果瓜蔬茹新上市，并茄瓠之类新出每对可直三五十千，诸阁分争以贵价取之"；御街廊下，也准"市人买卖其间"；每日消耗的"鱼数千担"；众多的游艺场所中，有一个瓦舍"可容数千人"；运送货物的大车，得用"骡或驴二十余匹"才能拉动，下坡则用"牛五七头拽之"；相国寺的斋会餐，"虽三五百份，莫不咄嗟而办"；连烧饼铺也动辄一家"五十余炉"。总之，汴梁"其阔略大量，天下无之也。以其人烟浩穰，添十数万众不加多，减之不觉少”。所谓“花阵酒池，香山药海。别有幽坊小巷、燕馆歌楼，举之万数，不欲繁碎”。

孟元老的《东京梦华录·序》也对当时繁华的汴梁有详细记载：

太平日久，人物繁阜，垂髫之童，但习鼓舞，班白之老，不识干戈。时节相次，各有观赏，灯宵月夕，雪际花时，乞巧登高，教池游苑。举目则青楼画阁，绣户珠帘，雕车竞驻于天街，宝马争驰于御路，金翠耀目，罗绮飘香。新声巧笑于柳陌花衢，接管调弦于茶坊酒肆。八荒争凑，万国咸通。集四海之珍奇，皆归市易；会寰区之异味，悉在庖厨。花光满路，何限春游；箫鼓喧空，几家夜宴。伎巧则惊人耳目，侈奢则长人精神。10

张择端的《清明上河图》更精细地将北宋都城汴梁和汴河两岸清明时节的世俗人事描绘了出来。全图共画了550多个不同人物、50多头牲口、20多乘马车、20多艘船只以及30多组房屋……反映了北宋坊市欣欣向荣的商业贸易场景。从画面中已看不到宋朝以前城市中专门区划市场的阛阓，也看不到控制百姓居住区域的坊墙。

作者巧妙地通过三段的组合，将三种不同特点、不同风格的画面有机地融合在一起，前段表现出幽适恬静的田园风光，中段表现出城市生活的快节奏。进入后段的街市则充满了商业气息。街区整洁，街上行人、车马熙熙攘攘，商铺林立，商品琳琅满目，人们三五成群的购物场景被描绘得淋漓尽致。现代广告作品中常将这幅画中的热闹街市作为创作元素［图14008］。

10 《东京梦华录》。

/14008/ 1999年遵守公共秩序的公益广告

二 南宋都城临安与周边诸城

临安位于汴河的南端，与钱塘江连接，交通发达，经济繁盛，是当时政治、经济的中心。据《都城纪胜》、《西湖老人繁盛录》、《梦粱录》、《武林旧事》等书记载，南宋末年，临安府有39万户、124万人，繁华程度超过了北宋汴梁。每天消耗的米不下一二千余石，酒店菜谱菜肴名目达三四百种之多。

太湖流域的苏州、湖州等地，稻米产量很大，流传着“苏湖熟，天下足”的谚语。此时的扬州虽不及唐代繁荣，但仍是漕运枢纽、粮盐中转要地，仍是东南比较大的城市。

三 长江流域的繁华城市

长江中游鄂州（今武昌）、江陵（今荆州）等城市也很繁荣，鄂州更是华中重镇。南宋陆游《入蜀记》记载：鄂州“贾船客舫不可胜计，衔尾不绝者数里，自京口以西皆不及”。武昌城外的南市，更是规模宏大，“武昌十万家，落日紫烟低”[11]。南宋范成大《吴船录》记载：

南市在城外，沿江数万家，廛闬甚盛，列肆如栉，酒垆楼栏尤壮丽，外郡未见其比。盖川广荆襄淮浙贸迁之会，货物之至者，无不售，且不问多少，一日可尽，其盛壮如此。

四 元大都

大都是元代北方最大的商业中心，全国各地以及外国的许多商品、货物都集中到这里。大都城内有两个主要商业区：一个在市中心的钟鼓楼周围，分布着缎子（绸缎）市、皮帽市、帽子市、鹅鸭市、珠子市、沙剌（珠宝）市、铁器市、米市、面市等。另一个在城市西郊的“羊市角头”（或称“羊角市”），有羊市、马市、骆驼市等。除了商业区的店铺外，还有不少大小商贩穿街走巷，贩卖各种物品：“贩夫逐微末，泥巷穿幽深，负戴日呼叫，百种闻异音。”[12]许多进口的货物也在这里出售。

五 上海的水路贸易

上海在宋元时期有了进一步的发展。北宋中期，上海浦设立新的港口，有关的经济活动在此展开，渐渐形成聚落，出现集市，并发展成市镇。南宋末年，上海镇就已设立市舶分司。经地方官的大力倡导开发建设，镇上各类商肆林立，上海一跃成为华东的重镇。

与此同时，以上海作为出发点的北洋海运航线也开始有规模地开辟。由于南北运河的阻塞，朝廷决定将漕运改为海运，并在上海设立都漕运万户府，管理监督漕粮北运。上海至大都海运线的开辟，使上海成为江南漕粮的一个汇集中心。

另外，公元1291年（至元二十八年）朝廷正式批准松江府划出华亭县，设立上海县。上海的建县，为这一地区的发展提供了良好的基础和条件。从此，上海镇不仅是一个航运、贸易的枢纽，而且成为江南政治中心之一，为后来上海的逐步繁荣直至成为国际化大都市奠定了基础。

11 姜夔：《白石道人诗集·春日书怀》。

12 《京华杂兴诗》，《纯白斋类稿》卷二。

第三节 宋元时期的文化与生活

宋元时期，中国的古代文化高度繁荣的，科技发展水平处于世界领先地位，最为突出的重大成就是活字印刷［图14009、14010、14011］的发明、指南针用于航海和火药在军事上的广泛应用。而且，这一时期人们的生活水平也有了明显提高。

一 消费阶层的凸现

汉朝时的节假日，据《汉书·薛宣传》记载只有一天，到了宋朝，则多少不等。《文昌杂录》记载：“祠部休假岁凡七十有六日，元日、寒食、冬至各七日。上元、夏至、中元、腊各三日。馀立春、清明等节各一日。岁共七十六日。”节假日的增多也促进了消费。当然，更重要的是，“集中市制”和“坊巷制度”的瓦解，城市生活逐渐体现了大多数平民阶层的生活情趣，由贵族化趋向平民化。

正是由于经济的发展，人民消费水平的提高，再加上此时大众服务性行业的兴起，娱乐活动成了满足人们温饱之外的一大需要。

于是，这一时期出现了三种消费阶层：统治阶级、贵族豪绅及其家属，经营得法的商人、手工业者及其家属，从事服务性行业的经营者及其家属。这三个阶层，构成了城市的三个主要消费群体。由于消费能力决定娱乐档次，不同阶层的人对娱乐的享受程度也不尽相同。上层社会的人讲究的是排场、刺激的娱乐［图14012］。而小生产者、服务性行业经营者以及城市的一般居民则无法享受高档的娱乐，他们热衷于经济实惠的活动。

/14009/ 活字印刷

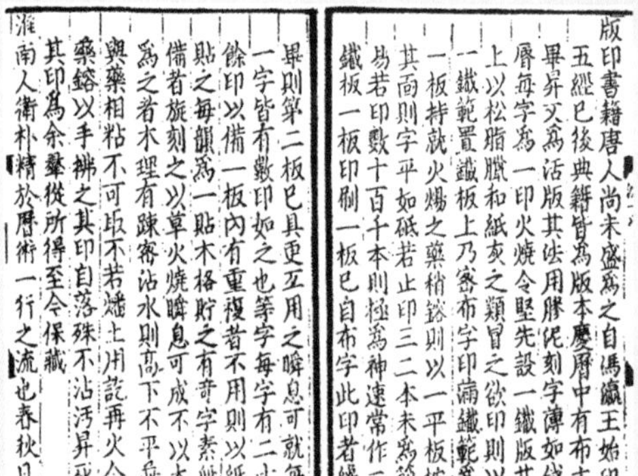

板印書籍唐人尚未盛為之自馮瀛王始印五經已後典籍皆為版本慶曆中有布衣畢昇又為活版其法用膠泥刻字薄如錢脣每字為一印火燒令堅先設一鐵版其上以松脂臘和紙灰之類冒之欲印則以一鐵範置鐵板上乃密布字印滿鐵範為一板持就火煬之藥稍鎔則以一平板按其面則字平如砥若止印三二本未為簡易若印數十百千本則極為神速常作二鐵板一板印刷一板已自布字此印者纔畢則第二板已具更互用之瞬息可就每一字皆有數印如之也等字每字有二十餘印以備一板內有重複者不用則以紙貼之每韻為一貼木格貯之有奇字素無備者旋刻之以草火燒瞬息可成不以木為之者木理有疎密沾水則高下不平兼與藥相粘不可取不若燔土用訖再火令藥鎔以手拂之其印自落殊不沾污昇死其印為余羣從所得至今保藏

淮南人衛朴精於曆術一行之流也春秋日

/14010/ 《梦溪笔谈》记载毕昇泥活字印刷。这是现存最早的版本，印于14世纪。

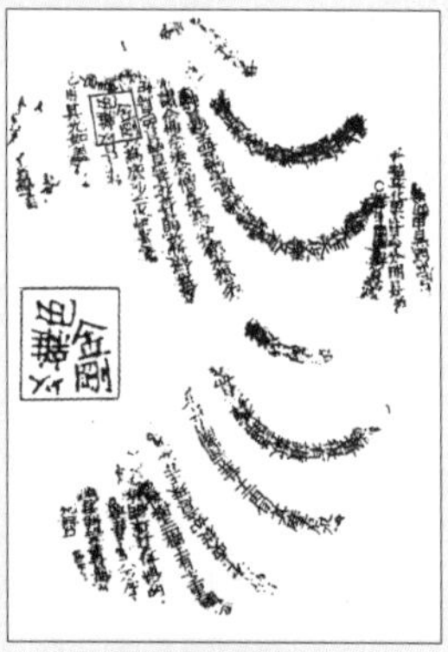

/14011/现存最早的活字本《佛说观无量寿佛经》残页，13厘米x10.5厘米，初步鉴定为北宋活字本，1100年前后印。1965年浙江温州白象塔内发现。

/14012/ 清明上河园的第一春茶坊

二 饮食娱乐行业的兴盛

在城市繁华的商业活动中，饮食行业历来占有相当大的比重，这在宋元时期也得到体现。此外勾栏、瓦肆等娱乐行业得以兴盛。

[一] 热闹的各式酒楼

北宋汴梁城里档次高的酒家比比皆是，这些酒楼极大地满足了达官贵人的消费欲望。据《东京梦华录》记载，“在京正店七十二”，“正店”即大型酒楼。而那些门面较小的一般酒店，称为“脚店”[图14013]，“不能遍数”，宋仁宗时就多达300家以上[图14014]。从这里可以看出，当时汴梁城里，酒楼生意相当兴旺。

[二] 宋朝的市井娱乐业

到了宋代，音乐舞蹈已具备了大众化的特点，平民百姓有了自己喜爱的音乐舞蹈。如北宋都城汴梁，每逢正月十五的前后数日游人云集，“歌舞百戏，鳞鳞相切，乐声嘈杂十余里”[13]。这些歌舞，大都是城市居民喜闻乐见的大众化歌舞。

另外，宋朝和金朝已经有滑稽戏、讲唱戏等各种戏曲的演出。随之出现了瓦舍和勾栏，这是城市平民的大众娱乐场所。瓦舍又称瓦市、瓦子，指易聚易散、较为自由简陋的娱乐场所，取“来时瓦合，走时瓦解”[14]之意。勾栏则是简单的表演舞台，可单独设立，也可设于瓦舍之中。瓦舍满足参与性的娱乐，勾栏则是专门的观赏。

据《东京梦华录》记载，当时汴梁的瓦舍遍布东西南北四城区，临安城则有瓦舍25座，其中规模最大的瓦舍内，有勾栏13座。[图14015]这些勾栏、“棚”类似今日娱乐中心的各种演出厅，可容纳数千人。

到了南宋，临安城里这样的瓦舍“合计有十七处”[15]。游人众多，因此“瓦舍中多有货药、卖卦、喝故衣、探博、饮食、剃剪、纸画、令曲之类。终日在此，不觉抵暮。”[16]这种周全的服务设施与服务项目与现在功能齐全的娱乐中心类似，足见两宋时期的娱乐场所已相当繁荣。

到了元朝，戏剧空前发达。元代杂剧的兴起，正是顺应了市井阶层的娱乐需求。元朝还有一种散曲，它与元杂剧组成元曲。元曲的空前发展繁荣了元朝的戏曲市场，丰富了人们的娱乐生活，同时也促进了戏曲海报等广告形式的发展。

[13] 《东京梦华录·元宵》。

[14] 《梦粱录》。

[15] 《梦粱录·瓦舍》。

[16] 同上。

/14013/《清明上河图》上的脚店影

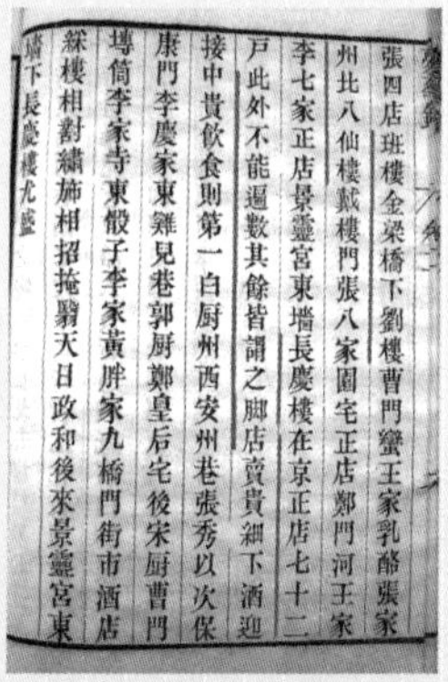

張四店班樓金梁橋下劉樓曹門蠻王家乳酪張家
州北八仙樓戴樓門張八家園宅正店鄭門河王家
李七家正店景靈宮東墻長慶樓在京正店七十二
戶此外不能遍數其餘皆謂之脚店賣貴細下酒迎
接中貴飲食則第一白厨州西安州巷張秀以次保
康門李慶家東雞兒巷郭厨鄭皇后宅後宋厨曹門
塼筒李家寺東骰子李家黃胖家九橋門街市酒店
綵樓相對繡旆相招掩翳天日政和後來景靈宮東
墻下長慶樓尤盛

/14014/《东京梦华录·酒店》中对各酒家记载的书影

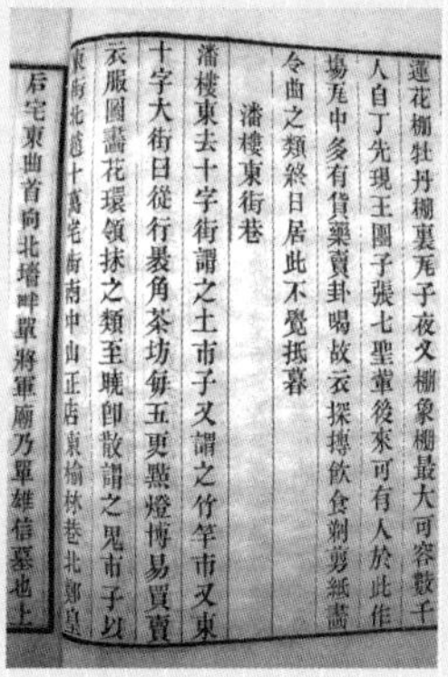

蓮花棚牡丹棚裏瓦子夜叉棚象棚最大可容數千
人自丁先現王團子張七聖輩後來可有人於此作
場瓦中多有貨藥賣卦喝故衣探搏飲食剃剪紙畫
令曲之類終日居此不覺抵暮
潘樓東街巷
潘樓東去十字街謂之土市子又謂之竹竿市又東
十字大街曰從行裹角茶坊每五更點燈博易買賣
衣服圖畫花環領抹之類至曉即散謂之鬼市子以
東街北趙十萬宅街南中山正店東榆林巷北鄭皇
后宅東曲首向北墻畔單將軍廟乃單雄信墓也上

/14015/《东京梦华录·潘楼东街》书影

第四节 宋元时期的广告

由于宋代打破了坊市束缚，形成了居民住宅与商业店铺混杂交错的局面，商业活动有了更广泛的活动余地，一些服务性行业也应运而生，为宋元时期的广告活动奠定了坚实的基础。

宋元时期是中国古代广告事业的鼎盛时期。这时期的广告无论在内容、形式或艺术表现手法上，都达到了图文并茂，赏心悦目的程度，比过去有了很大的进步和发展。

一 市声广告

《梦粱录》记载了南宋临安小商小贩“侵晨行贩”，“异品菜蔬”、“时新果子”，“填塞街市”。商贩走街串巷，“吟叫百端，如汴京气象，殊可人意”[17]。宋代学者高承在《事物纪原》一书中也说：“京师凡卖一物，必有声音，其吟哦俱不同。”这些记载都生动地描述了当时市声广告的活跃景象。

[一] 叫卖广告

两宋时期的小商贩逐渐增多，叫卖广告的种类也多种多样。

有瑜石车子卖糖糜乳糕浇，亦俱曾经喧唤，皆效京师叫声；又有沿街头盘叫卖姜豉、膘皮子；又有担架子卖香辣罐肺、香辣素粉羹、腊肉等，各有叫声；更有叫“时运来时，买庄田、取（娶）老婆”卖卦者；亦有卖卦人盘街叫卖，如顶盘担架卖市食，至三更不绝。[18] [图14016]

此外，还有小贩，“沿街叫卖小儿诸般食件”，“及小儿戏耍家事儿，如戏剧糖果之类”。[19]

两宋京城里卖熟食的小商贩更善于用别出心裁的方式做广告。宋人庄绰（季裕）《鸡肋编》卷上记载：

食物中有“馓子”，又名“环饼”，或曰即古之“寒具”也。京师凡卖熟食者，必为诡异标表语言，然后所售益广。尝有货环饼者，不言何物，但长叹曰：“亏便亏我也！”谓价廉不称耳。绍圣中，昭慈被废，居瑶华宫。而其人每至宫前，必置担太息大言。遂为开封府捕而究之，无他，犹断杖一百罪。自是改曰：“待我放下歇则个。”人莫不笑之，而买者增多。[20]

[17] 《梦粱录》《天晓诸人入市》。

[18] 《梦粱录·夜市》。

[19] 《梦粱录·诸色杂货（卖）》。

[20] 庄绰：《鸡肋编》，中华书局，1983年版，第七页。

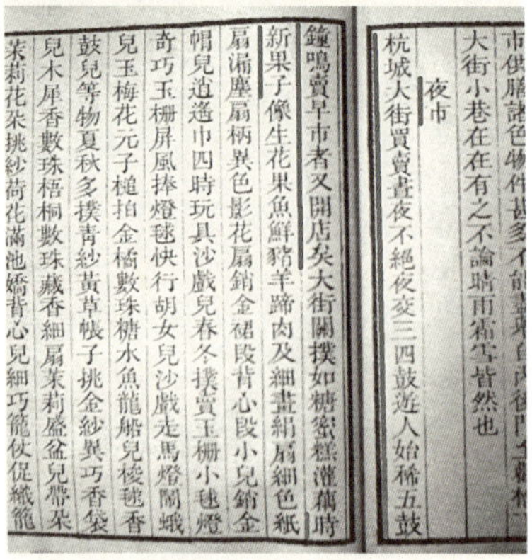
市供膳諸色物件甚多
大街小巷在在有之不論晴雨霜雪皆然也
夜市
杭城大街買賣晝夜不絕夜交三四鼓遊人始稀五鼓
鐘鳴賣早市者又開店矣大街關撲如糖蜜糕灌藕時
新果子像生花果魚鮮豬羊蹄肉及細畫絹扇細色紙
扇漏塵扇柄異色影花扇銷金裙段背心段小兒銷金
帽兒逍遙巾四時玩具沙戲兒春冬撲賣玉柵小毬燈
奇巧玉柵屏風捧燈毬快行胡女兒沙戲走馬燈闖蛾
兒玉梅花元子槌拍金橘數珠糖水魚龍船兒梭毬香
鼓兒等物夏秋多撲青紗黃草帳子挑金紗異巧香袋
兒木犀香數珠梧桐數珠藏香細扇茉莉盛盆兒帶朵
茉莉花朵挑紗荷花滿池嬌背心兒細巧籠仗促織籠

/14016/《梦粱录·夜市》书影

[二] 唱卖广告

这一时期的叫卖广告以唱卖为主，而且实现了人声与响器的结合，形成了独具特色的市声广告。用婉转动听的小曲做广告，显然比单调的叫卖和敲响器更引人注意。《东京梦华录》中记载：

是月季春，万花烂漫。牡丹芍药，棣棠木香，种种上市。卖花者以马头竹篮铺排，歌叫之声，清奇可听。

《梦粱录》中也记载：

今街市与宅院，往往效京师叫声，以市井诸色歌叫卖物之声，采合宫商以成其词也。

这清楚地告诉人们，南宋的临安出现了仿效北宋汴梁街头的叫卖声，配上乐曲歌词，沿街吟唱叫卖。

另外，南宋临安人特别爱花，每逢节假日“城内外家家供养”[21]，花的消费量极大，种花、养花、卖花成了一个很大的产业。《梦粱录》中记载了很多卖花人“叫卖”、“唱卖”的情景，其中详细描写了四季所卖的花：

四时有扑（古代一种促销方式）带朵花，亦有卖成窠时花、插瓶把花、柏桂、罗汉叶；春扑带朵桃花、四香、瑞香、木香等花；夏扑金灯花、茉莉、葵花、榴花、栀子花；秋则扑茉莉花、兰花、木樨、秋茶花；冬则扑木春花、梅花、瑞香、兰花、水仙花、腊梅花，更有罗帛脱蜡像生四时小枝花朵（“像生”花即用绢、蜡等材料人工制作的花），沿街市吟叫扑卖（“扑卖”为古代一种带赌博性质的促销方式）。

端午节时，“家家买桃、柳、葵、榴、蒲叶、伏道，又并市茭、粽、五色水团、时果、五色瘟纸，当门供养。自隔宿及五更，沿门唱卖声，满街不绝”。

苏轼《东坡志林》曾提及唱卖水果的小贩：

吾故人黎錞，字希声，治春秋有家法，欧阳文忠公喜之。然为人质木迟缓，刘贡父戏之为“黎檬子”，以谓指其德，不知果木中真有是也。一日联骑出，闻市人有唱是果鬻之者，大笑，几落马。[22]

元代戏曲艺术兴盛，把唱卖广告描绘得声色俱全。如《逞风流王焕百花亭杂剧》中记载王焕仿效洛阳一带贩卖干、鲜果品小贩的唱卖声说：

查梨条卖也！查梨条卖也！……这果是家园制造，道地收来也！有福州府甜津津、香喷喷、红馥馥带浆儿新剥的园眼荔枝也！有平江路酸溜溜、凉荫荫、美甘甘连叶儿整下的黄橙绿橘也！有松阳县软柔柔、白璞璞、蜜煎煎、带粉儿压匾（扁）的凝霜柿饼也！有婺州府脆松松、鲜润润、明晃晃拌糖儿捏就的龙缠枣头也！有蜜和成、糖制就、细切的新建姜丝也！有日晒皱、风吹干、去壳的高邮菱米也！有黑的黑、红的红、魏郡收来的指头大的瓜子也！有酸不酸、甜不甜、宣城贩到的得法软梨条！……[23]

这一段唱卖词运用了一连串的叠音，抑扬顿挫，韵味十足，将风味各异的果品的特色形容得淋漓尽致。用这样的唱词沿街叫卖，别具特色，能迅速勾起人们的购买欲望，刺激人们的购买行为。

[三] 响器广告

宋元时期，用响器做广告已经相当普遍。宋代诗人宋祁在诗中也写过“箫声吹暖卖饧天”，可见当时卖糖的商贩靠吹管箫乐器来招徕顾客。宋代绍兴年间，有卖梅花酒的，

21 《西湖老人繁胜录·端午节》。

22 苏轼：《东坡志林》。

23 转引自臧晋叔明：《元曲选》，据上海中华书局“四部备要”本。

用鼓乐吹奏《梅花引》叫卖。《梅花引》在当时家喻户晓，很可能是专为卖酒而创作的酒曲，使人听到这支曲子便能想到梅花酒，达到了很好的广告效果。

元代熊梦祥所著的《析津志》中也有对小商小贩响器广告的记载：

街市蒸作面糕、诸蒸饼者，五更早起，以铜锣敲击，时而为之。……小经纪者，以蒲盒就其家市之，上顶于头上，敲木鱼而货之。

另外，现代的百货商店起源于早期的杂货店，杂货店的前身则是货郎担。货郎担是古老的商业形式，主要供应针线脂粉等与妇女有关的日用小商品，深入里巷、胡同及广大农村。由赶集、设摊和扩大经营，定居开店，沿街售卖逐渐发展成以后的杂货店、百货店。卖货者用摇动手中的小鼓和小铜锣这种方式代替单纯的叫卖。这种广告响器被称为“惊闺”，意思是使声音达到闺阁。所以，贩卖人也叫做“惊闺”，俗称“货郎”。重建于元代的河北石家庄上京村毗卢寺有一幅壁画［图14017］，其局部就描绘了货郎“惊闺”卖货的情景。画面上一位货郎挑担手摇货郎鼓，一个小贩敲击响器出售货物。另有一泥水匠，左手拿瓦刀，右手拿镘子，相互敲击发出声响来吸引顾客的注意。

除此之外，还有一些响器与叫卖相结合的广告形式。宋代收买旧货的小贩在走街串巷收买旧货时，口中常喊“常卖”、“常卖”，因此，人们又把这种小贩称为“常卖”。赵彦卫《云麓漫钞》记载：

朱勔之父朱冲者，吴中常卖人。方言：以微细物博易于乡市中，自唱曰：“常卖”。[24]

这大概是“常卖”得名的原因。另外，话本《勘皮靴单证二郎神》中记载：

冉贵却装了一条杂货担，手执着一个玲珑珰啷的东西，叫做个“惊闺”，一路摇着。……只听得叫声：“卖货！过来！”冉贵听得叫，回头看时，却是一个后生妇人。便道：“告小娘子，叫小人有甚事！”妇人道：“你是收买杂货，却有一件东西在此，胡乱卖几文与小厮买嘴吃，你用得也用不得？”冉贵道：“告小娘子，小人这个担儿，有名叫做‘百纳仓’，无有不收的。你且把出来看看。”[25]

24 赵彦卫：《云麓漫钞》，上海古典文学出版社1957年版，第101页。

25 转引自庞德新：《宋代两京市民生活》，香港龙门书店1974年版，第112-113页。

/14017/ 河北石家庄上京村毗卢寺壁画

[四] 文学艺术作品中的市声广告

1 古诗中的市声广告

宋代拥有完备的教育制度，除了官办学校，私人讲学的书院也兴起，造就了许多气韵不凡的诗人，他们创作的很多诗词作品都从不同的角度反映了当时叫卖广告的情况。宋代"苏门四学士"之一的张耒曾写过一首诗，对冬天"绕街呼卖"的卖饼小孩寄予深切的同情，其诗题为《北邻卖饼儿，每五鼓未旦即绕街呼卖，虽大寒烈风不废，而时略不少差也。因作诗，且有所有警，以示秬、秸》。诗中写道：

城头月落霜如雪，楼头五更声欲绝。捧盘出户歌一声，市楼东西人未行。北风吹衣射我饼，不忧衣单忧饼冷。业无高卑志当坚，男儿有求安得闲？

这首诗中提到的"捧盘出户歌一声"便是对当时唱卖广告的很典型的反映。

另外，宋人诗词中，常有写临安卖花声的，陆游的朋友王埛（季夷）在《夜行船》词中写道："小窗人静，春在卖花声里"[26]。《本堂集》中也有一首古诗，题为"夜梦在旧京，忽闻卖花声，有感至于恸哭，觉而泪流满枕上，因趁笔记之"。

南宋诗人范成大也曾以叫卖声为题材，写了不少的名篇：

墙外卖药者九年无一日不过，吟唱之声甚适。

《元夕四首》之一：尚爱乡音醒病耳，隔墙时有卖饧（饧，麦芽糖）声。

《夜坐有感》：静夜家家闭户眠，满城风雨骤寒天。号呼卖卜谁家子，想欠明朝籴米钱！

2 宋词元曲的市声广告

由于宋元时小商小贩的叫卖声形形色色，当时的艺人们便将叫卖声进行艺术加工，谱曲吟唱，在瓦舍勾栏中作为节目表演。《都城纪胜·瓦舍众伎》记载：

叫声，自京师起撰，因市井诸色歌吟卖物之声，采合宫调而成也。

宋词、元曲中，不少词牌、曲牌，如《货郎儿》、《卖花声》、《叫声》等，都是采纳了叫卖市声，经过艺术加工而成的。由此说明当时的广告对人们生活以及艺术创作的极大影响，更加印证了广告源于生活也影响生活的观点。

26 《绝妙好词》卷二。

二 招幌广告

到了宋代，招幌广告遍及城乡，都市里几乎每家商铺都有自己的招牌名称。招幌有横、竖等不同类型，广告上有文有图，用文字写明店铺的名称和性质，用图画显示行业性质。如药店画药葫芦，膏药店画膏药，铁铺门前画钳、刀标记，酒店画李太白像［图14018］等。

/14018/用酒仙李白的形象招揽顾客，酒名留空，可随时更换宣传。

[一] 名目繁多的酒幌

酒幌这种古老的酒家惯用的广告手段，到宋代有了新的发展。据统计，《水浒传》里写了宋代60多家酒店，也有关于酒家幌子的描写。如描写蒋门神的一段："檐前立着望竿，上面挂着一个酒望子，写着四个大字：河阳风月。"另外，蒋门神在"快活林"霸占来的大酒店前也插有两把销金酒旗，每把旗上都写着几个金色大字："醉里乾坤大，壶中日月长。”广告词写得对仗工整，意味深长，的确是不可多得的酒类广告。又如“武松景阳冈打虎”一段中那个小酒店门前，一面幌子上写着“三碗不过冈”[图14019]，仅仅五字，就能让酒客不醉不归。

宋代洪迈《容斋随笔·酒肆酒望》也说：

今都城与郡县酒务及凡鬻酒之肆，皆揭大帘于外，以青白布数幅为之唐人多咏于诗。然其制盖自古而然矣。[27]

[二] 林立的招牌广告

这一时期，招牌已成为商店最基本的广告形式，一般店铺门前都立着或挂着招牌。宋代招牌广告的普遍使用，在许多书中都有记载。《梦粱录·铺席》[图14020]条中记载：“杭城市肆名家有名者，如中瓦前皂儿水，杂货场前甘豆汤，戈家蜜枣儿”，“市西坊南和剂惠民药局”，官巷前仁爱堂熟药铺，修义坊三不欺药铺等等，计凡百十四家之多。

此外，《梦粱录·茶肆》里也写有“俞七郎茶坊”、“蒋检阅茶肆”等招牌名。

宋代话本《宋四公大闹禁魂张》中描写道：

只见汴河岸上，有个馒头店。店前有一个妇女，玉井栏手巾勒着腰，叫道：“客长，吃馒头点心去。”门前牌儿上写着：本行侯家上等馒头点心……

话本《京本通俗小说·碾玉观音》里的几家店铺也都挂着招牌，如：“璩家装裱古今字画”等等。其中还有这样的描写：

不则一日，到了潭州，却是走得远了。就在潭州市里，讨间房屋，出面招牌，写着“行在崔待诏碾玉生活”。

从中可以看出，挂招牌已成为当时商店最基本的广告形式。

另外，陆游《老学庵笔记》卷八记载：

大驾初驻跸临安，故都及四方士民商贾辐辏，又创立官府，扁(匾)牓一新。好事者取以为对曰：“钤辖诸道进奏院，详定一司敕令所”、“王防御契圣眼科，陆官人遇仙风药”、“干湿脚气四斤丸，偏正头风一字散”、“三朝御里陈忠翊，四世儒医陆太丞”、“东京石朝议女婿，乐驻泊乐铺西蜀”、“费先生外甥，寇保义卦肆”，如此凡数十联，不能尽记。

/14019/“三碗不过冈”图

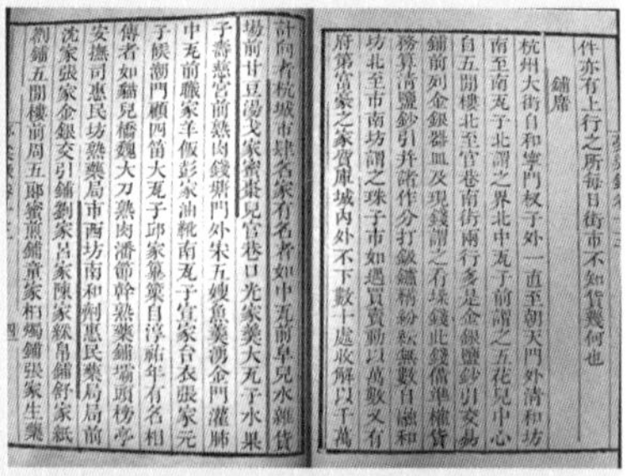

件亦有上行之所每日街市不知貨幾何也
鋪席
杭州大街自和寧門杈子外一直至朝天門外清和坊
南至南瓦子北謂之界北中瓦子前謂之五花兒中心
自五間樓北至官巷南街兩行多是金銀鹽鈔引交易
鋪前列金銀器皿及現錢謂之看垛錢此錢備準榷貨
務算請鹽鈔引并諸作分打鈒鍍紛紛無數自融和
坊北至市南坊謂之珠子市如遇買賣動以萬數又有
府第富豪之家質庫城內外不下數十處收解以千萬
計向者杭城市肆名家有名者如中瓦前皂兒水雜貨
場前甘豆湯戈家蜜棗兒官巷口光家羹大瓦子水果
子壽慈宮前熟肉錢塘門外宋五嫂魚羹湧金門灌肺
中瓦前職家羊飯彭家油靴南瓦子宣家台衣張家元
子候潮門顧四笛大瓦子邱家篳篥自淳祐年有名相
傳者如貓兒橋魏大刀熟肉潘節幹熟藥鋪瑞頭楊亭
安撫司惠民坊熟藥局市西坊南和劑惠民藥局局前
沈家張家金銀交引鋪劉家呂家陳家綵帛鋪舒家紙
劄鋪五間樓前周五郎蜜煎鋪章家柘燭鋪張家生藥

/14020/《梦粱录·铺席》书影

/14021/清明上河园中的刘家上色沉檀楝香铺

/14022/《清明上河图》中的赵太丞家药店

这些大部分是药铺的招牌广告，就连卖卦、扶乩等行当也有“招牌”广告。

从《清明上河图》中，也可以看到众多商店使用招牌的景象。据统计，画面上仅汴梁东门外附近十字街口，就有各家商店设置的招牌、横匾、竖标、广告牌等30余块。如卖羊肉的挂着“孙羊店”，卖香料的写着“刘家上色沉檀楝香”[图14021]，药材店上打出“神农遗术”、“赵太丞家”[图14022]、“杨家应症”等。

27 洪迈：《容斋随笔》(上)，上海古籍出版社1978年版，第408页。

[三] 商标标记广告

1 宋代市民的商标意识

本时期的商标标记广告［图14023、14024］还基本属于招幌广告的范畴，只是较小的招或幌。两宋时期有的铺户只须在门前挂个“花栲栳儿”[28]、“松柯儿”[29]一类的物件，人们看了便知道那是做胭脂绒线生意或卖村酒的地方。这类物件是识别的标志，与现代的商标非常近似了。

所谓“花栲栳”，又叫“栲栳”，它是用竹篾或柳条编制而成的圆形盛物器具，用来盛放针线之类的东西。宋代话本《志诚张主管》中写道：张胜的父亲善于经营，将张家的“花栲栳”创出了牌子。父亲去世后，张胜生计发生困难。母亲便让他将屋上挂着的一个装有“花栲栳儿”的包取下来，对他说：“你如今依先做这道路，刁爷的生意，卖些胭脂绒线。”张胜便在门前“挂着花栲栳为记”，开起了胭脂绒线铺，生意逐渐好起来。

宋代吴曾《能改斋漫录》卷一“事始”类“浴处挂壶于门”条也有相似的情形：

今所在浴处，必挂壶于门，或不知其始。按：《周礼》挈壶氏，掌挈壶以令军井。郑司农注曰：谓为军穿井，井成，挈壶悬其上，令军中土众皆望见，知此下有井。壶所以盛饮，故以壶表井。又别注曰：“挈，读如挈发之挈。壶，盛水器也。”乃知俚俗所为，亦有所本。

经过不断地发展，宋代的标记广告更具艺术性。宋代罗愿的词中写道：

君不见菊潭之水饮可仙，酒旗五星空在天。

“五星”就是酒旗上的图案，这说明酒旗已由唐代以来简单的青白相间的酒旗发展成为讲究艺术形式的广告。

此外，宋代手工艺人常在产品上加上带有商标性质的字号，广泛宣传，可见这些手工艺人特别注意创造具有自己特色的商品标记和商品信誉，而且还有了防止品牌被假冒的意识［图14025］。例如话本《碾玉观音》[30]中，咸安郡王的“碾玉待诏”崔宁，在所造玉观音底下碾上“崔宁造”字样。宋话本《白娘子永镇雷锋塔》[31]中也记载：许仙因遇雨，在三桥街向开生药铺的李将仕

[28]《京本通俗小说·志诚张主管》。

[29]《京本通俗小说·西山一窟鬼》。

[30]《京本通俗小说》卷十。

[31]《警世通言》卷二十三。

/14023/石棺。制造于公元976年（北宋开宝九年），上面刻有“维大宋开宝九年丙子正庚寅十一日戊寅制作毕之，施主欲超妻新妇惠合子孙女花哥伴姐”两行字。

/14024/石棺上面还写有制作工匠的名字“匠人单继永”。这是一个很典型的标记广告。（郑州博物馆藏）

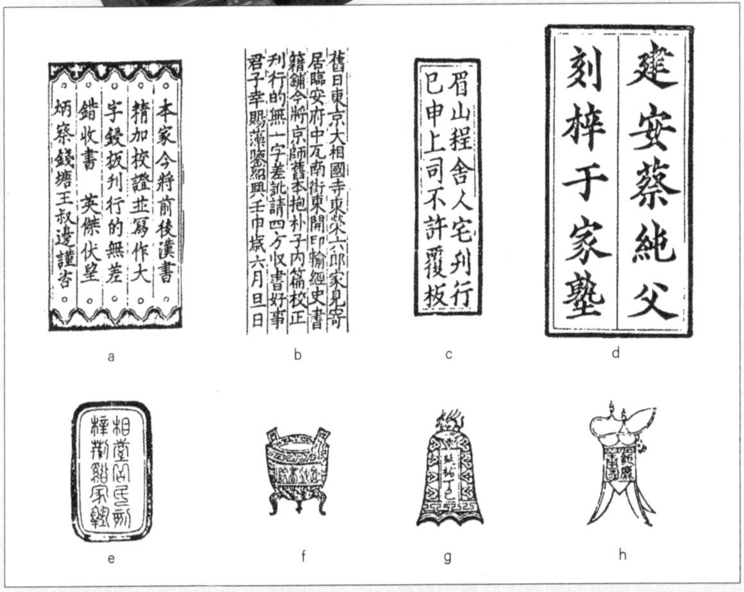

/14025/早期中国印本中的牌记

(a)原籍钱塘（临安）的福建建安书坊主王叔边，1150–1170年

(b)迁至临安（杭州）开业的原开封相国寺东的老字号荣六郎书铺，1152年

(c)眉山程氏，牌记说明他已申请有司禁止他人翻印他印的书，约1190–1194年

(d)福建建安蔡纯父，约1208–1224年

(e)河南相台岳氏，十三四世纪元代刻书人采用的装饰性标记

(f)鼎状(g)钟型(h)爵形。

借把伞用。店中老陈遵照主人之命，将伞递给许仙，再三嘱咐道：“小乙官，这伞是‘清湖八字桥老实舒家’做的，八十四骨、紫竹柄的好伞，不曾有一些儿破，将去休坏了！仔细！仔细！”

市民对名牌商品的推崇可见一斑。话本《勘皮靴单证二郎神》[32]也有类似记载：三都捉事使臣冉贵，根据藏在皮靴蓝布衬底里的一张上面写有“宣和三年三月五日铺户任一郎造”字样的纸条，找着了铺户任一郎，把皮靴交给他辨认。任一郎仔细一看，说道：“告观察，这靴儿委是男女做的。却有一个缘故。我家开下铺时，……家里都有一本坐簿（存根），上面明写着‘某年某月某府中差某干办来定制定造’。就是皮靴里面也有一条纸条儿，字号与坐簿上一般的。”“只消割开这靴，取出纸条儿来看，便知端的。”

一些客栈也有标记。如南宋时临安供应急于赶路的客商的客栈，门前悬放汤杓、杯子或晒干的葫芦为标记。普通市民对名牌商标也越来越认同，就连宫廷宴请客人，也常到宫外名小吃店。南宋高宗就常从临安知名饮食店中购买美食，《枫窗小牍》说他从宋五嫂的鱼店中买鱼羹，《西湖游览志余》也记载他常派人买“李婆婆杂菜羹、贺四酪面脏、三猪胰胡饼、戈家甜食”等等。

到了元代，大都的标记广告更为盛行，出现了更多图画标记。《析津志》“风俗”类中记载：

市中医小儿者，门首以木刻板作小儿，儿在锦棚若方相模样为标榜。又有稳婆收生之家，门首以大红纸糊篾筐大鞋一双为记，专治妇人胎前产后以（一）应病证，并有通血之药。而生产之家，门悬草圈，上系以红帛，则诸人不相往来。

其中还提到元代兽医的标记广告：

医兽之家，门首地位上以大木刻作壶瓶状，长可一丈，以代赭石红之。灌药之所，门之前画大马为记。

就连剃头匠也有标记：

官大街上作朝南半披屋，或斜或正，于下卖四时生果、蔬菜，剃头、卜算、碓房磨，俱在此下。剃头者以彩色画牙齿为记。

2 以人名命名的商标

以名字为标记，或以名字命名的商标，在宋代非常普遍。有的成为店铺名称，《梦粱录·铺席》中记载的就有一两百家，诸如：陈家彩帛铺、舒家纸札铺、童家柏烛铺、凌家刷牙铺、孔家头巾铺、徐茂之家扇子铺、徐官人幞头铺、钮家腰带铺、张家铁器铺、张古老胭脂铺、戚百乙郎颜色铺、三不欺药铺、仲家光牌铺、香家云梯丝鞋铺、李官人双行解毒丸、朱家裱褙铺、尹家文字铺、陈妈妈泥面具风药铺、保和大师乌梅药铺、戚家犀皮铺、彭家温州漆器铺、归家花朵铺、周家折揲扇铺、陈家画团扇铺等等。

南宋时，不少著名的小吃，就是以人名为商标，名闻遐迩。宋代袁褧《枫窗小牍》所记载的：

旧京工伎，固多奇妙，即烹煮盘案，亦复擅名。如王楼梅花包子……之类，皆声称于时，若南迁，湖上鱼羹宋五嫂、羊肉李七儿、奶房王家、血肚羹宋小巴之类，皆当行不数者。宋五嫂，余家苍头嫂也。每过湖上，时进肆慰谈，亦他乡寒故也，悲夫！

3 区分经营范围的服饰标记

服饰的颜色是一种标记。做官的有官服，经商贩卖者有商贾的打扮，文人阶层又有文人的打扮，从事体力劳动的城市平民，也有固定的传统服饰。自古以来，各行各业的服饰就有较为严格的要求。

西汉时规定当官的人，除了在正式场合必须穿着官服外，平时闲居时可穿便服、佩带宝剑，以此区

[32] 《醒世恒言》卷十三。

别众人。规定商人不许佩剑，不许穿丝锦类的衣服，更不许乘车骑马。到了西晋，更是规定商人必须头裹白巾或在帽额上贴一块白布，上面写清自己的姓名、做何买卖；还规定脚上的鞋子要穿一只白的一只黑的。一直到北宋初期，还有类似的习俗：

其卖药卖卦、皆具冠带。至于乞丐者，亦有规格，稍似懈怠，众所不容。其士农工商，诸行百户衣装，各有本色，不敢越外。谓如香铺裹香人，即顶帽披背；质库掌事，即着皂衫角带不顶帽之类。街市行人，便认得是何色目。[33]

除了服装式样的规定之外，衣服的颜色也有严格的限制，以区别不同的等级和尊卑。黄色，代表尊贵和富有，这是帝王专用的颜色，任何人不能擅自采用。将相官服则有不同的颜色，如紫红、大红、黑色等等，以此表示他们的不同职务和品第。

"服绿"历来是对人的侮辱，绿色被看作是所有颜色中的下等。北宋初年，政府为表示对唐朝遗留下来，投靠北宋的百官的藐视，命令这些留用官员，不论官品高低，"例令服绿"，"以示别于中国也"[34]。

宋元以后，绿色服装则成为"乐人"和"娼妓"的专用服装颜色。这也就是后来取笑纵容妻女从事卖淫的人"戴绿帽子"的由来。明代以后，随着城市生活水平的提高、纺织业的发展，衣服色彩也随之丰富起来，绿色服装也不再属于"下贱"的范畴，成为仕女贵妇喜好的一种色彩。

[四] 文艺演出广告及剧场广告

宋元时期，出现了广泛运用于勾栏瓦舍文艺演出之中的文艺演出及剧场广告。

以说书为代表的中国说唱艺术历史悠久。在唐代就有所谓"俗讲"，在宋代则有了"说话"、"话本"。在宋代，由于商品经济的发达、城市的繁华，市民阶层形成。为满足市民阶层的文化娱乐消费需求，勾栏瓦舍中便有了许多以"说话"为生的演员。他们为了招揽听众，演出之前都要悬挂"招子"做广告宣传。一般"招子"都是彩色的，所以又叫"花招儿"，或叫"花碌碌纸榜"，上面不仅写着戏名，也有演员的名字，所以杂剧《错立身》中延寿马看了"招子"后，便知道王金榜在"作场"（表演）[图14026]。这些都相当于现代的戏剧、歌舞演出海报。《水浒传》第五十一回《插翅虎枷打白秀英》写道：

（秀英）参拜四方，拈起锣棒，如撒豆般点动。拍下一声界方，念了四句七言诗，……那白秀英道："今日秀英招牌上明写着这场话本，是一段风流蕴藉的格范。唤做《豫章城双渐赶苏卿》。"说了开话又唱，唱了又说。合棚价喝采不绝。

可见，为吸引听众，说书人不仅在剧目"招牌"上写上剧目名，还要附上"风流蕴藉"这样具有煽动说服作用的广告词。此外，说书人在开讲时，先要用"银字样"管乐器鼓吹起来，引起听众的注意。因此，当时的"说话"、"小说"又被称作"银字儿"。这实际上也是响器广告的表现。

元杂剧本身就有不少有关剧场广告活动的记载，如《宦门子弟错立身》第四出《桂枝香》"白"说："侵早已挂了招子"；该剧第十二出写道："[生……看招子介][白]且入茶馆里问个端的。"《蓝采和》第一折"白"说："昨日贴出花招儿去"，等等。

元代诗人杜仁杰曾写过一首曲子，叫[般涉调·耍孩儿·庄家不识勾栏]，生动地描写了当时一个农家到城里勾栏看戏的情景：

33 《东京梦华录·民俗》。

34 王栐《燕翼诒谋录》卷四。

/14026/ 元杂剧演出图，戏台上方有招幌广告。

[耍孩儿]风调雨顺民安乐，都不似俺庄家快活。……来到城中买些纸火（纸火：拜神用的纸钱香烛等物）。正打街头过，见吊着个花碌碌的纸榜（演出广告），不似那闹穰穰人多。

[六煞]见一个人手撑着椽做的门，高声叫："请！请！"道："迟来的满了无处停坐"。说道：前截儿院本《调风月》，背后幺末敷演《刘耍和》。高声叫："赶散易得，难得的妆哈"。

这段杂剧描写了勾栏门口张挂出"花碌碌"的演出广告，还有勾栏门口有人"撑着椽做的门"边招揽看客，边高声大叫道："请！请！迟来的恐怕就没地方坐了！"故意制造剧场内人头攒动的紧张气氛，还生动地再现了招揽客人的人的精彩广告语："像这样人人喝彩的精彩演出千载难逢！"可见，这家勾栏是把吆喝广告与文字广告结合了起来。

三 印刷广告

宋代高度发达的印刷业，促进了文化的传播，也促进了印刷广告的发展。

宋代是中国印刷术的黄金时代，汴梁和临安书坊［图14027］林立，盛况空前。《清明上河图》中，沿河岸的众多店铺中就有一家书坊［图14028］。

活字印刷术的发明推动了早期报纸的发展，出现了民间小报，这是中国新闻史上最早出现的民间报纸，成为邸报的一个重要补充，是近代性质的大众传播媒介。虽然小报屡次遭到朝廷的禁毁，但由于市场是自由办报的基础，加之它信息面广，受到普通民众的喜欢，所以小报屡禁不止，数量还不断增多。但小报上的印刷广告并不是很多，最多的是一些政令性的消息，因此没有形成现代意义上的报纸广告。

[一] 印刷技术在广告中的广泛应用

这一时期，很多商家都利用印刷技术印制广告，使自己的商品家喻户晓。洪迈《夷坚志》中记载了临安专门推销"治暑泄药"的药方广告：

暑毒在脾，湿气连脚。不泄则痢，不痢则虐。独炼雄黄，蒸面和药。甘草作汤，服之安药。别作治疗，医家大错。

这段广告词仅40个字，便把"治暑泄药"的特色、成分、制作方法及

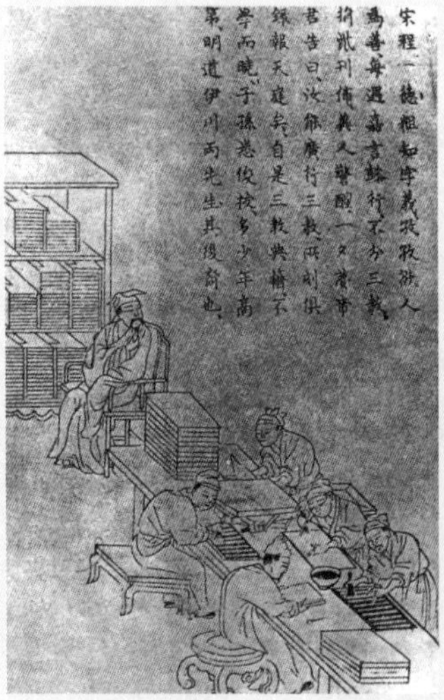

/14027/ 宋代印刷书坊

/14028/《清明上河图》中的书坊

患者服用时应注意的问题，都交代得一清二楚。而且，从广告词本身看，四字一句，简明扼要，重点突出，读起来也琅琅上口。

宋话本《宋四公大闹禁魂张》中也有对印刷广告的记载：

侯兴光婆问赵正吃什么药，赵正顺口答道："平江府提刑散的药，

名唤做‘百病安丸’。妇女家八般头风，胎前产后，脾血气病，都好服。”

身为盗贼的赵正，能够把此药的性能记得滚瓜烂熟，是因为随药附送的纸上印有药方，这样的印刷小纸片便于传递，能将广告信息迅速传播开来，深入人心，在当时是一种有效的广告形式。

[二] 现存最早的印刷广告实物

随着印刷术的发明和利用，再加上造纸业的发达，具有近代广告特点的印刷广告出现了，这便是北宋时期济南刘家针铺 [图14029] 所用的广告铜版雕刻，它是中国商标与广告的珍贵历史文物。铜板宽 12.5 厘米，高 13 厘米，上面雕刻着“济南刘家功夫针铺”的标题，中间是“白兔捣药”的图案，在图案左右标注“认门前白兔儿为记”，下方则刻有说明商品质地和销售办法的广告文字：

收买上等钢条，造功夫细针，不偷工，民使用，若被兴贩，别有加饶，请记白。

整个版面图文并茂，白兔儿捣药的图案相当于店铺的标记。全部广告词只用了28个具有广告性质的说服性文字，就突出了针的质量和售买方法。这个铜版既可用来印制广告传单及招贴，又可用来印制包装纸，也可当作产品说明书，用途广泛。有广告专家评价：“从这个商标图记显示，九百多年前中国商人已有相当现代化的经营手法。”[35] 宋代的这块印刷广告铜版是目前世界上最早的印刷广告实物，它比西方公认的最早的印刷广告——1473年英国第一个出版商威廉·凯克斯顿为宣传宗教内容的书籍而印制的广告还早三四百年。

[三] 最早的广告画

据有关材料记载，中国最早的广告画至少在南宋时期就已出现，这是一幅戏剧中演绎的推销“眼药酸” [图14030] 的广告。画面内容是两个穿戏装的演员，一人用手指着右眼，示意有眼病，另一人则手拿一瓶眼药酸请他使用。这幅广告画形象生动，趣味盎然。用图画制作广告会比简单的文字更吸引人们的注意，也容易被不识字的人所理解。

[四] 书铺广告及书籍广告

据印刷史专家考证：书铺、书坊广告及书籍广告在宋代便产生了。宋代大量出现的书铺及书籍广告是一种特殊的广告形式。宋代雕版书籍中，一般都有“刊语”或“牌子”，多刻在目录或序文后，也有夹在书中的，内容大都是告诉读者书坊字号、刻书年月、地点，与现代书籍的版权页类似。另外，有些“刊语”或“牌子”还带有广告宣传性质，或宣传自己的刻本是经过仔细校正的，绝无差错，或宣传其书的实用性，或刊出新书预告，以吸引读者再次购买该书铺或书坊的书籍。如《抱朴子内篇》卷二十一后“刊语”：

旧日东京大相国寺东荣六郎家，见寄居临安府中瓦南街东开印输经史书籍铺。今将京师旧本抱朴子内篇校正刊行的无一字差讹，请四方收书好事君子幸赐藻鉴。绍兴壬申岁六月旦日。

又如南宋临安沈二郎“经坊”（专刻佛经的坊肆）的印刷广告说：

本铺将古本《莲经》（指《妙法

35 樊志育：《中外广告史》，台北三民书局1989年版，第20页。

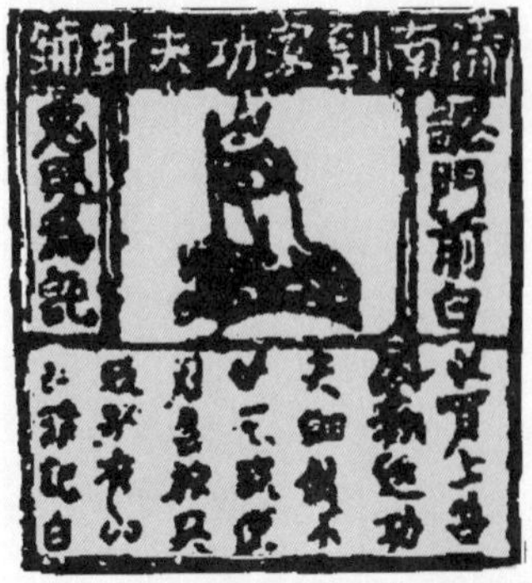

/14029/ 济南刘家针铺所用的广告铜版雕刻

/14030/ 眼药酸广告

莲华经》)，一一点句，请名师校正重刊。选拣道山场抄造细白上等纸札，志诚印造。见住杭州大街棚前南钞库相对沈二郎经坊新雕印行。望四远主顾，寻认本铺牌额，请赎。谨白。[36]

这则广告强调了该书是请名师校正过，并选用细白上等纸张印造等特点。

现代的书籍，一般都有封面，但在北宋时期出版的书籍是没有封面的，一般书名题署在卷首，或刻在版心，每卷书名都用双行大字。直到南宋末年，中国的书籍才出现了封面，使人能看到醒目的书名，这是中国书籍印本史上的一大进步。与此同时，又出现了带图的书名页。这样的封面，不仅醒目，而且美观、吸引人，有包装广告的效果。从元朝开始，有些书籍的作者开始把自身的画像刻印在自己的著作上。这些方式都起到了自我介绍及广告宣传的作用。

书籍、书坊广告到了元代有了新的发展。如元代余氏勤德堂书坊所出版的《十八史略》：封面中间为二行八大字的书名《古今通要十八史略》，大字书名旁还附有两行带有广告性质的小字，右边为“通略之书行世久矣，惜其太简，读者憾焉”，左边为“是编详略得宜，诚便后学，以梓与世共之”。广告词把世面上流行的“通略之书”的弊端及自己书坊所出《十八史略》的优点、特色，简明扼要地表达了出来。

此外，《天一阁藏本》类书中，有公元1336年（元代至元二年）雕版印刷的《元诗》。该书附有一则征诗广告，原文共四行：

本堂今求名公诗篇，随得即刊，难以人品齿爵为序。

四方吟坛多友，幸勿责其错综之编。

倘有佳章，毋惜附示，庶无沧海遗珠之叹云。

李氏建安书堂谨咨。[37]

这是目前所能见到的古代征稿广告中最早的一例。到了明代，这类书籍广告更为普及。

四 装饰及装潢广告

[一] 店铺门面装饰广告

1 酒楼的精美装饰

宋代店铺林立，店铺的门面修饰也成为广告竞争的主要手段。北宋都城汴梁里的酒楼、饭馆，规模相当宏伟，“屋宇雄壮，门面开阔”。《东京梦华录》介绍汴梁酒店说：“凡京师酒店，门首皆缚彩楼、欢门（用红漆装饰的门）”，屋檐下挂着各式灯笼。史书中提到的彩楼、欢门［图14031］，实际上是一种商店门面装潢。特别是节日期间，彩楼、欢门更是修饰一新，“中秋节前，诸店皆卖新酒，重新结络门面彩楼花头，画竿醉仙锦旆”；“九月重阳，都下赏菊，……酒家皆以菊花缚（扎）成洞户”。[38]酒商们用这样的装饰来大肆招徕顾客。

此时，店面装潢有的已相当考究，显示出豪华气派。排场大的酒楼，门口还竖有旗杆，上面彩旗招展，远远望去，该酒楼的名号大而清晰，十分气派。走进大门，有着几百步长的走廊，走廊两边是天井，天井两旁则是一间间厅堂，当时称为“小阁子”。每间小阁子内放有几张精致的红木桌椅，四周还靠墙放着

[36] 丁申(清)：《武林藏书录》卷末。

[37] 参见张秀明：《中国印刷史》，上海人民出版社1989年版，第325页。

[38] 《东京梦华录·重阳》。

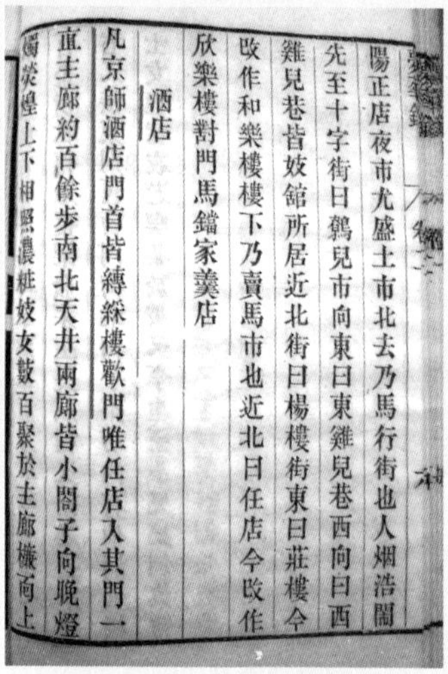
陽正店夜市尤盛土市北去乃馬行街也人烟浩鬧
先至十字街曰鷯兒市向東曰東雞兒巷西向曰西
雞兒巷皆妓館所居近北街曰楊樓街東曰莊樓今
改作和樂樓樓下乃賣馬市也近北曰任店今改作
欣樂樓對門馬鐺家羹店
酒店
凡京師酒店門首皆縛綵樓歡門唯任店入其門一
直主廊約百餘步南北天井兩廊皆小閤子向晚燈
燭熒煌上下相照濃粧妓女數百聚於主廊槏面上

/14031/ 《东京梦华录·酒店》中介绍当时汴梁酒店说“凡京师酒店，门首皆缚彩楼、欢门。”

太师椅、茶几，这是专为贵客饭前休息准备的。讲究点的店家，还在墙角花座上放几盆别致的盆花，墙上挂几幅字画，以增添几分儒雅之气。一到晚上，从门口的绸缎彩门，屋檐下挂着的大小灯笼，到走廊、小阁子的各式彩灯，都大放光明。马行街东的丰乐酒楼，“三层相高，五楼相向，各有飞桥栏槛，明暗相通，珠帘绣额，灯烛晃耀。”[39] [图14032]《清明上河图》上也有一家孙姓开的“正店”[图14033]，门前也是张灯结彩，装点得十分体面。

《析津志》记载元大都“酒槽坊”(酿酒作坊兼卖酒)的门面装饰广告时提到：

酒槽坊，门首多画四公子：春申君、孟尝君、平原君、信陵君。以红漆阑干护之，上仍盖巧细升斗，若宫室之状；两旁大壁，并画车马、驺从、伞仗俱全。又间画汉钟离、唐吕洞宾为门额。正门前起立金字牌，如山子样，三层，云“黄公垆”。夏月多载大块冰，人于大长石枧中，用此消冰之水酝酒，槽中水泥尺深。

如此华丽的广告形式，让人不得不驻足观望，甚至想进到店内畅饮一番。

2 茶肆的优雅环境

饮茶在宋朝已经形成一种风气，“世俗客至则啜茶，去则啜汤”[40]。上自官府，下至闾里，“莫之或废”[41]。《梦粱录》记载临安茶肆说：

汴京熟食店，张挂名画，所以勾引观者，留连食客。今杭城茶肆亦如之，插四时花、挂名人画，装点店面。今之茶肆，列花架，安顿奇松异桧等物于其上，装饰店面……

这一切精细的装饰给茶客营造一个优雅的消费环境，让人流连忘返。

3 其他店铺的装饰广告

为了招揽顾客，很多店家选用各种形式宣传自己。北宋汴梁的宋家生药铺，两壁都挂满了李成所画的山水。李成的画都是传世之宝，用这些画来装饰药铺墙壁这本身就是一种高品位的艺术广告。至于“食店”的广告，也有其特色。“有瓠羹店，门前以枋木及花样矾结缚如山棚，上挂成边猪羊，相间三二十边。”[42]

南宋的小商贩们也都善于做装饰广告：

杭城风俗，凡百货卖饮食之人，多是装饰车盖担儿，盘盒器皿新洁精巧，以炫耀人耳目，盖学汴京气象。及因高宗南渡后，常宣唤买市，所以不敢苟简，食味也不敢草率也。[43]

[39]《东京梦华录》卷三。

[40] 朱彧（宋）：《萍州可谈》卷一。

[41]《南窗纪谈》。

[42]《东京梦华录·食店》。

[43]《梦粱录·民俗》。

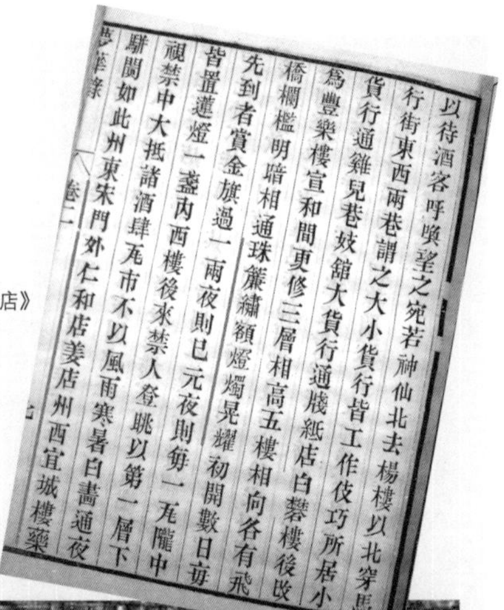
以待酒客呼喚望之宛若神仙北去楊樓以北穿馬
行街東西兩巷謂之大小貨行皆工作伎巧所居小
貨行通雞兒巷妓館大貨行通牋紙店白礬樓後改
爲豐樂樓宣和間更修三層相高五樓相向各有飛
橋欄檻明暗相通珠簾繡額燈燭晃耀初開數日每
先到者賞金旗過一兩夜則已元夜則每一瓦隴中
皆置蓮燈一盞內西樓後來禁人登眺以第一層下
視禁中大抵諸酒肆瓦市不以風雨寒暑白晝通夜
駢闐如此州東宋門外仁和店姜店州西宜城樓藥
夢華錄 卷二

/14032/《东京梦华录·酒店》中对马行街东的丰乐酒楼

/14033/《清明上河图》中的孙羊正店

[二] 最早的纸包装广告实物——“裹贴”

在宋代，随着需求的增长，纸的产量和品种大大增多，市场上常有“纸衣”、“纸帐”、“楮冠”等新奇的商品出现，更为常见的是用纸来做包装。

西汉时期，中国就开始用纸来包装物品，是世界上最早有纸包装的国家。在发掘出土的大批西汉简牍中就有若干纸片，其中有一张纸上写有“巨杨左利上缣皂五匹”九个字。巨杨，即今安徽省阜阳县北。“左利”，是人名。“皂”，黑色；“缣皂”，即黑色的缣。全文意思是：“巨杨”的左利上交黑色缣五匹。有历史学者认为：“这是一张五匹丝织物的包装纸，其时代在西汉，这或许是迄今所见的中国最早的包装纸。其文字只在于说明物品来历、性质，并不具宣传自己、广为招徕顾客的招贴广告性质。”[44]

到了宋代，商家为了广泛宣传自己的产品，便将纸和印刷术结合起来，在包装纸上印上广告词，促进了“裹贴纸”的出现。顾名思义，“裹贴”的“裹”有“包装”的意思，“贴”有“招贴”的意思。“裹贴纸”既有商品包装功能，又含有招贴广告性质。正是由于宋代城市商品经济特别发达，商家店铺销售商品需要消耗大量的“裹贴”，于是出现了专门生产、制作这种“裹贴”的作坊，叫“裹贴作”。如《梦粱录·团行》记载临安城中的团行时提到：“其他工役之人，或名为‘作分’者”，在所列众多“作”坊中，其中即有“裹贴作”。

到了元代，“裹贴”仍然盛行。在吐鲁番木头沟的伯孜克里克佛窟中发掘出一片印字纸片，上面印有“信实徐铺，打造南柜佛金诸般金箔，不误使用，住临安官巷，在崔家巷口开铺”字样。后又找到与前一片纸相近似的两件木刻印版文字纸片，其中一件纸文字为：

家打造南无佛金、诸般金箔，见（现）住杭州泰和楼大街南，坐西面东开铺，辨认，不误主顾使用。

除印版文字之外，有明显的折叠痕，说明该纸曾包过某种物品。

以上这两张“裹贴纸”上的文字，简单明了，却传递了不少有关商家、商品的信息：首先是宣传自己的铺子是“打造南无佛金、诸般金箔”的店铺，讲求信誉；其次，标明开铺地点，一张是说“住杭州官巷，在崔家巷口”，另一张是说“住杭州泰和楼大街”；最后，做出保证质量的承诺，希望得到顾客的信任。由此看来，这两张纸片是为推销所打造金箔的一种经营广告。有关专家经过详细考证，认定此“二纸只能是元朝至元十五年以后的包装纸”[45]，是中国现存最早的印刷包装广告实物。

此外，湖南省沅陵县发掘的一座元代墓葬中，也发现了两张印有广告词的商品包装纸。该包装纸正面及背面印有清晰的图案和花边，上面的印刷文字为：

潭州升平坊内白塔街大尼寺相对住，危家（店铺名）自烧洗无比鲜红紫艳上等银朱（一种发亮的好朱砂）、水花二朱（朱砂的一个品种）、雌黄，坚实匙筋（一种调油漆的工具），买者请将油漆试验，便见颜色与众不同。四方主顾，请认清面首红字高牌为记。[46]

“潭州”即今天的长沙，这是1306年以前长沙城一家油漆店印在产品包装纸上的广告。这篇广告言简意赅，却说明了该店的详细地址、所售商品的种类、质量和特性。这张包装广告的出土，说明印刷广告在元代已具有相当高的水平。

[44] 陈国灿：《吐鲁番出土元代杭州“裹贴纸”浅析》（载《武汉大学学报》“哲学社会科学版”1995年第5期）。

[45] 同上。

[46] 参见《中国广告实务大全》第十二章《中外广告史略》。

五 其他形形色色的广告形式

[一] 打更、报晓、天气预报——生活告知类广告

宋代时打更、报晓、天气预报这种独特的广告形式为当时人们的生活提供了很多方便，而且也充分体现了广告的“广而告之”的作用，体现了广告的告知传播功能。

除了民间的服务性商业活动外，为适应城市生活的需要，每日四更时，各寺院都有专门的行者敲打铁牌子或木鱼儿 [图14034] 循街打更、报晓，若是天晴，则报“天色晴明”，或报“大参”、“四参”、“后殿坐”、“常朝”；天阴则报“天色阴晦”；天下雨则报“雨”。“虽风雨霜雪，不敢缺此”。[47] 这在《东京梦华录》和《梦粱录》中都有相关描述。按古代的规定，午夜以后，每过两个时辰就要报一次更，称为“打更”。四更以后，则为“报晓”。打更与报晓，以往只是在宫中才有。而到北宋以后，随着城市经济的发展，打更和报晓逐渐“大众化”。这种带有公益性质的广告活动近似于当今的“天气资讯”等生活服务类的栏目。

[二] “诸库迎煮”、“鼓吹”仪仗——大型广告活动

南宋临安城内外酒库（制造并发卖酒的机构）每年清明前开煮时，都要举行仪式：将酒样品呈送“临安府点检所”“伺候点呈”，然后将“酒引”（酒类专卖许可证）迎回 [图14035]。这也是每年一次的盛大集会，各酒库都抓住这一机会大做广告：

至期侵晨，各库排列整肃，前往州府教场，伺候点呈。首以三丈余高白布写“某库选到有名高手酒匠，酝造一色上等酴辣无比高酒，呈中第一”，谓之“布牌”，以大长竹（竿）挂起，三五人扶之而行。次以大鼓及乐官数辈，后以所呈样酒数担，次八仙道人、诸行社队，如鱼儿活担、糖糕、面食、诸般市食、车架、异桧奇松、赌钱行、渔父、出猎、台阁等社。又有小女童子，执琴瑟；妓家伏役婆嫂，乔妆

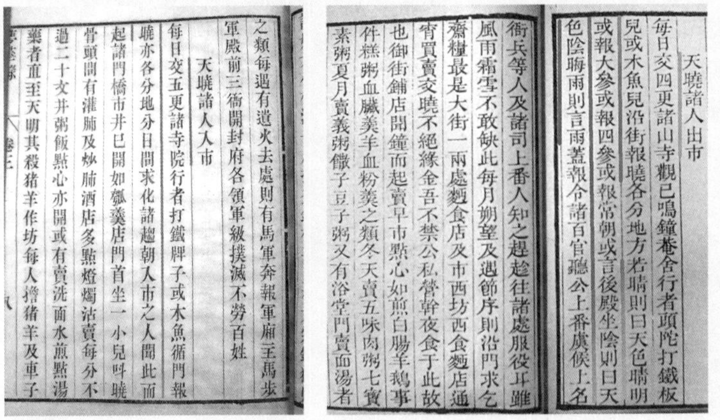
之類每遇有遺火去處則有馬軍奔報軍廂主馬步
軍殿前三衙開封府各領軍級撲滅不勞百姓
天曉諸人入市
每日交五更諸寺院行者打鐵牌子或木魚循門報
曉亦各分地分日間求化諸趨朝入市之人聞此而
起諸門橋市井已開如瓠羹店門首坐一小兒叫曉
骨頭間有灌肺及炒肺酒店多點燈燭沽賣每分不
過二十文并粥飯點心亦間或有賣洗面水煎點湯
藥者直至天明其殺猪羊作坊每人擔猪羊及車子

天曉諸人出市
每日交四更諸山寺觀已鳴鐘庵舍行者頭陀打鐵板
兒或木魚兒沿街報曉各分地方若晴則曰天色晴明
或報大參或報四參或報常朝或言後殿坐陰則曰天
色陰晦雨則言雨蓋報令諸百官聽公上番虞候上名
衙兵等人及諸司上番人知之趕趁往諸處服役耳雖
風雨霜雪不敢缺此每月朔望及遇節序則沿門求乞
齋糧最是大街一兩處麵食店及市西坊西食麵店通
宵買賣交曉不絕緣金吾不禁公私營幹夜食于此故
也御街鋪店聞鐘而起賣早市點心如煎白腸羊鵝事
件糕粥血臟羹羊血粉羹之類冬天賣五味肉粥七寶
素粥夏月賣義粥饊子豆子粥又有浴堂門賣面湯者

/14034/《梦粱录·天晓诸人出市》书影

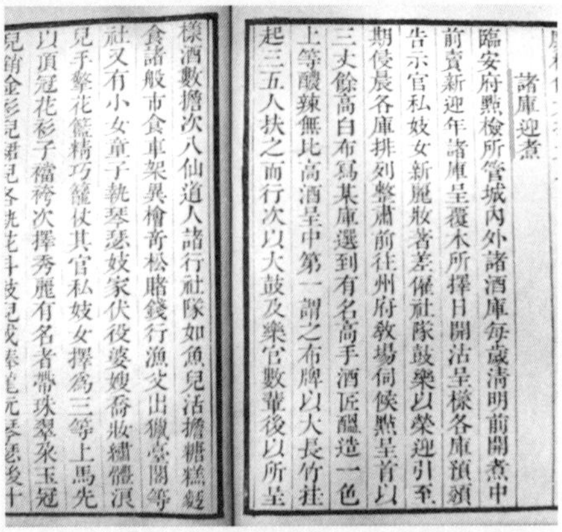
諸庫迎煮
臨安府點檢所管城內外諸酒庫每歲清明前開煮中
前賣新迎年諸庫呈覆本所擇日開沽呈樣各庫預頒
告示官私妓女新麗妝著差僱社隊鼓樂以榮迎引至
期侵晨各庫排列整肅前往州府教場伺候點呈首以
三丈餘高白布寫某庫選到有名高手酒匠醞造一色
上等醲辣無比高酒呈中第一謂之布牌以大長竹挂
起三五人扶之而行次以大鼓及樂官數輩後以所呈
樣酒數擔次八仙道人諸行社隊如魚兒活擔糖糕麪
食諸般市食車架異檜奇松賭錢行漁父出獵臺閣等
社又有小女童子執琴瑟妓家伏役婆嫂喬妝繡體浪
兒手擎花籃精巧籠仗其官私妓女擇為三等上馬先
以頂冠花衫子襠袴次擇秀麗有名者帶珠翠朶玉冠
兒銷金衫兒裙兒各執花斗鼓兒或捧

/14035/《梦粱录·诸库迎煮》书影

[47] 《梦粱录》卷十三。

艳体浪儿，手擎花篮、精巧笼仗……后十余辈，著红大衣，带卓时髻，名之“行首”，各雇赁银鞍闹妆马匹，借倩宅院及诸司人家虞候押番，及唤集闲仆浪子引马随逐。

接着，各库将州府赏的“彩帛钱会银碗，令人肩驮于马前，以为荣耀。”“各库迎‘引’出大街，直至鹅鸭桥北酒库，或俞家园都钱库，纳牌放散。”这一天，“诸酒肆结彩欢门。游人随处品尝，追欢买笑，倍于常时。”[48]

这无疑是一次大型的商品展销会、广告宣传大游行，所以诸酒库、酒行都乐于踊跃参加，连酒肆也不例外。现今仍有类似的游行活动，有的饭店开张时使用敲锣打鼓游街宣传的形式，这种方式与老百姓的生活很贴近，能够让他们直观地感受到该店的服务热情，而且宣传面广，可以通过人际传播将信息传递得更远。

[三] 优质服务类广告

宋朝时的一些饮食服务类行业如酒店、食肆由于装饰华丽，“百物具备”，招待又极为周到亲切，连达官贵人也常常去那里宴请客人。据欧阳修《归田录》记载：

宋真宗时，太子（即后来的宋仁宗）的老师鲁宗道，“其居在宋城外，俗谓之‘浴堂巷’。有酒肆在其侧，号仁和，酒有名于京师。公往往易服微行，饮于其中”。有一次，宋真宗急着要召见鲁宗道。官使到鲁家门上，鲁宗道却不在家。过了好一会，他才从仁和酒店喝完酒回来。一到宫中，皇帝问他：“你为什么私下随便到酒店喝酒？”鲁宗道回答说：“臣家贫无器皿，酒肆百物具备，宾至如归。适有乡里亲客自远来，遂与之饮。然臣既易服，市人亦无识臣者。”皇帝也未责怪他。

宾至如归的服务也可算是很好的广告形式，这家店用热诚的服务吸引了广大顾客。

[四] 招贴广告

元代还有很多小商贩利用招贴广告来做宣传。当时有一份招贴广告全文为：

谨请贤良：制造诸般品味、簿海馒头饰妆，请君来日试尝。伏望仁兄早降。今月初六日至初八日。小可人马二。

这是一则高明的推销饮品的招贴广告。广告者将顾客恭维为“贤良”，称之为“仁兄”，显得很亲切，拉近了商家与顾客之间的距离。

六 巧做广告之人

商业的繁荣，使一些善于经商的人也成了巧做广告之人。南宋洪迈《夷坚志·乙志》卷十五“诸般染铺”条记载：

王锡文在京师（临安），见一人推小车，车上有瓮，其外有花门，立小牓曰：“诸般染铺”，架上挂杂色缯十数条。人窥其瓮，但贮浊汁斗许。或授以尺绢，曰：“欲染青”。受而投之，少顷取出，则成青绢矣。又以尺纱欲染茜，亦投于中，及取出，成茜纱矣。他或黄、或赤、或黑、或白，以丹为碧，以紫为绛，从所索求，应之如响，而斗水未曾竭。视所染色，皆明洁精好，如练肆经日所为者，竟

48 《梦粱录》卷二。

无人能测其何术。[49]

这就是一个手艺高明且善于做广告的染匠。他用玩魔术一样的方式故弄玄虚，招徕顾客，做了一个不错的表演广告。

《东坡志林》卷二也记载了一个故意卖关子、善玩广告噱头的卖方道人：

绍圣二年五月九日，都下有道人，坐相国寺，卖诸禁方。缄题其一曰："卖赌钱不输方。"少年有博者，以千金得之。归，发视其方，曰："但止乞头"（旧时约人聚赌，从中抽取头钱，叫乞头，或叫抽头）。道人亦善鬻术矣。[50]

苏东坡曾受托写过广告文案。据宋人庄绰《鸡肋编》卷上记载：苏东坡于公元1097年（宋绍圣四年）被贬海南岛儋州时，受邻居卖馓子的老妇人邀请，为她写过一首著名的广告诗：

纤手搓来玉色匀，碧油煎出嫩黄深。夜来春睡知轻重？压扁佳人缠臂金。

简单的几句话便把馓子的色、香、味、形种种特色描绘得淋漓尽致，使人一看就产生好感，产生购买欲望，是古代广告词中的佳品。

[49] 洪迈（宋）：《夷坚志·乙志》第一册，中华书局1981年版，第310页。

[50] 苏轼：《东坡志林》卷二。

宋元时期是一个多民族政权并存的时期。这一时期，严格的坊市制度打破了，这使消费市场不断兴旺繁荣，市民的消费能力不断增强，海外贸易有了新的发展，出现了泉州等重要的贸易港口。消费市场的活跃必然带来一定程度上的竞争，很多商家都采取各种广告形式宣传自己的商品。另外，活字印刷术的发明促进大批量印刷广告的产生；诗词元曲的兴盛促进了好的广告词的出现，也为研究广告活动提供了宝贵的史料。

这一时期的广告表现形式更为丰富，除了原有的幌子、酒旗、灯笼广告各显其能外，随着新型都市的发达繁荣，各类招牌、店堂装饰、响器与印刷广告均得到新的发展，出现了最早的印刷广告，出现了"裹贴"等纸包装广告形式，戏曲的发展也促进了文艺演出类广告的兴盛。这些丰富多彩的广告形式不仅适应了都市商业贸易的需要，在广告艺术技巧方面较前代也有了很大的提高。

第五章 明清时期的广告

公元1368年（明洪武元年）正月，朱元璋推翻元朝统治，在应天（今南京市） 称帝。1421年明成祖永乐皇帝将都城从南京迁至北京。从此，明朝政治中心北移。直至公元1644年（明崇祯十七年、清顺治元年），李自成攻破北京，明朝灭亡。明朝期间，统治者通过废除丞相、设立厂卫特务机构、以八股取士和在地方设立三司等措施和制度，极大地强化了中央集权的封建君主专制。

清朝是东北的一个少数民族——满族的统治者入关统治全中国的时期。清王朝前后历时268年，直至1911年，被孙中山领导的资产阶级革命推翻。清朝统治者入关之后，进一步加强了君主专制。设立军机处，加强了皇权。大兴文字狱，在思想文化上对知识分子和人民进行迫害和压制。随着清朝后期的衰落，中国封建社会也逐渐没落了。

第一节 明清时期工商业的发展

一 明清时期资本主义萌芽的产生

明朝前期，统治者实行休养生息政策，减轻商税，并推行钞法，使用纸币，社会经济得到恢复和发展。同时，明后期统治者还实行了很多有利于商业发展的措施，最主要的有废除工役制、实行以银代役和推行一条鞭法。在此基础上，大量市镇兴起，商业也呈现出发达景象。

到嘉靖、万历年间，沿江沿海经济发达地区的一些行业，已出现了资本主义生产关系的萌芽，如纺织、矿冶、酿造、制糖、造纸、陶瓷、造船等诸多行业中，都出现了大规模的手工业作坊，雇佣能自由出卖劳动力的工人从事生产。而且在明后期商品经济特别发达的江南地区城镇的丝织业等行业里，出现了商业资本投资于生产的新动向。此时的商人与生产者之间是一种新型的自由的资本主义萌芽的生产关系。商业初步改变了独立于生产之外、封闭于流通之内的状态，开始与生产结合。商业资本在促成生产关系变革中起着积极推动的作用，是古老的商业发展到新阶段所出现的新事物。

整个清代的社会经济，与明代相比，又有了很大的发展，手工工场规模更加扩大。乾隆时期是清朝的盛世，此时的商业进入黄金时代，不仅超过了明代，而且超过了康熙时期。

这从人口的发展上也可以看出来。明代人口一直在五六千万之间徘徊，到1764年（乾隆二十九年），中国人口增加到205591017人。不到两百年时间，人口几乎增加了三倍半。到1841年（道光二十一年），全国人口达到413457311人。[1]

同时，由于大量滋生的人口涌向四方，为东南经济发达地区的城市和新兴市镇的手工业提供了充足的劳动力资源。在手工业的发展中，商业资本比明代有更多的投入，在地区上、行业上、商业和生产结合的形式上都比明代有所发展，有了质的飞跃。

[1] 参见郑天挺，《清史简述》，中华书局1980年版，第1-3页。

-2000 -221 265 581 960 1368 1912 1949 1979 2000

二 明清商业组织的特点

[一] 明清的商业集团——商帮

明清时期，商业资本积累空前巨大。各地商人形成许多大大小小的地区性商帮，主要有徽商、晋商、闽商、广商、宁波商、洞庭商、龙游商、江西商、山东商、陕西商，合称“十大商帮”。商帮是当时的商业集团，比个体经商具有更大的活动能量。

[二] 商人层次的分化——特权商人

明清商人还有一个新的特点是，在旧式商人区域特权化的同时，商人阶层又一次分化，一种新型的“特权商人”兴起。

封建政府将专卖商品和某些官营商业通过商人之手来经营，如晚明和清代食盐实行“纲法”下的盐商、清前期的洋铜商、受委托垄断外贸的洋行商。这就扶植了许多显赫一时的特权商人，这些权威势大的商人实际上是代表官府利益的，因此有“官商”之称。他们和封建政权共生存，维护旧制度的保守势力。这种商业的不健康发展，致使很多商业资本不能高效地运用到手工业的扩大再生产之中，严重阻碍了资本主义萌芽的成长。

[三] 行业性组织向行会性组织转变

明清时期城市的市场形制在商业组织上又有新的变化。比如牙行（旧时提供场所、协助买卖双方成交而从中取得佣金的商号或个人）的发展变化。宋代牙人还是以个人身份进行活动，明代则开始允许牙人在交纳相当费用的条件下设立牙行，清代牙行对商品交易有一定的特权（买卖必须通过牙行），但也必须领官帖（交牙税）。城市商人为摆脱牙行不断进行斗争。

/15001/ 晋商在洛阳交易休闲的潞泽会馆

行、团等行业组织发展成为具有一定设备和规模的行会性会馆（由包括许多行业的同乡商帮组成）、公所（非同乡商人组成的同业组织，嘉庆以后兴起）[图15001]。明清的会馆、公所，是商人为应付官府的勒索而创立的，很多与反对牙行的控制有关，所以不像唐宋时期的行。但官府对其还是有很大的控制力。

会馆、公所抵制外来竞争的排他性色彩比较浓厚，对本组织之外新设店铺有严格的限制，需有人作保，交纳很多的银两作公费，并宴请同业，否则不准设店营业。对内控制也比较严格，规定了行规，违反行规的就开会商议惩罚措施，对外争议由本行“董事”出面交涉。这样，行业性组织就已经逐渐转变为行会性组织。

所有这些特点都标志着城市商业已发展到一个更高更新的水平。

三 钱庄的产生

唐宋时的飞钱、便换，到本时期形成票号、钱庄。钱庄是中国明清时期的一种信用机构，专营兑换货币并办理存款、放汇、汇兑业务等，利用原来筹集的资产吸收客户存款，再将存款放出去做生意来盈利。其职能类似于现在的银行，其资本大多来自商人。

相传清朝康熙年间，有一位在上海经营木炭的绍兴商人因一时缺少经营资金，就设法向左邻右舍借贷。为报答邻居，他在归还贷款时多给了一些钱。后来在经商中有一些商人向他借钱，这使他感觉到可以间接利用资金生值。不久他筹办了一家钱庄，用低息吸收附近的居民存款，然后借给商人，收取高于居民存款利率的利息。这样，就出现了上海滩上的第一家钱庄。

钱庄的组织管理完全是封建制的，其组织俗称“八把头”。组成人员主要有这样几种：一是清账，是专管账目的账房先生，类似于现在的业务经理，一般都是老板的亲信。二是跑街，俗称跑街先生，专门在外招揽生意，类似于现今的公关销售经理。三是钱行，钱庄缺乏现金时，负责向市场调“头寸”，拆进款项。其他还有汇划、信房、客堂等职位。另外还有专管接待客户，为宾客端茶倒水的伙计。

借贷其实也是一种交易方式，钱庄的出现，推动了中国商业资本化的进程，使资本市场更加活跃，商业交易更加频繁。

四 明朝的国内外贸易

明朝时，商品性农业和手工业的发展，带动了整体商品经济的活跃，出现了江南、华南、华中、华北等区域市场。这是一种以某一大城市为市场中心，通过便利的交通向四周扩展商品交流范围，连接周围各级市场的区域市场。区域市场的形成不仅促进了商业贸易的发展，也加强了各地区间的交流与沟通。

明朝时国家统一局面比较稳定，中原和边疆之间的贸易往来日益频繁。最著名的是西部藏族地区的“茶市”。明政府在今甘肃、青海、川西的一些地方设茶马司，用茶叶换取藏族的马匹。互市多在夏季举行，市期连续一个月。在东北及山西大同边境，明政府则设立互市场所，用内地的棉布、绢缎、农具、铁锅、粮食等换取蒙古族的马匹、牛羊、皮毛、木材等商品。因为马是互市的主要商品，所以称为“马市”。互市每月举办一两次，连续几天。先官市，后民市，私人交易逐步兴盛起来。明末女真族兴起后，明政府在开原、抚顺对内各地设互市场所，每日或隔一两日交易，人数常达到几百人。明政府用布、绢、缎、盐、米、铁锅、农具、耕牛等来换取女真族的马匹、人参、东珠、豹皮等土产。

另外，明朝政府对外实行开放政策，与亚非各国发展经济文化交流，特别是郑和七下西洋及亚非各国的使臣、商人来华贸易，输入异国的思想，使儒家传统的重义轻利和崇本抑末的观念受到了冲击。

第二节 明清各城市的繁荣

一 京津地区

2 谈迁:《北游录·纪闻（上）》。

/15002/ 明《皇都积胜图》（局部）

明清时期，以某些大城市为中心的贸易网络逐步建立起来。到了清代前期，工商业更集中在江南及东南一带，包括长江流域及运河流域一带。长江流域的著名大都市有武昌、南京等，还有东南地区著名的工商业中心城市苏州、杭州。城市内的商业区还突破了城郭的限制，一直扩大到城外。城市的变革更有利于商品经济的发展。

总的来说，明清时期城市商业繁盛的地方主要集中在南方，北方的商业和南方相比有所差距，南北之间已开始出现了新的不平衡。

公元1421年，自明成祖迁都至北京，北京便成为全国的政治、经济、文化中心。在1488—1505年，北京人口达到66万；而到1573—1619年，北京人口便发展到百万左右[2]，成为当时北方最大的都市，其商业的繁盛程度超过了前代。

明代北京城内有三百六十行，店铺林立，南北货云集［图15002］，而且城内的商业区发生了一些变化。正阳门（前门）外一带成了北京的一个商贸中心。前门大街［图15003］以东有果子市、鲜鱼口、瓜子店，以西有珠宝市、粮食店、煤市街等；东四牌楼附近有猪市大街、小羊市、礼土胡同（驴市胡同）；西四牌楼附近有马市大街、羊市大街、粉子胡同等。清代前三门（正阳、崇文、宣武），尤其是正阳门外［图15004］一带商业最为繁荣，许多有名的店铺设在这里。大街上有许多供批发

/15003/ 清朝前门大街

/15004/ 《旧京环顾图》（局部） 王大观画

用的专业性的市场，如米市、猪市、羊市、煤市、花市、菜市、果子市、缸瓦市等，交易时间主要在早晨。此外还有定期开放的灯市和庙市。

清末，原来的钟鼓楼［图15005］商业区已没有了往日的繁荣，但这夜市和晓市非常热闹。北京的果子市，每逢瓜果桃梨大量上市时，往往通宵达旦营业。在晓市里买卖的旧货，上至文物古玩、金银首饰、旧书古画、木器杂项，下至破衣、旧鞋、碎铜烂铁，应有尽有，交易方式是明看货，暗议价的方式。但晓市上真货较少，多是赝品，好的商品少，低劣的商品多。有的商品来路不明，所以又叫“鬼市”、“黑市”。后来，这种交易遭到市司的查禁，从此便消失了。[3]

在天津也是这样，夜市多是小贩在马路旁摆摊设点，影响市内交通。清末民初，天津出台了整顿路政的四条办法，规定晓市与夜市的时限，晓市从黎明到上午10点止，夜市从晚6点开始，到11点半钟结束：

（天津）估衣街［图15006］口一带，向有晓市，每日早晨黎明起至十点钟以前止，均是肩担摆摊贩卖干鲜糖豆零物等小民，贸易谋生，历经年久，贫民……专恃此等晓市养生者为数不少。[4]

“向有晓市”，“专恃此等晓市养生者为数不少”，都说明晓市和夜市不是偶然开设的，而是普遍现象，成为“日市”的延长和必要的补充。城市市场早已不是“日中为市”，而是由日市、夜市和晓市共同组成。

二 上海

清朝以后，上海县城的市容面貌［图15007］发生很大变化。

东门、南门内外除商肆市场外，各种消费娱乐设施接踵而起，茶室

/15005/ 鼓楼

/15006/ 天津估衣街

/15007/ 明代方浜地区面貌图

酒家引来大量腰缠万贯的豪门财主。嘉庆时有个叫施润的曾这样吟咏道——“一城烟火半东南，粉壁红楼树色参。美酒羹肴常夜五，华灯歌舞最三春”，颇为生动地勾画出了处于封建社会末期上海县城一角的兴隆景象。

同时，上海是座极富盛名的港口城市，与海内外有着密切的商贸

3 徐珂：《清稗类钞·农商类》。

4 天津市档案馆等编：《天津商会档案汇编》。

往来，迅速发展成为长江中下游乃至全中国的经济枢纽。清朝嘉庆年间，东门、南门外的黄浦江岸街巷稠密，颇负盛名的洋行街［图15008］形成了。街上“洋行”林立，这些洋行其实大多是福建、广东、浙江人所办的代客买卖货物的商行，经销的洋货大多来自东南亚一带。

三 商业繁盛的南方城市

明清时期，虽然政治中心已经移至北京，但这并未影响南方商业的发展。

［一］南京

在手工业方面，明代的南京拥有织造［图15009］、印刷、造船和建筑等四大手工业行当。在全城人口中，所谓“匠户”（世袭手工业工人）就有四万五千多家。

南京的店铺馆楼星罗棋布。在都城内外有十几个大集市，买卖各种生活用品及生产资料。据吴敬梓《儒林外史》中的描写，南京的聚宝门、南门、虎丘路等处都是繁华的商业区，每天有许多卖鲜鱼和鲜花的早市。而且，当时的南京已有几百座“酒楼”，文学作品中已不用惯用的“酒肆”、“酒店”、“酒馆”等名词，而直接称“酒楼”，可见不少店铺已是楼房了。

另外，《儒林外史》第二十四回中写到：“到晚来，两边酒楼上明角灯，每条街上足有数千盏，照耀如同白日，走路人并不带灯笼。”可见，当时南京晚间灯光明亮，一派繁荣景象。

［二］武汉三镇

武汉三镇（武昌、汉口、汉阳），交通便利，“东达吴会，西通巴蜀”，素有“九省通衢”之称，自古以来便是华中重镇。特别是汉口，自明代以来，商业更为繁荣，“久为巨镇”，有“汉口之镇，甲于天下”、“九州名镇”等说法。

［三］广州

清代时期，广州是华南地区最大的商业城市，也是国内最大的外贸中心之一。到清末，外国商场开架售货的方式传入广州店铺，据徐珂《清稗类钞》“农商类”记载：

广州市肆可入览，粤人设肆贸易者，于营业之方法颇能讲求，如国货、绸缎、洋货诸肆，均任人观览，不问为谁，皆可迳入，肆人绝不加以白眼也。故著名之洋货公司，自晨至夜，终日喧阗，游人极夥。盖舶来品皆为奇技淫巧之物，必使人详观之，方足以引起其购买之兴趣。苟珍袭椟中，不令他人浏览，则人且不知某肆之有某物，又何论于购买也。吾国侨商之旅外贸易者，以粤人为最多，势力亦以粤人为最盛。粤人之营业思想，固较胜于他省人也。

这种将各种货物陈列展示出来，让人们随意选购的开放式售货方法，可以说是中国现代超市的雏形。

/15008/ 上海外滩洋行街现貌

/15009/ 绸缎布庄幌

第三节 明清时期的社会与生活

一 以旗袍为特色的服饰

/15010/ 旗袍

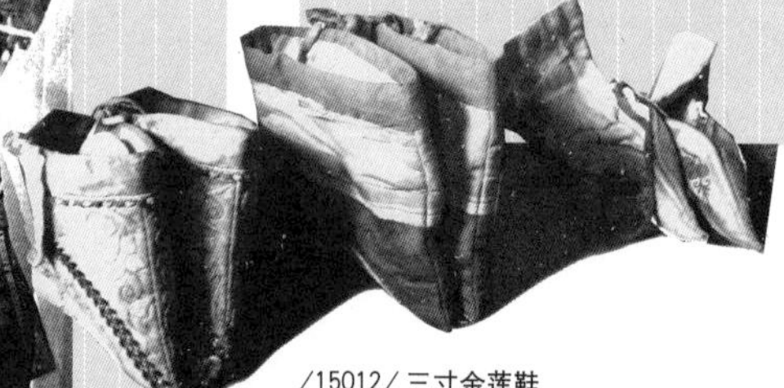

/15012/ 三寸金莲鞋

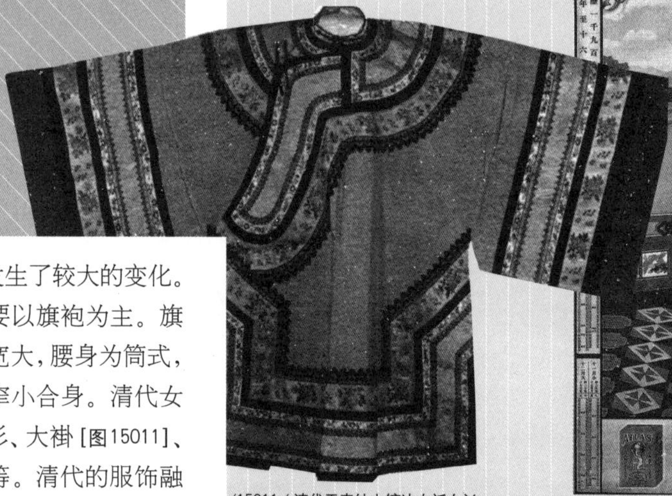

/15011/ 清代天青纱大镶边右衽女衫

/15013/ 近代有小脚的月份牌广告画

清代的服饰发生了较大的变化。清代仕女服饰主要以旗袍为主。旗袍[图15010]款式宽大，腰身为筒式，后来才逐渐变得窄小合身。清代女装样式还包括大衫、大褂[图15011]、宽口裤、宽褶裙等。清代的服饰融合了汉满两族的风格，大襟长褂，有汉族的高领、大宽口袖、长裙、花鞋，有时外套长褙子，有些外套坎肩，形式为高领右衽、无袖的夹衣，领、襟，下穿宽口长裤，脚穿尖头花鞋。[5]

与这种服饰相匹配的是俗称“三寸金莲”[图15012]的小脚，当时女子以小脚为美，从小就要裹小脚，以免嫁不出去。这是严重的封建礼教思想导致的审美变态。这样的服饰特色，不仅为当时的广告宣传画[图15013]所用，而且影响到民初乃至当今的广告与文学创作。

[5] 佘惠敏:《仕女》,山东画报出版社2004年版，第57页。

二 茶馆的热闹场面

清代江南地区的茶馆数量大增。一些市镇本身规模并不大，但却有着数量众多的茶肆。这一方面有着文化、传统、习俗等多方面的原因，另一方面又与当时的经济发展有着紧密的关系。

茶馆［图15014］、茶肆、茶店不仅供人喝茶，还具有传播信息、调停纠纷、娱乐、赌博、狎妓等多种作用。各行各业客商均有相应的茶馆作为交流和交易场所。有些一时找不到生意的待雇匠人，也会带上工具，到茶馆来边听戏曲，边候雇主；专门从事揽活的经纪人也会到茶馆来“看货论价”。茶馆的兴盛从侧面反映出人们的沟通甚密，茶馆已经成了信息集散地，很多广告也是通过茶馆传播开去，这有点像现在人们借助酒吧这种交流场所，将重要的商业信息“广而告之”。

三 市民的文化与生活

［一］占卜、俗语、俚语的盛行

明清时期商业繁荣的同时加剧了商业竞争，市井中人的命运也飘忽不定。所以他们往往对占卜预言特别热衷，宁肯相信天命定数的“安排”。特别是到了清朝后期，受封建思想严重禁锢的市民都比较麻木，没有了反抗精神。市民们最丰富的知识来源就是市井中流行的大量俗话。俗话中大量的谚语、俚语、惯用语、日常成语，不但能最简洁地表达思想情感，而且它本身就很典型地表述了劳动人民全部的生活经验和社会历史经验。

［二］市井文娱活动

明清两代最大众化的市井文化是曲艺［图15015、15016］。城镇市井曲艺更加繁荣。曲艺这一原本不登大雅之堂的民间艺术，在市井中找到了生存空间。曲艺演员有了相对稳定的演出地；市民也终于找到了一处文雅而有趣味的消闲去处。正是商人与市民对戏曲这种市井文艺的热衷与需求，客观上导致了市井文艺的繁荣，也使曲艺演变成为固定的市井行业。

/15014/ 天桥的茶馆儿
（摘自《大前门外》 杨信绘）

/15015/ 清代木偶戏
（摘自《中华古文明大图集·世风》）

/15016/ 清代杂技
（摘自《中华古文明大图集·世风》）

明清戏曲的昆山、余姚、海盐、弋阳四大声腔的产生，把元杂剧这种表演形式推向一个高峰。但明初政府对官吏、士子、军人看戏的管束比较严格。明代《国初纪事》说，明太祖设立富乐院，文武官吏、宫廷中的舍人不许入院，只许商贾出入。于是戏剧娱乐更加商业化和市井化。

夜晚时分，戏园［图15017］、茶楼就开始热闹起来，各色人等川流不息。商贾对戏曲、杂耍之所以表现出浓厚兴趣，纵然有满足声色之好、消遣时光的原因，但同时也是通过这种手段与社会名流接洽，扩大自己的社会影响。清醒正直的商人也看到了戏曲的教化意义，常常利用优雅的古曲和表演，为人祝寿。商人

/15017/ 昆角剧社（摘自《大前门外》杨信绘）

们在生意场上争强好胜，在戏曲排场上也显耀自己的豪富，这可看作是经济竞争的余波。

穿梭于各张桌子之间的茶楼的跑堂，为各位茶客沏茶倒水，还有手提小篮、卖零食小吃的贩子。当时的戏园、茶楼都允许他们进出兜售，这是戏园［图15018］、茶楼经营的一个特色。这种经营方式类似于现在的影剧院等文化产业经营模式，在为消费者提供文化产品的同时，送上周到的服务，及时满足消费者所需。

中国的戏曲艺术正是在瓦舍、勾栏、戏园、茶楼之中，吸取了丰富的营养成长起来，也从侧面推动了当时及后来戏曲海报的发展。

四 琉璃厂与城隍庙

［一］琉璃厂的书市与古玩店

文房四宝、经书卷册，历来是文人情有独钟的物品。明清时的北京城一直设有书市。明朝时，北京城里就有专门售书的店铺。每逢科举会试，书肆内就顾客盈门，各省举人在会试之余，都要来书市购买他们需要的书籍。

到了清代，书市逐渐固定，集中在琉璃厂一带。随着文化商品的兴旺，书成了这里的特色商品。清末，经营文物业的同类商铺也逐渐集中在琉璃厂这条街上，形成古玩街、玉器街、绣花街。以卖金石陶瓷、古今字画为主的“古玩街”［图15019］（东琉璃厂），有许多古玩铺。

［二］各地的城隍庙

明清时期的城市中，还有一个热闹的地方就是城隍庙。在古代中国，几乎每座城市都建有一个城隍庙，它的大小完全与这座城市的等级和大小相适应。

城隍庙［图15020］的缘起，见于《礼记·郊特牲》中：“天子大腊八”，即天子在腊月时要祭奠8位神灵，其中第7位是“水庸”，传说就是后来的城隍神［图15021］。古代的城市四周都有护城河，即城堑。有水的称其为“池”，无水的称为“隍”。因此，“城隍”可以解释为护城河，后人之所以将其尊为神灵，很大原因是把它当成保卫城市的神威。

宋代时，祭拜城隍的习俗就已经非常兴盛。到了明朝，朱元璋在大封群臣的同时，也对各城市的城隍庙加以册封。封京师的城隍为帝，开封、临濠、东平、滁等城的城隍为王，各府城的城隍为公，县城的城隍为侯。到洪武三年(1370年)，朱元璋又下令将原先所封的各城城隍的封号全部去掉，只称“××府(或××县)城隍之神”。

随着城市经济的发展，城市社会功能的完善，城隍庙逐渐具备了市场功能即小商品的最佳集散地，店铺、货摊走出了原先的束缚，诸如各种杂货摊、小吃饮食店、日用百货、书画古玩等商贩都看中这个人流集中的市场。人们到城隍庙去祭拜之余，也可在附近的各种店铺、小摊上购买所需之物。这个风俗，一直流传至今。比如在今天的上海，只要提起“城隍庙”三字，出现在人们脑海中的并不是香火兴旺的殿堂，而是各式百货店铺和南北特色饮食店。

同时，由于进香购物、游玩闲逛的各色人等聚集，城隍庙成为一个游乐场所。各种杂耍汇聚到这里，各种重大活动也常常在这里举行。

/15018/ 晋商在洛阳的潞泽会馆戏台

/15019/ 琉璃厂文物商店橱窗古玩系列

/15020/ 上海城隍庙现貌

/15021/ 城隍神（湖南纸扎艺术）

第四节 明清时期的广告

明清资本主义萌芽的出现缔造了发达的市民社会，具体表现为一些商业性市镇的飞速增长、脱离农业的人口迅速增加，出现了更多文化消费的需求，民间的报纸与舆论传播成为国民生活的主要媒介和内容，广告等市场营销手段变得重要起来。

在这样的商业大背景下，明清时期的广告业呈现出丰富多彩的局面。由于各地自然条件及地理环境的不同，风俗习惯及人文环境的差异，以及商品经济发展的不平衡，各地的广告活动及广告事物形式多样，各具特色，形成了各地特殊的商业广告文化。

明清时代的知识分子已逐步摆脱自命清高的传统思想，他们题写招牌文字，撰写广告对联，推销新书新作，垂青木刻年画，以自己的文字专长直接为商业广告服务。所以明清时代的广告形式具有浓郁的知识性、趣味性，并形成了中国独特的民族风格和民族气派。最能代表本时期商业广告这一特质的是文字广告中的招牌广告和商业对联广告。

一 市声广告

明清时走街串巷的小商小贩，为了扩大商品的影响，采用的广告形式花样繁多。其中最常见的仍是市声广告。

[一] 琉璃厂的书市与古玩店

在明清的都城北京一带悠扬动听的叫卖广告，现已近乎绝迹。但从清人的笔记及有关研究民俗学的著作中，仍可找到一些记载的片断。

清代北京的小商小贩［图15022］及手艺人近500种之多[6]。他们几乎各有自己的叫卖方式。清代《燕京杂记》上说：

京师荷担卖物者，每曼声婉转动人听闻，有发数十字而不知其卖何物者。……呼卖物者，高唱入云，旁观唤买，殊不听闻，惟以掌虚复其耳无不闻者。

6 张大都：《燕市贾贩琐录》。

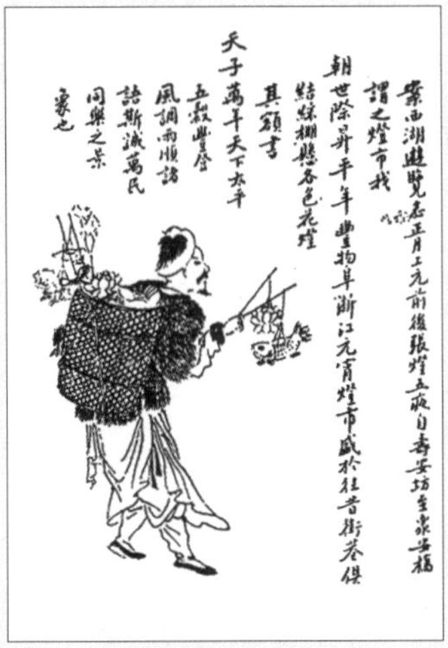

/15022/ 正月十五叫卖纸糊灯笼

《京华百二竹枝词》中谈到卖杂货小贩的叫卖广告活动时说，有一个提着包卖胡梳零件的人“叫卖出奇声彻霄，街头客店任逍遥”。可见，这些小商贩叫卖时声音很有穿透力，有很好的宣传效果。

另据清光绪年间的《燕京岁时记》记载：

京师伏暑以后，则寒贱之子担冰叫卖曰：“冰核（音胡）儿。”七月中旬则菱芡（菱角和芡实，芡实又叫“鸡头”）已登，沿街叫卖曰：“老鸡头，才下河！”

有的小商贩的叫卖声长篇大套。北平俗曲《杂银嵌换钱》中描述，清代北京一个收杂货的小商贩，能把所要收买的一百多种旧货名称串成诗，一口气吆喝出来。

[二] 唱卖广告

吆喝广告一般都简短高亢，直截了当地把所卖物品喊出来。唱卖广告却不一样，要将吆喝声艺术化，抑扬顿挫、节奏鲜明，有的还合辙押韵、悠扬动听。凡是老百姓喜闻乐见的事物、民俗掌故、神化传说、历史轶闻，都能被随性配上曲调唱出来。

明代史玄的《旧京遗事》记载北京小商小贩的唱卖活动时说：

京城五月，辐凑佳蔬名果，随声唱卖，听唱一声而辨其何物品者、何人担市也。唱卖麸，旧有四句，比叶成诗，巡城者加之以杖。于今惟卖麸者一声，而他物重叠，其词不止一句。盖此以曼声为招，彼以感耳而引。岂市之变端亦随俗为迁徙耶。……京城三月时桃花初出，满街唱卖，其声艳羡。数日花谢将阑，则曼声长哀，致情于不堪经久，燕赵悲歌之习也。

可以看出，唱卖在当时是相当普遍的。有的小贩为吸引人，往往别出心裁，如：

有人卖盆，则学老鹳打架，先叫早，后争窝，末像群鸦对谈，嬉笑怒骂中有解和意。无不笑者。[7]

这些逗趣的叫卖词，不但能让人会心一笑，而且也能激发他们的购买欲望。

另外，清光绪年间人蔡绳格编著的《一岁货声》（钞本）也记载了大量的唱卖声，其中对卖小吃及鲜果的小贩有这样的记录：

“画棚”卖画的有这样的唱词：“买的买来捎的捎，都是好纸好原料！东一张，西一张，贴在屋里亮堂堂！臭虫他一见心欢喜，今年盖下了过年的房……

五月中卖桃的：樱桃嘴的桃呕嗷噎啊……（文后小点不是略号，而是“重其音，像其长声与余韵”，下同）

卖硬面饽饽的：硬面唵，饽啊饽。

卖花生的：脆瓤儿的落花生啊，芝麻酱的一个味来，抓半儿空的——多给。

卖晚香玉的：哎……十朵、花啊晚香啊，晚香的玉来，一个大钱十五朵。

七月卖枣的：枣儿来，糖的渍哒喽，尝一个再买来。哎，一个光板喽。

十月卖海棠的：秋的来红海棠来，没有虫儿来；黑的来糖枣儿，没有核来。又曰：栗子味的白薯来，是栗子味的白薯来……

粥铺卖粥的：喝粥咧，喝粥咧，十里香喝热的咧。炸了一个焦咧，烹了一个脆咧，脆咧焦咧，像个小粮船的咧，好大的个儿咧。锅炒的果咧，油又香咧，面又白咧，扔在锅里飘起来哩，白又胖哩，胖又白咧，赛过烧鹅的咧，一个大的油炸的果咧。水饭咧，豆儿多咧，子田原汤儿绿豆的粥咧。

卖萝卜的：萝卜赛梨嘞——辣来换！

[7]《燕市货声》。

卖金鱼儿的：哎——大小——金鱼来！

卖樱桃的：小红的樱桃，快尝鲜！

卖白薯的：栗子味蒸白薯咧！[8]

由于小商贩们来自天南地北，乡音乡味浓厚，这些唱卖声听起来别有一番趣味。浓重的乡音本身就是一种商品的活广告。久而久之，有些非产地的小商贩专门学其商品产地的地方口音来吆喝，开始是为标榜其产品的正宗地道，后来就逐渐成为一种行业的惯例，形成特殊的叫卖习俗。商贩们根据买主的心理，将商品的特点一下子喊出来，而惯了这些叫卖声的人们，形成一种条件反射，可以仅凭这些独特的音色、调式，甚至尾音，就分辨出叫卖商品的行业。

[三] 各地的响器广告

响器广告在明清时期也是形形色色，花样繁多。《祥符县志》九卷“市集”、“行货”记录了明清时开封小商贩用响器做广告的情况：

有摇小鼓，两旁自击，卖簪珥、女笄、胭脂、胡粉之属者；有鳞砌铁叶，进退有声，磨镜洗剪刀者；有摇郎当，卖彩线绣金者；有小旗招展，携巾箱卖零星绘帛者；有阁阁柝声，执杓卖油者；有拍小铜钹，卖豆沫者；有驱珊辘小车卖蒸羊者；有煮豆入酒肆，撒豆胡床，以求卖者；有挑卖团圆饼、薄夜（即馒头）、牢丸（即汤圆）、毕罗（即馍馍）、寒具（即馓子）、萧家馄饨、庾家粽子，如古人食品之妙者；有肩挑卖各种瓜果菜者；有入夜击小钲卖饧者；有悬便面于担易新者；有求残金笺扇等器熔出金者；有买肆中柜底土，及掏市沟刷街泥以搜遗钱银屑者；又有攒花于筐，灿然锦色，卖与人种植者。往来梭织，莫可殚记。

1 开封

明末清初的《如梦录·小市纪》记载了明清时期开封小市上常有“惊闺”、“惊绣”两种广告响器。“惊闺”由八块二寸多的长方铁片组成，缀有皮条，用手摇，声音便连绵不绝；“惊绣”的形状像小播鼗鼓，俗称拨浪鼓或货郎鼓，是一种卖花线用的长柄摇鼓响器。

2 北京

北京地区的“响器”广告也是花样繁多，有敲打、吹奏、摇晃等形式，发出特殊的音响来吸引人注意。这些“响器”都是特殊的广告道具，俗称“货声”。各行各业的小商贩及手艺人都有自己的“货声”，而且各有各的韵律和音调。

推车卖酱油醋的，多以敲梆为标志；锔锅锔碗的，以家什担子上悬挂的铜盆铜碗摇荡击撞的声音为货声；磨剪子磨刀的或以口头吆喝的“磨剪子来——呛菜刀！”或以手摇“手串铁板”（俗称“三片铁”）作为货声；卖白麻糖的小贩，在颈上悬吊一个装有麻糖的盒子，左手拿着铁片叶，右手拿着敲糖的小锤，敲击作响，“叮叮当”的声音远近都能听到。

老北京城里有一种“打小鼓的”，他们是收购旧货的小贩，用的响器是一种直径像银元大小的小鼓，用一根细藤条敲打。“打小鼓的”又分为两类：

一类是夹包打硬鼓的。他们身穿长衫，夹个布包，专门到大宅院里收购金银首饰、各种宝石玉器、书画古玩、细软皮货。他们的主顾都是些破落潦倒的官宦富绅子弟，一时急着用钱，又要顾全脸面，不好意思把家里的东西拿到晓市上去卖，于是就把“打鼓的”叫进内宅做交易。由于这些人大都住在深宅大院里，小贩用的硬鼓发出的声音非常清脆，才能使深居内室的主顾听到。

另一类打软鼓的收购的是真正

8 转引自李家瑞编：《北平风俗类征·岁时》，商务印书馆1937年版。

的废品。他们身背大筐，收购一般居民的旧物品，像碎铜烂铁、旧衣破鞋、废旧书刊报纸、瓶罐玻璃等物品。他们打鼓的鼓心略大一些，发出的声音不如硬鼓那么清脆，但住在小四合院内的主顾大都能听到。

硬鼓和软鼓发出的声音有细微的区别，一听就能辨明小贩的种类。

3 杭州

据《杭俗遗风》记载，杭州的鱼船多来自宁波等入海口，由于路远天热，鱼都放在冰内冻着。无论何时到达卸鱼的码头，江边都设有冰鲜行，那里雇人肩挑大锣，大锣的一头挂一盏大灯笼，写有冰鲜行[图15023]的字号。如果有一只船到站，便敲锣两下，两只到站则敲三下，通知各行贩拿去贩卖。开始的时候白天鸣锣是犯禁的，后来政策宽松了也就不分昼夜了。每当锣一响，人们便知道有多少鱼船到站，这种广告形式简洁生动，既传达了信息，又便于人们接受。

总之，这些行业用响器作为广告手段，其原因大概有两种：一是一些走街串巷的小商贩，需要整日不停地吆喝，为减少嗓音的疲劳而改用响器；二是某些特殊的经营行业，由于人们的传统习惯、民间禁忌及价值观的制约而采用响器。当时北京的市商行业就有所谓“八不语”之说，就是说有八种行业不适于开口叫卖，这八行是：剃头、行医、锔碗、修脚、绱鞋、劁猪、粘扇子、卖掸子。

更多的时候，吆喝广告与响器广告是结合起来的。比如卖酸梅汤的小贩走街串巷，他们的吆喝有好几种，一种是：“凉嘞！酸了梅的汤，多加点桂花嘞，酸酸凉凉的好喝嘞，凉嘞啊！”另一种是：“又解渴，又带凉，又加玫瑰又加糖，不信您就弄碗尝一尝，一酸梅的汤儿来，另一个味儿来！”在吆喝的同时，小贩还使用一种叫做“冰盏”的响器，是用黄铜做成的碟形碗，口径一寸八分，高约一寸，两只一起使用。敲打时以中指、无名指和小指托住碗底，用大拇指、食指夹住碗的上边缘，不断挑动上面的碗，敲击下边的碗，发出一种很有节奏的声音：“叮叮叮嚓嚓，叮叮叮嚓嚓。”

商贩的市声广告，其内容通常都带有较大的鼓动性和诱惑性，多以突出其物美价廉为特色，其形式则多以节奏鲜明或带有韵律感为特征。如卖水果的，要喊出水果的品种和产地，以突出其优质正宗和品质新鲜，如“乐陵小枣”、“泊镇鸭梨”之类；另如卖估衣的，则专以突出其价廉和实用来吸引顾客的注意。因此，市声广告具有明显的商业竞争性质。

这种广告形式发展得最广泛、最充分，原因主要有：

首先，这种广告的成本最低，只要有一副好嗓子就行。一般的响器价格也不高。

其次，这是一种适用于行商小贩的特殊销售方式。这些小贩大都走街串巷销售，没有固定的时间和地点。其主顾都住在四合院内，只有靠吆喝声和响器声来引起他们的注意。

最后，市声广告的传播范围在当时的各种广告媒介中应用比较广泛，可以使更多的人听见。即便住在深宅大院里的居民，也能清楚地听到几十米以外小贩发出的货声，辨别所卖货物的种类。

这种市声广告，充分活跃在人们的日常生活中，对于顾客具有极大的诱惑和刺激作用，成为一种传统的民间街头艺术。

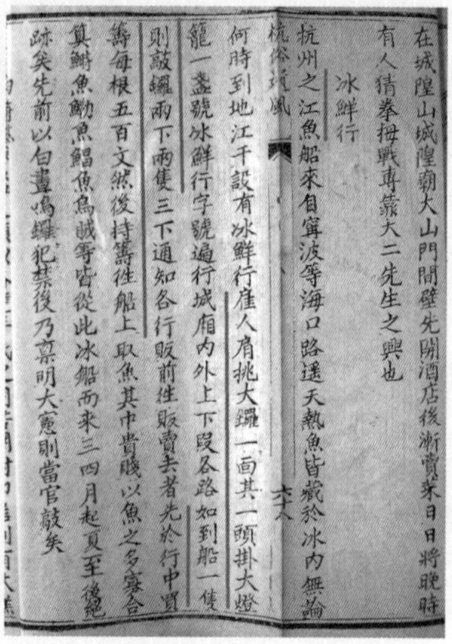
在城隍山城隍廟大山門間壁先開酒店後漸賣茶日日將晚時
有人猜拳拇戰專蒙大二先生之興也
杭俗遺風
冰鮮行
杭州之江魚船來自寧波等海口路遙天熱魚皆藏於冰內無論
何時到地江干設有冰鮮行雇人肩挑大鑼一面其一頭掛大燈
籠一盞號冰鮮行字號遍行城廂內外上下段各路如到船一隻
則敲鑼兩下兩隻三下通知各行販前往販賣去者先於行中買
籌每根五百文然後持籌往船上取魚其中貴賤以魚之多寡合
算鯡魚鮰魚鯧魚烏賊等皆從此冰船而來三四月起夏至後絕
跡矣先前以白晝鳴鑼犯禁後乃禀明大憲則當官敲矣

/15023/《杭俗遗风 · 冰鲜行》书影

二 招幌广告

虽然招幌广告在宋代时就很流行，但那时的招牌仅仅是作为店铺的标志，到了明清时期，招幌广告无论从内容或形式上，都更趋成熟。明清的商家都很重视商店的招牌、招幌，善于利用招牌、招幌来做广告宣传，注重以儒家“以义取利”的思想为主导，在商业活动中讲究商业道德和商店信誉。而且开业人对幌子赋予极为神圣的意义，认为幌子能招财进宝，是财神的化身。因此，开业、年禧都要祭幌子，祭后在幌子上加一份纸元宝、黄钱、千张等敬神“钱粮”。平日挂幌子也称之为“请”幌子，对幌子是相当尊敬的。

明朝的《南都繁会图卷》[图15024] 就描绘了明代后期南京城市商业经济繁荣的面貌，也直观地反映出当时招幌广告种类丰富，形式繁多。据统计，画面上的幌子、招牌约有109种之多。就广告而言，这幅图画可以说是明代大都会广告的一次大展览。

清朝乾隆年间，苏州画家徐扬绘制的《姑苏繁华图》(又名《盛世滋生图》)[图15025] 展现出苏州城内有市招的店铺就有230多家，涉及五十多个行业。

清代徐珂在《清稗类钞》中也写道：

市招商店悬牌于门以为标识广招徕者曰市招，俗呼招牌，大抵专用字，有参以满、蒙、回、藏文者，有用字兼绘形者，更有不用字、不绘形，直揭其物于门外，或以象形之物代之，以其人多不识字也，如卖酒者悬酒一壶，卖炭者悬炭一支，而面店则悬纸条，鱼店则悬木鱼，俗所谓幌子者是也。

清代朱彝尊《日下旧闻》卷三十八记载：

都城市肆初开，必盛张鼓乐，户结彩缯。贺者持果核堆盘，围以屏风祀神。正阳门东西街招牌，有高三丈余者，泥金杀粉，或以斑竹镶之，又或镂刻金牛、白羊、黑驴诸形象，以为标识。酒肆则横扁（匾）连楹，其余或悬木罂，或悬锡盏，缀以流苏。

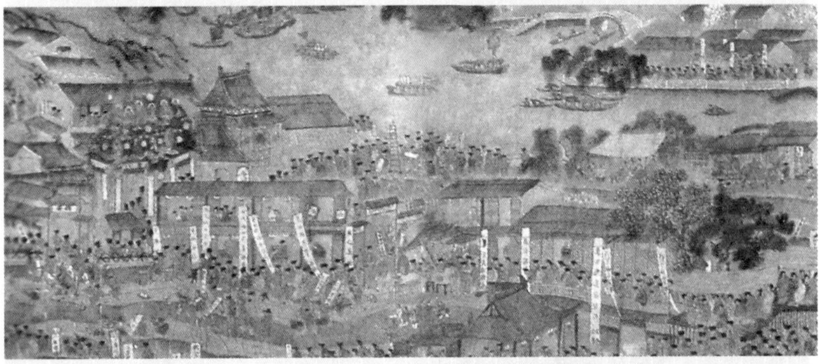

/15024/《南都繁会图卷》(明)

清代夏仁虎的《旧京琐记·市肆》记载：

旧日都门市肆亦颇留心广告之术，特极幼稚耳。如黑猴公之帽铺，柜上踞一大黑猴。雷万春之鹿角胶，门上挂大鹿角。某扇铺之檐际悬一大扇。皆是引人注意。他若刀剪铺之王麻子、眼药铺之马应龙则转相仿效，各不下数十字，互称老铺，争执可噱。

/15025/ 徐扬(清)《盛世滋生图》(局部) 所绘的市肆门市招幌

清人李光庭在其笔记《乡言解颐》中记载北京及河北（现天津）宝坻一带市肆招牌、幌子时也说：

士必待招而后往者，重席珍也。客必待召而后来者，拉主顾也。善贾者招之以实货，招之以虚名，招之以坐落、门面、字号，而总不若招牌之豁目也。

由此可见，人们已经认识到招幌广告对于商品销售的重要性，没有“招”，顾客就不会或很难付诸购买行为。

[一] 幌子

1 酒幌

历代以来，酒店是最善于用招幌来进行广告宣传的，明代的酒店也不例外。他们制作考究的酒帘、酒旗 [图15026]，随风飘动，招揽生意。酒帘一般都悬挂在高处，以便顾客在很远的地方就能看见，所以又称为“酒望子”。据清人翟灏的《通俗编》记载：

《广韵》：“青帘，酒家望子。”按：今江以北，凡市贾所悬标识，悉称“望子”。讹其音，乃云“幌子”。

可见，这种悬挂旗帘为幌的习俗，在明清的酒家已相当普遍，连小市镇上的酒店也往往挂个小酒幌，招徕顾客，并在上面写精心构思的广告词。从各个酒家的幌子形式、内容上，还可以区分出酒家的档次和特色。

另外，《扬州画舫录 · 桥西录》[图15027] 也记载了江南地区的酒幌样式：

阁外日揭帘，夜悬灯，帘以青白布数幅为之，下端裁为燕尾，上端夹板灯，上贴一酒字。

2 当铺的招幌

当铺 [图15028] 在当时各大城市的大街小巷到处可见，是一种以物品作抵押发放高利贷的行业，收当的物品包括衣服、皮货、被褥、首饰、古董、字画、碑帖、金银铜锡器具、家具等等。当物人如果在到期前赎当，则所押物品归还原主，如果到期时无力或放弃赎当，所押物品就变成死当，当铺将这些物品按市价出售给旧货商、珠宝商，可以获取丰厚的利润。

当铺最明显的标志是墙壁上有一个特大的“当”字 [图15029、15030]。当铺门前设有旗杆或牌坊，上面挂着幌子，铁勾铜头和木制大钱两串，下面悬挂红布飘带。每天开门，由更夫用幌杈挑起，挂在旗杆上。关门前将幌子挑下来挂到门洞内房梁上所设的铁环上。位于北京城东安门内的裕通当因临近皇城，不许设旗杆牌坊，他们在栅栏门楣上做了一块铜质三面牌，牌面凿有“云头”、“方胜”、“万字不断头”等花样，形状像挂檐，叫做“云牌”。后部嵌在门楣上，再在云牌檐角上挂两个幌子。

有的当铺大门外设有木栅栏，挂着字号牌匾，大门前面挂着一个像鹅脖子似的幌子，名叫“钞铺”，二门以内是店堂。有的当铺，只在门前两侧挂两块字号铜牌。

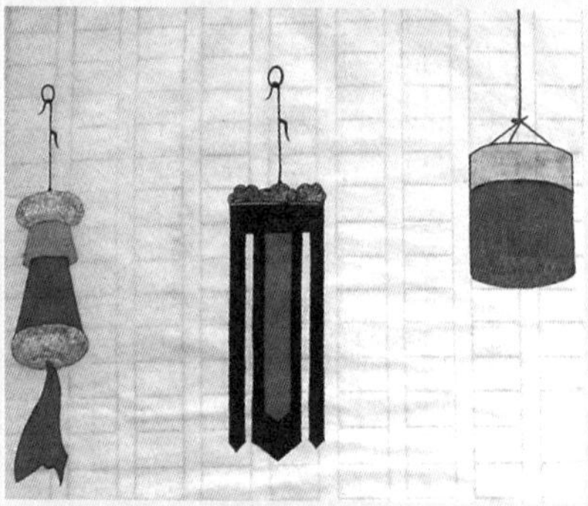

/15026/ 酒饭铺幌子

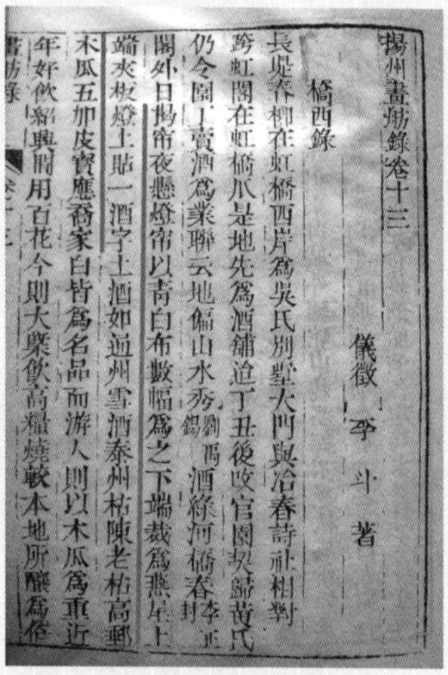

揚州畫舫錄卷十三

儀徵 李斗 著

橋西錄

長堤春柳在虹橋西岸為吳氏別墅大門與冶春詩社相對

跨虹閣在虹橋爪是地先為酒鋪迨丁丑後改官園契歸黃氏

仍令園丁賣酒為業聯云地偏山水秀劉禹錫 酒綠河橋春李正封

閣外日揭帘夜懸燈帘以青白布數幅為之下端裁為燕尾上

端夾板燈上貼一酒字上酒如通州雪酒泰州枯陳老枯高郵

木瓜五加皮寶應蒿家白皆為名品而游人則以木瓜為重近

年好飲紹興間用百花今則大槩飲高糧燒較本地所釀為佳

/15027/《扬州画舫录 · 桥西录》书影

/15028/ 上海闹市区的宝和当铺

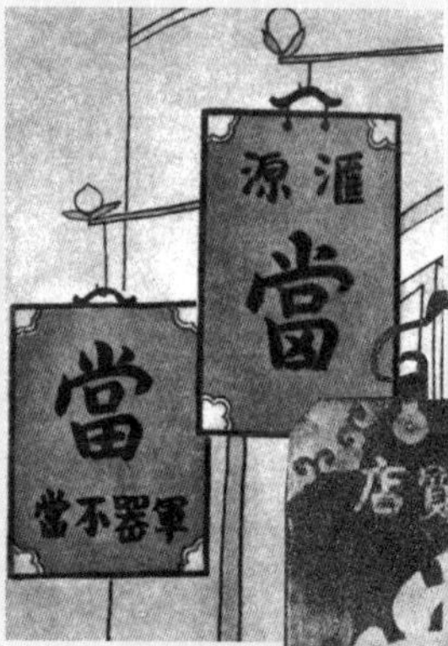

/15029/ 当铺的招幌

/15030/ 当铺的招幌

3 老北京的招幌

1 学堂和招兵招幌

清朝时期蒙馆（学堂）也用招牌做宣传，《燕京杂记》记载：

京师蒙馆外有招榜，大书一“学”字，旁书“秋爽来学”四小字。来学必以秋爽，不知何义。友人对以“冬季讽经”。京师寺外必大书此四字，以此为对，亦甚有趣。[9]

同样，招兵时也会用招幌来作宣传，如剧作《白兔记·投军》记载：

左右的，与我扯起招军旗，叫街坊上民庶，三百六十行做买卖的，愿投军者，旗下报名。

2 其他风格各异的幌子

老北京店铺除挂金字大匾、冲天招牌外，还要挂幌子，以标榜所经营的商品或业务，有的店铺幌子设计得很有艺术感。这些幌子都是千百年传流下来的，有其固定形式，分析起来有下列四种：[10]

• 实物幌子［图15031、15032、15033］。此类最多。响器铺出售锣、钹等乐器，所以它的店幌就将大小钹铙、小锣等穿成串，下面系上幌绸，悬挂在屋檐下。鼓铺，也是将各种大小鼓连缀一起，鼓面写明字号，挂在店前幌杆上。筛子铺的幌子是在门前挂一大筛子，下坠幌绸。木梳铺的幌子是一个“十”字架，四个角各悬挂一串木梳，每串约五六把，下面坠上幌绸。席铺是在门前立一卷席筒，上面写着字号。最有趣的是猪尿泡铺，卖生熟白油、猪下水等物，门前悬挂一串猪尿泡，看上去像白色的氢气球。

• 模型幌子［图15034］。有的店铺不便把实物当幌子，便制成模型，摆放或悬挂在门前引人注意。例如，胡琴铺以卖胡琴、弦子、琵琶、月琴为主，其店幌是一琵琶形的木板，高约一尺多，中间写着店铺字号，旁边注有“音乐老号”的字样。笔铺用木头制作一大笔头，高约一二尺，放在门外高几之上。钟表铺门前挂一大木表，上面写着“精修钟表”的字样。有的香蜡铺用一蟠龙的大型“样蜡”作幌子。

• 象征性的幌子［图15035、15036］，即用某种东西代表本行业。例如，切面铺的招幌，有的用一罗圈糊上金纸或银纸，下面垂一些红灯花纸条。罗圈象征锅，垂条象征面条。还有的用一块宽约一尺多的木板，下垂二尺左右的纸条，纸条黄白两色，白色表示卖切面，黄色表示卖杂面。

• 牌匾文字性的幌子［图15037］。例如，药铺门前悬挂匾额，北京同仁堂前即悬挂“乐家老药铺同仁堂”匾。糕点铺门前屋檐下，挂一排红漆金字的长条木牌，每块木牌正反两面各写着四个字：如“龙凤喜饼”、“大小八件”、“芙蓉糕马”、“重阳花糕”、“玉面蜂糕”、“中秋月饼”等。

[9] 佚名：《燕京杂记》，北京古籍出版社1986年版，第133页。

[10] 常人春：《老北京的风情》，北京出版社2001年版，第91页。

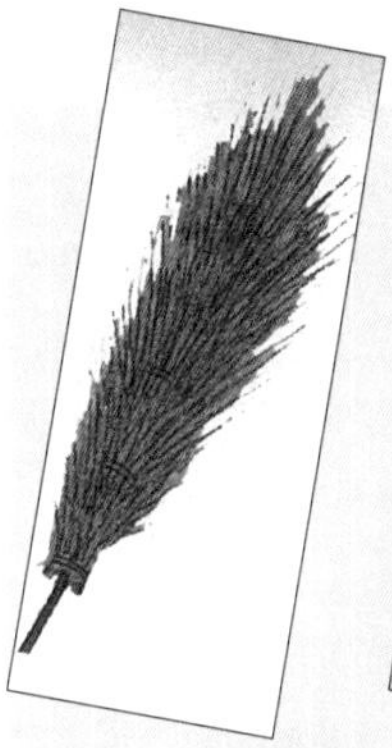

/15031/ 草料铺幌子

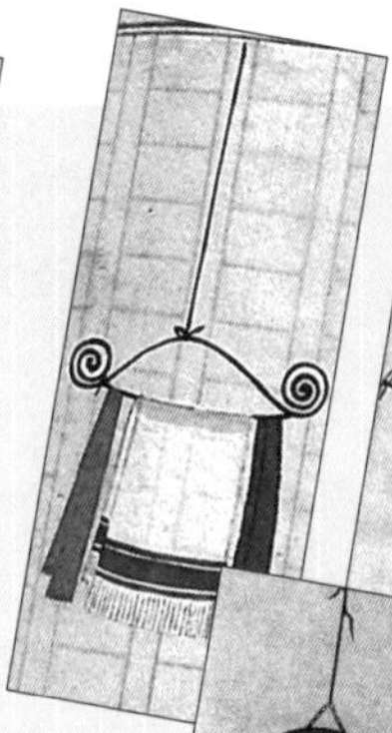

/15032/ 棉花、毛巾幌子

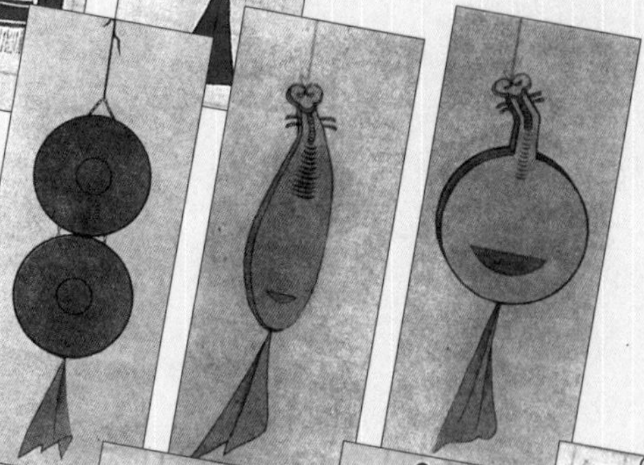

/15033/ 响器、乐器、乐器铺幌子

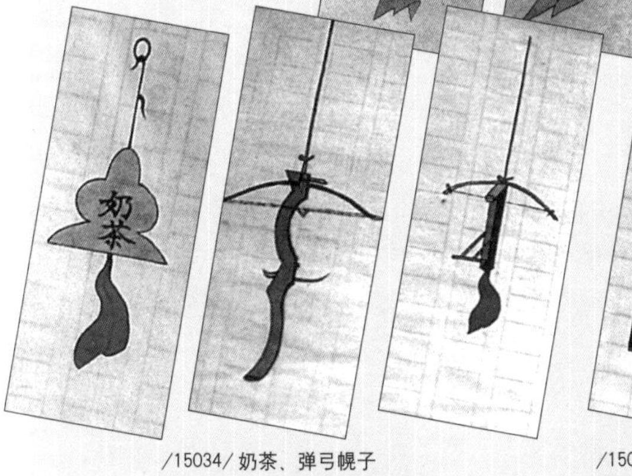

/15034/ 奶茶、弹弓幌子

/15035/ 冥衣铺、剃头铺幌子

/15036/ 兴发号切面铺幌子

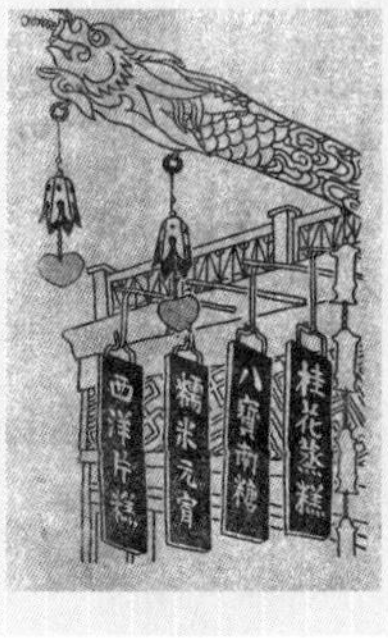

/15037/ 糕点铺幌子

[二] 招牌

1 考究的招牌

1 店名招牌的讲究

明清时期，各店铺都非常注重店名招牌，店铺开张，必要大肆宣传。《汉口竹枝词》第六十三首记载：

开张各店彩灯悬，鼓乐花筒到处喧。敬罢财神争道喜，灯笼热闹五更天。

尤其是药店，店名格外考究。《汉口竹枝词》第三十四首记载：

玻璃八盏夜灯明，药店全凭铺面精。市井也知“仁者寿”，招牌一半借山名。

《论语·雍也》中孔子说：“知(智)者乐水，仁者乐山。知者动，仁者静。知者乐，仁者寿。”药店老板为了招揽顾客，用“山”作店名，表示“仁者乐山”、“仁者寿”的意思，标榜本店出售的药品能药到病除、延年益寿。与此相反，有的药店店名很通俗，却同样收到意想不到的宣传效果。如汉口后湖三元殿一带一家专卖草药的药店，其招牌为“一把抓”，生动形象、通俗易懂、将治病速愈的意思表达了出来。

此外，有些著名的日用杂货店、食品店、药铺喜欢用创办人的姓名作招牌，如罗天源帽、何云锦鞋、洪太和丝绒、牛同兴剪子、王恒丰烟袋、罗明德牛烛、马公亮香货、叶开泰丸药、汪玉霞茶叶。这些人名招牌标志着店铺历史悠久，商品质量上乘。

个别店铺、厂家为了让主顾便于识别它所生产或经营的商品，还立有所谓“商品标记”，俗称以什么为记。例如，中馥楼烟铺以“金凤”为记，闻异轩香蜡铺以“金驴”为记，宝瑞兴京酱园以“大葫芦”为记。这些商品标记都是形象化的立体模型，陈放于商店门口或柜台中央，商品本身不一定有这一标记。

2 金字招牌

明清招牌广告开始将商店的招牌做成黑漆金字[图15038]，或在竖招上写明本店的经营范围。这种特殊的招牌，大都竖于柜台正中的尽头，靠墙的一面，漆金牌子，黑漆底子上写着四个泥金大字，用以表示其行业，名为青龙牌，又叫站牌。几乎每一行业的青龙牌都来源于与该行业有关的典故，除必须用典精准贴切外，字面还要典雅富丽，例如一些大银号的青龙牌往往写有“珠光宝气”、“金碧辉煌”等字样，帽子店往往用“冠冕堂皇”四字，绸缎店的青龙牌则多是“世掌丝纶”，药店一般是“杏林春色”，酒店往往是“太白遗风”、“飞觞醉月”、“香溢壶觞”，等等。

3 触动顾客心理的招牌

很多商家在置备招幌之前，对消费者的心理也是有一定了解的。明朝小说《生绡剪》第十三回提到，杭州附近塘栖镇上一家铁铺门前，“贴一张大字道：本店不打一概屠宰刀器”。顾客一看到这张招贴，必然深信店主生性善良，慈悲为怀，不杀生，他销售的铁器也肯定货真价实。这不失为商家善于利用顾客心理来做广告的一个典型例证。

也有的店铺请名人题写匾额来宣传自己。《扬州画舫录》记载：

（扬州）名肆，如伍少西毡铺匾额“伍少西家”四字，为江宁杨纪军名法者所书，戴春林香铺“戴春林家”四字，传为董香光所书云。

请名家题写匾额，无非是为了借名人在人们心目中的形象为店铺宣传。这种请名人题写匾额的习俗一直流传到现在。

/15038/“华扁妙术”牌匾

2 冲天招牌

很多商铺都用冲天招牌[图15039]。这样的大招牌多是一些大铺

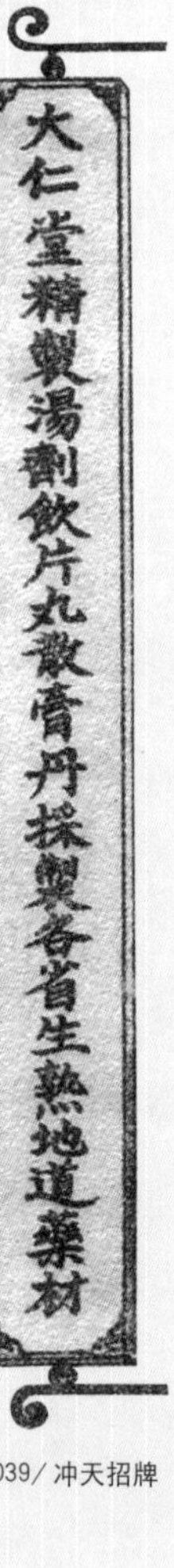

/15039/冲天招牌

子使用，高过于房，宽有三尺，黑地金字，写着所售货物的名称。《燕京杂记》上说“招牌有高至三丈者”指的就是这种大型招牌。由于它又高又大，来往行人从远处就能看见，所以很容易引起人注意。

清末民初，冲天招牌的广告形式得到了广泛的运用，广告语的内容可谓丰富多彩。中药铺的招牌常写“本堂遵古泡制汤剂饮片诚修应症丸散膏丹”、“自采川广云贵生熟地道药材零整批发”，在门匾两旁分别挂上“瑶池瑞草”、“仙圃灵芝”或“调元气”、“养太和”的横匾。香蜡铺的招牌是“本号虔造诸品名香柏油神烛桂花猪胰一概俱全”，店门两侧挂有“冲霄汉”、“射斗牛”的横匾。饭庄则标榜“本堂专应喜庆堂会包办酒席随意便酌应时小卖”，两旁有“旨酒嘉肴”、“飞觞醉月”的横匾。茶叶铺讲究店内修饰得金碧辉煌，墙壁或厅柱上的题额对仗工整，如写“龙团”、“凤髓”，还有古代品茶名士“卢仝”、“陆羽”横匾。煤铺则在白墙上以“匠字”恒书“自运南山（指房山）高煤”之类的招牌，门旁则写“乌金墨玉”、“石火光恒”的匾。

3 御定名牌——龙贴

据《北京工商史话》第二辑记载，清代北京许多行业中的一些商户领有龙贴。领有龙贴不仅可以垄断一个行业，而且可以传给后代，子孙共享。因此龙贴可算是一块重要的招牌。北京果子市上，有专营花生、栗子、西瓜、桃、杏仁等龙贴的店。

现在一些享有“国优”、“省优”、“部优”荣誉的商品其实即类似于“龙贴”在改革开放后，这种广告形式用得非常多。

4 假冒性的招牌

商家之所以如此重视招牌广告，是认识到招牌是一种无形资产，能给商家带来很好的经济效益。好的招牌，就是现在说的好品牌，是同优质的商品联系在一起，同顾客的认同度、信任度联系在一起的。因此，一些著名的招牌往往被人模仿或假冒。据《清稗类钞》记载，在北京城东安门内有卖灵宝如意丹的人，悬挂有“青囊一卷”的招牌在门前，定价合理适中，治病神效，人们都争着来买这种丹药。于是同行争相效仿，出现了与之类似的“清囊一卷”、“诚囊一卷”、“菁囊一卷”、“精囊一卷”等等招牌。一条街巷之中，就有数十家门面宽敞明亮的店铺。尽管他们服务周到，而且先给丹药后收钱，但丹药质量低劣，假冒别人招牌也没有太好的盈利。

清人阮葵生《茶余客话》卷十八“著名食肆”条中也记载：

京师市肆扁（匾）榜，标识百出。一家擅名，必有数家假借，希影响以窃之。有集成联句者，曰“立道堂诚意高香”，曰“修德居细心坚烛”；曰“冬季讽经”，曰“秋爽来学”；曰“堂”，曰“学”；曰“四世马公道膏药”，曰“三代王麻子金针”；曰“甘露斋祖传狗皮膏”，曰“香雪堂神效乌须药”等等。

由此看来，清代北京地区假冒著名招牌的现象非常普遍。越是老字号，就越容易被别人冒名。创办于1651年的北京老字号“王麻子刀剪铺”［图15040］，由于所卖刀剪质量好，深受顾客青睐，被许多刀剪铺假冒，更可笑的是，冒牌者也会骂别人假冒。1816年（清嘉庆二十一年），这家刀剪店正式挂出“三代王麻子”的招牌。从此，以“三代王麻子”作为显著商标，并在刀、剪上刻上“王麻子”三字，成为刀剪业中的名牌货，享有“南有张小泉，北有王麻子”的口碑。以后，模仿的商家越来越多，出现了以“汪麻子”、“旺麻子”、“老王麻子”、“老老王麻子”、“真王麻子”等为招牌的刀剪店。李

/15040/ 王麻子刀剪铺

静山《增补都门杂咏》生动记载了店家假冒王麻子名牌作广告宣传的活动："刀店传名本姓王，两边更有'万'同'汪'；诸公拭目分明认，头上三横看莫慌。"另外，他在《镊子张》篇中也有类似的描述："锤剪刀锥百锛钢，打磨厂内货精良；教人何处分真假，处处招牌镊子张。"

明朝末年在前门外鲜鱼口街的杨小泉"黑猴帽店"也曾遭受被冒名顶替掉的事情。这些都说明招牌背后所隐藏的是一个商号的信誉。

5 老北京的招牌

1 店铺的招牌

清代招幌匾额形式多种多样[图15041]。据清末《燕市商标叠录》统计，仅北京地区的匾额、牌幌样式就有上千种，并分为一字、二字、三字、四字、五字、六字式等几大类。其中，用得最多、最普遍的是四字式牌幌。招幌、牌匾用字最多长达20字，如：

"脱衣认号，临行看箱；公文财物，交明柜上；如若不交，失物不管。"（澡堂牌幌）[图15042]

"德爱堂沈家，祖传七代小儿七珍丹。只此一家，并无二处。"（药店冲天招牌）

"同春堂自置川、广、闽、浙各省地道生熟药材"、"同春堂遵古（法）炮炙饮剂咀片诸般应症丸散膏丹"。（药店冲天招牌）

有些店铺还用其他方法打招牌，《续都门趣话》说："从前京师澡堂，率于门首粉墙上署一联云：'金鸡未唱汤先热，红日东升客满堂。'千篇一律，几无人敢易一字。"这句广告语用词相当精炼，短短几个字便将当时京城澡堂人气旺盛的火热场面表现出来。

茶馆也有招牌。老北京茶馆春、夏、秋三季在门前高搭天（凉）棚，棚架竿上或房檐下悬挂一排白漆小长木牌，长八寸，宽三寸，刻着"毛尖"[图15043]、"雨前"、"雀舌"、"大方"等茶叶名称。招牌下系着红布条穗，迎风飘扬，一看便知道是茶馆。最为别致的是二荤铺，门口多悬挂布幌，其形状像幡，中间一条约八寸，白心蓝边，两旁各有一条宽约三寸的窄条，全长二尺多，白心中写着四句唐诗："李白斗酒诗百篇，长安市上酒家眠。天子呼来不上船，自称臣是酒中仙。"[11]每挂一句，共四挂。

店铺还有用"水牌"（或叫"粉牌"）做广告的。"水牌"用途很广泛，酒肆、饭庄用"水牌"写菜肴食品名称、价格，店铺则用它来报告商品品种，戏院用它报告剧目及节目安排，寺庙用来记斋期。"水牌"一般用木板加油漆做成，白底、朱栏、黑字，非常清晰醒目。使用起来也很便捷，可经常改换内容，反复使用。现在一些饭馆仍然有这种招牌样式。

2 金匾字号

金匾字号是商家自我"立名"的方式。过去，许多店铺往往都是先出名而后才有金匾字号的。前门外驰名中外的烧麦馆都一处[图15044]就是一例。关于都一处的得名流传着这样的小故事：

小店开业于1738年（清乾隆三年），人们称它为"李记小酒店"，只经营晾马莲肉、玫瑰枣、煮小花生等小菜，颇受远近顾客的好评，买卖十分兴隆。1752年（乾隆十七年）除夕，乾隆皇帝携内侍二人微服私访归来，到李记小酒店小饮了一番。他对酒味之醇香，小菜之可口，伙计招待之殷勤大加赞许，不禁感慨："看现在，整个京城都没人做买卖了，就只有你们如此勤勉，真算是'都一处'了。"乾隆皇帝发现小酒店没有金匾字号，回宫后亲自御书"都一处"，制成黑漆金字带有蝙蝠图案的虎头大匾，命太监送至李记小酒店。这时，店主才知除夕光顾本店的原是"当今万岁"，遂将皇帝坐过的那把椅子用黄土垫高，奉为"宝座"，供于店中。从此，该店名声大振，慕

11 杜甫：《饮中八仙歌》。

/15041/"亚元"——光绪元年武试第二名牌匾，这是比较独特的匾额，与武举相关。

/15042/澡堂幌子

/15043/毛尖茶叶铺幌子

/15044/都一处

名前来瞻仰御匾、宝座而小饮用餐的顾客络绎不绝。至同治年间，该店又增添了三鲜烧麦、炸三角等别具风味的食品，生意越发兴旺，直至今天。12

[三] 清代对招幌广告的管理

清代，全国各地的店铺均有市招。天津店铺前普遍设有招牌、牌坊，侵占便道，影响行人，成为一个严重的社会问题，以至于天津商务总会和警方出面干涉，规定招牌、牌坊都不得超过二尺五寸。

佛岗之汾水旧槟榔街为最繁盛之区，商贾丛集，阛阓殷厚，冲天招牌，较京师尤大，万家灯火，百货充盈，省垣不及也。13

总之，明清时期招牌已不仅仅只用单调的姓氏或街坊的名字作为内容，而是赋予招牌文字以特定内涵。如已有300多年历史的北京同仁堂药店，取自"童叟无欺"的商业信条。著名的"全聚德"[图15045]烤鸭店，原先是一家干鲜果店的招牌字号，叫"德聚全"，其意思是"以德聚全，以德取财"。1862年商店易主，接手的杨全仁老板见招牌字号中的"全"字与自己的名字暗合，于是把牌号倒过来"全聚德"作为自己的招牌字号，取其"全仁聚德，财源茂盛"的意思。

其次，注重字号中蕴含的吉祥、兴隆等含义。如内联升鞋店[图15046、15047]，"内"是指"大内"，即专做清朝宫廷的生意，"联升"就是"连升三级"。当时梦想升官发财的人很多，"内联升"的字号迎合了这种社会心理，加上制作的朝靴选料严格，加工精细，颇受王公贵族、大小官吏的欢迎。

第三，在招牌内容上还采用与商店商品有关的历史故事来吸引顾客。如北京六必居[图15048]酱菜园，其牌匾出自明朝大奸臣严嵩之手，据说是其府中一位聪明的丫头采用妙计，让严嵩在无意中写下来的。店主得到后如获珍宝，立即做成牌匾挂出，大肆宣传，使商店的买卖更加兴隆。

招牌是古代商人物质财富和精神财富的象征，是传家之宝，他们会竭尽全力来保护和珍惜招牌的信誉。他们在招牌的形式与制作上也非常讲究，除了取名生动贴切外，还不惜以重金聘请名家为商店字号书写招牌，而且招牌的制作精良，多采用楠木材料和髹漆工艺。装饰上一般以黑色底面，四周镶以花边纹饰，正中字体多配上耀眼的金字或朱红赤字，显得古朴、大方、稳重，体现出中华民族独特的艺术气质和广告风格。

12 参见常人春:《老北京的风情》，北京出版社2001年版，第89页。

13 徐珂:《清稗类钞·佛岗招牌》。

/15045/ 全聚德烤鸭店（摘自《大前门外》杨信绘）

/15046/ 内联升鞋店店面

/15047/ 内联升鞋铺幌子

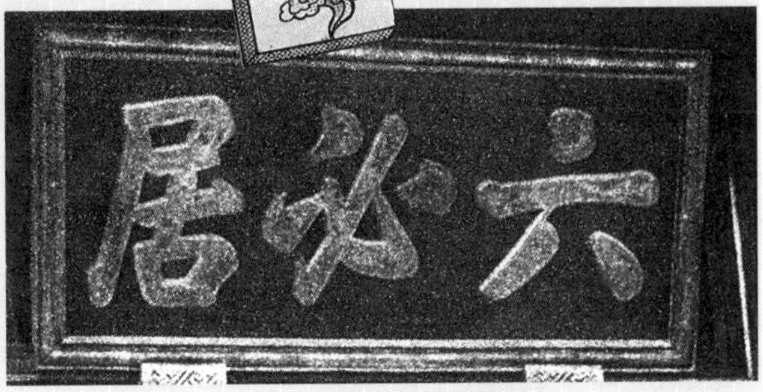

/15048/ 六必居酱菜园

三 楹联广告

楹联广告是具有中国民族风格的一种文字广告形式。明代中后期以后，文人儒士逐步冲破传统轻商观念的影响，涉足广告领域。清代以后，楹联广告更加流行，各个行业都有自己的专用对联，并在春联里赋予商业性内容。这成为当时商业广告的一种新的宣传形式。

相传明太祖朱元璋是第一个撰写广告对联的人，他为一户不识字的阉猪人家写下了一副对联：“双手劈开生死路，一刀割断是非根。”这副对联用幽默风趣、形象生动的语句为阉猪者做了广告宣传，是一副具有浓郁行业特色的广告对联。

由于最高统治者的提倡，此后文人学士对创作楹联广告的兴趣就更加浓厚，常为店家题联。如唐伯虎［图15049］曾为一家新开张的商号挥笔写下：“生意如春草，财源似水泉。”这副对联贴在店前，见过的人无不称赞，进店内购物的人接踵而至。

据载：明朝弘治年间，杭州西湖边上有一家父女开的酒馆，因经营不善，生意萧条，父女俩整天愁苦度日。有一年春天，著名书法家祝枝山游西湖时，进店饮酒后写下一副对联：“东不管西不管，我管酒管；兴也罢衰也罢，请罢喝罢。”这豪情万丈的两行大字哄动了远近城乡，每天前来观赏的人络绎不绝。从此，酒店的生意逐渐兴隆起来。

清代的楹联广告以酒楼用得最多。如九江浔阳楼“世间无此酒，天下有名楼”，算是酒联中的上乘之作。另一酒楼对联：“竹叶杯中，万里溪山闲送绿；杏花村里，一帘风月独飘香。”这副酒联自然贴切地运用了竹叶青酒和酒乡杏花村这两个酒中的“知名品牌”。从艺术角度来说，它已远远超过了一般楹联广告的境界，而是让人在品酒的同时品味一首诗，品尝一幅画，可以称之为酒联中的佳品。现在的山西汾酒集团也沿用有关杏花村［图15050］的传说和诗词来做宣传，颇有一番意境。

另外，清朝有个秀才为一家理发店题写对联：“相逢尽是弹冠客，此去应无搔首人。”典故用得恰到好处，该店从此生意兴隆，远近闻名。相反，同是理发店，有的对联却使顾客望而却步：“磨砺以须，问天下头颅几许？及锋而试，看老夫手段如何。”结果顾客再也不敢上门理发，铺子很快倒闭，可见楹联广告的威力。

四 印刷广告

明清时期，中国的印刷业有了更为明显的发展，雕版印刷在规模、质量上，都有了很大提高，各种派别和风格的雕版印刷应运而生。同时，由于社会对书籍需求量不断增加，书市生意兴隆，书商特别活跃，纷纷与儒生、士大夫合作，出版了大量“文编”、“文选”之类的书籍。各地书商及印刷业经营者为了在激烈竞争中处于有利地位、提高知名度，常利用各类书籍的插图及首尾来做广告，以此来推销自己印刷的各类书籍。

如1498年（明弘治年间）的刊

/15049/ 唐伯虎

/15050/2001 年山西杏花村汾酒电视广告截图

本《奇妙全相西厢记》[图15051] 的底页上就刊印了书坊广告：

本坊谨依经书重写绘图，参订编次大字本，唱与图合，使寓于客邸，行于舟中，闲游坐客，得此一览始终，歌唱了然，爽人心意。

这则广告文字简练，表意清晰明确，而且运用情感诉求，描绘了看这本书的悠闲场景，让人对该书坊有一种亲近感，很有说服力。

在书籍上印制相关书籍广告的做法早在宋代就已经开始。"宋人刻书，于书之首尾或序后、目录后，往往刻一墨图记及牌记，其牌记亦谓之墨围，以其外墨栏环之也。又谓之碑牌，以其形式如碑也。元明以后，书坊刻书多效之。"[14]这类牌记的作用，除做广告宣传外，还可以使后人对这部书的版本及流传情况多一些了解，也起到信息传播的作用。

清代的木版年画 [图15052、15053] 也是当时颇为流行的印刷广告形式。年画多以民间故事人物、戏曲人物为题材，还有福、禄、寿、禧等字画。这些年画色彩艳丽，生动逼真，民间艺术气息浓厚，深受人们喜爱。许多商业广告就运用年画这一形式深入民间，广泛张贴，或用于房间布置，装饰点缀，收到了很好的商业宣传效果。有的商人还利用木版印刷品来做商品包装，如苏州桃花坞出土的"四时名点"包装装潢画中，绘有《失街亭》的戏文和插图，十分精致典雅，达到了包装广告的效果。

五 包装广告

[一] 商品的包装广告

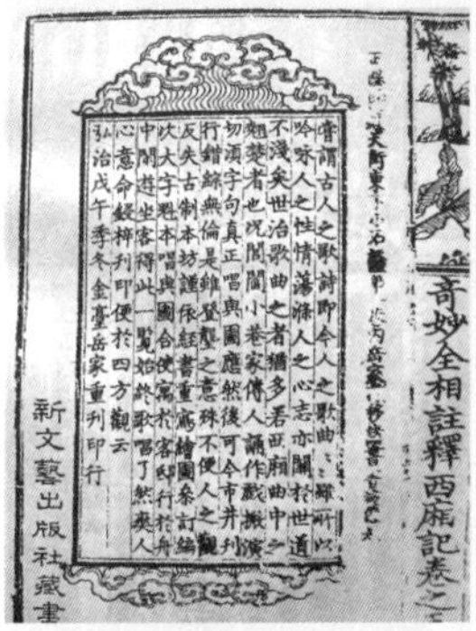

/15051/《西厢记》封底书坊广告

/15052/《武则天》(杨柳青木版年画)

/15053/《东吴招亲》(杨柳青木版年画)

包装广告自古就有，如韩非子嘲笑的那个"买椟还珠"[图15054] 人所买的"椟"就是包装。

楚人有卖其珠于郑者，为木兰之柜，熏以桂椒，缀以珠玉，饰以玫瑰，辑以翡翠。郑人买其椟而还其珠。此可谓善卖椟矣，未可谓善鬻珠也。[15]

楚国珠宝商人为了将"珠"卖个好价钱，便用名贵的木兰雕了一只装珠的盒子，将盒子熏了用桂椒调制的香料，又装饰上珠玉、玫瑰、翡翠。而买珠的郑国人却只买了盒子，把盒里的珠子还给了他。虽然这则

/15054/ 买椟还珠

14 叶德辉:《书林清话·宋刻书之牌记》。

15 《韩非子·买椟还珠》。

寓言原意是批评这名珠宝商人很善于卖盒子，而不善于卖珠宝，但从现在常说的广告包装意识来看，他可以算得上是当时颇有头脑的“广告人”，而那只“椟”也可算是当时包装广告的精美之作。

明清时期，各行各业都有其约定俗成的包装形式和惯例，这是在长期商业实践中自然形成的，已被人们所公认。人们只要拿着某种包装好的货物在街上一走，旁人便能立刻知道里边包的是什么东西。

1 药品的包装

最典型的是中药店的包装［图15055］。汤剂的药味绝大多数采取分包包装。一般草药用白片艳纸，垫上一张粉红色的小药方，上面印有药名、产地、药性、主治病例及图样，称为“药味图说”。较为名贵的细药则用木刻版大药方，垫上红棉纸或油纸另外包装。每味药各包一小包，然后码起来，成为扣斗式的梯形，再用印有门票的大纸一包，将折叠有致的药方附在上面，再把用于煎药的小笊篱放在包下，用麻筋一捆。

用不同颜色的包装纸来区分所开的药品，不但便于药店与顾客双方检查核对所抓药味是否与医生开的方剂相符，而且精细的包装能够表现药店对抓药顾客的责任与诚信，能够拉近药店与顾客之间的心理距离，是非常好的广告营销方式。

2 茶叶的包装

茶叶铺的包装更为讲究。凡要作为礼品的茶都装在挂漆彩绘的铁筒内，这样不但美观大方，而且茶叶不会跑味儿，实用价值很高。一般属于顾客自用的茶叶，大多是零散包装的，每一小包仅装二钱茶叶。好茶叶用三层包装纸，最外层是彩色透明玻璃纸，第二层是彩印门票，第三层是白衬纸。次一等的茶叶也用两层包装纸，免去外皮的玻璃纸。如果顾客买100包或50包，也要将小包叠起，但不再用包装纸打大包，只是用红、绿麻筋一拴，而且彩色小包还注重色彩的搭配。从清末民初一些茶票的包装上可以看出，茶叶的包装已经注意了包装［图15056、15057］的视觉效果，能够迅速吸引顾客的眼球，增加购买量，是很出色的广告包装设计作品。

3 小吃的包装

清末，糕点铺大都备有装糕点用的“行匣”，这是用木板咬口而成的长方形木匣，外边粘上彩印风景的包装纸，并题有“一路顺风”的祝词。简易的糕点包装是用蒲草编织而成的长方斗形的“蒲包儿”，先将糕点用白纸包好，码放在蒲包儿里，外面敷上红、绿门票，用彩色麻筋拴上。有的糕点还用纸包成长方形，上面放一张印着商店名称、地址的商品介绍，再用线绳捆上，便于顾客携带，又是推销宣传。

与糕点铺类似的还有鲜果局子和果摊子，一般都用上宽下窄圆形的果筐装货，秋天还要衬上香蒿，以增加果品的香度。更讲究的则用果篮包装。秋天各种新鲜水果上市的时候，商家可以得心应手地进行搭配，丰富的色彩让人看了赏心悦目。

其他店铺也有历史上传承下来的包装形式。例如，烟铺卖叶子烟，用印有本号戳记的细草纸包成菱形包；油盐店卖的干黄酱是用草纸垫油纸，做成梯形包；其他如黄花、木耳、蘑菇等，一律用麻纸做成方形包；酱菜、酱豆腐等高级咸菜一律装入油篓；肉铺夏天常用鲜荷叶做成菱形包来包装酱肘子、小肚等熟菜，而用蓖麻子叶包生肉；卖樱桃、桑葚等时令鲜品的则用杨树叶做衬托；杂货摊则用旧书本、旧报纸包装花生仁、葵花子、海棠干、杏干之类的零食。

4 “仿单”广告

一般商品上都会有印有商品说明的包装纸，称为“仿单”。下面是

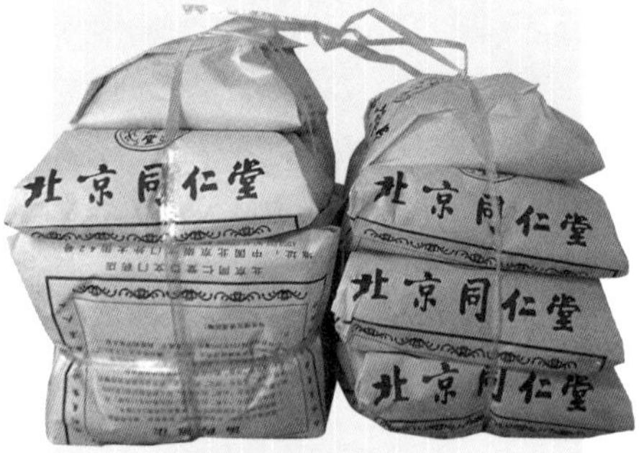

/15055/ 现在的药品包装

/15056/ 云南同庆号大票（清末民初）

/15057/ 福元昌大票（清末民初）

几张清代的旧仿单，如：

杭州老三泰琴弦店："祖传李世英按律法制太古琴弦、缠弦，各式名弦，一应俱全，发客。老铺历百余年，并无分出。凡士商赐顾者，请认杭省回回堂下首，积善坊巷口老三泰图记，庶不致误。"

北京桂林轩脂粉铺："桂林轩监制金花官脂、西洋干脂，小儿点痘，活血解毒；妇人点唇，滋润鲜艳，妙难尽述。寓京都前门内棋盘街路东，香雪堂北隔壁。赐顾请详认墨字招牌便是。"

徽州胡开文墨店："苍佩室墨赞：珍称墨宝，驰誉艺林。苍佩之宝，触目球琳。元霜质栗，紫云老沉。延珪而后，此其嗣音。泼纵似海，惜本如金。龙宾十二，助尔文心。道光丁酉春秋，春叔孙日萱书于海阳书院之求寡过斋。"

扬州卢葵生漆器店（漆砚）："其砚全以沙漆，制法得宜，方能传久下墨。创自先祖，迄今一百十余年，并无他人仿制。近有市卖者假冒，不得其法，未能漆沙经久，倘蒙鉴赏，必须认明砚记图章、住址不误。住扬州钞关门埂子街达士巷南首古榆书屋卢氏。"[16]

这些仿单不仅详细介绍了所售商品的优良品质，还对该商号的招牌做了广告宣传，其信誉有了保证。

[二] 门面装饰

清代以在北京为代表的规模大、财力雄厚的店铺特别注重装饰店铺的门面［图15058］及厅堂。富丽堂皇的门面也是一种很好的广告形式。

《道光都门纪略》中写道：

京师最尚繁华，市廛铺户，装饰富甲天下，如大栅栏、珠宝市、西河沿、琉璃厂之银楼缎号，以及茶叶铺、靴铺，皆雕梁画栋，金碧辉煌，令人目迷五色。

《燕京杂记》中也提到：

京师市店素讲局面，雕红刻翠，锦窗绣户，招牌至有高三丈者。夜则燃灯数十。纱笼角灯照耀如同白日。其在东西四牌楼及正阳门大栅栏者，尤为卓越。中有茶叶店高甍巨桷，细个槅宏窗，刻以人物，铺以黄金，绚云映月，洵是伟观。总之，母钱或百万或千万，俱用为修饰之具。茶叶则贷于茶客（茶商），（茶商）亦视其店之局面，华丽者即无母钱存贮，亦信而不疑，倘局面黯淡，虽椟积千万亦不敢贷矣。金玉其外，败絮其中，所由来也。

装修精良、气派的铺面，不仅可以让顾客感到有面子，满足顾客的虚荣心，而且可以显示其财力雄厚，取信于人。

六 演示广告

[一] 表演广告

《扬州画舫录》卷十一记载了烟草零售商匡某采用特殊的广告手段——烟戏［图15059］来推销他的水烟：

匡子驾小艇游湖上，以卖水烟为生，有奇技，每自吸十数口不吐，移时冉冉如线，渐引渐出，色纯白，盘旋空际，复茸茸如髻，色转绿。微如远山，风来势变，隐隐如神仙鸡犬状。须眉衣服，皮革羽毛，无不毕现。久之色深黑，作山雨欲来状。忽然风

16 参见刘家林：《新编中外广告通史》，暨南大学出版社2000年版，第139页。

/15058/ 装潢精美的酒店

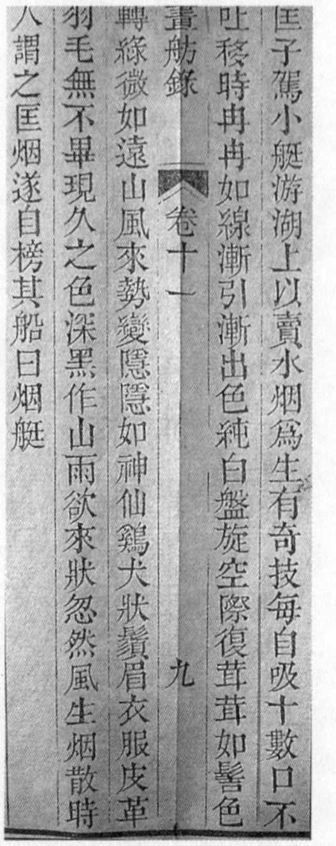

匡子駕小艇游湖上以賣水烟爲生有奇技每自吸十數口不
吐移時冉冉如線漸引漸出色純白盤旋空際復茸茸如髻色
畫舫録 《卷十一 九
轉緑微如遠山風來勢變隱隱如神仙鷄犬狀鬚眉衣服皮革
羽毛無不畢現久之色深黑作山雨欲來狀忽然風生烟散時
人謂之匡烟遂自榜其船曰烟艇

/15059/《扬州画舫录·匡某烟戏》书影

生烟散。时人谓之匡烟。遂自榜其船曰“烟艇”。

用表演吐烟圈（“烟戏”）来引起人们的好奇心，在当时可算是一种独特的广告形式，既丰富了人们的闲余生活，也促进了其烟的销售。

成都弹棉花的小贩在帮主顾弹棉花的时候，其本身就是一个活广告，他的动作带有表演性质，能够引起周围人的注意。如果他的表演很到位，那么找他弹棉花的人就会更多。卖响簧的一般在售卖的同时会自己吹响簧，用表演来吸引顾客的购买，让顾客了解该产品的优良品质。卖布捆子的小贩肩扛数尺长的布匹，折成长方形的布匹一摞摞码起来，呈现出岌岌可危的样子。卖蒸饽和卖油糕的则喜欢把盘案顶在头顶上。卖风车的手转制作精巧的小风车。这些都是带有表演意味的广告。

另外，当时挑担卖小吃的男子多是英俊少年，他们都很重视衣妆饰品的搭配，有的在草帽上插花，有的把蒲鞋染上蜡。这种种装饰都是为了吸引顾客的目光，同样带有表演性质，也有很好的促销作用。

[二] 陈列展示广告

清代杨静亭写的竹枝词《都门杂咏》中一首记录厂甸一带摊贩的广告说：

新开厂甸值新春，玩好图书百货陈。裘马翩翩贵公子，往往多是读书人。

集市摊贩主要以陈列广告为主。

李静山《增补都门杂咏·市廛门·琉璃厂》有一首咏颂琉璃厂的陈列广告说：“画舫书林列市齐，游人到此都眼迷。最难古董分真假，商鼎周尊任品题。”古玩铺则“唐宋元明件件陈，满墙字画尽名人”。估衣摊则“裙衫袍褂列成行，布帐高支夏月凉。急事临身多绕路，怕听争问买衣裳”。

另外，这一时期及之前的风俗画对陈列广告也有精细的描绘。如宋朝时苏汉臣的《杂技戏孩图》[图15060]、南宋李嵩的《货郎图》[图15061]都是这方面的代表作。李嵩《货郎图》中画的是南宋流行的货郎担，担上装满儿童们喜欢的各种玩具。只要能够展示所售商品的地方，都放上了货品，货郎本人的头上、腰间也都插满小物件，六个小孩童正围绕货郎担欣喜笑闹，两个小童各拈着小钱来争买。

明朝计盛也画有《货郎图》[图15062]。画面上，一货郎用车来代替担，车箱内陈放着各种生活用品，车架上插着和挂着各种玩具，于是吸引了很多儿童。清代金尊年也有一幅彩绘的《货郎图》[图15063]，图中货郎也是挑着一担玩具，担子前后两个竹笼里放的、竹笼外插着的、竹竿上悬吊着的都是琳琅满目的玩具，非常好看，引得儿童们兴奋地伸手讨要。

这些绘画作品，在不同时代有不同的表现手法，但都生动再现了当时陈列展示广告的原貌。

菜谱也是展示性广告的一种，它能让顾客在看到菜谱后迅速了解该饭店的食物风格、饭店的档次等

/15060/ 苏汉臣《杂技戏孩图》(宋)

/15061/ 李嵩《货郎图》(宋)

/15062/ 计盛《货郎图》(明)

/15063/ 金尊年《货郎图》(清)

等。清嘉庆、道光年间，顾禄著书《桐桥倚棹录》，其中记述了苏州虎丘山塘一带著名酒楼“三山馆”极为丰富的菜谱：

烧小猪、哈儿巴肉、烧肉、烧鸭、烧鸡、烧肝、红炖肉、萸香肉、木犀肉、口蘑肉、金银肉、高丽肉、东坡肉、香菜肉、果子肉、麻酥肉、火夹肉、白切肉、白片肉、酒闷、硝盐蹱、风鱼蹱、绉纱蹱、爊火、蜜炙火蹱、葱椒火蹱、酱蹱、大油圆、炸圆子……点心则有：八宝饭、水饺子、烧卖、馒头、包子、清汤面、卤子面、清油饼、夹油饼、合子饼、葱花饼、馅儿饼、家常饼、荷叶饼、荷叶卷蒸、薄饼、片儿汤、饽饽、拉糕、扁豆糕、蜜橙糕、米丰糕、寿桃、韭合、春卷、油饺等，不可胜纪。

这一段关于菜肴、点心的记载，总计菜肴名称近150种，小吃面点也近30种，是目前所发现史料记载中品种最多、最全的菜谱之一。

[三] 表演与展示相结合的广告

当时还有很多兼有表演和展示性质的广告。晚清《成都通览》中提到，捏面娃娃[图15064]、卖糖人、卖泥娃娃的小贩，在担架上插挂许多成品，起到展示的作用，人们一看便明白所卖之物。小贩在展示的同时，也在进行捏面娃娃或是做糖人的表演，这样一来很多人会聚集观看，感兴趣的人还会跟着学手艺，小孩子们则会抢着购买。卖鞋花的不仅在摊上摆放花样繁多的鞋花作为展示，而且还现场表演绣鞋花。

除此之外，小贩表演或展示大多都是与吆喝和响器相结合的。比如卖糖的小贩主要有三种广告方式：一是利用糖的造型来吸引儿童，如大件的糖叫“大观楼”，小件有糖官人、糖宝塔、糖龟儿多种花色；二是鸣锣唱卖，或者直接口头唱卖，引人注意；三是采用转轮盘的赌博方式来推销，如果转动红色区域便能得到块糖，如果没转到，便什么也拿不到。

再比如，卖膏药的打一把小伞，伞的每个角上都悬挂一串膏药，口中大声吆喝；卖皮梁子的一手展示商品，一手拿着响器吹奏，以引起路人的注意；沿街卖牛肉的挑着担子，两头挂满牛肉，用手作喇叭状，大声吆喝。多种广告形式的结合使得广告信息的传达更加有效，声画结合的场景让人对产品的记忆更加深刻。

七 招贴广告

明清时期，招贴广告有了更多的发展，有的已与现代广告很接近。

[一] 福建果园开园招贴广告

福建一带果树种植是农业经济中的重要产业。荔枝生产规模大、产量也多，已经成为商业性农产品，所以成熟时要贴出类似于“闽俗荔枝熟时，亦以红笺书某处荔枝于某日开园”[17]的“开园”广告，公开出售。“提筐担莒而来者，沤歌盈路”[18]，其盛况可想而知。

[二] 医家招贴广告

另外，《都门杂咏》中有一段记

17 施鸿保：《闽杂记·开园》。

18 施鸿保：《闽杂记·橘园》。

/15064/ 现代捏面人

载医家广告的文字：

满墙贴报博声名，“世代专门”写得清。怂恿亲朋送匾额，封条也挂御医生。

可以看出，这家诊所的医生可算是一名出色的广告人，他懂得“满墙贴报”以造声势，博得大的声名。同时他也在广告中诉求了其“世代专门”这一突出特征。而且他怂恿亲朋好友为他送匾额，给人一种该诊所很受欢迎的印象。这样，老百姓们会加强对该诊所的信任，到他那里看病求医的人就多了。

[三] 书场“门悬市招”做广告

《扬州画舫录》卷九记载，大东门书场四面围座，中间放有书台：

门悬书招，上三字横写，为评话人姓名。下四字直写，曰：开讲书词。

这种在室内的小广告，类似于现在的POP店内广告，它有利于在交易场所内的人对商品，有更深入的理性认识。

八 老字号的公关广告

晚清的很多老字号已经有了公关意识，通过为老百姓办实事赢得老百姓的认可，直至今日都兴盛不衰。

[一] 同仁堂用义举招徕顾客

为了获得社会舆论的赞誉，同仁堂十分重视开展各种公关活动，树立乐善好施的企业文化形象。每当京城会试期间，同仁堂总要向应考举子赠送四季应时药品，这些举子考中后做了大官，自然会照顾同仁堂的买卖，或为同仁堂提供特权，或为同仁堂介绍主顾。北京城里许多王府把记账本留在同仁堂，由同仁堂负责向府内供应中药，到年底结账。每年冬天，同仁堂都要开办粥厂，使那些饥寒交迫的贫民能够勉强维持生活，还施舍棉衣给那些衣不蔽体的穷人。每年夏天则向穷人发放一些治疗预防中暑的药。同仁堂还利用北京每年挖城沟的机会，把同仁堂的大灯笼［图15065］到处悬挂，既有利于行人，也给自己做了不花钱的广告。

同仁堂举办的这些慈善活动，据说能占到利润的1/3。这种济贫的义举不仅能使同仁堂拥有好的口碑，而且能吸引更多的消费者，真可谓是一举两得。［图15066］

[二] “张一元”的品茶服务

“张一元”［图15067］是北京地区一家老字号的茶庄。本来这一地段的茶叶买卖早被一家叫“汪正大”的茶庄垄断。“张一元”为了创出自己的牌子，便无偿给各个妓院的管事和记账先生送茶叶，请其品尝。送一次够喝半个月，往往旧的还没喝完，新的又送来了。久而久之，八大胡同的茶叶买卖都被“张一元”给夺走了。不仅如此，“张一元”茶庄

/15065/ 同仁堂的大灯笼

/15066/ 同仁堂生意红火

/15067/“张一元”第三家茶庄

规定只要看顾客有真买的意思，就拿出茶叶沏一壶，倒在几个碗里，不仅请想买的顾客品味，也让周围的人品尝。服务如此周到，顾客心里舒坦，自然也就有了购买欲望和购买行为。

[三] 正明斋的送货上门

正明斋是一家著名糕点铺。《道(光)咸(丰)以来朝野杂记》上说："瑞芳、正明、聚庆诸斋，此三处，北平有名者。"一年四季，京城百姓办喜事，很多都从正明斋预订相应的糕点。它还为祭祖祭佛者生产供品饽饽，北京城里庙多，庙里有很多的节庆日子，所以这一项需求的数量很大。正明斋便很看重利用送货的方式作宣传。每年进入腊月，就可以看到大街小巷，有许多身穿短棉衣和棉裤的工人，挑着写有"正明斋饽饽铺"字样的大圆笼走来走去。这是给预订了糕点或蜜供的家庭送货，既增加了节日气氛，也给自己做了广告。

[四] "通三益"用古方树品牌

北京"通三益"干果海味店的生意一直很好。但它的第二代老板具有一定危机意识，为了避免因走老路而被竞争对手赶超，他将获得的太医院制作秋梨膏的古方及时运用到产品更新中来，让店铺有了一项"拳头产品"。一旦老百姓的远亲近邻有了咳嗽，人们立刻会想起"通三益"来。

九 其他形形色色的广告形式

[一] 与政治相关的广告务农谕旨

明朝的历代皇帝，每年年初，都要颁布规劝农民勤劳耕种的谕旨，并强令对此广做宣传。每个皇帝的说词虽有不同，但大同小异，从二月到十一月的农事活动及注意事项都提及到了。据《宛署杂记》记载：

(明朝)祖制：(每年)朔旦，文书房请旨传宣谕一道，顺天府府尹率宛(宛平)、大(大兴)二县知县自会极门领出，府首领一员捧之前，至承天门桥南，召两县耆老面谕之。月一行，著为令。语随时易。惟正月、十二月，以农事未兴，无之。其初，盖重农意，欲其自畿内布之天下也。乃嘉、隆末，畿民困敝，不及时至，则雇市井无赖充之，名曰倒包。里长闾阎，无复知德意者。而且以称病，甚或有以代役持其短，而宣谕遂浸失其初矣。遐迩小民，其谁知之！先年宣谕，语多无考，谨录其存者如左(下)：

正德十四年：二月，说与百姓每(们)：各务农业，不要游荡赌博。三月，说与百姓每：趁时耕种，不要懒惰农业。四月，说与百姓每：都要种桑养蚕，不许闲了。五月，说与百姓每：谨守法度，不要教唆词讼。六月，说与百姓每：盗贼生发，务要协力擒捕。七月，说与百姓每：互相觉察，不许窝藏贼盗。八月，说与百姓每：田禾成熟，都要及时收敛。九月，说与百姓每：收了田都要撙节积蓄。十月，说与百姓每：天气向寒，都要上紧种麦。十一月，说与百姓每：遵守法度，不许为非。

嘉靖三年：二月，说与百姓每：依时务农，不许游惰失业。三月，说与百姓每：都要孝顺父母，不许缺了奉养。四月，说与百姓每：不许纵放头畜，作践田禾。五月，说与百姓每：耕田都要牛力，不许私自杀宰。六月，说与百姓每：不许假充内外势要，诓骗财物。七月，说与百姓每：遵守朝廷教令，不要违犯。八月，说与百姓每：都要省俭，不要大破小用。九月，说与百姓每：谨守法度，不许教唆词讼。十月，说与百姓每：桥梁道路，都要依时修理。十一月，罢。[19]

这种务农谕旨既带有强制性，又有一定的规劝色彩，很符合时政与时令。

[二] 民间广告——插草标卖女

明代山东济南一带每逢灾荒年月，很多贫苦人家都会插草标卖儿鬻女。临清一带的人贩子认草标来"收购"人口，然后倒卖出去，从中牟取暴利。明代王象春的《济南百咏》记载：

委巷低门立小鬟，青衫竖草惨愁颜。惯收瘦马临清客，鬟发成云又卖还。

草标已经成为人口交易的，标志，现在一些历史题材的影视作品中仍可以看到。虽然买卖人口是恶劣的行为，但是草标的广告性质还是客观存在的。

[三] 注重顾客感受的经营方式

《扬州画舫录》卷七记载：

（扬州）明月楼茶肆在二钓桥南，南岸外为二道沟，中皆淮水。逢潮汐则江水兼之，肆中茶取于是，饮者往来不绝。人声喧闹，杂以笼养鸟声，隔席相语，恒以眼为耳。

从上述记载可见，茶肆养鸟鸣叫，为的是宣扬情调、烘托气氛，使茶客流连忘返。因为经营环境的好坏直接影响到顾客消费的心理，该茶肆无论在选址上，还是店面的布置上都显然下了一番功夫，为消费者创造了优雅的品茶环境，使消费者能够舒心地感受自然，感受生活。

《扬州画舫录》卷九记载："天下香料，莫如扬州'戴春林'为上，'张元书'次之。"后来"张元书"迁址，但也不能改变它的经营状况，商家感到非常头疼。江畹香担任山东巡抚时，正临近乡试开考，商家便用千金与张元书制造香料，做成汉瓦奎璧等形状，凡是参加乡试的书生，每人给一枚。后来张元书家一直采用这种提供试用的经营方式，生意逐步兴旺，而此香料也被称为"状元香"。书生们在体验过产品后，对该产品有了一定的认识，才会产生进一步的购买行为，足见当时商家的高超谋略。

清末盛行照相 [图15068]，因此照相馆林立，竞争激烈。一家照相馆为了取得市场的先机，在门前高挂一面放大镜，任行人驻足观赏。镜中映出人生百相，"各家都有当行物，花界名流大老官"。很多人通过在像镜前的亲身体验后，立即选择了此家照相馆。

以上种种营销方式多少都透着体验营销的影子，他们都为顾客提供了体验产品或服务的机会，让顾客能够在独特的体验中完成消费。明清时种种广告的形式都在表明中国广告的发展正由古代广告阶段在向近代广告阶段迈进。

19 沈榜(明)：《宛署杂记》，北京古籍出版社1983年版。

/15068/
影像铺幌子

明清时期，中国的封建制度由鼎盛走向衰败。明朝中后期便出现了资本主义萌芽，并一直推动着中国经济的发展，促进了商业行会、商业组织的形成和发展。所以，明清时期的广告活动格外活跃。招幌广告花样繁多，甚至出现了假冒招牌，商家的品牌意识极强；印刷广告因技术的进步实现了批量生产，印刷质量也有所提高；包装广告不仅仅是店面的包装，还有对各种日用小商品的精心装饰；而且这一时期的很多老字号为了迎接激烈的市场竞争，开展了不少公关活动，收到了很好的宣传效果。

古代的广告形式，有很多至今都仍然沿用，而且效果很好，它们不仅直接影响了近代广告的发展，也为建国后乃至改革开放后的广告创作提供了很好的借鉴，打下了坚实的基础。

总之，从先秦时期至明清时期是中国广告发展的漫长积淀和奠基期，古代广告的发展见证了中国古代文明漫长的萌芽、发展与演变过程。

在古代朝代的更迭中，伴随着古代政治、经济、文化生活发展的是各种广告形式的逐一登场并逐步发展完善。比如秦朝统一了全国，建立了多民族的统一国家，文字、度量衡的统一也为中国文化的发展奠定了坚实的基础，中央集权以及“大一统”、“独尊儒术”等封建思想一直影响了中国两千多年；造纸、雕版印刷、活字印刷等具有划时代意义的古代发明，有的为印刷广告的文字书写与保存做了很好的准备，有的为广告信息传播提供了技术条件；唐朝作为中国封建制度的鼎盛时期，城市规模和消费水平已达到一个顶峰，人们生活富足，有很多娱乐休闲活动，为广告的发展创造了良好的社会条件；《诗经》、汉赋、南北朝民歌、唐诗、宋词、元曲、明清小说以及无数的寓言、典故等古代文化精粹不仅为古代广告提供了鲜活的表现形式，也为研究古代广告活动提供了宝贵的史料。这些都对中国古代广告的发展有着直接或间接的影响。

当然，从漫长的中国广告发展史来看，漫长的古代时期经历了不同社会的分裂动荡、多民族政权的并存以及长期的封建割据混战，其广告发展水平参差不齐。没有形成影响力巨大的大众媒体广告，也没有形成具有一定规模的平民大众消费，这些都影响了中国古代广告的深入发展。从古代时期的种种现象来看，中国的城市、商业、市场与广告，都启端于为官府的服务，后来才移入民间，即先有官方广告（所谓的政治广告），然后才有民间的商业广告。而对比同时期的外国广告发展历史，则先是商业发达，然后是城市发达，而且都是在民间自然形成的，与官府的关系没有那样深。所以，由官到民、沿着官本位发展的中国广告从本时期开始就奠定了这样的基调和色彩，这也算是具备了中国的特色。

本时期是中国农耕社会由原始发展到鼎盛又走向衰败的时期，明朝中后期资本主义萌芽的出现预示着中国的农耕社会制度需要有所突破，并推动着中国经济的进一步发展，也预示着格外活跃的广告活动即将来临。

第二编

中国近代广告

2

1840 年鸦片战争
—1949 年中华人民共和国成立

第一章 晚清时期的广告

19世纪上半叶，许多资本主义国家都进行了工业革命。生产的高速发展，使资本家感到了市场的压力。为了满足资本主义经济发展的需要，保证廉价的原料供应和工业品的销路，必须寻找和开辟新的更大的市场，于是地大物博、人口众多的中国就成了他们猎取的对象。1840年爆发的鸦片战争，就是资本主义国家对外扩张政策的需要，是对中国全面的政治、经济和文化入侵的开始。

帝国主义的入侵，使中国逐步沦为半封建半殖民地社会。随后，由于不满足于单纯的商品倾销，以及为了进一步加强经济侵略，帝国主义开始了对中国的资本输出，这在客观上对中国商品经济的发展起到了一定的推动作用。外国商人在利用各种广告手段大量倾销洋货的同时，也带来了报纸、杂志、路牌以及橱窗陈列等新的广告形式［图21001］。一些原本不大重视广告宣传的民族工商业者，受到外国商行的影响，也渐渐仿效使用新式广告媒介［图21002］。中国近代广告业随之得到了发展，广告的媒介种类增多了，宣传范围扩大了，内容更广泛了，广告的技巧也提高了。

/21001/ 清末外国洋行的招牌（将西路钱庄街）

/21002/ 清末本国商行广告

第一节 鸦片战争前后的广告

鸦片战争后，清政府被迫签订了《南京条约》，允许开放广州、福州、厦门、宁波 [图21003]、上海等五大城市为通商口岸，并且准许中国商人将洋货从上述口岸运往各地销售，从而使外国资本主义的贸易入侵合法化。从此，外国货涌入内地，中国出现了专为外国资本家服务的买办商人，相应的广告就在这几个口岸城市迅速发展起来。

就前后时期比较来看，西方列强对中国的经济侵略，在侵略内容和行为方式上，存在着某些差别。近代前期，西方经济侵略带有明显的资本主义原始积累的性质，行为方式也透露着海盗式的色彩。

19世纪40年代，中国社会经济发生了重大的变化，特别是遭受外国资本主义侵略最为直接的以上海 [图21004] 为代表的东南沿海地区，社会生活呈现出巨大的震荡。

/21003/1857年的宁波

/21004/1849年前的上海外滩

一 不断丰富的广告媒介

[一] 吆喝及实物陈列的延续

近代中国的吆喝广告和其早期的发展是一脉相承的。典型的是城隍庙卖梨膏糖的小贩，边唱边卖，有腔有调，有“七分卖唱，三分卖糖”之说。沿街叫卖的有各种食品，如热白果、白糖莲心粥、馄饨；还有提供服务的理发、磨剪刀的摊贩等 [图21005]。他们常使用能敲打出大声响的器具如梆子等，以引起人们的注意。有些商店把实物陈列和叫卖结合起来，石路(现福建中路)一带有很多衣庄，店员边出示衣服边叫卖，成为当时老上海的代表性景象。

/21005/走街串巷的小贩

[二] 店面装饰的日趋考究

经济的发展，促使商店日趋重视店面装修。旧式的商店一般有柜台、店名牌匾和直式招牌[图21006]。商店的招牌反映着社会经济的真实状况。近代最早的商店，一般只出售国产商品。如上海旧城厢有一家规模较大的“老双成”商店，招牌上写着“白云铜器”、“苏广烟袋”和“时新嫁妆”。洋货进入上海市场后，店铺的招牌也反映出国货洋货交杂于一处的状况，当时有一家叫“大德号”的商店，招牌是“福建皮丝”、“兰州水烟”和“西洋鼻烟”等，还有商店在招牌上写着“东西洋广京货”。

与招牌同时存在的，还有各种布旗，上面写有商店的店名或出售的商品名称。还有各种幌子[图21007]，如国药店的膏药挂饰等，在当时的店铺中已普遍应用。

除招幌外，店铺的建筑形式也是店面的一部分。老上海最具代表性的店铺是石库门建筑，例如早期的老介福绸缎局房屋。许多商店也在墙上写出广告语句，如国药店的“各省药材，丸散膏丹”[图21008]，清末南京路邵万生食品店的“浙宁茶食，南北杂货”等。酱园、典当行更在高大的墙上写着很大的“酱园”或“当”字[图21009]。这类广告，目的在显示店铺的规模和殷实状况，以在更广的范围内招徕顾客。有不少商店如绸缎店、国药店等的店面用牌楼式建筑[图21010]，极具中式特色。

/21006/ 旧式商店柜台和直式招牌

/21007/ 各种幌子挂饰

/21008/ 国药店墙上的广告

/21009/ 当铺和酱园广告

/21010/ 牌楼式建筑

[三] 招贴及布告的遍布

为了招徕顾客，一些商店采用招贴广告的形式，四处张贴[图21011]。

招贴广告一般是用手写的，比较简单，往往与官府的布告和告示一起张贴在城墙等处。从现存清末

/21011/ 某牌香烟招贴广告

上海晏海门(北门)和西门的照片上可以看到舶来商品"司各脱"鱼肝油的招贴和各种布告。

国外的石印[图21012]、胶印广告比中国发展得早,因此舶来品广告招贴多在国外印成,再在上海张贴。早期的路牌广告,是用印成的招贴拼贴起来的,后来才改为用油漆手工绘制。使用招贴最多的是洋货,例如日本的仁丹、大学眼药、中将汤以及英国和美国的香烟[图21013]等等。

二 报刊及报刊广告的出现

近代广告发展最显著的标志是报纸广告的出现与风行。

中国是世界上最早出版报纸的国家之一,从唐初的邸报到清时的《京报》,一直只在宫廷和官僚中传阅,长期以来是阶级的舆论工具,与广告宣传无缘。

鸦片战争前后,西方商品源源不断地输入中国,海外的商人需要一种更广泛,传播信息更多的广告形式。由于报纸传递信息速度快,容量大,是做广告的理想媒介。于是,随着西方现代印刷技术的传入[图21014],以报纸杂志为代表的近代广告媒介开始被外商引入并且发展起来了。

[一] 近代最早的报刊广告

报纸广告是资本主义商品经济发展的产物。洋货进入中国市场后,外国传教士及外国商人创办的报刊上也就出现了广告。这是中国报纸近代化及资本主义化的重要标志之一。

1827年11月,英文报纸《广州纪录报》(Canton Register)在广州创刊。该报是在广州出现的第一家英文报纸,由英国大鸦片商马地臣创办,是一份商业性质的报纸。该报创刊时就声称:"我们的主要努力是发表丰富而准确的物价行情。"最初名为《广州纪录和行情报》,是为英国商人向中国倾销商品、提供商业信息服务的。该报馆还附出《广州行情周报》(Canton General Price Cunent),是一种带有明显广告性质的报纸。

近代以后,在中国境内出版的第一份中文报刊是1833年8月(道光十三年七月)在广州创办的《东西洋考每月统记传》[图21015],由普鲁士传教士郭士立(也作"郭实猎")创办。该刊采用雕版印刷和中国线装书款式,以宣传基督教教义、传播自然科学和社会科学知识以及文学知识为主要内容,其宗旨是"为在广州和澳门的外国公众的权益进行辩护"。它同时也是最早在中文刊物登载"行情物价表"[图21016]、商业信息及商业广告

/21012/ 石印公司广告

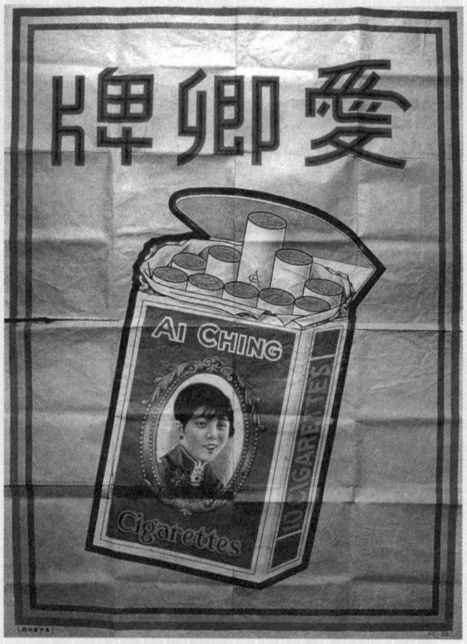

/21013/ 爱卿牌香烟招贴画

/21014/ 西方现代印刷技术的传入

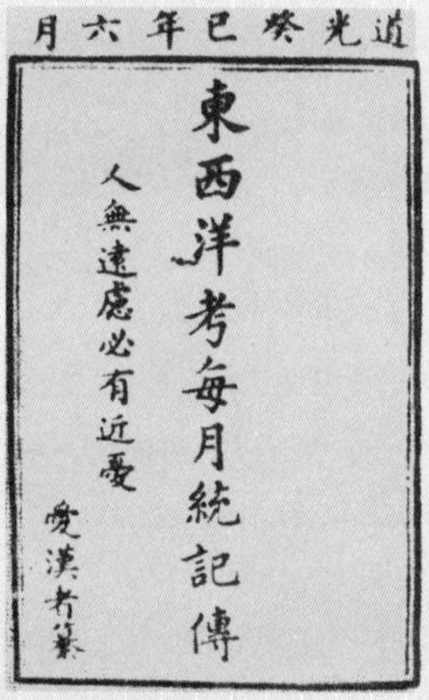

道光癸巳年六月

東西洋考每月統記傳

人無遠慮必有近憂

愛漢者纂

/21015/《东西洋考每月统记传》

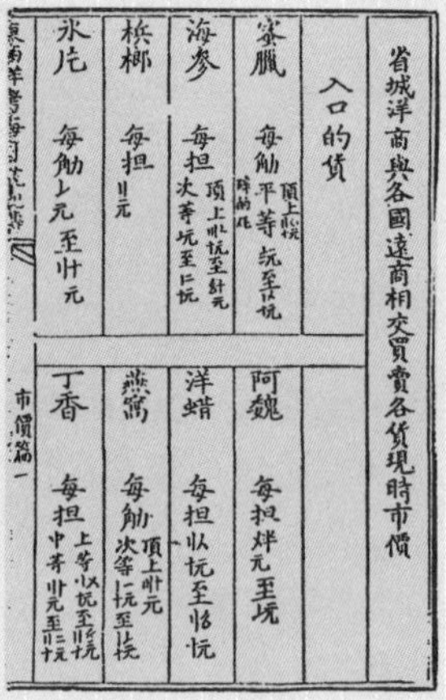

省城洋商與各國遠商相交貿賣各貨現時市價

入口的貨

货名	市价
[illegible]臘	每觔 頂上[illegible] 平等[illegible]
海参	每担 頂上[illegible]元 次等[illegible]
檳榔	每担[illegible]元
冰片	每觔[illegible]元至[illegible]元
阿魏	每担[illegible]元至[illegible]
洋蜡	每担[illegible]至[illegible]
燕窩	每觔 頂上[illegible]元 次等[illegible]
丁香	每担 上等[illegible] 中等[illegible]

東西洋考每月統記傳 市價篇一

/21016/《东西洋考每月统记传》行情物价表

之类商情的中文报刊。如在1834年（道光甲午年）正月出版的第8期上《东西洋考每月统记传》，开始增加“市价篇”专栏，专门登载广州“省城洋商与各国远商相交买卖各货现时市价”表（分“入口的货”价格和“出口的货”价格两大部分）。这是中国境内中文报刊刊登广告的始端。

[二] 鸦片战争后的英文报刊广告

鸦片战争后，英文商业报刊纷纷兴办。

在香港地区，先后出现了《中国之友》(Friend of China, 1842年3月17日创刊于澳门，同月24日出第二期时迁香港)、《香港纪录报》(Hong Kong Register, 其前身为1827年11月创刊于广州的《广州纪录报》，1839年迁澳门，1843年迁香港，改现名)、《德臣报》(The China Mail, 一译作《德臣西报》、《中国邮报》，1845年2月创刊于香港)[图21017]、《孖剌报》(Daily Press, 1857年创刊于香港)等著名英文报纸。这些报纸都是商业报纸，以刊载商业行情、航运业务、广告为主要内容。

在上海地区，也出现了近代上海的第一份报刊——《北华捷报》(North China Herald)[图21018]，1850年8月3日创刊，周刊；1864年6月改名为《字林西报》(North China Daily News)[图21019]，改为日刊。其内容也是新闻与商业信息及广告并重。如1854年8月26日《北华捷报》分类广告中，就出现了外国人所办的百货零售店广告。

[三] 鸦片战争后的中文报刊广告

鸦片战争之后，开中文刊物登广告之先河的，是1853年（咸丰三年）8月由英国传教士在香港创办的《遐迩贯珍》中文月刊[图21020]。该刊是香港的第一份中文杂志，也是第一家用铅活字印刷的中文报刊，由英华书院和马礼逊教育会共同创办。该刊每月印刷3000份，或卖或送，行销于香港、澳门及五个通商口岸。除了宣传西方科学文化知识和阐发基督教义之外，该刊以刊登香港地区及国内新闻为主，也刊登一些商业信息及航运消息，同时经营广告业务，为中外商人沟通商情。

《遐迩贯珍》最早宣传广告在推

/21017/《德臣报》报头

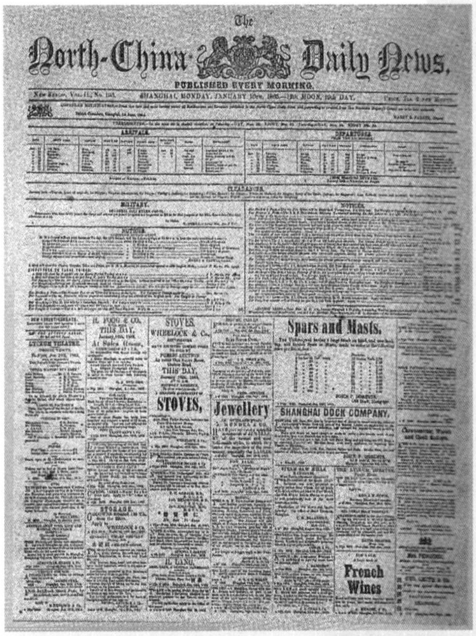

/21018/《北华捷报》创刊号

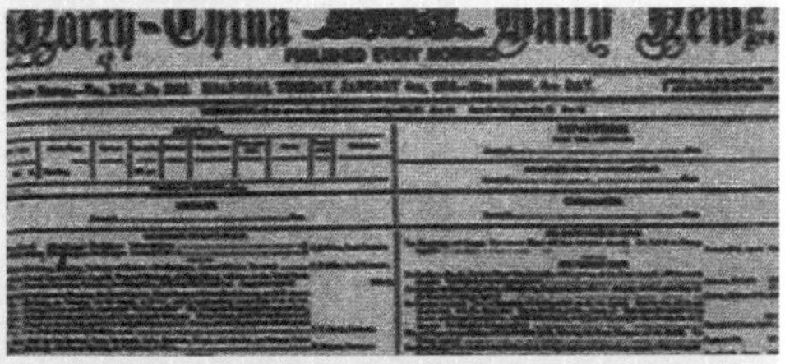
/21019/《字林西报》

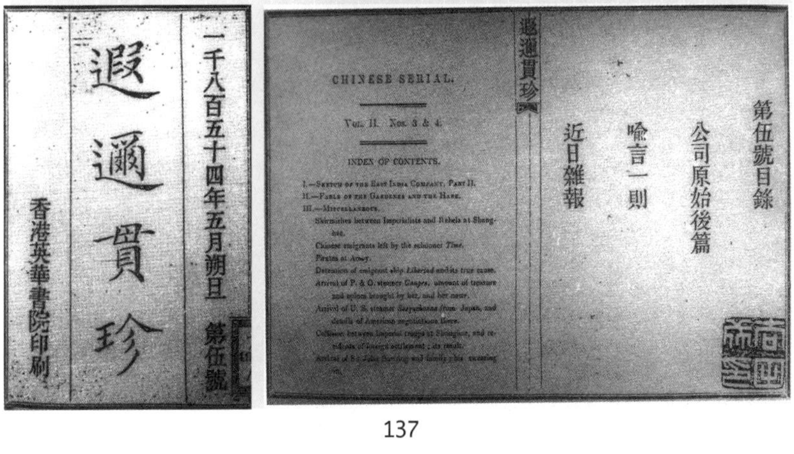

/21020/《遐迩贯珍》及其中英文对照目录

销商品中的重要作用时曾这样写道：“西方之国，狃卖招贴，商客及货丝等皆借此而白其货物于众，是以尽沾其利。苟中华能效此法，其获益必矣。”

该刊在1854年11月13日刊登的一则招揽广告的启事中，又对报刊广告作了充分的肯定，既有内容又有价格：“若行商租船者等，得借此书以表白事款，较之遍贴街衢，传闻更远，获益至多。今于本月起，遐迩贯珍各号，将有数帙附之卷尾，以载报贴。”这里所说的“报贴”就是报刊广告，它劝诱船商在报刊上刊登广告，远比沿街张贴收效更大。该广告接着还标明价格：“五十字以下，取银一元。五十字以上，每字多取一先士。一次之后，若帖再出，则取如上数之半。至所取之银，非以求利，实为取每月遐迩贯珍三千本之费用而已。”[1]这是中国最早的报刊广告刊例，在当时看来，收费标准是比较合理的。与此同时，该刊还开始创办广告专栏，所辟的“布告篇”专栏，专门刊登商业信息、船期货价和各种商品广告，是中国报刊上最早出现的一批刊物广告专栏。

在大陆地区，1862年(同治元年)在上海创办的《上海新报》[图21021]开创了华文报纸广告之先河。

天津最早的中文报纸是1886年(光绪十二年)创刊的《时报》[图21022]。《时报》发行几期后即开始刊登广告，而且以洋货为主，如英商的煤油灯、织布机、抽水机、鼓风机等“高新产品”。同时，书籍广告也开始出现在同时期的《时报》中，比如增刊广告不久，有一则“加批红楼梦图咏出售”的书籍广告令人耳目一新。广告词告知读者：针对《红楼梦》版本良莠不齐的情况，编者诚请画坛高手精心绘图，详细校对，欢迎赐顾，此书在文美斋南纸局及苏沪各书坊代售。[2]另外，张焘所著、成书于1884年(光绪十年)的天津地方史重要文献之一的《津门杂记》等典籍也由文美斋代售，它的广告也出现在同一时期的《时报》中。

中国近代第一张中文报纸是在香港地区创刊的报纸《香港船头货价纸》[图21023]。

该报由孖剌报馆于1858年初创办。也就是说，同由孖剌报馆创办的《孖剌报》问世不久，这份中文报纸就出现了。该报篇幅为一张两版、两面印刷，周二刊，每周二、四、六日出版发行，以香港店铺及商人为主要读者对象。主要内容也是刊登商业信息、船期货价和广告，每期中有两三条新闻，仅占篇幅的十分之一。与《孖剌报》一样，《香港船头货价纸》是一张典型的商业报纸。该报到1864年末或次年初改名为《香港中外新报》，70年代时再次易名为四开一张的《中外新报》[图21024]，并改为日报出版。每期报纸的广告面积约占全部版面的三分之二。

[1] 白云：《中国老广告》，台海出版社2003年版，第41页。

[2] 由国庆：《再见老广告》，百花文艺出版社2001年版，第166页。

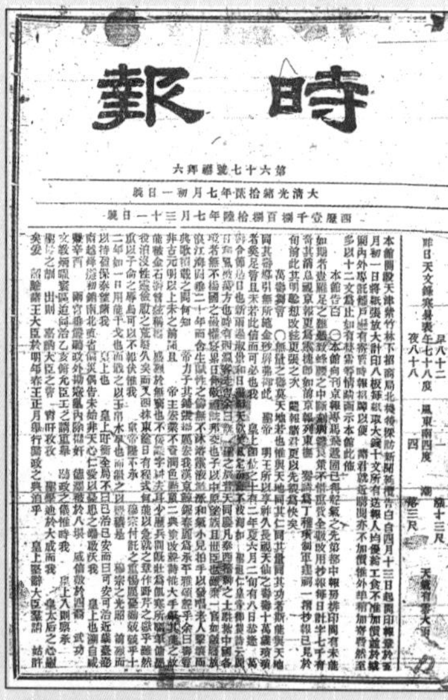
時報

/21022/《时报》头版

/21021/《上海新报》创刊号(有广告刊例)

[四]《申报》的创建及其早期的广告

1 创刊及其重要意义

旧中国历史最久的中文报纸《申报》，由英国商业资本家美查于1872年4月30日在上海创刊［图21025］，1949年5月终刊。

《申报》是中国近现代影响最大的商办报纸。美查创办《申报》的目的就是为了牟利，《申报》1875年10月11日头版首载论说《论本馆作报本意》一开头就直言不讳地宣布："夫新报之开馆卖报也，大抵以行业营生为计。"又说："若本报之开馆，余愿直言不讳焉，原因谋业所开者耳。"因此，在美查掌管《申报》时期，他非常重视报社的经营管理，对广告也非常重视。

当时在《申报》上登广告叫做"卖告白"，广告费也较低廉。在创刊号头版刊登的《本馆条例》，也专门谈了该报发行、广告事宜。其中有关广告刊例的有四条："如有招

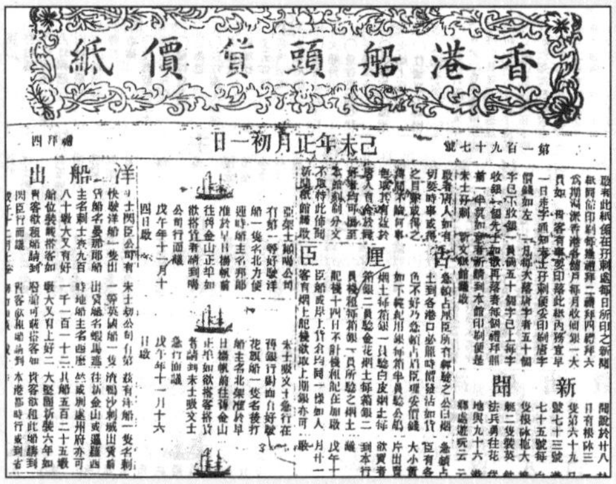

/21023/《香港船头货价纸》

/21024/《中外新报》

/21025/《申报》创刊号

贴、告白、货物、船只、经纪行情等款，愿刊入本馆新报者。以五十字为式，买一天者取资二百五十文，倘字数多者，每加十字照加钱五十文。买两天者取钱一百五十文。字数多者，每加十字照加钱三十文起算。如有愿买三四天者，该价与第三天同”；“如有西人告白欲附刻本馆新报中者，每五十字取洋一圆。倘五十字之外，欲再添字数，每一字加洋一分，并亢收刊资。此止论附刊一天之例。若欲买日子长久，本馆新报限于篇幅，该价另议，如系西字，本馆代译亦可”；“西人告白，惟轮船开行日期及拍卖二款，刻(刊)资照中国告白一例。倘系西字欲本馆译出者，第一天该价加中国(字)刊资一半，并祈先惠”[图21026]。

创刊当天的报纸共出了八“章”(版)，在第六“章”(版)后附刊广告四条，七、八“章”全为广告。其中，第七“章”登广告9条，第八“章”为“二十二日各货行情”表及船期。以后五至八版刊登“告白”成为惯例，占一半篇幅。到1872年5月7日(壬申四月初一日)出版“第五号”时，《申报》又在头版首次刊登长篇的《招刊告白引》，大肆招揽广告。以后，由于发行量的扩大，《申报》更吸引了大量的广告客户。

后来人们习惯地称当时的《申报》为“老申报”[图21027]，这是因为：一是它出版的时间早，1872年就创刊，是中国历史上最早的报纸之一。二是它出版的时间长，经历了清朝同治、光绪和宣统三个朝代，又经历了辛亥革命、五四运动、北伐战争、抗日战争和解放战争等各个历史阶段。三是与上海另一份大报《新闻报》相呼应和对照。在过去，报贩叫卖报刊，常以“老申报”、“新闻报”作号召。四是区别于日伪占领上海时期，由日本海军报道部出版的《新申报》。有些老年人还把《申报》和报纸当作同义词，用“申报纸”这一名词代表了其他报纸。

2 早期先进的广告经营策略

对商业报纸来说，广告收入是报纸生存的根本。为了尽可能多地吸引广告主，《申报》在创办初期便针对当时上海报业广告市场的特点制定了有利于吸引中小华商的招商策略。这是因为上海洋商大多资本雄厚，并一向注重在固定的报纸上刊登广告，因此这些人的广告容易争取，而多数小本经营的华商，一向以货真价实为经营方针，不太注重广告宣传，但为数众多的华商却是一群很庞大的潜在广告顾主。作为新创刊的报纸，在与已有市场地位的报纸争夺洋商广告处于劣势的情况下，美查把争取华商广告作为广告业务的经营重点，从而制定了“洋贵华廉”的策略。不但洋商刊登广告的费用比华商贵四倍，而且要先付款后见报，只登一天，如果要多买几天广告，则加收费用，甚至限制。正是由于这种颇具独到眼光的广告政策，使大量华商广告涌向《申报》。这种对广告潜在市场的准确把握，使得《申报》表面上丢了大主顾，但实际上却赢得了更可观的广告收入。《申报》创刊后的第二年，其版面达到8页，而后4页全被广告占据。到了第三年，为了进一步扩大广告版的容量，《申报》不得不缩小了广告字号。

除了制定新颖的广告策略外，《申报》在发行上也屡创新招。第一，为了压低售价，《申报》选用了中国土造的毛太纸印刷，每份售价仅为铜钱8文，几乎仅为《上海新报》的1/4。第二，实施了新颖灵活的发行策略。《申报》创刊的头三天，每号印600份，沿上海主要商业街挨户赠阅，雇用大量报贩[图21028]，走街串巷挨户劝订，并实行先看报后收钱的办法扩大销量。在《申报》的知名度稳步上升之后，美查开始在上海广泛寻求代销店，实行早上取报去

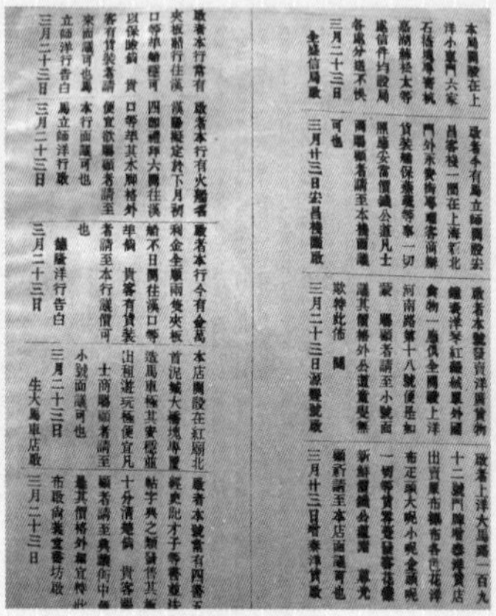
本局開設在上
洋小東門六家
石橋堍専寄杭
嘉湖蘇松太等
處信件均設局
各處分送不悞
三月二十三日
全盛信局啟

啟者今有馬立師開設宏
昌客棧一間在上海石北
門外永安街專寓客商辦
貨裝輪保險等事一切
照應妥當價廉公道凡士
商賜顧者請至本棧面議
可也
三月廿三日宏昌棧謹啟

啟者本號發賣洋貨物
鐘表洋琴紅鐵機器外國
食物一應俱全開設上洋
河南路第十八號便是如
蒙 賜顧者請至小號面
議其價格外公道童叟無
欺特此佈 聞
三月二十三日源發號啟

/21026/《申报》创刊号告白

/21027/
清末望平路上
的申报馆

/21028/ 卖报小童

卖，晚上结账交钱，卖不完的报纸由报馆回收的优惠政策。一时间上海大街小巷的各种商铺，都有《申报》寄售，并且很快就形成了从城市到乡镇，从本地到外埠的强大发行网络［图21029］。

加之《申报》在内容上大下苦功，努力增加报纸的信息和言论，很快就在销量上赶超了已有十年历史的《上海新报》。1872年12月31日，《上海新报》宣布停刊，《申报》创造了创刊仅8个月就击败强劲对手的报业奇迹。

《申报》当时的经营策略及对市场的准确把握至今仍有可供借鉴之处。

3 《申报》早期的广告

《申报》的广告一直是非常兴盛的，创刊号上即有广告20则。以后的70多年间，广告始终充斥于《申报》版面，最多时达50%以上。《申报》广告最初以在沪外商为主，后来，由于该报的巨大影响，无论华商洋商，大凡在上海销售商品，都在《申报》上竞相刊登广告［图21030］。《申报》内容广泛，成为上海社会生活与工商文化发展的真实写照。比如初期的《申报》上不少公开发售军火、贩卖鸦片的洋行广告，就是帝国主义侵略活动的历史记录。

在报刊广告的表现形式方面，自1862年（同治元年）《上海新报》开华文报纸广告先河以来，刚刚起步的中国报纸广告是以文字告白形式为主的。1872年12月14日，《申报》的一则洋行出售外国成衣机(缝纫机)的配图广告令人耳目一新，一幅墨线所绘缝纫机图跃然文字上方。此广告在《申报》同一版位连续刊登了3个月，影响很大，是中国最早配发图画的报纸广告［图21031］。

/21029/ 批发《申报》

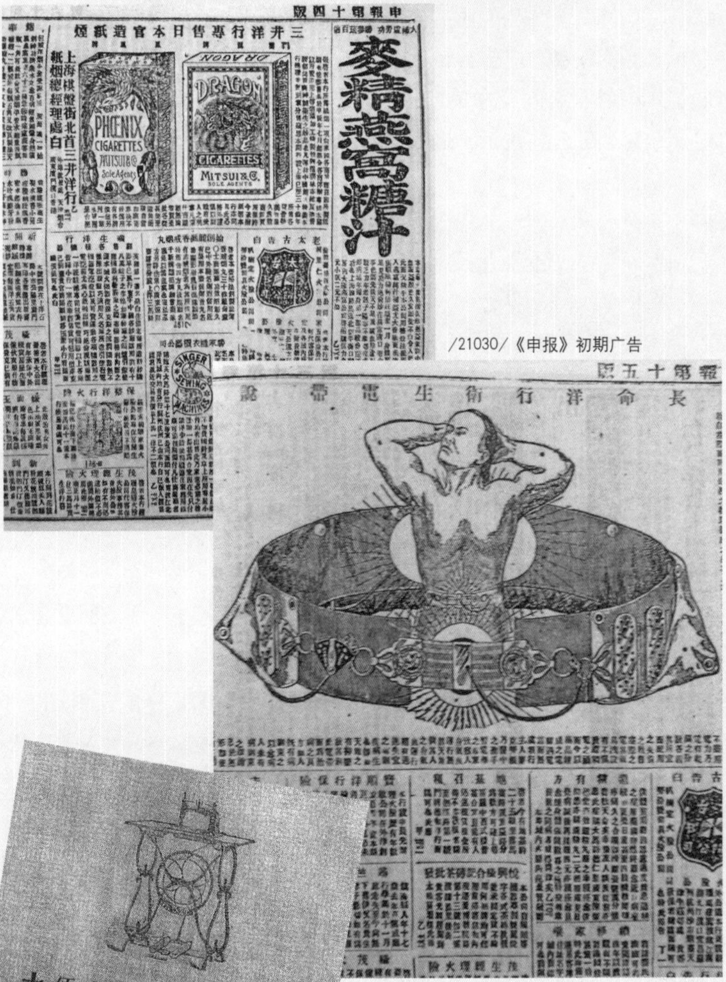

/21030/《申报》初期广告

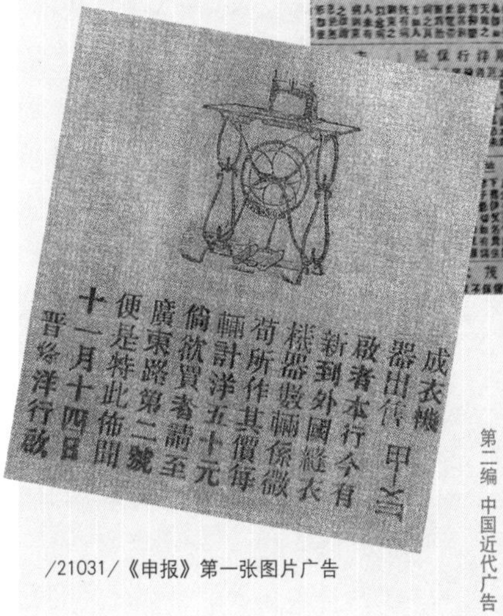

/21031/《申报》第一张图片广告

三 竞争中广告意识的形成

开放之后的中国是倾销商最广阔的市场。但对于近代中国民族资本企业来说，却存在着两种竞争：一种是与外国企业的竞争，一种是中国企业内部的竞争。在竞争中谁能获胜，除了取决于产品的质量、价格之外，开展有效的广告行销手段也成为中外企业之间竞争的焦点。近代广告业就在这种背景下蓬勃兴起了。

[一] 国外传入的先进技术及广告品牌理念

鸦片战争后，列强的入侵，一方面破坏了中国的封建经济结构，大量倾销商品和掠夺原料，给中国人民带来了深重的苦难；另一方面，在客观上给古老封闭的中国带来了先进的技术以及广告品牌理念。

19世纪中后期随着各通商口岸开埠，外资企业在这些开埠城市的设立以及对外贸易的发展，使得这些城市迅速出现了外国资本主义经济关系和生产经营方式，从而也促进了中国近代资本主义生产关系的产生。外资工厂、航运等企业的设立，使开埠城市引入了近代新的社会生产力，其示范效应大大地刺激了一些中国官僚、商人从事开办新式企业的活动。从19世纪60年代开始，洋务派在沿海等地区相继创办了一些近代机器生产的军事工业；70年代起，洋务派开始创办民用性质的近代企业［图21032］。这些企业除少数官办外，大多采取“官督商办”或“官商合办”的形式。这些中国最早出现的民族工业，规模都很小，而且一开始就受到外国资本主义和国内封建守旧势力以及带有很小的买办性和封建性的洋务派官僚企业的压迫、迫害和排挤。

除先进的生产技术之外，外国资本主义企业在争取中国消费者时是不可能像军事侵略一样用洋枪洋炮强迫使用西方的管理经营方法的，积极的广告宣传理念成为国外企业在竞争中取胜的重要砝码。外国资本家采用了五花八门的推销手段［图21033］，又花费巨资设计、印刷、宣传，使其广告深入中国老百姓的观念中，同时带来了许多先进的宣传媒介如报纸；在内容上，也极力适应中国消费者的心理。以上种种的应用，使得外国资本企业迅速在中国赚取了可观的利润，同时也成为民族企业学习的范本，民族企业广告品牌理念就是从竞争中学习和模仿而来的。

[二] 救亡图存——民族企业广告意识的加强

在夹缝中建立起来的民族企业，由于它们的稚嫩和软弱被早已工业化并利用中国本地的原料和廉价劳动力生产产品的外国大企业所排挤，处于劣势。但同时，中西文化融合造就了一批懂知识、有技术、会管理的中国民族资本家，他们一方面继承古代货殖家的经商、“治生”之道，另一方面模仿资本主义经营方式，结合本企业的实际情况，钻研经营技术，改善经营管理。他们的企业也在同外国资本的长期竞争中逐步发展起来。同时一些有识之士也开始觉醒，提出了兴商救国的理论和“习商战以抗外侮”的口号。

民族资本和外国资本之间的竞

/21032/ 洋务派开办的企业

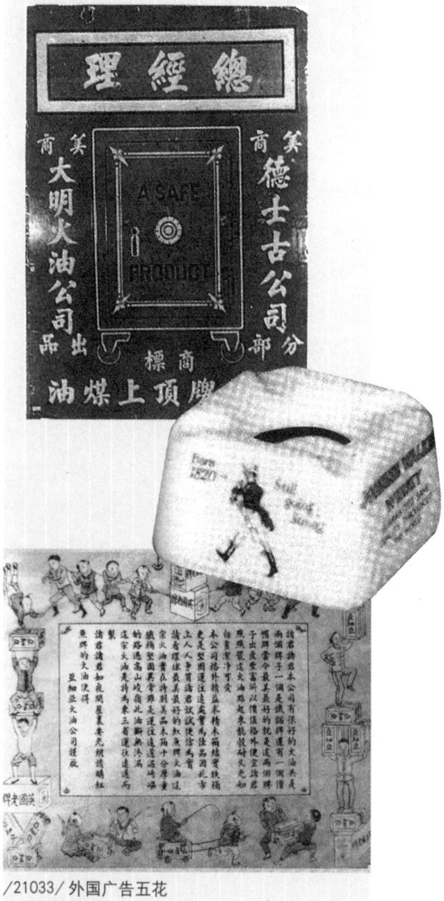

/21033/ 外国广告五花八门的推销手段

争，除产品的质量、价格之外，开展有效的广告行销手段也成为中外企业之间竞争的焦点。本土民族企业在内容上常常以高度的爱国热情表现中国的历史人物，有些在设计、绘制、印刷上并不逊色于外国的公司。而有时，洋货和国货［图21034］会用同一题材作广告宣传，竞争相当激烈，由于特殊的时代背景，这种竞争在这个近代都有所体现。

中国民族工商业者的“精明和进取心”，中国人民的“坚韧、顽强和勤劳”，使他们“能在政治动荡年代的每一次间歇恢复元气，重建产业，利用每一次机会发展和前进”。他们百折不挠，在极其艰苦的环境中努力奋斗，在西方列强军事、经济压迫的夹缝中赢得了中国民族资本主义企业的发展。[3]

/21034/ 洋国货的竞争
（人丹广告）

第二节 戊戌变法前后的广告

19世纪70年代后，英法俄日等列强从海上和陆上两个方向加强了对中国的边境侵犯，中国出现了空前严重的边境危机。

甲午战争后，《马关条约》签订，日本侵略者除迫使清政府割让台湾、辽东半岛和支付巨额赔款外，还取得了在中国投资设厂的条约特权，强迫中国开放沙市、重庆、苏州、杭州为商埠，并允许日商在各通商口岸开设工厂，使其商业势力从沿海城市伸向内地，外资在华办厂也合法化了。继而列强在中国掀起了瓜分“势力范围”的狂潮。

与此同时，这种危机也刺激了民族工业的发展和农产品的进一步商品化。许多爱国志士纷纷设厂自救。

1900年，八国联军迫使清政府签订了《辛丑条约》，不仅使中国的半殖民地半封建化进一步深化，4.5亿两白银的巨额赔款更使得清政府的财政几乎崩溃。

19世纪下半叶，中国民族资产阶级，在同帝国主义经济侵略的斗争中逐渐成长起来。随着民族工商业的发展及中国民族资产阶级的成长，中国一些具有爱国思想和民族意识的知识分子认识到，报纸对于传播新思想，宣传改良、发展经济具有重要的作用，提出了改良的主张，他们把办报作为传播新思想、与洋货抗衡的重要手段，并利用广告进行经济竞争。

3　赵琛：《中国近代广告文化》，吉林科学技术出版社年版，第30页。

一 报刊及报刊广告的发展

[一] 外人在华报刊及其广告的改进

这个时期，外人在华所办报刊的广告有了新的发展，增加了篇幅，充实了广告内容，并且在编排上也有较大改进。广告刊例分为“论前”、“后幅”、“长行”、“短行”等，价格也作了重新调整，因此在此类报刊刊登的广告大量增加。

有代表性的，除《申报》外，就是当时上海地区的另一家大报——《新闻报》[图21035]，该报由英国商人丹福士等人在1893年2月17日(光绪十九年正月初一日)创刊，晚于《申报》21年。

《新闻报》初创时，广告招揽遇到很大困难。当时各戏院在报上刊登的戏目是广告的重头，《申报》发行量大、影响大、牌子老，因此戏院一般都在《申报》刊登广告。《新闻报》为了同《申报》竞争广告，便千方百计地拉广告，派人每天到各戏园抄录戏目[图21036]，免费刊登，以博得客户的好感。但戏园老板并不愿意，便将戏目藏起来，不让《新闻报》刊登。《新闻报》报馆老板斐礼思非常生气，命令排字工人随意乱排戏名，按日刊登，以扰乱看戏人的视听。这样一来，各戏园老板都很惶恐，只好将戏目抄送给《新闻报》，出资让其刊登。

1899年美国人福开森出资购得《新闻报》，特聘华人汪汉溪为总经理。汪汉溪主持《新闻报》后，以“经济自立，无党无偏，力崇正谊；不为威胁，不为利诱”为办报宗旨，“在商言商”，以报道经济新闻、商业行情准确迅速为主要特色，在商业界、实业界和市民中有广泛读者。汪汉溪注重经营管理，尤其注重发行和广告[图21037]，将二者视为“经济命脉”和“养命之源”。[4] 曾专门设置了负责推销报纸的“推广科”和负责报纸广告的开发、设计、编辑及刊登事宜的“准备科”。

[4] 刘家林：《新编中外广告通史》，暨南大学出版社2003年版。

/21035/《新闻报》创刊号

[二] 华人主办的报纸及其广告

1873—1894年这20年间，一批由华人办的报纸陆续创刊，主要有《昭文新报》(汉口)、《汇报》(上海)[图21038]、《述报》(广州)、《循环日报》(香港)[图21039]等。这些报纸刊登了“航船日期”、“银行市面”、“各货行情”、“各行告白”等广告内容，但广告形式十分拘谨，方法简单[图21040]。

戊戌变法时期，资产阶级改良派创办的报刊《苏报》[图21041]、《湘报》等，也刊登各类广告。但排版简单，形式简陋，广告一般排在不太显

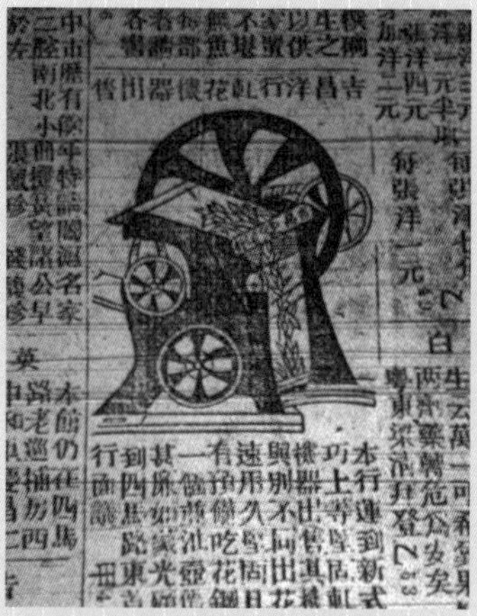
/21036/ 初创时《新闻报》所刊登的戏目

/21037/《新闻报》创刊号广告

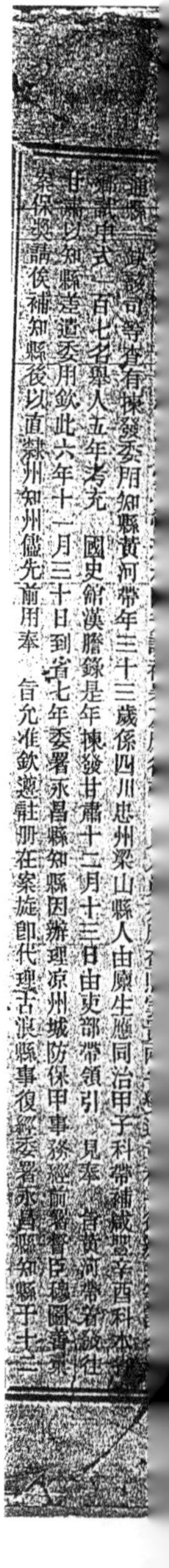

著的位置，对读者吸引力不大。比如1898年《财务日报》在上海发行，它的广告手法就比较古板。如广告业务章程中规定：告白最少以30字为率，多则以10字递加。[5]可见，这时的广告还是以文字为主，很少有图饰。

由于资本竞争的加剧，报纸刊数和广告版面迅速增加。1899年《通俗报》的六个版面中，广告已占四个半版。华人报纸与外国人办的报纸不同的地方，在于多登国内华商的广告，利用广告形式同帝国主义列强进行斗争。

5 陈培爱：《中外广告史》，中国物价出版社1997年版，第41页。

/21038/《汇报》

大清同治十三年五月初五日

第叁號

禮拜肆

匯報

本局開設上海大馬路口保家行對門

京報全錄

目錄

/21039/《循环日报》

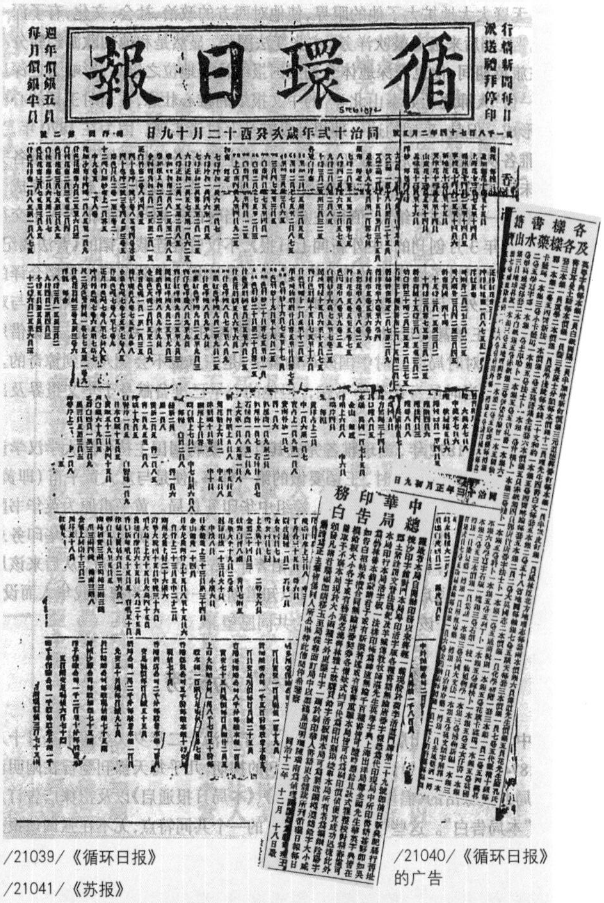

循環日報

/21040/《循环日报》的广告

各樣書籍

中華印務總局告白

/21041/《苏报》

蘇報

1 《大公报》

这个时期华人创办的报纸中，以1902年创办于天津的《大公报》[图21042、21043] 最具代表性和影响力。

天津自1860年开埠通商以后，洋商洋货源源而来不断倾销，加之清政府又以此为基地兴办洋务，加快了天津作为中国北方商业中心的步伐。进入20世纪以来，华北各条铁路相继开通，地处渤海之滨的天津的进出口贸易总值飞速增长，在对外贸易的刺激下，天津商业更加繁荣 [图21044]。1902年（光绪二十八年），天津有洋行四十余家，三年后达一百六十余家，此后更是连年激增，至1936年，天津有外国银行、洋行、商社及航运等企业共2686家。

在这样的背景下，1902年英敛之在天津创办了《大公报》。它以鲜明的“论说”与“敢言”而著称，为进步思想的传播提供了空间。其办报形式，如图画、文字到版式设计等均与传统观念下的以文字密排的形式形成反差。

创办初期，《大公报》的报纸广告除经常刊发“大学眼药”、“金刚石牙粉”、“旭牌啤酒”及三井洋行[图21045]等外商广告之外，公益广告、教育招生、书籍出版类广告也占有一定的比例。《大公报》曾在报头下方显著位置刊发告白：“本馆专印一切华洋书籍告白、仿单，意在招揽，价值从廉，外埠由邮局订印。各件定期不误。”[6] 商务印书馆 [图21046]、教育品陈列馆等大大小小的广告，从多侧面向读者传递了相当的文化信息。1905年5月8日，美国政府企图胁迫清政府再次续订歧视华工的条约，这激起了全国人民的强烈反对。《大公报》与之相呼应，拒绝刊登美国广告，倡导百姓抵制洋货。随之而来的是，袁世凯以“有碍邦交，妨害和平”为名，下令禁邮禁阅《大公报》，但毫无收效。

2 《申报》

正如前文所述，在鸦片战争后，创办伊始的《申报》在八个月内就打败了强劲的竞争对手，取得堪称“报业奇迹”的胜利。然而，美查并没有因为《申报》的巨大成功而故步自封，相反，在《申报》经营蒸蒸日上的同时，美查便着手开展了以报馆为依托的各种相关事业，以拓展报馆的经营领域。

首先，美查以报馆印刷为基础，开展了书籍的编辑与印刷业务。从1875年起，申报馆模仿乾隆“聚珍版丛书”，排印新著及旧书，一直坚持了20年之久，先后发行各种书籍160余种，颇受当时文人学者重视。1877年创刊的《瀛寰画报》，刊登世界时事风俗图说，为不定期刊物，由英国著名画师绘画，蔡尔康说

6 《大公报》。

/21042/ 《大公报》

/21043/ 大公报馆

/21044/ 天津开埠后商行林立

/21045/ 三井洋行广告

/21046/ 商务印书馆广告

明，共出5卷，为中国画报的鼻祖。1884年4月创刊石印《点石斋画报》[图21047]，共计图8页，售价大洋3分，以图画代替文字，传播新闻，深受读者欢迎，出版时间长达13年之久。1885-1888年，还经营上海图书集成印书局，将1628册的《古今图书集成》[图21048]用活版印行，历时4年，人称这部巨书是“中国百科全书美查版”。

总的说来，美查最终建立了以《申报》为首的综合性“报业集团”。到1912年，《申报》交由中国人主办，结束外商经营时期之时，其资产已由创刊时的1600两白银，增至12万两白银。

可以说，《申报》在外商经营时期所创造的经营奇迹是与其各项先进的经营理念和创新分不开的。《申报》的发展模式不但为中国近代新闻事业的发展做出了开创性的尝试，对今天中国媒介产业的发展也具有重要的借鉴意义。

[三] 地方所办报刊与广告

1 《开封简报》

创办于1906年的《开封简报》是河南最早的日报，形式上已接近现代报纸。该报由河南学务公所主办，在报纸样式有所改进的同时，在内容与新闻性上也大大加强，消息和告白(广告)所占篇幅明显增加，很受读者和工商业主欢迎，促进了中原地区商业广告文化的发展。

2 《赏奇画报》

同一年在广州创刊的《赏奇画报》，虽以轶事和寓言为主要内容，但文字通俗，讲求实学。《赏奇画报》专设“汇报”专栏，同时刊登各行业告白(广告)，深受各地工商业者的欢迎。

3 《浙江商报》

老资格的《浙江商报》[图21049]以“言论公允、消息敏捷、记载正确、文字清新”著称于江浙等地。该报自刊广告称“登载广告，效力伟大”，以此广告词招徕客户。

[四] 清朝政府所办的《政治官报》

1 “广告”一词在中国的出现

“广告”一词第一次在中国正式亮相，是在1906年(清光绪三十二年)清政府《政治官报章程》一文中。在此，广告是作为“告白”一词的“替代品”出现的，其根本意义没有什么变化；据语源学的意义考释，“广告”一词，来源于日本，与“告白”相比，在表述其自身的功能以及与国际通行意义接轨方面更为贴切，也带有早期文明开化的功利色彩。近代广告是在工商业大力发展、大众传媒日益丰富和印刷技术提高的基础上走向繁荣的，近代广告的发展历程实际上也是工商业、大众传媒和印刷技术的发展过程，它们彼此是互相推动的关系。

2 涉足广告业务

在这一时期，官方报刊也适应潮流，改变过去不登工商广告的惯例，开始有限度地刊登一些广告。1907年，朝廷创办了《政治官报》，它在章程中对刊登广告作了规定：“如官办银行、钱局、工艺陈列各所，铁路矿物各公司及农工商部注册各实业，均准进馆代登广告，酌照东西各国官报广告办法办理。”到了1911年，《政治官报》改为《内阁官报》[图21050]，制定了更为详细的刊登广告的章程及价格，并见于报端。

/21047/《点石斋画报》

/21048/《古今图书集成》

/21049/《浙江商报》

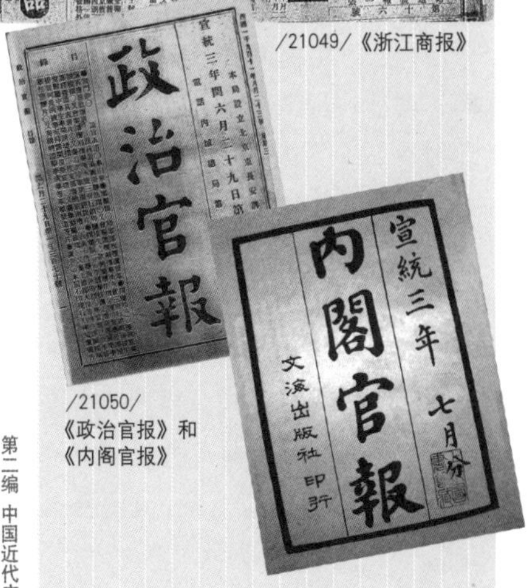

/21050/《政治官报》和《内阁官报》

二 新出现的广告媒介

[一] 杂志开始成为广告媒介

出现于上海的第一份杂志是1857年英国人伟烈亚力创办的《六合丛谈》[图21051]。

而历史最长的是商务印书馆[图21052]在1904年创刊的《东方杂志》[图21053]，其中广告很多，有不少美国商品的广告。

这一时期的杂志广告还只是一个雏形，没有形成应有的媒介特色。内容丰富的杂志广告出现在20世纪二三十年代中国的广告繁荣时期。

[二] 本时期最具代表性的广告媒介——月份牌

月份牌年画广告是中国最早出现的商品海报，也是中国最早出现的为推销商品服务的商品艺术。

月份牌年画广告简称“月份牌”，它是一种结合画、广告与年历(即附有12个月及节令的年历表)三位一体的商业文化产物。月份牌的一般形式是中间画画(多为美女)，画的两边有日历表，画的上方或下方印上商号、洋行的名称或商品(商品有时也画在画的两旁)。其上下边缘一般镶有铜边条，或者仿照国画的装裱形式，上下各有一轴，方便悬挂之用。

清末洋货大量涌入，由于文化的差异，当时的人们不喜欢洋广告。外商看中了一种特殊的民间传统木刻年画——灶王码。这种灶王码印有“灶王”、“春牛”等画，并在旁边印上节气等内容，方便人们按照农时劳作，安排自己的活动，因而成为必备之物，发行量大，久盛不衰。他们将其改造了一下，画面不动，在两边印上公历农历对照的日历表，并在画的上方或下方加上商号、商品广告或洋行的名称，逢年过节的时候送给老百姓。这种中西合璧的新式年画很受人们欢迎，一下子火了起来，这就是月份牌的前身。

/21051/《六合丛谈》

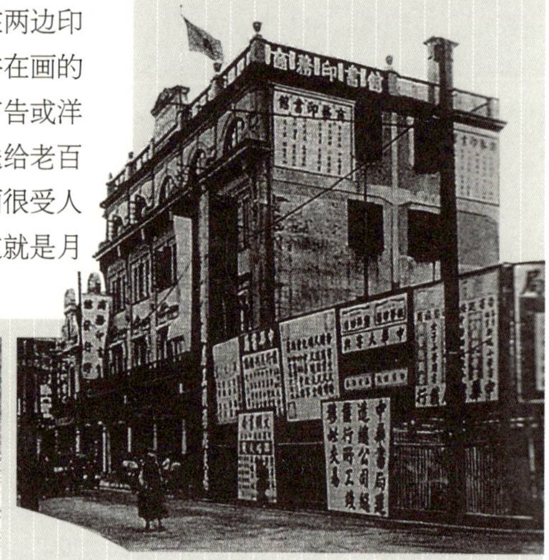
/21052/ 商务印书馆

新式的月份牌诞生在上海。据资料表明，月份牌早在1889年就出现了[图21054]。这张月份牌是《申报》为了感谢订户，于1888年末随报赠送的1889年的新式月份牌。上面印有365天、12个月、24个节气，边框则由24幅24孝故事为内容的图画组成。这种新式的图片还留有灶王码的明显痕迹，但它无论在内容或表现形式或印刷质量上都远远超出了旧式灶王码的水平，标志着新的广告形式的诞生。在这张月份牌上印着“申报馆印送中西月份牌”的红色字样，已经正式标明月份牌，是到目前为止发现的最早的一张月份牌。

代表成熟月份牌形式的诞生的是1896年上海四马路鸿福来吕宋(今菲律宾)大票行随彩票附送的一种《沪景开彩图·中西月份牌》

/21053/《东方杂志》

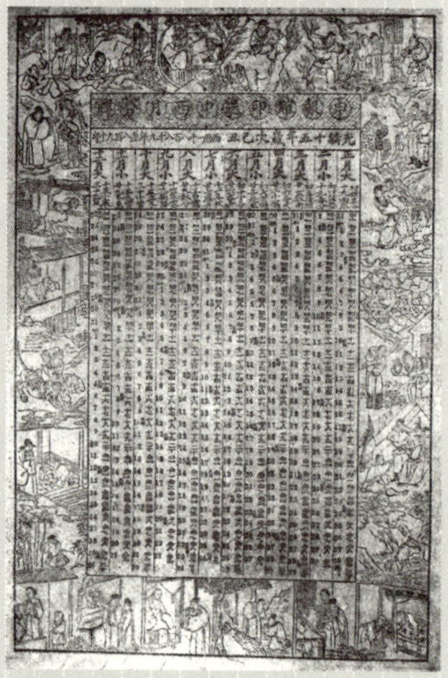
/21054/1889年最早的月份牌

[图21055]。此图画面由鸿福来票行门前、福州路一带商业的繁忙景象、上海一些景色与建筑物构成，下方记有一行叙述文字：“上海四马路鸿福来吕宋大票行定制沪景开彩图中西月份牌，随票附送不取分文。”这张月份牌有了主体的画面，并印上了商家的名称，“随票附送不取分文”，又说明它具有作为广告赠品的商业目的，已经具备了近代完备月份牌的所有要素。同时，它的制作更为精良鲜艳，是早期最为成熟的月份牌。

月份牌广告诞生后，吸引了大批画家从事月份牌广告创作。当时，上海的几大烟草公司印制月份牌广告是最多的。在发送给经销商或零售商的大木箱包装里，往往一式数份装入印刷精美、纸质优良的月份牌广告，以此招徕烟民购买，同时用报纸广告告知何时赠送发放月份牌。许多保险公司、烟草公司纷纷采用这种广告形式。如1910年3月1日的《申报》上有《奉送燕医生药挂图》的广告［图21056］。同年3月16日该报又刊登《本馆赠送月份牌预告》［图21057］，说明该项月份牌是用金地五彩砂目石版暨雕刻铜版合印的。

月份牌［图21058、21059、21060］既是近代广告画中的突出代表，又是中国现代美术史上很重要的通俗文化现象，既当礼品，又是广告。其画面上均绘有精美的传统戏曲、神话传说、人物故事、古今仕女画和名胜古迹风景画，在画面之侧或下面印有月历。它既可悬挂在室内作装饰欣赏用，还可以查阅历本。样式美观又有实用价值，因此得到人们的喜爱。在交通及生活水平都欠发达的年代，穷乡僻壤的人们可以从月份牌广告的画面中获得知识、信息，大城市里的生活方式，包括室内装饰、时尚服装、发式等，并很快在群众中间普及和流行。

三 本时期的典型广告

［一］代表性行业的广告形式

1 电影业的起步和电影海报的出现

根据电影史的记载，1895年12月28日，法国卢米埃尔兄弟在巴黎一家咖啡馆里首次正式公开放映他们制作的影片，从而揭开了电影时代的帷幕。此后很快传遍世界，约于下一年，电影先以“电光影戏”或“活动电光影戏”之名，通过香港传入上海，在茶馆、游乐场等到处放映。

1896年6月29日的《申报》第六版中刊登的“徐园告白”广告中表明，在上海苏州河河南路桥北，广东商人徐润的私家花园里的“又一村”在变戏法、放焰火、猜灯谜的游艺节目中插映了“西洋影戏”。此后，西班牙商人在上海福州路青莲阁茶楼租下场地，放映电影。青莲阁外不仅张贴出引人入胜的电影海报，还雇佣了穿红戴绿的印度人吹吹打打，招揽顾客。

后来电影传至北京、天津及各地。1905年春，英商快利洋行在天津《大公报》刊发“活动电光影戏出售”的广告，文中称：“兹由外洋运到新式电影机器一副，并影片60余套，其景致异常可观……1906年底，美国平安电影商人来到天津，在法租界权仙茶园开办“权仙电戏园”放映电影，在随后的电影广告中称：“本园开演电

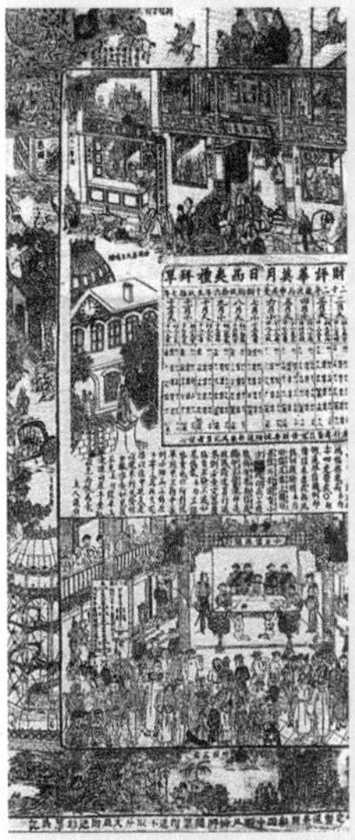

/21055/《沪景开彩图·中西月份牌》

/21056/《申报》1910年3月1日《奉送燕医生药挂图》广告

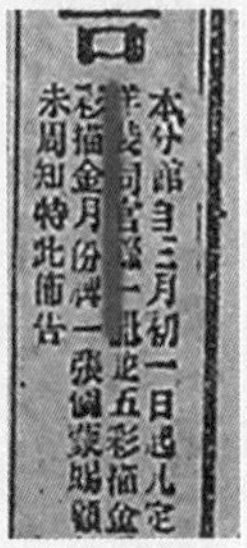

/21057/《申报》1910年3月16日《本馆赠送月份牌预告》广告及其细部

/21058/ /21059/ /21060/ 早期烟草公司月份牌广告

影，津地中外绅商同声叫好。”“电影”一词的首次使用引发了读者的强烈兴致，此后“电影”一词在各地广泛流行。1909年美国人在上海设立中国最早的制片公司——亚细亚影戏公司。

关于中国最早的放映电影广告却有不同的说法。其实早在世界电影诞生之前，《申报》就在1891年1月14日5版刊登“新到异样电戏”广告［图21061］，有人已经认为这是电影的雏形，也从一定程度上质疑了上面的结论。

1903年中国人开始接触这项艺术。首座电影院于1907年在上海建成［图21062］。

在此之前，电影的拍摄也开始进行，中国第一部电影是1905年夏，由北京琉璃厂土地祠中“丰泰照相馆”中的任庆泰，在土地祠的庭院中挂起一块白布为背景，利用日光，露天拍摄了京剧表演艺术家谭鑫培的《定军山》片段［图21063］，这也成为国产无声电影的开山之作。

影片连续拍摄了三天，全长三本。摄制完成以后，任庆泰马上拿到他自己开设在大栅栏的观楼影戏院放映。为了吸引各方人士，他又制作了一张电影海报贴在影戏院门口，进行宣传，形成了万人空巷来观看的盛况。可见中国第一部自己出品的电影，就开始使用电影海报，激活了观众极大的兴趣。从此中国电影就与电影海报结下了不解之缘，无论在何时何地，哪种主题的电影中电影海报都能散发出自己特有的文化魅力。

2 烟草业与早期的烟草广告

1890年，美商老晋隆洋行率先在上海贩卖香烟，并于次年在天津开办卷烟厂，老晋隆的“品海牌”烟标成为中国第一个香烟包装图案［图21064］。“品海”，英文PINHEAD，意即大头针。烟标图案上两个画在

新到異樣電戲

/21061/《申报》1891年1月14日5版刊登的“新到异样电戏”广告

/21062/1908年虹口电影院

/21063/《定军山》

纸片上的“大头针”，标志着真正意义上的烟标文化开始了。

随后，希腊商人创办的正昌烟草公司将皇冠、僧帽、狮子等形象搬上烟标，先后注册了百余种烟标图案，以期最大限度地占有市场。洋商为倾销烟草，不断改造变换着最初的洋包装，英文汉译的同时，更多选择了以中华文化为基础的图案与形式来设计烟标和广告，以博得顾客的认同感。

可以说，在清末民初，烟草行业中将西方许多最现代的广告手段引入中国，其中最著名的是英美烟公司。他们在倾销烟草，牟取厚利的同时，从某种意义上也促进了中国商业广告由传统走向近现代化。

1902年，国际烟草托拉斯英美烟公司在伦敦成立后，就投资在中国的上海博物院路购地建房作为分支机构，在浦东陆家嘴兴建厂房，从国外运来机器，利用中国的廉价劳动力，日夜制造香烟［图21065］。此后，又在天津、汉口、青岛、哈尔滨等地设立了11个卷烟厂及辅助烤烟厂和印刷厂。

此后，烟草广告［图21066］在中国市场开始加大投放的力度，逐步成为广告市场的重要客户之一。

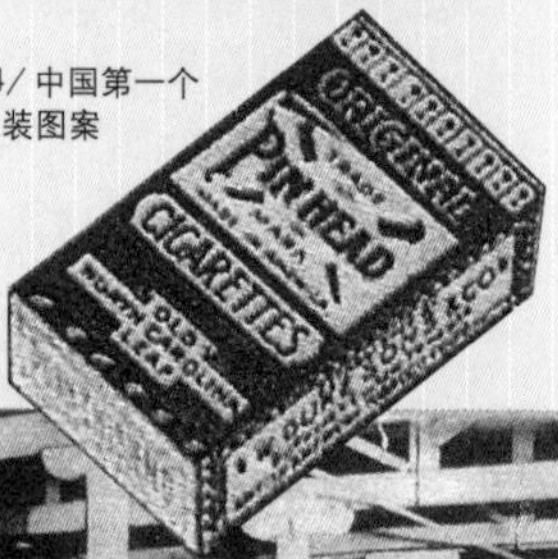

/21064/中国第一个香烟包装图案

/21065/上海卷烟厂女工在工作

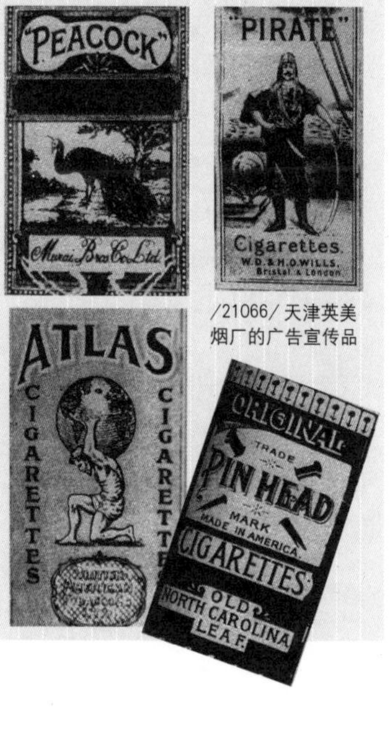

/21066/天津英美烟厂的广告宣传品

3 博彩与彩票广告

现在，各种五花八门的奖券、彩票为人们的生活增添着乐趣。其实，博彩并非新鲜事物，传统的博彩游戏约兴起于清乾隆年间，徐珂在《清稗类钞》中记载，太平军中曾流行以麻将牌赌酒，进而输赢文钱，此风后来传于民间。现代意义上的彩票源自西方，清末时传入中国。最早在上海兴起，当时设在英租界的别发洋行和三洋泾桥北街的望益纸馆都出售吕宋白鸽彩票，每票大洋6元，头奖两万多元。后来，上海四马路出现了一家专卖白鸽彩票的鸿福来票行，生意非常红火。[图21067]

老天津的博彩活动也很兴盛。票行经营多种彩票、奖券，连篇累牍的宣传广告不断刺激着人们求财、发财的念头。1910年，位于天津法租界的长春栈票行广告中说：湖北大票，头彩五万；安徽正票、副票，正票头彩四万元，副票头彩一万元；屡中大彩，四远驰名。同时又说：批发零售，一律减价，望发大财早购为盼。[7]

其中最为盛行的博彩当属赛马会彩票。自1901年天津海关税务司德璀琳修建英商天津赛马场以后的四十余年间，津门的赛马会组织多达7个，马会发行的彩票非常抢手。普通“马票”每张1元、2元，面额最大的是“香宾票”，售价10元。赛会前，赛马赛事的预测成为各大媒体的热门话题，报纸广告中“大香宾彩票头奖独中五万”等广告词[图21068]更是夺人耳目，非常热闹。这样的盛况在上海等其他大城市也能看到，赛马一时成为人们茶余饭后的重要消遣活动。

[7] 由国庆：《再见老广告》，百花文艺出版社2001年版，第188页。

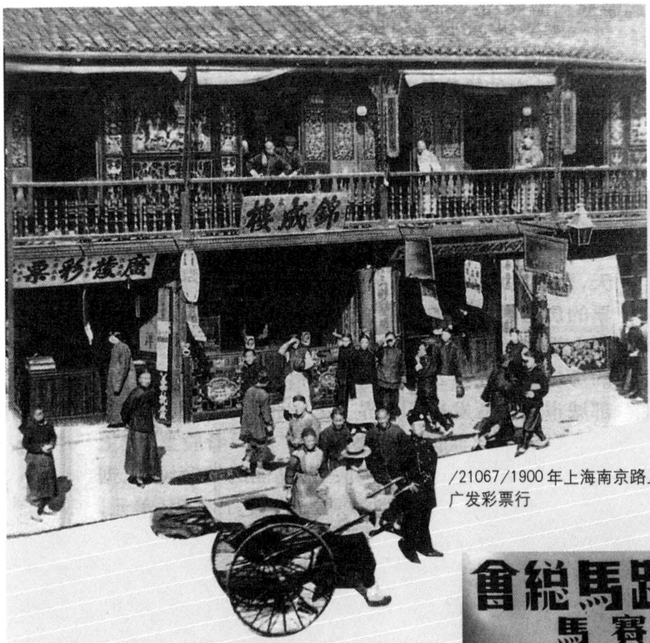

/21067/1900年上海南京路上的广发彩票行

/21068/上海的小香宾票和赛马会在报上的广告

[二] 新颖的广告内容

1 文人征婚广告

1900年夏，中国近代著名的教育家蔡元培先生的原配夫人病逝后，面对纷至沓来的媒人，他为自己写下了一张征婚启事，其择偶条件为：(一) 女子须不缠足者；(二) 须识字者；(三) 男子不娶妾；(四) 男死后，女可再嫁；(五) 夫妇如不相合，可离婚。

“不缠足”、“再嫁”、“离婚”，这些惊世骇俗的字眼吓退了媒人；这种“离经叛道”、“混淆纲常”的做法等于在向封建陋俗开战。在再婚婚礼上，蔡元培用红幛缀成“孔子”二字替代悬挂三星画轴的传统，以开演说会的形式代替了闹洞房。这又是一篇用征婚广告作为向封建礼教宣战的斗争檄文。

1902年，近代民主革命家、思想家章太炎的原配夫人因病去世，他此时只有34岁，准备再婚。不久，章太炎在《顺天时报》刊登了一则征婚广告，具体广告文案为：

鄙人近感鳏况沉寂，欲获得一白头伴侣，助我家室，然必具以下三者，方为合适：

须文理通顺，能作短篇文字者；
系出名家闺秀，举止大方者；
有服从性质，不染习气者。[8]

从章太炎提出的三个条件看，他对女子文化和品行修养的要求体现了民主革命家的不同见地，但“有服从性质”的说词，可见其并没有摆脱旧中国传统婚姻观念的局限性，这不仅是当时的历史背景在他个人身上的体现，同时也是在广告内容上的反映。

2 爱国主义招生广告

“戊戌六君子”之一刘光第之子刘长述参加同盟会后，在家乡四川赵化以“启发民智，爱国爱乡，学习科学，锻炼身体”为宗旨兴办学堂，并张贴出招生广告：

敬告故乡父老兄弟：洋人侵凌我国，瓜分之祸日急，血气之伦，谁不痛愤！缅思救亡，惟有富国强兵。富强之基，首在振兴教育，开展民智，学科学，兴实业，练体魄，使我方口万万人，人人有智有能，然后能上下一心，团结御侮。民智不开，心志不齐，实业不振，国我无关，亿兆涣散，是今日贫弱之原！国之不存，家于何有？奴虏之祸，谁能甘心！必具爱国之热诚，然后有视死如归之战士，然后有忠勤尽瘁之士大夫，然后能曰民无荒，人效其谋，人尽其力，慑强寇于四邻，安兆庶于衽席，宁非盛事！度集同人，兴办半日小学，挥发爱国热情，树立富强之基；昔日本维新，法报德仇，皆自小学教育始，愿我乡人子弟，踊跃就学，工读兼顾，便利殊多，实深企望！[9]

通篇广告澎湃的爱国主义激情已远远超过广告意味的本身。

四 初生的广告行业

1903年，清政府设立了商部，成立不久，又与工部合并，称为农工商部。农工商部内设商务司，掌握一切商业行政事务，统管京内外商务学堂，公司局厂，兼管商律馆、商报馆、注册局、商标局等。中国商业行政管理机构已初具规模。同时，清政府下令保护侨商，如有“地方胥吏遇事刁难，里族莠民借端苛索勒诈”，应“严行查禁”、“按律严惩，决不宽贷”[10]。

[8] 《顺天时报》。

[9] 由国庆：《再见老广告》，百花洲文艺出版社2001年版，第50页。

[10] 赵琛：《中国近代广告文化》，吉林科学技术出版社2001年版，第28页。

这对吸引华侨商人回国兴办工商业起到了一定作用。清政府采取这些措施，目的在于取得资产阶级的支持，民族商业因此向资本主义经营管理方面前进了一大步。

[一] 最初的广告公司及广告社的演化

随着广告事业的发展，中国广告专营行业，即广告社、广告公司在近代开始出现。报刊广告蓬勃发展以后，广告主与广告经营者逐渐分离，从而促使广告代理商在中国出现。广告代理商最早是以报馆广告代理人和版面买卖人的形式出现，后来演变为各种广告社、广告公司。它们为广告客户提供广告设计、制作、发布、代理等项服务以收取佣金。

在中国，这种广告专营行业最早产生于上海。它的产生、发展有一个渐进的过程。起初，上海地区许多有经济实力的外商企业为了加强竞争，都自办了广告部。其中，规模较大的是英美烟公司。该公司广告部上层管理人员有外国人两三人、中国人六七人，另有勤杂工三四人，其业务包括为本公司办理报刊广告、墙壁广告、火车站广告、霓虹灯广告以及各式各样的赠品广告，如皮夹子、烟灰缸、钥匙链、饭碗、筷子、日记本之类，还负责策划广告宣传活动。广告部下设图画部、橱窗部、动画绘制所、首善印刷公司等部门。图画部专门绘制美术广告，由英国人当部长，绘图人员中有德、俄、日、瑞典等国人，中国的绘图人员也有二三十人之多，其中还有全国闻名的画家。绘图部的画件有月份牌、日历、招贴、传单、西洋风景画、中国山水画、油漆路牌等等。橱窗部专门负责橱窗设计广告。动画绘制所专门制作电影动画片广告及幻灯片广告。首善印刷公司负责印刷广告的大批印制。由此可见，广告部在那个时候就站在媒介形势发展的前沿，广告本身通过使资本进入，对媒介的丰富和发展起到了很大的推动作用。

由于受政治经济等因素的影响，在戊戌变法前后，除上海以外的其他大城市，还暂时没有出现较具规模的专业广告公司。但随着市场的变化，中国的许多城市迎来了广告发展的高峰时期。

[二] 中国最早的商标法——《商标注册试办章程》

中国古代对于广告管理只是局限在道德规范的制约中，这与现代意义上以法律为主要手段的广告管理有着本质的区别。鸦片战争以后报刊广告的出现，以及20世纪20年代广告公司的产生，大大推动了广告行业的发展，对广告的管理工作开始提到议事日程上来。

1904年，外国驻华使节及外商在华商务机构一再催促清政府，要求早日制定并颁布商标法规。以保护外商产品的商标权益，于是，商务部参照英国人裴式凯起草、赫德修改的有关文本，重新拟订《商标注册试办章程》共二十八条。这是由光绪皇帝钦定，对外颁布的中国第一部商标法规，也是中国广告管理的开始。

第二章 北洋政府时期的广告

-2000
-221
265
581
960
1368
1912
1949
1979
2000

辛亥革命后，清朝的封建专制统治虽然已被推翻，但以北洋军阀为代表的封建势力依然占据统治地位。在北洋军阀统治时期，国内混战连年，同时还伴随着帝国主义在中国的利益争夺。

在经济上民族资本在这一时期有了短暂的发展［图22001］。随着中华民国的建立，许多人认为发展民族工商业以强国富民的时机已经来到，兴办实业之风在社会上掀起。1914年，第一次世界大战爆发，西方资本主义国家因忙于彼此间的战争，暂时放松了对中国的经济侵略，对华资本输出和商品输出有所减少，从而减轻了中国民族工业产品在市场上的压力，使中国民族工业得到了发展的良机。中国民族工商业在短期内出现了前所未有的发展，这就给中国近代广告的发展也带来了契机。

/22001/民族工业发展

第一节 辛亥革命前后的广告

一 广告媒介的发展与经营

[一] 经营权转换后的报刊及其广告

辛亥革命前后政治比较混乱，军事纷争不断，社会经济也呈现复杂的特点。

一方面，农村经济出现了一些新的变化，农业资本主义开始有所发展，但大量农民在各种剥削掠夺之下，被迫破产流亡，农业生产遭受严重破坏，农业经济仍处于衰落之中。

另一方面，中国资本主义经济有了初步发展，特别是民族工业发展迅速。主要表现在轻工业发展较快，尤其是棉纺业、面粉业等行业，设立了许多新厂 [图22002]。地区分布上仍然集中在沿海、沿江等大城市，但内地城市工商业也有所发展。同时在一些行业中占有举足轻重地位的跨行业的资本集团出现了。这一时期民族资本主义经济虽然得到发展，但力量仍然弱小，还存在着规模小，技术差，设备落后，资金不足等问题。

重工业的发展主要还是通过投资或贷款，仍然在帝国主义势力的控制之下；在轮船航运业方面，帝国主义的势力始终占据绝对优势的地位。

另外在商业和贸易方面，这一时期许多新兴商埠兴起，形成以某一城市为中心的商业经济区域。新兴商业发展较快，自民国以来，在沿海、沿江一些大城市中，现代商业发展迅速，出现了一批新式的大型百货商店。

/22002/民办纺织厂——荣宗敬在上海经营的申新纺织九厂

新聞報

SIN WAN PAO 162D, SHANTUNG ROAD

本館專電

中國要事

/22003/1905年前后的《新闻报》

辛亥革命前夕，各类报刊纷纷创办，全国报刊达500多家，其中北京地区占了1/5。这些报刊除宣传革命形势外，也刊登大量广告，促进了工商业的发展。这些广告有两个明显特点：一是广告内容扩大，百货、电影、医药、银行、书籍及个人通告充满报刊各版；二是广告的版面安排、编辑水平有所提高，不仅有文字说明，还有彩色画面进行图解。

辛亥革命以后短短两三年内，报刊发展到1000多家。一些外国人主办的报刊陆续转为中国人主办，如《申报》、《新闻报》[图22003] 等，并开始增加广告篇幅，讲究广告形式与效果。

1 《申报》

1909年美查公司以75000元的代价，将《申报》转让给买办席子佩，从此《申报》转入国人之手。但由于经营不善，销数停滞，1912年9月席子佩以12万元的代价将《申报》转让给江浙大资产阶级张謇、史量才[图22004]、应季中、赵竹君等五人，史量才为总经理，陈冷为主笔，张竹平为经理。

《申报》从此开始了新的发展时期，采取了包括扩大广告范围，做好发行工作等一系列改革措施。由于内容逐步丰富多彩，又有当时第一流的名记者黄远生[图22005]、邵飘萍等人写稿，《申报》销数大增。在购进美国新式印报机后，加快了印报速度，销数即由3万份增至5万多份。

史量才接办《申报》后，致力于广告部门的改进，设立了广告推广科，科内设广告外勤组和广告设计组，广告外勤组负责招揽广告，广告设计组负责按照广告分类、性质为刊户设计图案、文字说明，然后征求刊户意见，直到满意为止。在他们的努力下，《申报》的广告业务迅速发展，许多厂商乐于刊登广告，到1915年4月，《申报》广告面积已超过新闻面积，广告收入成为报纸的主要收入。从发行数量对比来看，《申报》在创刊时期每年只发行约600份，1912年发行7000份，到1920年已达3万多份，成为当时全国财力雄厚、销数最多的报纸。

在报纸内容上，《申报》除刊登国内外重要新闻、通讯，发表著名人士文章、宣言外，还增加篇幅，开辟各种副刊和专栏，这其中就包括专送本埠读者的、以广告为主要内容并报道介绍商品生产和戏剧、电影、体育运动的"本埠增刊"。

在所有副刊、专栏中以《自由谈》[图22006]历史较长，影响也较大。《自由谈》从1911年8月24日创刊至1949年上海即将解放时终刊，前后共持续了39年。在创刊后的最初一段时间内，《自由谈》只注重趣味性，刊登一些记述风花雪月、琴棋书画、风俗习尚、奇闻轶事的文章，诗词歌赋以及长篇连载的小说，以供读者茶余酒后的消遣娱乐。改组编辑部后，版面和内容都有了重大的突破。

2 《大公报》

/22007/ 时报馆

本时期，天津各大报馆、纸局、笔墨庄等同时出版发行书籍，成为华北出版业的重要力量。时报馆[图22007]、大公报馆、北洋官报局，以及文美斋、杜经魁、戴月轩等，时常通过广告形式向读者传递文化信息。

1906年，泰晤士报馆、天津商务印书馆连续在《大公报》上刊登广告，宣传其发行、代售的《大英百科全书》。

天津求古堂新旧书铺，在1908年11月21日的《大公报》上，刊登了这样一则推销书籍广告：

庚子乱后，书籍散亡，价昂百倍。本堂主人念搜罗之不易，叹商贾之居奇，因广筹资本，分赴各省购求名刻古本，充栋汗牛，几于大备，售价又一概从廉，以为好古之助。兹择于十月二十七日新张于北门内，务

/22004/ 史量才肖像

/22005/ 黄远生肖像

/22006/《自由谈》

望光顾，以证不欺。[图22008]

1916年9月，王郅隆接办《大公报》，此后几年间，其广告刊发量与日俱增，商业味道也逐渐加剧。如大炮台香烟、儿安氏保肾丸、棕榄香皂、仁丹等外商广告[图22009]，时常在固定位置刊发，占据了相当的版面，给读者留下深刻的印象。

中国最早刊登系列广告的报纸就是《大公报》。1918年5月1日《大公报》开始刊登日本东京一家商行出售博利安电灯泡的系列广告[图22010]。该广告共有7幅图画，图画旁是文字说明，强调博利安灯泡既可以保护视力，又能自由调节高度、升降自如。广告词写得简洁、实在，而且始终把商标放在画面醒目部位，以加深读者印象。

/22008/《大公报》天津来古堂新旧书铺广告

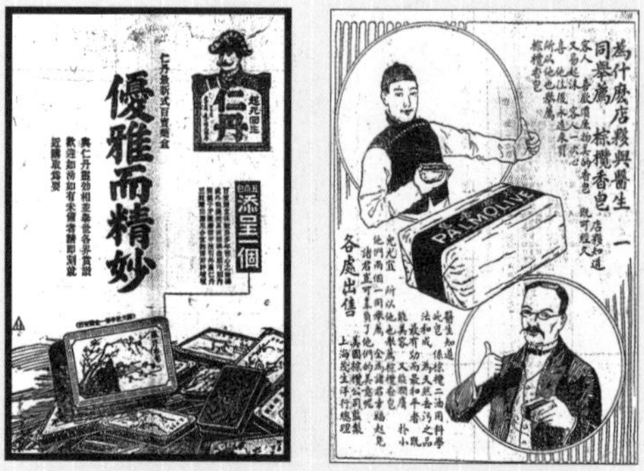

/22009/ 棕榄香皂、仁丹等在《大公报》的广告

/22010/ 博利安电灯泡的系列广告

/22012/1917年上海先施百货公司在上海南京路开业

/22011/ 上海南京路的四大百货公司的报刊广告

3 其他报刊广告

在广告的表现形式上，报刊广告的版面、形式等有所提高，更加丰富多彩。一是图文结合的广告日益增多，有的广告除中文外，还有英文。如《东方杂志》1914年3月25日那一期上刊登的"上海自来火行"(即煤气公司)的广告，就是中英文并用的。二是从原来新闻与广告夹杂排版，到广告有了专门的版面、或相对固定的地盘，进而出现了分类广告、系列广告及连续性广告等。

[二] 户外广告媒介的丰富

1 橱窗广告

橱窗广告是随着大百货公司的诞生而出现的一种广告形式。中国最早运用现代大橱窗广告的是开设在上海南京路一带的四大百货公司[图22011]，即先施公司(其总公司于1900年1月8日在香港开业，上海先施公司则于1917年10月20日开张)[图22012]、永安公司(其总公司于1907年在香港开业，上海永安公司则于1918年9月5日开张)，以及后来开张的新新公司(1926年1月23日开张营业)、大新公司(1936年1月20日正式开业)。

这四大百货公司开业后，都在店面及门前设置大型橱窗广告[图22013]。四家公司的老板都是广东人，思想开放，观念新潮，经营手段灵活新颖，都不惜重金从港澳等地聘请专门人才来负责橱窗设计和商品陈列。同时，还把自己的一部分橱窗供厂商陈列商品，收取租金。

/22013/ 永安公司橱窗广告

2 路牌广告

路牌广告一般竖立在街边要道口、房屋墙上以及屋顶、铁路沿线及车站周围和风景区。辛亥革命以前，中国就出现了路牌广告，内容大多为香烟、药品及日用百货等。其中，最早出现的路牌广告是车站路牌广告。民国成立前，铁路沿线每一车站周围都有路牌广告，宣传、推销诸如狮子牙粉、仁丹、大学眼药、美孚煤油、白礼氏洋烛、中将汤之类的商品。

这些路牌广告大都是由外商广告公司承包装置的。据考证，“中国人装置路牌广告起源于1911年。当时上海有‘明泰’、‘又新’两家广告社，雇用漆匠在铁皮上替日本三井洋行绘写仁丹的广告，只是加工的性质，技术幼稚。”[1] 此后，制作路牌广告成为当时广告公司的一项重要业务，同时也培养出一批专做路牌广告的技术人员。如1918年，美国人开设的上海克劳广告公司替大美烟公司“红屋牌”香烟做广告，该公司的中国工人蒋梦麟开始招收学徒，培养了一批专做油漆路牌广告的漆工，以后渐渐成为上海地区制作路牌广告的骨干力量。

天津最早的墙壁广告之一便是舶来品中将汤的宣传广告。

鼓楼是天津老城中心最高的建筑，东西南北四门大街店铺林立，成为商人们以广告争高下的宝地。1913年左右，英美烟公司约请天津一些画家按照样稿绘制，将两块2米高的香烟广告牌安装在鼓楼“拱北”门一侧墙壁上。鼓楼墩台外墙的狮子牙粉、仁丹、老笃眼药等外商广告也与国内产品形成竞争之势。

3 街车广告

在户外广告中，街车广告也是本时期影响很大的广告媒介。

1905年，英商上海电车公司成立，着手铺设从今西藏路、南京路到延安东路外滩的电车铁轨，1908年3月5日正式通车。法商电车 [图22014] 是在1908年5月通车的。1912年中国商人陆佰鸿集资成立华商电车公司。第二年十六铺到沪杭火车站的路线落成通车。1914年开始有无轨电车行驶 [图22015]。电车车身前后和车顶都设置广告 [图22016]。

1 刘家林:《新编中外广告通史》，暨南大学出版社2000年版。

/22014/ 老上海有轨电车

/22015/ 无轨电车公司软文广告

/22016/ 车身广告

/22017/ 车内、车站牌广告

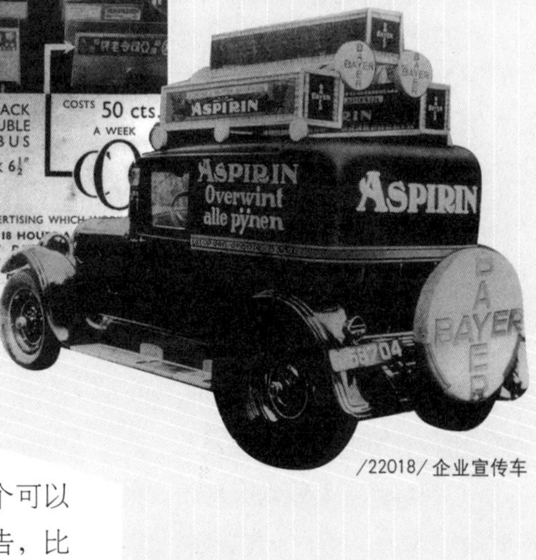

/22018/ 企业宣传车

不仅如此，车内任何一个可以被利用的地方都被设置了广告，比如座位背后 [图22017]，连小块的车站牌也利用上了。

还有一些企业开始将他们的运货车作为广告工具，在车身贴上公司标志，使得该品牌深入人心 [图22018]。

二 本时期的特色广告样式

[一] 火花广告的出现

火柴诞生于19世纪20年代，1838年左右传入中国，中国传统的火石、火镰等引火物被逐渐取代。瑞典、日本的洋火柴曾长期垄断中国市场。19世纪60年代以后，随着洋务运动的推进，民族工商业得以进一步发展，各地相继兴办了火柴制造厂，如上海制造自来火局、佛山巧明火柴局、天津自来火局、重庆森昌自来火局、厦门自来火局等。

火花，就是火柴盒上的贴标，是一种独特的包装装潢广告。一般认为中国的第一枚火花是1879年广州巧明火柴厂的“舞龙”贴标。

画面红底色上画着一个孩童舞龙的图案，从龙的姿态到人物的面部表情、服饰等，无不显示了民俗文化的传统特色。不仅如此，老火花常以文字为标，如“双喜”、“福昌”；以动物、景物、器物为记，如“雄鸡”、“金鼎”、“军鼓”，图案装饰的民族风格颇为突出，“福寿禄”、“多籽石榴”、“麒麟送子”、“三圣贤”等民俗纹样也时常出现在火花中。

1894年慈禧太后六十寿辰，大献殷勤的商人们纷纷设计以寓无量寿命、年年永丰的蟠桃 [图22019] 和慈禧太后全身肖像及牡丹为图案的火花，向慈禧太后祝寿。

火花设计还配合了时年发生的一些重大事件。1915年，袁世凯与日本签订了丧权辱国的“二十一条”，广东东山火柴厂曾印制多枚火花为记。其中一枚画有两束稻穗环抱下的心形，图案上书“国耻纪念”字样。民国时期还印发了中山牌的“纪念”火花 [图22020]，使用了孙中山先生就任南京政府临时大总统时的肖像。

在五四运动中，随着抵制外货、振兴民族工业口号的提出，随即在火花上也出现了“提倡国货，挽回利权”、“救国火柴”等文字，甚至使用了“醒狮”商标 [图22021]，具有深刻的影响。

[二] 烟草广告和香烟牌

1 烟草广告

本时期，英美烟公司在营销环节上谨慎严密，宣传促销广告也是煞费苦心。仅天津英美烟公司广告部就有五十余人，广告费支出约占办公费的80%。他们在宣传上见缝插针，无孔不入，一方面利用一切可利用的媒体做广告，同时还发放灵活多变的促销赠品，使产品形象多角度、全方位地展现。

报刊广告在当时已是最具普及性的广告形式，英美烟公司对这一宣传手段也尤为重视 [图22022]。

公司特聘不少广告策划设计的高手，不时结合新品上市或产销变化推出新颖的精彩广告。为贴近国人的欣赏情趣，其报纸广告尽可能贴近中国传统文化。大炮台香烟广告就曾移入了古典文学名著《红楼梦》的有关内容，画面上黛玉在床前愁眉不展，宝玉送上大炮台香烟，并印有广告词：“大炮台是解闷儿的妙品。”[图22023] 这显然是借古典名著来强化宣传效果。

英美烟公司在大量做广告的同时，还利用噱头，不断推出抽奖、赠

/22019/ 蟠桃火花

/22020/ 中山牌火花

/22021/ 醒狮火花

/22022/
报刊上的英美烟广告

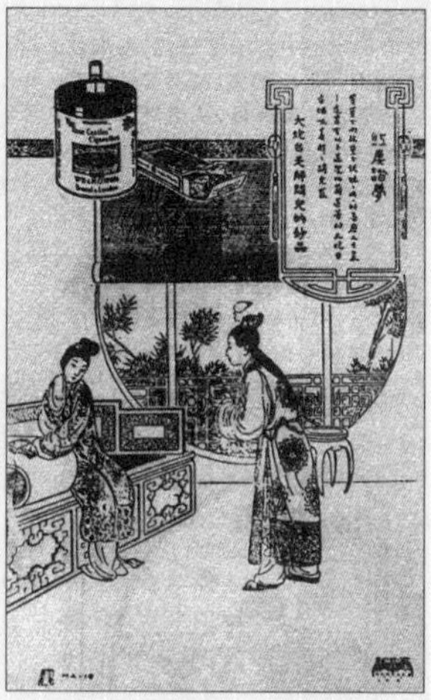
/22023/ 大炮台香烟《红楼梦》广告

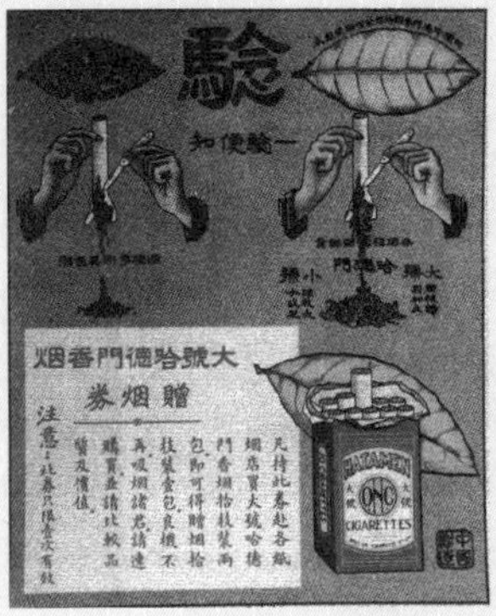

/22024/ 哈德门赠奖券

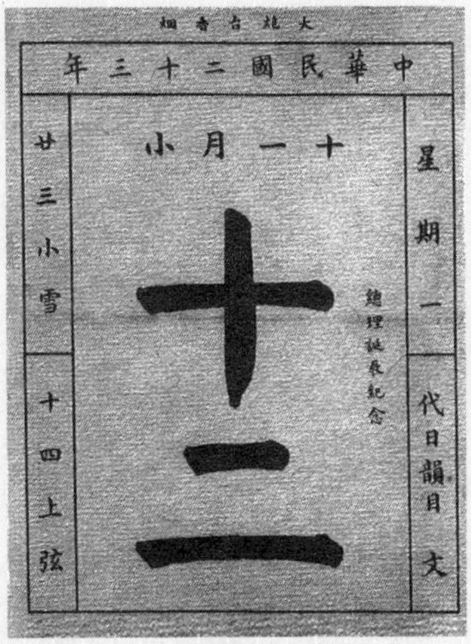

/22025/ 大炮台赠送日历

/22026/ 代表性香烟牌

券等销售手段［图22024］，想尽办法吸引烟民。

其奖品琳琅满目，从昂贵的小汽车、手表、金银饰品、铜床，到日常所用的布匹、香皂、毛巾、丝袜、镜子、烟缸、日历［图22025］等，都曾作为奖品赠送。好奇和喜欢热闹的心理驱使当时相当多的人前来购买，来试一试运气。

2 香烟牌

香烟牌是放在纸烟包装里的一种五颜六色的画片，一般正面为图画，背面为广告文字。清末民初，随着纸烟在中国盛行，香烟牌［图22026］从欧美传入中国后迅速成为大众喜闻乐见的广告宣传形式。1911年上海三星纸烟公司为抵制洋烟，特发行一套32张的“清末仕女牌九”香烟牌。这也是最早的国产香烟牌广告画片。

在20年代，上海的实业派商人黄楚九办了一家卷烟厂。很多书上记载，推出小囡牌香烟时，他在《新闻报》上刊登广告，第一天是几个红蛋，第二天才公布小囡牌香烟的广告——上海人生了孩子要送红蛋。这个广告引起了人们的好奇，而且开了报纸套红印刷的先例。但据查证，当年《新闻报》上并没有套红的广告，只有两则婴孩牌香烟的广告［图22027］，因此红蛋的说法应来自随烟赠送的红蛋香烟牌［图22028］，这正是借用了生孩子送红蛋的习俗来增强婴孩牌香烟的品牌印象。

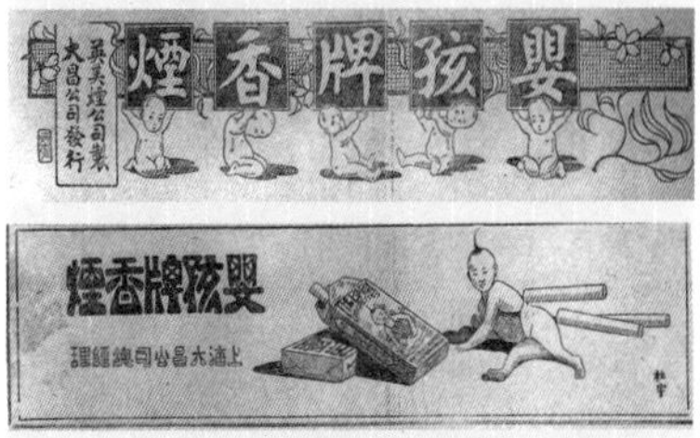

/22027/ 婴孩牌香烟广告

/22028/ 红蛋香烟牌

[三] 药品广告

1 仁丹与人丹广告

19世纪末20世纪初，中将汤、大学眼药、仁丹等日本汉方药相继进人中国市场。行销最久的是大阪森下博药房出品的“神药”，号称“环球无二”的仁丹。生产仁丹的大阪森下博药房进入中国市场后很快就在天津、汉口、上海等地设立分行，而且非常重视广告宣传。报纸、印刷品传单、月份牌画、户外墙壁等形式的广告种类繁多［图22029］。

仁丹广告不厌其烦地重复着“主治：中暑饬寒、水土不服、腹痛吐泻、猝倒昏迷、头痛目眩、酒醉船晕、食积不消、虚弱贫血、虫蛀牙痛”，简直就是无所不治的“灵丹妙药”。

但在最初，仁丹广告因洋化气息太重而遭到中国顾客的蔑视，仁丹很快改变策略，利用中国大众喜闻乐见的题材大做广告。

在1915年5月的一份《申报》上，仁丹以“灵药”为标榜，称：“乾坤清气康宁，仁丹之灵效乎。”仁丹的印刷品小传单特别采用了大众喜闻乐见的图配文的手法，用写实的情景式图画说明其药品功效。［图22030］

如图画中一人在海浪的颠簸中呕吐不止，配文：“搭乘轮船火车轿舆或喝酒吸烟之前后服用仁丹五六粒绝无眩晕，呕恶，兼除酒害烟毒。”另一幅图画中几位老者气喘不停，配文：“文武官员绅士淑女学生等人及无论男女老幼，每服用仁丹十粒，大补气血，转弱为强，增旺精神，益寿延年。”

1918年元旦，仁丹公司在《大公报》上刊发整版贺岁广告：［图22031］

高悬的彩幔与花灯下，老少三代阖家欢宴，其乐融融，醒目的颜体书法“恭贺新禧”大字旁的广告词上写道：“兹际三阳启泰之佳辰，恭敬

/22029/ 仁丹各种形式的广告

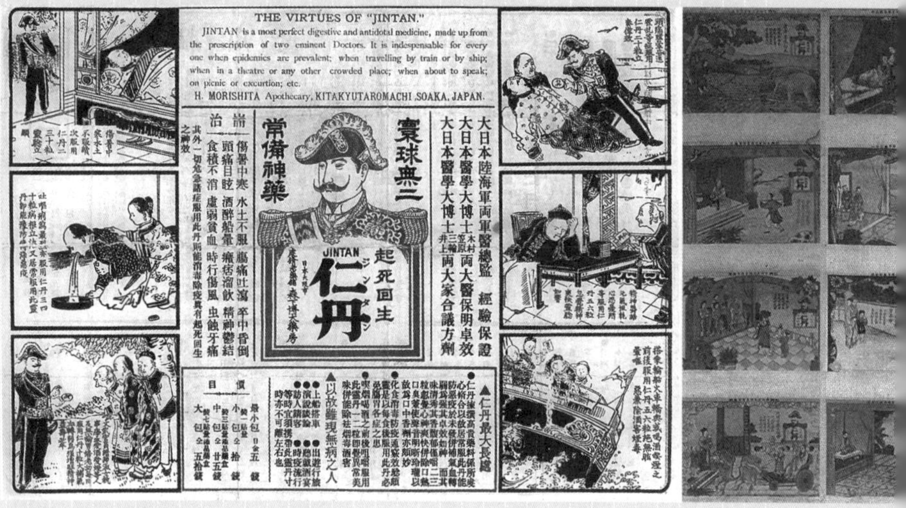

/22030/ 日本仁丹广告

/22031/ 仁丹公司在《大公报》上刊发整版贺岁广告

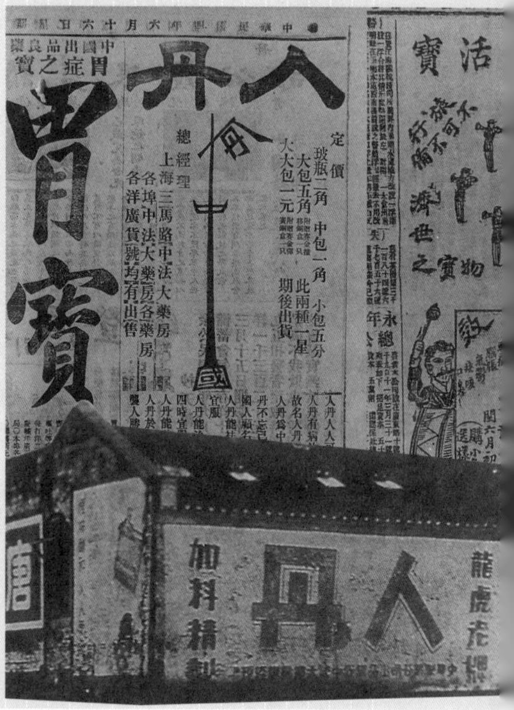

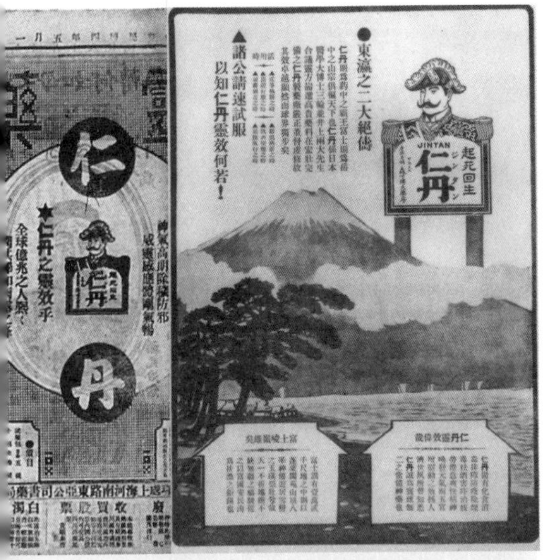

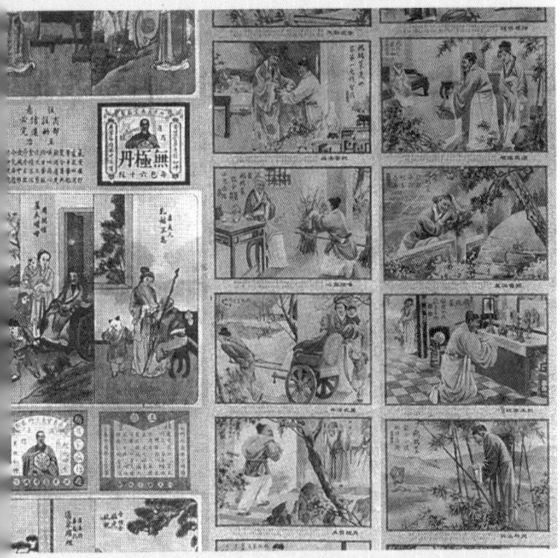
/22032/ 仁丹“二十四孝”广告

/22033/ 人丹广告

感谢大雅诸公上年格外光顾盛情。”

在仁丹“二十四孝”广告中［图22032］，中国传统的二十四孝被一一图解表现，每幅图配上相应文字，每页6格，4页连成一套，很像放大版的连环画。

面对仁丹的垄断态势，民国初年，实业家黄楚九为了发展民族制药业，以古方为基础，创制了主治呕吐、水泻、中暑等症的人丹，与仁丹相抗衡，采用了一系列取信于民、让利顾客的策略，同时加大广告宣传力度［图22033］。这自然引起日商的忌恨，不久，日商就以“冒牌”的罪名将人丹告上法院。黄楚九据理力争，双方各不相让，这场官司持续了近十年。随着五四运动中“使用国货、抵制日货”的呼声高涨，仁丹与人丹的官司最终以人丹胜诉而结案。

2 其他药品广告

药品广告一直是报刊的广告大户，而且随着报刊广告的发展，广告形式日日翻新，有不少亮点。百龄机补药在《申报》上的几则广告就非常有趣。一则用“警界证明百龄机功效”［图22034］，甚至用了名人的照片进行权威诉求；另一则用了一个大大的“嫖”字，强调了百龄机补虚专品的特点［图22035］。和“嫖”字补品广告有异曲同工之妙的是艾罗补脑汁的广告［图22036］，它是用一个大大的“笨”字吸引眼球，突出此药是“唯一补脑灵药”。

/22035/ 百龄机“嫖”字广告

/图22036/ 艾罗补脑汁“笨”字广告

/22034/“警界证明百龄机功效”广告

三 广告行业的发展

[一] 广告公司的飞速发展

进入20世纪以来，上海、天津、南京、汉口等地作为中国重要的经济城市，工商业不断发展进步，商户与媒体间的广告业务已由最初的零散掮客发展到专业的经营者占主导地位，经营理念不断得以强化。

1909年，维罗广告公司在上海创办，它的诞生带动了上海广告经营机构的发展。另外，由于英美烟公司与日俱增的庞大业务量，1914年开业的闵泰广告社看准这一商机专为其服务，创作并代理了不少优秀的广告作品。后来营业的贝美广告社（意大利商人创办）[图22037]、克劳广告公司(美国商人创办)、华商广告公司、联合广告公司等，以强大的实力和丰富的广告业务量，成为上海乃至华东地区广告业发展中的佼佼者。

华商广告公司[图22038]的创办者林振彬留美归来后，将西方先进的现代广告理念带入上海。为密切与客户的关系，公司老板按惯例每天清晨去拜访客户，听取需求和意见。除去数位绘画设计师外，该公司还特设文案人员。此外，联合广告公司因为与《申报》的良好关系，代理的报纸广告量占据了业务的大部分。美灵登广告公司则以汽车广告和电话簿广告的代理发布为主。一些外商广告公司的主要业务则是针对本国在华东投资经商的客户。

[二] 本时期广告界有影响的重要人物及事件

1 郭乐——创办上海永安百货公司

郭乐是中国近代著名实业家、大型百货业的先驱，早年到澳洲谋生，以做水果、蔬菜生意起家，创办永安果行。郭乐以良好的服务和灵活的营销手段，迅速发展生意，在澳洲华侨中赢得了广泛的信誉，永安行逐渐发展成为侨商中知名的大企业。1907年，郭乐在澳洲创办了著名的永安百货公司。

1916年，郭乐赴上海投资，集资200万港币，在上海最繁华的南京路建起高楼，创办了又一家永安百货公司。上海永安百货公司成为远东地区规模最大、设施最先进的大型百货公司[图22039]。

2 李叔同——中国广告设计的奠基人

李叔同[图22040]是中国近现代广告文化的奠基者与开拓者之一，是中国广告艺术的开创人物。在他成功的美术生涯中，报刊广告美术设计是其中的重要部分。

李叔同于1905年赴日留学，不久便独立编辑了中国最早的音乐期刊《音乐小杂志》，并自己设计封面。学成归国后，任天津高等工业学堂图案课教师，将先进的工艺美术设计思想带回中国。

1912年，李叔同任上海《太平洋报》[图22041]主笔，其广告设计才华得以充分展示。李叔同主要负责文艺、画报副刊的版式及广告编辑工作，他首创了中国报纸广告图画的形式。此前，国内传统的报纸广告编排仅以单调的文字、色块为主。李叔同倡导的图文并茂的广告设计理念，开创了中国报刊广告美术的新潮流。

在"城东女学"的招生广告中，李叔同将招生内容列于传统的告白

/22037/ 贝美广告社自身广告

/22038/ 华商广告公司及其创办者林振彬肖像

/22039/ 永安百货公司

/22040/ 李叔同肖像

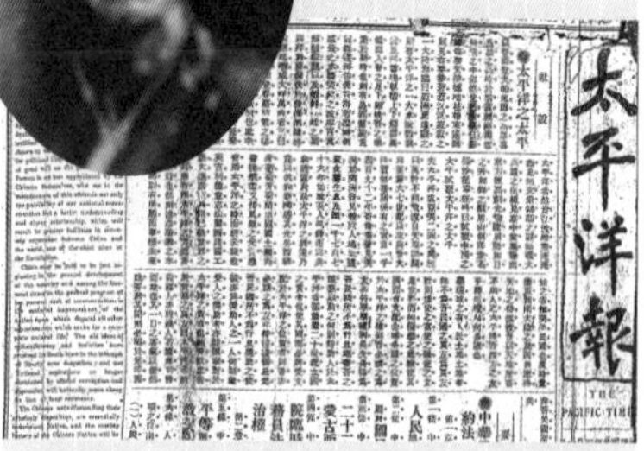

/22041/ 上海《太平洋报》报头

形式的线框中，“城东”、“女学”四字分别置于与线框交叉的两个椭圆形中，这在当时可以说是一种大胆的构思［图22042］。在以后的“平民日报”［图22043］、“湖南公报”［图22044］及“全国联合进行会、中国同盟会合办”等广告图案中，有幽静的花草，有宜人的风光，有生动的人物，都透着灵秀之气。同时，李叔同以独具韵味的金石书法书写广告文字［图22045］，简洁大方，令读者一目了然。

/22042/ 城东女学的招生广告

/22043/《太平洋报》上的《平民日报》广告

/22044/《太平洋报》上的《湖南公报》广告

/22045/《太平洋报》上的典型广告

李叔同在《太平洋报》任职不久，又与柳亚子等人创立“文美会”，主编《文美》杂志。在“商文印刷事物所”的广告中，李叔同画了一则活泼可爱的盛装孩童手持告示牌的广告，其广告的情趣特征非常明显。另一则征集学生书画作品的广告，斜向字体的后面绘制了树影婆娑下湖光秀色、水鸟飞翔的画面，颇具创意。

李叔同曾在《图画修得法》之“图画之效力”中说，“人有恒言曰：‘诗是无形之画，画为无声之诗。’今请易其说曰：语言者无形之图画，图画者无声之语言，蔑不可也。”这句话充分反映了他的广告设计理念。不仅如此，李叔同在大胆引入西方广告设计艺术的同时，又将它与中国传统金石书画及工艺美术有机地融为一体，呈现出一种具有开拓性的鲜明风格。他高尚的哲学思想与审美观念，对工艺美术设计及广告图案的创作都产生了深远的影响。

/22046/ 周慕桥作品

/22047/ 郑曼陀作品

3 郑曼陀——发明广告擦笔画法

最早的月份牌及月份牌广告在辛亥革命之前就已经出现。最早绘制月份牌的画家是周慕桥［图22046］。他曾为桃花坞画过年画，属于民间年画家。他最早画的月份牌画是现存的20世纪初出版的《潇湘馆悲题五美吟》。与周慕桥同时期的还有赵藕生与李少章等人，他们都是最早为商业服务的画家，用国画的技法作画、用传统的题材入画。一直到郑曼陀的擦笔水彩画［图22047］发明后，画家们才放弃传统的方法，争相改用擦笔画法。

郑曼陀是中国近代广告擦笔绘画技法的创始人，20世纪初年历广告的杰出代表人物。他在杭州“二友轩”照相馆设了画室，专为顾客承接人像写真。他把传统人物技法与水彩技法结合起来，逐步形成了一种新画法——擦笔水彩法。

其特点是：先在美女的面部擦上一层炭精粉、轻轻揉擦阴影部位，使之稍具淡淡素描的乾廓，然后再涂上水彩晕染。这样，脸部就会在白皙中呈现一抹淡红，显出立体感，同时又能保持工笔画仕女造型的神韵。

自从郑曼陀在1915年前后发明擦笔画后，就为月份牌的创作、销售及其社会文化影响带来了革命性的改变。

从杭州到上海后，他见到了上海月份牌中的传统服装仕女形象，郑曼陀觉得她们远不及自己创造的新式时装美女形象那样悦目。他便到社会名流经常走动的“张园”挂起四幅用擦笔水彩画成的时装美女画。正巧上海大商人黄楚九路过，黄楚九以商人特有的敏感发现这些美女形象定能用于商业广告之中。于是，将郑曼陀的四幅美女画悉数买下，用来为他的中法大药房做广告。

郑曼陀还与徐咏青经常合作，后者善画风景，前者善画人物，这一时期的合作[图22048]使两个人独立的作品在广告设计上成为一个和谐的整体。

4 广告营销案例

1 太平洋肥皂营销

1915年汉口统一街有个默默无闻的小肥皂厂，生产的肥皂总是滞销。第一次世界大战爆发后，太平洋地区局势紧张，报纸上天天登载有关太平洋战争的消息，人们都很关注。肥皂厂老板灵机一动，就借用“太平洋”三字作为肥皂的商标，趁机借势大搞广告宣传。他不惜工本，做了几百块长方形立体广告牌，用鲜艳夺目的色彩写上“请用太平洋肥皂”七个大字，安在电线杆上。结果．太平洋肥皂一时家喻户晓，供不应求，成为紧俏货。为了扩大生产，厂家还在汉口宗关附近买了地皮，盖了新厂房，修了一条马路，名曰“太平洋路”，成为汉口一条著名的街道。

2 “烤”字背心

英美烟公司在上海推广新产品“翠鸟牌”香烟时，别出心裁地让遍布大街小巷的黄包车夫统一穿上印有“烤”字的马甲[图22049、22050]，毫无心理准备的路人十分好奇，一打听才知道是英美烟公司想出的广告奇招。

/22048/ 郑曼陀与徐咏青合作的作品

/22049/ 上海黄包车夫

/22050/ 报纸上的“烤”字

四 广告教学研究活动及广告管理法规

[一]《实用新闻学》

中国的广告学研究和教学活动起步于民国初年及五四时期，早期的广告学只是作为应用新闻学中的一部分被介绍。随着广告业务的不断发展，广告学才成为一门独立的学科。

1913年，美国新闻记者休曼所著的《实用新闻学》一书由上海广学会出版。这是中国最早的新闻学译著之一。该书英文原著出版于1903年，是美国第一部应用新闻学专著。全书共16章，6万多字。其中，第12章的《告白之文》和第13章的《登载告白》详细论述了广告文案的写作方法和报刊广告的刊登事宜。这两章的主要观点有如下四点：

第一，“著作告白之文，须凝练而易刺人目”；“盖告白费最贵，故务宜以最少之字数出之”；“其文必足以动人兴趣，激人观感”，“行文平易近人，正如店伙之语顾客然，原原本本，绝无张皇招摇之气”。

第二，“须知人情。”制作广告，“于顾客之心理，不可不知……人者自营之兽也。与其告之以某事某物可以利人，不如告以可以利己之为当。”“彼不知告白术者，偶作告白，开口即促人购致其物，自利之意，形于言表，而不知其已误。须知商家盈亏，非顾客之所容心。顾客但欲以廉价得美晶耳。精于告白术者，未尝促人之购其货也，仅以顾客自利之念动之而已。”“是故，作告白者，须设身处地，以顾客自况”，“(须）以心理学为基础，通达人情”。

第三，“凡作广告，尤必以诚信为主。若徒推奖己货，道他家短处，语不由衷，事非真实，此为造谣欺人。报章登载之者，亦蒙其害，以人将推不信告白之心以不信报馆也。”

第四，讲求编排。“报馆铅字之形体，不可以不众多也，且须清晰，绝无模糊之弊。登载告白者，见告白明晰而不漫漶，自然惬意，尤足以壮报纸之观瞻”；“字体大小错出，语气断续，不复连贯，意将使人注目”；“告白之文，又附之以画”，“告白中之图画，必取优美合格者”；“宜不伤风纪。”

以上四条中，讲求研究广告诉求对象、研究广告的心理效应、研究广告的美学原理，重视广告及广告业的伦理道德，对此后广告学研究有很多启发，直至今天仍有其借鉴意义。

另外，这两章还对广告与报刊及报刊发行的关系作了阐述：

一报之有告白与否，尽足以定一报之运命。今美国报馆，进款之半数皆出于告白费。至定阅报章之资，仅供购致纸墨、邮票而已。报纸人物（员）之俸给，以及其他支持馆务之费，皆取给于告白费也。夫报章之流通广，则出资登告白者自众；而报章流通之广，则又社会爱读报章为之也。然告白之文……亦足以扩报章之销路而展报章之声誉。

与此同时，对“分类广告”也作了介绍：“分类之告白(如招请、待请、赁屋、待屋、遗失、待访之类)，亦足推广报纸之销路。盖此种告白，不啻小型之新闻，自有一部分人急欲得而读之，取价务宜极廉。”

[二]《筹办巴拿马赛会出品协会事务所广告法》

现存较早的中国广告管理法规就是《筹办巴拿马赛会出品协会事务所广告法》，其发布时间据推算应当在1914年。该法规中所列举广告种类有：(1)口上广告；(2)传单广告；(3)招贴广告；(4)陈列广告；(5)日报杂志广告；(6)异样广告(电灯广告、倚山沿海广告、游戏广告、乐队广告)；(7)记名邮递广告。[2]

实际上该广告法主要侧重于介绍各种广告的做法和注意事项。辛亥革命前后，中国的广告学教研及相关法律法规的制定，还只是处在一种初级阶段，五四运动前后才迎来中国广告学教研活动的高峰。

[2] 益斌：《老上海广告》，上海画报出版社1995年版，第7页。

第二节 五四运动前后的广告

五四运动前后，随着中国工人阶级作为重要的政治力量登上历史舞台，具有初步共产主义思想的先进分子也创办了许多刊物，除进行政治宣传之外，也开展广告宣传，提倡国货，抵制洋货。

本时期广告事业发展的主要标志在于广告媒介的多样化和广告公司的发展状大，以及广告的研究和教学开始引起重视。

一 报刊广告的持续发展

五四时期在群众革命运动的推动下，报刊事业得到迅速发展，报纸成为一种最廉价、传播效果最好的广告媒介。

[一] 著名报纸在本时期的广告经营情况

1 《新闻报》

上海地区除《申报》外另一家大报就是《新闻报》。其创刊时，发行量仅300份，1894年达3000份，1899年初销售1万多份，主要行销于江浙及长江流域一带。1899年11月汪汉溪接手《新闻报》以后，便聘用专职推销人员，到各地设立分馆、分销处，前后共达500多处，到1919年发行量已达46000多份，到1928年已经突破15万大关，创下当时中国大型日报发行的最高纪录，甚至一度突破20万份，远远超过《申报》。

发行量的激增促进了报纸广告的发达。《新闻报》广告所占版面比例很大，人称"广告报"，即广告占六成，新闻占四成。不论是它的封面巨幅广告 [图22051] 还是报尾分类广告栏 [图22052] 都很受欢迎。该报每日所出张数的多少，不取决于新闻，而取决于广告。准备科的任务就在于每晚截稿时统计当天收入广告有多少，以决定次日所出的张数，所以，准备科实际上就是"广告的编辑部"，其重要性在新闻编辑部之上。另外，准备科有时还可以要求编辑部抽去某些可登可不登的新闻，

/22051/《新闻报》封面巨幅广告

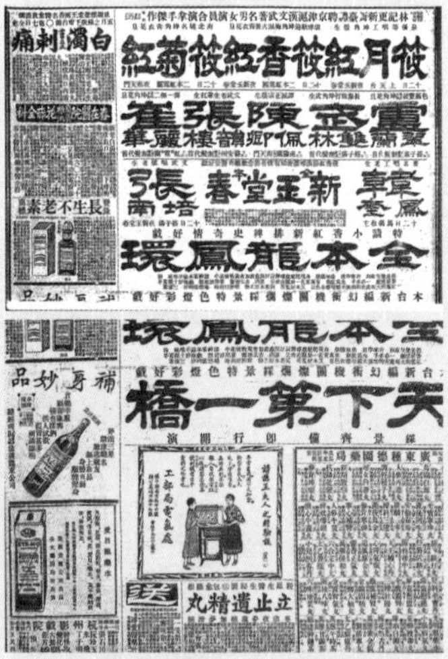

/22052/《新闻报》报尾分类广告栏

腾出版面来多登广告。

发展到后来，《新闻报》的广告篇幅更多。《新闻报》平时出版四五张，星期日发行8张，每逢节日甚至出10张，最多时出过16大张，所登广告几乎占全部篇幅的2/3。而且报上不少显著位置都被财力雄厚的外商包定。

《新闻报》广告的信息量大，上海大小商家店铺，一般都订一份《新闻报》放在柜台上，以了解商情信息，所以人们又称《新闻报》为“柜台报”。其每年广告收入，早在1922年就达到百万元。

2 《申报》

《申报》经历几十年平稳的发展后，到1920年发行量也超过了3万份。同时，它与时事紧密结合，留下了很多宝贵的历史资料。1927年“四一二”事变时，《申报》刊登了一系列革命团体和反革命会社针锋相对激烈斗争的政治公告［图22053］。

3 《大公报》

天津的《大公报》与《申报》的发展轨迹不同，在经历了几度大起大落之后，1926年9月，吴鼎昌、胡政之、张季鸾入主《大公报》，面对此前一度停办的困难格局，进行了第二次创业。［图22054］

胡政之每天清晨到报馆了解广告与发行情况后，经常往来于街巷与广告刊户之间，倾听读者和刊户对广告的反馈意见和建议。由于续刊之初只有两千多份的发行量，刊登广告者寥寥无几，仅靠两三家银号每月几十元的广告费难以为继。于是，胡政之派人每晚到影院、戏院去抄写第二天的影目、戏码，免费予以刊登，以赢得刊户的信任。经过一年多的努力，广告收入从每月二百多元增至千余元。作为报业发展支柱的广告，在这一时期对《大公报》经济的收支平衡起到了关键作用。

［二］其他特色的报刊及其广告

著名新闻学者戈公振曾在《中国报学史》中，对1925年4月10日以后20天左右的各地主要报纸进行抽样分析，从中看出当时的广告种类已从商务广告扩展到社会、文化、交通等其他用途的广告，广告在报纸版面中的地位急遽上升，有的甚至占报纸版面的一半以上。当时几家报纸广告占所有版面的比例是，上海《申报》占42.7%，北京《晨报》［图22055］占52.7%，天津《益世报》［图22056］占62%，可见广告的数量之多。

再以四川地区为例。四川报刊在20世纪初同其他地方一样，大量刊登广告，版面面目变化很大。由于报纸内容增加并大量刊登各种广告，报纸的版面开始增多，一般为四版，多则八版。《国民公报》［图22057］、《四川群众》(原名《四川公报》)都是每日八版，头版广告最多时可占版面的2/3，使

/22053/“四一二”事变斗争的政治公告

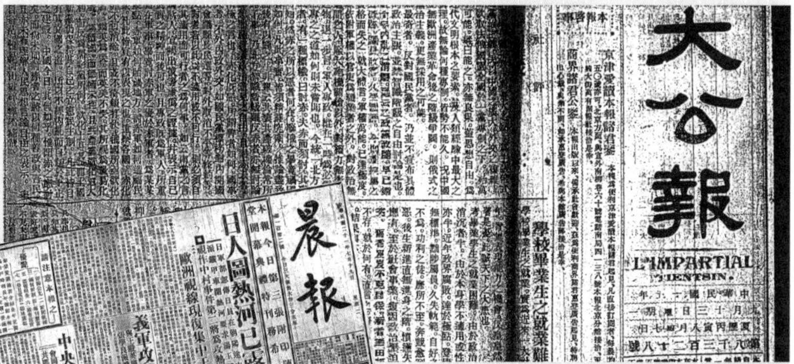

/22054/1926年复刊的《大公报》

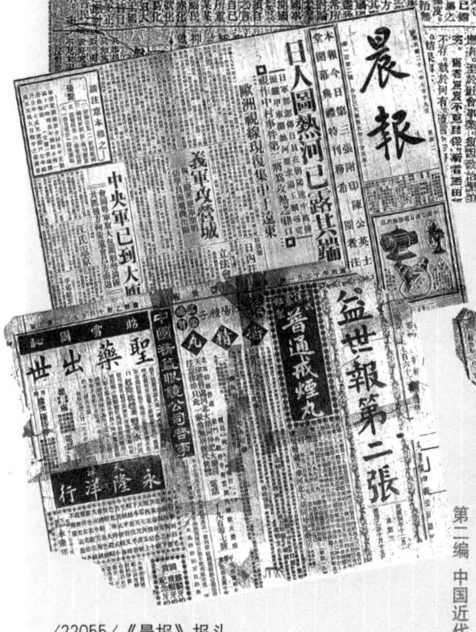

/22055/《晨报》报头
/22056/《益世报》

/22057/《国民公报》

专电、论说、选论等报纸内容退居次要位置；第四版和第八版也全是企业和商品广告。《成都日报》除第四版是广告版外，还利用中缝登载广告。《通俗画报》则不仅利用中缝，又在边栏外的报沿位置大量刊登广告。

除报纸之外，这一时期的杂志有了很大的发展，发行量也提高了。邹韬奋主编的《生活周刊》在1923年每期发行达15万份。老上海有代表性的大型画报《良友》也于1926年2月15日创刊。创刊号封底上刊登的是南洋兄弟烟草公司的白金龙香烟广告[图22258]。其他一些主要杂志如《东方杂志》、《妇女杂志》等都刊登有大量广告。

[三] 革命报刊注重广告宣传

五四前后，早期的共产主义者创办了大量革命报刊，进行反帝反封建和马列主义思想的宣传，同时也刊登少量广告，尤以五四运动以后刊登广告最为活跃。当时的革命报刊几乎都刊登广告，广告的内容在为政治斗争服务的同时，也刊登中国厂商的广告，提倡国民购买国货，以抵制洋货，反对帝国主义的经济侵略。当时上海有7家中文报刊曾做出决定，不登日货广告。刊登这些国货广告不仅宣传了自己的政治主张，而且广告收入也成为报馆经济收入和职工福利的一个重要来源。

中国共产党的创始人在早期的报刊创办活动中，就注意利用广告作为斗争的手段。

1 《每周评论》

1918年底，李大钊、陈独秀创办《每周评论》[图22059]。《每周评论》除了进行政治宣传外，还注意发挥广告的作用。当时在报头下面刊登"广告价目"，向社会各界招揽广告，广告的重要版面多是留给进步书刊和国货做广告，以进行反帝反封建和爱国主义的宣传。

2 《湘江评论》

1919年7月14日，毛泽东在长沙创办《湘江评论》[图22060]。

《湘江评论》在创刊号的报头下面就刊登了"广告价目"，内容如下："封面首期每字大洋二分，二期至五期一分半，六期至十期一分二。中缝首期每字一分半，二期至五期一分一，六期至十期一分。均以五号字计算，长登另议。"[3]可以看出，《湘江评论》的广告已分为封面、中缝广告，短登与长登也有所区别，价格随之拉开档次。1920年7月毛泽东回到湖南开展革命活动，在长沙参与创办了文化书社，曾在《新青年》上刊登"长沙文化书社广告"。文化书社创刊后，每逢新出版物发行，均在报纸的重要位置刊登广告，介绍期刊目录和书籍内容，从而扩大了影响。

3 《天津学生联合会报》

1919年7月21日，周恩来在天津创办了《天津学生联合会报》[图22061]。该报委派专人承办广告业务，并在报上标明"本报广告交涉员是陈芝泉"。为了配合五四运动，该报在头版位置上刊登图文并茂的国货广告，以推动提倡国货、抵制日货运动。同年9月22日，该报遭到北洋军阀警察厅干涉被迫停刊时，周恩来亲自撰写启事，说明暂时休刊的原因，并保证刊物恢复出版后，"登广告的各家，也是按着日期补登"。这种对读者负责，对广告刊户负责的诚实作风，得到社会的赞誉。

中国共产党创办自己的报纸之初，就开办了广告业务。如1923年创刊的党的机关报《向导》，从第4号起就刊登介绍进步书刊的广告。

3 任中林：《中国广告实务大全》，科学技术文献出版社1992年版。

/22058/《良友》创刊号和封底的白金龙广告

/22059/《每周评论》

/22060/毛泽东年轻时的肖像与《湘江评论》

/22061/《天津学生联合会报》

二 广告媒介的继续丰富与完善

[一] 广播广告的诞生

1 外商创办的广播电台

1922年12月，一位美国新闻记者E.C. 奥斯邦(Osborn)得到中国旅日华侨的资助，在上海设立了中国境内第一座广播电台——奥斯邦电台［图22062］，台址设在广东路的大来洋行屋顶。他们组装了一台50瓦特的广播发射机，并开设了一家无线电公司。当时，“无线电广播”一词还没有出现，这种“无线电话台”，被大众称之为“空中传音”。当时，上海约有收音机500台［图22063］。

/22062/ 某播音室场景

/22063/ 老式收音机

奥斯邦电台从1923年1月23日开始播音，波长200米，功率50瓦，每天只在晚间八九点钟播出一小时，内容主要是以新闻和音乐节目为主。为了扩大影响，奥斯邦借上海中国无线电公司的名义与《大陆报》达成协议，通过报纸为电台大做宣传［图22064］，以期为百姓所熟知。

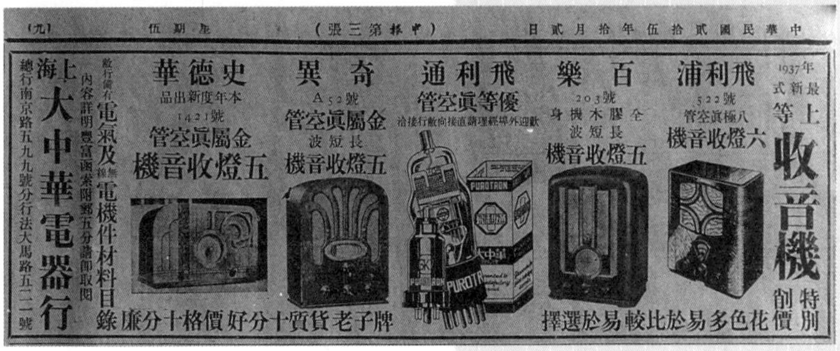

/22064/ 老式收音机广告

与此同时，电台的新闻来源也有了可靠的保障。更重要的是，奥斯邦在有限的节目时间中，通过广播这一在当时看来新奇的传媒形式，推销他的无线电公司的商品，所获利润也为电台的运营提供了支持。后来，这座电台再谋发展，向有关部门申请进口收音机、耳机等器材，因为此类商品为军需品而受到限制，未获批准，致使这家广播电台只维持了3个月便停播了。

此后，外商在上海又相继开办了数家电台。其中1924年5月15日，经营无线电器材的美商新孚洋行和开洛公司创办的开洛电台开播，每天播音8小时，节目内容以音乐、商情及该公司的广告为主，其影响较大。但终因种种限制，外商在上海开办的电台或过早夭折或影响不大。

2 官办广播电台

旧中国官办广播电台始创于1926年。无线电专家刘瀚在奉系当局的支持下，在哈尔滨建成了中国第一座官办广播电台，1926年10月1日正式播音，呼号为XOH，功率100瓦，每天播音两小时，内容以新闻、音乐、演艺及钱粮行市等为主，没有广告。这也是中国人办的第一座广播电台。1928年8月1日，国民党的“中央广播电台”在南京丁家桥正式开播，1933年开始播放广告，各地官办电台竞相仿效。

3 中国人自办的民营广播电台

中国人自办的第一家私人广播电台是1927年3月19日正式播音的新新无线电话台，由上海新新百货公司创办，每天播音6个多小时。新新百货公司 [图22065] 在上海闻名已久，是购物与休闲的乐园，屋顶花园的文艺演出吸引着无数中外宾客，京剧、申曲、文明戏、滑稽戏、三弦拉线、口技等文艺形式异彩纷呈。新新百货公司的电台就设在这里，随时向人们传送着欢歌笑语。节目中的广告很多，百货公司的时尚商品和无线电业务成为广告的主要内容。

到1928年，上海已有收音机3000多台。当时上海的私营电台主要靠广告收入维持，因而各种形式的广告节目不断涌现，客户也更热衷于做广告了。

在天津，1925年位于日租界旭街的义昌洋行在四面钟开设了津门首家小型电台。该台主要通过广播推销无线电元件等商品，同时也为其他日商代发广告。因发射功率小，播出时间短，义昌电台的影响并不大。

这些电台大多附属于公司、厂商，目的是为电台所有者进行广告宣传。民营电台大都极力迎合市民心理，多数节目内容陈腐、格调低下，形成了消闲性、庸俗化的节目特征，广告水准也不高。

广播电台的出现是近代广告史上的又一件大事。无线电台的诞生使广告媒介的发展有了新的飞跃。从此，广播在中国逐渐成为第二大广告媒介而迅速发展。它标志着广告可以在更广阔的空间，向更多的消费者传播商品信息。

[二] 霓虹灯广告出现

据记载，世界第一架霓虹灯广告开始于1910年，是由法国G. 克劳特(Georges Claude)公司装置在巴黎皇宫的。此后这种广告形式逐渐扩展到世界各地。

1926年上海的南京东路伊文思图书公司的橱窗内首次出现霓虹灯广告，这是宣传“皇家牌(ROYAL)打字机”的英文广告吊灯。1927年，上海又开始出现霓虹灯招牌和露天霓虹灯广告。上海湖北路旧中央大旅社门前安装了第一具霓虹灯招牌“中央大旅社”。

1928年，葡萄牙人开始在上海开设了丽耀霓虹灯厂，不久转让给华商，更名为通明霓虹灯厂。后来，又有美国人开设丽安霓虹灯厂，设备比较先进，建国前夕由中国人接办，改名为中国霓虹灯厂。

霓虹灯最初出现时，光线比较单一、固定，仅作市招、装潢之用。这以后技术不断改进，颜色也多种多样，光线能跳动变换，可制作各种图案，栩栩如生。于是，商店、酒楼、戏院、舞厅竞相安装，上海作为世界上著名的国际大都市，也是中国最早采用霓虹灯作广告的地方 [图22066]。

当时上海地区最大的霓虹灯广告是1928年的“红锡包”香烟广告，地点在西藏路“大世界”斜对面的屋顶上：在屋顶上建造了一个又高又大的铁架子，中间装一座大钟，周围安装霓虹灯管，广告上除“红锡包”三个大字外，还设计了一包香烟的样式，香烟由烟盒内一支支跳出，最后一支是点燃着的香烟，在烟头上还有青烟缭绕，非常生动逼真，引人注目，收到了很好的效果。此后，“蜂房牌”绒线也曾用光线闪烁跳动的霓虹灯作广告，远远望去，许多“蜜蜂”翩翩

/22065/ 新新百货公司

/22066/ 上海大世界游乐场夜景

飞舞，新奇鲜艳，引人注目。还有“天厨味精”的霓虹灯广告，矗立在国际饭店［图22067］的顶层，这是当时上海最高的霓虹灯广告。

霓虹灯以其新颖的形式和绚丽的色彩吸引人们注意，广告客户对其需求也日益增多。20世纪30年代的上海除了闹市区大小商店都装有不同的霓虹灯招牌及广告［图22068、22069］外，室内或橱窗还设置了霓虹挂灯，屋内外装饰边管也逐渐普及，使得号称十里洋场的上海灯红酒绿，彻夜通明。

［三］路牌广告与橱窗广告的进步

路牌广告［图22070］在20世纪20年代已经很盛行，在整个广告业务中占有相当的比重。路牌广告有一个发展过程，开始时是利用墙壁做广告，用油漆刷在墙上；后来这种路牌已不能引人注目，有的广告公司就将五彩印制的招贴贴在墙面上，其后又改用木架支撑，铅皮装置，油漆绘制。广告内容主要是香烟、药品和影剧讯息，路牌一般竖立在交通要道口、屋顶、铁路沿线和风景区。

中国现代橱窗广告［图22071］的大规模兴盛大约开始于20世纪20年代初。随着现代建筑的发展，一般的商店都有了大橱窗。橱窗广告既是商品竞争的产物，又与玻璃制造工艺及声、光、电技术的进步有着密切的关系，它是运用艺术手法和现代科学技术来实现其广告职能的。

除了上海四大百货公司之外，本时期一些中小商店也纷纷利用橱窗这一广告手段，改装门面，扩大橱窗，使商品透过明净的大玻璃，在明亮灯光的照射和反衬下，显得琳琅满目。

/22067/ 国际饭店旧址

/22068/ 白金龙香烟等霓虹灯广告

/22069/ 上海霓虹灯夜景

/22070/ 户外路牌广告

/22071/ 旧上海橱窗广告

三 广告的表现及影响

[一] 广告的创意及表现

1 广告美术

回溯本时期商业广告美术的历史，首先提及的应是天津华中印刷局。“华中”1912年创办于天津北马路，是天津第一家由国人开办的私营印刷局。从传统刻字业务发展起来的“华中”，在1921年购置了天津第一台胶版印刷机。该厂早先以印制各类包装、广告闻名，到20年代末大量兼印“小方子”(4开)、“贡尖”(对开)年画，以精湛的技术和雄厚的实力长期居于同行的领先地位。在20年代至40年代，该厂图画部聚集了许多顶尖水平的画家。享有“津门商业美术鼻祖”美誉的宋省三，在20年代中期加盟“华中”。此时，天津发达的工商业促使广告装潢美术品的需求空间日趋增大，“华中”瞄准这一市场，诚请宋省三收徒，以加强设计力量。在宋省三的培养下，一批优秀的美术人才脱颖而出。陈嘉祥的代表作“恒大牌”烟标闻名至今。除此之外，他设计的天津“手牌”火柴贴花，16幅图中的手势巧妙变化，相映成趣，开中国“套花”之先河，弥足珍贵。还有陈其华的“交流牌”和陈嘉祥的“滑冰牌”[图22072]印染布贴标，画面造型生动，色彩丰富，都有一定的水准。“华中”最兴旺时拥有二十多位广告美术人才。

同时期的上海，广告美术的成就以华商公司为代表。1926年华商广告公司成立，以庞亦鹏为设计主任，他所做的广告中的仕女形象，线条优美，非常受欢迎。后来丁浩等也成为擅长画仕女的画家。有不少人把他们的作品剪贴成册，作为临摹的范本。老上海的广告画家大部分是通过刻苦锻炼，自学成才的，也有极少数曾参加美术学校专业学习。在前面提到过的月份牌这一广告形式中，那些月份牌画家有些专擅长绘画人物，有的则擅长风景，许多画家进行合作绘制，相得益彰。在20年代，广告绘画设计人员中以能绘制人物的更受重视和尊重。

/22072/ 陈嘉祥的“滑冰牌”印染布贴标

/22073/ 美丽牌香烟广告

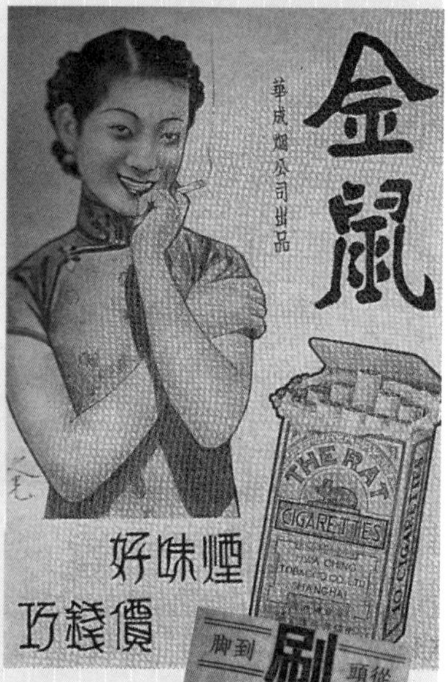

/22074/
金鼠牌香烟广告

2 广告语

广告中的标语，是概括商品特点的重要方面，美丽牌香烟的“有美皆备，无丽不臻”[图22073]，金鼠牌香烟的“烟味好，价钱巧”[图22074]都是长期使用的广告标语。明星花露香水的“越陈越香”，冠生园月饼的“科学炉焙”都能道出商品的特点，从而扩大了销路。

也是在20年代，梁新记双十牌牙刷开始用“一毛不拔”作为广告语[图22075]。这句话本来是带有贬义的，但当时一般牙刷容易脱毛，梁新记用“一毛不拔”说明了它的坚

/22075/ 双十牌牙刷的“一毛不拔”广告

牢耐用。

1927年2月27日，惠维公司在《申报》上发表一则广告，“佛要金装，人要衣装”这一句琅琅上口、简洁押韵的广告语在报纸广告中出现了[图22076]，这条广告语特别有影响力，甚至成为当今包装行业的口头语，并且此广告的商品在报纸上的版面形式与今天的商店商品目录的摆放形式区别不大，足见近代广告设计家们的创意思想的实用和超前。

[二] 广告对社会文化的重要影响

1 广告对妇女解放的推动作用

在过去几千年的封建社会中，妇女历来是被污辱被欺压的对象，作为男性的附属品而存在的。而在广告设计家的笔下，妇女成为其中不可缺少的重要成分。广告设计家把法令、报纸、杂志、图书中宣传妇女解放的思想，用广告手段形象生动地传播，从而满足了广大妇女在不识字的情况下对新思想的效仿与学习的强烈愿望。而且广告中的新女性形象[图22077]，对于广大民众特别是妇女更具有榜样的力量。她们把广告画挂在厅堂，每天看到并进行相互比较的时候，就会不知不觉地按照新女性模特的形象改变着自己。广告设计家不仅实现了自己的商业宣传目的，也潜移默化地推动了中国妇女解放运动的步伐。

从目前流传下来的广告资料中，可以看到本时期在宣传妇女解放方面主要表现为如下四个方面的内容：

第一，提倡放足。

1924年3月29日《时事新报》的副刊《青光》“婚姻号”刊登了一篇《高底皮鞋与小脚臭》，该文认为新式的女子大多穿着高底鞋，说明放足并穿新式高跟鞋已成为时尚。在这一社会背景下，女性从心理上已无法接受甚至有些排斥仕女画中传统旧时代女子的逆来顺受和守规矩的形象，这就要求仕女广告画紧跟时代潮流。近代广告设计家的仕女广告作品因其顺应时代潮流而被消费者所喜爱。广告设计家们提倡的不缠足的广告作品[图22078]带有反封建的宣传意义，是一场深刻的社会革命在广告上的具体表现。

第二，婚姻自主。

在五四新思潮的影响下，追求个性解放，追求爱情上的自由，已成为20世纪20年代的新女性生活的主旋律。在婚姻上也出现了“文明结婚”的形式，还出现了中西合璧的婚礼仪式。近代广告也为新式婚礼[图22079、22080]起到了推波助澜的作用。

第三，知识女性渐成时尚。

西方的先进思想、商业行为模式潜移默化地渗透到闭关锁国的中国城市和崇尚西学的中国人士心中，正处在中西文化互相融合时期的新潮女性也不例外，她们开始走出家庭，到社会中去做职业女性。这些思想变成形象的绘画语言，使之产生持久的传播力和影响力，这里面有近代新式广告的一份功劳。更多的年少女子甚

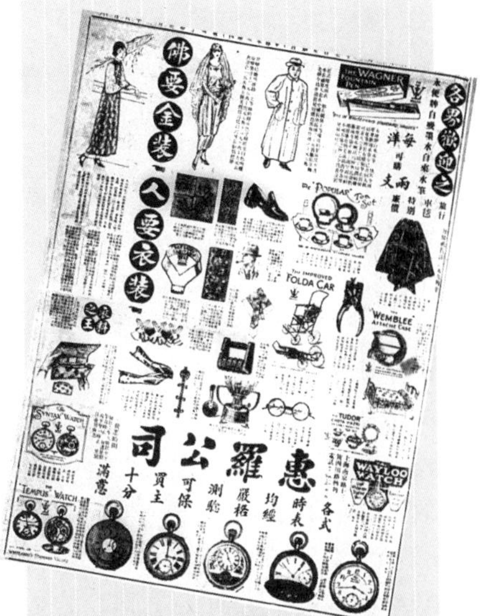

/22076/《申报》上“佛要金装，人要衣装”的广告

/22077/ 广告中新女性形象

/22078/ 兰闺试鞋图

/22079/ 体现新式婚姻的烟草广告

/22080/ 20年代新式婚姻

至已婚妇女开始效仿广告中的知识女性［图22081］，比如女子读书便在这时渐渐成为一种时尚。

第四，中西合璧服饰。

中国近代服饰的变革，特别是女性服饰的变革［图22082］从清末开始，过了30多年才被民众接受，其中经历了种种社会阻挠。近代广告中尤其是广告画在这一过程中起到了举足轻重的作用。近代广告画中女性的新服饰曾一度成为妇女学习、效仿的榜样。

近代广告不仅塑造了一代新型的女性形象，而且在时代进步的航道上，为妇女的解放起到了重要的引领作用。

/22082/ 女性服饰的变化图

2 以德立信——中国传统文化影响下的广告理念

正人君子以德经商，这也是千百年来中国传统文化影响下始终重复的以德立信的广告理念。

比如在北京、天津的谦祥益绸缎庄［图22083］的经营理念中，注重商德始终是头等大事。1921年1月6日，谦祥益在《大公报》头版刊登广告。文载："自分设天津以来，尤蒙各界诸君子联袂枉顾，几乎应接不暇，而本号自当益加勉励，力求克己，以保我货高价廉固有之美誉。"这一点在谦祥益发行的包装品印刷广告中也不难看出。广告中鸿雁展翅，志存高远，在明显位置标明"信用久著"，以示顾客。

/22081/ 体现知识女性的阴丹士林广告

/22083/ 谦祥益绸缎庄

/22084/ 文茂昌茶食店"门票"印版

中国人讲究礼尚往来，在一些喜庆节日里，即便是两三斤糕点也是份心意。正所谓货卖一张皮，昔日的糕点店常将一纸漂亮的"门票"（点心签）覆在点心包上，一同捆扎好递给顾客，非常体面。五光十色的点心签兼具美化和广告的作用，颇富特色。

早期的"门票"以红纸或淡绿色纸居多，上印木版或石版印黑色或金色的字体、图案。"门票"格式常为屋脊形线框，框内刻印字号、地址及"四季糕点"、"南北鲜货"、"大小八件"、"童叟无欺"之类的广告词句，古朴大方。在广告门票与印版中，有一块清末老版［图22084］可谓匠心独运。中间"福寿蟠桃"、"满汉茶饼"等字的小套版可随时调换，

/22085/ 天津同馨和的广告

一版多用。又如有一张红纸片的门票，虽然上面只有“老城里郑记糖炒栗子”的简单文字，但宣传内涵已显现出来。

道德与文化密不可分，中国商人注重商德建设的同时，又特别关注文化在商业发展中所起的重要作用，许多老字号在此基础上所展开的广告宣传形式也就更令人刮目相看了。

开业于民国初年的天津知名的鞋帽店凤祥号，经营伊始即卷入到激烈的市场竞争中。因同处一街的同馨和与盛锡福等商号开业早于凤祥号，加之报纸、电台、包装、画片的大肆广告宣传［图22085、22086］，先入为主的货品自然已赢得了不少顾客。同业间的明争暗斗旷日持久，凤祥号在精工细制、热情服务的同时，对于宣传之术如何出奇制胜可谓费尽心思。

凤祥号在1935年编辑发行了名为《临池清赏》的广告宣传品。《临池清赏》分期出版。封页“临池清赏”四字为名家题书，底图国画中寒梅紫烟下诗书继世、教化于幼的情景也非常感人［图22087］。穿插其间的是凤祥号琳琅满目的帽品，礼帽、皮帽、便帽、通帽、童帽等，共24款，每款都附上一两句广告语词。册页背页有郑孝胥题书的“凤祥号”大字［图22088］，风格独具，现在已很难再见到。背页面内刊有十多帧当时名胜古迹的照片，如栖霞寺的舍利塔、万县的李太白山、杭州的六合塔、成都的望江楼等。商家也恰恰在图片一侧展示男女皮棉布鞋近三十余款。凤祥号还将定价表公示于众，鞋帽五十余款无一遗漏，明码标价，童叟无欺。除日常顾客盈门外，凤祥号还非常注重四乡八镇及外埠生意，加之附近会馆的众多宾客，也带来南来北往的函购业务。事无巨细的广告册页做成细长规格，很容易装入函套，邮寄、携带方便。

以德立信以及注重文化在商业发展中的作用这一中国传统文化下

/22086/ 盛锡福及其广告

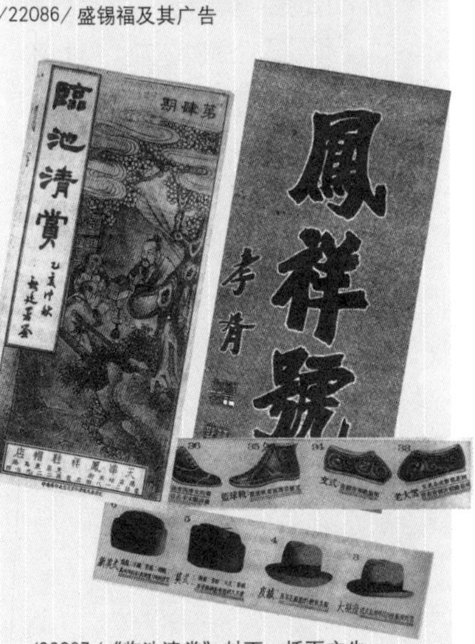

/22087/《临池清赏》封面、插页广告

/22088/《临池清赏》册页背面

的广告理念，成为许多老字号在洋货泛滥的近代中国能够长盛不衰的原因之一，仍值得后人学习。

3 大战前广告中的爱国情结

1919年，五四爱国运动爆发后，各地商人表现出极大的爱国主义热情，不运、不用、不卖日货，不登日本广告；不读日文报刊成为当时最流行的口号和行为 [图 22089]。

英美烟公司曾借抵制日货之潮，对于产品旺销的南洋兄弟烟草公司，贿赂重金唆使他人向北洋政府揭发该公司的创办人曾入日本籍，乘机诬告。南洋兄弟烟草公司毫不屈服洋商，于1921年元旦特在上海《申报》上以“恭祝民国十年各界进步，惟愿同胞吸国货香烟”为题刊发大幅广告 [图 22090]，以表明自己的爱国立场。

当时的革命报刊几乎都刊登广告，特别强调用广告提倡买国货，抵制洋货，利用广告为政治斗争服务。为配合五四运动，周恩来主编的《天津学生联合会报》时常在头版刊登国货广告，图文并茂，推动了民族工商业的发展。

五四运动中兴起的“爱国布”运动，是棉纺织业率先掀起的，许多棉纺织品标签的图案设计坚持弘扬中华文化的同时，又纷纷标明“推行国货”、“爱国布”[图 22091]、“爱用国货，勿忘国耻”等广告文字口号，有的甚至在大大的布标上画上国人肖像，注册“中国人牌”[图 22092]。五四运动中游行时打出的标语横幅也多由大绸缎商出资赞助，正面是口号，背面就印有布匹商号的名字。“爱国布”运动一直持续数年，在1931年“九一八”事变时又曾掀起高潮。

四 广告代理业的兴盛及行业自律

[一] 广告公司的兴起

本时期南方以上海为代表，北方以天津、北京为代表的广告业兴盛发达起来。

据《天津志略》载，天津最早的广告经营单位是1920年开办的新中国广告社和中外广告社。

新中国广告社 [图22093] 更具有一定规模，地址在法租界恒安里，曾为客户代理天津本埠《大公报》、《益世报》、《庸报》、《商报》、《新天津报》、《午报》、《京津泰晤士报》等报的广告刊登业务 [图 22094]。

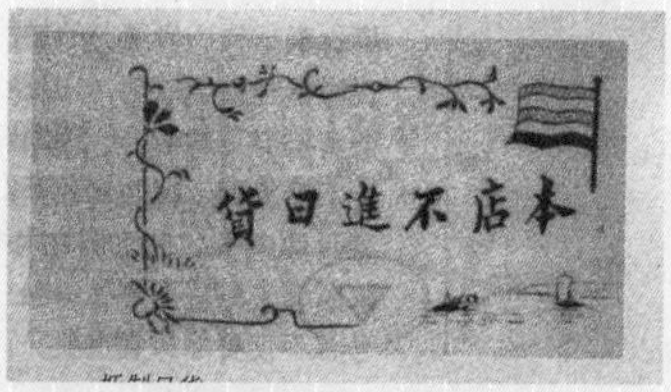

/22089/ 抵制日货标示

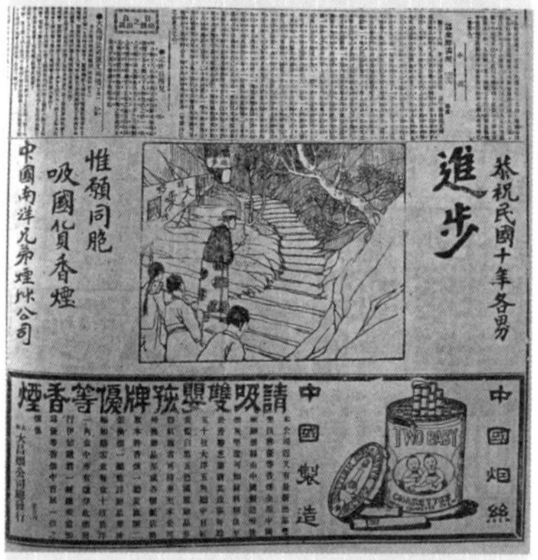

/22090/ 1921 年元旦南洋兄弟烟草公司在《申报》刊登的大幅广告

/22091/ 爱国布广告

/22092/ 中国人牌

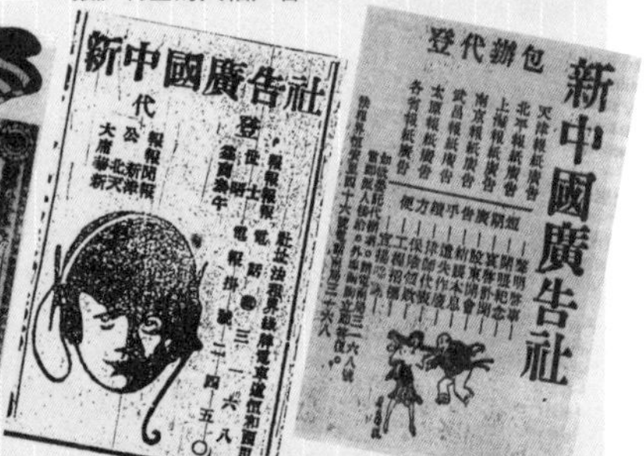

/22093/ 新中国广告社自身广告

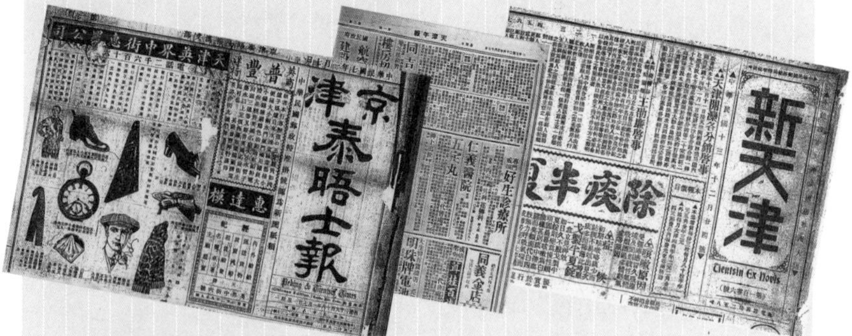

/22094/ 新中国广告社代理的报刊——《新天津报》、《午报》、《京津泰晤士报》

新中国广告社的创办者李散人曾积极投身于五四爱国运动，与周恩来等广有交往。五四时期，天津学生联合会和各大中学创办了不少进步刊物，为弥补一些刊物的经费不足，李散人承担了招揽广告创收的任务，成效十分显著，打下了一定的广告经营基础。1920年李散人自办广告社后往来于刊户与各大媒体之间，所代理的广告均保证相对固定的好版位，令客户十分满意，所以他基本上垄断了20世纪二三十年代天津的报纸广告业务。

新中国广告社还出版了《实用广告学》一书。不仅如此，新中国广告社在1934年5月间出版的《大公报》中，首次提出了报纸广告要美术化、技术化、言简化、经济化的新主张。这也反映出李散人对商业文化的关注和研究，他的现代广告文化思想在当时令人耳目一新。

天津早期比较著名的广告公司还有大陆广告公司等几家。大陆广告公司起先主要从事印刷广告业务。1926年7月7日创刊的天津《北洋画报》[图22095] 在第二号(7月10日出版)头版显著位置刊登了该公司的广告："天津大陆美术广告印刷公司　天津东马路六吉里　电话：总局一五六二。"[4] 到1928年，大陆广告公司开始代理天津本埠各报的广告业务，天津《大公报》1928年12月13日第八版、12月19日第八版刊登的广告："大陆广告公司专办本埠各报广告，收费最廉，信用可靠，日租界荣街南首。"[图22096]

北京地区出现较早的广告社是1921年创办的杨本贤广告社，它以招揽、代理报刊广告为主要业务。

在上海，1921年英商美灵登广告公司创立，它与克劳广告公司以及1926年成立的华商广告公司和1930年成立的联合广告公司并称为四大广告公司，成为三十年代上海广告业的支柱。华商广告公司的创办人林振彬和联合广告公司的经理陆梅僧都曾留学美国，他们把美国广告公司的经营办法带进了上海。华商广告公司还有设计人员庞亦鹏、蒋东籁，撰文人员孙作民等；联合广告公司除有专业撰文人员两三人外，图画部聘有各种绘画人员，最多时达15人，是行业中少有的。克劳广告公司雇有专业撰文人员和画家，如特伟、胡忠彪等，有的广告则委托叶浅予设计。美灵登广告公司也雇有撰文人员，画稿则由俄国人承担。此外上海还有中小型的广告公司、广告社近30家，大多委托自由职业者承绘广告。

20年代其他城市也陆续创办了一些广告社、广告公司。如在华中重镇武汉，1920年由屠子青开办了武汉第一家广告公司——兄弟广告公司，地点在汉口南京路宏春里口。屠子青是一个出色的广告设计、绘制专家，武汉几家大厂商的商品广告和店面装饰，都是由兄弟广告公司设计、绘制的。1927年中华国货博览会拟在武汉召开，其装饰布置及商品广告，都由兄弟广告公司承包。后来博览会因故移至杭州西湖召开，而装饰广告仍由这个公司承包。从1931年至1938年，武汉地区还相继开办了美达广告社、联合广告公司、美美广告公司、丽栋广告社等等。

4　刘家林：《新编中外广告通史》，暨南大学出版社2000年版。

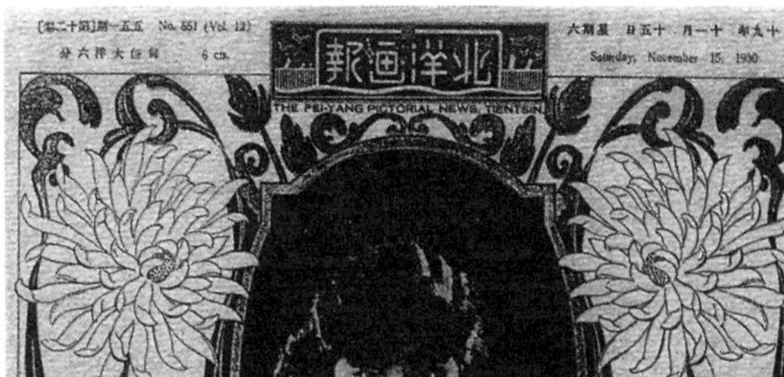

/22095/《北洋画报》

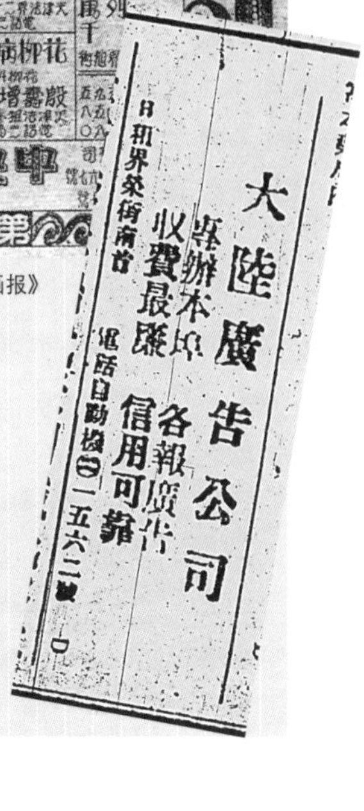

/22096/ 大陆广告公司在《大公报》上的广告

这些广告机构，共同造就了20世纪30年代中国广告业的繁荣。[图22097]

[二] 广告业的自律

随着广告业的发展，广告媒介的自律及广告业伦理等问题也逐渐被提了出来。这反映了中国广告业界及媒体最早的自觉精神、社会责任感和职业道德意识的增强。

五四前后，社会上出现了一些不真实、不道德的不良广告，广告业界也鱼龙混杂。全国报界联合会于1920年5月5日在广州召开的第二次常会上，通过了《劝告禁载有恶影响于社会之广告案》。内容如下：

广告固为报社营业收入之一种，然报纸之天职在改良社会，如广告有恶影响于社会者，则与创办报社之本旨已背道而驰，如奖券为变相之彩票，究其弊可以凋敝民力而促其生计，且引起社会投机之危险思想。又如春药及诲淫之书，皆足以伤风败俗，惑乱青年。此种广告，皆与社会发生极大之恶影响，而报纸登载，恬不为怪。虽曰营业，毋乃玷污主持舆论之价值乎？且贪有限之广告，而种社会无量之毒，抑亦可以休矣。报界联合会为全国报界之中枢，有纠正改良之责，宜令在会各报一律禁载上述之广告。其类此者，亦宜付诸公决，禁止登载。牺牲广告费之事小，而影响于社会大也。5

当时到会的全国各地报馆及通讯社共计120家，代表有196人。这个提案产生的影响非常广泛，是中国最早的广告自律文件之一。

中国广告业界最早的行业组织是1919年五四时期在上海成立的中国广告公会。该会由上海地区中外企业、事业单位及机构人员组成，会员包括申报馆、商务印书馆、美孚洋行、南洋公学、英美烟公司、密勒氏评论报、海宁洋行、慎昌洋行、万国函授学校，以及美国驻上海领事馆等中外企、事业单位及机构。首任会长是万国函授学校的海格(Hager)。不久由商务印书馆编辑部主任邝富灼博士担任会长。

该会成立后，曾开展过一些活动，多次开会来交流经验、探讨广告学术，商讨参与世界广告组织的事宜等等。如《申报》1919年7月21日第11版载《中国广告公会开职员会》消息[图22098]：

7月17日12点钟，中国广告公会在卡尔登饭店开职员会，到者为万国函授学校海格君，商务印书馆邝富灼君、王显华君，美孚洋行魏绍征君，南洋公学俞行修君，英美烟公司戴思穆君、思缺乃思门君、林慕娄君，密勒氏评论报鲍威尔君，海宁洋行王锡蕃君，申报馆张竹平君，慎昌洋行包德君，美国领事馆陆尔君等。鲍君报告美国方面来函：请于世界广告总会开常年会时，报告本会(指中国广告公会)进行事宜。众皆赞成，并公推鲍、魏、邝三君担任收集广告材料，以便前去陈列，并将每月常会演讲各题及演讲人员通过之。

此后，《申报》在1920年10月29日第11版、12月9日第10版，1921年

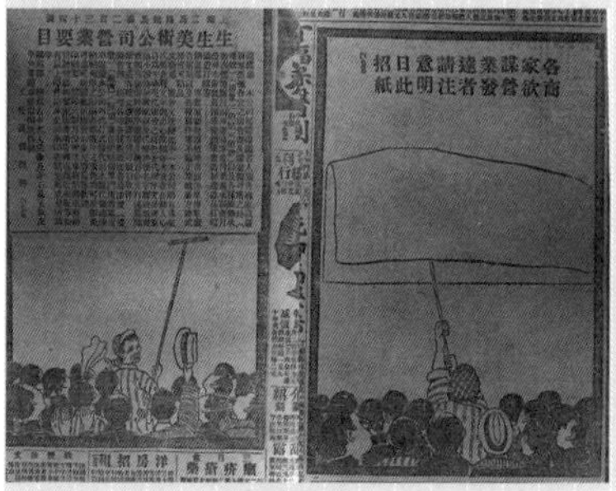

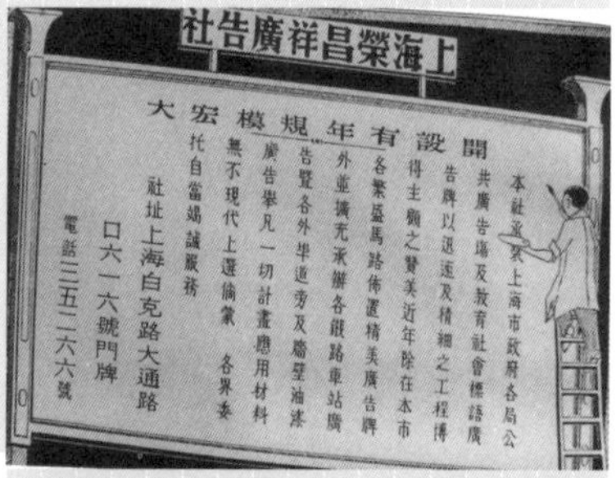

/22097/ 各广告公司自身广告

/22098/《申报》上关于《中国广告公会开职员会》的报道

5 《中国报学史》。

4月30日第10版、10月2日第14版多次报道该会开会及开展活动情况。

到1927年，由上海维罗广告公司、耀南广告社等六家广告公司，又发起组织成立了中华广告公会，主要是为了争取、保护业界共同的利益和解决同业之间的纠纷，共谋发展。

20年代的《民律法案》中，对广告的解释、效力、撤销、悬赏等也作了16条规定，这是中国最早的广告管理法规条款。

五 活跃的广告教学研究活动

五四时期，广告学研究活动在中国正式起步。

[一] 广告学研究著作

1 甘永龙的《广告须知》——中国最早出版的广告学著作

中国最早出版的广告学研究专著当推甘永龙编译的《广告须知》[图22099]。该书篇幅共计105页，32开本，是商务印书馆所出“商业丛书第一种”，于1918年6月出第1版，至1927年7月出至第8版。1933年至1939年间还多次再版。该书系以美国的《How to Advertise》一书为蓝本编译而成。

2 徐宝璜与《新闻学》

1919年12月，时任北京大学新闻学研究会会长的徐宝璜出版了《新闻学》[图22100]，这是中国学者自著的第一本理论新闻学专著，也是中国新闻学研究的“破天荒”之作。该书共计14章，约6万字，其中第十章《新闻纸之广告》，对报纸的广告、发行，作了初步论述，其观点明显受休曼《实用新闻学》第十二、十三章的影响。

徐宝璜认为：“广告者，乃有力之商业媒介。新出物品之发卖，旧货之减价出售，某物之优点何在，均可由此而传达于全社会。”“又，广告者，人事之媒介也。例如当一公司欲请一经理而不能得其人、一人欲担任该经理而不能得其事之时，各登一广告，二者各如其愿矣。”

他主张：“新闻社(报馆)对于广告，……当先审查其内容何如。若所说肴为实事，而又无碍于风纪，则可登出之。若为卖春药、治梅毒、名妓到京或种种骗钱之广告，则虽人愿出重资求其一登，亦当拒而不纳。因登有碍风纪之广告，足长社会之恶风，殊失提倡道德之职务。而登载虚伪骗人之广告，又常使阅者因受骗而发生财产之损失……故一报常登不正当之广告，必致广告之信用扫地，因之其价值不堪阅矣。最后结果，必为广告减少。”

他还认为，“广告经理与广告员之得人与否”，是影响广告发展的一个关键因素，因“广告现已成为专门技术，非泛泛者所能胜任。必请精于斯道者经理，方能谋其发达”，“如是则广告自不患其寥落矣”。[6]

3 戈公振与《中国报学史》

对中国早期广告学研究作出过贡献的还有著名新闻学者、报史专家戈公振[图22101]。他在1927年11月由商务印书馆出版的《中国报学史》一书中[图22102]，利用丰富的广告资料及统计数据，对中国报刊广告发展的历史和当时的发展状况作了系统的论述，并详列五表，对中国当时的广告状况作了深入的剖析。其中，第一表为《广告之分类》，将

6 徐宝璜：《新闻学》，中国人民大学出版社1994年版。

/22099/《广告须知》封面

/22100/《新闻学》封面

/22101/ 戈公振肖像

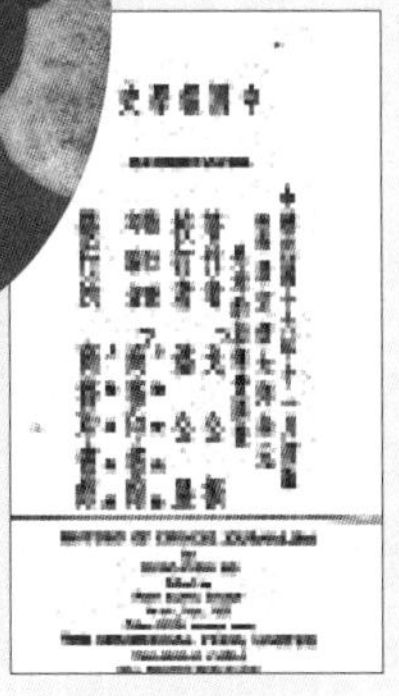

/22102/《中国报学史》

广告分为“商务广告”(下列商事、商品、金融、物价、机器、医药、奢侈品七小类)、“社会广告”(下列集会、声辩、法律、招寻、慈善、游戏、赌博七小类)、“文化广告”(下列教育、书籍两小类)、“交通广告”(下列航期、车班、邮电等类)和“杂项”(凡不能列入以上各门类者)等五大类。第二表、第三表为报纸《广告面积与全张及新闻面积之百分比》，第四表为《广告每门面积与广告全部面积之百分比》，第五表为《广告各门每次平均面积》。戈公振通过这五个图表，对当时中国报纸广告的状况作了精确的量化分析，得出了许多中肯的结论。

此外，戈公振还高屋建瓴、深层次地论述了广告的政治思想意义和文化价值，指出：“广告为商业发展之史乘，亦即文化进步之纪录。人类生活，因科学之发明日趋于繁密美满，而广告即有促进人生与指导人生之功能……故广告不仅为工商界推销出品之一种手段，实负有宣传文化与教育群众之使命也。”相反，“不道德与不忠实之广告，此不但为我国实业界之大忧，亦广告界之大耻也”。7

4 其他与广告相关的著作

目前所能见到的最早的广告学内容的报纸连载，刊登于1918年的《先施乐园日报》上。

该报自1918年8月22日（第4期）期起，连载由徐卓呆 [图22103] 撰写的《模范广告术》[图22104] 一文，共连载了210期。文章涉及了广告的理论根源，广告的心理学研究以及广告手法和广告效果等多个领域。其内容、长度和专业性，都可看出中国广告理论研究在当时是比较受重视和关注的。

《太平洋报》也曾经刊登过《太平洋报破天荒最新式之广告》[图22105] 一文，对报刊广告的形式，以及刊例价格等作了描述。

孙科的《广告心理学概论》(载《建设》月刊第一卷第二号，1919年9月出版)是中国最早研究广告心理学的长篇论文之一。

从20年代至30年代，中国研究广告学的专业书籍陆续出版。其中第一本广告学专著是1926年由商务印书馆出版的蒋裕泉撰写的《实用广告学》[图22106]，还有蒯世勋编著的《广告学ABC》[图22107]。

7 《中国报学史》。

/22103/ 徐卓呆肖像

/22104/ 在《先施乐园日报》上刊登的《模范广告术》

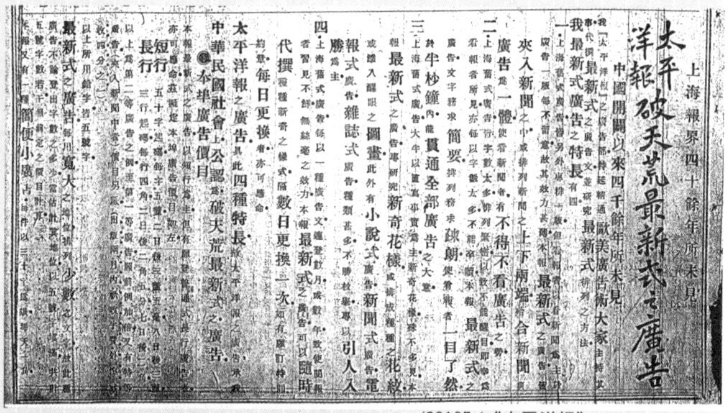

/22105/《太平洋报》破天荒最新式之广告

/22106/ 蒋裕泉的《实用广告学》

/22107/ 蒯世勋的《广告学ABC》

[二] 研究广告学的机构

中国广告学教育及广告人才的培养始于1918年10月14日正式成立的北京大学新闻学研究会［图22108］。

该会是中国历史上第一个新闻学研究团体，它把广告学作为新闻学研究和教学中的一个重要组成部分。此后，从1920年至1933年，中国的新闻教育事业逐渐兴起并发展起来，全国不少学校开始开设新闻学的有关课程；不少大学(其中有“国立”的，也有“私立”的)开始筹办或成立报学系或新闻学系；职业新闻学校也纷纷成立。它们都把“广告学”作为一门重要的课程。

中国东南一带最早成立新闻学系的是上海圣约翰大学［图22109］报学系。该校为私立教会大学，由美国基督教圣公会所创立，是教会大学中资格最老的大学。该校报学系于1920年9月成立，是中国大学中第一家正式设立新闻学系的。

继“圣约翰”之后，中国南方一些城市中的高等学府也相继开设报学科、报学系或新闻学系。如1921年，刚成立的厦门大学特设报学科，列为该校八科之一。1922年，杭州之江大学也设“报学”科目。1925年初，上海南方大学设立报学系和报学专修科，把“广告原理”与“报学原理”、“采访学”课一起，作为该系必修的三门主课之一。“广告原理”课由当时《申报》协理汪英宾担任主讲。

1925年夏，《时事新报》总编辑潘公弼在上海国民大学设新闻学系主讲报业管理及广告经营。1926年上海光华大学也开设“新闻学”和“广告学”两科。1929年9月，复旦大学［图22110］新闻系正式创立，复旦大学新闻系从一创办起，就把广告学作为重要的必修课程，也作为重要的实习课程。

1923年北京平民大学正式成立报学系，列为该校三大学系之一。1924年，燕京大学开始创新闻学系。

在职业新闻学校中，1928年秋，由谢英伯在广州创办的中国新闻学院是中国第一所新闻专科学校。此后，又有1928年12月在上海由顾执中创办的民治新闻学校、1933年2月由成舍我创办的北平新闻专科学校、1933年元月由上海《申报》馆创办的新闻函授学校等。这些新办的新闻院校都把“广告学”作为一门重要的课程，加以研讨和讲授，这对推动中国广告学的研究起了重要作用。

总的来看，五四运动后的20年代，广告在中国获得全面发展。而经过这一段的不断摸索，在30年代，迎来了中国近代广告的全盛时期。

/22108/ 北京大学新闻学研究会成员合影

/22109/ 圣约翰大学

/22110/ 复旦大学

第三章 国民政府时期的广告

-2000
-221
265
581
960
1368
1912
1949
1979
2000

20世纪20年代末30年代初，中国社会经济发展的国际环境变得异常严峻。1929年至1933年，资本主义世界发生了空前的经济大危机，美、英、日、法等主要资本主义国家相互之间展开了激烈的贸易战、关税战、货币战，竞相向别国转嫁危机；1931年日本帝国主义发动“九一八”事变，侵占了中国东北，又于1932年3月炮制了伪“满洲国”，作为欺骗和压榨东北人民的工具，使东北变成了帝国主义的殖民地。这些重大事件使得中国经济发展的市场条件等更为恶化。

第一节 20世纪30年代的广告

/23001/30年代的上海外滩

经过从民国初期至20年代的积淀，从30年代初到抗战前夕，旧中国的广告业发展到了鼎盛时期。这时广告的作用逐渐被社会人士和工商业界所重视，他们更为积极地以广告来拓宽销路，提高企业和产品的知名度。世界广告业的新技术新材料不断传进中国，广告媒介更为发达，广告公司业务更为专业化。被称为“十里洋场”的上海［图23001］已成为各国商人经商的基地，也成为旧中国广告业繁荣的缩影。

一 繁荣的广告媒介

[一] 报刊

1 《申报》

本时期《申报》是由史量才来主要负责的。史量才在清末曾任《时报》主笔，后又大量购进《时事新报》和《新闻报》的股份，成为报业巨擘。史量才主办《申报》这一时期之初，对时局采取敷衍应付的态度，言论一向四平八稳，不得罪统治阶级。在“九一八”和“一·二八”事变后，史量才的思想逐步倾向进步，《申报》的言论态度也随之起了变化，发表了明确主张用武力抵抗日本侵略的社论，对抗战的情况，积极地进行报道。

《申报》在本时期的内容形式具有独特的风格。其内容注重国际国内的政治消息，发行范围达到全国各地，读者遍布各阶层。1932年，《申报》创刊60周年，曾创办了各项社会文化事业，出版了具有重要历史价值的《申报月刊》［图23002］《申报临时晨报》［图23003］等，宣传抗日救国，扩大了《申报》在社会上的影响。

在北洋政府统治时期，《申报》就创办了颇有影响的副刊《自由谈》［图23004］。在本时期，1932年12月史量才改组了《自由谈》的编辑部，刷新了版面，充实了内容，约请了鲁迅和茅盾两大名家，一个用“何家干”、“丁萌”、“干”、“游光”等笔名，一个用“玄”、“珠”、“朗损”、“仲文”等笔名，每隔两三天刊出一篇千字左右的杂感文。

/23002/《申报月刊》

/23003/1932年的《申报临时晨刊》

/23004/《自由谈》一刊头

由于《申报》的言论要求停止内战，救亡图存，与蒋介石的对外妥协、对内镇压的政策发生了尖锐的矛盾，《申报》遭到了国民党蒋介石的忌恨，他们派遣蓝衣社特务于1934年11月13日暗杀了史量才。史量才被暗杀以后，《自由谈》不得不逐渐用文艺短论代替了社会批评，失去了尖锐泼辣、针对性强的特色。

2 《大公报》

1926年9月吴鼎昌、胡政之、张季鸾入主《大公报》，面对此前一度停办的困难格局，与报社同仁一道进行了第二次创业，随着经济大环境的好转，包括《大公报》在内的各大报刊的广告刊发量节节攀升。中原公司、敦庆隆绸缎庄、仁昌绸缎庄、同馨和帽庄等天津老字号的广告形式丰富，加之京沪等地产品的宣传接踵而至，与一直热衷于广告的狮牌606［图23005］、帕勒托［图23006］、康福多、狮子牙粉、红狮香烟［图23007、23008］等舶来品的刊载量不相上下。尤其是连续性整版广告为《大公报》带来了可观的效益。广告的生动性与大信息量，使读者在阅读正文后争相浏览、品评《大公报》精彩的广告世界。

这一时期东西方多元文化的交汇与并存，使得天津的文化结构不断进步，这从《大公报》广告中反映得十分明显［图23009］。

1934年4月，中华书局［图23010］刊发大幅广告曰："欲求立足社会、研究科学、高尚职业、真实学问、增长智识，不可不学英语。书局通过仁昌广播电台举办无线电免费教授英语，并特辟两处宣讲所。"同时，中华书局还代为选购装置收音机，以利于收听学习。印刷及摄影技术的提高，使得悬赏通缉广告［图23011］等精度需要较高的报纸广告得以实现。

此外，《大公报》较为高雅的读者群也吸引着光明、和平、平安、丹桂等各大影院、戏院来刊发新片、新戏广告。由于报纸印刷术的提高，明星的精彩剧照等不时见诸报端，更为《大公报》增添了时尚与文化品位。

/23005/ 狮牌606广告

/23006/ 帕勒托酒广告

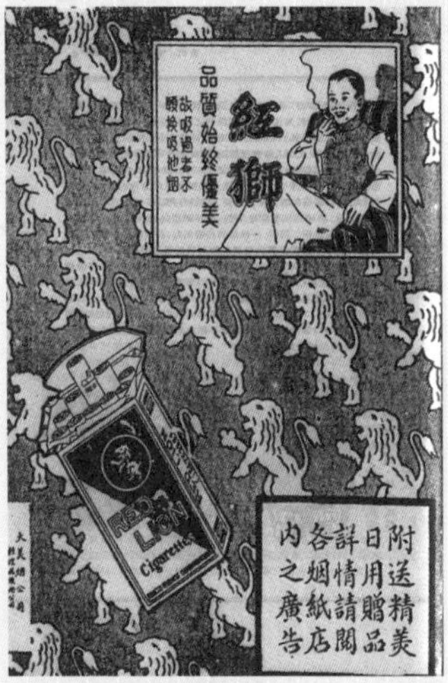

/23007//23008/ 红狮香烟广告

/23009/《大公报》刊登的天津青年会英文夜校招生广告

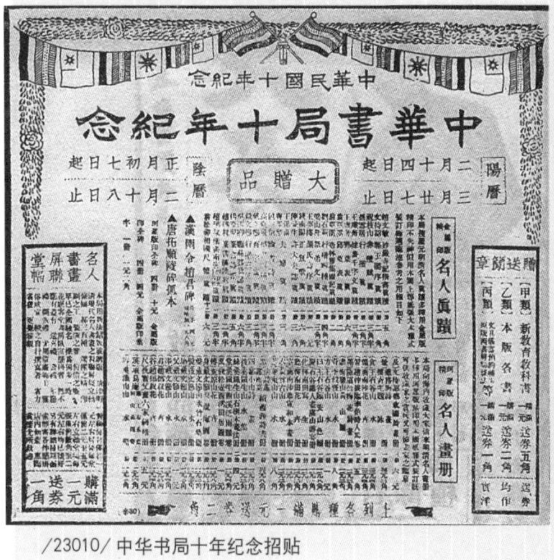

/23010/ 中华书局十年纪念招贴

/23011/《大公报》悬赏通缉广告

3 专业电影报刊

中国电影诞生在20世纪初期，当时主要是文明戏独领风骚。进入20年代以后，电影界逐渐成了鸳鸯蝴蝶派的天下，接着是神怪片、武侠片大出风头。

1932年初成立的中国共产党的电影小组，揭开了左翼电影运动的序幕。从这年5月起，上海各大报陆续开辟了左翼的电影副刊，如《时报》的《电影时报》，《晨报》的《每日电影》等。同年7月8日，左翼影人主编的第一本电影专业刊物《电影艺术》[图23012]创刊，该刊以全新的姿态给单调、缺少活力的电影杂志界吹进一股清风。继《电影艺术》后，不少左翼电影刊物相继创刊，如1933年5月的《明星月报》、1933年9月的《艺华周报》、1933年11月的《舞台与银幕》[图23013]、1934年9月的《影迷周报》、1935年5月的《电通》、1936年10月的《电影戏剧》、1937年3月的《舞台银幕》等。这些刊物的主编多为著名的左翼影人；在内容上都具有鲜明的立场，对反映现实的优秀影片赞扬推荐，对低级庸俗之作则予以揭露。在形式上，有周刊、半月刊、月刊等等，并都有着各自的独特风格，如《电通》丰富多彩的照片和统计表格就非常吸引读者。

左翼电影的兴起给影坛注入了新的活力，以此为契机，国产影片形成了30年代中期空前繁荣的盛况。当时居影业之首的是所谓“三大公司”——“明星”、“联华”和“天一”，其中“明星”和“联华”出版的刊物是当时影响最大的两种影刊，拥有大量读者，。

随着影坛的日益繁荣，电影逐渐成为各门艺术中引人注目的热点。一个显著的标志是各类刊物纷纷与电影杂志结合，出现了各种各样的“杂交”刊物，如美术类的《电影漫画》、《美术电影》，戏剧类的《戏剧与电影》、《影与戏》，音乐类的《艺声》[图23014]、《银坛名歌》，舞蹈类的《银舞》、《影舞新闻》，文学类的《文艺电影》[图23015]、《电影与文艺》，综合类的《电影与妇女》、《银幕与摩登》，以及专门介绍影星的《明星家庭》、《明星特写》[图23016]，特刊性质的《电影皇后纪念册》、《胡蝶女士欧游纪念册》等等，形成了前所未有的电影杂志出版热潮。这些杂志多以中国影星和国产影片为主要报道对象，这恰恰和20年代初的电影杂志形成了鲜明的对照。它从一个侧面说明了中国的电影事业具有强大的生命力。但这些杂志中也有不少格调低下，专登各类趣闻轶事，甚至不惜捕风捉影，造谣生惑。

/23012/《电影艺术》创刊号

/23013/ 舞台与银幕创刊号

/23014/《艺声》创刊号

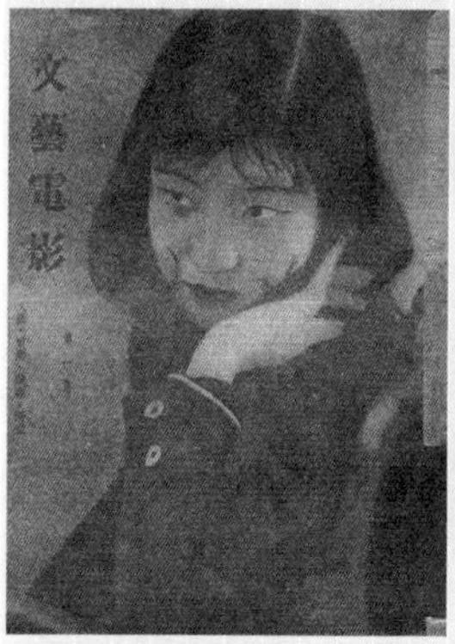

/23015/《文艺电影》创刊号

/23016/《明星特写》创刊号

/23017/《电声》

其中《电声》[图23017]和《青青电影》[图23018]是国民政府时期发行时间最长，出版期数最多，具有广泛影响的影刊。

/23018/《青青电影》

20世纪二三十年代的电影刊物的繁荣，为早期杂志广告的形式多样性奠定了基础。

[二] 广播

1 民营广播电台及其广告

在20世纪30年代的广告黄金时期，人们看到了广播广告这一新生事物为电台运营带来的可观效益。这类商业性的民营广播电台数量多，分布也比较广，除半数以上集中在上海之外，天津、北平、杭州、无锡等工商业发达的大中城市也都有。据1937年6月统计，全国共有商业性广播电台45家。

在上海，比较著名的是亚美公司创办的亚美广播电台（初创时称上海广播电台），它于1929年12月23日开始播音。该台的特点是注重无线电常识的普及宣传，借以扩大影响，促进公司无线电器材的经营。

此外还有1931年1月开播的大中华电器公司所办的大中华广播电台，1932年6月建立的港粤沪华美电器行附设的华美广播电台，1932年11月开播的元昌广告公司建立的元昌广播电台，1932年12月21日正式播音的由中法药房所设的大陆广播电台等多家电台。这些私营电台大多附属于公司、厂商，目的就是为电台所有者进行广告宣传，所以除亚美等少数商业台的节目偏重于科学知识的传播外，大多数依靠广告收入，完全商业化了。各电台为了替各商号做广告，不得不利用娱乐节目来吸引听众，所播出的戏曲、音乐、弹词等娱乐节目大多低级庸俗，迎合小市民阶层的欣赏口味。消闲性、庸俗化的节目特征导致广播广告水准也不高［图23019］。

到1930年，在法租界开办的上海天灵无线电广告公司播音台的成立，标志着中国正式的付费代理制的广播广告出现了。不仅如此，美商美灵登广告公司也参与到广播事业中来，1931年与英国路透社合办了一家更大规模的广播电台。从此以后，一些广告社包时段或专门代理广播广告，注重广告业务的收揽与播出，与电台、商家各享其利。短、新、快、灵从那时开始就成为广播广告的特点。

天津的民办广播电台也于这一时期有了发展，老字号仁昌绸缎庄于1932年在法租界梨栈庆丰里开办的仁昌广播电台，作为天津首家私营商业电台取得了较大的成功。仁昌台的节目以曲艺插播广告为主，极大丰富了百姓的文化与物质生活。此后，仁立毛纺厂、东亚毛呢纺织公司、正兴德茶庄与盛锡福等工商业主联手投资，在东马路青年会开设电台，免费播报各自的广告。同时，位于法租界狄总领事路的东方电台、意租界大马路的中华电台等也开始播音。仁昌、青年会、东方、中华四家电台纷争，广告收入成为电台运营的支柱。电台文艺节目大同小异，广告播报却连篇累牍，非常火爆。北门外针市街万义颜料厂的招贴画还巧借美女播音员播报广告的娇媚形象与语言形式进行宣传。

2 国民党官办广播电台及其广告

1927年5月，隶属北洋政府的官办无线广播电台选址天津英租界博罗斯道与内比尔道交口，正式对外播音。该台除曲艺、戏曲、新闻之外的重头戏即是工商广告。此后，该台运营逐渐出现波动，从其内部看，是因为节目来源有限，重复播出又编排无序，加之利益驱动下的广告较为繁杂；从外部看，则是因为装用收音机价格比较昂贵，一时难以普及，听众人数少，最终导致无线广播电台被迫于1933年停播。

国民党的“中央广播电台”1928年在南京开播后，1933年开始播放广告。1934年8月，“中央广播电台”为解决经费困难，筹设“中国电声广

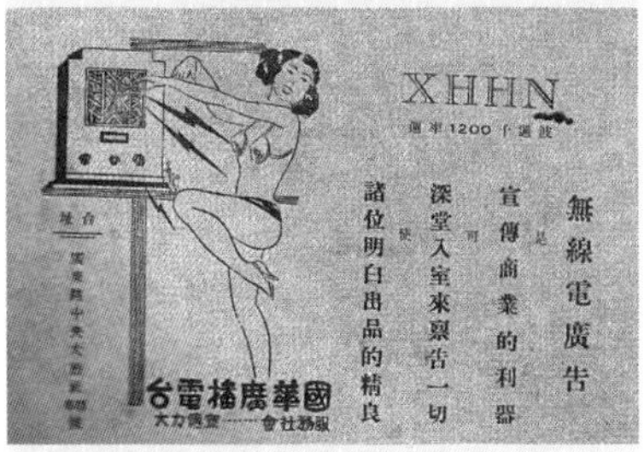

/23019/ 某电台自身广告

告社”，为“中央广播电台”及地方台承办、代理商业广告业务，并在娱乐节目中播出。规定广告分“普通”和“特种”两类，时段价格分甲、乙、丙三种。广告须经“中央广播电台”审查，广告用语以国语为主，违禁品不能做广告。收费标准如下：

/23020/ 胜利商标

/23021/ 百代公司原址

播放时间	等级	每次价格		连续价格
		普通广告	特殊广告	
07:00-12:00	丙	4元	12元	每周三次九折
12:00-17:00	乙	6元	18元	每周三次连续四周以上者八五折
17:00-21:00	甲	8元	24元	每周七次八折
21:00-23:00	乙	6元	18元	每周七次连续四周以上者七折
备注				
1．特殊广告每次以20分钟计，普通广告每次以2分钟计，逾期均作二次论。				
2．以上价格系专指南京大电台之收费办法，两台按1/4计算，联播时分别计算。				

一年以后，国民党“中央广播电台”经费得到增拨而停办了广播广告。直到抗战胜利后，国民党中央广播事业管理处才通知所属官办电台继续开办广告业务。

[三] 新形式的广告媒介

1 唱片封套广告

早在光绪年间，京剧唱片就已经出现。而国内唱片机唱片公司在20世纪30年代达到了近现代的一个鼎盛时期。此后，国内先后有老晋隆、乌利文、哥伦比亚、胜利[图23020]、百代[图23021]、高亭[图23022]、开明、大中华[图23023]、孔雀等几十家唱片公司[图23024]，其中以百代公司最为著名。

在百代公司早期的唱片上，演员及剧目都是用黄色的硬笔字体书写，字体也不是很工整，唱片采用钻石唱针由内向外转。后来，百代唱片使用鸡牌商标，唱片中心绘有一只红色的公鸡，剧目及演员改为金色楷书书写，仍用钻石唱针，改由外向内转，就此在唱片上特别标注“此片唱针由外转内”。从最初的竹针放音，到后来高亭、胜利[图23025]、长城公司相继使用钢针后，百代公司也改用钢针，唱片上、广告中特别标明“百代钢针唱片，最新法电收音”。

在早期唱片的宣传介绍和外观设计上，唱片公司都利用了广告的功效。一些唱片外包装袋及唱片中心常常印有广告性质的文字，如“特请京都超等名角”、“伶界大王梅兰芳”、“驰名南北第一郝寿臣”、“国剧宗师武生泰斗杨小楼”等，明示听众与顾客，起到了有效的促销作用。上海中华书局监制的彩凤牌唱机，不仅在唱片中心印上彩凤图案，在外包装上还注明“机器(唱片)坚固，发音响亮，加工精制，形式美丽”的字样。新月唱片[图23026]在外包装上印有“新月主人”肖像，广告中称：“新月唱片具有最高尚的音乐，最新颖的词曲，最著名的艺员，最优良的物质。”为保护唱片音效，新月公司特别向顾客随片赠送唱片油，“新月牌唱片油为护片之圣品，各牌新久唱片用此油拭抹之，可保永不失音，片身经久耐生”[图23027]。

/23022/ 高亭唱片广告

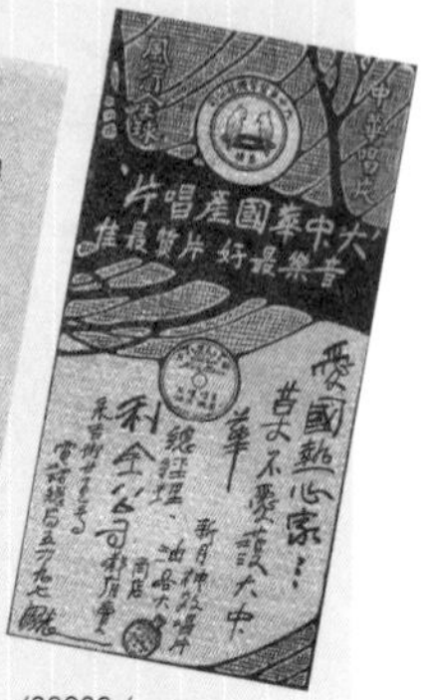

/23023/ 大中华唱片广告

/23024/ 四家唱片公司共同的广告

/23025/ 胜利唱片广告

/23026/ 新月唱片广告

/23027/ 新月留声机唱片公司唱片包装广告

2 POP彩旗广告

随着商业的发展，在一些繁华闹市，商家为了促销想尽奇招。针对人们喜好热闹的心理，有的商家于销售旺季到来之时，在店门外搭建传统彩牌坊做广告。彩牌坊一般高约二三十米，上面书写各具特色的广告词，光彩夺目，有着强烈的宣传效果。同处一街的多家商号同搭彩牌坊的场面也很常见，锣鼓喧天，以示竞争。

旧时的一些经营者设置的小彩旗广告［图23028］运用相当广泛，与时下商场内悬挂的POP吊旗广告形式大致相似。除日常用于店内外布置，每逢集市或展览会等大型商业展销活动更是大量悬挂，在一些国货展览会上，会场内宽敞的天井也成了吊旗的海洋，商家以彩旗一争高下。

3 空中广告

1936年7月全国运动会在上海举行，《新闻报》借机搞了一次空中广告，把写着“新闻报发行量最多，欢迎客选”字样的红布系在汽球上，升入空中，扩大了《新闻报》的影响。同年上海还举行了全国性的商业美术展览会，对提高广告艺术水平、更积极地发挥广告的社会和经济效益起到了很好的作用。

［四］其他广告媒介

1 彩票上的广告

博彩业曾在天津和上海兴起。1933年意大利租界回力球场开业后所发售的球(彩)票迅速走红，每日收入达二三十万元［图23029］。马票、香宾票常由马会委托专门票行或服务业店铺及个人代为推销。

票行一般提取4%的金额，有时还要向中奖者索取赏金。比如聚元票行、大福来票行是二三十年代天津首屈一指的彩票大户。1936年，“聚元”还将广告特别刊登在电话簿中，广告称：“经理国民政府航空公路建设奖券，以及它种奖券、香宾(票)［图23030］，应有尽有。”

彩票广告的盛行显示着实用化与市井生活化成了本时期广告最显著的文化特征。

2 通讯簿、包书皮纸和年历上的阴丹士林色布广告

阴丹士林色布是20世纪二三十

/23028/ 悬挂彩旗的街景

/23029/ 回力球广告

/23030/ 大香宾票广告

年代曾给人留下深刻印象的产品。阴丹士林是一种还原染料名称，德文Indanthren的音译，耐洗、耐晒，坚牢度较高，以此染成的布常被人们惯称为阴丹士林布，颜色种类很多，其中以大德染料厂出品的最为知名。

阴丹士林布在广告上很注重生活细节上的关爱与亲和。1935年末，阴丹士林向社会发行一种条幅式的1936年年历广告。整体广告分上中下三部分［图23031］，主画面表现了一位身着阴丹士林粉红色布改良旗袍的少妇，仪态大方地坐在一家商号的布料柜台前，站在柜台后的职员正与这位女士交谈着。画面下特别加注了二人的对话。职员问：“很奇怪！何以顾客只选购每码布边有金印晴雨商标印记的‘阴丹士林’色布，而不买其他各种色布，王夫人要否试试别种花布呢？”夫人答：“不！不！我只信仰‘阴丹士林’色布，因为我自小学生时代即已采用，确乎炎日暴晒及经久皂洗颜色绝对不变，不愧是世上驰誉最久的不褪色布。”[1]看来，“王夫人”对阴丹士林布深爱已久，是阴丹士林最忠实的顾客，所以画面上还特别加上了“请仿效王夫人的聪明榜样”这样的诱导性语言。广告条幅中间部分为工整的通讯录空白表格，可记录三十多个商号或人名的电话号码及地址，条幅下部为1936年年历。

这样一幅精美的通讯、年历广告张挂在居室，既可欣赏生动有趣的画面，又可明了阳历、阴历以及二十四节气；同时，亲朋好友的姓名、地址、电话可一一记录在通讯录中，查找方便，非常实用。一份年历广告可张挂一年，即使过了年份，因通讯录的相对固定性，人们也会保存留用。商家正是利用这一实用的手段，发挥了广告最长效的作用，在潜移默化中树立了根深蒂固的品牌效应。

学生例来就是极具潜力的庞大消费群，阴丹士林对此也很看重，1935年发行的一幅年历广告就以一学校操场为主题画面。几百名学生均穿着整齐划一的阴丹士林蓝色布服装正在做操，广告语为：“如以盖世无双之阴丹士林蓝色布作为一校全体学生之制服，观瞻最壮。”

学生们则更多地被阴丹士林包围着，阴丹士林当年向各地学生赠送的包书皮纸［图23032］就是一个典型例子。书皮正面印“阴丹士林”大字及“晴雨”商标，图表下有一花纹边框，边框中可供学生写明所包课本的名称。背面分别为学生上课、教师训话和父母与学生一同到商店购买阴丹士林布的情景画面。黑板上的粉笔字和教师训话的语言为“阴丹士林永不褪色”，“本校诸生均穿阴丹士林色布制服，美观大方，引以为乐”之类的广告语言。家长与学生购物的情景则注明“诸生听从教师良言”的字样。就连书脊的夹缝处也印上了大字：“阴丹士林色布乃最适宜之学校制服材料。”

阴丹士林当年还热衷于赠给学生们印有广告的功课表、小尺子、圆珠笔或书包之类的实用物品，以博得孩子们的好感。阴丹士林的品牌逐渐在小消费者心目中留下了深深的烙印。

/23032/ 阴丹士林包书皮纸

[1] 由国庆：《再见老广告》，百花文艺出版社2001年版，第83页。

/23031/ 阴丹士林色布广告

3 香烟牌——馈赠广告

馈赠广告的出现与香烟牌［图23033］有一定的渊源。香烟牌从某种意义上说也是年历广告画的一种变异形式。它是从当时软包装香烟盒中改置硬纸片转化而来，在内容上与其他广告画相比更丰富多彩。其形式多样，尺寸不一，是香烟公司香烟广告宣传的一种重要方式。香烟牌印刷相当精美，有的边框还镶有金银边，在当时引起收藏者的极大关注。因为这种方式要比广告画制作成本造价低，又无须装裱等特殊工艺，所以香烟公司大多在香烟盒内装入香烟牌。香烟牌的材质以纸为主，有的从国外引进后来在国内盛行，有的印制特殊材质和精美画面的是从国外印制后运来。

香烟牌一般正面绘有彩色人物故事、名称和编号，背面印有香烟公司名称、烟标、厂房、人物故事释义和诗文等等。其内容涉猎广泛，政治、军事、社会、历史、文化等等包罗万象，共分古典文学类、戏曲类、仕女服装类、动物类［图23034］、外国其他民族类等等；内容还涉及中国传统文化当中的诸如四大名著、二十四孝、济公、封神演义、看图识字［图23035］、京剧脸谱、古近代仕女、智力拼图、国外影星演员、士兵、风景、建筑等等。而且这些内容大多是成套或系列的，要想收集齐全就要购无数香烟，这是商家和广告设计家联手的绝妙创意。因为香烟牌子让消费者从中开阔眼界，增长知识，受到启迪教育。虽然其中某些内容也有封建糟粕和不健康因素的存在，但总的来说，从弘扬民族传统文化，以及接受新生事物等方面，的确让观者获益不少。

更有别出心裁的香烟公司，发明出集全某内容成套的香烟牌子就可以换取足赤金手镯等贵重物品以及一包香烟等小礼品。“向各大烟店购取温和适口且品甘之纽约牌(即蓝锡包)香烟两大盒(计一千支)。凡购取两大盒者即可取得免费之优美手提箱一只”。［图23036］“英美烟公司专售”2 除香烟牌之外，在报纸、招贴等印刷宣传品上，香烟公司也大作广告，“购某烟即可获大大的好处”等。

手提箱、足赤金手镯等贵重物品对人的吸引力非常大，因此，此类广告一发布，不但吸烟者增多，连非烟民也趋之若鹜争相购买，以期获得丰厚回报。这种馈赠广告正是因为抓住了消费者购物时产生的既微妙而又众所周知的心理状态变化，以强化销售为宗旨，因此收效显著。

尽管商家在发行此类画片时，其中某一片只发行三两片，收集全的人寥寥无几，但即使这样，这种制作精美画片的做法还是被出版等行业纷纷效仿，以此作为促销手段，争取读者、顾客和客户。

这种馈赠广告现今还在各种媒体之上不时出现，正是对这一广告形式的继承和发扬。现在销售香烟虽没有近代馈赠广告发布那样的大张旗鼓，但购一定量的某种烟可以换取小礼物的做法在购销点仍可看到；在酒店，更有促销小姐向顾客推

2 摘自英美烟公司纽约牌香烟小招贴画广告之“请阅后”启事。

/23033/ 香烟牌代表

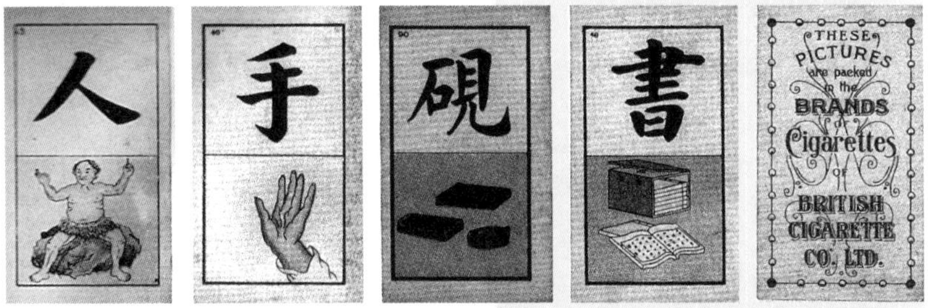

/23035/“人手砚书”香烟牌

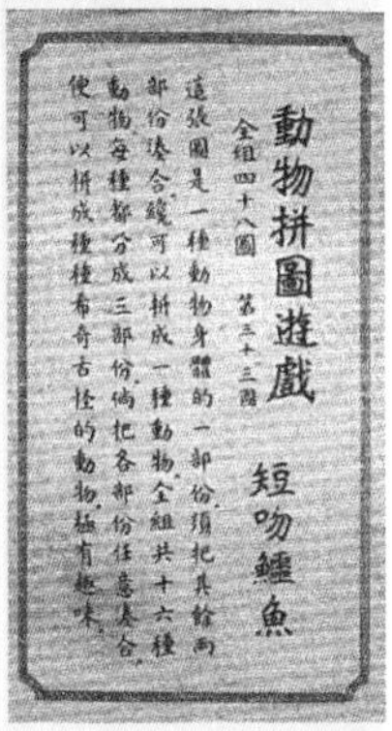

/23034/ 动物拼图香烟牌

/23036/ 纽约牌香烟馈赠广告

荐某种牌子的酒并会热情地告知“有赠品”，尽管无非就是笔一类的小物件，但这的确是从近代香烟馈赠广告中学习来的促销方式。目前在市场经济的激烈竞争情况下，商家纷纷使出“有奖销售”的杀手锏在媒介上推出，这多少也与近代的“馈赠广告”有着千丝万缕的联系。

现今最能代表香烟牌子强大影响力的见证是在儿童喜欢吃的小食品中，包装袋内大多也附上印刷精美的小画片，其中某些单片若集成一套画片即可兑换小礼物玩具和小食品等。以此广告形式来吸引孩子再次购买的乐趣，不能不说这也是香烟牌子的跨时代、跨行业的延续和创新。

二 全方位的广告表现

[一] 报纸广告版面设计与印制

当时报刊广告的版式应用上也很有创新之处，并且很活泼。大标题、整版版面的应用都很普遍。例如，1931年10月4日，《申报》在头版以整版篇幅刊登金耳补品大王的广告［图23037］。

一位健壮男子跨步于地球之上，右下方标有大字“抵制日货之一道”，广告词中称：“国产金耳用于酒席，名谓金耳席，超胜日本鱼翅。金耳酒席又名贵又恭敬，并可强身强种，更可挽回利权。”

另外，1930年《申报》开始出版图画周刊。当时正值一家德国人办的印刷厂把影写版印刷引进上海，申报馆就和他们订约，使图画周刊令人耳目一新。按约定这家印刷厂不能再承印其他报纸的画刊，《新闻报》出版图画增刊时由于只能用胶印，二者差别自然很大。

[二] 系列广告

在当时广告水平较高的上海，某一种新产品问世时，往往会设计一整套广告，按期发布，第一张广告一般用最大的篇幅，如《申报》或《新闻报》的上封面，或上下封面(即全页)，接着就会有一组广告，每则广告从一个角度介绍商品的特点。30年代荣丰纺织厂的“荣丰呢”，40年代正德药厂的“康福麦乳精”都采用这个方式。至于长期刊登广告的公司，也都采用整套广告，分期发布的形式，如中央储蓄会、中和灯泡公司、上海电话公司等，特别是上海电话公司的广告从不同的角度介绍装置电话后的方便，这就是目前所称的“系列广告”［图23038］。当时商家在某种新货品上市前便经常邀请专业人士策划设计出一整套广告，定

/23037/ 抵制日货金耳补品大王广告

/23038/ 上海电话公司系列广告

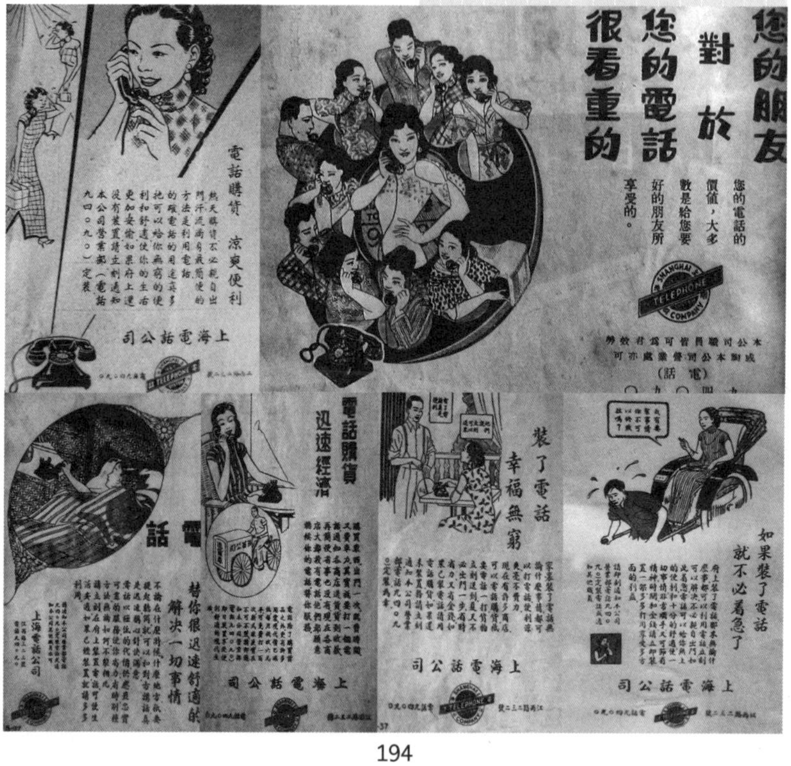

时发布。首次广告往往用较大篇幅，甚至是整版，随后安排刊发一组系列大小不同的广告，每则广告力求从某一角度介绍商品。虽然印刷水平有限，但丝毫没有影响广告的创意和画面的美观，美术字体的设计书写也工整完美。这样的广告策划与创意现在看来也不失水准。

[三] 中西结合的广告表现手法

当时的上海还有一些其他的广告表现手法。祥记时装公司的广告画面中，展现了几位年轻少女穿着靓丽服装，欣喜之余随琴声翩翩起舞的动人瞬间。设计者试图在欢乐浪漫的时尚中以情节暗示法表达宣传主题。使消费者联想到若自己也穿上祥记时装的那份好心情。画面运用传统白描技法的同时也融入了西洋绘画透视理念，将创意表现得淋漓尽致。

华茵绸缎庄的广告则是典型的漫画式手法［图23039］。东方的弥勒佛与西方的喜剧明星卓别林相互嬉戏，惹人发笑。广告文中称：“敝号亦仿效天上的乐佛，人间的喜神，贡献各界，惠顾诸君，随时满意，身心愉快。”在轻松活泼的逗趣中达到了宣传目的。

在中国无线电业公司周年纪念的广告中，对产品形象的手绘写实表现显示出广告画家的精湛技艺，开题图画的视觉冲击力也令人耳目一新。以生产“抵羊牌”毛线闻名海内外的天津东亚毛纺公司，在报纸广告中运用照相版图片，与大量的手绘墨图形式相比可谓独树一帜。

/23039/ 漫画手法的广告代表

/23040/ “八马”牌广告

[四] 品牌名称与包装标签的艺术设计

在20世纪二三十年代，商家品牌及商标的意识已经走向成熟。这在当时发展最为迅速的纺织品的品牌名称和包装标签上有所反映。

天津是当时的纺织业中心，各大纺织公司都有自己的品牌和标签。“八马”商标［图23040］是裕大公司的主流品牌之一。除此之外，还有正丰印染厂的“苏武牧羊”、“金龙门”，敦义机器染厂的“义鹿鸣群”。

在上海，则有永安纺织公司的“金城”，达丰染织厂的“一品图”(韩湘子图案)［图23041］，美丰染织厂的“岳母刺字”。在东北，有奉天纺纱厂的“双福”(蝠)［图23042］。在山东，有泰记厂的“富贵花”［图23043］，忠兴堂的“双童鹿”等等。

雅俗共赏的纺织品包装标签，其文化亲和力与认同感在营销中起到了潜移默化的推动效果，依托着衣食住行中的首要地位，风行大江南北，对中国文化的传播也起到了一定的作用。

/23041/ 染织厂广告“一品图”

/23042/ “双福牌广告”

/23043/ “富贵花”广告

作为产品最重要的标志之一，在30年代民族危亡的特殊时期，商品品牌名称和包装标签也成为了商家展现自己爱国热情同时促进销售的方式。1922年在北京成立的仁立实业公司，于1931年在天津建立仁立毛纺织厂，不久该公司即成为当时中国重要的毛纺企业，仁立产品拥有“天马牌”商标。第二年，天津东亚毛呢纺织公司建成投产，东亚产品的问世正值“九一八”事变［图23044］后抗日救亡高潮之时，东亚公司把握有利时势，抓住国人抵制日货的爱国心理，决定与日商竞争，推出了双羊相抵图案的“抵洋牌”商标，后在日本人的无端干涉下虽演化为“抵羊牌”［图23045］，但一语双关，不言自明。“抵羊牌”毛线以品质精良闻名于世，在今天仍受到广大消费者的青睐。

与此类似，1935年天津市面有一种“抗日牌”汗衫颇为走俏，汗衫上印有一妇女在海浴时用伞遮日光避晒的图案，也是一语双关。该货是由中华百货售品所批发上市的，日本人虽曾强行干预，但始终未能得逞。

［五］近代广告设计名家及其广告作品

为了扫清销售障碍，洋商和设在中国的买办、代理商一直比较关注：中国人喜欢什么样的广告，以及用什么内容和形式才能打动中国人。

外商逐渐认识到，只有与本民族的生产生活密切相关的历史、文化，与本民族人们心中的切入点融会贯通，才更具有生命力，并能够流传开来。中国本土的广告设计家，长期以来接受的是中国式的传统文化和道德观教育，他们最了解中国的普通民众喜好何种内容与形式的广告。于是，洋商企业开始不惜重金聘请具有娴熟高超技艺的中国画家来给他们制作广告画。这以后，适合中国人欣赏口味的画面内容，同时又加进西洋先进技法和形式的广告层出不穷。紧随其后的各商家也都取得了很好的宣传效果，宣传攻势的展开同时带动了产品销售量的增长。

保险公司［图23046］、烟草公司、药房等资财雄厚的洋商企业大多是广告大户，它们不惜重金在报刊上刊登商品广告，免费发放广告印刷品。正是在这种历史背景和社会发展的直接需要下，一批优秀的画家转为商业广告美术设计者。

由于中国民族工商业企业的发展速度较快，规模较大的企业都设立广告部。规模较小的企业即使不设广告部，也往往有专人负责广告设计，同时管理广告工作。广告设计家们的工作有着严格的分工，各司其职，专画彩色印刷广告、黑白报纸广告、美术字、花边等［图23047］。但死板的分工让许多画家的艺术才华得不到充分发挥，这也是日后他们另谋高就或自立门户的原因之一。

随着给洋商创作广告画的人员越来越多，近代中国广告设计家的庞大队伍慢慢形成了。他们先帮助洋商，在此期间学习和借鉴了商业设计作品如何表现，并重新归纳总结其与纯艺术创作的不同。在此基础上，形成自己的风格，设计语言、绘画语言、文学语言、美学形式等表现方式也逐渐走向成熟，并汇入到了商业设计的正规轨道。

技艺高超的广告设计家为外国公司服务，虽然酬金丰厚，待遇优越，但由于分工等因素的制约，再加上洋人对华人的歧视，有的就转向自己开公司，既为外国企业服务，同时也为中国工商企业发展尽力。

现在看来正是在这时诞生了中国第一代的广告设计家。当时由著名年画家郑梅清先生发起，邀请了十余位广告画画家合作创作了一幅《木兰还

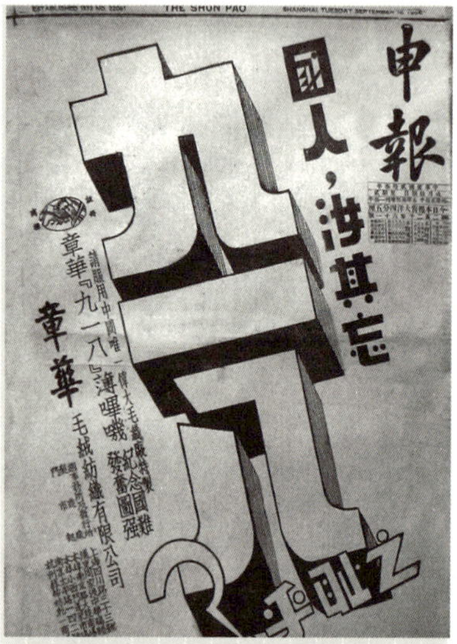

/23044/“九一八”事变时的爱国广告

/23045/“抵羊牌”广告

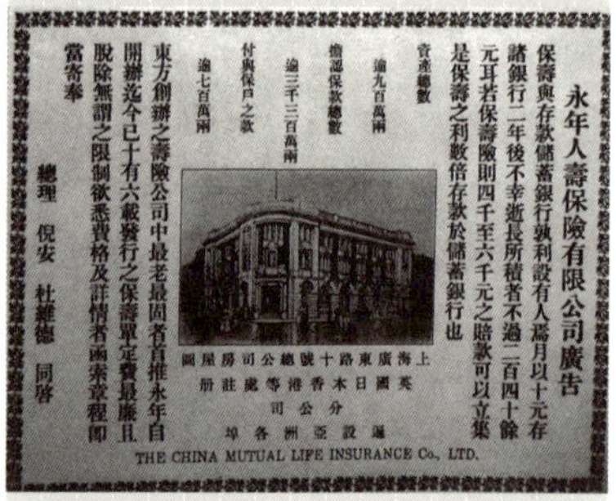

/23046/外国保险公司广告

/23047/清末绘画部职员在工作

乡图》[图23048]。这也是近代广告宣传画上第一次出现“设计”字样的作品。

画面底角标有醒目的设计人、起稿人、画家等，有合作和具体明确的分工，并特殊强调设计人的布局，以及这次创作的倡导者和提出人，第一次出现全体参与者的名称。设计人的职责是 根据故事题材进行艺术构想，拟订艺术处理方案和导演计划，组织和指导绘画及布景，协调各种艺术因素的组合关系，然后，经过画家和有关人员的创作实践，把故事内容中的人物变为具体而统一的画面形象，以达到预定的出版目的。这就与一般绘画所讲的合作与分工有着明显的区别。

与画家绘制一幅作品不同，当时设计家的构思、创意、绘稿、制版、印刷这个全过程是“一条龙”服务，各个环节只有配合默契，质量才能得到最大限度的保证。他们个人只能在单位时间内完成其中一个部分，后面大部分时间，要经过印刷环节，并经过拷贝和重复传播，最后才在各个地区散发并接受消费者的检验和认定，这才完成了设计过程。这样就造就了早期广告画创作的流程。中国近代广告带动了中国近代蓬勃发展的胶版印刷业。

中国式的广告画诞生后，就因为其内容贴近大众，形式融古朴和新颖于一体，既美观易于张贴又有欣赏和实用价值而得到广泛推广和普及，同时更吸引了许多画家从事广告画的创作。

20年代末30年代初上海的广告业发展很快，几家比较大的广告公司都拥有较强的广告画家队伍。华商广告公司图画部由庞亦鹏挂帅。庞亦鹏的黑白人物画，人物体态造型优美，线条流畅美丽。除此以外还有蒋东籁、臧宏元等四五个人，人数虽不算多，但实力强大。

联合广告公司图画部由王莺担任主任，画家有马瘦红、张子衡、张以恬 [图23049]、张雪父 [图23050]、张治中等人。每人各有分工，有的人画彩色印刷稿，有的人画黑白报纸广告，有的人画黑白画人物，有的人画香烟壳子、烟听、酒瓶等器皿杂物，有的人写美术字。联合广告公司图画部虽有以上的分工，但不像英美烟公司那样刻板严格，有时会打乱分工界限，因此经过联合广告公司图画部的工作锻炼，他们往往就会成为多面手。

同联合、华商两家广告公司相比，其他中小广告公司的画家数量不多。维罗广告公司的王逸曼、周守贤，后转到信谊药厂的广告部。外商所办的克劳广告公司和美灵顿广告公司聘请的画家流动性大，没有形成队伍。

/23048/《木兰还乡图》

/23049/ 张以恬绘制的蓝买司干香烟广告

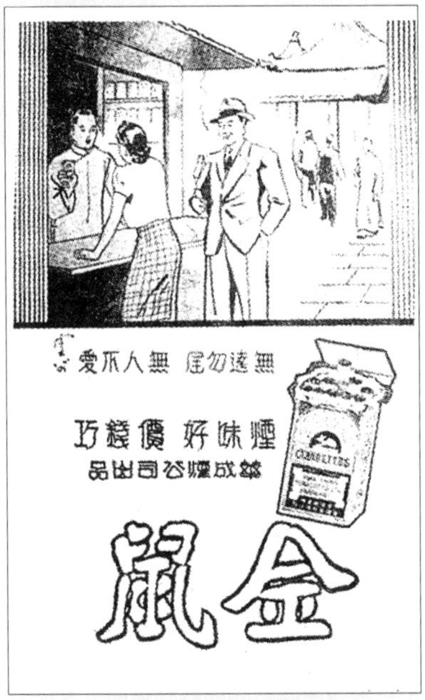

/23050/ 张雪父绘制的金鼠牌香烟广告

三 丰富的广告内容

[一] 电影广告

电影海报也称为“电影宣传画”，由绘画、摄影、文字等视觉艺术手段组成，其画面构图要鲜明、生动、准确地表现影片主题，并配以醒目的片名、编剧、导演、主演、摄影、美术、作曲等主创人员的姓名，以及制片人姓名。电影海报的目的是像广告一样把电影的内容清楚、及时地告诉观众，吸引大批观众走进电影院去看电影。

辛亥革命以后，电影业在中国沿海发达城市迅速发展起来，至20世纪30年代在上海达到鼎盛。

中国早期的电影海报都采用手工直接绘制于影戏院的宣传栏上的形式，换一个影片就把前面一张电影海报撕掉，再绘一张新的海报上去。当初的电影海报只是用来宣传，没有考虑到收藏，所以现在能见到的最早一张电影海报是1913年9月28日亚西亚影戏公司放映《上海战争活动影戏》的电影海报。这部影片反映了辛亥革命推翻清王朝以后袁世凯篡夺了胜利果实，真实地记录了同年7月，上海的陈其美组织革命军攻打江南制造局革命军战斗的经过。这张电影海报的画面是一个灵巧的卡通人在非常热情地招呼：“大家快来看！看!! 看!!! 空前绝后之上海战争活动影戏。”[图23051、23052]与《上海战争活动影戏》同时上映的还有中国第一部故事片《难夫难妻》，这张电影海报也成为中国故事片海报的开山之作。

中国早期的电影海报还有1919年上海商务印书馆活动影片部制作的“中国自制的活动影戏出现了”的电影海报［图23053］。这张由文字与绘画相结合的海报介绍了该部创作的有关教育、时事、风景、新剧、古剧等影片出版的情况。这张电影海报图画虽然简单，但它标志着中国电影海报已经从文字扩展到绘画，为电影海报的创新迈出了难能可贵的一步。

1924年该部又出品了一张无声黑白故事片《爱国伞》的电影海报[图23054]，这张海报使用照片印刷来展示它的时代性。电影海报创作人员开始用主要演员的人像、剧照放在海报的显要位置，然后通过大量印刷散发来吸引观众的注意。

20年代后期武侠神怪片迎合了广大观众的胃口，票房收入很高，还可以出口至有华人居住的东南亚国家，其中拍摄武侠神怪片最成功的是明星影片公司。该公司由张石川导演的《火烧红莲寺》第一集在1928年5月13日正式公映，由于影片中第一次加上机关布光、布影等特技效果，放映后让观众觉得非常新鲜刺激，影片一上映立刻引起巨大的轰动。于是明星公司决定一集一集地连续拍摄下去，连续拍了18集，《火烧红莲寺》的电影海报［图23055］也出版了18次。

进入30年代，电影反映社会内容深刻、批判性强烈，电影人摄制了许多弘扬民族爱国主义精神，寓意深长的影片。电影海报也追随电影潮流，海报的设计、版别、版式、手法等已经突破了以往那些头像放大、剧照拼凑的现象，开始重视电影海报的内在要素，创作出一张张立意深刻、构图新颖、充溢着赏心悦目效果的电影海报。如1934年电通影片公司摄制了有声黑白电影《桃李劫》［图23056］，这部电影的海报是一张感悟深刻的思想内容与生动的艺术形式获得完美统一的新现实主义电影海报作品。

进入40年代以后，电影海报的形式更显成熟，更加美观，风格更加多样，出现许多主题鲜明、色彩明朗、片名醒目、编排优美，使观众更能接受的电影海报，如《八千里路云和月》[图23057]、《一江春水向东流》[图23058]、《万家灯火》[图23059]、《小城之春》、《假凤虚凰》[图23060]、《马路天使》[图23061]、《女神》[图23062]、《十字街头》[图23063]、《渔光曲》[图23064]等。

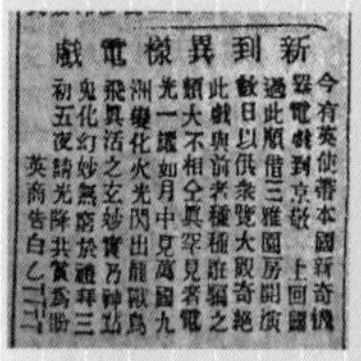
/23051/ 最早上海影戏广告

/23052/ 上海战争活动影戏广告

/23053/ 最早中国自制的活动影戏广告 /23054/《爱国伞》电影广告

/23055/《火烧红莲寺》电影海报

/23056/

/23057/

/23058/

/23059/

/23060/

/23061/

/23062/

/23063/

/23064/

从20世纪30年代开始，各地的豪华电影放映场所林立，广告纷呈，观者众多。有的商店也借势跟风，在广告中特别刊出“特送明星(影院)电影券五千张”，吸引顾客前来购物。电影广告也充斥于大小报章，或文或图，或俗或雅，其中不乏极具魅力的广告词：

1928年《申报》　中天大戏院

最末一天机会，滑稽大王贾波林(卓别林)笑片大会。

1929年《明星影录》　明星影院

《红颜碧血》——五百年风流草冤又相逢，一度春风种下了愁恨万种。天长日久有时尽，此恨绵绵无绝期。风流旖旎，落魂销魄，与西厢异曲同工，较西厢更进一层。

1930年《快报》　光明大戏院

《野草闲花》——中国第一部配音大影片，阮玲玉金嗓开口第一声。

1934年《大公报》　光明大戏院

《姊妹花》——胡蝶一人兼饰两角，在同一场面做戏，表演有惊人成功。

1936年《北洋画报》　平安影院

《水上俱乐部》——硬性的男子汉被软性的女人降服。您只要听一段歌，便值了票价；您只要看一段戏，便不算白来。

[二] 名人与明星广告

早在20世纪二三十年代，电影广告就成了时尚与娱乐信息最直接的传播者，与此同时，电影不断培育和造就出一个个电影明星成为商人们追逐的目标，商人认识到了明星无穷的广告潜值。于是就出现了本时期另外一种主要的广告形式——明星广告。

1 名人广告

名人广告即是利用社会各界名人效应所做的广告。

30年代中国比较成功的名人广告案例是康元品牌。1922年爱国实业家项康元在上海创办了第一个国货花铁罐制造厂，取名康元制罐厂，并设计了碗箸作为商标。

在短短十几年中康元就从国内市场打入国际市场。康元十分注重品牌的树立和宣传，除商业广告［图23065］之外，还请到了很多的名人为其品牌题字。李宗仁题“富国利民”，孙科题“实业救国”，冯玉祥题“非工不食”，熊希龄题“增加生产”，其他还有程潜、李济深、黄炎培等。除此之外，项康元还邀请邹韬奋、王云五、冯玉祥、胡文虎等到厂参观。这些人回去后又把所见所感发表在《生活周刊》、《申报》、《新闻报》、《工商周刊》上，这里没有任何广告词，却使康元品牌名扬四海。

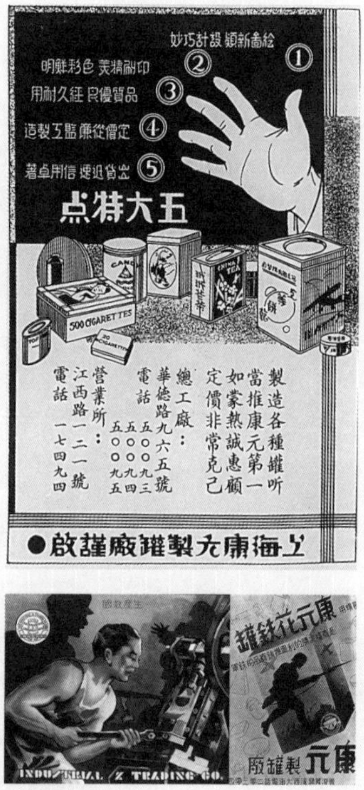

/23065/ 康元广告

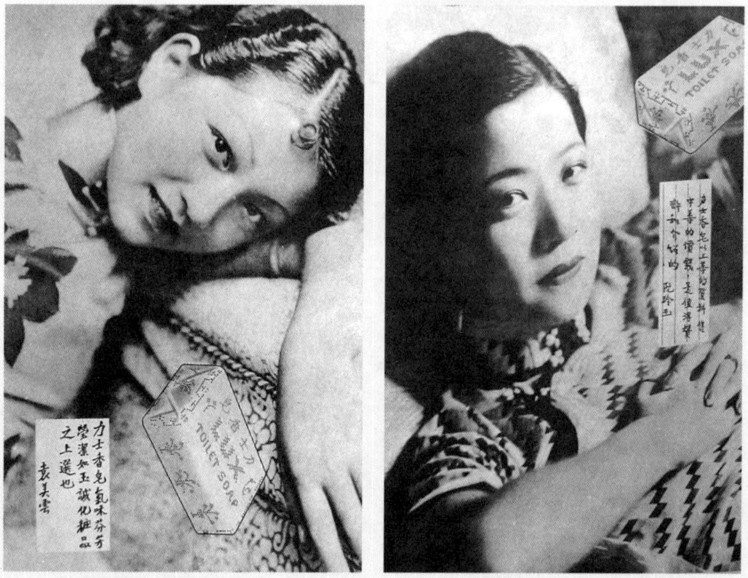

/23066/ 力士香皂广告

2 电影明星广告

电影明星广告即主要以电影明星作为产品、企业代言人所做的广告。

在20世纪三四十年代的上海，以王人美、阮玲玉、胡蝶、徐来、袁美云、陈燕燕、叶秋心、黎明晖为代表的上海八大影星［图23066、23067］迅速以娇美动人的形象出现在许多广告画面中。这其中影响力最大的

/23067/ 八大影星力士香皂广告

是胡蝶。胡蝶不仅以肖像为力士香皂［图23068］、先施化妆品做宣传，还于1933年为福昌烟草公司推出带有胡蝶形象的“胡蝶牌”香烟，广告文字称：“1933之香烟大王；1933之电影皇后。”上海家庭工业社出品的“无敌牌”各种化妆品当时为女士所青睐，在印有胡蝶彩色照片的“蝴蝶红胭脂和唇膏”的广告中，还特别安排了胡蝶手写的一句广告词：“禁止接吻，新搽了胭脂和唇膏呢。”不仅如此，“八大明星”与白虹、谈瑛、黎莉莉、胡萍等影星还曾出现于同一画面，为“无敌牌”系列化妆品做宣传，其广告效果曾一时轰动。

除此以外，袁美云为冠生园中秋月饼，王人美为广东兄弟橡皮公司的球鞋［图23069］和上海家庭工业社出品的蝶霜与牙膏，白杨为振亚行的美勃丹药用香粉，秦怡为源昌绒线公司的双猫牌毛线，郑君里为华成烟公司的美丽牌香烟等［图23070］做过广告。

另外，除了力士香皂、明星球鞋，现在仍有影响的浪琴表、劳力士表、欧米茄表［图23071、23072］在20世纪30年代就已经成了擅做明星广告的产品。

［三］书刊广告

1 《现代》杂志与书籍广告

1 《现代》杂志的经营方式

20世纪30年代，作为中国广告业发展的黄金时期，其中占有重要地位的书籍广告已经出现。当时的上海不仅工商业发达，同样也是新闻出版业的中心，除了《申报》、《新闻报》、《时事新报》等具有全国影响的报纸和一些杂志之外，上海有多达几十家的书局，出版社也以每年多达上千种的速度出版新书。1927—1936年这十年中，上海出版

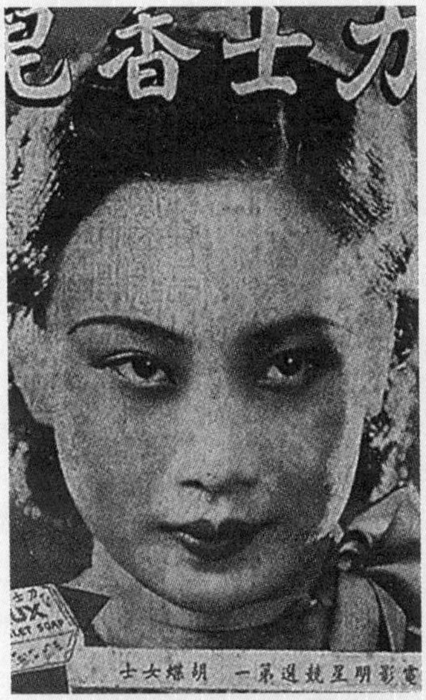

/23068/ 胡蝶所做的力士香皂广告

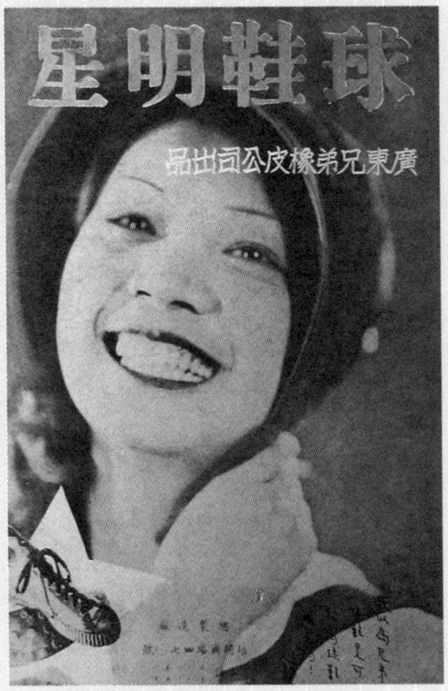

/23069/ 球鞋明星广告

/23070/ 郑君里为美丽牌香烟所做的明星广告

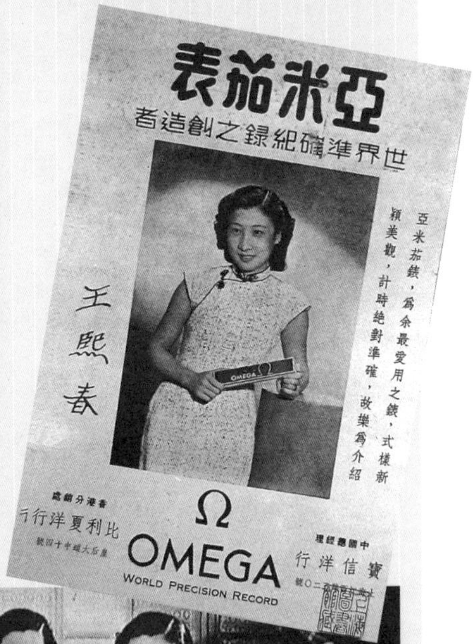

/23071//23072/ 欧米茄表明星广告

的书籍占全国绝大多数，其中仅规模最大的商务印书馆、中华书局和世界书局这三家出版社所出版的新书籍就占全国的65.2%，商务印书馆［图23073］、生活书店［图23074］、读书出版社、北方书店等进步出版单位以广告为纽带，向读者介绍经典书籍与高尚文化，形式新颖生动，受到人们的普遍欢迎。

一般来说，书籍广告可以有两种理解，以书籍为主要内容的广告和以书籍作为广告载体的广告。前面所提到的书籍广告主要是指前者。在20世纪30年代，以书籍为广告载体的广告出现了，其内容通常为另外的书籍做广告。就是说，一本书的广告，常常选择另外一本书作为广告载体。当然，这通常是在同一印刷局、书局出版的书籍之间进行的，但也有不同书局合作，互相交换为对方的出版物做广告的情况。

本时期书籍广告最有影响的是文艺杂志《现代》。尽管出自上海的一家小型出版社，但它在其生存的短短三年里就刊登了数百则书籍广告。［图23075］《现代》杂志刊登广告主要是为书局服务，而不单纯是为了营利或刊物的生存而做广告，因此成为现代书局对外宣传的窗口和展示自己的重要舞台。这与现在一些隶属于出版社的文学杂志的情况相仿，如杂志上所刊登的基本上就是本社出版的书籍和其他出版社的广告。对出版社来说，这些杂志除了发表作家的文学作品外，同样也有吸引读者，向读者宣传自己及其出版物的作用。在六卷共三十四期的《现代》杂志中，共有约530则广告，平均每期杂志约有15则广告，其中绝大多数都是现代书局自己出版的杂志和书籍的广告，非现代书局的广告前三期一个也没有，直到第四期才出现了新华艺术专科学校的招生广告。而非现代书局的广告总共只有152则左右，约占《现代》杂志整个广告比例的28.6%，平均每期也只有4则。这说明那时的中小型书店出版杂志的目的，在商业上主要是为了扩大影响力，因此才为书店做广告。《现代》杂志的广告规格，按照1932年5月创刊号上的刊例，有以下几种类型：

/23073/ 商务印书馆

/23074/ 生活书店

位置	篇幅		
	全面	半面	四分之一面
底面外	65元	40元	–
分面及底面之里页	52元	30元	18元
目录前后正文前	46元	26元	15元
正文中正文后	34元	20元	12元
备注			
色纸和彩印价目另议。			

这也是当时杂志广告常见的集中规格。广告价格的多少也是按照杂志页码注意力的高低和版面大小来设置的，如封底价格最高，正文和内文部分较低，这都和现在的杂志广告刊例类似。

由于多方面的原因，第三卷的《现代》已不能保持每期一万册的销路。从第四卷起，《现代》的销路逐渐下降，每期只能印两三千册了，而且这一卷《现代》各期的平均页数是190页，出版商已经没有什么利润可赚。《现代》杂志虽是月刊，但以半年六期为一卷，所以紧接着三卷六期的就是四卷一期，由此看来，后来

/23075/《现代》杂志封面

杂志广告价格的提高与此有很大关系。在第六卷第二期（1935年3月号）上，广告的价格又变动了一次，如封底的全面广告就由100元降为80元，但两期过后，即1935年5月，虽然刊物的零售价已由创刊时的三角调为两角，但还是无法挽回刊物衰落的命运，随着现代书局的破产，《现代》杂志也悄然停刊。

2 《现代》中书籍广告的内容

•以书籍作者名气来宣传

从《现代》杂志上的书籍广告内容来看，除了在挖掘书的内容上力争投读者所好外，也有以书的作者的名气来做宣传的，如登载在《现代》第一卷第二期上的高尔基的短篇小说集《初恋》，其广告中说这是一本由“现存最伟大的作家高尔基氏”撰写的“五个恋爱故事”，其中《某女人》、《初恋》[图23076]、《恋爱的奴隶》等三篇小说，“尤其是高尔基氏表示其意见的所在”。第一卷第一期上，现代书局出版的郭沫若、茅盾、张资平和郁达夫等四位作家的评传广告也是类似，如《郭沫若评传》的广告：

沫若先生在中国文艺界，始终是以一个前线作家的资格而站在最活跃的地位的。他的作品有诗歌，有小说，有戏曲，都是充满着全生命的活力的。本书是集评论沫若先生的作品的文章之大成。[3]

这样的广告可以在一定程度上反映当年的一些作家的影响。

•情爱内容的吸引

情爱内容始终都是文学作品中一个吸引人的话题，所以要是书中有此类内容，哪怕是只言片语，也会被出版商突出重点推荐。如现代第四卷第六期上丁丁著的《浪漫的恋爱故事》的广告，介绍该书是“以一都市个性不同的女性为故事”，彭家煌著的《皮克的情书》中，“抑郁的情绪满纸都是，大胆亦是希见的”，还有刊载在《现代》第三卷第五期、郭箴一女士所著“由女性来描写女性的心理，而获到极深刻极伟大的成功的”，还有“由女性来描写女性的心理，总比男性幻想着的真挚动人”的《少女之春》等书的广告，也都是采用这种方法。

•以书的发行量招徕读者

对于一般人来说，判断一本书的价值高低，发行量的大小显然是一个很重要的标准，所以在书刊广告中，对发行量的强调，会不遗余力。如由现代书局出版、洪深和马彦祥合译的雷马克的《西线无战事》在《现代》第一卷第二期上刊登广告时，就用非常生动的语句点明和强调了书的发行量。

•强调读者读书后的强烈感受

与上面类似的是把读者阅读书籍后的强烈反应作为广告的内容，如在《现代》第一卷第一期上刊登的郭沫若译的歌德的《少年维特之烦恼》的广告[图23077]，就是一个这样的例子：

本书在一七七四年出版后，一般青年大起共鸣，追慕维特之遗风，而效学其装束。青衣黄裤的维特热流行于一时，苦于性的烦恼的青年，读此书而实行自杀者有人，自杀之后在衣囊襟袋中每有挟此小书以殉者。本书之动人有如此者。

•引述专家权威意见

除此之外，还有在广告中直接引述专家或权威的意见进行推荐的，在《现代》杂志中，突出的一个例子是《现代》第二卷第五期上的穆时英小说集《南北极》改订本的广告。这则广告刊登在封面和目录前页，两个整版，由施蛰存、傅东华、杜衡等人和《文艺新闻》、《北斗》等报刊的评价构成。

•直接引述书中内容

还有一种比较特别的广告是将书中的一部分文字直接放到广告中，让读者阅读后再做出选择。如《现代》第二卷第五期上刊登的由现代书局出版的虞琰女士所著诗集《湖

[3] 张永胜：《鸡尾酒时代的记录者——〈现代〉杂志》，上海人民出版社2003年版，第134页。

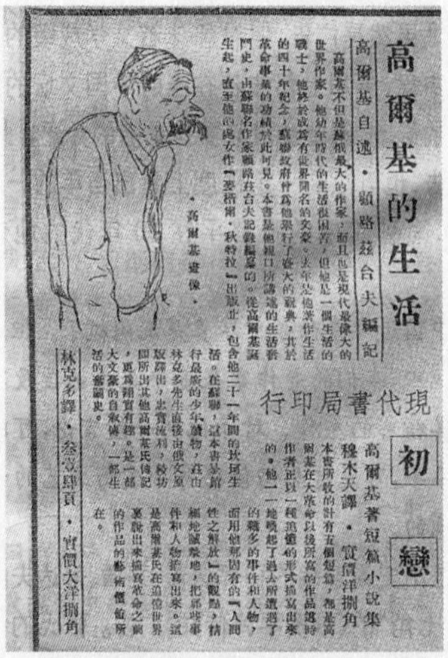

/23076/《初恋》广告

/23077/《少年维特之烦恼》广告

风》的广告就是这样：选切实有用之书，依最精最善之本。字体大小适宜，既经济又不伤目力，书品特别宽大，五开大本天地放宽。

上海良友图书印刷公司在为新出版的丰子恺著《艺术丛话》做广告时称：

丰子恺先生是艺术家，他关于艺术方面的著作极多，这本书包括十四篇艺术理论，如商业艺术，大众艺术的音乐，中国的绘画思想，东洋画六法的论理等。最先一篇讨论最近世界艺术的新趋势，把大战以后世界艺坛上的派别、作品、思想分别地叙述、批评。全书二十万字，多四百四十页。布面精美，每册九角。

不仅如此，茅盾主编的《中国一日》颂扬英勇志士，鞭挞腐朽黑暗。其书籍广告以醒目的文字与书影结合，义正词严，主题突出，不乏强烈的文化感染力。

总之，当时的读者通过形式多样的书刊广告获得了古今中外名著名篇的精华和最新信息。另外，各地一些知名的书画家也不断印行传单或在报纸、杂志上刊发广告，以期进一步弘扬文化艺术，服务社会大众。

2 鲁迅的广告创作活动

著名的文学家、思想家、革命家鲁迅，在这一时期从事文学活动的过程中，不仅推崇广告，还亲自撰写、设计广告，介绍其个人及合作编译的著作。他以负责的态度、生动的文学形式，向读者推荐大量的精神食粮。

如《引玉集》是鲁迅编选的苏联木刻画集，1934年6月1日《文学》月刊的广告栏刊登了鲁迅为其撰写的广告：

•《引玉集》

敝书屋搜集现代版画，已历数年，西欧重价名作.所得有限，而新俄单幅及插画木刻，则有一百余幅之多，皆用中国白纸换来，所费无几。且全系作者从原版手拓，与印入书中及锌版翻印者，有霄壤之别。今为答作者之盛情，供中国青年艺术家之参考起见，特选出五十九幅，嘱制版名手，用玻璃版精印，神采奕奕，殆可乱真，并加序跋，装成一册，定价低廉，近乎赔本，盖近来中国出版界之创举也。但册数无多，且不再版，购宜从速，庶免空回。上海北四川路底施高塔路十一号内山书店代售，函购须加邮费一角四分。

•三闲书屋谨白

20世纪30年代，革命进步力量奋力反击白色恐怖和文化围剿，不少出版发行者都重视为他们出版的各类读物进行广告宣传，以扩大社会影响。鲁迅也是同样如此。1935年他以“三闲书屋”的名义出版《珂勒惠支版画选集》，并为之亲自设计广告。画家的代表作品《饥饿的儿童》被安排至广告画面中，几个上举空碗的孩子充满渴望与凄苦。鲁迅认为，如此是为了纪念革命的艺术家，以传播“有动人之力”的艺术而进行的广告宣传。

1935年8月，鲁迅撰写的他的译著《俄罗斯的童话》的广告文稿颇具抒情散文的特色。其中写道：“作者在地窖里看了一批人，又伸出头来在地面上看了一批人，又伸进头去在沙龙里看了一批人，看的熟透了，都收在历来的创作室里。这些童话里所写的都不像真人，所以也不像事实。然而这是呼吸，是痱子，是痈疽，都是人所必有的，或者是会有的。”鲁迅着重提示读者，高尔基的童话是人类各阶层生活的真实写照和精彩提炼，具有世界意义。广告文字不仅准确概括了高尔基的创作主题、内容，而且有助于读者充分理解作品的意境。在鲁迅先生撰写的书籍广告中，人们体会到了大文豪手笔的分量。《死魂灵百图》宣传词中说：佳本爱好藏庋的，订购似乎应从速也。同时，鲁迅称此书“在中国为空前之举”。

鲁迅虽然是一代文豪，但他的广告却写得实实在在，朴实无华。《乌合丛刊》的广告中称：大志向是丝毫也没有，所愿的：无非第一在自己，是希望那印成的从速卖完，可以收回钱再印第二种；其二，对于读者，是希望看了之后不至于以为太受欺骗。鲁迅还曾对某书广告另言：既要印卖，自然想多销；既想多销，自然要做广告；既做广告，自然要说好。

鲁迅还起草过《苦闷的象征》、《未名丛刊》、《北京笺谱》和《中国矿产志》等书的广告宣传文稿，其风格或激昂壮阔，或朴实感人，各具特色。

3 杂志宣传自身的广告

杂志宣传自身的广告作为书籍广告的延伸，在20世纪30年代的广告繁荣时期也曾大量出现。它以把宣传其刊物内容和扩大其刊物销售量为目的，围绕这个目的，把广告主要投放在有影响力的报纸媒体及其他杂志媒体上。

1932年5月3日，在《申报》第4版左上方的位置刊登了《现代》杂志的创刊广告，“现代”两个大字为反白美术字，非常醒目，上面冠之以“现代最伟大的文艺刊物”的广告语，下面是这期刊物内容的目录，一旁是“施蛰存主编”的字样，其下是一段对《现代》杂志的介绍性文字：

本杂志每期十余万言，凡是属于文艺这园地的，便是本杂志的内容，担任经常执笔的都是现代文坛第一流的作家。每期并附有精美名贵文艺画报四页，为一九三二年最伟大最充实的纯文艺刊物。此种刊物为本局之基本定期杂志，本局当以全副力量经营务使出版时间提早，与出版前送达定户，绝无脱期之弊。

这种首先对杂志或刊物的整体风格进行定性，然后简单说明其性质，指出主编，利用其名气号召读者，并公布刊物的栏目及具体内容的方式，也是当时在给刊物做广告时常用的方法。例如同为现代书局出版的半月刊杂志《现代儿童》，也在这期《现代》杂志的一版以“现代最充实丰富的儿童读物”为名做了一个简略的广告，预报了第一卷第十期的内容。《现代儿童》第二卷第一二期在《现代》杂志第一卷第三期上做的广告则要正式详细一些，广告的标题是“三四五六年级小学生的恩物”[图23078]，这本由“宋易主编，糜文焕插画”的儿童读物，是“现代的，科学的，文学的，艺术的”，“文字浅显，图画精美”。

很多刊物的广告也非常简约，除了主编者的名字和当期刊物的目录，不再做过多的渲染和陈述，如在《现代》第四卷第三期上的由巴金、冰心等人编辑，北平力达书店发行的《文学季刊》创刊号的广告

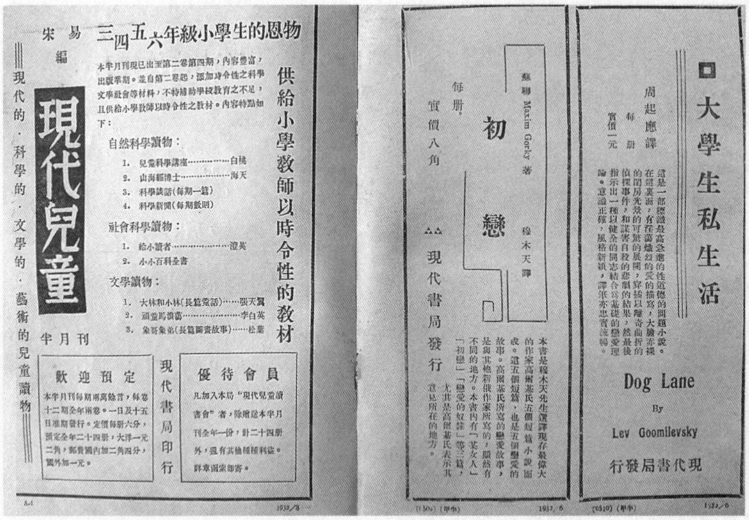

/23078/《现代儿童》杂志广告

就是这样，有的甚至连编辑的名字也不列出。不过，也有为了显示刊物的实力，不仅将编辑的名字列出。还把作者的名字列出的做法。如《现代》第三卷第六期上的《舞台与银幕》创刊号的广告，在指明刊物由田汉和沈瑞先主编的同时，还一一

列举出了袁牧之、欧阳予倩、王莹、金焰、蔡楚生、洪深、郑君里等40位“特约撰稿人”的名单。这些人或是著名导演、演员，或是知名学者，对读者来说，他们的文章非常有吸引力。

文艺刊物在《现代》上做的广告一般都比较平实，如刊登于《现代》第四卷第一期，由商务印书馆出版的《东方杂志》的广告就很实在：

出版已三十年，为国内历史最久之刊物。凡社会经济，政治潮流，时事变迁，学术探讨等，靡有不祥实之记载，精审之批评，为留心世界大事者所必读。新辟“经济情报”，批评世界经济情况，指示中国经济路向。并广约国外留学界，组织海外通信网。其原有之“文艺”、“教育”、“妇女与家庭”各栏，刷新内容，较前更有精彩。

上海女子书店出版的《女子月刊》，在《现代》第六卷第四期上的广告也只是说“宗旨高尚，内容丰富，讨论两性问题，指导妇女运动”，且“最合适青年男女口味”这样的话，并未有其他逐条的字句。对比而言，现代书局出版的，刊登在《现代》第五卷第二期上的由洪深和张常人主编的“新兴的、活跃的一半刊物”《一周间》译本的广告［图23079］十分出彩：

在目前这种紧急的形势之下，我们不愿空唱高调，更不必多谈主义！不过对于社会上发生的事情，我们应当有一个道德的态度，到底什么是对的，什么是不对的，我们应当有一个决定，不应隔河观火地或者故示不屑地轻易过去。我们这《一周间》，是一个“有态度的刊物”，是老百姓底态度的刊物。站在老百姓的立场上，报道一周间的大事，指出“是和非”，“公道”和“不公道”。

我们希望一般老百姓，指导我们，批评我们，赐予我们文章，帮助我们建成这个老百姓自己的刊物。

这个广告定位清晰，诉求有力，语言也很简明、明朗，充分地把杂志的特点和所持的态度表达了出来，这样的广告不仅在《现代》杂志的广告中属优秀的广告，即使把它放在30年代众多的书刊广告中，甚至在今天来看，也仍然不失为优秀的广告。

［四］爱国题材与抗日题材的广告

本时期时局复杂，政党纷争，内忧外患，因此也出现了许多以政治时局为题材的广告。

当年中国共产党的地下工作者在国民党的统治下，为了通讯联络就采用暗语刊登广告。这里就有一则上海地下党因周恩来被诬蔑而在1932年3月用“巴和律师代表周少山紧急启事”［图23080］的形式刊登的，进行针锋相对斗争的广告。

虽然本时期抗日战争还没有全面爆发，但对日的斗争情绪已经开始酝酿。

1931年10月4日的《申报》头版整版登载了“金耳”补品大王广告，正是这篇广告开创了抗日题材广告之先河。冠生园食品则以“冠生园在抗日运动中”为大标题，“敬以国货糖果”广告的右上角有“打倒日本帝国主义”口号，这是抗战时期中国民族企业第一次在报纸上提出的口号。“让我国儿童请选购此每柄三角四之手枪，先练习射击之法”，这个口号做到了一语双关，一方面激发了中国人民的抗战热情，并引导中国儿童要有精忠报国之心；另一方面也宣传出自己的商品。这个口号把两方面共性的特点加以结合，让人赞叹不已。1931年10月5日，美丽牌香烟将东北三省地图及铁路干线大幅画面刊登在《申报》头版，意在提醒注意东北形势，“国人爱国，

/23079/《一周间》广告

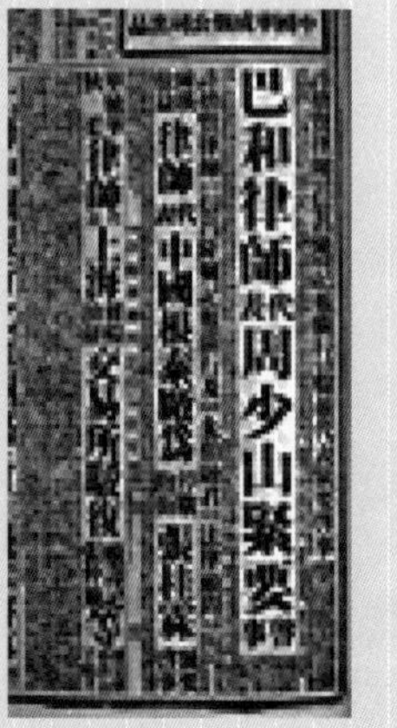

/23080/ 政治暗语广告

请用国货”[图23081]。1931年11月1日上海大东南烟公司借“万宝山事件”在《申报》做一整版广告，“热血同胞，不可不知万宝山事件，爱国男儿不可不吸万宝山香烟”[图23082]，其宣传影响力产生了巨大效应。这几则广告向我们展示的不只是对商品的宣传，更主要是体现出一种爱国热情。

中国福新烟公司的马占山将军香烟系列报纸广告是借事造势的爱国题材广告的代表。辽吉沦陷后，日军进逼黑龙江，马占山将军出任黑龙江省代理主席后，打响了举世瞩目的江桥抗战。这是“九一八”事变后，爱国军民对日军侵略者的第一次大规模抗战，给日军以重大打击，极大鼓舞了民族士气[图23083]。

中国福新烟公司于1931年12月1日在《申报》广告中放置马占山将军全身照片[图23084]，重笔写下“黑龙江省主席马占山将军，铁血卫国，男儿自强，精忠神勇，万古流芳”，倡导国人一致对外，支援黑龙江省抗战，并立即将原有“金字塔香烟”改为“马占山将军香烟”，推出系列爱国题材广告宣传产品，宣传抗日，具有双重主题和意义，也取得了巨大成功。

其成功之处主要在于：

其一，以头版整版出现，配合醒目的品牌名称，如“马占山将军香烟”，具有瞬间打动国人的力量。

其二，商家抢占商机，在广告作品中以名人效应激发爱国精神，淡化商业气息，注重感性诉求，使反战情绪最终导致消费行为。

其三，在广告中采用马占山将军的半身照片，具有强大的说服力和冲击力。标题醒目，文案精彩，调动了各个阶级的爱国力量。“愿人人都学马将军”即为当时威慑八方的黄金荣所题，可见广告切入之深。

其四，该系列广告[图23085]在形式及内容上具备连贯性和重复性，

/23081/ 美丽牌香烟广告

/23082/ 万宝山香烟广告

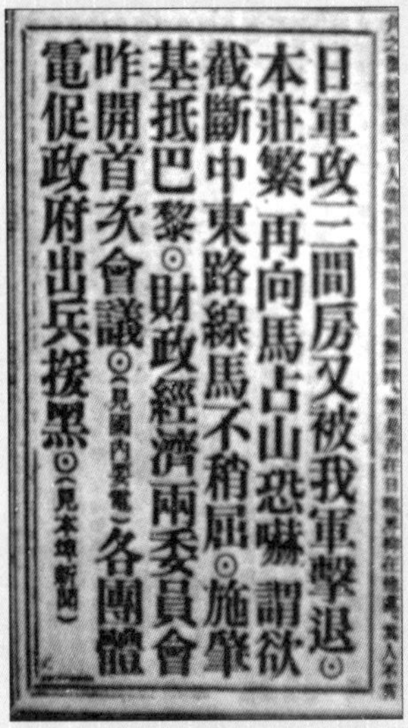
日軍攻三間房又被我軍擊退⊙本莊繁再向馬占山恐嚇謂欲截斷中東路線馬不稍屈⊙施肇基抵巴黎⊙財政經濟兩委員會昨開首次會議⊙(見國內要電)各團體電促政府出兵援黑⊙(見本埠新聞)

/23083/ 有关马占山将军的报道

/23084/ 马占山将军香烟广告

/23085/ 马占山将军香烟广告

-2000
-221
265
581
960
1368
1912
1949
1979
2000

更增强了广告效力，达到了宣传目的。此外，广告是在掌握大量素材信息后创作的，例如《马占山将军代表报告马将军血战经过》一篇充分显示了商家的精明和眼界。

这也从一个侧面看出当时的抗战形势、民众心理及社会心态。马占山将军香烟系列报纸广告速度之快，影响之大，在近代广告史中都是非常有影响的。

上面所叙述的爱国题材的广告[图23086]只是在当时比较典型的一小部分。在这一时期，大部分报纸广告采用的都是紧跟时势，出版速度快、见效快的广告形式。

[五] 企业广告与广告公司自我宣传广告

广告的类别中有一种Institutional Advertising，这是一种目的在于介绍企业情况而不是在于即时销售产品的广告。在20世纪30年代的上海，这种广告已经开始发展。当时的商务印书馆对这类广告就非常重视[图23087]。如有一则广告的标题是："商务印书馆永久是阁下的好友。"后来新光内衣厂每逢节假日也发布这类广告，在表达对各方面支持的感谢外，并叙述以后努力的方向，从而引起各方面的好感。

这就是后来所谓的企业广告(现在称为Corporate Advertising)，一度非常流行，成为一种特殊的广告体裁。

1932年，在激烈的广告同业竞争中，惠罗广告公司在《申报》特刊做了大幅自我宣传广告，引起不小的轰动。广告文称："本着服务精神，为尊处营业发展。"另外在广告中所罗列的惠罗公司的营业项目中，可间接地了解到当年上海广告业除报纸、月份牌画两大流行形式之外，还有路牌广告[图23088]、电影戏院广告、幻灯广告、橱窗广告、电车汽车广告等。

[六] 代表性行业的商品广告

1 西式糖果、啤酒及其他食品

本时期，各种时髦的西式糖果开始在大中城市热销。老字号上海冠生园[图23089]食品厂在1929年的报纸广告中以"谈情之始"为标题，告知读者：你要同你的意中人谈

/23086/ 爱国题材的广告一则

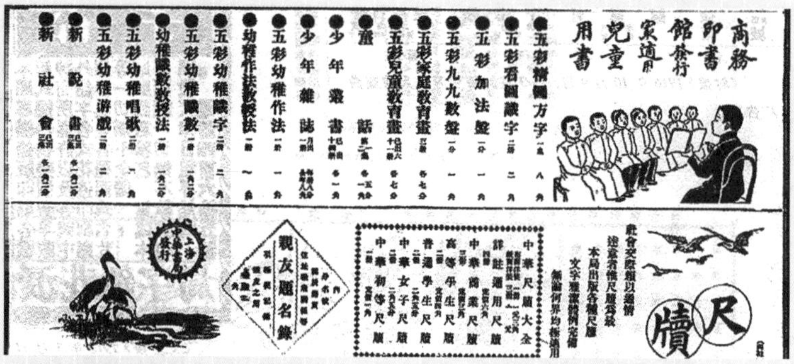

/23087/ 商务印书馆和上海中华书局广告

/23088/30年代上海路牌广告

情，你必须置备冠生园新出的薄荷奶糖，带在身边，预备在谈话的时候，彼此吃些，你们的谈兴不但可以转浓，而且口气接触，香喷喷的格外甜蜜了。另外，位于上海法租界的华欧制糖厂不仅出品美乐薄荷糖、惠司水果糖、美乐留香糖等，还特别推出一种包装小巧精美的交际香糖[图23090]，其设想与冠生园薄荷奶糖有异曲同工之妙。

在19世纪末，泡沫丰富、色泽金黄的啤酒堪称非常时髦的洋口味。自19世纪80年代英国人在上海创办首

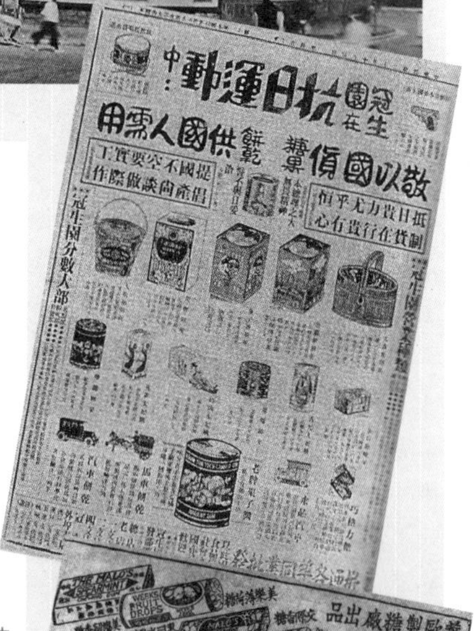

/23089/ 冠生园广告
/23090/ 交际香糖广告

家生产啤酒的福利酿酒厂以来的三四十年间，啤酒在沿海发达城市的消费量日益增加，天津明星啤酒公司在1928年的《大公报》上所做的广告即称："国货啤酒，商标马棋，中西医士，迭经化验，众口一词，卫生妙剂，功能杀菌，开胃健脾。"

2 纺织品

在这一时期，受国际国内形势的影响，纺织品获得了长足的发展。纺织品广告中仍以阴丹士林色布的广告最具代表性。

阴丹士林对于广告的宣传可谓无孔不入，发行的系列美女广告印刷品大至全开，小至32开，随处可见［图23091、231092］。为保护产品和消费者的利益，阴丹士林还在每码布边印有"晴雨"商标，每匹布的"机头"上再贴上一个精印广告标签，让顾客一目了然，以防假冒。铺天盖地的各种广告使得"阴丹士林"畅销全国。

阴丹士林广告的立意多强调实实在在的生活实用消费，避免了空洞的言辞。有一幅阴丹士林的广告［图23093］所描绘的是一家绸布庄内的情景：绸布庄内普通色布柜台和阴丹士林色布柜台分列左右，刚走进店门的一位先生，穿着花斑褪色的制服很是尴尬，指着衣服质问左边卖普通色布的职员道："我买这布时所付的都是优良的银元，为什么你给我这样容易褪色的蓝色染布呢?"旁边一位身穿深蓝色旗袍的女顾客很同情他，明示说："先生所付的既是优良的银元，何以不买阴丹士林色布，像我所穿的一样，我这件衣裳已洗过极多次数仍然日日如新。"这样生活化的情节描绘真实可信，所起到的广告效果非同凡响。

3 烟草

英美烟公司是当时烟草业的代表，广告是其盈利过程中的重要一环。仅天津英美烟公司广告部就达五十余人，广告费支出占办公费的80%左右。他们利用一切可利用的媒体做广告的同时，还利用灵活多变的促销赠品，使产品形象多角度、全方位地出现在消费者面前。

英美烟公司对报刊广告尤为重视。据统计，1936年6月英美烟公司仅支付中外报纸广告费就达1600余元，这在当时相当于售出30万支中档香烟。公司还特聘了不少广告策划、设计的高手，不时结合新品上市或产销变化推出花样翻新的广告。为贴近国人的欣赏情趣，英美烟草报纸广告处处体现了中国传统文化。为在激烈的市场竞争中立于不败，英美烟公司还不断推出抽奖、赠券［图23094］等销售手段，尽力吸引烟民。

/23091/ 阴丹士林布系列美女广告(一)

/23092/ 阴丹士林布系列美女广告(二)

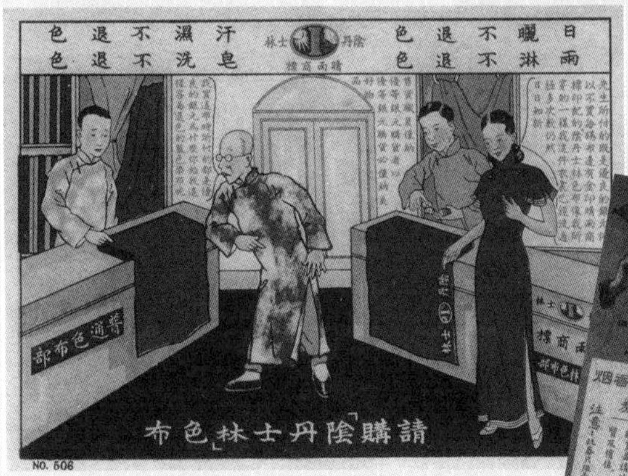

/23093/ 阴丹士林色广告

/23094/ 英美烟公司赠烟券

四 日趋专业化的广告业界

[一] 广告管理

20世纪30年代，国民政府社会部对广告业虽然有所约束，各地也对广告行业进行过组织管理，但因缺乏力度，收效并不明显。1936年10月，国民党政府公布《修正取缔树立广告的办法》。根据这个办法，一些大城市的社会局或公用局制定了地方性的广告实施细则。

“国民党政府领导广告行业的是伪社会局，户外广告的管理机关是伪公用局。”据业内人士回忆：“凡新装或改装的路牌应首先绘制建筑图样，连同业主许可证，经伪公用局审批后，再送伪工务局申领建筑执照后，方可施工，有些地方可能牵涉到交通问题时，一般由伪公用局会同伪公安局解决。”

在纷乱的时局中，一些中文报社相继制定自律条文。有的报社设立内外勤组以规范广告业务经营活动。内勤组负责管理、编排设计、财务，外勤组直接外出招揽广告业务。为避免个别业务人员不正当牟取私利的行为，一些报社广告部还专门设立了监督核查部门[图23095]，完善管理。有的报社还将业务员的名字登载于报端，以“证明身份”。另外，1932年上海卫生局为取缔伪劣药品，对真正的良药加以援助和保护，并对中西医药的相关新闻及相关广告实行了有针对性的管理。

[二] 广告教研

本时期越来越多的广告研究者继续深入探讨广告。

1934年上海沪江大学工商管理系学生吴铁三所著的毕业论文《中国旧式广告之探讨》[图23096]，就用图文并茂的形式收集了很多的第一手资料。从绪论为广告定义，到对中国旧式广告的整理总结，从西洋广告对中国广告的影响，又到作者对中国未来广告发展趋势的预测，直到最终作者对于论文写作过程的感言和总结。这是当时研究广告学较为完整翔实的研究成果，也为现今研究中国广告史提供了珍贵的资料。另外，同时期沪江大学的魏光辉所著的论文《商业广告技术之研究》[图23097]，以及其他同学完成的有关广告、市场、消费者数据调研、促销等等一些与广告业密切相关领域的研究论文，都从不同侧面反映了

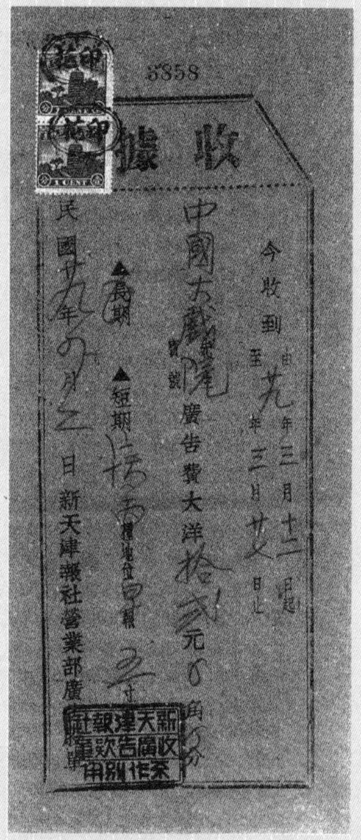
/23095/ 报社广告费收据

/23096/《中国旧式广告之探讨》封二及内文

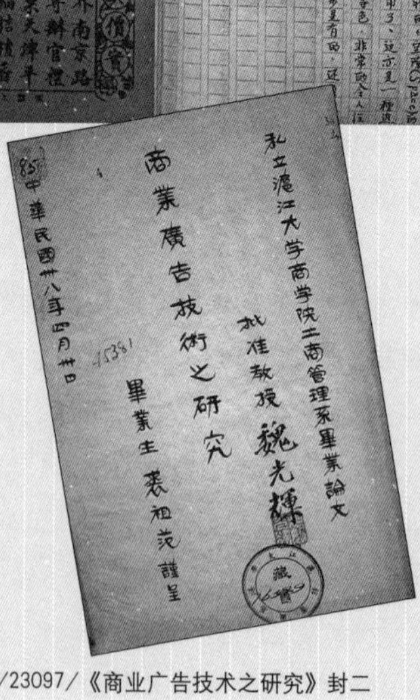
/23097/《商业广告技术之研究》封二

20世纪30年代，中国广告学及相关领域的学术研究已经达到了相当的水平。

这期间不少大学开设了广告课程，并出现了出国专攻广告的留学生。例如《申报》的负责人史量才就曾出资让其手下到美国密苏里大学专门学习了两年的广告学。此人学成回国后，为《申报》带来了大量的广告收益回报。与此同时，除了专门的理论研究者关注广告学研究之外，一些广告从业人员也开始意识到将实践经验概括总结为理论。新中国广告社的创办者李散人对广告有着最为直观的感受，又拥有广泛的广告业界关系，所著《实用广告学》一书反映了李散人对商业文化的关注、研究及该社的经营发展状况，其现代广告文化思想令人耳目一新。

这一时期，丰硕的广告学研究成果还表现在各式广告学教材及广告学专著、译著的大量出版。其中保存较为完整的有1927年7月商务印书馆发行、吴应图翻译的《新学制高级商业学校教科书》之《广告心理学》[图23098]；此外，还有1931年秋由中国广告学会出版、何嘉等著的《现代实用广告学》[图23099]、1931年出版的由商务印书馆发行、苏上达著的《商学小丛书》之《广告学概论》[图23100]、1933年上海形象艺术社发行、张一尘编著的《广告画经验指导》[图23101]、1936年10月上海华商广告公司出版、陈冷编著的《近十年中国之广告事业》[图23102]。其中，苏上达所著的《广告学概论》曾入选王云五主编的《万有文库》[图23103]。这都说明了当时广告学已经受到学术界相当的重视，并能从一个侧面反映出20世纪30年代中国广告业界的繁荣与鼎盛。

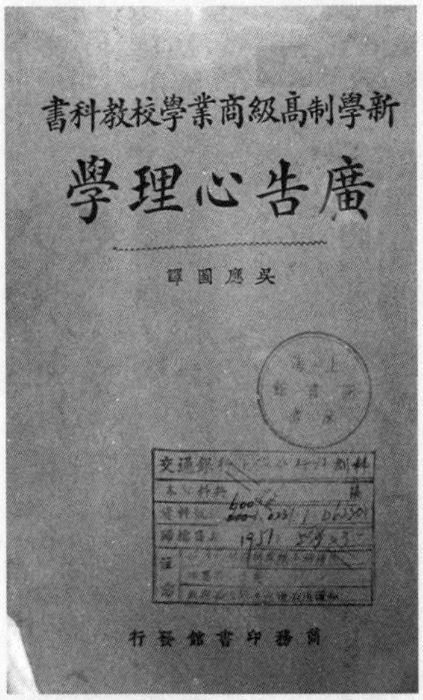

/23098/《广告心理学》

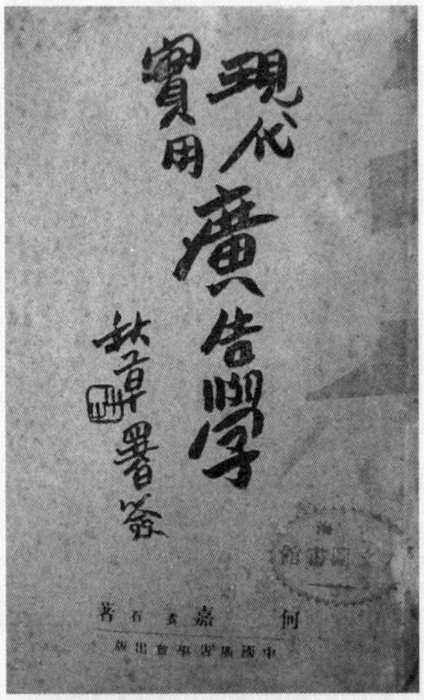

/23099/《现代实用广告学》

/23100/《广告学概论》

/23101/《广告画经验指导》

/23102/《近十年中国之广告事业》

/23103/《万有文库》之《广告学概论》

第二节
抗日战争至建国前的广告

卢沟桥事变后，国民党政府内部存在着以妥协退让换取和平的幻想，因此备战不利，以致战火一起，国统区立即陷入经济混乱之中。[图23104]

战争初期，由于东部大片富庶国土被日军占领，战争耗费又大，经济形势相当严峻。国民党当局把发展经济放在至关重要的地位，对经济进行了一系列调整，运用国家力量迅速发展大后方的国防工业、重工业、能源工业及交通运输业，实行包括工矿、交通、金融、贸易、物价、物资等方面的战时经济统制以及田赋征实等重大举措，实现了国民经济体制由平时向战时的转轨；战时西南农村成为国民党政府军需物资的主要来源地，国民党政府采取了一系列扶助农业发展的措施。这些措施促进了战争初期后方工农业生产的发展，加强了大后方经济建设，为坚持长期抗战提供了物质保证。

但由于国民党当局缺乏长期抗战的准备，总是对英美的外援寄予过高的期望，这对国统区财政、金融、产业等政策造成了不良影响。国民党当局因战时财政困难而实行通货膨胀政策，导致国统区物价飞涨，社会经济更加混乱。国民党的政治腐败也给抗战期间国统区经济带来巨大的腐蚀和破坏，以至于一些本来有利于抗战的经济政策，在实行过程中走样变形，使得战争后期国统区工农业生产普遍出现衰退。

1945年8月，中国人民抗日战争取得胜利。但是半年之后，蒋介石等国民党反动派悍然挑起全面内战。由于内战规模空前扩大，财政赤字日趋庞大，国民党政府加紧对国统区人民财政的搜刮，并形成国统区的恶性通货膨胀，工农业生产出现严重衰退，这一切加速了国统区半殖民地半封建经济的崩溃。

同时，新民主主义经济作为伴随中国新民主主义革命的进程而发展起来的一种崭新的经济形态，是中国共产党领导的解放区中“以社会主义经济成分为领导的多种经济成分并存的经济”。[4]由于适应了近代中国特殊的历史条件下社会生产力发展的需要，新民主主义经济不断成长、壮大起来。随着新中国的建立[图23105]，新民主主义经济取得了决定性的胜利，最终取代了近代中国的半殖民地半封建经济。

/23104/40年代的上海外滩

/23105/上海解放

4 许涤新、吴承明主编:《中国资本主义发展史》卷三，人民出版社1985年版，第689页。

一 本时期主要媒介及其广告的状况

抗战胜利后，原来一些停刊的报纸相继复刊，各种宣传媒介重新活跃起来，商业广告逐渐恢复。这时全国主要地区，路牌广告［图23106］从城市发展到农村，夜晚的霓虹灯广告［图23107］也重又亮起，车船内外挂上了广告牌，铁路沿线民墙广告到处可见，报纸广告费已成为报馆的主要经济收入。广告作品的制作更加讲究，彩色图画被引入广告作品。同时，报纸广告在版面上的位置越来越大，有的几乎达到2/3；无线电、电影、戏剧等广告形式也有显著的发展［图23108］，全国各大中城市普遍开设了广告公司或广告社，广告业已经初具规模。

［一］报纸广告经营

抗日战争爆发后，广告业逐渐萧条，上海、南京、汉口的报馆相继内迁，多集中于重庆，继续刊登广告业务。

1 《申报》

1937年“八一三”事变爆发，上海沦陷，《申报》为避免迫害，曾迁往汉口出版(1938年1月15日出版，至同年7月31日停刊)，又出了香港版(1938年3月1日出版，至1939年7月31日停刊)。上海成为“孤岛”后，有些报纸利用当时租界的特殊环境，依靠外籍发行人的关系继续出版。《申报》也在1938年10月迁回上海，用美商哥伦比亚公司的名义复刊。

1941年“一二·八”太平洋战争爆发，日军进入租界，不久所有用外商名义出版的华文报纸全部停刊，《申报》也由日本海军报道部接收改组，完全为日伪控制。1945年抗日战争胜利，《申报》重由国民党政府接收，被改为所谓“民间报纸”。1949年5月27日上海解放时《申报》停刊。

2 《上海犹太纪事报》

在第二次世界大战期间，2万多犹太难民为逃避德国纳粹的种族迫害流亡上海。1903年到1949年有五十多种犹太报刊在上海出版，加上犹太人在哈尔滨和天津等地所办的报刊，数量很多。这些报刊以英、德、法、俄、意等文字出版，有日报、周报、月报和各种定期不定期的刊物。

/23106/ 路牌广告

/23107/ 霓虹灯广告

这其中最有影响的是《上海犹太纪事报》［图23109］。《上海犹太纪事报》的报名为英文《Shanghai Jewish Chronicle》，在报名右下角有六个中文小字：上海犹太早报。在不同时间，如1940年，这一行小字也曾写作：上海犹太刊物。

这份报纸属于在中国出版的外文报纸。其中的广告作为另一种信息的载体既具有现实性也具有历史性，为人们留下一份宝贵的政治、经济、文化史料。

广告在《上海犹太纪事报》占有重要地位。《上海犹太纪事报》是一份商业报纸，尽管在隔离区里没有竞争对手，但在犹太难民大部

/23108/ 重庆国泰戏院街景

Shanghai
Jewish Chronicle

/23109/《上海犹太纪事报》

分依靠救济的情况下，维持一张日报仍很困难。因此广告收入也就成了《上海犹太纪事报》的重要经费来源。

《上海犹太纪事报》的广告数量多，刊登位置显著，反映了隔离区内活跃的经济生活，同时也反映出办报者善于经营，具有强烈的广告意识。其版数也不是很固定，通常为4版，多则8版、12版，少则2版，广告多时约占当天报纸全部版面的1/2，少的时候也近1/3。

《上海犹太纪事报》头版报眼位置即为广告，有时第1、第2版半版都为广告，通常每版都有广告，每天末版的右下角登出广告的刊登方式和广告价格：

业主、出版人和主编：奥西·莱温

编辑部和营业部：汉弥尔顿饭店123房间·虹口分部，昆明路284/85，电话：50581

广告截止时间：中午12点。

在台风、洪水、罢工、桥梁受阻以及不可抗力……按时登出没有保障。订户如没有声明取消将自动继续……广告的失误不赔偿，只有（持）本报的原始收据可要求赔偿。所有的投寄和询问请附回邮邮资。投信地址：《上海犹太纪事报》POB 1578

小广告价格：

刊登三次每字1.80元，刊登七次每字1.70 元……

最大的标题为10号，最高8元。

超过15个字母的字按2个字算。

收费最少字数15个字。[5]

就广告内容来看，《上海犹太纪事报》既有生活广告（如订婚、结婚、出生、讣告、问候及个人事务等），也有经济广告。在生活广告中，犹太难民以他们特有的方式表达着他们自己、他们之间的关系和他们在隔离区中的生活。经济广告则显示出犹太隔离区浓郁的商业气氛。在隔离区时期，经济窘迫的犹太难民不得不出卖从欧洲带来的私人物品，收购来自欧洲的物品，这也成为上海的热门生意，旧货买卖成为隔离区商业的显著特征。

总之，《上海犹太纪事报》及其中的广告，是当时上海犹太难民自治的舆论代表，同时是犹太隔离区经济生活的重要组成部分，是中国报纸媒介及广告史上带有特殊时期历史烙印的典型。

3 《立报》

由著名的报业企业家成舍我于1935年9月20日在上海创办的《立报》[图23110] 是本时期比较有影响的小型报。

1937年11月24日《立报》因上海沦陷而停刊。此后，1938年4月1日又在香港复刊，至1941年12月停刊。1945年抗战胜利后，又于当年10月1日在上海复刊，直至1949年4月30日最后停刊。

早年上海时期的《立报》创办伊始，为了吸引读者，扩大发行，吸引广告主，就开始增加广告 [图23111]，但不是就广告而办广告。成舍我认为报馆走向成功有三步，只有先以全力办好版面，才可以争取读者，扩展发行；发行扩展了，各种广告自然接踵而至。

当时多数的报馆创业者，往往先运用各种各样的人事关系，去招揽广告，再运用种种不正当方法，贿赂报贩，减价倾销，而对一份报纸最基本的言论、编辑、采访、排版等问题反倒不肯注意。成舍我则指出："小型报篇幅极少，内容要精。在上海，以一张四开报，与(每)日出八大张，即等于日出十六张四开的申、新两报抢销路，一比十六，可想见制胜工作的艰巨。而这种四开小型报，其每一方叶地位，应如何加倍宝贵。如果给付价极低、意义恶劣的'五淋白浊'、'花柳杨梅' 等下流广告，占去一部分，对于读者，一定印象极坏。"他坚决

[5] 饶立华：《〈上海犹太纪事报〉研究：流亡者的精神家园》，新华出版社 2003年版。

/23110/《立报》

/23111/《立报》爱目眼镜片广告

主张：“不能日销10万份、不增加张数，也就不刊登广告。”

正是在这种营销策略及广告策略的指导下，创办之初的《立报》，全力以赴抓版面，坚持“小报大办”及“大报小型化”的原则，实行“精编主义”，集大报、小报之长来办《立报》。

另外，《立报》尤其重视副刊。初创时，只有四开四版一小张，但几乎一至四版每版都有一个副刊，其篇幅几乎占了整个版面的3/8。其中《言林》[图23112]、《花果山》[图23113]、《小茶馆》[图23114]等都是其名噪一时的副刊，都各有其不同的读者对象。再加上《立报》实行廉价销售的策略(其口号为“少抽一支烟，多看一份报”)，赢得了上海市民及下层劳动人民的青睐。半年后《立报》的销量果然超过10万份，广告客户源源而至。这时，《立报》乘势增张扩版，即另外加刊半张或一张，以容纳广告，其广告价格和最高的《新闻报》广告价格标准相同。一年以后，投资者已分到股息红利。版面是广告的依托，版面内容差，想扩大销路、吸引广告客户是很难的。成舍我的经验对现今报业经营者而言是值得借鉴的。

4 中国共产党主办的报刊

中国共产党主办的《解放日报》、《新华日报》、《人民日报》等在不同时期也曾刊登各类广告。中共党报刊开办广告业务的宗旨，主要不以收取广告费为目的，而是为了宣传马列主义思想，扩大党的政治影响，以服务于社会、服务于人民。

1 《解放日报》[图23115]

《解放日报》是抗战时期和解放战争时期中国共产党在延安的机关报，该报在开办“大众广告”时就明确宣布：开办广告栏目“目的是为读者服务，义务登载，并负责保密”。对申请发布的广告的具体要求是：第一，文字要简洁，广告要经过编者精心改写，节省版面；第二，文字要通俗，把文言改成白话，以便适合大众阅读；第三，刊登程序以缓急为准，仔细审读每条广告，把急需而又来得及的先编排上去；第四，借以表达社会动态，尽量挖掘它的政治意义和社会意义。

《解放日报》于1944年4月12日，刊登了一则引人注目的广告：

光华印刷合作社启事：本社承印各种表册、账簿、股单、商标、地图、画报、广告等石印品，如有印者请来本社接洽。地位：银行后沟[6]

从这则广告中我们还能了解到解放区的印刷合作社也承印广告。

1945年2月1日《解放日报》发表“登广告者请注意”的启事：

以后一切要在本报刊登的广告，均请将原稿连同广告费一并送交解放合作社，请勿寄交私人，以免遗失或耽搁时间。

这则启事说明《解放日报》有专门代理广告业务的解放合作社。在延安时期，《解放日报》广告的一个鲜明特点是为抗日战争服务，为丰富人民的精神生活和物质生活服务。因此，它既刊登政治书籍广告，也刊登遗失启事广告；既刊登政治性通告，也刊登商品广告。比如1945年8月17日《解放日报》登出大众信用社的紧急启事：“王云登同志：十六日你来本社取去之款，其中有错。为了合作事业及双方信用，劳你再来一算为荷。如有知王云登同志住

6 陈培爱：《中外广告史》，中国物价出版社1997年版。

/23112/《立报·言林》副刊

/23113/《立报·花果山》副刊

/23114/《立报·小茶馆》副刊

/23115/《解放日报》报头

址者亦盼告知本社为荷。”

2 《新华日报》

《新华日报》[图23116] 是抗日战争时期中国共产党在国民党统治区公开发行的报纸。1938年该报创刊时，本着全心全意为人民服务的宗旨，随即开辟了“大众信箱”专栏，1945年10月1日又在第4版开设“大众广告”专栏，仅四个半月，“大众广告”就刊登了500条广告。这些广告涉及内容广泛，包括寻人与代邮、征求与出让、声明与启事、征聘与待聘等。其中仅寻人与代邮一项，就占要求刊登这项广告的读者的35%。

长行每行每日3元，短行每行每日1.5元，经济广告50字以内每日1元。”1941年2月又改为：“报名旁或报名下每单位每天40元，长行每行每天5元，每方寸每天4元，短行每行每天2.5元，经济小广告甲种5元，乙种3元。

可见，广告刊户不断增加，编排也在不断改进。

为了团结各界爱国人士，推动抗日救国运动的发展，《新华日报》于1938年12月18日举行义卖，共捐资5200多元，其中广告收入800多元。

3 《人民日报》

解放战争期间，解放区各报一般都很重视广告，留下较为显著的版位刊登广告。《人民日报》在华北创刊后，就刊登各类广告，一般头版广告地位在报头左、右侧。迁入北京后，人民日报设有广告部。据查1949年3月25日《人民日报》，报头的左边便刊登三则关于华北大学、华北人民革命大学的招生启事和通告。1949年8月《人民日报》改为中共中央机关报后，广告业务也没有终止。

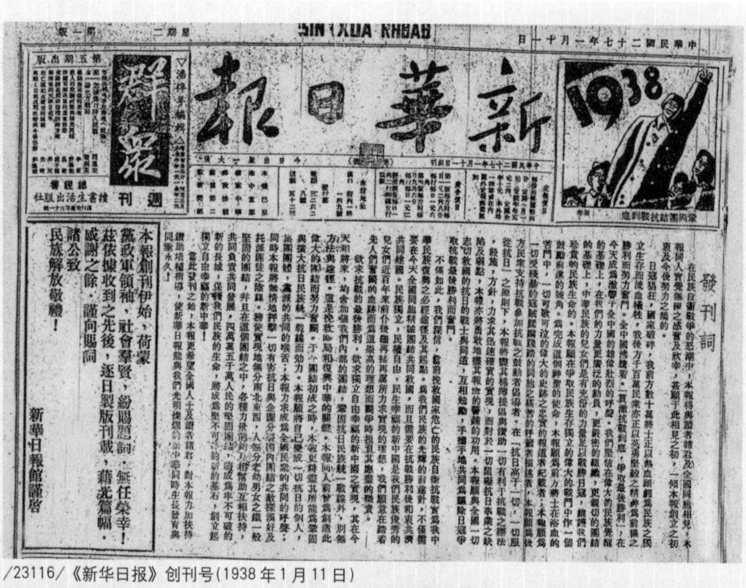
SIN HUA RHBAO
新華日報
1938
羣衆 週刊
發刊詞
本報創刊伊始，荷蒙黨政軍領袖，社會羣賢，紛賜題詞，無任榮幸！茲依據收到之先後，逐日製版刊載，藉光篇幅，感謝之餘，謹向賜詞諸公致民族解放敬禮！
新華日報館謹啓

/23116/《新华日报》创刊号(1938年1月11日)

/23117/《金星特刊》

/23118/《国光影讯》

/23119/《东亚影坛》

[二] 战争时期杂志的代表——影刊

1 “孤岛”时期的影刊

1937年11月，上海租界变成了一座“孤岛”，但电影的制作中心还在上海，因此出版的电影刊物仍以上海为多。据统计，仅在“孤岛”期间上海出版的影刊就达五十余种。这些刊物大致可分为几类：

第一类刊物是积极利用“孤岛”的特殊环境，坚持宣传抗战，抵制庸俗影片。这类刊物以《中国艺坛画报》和《金星特刊》[图23117] 为代表。

第二类刊物以宣传欧美影片为主。这类影刊大都由专门放映欧美影片的一流影院主办，在“孤岛”期间相继创刊的有《国光影讯》[图23118]、《南海银星》、《东亚影坛》[图23119]、《好莱坞》和《电影艺术》等近十种。它们主要报道欧美影坛动态，介绍影片故事，并以一定篇幅刊登诸如好莱坞影星参军、义演、反抗法西斯侵略等消息，还对上海禁映的一些反法西斯影片，如卓别林的《大独裁者》等进行宣传介绍。

第三类刊物大都以影坛动态和影星的轶事为主要内容，具有很强的消遣娱乐性，其中也有一些庸俗无聊之作。主要以《银銮殿》、《国联影讯》等为代表。

总之，“孤岛”时期上海的影刊，基本以电影时评和影讯报道为主，注重新闻性和娱乐性，难以旗帜鲜明地表明观点。而当时处于大后方的电影刊物正好填补了这个空白，如重庆的《中国电影》、香港的《电影与戏剧》、成都的《电影与播音》等刊物，都坚持了抗战的方向，拥有广泛的读者。

1941年12月太平洋战争的爆发，导致了上海“孤岛”局面的结束。日军全面入侵租界。大量庸俗影片和堕落的汉奸影片出现了，由此“汉奸电影”刊物也应运而生。这些刊物都因为可耻的内容而被人唾弃。

2 抗战胜利后的影刊

1945年8月抗战胜利后，随着外国影片在中国的恢复上映，以报道外国影坛消息为主的影刊大量涌现，在不到一年的时间里《国际影讯》、《世界影坛》[图23120]、《好莱坞电影画报》、《米高梅影讯》等十几种电影杂志相继创刊。

它们一般都是周刊或半月刊，具体内容主要有两类：一是报道外国影坛在战时的情况；二是报道战后的影坛动态，力争将最新消息快捷地介绍给影迷。这些影刊追求时效，文笔生动，但内容几乎是好莱坞影刊的翻版。这期间也出现了一些以国内影坛为主要报道对象的影刊，但由于当时国内电影业的衰弱，其影响和数量非常有限。

从刊物内容看，抗战胜利以后出现的电影杂志，除注重新闻报道和娱乐性外，还强调文学性和可读性。这些杂志将正在或即将上映的影片内容编写成故事刊登，注重情节，文字通俗，在好莱坞影片大量涌入而票价又十分昂贵时十分畅销。同时，鉴于一部分读者对明星的崇拜，热衷于明星的一举一动，因此专门报道明星轶闻的刊物，如《电影明星小史》、《影星画传》等也很畅销。但是学术性的影刊很少。“金像奖特辑”、“米老鼠特辑”、“卓别林特辑”、“国际电影泛论特辑”等具有很大的学术价值和文献资料价值的特刊反响都不大。

二三十年代的影刊中，一些电影大公司的出版物也很有影响，但抗战胜利后这类影刊存留下来的很少，例外的是昆仑影业公司，它出版了总共二十期的《昆仑影讯》。该刊篇幅不多，但办得有声有色，并保留了很多珍贵的史料。

[三] 广播广告

1 民营广播电台及其广告

上海作为中国民营广播电台的大本营，其广告经营在抗日战争时期的处境和遭遇，具有普遍的代表性。

1937年，上海沦陷之际，还有30多座民营台。除亚美等几座广播电台自动拆机停播，以示无声的抗议外，其余大多数民营台仍在继续播音。当时向租借警务处登记而继续播音的民营台共有31家，但仍然与抗战前一样大量播出庸俗低级的娱乐节目。有些电台甚至堕落为汉奸电台，只有极少数电台间接地作了一些抗日的广播宣传[图23121]，播送过一些爱国进步的歌曲，有的电台还搞募捐活动，义务救济难胞婴孩、支援前线，做了些有益于抗日斗争的事情。

日本占领上海地区之后，民营电台一律封闭；日本投降后，民营电台陆续恢复，但在电台设置、分布、数量、发射功率以及广播内容等多方面限制较多。经过几次大起大落之后，中国的民营广播受打击很大。再加上国统区连年的经济危机，工商业破产，民营电台的广告收入大不景气，导致民营电台经营不善，播音内容日趋低级无聊，民营广播经营每况愈下。

2 解放区广播电台的广播广告

新中国成立前，中国共产党领

/23120/《世界影坛》

/23121/ 亚美电台爱国宣传

导下的解放区早期的广播电台均无广告节目，抗战胜利后陆续开办的广播电台中如张家口、东北等台曾开办广告节目。

3 本时期独特的广告形式——相声广告

当时，广播电台初创的文娱节目以曲艺为主，在脍炙人口的节目中插播各类商业广告是较为通行的行业手段，多由演员或播音员口头直播。相声界的泰斗马三立[图23122]曾经与人搭档，每天说一段相声，从十几分钟到30分钟，中间插播广告，这在当时也叫广告相声。传统的马派相声讲究铺平垫稳，为中间插播广告留出了空间，而且天衣无缝，绝无生硬之感。即使被广告商品牵扯出很远，也能收得回来，让听众在笑声中潜移默化地接受影响。

1945年天津抗日战争胜利后，马三立来到了天津仁昌台，为许多药店、饭店、绸缎庄等播报过大量广告。其中敦庆隆绸缎庄、华竹绸缎庄、精益眼镜公司的广告内容都曾给听众留下深刻的印象。马三立当年说《文章会》时就夹报了敦庆隆的广告：

甲：我写的那文章，我们校长和康圣人看了，拍案叫绝，连声喝彩！

乙：了不起。您带来了吗？

甲：干什么？

乙：让我们见识见识，长点儿学问哪。

甲：你想看，认识字吗？看得懂吗？我写的文章可不是小人书、看图识字的小画片，一般人看不懂，我们校长和康圣人……

乙：行了，我也上过学。

甲：唤，那行。可现在没带着，在手笼里哪。

乙：您又不是妇女，也戴手笼？

甲：人家送的，不好意思不戴。我那个手笼可不一般，是貂绒的，皮料讲究，做工精细，式样美观，最适于太太、小姐使用，在敦庆隆买的……

接下来，敦庆隆的商品被悉数介绍，乃至哪层哪个柜台卖什么，听众也领悟到马派相声的“铺垫”之功。

当时，马三立在天津的相声迷已经很多，收听率很高，不少商家便指明要在他的节目中做广告。有人更是利用名人效应，提前在报纸等其他媒体上大肆宣传，诸如某某时间请收听仁昌广播电台播放的马三立的某段相声等。最初，一段相声中有两三家广告，后来不断增加，最多时每天在仁昌台四十多分钟的“一段话”中播达十余条广告，偶尔也有为多增加广告而相对拉长节目的时候。

除了老商户的广告外，仁昌电台每天将广告词送到马三立手中，在名角如流的仁昌电台，马三立是当年承报广告最多的演员之一。当时天津已产生了相当一批优秀的广告经营机构。商家广告多由专门的广告社代理至电台。

除仁昌电台之外，天津中行、华声等电台也聘请马三立播过广告相声。1948年天兴号包下了华声台的马三立相声中的广告时段，为“金刚婴儿片”大力宣传。当时的段子是两月一翻新，60天一改，每天一段，都是“金刚婴儿片”的广告。二毛钱一包的“金刚婴儿片”随着马三立的相声而知名度倍增。随后不久，马三立的名声也随相声广告传入千家万户。

同时期的相声大师侯宝林[图23123]自1940年6月在天津南市演出后开始走红，也在一些商业电台说相声、报广告：“学徒侯宝林，在下郭启儒上台鞠躬。我们应广告客户之特约，每天这个时间在这里伺候您一段对口相声……”从此骆驼牌染料、盛锡福、大有鞋帽庄等老字号的商品信息便与侯宝林诙谐幽

/23122/ 马三立肖像

/23123/ 侯宝林

默的相声段子一起传遍大街小巷。

但是，随着商品经济的发展与收听率的上升，插播的广告越来越多，较早时一段相声中只有两三条广告，后来增至十余条，难免引起听众的反感，评论界针对电台一味追求利益、广告播报多而滥的问题提出了批评与建议。

二 广告表现形式的完善

抗战爆发以后，当广告媒介、广告主面对巨大的政治时局影响而走向低谷的时候，广告表现却没有停止创新。在没有现代技术辅助的条件下，其创意思想和创意手段与今天的广告表现相比丝毫不逊色。

[一] 报纸广告丰富的表现形式

1 悬念及连续性广告

系列广告除了连续性广告之外，还有一种有代表性的形式——悬念广告。

1946年11月11日、12日、13日三天在《申报》连载的“生化‘涕滴滴’”悬念式广告 [图23124]，是解放战争时期悬念及系列广告的代表作。第一天的报纸广告是众多只手指向中心，中间是空白，第二天报纸广告手指中间的空白出现了一个“？”，让人们产生了极强的好奇心，第三天报纸上的悬念式广告终于显露出水平面，中间的那个“？”变成了“生化涕滴滴”产品。

与之相类似的广告还有司麦脱(SMART)衬衫系列广告 [图23125、23126]。由此可见当时版式应用上也很有创新，很活泼。

2 借喻式广告

在这一时期报纸出现了如“对症良药，无往不利”的广告，提醒人们看病吃药一定要对症下药。“就像一把钥匙，只能打开一把锁”，比喻十分贴切，让人对此广告所诉求的内容有了一个更清楚的认识。在对生活细节某些问题的解决上让人们认同并接受了报纸广告所宣传的产品。

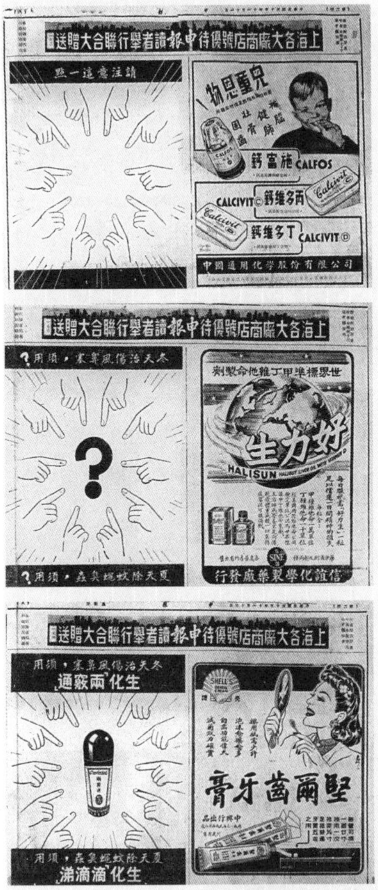

/23124/ 生化“涕滴滴”系列悬念广告

/23125/ 司麦脱系列悬念广告

/23126/ 司麦脱广告

3 连环画剪影式广告

具有更新颖手法的广告表现形式是利用连环画中剪影形式的效果。1946年8月12日《申报》广告栏中的“抗战先生到台湾”宣传广告[图23127]就采用了剪影表现形式，把广告中人物的神态动作和故事情节表现得栩栩如生。这种表现形式在近代的广告中鲜有使用，直到今天才被广泛采用。

4 增进视觉效果的表现形式

这一时期的报纸广告中也采用了大面积用“黑”的手法，具有极强的视觉效果，并与所宣传的产品名字相一致。在1946年12月27日《申报》报纸广告中，中美烟厂的黑牌香烟广告[图23128]就采用了此类表现形式。现今的报纸广告中也经常用这种手法来表现产品，吸引消费者的注意力，并且突出商品。

在报纸广告大面积使用黑的形式同时，明暗关系的表现形式也出现了，广告让人们在不经意的视觉流程中接受了广告内容。在当时的广告版面中也开始采用色彩上的搭配，套红形式开始被广告设计家们应用在报纸广告中。如1946年3月7日《申报》上的一则固本牙膏广告[图23129]采用了整版产品局部套红的形式来吸引人们的注意，让人们对产品产生了深刻的印象。

[二] 报纸广告丰富的表现形式

1 活人广告

20世纪40年代德国商人创办的拜耳药厂出品加当止痛片，塑造了一个加当男孩(GARDAN BOY)[图23130]，在公共场所分发他们的广告品，从而加深了人们对加当的印象。

2 立体路牌

三四十年代时美国电影风靡上海。被称为“巨片”的《芝加哥大火记》在上海上映时，电影商树立了立体路牌，长达几个月之久，起到了良好的宣传作用，以后国产电影也往往采用。另有一部非常著名的电影《夜半歌声》的广告和内容相适应，被设计得气氛非常恐怖。

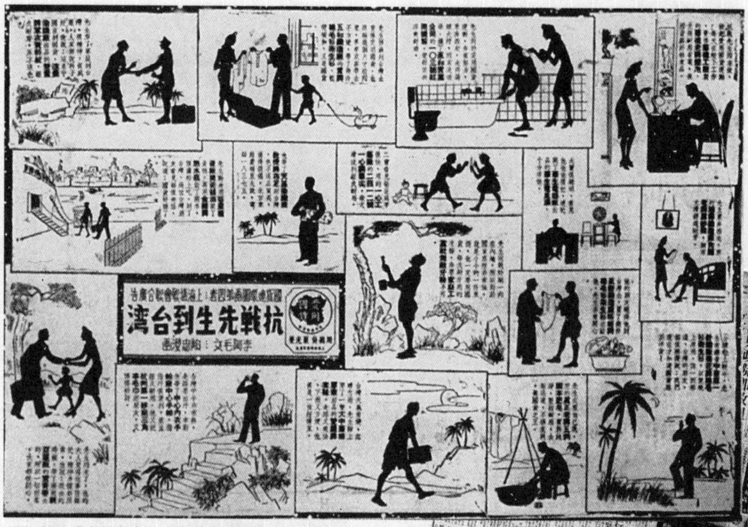

/23127/《申报》“抗战先生到台湾”宣传广告

三 战争时局影响下的广告内容

抗日战争爆发后，随着上海、天津、南京、汉口等地的沦陷，许多发达城市的经济形势一派萧条。国民政府无力调控国家经济，工商政策变化较大，政治权力对工商业的干预达到了空前的程度。官僚腐败、通货膨胀、物价飞涨、囤积居奇、物资匮乏充斥于社会。战争和政治的颓势，给中国工商业造成了极大的影响，也直接导致了工商广告的凋敝。

/23128/ 黑牌香烟广告

/23129/ 固本牙膏广告

/23130/ 加当男孩

[一] 香烟牌广告

香烟牌作为香烟的极富代表性的广告形式，其在这一时期的没落，非常典型地反映出工商广告在这一时期的情况。

20世纪30年代是香烟牌广告画片的鼎盛时代，几乎每个烟厂都赠送，其他一些行业为了广告宣传也大加效仿。上海稻香村食品店就把类似的画片装入糖果食品的包装袋内，赠给顾客。据有关资料显示，当时各类香烟牌的发行量达四千多种。

抗战胜利后，由于时局动荡，货币大幅贬值，各烟草商们入不敷出，纷纷降低成本，以至香烟牌的发行出现萎缩。永泰和烟草公司随“红锡包”香烟发行的“红楼梦”香烟牌很受欢迎，此时也无奈公告：“兹因现状及原料难获关系，不得不将红锡包内所附小画片取消，希惠顾诸君原谅为荷。”国产香烟发行的最后一套香烟牌是裕华烟草公司推出的80张一套的《抗战八年胜利画史》。

这个时期烟草公司出品的香烟牌大量流传于世［图23131］，时下一些商品也从香烟牌这一形式中得到相应的借鉴，并传承演化成各种卡券，同样发挥着有利的促销职能。

[二] 药品广告

20世纪40年代末，内战之后的工商广告受打击很大。战争导致灾荒，恶劣的环境和设施使结核病、肝炎、甲状腺肿等疾病在许多地区大规模地流行。温饱与健康成为大众最关切的话题。随之良莠不齐的土洋药品出现了，也就相继产生了各

/23131/ 香烟牌代表

种医疗药品广告。

比如40年代末期，天津西门里城隍庙街永兴西药行曾出品去疟灵[图23132]。药包以粉色小字为底纹，上印“济公”商标，不仅标明“官准许可，除根特效，立竿见影”之类的广告语言，在封口处还特意贴了一枚像邮票一样的“济公济世良药”封签。

另外锦兴庆记大药房出品的止嗽灵[图23133]，其药包正面画了一个须发老者咳喘不止，垂望着下面“第一圣药”的广告文字，画工十分精细。经天津市公署化验注册，育发药房将“一二三”疟疾丸注册了“封侯挂印”牌号，在药包上告知“诸君常备此丸以解冷热之灾并可救济他人”。

在河北祁州同生大药房出品的安氏秘制奇效痢疾丸以“货真价实、童叟无欺”为标榜[图23134]，该号发行的粉红色纸仿单中特别注明：“各地函购药资汇到，立即奉邮。倘愿代售即照折合条件核算发货。空函恕不寄药，诸君谅之为幸。”为使广告能够流传，同生药房还特别提醒传看者“敬惜字纸，功德无量”。

在上海，达生国产制药公司以“良心”为品牌，经国民政府工商部注册，生产肺痨药粉[图23135]，“是肺痨吐血之神药，有根本清除之特效”，“各期肺痨、新久吐血、痰中夹血、劳伤肺萎，妇痨童痨、痰喘咳嗽、一切肺病，指日断根”。另外，上海亚西大药房出品的川贝精、止咳素也很有名，药包上还分别加印了药品发明人的肖像，起到了良好的宣传效果，这种方法现在很多药品还在使用。

驻在上海的洋商韦廉士医生药局出品的“韦廉士”牌[图23136]吸入止咳片、红色清导丸、如意膏、红色补丸等系列药品曾畅销一时。在日常做广告的同时，该药局每隔一个时期即印行一册《韦廉士医生康健医讯》。采用各地患者来信或口述摘录并附本人照片的形式，宣传每一种药品，广告效果十分显著，这种形式现在很多医疗机构还在使用。

《医讯》的广告[图23137]非常讲求文采，其中一期的封面上印有一幅山清水秀、船帆点点的静雅图画，所配广告写道：

君之生命有赖于亿万之小船，此小船驶行于君血流之中，载运装卸货物。不停任何码头，其所载货物计有三种：第一种是最要紧的，是无色无臭无味的原质，叫做氧气，乃生命之源，苟无此气，人类不能生存多少分钟。第二种货物为食物之滋养料，乃由君之肠胃运至身体各部，用以修补不断的消耗。更有一种物质是气毒，这气毒在君体内不断发生，必要排除，该小船即运之至肺部而

/23132/ “济公”去疟灵广告

/23133/ 止嗽灵广告

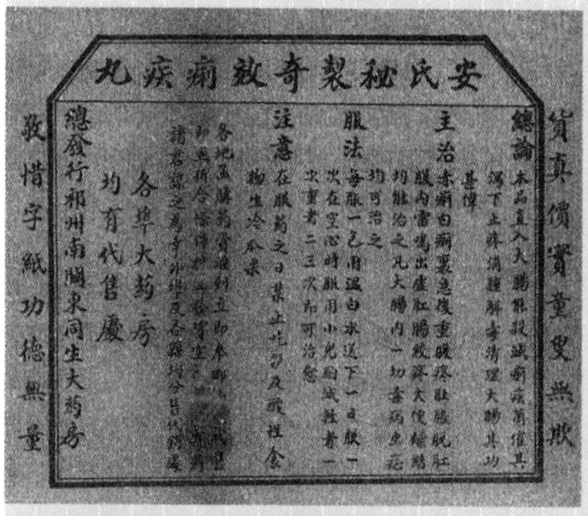

/23134/ 安氏秘制奇效痢疾丸广告

/23135/
肺痨药粉广告

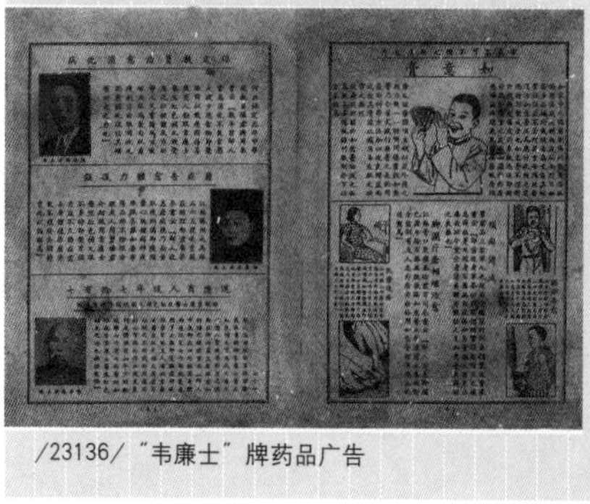
/23136/ “韦廉士”牌药品广告

/23137/
《医讯》

后卸下呼入空中。这小船其实就是红血，假使红血不足，其人身体亦必不佳即须服用已经实验确能增加此无上紧要小船之补血品。韦廉士医生红色补丸即是此种补血品。

这一则广告形象生动，耐人寻味，在现在看来也令人耳目一新。另外，《医讯》杂志的编排也始终都贯穿着广告的要素。

[三] 各种为政治服务的广告

抗日战争前，日本帝国主义加紧侵略中国，国民党政府又采取了对日妥协投降、对内严厉镇压的政策，引起了广大民众的不满。在中国共产党和左翼文化力量的影响和全国人民抗日情绪高涨的情况下，以《申报》为代表的报刊言论趋向进步，要求抗日救国，反对专制独裁，并发表了宋庆龄、蔡元培、鲁迅等著名爱国民主人士的文章和言论。如早在1931年12月19日就曾以醒目的标题刊登了宋庆龄为了抗议蒋介石杀害邓演达而发出的通电。这篇通电义正词严，激昂慷慨，剖析精辟，寓意深远，不仅是中国现代革命史上一份难得的文献，也是中国近代广告史上的重要政治题材广告资料。

除此之外，《申报》在抗战后也曾扮演积极进步的媒介角色。在“四一二”事变发生前后，刊登了革命的上海总工会和上海临时市政府等单位同反革命的中华共进会和东路军指挥部等展开针锋相对斗争的新闻和广告［图23138、23139］。

解放战争时期，中国共产党利用报刊广告与国民党展开了英勇机智的斗争，扩大了中国共产党的政治影响。

如1947年2月20日，国民党《中央日报》在一版显著位置，刊登了一则即将出版发行马克思《资本论》的

SHUN PAO SHANGHAI WEDNESDAY APRIL 13, 1927
申報
打倒侵敵
新寶華輪船今日開往定海穿山石浦海
鄭重聲明

南京是總理指定的首都
東路軍前敵總指揮部政治部

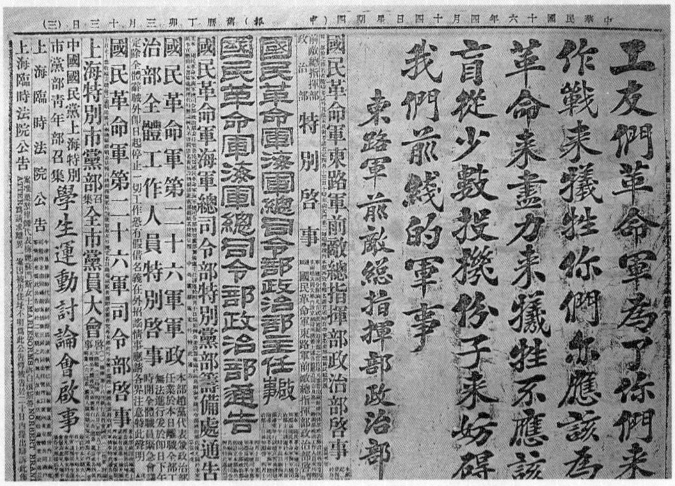
工友們革命軍為了你們來作戰來犧牲你們亦應該為革命來盡力來犧牲不應該盲從少數投機份子來妨礙我們前線的軍事
東路軍前敵總指揮部政治部
國民革命軍東路軍前敵總指揮部政治部啓事
特別啓事
國民革命軍總司令部政治部通告
國民革命軍海軍總司令部特別黨部籌備處通告
國民革命軍第二十六軍軍政治部全體工作人員特別啓事
國民革命軍第二十六軍司令部啓事
上海特別市黨部
中國國民黨上海特別市黨部青年部召集全市黨員大會
學生運動討論會啟事
上海臨時法院公告

/23138//23139/
“四一二”事变后政治斗争广告

大幅广告：

读书出版社发行，世界伟大名著《资本论》，是政治经济学不朽的宝典，是人类思想的光辉的结晶。卡尔·马克思原著，郭大力王亚南合译。

这样的广告刊发后，国民党最高当局立即下令收回这天的《中央日报》，并责令彻底追查。

四 本时期广告行业及广告教研状况

抗战胜利后，上海成立了上海市广告商业同业公会，共有91个广

告公司、行、号、社参加。它的章程规定“以维持增进同业之公共利益及矫正弊害为宗旨”，还规定报纸广告业务必须统一规定收费标准，不得接办同业广告业务；并规定“凡在本市区域内经营广告业务之广告公司、行、号、社等，其营业范围包括日报、杂志、油漆、路牌、电影、幻灯、民营电台、商业介绍、播音等业务，依法均应加入本会为会员”。

广告事业的发展推动了广告学研究和教学的开展，这个时期陆续出版的广告学论著有10多种。如1937年12月商务印书馆出版、由傅德雍编绘的《广告图案字》[图23140]，1939年3月上海形象艺术社出版的《商店应用广告图案集》[图23141]，以及同月由上海大众书局发行的《实用广告画》[图23142]，1940年9月由商务印书馆发行、陆梅僧著的《新中学文库》丛书之《广告》[图23143]，1941年由徐进编绘、上海徐进画室印制的《黑白广告画》[图23144]以及1948年10月出版的由如来生所著的《中国广告事业史》[图23145]等等。

这些书都从不同侧面总结了近代广告创作的实践经验，同时也提供了一定的理论支持。

/23140/《广告图案字》

/23141/《商店应用广告图案集》

/23142/《实用广告画》

/23143/《新中学文库》丛书之《广告》

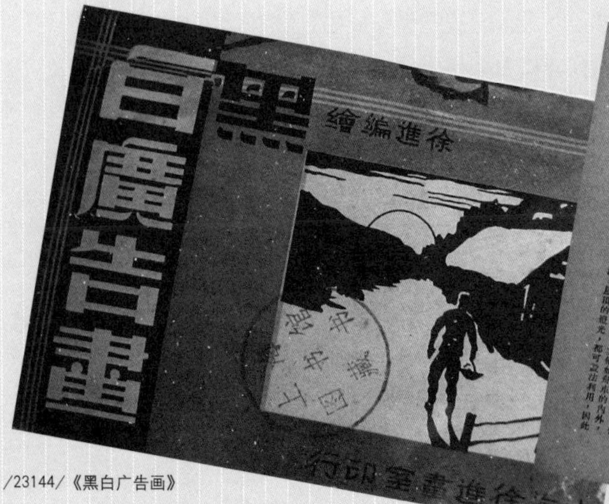

/23144/《黑白广告画》

/23145/《中国广告事业史》书刊广告

从19世纪上半叶开始，几个资本主义强国对中国开始了各种形式的侵略。1840年爆发的鸦片战争，是对中国全面的政治、经济和文化入侵的开始，使中国社会的性质发生了变化。由于不满足于单纯的商品倾销，以及为了进一步加强经济侵略，帝国主义又开始了对中国的资本输出，这在客观上对中国的商品经济的发展起到了一定的推动作用。外国商人在利用各种广告手段大量倾销洋货的同时，也带来了一些新的广告形式；一些原本不大重视广告宣传的民族工商业者，受到外国商行的影响，也渐渐仿效使用新式广告媒介。中国近代广告业也随之开始得到发展，广告的媒介种类增多了，宣传范围扩大了，内容更广泛了，广告的技巧也提高了。

19世纪下半叶以后，随着民族工商业的发展及中国民族资产阶级的成长，越来越多的人认识到，广告对于传播新思想，宣传改良、发展经济具有重要的作用。一批具有爱国思想和民族意识的民族资产阶级人士把广告作为与洋货抗衡的重要手段，逐渐懂得利用广告进行经济竞争。特别是第一次世界大战爆发后，西方资本主义国家因忙于战争，暂时放松了对中国的经济侵略，从而减轻了中国民族工业产品在市场上的压力，使中国民族工业得到了发展的良机。中国民族工商业在短期内出现了前所未有的发展，这就给中国近代广告的发展也带来了契机。

本时期广告事业发展的主要标志在于广告媒介的多样化和广告公司的发展状大，广告的作用逐渐被社会人士和工商业界所重视，他们更积极地以广告来拓宽销路，提高企业和产品的知名度。随着世界广告业的新技术新材料不断传进中国，广告媒介更为发达，广告公司业务更专业化。此外广告的研究和教学也开始引起重视，广告在近代中国获得全面发展。经过这一段的不断摸索，中国近代广告在此后迎来了全盛时期。

由此可见，自从鸦片战争后，外国侵略势力的进入震撼了一个民族。随着资本主义列强进入中国这一文明古国的还有包括近代广告在内的西洋文明。工业文明与农业文明在此得到了融合。

整个近代中国的历史都是抵抗外族侵略和充满血腥战争的历史，广告的发展也充满了动荡和起伏。新民主主义经济作为一种崭新的经济形态，随着近代中国特殊的历史条件下社会生产力发展的需要，不断成长、壮大起来。随着新中国的建立，新民主主义经济取得了决定性的胜利，最终取代了近代中国的半殖民地半封建经济，近代广告才逐渐走上正轨，这也为新中国成立后的现代广告提供了很好的借鉴，并打下了坚实的基础。

第三编

3

1949 年中华人民共和国成立
—1979 年改革开放前

中国现代广告

第一章 建国初到社会主义改造前的广告

（1949年—1952年）

新中国成立后，中国广告业在两三年时间内，摆脱了半殖民地半封建的性质。

建国初期，由于刚刚经过长期的内战，中国经济处于崩溃的边缘，广告业也失去了发展的经济土壤。党和国家采取多种措施，1952年底就将经济恢复并超过抗战前水平。中国广告业以此为契机，开始逐步发展。但由于中国的经济总体水平不高，消费者消费能力有限，当时中国广告的总量并不大。

这段时期影响中国广告业的两大媒体是报纸和广播。《人民日报》是当时广告刊发最多的平面媒介；广播媒体则有长足的发展，不仅较好地完成了政治宣传任务，还利用广告取得了一定的效益。

从广告表现形式来看，新中国成立以后，具有浓厚殖民地色彩、描绘十里洋场摩登女郎的旧式月份牌画在中国大陆绝迹；色块对比强烈、构图简洁，多表现工人、农民和解放军战士建设祖国、保卫祖国的充沛热情，图解政治运动意义的宣传海报盛行，这是这段时期这段广告宣传创作的主要特点。

这段时期广告业中的广告公司，一部分由旧中国过渡转移而来，另一部分由新中国政府合并、组建而成。这些公司普遍业务能力有限，水平不高，仅限于作坊式的创作生产。

这段时期广告业最明显的事件是政府颁布了不少广告法令和法规来规范广告行业的发展，这对于刚经过战争洗礼和经济萧条的中国广告业来说，是必要和必须的。

第一节 经济恢复和工商业调整

1949年，中国经济处于崩溃的边缘，国民党政府滥发纸币、疯狂掠夺资源、破坏国民生产基础。国民党政府曾发行金圆券［图31001］，造成物价飞涨。从1936年6月到1949年5月，国民党政府的货币发行额增长了1445亿余倍。1948年8月，国民党政府1元金圆券按当时物价可买5升米，到1949年5月，物价上涨了6441326倍，1元金圆券的购买力只相当于9个月前的0．000000155元，连一粒米也买不到了，一粒米的价格已变成130金圆券。国民党此举造成恶性通货膨胀，物资匮乏，民不聊生，工商业停滞，新中国的广告行业也处于奄奄一息的状态。

面对千疮百孔、满目疮痍的新中国经济，党和国家采取了“建立和发展社会主义国营经济并使之在整个国民经济中居于领导地位”[1]的基本经济政策，并主要通过没收官僚资本得以完成。同时，废除了帝国主义在中国的一切特权，收回了被霸占的海关，统制了对外贸易，实行了统一的外汇管理。没收的官僚资本，收购、征购、征用以及没收的外资企业，都变成了新民主主义国家的国有企业。再加上解放区原有的公营经济，社会主义性质的国营经济，就控制了全国的经济命脉。据统计，1949年，国营工业固定资产占全国工业固定资产的80．7%。国营经济拥有全国发电、原煤生产，以及生铁、钢、水泥、棉纱生产一半以上的产量，还掌握着全国铁路、大部分现代交通运输业、绝大部分银行和对外贸易。

1950年9月，中共七届三中全会确定的合理调整工商业的工作在会后全面展开［图31002］。调整的范围很广，突出的是三个基本环节：(一)调整公私关系，即调整国营经济同私人资本主义经济的关系。(二)调整劳资关系，遵循确认工人阶级的民主权利、有利于发展生产、以协商方法解决劳资纠纷三条原则调整资本家与工人的关系。(三)调整产销关系，主要是克服生产中的无政府状态。上述三方面的调整，核心是调整公私关系。［图31003］

由于七届三中全会路线的贯彻，新民主主义经济关系的理顺，再加上土改的逐步完成和城乡物资交流活动的开展，国营工商业得到发展，私营工商业也摆脱了困境，走上了发展的道路。1951年，全国国营工业总产值比1949年增长148.8 %，国营商业商品零售额比1950年增长133.2 %；私营工业总产值比1949年

/31001/ 国民党于1948年发行的金圆券

/31002/ 刚建立的人民政府即着手对工商业整顿

/31003/ 建国初抬着“站稳立场、勇敢揭发、大胆检举不法商人”巨幅标语的游行队伍。

1 参见王桧林主编，《中国现代史》，高等教育出版社2003年第2版，第8页。

增长48.2％，私营商业商品零售额比1950年增长36.6％。据北京、天津、上海、武汉、广州、重庆、沈阳、西安等8大城市统计，1951年底同1950年初比较，私营工商业户增加了27%。资本主义工业利润比1950年增加了135%。同时，实行加工订货等国家资本主义形式的企业逐年增加，它们在资本主义工业总产值中的比重逐年增加。

1951年国民经济好转，农民在战后重建家园。[图31004]

与此同时，国家加强了统一管理，许多中小工厂出现了联营方式。私营工商业的发展，增加了国家的税收。据全国10个城市税收统计，单是1950年下半年同年初相比，私营工业税增加90%，私营商业税增加80%。整个经济状况正在迅速好转。[图31005]

国营经济的建立，工商业的调整，巩固了人民政权，这就为稳定物价，同投机资本作斗争，为恢复国民经济和逐步实行对个体经济、私人资本主义经济的社会主义改造奠定了物质基础。到1952年底，国民经济也基本恢复并超过抗战前水平，为1953年转入大规模经济建设并明确向苏联模式的社会主义过渡奠定了基础。

新中国的广告事业正是在这样的背景下恢复并逐步发展起来的。

第二节 建国前后消费习惯的转变

生活水平和消费习惯决定着广告发展的走向，了解建国后人们在吃穿住行上的巨大变迁有助于把握这个时期广告发展的脉络。

/31004/1951年国民经济好转，农民重建家园，娶妻生子，家里添丁进口。

/31005/50年代初的北京东安市场

一 饮食

50年代前期，中国饮食基本上仍保持着传统的中式模式，即以五谷为主食，以各种菜蔬、肉类为菜肴；但在饮食模式方面与以前相比发生了明显的变化 [图31006]。第一，主食中粗粮减少，细粮增多。第二，肉类消费量增加，蔬菜品种发生变化[图31007]。第三，烟酒消费风习发生变化，烟酒的品种增多，较高质量的烟酒需求量增加。第四，在饮食模式上，城乡之间的差异逐渐缩小。据当时国家统计局的统计，1957年除猪肉外，粮食、食用油、食糖、烟等六种主副食的城乡比都小于1952年[2][图31008]。

50年代前期，吸毒等得以革除，对社会风习的改良起到极大的推动作用。

二 衣着

50年代前期的服饰，总体上看是新旧并存，中西皆有。一方面，传统服装如长衫、中山装依然可见；另一方面，干部服作为新着装异军突起。同时西方一些国家的服饰被吸收引进，穿西服的也不乏其人；另外，受制于当时物质生活水平，同时由于苏联的影响，列宁装在时尚女性特别是女干部中一度盛行。女青年中最时髦的打扮是蓝色或灰色的背带工装裤与白衬衫。50年代末，穿花色布拉吉成为时尚。“布拉吉”是俄语音译词，即连衣裙。[图31009、31010] 这种款式的服饰健康活泼，不做作，在女大学生中间最受欢迎。

建国初期服饰的上述特点，是这一时期过渡性社会特点在服饰风习上的反映。但从服饰时尚的角度看，各式服饰的地位是不一样的。西服、长衫已成明日黄花，而干部服、列宁装 [图31011、31012] 则成了服装时尚的主角，不仅城市男女老少竞

2 参见国家统计局编：《中国社会统计资料》，中国统计出版社1985年版，第76—79页。

/31006/50年代初期，农村春节家宴上食品丰富

/31007/50年代初期，城市居民在选购鲜鱼

/31008/50年代一位购物归来的大嫂

/31009/ 五六十年代最时髦的“布拉吉”

/31010/“布拉吉”是指无袖连衣裙，当时中国社会上不仅女人穿，男人也穿，体现了当时学习苏联老大哥的国策

/31011/ 解放初期，列宁装是最时髦的女装

/31012/ 建国时期的国家领导人基本都穿着毛式中山装

相穿着，蔚然成风，农民以在节日能穿上干部服为荣耀。

然而，1953年后，中国的服饰变化出现了停滞的迹象，蓝、灰、黑三色取代了五彩缤纷，干部服、列宁装成了“唯吾独尊”。这种现象逐渐受到社会各界的关注：1955年3月，《新观察》杂志社邀请北京部分文艺界人士及共青团中央、全国总工会女工部的代表座谈有关服装问题，并刊登了座谈发言。1956年第4期又刊发了记者与全国政协委员华君武、叶浅予、丁聪的谈话录，同时刊发了大量读者来信。各界人士疾呼要尽快结束服饰款式色调单一的状况。国家相关部委也强调，需要“大家来提倡，首先从机关的女同志起，然后来影响整个社会”[3]。经过广泛宣传，服饰风习有所变化：1955年，各大城市都举办了花纱布展览会。1955年3月，上海举办的棉布花色品种展览会，展出花纱布达500种。1955年冬天，北京人在家时穿件毛衣和灯芯绒罩衣、外出套件大衣成了时髦的打扮，王府井百货大楼的棉大衣销售大大超过棉制服，花布的女式小棉袄成了抢手货。但当时并没有新的流行服饰取代干部服，这反映了代表政治理念的干部服的主导地位是不易改变的。建国之初的服饰时尚已经演变成新的服饰风习［图31013］，而这一新的风习成了一个时代的重要文化表征。

三 居住

50年代前期居住风习的变化，表现为几个方面：

其一，居住单位的变化。与家庭小型化的趋势一致，小家庭作为独立的居住单位在城市已非常普遍。在农村，农业合作化运动打破了农业生产的小农经济关系，［图31014］使得以大家庭为居住单位这一适应于小农经济关系的居住模式受到冲击，

3 张琴秋：《谈谈服装问题》，《新观察》1955年第17期。

/31013/ 50年代的时装展览

/31014/
50年代汽车开进了农村

生产协作已超出了家庭的范围，这使得子女成亲后与父母分居独过有了可能，因而在农村也出现了以小家庭为居住单位的发展趋势。

其二，在城镇，住房来源发生了变化。以前城镇居民的住房主要靠租房、买房和自己建房。建国后，国家提供公房作为城镇居民住房新的来源，比重逐年提升。到1956年，全国职工住房由公家解决者约50%，而且公有程度越高的部门，公房供给比率越高[4]。住公房与居民的工作单位相联系，成为人们社会身份的一种象征。

其三，居民住宅样式发生了变化。以北京为例，刚解放时，1350万平方米的住宅中，绝大部分为四合院和杂院平房，楼房面积只有83．3万平方米，只占总面积的6%。到50年代前期，这种状况大为改观，住宅建筑速度加快，楼房增多，风格多样：有按西方“邻里单位”样式设计的，也有仿照苏联样式设计的单元楼，还有按“小区建设”理论建设的住宅小区。这一时期兴建的住宅，大部分超出砖木结构所需造价，与建国前的土坯房相比，有着质的区别。[图31015]

四 出行

50年代前期，出行的风习变化，主要表现为较为新式的现代交通工具愈来愈受到欢迎。首先，现代交通工具日益发展，而一些传统的交通工具如轿子、人力车被逐渐淘汰。在城市，电车、公共汽车迅速发展。如北京，1956年有轨电车共240辆，是1949年的8倍，营业里程49.98公里，是1949年的7倍[5]。自行车作为重要的代步工具，也不断增多。如北京，到1957年，三分之一的家庭有自行车[6]。其次，人们的出行观念发生变化，使用现代交通工具的人数迅速增加。如1957年，每万人乘坐火车、汽车、轮船、飞机次数为10012人次，是1949年2528人次的3.9倍[7]。市内交通使用现代交通工具的人数增加更快，北京市1956年有轨电车的客运量是1949年的5倍多。[图31016、31017]

社会风习的移易，从一个侧面反映了50年代前期社会变迁的风貌，体现了这一时期社会生活的消费观、文化观、广告认知观，这也为当时广告宣传提倡的“真实和简洁”特点奠定了基础。

4 参见国家统计局：《我国的国民经济建设和人民生活——国民经济统计报告资料选编》，统计出版社1958年版，第144页。

5 参见曹子西：《北京通史》第10卷，第220页。

6 同上，第461页。

7 参见国家统计局：《中国社会统计资料》，中国统计出版社1985年版，第110页。

/31015/50年代城市居民住宅

/31016/建国初期的公共汽车

/31017/50年代天安门前的公共汽车

第三节 逐步建立的人民广告事业

刚成立不久的人民政府为了大力发展工农业生产，活跃城乡经济，对解放前遗留下来的广告业采取了一系列措施。

一 崭新广告法规的颁布

50年代中国经济进入恢复期，广告出现了一定的繁荣景象，为了规范广告市场，一些广告法规颁布实施。

1949年4月，天津市人民政府公用局率先公布了《管理广告商规则》。1949年12月，上海市人民政府公布了《广告管理规则》。1950年，北京市人民政府公布了商业局拟定《管理广告暂行办法草案》。[图31018] 1950年，西安市人民政府公用局印发了《广告管理暂行办法》。1951年，西安市工商局发布《关于印刷厂商管理暂行办法》，其中许多条款涉及广告。1951年，上海市人民政府公布了《广告管理规则》，其中规定："凡在本市区，以含有招徕宣传性质之文字、图画等用各种方法揭布者，概以广告论。由公用局以本规则管理之。"1951年底，重庆市人民政府发布了《重庆市广告管理暂行办法》，并成立了广告管理所。1952年5月，重庆市政府又公布了《广告业暂行管理条例》。1951年5月，广州市人民政府也颁布了《广州市广告管理暂行办法》……有的地方人民政府对那些影响国家经济发展和人民生活的重点商品的广告，又特别作了规定，如天津市人民政府颁布了《管理医药广告暂行办法》。

这些法规对人民政府刚接手的广告事业起到了规范化的作用，也进一步深化了政府对广告传媒业的管理。

二 对旧中国广告行业的改组整顿

建国初期的广告事业，大多由规模较小的广告社组成。它们不仅业务水平不高、地点分散不便管理，而且所有权掌握在私人手中，因此迫切需要对广告行业进行整顿。

人民政府根据对私营工商业实行"利用、限制和改造"的总方针，解散了一些经营不善、作风不正、业务水平低下、濒临倒闭的广告社；同时将解放前遗留下来的大量分散的私营广告社，合并成一些较具规模的广告企业。比如天津市在1951年把全市的广告业合并为广告总店，下设5个门市部。

对于国民党遗留下来的广播电台和报社，人民政府采取军事方式，由政府接管开办；对于私营商业电台和报社，人民政府采用有张有弛

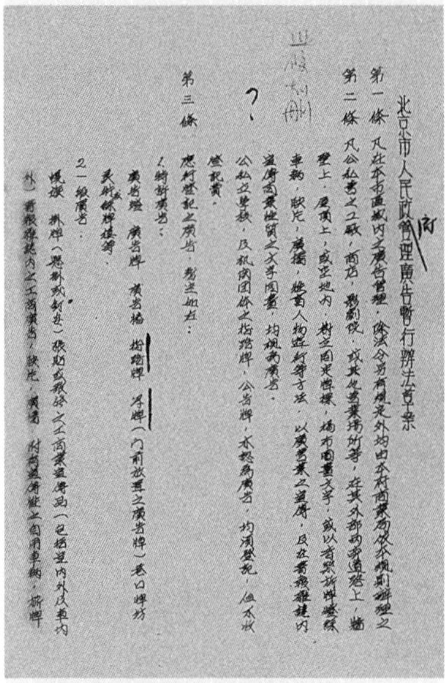
北京市人民政府管理廣告暫行辦法草案
第一條 凡在本市區域內之廣告管理，除法令另有規定外均由本府商業局依本規則辦理之

/31018/《北京市人民政府管理广告暂行办法草案》（1950年）

的方式区别对待，既不限制又防止其为反动组织所利用。通过这些措施，旧中国的广告产业发生了根本的变化。

三 广告同业公会的建立

1949年，北京市成立广告业同业公会筹备委员会［图31019］。该筹备委员会起草了简章、建立了完整的组织机构［图31020］，规定本筹备委员会为北京市广告业同业公会的成立做准备。1950年，上海市成立广告商同业公会，共有会员100户左右，按经营对象分为路牌广告商、报纸广告商和其他广告商。1951年上海市工商局做出规定，电台广播及报刊的商业性广告内容均应由电台、报刊负责人签名盖章，送经同业公会初审，汇送工商局审核许可后，方可发布。凡在报刊公布的商业广告传单，必须加印工商局登记号码，在寄发以前必须经由各该同业公会出具证明书。这样做，“实际是通过‘公会’核实广告的真伪，要求‘公会’做出保证”[8]，同时还可由同业公会限制不正当竞争。因此，广告同业公会加强广告行业管理，是一项行之有效的措施。

四 对广告内容的引导和审查的重视

为配合国内经济形势的恢复，这一时期人民政府十分重视广告内容的审查和引导。规定有下列情况之一者，不得发布：一是与政府政策法令有抵触者，二是滥用国徽、国旗、国家领导人肖像、革命名词等做商业性宣传，三是有欺骗或妨害正当工商业之发展者，四是窃用他人商标版权者，五是涉及迷信，有伤风化或足以引起其他不良影响者，六是妨碍行政、交通、消防、市容者，七是使用他人肖像未经本人同意者。

同时提倡广告内容必须以“纯正为主”，“凡工厂、商店推销商品之广告宣传，必须以品质、效能、使用方法做纯正之介绍，不得虚伪夸大。”在政府的策略引导下，这个时期的广告版面、版式力求简洁明了、不浮夸，名称、图案、特征、规格、价目都很明确，为中国现代广告的正规化奠定了基础。［图31021、31022］

五 广播广告的新发展

1948年11月20日，中共中央发出了《对新解放城市中原有之广播电台及其人员的政策决定》，规定所有国民党政府军队及党部办的广播电台都必须接受，并利用其设备建

8 参见刘林清、陈季修：《广告管理》，中国财政经济出版社1989年，第61页。

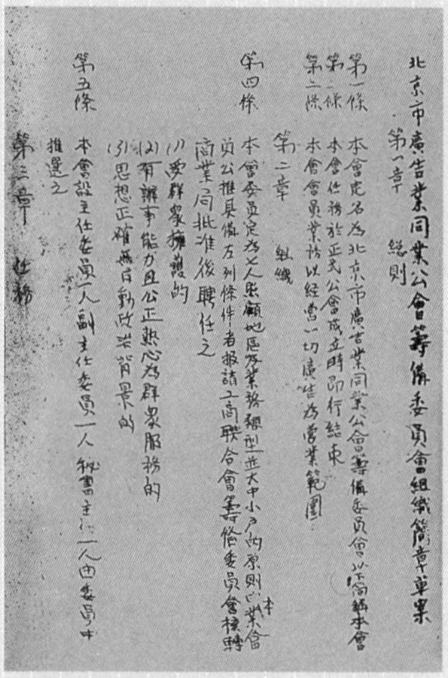
北京市廣告業同業公會籌備委員會組織簡章草案
第一章 總則
第一條 本會定名為北京市廣告業同業公會籌備委員會以下簡稱本會
第二條 本會任務於正式公會成立時即行結束
第三條 本會會員業務以經營一切廣告為營業範圍
第二章 組織
第四條 本會委員定為七人照顧地區及業務類型並大中小户的原則由本業會員公推具備左列條件者報請工商聯合會籌備委員會核轉商業局批准後聘任之
(1)受群眾擁護的
(2)有辦事能力且公正熱心為群眾服務的
(3)思想正確無反動政治背景的
第五條 本會設主任委員一人副主任委員一人秘書主任一人由委員中推選之
第三章 任務

/31019/ 北京市广告业同业公会筹备委员会组织简章草案

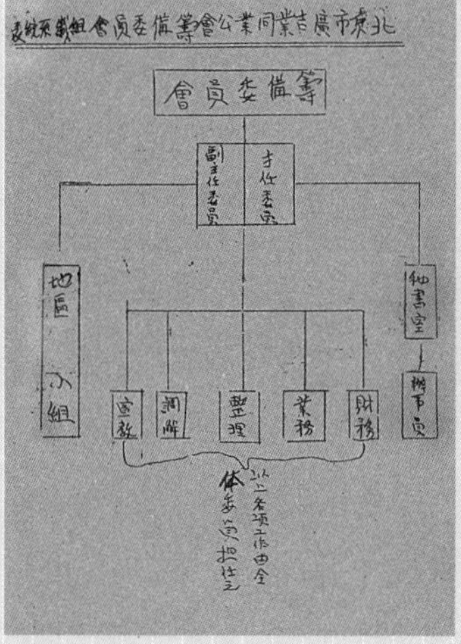

/31020/ 北京市广告同业公会筹备委员会

立人民的广播电台［图31023］。民营广播电台一律归军管委员会管理，经审批后才能播音。凡外国资本及外国人办的广播电台一律停播。《规定》还确定了新中国的广播事业由国家经营的原则。

随着解放事业的逐步推进，全国逐步形成了以中央人民广播电台为中心，以东北、西北、华东、中南和西南大行政区72座广播电台[9]为辅助，全国城乡、工矿企业和机关学校1.5万个收音站和收音小组为辐射的巨大广播网。［图31024］这不仅对中央政策的上传下达起着重要作用，而且也使中国的广播广告事业具备了一定硬件基础和有利的发展条件。

在接管了各地广播电台后，一些大城市的广播电台开办了专门的商业广播电台，增设了广告节目，播放经济、文化和社会广告，从而大大活跃了城乡物资交流，减少了国家事业费开支。

[9] 截至1952年底，全国各大行政区有广播电台72座。

/31022/ 解放初期著名的永安公司发布的商品打折广告，真实和简洁是它的最大特点，《新闻日报》1950年9月14日刊登。

/31021/ 风格朴实的"中华火柴厂启事"《人民日报》1949年12月22日刊登

/31023/1949年4月25日在接管国民党电台基础上，太原新华广播电台开播

/31024/ 记者抄收新华社新闻稿件

50年代前后的广播广告十分简单，拿起广告稿在节目当中或结尾衬上一小段音乐(包括戏曲的过门)，接着便拿腔拿调地读上几句。比如1950年6月6日，山西人民广播电台的前身太原人民广播电台设置《文艺和广告》节目，每天07：00～08:30、08:45～09:00、10:00～12:30、12:45～13:00、18:00～20:00播出。同年8月1日，该节目改为每天播出3次。12月20日，

每天16:00～18:00播出《文艺和工商广告》。1951年10月4日，山西人民广播电台第二台也开设了《工商广告》节目，每天播出4次［图31025］。由于有了广告收入，1951年天津台经费已全部自给，北京台还可以每月上缴国家利润，广告的发展基本呈上升趋势。

在这样的大好形势下，政府进一步加强了对广播广告播出证明的规定：一是私营企业刊播广告，必须出具同业公会的证明；二是国营企业的产品广告，须出具行政主管部门的证明；三是有关医药的广告，须经卫生局盖章或开具证明；四是凡由市教育局管理的学校及社会机关刊插招生广告须经教育局盖章证明；五是出版物的广告，须有主管机关发给之登记证；六是戏剧、电影之类广告须出具文化局证明；七是有关车船的广告，须经公用局或港务局盖章证明。

随着广播广告的发展，这期间也出现了一些问题，比如个别电台从单纯盈利的观念出发，把整个广播时间卖出去，由广告商包揽做广告；有的电台用播放低级庸俗的评书来吸引听众，借以招徕广告；有的对广告内容不加审查，饥不择食；有的不问政治，不懂国家经济政策，不注意群众利益，以致给政府带来了负面的政治影响，给人民群众造成了经济损失。有鉴于此，1952年，根据中央广播事业局的指示，华北五省二市人民广播电台所属的广告台，在天津市召开了一次经验交流会。会议对建国两年来的广播广告宣传工作作了总结，肯定了成绩，批判了单纯盈利思想，确定了今后的工作方针。会议最有代表性的看法是"广告不仅仅是一种经济活动，而且也是政治宣传"。会议还强调要贯彻正确的广告经营方针，把广播广告宣传和国家的经济政策、工商业发展情况和群众的需要结合起来；加强对广播广告内容的审查，建立严格的监督制度；保持节目的完整性，尽量不插播广告；进一步增加收入，减少国家事业费开支。这是建国以来召开的第一次广播广告会议，对推动广播广告的发展起到了积极的作用。

通过这些措施，新中国的广告事业迅速恢复和发展起来。

/31025/50年代山西电台自行改装的直播录音车

/31026/周恩来在《中苏友好同盟互助条约》签字仪式上

第四节 本时期的广告表现

一 建国初期的宣传

[一] 受苏联影响的宣传

建国以后包括广告宣传在内的一切文艺宣传，都是倡导向苏联学习。中苏两国的关系甚至以条约形式固定下来［图31026］。50年代中苏之间水乳交融般的情谊一度深刻地影响了中国人的审美。新中国的广告宣传处处显示苏联“老大哥”制度的先进和对新中国无限的照顾，这些宣传以广告画为主［图31027、31028］，从而形成一种影响，不仅推动了中国人民对苏联的无限热爱，还造就了中国在意识形态、语言、艺术、建筑、生活等方面的苏联模式。

那时候的社会生活处处都有着苏联的影子。北京美专的学生们在北京街头悬挂起来的巨大招贴画上写着：“苏联的今天，就是我们的明天。”在活跃的高校礼堂里，《卡秋莎》和《华沙工人之歌》的旋律此起彼伏。在北海溜冰场，青年男女们互相追逐打闹，用俄语大声谈笑。无论城镇郊乡的白天黑夜，总能听到《莫斯科郊外的晚上》、《红莓花儿开》的歌声。50年代蜜月般的中苏情谊［图31029、31030］使人们对苏联倍感温暖，这是当时人民记忆中的一个重要部分。

/31027/ 有苏共画像的中共三十年庆典

/31028/ 宣传画：向苏联老大哥学习

/31029/ 青岛崂山流亭群星社的小学生在看苏联画报

[二] 抗美援朝时期的宣传

1950年朝鲜内战爆发，美国趁机介入，大举入侵朝鲜北部，侵占了朝鲜，并向中朝边境迅速推进，把战火烧到鸭绿江边。朝鲜民主主义人民共和国处于危急之中，中国的安全也受到严重威胁。

/31030/ 中苏两国人民友谊万岁！（苏联 伊万诺夫作宣传画）

中央多次召开政治局会议讨论援助朝鲜的问题，提出了“抗美援朝，保家卫国”的口号，决定组织中国人民志愿军开赴朝鲜战场，与朝鲜人民军并肩作战［图31031］。后来又成立了全国抗美援朝运动的统一领导机关——中国人民保卫世界和平反对美国侵略委员会（简称“中国人民抗美援朝总会”）。1951年3月14日，该会发表了关于在全国普遍深入地开展抗美援朝运动的通告，特别指出全国各宣传教育和文化机构，以及全国各公共场所均要制订当年的宣传工作计划，来配合抗美援朝、保卫世界和平运动的需要[10]。

在“必须使全国每一处每一人都受到抗美援朝的爱国教育”[11]这一社会要求下，广告宣传工作者也积极投入到当时的签订爱国公约、捐献武器、慰问志愿军及其家属等阶段性的活动中，而在每一时期运用自己的宣传特长进行抗美援朝、保家卫国的宣传则成了当时的日常工作，一大批政治宣传画、美术作品［图31032、31033、31034］兴起，既鼓舞了全国人民抗击美帝国主义的斗志，又为前线抗战筹集了大量善款善物，有力地支援了中朝两国对美作战。

在文艺、文化、广告宣传工作者的宣传鼓动下，抗美援朝迅速在国内变成了一场爱党、爱国的自发性群众运动。人民倾囊相助，无私地捐献出他们的钱物，捐献出他们的一片赤诚［图31035、31036］。截至1952年5月份，全国人民总共捐款5.565亿元（此处为新币，以便于计算），相当于3710架战斗机的价格，这些钱被直接用于朝鲜战场。

/31031/ 中国人民志愿军跨过鸭绿江

/31032/ 把学习成绩告诉志愿军叔叔（国画）

/31033/ 保卫和平（年画）

/31034/ 养小鸡捐飞机（年画）

/31035/ 班禅额尔德尼讲话，号召僧俗捐款

/31036/ 农民踊跃捐款

10 中国人民抗美援朝总会宣传部编：《伟大的抗美援朝运动》，人民出版社1954年版，第93页。

11 来源同上。

二 建国初期有特点的报刊广告案例

[一] 格调单一的《人民日报》广告

1949－1951年《人民日报》的广告以招生[图31037]、出版物介绍、电影和电台节目预告为主，也有少量生产资料、商场折扣广告。可以看出，当时《人民日报》的广告来源比较单一，广告设计不太新颖，仅仅以各种排列的文字＋花边构成[图31038]。

[二] 有趣味性的连载广告形式

当时还出现了很多很有趣味性的广告形式，比如1949年《人民日报》刊登在上的有这样一套连环广告。从3月10日开始到12日结束，新中国书局在《人民日报》同一版同一个位置分别以“明日开幕”、“今日开幕”、“开幕纪念”广告语推销它的开幕事件及八折促销活动，在当时缺乏新意的《人民日报》广告里面颇有创意[图31039]。

再如《人民日报》1949年5月15日刊登了一则“征订”各种广告的广告[图31040]。广告细文里表明了《人民日报》刊登广告的原则：“国营、公营、私营企业广告，机关、团体布告及启事广告，一般启事、商业广告，以及寻人、遗失、产权转移等小型广告”。广告语“份数多、销路广、登广告、有力量”比较押韵，是建国早期一条比较好的广告语。

[三] 反映时尚追求的报纸广告

当时的报纸广告还反映了时尚追求，比如建国初期自行车还是稀罕之物，是时尚和新生活的象征。有一则刊登在《天津日报》上的广告就是一对夫妻手推着使用飞利浦牌自行车胎的自行车的场景，表现了当时人们对时尚生活的追求和向往[图31041]。

总的看来，50年代的广告以工业产品居多，食品较少，酒类广告就更是凤毛麟角了，但是在《羊城晚报》等地方性报纸上还是有一些这样的广告[图31042]。

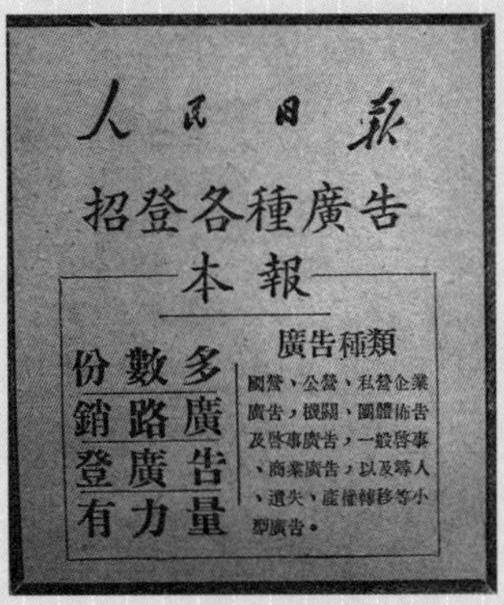

/31040/《人民日报》“招登各种广告”（《人民日报》1949年5月15日）

/31042/五羊啤酒广告（《羊城晚报》1957年11月28日3版）

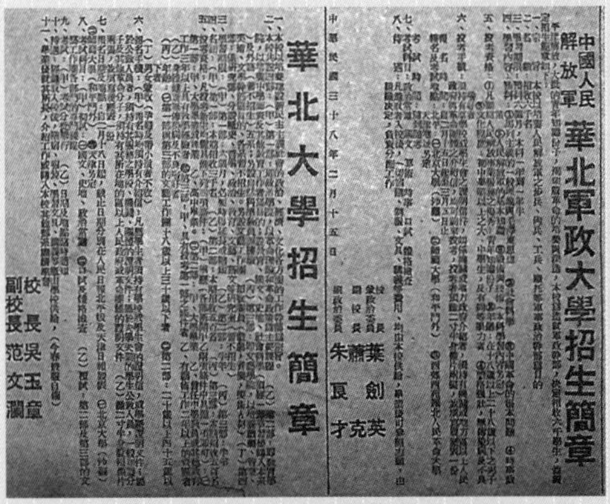

/31037/华北人民革命大学、华北军政大学、华北大学招生广告（刊载于《人民日报》1949年4月18日4版）

/31038/电影和演出预告(刊载于《人民日报》1949年2月20日4版)

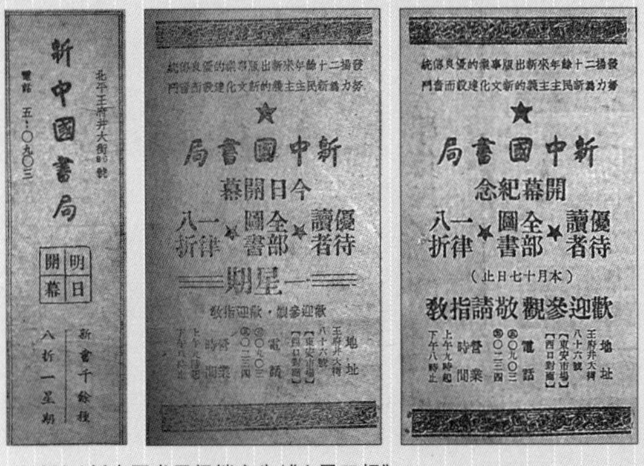

/31039/新中国书局促销广告(《人民日报》1949年3月10—12日)

/31041/《天津日报》飞利浦牌自行车胎广告

第二章 社会主义改造和建设时期的广告

（1953年—1965年）

1953年，中国开始了全行业的公私合营，工业企业的绝大部分产品由国家统购统销，使商品和消费者之间的供应链缩短到几乎不存在的地步。计划经济在社会经济中的比重越来越大，流通渠道减少，供求关系固定，企业的产品销路有了保证，于是广告失去了发展的经济土壤，本时期的广告事业有一定的萎缩。

广告最基本、最重要的机能是商业信息的传递。在本时期，中国广告业的机能发生了重大变化，广告的商业情报传达机能还保留着，但局限在产品信息、包装、告知的范围内；广告在诱导消费方面的机能，随着优先发展重工业的国家政策的实施而变得不断萎缩，文化传播的机能得到强化，上升为一种意识形态的宣传、教育工具。

这一时期报刊广告版面减少，一些城市的商业电台被取消、广播广告数量下降。同时，由于整个社会笼罩在“反对资本主义浪费”的呼声当中，广告被赋予了新的看法，不少人认为广告是资本主义的产物，是资本主义社会浪费的表现，这些认识上的偏差都阻碍了中国广告事业的健康发展。

第一节 社会主义改造和建设时期的经济与消费

一 本时期的政治经济环境

[一] 三大改造

1953年6月，中共中央正式提出过渡时期总路线：从中华人民共和国成立，到社会主义改造基本完成，这是一个过渡时期。党在这个过渡时期的总路线和总任务，是要在一个相当长的时期内，逐步实现国家的社会主义工业化，并逐步实现国家对农业、手工业和资本主义工商业的社会主义改造。在这条总路线的指导下，党实行了社会主义“三大改造”。

农业社会主义改造又叫农业合作化运动。从1951年12月开始到1956年底，农业社会主义改造在经历了互助组、初级社、高级社三个阶段后基本完成 [图32001]。手工业的社会主义改造从1953年11月开始至1956年底结束，全国90%以上的手工业者加入了合作社。

资本主义工商业社会主义改造从1954年至1956年底全面进行。党采取了利用、限制、改造的方针，通过委托加工、计划订货、统购包销、委托经销代销、公私合营、全行业公私合营 [图32002] 等一系列从低级到高级的国家资本主义的过渡形式，实现对资产阶级的和平赎买，通过国家资本主义形式，逐步将其改造成社会主义公有制企业。

1954年，加工订货、统购包销等初级形式的国家资本主义和公私合营等高级形式的国家资本主义的产值，分别占整个非国营工业总产值的53%和33%。到1956年底，实行公私合营的工业企业已占原有资本主义工业总户数和职工人数的99%，占生产总值的99.6% [图32003]。随着资本主义工商业社会主义改造的完成，资产阶级作为一个阶级被消灭了。

国家对农业、手工业和资本主义工商业生产资料私有制的社会主义改造，极大地促进了工、农、商业的社会变革和整个国民经济的发展。但是由于国民经济偏向于以计划为指导，市场稳定，企业竞争趋于缓和，许多企业也就不再需要做广告。这对当时中国广告事业的发展有一

/32001/ 山西省黎城县前锋农业合作社在年底分红时进行总结评比大会

/32002/ 王府井大街的商店庆祝北京市私营工商业全部实行公私合营

/32003/ 庆祝公私合营的天津市资本家家属

定的消极影响。从此中国的广告事业中逐步加大了政治和社会意识形态的因素，广告在中国逐步萎缩 [图32004]。

[二] “大跃进”运动

1956年国家生产资料私有制的社会主义改造基本完成，1957年又完成了发展国民经济的第一个五年计划，开始进入全面建设社会主义的新时期。在这种情况下，由于社会主义建设的经验不足，对经济发展规律和中国经济基本情况认识不足，更由于中央和地方不少领导同志在胜利面前滋长了骄傲自满情绪，急于求成，夸大了主观意志和主观努力的作用，没有经过认真的调查研究和试点，就在总路线提出后轻率地发动了“大跃进”运动。

1957年9月，中共八届三中全会通过了《农业发展纲要十四条（修正草案）》，这实际是农业“大跃进”的纲领。11月13日，《人民日报》发表社论，提出了“大跃进”的口号。1958年5月召开的中共八大二次会议制定了“鼓足干劲，力争上游，多快好省地建设社会主义”的总路线，通过了第二个五年计划，提出了一系列不切实际的任务和指标。在这之后制定的1958年国民经济计划的主要指标过高，造成了经济工作中的急于求成和急躁冒进。

在“大跃进”中，高指标、瞎指挥、虚报风、浮夸风、“共产风”盛行，各地纷纷提出“工业大跃进”和“农业大跃进”的不切实际的目标，片面追求工农业生产和建设的高速度，大幅度地提高和修改计划指标。在农业上，提出“以粮为纲”，不断宣传“高产卫星”、“人有多大胆，地有多大产”，粮食亩产量层层拔高 [图32005、32006、32007]；在工业上，全国几千万人掀起了“全民大炼钢铁运动”，并且“以钢为纲”，带动了其他行业的“大跃进”[图32008]。

“大跃进”运动给国民经济造成了严重后果，使国民经济陷入混乱，各部门的比例关系如积累与消费、工业与农业、工业交通内部以及社会购买力与商品可供量比例严重失调，生产上浪费十分严重，经济效益极差，并且造成了农业丰产未能丰收，人民生活水平下降。

[三] 三年自然灾害

经过“大跃进”不切实际的发展，1959年至1961年国民经济出现了空前的困难，难以为继。这三年就是人们长期所说的“三年自然灾害”，拨乱反正以后，又被称为“三年困难时期”。

国家从“大跃进”开始就轻视农业，推行牺牲农业支撑重工业发展的政策。1958年至1960年，重工业

/32004/ 著名的盛锡福被公私合营

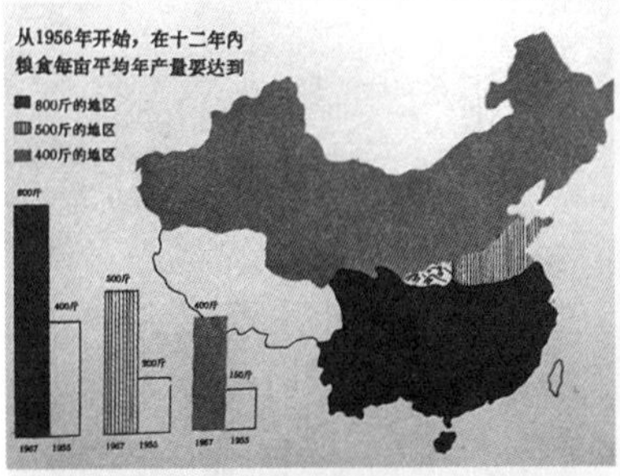

/32005/1958年媒体上刊登的“五亿农民大跃进”图

/32006/ 大跃进时期媒体报道的“老农种植120斤大南瓜”

/32007/ 大跃进时期媒体报道的“与人同大的大黄瓜”

/32008/ 人民公社集中大批劳动力来大办钢铁

增加2.33倍，而轻工业只增长47%，农业却反而下降了22.7%，其中粮食下降了26.4%。至1960年，重工业在工农业总产值中所占比例已超过50%。

这种比例失调的情况不仅发生在粮食生产上，副产品及轻工业品的情况也是如此。从1958年开始，国内消费品供应就日趋紧张。一方面，社会购买力不断上涨，另一方面零售商品货源却跟不上，并且越来越严重。同时，一切与生活用品相关的票证都成了抢手货［图32009、32010、32011］。票证是在商品短缺的情况下为确保短缺商品的公平享用而发放的一种购买凭证，人们凭此可购买紧俏的商品。于是票证便拥有了非同一般的力量。同时，票证也是国家控制社会成员的一种强有力手段，国家按社会成员的不同等级发放给相应的各类票证。

二 本时期的消费生活

20世纪50年代前期，国内的思想政治氛围还比较宽松，这直接影响到人民群众的消费时尚观念，诸如烫发、旗袍、紧身衣等后来被批判为“资产阶级腐朽思想”的东西，还比较流行。当时社会上出现不少新鲜事物可以直接和人们当今的生活挂钩，比如自动售烟机［图32012］无疑就是现在自动售货机的雏形，“量体计算器”［图32013］又带点我们现在使用的电脑的影子。

但是自1958年中共八大二次会议以后，党内开始致力于“反右派斗争”，国内政治空气骤然紧张，反映到人民群众的消费时尚观念上，出现了许许多多令后人“不可理解”的行为。

[一] 饮食

1958年10月，食品紧张问题已经初露端倪。市场上既买不到蔬菜也买不到鱼和肉，所有的东西都凭票供应，某些时候鸡蛋和肉甚至只有持诊断证明的病人才准购买。比如根据1960年12月14日国家统计局对当前市场情况提出的分析报告来看，报告明确指出供应出现紧张状况，农副产品以及以农副产品为原料的工业品的销售量大于收购量，库存大量减少，下半年情况更加严重，食品的市场供应异常困难。到1960年9月底，各地凭票证供应的商品已达30多种。11月份全国商品零售额52.5亿元，比1959年11月下降15.6%。据全国42个大中城市统计，11月猪、牛、羊肉销量比10月减少29.4%，家禽减少51.3%，鲜蛋减少30.4%。［图32014、32015］

/32009/1957年的全国粮票

/32010/1958年的饭票

/32011/ 1959年的饭票

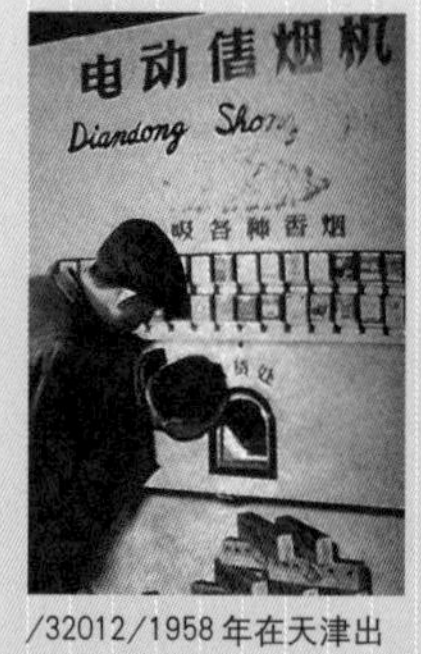

/32012/1958年在天津出现了自动售烟机

/32013/60年代发明的量体计算器能够告诉你做一件衣服需要多少布料

/32014/ 60年代生活照片，当时百姓餐桌上食物有限

/32015/ 60年代的人民公社食堂

[二] 着装

50年代就开始流行的列宁装继续风行。大翻领、双排扣、斜插口袋的列宁装 [图32016]，先是在一些革命干部学校流行，随后扩展到大学，很快又流行于社会，形成风气。

此外，连衣裙、中山装、人民装也为人们所偏爱。

60年代初，中山装得到广泛普及。在男性服饰中，中山装一枝独秀，取代了工作服、便服、礼服，出现在各种场合。相互之间的区别是面料，经典的类型面料高档，用毛料或双面卡其。颜色则以蓝、灰、黑为主。[图32017、32018]

大背头、牛仔裤、喇叭裤这种东西，在破除“四旧”之前，一直在60年代的青年人中流行着。

1964年《天津晚报》发表了一篇群众来信，标题为《我烫“新式”发型为何被人议论》，内容大致是“青年女工喜欢打扮装饰，平时烫个新式头型或穿一件新式时装老是有人在背后冷言冷语，对此青年女工想不通”。报纸编辑特地在标题的“新式”一词上添加引号，既明确无误地透露了编者的导向性，也引发了一场对社会主义社会审美时尚的争论。这封来信遭到了来自社会各方的批判，他们认为青年一代“留着油光光的‘燕尾式’大背头或留着小黑胡，穿着打扮怪模怪样的”，而把“许多精力都分散到了这些方面，以致生产、工作、学习没放在心上”，“是一种在追求资产阶级的生活方式，应当引起社会注意”。

另据《解放日报》报道，1964年5月17日，在南京西路高美服装店，一位顾客同营业员发生了争执。起因是女顾客要求把一条灰色的华达呢裤子做成“小裤管”（类似于今天的所谓“西裤”，在那个年代属于典型的“奇装异服”）因此营业员拒绝了她的特殊要求，并申明裤脚过窄的裤子不能做。女顾客试穿时发现，果然没有按照她的意图改裤脚，便再次要求改小。营业员说：“再改小就要形成包屁股、小裤脚了，这种奇装异服是不受欢迎的。”顾客很生气，“反正我付钱你交货，定做就是为了称心如意，你们有什么理由拒绝呢？难道我做一条小裤脚裤子就影响社会风尚吗？做一条小裤脚裤子就是资产阶级思想吗？”[图32019]

/32016/ 列宁装图

/32017/ 60年代农村流行的着装

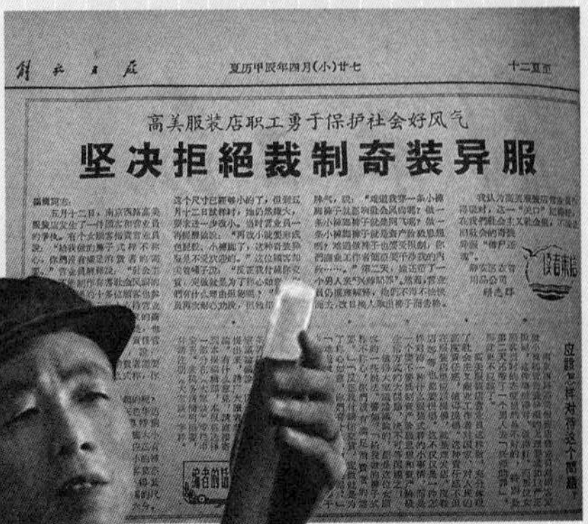

高美服装店职工勇于保护社会好风气

坚决拒絕裁制奇装异服

/32019/ 刊登于《解放日报》1964年6月7日的《坚决拒绝裁制奇装异服》

/32018/ 60年代城镇典型的着装

1964年6月12日，《解放日报》发表了一篇名为《满足什么样的需要？》的评论，认为："满足需要，这也需要做阶级分析。不同的阶级是有着不同的需要的。无产阶级需要的是健康、大方、美观、实惠，资产阶级则追求奇特、怪异。今天，社会主义商业工作者与顾客之间不再是单纯的'我付钱，你交货'的买卖关系。社会主义商业要为无产阶级政治服务。要担负兴无灭资、推动社会移风易俗的光荣任务。因此，我们的商业工作者对裁制小裤脚裤子、做尖鞋头，剃'大背头'的现象不加拒绝是不应该的。社会主义商业是满足顾客正当的需要，而不是无原则地去满足个别人不合理的要求。"[图32020]

报刊的口诛笔伐不仅指向奇装异服，还波及了商品装潢和广告服务。

《陕西日报》发表文章，对一些具有"封建迷信色彩"和充满"资产阶级思想的商标及装潢"提出指责，如"金钱"胶鞋，"美人"面粉，"真美"香水，以及"寿星"、"仙女"、"鸳鸯"等等"落后"的商标。一位读者来信说："最近看到一些日用百货商店里摆设的香粉，有的是'健康'牌的，有的是'爽身'牌的。这些商品的牌号，装潢都很大方、实际。可是，另外还有叫'夜来香'、'美人香'牌号的几种香粉，不仅牌号难听，含意污浊，同时还以美人像和露女像做装潢，看后使人反感。香粉是为人的健康服务的，香粉的牌号和装潢，应当尽量反映广大劳动人民的新思想、新风格、宣传社会主义建设的新景象。应该讲求政治效果和注意大众化。不应当含有资产阶级的喜好，宣传资产阶级的生活方式。"《大众报》更是以几位老理发师的发言，痛斥"资产阶级老爷、太太"的腐化和堕落。女性的"道士发"、"披肩式"、"花瓣式"，男士的"探海式"、"大青背"等等都被视为旧社会的垃圾而加以痛斥。

这场争论可以透射出60年代的时尚信息：人们想追求着装打扮上的个人嗜好，然而这些正当的个人自由在当时紧张的政治空气中显得非常不合时宜，不久就在革命的审美浪潮中被淹没了。

[三] 特定时期的特定广告观

广告建立在经济发展的基础之上，经济越繁荣、消费越兴旺，广告就越发展，因此广告被称为经济生活的催化剂，同时又被看作是政治生活的晴雨表，和政治及社会意识形态领域息息相关，这在本时期表现得非常明显。在那个崇尚节俭的时代，普通大众视"奢"为耻，以"俭"为荣，于是就有了顾客去饭店吃饭，老板劝顾客"少花钱节省粮食"的事情发生；于是就有了面对市场萧条而记者的报道却为"消费奢侈品销售量下降，体现了节约朴素的'新风尚'"；于是也就有了《人民日报》带头批判上海的工人跳舞晚会为"铺张浪费败坏道德的场所"。

那个时代奇特的时尚观念同时影响着大众对广告的看法：报纸的广告版面太多，要被指责，要被视为铺张浪费。1955年6月18日《人民日报》就刊登了一篇《反对刊登广告中的铺张浪费现象》的文章，批评许多报纸刊登广告是浪费和铺张，认为许多广告"是不必要刊登的"[图32021]。

文章指出："我们的报纸不同于资产阶级的报纸，在报纸上用过多的篇幅大肆刊登广告，却是应当反对的。"全文如下：

每逢节日就要出增刊，每出增刊就要登很多广告——这对于不少报纸来说已经成为"惯例"。拿今年"五一"国际劳动节这天的报纸来看，单是全

第2版 1964年6月12日 星期五

界綫应該怎样划？

——从奇装异服引起的議論

满足什么样的需要？

穿衣服也有阶級性嗎？

大家談

/32020/ 刊登于《解放日报》1964年6月12日的《满足什么样的需要？》

国八大城市(北京、天津、沈阳、上海、西安、武汉、重庆、广州)出版的十五种对开日报中，就有十二种出了增刊，少的两版，多的六版。如把上海《解放日报》和《北京日报》在“五一”前后出的增刊也算在内共计出增刊四十四版。其中广告的篇幅超过了三十版。这说明不少报纸出增刊的目的是为了多登广告。像武汉《长江日报》“五一”那天出增刊六版，就有五版是广告；天津《大公报》出增刊四版，全部是广告；《沈阳日报》、《辽宁日报》、《重庆日报》各出增刊四版，广告各占了三版到三版半。

我们并不是反对在报纸上刊登广告，只要这些广告对广大读者，对生产者和消费者是真正有益的。但是我们的报纸不同于资产阶级的报纸，在报纸上用过多的篇幅大肆刊登广告，却是应当反对的。如果我们对今年“五一”许多报纸刊登的广告稍加分析，就会发现其中有不少是不必要刊登的。如《解放日报》4月30日的增刊把上海市第一重工业局、第二重工业局、第一轻工业局、第二轻工业局和上海纺织工业管理局所属的地方国营和公私合营工厂的厂名排列出来；《长江日报》用整版的篇幅来刊登武汉市工业局和武汉市手工业管理局、手工业生产合作社联合社所属各区生产合作社(组)的名称，其他一些报纸也有类似的广告。这些广告既不是向人们介绍新产品，也不是向人们介绍为群众所关心的季节性商品，究竟有多大的刊登必要呢?有许多产品是由国家统一分配而不向市场出售的，但是有的报纸也在大登广告。

不少报纸刊登广告的方式，也表现了资产阶级的浮夸作风。许多广告登得很大，所用字体超过了报纸上最重要的新闻标题。像《沈阳日报》刊登的中国百货公司辽宁省沈阳市公司的一则广告占据将近半版的地位，另外两则中国五金机械公司辽宁省沈阳市公司和中国交通电工器材公司辽宁省沈阳市公司的广告各占据了大约三分之一版的地位。这些广告不仅字体大大，而且中间留有很多空白，它们的篇幅原是可以大大缩减的。滥用锌版，也是许多报纸刊登广告的特点。《湖北日报》、《重庆日报》等甚至将普通的煤球、牙刷等商品的图样也制版印出。

为什么那么多报纸热衷于在节日增加篇幅，大肆刊登广告呢，据说，这样报社就可以增加一笔不小的收入。于是有的报纸每逢节日，就主动向各方面“招揽”广告。当然，

反对刊登廣告中的鋪張浪費現象

包全

/33021/《反对刊登广告中的铺张浪费现象》(《人民日报》1955年6月18日)

报社为了节省国家的财政开支和减轻读者的负担，为了完成上缴利润的任务，从经营广告业务中取得一定的收益，这是允许的。但是，我们的党报和人民的报纸并不是甚么普通的企业单位，它首先是政治的机关。报纸上刊登的一行一字，都要经过政治上的考虑，对于广告也不例外。报纸在处理广告问题时，绝不能仅仅从自身的经济收入出发，而应当首先从国家和人民的利益出发。这就是说，第一，它刊登的广告要有所选择，要刊登那些真正有利于国家的经济建设和文化建设，确实为人民群众所需要的广告，而不是来者不拒，更不是四处“招揽”。第二，

对于那些有必要刊登的广告，也要在节约报纸的篇幅，节约国家的纸张和印刷力，节约刊登广告单位的费用的原则下，加以正确的处理，而不是要求登得越大越好。应当认识，在报纸上刊登过多过大的广告，报社固然可以增加一笔收入，但是国家因此而耗费的纸张、印刷器材、发行运输力量和其它费用却是不少的。单拿纸张来说，如果全国对开日报每逢元旦、“五一”、国庆三个节日都增出两版广告，按照各报目前每期发行份数计算，全国每年就要多耗费五千二百二十令(合二百六十一万张)报纸。而我国纸张的生产在相当长的时期内还不能充分满足人民的需要，目前某些报纸的用纸还要从国外进口，因此这种浪费纸张的行为是不能容许的；同时，报纸是对人民群众进行思想教育的有力武器，如果报纸本身在刊登广告中有严重的铺张浪费现象，它又怎能以节约的思想来教育别人呢？

各地报纸都曾经反对过国营企业中的资本主义经济思想。看起来，某些报纸在刊登广告方面也或多或少地表现了这种资本主义经营思想，这同样是应当反对的。

这些观点现在看来显然有偏激和值得商榷的地方，然而当年它却被认为是“百分之百”的正确。

当时反对在广告中铺张浪费是有历史渊源的。其一，它与当时极左思想是一脉相承，体现了那个时代人民的观念、思维方式和思想认识。其二，该文发表于1955年，正好是国家对资本主义工商业进行社会主义改造的关键时刻，《人民日报》刊登这种文章，也是为这一历史事件做舆论补充。其三，当时社会的确存在着铺张浪费现象，国家正大力推进“反贪污、反浪费、反官僚主义”的“三反”运动，《人民日报》将刊登广告列入铺张浪费现象中，也是正常的思维逻辑。

第二节 社会主义改造和建设时期的广告业

从建国初期到1956年社会主义改造基本完成，党和国家一直比较重视广告行业的引导和管理。但是由于当时以计划经济为主，广告在经济发展中的促进作用有限，许多企业已没有再做广告的必要，比如广播广告就明显出现滑坡。1956年党的八大确定了党的中心任务是大力发展生产力，把工作重心转移到经济建设上来。同年5月，刘少奇视察中央广播事业局时，对当时轻视广告的思想提出了批评，肯定了广告对社会主义经济建设的积极作用。刘少奇在讲话中明确指出：“广播电台为什么不搞广告？人民是喜欢广告的。生活琐事和人民有切身关系，许多人很注意和自己有关的广告。过去北京有一些电台播广告，你们取消了，是不是怕搞广告？报纸也有要登广告的。我看有些城市电台可以播广告。”[1]刘少奇的讲话，有力地推动了国家广告事业的发展。

1 刘少奇：《关于广播工作的谈话》，参见北京广播学院新闻研究编：《广播电视论丛》(上)，中国广播电视出版社1995年9月版。

一 社会主义改造时期的广告业

[一] 国营广告公司的组建

在国家对资本主义工商业进行社会主义改造的进程中，广告行业也在其中，主要表现为：

（1）全国各主要城市对原有的广告从业人员进行思想教育，逐步克服资本主义经营作风，开始树立为生产者、为消费者、为人民服务的思想。

（2）政府有目的地把分散的各自经营的私营广告行业，改造成具有一定规模的公私合营广告公司。

上海市对原有旧广告社进行调整合并，组成由上海市商业局领导的中国广告公司上海分公司（1959年改名为“上海市广告公司”，把全市100家左右的广告商按经营范围改组、归并为五个公私合营的广告公司和一个广告美术社，还将一个霓虹灯厂划归中国广告公司上海分公司归口管理。与此同时，又成立了由上海市文化局领导的上海美术设计公司。

北京市组成由市文化局领导的北京市美术公司。天津市早在1951年即把全市广告行业调整合并为广告总店，下设五个门市部，由天津市第三商业局领导，1956年又划归文化局领导，改名为天津美术设计公司。1956年，广州市也成立了美术广告公司，负责全市的广告业务。

[二] 广告行业管理的深入

在国民经济得到一定恢复和发展后，广告业有了一定的繁荣景象。为了进一步加强对广告业的管理，许多地方政府对原有的广告管理法规作了补充和修订；有的根据本地区国民经济发展的需要，又发布了新的广告管理法规。

1954年武汉市人民政府公布《武汉市广告管理暂行办法》，对广告管理的范围、广告发布的审批程序、广告收费标准等作了具体规定。

1954年3月，广州市修订公布的《广告管理暂行办法》分十章三十八条，涉及范围更加广泛，内容更具体，管理政策更严明，如第一章“总则”中指出：“凡在广州市内以文字、图画、电影、广播、模型等各种宣传方式，揭布广告，概由工商行政管理局依本办法管理之”；第二章“特许广告”中规定，凡在“道旁、墙壁、屋顶、码头、车站、铁路两旁之路牌广告，戏院、游艺场、花园、公共场所等广告，为特许广告，应先申请工商局核准登记，照章交纳管理费，领证后方得装置”。

上海市规定，凡立案的学校、社教机关、慈善团体的非商业性广告，具有证明者，可申请免费；电影、戏剧广告经文化局证明剧本内容好，具有高度教育意义的，可减免50%的广告费，以示对革命文艺的扶植政策。

1956年11月，北京市政府规定：“本市广告管理工作由工商局负责，如果发现需要取缔的广告，由工商管理局通知公安局执行。”

此外，天津、上海、广州等市都实行了广告登记收费的管理办法和刊播广告的审批制度。1958年，北京市政府着手《广告管理暂行办法》的第二次修改［图32022］。

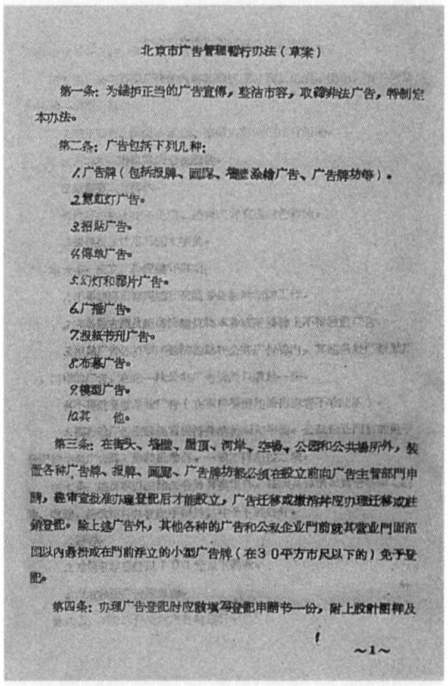

北京市广告管理暂行办法（草案）

第一条：为維护正当的广告宣傳，整洁市容，取締非法广告，特制定本办法。

第二条：广告包括下列几种：

1.广告牌（包括报牌、画廊、墙壁涂繪广告、广告牌坊等）。

2.霓虹灯广告。

3.招貼广告。

4.傳单广告。

5.幻灯和膠片广告。

6.广播广告。

7.报紙刊广告。

8.布幕广告。

9.模型广告。

10.其　他。

第三条：在街头、墙壁、屋顶、河岸、空場、公园和公共場所外，装置各种广告牌、报牌、画廊、广告牌坊都必須在設立前向广告主管部門申請，經审查批准办理登記后才能設立，广告迁移或撤消并应办理迁移或註銷登記。除上述广告外，其他各种的广告和公私企业門前就其营业門面范围以内懸掛或在門前淨立的小型广告牌（在30平方市尺以下的）免予登記。

第四条：办理广告登記时应散填写登記申請书一份，附上設計图样及

～1～

/32022/
1958年《北京市广告管理暂行办法（草案）》

二 社会主义建设时期的广告业

1956年生产资料所有制的社会主义改造基本完成以后，中国进入社会主义建设时期，到“文化大革命”以前，这十年历史可以分为三个阶段：

第一阶段，从1956年9月到1957年底。由于中共八大［图32023］确定了正确的路线和方针及其在初期的贯彻，国家在经济上取得了超额完成第一个五年计划的重大成就。

第二阶段，从1958年初到1960年秋。中国共产党在指导思想上犯了严重的“左”倾错误，发动了“大跃进”和人民公社化运动。随后党开始纠正错误，但又中断，发动了反右倾运动，“左”的错误进一步发展，造成了国民经济的三年严重困难局面。

第三阶段，从1960年冬到1966年春。中共中央贯彻“调整、巩固、充实、提高”的方针，国民经济得到恢复和发展。但是“左”的错误在经济方面尚未彻底纠正，在政治、思想、文化方面又有发展，并导致“无产阶级文化大革命”的发动。

这个时期的广告业也呈现一波三折的势态，完全受经济、政治大环境的影响。

1956年社会主义改造完成，计划经济被作为社会主义的优越性越来越得到加强，商业广告的发展受到了一定的制约。但1957年以后，在党的八大以经济建设为中心的思想指导下，工农业生产得到了发展，广告业随之有了一定的起色。1959至1961年，连续三年发生自然灾害，再加上人为的因素，国民经济严重困难，广告事业随之遭受挫折，一些地区的广告管理办法一度废止。广告业迅速萎缩，个人消费品广告急剧减少，仅剩下生产资料广告及书刊、电影、展览会等文化类广告。以上海市为例，1962年，该市广告营业额从1959年的972万元下降到346万元(外贸广告另计)。1962年以后，由于实行了“调整、巩固、充实、提高”的八字方针，各大中城市的广告又相继恢复。到1965年，上海市广告营业额又回升到500万元左右。

建国初期广播电台零零星星播放过广播广告，不久随着资本主义工商业社会主义改造的完成而停止。因为在长期的计划经济时代是不需要广告的，商业的广播广告从此受到削弱，直至“文革”基本消失。

总体而言，本时期国内广告业发展有如下大事：

[一] 布拉格国际广告会议

全行业公私合营后，工业企业

/32023/1957年毛泽东在中共八大上致开幕词

的很多产品由国营商业包销，已很少再有做广告的企业。因此广告业务剧跌，报纸广告版面减少，一些城市的商业电台被取消，广播广告日益萎缩。这些情况持续了数年之久。直到布拉格国际广告大会召开、中国商业部派员参加后，情况才有所改变。

1957年12月，国际广告工作会议在布拉格召开。包括中国在内的13个社会主义国家的代表参加了会议，中国商业部派代表以观察员的身份出席。会议做出了题为“从人民利益出发，发展社会主义商业广告”的决议，提出了社会主义商业广告的基本任务，并认为社会主义广告的基本特征是“思想性、真实性和具体性”。各国代表在会议期间交流了经验，交换了资料，观赏了各种精美的展品。会议要求各国交流经验要注意几个重点：

1 最好的技术设备和橱窗照明方法；
2 新的橱窗陈列工具的构造；
3 最有趣味的橱窗装潢方法；
4 在霓虹灯广告方面技术上的成就；
5 售货展览的组织和技术方面的好经验；
6 黑白绘画广告的好样品；
7 最好的广告电影脚本；
8 新的广告方式和方法；
9 培养广告工作干部的经验；
10 统计商业广告经济效果的经验。

布拉格会议使中国广告工作者开阔了眼界，受到了启发。

[二] 21城市“商业广告会议”

1959年，商业部发出了加强商品陈列和广告宣传工作的通知，要求各地特别是对外开放城市做好商业广告宣传工作。8月，商业部又在上海召开了21个对外开放城市的“全国商业广告、橱窗和商品的陈列工作会议”。这是新中国广告史上一次具有重要意义的广告会议。

这次会议的主要议题是讨论商业部门如何进一步提高和改进商业广告、橱窗和商品的陈列工作。它肯定了广告在社会主义经济中的积极作用：在社会主义制度下，商业广告是经常向人民群众如实地介绍商品，指导人民消费的基本方法之一，是社会主义文化领域中的一种美术形式；运用广告可以扩大城乡、内外交流，对搞好商品生产和改善企业经营，组织人民经济、文化生活是有益的。商业广告根据社会主义商业的性质和任务，应遵循“为生产、为消费、为商品流通、为美化市容”服务的“四为”方针；“必须把商品宣传和政治宣传结合起来，做到具有社会主义的思想性、政策性、真实性、艺术性和民族风格”。[图32024]

这次会议交流和总结了建国10年来广告工作的经验，会议期间举办了广告、橱窗和商品陈列艺术观摩展览会，探讨了社会主义广告的方针和理论，指出商业广告应当具备有社会主义特色，即“思想性、政策性、真实性、艺术性和民族风格”。

提高商业广告思想艺术水平 更好地为生产和消費者服务

商业部在上海召开商业广告、橱窗和商品陈列工作会議

提高商业广告的水平

上海商业广告橱窗陈列艺术观摩会昨开幕

龙华机場通道昨全綫通車

商店橱窗巡禮

/32024/
《解放日报》1959年8月4日对21城市“商业广告会议”的报道

[三] 对外商广告的规范

从50年代后期至60年代末，中国大力支持亚非拉人民争取和维护民族独立的正义斗争，加强同它们的政治、经济合作。中国不断发展同周边国家的睦邻友好关系，同西欧国家的关系也取得了进展。随着对

外经济贸易［图32025］的发展，中国有45个城市对外开放，来华广告日益增加，而这些广告中的问题也日益暴露出来。针对承接来华广告中存在的问题，1958年，外贸部、商业部、文化部、工商行政管理总局联合发出了《关于承办外商广告问题的联合通知》，确定“外商广告由上海市广告公司、天津市广告美术公司、广州市美术广告装饰公司承办。在地方，由商业局、工商行政管理局领导广告公司的业务活动。各报刊停止直接对外”。通知还规定进出口广告都需经当地外贸局批准，不得与外商签订长期固定合同，外商广告佣金为25%，由国内外广告公司平分。

［四］为人民、国家服务的广告观

1958年，商业部和铁道部联合发出通知，要求利用车站、候车室、车厢及列车内使用的用具等为媒介开展广告业务。政府职能部门开始强调广告对人民和国家的服务功能。

在这一段时间内广告业务有了一定的恢复，如上海、天津的广告公司的广告营业额就比1956年上升了六倍多。然而，这一局面持续不到一年，1958年“大跃进”运动就开始了，工业部门提出了“需要什么，生产什么”，而商业部门则提出了“生产什么，收购什么；生产多少，收购多少”，接着进一步提出“工业不姓商，大家都姓国”的口号。从此，工业产品不论多少，也不论品质好坏，价格高低，全部由商业部门包下来。由于商业流通成为独家经营，市场不再有竞争，广告业受到严重冲击，广告管理一度废止。这种情况在1962年国民经济进入全面恢复期之后才有所改观。

/32025/ 广州出口商品交易会会场

第三节 本时期广告媒体的发展

一 电视媒介的出现

1958年5月1日，在北京原广播大楼［图32026］西侧四层楼上一个60多平方米的排练厅改建成的简陋的导演控制室里，中国的第一座电视台——北京电视台（即今中央电视台前身）开始试验播出。当晚，在北京仅有的几十台电视接收机的屏幕上，出现了一幅以广播大楼模型作为背景图案，上书“北京电视台”字样的电视画面。新华通讯社为此发短讯：“中华人民共和国第一座电视台——北京电视台已在5月1日开始实验广播。”中国的电视事业诞生了。

创办之初，北京电视台自办节目的能力很低，主要依靠电影厂和文艺演出单位的支持。除纪录片、科教影片以外，其他节目全是直播。试播期间，每周播出两次节目，每次两三小时。包括新闻性节目、社会教育节目和文艺节目等。

1958年9月2日，北京电视台正式开播［图32027］。

1958年5月1日试验播出的节目如下：[2]

19:15 《工业先进生产者和农业合作社主任庆祝“五一”节座谈》。节目形式为座谈讲话，中间穿插生产图表及社员劳动情景的照片。

19:15 新闻纪录影片《到农村去（中央新闻纪录电影制片厂摄制）

19:25 诗朗诵《工厂里来了三个姑娘》、《大跃进的号角》。

19:30 舞蹈《四小天鹅舞》、《牧童与村姑》和《春江花月夜》。

19:50 科学教育影片《电视》（莫斯科科学普及电影制片厂摄制）

正式播出电视节目后，电视节目由每周两次增至每周四次（星期二、四、六、日各播一次），同时试办了五期《电视广播节目报》周刊。北京电视台的建立，不仅标志着中国开始迈入世界电视发展的行列，也标志着中国的广告事业迈入一个崭新的阶段。

北京电视台开播后，国家为了解决电视收看问题，从苏联进口了200部黑白电视机应急。不久，天津广播器材厂生产出第一批“北京牌”电视机投放市场。由于电视节目量少、电视接收机数量不多，以及国家的认知态度问题，这个时期没有电视广告投放。直到1979年改革开放以后，才诞生了中国第一条电视广告。

[2] 参考唐世鼎主编：《中央电视台的第一与变迁》（1958—2003），东方出版社2003年版。

/32026/1958年的广播大楼

/32027/1958年9月2日北京电视台正式开播

继北京电视台之后，许多省、市也纷纷设立电视台。1958年10月上海电视台成立，12月哈尔滨电视台也开始广播。1959年至1961年前后，天津、广东、吉林、陕西、辽宁、山西、江苏、浙江、安徽、山东、湖北、四川、云南等地也相继设立电视台。到1961年底，全国已建立电视台、电视实验台、转播台26座。

二 其他广告媒介的发展

[一] 广播

1958年4月，中央广播事业局召开第五次全国广播工作会议，制定了广播工作“大跃进”的方针。[图32028]“大跃进”期间地方广播电台和农村有线广播空前发展，1957年全国有广播电台58座，1958年为90座，这一年新建广播电台32座。1959年全国有广播电台121座，1960年142座。“大跃进”期间，地方广播电台每年平均以30%左右的速度递增。

1958年至1960年，也是有线广播发展的高潮时期。1958年4月第五次全国广播工作会议提出要让人人都能听到广播，让每个农业社(后为人民公社)都能听到广播。为了早日实现农业发展纲要的指标，各地掀起了发展有线广播的热潮。广播喇叭1957年全国有99万只，经过三年“大跃进”发展到628万只[图32029、32030]。

[二] 报刊

1958年6月，中共中央主办的《红旗》杂志[图32031]在北京创刊，它是中共八届五中全会决定出版的中央理论刊物。

《红旗》杂志创刊后，各省、市、自治区党委也纷纷创办自己的理论刊物。许多省的市委[图32032]、地委，甚至县委也出版了自己的理论刊物。这些理论刊物也都主要是1958年“大跃进”的形势下创办的。

这个时期晚报主要有四家，即

/32028/ 中央人民广播电台著名播音员齐越和潘婕在播音室

/32029/ 农村广播站的播音室

/32030/ 农村广播站的播音室图

/32031/《红旗》创刊号

/32032/ 北京市委理论刊物《前线》创刊号

《新民晚报》、《天津晚报》、《羊城晚报》、《北京晚报》。这些晚报创刊初期均有少量广告，但多以电影预告和出版物出版预告为主。60年代初，国民经济调整时，一些省城的市委机关报纷纷由日报改为晚报，如有《长沙晚报》、《西安晚报》、《沈阳晚报》等十几家。这些晚报在编排方面既具有晚报的特点和风格，又兼负日报的任务。

这个时期创办的报刊，还有国家体委主办的《体育报》[图32033]（《中国体育报》的前身），中国时事政策性外文期刊《北京周报》英文版和民革中央主办的《团结报》。《体育报》创刊时即招揽广告，但主要以体育运动器材广告和体育报刊介绍为主[图32034]。

在新闻摄影和画报的编辑出版方面，“大跃进”中也出现了高潮。《中国摄影》(双月刊)、《大众摄影》(月刊)[图32035]、《新闻摄影》(月刊)等刊物的创办，对中国新闻摄影事业的发展都起到了积极作用。据统计，1957年至1960年共出版画报16种，其中有10种是1958年创办的。

/32033/《体育报》创刊号

第四节 本时期的广告表现

一 橱窗广告

商店的橱窗作为陈列商品用的场所，起着介绍商品、宣传商品知识和指导人民消费的作用；同时每个橱窗的布置又各具特色，起到了美化城市和丰富人民文化生活的作用。

本时期百货公司不仅用商品布置橱窗，展示广大人民所需要的日用百货、针棉织品和中档服装、鞋帽等商品，还重视将这些陈列商品的实用性和艺术性结合起来[图32036]。如上海市第一百货商店[图32037]的新手帕介绍橱窗，工作人员把手帕装饰在一个姑娘的蝴蝶结、手巾和裙子上，连她周围的树木和花朵也都是用手帕点缀而成的，不仅衬出了手帕的花色品种，还给观众留下了美好的印象。

一些食品商店也利用橱窗为顾客服务。如江南城市的饭馆，把当日菜肴、糕点陈列在橱窗里，并把每种菜的配料陈列出来，标明价格

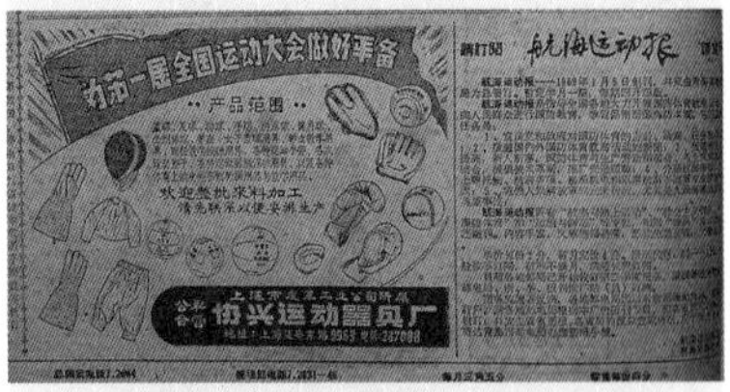

/32034/刊登于《体育报》1959年2月19日的协兴运动器材广告和《航海运动报》征订广告

/32035/
《大众摄影》创刊号

/32036/上海万象服装商店衣料橱窗

/32037/上海第一百货商店乐器橱窗

便于顾客选择。又如北京“年糕张”的橱窗可使顾客看到年糕的制作过程。“东来顺”的橱窗把切羊肉片的情景展现出来，使人们通过欣赏其切肉片薄而均匀的操作技术，以引起食欲。

这些橱窗广告方便了消费者的购买，传播了知识，美化了环境，成为五六十年代社会主义广告的一个特色形式。

二 对“大跃进”的宣传

“大跃进”是一场错误的运动，中共中央的决策固然犯了导向性错误，然而媒体和广告从业人员在这场运动中的宣传也起到了煽风点火的作用。

“大跃进”一词首先出自1957年11月13日《人民日报》社论《发动全民，讨论四十条纲要，掀起农业生产的新高潮》3 [图32038]。后来经过《人民日报》、《红旗》等报刊的社论和文章的宣传，“大跃进”运动也从酝酿发动进入了全面开展阶段。

1958年7月23日《人民日报》报道河南西平县和平农业社放“小麦高产卫星”、1958年8月13日《人民日报》报道湖北麻城县溪河农业社放“早稻高产卫星”、1958年9月18日《人民日报》报道广西环江县红旗公社放“中稻高产卫星”，这些报道直接导致各地的浮夸风盛行起来，不断地报高产、放卫星，出现了小麦亩产7320斤、早稻亩产36000斤、中稻亩产13万斤的虚假记录。

《人民日报》还发表了“人有多大胆，地有多大产”，“不怕做不到，就怕想不到”的宣传报道。1958年7月23日《人民日报》社论《今年夏季大丰收说明了什么》宣布：“我国小麦总产量已超过美国而居世界第二位。”

报刊还以一些富于特征性的广告宣传画来鼓动民众参与“大跃进”。《光明日报》1959年5月9日发表了一则宣传广告，画中形象生动地描绘了一个年轻、高大，穿着一双巨大的“千里靴”的工人即将跨越1961年，在他脚下与他形成鲜明对比的是一个衰老、矮小的西德商人在拄着拐杖蹒跚爬行，工人比他早先一步跨越1961年[图32039]。

3 社论说：“有些人害了右倾保守的毛病，像蜗牛一样爬行的很慢。他们不了解农业生产合作化以后，我们旧有条件也有必要在生产战线上来一个大的跃进。”

人民日報

内容提要

第一版 社論：發动全民，討論四十条綱要，掀起农業生产的新高潮 堅决实现农業斗爭綱領

第二版 紅安县各农業社爭取粮食花生明年亩产千斤

第三版 辽宁許多工厂在大鳴大放后發动群众討論企業中的重大問題

第四版 北京郊区农民響揚下放干部嵐律

第五版 約旦民族主义运动扩大

第六版 ……庆祝十月革命四十周年大会上的講話

第七版 康濯：堅决走上新的生活道路

第八版 罗常培：说中苏“文字之交”

1957年11月 13 星期三

1948年6月15日創刊　·第3414号·　地址 北京王府井大街117号

社論　發动全民，討論四十条綱要，掀起农業生产的新高潮

/32038/ 刊登于1957年11月13日《人民日报》的社论《发动全民，讨论四十条纲要，掀起农业生产的新高潮》

/32039/ “穿上千里靴，一步跨千里，全面赶西德，胜利在眼前”的广告宣传画（《光明日报》1959年5月9日4版）

三 广告在体育活动中的成功运用

1961年4月，第26届世界乒乓球锦标赛在北京举行。这是中华人民共和国成立以来第一次举办世界大赛。1961年第3期的《人民画报》专门刊登文章解释会徽的涵义。会徽是一个由红黄蓝绿黑五种颜色的乒乓球拍拼凑成的一朵花，中间绘有鲜红的“26”字样［图32040］。

在周密细致地安排大赛组织工作的同时，国家围绕这次比赛做了充分的宣传工作，设计了专门的会徽，并且在邮票［图32041］、火花［图32042］、纪念章［图32043］上大量宣传这枚会徽。

北京市为这次比赛修建了工人体育馆，在比赛前期，工人体育馆前处处悬挂“第26届世界乒乓球锦标赛”的标志和口号。

这次大赛还指定了“赞助商”。中国生产的“红双喜”牌乒乓球被指定为比赛专用球，并且“红双喜”的包装上出现了第26届世乒赛的标志［图32044］。

中国队在该届世锦赛上夺得男子单打冠军、男子团体冠军和女子单打冠军。围绕这一盛事，国家又发行了大量的海报［图32045］和宣传画［图32046］将这一事件广为宣传。从此以后，“乒乓热”席卷中国大地。中国成为世界上打乒乓球人数最多的国家。

/32040/ 第26届世界乒乓球锦标赛会徽

/32041/ 第26届世乒赛纪念邮票

/32042/ 第26届世乒赛纪念火花

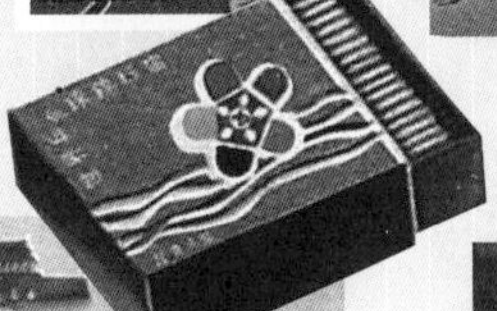

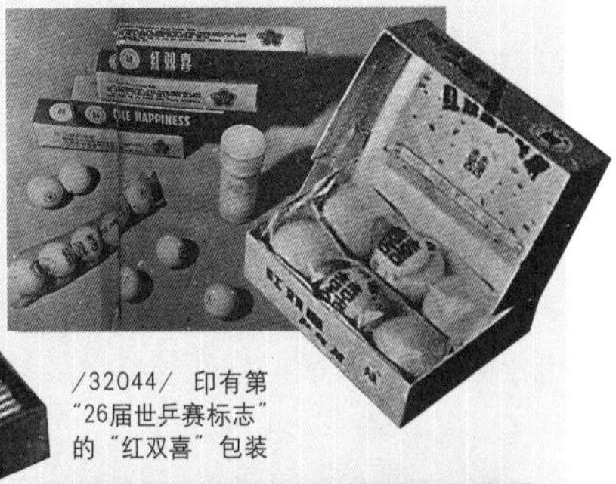

/32044/ 印有第“26届世乒赛标志”的“红双喜”包装

/32043/ 第26届世乒赛纪念章

/32045/ 第26届世乒赛宣传海报

/32046/ 第26届世乒赛宣传画

四 本时期有特色的广告宣传个案

[一] 生活服务类广告

20世纪60年代上海电视台开办电视节目后，曾经在《解放日报》上刊登了电视节目预告启示 [图32047]。这是新中国成立后刊登比较早的生活服务类广告。由于当时电视台刚刚创办不久，节目和观众量都很少，从启事中可以看到上海电视台一周只播出四天节目的情形。

上海青年京昆剧团 今夜七15 大众剧場
大型现代昆剧 自有后来人 12半售今明后票 电訂10号前团体

上海电視台一周节目

4月7日 星期二 18.30开始
㊀“学习彭加木同志革命精神”节目：电視紀录片：《特殊材料制成的人》：柯庆施同志給彭加木同志的信，对詩：郭沫若同志贈詩《滿江紅》、彭加木奉和一首（前綫話剧团演員丁尼、电影演員达式常朗誦），电視評論：《要为革命事业鞠躬尽瘁》，中共上海市监察委員会副书記（原中国科学院华东分院党委书記）王仲良等讲話，中国科学院生化研究所集体朗誦詩：《生命的贊歌》，弹詞：《贊彭加木》（陈希安演唱），沪剧演唱：《歌唱彭加木》（筱爱琴演唱）。㊁“学习解放軍电影展覽”紀录片选播：《首长亲临訓练第一綫》、《連队文艺之花》。

4月9日 星期四 18.30开始
㊀电視新聞 ㊁19.00青年特别节目：高举毛澤东思想紅旗在三大革命运动中斗争、学习、鍛炼、做雷鋒式的革命青年——共青团上海市委副书記章增同志和出席共青团上海市第五次代表大会代表孙积汉、刘菊珍、龔宝龙、张来金、刘爽同志讲話。㊂文艺节目：新疆建設兵团农一师回沪青年演唱《上海青年志在四方》等，上海学生課余文工团演唱《毕业回乡》等，电影演員朗誦詩等。

4月11日 星期六 18.30开始
㊀电視新聞 ㊁少儿节目：好少年《沈宝明学习雷鋒以后》 ㊂轉播上海市人民沪剧团演出：《芦蕩火种》

4月12日 星期日 18.30开始
㊀电視新聞 ㊁新聞紀录影片 ㊂故事影片：《万水千山》

/32047/ 刊载于《解放日报》1964年4月7日的"上海电视台一周节目"。

[二] 富于设计感的广告

本时期部分美术院校毕业的学生和社会上自学成才的美术爱好者投入到广告行业中，为广告行业的设计制作领域带来了一股新的理念和思想，本时期已经开始出现了一些富于设计感的广告作品。[图32048、32049]

/32048/ 广告字体设计手稿（1961年7月 北京华泽顺先生提供）

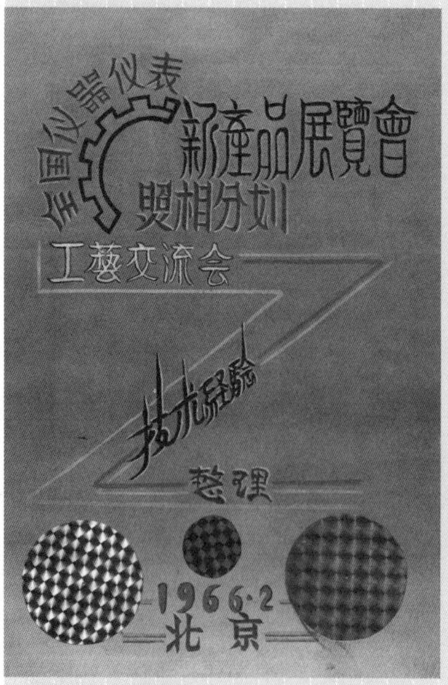

/32049/ 全国仪器仪表新产品展览会招贴设计手稿（1966年2月 北京华泽顺先生提供）

[三] 时效性在广告作品中的体现

当时的广告制作已经注意到了广告的时效性。1964年4月28日中国与巴基斯坦正式通航，中国民航承担了上海至卡拉奇的航运任务。中巴通航协议签署的当天，中国民航就在《解放日报》上刊登了“中国至巴基斯坦航班开通”的广告 [图32050]。

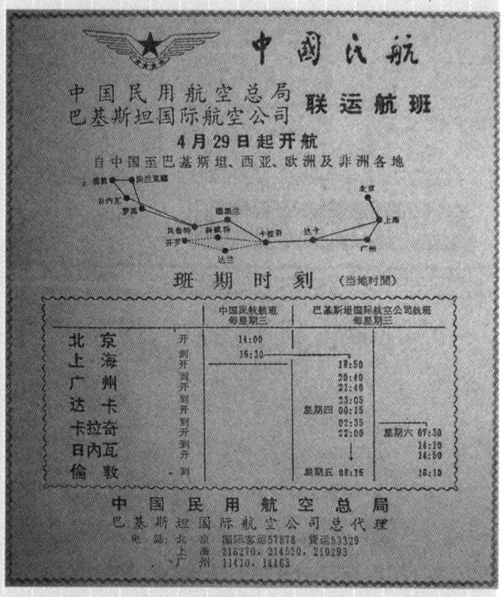

/32050/ 刊载于《解放日报》1964年4月28日的中国民航"中国至巴基斯坦航班开通"广告。

[四] 紧扣时代主题的广告作品

广告通常和时代主题紧密结合，看那个时代的广告作品，就能知晓那个时代的重大事件。社会主义建设的历史背景使得报刊广告显示了极强的政治特性，即使是产品广告，也要和社会政治主题挂钩。比如永生金笔就在产品广告 [图32051] 上面鲜明地打出了“跃进”的红旗。

北京啤酒厂推出一个新产品，也利用建国十周年的政治契机推出，并在《人民日报》上做了广告 [图32052]。以今天的营销观点来看，这也算得上是北京啤酒厂一次成功的事件营销。

[五] 外商产品广告

50年代末已经有一些外商在报纸上投放产品广告。日本佳能相机公司和瑞士铁达时手表公司就曾经在《人民日报》上投放广告。当时，《人民日报》上刊登广告较多的是重工业产品、化工用品、订货交流会等，相机、手表这类轻工业精密产品广告很少见，还有佳能 [图32053]、铁达时 [图32054] 这样的世界著名品牌，在现在看来也倍感亲切。

[六] 反映时尚特点的广告作品

50年代末60年代初报刊上刊登的一些广告还反映出那个物资匮乏的历史年代的社会时尚特点。比如随着棉纺织业的发达，过去一度流行的“的确凉”纺织品已经成为历史，但是当时的广告却反映出那种生产力条件和社会政治条件下人们对“的确凉”产品的喜爱和渴望 [图32055]。

/32051/ 刊载于《光明日报》1959年4月13日4版的“永生金笔”的广告。

/32052/ 刊载于1959年7月29日《人民日报》的北京啤酒厂广告

/32053/刊载于《人民日报》1958年2月25日的佳能产品广告

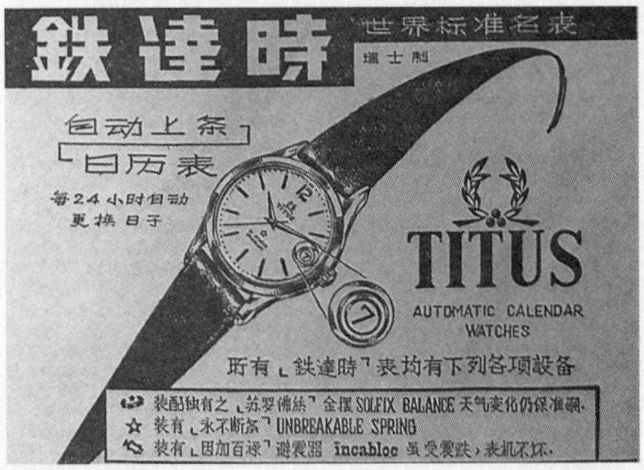

/32054/刊登于《人民日报》1958年2月27日的铁达时手表广告

/32055/ 刊载于《解放日报》1964年5月13日的“的确凉”广告

第三章 “文革”至改革开放前的广告

(1966年—1979年)

-2000 -221 265 581 960 1368 1912 1949 1966 1979 2000

新中国广告在“文革”中受到了巨大的冲击。首先，十年的“文化大革命”使得整个国民经济濒临崩溃的边缘，中国的广告事业失去了生存的土壤；其次，在高度集中统一的计划经济体制下，企业完全失去了经营自主权，更由于国内动乱严重，运输、交流长期沟通不畅，广告失去了促进销售的活跃性；再次，由于社会商品紧缺，长期采用凭票定量供应的办法，人民生活水平下降，消费能力几乎丧失，广告活动也失去了存在的意义。同时，在“阶级斗争为纲”的思想路线指导下，全社会把广告活动斥为资本主义的产物，是崇洋媚外的舶来品，是资本主义腐朽和浪费的表现，广告公司被解散、广告从业人员被下放或转行，广告媒体也不再敢于刊登广告。

第一节 国民经济在“文革”中的动荡与恶化

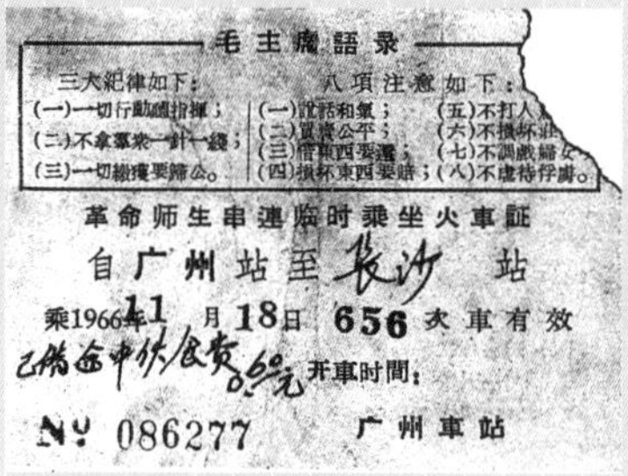

/33001/ 革命师生串连火车票

“文化大革命”发动前，国家的国民经济正处在恢复发展的形势之中。1966年上半年同1965年同期相比，全国工业总产值增长20.3 %，几乎所有的工业产品的技术经济指标，都达到了建国以来最高水平。

自1966年8月后，“红卫兵大串联”运动 [图33001] 掀起，这给工农业生产带来很大的冲击。“大串联”大大加重了交通运输的负担，造成大批物资积压待运。到了10月，全国开展批判所谓“资产阶级反动路线”运动 [图33002]，使工农业生产再次受到冲击。由于从中央到地方，生产主管部门的领导干部都被卷入运动，部分企业领导班子瘫痪，厂矿停工停产时有发生，给生产造成很大影响，明显地表现在基本建设的经济效益下降，大中型项目建成投产率由1965年的22.9 %下降到18.1 %。

1967年1月开始的全国全面“武斗”给整个国民经济带来严重的后果：原来的一套经济指挥、调度和管理系统陷于瘫痪，国民经济处于无计划状态。比如1968年形势极度混乱，必要的基本统计出不来，致使年度计划无法制定，成为实行计划经济以来唯一没有经济计划的一年。

企业内部许多行之有效的经济政策和规章制度，遭到批判、践踏。这样一来，企业管理普遍混乱，产品质量下降，成本上升。

农村实行所谓的所有制“升级”、“过渡”、“割资本主义尾巴”，许多社队储备粮、公积金被“分光吃净”，致使农村经济也受到破坏，引起市场供应紧张，影响了人民生活 [图33003、33004]。

“文化大革命”使整个国民经济陷入空前的浩劫之中，工农业生产连续下降，主要工农业产品产量连年减产。随着生产的下降，国民收入也大幅度减少。

总之，从1966年5月至1976年9月间的十年“文化大革命”，使国家的工作、社会正常秩序遭到极大破坏，也使国家的国民经济面临崩溃的边缘，商品经济及商品制度从根本上被否定。“文化大革命”使得刚刚昙花一现的新中国广告行业倒退十年甚至二十年，广告作为商品的宣传手段被彻底否定，一概被斥为资本主义的产物。消费、商业、社会文化、媒体等等与广告相关的事物也在以一种畸形方式发展并且抑制着相关事物，于是新中国的商业广告在这个时期几乎销声匿迹了。

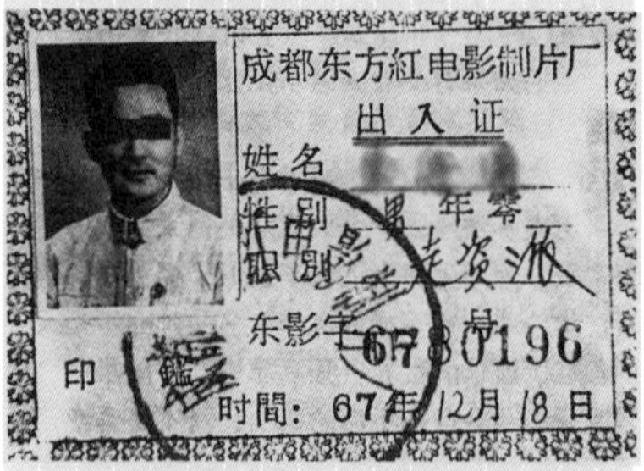

/33002/ “走资派”的身份证

/33003/ 天天学 人人批——上海电台停办广告业务开展革命批判活动

/33004/ “砸烂经济主义”宣传画

第二节 本时期的消费时尚

"文革"十年在新中国历史上是具有独特意义的十年，其消费时尚也凸现出不同于以往任何一个年代的特点。对于老百姓来说，这十年的消费生活平和而沉闷，生活色彩单调，构成了"文革"年代的中国风景。[图 33005]

/33005/ 文革人民生活场景

一 饮食

/33006/ "抓革命 促生产"口号下，各行业一片欣欣向荣图

"文革"时期，全国工农业生产持续徘徊，市场物资供应紧张，城乡居民生活普遍出现了比较严重的困难，部分农村家庭甚至出现背井离乡的情况。绝大多数居民家庭仅仅维持在一个温饱的生活水平，很少有人讲究饮食。一般情况下，人们以吃杂粮、薯类、蔬菜为主，其他副食很少，最好的年份人均年消费猪肉不过1公斤，鲜蛋不过0.5公斤[1]，其中一些农村地区过的还是"种点红薯半年粮，加上糠菜度时光"的生活。在过年过节，一般家庭如能有一点肉、一只鸡，外加一些鱼虾、地瓜、豆腐等，就已经不错了。

到了70年代中后期，在"抓革命、促生产"和"鼓足干劲、力争上游、多快好省地建设社会主义"等一系列方针指引下，社会经济秩序日趋好转［图33006］，尽管这一时期广大知识青年上山下乡等运动对当时社会经济影响很大，但城乡居民总体生活在依然较低收入水平下普遍有所提高。［图33007］当时虽然实行的还是"定量"和"凭票"的供应体制，［图33008］但这期间可以说是一日三餐有保证了。

/33007/70 年代春节市场物品充足

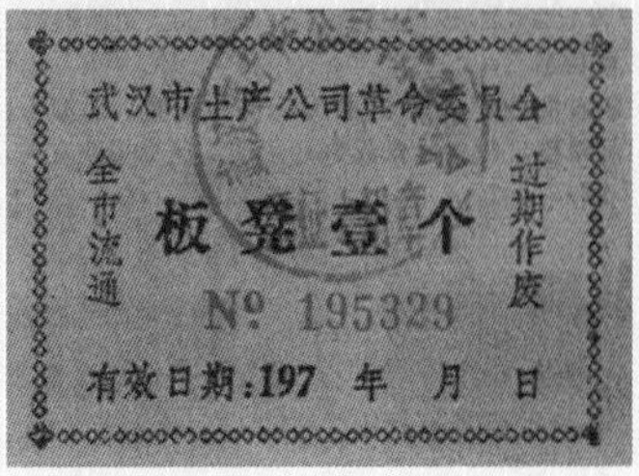
武汉市生产公司革命委员会
全市流通
板凳壹个
过期作废
№ 195329
有效日期：197 年 月 日

/33008/ 购物券板凳一个

1 参见国家统计局《建国55年以来城乡居民生活变化回顾》一文。

二 衣着

“文革”前期，军装是最时髦、最体现革命化的服装，尤其在青年学生中盛行。不仅男生穿，女学生们也把长辫子剪成短发，梳成两个“小刷子”，戴上军帽，穿上军装，腰扎皮带，足蹬解放鞋，浑身散发着“革命”气质，这代表着当时服装美的时尚。[图 33009]

20世纪70年代，工装 [图33010]、知青服是服饰主流，如果一个年轻女孩子能在蓝色工装里面翻出一角雪白的衬衫领，那就是品味和情调。到了70年代中后期，全国已是“城乡百姓三样衣（干部装、中山装、列宁装），四种颜色（灰、绿、蓝、白）盖满地”的一统天下，街头偶然飘过的深蓝或雪白的皱褶裙，给人一种飞舞或飘逸的感觉。总体来讲，当时非常流行的“艰苦朴素”、“新三年、旧三年，缝缝补补又三年”是这一时期人们衣着观念的最好写照。

三 消费

尽管这个时期购物仍然需要票证，但人们普遍注重实用价值，其中以自行车、缝纫机、手表和收音机为代表的“三转一响”，是城乡居民家庭“富有”的标志。当时，上海产的自行车、手表 [图 33011、33012]，以及“红灯”牌收音机、“大前门”香烟等，是广大城乡居民最为钟爱但又很难得到满足的“名牌”。能穿上一身“的确凉”衣服，在当时也可以算是很时髦和有身份的了。

虽然“文革”时期百姓生活已进入“吃的饱、穿的暖”的“温饱阶段”，其中相当多的家庭已有能力讲究吃穿和追求时尚，但古板、规则、千篇一律仍是“文革”十年消费时尚的特点。在这样禁锢的环境中，以经济繁荣为承载体的广告事业的命运自然可想而之。

/33009/ 红卫兵服装（油画 刘昌文作）

/33010/ 工装

/33011/ 上海牌手表

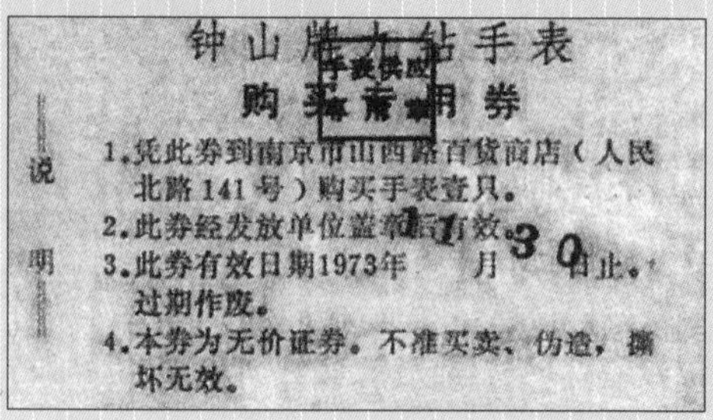

钟山牌九钻手表
购买[illegible]用券
说明
1.凭此券到南京市山西路百货商店（人民北路141号）购买手表壹只。
2.此券经发放单位盖章后有效。
3.此券有效日期1973年 11 月 30 日止。过期作废。
4.本券为无价证券。不准买卖、伪造，撕坏无效。

/33012/ 钟山牌九钻手表购物券

第三节 本时期的广告事业

从1966年5月至1976年9月间的十年“文化大革命”，形成了全国范围的动乱。商品经济及商业制度从根本上的被否定，导致广告作为商品的宣传手段，也被彻底否定。[图33013]广告从业机构被解散，媒体上的广告基本消失。

一 广告从业机构被解散

“文革”期间，广告管理工作停顿，工商行政管理部门和其他广告管理部门及机构也被撤消。广告公司被解散，许多广告设计、制作人员被下放劳动或遭到批判，大批与广告制作有关的工厂转产，广告管理的档案和历史资料被销毁或散失。在国内已经没有一个真正意义上的广告公司。

同时，广告市场逐步萎缩、消失，所有的商品广告活动基本停顿。

/33013/“文革”期间，全国重农抑商的思想严重阻碍广告业的发展

二 商业经营单位被破坏

“文革”期间的“破四旧、立四新”运动，直接干预商业经营单位的正常经营，将斗争的矛头对准消费品流通的重要环节——商业经营单

位，从流通环节给予广告业致命的打击。

据当时《人民日报》记载：“在红卫兵革命精神的鼓舞下，王府井百货大楼的革命职工搬掉了门上‘王府井’3个大字，改名为‘北京市百货商店’；‘全聚德’的革命职工在红卫兵的鼓舞下砸了70年的‘全聚德’3个字，正式挂上了‘北京烤鸭店’的新招牌，正厅的烤鸭照片广告被换成毛主席语录；‘亨得利’钟表店的革命职工们在1964年以来两次提出改掉老字号的要求，但没有实现，现在职工们在红卫兵的鼓舞下，经集体讨论，改名为‘首都钟表店’；20日晚上，当红卫兵把沿用资本家命名的‘徐顺昌服装店’改为‘东风服装店’时，街道上一片掌声，人们齐声高呼‘毛主席万岁’、‘东风压倒西风’。”[2]

在“文革”的政治运动中，北京东安市场被改名为东风市场，并且一改就是十多年，到80年代才恢复[图33014、33015]；天津市最大的商场“劝业场的职工用铁锤砸掉了有38年悠久历史的“劝业场”三个字，换上了“人民广场”的新名称；具有45年历史的北洋纱厂被改名为“四新纱厂”，而且还把原来的拳头产品“金三鼎”棉纱商标，改为“工农牌”商标；上海市最大的百货商店永安公司被改成“永红”、“永斗”等名称；具有50年历史的上海最大游乐场“大世界”几米高的旧招牌也被取了下来。据商业部统计，上海市一商业局所属8个公司共有零售商店3700多家，改换招牌的达3000家以上。

这场运动还直接干涉商店的商品采购、经营。北京百货大楼1966年8月被停止销售的“有问题的”商品达6800多种，占该公司原经营品种总数的22%；武汉市武汉商场“有问题”的商品有4200多种，占该商场原经营总数的24%，其中化妆品有207种，最后剩下15种。所谓“有问题”商品分两类：第一类是商品本身有问题，如中高级化妆品、工艺美术品和西服、高跟鞋之类；第二类是商品本身没有问题，但是称呼、广告图案、商标、造型有问题，比如“天女散花”、“巧克力”、“张小泉剪刀”等以及毛线、毛衣、毛毯等带有“毛”字的商品统统在停售之列[3]。

[2] 张宝文主编：《广告与公关》，青岛出版社1994年版，第34页。

[3] 参见《新中国商业史》。

/33014/ 东安市场改名为东风市场

/33015/ 红卫兵把北京的扬威路改为反修路

三 媒体广告基本消失

在电波媒体中，广播广告被取消。报刊数量减少，1965年全国出版图书20143种、杂志790种、报纸343种；到1970年全国出版图书仅有4889种、杂志21种、报纸42种。同时，报刊保留的少量广告版面，往往用来刊登宣传政治书刊的“书刊广告”（如《红旗》杂志出版广告之类）[图33016] 和样板戏演出之类的“文艺广告”。这时期的《人民日报》的广告版中，文娱广告占很大比重。“文革”中的文艺界把许多文学作品改编成“样板戏”，如《红灯记》[图33017]、《沙家浜》[图33018] 等都是“样板戏”中有名的剧目。《人民日报》广告版经常刊登此类剧目广告[图33019]。

“文革”期间，报刊媒体基本上停止了消费资料广告的发布，在1970年以前，媒体偶尔也刊登一点生产资料类产品的商业广告，不过不久这最后的一点商业广告也停止了。以《人民日报》为例，在1966至1967年间“文革”运动最盛行的时候，它的广告版面还偶尔刊登一点生产资料类的商业广告，其广告科依然对外承接广告业务 [图33020]。从1967年7月29日起，该报广告科的电话号码便从该报版面上消失了，但其广告活动还断断续续坚持到1970年初。1970年1月19日，《人民日报》在刊登了3条工业产品广告之后，就连这类生产资料类的商业广告也从报纸版面上彻底消失了 [图33021]。

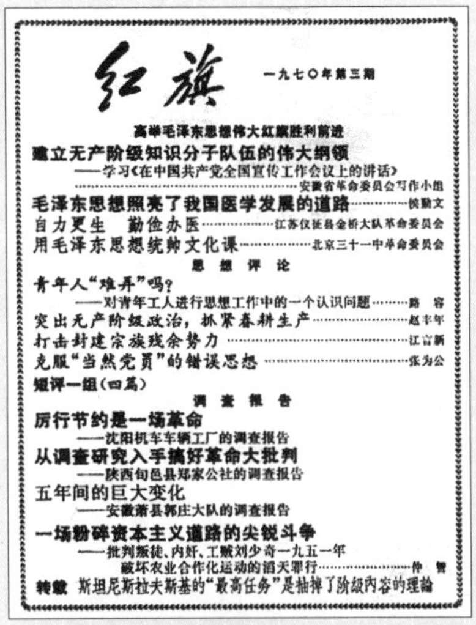
红旗 一九七〇年第三期

高举毛泽东思想伟大红旗胜利前进

建立无产阶级知识分子队伍的伟大纲领
——学习《在中国共产党全国宣传工作会议上的讲话》……安徽省革命委员会写作小组

毛泽东思想照亮了我国医学发展的道路……侯勤文

自力更生 勤俭办医……江苏仪征县金桥大队革命委员会

用毛泽东思想统帅文化课……北京三十一中革命委员会

思想评论

青年人“难弄”吗？
——对青年工人进行思想工作中的一个认识问题……路容

突出无产阶级政治，抓紧春耕生产……赵丰年

打击封建宗族残余势力……江富新

克服“当然党员”的错误思想……张为公

短评一组（四篇）

调查报告

厉行节约是一场革命
——沈阳机车车辆工厂的调查报告

从调查研究入手搞好革命大批判
——陕西旬邑县郑家公社的调查报告

五年间的巨大变化
——安徽萧县郭庄大队的调查报告

一场粉碎资本主义道路的尖锐斗争
——批判叛徒、内奸、工贼刘少奇一九五一年破坏农业合作化运动的滔天罪行……仲 暂

转载 斯坦尼斯拉夫斯基的“最高任务”是抽掉了阶级内容的理论

/33016/《人民日报》1967年7月8日5版刊登的《红旗》杂志1967年第11期目录广告

/33017/ 接过革命的红灯——《红灯记》剧照

/33018/ 在芦荡里坚持斗争——《沙家浜》剧照

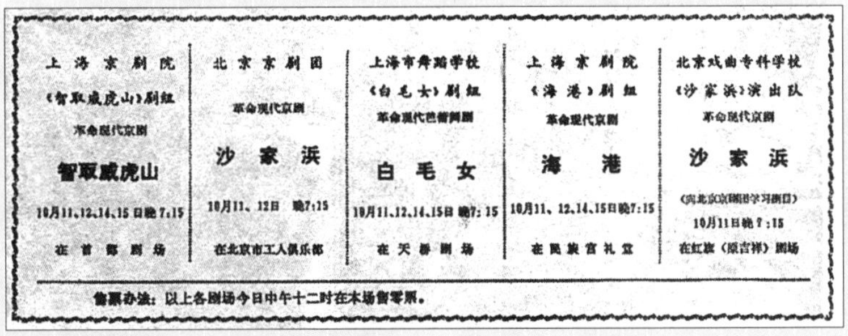

上海京剧院	北京京剧团	上海市舞蹈学校	上海京剧院	北京戏曲专科学校
《智取威虎山》剧组		《白毛女》剧组	《海港》剧组	《沙家浜》演出队
革命现代京剧	革命现代京剧	革命现代芭蕾舞剧	革命现代京剧	革命现代京剧
智取威虎山	沙家浜	白毛女	海港	沙家浜
				（向北京京剧团学习剧目）
10月11、12、14、15日晚7:15	10月11、12日 晚7:15	10月11、12、14、15日晚7:15	10月11、12、14、15日晚7:15	10月11日晚7:15
在首都剧场	在北京市工人俱乐部	在天桥剧场	在民族宫礼堂	在红旗（原吉祥）剧场

售票办法：以上各剧场今日中午十二时在本场售零票。

/33019/《人民日报》 1968年10月10日6版刊登的样板戏广告

/33020/《人民日报》1966年6月13日6版刊登的天然油石北京电解铜厂产品广告

/33021/《人民日报》1970年1月14日6版刊登的最后一则生产材料广告。从此至“文革”结束，再也没有媒体广告出现。

第四节 本时期的广告表现

/33022/ 挂满标语口号的街道

一 突出政治的户外宣传

/33023/ 工人将户外广告牌装饰为红卫兵宣传画

"文革"时户外宣传的方式较多，如政治招贴、大字报、标语［图33022］等等，但这些均为政治宣传服务，没有一种形式充当商业宣传的手段。

商店及粮店之类，有时也有一些商品陈列，但那些样品都是"非卖品”，是为了美化环境、装点门面，为体现市场繁荣、为宣传“形势大好，不是小好”而摆设的。影剧院门前也只有宣传八个样板戏的特大海报。各种户外广告［图33023］，特别是路牌广告，被铺天盖地的政治宣传口号与形象所代替，变成政治宣传牌和语录牌，形成了所谓“红海洋”的特殊景观。

诸如霓虹灯广告之类的许多广告方式绝迹，著名的上海霓虹电器厂把广告霓虹灯改制为政治标语霓虹管［图33024］，然后改做变压器、晒图灯等产品。与此同时，在所谓破“四旧”（即破除旧思想、旧文化、旧风俗、旧习惯）的口号下，绝大多数商标被列在“四旧”之列，统统改名［图33025］。许多有传统的百年老店、老字号，被当作“封、资、修的黑货”而改名，老牌匾被砸烂。

二 “文革”特色的标语口号

“文革”时期宣传的最大特点就是创造出许多琅琅上口、富于创意的标语口号，它在传达信息、教导群众的同时，也作为一个时代的印记烙印在了许多人头脑中。用今天的眼光审视，这些口号也是一种很成功的广告宣传，是一些非常成功的广告语。因为广告语的特点就是“简短有力的口号性语句”、“单一明确的观念性信息”、“长期广泛地反复使用”[4]。纵观“文革”时期的宣传口号，短小精悍而且易记易喊、一条口号就是传达一个政治行动信息而绝没有多余含义，被群众喊了十年仍经久不忘。

•“横扫一切牛鬼蛇神”

这是“文化大革命”的重要口号之一，也是推动“文革”进一步开展的催化剂。1966年6月1日，《人民日报》发表《横扫一切牛鬼蛇神》的社论［图33026］，号召群众起来进行“文化大革命”，打倒所谓的资产阶级专家、学者、权威、祖师爷，使他们威风扫地。

此口号的错误提出，对“文革”初期的混乱造成了不可估量的影响。

•“革命无罪，造反有理”

这是“文化大革命”前期，“红

4 高志宏、徐智明：《广告文案写作》，中国物价出版社1997版，第225页。

/33025/ 商店也成了毛泽东思想宣传阵地

/33024/ 上海南京路布满标语口号的霓虹灯

社论 横扫一切牛鬼蛇神

/33026/1966年6月1日，《人民日报》发表社论《横扫一切牛鬼蛇神》

卫兵"运动的理论基础口号。1966年5月29日，北京清华大学附属中学的一些学生为保卫毛泽东、保卫红色政权而组织了全国第一支红卫兵。他们不断发表文章，宣称："革命就是造反，毛泽东思想的灵魂就是造反"。他们自我标榜其理论来源于毛泽东所说的话，"马克思主义的道理千条万绪，归根结底，就是一句话：造反有理"[图33027]。红卫兵的行动得到了毛泽东的支持，并且在天安门城楼八次接见了1100万师生和红卫兵［图33028］，这使红卫兵运动迅速发展到全国城乡。

•"广大农村天地，大有可为"

1968年12月，毛泽东同志发出指示："知识青年到农村去，接受贫下中农的再教育，很有必要。要说服城里的干部和其他人，把自己初中、高中、大学毕业的子女，送到乡下去，来一个动员。各地农村的同志应当欢迎他们去。"自此，全国掀起知识青年上山下乡、接受贫下中农再教育的高潮。"知识青年到农村去，接受贫下中农再教育"以及"农村是个广阔天地，在那里是可以大有作为的"和"广阔天地炼红心"是这场运动的典型口号［图33029］。

/33027/ 红卫兵砸烂山东曲阜孔庙

/33029/ 农村的毛泽东思想宣传队

/33028/ 毛泽东主席在天安门城楼上接见红卫兵

新中国成立后，中国广告业在两三年时间内，摆脱了半殖民地半封建的性质，走上了社会主义的发展道路。但由于当时中国的经济总体水平不高，消费者消费能力有限，因此当时中国广告的总量并不大。本时期广告业中的广告公司，一部分由旧中国过渡转移而来，另一部分由新中国政府合并、组建而成。这些公司普遍业务能力有限，水平不高，限于作坊式的创作生产。

从广告表现形式来看，新中国成立以后，具有浓厚殖民地色彩的旧式广告在中国大陆绝迹；色块对比强烈、构图简洁，多表现工、农、兵建设祖国、保卫祖国的充沛热情，图解政治运动意义的宣传海报盛行，这是这个时期的广告宣传创作的主要特点。

1953年，国内开始了全行业的公私合营，计划经济在社会经济中的比重越来越大，于是广告失去了发展的经济土壤，中国现代广告事业有了一定的萎缩。同时，由于整个社会笼罩在"反对资本主义浪费"的呼声当中，因此广告也被赋予了新的看法，认为广告是资本主义的产物，是资本主义社会浪费的表现，是崇洋媚外的舶来品，是资本主义腐朽和浪费的表现，这些认识上的偏差都阻碍了中国广告事业的健康发展。具体表现为这一时期报刊广告版面减少，一些城市的商业电台被取消、广播广告数量下降。广告公司被解散、广告从业人员被下放或转行，广告媒体也不再敢于刊登广告。

新中国广告在"文革"中更是受到了巨大的冲击。首先，十年的"文化大革命"使得中国的广告事业失去了生存的土壤；其次，在高度集中统一的计划经济体制下，企业完全失去了经营自主权，广告失去了促进销售的活跃性；再次，由于社会商品紧缺，人民生活水平下降，消费能力几乎丧失，广告活动也失去了存在的意义，直至消失。

建国初期，由于经过长期的内战，中国经济处于崩溃的边缘，广告业也失去了发展的经济土壤。在这个破烂摊子的基础之上，党和国家采取多种措施，1952年底就将经济恢复并超过抗战前水平，逐步建立一个新兴的工业化国家，历经抗美援朝、抗美援越以及三年自然灾害等内忧外患的困扰，在一穷二白的基础之上取得了诸如能自行研制原子弹等种种创举，堪称一个奇迹。中国广告业也以此为契机，开始逐步发展。

但是，畸形发展工业是以牺牲农业和居民生活资料消费为代价的，这对本时期中国广告的发展是非常不利的。因此，本时期中国广告业的机能也发生了重大变化，广告的商业情报传达机能还保留着，但局限在产品信息、包装、告知的范围内；广告在诱导消费方面的机能，随着优先发展重工业的国家政策的实施而不断萎缩，而文化传播的机能得到强化，上升为一种意识形态的宣传、教育工具。从这个意义上来说，中国广告在本时期的消失就有了其历史必然性。

第四编

1979

2000

4

中国当代广告

1979年改革开放至今

第一章 改革开放后广告活动的恢复和发展

20世纪70年代末，经历了沧桑和动乱的中国开始迈出改革步伐。1978年12月，中国共产党十一届三中全会决定：从1979年起，把全国工作重点转移到社会主义现代化建设上来。自此中国拉开了改革开放的序幕，全国各项改革兴起之时，商业活动也逐渐恢复了兴隆。

在农村，家庭联产承包责任制逐步推行，揭开了农村改革的序幕。农产品市场开始引入市场机制等，初步改变了长期存在的农产品封闭式流通的状况，向多渠道、少环节、开放式的流通体制迈出了第一步，促进了农业和农村商品生产的发展。

在城市，经济管理体制着手进行改革，扩大企业自主权、推行经济责任制；允许发展集体经济和个体经济，改变城市经济结构，城市经济一片活跃。设立经济特区、搞活对外经济，加快了向世界水平赶超的步伐。

改革前形成的低收入、低物价、低消费的超稳定分配格局发生改变，逐渐趋向提高收入、提高物价、提高消费的变化中的收入分配格局。城市居民储蓄率上升，消费率下降，消费结构和变化基本上是平面数量扩张而少有结构变化。农村居民消费结构主要由货币消费开始转入自给自足的实物性消费。改革初期的消费热点也发生了转移，中国家庭企求的三大件从“自行车、手表、缝纫机”变为“电视机、洗衣机、电冰箱”，城市出现“家电热”，农村则出现“建房热”。

随着改革的深入，人们的思想逐步得到解放。80年代生活消费品中“功能退化”现象增多，大众文化开始出现，精英文化受到冲击并逐步衰落。

正是在这样的社会经济文化环境之下，百废待兴的中国广告业开始了新时期的恢复和发展。

第一节 改革开放后国内广告活动的恢复

新中国成立以后，以报纸为代表的媒介广告经营活动依然延续，形式多样的商业广告依然存在，报社经济构成中有相当一部分是来自广告收入。但是到了60年代，由于意识形态领域的"左"倾错误，计划经济体制的逐步加强以及十年动乱的影响，报纸上的商业广告逐渐退出了历史舞台，仅仅留下了一些少量的文化信息类广告。

1978年12月党的十一届三中全会召开，中国迈开了经济改革的步伐。广告——这个一度在汉语中消失的词语——开始出现在已对它感到有些陌生的中国人眼前。仅仅一个月之后，在上海、北京、天津等城市，广告业务便开始恢复，使得企业生产和人民消费之间的通路开始畅通，媒体开始迅速扮演为市场服务的角色。

从1979年开始，中国大陆的商业广告进入恢复时期，中断日久、百废待兴的中国内地广告业重新开始发展，但是政治意识形态的阴影以及全社会对广告活动的不理解甚至反对是这一时期广告复兴的主要障碍。尽管不时面临着误解和无奈，但是中国广告前进的步伐并未停止，到1982年全国广告业基本恢复。

商业广告在中国大陆恢复的背景，主要是由于政治环境的转变，从而引起经济环境、消费状况、文化氛围等大环境的变化。此外，企业营销意识的萌芽和媒体经营模式的转变也成为中国大陆商业广告恢复的重要原因。

到了80年代初，打开国门的中国人对于信息有了强烈的渴求。于是，电视机在消费热点的"新三件"之中被排在了首位。电视屏幕上出现的那些有趣新鲜的广告，正预示着一个商业信息时代的来临。

一　为广告正名

广告在当时中国的恢复并非一帆风顺。长期经受过“左”的思想束缚和传统计划经济体制的制约后，国人对阔别已久的广告不免存在种种疑虑和不解。1979年春，北京市政府考虑到商业和交通的需要，决定将西单“民主墙”迁往月坛公园，原来的地方变成“广告墙”。在即将变成“广告墙”的墙壁上有一张大字报这样写道：“为什么要将重要的民主之窗换成这么无聊的商业广告？广告，滚蛋！”

1978年上半年重新成立的上海包装广告公司进出口公司基本上恢复了同19个国家和地区的广告业务关系，同年向国外发布中国产品广告达161次，总金额达83万美元。时任公司广告科科长的丁允朋是上海两报一刊的通讯员，他在1978年年底的《文汇内参》上介绍了出口广告的恢复情况，同时提出了恢复国内广告的建议和设想。大约一个月后，该文作为上报中央的内参，引起了中宣部部长胡耀邦的重视，他批复：“可以一试。”

1979年1月14日，《文汇报》发表丁允朋的《为广告正名》一文［图41001］。

文章指出：

电视转播文艺演出或体育比赛时，往往有“场内休息”，电视观众也不得不跟着休息。我想，这是对荧光屏幕的很大浪费。据我了解，在国外，晚上七至九时是电视收视率最高的“黄金时间”，在此间插播广告，效果大，价格高，一分钟映费数万到数10万美元不等，真叫“寸金难买寸光阴”。“提起广告，人们往往容易把它和“摆噱头”、“吹牛皮”联系在一起。林彪、“四人帮”一伙大搞假左真右，说什么“广告是资本主义生意经，要它干什么”，“橱窗里摆的都是吃、喝、穿，是在宣扬封、资、修”。在这种思潮的影响下，所有广告统统被砸烂，甚至商店橱窗也统统封闭起来，不见有商品陈列。

文章接着写道：

“现在，拨乱反正，为了使社会主义市场丰富多彩，对橱窗设计布置已经开始重视起来，但广告是不是都属于“摆噱头”、“吹牛皮”，似乎尚未澄清。

文章最后呼吁：

我们的报纸、刊物、广播、电视等，都应该多为我们的新产品、新技术、新工艺、新的服务部门作好广告。我觉得，目前报纸上的电影、戏剧广告虽然有一点，但实在做得太简单了，为什么不能图文并茂呢？另外，为了发展对外贸易，在我们的报刊、广播、电视中有选择地刊登、放映外国广告，这也能扩大广大群众眼界，对增加外汇收入也是有好处的。

文中澄清了对于广告的种种歪曲和误解，发出了“我们应该运用广告给人们以知识和方便，沟通和密切群众与产销部门之间的关系”，“有必要把广告当作促进内外贸易、改善经营管理的一门学问对待”的呼唤。

为了引起读者的重视，《文汇报》编者在这篇文章的周围特意围了花边，并用醒目的楷体字突出编排。此文最早为报纸、刊物、广播、电视刊播商业广告作了舆论上的鼓吹，引起国内外的广泛关注，反应强烈，丁允朋也被业界称为“中国现代广告的开拓者和打开中国广告大门的人”。

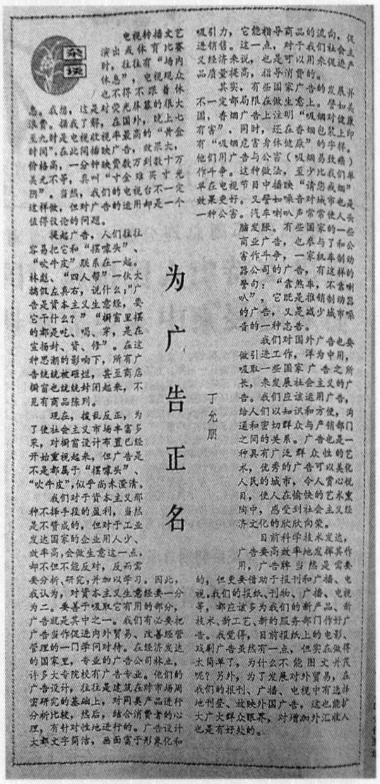

为广告正名

丁允朋

电视转播文艺演出或体育比赛时，往往有“场内休息”，电视观众也不得不跟着休息。我想，这是对荧光屏幕的很大浪费。据我了解，在国外，晚上七至九时是电视收视率最高的“黄金时间”，在此间播映广告，效果大，价格高，一分钟映费数万到数十万美元不等，真叫“寸金难买寸光阴”。当然，我们的电视台不一定这样做，但对广告的运用却是一个值得议论的问题。

提起广告，人们往往容易把它和“摆噱头”、“吹牛皮”联系在一起。林彪、“四人帮”一伙大搞假左真右，说什么：“广告是资本主义生意经，要它干什么？”“橱窗里摆的都是吃、喝、穿，是在宣扬封、资、修”。在这种思潮的影响下，所有广告统统被砸烂，甚至商店橱窗也统统封闭起来，不见有商品陈列。

现在，拨乱反正，为了使社会主义市场丰富多采，对橱窗设计布置已经开始重视起来，但广告是不是都属于“摆噱头”、“吹牛皮”，似乎尚未澄清。

我们对于资本主义那种不择手段的盈利，当然是不赞成的，但对于工业发达国家的企业用人少、效率高，会做生意这一点，却不但不能反对，反而需要分析、研究，并加以学习。因此，我认为，对资本主义生意经要一分为二。要善于吸取它有用的部分，广告就是其中之一。我们有必要把广告当作促进内外贸易、改善经营管理的一门学问对待。在经济发达的国家里，专业的广告公司林立，许多大专院校有广告专业。他们的广告设计，往往是建筑在对市场周密研究的基础上，对同类产品进行分析比较，然后，结合消费者的心理，有针对性地进行的。广告设计大都文字简洁，画面富于形象化和吸引力，它能指导商品的流向，促进销售。这一点，对于我们社会主义经济来说，也是可以用来促进产品质量提高，指导消费的。

其实，有些国家广告的发展并不一定都局限在做生意上。譬如美国，香烟广告上注明“吸烟对健康有害”，同时，还在香烟包装上印有“吸烟危害身体健康”的字样。他们用广告与公害（吸烟易致癌）作斗争。这种做法，至少比我们单单在电视节目中播映“请您戒烟”效果更好。又譬如噪音对城市也是一种公害。汽车喇叭声常常使人头脑发胀。有些国家的一些商业广告，也参与了和公害作斗争，一家机车制动器公司的广告，有这样的警句：“靠煞车，不靠喇叭”，它既是推销制动器的广告，又是减少城市噪音的一种忠告。

我们对国外广告也要做引进工作，洋为中用，吸取一些国家广告之所长，来发展社会主义的广告。我们应该运用广告，给人们以知识和方便，沟通和密切群众与产销部门之间的关系。广告也是一种具有广泛群众性的艺术，优秀的广告可以美化人民的城市，令人赏心悦目，使人在愉快的艺术熏陶中，感受到社会主义经济文化的欣欣向荣。

目前科学技术发达，广告要高效率地发挥其作用，广告牌当然是需要的，但更要借助于报刊和广播、电视。我们的报纸、刊物、广播、电视等，都应该多为我们的新产品、新技术、新工艺、新的服务部门作好广告。我觉得，目前报纸上的电影、戏剧广告虽然有一点，但实在做得太简单了，为什么不能图文并茂呢？另外，为了发展对外贸易，在我们的报刊、广播、电视中有选择地刊登、放映外国广告，这也能扩大广大群众眼界，对增加外汇收入也是有好处的。

/41001/《为广告正名》原文（《文汇报》1979年1月14日）

这篇文章的发表，对广告业的意义不亚于“实践是检验真理的唯一标准”对中国拨乱反正的意义。许多闻讯赶来的外国媒体记者认为中国恢复广告，不单单是一种商业的问题，甚至是改革开放的一个信号。

为恢复中国广告奔走呼号的不仅仅丁允朋一人。早在1978年6月，上海市美术公司就建立了以王庆元为组长的恢复广告五人小组。为了探索恢复广告的可能性，他们经过近80天的调研，充满信心地得出一个结论——“从商品的生产销售来讲，我们需要广告”。同年的11月23日和28日，王庆元先后两次向上海市商业局递交了《关于恢复商品宣传服务的报告》和《拟将部分政治宣传牌改为商品宣传牌的报告》两份报告，要求恢复对商品的广告宣传并恢复路牌广告。

二 报纸媒体率先恢复广告业务

随着国家经济体制改革力度的加大，经济建设思路的日益明确，媒体开始加强对商业的宣传。报纸广告是四大媒体广告中历史最为悠久的一类，它的发展贯穿了整个中国的近现代史，从一个侧面见证着时代的进步和社会的发展。

[一]《天津日报》刊登改革开放以来第一条商业广告

1979年1月14日，《天津日报》通栏刊登了天津牙膏厂的蓝天牌牙膏商品广告，这是中国广告在禁锢十年以后刊登的第一条商业广告[图41002、41003]。正是这一条广告，拉开了中国新时期商业广告恢复的序幕，翻开了中国广告新的一页。

当时的天津日报社面临的两个大问题：一是报纸的内容怎么样拨乱反正，恢复党报的好传统，使报纸的内容更联系实际、联系群众；二是经济上的困难，报纸在“文革”前是每年都有盈余，在“文革”以后，却连年亏损，年亏损额达几十万元。为了解决这个经济上的困难，天津日

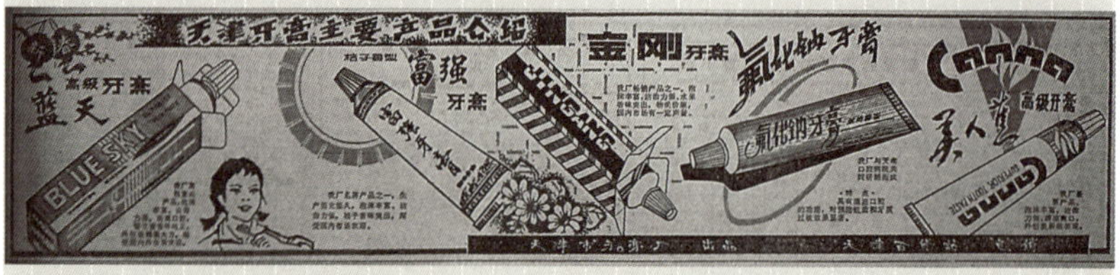

/41002/ 天津牙膏厂蓝天牌牙膏广告
(《天津日报》1979年1月14日第2版)

/41003/ 天津牙膏厂蓝天牌牙膏广告
(《天津日报》1979年1月14日第3版)

报决心从工商广告入手尽快使报业经济扭亏为盈。在这种情况下，天津日报开始招揽商业广告，并在报纸上公开登出了刊登商业广告的广告。蓝天牌牙膏广告效果非常好，1979年天津日报即实现了扭亏增盈，当年盈利二十多万元，第二年增长到一百多万，第三年又增长到了二百多万。

这条广告刊登之后，香港《大公报》曾经发表一个报道，认为被禁锢了十几年的广告在天津登出来，这说明国内决定要搞经济建设了。这条广告的出现，标志着中国经济的巨轮开始启航，中国广告业开始迈出历史性的跨越，这一年也被称为现代中国广告业发展的“元年”。

[二]《解放日报》恢复商品广告

1979年初以后，上海的报纸相继恢复刊登中断了十多年的商品广告。率先展开广告业务的是上海党委机关报《解放日报》。

1979年1月28日，这一天是中国的传统佳节——春节，当天的《解放日报》与往日不同，报头及报眼均套红印刷，并首次在2版下部及3版下部登载了两条通栏广告：上海市工艺美术工业公司和上海食品工业公司的商业广告［图41004、41005］。而这一天，恰好是国务院副总理邓小平出访美国的日子。这是一个历史的巧合，邓小平对美国的访问，是新时期中国走向开放，走向世界的起点，这一天，也成为中国广告恢复的第一天。

[三]《文汇报》恢复广告

同为上海重要报纸媒体之一的《文汇报》也加入了恢复广告的行列，1979年2月10日，《文汇报》3版下面刊载了一条通栏广告［图41006］，内容是介绍上海市药材公司经销的杏仁止咳糖浆、止咳露、三七片、活血膏等中成药品。这些用今天的标准来衡量既无创意，也不美观，设计相当粗糙的广告却掀开了当代中国广告史上崭新的一页。

[四]《人民日报》恢复广告

开始于地方媒体的广告复兴很快波及中央媒体，中国最具权威的党政机关报《人民日报》也开始恢复刊登广告。1979年4月17日，《人民日报》登出 1979年春季广州中国出口商品交易会开幕［图41007］及其商品广告和重庆市地质仪器厂仪器广告。这对于全国报纸媒体商业广告业务的恢复有着决定性的意义。

/41004/《解放日报》通栏广告
(《解放日报》1979年1月28日2版)

/41005/《解放日报》通栏广告
(《解放日报》1979年1月28日3版)

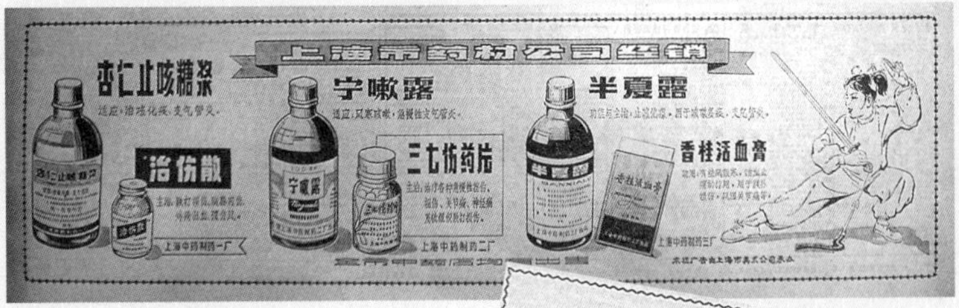

/41006/《文汇报》通栏广告
(《文汇报》1979年2月10日3版)

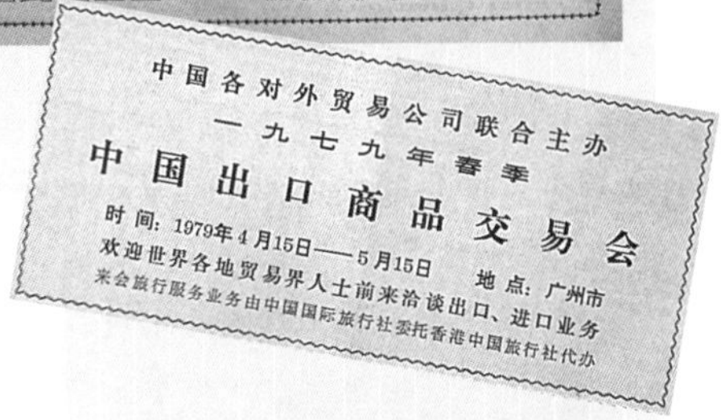

/41007/《人民日报》恢复商业广告
(《人民日报》1979年4月17日)

三　电视媒体开办广告业务

中国从1958年开始发展电视事业，过了20年后才开始播出商业广告。1979年1月28日在上海电视台播出的商业广告“参桂养容酒”揭开了中国电视广告的序幕。

[一] 上海电视台率先承揽广告业务

“文化大革命”之后，电视媒体的处境很困难，电视台支出非常大，经费主要是依靠国家。上海电视台负责人邹凡扬开始思索：中国的媒体是不是也可以自己养活自己？办法多种多样，一个最可行的办法就是做广告。1979 年 1 月 25 日，邹凡扬向上海市委打了一份报告，请求允许电视台开播商品广告，当天市委宣传部就在电话中同意了这个请求。经过三天的紧张筹备，1979 年 1 月 28 日 15 点 30 分，上海电视台打出“上海电视台即日起受理广告”的字幕，随即播出中国电视广告史上的首条商业广告：“参桂养容酒”[图 41008、41009、41010]。该广告片是在上海市美术公司的倡议、协助下，由上海电视台新闻部用 16 毫米电影摄影机摄制的，片长达 1 分 35 秒。

第一条电视广告究竟要如何定价，又如何收费？上海电视台广告部的一个老员工回忆说：

我们当时拿到这个广告以后，很有趣。拿到这个广告以后到底定多少价，怎么定价，收多少钱，我们都不知道，后来说，就收几千块钱吧，那个时候也没有一个标准。后来人家把现金拿过来交到我们这里以后，我们财务科都不愿意收，他说我们电视台没有发票，电视台没有发票，根本就不知道电视台还可以对外收钱，还可以搞经营。后来才去搞来一个收据给他们，现在想想很有趣。

此后不久，上海电视台拟订了广告业务实行办法和国内外广告收费实行标准。

1979 年 3 月 9 日，上海电视台在转播国际女子篮球赛实况时，播出了该台拍摄的“幸福可乐”广告。同年，上海电视台与香港太平洋影视公司签订了播放日本西铁城报时广告协议，为期一年，广告总金额为 130 万港元。

[二] 中央电视台兴办广告业务

随着国家政治体制和经济体制的不断变革，许多媒体的经济来源开始由全额预算向差额补助转变，媒体自身的体制也开始发生变化。1979 年，中央广播事业局召开全国电视节目会议，标志着中国电视从长期依靠“要饭吃”走向自办节目的开端。这一年，中央电视台改全额预算为差额补助，开始播放广告，接受赞助。下半年，中宣部下发文件，同意其开办广告业务成立广告科。

1979 年 10 月 27 日，中央电视台发出了《关于中央台试办广告节目的请示报告》，先在中央二套（对北京地区）播出，内容为对“四化”建设有影响的新技术、新产科研成果和主要日用品。在这种情况下，中央电视台决定开辟商品信息栏目，集中播放国内外广告。其实，在此之前中央电视台就播出了第一条有偿广告——美国威斯汀豪斯电器广告[图 41011]。1979 年 12 月中央电视台播出第一条自制广告“首都出租汽车公司”，不久又为河北冀县暖气片厂制作并播出了广告。这一时期中央电视台分别在两套节目中播出广告，每天五分钟。初期电视广告分三种形式：一种是介绍商品的，一种是介绍厂商，还有一种是外商提供的带广告性的节目（如纪录片）。

广告的经营使中央电视台有实力买进一些境外节目，这些节目受到了观众的喜爱，也给电视台带来了高的收视率和更多的广告收入。

/41008//41009/41010/“参桂养容酒”第一条电视广告（《中国广告20年》纪录片）

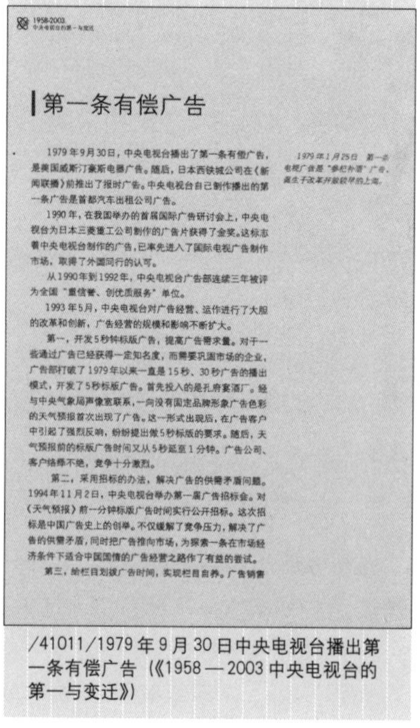

1958-2003 中央电视台的第一与变迁

第一条有偿广告

1979 年 9 月 30 日，中央电视台播出了第一条有偿广告，是美国威斯汀豪斯电器广告。随后，日本西铁城公司在《新闻联播》前推出了报时广告。中央电视台自己制作播出的第一条广告是首都汽车出租公司广告。

1990 年，在我国举办的首届国际广告研讨会上，中央电视台为日本三菱重工公司制作的广告片获得了金奖。这标志着中央电视台制作的广告，已率先进入了国际电视广告制作市场，取得了外国同行的认可。

从 1990 年到 1992 年，中央电视台广告部连续三年被评为全国“重信誉、创优质服务”单位。

1993 年 5 月，中央电视台对广告经营、运作进行了大胆的改革和创新，广告经营的规模和影响不断扩大。

第一，开发 5 秒钟标版广告，提高广告需求量。对于一些通过广告已经获得一定知名度，而需要巩固市场的企业，广告部打破了 1979 年以来一直是 15 秒、30 秒广告的播出模式，开发了 5 秒标版广告。首先投入的是孔府宴酒厂。经与中央气象局声像室联系，一向没有固定品牌形象广告色彩的天气预报首次出现了广告。这一形式出现后，在广告客户中引起了强烈反响，纷纷提出做 5 秒标版的要求。随后，天气预报前的标版广告时间又从 5 秒延至 1 分钟。广告公司、客户络绎不绝，竞争十分激烈。

第二，采用招标的办法，解决广告的供需矛盾问题。1994 年 11 月 2 日，中央电视台举办第一届广告招标会。对《天气预报》前一分钟标版广告时间实行公开招标。这次招标是中国广告史上的创举。不仅缓解了竞争压力，解决了广告的供需矛盾，同时把广告推向市场，为探索一条在市场经济条件下适合中国国情的广告经营之路作了有益的尝试。

第三，给栏目划拨广告时间，实现栏目自养。广告销售

/41011/1979 年 9 月 30 日中央电视台播出第一条有偿广告（《1958—2003 中央电视台的第一与变迁》）

-2000 -221 265 581 960 1368 1912 1949 1979 2000

[三] 其他地区电视媒体的广告业务

在北京、上海地区电视台的积极影响下，到1979 年底，全国各级电视台相继开办了广告业务。1979年全国电视广告的总收入为325万元。

以广东电视台为例：广东电视台是改革开放后兴办最早、规模最大并且发展较快的省级电视台之一，1979年广东电视台成立广告部，同年4月13日广东电视台播出第一条商业广告——荔江工厂的“泥斗车”；随后，广东电视台设立了中国电视史上第一个广告节目。1979年，广东电视台在春季广交会开幕当晚播出第一条收费商业广告。该台当年制作、播出中外广告收入人民币12万元，港币120万元。

四　广播媒体恢复广告业务

改革开放后第一条广播广告也是在这时候出现的。上海人民广播电台在全国广播电台中率先恢复广告业务。1978年底，上海家用化学用品厂由于长期受计划经济体制的束缚，缺乏市场意识，产供销严重脱节，产品大量积压，面临几乎倒闭的命运。恰逢国内各大媒体商业广告活动纷纷恢复，于是“家化”的领导萌生了做广告推销商品的念头。当时上海人民广播电台做广告也很难，业务人员到处挨家挨户动员做广播广告。一个想打开产品销路，一个想开展广告业务，两家一拍即合，在1979年3月5日，恢复商业广告后的全国第一条广播广告——“春蕾药性发乳”广告在上海人民广播电台播出。广告播出后引来了抢购的风潮，“家化”积压的商品一下子就销售一空了。

此后，其他各地广播电台也开始恢复广告业务。1979年，中央人民广播电台开辟栏目，研究广告节目问题。1980年，又成立广告部，并于1月1日播出该台建台以来的第一条广告。

五　户外广告的恢复

户外广告是一种古老的广告形式，到了近代社会，户外广告媒介不断丰富和发展。然而改革开放之前户外广告在中国几近消失，全都被政治标语所取代。改革开放后，户外广告又开始大量重现。

户外广告的恢复也是从上海、北京等商业较为繁荣的城市开始的。1979年2月上海南京路出现第一块户外广告牌，随后南京路上出现了第一块外商路牌广告——日本航空公司的广告［图41012］。

与此同时，北京市委同意恢复户外广告，市委宣传部同意恢复首都广告业务。这一年，北京市广告公司在王府井南口推出10块广告牌，其中国内企业6块，如雪莲羊绒衫、金鱼洗衣粉等；国外企业4块。当时媒体上的广告多为生产资料和加工设备，但生活用品如风油精、发乳、自行车、乳儿粉等也逐渐增多。

到1982年，北京的户外广告发展已经初具规模，在机场、建国门、

/41012/ 上海市第一块外商路牌广告（《中国广告猛进史 1979—2003》）

北京站口［图41013］、东单广场、王府井［图41014］、六部口、西单、复兴门、前门、崇文门、天坛、东门、北门、永定门火车站、平安里、新街口、鼓楼、白石桥、北海前门、沙滩、东华门、大佛寺、动物园、颐和园等地段建立了300多块广告牌，合计1万多米。此时北京的户外广告由北京广告艺术集团独家承办。

一个在北京的外国人——共同通讯社的摄影记者越石建夫，以特有的新闻敏感观察和感知了中国社会的变化，并将它们记录了下来。在他的日记《北京的800天》中，可以找到当时有关中国广告的点滴记载：[1]

1979年

10月23日　在遛大街中初次发现大栅闹市中妇女服装店安装上了霓虹灯，在前门也发现了3个安上霓虹灯的铺子。

12月20日　市内各处出现了商业的广告路牌，东单公园周围的路牌特别大。

1980年

1月2日　类似东京银座的北京王府井北京饭店前入口处的标语牌，元旦夜突然换上了电影的广告。

1月26日　在我居住的宾馆附近十字路口的“毛泽东思想万岁”的标语牌被换成电影广告塔。将标语牌变成广告塔的现象，从市中心内部一点点扩展到北京全城。

3月10日　王府井“精工维修中心”开张。同日，西铁城向中央广播电台送报时装置。

3月22日　松下、日立、三洋相继在百货店设置广告橱窗。

7月4日　西单的“民主墙”变成了“广告墙”。

除了上海和北京等大城市以外，一些中小城市的户外广告也开始恢复，无锡市路牌广告就是其中之一［图41015］。这块路牌广告的左边是丝袜广告，右边是政治口号，表现了广告恢复初期新旧两种特色的传播活动共同存在的时代特征。

六　广告行业交流与学术研究

广告市场刚刚恢复，行业交流活动便随之兴起。1981年8月21日中国对外贸易广告协会成立。该协会由全国对外经济贸易系统的专业广告公司和报刊、出版社等兼营广告的单位，以及专业进出口总公司、工贸进出口的广告宣传部门联合组成。它从成立之日起，就采用多种形式推动对外经贸广告行业提高经营管理水平，积极组织会员单位参加国际广告业务交流，开展对外交往活动。成立不久，“外广协”所属北京广告摄影学会举办了中国首次“国外广告摄影观摩展”，并在北京和全国各大城市巡展。同年，辽宁省广告协会成立，这是中国第一个省级广告协会。

1982年2月中华全国广告协会(后更名为中国广告学会)成立，随即同有关单位一起，举办了第一届全国广告装潢设计展览［图41016］，先后在北京、沈阳、武汉、上海、广州、重庆、西安进行了巡展，向社会展示了中国广告业在恢复之初所取得的成绩，受到了普遍的欢迎。同年8月，中国广告学会邀请部分从事广告学、新闻学、经济学、心理学和商业美术教学研究工作的专家、教授，在山西太原举行了第一次广告学术座谈会。

广告学专业杂志与书籍随着广告活动的恢复也开始出版发行。1980年，潘大均、张叔平合著《广告知识与技巧》，这是中国广告恢复时期第一本广告学专著。该书共七章，主要叙述广告工作的基本知识

[1] 黄升民:《中国广告活动实证分析》，北京广播学院出版社1992年版，第29页。

/41013/ 北京站口户外广告牌
(《中国广告猛进史1979－2003》)

/41014/ 王府井户外广告牌
(《中国广告猛进史1979－2003》)

/41015/ 无锡市路牌广告(《中国广告》1983年第1期)

和广告制作的基本方法及技巧，属基础性、概论性书籍。1981年，唐忠朴、贾斌主编的《实用广告学》出版，主要介绍了广告的基本知识和基本情况，简要介绍了中国广告发展的历史及广告机构的概况，同时概述了美国、日本、南斯拉夫、苏联等国家及中国香港地区的广告业情况，是一本侧重实用的广告学著作。

1979年，外贸部委托上海广告公司编印《广告通讯》。1981年7月15日，国家工商局批准《中国广告》杂志正式出版［图41017］，由上海广告装潢公司主办。这是中国第一本专业性的广告杂志。

七 《广告管理暂行条例》的颁布

1979年11月8日，中共中央宣传部发出《关于报刊、广播、电视台刊登和播放外国商品广告的通知》［图41018］，提出报刊等新闻媒体可以承办广告，开展外国商品广告业务。这是中国共产党自建党以来第一个直接指导广告事业的文件，它极大地推动了中国广告事业的全面开展，对新时期广告事业的发展有着划时代的意义。

随着广告事业的迅速恢复和发展，广告活动中出现了某些虚假欺骗性广告、格调低级庸俗的广告和某些新闻单位乱“拉”广告以及广告服务质量不高等问题，广告管理亟待加强。

1980年，国务院决定由工商行政管理局管理全国广告，广告管理由此从过去分散状态进入到统一管理时期。

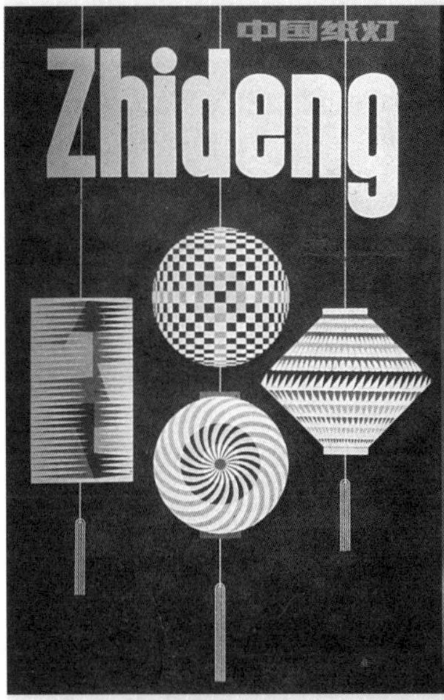

/41016/ 第一届全国广告装潢设计展览作品（《中国广告》1983年第1期）

/41017/《中国广告》创刊号

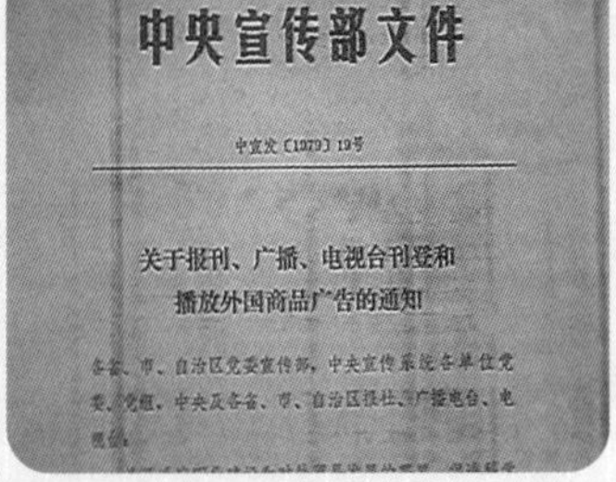
中央宣传部文件

关于报刊、广播、电视台刊登和播放外国商品广告的通知

/41018/
《关于报刊、广播、电视台刊登和播放外国商品广告的通知》（《中国广告20年》纪录片）

1980年根据国务院批示，国家经贸委牵头，国家工商局参加，起草《广告管理暂行条例》。同年，全国第二次广告管理工作会议召开。会议制定的若干政策规定了媒体和广告公司的业务范围，报纸广告不得超过1/8版面，电视广告不得超过每晚10分钟。

1982年2月6日，国务院颁布《广告管理暂行条例》[图41019]。这是中国第一部全国性、综合性的广告管理法规，它的颁布标志着中国的广告管理工作进入了一个新的历史时期。《暂行条例》明确规定由国家和地方各级工商行政管理部门负责管理广告。随后，国家工商局下设广告司。国家工商局依据《广告管理暂行条例》制定了《广告管理暂行条例实施细则》，对《暂行条例》规定的内容作了详细、具体的规定，并下发《关于整顿广告工作的意见》，普查全国广告经营单位，统一发证。

《暂行条例》和《实施细则》是调整广告管理、广告经营、广告用户以及他们与消费者之间关系的法律规范，其目的在于通过广告管理取缔非法经营，保护合法经营。《暂行条例》的发布为广告管理提供了法律依据和准则，各地在贯彻执行中对广告业进行了一次认真的清理整顿，使广告业恢复发展起步阶段的某些混乱现象得到有效克服。

总之，在改革开放初期，中国的广告业虽不时面临着社会的不解，但前进的步伐从未停止。1979年以前，全国的报刊、广播电台、电视台基本上不经营商业广告业务。1980年，全国广告投放费用为1500万元，其中外资企业约占30%。1981年，全国广告经营额达1.18亿元，其中外汇人民币1100万元，占国民生产总值的0.024%，人均广告费0.177元，广告经营单位达1160家。1982年全国广告经营额达1.5亿元，广告经营单位达1500家。

自发的广告恢复的创举，开创了中国新时期广告的先河。对于媒体而言，这意味着市场经济力量开始进入一直被看作“党和政府喉舌”的大众媒体的运作之中，媒介在政府资金以外获得了新的资金渠道，开始受到政府以外的市场力量的制约和影响。经过三年发展，中国广告业迈过恢复后的阵痛，走向新的阶段。

今年五月一日起施行
国务院发布广告管理暂行条例
要求各地区、各部门近期对广告管理工作进行整顿

/41019/ 国务院颁布《广告管理暂行条例》(《中国广告20年》纪录片)

第二节 改革开放后外商广告的出现

1979年外商来华广告的恢复，成了中国对外开放一个不同寻常的亮点。中国广告业的恢复，迅速引起国外厂商的注意，那时外国商品还基本没有进入中国，但中国社会的悄然变化已使他们认识到未来中国市场的潜力。然而，外商广告登上中国历史舞台也经历了一番波折。

一 第一条外商广告——瑞士雷达表

雷达表是世界上著名的手表厂商，一直想进入中国市场，并且确信中国是一个巨大的高档表的潜在市场，要打开这个市场就需要用广告来推广，但是当时的中国还没有广告。由于不能做广告，中国人对雷达表就无法认知。从1974年来北京参加瑞士工业博览会后的四年多时间里，雷达表没有接到一份来自中国的订单。中国改革开放后，雷达公司瞄准了这一机会，从1979年到1982年期间，雷达公司虽然没有在中国销售过一块雷达表，但其广告却大大提高了雷达表在中国的知名度。1980年，雷达公司在上海华声钟表店成立了第一个雷达表特约维修站，为海外华人从国外带回的雷达表提供完善的客户服务，以后又在泉州、广州、福州、北京设立了客户服务中心。这些广告活动使雷达表成为中国人家喻户晓的品牌。

1979年3月18日，上海电视台播出了中国电视史上第一条外商电视广告——瑞士雷达表［图41020］，这是外商广告"文革"后第一次登陆中国。虽然当时上海的电视观众为数很少，但是中国电视播出外国广告的消息还是迅速引了起人们的关注。雷达手表的电视广告在上海电视台只播了两次，每次60秒，广告片是用英文解说的，但广告播出后取得了非常好的效果。从广告播出算起的一周内，有700多人去上海黄浦钟表店询问这种与军事雷达重名的来自瑞士的雷达表。而当时中国市场并没有雷达表，直到1982年，

/41020/ 第一条外商电视广告——雷达表广告（《中国广告20年》纪录片）

雷达表才开始进入中国市场。中国大陆播出外国广告的消息迅速引起注意，第二天，代理此广告的香港《文汇报》在头版头条刊登消息“上海电视台播出本报发出彩色雷达表广告”。

在上海电视台播出雷达表广告片的同一天，上海《文汇报》也刊登了瑞士雷达表的广告［图41021］。这是《文汇报》刊出的第一条外商广告。

半个月之后的1979年4月5日，《南方日报》刊登了瑞士雷达表广告。这也是该报所刊载的第一条外商广告。

广告恢复初期，瑞士雷达公司不仅在电视和报纸媒体上发布雷达表广告，还不失时机地利用户外媒体发布霓虹灯广告［图41022］。在那个年代，霓虹灯广告尚属新兴广告形式，因此取得了不错的传播效果。

短短的几年，通过广告，中国人认识了瑞士雷达表，现在看来瑞士雷达公司是非常具有战略眼光的。

二　其他外商广告

1979年9月30日中央电视台播出的第一条有偿广告就是外商广告——美国威斯汀豪斯电器广告，随后日本西铁城公司在《新闻联播》前推出了报时广告，第二年中央电视台、北京电视台与西铁城签订长期广告播放合同。1980年中央电视台在国外引进的节目中，播放了可口可乐与牛仔裤的广告。此举在国内引起了很多争议，许多人觉得可口可乐在中国不是一般人喝的，没必要去宣传，特别是牛仔裤的广告，宣传了资产阶级的生活方式。还有一些意见是害怕可口可乐进入中国之后冲击了自己的市场，所以坚决反对播出。结果，上级很快下令停播。在那段时期，向上级打报告、写检查成为电视台广告业务负责人的一项常事。

面对刚刚打开的国门，人们一方面以新奇的眼光，看着来自国外精美的广告和商品，另一方面不理解与不接受也越来越多。正是由于中国被禁锢得太久，人们对西方的东西充满了陌生与好奇，甚至是敌意。当牛仔裤、可口可乐、迪斯科等这些来自外国的东西出现时，便存在着一种自然而然的反感和抵触，这使许多人对广告，尤其是对外商来华广告产生了各种各样的疑虑。

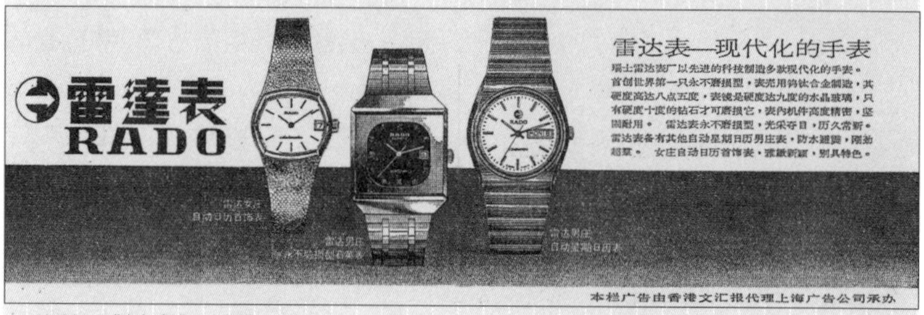

/41021/《文汇报》刊登雷达表广告
（《文汇报》1979年3月18日）

/41022/ 福州雷达表霓虹灯广告
（《中国广告》1983年2期）

三　日商广告成为本时期的主流

“二战”后日本经济取得了飞速的发展。从20世纪70年代起，日本开始全球范围内的经济扩张。面对正在恢复的、庞大的中国市场，日本企业纷纷抢先登陆，广告成了其最为锐利的武器之一。日商的广告大批出现在中国，成为这个时期广告的主流。精工、索尼、东芝、日立、松下等日本品牌以独特新颖、制作精良的户外广告和电视广告吸引着中国老百姓的注意力。

许多人至今还记得丰田车“车到山前必有路，有路必有丰田车”这句著名的广告语。在日本广告公司的推动下，许多日本名牌产品的广告出现在中国的报纸、路牌、电视上。

[一] 日商广告跃上各大报纸

1979年3月20日，《工人日报》在全国大报中首开先河，整版刊登了日本东京芝浦电气株式会社的广告［图41023］。这是“文革”后报刊刊登的第一例整版外商广告。这个东芝整版广告登出来以后反应比较强烈，大家不理解《工人日报》是社会主义国家的报纸，为什么要登资本主义国家的广告？为此，《工人日报》根据十一届三中全会的精神和中央的批示精神，向读者做了解释。当月27日《工人日报》又刊登了日本精工表的整版广告［图41024］。这两个整版广告在报界乃至整个新闻界的震动都比较大。以后，很多日本公司陆续同工人日报签订合同，其中有丰田汽车、三菱、三菱重工、夏普、理光复印机等等。

1979年3月23日，日本两家大公司的广告分别刊登在上海两家大报上：精工牌石英电子手表广告［图41025］刊登在当日《文汇报》第四版(当天只出一张四版)，美能达照相机广告［图41026］登在《解放日报》上。两报广告均系整版。此举引起海内外广告业界的关注，认为“对页数有限的中国报纸而言，确是破天荒的大广告”。11月25日，《文汇报》出正张四版，另增出两版广告(5、6版)，其中第5版全版刊登卡西欧系列电器广告［图41027］，包括电子手表、计算器、打字机等产品。此后，《文汇报》正式扩版增张刊登广告，每逢星期天便多出两版来登广告。

1979年，《光明日报》等三家报纸首次刊登日本企业欧林巴斯的广告。同年11月23日，日本三菱汽车公司率先在《人民日报》上刊登广告［图41028］。这是中国改革开放以来最早的汽车广告。

/41023/《工人日报》刊登东芝广告（《工人日报》1979年3月20日）

/41024/《工人日报》刊登精工表广告（《工人日报》1979年3月27日）

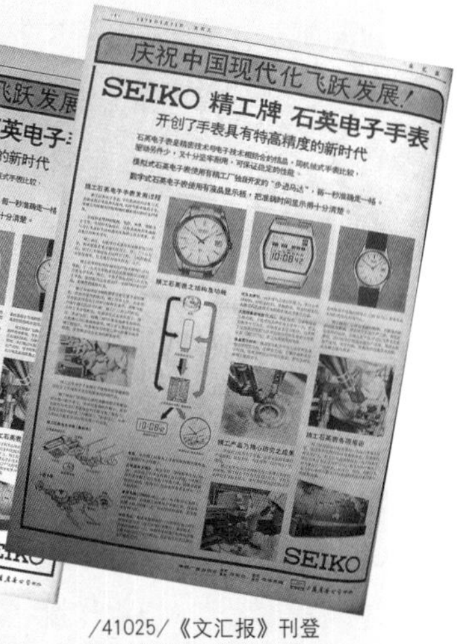

/41025/《文汇报》刊登精工表广告（《文汇报》1979年3月23日）

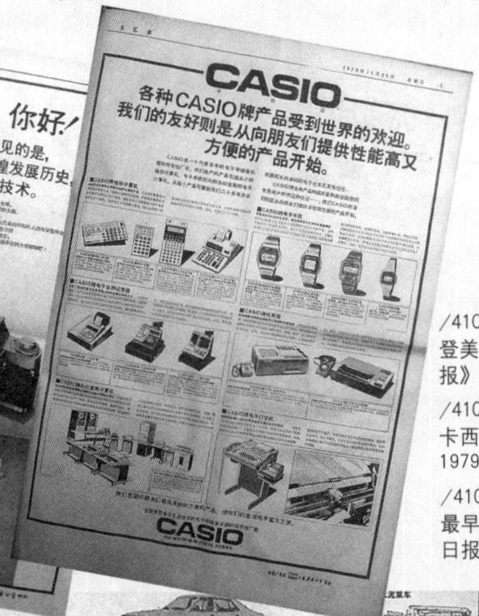

/41026/《解放日报》刊登美能达广告（《解放日报》1979年3月23日）

/41027/《文汇报》刊登卡西欧广告（《文汇报》1979年11月5日）

/41028/改革开放以来最早的汽车广告（《人民日报》1979年11月23日）

[二] 日商广告登上中国荧屏

1981年，中央电视台播放的西铁城手表广告引起种种非议。人们认为，中央电视台播放外国手表广告而不播放国产手表广告“是崇洋媚外的表现，是长了他人志气，灭了自己威风”，甚至有官员要求中央电视台停播这条广告。在中央电视台的据理力争之下，这条广告才得以继续播出。1982年北京电视台播出日本精工表广告。

外商广告的进入，给中国企业带来先进营销理念的同时，也给电视媒体带来了新的节目交易方式。改革开放初期，电视的节目资源极度匮乏，急需引进大量的电视节目。为了弥补引进节目的费用，节目带广告是最好的交易方式。大量的日商广告就是通过这种途径进入中国的。

1979年，日本由华侨开办的广告公司——向阳社与中国合作，率先介绍日本的商品广告到中国。1981年，中央电视台引进了日本动画片《铁臂阿童木》。《铁臂阿童木》的贴片广告——东芝广告也深深地印入了人们的脑海之中：一个身穿未来装的女孩载歌载舞，“TOSHIBA，TOSHIBA，新时代的东芝”。卡西欧也是在那时候成为中国几乎家喻户晓的品牌。

[三] 日商广告走上北京街头

在北京，从20世纪80年代初开始，北京市广告艺术公司在王府井、东单、西单等繁华路段先后设立了几十块路牌和霓虹灯广告，其中外商广告占1/4。在西单竖立的三洋电器广告是北京第一个外商广告，也是长安街上的第一块霓虹灯广告。80年代初东单路口以孙悟空为主角的松下电器路牌广告和王府井的索尼路牌广告，至今在许多北京百姓中留有印象。

林立的外商广告同样受到来自各方面的质疑。面对走出机场后扑面而来的日本广告，当时一位旅日华侨归国后给的中央领导写信，不禁发出感慨：“我不知是在北京，还是在东京！”位于西单、王府井的外商广告也遭到非议。1985年的北京，机场有日本红丸广告，长安街、西单有三洋广告，六部口有理光广告 [图41029]，王府井有索尼广告 [图41030]，东单有NEC广告，因此有人提出来长安街变成日本街了 [图41031、41032、41033、41034]，首都机场变成日本机

/41029/ 理光户外广告

/41030/ 索尼户外广告

/41031/ 尼康户外广告

/41032/JVC 户外广告

/41033/ 东芝户外广告

/41034/ 松下户外广告

场了。那个时候的思想状况使得人们对外商广告的发展很不理解，对外商广告也有些争议。

四　日商广告的大量出现受到质疑

越来越多的日商广告的进入，遭到了许多中国人的反对。具有代表性的是发生在北京的松下橱窗广告事件和上海的东芝广告事件。

[一] 松下橱窗广告事件

1980年北京广告公司在王府井百货大楼设立松下橱窗广告［图41035］。这个橱窗广告宣传的是松下电器，橱窗里面陈列的是一个家庭的一角，有洗衣机、音响设备、电视机等一整套家用电器。有人因此产生想法：“你们要把中国青年引导到何方去？你们宣传的是资本主义的生活方式。”甚至于在这个橱窗上贴了一张写着“卖国主义”的小字报。

同年，北京王府井等繁华地带出现了众多日商产品户外广告，北京人反对之声不绝于耳。迫于社会舆论的压力，北京市下令拆除二环以内的户外商业广告牌。1980年北京市有关部门发出《今后一律不再签订外商橱窗广告合同》的文件，1985年，又制订了对长安街、机场、北京站等路牌广告的限制性规定。这些文件和规定对外商广告进行了整顿，取消了主要地方的户外广告，1986年王府井的索尼广告被拆除，改成了“首都欢迎您”。这样北京广告艺术公司当时所有的路牌广告80%以上被拆除了。那个时候北京户外广告的整个面积，从原来的近两万平方米减少到四千多平方米。至此户外广告的发展进入了一个低潮，如何恢复发展成为一个亟待解决的问题。

[二] 东芝广告事件

另一件引起争议的外商广告事件是上海东芝广告事件。20世纪80年代初，日本东芝的巨幅霓虹灯广告挂上上海标志性建筑——国际饭店顶楼［图41036］，遭到市民的强烈抗议。愤怒的市民认为在上海的标志性建筑上设置日本广告有辱国格，此事最后以在国际饭店顶层的其他几个方向添置国内产品的广告牌而获得解决。

东芝广告事件引发了一场席卷上海的争论。一部分人认为，“这是经济侵略，我们是社会主义国家，广告是资本主义的东西，我们不能要”；还有一部分人不反对外商做广告，但是，对外商占领制高点，心里不是滋味，感觉民族感情受到了伤害。还有一部分人认为，既然我们实行对外开放，要发展市场经济，外商做广告也是很自然的事情。

几个月后，上海《文汇报》和《解放日报》分别以言论的方式对此次东芝广告事件作了报道，并对这一争论提出了正面的看法。1986年4月11日，《文汇报》发表了《有感于一则广告的争论》一文。文中指出，我们要进行社会主义现代化建设，在商品、资源上就需要同其他国家互通有无。让外商到中国来做广告，并不涉及国家主权这样的政治问题；民族自信心的强与弱，同外商广告的多与少、突出与否并无必然联系，如果连一则外商广告都接受不了，又怎么能采取灵活的方式吸引更多的外资来上海呢？正常的经

/41035/ 王府井百货大楼的松下橱窗广告（《中国广告20年》纪录片）

/41036/ 上海国际饭店顶楼东芝广告（《中国广告20年》纪录片）

济交往活动有利于双方经济的发展[图41037]。

1986年5月31日，上海市委主要领导在《解放日报》上发表署名文章《把我们的广告业提高到一个新水平》[图41038]，借助上海广告协会成立之际很鲜明地指出，“有人认为允许外商在上海做广告，就是遭到外国文化与经济的侵略，这是不对的”。时隔几天，《解放日报》登了一则小言论，认为市委领导虽然谈的是广告，其实谈的是政治，是建设，也是思想，可以帮助人们具体地更新观念。短文还说：“只有观念更新，才能冲破改革开放的种种阻力，不断前进。”

东芝广告事件一方面暴露了国人市场观念的淡薄，另一方面也唤醒了国人商品推销的意识，让中国的企业以最感性的方式领略到了市场营销的魅力。可以说，外商广告给中国的企业上了一堂生动的市场营销启蒙课，中国企业在获得经营自主权后，第一个欲望就是做广告，也开始在市场上发挥自己的“积极性”，模仿境外产品在户外和大众媒体上投放广告，加速了中国市场营销实践的进程。

因此说，上海、北京的这两次广告事件，不仅端正了人们的商品意识，奠定了改革开放的基调，也使得北京和上海最早认可了广告，走在了改革开放的前沿。

随着改革开放的不断深入，国人的心态逐渐由封闭转向开放，对外商广告的认知也逐渐平和，人们认识到广告只是一种营销和传播的手段，不应承载太多的政治色彩，所以越来越能接受外商广告。

《关于报刊、广播、电视台刊登和播放外国广告的通知》就是当时主管广告业务的中宣部面对外商广告的越来越增多的趋势所发布的。作为中国共产党建党以来第一个直接指导外商广告事业的党的文件，它极大地推动了中国对外广告业务的全面开展，对中国新时期广告事业的发展有着划时代的意义。

《通知》不仅认可了外商广告的出现，同时也允许媒介开展外商广告经营活动。《通知》中明确提出：

报刊、广播、电视在“刊播国内广告的同时，可开展外国广告业务”；要“调动各方面的积极因素，更好地开展外商广告服务”；“广告内容防止吹嘘，杜绝反动、黄色、丑恶的宣传”；“广告外汇收入两年内暂不上交，以进口纸张和改善技术设备”。

同时还提出：“广告宣传要着重介绍四化建设中可借鉴参考的生产资料。消费品除烟酒外，也可以刊登。”

由此，外商广告终于获得了进入中国的正式通行证。

今天，各种形式的外商广告出现在各种媒体上，和国内厂商的广告不分彼此，齐头并进。消费者也早已不再用外商或是国内商家的标志来区分它们，外商的产品成为消费者生活中稀松平常的消费品，外商广告也成为消费者司空见惯的事物。

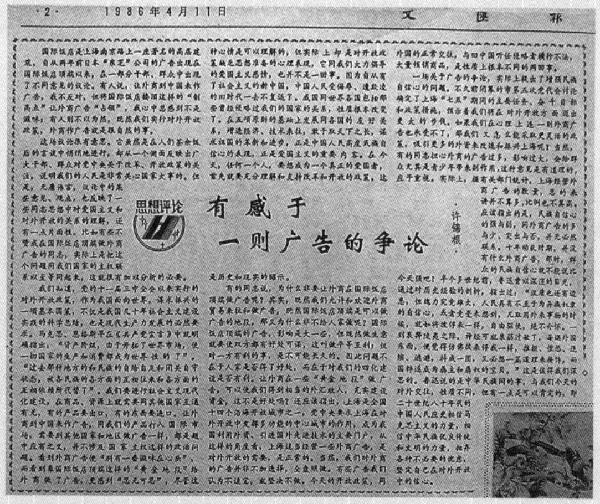
·2· 1986年4月11日 文汇报

思想评论

有感于一则广告的争论

许锦根

/41037/《有感于一则广告的争论》(《文汇报》1986年4月11日)

把我们的广告业提高到一个新水平

/41038/《把我们的广告业提高到一个新水平》(《解放日报》1986年5月31日)

第三节 广告市场的高速发展与成熟

改革开放后，中国广告经历了三年的恢复时期，从1983年开始，进入高速发展的时期。1983年全国广告营业额突破两亿大关，经过连续三年的高速增长，广告营业额突破六亿，增长率高达66%。此后增长速度减慢，直到1992年再次进入高峰发展时期，广告营业额的增长率为93%。1993年，广告营业额突破百亿大关，增长率为98%，创造了改革开放25年来的历史最高点。

在这十年的时间里，广告行业的规模不断扩大，1983年全国广告经营单位2340家，从业人员34853人，到了1993年，全国广告经营单位31770家，从业人员311967人。广告营业额也大幅度增加，1983年，全国广告营业总额2.34亿元，到1993年，广告营业总额高达134.09亿元，其发展速度和规模都是前所未有的。

广告业的经营水平和服务质量也明显提高，广告制作开始向采用国际先进的技术装备转移，以广告公司为代表的行业服务水平，向以广告全面策划为主导、以广告创意为中心、提供优质服务的方向转变，并积累了许多成功的经验。广告宣传已从80年代以表现产品性能、质量为主的产品广告，拓展到90年代以建立企业、品牌形象为主的公关广告。广告业新技术新材料的开发应用取得初步成果，电子、激光等新技术和一些新材料，已在广告设计、制作中逐步推广应用，传统的广告宣传形式已有所突破。

此外，广告媒介迅速发展；广告法规和广告管理体系初步形成；广告教育和人才培养广开渠道，并已初见成效。

在整个经济改革的大潮中，广告业被列入国家第三产业发展规划之中，被确定为人才密集、知识密集、技术密集的高新技术产业，这标志着中国广告业已走向全国大发展的道路，并向世界广告市场迈进。

1994年到2003年的十年，中国广告进入了稳步发展的新时期。1994年全国广告营业总额突破200亿大关，与1993年相比，广告营业额增加了66亿元，但是增长速度大幅回落，只有49.35%，比1993年的97.57%回落了48个百分点。至此，中国广告结束了低起点、高速度的飞速发展时期，步入相对平稳的发展时期。随后的十年间，中国广告始终保持着10%—20%的增长率稳步发展，到2003年，全国广告营业总额超过千亿。值得一提的是，这一时期广告费在国民生产总值中的比重逐年上升，从1994年的0.43%增加到2003年的0.92%，广告在国民经济中发挥着日益重要的作用。

进入成熟时期，广告经营单位数量的增长速度明显放慢，众多分散的广告公司出现集中的趋势。经历了1993年广告经营单位以90%的高速度增长之后，从1994年开始，广告经营单位数量的增长逐年走低，年增长率从35%一直下降到1993年的9%，此后虽有所上升，但是整体的趋势不可扭转。

进入90年代以来，强媒介弱公司的局面也发生了明显的变化。虽然媒介的广告营业额仍然保持增长势头，但是媒介整体的增长速度明显放慢。同时，在全国广告营业总额中，四大媒介所占的比重开始逐年下降，强势媒介的时代走到尽头。

这一时期，广告的形式出现多样化。以广告的承载媒介来说，电视、广播、报纸、杂志和户外五大传统媒介均有发展，此外还增加了一些车载媒介等流动媒体；广告所表现出来的营销策略有了进一步的提高；广告自身的表现形式也在不断更新变化；同时广告技术也在日新月异的发展之中。

一 广告媒介的新发展

[一] 户外广告

户外广告以路牌广告、霓虹灯广告、招牌(透光彩)广告、民墙屋顶类广告、立体广告、电子翻转牌广告等最为常见，还包括招贴、空中气球类广告(大型彩色气球下悬挂彩幅和充气模型等)，挂满宾馆、商厦的巨大广告条幅及跨街布标广告等等。它是一个城市风貌的窗口，集中展现着一个城市物质文明和精神文明建设的成就。

户外广告在20世纪90年代以后呈加速上升趋势。据统计，1990—1999年10年中，中国户外广告的年增长率为27.3 %。全国户外广告投放额10年中增长了9倍。近几年来市场规模每年以近30%的速度激增，2000年全国23个主要城市的户外广告投放额为80亿元，估计全国的户外广告投放额度应在110亿元，占全国媒介市场营业额的22%。

户外广告的增加有其必然性。20世纪90年代中后期以来，许多大中城市逐渐加大了对城市建设的投入，城市环境不断美化，户外广告自身的形象也随之得以提升。电脑喷绘技术、照明技术的普及也使得户外广告能够制作得十分精美，也使得户外广告的发布非常有效。电信、银行、保险、化妆品等行业偏爱户外广告，国外大品牌也一直比较看重户外广告。

户外媒体崛起的根本原因是人们生活方式的变化。现代都市人越来越喜爱旅游和运动等户外活动。调查显示，消费者比以前更少呆在家里。同时，电视、有线传播、杂志、报纸、书籍互联网等媒体迅速膨胀，导致单一媒介覆盖率下降。

1 户外广告牌

北京、上海和广州的户外广告牌数量较多，管理也更为严格。1984年北京市成立户外广告小组，专门审批户外广告。1986年北京市委又下达140号文件，下令拆除二环以内的商业广告，占户外广告的80%以上，户外广告受到很大打击，以至于在1987年出现了一个真空。1989年北京为了承办第11届亚运会而筹集资金，重建了一大批户外广告牌。此前北京市所有的户外广告都是由北京广告艺术公司代理，这时它的垄断地位被打破，众多公司取得了发布权。

1995年12月18日，南京火车站举办广告牌位拍卖 [图41039]，但效果不如电视、广播媒体广告时间的拍卖，55个竞拍的广告位只卖出13个，中标额仅为53万元。这是因为户外广告牌的传播效果还远不如电视、广播甚至报刊媒体那样受到企业的信任和青睐，同时也与南京火车站自身的地理位置有关。

公共汽车站广告牌也登上了历史舞台，并保持了良好的发展势头。1998年，宝洁公司和百事公司鉴于“电视媒体变得越来越昂贵、广告内容过于杂乱，而户外广告更受关注”的事实把目光投向了户外广告。宝洁公司的决策相对保守，决定只在汽车站广告上做一点小小尝试；百事可乐则相对大胆，决定将在中国的广告支出的50%投入户外广告。同年，广东白马广告有限公司与英国MOREGROUP合资经营的中国城市候车亭灯箱广告网络正式启动，

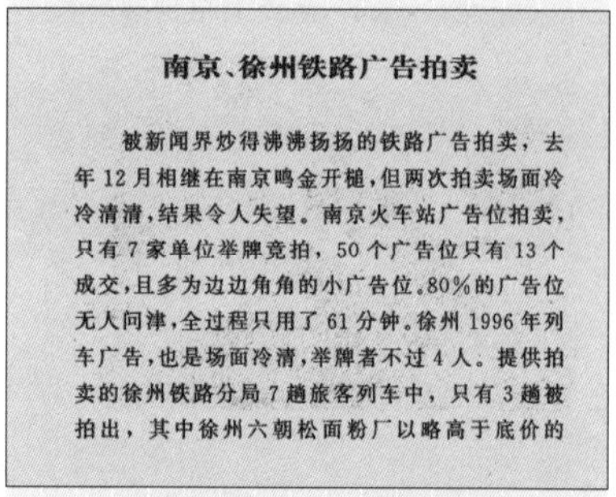
南京、徐州铁路广告拍卖

被新闻界炒得沸沸扬扬的铁路广告拍卖，去年12月相继在南京鸣金开槌，但两次拍卖场面冷冷清清，结果令人失望。南京火车站广告位拍卖，只有7家单位举牌竞拍，50个广告位只有13个成交，且多为边边角角的小广告位。80%的广告位无人问津，全过程只用了61分钟。徐州1996年列车广告，也是场面冷清，举牌者不过4人。提供拍卖的徐州铁路分局7趟旅客列车中，只有3趟被拍出，其中徐州六朝松面粉厂以略高于底价的

/41039/ 南京火车站举办广告牌位拍卖
(《国际广告》1996年第3期)

在全国16个城市拥有对2500个公共汽车站广告的经营权。到2000年，公交车站广告牌在北京、上海等大城市已经比较普遍了，北京中关村公交车站出现的大量网站广告［图41040、41041］表明当时公交车站广告牌的流行以及网站广告的兴起。

为了吸引眼球，投放广告的企业在户外媒体的选择上更是推陈出新。1999年春节，在上海市中心的人民广场，竖起了一栋由“可口可乐”充满喜庆画面包裹的大楼［图41042］。2月1日晚上，世界吉尼斯上海办事处经公证处确认其为当时世界上最大的电脑喷绘画面，总面积8760平方米，并颁发证书，收到了非常好的传播效果，也给可口可乐的品牌形象增添了光彩。

2 霓虹灯广告和灯箱广告

霓虹灯广告［图41043、41044、41045］为城市增添了时尚的色彩。1984年春节期间，广州火车站广场树立海鸥表巨型霓虹灯广告，总长60米，高6.2米，三个汉字每个24平方米，是当时国内最大的一条霓虹灯广告，由广州市广告公司承办。1995年，可口可乐在北京建国门百事可乐办事处楼顶竖立霓虹灯广告，由此也能看出两种可乐品牌竞争的激烈。同年，成都四川展览馆大楼顶部霓虹灯广告被四川国际高尔夫俱乐部获得发布权，被誉为“中国第一霓虹光广告牌”。1996年7月，首次由中日合作设计制作的“奥林巴斯”霓虹灯在上海淮海路妇女用品商店楼顶落成，该霓虹灯面积达240平方米，这是日本首次在国外采用高科技调光系统。

技术的日新月异为灯箱广告带来了巨大的发展空间。1986年12月，陕西省西安市光纤应用咨询服务公司用塑料关导纤维试制成功光纤装潢广告灯箱。1993年，北豪实业有限公司引进全国第一支路牌灯箱，

/41040/中关村公交车站的“人人”网站广告（《人民画报》2000年第5期）

/41041/中关村公交车站的“亿唐”网站广告（《人民画报》2000年第5期）

/41045/2004年上海南京路上的可口可乐霓虹灯广告

/41043/上海火车站霓虹灯广告（《中国广告》1999年）

/41044/广州火车站霓虹灯广告（《中国广告》1999年）

/41042/可口可乐巨幅广告（《中国广告》1999年第2期）

-2000
-221
265
581
960
1368
1912
1949
1979
2000

1994年又在深圳市引进全国第一支单柱式广告牌 [图41046]。

3 交通类广告

交通类广告包括交通工具及交通设施两大类，主要包括各类车身(汽车、火车、地铁列车等)、船身广告，公交汽车站牌广告，汽车站、火车站、轮船码头及飞机场广告，收费站广告，过街天桥广告，铁路沿线广告等等。

1 公交车广告

/41047/ 南京的公交车车身广告
(《中国广告》1983年第1期)

早在80年代初期，公交车车身广告 [图41047] 就已经出现在部分城市。然而直到90年代初期，对公交车广告的规定才正式出现。1992年10月10日，公安部交通管理局、建设部城市建设司联合发文，对中广协广告公司委员会《关于要求批准开展车身广告的请示》作了答复："同意在公交车身上制作广告"，"但这种广告除必须符合广告管理、城市市容管理有关规定外，不能遮挡驾驶员视线、号牌、灯光及公交线路标志牌"。这一年北京正式出现公交车身广告。车身广告发展迅速，现在已经成为人们司空见惯的广告形式 [图41048]。

1994年5月27日，正广和饮料厂 [图41049] 买下"中华第一街"(上海南京路) 的20路无轨车全天营业和乘车权。这一举措带动了后来南京路上无轨车广告媒体的发展，2004年南京路上的观光车开始了广告经营，招商银行 [图41050]、肯德基等广告客户纷纷把自己的广告画面喷在了观光车体上。

2 列车广告

列车广告最早出现在青岛。1992年6月8日，青岛开往北京的25/26次特别快车披挂上"琴岛海尔号" 车牌 [图41051]，成为中国大陆首列以企业产品名称命名的旅客列车，此举标志此前中国封闭的铁路市场已经开始向社会开放。该列车每节车厢外挂的起止站名横牌上，都醒目地写着"琴岛海尔号"，软卧、

/41046/ 当时最大的灯箱广告
(《中国广告》1990年第1期)

/41048/ 出租车顶广告
(《中国广告》1990年第3期)

/41049/ 上海南京路上正广和的霓虹灯广告
(《人民画报》1996年第6期)

/41050/ 南京路上招行观光车 (实景拍摄)

/41051/ "琴岛海尔号" 列车

硬卧、硬座和餐车全部换上印有“琴岛海尔”字样的新窗帘、床单、椅套、枕巾、茶杯等。车票上贴的座位号码条子也标明“本次列车是‘琴岛海尔号’”字样，列车员胸前也别着“琴岛海尔”的商标。

就在“琴岛海尔号”驶进北京的当天，有关部门便提出了批评，并下令取消“号”字；紧接着，又下发了一个正式文件：各地严禁开行广告列车，已开行的必须取消。其理由是：国际上未有广告列车的先例。除此之外，文件还声明：列车车厢外，一律不准做广告。就这样，“琴岛海尔号”未足月便取消了。

但是，随着人们观念的改变，一年后，北京铁路局货运段又与北京市潞河面粉公司签下合同：以潞河面粉公司的拳头产品“古船”牌面粉命名一辆列车。此后，“广告列车”成为一种重要的交通广告方式，被企业界广泛采用。1996年3月18日起，新加坡金味集团买下京广线广州至北京29／30次特快列车冠名权[图41052]，这是外企在中国首次获得列车冠名权。

列车冠名企业赞助活动取得了良好的传播效果，众多企业纷纷尝试。1995年6日，贵州鸭溪窖酒厂出资50万元买下了重庆至上海的73/74旅客列车的冠名权。10月18日，中国首次“列车冠名权及广告载体权”拍卖活动在北京国际俱乐部举行，浙江欧诗漫集团拍下哈尔滨至北京17/18次列车的冠名权及广告载体权。1996年2月8日，闻名中外的“中华第一车”——13/14次列车冠名权与车厢广告发布权拍卖会在上海国际商品拍卖有限公司拍卖大厅举行，上海农工商集团总公司以174万元的最高价获得两组冠名权和发布权。同年4月1日，上海至天津13／14次直达特快列车冠以“上海农工商号”，上海市农工商集团总公司以174万元人民币的最高价格获得这次列车一年的冠名权和广告载体发布权。

80年代初期，中国铁路沿线的建筑物上就出现了粉刷广告[图41053、41054]。这种广告形式一直到现在还在使用，列车上的乘客在欣赏窗外风景的同时也会注意到这些广告。

而在火车站内，也出现了各种形式的广告[图41055、41056、41057]。

专稿

’96中国广告界

引人注目的几件事

热点，截止年底已有近40对列车被企业冠名。其中以新加坡金味集团“金味”冠名的广州至北京29/30次列车于’96年3月18日起3年内在京广线上奔驰运行，是外商在我国首家取得列车冠名权。

/41052/获得列车冠名权的第一家外企：金味集团（《中国广告》1997年第1期）

/41053//41054/铁路沿线粉刷广告（《中国广告》1983年第1期）

/41055/
上海新客站内白猫洗洁精广告（《中国广告》1988年第3期）

/41056/
上海新客站内万宝路香烟广告（《中国广告》1988年第3期）

/41057/
上海新客站内钻石手表广告（《中国广告》1988年第3期）

4 其他形式的户外广告

1 电视塔塔身广告

1992年5月5日，雄踞武汉长江边龟山之上的龟山电视塔上出现KENT［图41058］及555洋烟广告，这是中国第一个在电视塔塔身做的大型户外广告。广告面积达1800多平方米，每个英文字母相当于两三层楼高。白底蓝字，分外醒目。晚上在灯光的映射下，整座电视塔犹如一支竖立着的硕大无比的香烟。该广告一出现，舆论大哗。1994年6月21日，在有关部门的干预下，该广告提前11个月终止合同。1994年7月终于被一枝花洗衣粉的广告［图41059］取而代之。1996年2月，五星集团五星啤酒广告挂上南通市南通电视塔，成为华东最大的户外广告。

2 自然风景区广告

部分企业也选择一些闻名遐迩的自然风景区发布广告。1994年6月20日，中国扬子集团的26幅巨幅广告牌被安装在南京长江大桥北桥头堡上。下半年，春兰空调的霓虹灯广告也出现在南京长江大桥上，总面积822平方米，标高50米。1995年9月，云阳摩托配件集团投资57万建成三峡库区首块巨型广告牌。1996年7月，山西杏花村汾酒厂在泰山极顶设立汾酒、竹叶青酒的路灯广告牌20块；茅台、郎酒、董酒、泸州老窖和泰山特曲等名牌企业陆续在泰山上发布广告。1998年3月17日，《中国经营报》刊登了“胜利黄河大桥路牌招商”的广告，广告文案为“世界只有一个黄河入海口，黄河入海口第一广告媒体”［图41060］。

风景区广告的不断出现引发了不同的声音，1993年，杭州西湖三潭印月风景区竖起的大型广告牌就引起了社会批评。

3 飞行物广告

1986年11月，在武汉新华体育场上空出现了活力28飞艇广告。这是中国首次尝试空中飞艇广告。

然而飞行物广告刚出现就导致了意外事故的发生，由此毁誉参半。1992年11月5日，一架促销飞机在河南原阳城做超低空飞行，撞在黄河大厦上边的铁柱子上，飞机坠毁，33人死亡。

此后飞行物广告的数量没有成倍增加，但也并未消失。1993年万宝电器集团与香港飞行船广告（集团）有限公司合资创建广州万宝飞行船广告有限公司。1993年9月在沈阳举办的1993年商标广告展示艺术周上，由无线电控制，可在高空连续飞行4小时，长20米、宽5.6米的氢气飞行船广告十分引人注目。

/41058/
武汉龟山电视塔塔身KENT香烟广告（《中国广告》1994年第3期）

/41059/
武汉龟山电视塔塔身一枝花洗衣粉广告（《中国广告猛进史1979–2003》）

世界只有一个黄河入海口
黄河入海口第一广告媒体

北京代理咨询电话
010－63072263
北京得住企业策划有限公司

黄河入海口黄河胜利大桥路牌设立在黄河三角洲山东省东营市胜利油田。黄河胜利大桥于1987年10月1日建成通车，是黄河最后位一座大桥，也是亚洲最长的钢筋斜拉式公路桥之一。它北连接京、津、塘、东三省及新建的黄骅港，南通往山东半岛、苏、沪，是东部沿海南来北往的理想途径。我国第二大油田——胜利油田在1997年荣获“全国十大经济效益企业”第六位。黄河大桥每天车流量26000辆，南北跨地区占80%，以北京至烟台为例：全程21小时，广告信息24小时传播半径为500公里。热诚欢迎各界商家光临接洽！

广告物：国际标准 UNIPOLE 擎天柱路牌（外打灯照明）
面积：18M×6M＝108M²×2（双面保丽布彩色喷绘）
位置：黄河入海口　黄河胜利大桥收费站两侧

胜利油田工业广告公司
电话：0546—8784741
传真：0546—8225808

/41060/ 胜利黄河大桥路牌招商（《中国经营报》1998年3月17日2版）

飞行物广告虽然收到了较好的传播效果，但是一直存在安全隐患。1994年5月9日，在广州上空飞行的一架万宝广告飞行船，突然失控坠落，所幸未造成人员伤亡，坠落时210立方米氮气飘至白云机场上空致使机场航班起落中断10分钟。

尽管如此，对飞行物广告载体的使用却没有中断：中国第一艘载人夜光广告飞艇［图41061］出现在1997年11月的北京夜空，飞艇载着“诺基亚 庆八运”的广告标语先后

/41061/ 第一艘载人夜光广告飞艇（《中国经营报》1997年11月11日16版）

在北京、天津、石家庄、上海等地飞行，引起了轰动。

1998年1月在广州上空盘旋的广告飞艇，体积与波音737客机相仿，由气囊和客舱两部分组成，可连续飞行达15小时，夜晚通体发光，这是中国从国外引进的较早的广告飞艇之一。目前飞艇广告仍在被企业所利用［图41062、41063］。

1994年下半年，长征二号捆绑火箭发射“澳星B3”，与此同时在火箭箭体上绘上四川成都恩威集团公司的标志及“恩威号”三个大字。这是我国第一个以运载火箭为媒体的广告，也是中国第一个太空载体广告。当火箭在发射前被各新闻媒体报道时，这硕大的广告会随着箭体进入摄影、摄像的镜头中，也会被文字记者写进新闻报道里，产生轰动效应。然而1995年9月，航天主管部门决定，中国制造的运载火箭及卫星上不得介入商业广告，这使已经签字的首例太空广告策划流产。

4 电子类高科技广告

电子类高科技广告包括电子显示牌、电子翻转牌、旋转式电子广告，电子控制霓虹灯及灯箱广告，以及大屏幕电视墙录像带、电子磁碟、激光视盘、电脑控制传真广告及电脑绘画广告等类。

无论从设计观念的更新，还是从新技术、新材料的运用上，20世纪90年代初，中国的户外广告都在经历着一场变革。而从国外直接引进新媒体、新设备，成为抢占市场先机，满足广告业发展需要的一条捷径。上海金马广告公司从80年代末开始，就较早引进了柔性户外广告灯箱材料、大型喷绘机等。

其他地区各种电子高科技广告形式主要有：

1986年3月，北京广告艺术集团推出一种新型的广告媒体——闭路电视广告，采用先进的20英寸自控录像机在医院播放广告，直接面向广大医务工作者和广大患者。

1986年3月，中国最早经营美术布置、装潢设计、商业广告业务的南京市美术广告公司，首次运用微型计算机储存图像、信号、自动控制的大型磁翻转广告显示牌。稍后，他们又引进了彩色广告机。

1986年7月，郑州市紫荆山百货大楼一层营业厅，吊挂了一只透明旋转大球，大球不断映现出色彩斑斓的广告画面，这是从美国引进的太空球队广告机。

1986年9月，由江苏省海门县达武电子五金厂研制的一种可以连续显示96幅广告画面的ZN-861型全自动电子智能广告机问世，并开始批量生产。

1986年12月，浙江湖州建成一座蘑菇状微电脑全自动控制大屏幕电子广告显示屏，屏幕宽七米，高两米，变化速度比“电磁翻牌广告屏”提高了几千倍。

1987年6月，上海街头出现第一座投影电视广告橱窗。

1988年，国内第一家专业生产新型展示媒体的外商独资企业北京协力展示用品有限公司，发明自动三面翻广告牌［图41064］。这种新兴的广告媒体后来被广泛利用［图41065］。

1993年4月，广东省广告公司经营的LED彩色电视大屏幕广告及超窄电视墙，在南方大厦百货商店开播。

1993年10月南京高新技术开发区，中南新技术开发公司研制成功一种新的动态广告信息媒体——列车电子广告显示屏，在我国12条主要铁路线的列车上安装并投入使用。

1993年在国家工商局支持下，全国400多个广告代理公司、制作公司，一起在上海举办了三新国际研讨会。“三新技术”即是“新技术、新工艺、新材料”，中心口号是让户外广告告别铁皮、刷子和油漆。户外广告三新国际研讨会的成功举办

/41062/“三得利”飞艇广告
（《中国广告》1999年第1期）

/41063/巴比龙时装飞艇广告
（《中国广告20年》纪录片）

/41064/协力自动三面翻广告牌
（《国际广告》1994年）

/41065/智辰自动三面翻广告牌
（《国际广告》1994年）

-2000 -221 265 581 960 1368 1912 1949 1979 2000

[图41066]，对全国广告业在设备和技术上的进步，起到了极大的推动作用。

1996年1月，国内首创高新技术36平方米大画面广告机上市，此后，国家工商局发布了关于暂停大型广告显示屏[图41067]审批登记等事项的紧急通知。

技术的不断更新，使增加户外广告的传播手段成为可能。20世纪90年代中期以后，中国广告业对高科技广告媒介的需求呈上升的趋势，在高科技广告媒介的开发和运用等方面取得了新的成果。

5 对户外广告的管理

上海早在恢复广告之初就能在户外媒体上看到中外企业发布的广告，也较早开始了对户外广告的管理。1996年6月，上海浦东新区对区内户外广告实施《户外广告登记证》。2003年，上海又颁布国内首个《户外广告设置技术规范》对大型立柱广告牌按350米间距进行梳理，20层以上楼宇顶部不再新批户外广告。在北京，为了迎接国庆50周年，北京市对长安街及其延长线展开了全面整顿：复兴门到建国门路段，商业广告、公益广告、阅报栏、牌匾一律取消，北京户外广告再次陷入低潮。广州也于2003年对户外广告进行了整顿。广州工商局对新机场、高速公路两侧未经批准设置的户外广告进行清查，并暂停对72条城市主干道户外广告的审批。

随着全球范围内户外广告的迅速发展，各国关于户外广告的交流活动日渐频繁。1996年和1998年中国曾两次参加世界户外广告大会。

[二] 直邮广告

直邮广告（DM广告）也随着广告媒体的发展而开始出现。DM在国内的主要形式是DM杂志。1998年11月，新问世的《生活速递》杂志[图41068]，60页全部都是广告，创刊号总共印刷了2万份，全部赠出。近几年直投广告发展得非常迅速，仅仅在北京市已达几十家，其中比较优秀的除了《生活速递》，还有《品位》、《目标广告》等等。

目前，国家工商总局有明确规定，直投杂志只有国家工商总局的广告刊登号，不能刊登相关的软性文章。但一本杂志上全是广告，并不利于吸引消费者的阅读兴趣，有时候也无法把广告主所要传达的所有信息传达给受众群。现在直投杂志刊登较多的是收费文章，即资讯类广告。

目前，全国每个居民平均收入过万元的城市都出现了直投杂志。如北京和上海的《目标》、《品味》、《资讯生活广告》、《万房》、《广厦资讯》、《妈妈宝宝广告》、《名牌世界·乐》、广州的《新生活》、深圳的《Flink Life》、济南的《视线广告》、青岛的《家与时尚》、大连的《时尚生活》、东北三省的《北方美容风云》等等。这与社会中消费能力和消费愿望都较强的中产阶层迅速成长有关。

/41066/ 户外广告三新国际研讨会
(《中国广告20年》纪录片)

/41067/ 北京电子显示屏广告
(《中国广告20年》纪录片)

商业媒体带来无限商机
《生活速递》定做中国 DM
LIFEXPRESS

/41068/《生活速递》直邮杂志
(《中华工商时报》2000年4月19日12版)

[三] 网络广告

20世纪末21世纪初是中国媒介发展史上的转折点。随着因特网的发展，网络这种更具互动性的媒介正越来越多、越来越深地进入广告领域。网络广告在中国迅速发展，网络媒体的运作和广告制作技术也不断成熟，拥有较大的市场需求发展空间。

1997年3月，Chinabyte网站发布了一则动画旗帜广告，由此中国网络广告业实现了零的突破。1998年中国网络广告收入为0.48亿元，1999年的网络广告收入超过1亿元。增长速度惊人，投放网络广告的企业数不断增长，越来越多的企业采用互动的网络广告营销模式，而到2003年底，中国网络广告市场宣布突破10亿元大关，较2002年的5亿元增长一倍多。2004年中国不含搜索引擎的网络广告市场已经从2003年的10.8亿元增长到18亿元，市场增长率近70%，整个网络广告市场保持在高速增长的状态。

在网络广告营业额实现连年翻番的同时，网络广告的形式也不断翻新。除了传统的网络广告BANNER、BUTTON、文字链接等模式以外，又增加了巨型广告、全屏广告、通栏广告、声音广告等等。

Intel和IBM是国内最早在互联网上投放广告的广告主，IT产品类和通讯服务类广告主也一直以来都是网络广告最大的广告客户。2003年中国网络广告投放费用前20家广告主排名中，除易趣以2529万元排名第二之外，前几名均为IBM［图41069、41070、41071、41072］等IT产品类和通讯服务类企业。

网络广告迅猛发展的基础是网络作为一种媒体正在迅速大众化。据CNNIC(中国互联网络信息中心)统计，中国网民数量正在呈几何级数增加：1997年10月中国上网用户人数仅为62万人，1999年7月达到约400万人，2001年7月达到2650万人，截止到2004年6月30日，中国网民的数量已经达到8700万人。虽然网络广告目前还有一定的局限，但网络作为一种媒体，已强有力地渗入到了大众生活当中，并且拥有了越来越大的“注意力”市场份额和影响力。网络广告正在成为继报纸、广播、电视之后的最重要的广告媒体。［图41073、41074、41075］

网络广告的业内交流随着网络广告的发展而频繁，2000年由信息产业部信息化推进司、国家工商局广告司共同主办，中国信息协会、中国广告协会、现代广告杂志社共同协办的新世纪网络广告研讨会在北京召开。同年国家信息化办公室和中国广告协会主办了首届互联网广告大赛。2003年由中国广告协会主办，中华广告网承办，各大网站协办的2003首届中国网络广告大赛成功举行。

对网络广告的管理也逐步跟进，2001年由国家工商局起草的《网络广告法》第三稿提交有关部门审批，其中规定互联网上不准做香烟广告、性用品广告。5月，北京市出台并开始实施《北京市网络广告管理暂行办法》。

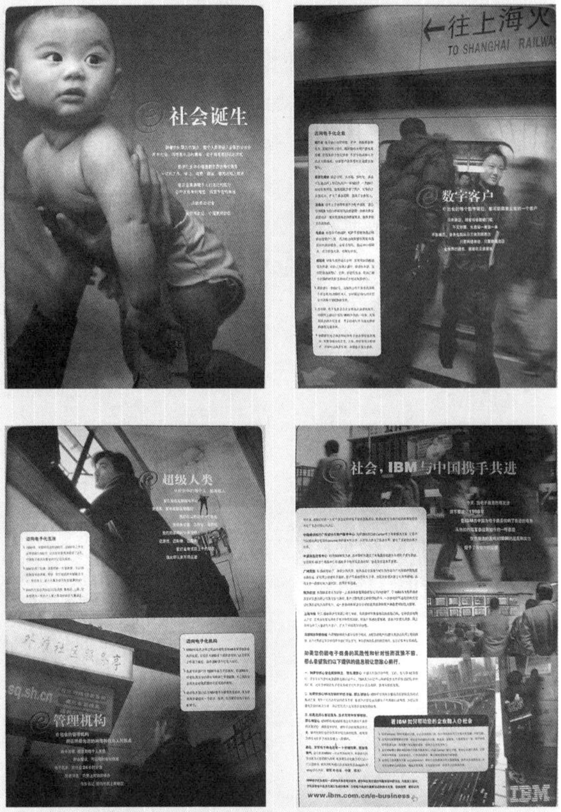

/41069//41070//41071//41072/IBM的“E广告”系列
(《中国经营报》2000年3月21日13版、14版、15版、16版)

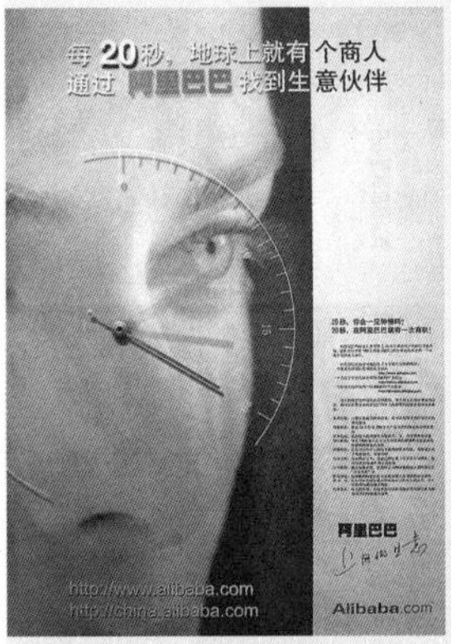

/41073/
阿里巴巴网站的广告
(《中国经营报》2000年1月11日21版)

/41074/
炎黄在线网站的广告
(《中国经营报》1998年8月8日20版)

/41075/搜狐网的广告(《中国经营报》2000年12月5日)

[四] 其他广告形式

除以上广告形式外，一些特殊的广告手段也在这一段时间出现。

1 电影中的贴片广告与隐性广告

随着广告媒介的拓展，电影也开始被广告投放企业开发利用。1996年6月全国首例电影片头广告播映权拍卖在杭州西湖电影院举行，总成交额为43800元。电影大片搭载广告的形式，在改革开放之后最早源于1997年8月的进口大片《失落的世界》，Lee牌牛仔裤伴随该片上映的促销超出了平时约六成的盈利，此外还有爱多VCD、英特尔芯片、娃哈哈钙奶、乐百氏钙奶、摩托罗拉寻呼机、宝中宝饮料、富斯特滑道、中国军事博物馆恐龙展和万宝路香烟这九种产品的广告 [图41076]。1998年4月《泰坦尼克号》在中国公映时也在片头加映了贴片广告，广告片的长度因地而异，在北京放映时片头加映了长达8分钟的广告。搭载《泰坦尼克号》的企业有Lee、英特尔、菲利浦、篮威红酒、NIKE、飘柔等品牌 [图41077]。而2000年的贺岁电影《没完没了》更是通过贴片广告赚得了上千万元的广告费用 [图41078]。

《城市画报》于2003年创新摄制了30分钟宣传片《欲望70》[图41079]，这是中国首部广告式电影。

2 路桥命名广告

1993年，北京东三环改建工程中，南起双井，北到首都机场，全长8.2公里路段上，建造了7座立交桥、8座过街桥，北京市委批准市政工程局采用招标方法筹措资金建桥，即用提供赞助建桥单位、企业的名字或产品名称来命名桥名，最后其中的六座以“燕莎桥”、“威力桥”等企业或企业产品的名称确定桥名。

3 新颖的广告载体

除了前面提到的高科技广告媒体以外，新颖的广告媒介载体的开发也成为广告恢复后的发展特征之一。比如1993年中华自行车在雨披上印上自己的品牌赠送给购买中华自行车的消费者，并刊登买车送雨披的广告 [图41080]。1996年5月30日，背面印有广告语的雨披成为扬州街头一种流动的广告载体，有产品广告、形象广告等。

/41076/ 电影《失落的世界》贴片广告
(《中国经营报》1997年9月30日12版)

/41077/ 电影《泰坦尼克号》贴片广告
(《中国经营报》1998年4月14日头版)

/41078/ 电影《没完没了》贴片广告
(《中国经营报》2000年1月18日2版)

/41079/ 中国首部广告式电影
(《中国广告猛进史1979-2003》)

/41080/ 中华自行车赠送有广告的雨披
(《今晚报》1993年5月15日9版)

广告发布媒体也开始遍布人们生活的每一个角落。1994年4月，天津、北京、石家庄等一些城市出现一些类似报纸形式的广告印刷品［图41081］，免费散发。随后新闻出版署报纸管理司负责人指出，非新闻出版单位不得编印类似报纸形式的出版物，否则应视为非法出版物，予以查处。同年，北京公厕广告火爆。5月北京天安门广场、北京火车站、王府井商业街等处12个一二类公厕中忽然出现一种名叫“痔除根”的产品广告，这是在京城首家推出的一种新的广告形式——“抬头”广告，也即厕所广告。在古都西安，首个广告公厕也于1996年7月建成。

中国是世界上自行车拥有量最多的“自行车王国”。在20世纪90年代中期，自行车便被发展成为广告信息的发布载体［图41082］。1996年10月，英特尔公司驻香港的机构在上海和北京分发近100万张贴在自行车尾部的反光胶条，上面有“内装英特尔奔腾处理器”的字样。同年，广告行业还发现了两种具有潜力的广告载体，它们分别是广告礼品和传真广告。

二 丰富的广告表现内容和形式

这一时期，还出现了其他特殊形式的广告，在广告内容、广告表现形式上都有了新的突破。

[一] 广告内容的丰富

1 征婚广告

80年代初，“大龄青年”、“搞对象”成为使用频率相当高的词语，解决大龄青年的婚姻问题几乎是全社会的共识，新时期的征婚广告应运而生。1981年1月8日《市场报》在显著位置刊登全国第一例“征婚广告”，这条广告刊出后，曾引起不小的反响。后来《市场报》开辟征婚广告栏目，取得了很高的成功率。

1984年《中国妇女》在第5期开办了一个“征婚启事”专栏，刊登了该杂志第一个征婚广告［图41083］。1990年上海电视台与《消费报》合作首次开播了电视征婚广告。

征婚广告的出现和增加从一个侧面表现了改革开始之后人们思想上的开放。

2 制造社会话题的广告

有时，广告也能制造社会话题。比如自从大量的补钙广告［图41084、41085］出现以来，补钙就成了谈及率很高的社会话题。2000年上半年，补钙产品广告大战［图41086］越演越烈，盖中盖、三精、巨能、彼阳等品牌投入大量广告

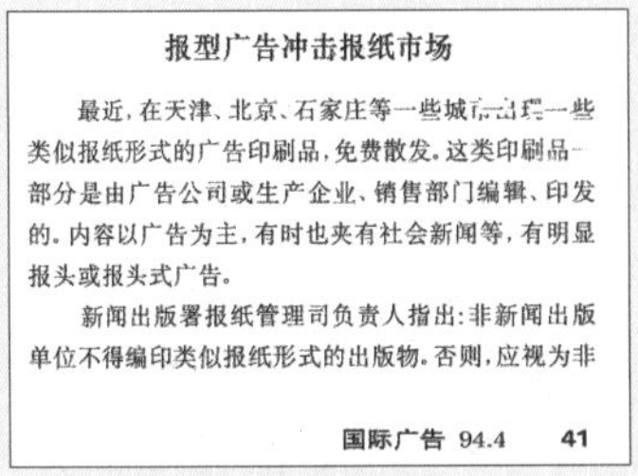

报型广告冲击报纸市场

最近，在天津、北京、石家庄等一些城市出现一些类似报纸形式的广告印刷品，免费散发。这类印刷品一部分是由广告公司或生产企业、销售部门编辑、印发的，内容以广告为主，有时也夹有社会新闻等，有明显报头或报头式广告。

新闻出版署报纸管理司负责人指出：非新闻出版单位不得编印类似报纸形式的出版物。否则，应视为非

国际广告 94.4 41

/41081/ 报型广告的出现（《国际广告》1994年4月）

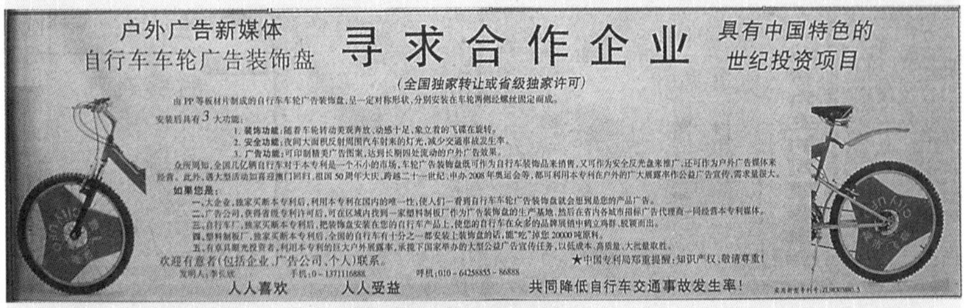

/41082/ 自行车车轮广告（《中国经营报》1999年1月5日11版）

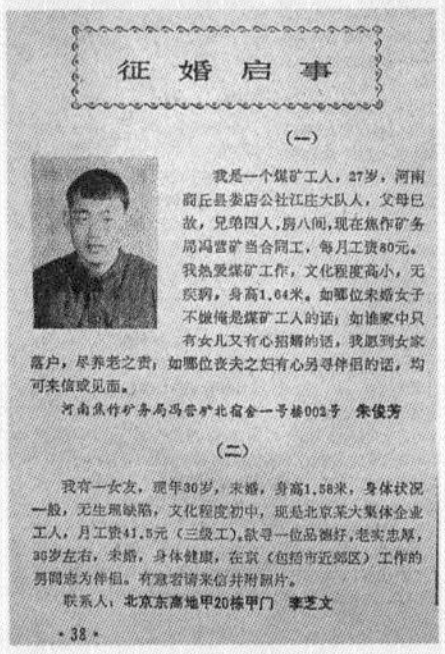

征婚启事

（一）

我是一个煤矿工人，27岁，河南商丘县娄店公社江庄大队人，父母已故，兄弟四人，房八间，现在焦作矿务局冯营矿当合同工，每月工资80元。我热爱煤矿工作，文化程度高小，无疾病，身高1.64米。如哪位未婚女子不嫌俺是煤矿工人的话；如谁家中只有女儿又有心招婿的话，我愿到女家落户，尽养老之责；如哪位丧夫之妇有心另寻伴侣的话，均可来信或见面。

河南焦作矿务局冯营矿北宿舍一号楼002号 朱俊芳

（二）

我有一女友，现年30岁，未婚，身高1.58米，身体状况一般，无生理缺陷，文化程度初中，现是北京某大集体企业工人，月工资41.5元（三级工），欲寻一位品德好，老实忠厚，35岁左右，未婚，身体健康，在京（包括市近郊区）工作的男同志为伴侣。有意者请来信并附照片。

联系人：北京东高地甲20栋甲门 李芝文

· 38 ·

/41083/《中国妇女》“征婚启事”专栏（《中国妇女》1984年第5期）

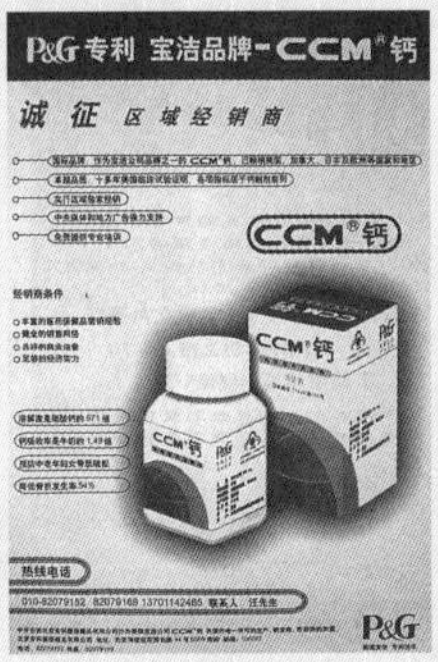

/41084/ 宝洁CCM钙广告（《中国经营报》2000年7月18日19版）

/41085/ 超微钙广告（《中国经营报》2000年8月1日9版）

/41086/ 补钙产品广告大战（《中国经营报》2001年2月13日25版）

应战。在这场战役中最引人注目的是哈尔滨制药六厂，这一年，哈尔滨制药六厂以巨额广告投入、超强明星阵容、地毯式轰炸的广告手法引起社会的普遍关注，被媒体称为“哈六药”现象。其补钙产品盖中盖更因官司缠身而成为报道焦点 [图 41087]。

保暖内衣也是由广告带动的消费时尚之一。2000 年借悉尼奥运会之机，保暖内衣掀起广告大战，明星频繁亮相。暖倍儿 [图 41088]、俞兆林 [图 41089]、南极人 [图 41090]、北极绒 [图 41091]、泰达等众多品牌角逐这一高利润的新兴市场。

3 私人付费的倡议广告

2000年，一位读者自费在《中华工商时报》头版刊登半版广告，抗议日本举行否认南京大屠杀的集会 [图 41092]，此后还有好几个人在该报以个人名义发布广告 [图 41093]。

4 其他内容的广告

1996年6月，浙江省政协主办的《联通报》刊出免费书讯广告，在全国开了先河。2000年，昆明市旅游局形象广告在中央台播放[图41094]，开城市形象广告、旅游广告之先河。同年，由北京桑夏广告公司创意制作的系列征兵广告首次亮相。2003 年广州市公安局首次在电视上推出形象广告。

2002年，性暗示广告层出不穷，成为各界争论的焦点。一年之后，有关部委最终形成的《关于大力推广安全套使用意见》明确规定：允许安全套品牌在指定媒体上做公益广告宣传。这一年，桂林市公共汽车上出现由桂林乳胶厂做的图文并茂的安全套广告。这是在中国第一次正式出现的安全套广告。

/41087/ 盖中盖现象引发讨论
(《中国经营报》2000 年7月18日9版)

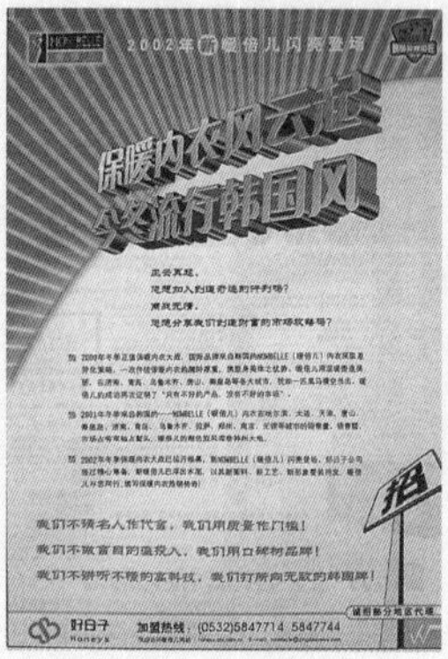

/41088/ 暖倍儿保暖内衣广告
(《中国经营报》2002 年7月29日25版)

/41089/ 婷美、俞兆林、中科保暖内衣联盟广告
(《中国经营报》2002 年 7 月 8 日 13 版)

/41091/ 北极绒保暖内衣广告
(《中国经营报》2000 年)

/41090/ 南极人保暖内衣广告
(《中国经营报》2002 年 7 月 29 日头版)

/41092/ 私人付费广告
(《中华工商时报》2000 年 1 月 23 日头版)

/41093/ 私人付费广告
(《中华工商时报》2000 年 6 月 20 日 8 版)

[二] 广告表现形式的多样化

1999年五星啤酒利用其“双合盛”的老字号，推出月份牌式、带怀旧感的广告招贴 [图41095]。2000年农夫山泉“天然水”比较广告引发水战和诉讼官司。2001年，重庆奥妮为新产品“西亚斯”推出印度风情的广告片 [图41096]。

[三] 名人广告增多

20世纪80年代中期，一些外商广告就逐步将名人广告策略引入中国大陆，同时一些广告杂志也开始介绍国外的明星广告。最早在中国大陆影响较大的外商名人广告是力士香皂广告 [图41097]，1986年，国际影星娜塔莎·金丝姬“我只用力士”的甜美声音与柔美形象就进入了中国。然而事实上，早在1979年3月9日晚上，上海电视台转播的一场国际女子篮球赛实况中，就出现了著名男子篮球运动员张大维与其同伴共同畅饮“幸福可乐”的画面。这可以看作是中国电视史上最早的名人广告。

名人广告刚一出现就引发了诸多争论，因为中国传统文化素来要求个人有完美的道德修养，对公众人物尤其如此，而商业在中国的传统中地位低下，是重利轻义的行业，所以把名人与商业联系在一起，在招来注意的同时，总会引发非议，在20世纪80年代和90年代人们的思想尚未解放时更是如此。

1 汪明荃与万家乐热水器、容声冰箱广告

1986年汪明荃为万家乐燃气热水器出演产品广告，成为第一位为内地企业拍摄广告的香港明星。后来汪明荃还为容声冰箱出演了商品广告 [图41098]。

国内冰箱自1956年诞生以来，到改革开放前的22年间，全国累计生产了15万台。1979年全国冰箱产量仅有3万多台，其档次大都集中在单门冰箱上。双门双温的容声冰箱的出现，填补了市场的空缺，很快占领了广东市场。

然而在广东以外的全国市场，容声仍然是一个陌生的名字。为了提高在全国市场的知名度，容声决

/41094/ 昆明市形象广告
(《中国广告作品年鉴2001年版》)

/41096/ 奥妮“西亚斯”广告片
(《中国广告作品年鉴2002年版》)

/41095/ 五星啤酒怀旧广告
(《中国经营报》1999年6月8日5版)

/41097/ 力士香皂广告
(《今晚报》1993年5月21日12版)

/41098/ 容声冰箱广告
(《中国广告20年》纪录片)

定用广告来树立品牌形象。1987年，他们找到了香港影视明星汪明荃。

1989年春，“容声容声，质量的保证”电视广告在全国播出。在汪明荃“向您推荐”的引力下，容声牌电冰箱知名度大增，丝毫不受市场疲软的影响，销售量直线上升，当年创下产销26万台的历史纪录，由全国第三位跃升到第二位。这一年，同行中的不少厂家销量大幅度下滑，甚至倒牌，从此一蹶不振；容声在市场竞争中赢得了一次决定性的胜利。

2 潘虹与霞飞化妆品广告

1988年内地著名影视演员潘虹为上海霞飞日用化工厂的霞飞金牌特日蜜做广告［图41099］，让霞飞名噪一时，而霞飞人更是把1985年5月8日在《解放日报》首次登广告的时间定为“霞飞节”。这条名人广告出现之初，人们对此表现出极大的不理解甚至反感，但是名人广告却以它特有的冲击力引起了人们的普遍关注，并随着观念的转变被人们迅速认同，进而给企业带来巨大的经济效益。1985年上海霞飞日用化工厂初创时仅25万元，到1991年年产值达到4亿元，霞飞也一举成为当时的中国十大驰名商标。

3 李默然与三九胃泰广告

当时正在受假药困扰的南方三九制药厂也想到名人广告，于是出现了这样一条广告：在一片深色的背景下，身着西装的影视演员李默然一脸正气地端坐于代表正义和权威的高台之上，脸色平和却又透露出肃穆与庄严，他说：“干我们这一行的，生活没有规律，常患胃病。三九胃泰是治胃病的良药。制造假胃药品，是不道德的行为，应该受到社会的谴责！”［图41100］

这则精心制作的广告在中央电视台播出后，立刻在国内引起了强烈反响。首先是戏剧界、电影界为之大哗，褒贬不一。紧接着是新闻界的推波助澜，许多报刊纷纷载文对此事发表见解，有的报纸甚至开辟了专栏，进行专题讨论。一时间，国内竟然掀起了一场关于李默然是否应当出演广告的大论争，其中持否定态度的人居多。

但李默然俨然成了中国大陆开名人广告的先河者之一。

4 巩俐与美的空调广告

1993年1月，著名影星巩俐千“金”一笑为美的空调做的广告［图41101］在电视台播出。短短的时间内，这个牌子的空调机提前进入销售旺季，到3月份，销售额居然突破亿元大关。随着美的空调走俏，美的系列的其他产品也跟着扬名，企业知名度大大提高，潜在的效益难以估量。

出演广告的名人多种多样，其中以演艺界的明星居多，也不乏著名的运动员和政治家。名人的知名度可以帮助产品迅速地打开市场，致使企业对于名人广告趋之若鹜。名人成就广告，广告也造就名人，但是随着名人、明星负面新闻的不断增加，名人广告也未必见得总是一颗安全的砝码，这在后来被多次验证。

到了20世纪90年代中期，人们对于名人广告已经司空见惯了。

最初出演广告的名人只限于影视明星，随着企业名人广告的增加和社会对于名人广告的理解和接受，各个领域的名人都加入到出演广告的行列之中。1995年4月，著名中国围棋国手聂卫平为古井贡酒做广告，获得20万元劳务费，开中国围棋界名人闯入广告圈之先河，此后聂卫平还为氧立得拍摄了电视广告片以及平面广告［图41102］。1996年，世界名模辛迪·克劳馥为欧米茄表做推广抵达上海［图41103］。1998年8月，《人民日报》、《经济日报》等

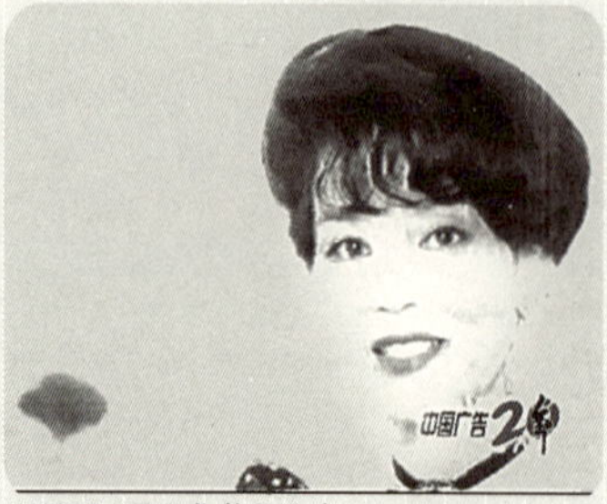

/41099/ 霞飞化妆品广告
（《中国广告20年》纪录片）

/41100/ 三九胃泰广告
（《中国广告20年》纪录片）

/41101/“美的”空调广告
（《中国广告20年》纪录片）

/41102/ 氧立得广告
（《中国经营报》2001年9月18日7版）

/41103/ 辛迪·克劳馥在上海欧米茄表活动现场（《中国广告20年》纪录片）

首都报纸相继刊登了四分之一通栏的系列专家广告［图41104］，在一片明星广告潮中令人耳目一新。

尽管出演广告的名人阵容不断扩大，但是影视明星仍然是这个团体中的主要人物。1997年步步高VCD李连杰“真功夫”篇的广告［图41105］，被誉为该年度最成功的广告策划个案。该公司继而又在2000年重金聘请国际巨星施瓦辛格出任形象代言人，拍摄“感动篇”与“动作篇”两个新版广告，使得步步高更加声名远播。1999年百事可乐花巨资邀巨星为其做广告，王菲、郭富城、珍妮·杰克逊、瑞奇·马丁加盟百事巨星赏［图41106］，明星阵容之强大可谓空前，收到了很好的传播效果。2002年因出演《流星花园》而一夜蹿红的F4成为当年各大厂商的新宠，相继代言了西门子手机、联想1+1电脑、百事可乐、名乐运动鞋、绿飘洗发水、班尼路休闲装等产品。

体育明星广告更是不胜枚举。2003年，红塔皇马中国行［图41107］让红塔集团和中国足球“龙”队的赞助商健力宝出尽风头。打入NBA的姚明出任联通新时空CDMA［图41108、41109、41110、41111］、百事可乐、锐步等品牌的广告代言人，年广告收入在400万－1000万美元之间。刘翔是2004年雅典奥运会期间最耀眼的体育明星之一，同时也是此后电视荧屏上最耀眼的广告明星之一。在雅典奥运会前后，刘翔先后为起亚汽车［图41112］、可口可乐［图41113］和白沙集团［图41114］担任形象代言人并出演广告片，在雅典奥运会上夺得男子110米栏冠军后，出席了这些品牌所举办的公关活动。

随着名人广告的蔚然成风，消费者对名人广告大都有了更为理性的认识，企业和广告人对于名人广告的使用也更为成熟和富有技巧了。

/41104/ 长岭冰箱专家广告
（《人民日报》1998年8月10日8版）

/41105/ 步步高VCD广告“真功夫”篇
（《中国经营报》1997年10月21日5版）

/41106/ 百事巨星赏
（《中国广告猛进史1979-2003》）

/41107/ 红塔皇马中国行（《人民画报》）

/41108//41109//41110//41111/ 联通新时空广告(《中国广告作品年鉴》)

/41112/ 起亚千里马汽车广告(《中国经营报》2004 年 7 月)

/41113/ 刘翔在可口可乐活动现场
(《中国经营报》2004 年 9 月)

/41114/ 刘翔为白沙集团代言广告
(《中国经营报》2004 年 9 月)

[四] 公益广告

广告在负载商业价值的同时，也负载了更高的社会责任。公益广告之所以成为宣传社会道德风尚、精神文明的有效的新颖方式，也正暗合社会对道德危机、环境污染等等社会问题的日益焦虑。它使人们借助广告及时直接地表达对社会焦点与热点的舆论评判，直接引导合理社会行为的实现。

改革开放后，中国的公益广告最早出现在电视媒体上，电视公益广告也一直是影响最大的公益广告形式。早在1978年，公益广告就曾以文字或画面的形式出现在电视屏幕上，中央电视台就曾播出过类似今天的公益广告的节目。20世纪80年代初，广东电视台曾以“立此存照”为题，播出过公益广告。1986年贵阳电视台摄制的《节约用水》短片在该台播出，标志着我国第一条电视公益广告片的正式诞生。该片由贵阳市节水办公室与电视台合作制作，播出后取得了良好的社会效益和经济效益，当年第四季度全市自来水消耗量比上年同期减少47万吨。由此可见公益广告的影响和威力。

1987年10月26日，中央电视台广告部率先在该台开辟《广而告之》公益广告专栏 [图41115]，这也是中国第一个公益广告栏目。第一条公益广告的内容是反映交通安全的《高高兴兴上班，平平安安回家》篇。《广而告之》以“提醒、规劝、批评”六字方针为宗旨，采用人们所喜闻乐见的形式，在第一套节目的黄金时段定期播出公益广告，使观众在娱乐中得到启迪．在潜移默化中受到教育。中央电视台每天定时播出电视公益广告，至今播出量已逾千条。此后，在历次社会重大事件发生时，公益广告都扮演了重要的角色。比如2003年为配合全国抗击非典的宣传报道工作，中央电视台播出防治非典的电视公益广告十余条，在社会上引起了广泛、强烈的反响。

自从广告成为社会生活的一部分，广告人便对社会公益事业负有义不容辞的责任。为了宣传环保思想，1992年金马广告公司成功地策划并实施了“绿满全球”大型主题公益活动 [图41116、41117]。这次大型活动还包括国际环保技术研讨会、国际环保技术展览会和中外歌星环保演唱会等三项内容。这一成功策划得到了上海市人民政府的嘉奖。这一年，公益广告被纳入“全国广告作品展览评比”范围。

从1996年开始，“再就业”成为中国社会生活中使用频率极高的一个词，下岗再就业成为政府、社会、百姓最关注的事，需要更多的人唤起下岗者创业的勇气，此时广告责无旁贷地承担起了这份社会责任，在中国的媒体上出现了一批广受欢迎的公益广告 [图41118、41119]。1998年6月24日开始，中央电视台陆续安排播出了系列再就业公益广告30多集，由著名歌手刘欢、那英出演的两部投资近百万元的公益广告在全国引起关注。

公益广告多是为了呼吁改变当时社会的消极现象而拍摄的，因此从公益广告的内容，人们往往能窥

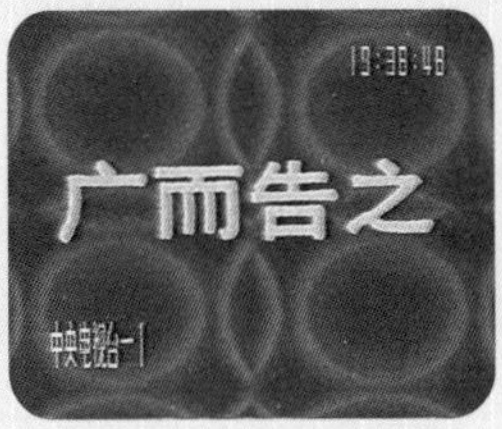

/41115/《广而告之》公益广告专栏
(《中国广告20年》纪录片)

/41116//41117/“绿满全球”公益活动广告
(《中国广告》1992年第3期)

/41118//41119/再就业公益广告
(《中国广告20年》纪录片)

见当时社会的状态。比如2002年中国首部以反对家庭暴力为主题的电视公益广告片[图41120]亮相中央电视台电影频道，反映了当时社会家庭暴力较为严重的现象。

但是公益广告活动的主体多是电视媒体，企业方面的公益广告意识仍然较为淡薄，还是比较看重快速见效的产品广告，而把效果长远的公益广告放在了一个不重要的位置上。这一现象折射出企业在激烈变化的社会经济环境中，主体理念模糊的深层问题。公益广告出现之后的十几年来，由企业出资拍摄播出的公益广告并不多见。1999年春节前夕由香港长江实业及和记黄埔集团与中央电视台联合录制的大型主题公益广告片《知识改变命运》[图41121]在中央电视台播放。2001年度“哈六药”重点推出了一系列“公益形态的企业广告”，在中央电视台和全国多数省市级电视台播出。这样的公益广告在众多的商业广告映衬下颇具亮色。

公益广告虽然能带来很好的社会效益，但却很难实现可观的经济效益，由此公益广告拍卖会应运而生。1995年8月7日，全国首届公益广告拍卖会在杭州进行，33件拍品共拍得157万元，在中国拍卖史上尚属首例。

1997—1999年，中宣部、中央文明办、国家工商局等有关部门发出了《关于做好公益广告宣传的通知》和《关于进一步做好公益广告宣传的通知》，明确要求把公益广告作为促进社会主义精神文明建设的一项重要工作来做，规定广播、电视、报纸、期刊等媒介发布公益广告的时间和版面应不少于全年发布商业广告时间或版面的3%，电视媒介在19：00—21：00时间段每套节目发布公益广告的时间应不少于该时段发布商业广告时间的3 %。2001年，中央电视台为配合《公民道德建设实施纲要》的贯彻落实，隆重推出系列公益广告，每条广告长度在30－60秒，全部在中央电视台11个频道中播出，每天播出不少于22次，总播出次数不低于50次，少数重点精品广告则不低于110次。这批公益广告播出的力度之大、频率之高，在国内电视传媒中都是空前的。

为了鼓励和促进公益广告的发展，国家和各种广告组织开展了各种公益广告活动，包括设立公益广告奖，举办公益广告大赛，举行公益广告知识讲座等等。1996年国家工商局正式设立公益广告奖，并在1997年确定为广告界唯一的“政府奖”。

结合《广告法》和有关文件，相关部门相继组织开展了一系列主题活动。1996年9月至10月被定为全国“中华好风尚”主题公益广告月。为配合“中华好风尚”主题公益广告月活动，还曾举办“公益广告知识讲座”。1997年公益广告月活动的主题是“自强创辉煌”[图41122、41123]。

/41120/ 反对家庭暴力公益广告（《中国广告猛进史1979-2003》）

/41121/ 公益广告片《知识改变命运》（《中国广告猛进史1979－2003》）

/41122/ “自强创辉煌”主题公益广告（《中国经营报》1997年9月23日3版）

/41123/ “自强创辉煌”主题公益广告（《中国经营报》1997年9月23日4版）

1998年开展了“服务全国大局，关注社会热点”的公益广告宣传活动，在全国上下抗洪抢险的热潮中，涌现出大量以“抗洪救灾”为主题的公益广告［图41124、41125、41126］。

从这年起，国家工商局举办了“中华好风尚”公益广告大赛［图41127、41128、41129、41130、41131］，公益广告得到政府的支持和社会方方面面的认可。

2000年，国际广告杂志社和深圳市宝安区纪委共同主办了“宝安杯”全国首次以“廉政”为主题的公益广告设计竞赛。2001年，中国广告协会、中国消费者协会联合举办“绿色消费”公益广告大赛。2001年，《国际广告》CAC公益广告联盟先后举办了以“保护及尊重知识产权”、“反对邪教　崇尚科学”、“常回家看看”、“遵守交通法规、珍惜生命安全”等为主题的四次公益广告季赛［图41132］。2002年国家工商行政管理总局与经济日报社联合举办首届中国平面媒体公益广告展示暨大奖赛。2003年上海举办首届信息化公益广告大赛。2001年国内各大网站联合发起成立“网络公益广告联盟”。

［五］“软广告”引发讨论

早在1979年，《文汇报》上就曾经刊登过介绍雷达表的文字［图41133］。当时雷达表的电视广告以及报纸广告已经在上海和消费者见面，在这种情况下专门留出版面介绍雷达表，为广告的推波助澜，起到了很好的作用。虽然当时并没有人把这则文字称作“软广告”，但是已经可以看到“软广告”的雏形。

进入90年代，各种形式的“软广告”更加频繁地出现在各种媒体上。有一些商家尝试将广告信息融入到电

/41124//41125/
抗洪主题公益广告
(《人民日报》1998年8月14日、15日)

/41126/抗洪主题公益广告
(《中国广告》1999年第2期)

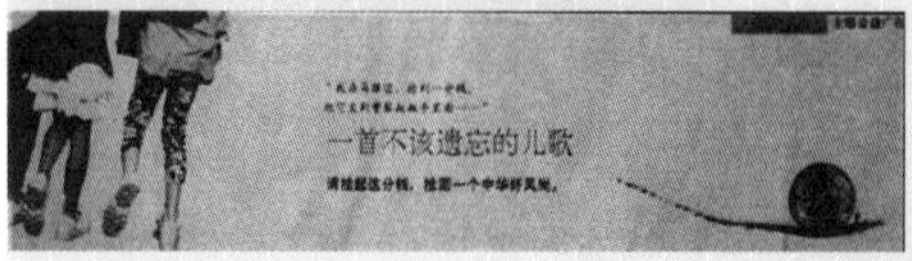

/41127//41128//41129//41130//41131/
“中华好风尚”公益广告作品
(《中国广告》1997年第1期)

/41132/2001年四次公益广告季赛

雷达表的历史—树立制表业好榜样

驰誉世界的瑞士雷达表，于一九一七年在瑞士由舒立兄弟创立，初期只从事生产钟表零件输往美国，第二次世界大战后，经济日益发达，舒立兄弟的公司已成为数一数二的钟表零件制造商，在五十年代初期，更决定树立自己的商标，生产世界第一只「雷达表」。

由于世界手表市场需求更美观准确的手表，雷达表便朝这个目标迈进，结果创造了多款自动、防水、防震手表，其中最具代表性是一九五九年创制之雷达表星航型，它能抵受廿二个大气压力，用一辆汽车在表面辗过，也丝毫无损。

一九六二年，可说是雷达表最重要的新里程，雷达表发明了永不磨损型手表，数年间它成为雷达表的皇牌，至今仍是名闻世界的手表。

六十年代末期，雷达表又跨进一大步，雷达表与通用钟表公司合并，从事更先进、更现代化的生产，通用钟表有限公司是附属世界最大钟表集团，这次合併使雷达表有更优越的生产条件。

一九七五年，雷达表扩充新颖宏大的厂房及总办事处，新厦提供更多地方，设备电脑化，同时，更特别设有研究发展部；专门致力研究最新手表科技，更创立了手表款式设计组，探求最新设计，使手表功用效能与美观外型溶汇一体。

现代化之雷达表厂外貌

雷達表
RADO

由六月一日至八月三十一日，最新各款男女雷达表在上海南京东路第一百货商店橱窗展出。

/41133/介绍雷达表的文章
(《文汇报》1979年7月18日3版)

视剧之中。较为成功的案例便是百龙矿泉凭借电视连续剧《编辑部的故事》里面李冬宝偷矿泉壶的情节，使“百龙”一炮走红［图41134］。把广告和剧情紧密地联系在一起的，用剧情的场景来做广告的实景，把产品融到戏里面，不仅是用产品做背景，同时还拿产品调侃，这在以前很少尝试，因此百龙矿泉壶在市场上一度产生了轰动效应。之后，百龙还出资特约拍摄了电视连续剧《北京人在纽约》。

除了利用电视剧发布广告信息，参与电视栏目也是百龙矿泉壶的奇招之一。1992年百龙矿泉壶经过精心策划在北京电视台《今晚我们相识》栏目举行虚假的集体征婚，从而使百龙公司一夜之间家喻户晓，但是这种宣传上的投机思路导致事后北京电视台冻结百龙矿泉壶在北京电视台的所有广告和新闻报道，并终止在此之前百龙与北京电视台广告部签署的所有广告播出合同。

从此“软广告”引发的各种讨论，一直到现在都在争论不断。然而争论并没有使得“软广告”销声匿迹。1995年，天津一家电视台、一家日报、一家晚报于1月24日至28日分别以黄金时间和整版篇幅刊播“万宝路”和“三五”香烟的隐性贺岁广告。2000年《中国经营报》刊登“《中国经营报》隆重推出文字广告”的广告［图41135］，文字广告实际上也带有“软文”的性质。

“软广告”也在电影中出现。2003年，影片《手机》放映的时候，其中的隐性广告也随之亮相。影片中的新款摩托罗拉手机获得了相当多的曝光机会。

［六］电视直销的出现

1992年，广东电视台和广州电视台率先推出“美国的精品TV物惠店”和“直销848广告杂志”等节目。电视直销开始在全国试行。［图41136］

1995年11月，北京电视台开办“BTV电视直销”节目。第二年5月，全球最大的电视直销公司帝威斯公司在上海登陆。然而在这个本该为消费者提供更多真实信息的广告形式中，却出现了不少违法广告。对此，国家工商局于1998年9月发出《关于加强电视直销广告的通知》，通知指出，电视直销属于商业广告，应当符合《广告法》的要求。现今，电视直销广告仍频频出现在电视上，人们对此的争议一直没有间断。

三　中国企业广告抢滩海外

这一时期，中国企业的广告抢滩海外的广告战取得成功。

早在1985年，北京地毯公司就在美国采取了广告电影的形式扩大对外宣传。为了配合1992年中国友好观光年和北京旅游黄金年，中国首次在伦敦地铁发布了“中国长城”的宣传广告。早期在海外发布的中国广告形式，以户外广告居多。1993年健力宝在美国纽约帝国大厦第26层竖立起了健力宝的霓虹灯广告牌［图41137］，此前健力宝早已在美国新英格兰地区上市。1995年4月28日，深圳三九药业集团则把广告牌竖立在纽约曼哈顿的时代广场上，这是中国的产品广告第一次在这个著名的广场上亮相［图41138］。三九药业在美国设厂生产的第一个产品三九胃泰胶囊正式获美国药品与食品管理局批准上市，成为中国第一个以天然保健品的名义在美国销售

/41134/ 葛优与百龙矿泉壶《中国广告20年》纪录片）

/41135/《中国经营报》推出文字广告（《中国经营报》2000年）

/41136/ 电视商品销售中心（《中国经营报》1997年12月30日9版）

/41137/ 健力宝在纽约的霓虹灯广告牌（《中国广告20年》纪录片）

/41138/ 三九药业在纽约曼哈顿的广告牌

的中药品种。

1992年双星集团在美国、德国及中国香港召开新闻发布会，宣传产品。在德国国际鞋展期间，12人组成的鞋文化表演队引起轰动。

除了在国外媒体发布广告以外，国内企业还积极扩大在台湾和香港两地的商品宣传。1993年1月28日台湾省《中央日报》在“锦绣河山”版刊出了浙江奉化专辑广告［图41139］，这是最早出现在台湾报纸上的大陆专辑广告之一。此后《中央日报》分别在5月7日和6月11日刊出了杭州专辑［图41140］和福建专辑广告［图41141］，在福建专辑广告中还有该省主要领导人的署名文章及工商广告。1992年广州潘高寿蜜炼枇杷膏广告在香港电视台亮相［图41142］，是内地首家到香港做广告的药厂。同年椰风集团在香港卫视中文台推出形象广告，成为内地首家在卫视台做广告的企业。

四 广告策略和创意的进步

从这一时期开始，人们开始重视广告策略中广告创意的表现。1983年燕舞公司进入北京的第一次展销，以当时在青少年中风靡的霹雳舞作为表现形式的电视广告使燕舞电器名声大振［图41143］，700多台收录机被一抢而空，在北京引起轰动。“燕舞，燕舞，一片歌来一片情”，成了当年流行的广告语，这是燕舞收录机在广告创意上的全新尝试。生产燕舞收录机的盐城无线电一厂，在广告恢复的早期，就是活跃的广告主，燕舞公司第一次进京展销［图41144］，除了在电视媒体上发布广告以外，还在《人民日报》、《北京日报》等平面媒体上做了文字广告。这可以看作是早期比较成功的整合行销传播。

曾采用电视剧插播广告的亚都加湿器，也运用了整合传播的策略。1991年11月，亚都加湿器于加湿器的销售旺季，在电视剧《渴望》中插播广告，同时在报纸中刊出广告，在晚报中刊出回收用户卡广告，使亚都深入人心。

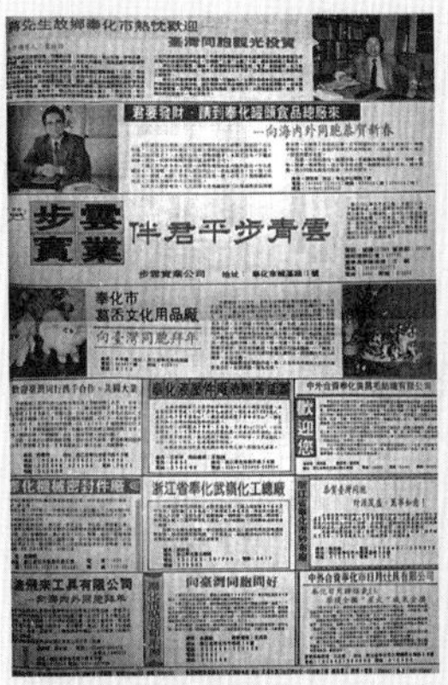

/41139/ 浙江奉化专辑广告（台湾《中央日报》1993年1月28日）

/41140/ 杭州专辑广告（台湾《中央日报》1993年5月7日）

/41141/ 福建专辑广告
（台湾《中央日报》1993年6月11日）

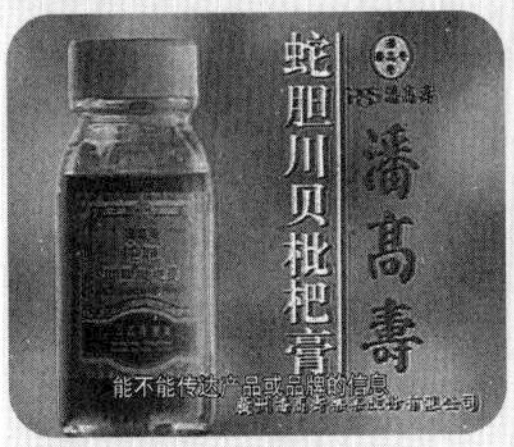

/41142/ 潘高寿枇杷膏广告
（《中国广告20年》纪录片）

/41143/ 燕舞公司进京展销
（《中国广告20年》纪录片）

/41144/ 燕舞电视广告创意
（《中国广告20年》纪录片）

参与型广告类节目也开始出现。1987年10月中央人民广播电台有奖征集广告语。1989年初，生产万家乐电器的广东省石油气用具发展有限公司通过有奖征集下联的活动提高了企业的知名度。他们的上联是“万家乐用‘万家乐’，万家都乐”，收到的近20万件应征对联中，虽然无一中榜，但企业借此宣传自己的目的已经达到，取得广告活动的成功。

1992年电脑动画开始成为电视广告制作的手段。此后一些电视广告纷纷通过技术手段提高创意水平，以此来改善传播效果。

市场变幻莫测，一些与广告相关的角色开始出现，比如“点子大王”、点子公司、策划人等都曾成为不同时期社会的热门话题。“有点子就有市场”，一时间策划人显得越来越重要。

广告活动也开始增多。除了在媒体上发布广告以外，企业也通过创办其他活动来扩大宣传。比如1995年元旦，康力彩电进行广告语征集，由于一等奖空缺，原定奖励一等奖的18万元全部捐给了贫困地区支持教育事业。通过这次活动，康力彩电不仅扩大了企业知名度，而且在一定程度上提高了企业的美誉度。类似的广告活动还有可口可乐公司的“送春联”活动。1998年，可口可乐公司沿海北上贺岁拜年，一路向农家送贺春联。

1997年5月，黑龙江小雨点饮料推出“紧急寻找小雨点”系列悬念广告，引起强烈反响，以42万元打响了北京市场知名度，被《中国经营报》评为1997中国最佳市场推广策划案［图41145］。

2001年，深圳海王东山再起，以强势广告策略推动海王金樽、海王银得菲、海王银杏叶片三大产品，以“健康成就未来”的广告口号塑造全新的企业形象。同年，20亿瓶乐百氏产品的包装被贴上了新浪网标志“大眼睛”的标签，这是新浪网有史以来最大规模的广告活动。2003年，麦当劳在全球推出了“我就喜欢”的主题活动［图41146］，更加迎合年轻人的口味；本土品牌李宁则推出了“一切皆有可能”的理念，为产品注入了更多时尚元素。这些都体现了品牌试图塑造年轻化形象的趋势。2003年，由张艺谋拍摄的长达5分钟的丰田威驰汽车广告片在中央电视台投放。由于事前制造话题和悬念，上市活动获得成功。然而年末，丰田越野车的两则平面广告则因为涉嫌“辱华”，最后公开向中国消费者致歉。

关于企业广告策略和创意进步的事例在“企业营销活动”的章节中有更为详细的记述。

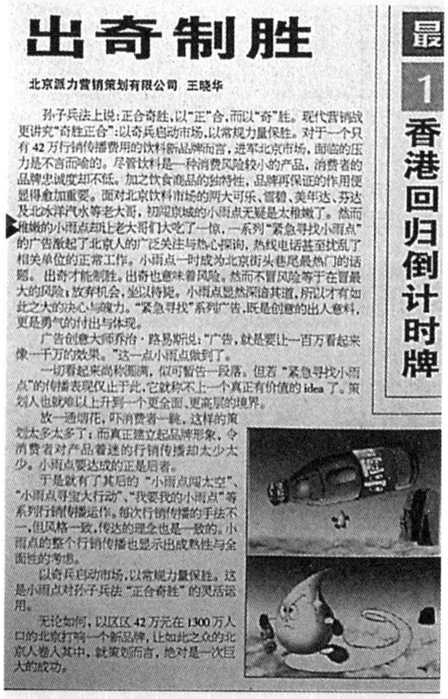

出奇制胜

北京派力营销策划有限公司 王晓华

孙子兵法上说：正合奇胜，以“正”合，而以“奇”胜。现代营销战更讲究“奇胜正合”：以奇兵启动市场，以常规力量保胜。对于一个只有42万行销传播费用的饮料新品牌而言，进军北京市场，面临的压力是不言而喻的。尽管饮料是一种消费风险较小的产品，消费者的品牌忠诚度却不低。加之饮食商品的独特性，品牌再保证的作用便显得愈加重要。面对北京饮料市场的两大可乐、雪碧、美年达、芬达及北冰洋汽水等老大哥，初闯京城的小雨点无疑是太稚嫩了。然而稚嫩的小雨点却让老大哥们大吃了一惊，一系列“紧急寻找小雨点”的广告激起了北京人的广泛关注与热心探询，热线电话甚至扰乱了相关单位的正常工作。小雨点一时成为北京街头巷尾最热门的话题。出奇才能制胜，出奇也意味着风险。然而不冒风险等于在冒最大的风险：放弃机会，坐以待毙。小雨点显然深谙其道，所以才有如此之大的决心与魄力。“紧急寻找”系列广告，既是创意的出人意料，更是勇气的付出与体现。

广告创意大师乔治·路易斯说：“广告，就是要让一百万看起来像一千万的效果。”这一点小雨点做到了。

一切看起来尚称圆满，似可暂告一段落。但若“紧急寻找小雨点”的传播表现仅止于此，它就称不上一个真正有价值的idea了。策划人也就难以上升到一个更全面、更高层的境界。

放一通烟花，吓消费者一跳，这样的策划太多太多了；而真正建立起品牌形象，令消费者对产品着迷的行销传播却太少太少。小雨点要达成的正是后者。

于是就有了其后的“小雨点闯太空”、“小雨点寻宝大行动”、“我要我的小雨点”等系列行销传播运作。每次行销传播的手法不一，但风格一致，传达的理念也是一致的。小雨点的整个行销传播也显示出成熟性与全面性的考虑。

以奇兵启动市场，以常规力量保胜。这是小雨点对孙子兵法“正合奇胜”的灵活运用。

无论如何，以区区42万元在1300万人口的北京打响一个新品牌，让如此之众的北京人卷入其中，就策划而言，绝对是一次巨大的成功。

最
1
香港回归倒计时牌

/41145/ 小雨点饮料策划案
(《中国经营报》1998年)

/41146/ 麦当劳“我就喜欢”主题广告

总之，改革开放后商业广告在中国大陆的恢复从报纸媒体开始，逐步扩展到电视、广播以及户外媒体，到1982年基本恢复了广告业务，广告行业与学术交流活动以及广告管理也跟着启动。商业广告的恢复并不是一帆风顺的，尤其是外商产品的广告，常常遭到大众的非议甚至反对，但是最后还是得到了人们的认可和接受。在这种变化的过程中，积极恢复广告的一些媒体工作人员作出了不可忽视的贡献。

中国商业广告自恢复后经过二十多年的发展，无论从发展规模和发展水平都发生了巨大的变化。除了电视、广播、报纸、杂志四大传统媒体广告的发展以外，户外广告也有了长足的发展，新兴的网络媒体以及直邮媒体成为新型的广告媒体。广告的表现内容和形式也不断丰富：名人广告、公益广告、“软广告”以及电视直销等广告形式充实了传统的广告内容和形式，与此同时，广告策略和创意也在这个发展过程中得到了提升。随着中国企业走向海外，企业广告也出现在海外媒体上，它们为中国企业的海外行销传播起到了良好的作用。

第二章 广告代理公司

第一节 广告公司步入正轨

中国在20世纪20年代就出现了广告社、广告公司等专业的广告经营组织，30年代以后这些专业的广告组织有了进一步的发展。

新中国成立后，政府对旧社会遗留下来的广告业进行初步整顿，解散了一些经营作风不正、业务混乱、濒临破产的广告社，将各个分散的私营广告社合并成为具有一定规模和业务能力的美术设计公司。中国专业广告公司在其发展历程中，经历了一个广告社——美术设计公司——专业广告公司的演变过程。

1979年以前，全国经营广告业务的美术设计公司或广告装潢公司不到10家，主要以经营户外广告为主。1979年以后，随着中国商品经济的日益发展，广告公司的数量增加。1981年，全国广告经营单位达1160家，全国广告营业额达11800万元。1982年，全国广告经营单位达1500家，全国广告营业额达15000万元。

一 本土广告公司的复兴

中国媒体恢复商业广告之后，广告公司也开始恢复"文革"之前的广告业务，新兴广告公司应运而生。

[一] 上海市美术公司

1978年6月，在中国现代广告业的发源地之一——上海，曾经是中国最大的广告公司——上海市美术公司开始为广告业务的恢复准备着，建立了由王庆元等五人组成的"广告恢复小组"，并北上南下进行调研，探索广告恢复的可能性。1978年11月23日和28日，上海市美术公司原经理王庆元先后两次向上海市商业局打报告，要求恢复路牌广告，得到了上级的支持，很快上海市美术公司的路牌和橱窗广告发布和代理业务逐渐恢复。1979年初，上海市美术公司代理了上海媒体的首批广告业务，还承办了上海的户外广告业务，并且恢复了它在“文革”前的名称——上海市广告装潢公司[图42001]。

在当时这种短缺经济的年代，中国处于有广告就有销售的阶段。为了满足国内企业的迫切需要，一大批1979年前后刚刚恢复或新建的广告公司都积极投入到广告制作当中，他们与电影厂合作，摄制了大量的广告作品，上海市广告装潢公司就是其中有代表性的一家。1979年上海市广告装潢公司广告收入81.5万元、净创外汇124万美元。

上海市广告装潢公司真正取胜靠的就是户外广告。恢复业务之初，上海市广告装潢公司为鹅牌汗衫创作了“鹅牌雕塑立体广告”，是由五只鹅组成的一个雕塑，除此以外还有平面广告系列。“鹅牌雕塑立体广告”在上海街头出现，各种媒体纷纷加以报道。老百姓在欣赏雕塑的同时，也感受到了广告独特的魅力。在第一届全国广告展上，“鹅牌雕塑立体广告”获得了一等奖。[图42002]

[二] 上海广告公司

就在国内一批美术、装潢广告公司积极恢复业务的同时，外贸系统的广告公司也在积极行动。

上海广告公司是外贸系统历史最悠久的广告公司。1962年该公司成立时，曾独家受理当时全国8大口岸所有的进出口广告业务。1977年，为了适应新时期外贸出口广告宣传的需要，外贸部主持召开了贸促会外贸电影交流会。会议决定由上海广告公司筹建上海外贸电影厂。这件事得到了上海电影局以及上海电影制片厂的大力支持。上海科教电影制片厂也提供了支援。经过紧张筹备，1978年2月，上海广告公司电影队终于开始拍摄自己的广告片了。他们不仅满足外贸宣传的需要，还利用自身优势经常为国内企业制作商业广告，帮助他们宣传产品、开拓市场。1980年，上海广告公司参加美国“布明代”招贴设计赛，一举囊括了一至五等奖。[图42003]

[三] 北京美术公司

1979年8月，北京美术公司更名为北京市广告公司，1980年又改称为北京市广告艺术公司。北京广告公司主营对国外业务，北京市广告公司主营对国内业务。1986年改称为北京广告艺术集团。建国以来一直负责绘制和更换毛泽东画像工作的是便是这家广告公司。中国广告业的命运始终与国家的命运紧密联系，1979年中国广告业恢复时的第一批广告设计师就来自当时领袖像的绘制者们，他们承继着中国的广告业。1980年北京市委下发101号文件，把北京市的户外广告交给北京市广告艺术公司统一经营、统一规划、统一设计和统一制作，直到1984年广告行业划归工商局管理后（在此之前，广告行业归中宣部管理），这一文件才失效。1982年北京3000多块户外广告牌由北京市广告艺术公司独立代理。

[四] 中国广告联合总公司

1981年3月18日在上海成立的中国广告联合总公司（简称中广联）[图42004]，是新华通讯社直属的中国第一家集团性广告公司，当时二十几家成员广告公司均属独立核算单位。它是由全国各地一些不同所有制、不同隶属关系的广告专业公司，

/42001/ 上海市广告装潢公司承揽广告业务的广告（《中国广告》1985年第3期）

/42002/ 鹅牌雕塑立体广告

/42003/ “布明代”招贴设计头奖作品（《中国广告猛进史 1979—2003》）

/42004/ 中国广告联合总公司第一次代表大会（《中国广告20年》纪录片）

在自愿参加的基础上组织起来的经济联合体。中广联现有成员公司、分公司、子公司、合资公司79家，分布于全国60个大中城市。公司拥有庞大的网络体系，新华通讯社在国内外的100多个分支机构，是中广联强有力的依托。

中国广告联合总公司是个法人实体，是一个独立经营的经营实体，同时它又是一个松散的联合体，这个联合体把成员公司组织到一起，进行业务合作、信息交流，每年召开一次成员公司经理会，联络沟通。

在20世纪80年代初的中国，出现中广联这样的广告联合“舰队”，既有计划经济的痕迹，又是行业竞争的产物，反映了老一代广告人市场观念和服务意识的重新唤发。

在上海广告装潢公司业务恢复后不到一年的时间里，广东省广告公司、广州市广告公司、天津市广告公司相继成立。广东省广告公司是广东省外经贸委属下的一家综合性专业广告公司，在国内众多广告公司中是具有实力的公司之一。

实际上，当时的广告工作，在大多数人的心目中，还不能称为一个体面的行业，广告公司业务的初步恢复，还要由革委会来批准。“广告人”这个词在当时是不存在的，当时的广告人，或者被称作美工，或者干脆就叫宣传干部。整个80年代，应该说是处于一种以设计创意为主线的，还不是以策划为主线的阶段。在广告公司的工作是就是用白纸，用水粉笔，用手工去表现。在广告这张几乎是一片空白的纸上，这些被称作美工的老广告人，从设计入手，一点点学习，摸索着中国广告业的发展之路。

二 国外广告公司的进入

改革开放之初，许多跨国广告公司就已纷纷尝试着，希望能进入中国这个巨大的市场。早在1979年，美国扬·罗比凯广告公司就组织代表团访问上海广告公司，积极寻求与中国广告界的合作。1979年，《文汇报》登载日本企业的整版广告，向阳社［图42005］、电通等就曾担当过中介者。

随着中国广告市场的重建，海外的广告公司陆续进入这个新兴市场。1979年，李奥·贝纳（中国）广告公司在香港成立，开始发展中国业务。1980年，美国扬·罗必凯广告公司负责人访问北京广告公司，并签订广告业务代理协定。

日本在战后，特别是60年代迅速崛起，成为一个经济强国。日本商品创造了一批世界品牌，“日本制造”成为国际贸易中的流行语。1979年博报堂设置了中国部，开始探讨日本企业利用中国媒体进行广告宣传的可能性。

1973年中日建交后不久，日本最大的广告公司——电通就设立了中国部，1975年电通曾经试探性地进入中国，1978年再次与中方进行接触，1979年创办上海［图42006］、北京电通办事处，其中北京办事处是外国广告公司第一个驻京事务所。电通广告公司在中国进行市场调查、效果研究领域的探索，介绍日本广告界的行业知识，主要从事三方面的业务：一是从日本向中国引进广告业务，二是从中国向日本输出广告业务，三是业务文化交流。电通曾

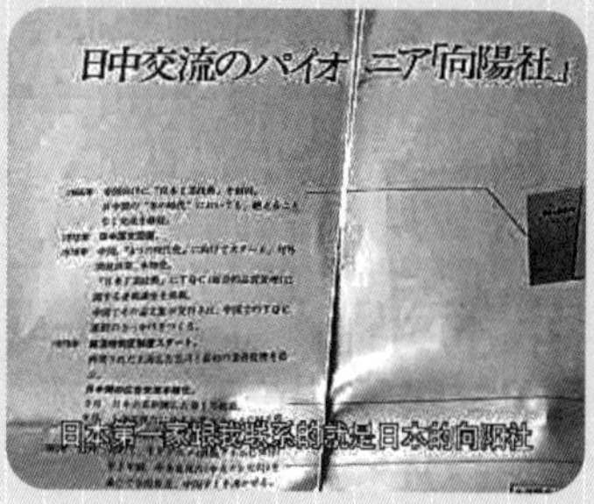

/42005/ 向阳社的文件
（《中国广告20年》纪录片）

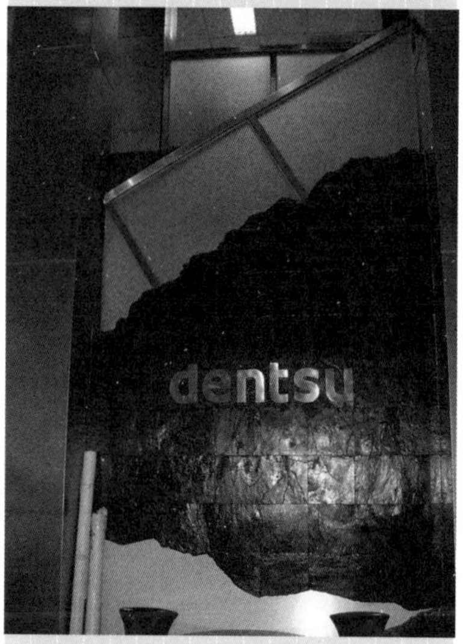

/42006/ 上海电通（实景拍摄）

为雀巢咖啡创作并投放了脍炙人口的广告“味道好极了”篇。

此前，在日本由华侨开办的广告公司——向阳社与中国合作，率先介绍日本的商品广告到中国，它还与中央电视台合作，以节目带广告的形式引进国外电视节目，如《铁臂阿童木》等儿童动画片。由于有阿童木作为卡西欧的品牌形象代言人，卡西欧［图42007］从那时成为中国几乎家喻户晓的品牌。其后向阳社又陆续提供了带广告的动画片《森林大帝》、《尼尔斯骑鹅旅行记》、《三千里寻母记》、《蜜蜂与老鼠》等。

日本每年都有被称为“日本国技”的大相扑比赛。1980年电通北京事务所的所长八木信人向北京工艺品进出口公司建议，如果把当时中国出口日本的工艺品景泰蓝制作成奖杯，颁发给获胜者，一定能为宣传景泰蓝起到很好的作用。工艺品公司每年花费的钱不是很多，但是由日本广播协会NHK现场转播、宣传，日本差不多一百多家报纸都对这件事作了报道，反应效果也非常好。

三　广告公司的专业交流

［一］本土广告公司之间的交流

由北京市广告公司、南京市广告公司和上海市广告装潢公司发起，1979年10月27日第一次广告工作会议在上海召开，13个大中城市的专业广告公司纷纷响应。此次会议标志着中国广告业从无序到有序管理的局面的形成。当时会议的对象是媒介、广告公司和广告主，手段是执法和行政两手，管理机构是工商行政管理部门，次一级的是广告管理部门。会议制定的若干政策刺激了广告业的发展。

为了强化自身在设计、发布方面的优势，1979年，上海广告装潢公司、北京市广告艺术公司等十几

/42007/ 卡西欧打字机广告（《文汇报》1987年6月16日3版）

家美术广告公司和装潢广告公司在上海召开了第一次全国性的广告业务交流会议。这次交流会对推动全国广告业务的恢复，起到了一定的作用。1980年第二次全国广告业务交流会议在广州召开。会议决定成立中国广告学会，创办会刊《中国广告》杂志，并做出了成立广告联合公司的决定。

［二］国内外广告公司之间的交流

1979年3月，日本电通广告公司组织了第一个来华广告代表团——日本电通株式会社一行四人访问上海广告公司，并签订业务合作协定。同年，上海广告公司、北京广告公司等陆续派出代表团到日本学习交流，并把学习成果直接运用到中国商品

-2000
-221
265
581
960
1368
1912
1949
1979
2000

在国际市场的宣传上。

1980年，北京广告公司派出第一个广告考察团赴日本参加日本“电通赏”活动，并邀请日本电通的专家来京举办业务讲座。[图42008、42009] 1981年，电通广告公司又与北京广告公司合作，做了景泰蓝市场调查。这次调查对中国传统工艺品在日本的市场推广，提出了很多极有价值的建议。但由于历史条件的限制，还处在计划经济时代的中国人，对市场调研、营销策划还比较陌生。这本珍贵的资料，当时并未完全发挥出它应有的作用。

在改革开放初期，中国广告业虽面临着误解和无奈，但前进的步伐并未停止。1982年2月12日在北京举办的第一届全国广告装潢与设计作品展，向社会展示了中国广告业在恢复之初所取得的成绩，这时候，经过三年发展，全国广告公司已超过1500家，广告营业额达到1.5亿，中国广告业正逐步迈过恢复后的阵痛，走向新的阶段。

/42008/ 上海广告公司代表团访问电通
(《中国广告20年》纪录片)

/42009/ 广告电通赏（《首都广告10年》）

第二节 广告公司全面实行代理制

中华人民共和国国务院1987年10月26日颁布的《广告管理条例》[图42010] 和国家工商行政管理局1988年1月9日制定的《广告管理条例施行细则》，对专业广告公司界定如下：专业广告公司必须持有“企业法人营业执照”(见《广告管理条例》)，“有负责市场调查的机构和专业人员”，“有熟悉广告管理法规的管理人员及广告设计、制作、编审人员”，“有专职的财会人员”，“申请承接或代理外商来华广告，应当具备经营外商来华广告的能力”（见《广告管理条例施行细则》）。这是建国以来广告市场得到进一步规范以后对广告代理公司比较全面的界定。

当时的《广告管理条例》规定广告公司按照服务功能及经营范围一般可分为两大类，即全面服务型的广告公司和部分服务型的广告公司。全面服务型的广告公司指有经营、代理国内外各类广告业务的经营权，能为客户提供广告活动全过程、全方位服务的广告公司。部分服务型的广告公司指只有一项或几项服务功能、经营范围有一定限制的广告公司，如只承接创作、制作影视广告的公司，只承接设计、制作、发布路牌、霓虹灯等户外广告的公司，只承接产品样本、招贴等印刷品广告业务的公司等。

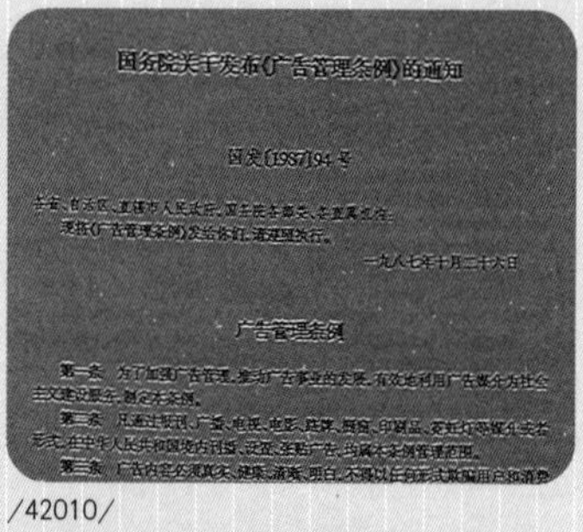
国务院关于发布《广告管理条例》的通知

国发[1987]94号

一九八七年十月二十六日

广告管理条例

/42010/
国务院关于发布《广告管理条例》的通知
(《中国广告20年》纪录片)

一 广告公司规模壮大

1983年，全国有181家专业广告公司，年营业额4870.8万元，占当年全国广告营业额的20.8%。1993年，全国的专业广告公司发展为11044家，年营业额高达4617455万元，在当年全国广告营业总额中占到34.4%。广告从业人员也从1983年的34853人迅速发展到1993年的311967人。

[一] 本土广告公司的发展

广告公司的专业分工开始出现细分化。1985年第一家公共关系公司——中国环球公共关系公司成立；1982年，北京开始出现地铁广告，地铁站从此成为重要的广告媒体，三年之后北京地下铁道广告公司［图42011］成立，并于1993年被北京广告协会首批推荐为“实力强，信誉好”的九家广告公司之一。

同时，国内广告公司开始与媒介组织以及企业开展紧密合作。1988年6月，国安广告公司与中央电视台合作推出《榜上有名》栏目［图42012］，1990年，国安广告公司再度买断中央电视台黄金时段创办《名不虚传》［图42013］，此举使得广告公司渗透到媒介内部，其收益远远高于普通媒介代理。1992年11月23日，商业部直属中商广告公司与山东泰山酿酒英料集团公司签署协议，广告商与厂商结成紧密型利益共同体在中国尚属首例。

1993年，中国广告协会公布当年全国广告公司前50名与三大媒体前20名广告经营额排序，分居首位的是：广告公司为上海广告公司，电视台为中央电视台，报纸为《广州日报》。

隶属于上海外贸系统的上海市广告装潢公司一直负责向国外发布出口商品广告，1985年该公司所发布的出口商品广告比1978年翻了三番，可见改革开放五六年来中国商品出口的快速发展。

1989年北京的户外广告又开始发展起来，北京广告艺术集团的垄断地位被打破了，很多公司取得了发布户外广告的权利。一向严格限制的北京市户外广告也因为申办奥运会而有所放宽。

/42011/ 北京地下铁道广告公司的广告

/42012/《榜上有名》
(《中国广告20年》纪录片)

/42013/《名不虚传》
(《中国广告20年》纪录片)

这一时期还出现了中国广告史上的第一批整体策划书，这是中国的广告人借鉴国外经验，大胆移植和创新的产物。80年代中期，在中国企业的营销意识和市场操作能力距离市场经济的要求还很远的时候，这种完备详实的营销策划书，对于企业最大的影响，不仅是实施技巧上的指导，更是经营观念上的全新震荡。

[二] 合资广告公司的成立

在当时的中国活跃着许多著名的跨国广告公司，如奥美、扬雅、麦肯、灵狮、萨奇·萨奇、智威汤逊[图42014]、电通、灵智、BBDO、葛瑞等。它们在世界范围内庞大的信息和服务网络，已成为今日全球经济一体化的佐证。

1986年，中国电扬广告公司 [图42015] 在上海成立，它是由中国国际广告公司，纽约中国贸易和美国电通·扬罗必凯公司合资兴办的，是中国第一家外企广告公司。在成立之初，电扬的中外方人员总共只有7人，当年营业额为108万元。到1997年，公司的广告营业额已达1.8亿，员工近100人。电扬的成立，已成为中国广告历史的一个标志。

1985年奥美(中国)广告公司在香港成立，对中国客户提供全面服务；第二年奥美(中国)北京办事处成立；1991年，奥美广告公司与上海广告公司合作成立上海奥美广告公司 [图42016]。

进入90年代，一些世界名牌产品陆续进入中国，并且在中国合资办厂。跨国广告公司也为了跟踪服务，开始大规模进入中国。80年代(包括90年代初期)，跨国广告公司在中国基本处于一个“抢滩登陆”的状态。由于一些法律的限制或者自身的经验不足，跨国广告公司的市场战略基本上是：“寻求合作伙伴、获取市场准入、建立滩头据点。”

外国广告公司的进入，更加剧了中国广告市场的竞争。经过十来年的发展，外资及中外合资广告公司在中国广告业界已占有举足轻重的地位。比如其中著名的盛世长城国际广告有限公司 [图42017]。该公司由中国长城工业公司(属航天业部门)、中国天马旅游实业公司(属旅游业部门)和英国盛世国际广告公司合资创办，是一家以经营国内外各类广告设计、制作、发布及全面代理的专业化中外合资广告公司。盛世长城国际广告有限公司为客户服务的最大特点是不会同时为两个拥有同类竞争产品的客户作任何广告策划和创意。其早期推出了海飞丝、玉兰油、飘柔、潘婷、护舒宝、舒肤佳、一加一等品牌的产品广告及国际羊毛局“纯羊毛标志”等广告精品，近几年推出了宝洁、强生、伊莱克斯、西安杨森、嘉实多、杜邦、美的、TCL等品牌的产品广告。1995年起，盛世长城国际广告有限公司取得了近5亿元的营业额，从而跻身于中国广告公司营业额排名榜之首，此后一直稳居冠军宝座。1998年度中国广告公司营业额排序中前5名均为外资及合资公司。

/42014/ 智威汤逊广告公司（实景拍摄）

/42016/ 上海奥美广告公司
《中国广告20年》纪录片

/42015/ 电扬广告公司
《中国广告20年》纪录片

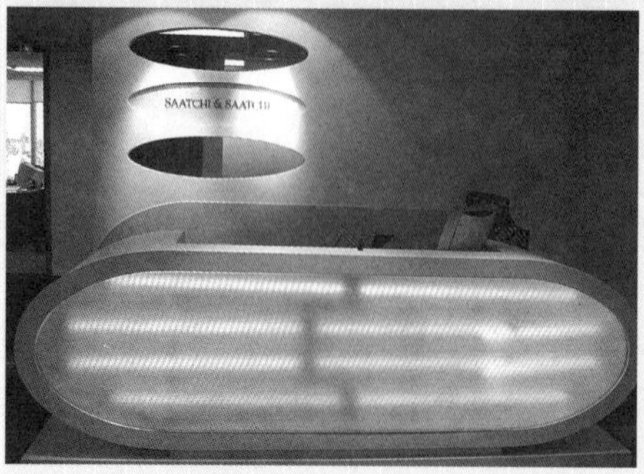

/42017/ 盛世长城国际广告有限公司（实景拍摄）

其他海外广告公司也相继进入中国：1988年，香港金马广告有限公司与中国福利企业总公司共同投资的金马广告有限公司[图42018]成立。

1991年，美国BBDO广告公司与中国广告联合总公司共同合资组建天联广告公司[图42019]。

1992年，香港精英与中信合资组成精信广告。

1993年，李岱艾（中国）[图42020]成立，与上海日化厂广告公司合资经营。

1993年12月，智得沟通广告公司成立智得专业小组。12月初，智得CI小组抵达中国大陆。

二 广告公司服务水平的提高

广告公司不仅在数量上迅速增加，服务领域也不断扩大，服务功能不断完善；广告公司的创作、设计、制作水平有了明显提高，创作了一批创意新颖、定位准确、感染力强、为群众所喜闻乐见的广告作品。

由于国内的专业广告公司大部分是从美术设计公司演变发展而来的，专业广告公司在经营活动中业务一直较为单一。

据1985年有关方面对65家专业广告公司营业项目的调查统计，在专业广告公司的业务活动中，设计、制作名录、画册、样本，代理各种媒介的广告，承办室内外装修装饰，以及展览会、展销会布置等业务占主要地位，超过50%。而为客户进行总体策划、提供市场调查和咨询服务的则占的比例很小。

1984年，北京广告公司倡导引进国际上有关市场营销的新观念和新技术，实行“以策划为主导，创意为中心，为企业提供全面服务”的经营方针。1986年，有关专业广告公司提出了“以广告创意为中心，以策划为主导，为客户提供全面服务”的口号，广告经营业务开始向以提供广告策划、提供市场调查、提供咨询服务为重点的全面服务型的方向转变。同时，由于国际上某些著名的广告公司纷纷进入中国，与国内具有实力的广告公司建立中外合资广告公司，这就既有利于加速中国广告公司经营管理水平的提高、人才的成长，同时也加剧了广告市场的竞争。

广告公司在市场竞争中每前进一步，都会对广告业产生深刻影响，推动着广告业内部职能和结构的改变，使广告公司成为广告业的中坚力量。特别是在中国推行广告代理制后，它的地位和作用更显重要。[1]

1 参见陈培爱：《中外广告史》，中国物价出版社1997年版，第101页。

/42018/ 金马广告公司
（《中国广告20年》纪录片）

/42019/ 天联广告公司
（《中国广告20年》纪录片）

/42020/ 上海李岱艾广告公司
（实景拍摄）

三　广告代理制的发展

广告代理制是国际通行的科学的广告经营机制,它是广告业走向成熟及现代化的标志。西方国家广告业界实行代理制已有几十年甚至上百年的历史。广告代理制主要内容为:实行广告承揽与广告发布分开的办法,即将原来由传媒直接承揽广告、发布广告合一的做法,改为由传媒专司发布广告、而由专业广告公司承揽广告,实行代理。代理制的实行,结束了由媒体包办经营和发布广告业务的具有垄断性质的旧体制,使广告业的三个组成要素——广告主、广告公司、媒体成为相互补充、共存共荣的关系。

中国试行现代广告代理制起步晚,起源于90年代初。

1990年5月10日,国家工商行政管理局、对外经济贸易部联合发出《关于对台湾企业和个人在大陆申请发布广告进行管理的通知》。《通知》说"经研究,决定允许台湾企业和台湾同胞在大陆发布商品广告和寻亲广告",并作了相应的管理办法和规定,同时还指定了代理台湾企业商品广告业务的广告公司名单,即中国广告联合总公司、中国国际广告公司、中国体育服务总公司、上海市广告装潢公司、广东省广告公司、福建省广告公司、厦门市广告公司、厦门市商业广告公司、上海广告公司和北京广告公司等共10家。

1990年5月30日,国家工商行政管理局又发出《关于在温州市试行广告代理制的通知》。其中,第一条:"凡温州市企事业单位、私营企业、个体工商业户在国内通过报纸、杂志、广播、电视、路牌等媒介发布广告,必须委托经温州市工商行政管理局核准的有'承揽'或'代理'广告业务经营范围的广告经营单位发布或代理";第三条:"广告代理单位的职责",包括对广告客户的资格及广告内容的合法性和真实性进行验证审查、对广告发布情况的监督以及及时报告工商行政管理局查处违规违法广告。《通知》还规定:"对不认真履行职责,造成严重虚假违法广告的广告代理单位,取消其广告代理权。"温州市第一批广告代理单位共有7家:温州市广告装潢美术公司、温州华瓯广告公司、瓯海县广告社装潢美术公司、永嘉县广告社、温州日报社、温州电视台、温州人民广播电台。其中报社、电视台、广播电台只允许代理同类媒介广告业务。

1992年8月31日,国家工商行政管理局又发出《关于增加台湾企业商品广告的指定代理广告公司的通知》,公布了新增加的15家台商广告代理公司:上海美术设计公司、浙江省国际广告公司、江苏国际广告公司、江苏梅地亚广告公司、辽宁省广告联合总公司、辽宁省外贸总公司、海南对外贸易广告公司、沈阳市美术广告公司、沈阳市广告公司、青岛广告公司、齐鲁广告公司、深圳市美术广告公司、深圳市旅游广告公司、珠海对外广告展览公司、珠海经济特区美术广告公司。

中国真正全面试行广告代理制是在1993年下半年。为了尽快同国际广告业接轨,改变中国广告业广告经营机制滞后的状况,1993年7月,国家工商局、国家计划委员会联合制订、下发了《关于加快广告业发展的规划纲要》(以下简称《纲要》)。《纲要》鉴于"我国广告业起步晚,基础薄弱","行业结构不合理，经营体制不顾；广告法制不健全，经营秩序比较混乱等等”现状，提出：要“借鉴国际惯例和通行做法，吸收发达国家先进经验，促进国内广告市场与国际广告市场联接”，要“优化行业结构，转换广告经营机制，采用适应现代商品经济发展的广告代理制，发挥广告公司的主干作用”，要“进行广告代理制试点，理顺广告公司与媒介的职能分工关系，广告的发布由各种广告媒介承担，广告的代理和设计制作由广告公司进行”。

在全面实行广告代理制的具体步骤上，《纲要》提出分两步走：

第一步，统一将代理权归于广告公司，将媒介发布广告、取揽广告、代理同类媒介广告改变为媒介承揽、发布广告，不再承担同类媒介代理业务；同时将媒介直接承揽外商广告权归于具有经营外商广告资格的广告公司。第二步，实行承揽与发布分开，媒体专职发布广告，广告公司承担广告承揽和代理，从而在广告公司与媒介间形成功能分工合理、运行高效畅通的经营机制。为引导广告经营向全面代理方向转化，由有关部门调整广告代理费标准；允许实力强的媒介在承揽与发布分开的前提下成立广告公司：广告公司应实行自主经营，自负盈亏，依法纳税。

与此同时，为了顺利、全面推行广告代理制，国家工商行政管理局决定先在部分城市进行代理制试点。为保证广告代理制试点工作的顺利进行，国家工商行政管理局又于1993年7月15日下发了《关于在部分城市进行广告代理制和广告发布前审查试点工作的意见》，对推行代理制试点工作作了九条规定：

第一，广告客户必须委托有相应经营资格的广告公司代理广告业务，不得直接通过报社、广播电台、电视台发布广告。上述规定不包括分类广告，如简短的礼仪、征婚、挂失、书讯广告和节目预告等。

第二，兼营广告业务的报社、广播电台、电视台，必须通过有相应经营资格的广告公司代理，方可发布广告(分类广告除外)。报社、广播电台、电视台的广告经营范围核定为：“发布各类广告(含外商来华广告)，承办分类广告。”

第三，广告公司为广告客户代理广告业务，须要为广告客户提供市场调查服务及广告活动全面策划方案，提供、落实媒介计划。

第四，广告公司为媒介承揽广告业务，应有与媒介发布水平相适应的广告设计、制作能力，并能提供广告客户广告费支付能力的经济担保。

第五，报社、广播电台、电视台下属的广告公司，在人员、业务上必须与本媒介广告部门相脱离，不得以任何形式垄断本媒介的广告业务。

第六，广告代理费的收费标准为广告费的15%。

第七，违反规定第一条的，责令媒介停止发布广告，对广告客户参照《广告管理条例施行细则》(以下简称《细则》)第22条规定予以处罚。

第八，违反规定第二条的，依据《细则》第21条规定从重处罚。

第九，违反规定第五条的，依据《细则》第20条规定从重处罚。

《纲要》及“九条规定”发布之时，广东等一些沿海经济发达地区城市已率先试行了广告代理制，到1993年10月初，全国则有50多个试点城市逐步推行广告代理制。1994年起，广告代理制逐步在全国范围内推广，并逐渐规范化。从此，中国广告业开始向新的经营体制迈进。[2]

2 参见刘家林：《新编中外广告通史》，暨南大学出版社2000年版，第248—252页。

第三节 国内外广告公司的融合

进入广告发展的成熟时期，广告经营单位数量的增长速度明显放缓，数量众多而力量分散的广告公司出现力量集中的趋势。

如前所述，经历了1993年广告经营单位以90%的高速度增长之后，从1994年开始，广告经营单位数量的增长逐年走低，年增长率从35%一直下降到1999年的5%。此后虽有所上升，到2003年全国广告经营单位的年增长率为13%，但是整体的速度减慢趋势不可扭转。比如1997年在上海等一些地区，广告经营单位的数量、从业人数甚至出现了负增长，这在当代中国广告发展史上，尚属首次。

这一时期，大型广告公司开始出现，广告公司之间的联合趋势也有所抬头，市场集中度CR8的指数（指中国广告市场前8名的大广告公司，其营业额之和占全国广告公司营业额的比例）[3]也在平稳上升。

一 本土广告公司的进一步发展

自从1979年恢复广告活动以来，全国的广告公司经历了高速的发展时期，综合实力得到了显著提高。90年代以后，全国各类专业广告公司之间的业务经营范围基本被打破，某个项目独家经营的局面已不复存在，从而加剧了广告市场的竞争，一批有实力的广告公司在竞争中脱颖而出。

[一] 上海广告公司

上海广告公司是90年代以后全国众多广告公司中比较成功的一个。该公司成立（1962年）时曾独家受理当时全国8大口岸所有的进出口广告业务，后来这种独家经营的局面被打破了。于是他们转换机制，走专业化、集团化的路子，积极参与国内外广告市场竞争，提供全面服务。近年来，他们先后成立了展览公司、市场调研公司、影视公司、传播公司以及赛科等6家全资子公司，并同海外合资成立了上海奥美广告有限公司和上海非凡广告设计有限公司。在上海广告公司内部，目前已形成市场调研、创意策划、媒介发布、信息反馈、公关展示、商标注册为一体的集团性公司框架。

由于较早接触到国外广告公司的运作模式，在民营广告公司和外资广告公司大举涌入的时候，上海广告公司保持了较好的经营业绩，在1994年国家工商局召开的中国广

[3] 李天宏：《从集中度看中国广告公司的竞争状况》，《现代广告》，1998年第4期，第12页。

告公司实力评价新闻发布会暨中国广告公司发展战略研讨会上，上海广告公司在中国18339家广告公司综合实力的排序中名列第一，此后连续两年再次名列榜首[图42021]。但是，随着外资广告公司对中国市场的逐步适应，1996年以后上海广告公司的经营迅速滑落。1996年12月26日，上海广告公司改制为上海广告有限公司[图42022]。在2001年的广告公司综合实力排名中，上海广告有限公司已经降到第10位。

2002年11月3日，全球最大传播企业之一的英国WPP集团宣布向上海广告有限公司投资25%股权。另一个合资方日本株式会社博报堂也购买了25%的股权。曾是中国最大本土广告公司的“上广”，在经历了连年下滑之后，终于迈出与外资合作的关键一步，改制成了中外合资广告公司。

同年，日本第三大广告集团旭通DK正式入股上海市广告装潢公司，并购后的新公司，更名为上海广告装潢公司[图42023]。

根据WTO协议，2003年12月10日之后，合资广告企业可以由外资控股，2005年后外商可以建立独资广告公司。这对本土广告公司是一种新的挑战，广告市场的竞争也更为激烈。

[二] 广东省广告公司

在国内众多广告公司中具有实力的还有广东省广告公司[图42024]。80年代中期，广东省广告公司在中国广告界率先开展了以市场调查为基础，以策划为主导，以创意为中心，以媒介实施为主要手段的全面代理业务，获得了良好的效益。该公司对高科技在广告中的运用极为重视，在广东省首家建立了电视监督系统，对客户投放的电视广告进行监测，保证了广告实施后的跟踪反馈，赢得了客户的信赖。他们与香港电子广告公司合作引进先进设备，投资3500万港元在广州闹市区建起全国第一家电子户外广告彩色荧屏联网网络，为客户提供了一个高新科技的全新媒介。他们还发明创造了女体浮雕旋转式霓虹灯广告。

1994年，广东省广告公司的广告营业额在1993年突破1亿元的基础上增长了42.56％。1995年，广告营业额突破2亿元。这一年，广东省广告公司投资建造的15层办公楼正式启用，成为中国第一家拥有自有办公大楼的广告公司。2002年8月，广东省广告公司正式更名为广东省广告有限公司。2003年广东省广告有限公司营业额突破10个亿，这是中国本土广告公司发展进程中的代表性突破。

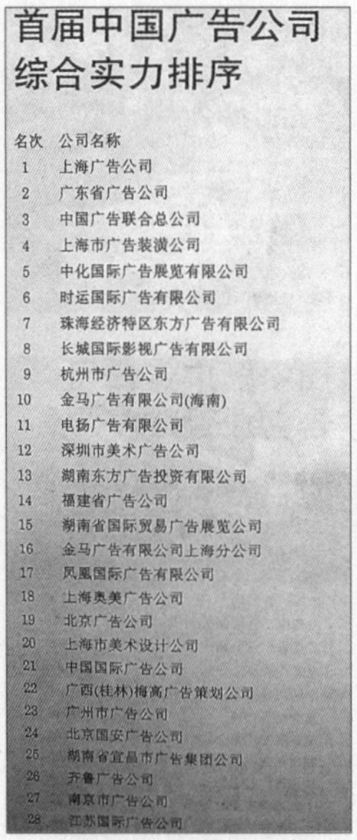
首届中国广告公司综合实力排序

名次	公司名称
1	上海广告公司
2	广东省广告公司
3	中国广告联合总公司
4	上海市广告装潢公司
5	中化国际广告展览有限公司
6	时运国际广告有限公司
7	珠海经济特区东方广告有限公司
8	长城国际影视广告有限公司
9	杭州市广告公司
10	金马广告有限公司(海南)
11	电扬广告有限公司
12	深圳市美术广告公司
13	湖南东方广告投资有限公司
14	福建省广告公司
15	湖南省国际贸易广告展览公司
16	金马广告有限公司上海分公司
17	凤凰国际广告有限公司
18	上海奥美广告公司
19	北京广告公司
20	上海市美术设计公司
21	中国国际广告公司
22	广西(桂林)梅高广告策划公司
23	广州市广告公司
24	北京国安广告公司
25	湖南省宜昌市广告集团公司
26	齐鲁广告公司
27	南京市广告公司
28	江苏国际广告公司

/42021/ 首届中国广告公司实力排序
(《国际广告》1994年第4期)

/42022/ 上海广告有限公司现址

/42023/ 上海广告装潢公司现址

/42024/ 广东省广告公司广告

广东省广告公司的崛起，并非孤立的现象。90年代中期以来，广告业逐步形成了一个多层次、有一定专业化分工的较为完整的格局。中国的广告业，在经过腾飞的奇迹和竞争的混乱后，逐渐艰难地浮现出了质变的征兆。一方面是国际广告公司加大本土化力度，另一方面，则是本土广告国际化。广告业的国际化、融合化趋势越来越明朗。

[三] 民营广告公司的代表

1993年1月12日，《中国工商报》报道了国家工商行政管理局广告司负责人答记者问时，第一次正式公开宣传“私人可以办广告公司”。之后中国民营广告公司纷纷诞生，中国广告业的结构也开始发生了显著变化，民营广告公司正式登上历史舞台，并得以迅速发展，国有广告公司对广告业的支配地位被削弱了。

《中国工商行政管理年鉴》1992年和1998年的资料显示，在1991年至1997年7年间，国内私营广告公司由1991年的242家上升为1997年的12489家，所占广告企业总数的比重也从2%上升为22%，其市场份额也由零上升为6%。私营广告公司由于机制灵活，经营搞得有声有色，国有广告公司的相对比例却下降了，并且不断地在走下坡路。

广州白马广告有限公司[图42025]是中国民营广告公司的代表。1995年，广州白马广告有限公司开始将主要精力集中在户外广告业务上，陆续投资巴士候车亭灯箱、高速公路两侧“擎天柱”广告牌等，建立起“风神榜”、“擎天榜”、“风盛榜”等一系列品牌，在短短的两年内建立起一个覆盖全国18个城市的户外广告媒体网络。白马“风神榜”[图42026]在全国30个主要城市拥有超过2万个灯箱。作为24小时清晰可见而且不会被转台、不会被关闭的“大众化”媒体，候车亭网络能保证品牌以较低的成本、最大限度地在中心地段发布广告信息，成为广告主最好的户外媒体选择之一。经过几年的发展，“白马”于2001年12月19日通过海外控股公司白马户外媒体有限公司成功地在香港主板上市，成为中国内地首家在香港成功上市的户外广告公司，并从2002年3月1日开始，被选为在香港主板市场代表媒体板块的恒生指数指标股。2002年白马广告公司成为全国广告行业第一个企业博士后科研工作站点。

其他的民营广告公司也有不错的业绩。2003年山东宏智广告集团通过其在香港的子公司洪福国际广告有限公司，在美国纳斯达克借壳上市，开中国内地民营广告公司在美上市先河。

2001年中国广告协会召开“全国民营广告公司经营与发展”研讨会，初步达成了建立中国广告协会民营广告公司协作会的意向。由此可见民营广告公司已经成为广告界的一股重要的力量。

[四] 国内4A组织

在经过20世纪90年代初期的高速发展之后，中国广告公司的数量开始猛增，特别是在广州、上海、北京等经济发达地区，广告公司林立，服务水平也参差不齐，降低佣金拉客户、对其他广告公司进行诋毁损贬等非正当的竞争行为时有发生，整个广告业处于一种无序纷争的状态。广告公司之间竞争的无序，给广告主带来很大的麻烦，广告主往往不知道找哪一家广告公司合作为好。

/42025/ 白马广告公司
(《中国广告20年》纪录片)

/42026/ 白马“风神榜”
(《中国广告20年》纪录片)

广州4A［图42027］正是在这种情况下诞生的。1996年11月1日，广州地区综合性代理公司委员会宣布成立，简称广州4A。这也是中国最早的4A组织。

第一届广州4A的18家会员公司中有一半是跨国公司，另一半是本地公司。广州4A有自己的守则，称《广州地区综合性广告代理公司委员会（广州4A）工作条例》。广州4A的成立，在提高广州市整个广告行业自律水平、促进广告公司之间的业务交流、维护整个行业的健康发展等方面做出了积极的贡献。

在广州4A成立5年后，全国性的4A组织成立。2001年5月26日，中国对外经贸广告协会在北京改组设立中国4A广告公司委员会，从而宣告了全国性4A组织的诞生。这一事件也成为2001年中国最有影响力的广告事件。紧接着，在2001年的7月和9月，上海4A和北京4A也相继成立。2003年，广州4A发表“诚信年宣言”，意在建立信誉体制，规范作业机制与世界接轨。

成立4A的初衷是加强整个广告行业的自律水平和专业化水平。中国4A的成立，为解决广告行业中所存在的问题带来了希望，为提高整个广告业的自律水平和专业化水平作出了一定的贡献。

二 跨国广告公司的力量演进

进入90年代，随着海外投资企业自身实力的不断扩大，跨国广告公司也逐渐显露头角。于是，他们将市场战略调整为：“确立市场竞争优势、争取市场主导权”。其中，“确立市场竞争优势”在90年代中期就已经完成，这可以通过两方面的事实得到印证：第一，竞争优势的确立首先反映在与本土广告公司竞争的态势方面。从1994年开始，本土广告公司的营业额排名从龙头老大的位置滑落到第三名；到了1997年，本土广告公司已经被挤出前五名而落到第六的位置上。第二，跨国广告公司的强势不只是依靠原来的国际品牌代理，还表现在积极建立新的品牌代理方面。

/42027/ 广州4A组织成立大会
（《中国广告猛进史1979—2003》）

［一］综合性广告公司

在市场经济条件下，竞争是不可避免的，而且其深度和广度都在迅速扩展之中，竞争也远不仅仅限于合资广告公司之间。

1994年8月，日本电通广告公司与中国国际广告公司、北京大诚广告有限公司合资建立北京电通广告有限公司，注册资金200万元，是中国当时投资规模最大的中外合资广告公司。成立之后，电通广告公司积极参加各种社会活动，扩大了知名度，同时也增加了对中国的了解。9月，电通广告公司参与了第一届中国国际钢琴比赛的工作；10月，组织了北京、上海及广州地方电视台三台联网娱乐猜谜节目《东芝动物乐园》[图42028]的播放工作。1995年5月承揽了“第一届NEC杯围棋赛”。除了参与各种社会活动，电通广告公司还与中国高校进行了紧密的广告教学合作。1996年，电通广告公司与中国六所著名大学就今后五年内合作开展《中日广告教育交流项目》达成协议[图42029]。

与此同时，另一家日本知名广告企业博报堂也进入中国，与上海广告公司合作成立上海博报堂广告有限公司。随着业务范围的扩大，上海博报堂广告有限公司于1998年在北京建立了分公司。

这一时期，跨国广告公司在中国取得了很好的成绩，李奥·贝纳（中国）广告公司[图42030]还被美国《广告时代》杂志评选为1997年全球最佳广告公司之一。

网络媒体迅速普及后，很快成为继电视、报纸、杂志、广播四大传统媒体之外的又一个重量级的广告媒体。许多国际级的广告公司也都纷纷成立了专门的网络媒体部，以开拓网络广告的巨大市场。仅1999年，就有6家广告公司与网络结盟，分别是：英特尔的全球广告代理商灵智大洋(广州)有限公司在京成立互动传播部，恒美(DDB)广告公司成立网络互动市场部，奥美广告和智威汤逊(中乔)广告公司在中国联合推出互动媒体资讯，台湾梦想家媒体与上海金马广告合资组建互联网门户站点，精信广告有限公司之精信医疗保健部在中国开通了第一个医疗网站。同时，第一个为广告商和客户提供准确的广告定向报告的网站——赛乐特心理网站问世。

跨国广告公司带来的，不仅仅是动辄投放几亿元广告费的国际大客户，更主要的是它们国际化的现代广告理念和操作方法。合资广告公司为了克服“水土不服”，不断推行“国际广告，本土执行”的策略，积极培训提升本地员工的素质。

[二] 专业媒体公司

进入90年代后半期，争取市场主导权成为跨国广告公司的战略指向，其标志就是专业媒介购买公司的出现，并成为一股最为活跃的市场力量。从1996年开始，实力媒体、传立媒体等一批专业媒介购买机构相继成立。专业媒介购买公司的力量，来自规模优势；而其支撑点，就是国际客户和国际资本。专业媒介购买公司的出现，表明跨国广告公司在争取市场主导权方面找到了一个突破口。同时，专业媒介购买公司

/42028/《东芝动物乐园》
(《中国广告20年》纪录片)

专稿

'96中国广告界
引人注目的几件事

● 中国国家教委和日本电通《中日广告教育交流项目》达成协议，于9月9日在京人民大会堂举行签字仪式，电通将向中央工艺美院、北京大学、中国人民大学、北京广播学院、复旦大学、上海大学六所院校提供广告设备，派遣专家前来讲学并接受该六校师生到该公司进修学习，讲课内容计入学生学分。

/42029/ 电通六所院校讲座
(《中国广告》1997年第1期)

/42030/ 李奥·贝纳公司（实景拍摄）

的出现，对中国的广告市场形成了又一轮冲击波。

1996年11月，实力媒体［图42031］进入中国，成为中国第一家独立的专业媒体代理，它由盛世和达彼思两家全球顶尖的4A广告公司的媒介部合并而成，其服务的客户有诺基亚、可口可乐、宝洁、中国移动、海尔等80多家国内外著名企业。自成立至今，实力媒体历年稳居中国大陆媒介代理投放量首位，2000年广告营业额达50亿元，相当于当年全国广告营业额的10%。除了业绩出色，实力媒体还对中国本土的电视媒体市场做了深入的研究，1999年实力媒体在上海主办了中国首届电视媒体品牌营销研讨会。

实力媒体的成立带动了其他跨国广告公司成立自己的专业媒体公司的步伐。1997年智威汤逊（中乔）广告公司与奥美广告公司共同组建传立媒体［图42032］。2000年麦肯·光明广告公司宣布，将其媒介部门重新命名为优势麦肯媒体。2002年，全球最大的专业媒介购买公司之一的盟诺（Magna）公司宣布它的中国公司成立，盟诺全球公司隶属于著名的IPG（Inter Public Group）集团。同时本土媒介购买公司也大量增加，以北京未来广告公司［图42033］为代表。

专业媒介购买公司的业务不仅包括媒介策划和媒介购买，还为客户提供调研、整合传播、专业顾问、市场营销、消费者行为等专业服务。有些媒介公司还参与电视节目的制作，为客户争取在媒介上出现的机会。

媒介购买公司的出现，导致了广告业代理形态的重大变化。首先，突破了“一对一代理制”，同一媒介公司可以为同一行业的不同客户服务。其次，引发了广告业界对于广告主的媒介代理权之争。专业媒介公司所收取的代理费比广告公司便宜，广告公司的代理费一般是媒介所报总价的15%，净价的17.65%，而专业媒介购买公司一般是净价的3%—5%。因此，媒介购买公司成了广告公司强有力的竞争对手。

［三］户外广告公司

2001年以来，由于TOM．COM和“白马”对中国户外广告的激烈争夺，户外媒体再次成为媒体和人们关注的焦点。

白马公司集中发展户外媒体之后迅速成长，与此同时，由香港富商李嘉诚的和记黄埔及长江实业集团控股的TOM.COM也借助于其强大的资金优势，开始了在户外广告领域内的迅速扩张。2002年内，TOM.COM全资户外媒体控股公司TOM Outdoor Media相继收购了齐鲁中国公司、天明中国，大连市最大的户外媒体公司New Star Prosperity以及沈阳的沙诺金厢、四川的西南国际、厦门的博美、福建的新奥等多家公司的部分股权。在迅速地完成了对内地户外广告公司的一系列收购之后，TOM.COM在内地的户外广告网络已包括12家区域性的户外广告公司，拥有户外媒体广告总面积超过17万平方米，业务覆盖22个内地主要经济城市，市场占有率迅速超过了白马户外媒体，成为内地最大的户外广告媒体经营者。

此外，还有两家以巴士车身及地铁广告为核心业务的两个户外广告“巨头”：媒体世纪和媒体伯乐。2002年初，它们相继在香港挂牌上市。目前，媒体世纪集团已经在全国18个主要城市拥有约2万辆车身广告的经营权，以及北京地铁、上海地铁2号线、明珠线的广告经营权。媒体伯乐拥有国内1.2万辆巴士车身广告经营权，以及广州地铁、上海地

/42031/ 实力媒体（实景拍摄）

/42032/ 传立媒体（实景拍摄）

/42033/ 北京未来广告公司广告（《中国经营报》1998年8月11日）

铁1号线的广告经营权。

在白马户外媒体上市，登陆香港主板之后，媒体世纪、媒体伯乐等户外媒体也在2002年1月下旬相继跃上香港创业板。加上全面转向跨媒体的TOM.COM，户外媒体广告四位“巨头”各自借力香港资本市场，完成了上市竞赛。

三 广告调查行业的出现

中国调查业的发展与跨国公司进入中国市场是息息相关的。在20世纪80年代末期，宝洁、联合利华等跨国公司相继进入中国市场。跨国公司对消费者意见的高度关注为市场调查公司的出现奠定了市场需求的基础。以宝洁公司为例，在进入中国市场之前，为避免其不熟悉中国市场情况而出现决策上的失误，他们在中国进行了长期的实地调查，搜集了大量的第一手市场数据，以供决策者参考。在当时，为了保证搜集到的数据准确、有效，宝洁公司把自己长期积累的市场调查及研究的经验、方法，传授给尚不知市场调查为何物的中国合作者。与此同时，随着羽翼的丰满，一批年轻有为的中国市场研究人员，纷纷从与宝洁公司合作过的调研公司中走出，办起了许多家调研公司。可以说，在中国调查业的成长发展道路上，宝洁公司功不可没。因此，业内公认中国的市场调查业起步于1988年，最早的专业市场调查公司是成立于广州，这与1988年宝洁公司初次进入中国市场，并进驻广州不无关系。

跨国公司将市场调查带入中国，而使调查业在中国成为一种产业，则是在中国企业确立“以消费者为中心”的营销观念之后。自改革开放以来，中国企业的营销观念经过了“生产导向时期”、“销售导向时期”和“消费者导向时期”三个发展的阶段。当企业的营销观念发展到第三个阶段——“消费者导向时期”，一切市场活动必须“以消费者为中心”，市场调查就成为企业活动的一个重要环节。[4]

调查业的出现比广告的恢复晚了近十年，但其发展速度非常快，从1992年开始，市场的大量需求，使中国调查业得以遍布大江南北，尤其是合资、私营调查公司的异军突起，调查业的发展为广告业的专业化提升提供了帮助。

伴随着跨国公司进入中国的步伐，一批为之服务的国际调查集团，如盖洛普、SRG等相继在中国设立了分支机构，为直接进入中国市场的跨国公司提供市场调查服务。1995年调查业在中国得到了很大的发展：北京盖洛普有限公司对西藏以外的所有省(市、自治区)进行全面调查；李奥·贝纳公司每两个月对中国六个城市的消费者进行一次跟踪调查；法国索福瑞和央视调查公司合作，在实力媒体的帮助下将市场调查应用到广告业。

1998年初，北京世纪蓝图市场调查公司通过对北京77家跨国公司市场调查业务负责人员的电话访问和15家跨国公司市场部经理的深度访谈后，发表《跨国公司和中国市场调查服务研究》，对中国的市场调查行业做了全面的介绍。《中国经营报》于1998年1月6月第8版发表文章《1997　调查业走出困惑》[图42034]，文章总结了1997年调查业的发展特点：1997年调查业营业额与上年相比增长了50%到60%，调查技术与方法更先进，行业素质不断提高；调查业行业协会筹

4　参见寇非：《广告·中国》(1979—2003)，中国工商出版社2003年版，第192—193页。

1997
调查业走出困惑

/42034/《1997调查业走出困惑》
(《中国经营报》1998年1月6日8版)

备会议准备工作正在进行，调查业的整体发展出现了许多好势头。

在各企业和广告公司开始重视消费者调查的同时，媒介数据的调查也得到了应有的重视。1995 年，《计算机世界》与美国 BPA 签订协议，由BPA对该报发行量进行核查。由于有了经过独立的第三方公正核查的发行量数据，该报争取到更多的国外客户。虽然国内还没有建立比较权威的平面媒体发行量核查公司，但是电波媒体收视（听）率已经成为专业媒介调查公司的主要业务。1996 年，央视—索福瑞媒介研究公司在全国推出并实施了新的电视收视率服务系统。1998年8月27日，新中国成立以来规模最大、专业化程度最高的电视收视率研讨会在北京举行，足见业界对于电视收视率的重视。

2000 年中国广告协会和全国市场调查行业协会共同发起主办的2000年“盖索普杯”广告调研奖，在中国成都颁奖。2001 年中国信息协会市场研究行业分会——全国市场研究行业协会在广州成立。市场调查行业作为广告业的上游行业得到业界重视并日益发展壮大。

四 本土广告公司参与国际交流

参与国际广告界的交流，成为广告人检验自身水平的一面镜子。20世纪90年代中期以后，国内广告公司积极参加国际知名的广告盛会，努力向世界一流水平的广告公司学习，同时也向世界广告界展示了自己的作品。

[一] 国际广告大奖

国际广告业五项广告大奖包括：莫比广告奖、纽约广告奖、戛纳广告奖、伦敦广告奖、克里奥广告奖[图42035]。这五大奖项为众多广告人创作的优秀广告作品提供了展示的舞台。

/42035/ 克里奥广告奖（《中国广告作品年鉴》）

1 克里奥广告奖

克里奥广告奖已有 43 年历史，是全球最高级别的广告奖之一。1995 年，广州白马广告公司为深圳著名旅游景点“锦绣中华”创作的《家——中国人的故事》获得第36届美国克里奥国际广告节平面设计银奖，这是中国大陆广告公司首次在国际性广告大赛中获奖。

2002 年在上海开幕的美国克里奥中国巡回展上，代表中国广告作品亮相的广州盛世长城广告公司瑞士军刀平面广告 [图42036] 和上海的达美高广告公司的光明乳业影视广告 [图 42037] 分获银奖和铜奖。

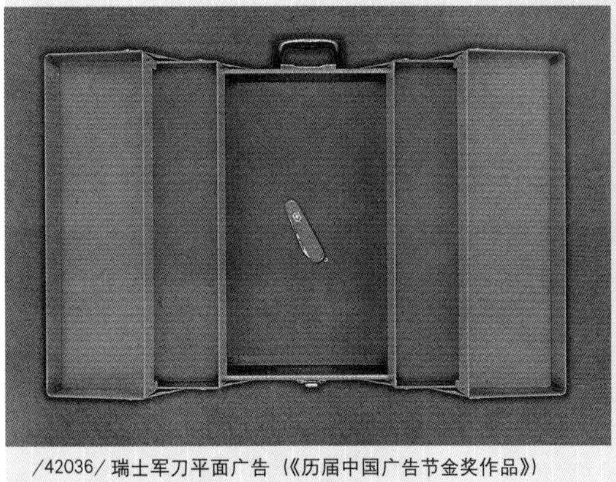

/42036/ 瑞士军刀平面广告（《历届中国广告节金奖作品》）

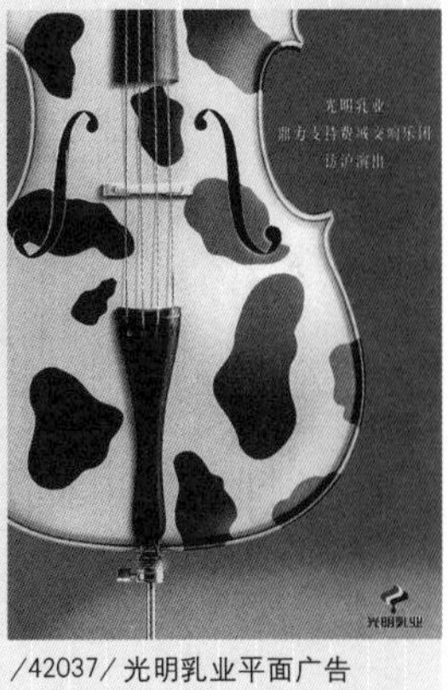

/42037/ 光明乳业平面广告（《历届中国广告节金奖作品》）

2 纽约广告奖

在1997年的美国“纽约广告节”上，梅高广告策划公司为桂林天和制药厂所制作的“天和骨通”广告营销策划案荣获 A M E 国际大奖（AME 是迄今为止全世界唯一的广告与营销活动效果的权威奖项）医药保健奖银奖，是中国广告界首次在美国纽约广告节获奖。《中国经营报》于1997年5月27日第5版做了报道《天和骨通——一个成功的营销策划案例》[图42038]。

3 美国莫比广告奖

2000年，在第29届美国莫比广告奖中，上海达彼思广告公司创作的长城啤酒平面广告“老虎篇”荣获金奖，这是中国首次获得莫比金奖。第二年，中国广告公司在第30届美国莫比广告节上收获了更多的奖项：广州九易广告公司凭借“牵手篇”获得电信类影视广告金奖；麦肯（上海）广告公司创作的邦迪创可贴广告“韩朝峰会篇”[图42039]获得医药类平面广告金奖；此外，水井坊的包装设计、邦迪创可贴广告“成长难免有创伤篇”[图42040]、爱立信广告“相遇篇”、威乐啤酒“众生相篇”也分别获奖。

4 法国戛纳国际电影广告节

法国戛纳国际电影广告节自1954年起每年6月下旬都要举行一次，到1996年已经是第43届了，而在这一年，才首次出现中国广告代表团的身影。遗憾的是，中国代表团的69件作品[图42041]全军覆没。时隔六年之后，盛世长城（广州）公司凭借海飞丝广告获得了2001年第48届戛纳广告节平面广告铜奖。同时，实力媒体的4件作品入围本届戛

/42038/“天和骨通”营销广告
(《中国广告猛进史 1979-2003》)

/42039/邦迪创可贴广告“韩朝峰会篇”(《中国广告作品年鉴 2002 年版》)

/42040/邦迪创可贴广告“成长难免有创伤篇”(《中国广告作品年鉴 2002 年版》)

/42041/
1996年戛纳参赛作品（《中国广告20年》纪录片）

纳媒体金狮奖决赛，诺基亚8250“蓝色魅力特辑”［图42042］是中国大陆唯一入围的作品，为大陆问鼎戛纳金狮奖迈出关键性的一步。

[二] 亚太广告节

亚太广告节是由现任亚洲广告协会联合会（AFAA）主席、IAA泰国分会主席郭伯诚倡导，由泰国、中国、韩国、日本、印度尼西亚、印度及亚广联发起的亚太地区广告作品评选交流活动。1998年，中国广告代表团带着1077件参赛作品赴泰国参加首届亚太广告节，其中桂林华顿广告公司的公益广告作品《保护森林》、上海电扬广告公司的公益广告作品《教师节》在首届亚太广告节获铜奖。2001年中国在第4届亚太广告节上获得3项银奖、3项铜奖。

[三] 其他国际广告奖项

国内广告公司还获得了其他一些国际广告奖项：浙江华林广告有限公司作品浙江信联轧钢电视广告片在瑞士举行的’98蒙特勒国际广告节获金奖。中国广告联合总公司的作品立邦漆路牌广告“屁股篇”［图42043］与广东三人行广告公司的作品荣超花园广告“偷工减料篇”获得美国《广告时代》评选的2000年度最佳创意奖，这是中国内地首次获得该奖。2001年北京申奥招贴画“2008”在芬兰获得拉赫蒂最佳体育招贴画奖。

[四] 国外广告赛事来华展映

伴随着中国广告公司的作品在世界著名广告节上的亮相以及众多国外广告赛事的来华展映，国外的广告赛事在国内的影响已经愈来愈深，越来越受到国内广告人的关注与青睐。无论是号称广告界“奥斯卡奖”的美国克里奥广告奖，还是法国的戛纳国际广告节、广告饕餮之夜，乃至纽约广告节、亚太广告节、金铅笔广告峰会等国际性广告赛事，每逢其获奖作品来华展映，都是盛况空前，备受国内年轻广告人欢迎，放映当天的热闹景象无异于观看美国大片的场面，广告奖展映在中国的热度由此可见一斑。

/42042/ 诺基亚蓝色魅力特辑广告（《中国经营报》2001年4月3日21版）

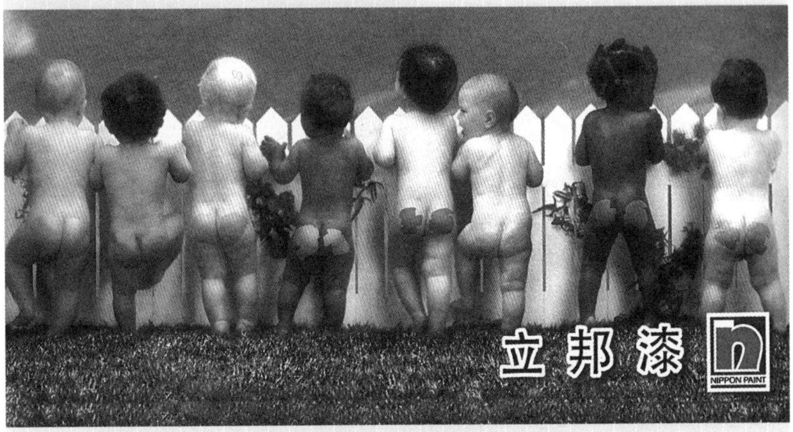

/42043/ 立邦漆“屁股篇”（《中国广告作品年鉴2001年版》）

[五] 国内各种广告大赛

在广告公司频频参加国际广告大赛的同时，国内的各种广告大赛也应运而生。从1992年“广州日报杯”全国优秀报纸广告奖的诞生，到2001年中央电视台举办的AD盛典，全国性、地方性的各种广告大赛层出不穷。仅在2001年举办的第八届中国广告节上，就有全国优秀广告作品展、第三届全国广告摄影优秀作品展、台湾金象作品展、香港4A协会作品展、中国青年广告人现场设计大赛作品展、第二届“学院奖”优秀作品展、美国纽约广告节获奖作品展等十来个“小广告展”参与其中。以面向学生为主要特点的台湾时报广告金犊奖[图42044]，近年来也吸引了众多大专院校的在校生积极参与，在高校中间掀起了阵阵热潮。

五 广告公司的剧烈竞争——“零代理”的出现

在刚刚进入21世纪的时候，中国广告公司之间掀起了一场以“零代理”为标志的价格竞争，而且有愈演愈烈之势，不管是本土公司还是跨国公司都已参与其中。所谓“零代理”，简而言之，就是广告公司将从媒体得到的佣金，即代理费(通常是媒体投放费用的15%)再返给广告客户。

《广告法》第29条规定：“广告收费应当合理、公开，收费标准和收费办法应当向物价局和工商行政管理部门备案。”另外，在《广告管理条例》第15条中还规定“广告业务代理费标准，由国家工商行政管理机关会同国家物价管理机关制定”，对收费标准也有明确的规定，即国内广告业务为10%，外商来华广告业务为15%，内外有别。

“零代理”是与《广告法》和《广告管理条例》的有关规定相违背的。然而多年以来，已经很少有公司按规定的10%或15%来收取服务费，大多徘徊在2%—8%。“零代理”的出现，是广告公司发动价格战的一种

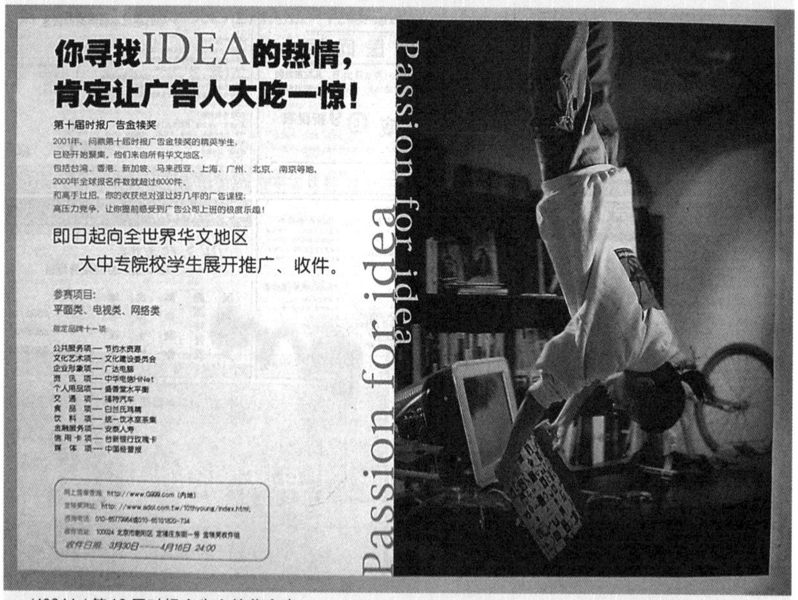

/42044/ 第10届时报广告金犊奖启事
(《中国经营报》2001年3月15日20版)

极端形式。[5]

“零代理”在中国广告业造成了不良的影响，严重损害了国内广告行业的形象，导致整个广告业的服务水平下降，进一步拉大了本土广告公司与跨国广告公司之间的差距，使本土广告公司在与国际性公司的竞争中陷于被动。广告业界掀起了一股对“零代理”的批判浪潮。

5 参见寇非：《广告·中国》(1979—2003)，中国工商出版社2003年版，第239页。

六 对广告公司的管理

随着越来越多的跨国广告公司在中国开办分公司，国家有关部门开始加强对广告公司的管理。1995年元旦，国家工商局、对外贸易经济合作部制定《外商投资广告企业的若干规定》，管理外商广告公司。2003年签订的《内地与香港关于建立更紧密经贸关系的安排》中对于广告行业的具体实施附件规定，从2004年开始香港公司可在内地设立独资广告公司。

对于本土广告公司，国家实行了专项检查制度。从1996年开始，国家工商局每年对广告经营单位进行广告专项检查。第二年，《广告经营资格检查办法》、《广告活动道德规范》颁布执行，全国各级工商部门开展广告经营资格专项检查，共检查广告经营单位5.3万户，暂缓通过4098户，取消6239户违法和不具备条件者的广告经营资格。1998年11月，国家工商局广告司在中国范围内统一部署换发广告经营许可证，并于2000年正式宣布，所有经营广告发布业务的网站都需申请许可证。

临时性的广告经营单位也依法受到管理。1995年7月，国家工商局发布《临时性广告经营管理办法》，要求工商行政管理机关对临时性广告经营实行许可证管理。而对于新闻单位所属的广告公司活动的管理更为严格，国务院新闻办公室通知：国内广告公司特别是新闻单位所属的广告公司出境开展业务交流活动，未经我驻外使馆同意，不得擅自与境外发生业务联系，否则将予以查处。

中国广告业恢复以后，广告公司在短短的二十几年内，经营内容和范围发生了很大的变化。广告公司从最初的美术创作公司过渡到能给企业提供创意、策略的公司，在代理来华的外商广告后，一些大型的广告公司学习并采纳了国外广告公司的服务方式和先进经验，逐渐能给客户提供从市场调查、营销策略、广告策略、广告创意到媒介发布、广告效果研究等的一整套的服务。90年代跨国广告公司的涌入，使广告公司之间的竞争更加剧烈，但在某种程度上促使了国内的广告公司从观念到经营方式上的国际化。

第三章 广告媒体经营

-2000
-221
265
581
960
1368
1912
1949
1979
2000

广告媒体经营一直是广告运作活动中非常重要的一部分，作为发布广告信息的传播媒介，广告媒体在广告的恢复和发展中发挥了举足轻重的作用。无论是电波媒体还是平面媒体，在过去二十几年的时间里都得到了长足发展。

广告媒体各方面的进步为广告业带来了更多的方便，同时广告媒体自身的经营形式也越来越灵活，越来越丰富。

第一节 电视媒体的广告经营

与报纸广告、杂志广告、广播广告相比，电视广告有其得天独厚的优越性。自1983年以来，中国电视广告一直快速稳定地增长。1991年电视广告额超过10亿元大关，占全国全年广告营业总额的28.5%，雄居四大传媒广告的榜首。1992年电视广告额比上年翻了一番，达20.5亿元，占广告业营业总额的30.3%，仍居榜首。1991-1992年度增长速度达94%，第一次超过报纸广告。

进入90年代中期，电视媒体广告的增长更为显著。1994年全国电视广告收入为44.76亿元，占全国广告营业额的22.3%，到1998年，电视广告收入首次占据全年国家全部广告收入四分之一的份额，为135.64亿元。2003年，全国电视广告营业额的增幅有所缩减，仅为10.39%，被报纸广告赶超，但是总量仍达255.04亿元，居四大媒介之首，占最大份额。

在基数最大的情况下，仍实现了快速增长，这得益于广电集团的统筹运营、广电经营机制的改革、各台的品牌建设以及服务水平的提升。

一 设立广告部门、开办广告栏目

电视广告恢复之后，全国各电视台继续扩大广告业务。1984年中央电视台成立了中国国际电视服务总公司，并在公司里成立了一个广告部。1987年，广告部从中分离出来，变成了中央电视台的一部分。从此广告部的运作逐渐走上轨道，其作用也逐渐显现出来。1987年中央电视台《广而告之》栏目开播，专门播出公益广告，收视率在该台名列前茅；1988年，中央电视台与国安广告公司联合开设第一个电视广告专栏《榜上有名》，继而又开办《名不虚传》专栏，以“重信誉，创优质服务”的原则，为经济建设、市场贸易及消费者提供服务。广告的经营使中央电视台有实力买进一些境外优秀节目，这些节目受到了观众的喜爱，也给电视台带来了高的收视率和更多的广告收入。

1984年，北京电视台与北京广播电视服务公司签署了《关于把电视广告移交给北京电视台管理的协议书》，决定设立广告部，统一管理，经营电视广告业务；1984年2月，上海电视台首先播出广告文艺节目。

电视台广告部的设立，为电视广告的蓬勃发展打下了基础，也为电视广告经营的日益规范建立了一个良好的开端。

二 电视广告播出形式多样化

电视广告自恢复以来，形式日渐丰富，出现了贴片、插片广告以及广告大联播等几种新形式。

[一] 贴片广告与插片广告

本时期，贴片广告和插片广告陆续登上电视屏幕。自从1981年上海电视台制作的电视剧《卖大饼的姑娘》初次尝试贴片广告以来，电视剧贴片广告继续被广告主所采用，同时还增加了插片广告这种广告播出形式。1986年，电视剧《蛙女》在中央电视台播放插片广告。同年，向阳社提供带广告的可供播出三年的美国动画片《米老鼠和唐老鸭》。1988年广电部、国家工商局联合发出《关于进一步加强电视广告宣传管理的通知》，要求不得中断节目和以新闻报道形式播放广告，以改变一些企业在电视剧中插播广告的情况。

[二] 广告大联播

广告大联播是新兴的电视广告

播出形式。1983年7月，杭州广告公司与浙江电视台联合举办电视广告插片联播。当时每副插片广告7到10秒，联播五次收费220元，从制作到放映只需7天左右。1989年，白猫洗衣粉举办电视广告回顾周，将其十年以来的电视广告进行了联播[图43001]。1992年3月28日，当晚18家电视台同时在新闻联播之后，首播中国特色的专题广告片《可口可乐时刻》[图43002、43003]，“可口可乐”广告片一改以往洋味浓郁的风格，以一系列中国百姓所熟悉的生活片断点染出中国味。

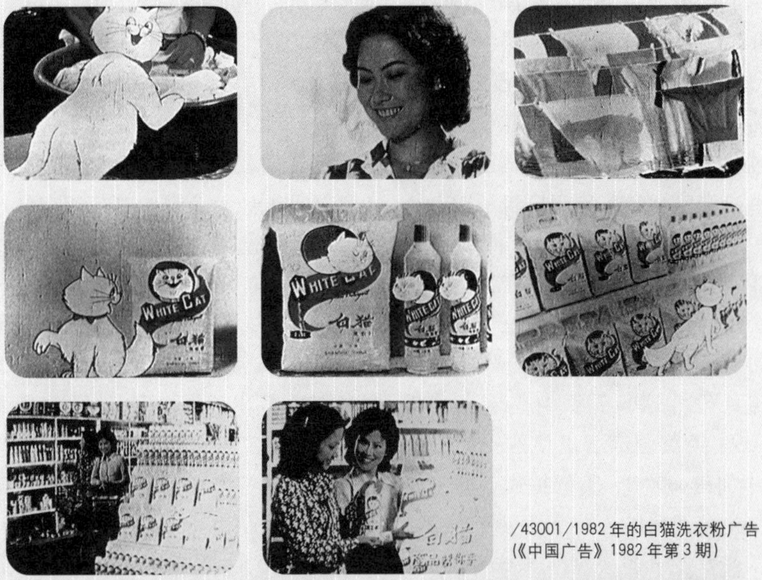

/43001/1982年的白猫洗衣粉广告
(《中国广告》1982年第3期)

/43002//43003/可口可乐广告联播
(《中国广告20年》纪录片)

/43004/孔府家酒电视广告
(《历届中国广告节金奖作品集》)

[三] 中央电视台广告时段招标

20世纪90年代中期，作为中国唯一的国家级电视台，中央电视台覆盖了全国80%的家庭。1992年以后，中央电视台的黄金广告段位逐渐变得供不应求。这一时期，全国媒体数量大增，竞争激烈，而中央电视台国家级的垄断地位依然延续，1994年，中央电视台广告价格平均提高25%，并取消外商独资企业广告加价的规定。为了解决黄金广告段位的供不应求，中央电视台广告部决定招标。1994年11月2日，中央电视台1995年黄金时段20块5秒广告段位招标活动启动，电器电脑类和酒类竞争最为激烈。11月8日，孔府宴酒以3099万元的最高价中标，成为第一届标王。这个价格是孔府宴酒利税的1/3，超出招标底价一倍。自从1989年孔府家酒在中央电视台首做白酒广告[图43004]，开中国白酒大笔投放中央电视台之先河以来，白酒企业已经成为电视广告重要的投放者之一，并且此后在中央电视台黄金时间广告招标中多次夺得标王。

1995年，山东秦池酒厂以66666668.88元夺得中央电视台1996年度黄金段位广告招标标王，当日中央电视台成交10.6亿元广告。维维集团购得中央电视台三块标版，总投入1亿多元。1996年195家企业参加中央电视台黄金时段广告招标，比上年增加112家，秦池酒厂再次以3.2亿的巨额广告费获得中央电视台1997年黄金段位的标王[图43005]。浙江教育出版社在中央电视台黄金时间做广告，为出版界首创。这一年中央电视台总成交广告营业额达24亿。

最初中央电视台的广告招标是暗标，各家企业为争夺标王，纷纷加大筹码。为了让企业更公平地参与竞争，1997年中央电视台将1998年黄金广告段位的招标改为明标[图43006]，实行拍卖，这使得中央电视台的招标场面更趋激烈，广东爱多电器公司[图43007]以2.1亿元获中央电视台颁发的标王证书，32个段位总广告费达28亿元。这一年，为了使招标更加符合市场规律，中央电视台从年度招标改成按季度招标。

正因为众多企业看好“央视”媒体的权威，广告“千人成本”低廉，因此视标王为打开市场的万能钥匙。从1995年第一届标王孔府宴酒到1997年的标王秦池，从3000万到3.2亿，标王走马换将，竞标价码飞涨。在强势媒体上集中火力投放广告成为许多名不见经传的企业一夜成名的法宝。

但是广告过度也导致有一批企业不是致力于生产产品，提高产品质量，为社会提供好的产品来获得应有的利润，而是致力于做广告。

1997年以后，省级台纷纷上星，随着覆盖面的扩大，上星后的地方台逐步拥有了全国性媒体的传播地位。随着地方台的上星和有线台的红火，被称为业界龙头的中央电视台已日渐感觉到了竞争的压力。1999年中央电视台2000年黄金段位广告招标以19.2亿的总额度报收，与前一年相比有明显下降。然而这次招标会首次有外资品牌参与角逐，宝洁、高露洁取得竞标位置。

上星台的增多使得电视媒体的竞争格局有了一个改变，在30多套节目可以同时覆盖全国的环境下，媒体市场的竞争势头不可逆转。尽管如此，中央电视台仍然有不小的优势。比如独家拥有足球世界杯赛事的转播权，使得中央电视台在世界杯期间成为企业电视广告媒体投放的第一选择。1998年娃哈哈在世界杯期间向中央电视台黄金时段投放广告，“非常可乐，中国人自己的可乐，非常可乐，非常选择”[图43008]，摆出一副与可口可乐、百事可乐一争高低的架势。2002年的世界杯更是给央视带来了至少5亿元的广告收入[图43009]。

同年中央三套的龙头节目“同一首歌”首次进行栏目冠名权和广告独家代理权的招标[图43010]，最终以6460万元进账收盘。2003年中央电视台黄金段位广告招标总额达到33．1465亿元，比上年增加了7亿多，同比增长达到26%。2004年黄金段位广告招标再创历史新高，招标总额超过44亿元，同比增长33%。中石油、中石化等大型国企，

/43005/ 标王秦池酒厂（《人民画报》1997年第5期封底）

/43006/ 中央电视台广告招标（《黑马雄风——华西都市报》）

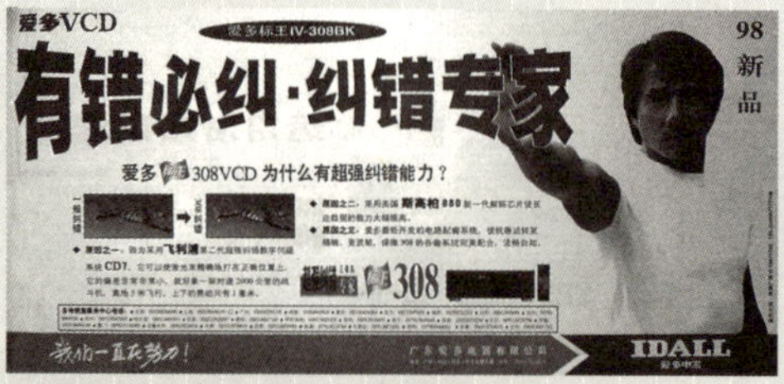

/43007/ 标王爱多 VCD（《中国经营报》1998年1月13日4版）

/43008/ 娃哈哈非常可乐广告（《中国广告20年》纪录片）

/43009/ 世界杯时段招标广告（《中国经营报》2002年5月8日24版）

/43010/ 第一次单一电视栏目广告招标（《中央电视台的第一与变迁》）

纳爱斯雕牌等本土日化企业，以及宝洁、高露洁等外资企业成为亮点，年度中标额最高的企业则是乳业巨头蒙牛。

到目前为止，中央电视台每年的招标活动都受到企业及传媒人士的大力关注，众多国际品牌的积极参与以及本土大型企业的毫不示弱，让原本激烈的竞争变得更加火爆。中央电视台的招标活动倡导了公平竞争的原则，作为行业内的"领头人"，中央电视台发挥了榜样的作用，促进媒体广告运作向良好的方向发展。

[四]"卫视频道广告联合体"的建立

2002年11月初，全国32家省级卫视在深圳召开全国省级台广告客户恳谈会，并以"全国省级电视台广告协作体"的名义对外宣布推出中央电视台《新闻联播》前后5个段位共65秒的广告联播时间[图43011]。这是媒体从竞争走向竞合，从行业竞争走向成熟的表现。

"全国省级电视台广告协作体"对"65秒"的定价基本原则是参考中央电视台现有价格的20%—30%，加上28家电视台协作制定的平均5折的优惠。通过"65秒"为28个省级卫视的广告联播建立了一个可操作的平台，并第一次在真正意义上实现了"联播"。

2003年10月18日全国28家省级台联合正式推出"省级卫视联播推广方案"。此方案在黄金时段(18：58、19：30)、同一时段、同一位置联合播出同一厂商广告，在很大程度上影响了企业对媒体投放的选择。

省级卫视广告联播是国内媒体发展的一个必然产物。经过几年产业机构的调整，国内的电视逐渐形成中央、省级、城市三大集团的竞争格局。省级频道的上星改变了以往中央电视台独家覆盖全国的局面，随着省级卫视的发展和壮大，一张覆盖交叉、收视份额可观的全国性电视收视网初步形成。

省级卫视联播的存在不仅为企业提供了另一种全国性投放的选择，同时也有效降低了企业经营的成本和风险，更重要的是打破了原有的垄断性的电视广告格局，对推进中国电视媒体的市场化具有积极的作用。

[五]其他电视广告经营方式

这一时期，各媒体继续扩频扩版，有线电视突起，省台陆续上星，电视台、频道数量也大量增加。1994年6月，上海有线电视台14频道准备开播，一家美国公司闻讯立即以7000万美元一举买断全部广告时段。为了在激烈的竞争中取得一席之地，各电视台纷纷采取各种措施争夺广告客户。1996年1月，北京电视台率先降低合资及外商企业广告费。同年，福建电视台通过国际互联网进行电视广告招标，福州市涌泉寺方丈中标，斥资20万买断该台早晨8点特别段位广告权，用以发布公益广告。

尽管在媒介竞争时代，电视媒体大都卷入了一场广告客户的争夺战，但仍然有电视台注意到了全国经济发展不平衡的现状，并试图通过扶贫广告的形式唤起大众的关注。1996年5月，温州电视台每晚安排一分半钟常规电视广告时间，免费播放3个山区县当地企业商品广告或企业形象，连续三年每年为山区县让利广告播映费164万元。广告扶贫在全国尚属首例[图43012]。此后，中央电视台也于1997年开始播出"扶贫广告"。

随着电视媒体数量的增多、竞争的加剧，媒体权威地位发生了转变，越来越多的电视媒体开始讲求客户服务。媒体与客户、与市场联系的日

/43011/ 卫视频道整合引发业界讨论（《中国经营报》2001年11月13日10版）

第一条"扶贫广告"

为扶植农业生产，中央电视台广告部从1997年开始推出电视"扶贫广告"，为贫困地区免费播放农副产品广告。第一条"扶贫广告"是为山东金乡县大蒜免费制作播出的，广告在中央电视台连续播出一个月，大蒜销路大畅，使该县当年增收两个多亿。

扶贫广告由广告公司无偿制作，在中央电视台免费播出。此举在社会上引起了极大的反响，受到广大农民朋友的欢迎，并引起了中央领导和全国各新闻媒介的关注。"扶贫广告"不仅解决农民的一时之难，更为农民铺设了一条致富的道路，带动了当地的经济发展。

/43012/ 第一条扶贫广告（《中央电视台的第一与变迁》）

益密切，媒体要经营频道品牌的思路日渐明晰。1996年开播的湖南经济电视台等一批新频道对此进行了实践。由于对收视率的认识，电视媒体的竞争落实到了节目，节目经营成了电视台新的经济增长点。例如湖南经济台的“幸运99”运作了3年，收视率曾达到过62.4%，被多家地方电视台购买。湖南卫视的“快乐大本营”和“玫瑰之约”因为是上星节目，几乎成了全国家喻户晓的节目。

1996年凤凰卫视以崭新的面貌出现在观众面前，在国内外一系列重大新闻、紧急事件的报道中表现不俗，并以独具风格的文艺类节目赢得了相当数量的观众，使国内媒体的收视率之争更为火热。

2000年，中国首个广播影视集团——湖南广播影视集团在长沙正式挂牌成立。集团总资产达30亿元，涉及广播、电影、电视、报刊、网站等多种媒体，兼营广告、网络、影视摄制基地等相关产业。此举拉开了中国广电媒体重组改革的序幕。2001年，中国最大的媒介集团中国广播影视集团正式挂牌成立[图43013]，整合六家中央级广播电视、电影及广电网络公司的资源和力量，固定资产超过200亿元，年收入也过100亿。也是在这一年，北京广播影视集团成立，原有北京电视台与北京市有线广播电视台合并，合并后的新呼号为北京电视台。而在距北京千里之外的上海，涵盖广播、电影、电视、网络和报刊的大型广播影视集团——上海文化广告影视集团也宣告成立。集团成立后，对下属各单位的广告经营活动进行统合，2001年8月启动广告经营中心。

从恢复之初到现在，电视广告无论是在内容还是在形式上都发生了非常大的变化。随着经营者经验的积累和经营理念上的创新，电视广告经营媒体也在数量、规模和体制上逐步增长和完善，为电视广告的发展提供了更为广阔的空间。

第二节 广播媒体的广告经营

改革开放以前，电视尚未普及，广播媒介以其覆盖面广、传播快的优势，在全社会的信息传播中起着相当重要的作用。随着电视的普及，广播媒介开始面临严峻挑战。在这种形势下，20世纪80年代中期以来，广播媒介开始兴办系列台、对象性节目和直播节目，加强对象性，丰富节目的内容。但广播广告的经营状况长期不容乐观，1983年广播广告营业额占全国广告总营业额的7.7%，之后逐年递减，到1993年只占到2.6%，2003年为4%。由于广播广告价格明显低于其他媒介，竞争条件相对不利，即使广告量很大，广告营业收入也一直处于低水平。

为了改变自身的命运，广播媒介业内外展开一场“挖潜”的变革。早在1984年，中南西南地区五省区电台广播广告联播网就已经在重庆成立，这表明当时的广播经营思路开始活跃起来。到了1986年，处于改革开放前沿的广东广播媒体率先迈开了改革的步伐。

在改革之前，整个广播都是一个旧的模式。随着形势的发展，这种单向传播的、居高临下、高调门、远距离、我说你听的灌输式的模式已不太适应当时的需要。与此同时境外电台加强了对珠江三角洲的覆盖，

/43013/ 中国广播影视集团成立
(《中国广告猛进史 1979—2003》)

香港电台以其生动活泼的形式吸引了大量听众，一时间广州街头巷尾充斥着港台的声音。1985年广州市区部分街道做的听众抽样调查表明广东电台与港台的收听率比为3∶7，也就是说十位听众里只有三个人收听广东电台的节目。

1986年12月5日清晨，珠江经济广播电台正式开播[图43014、43015]，一场前所未有的广播改革在多年探索实践的基础上终于拉开了序幕。以增强竞争意识，提高收听率为指导思想，以大版块、主持人和热线电话为主要特征的“珠江模式”一经出世，就表现出了强大的生命力，在广东掀起了一阵广播热，使得当时有FM频率的半导体收音机全部脱销，厂家拼命全部赶着去生产这种收音机。刚刚诞生的珠江台只用了三个月的时间，就把广东电台与港台地区电台的收听率之比由3∶7扭转为7∶3，打了一场漂亮的翻身仗。

上海也突破了广播独此一家的局面，将竞争带入到了广播媒体。1992年12月28日，上海东方广播电台开播[图43016]，上海人民广播电台有了一个竞争对手。“东广”的开办借了100万元，还没开播就花了60万元，全部用于自身的宣传，上海刮起了一股“东方旋风”，“东广”和“上广”的竞争对抗赛由此拉开了帷幕。虽然投入大量资金作先期宣传的做法比较冒险，但是效果十分明显：在上海听广播的人一下子多了起来，形成了1992年和1993年的广播热潮，东方广播电台每天收到听众来信四千多封，据电话局当时的统计，一分钟有两千多个接到东方广播电台的热线电话，有一段时间百货商店的便携式收音机甚至出现脱销。1994年10月，上海东方广播电台与上海拍卖行联合推出国内广告界首次广告时段和节目协办权竞拍，不仅为广播媒体，也为电视媒体引入了新的运营机制，后来为各电视台和广播电台纷纷效仿。

自从1991年9月30日全国第一家交通信息广播电台——上海人民广播电台交通信息台正式开播以来，全国各地广播电台纷纷开办了交通频率、经济频率、音乐频率等专业频率。这些专业频率为广播电台增添了活力，也为广播广告提供了更为广阔的空间。

广播媒体也一度尝试联手打造合力，早在1983年1月，全国29个省、市、自治区广播电台曾联合举办“全国优质名牌产品节目”广告大联播。广播的广告经营额保持了近十年相对快速而稳定的增长。到1994年，全国广播广告营业额为4.96亿元，十年来保持着10%—15%的增长率，2003年全国广播广告营业额达到25.57亿元，增长16.76%，超过报纸、电视等媒体广告的增幅。

广播广告快速发展的原因很多，除了上述专业频道开播和本身节目质量的提高以外，还与城市居民人均汽车拥有率的提高关系密切。据资料显示，1995年我国私人载客车拥有量为114.15万辆，首次突破百万辆大关，此后中国居民轿车消费继续快速增长，1999年城市居民人均汽车拥有率就已经达到2.6%，已超过世界平均每150人拥有1辆机动车的水平，家庭用车预购平均比例也已达到1.1%。2001年全国广播电台听众调查结果表明，自己开车和乘出租车收听广播的比例已高达15.4%。

随着车辆的增加，中国城市道路交通状况就成为人们关注的焦点。塞车越来越严重，人们花在路上的时间增加，收听广播的时间也随之增加。而听众的增加，让广告主越来越愿意在广播电台投入广告。中国车载听众比例一直攀升，以北京数据为例，1997年车载听众占所有听众的比例只有9%左右，2001年上升为12.5%，2003年这一数字已经超过20%。

/43014/ 珠江经济广播电台（《中国广告20年》纪录片）

/43015/ 珠江经济广播电台开播（《中国广告20年》纪录片）

/43016/ 上海东方广播电台现址（实景拍摄）

在2000年出台的《企业所得税税前扣除办法》中所谓的2%限定（后调整为8%）对电视广告造成了很大的冲击，而广播反而在广告主紧缩规模、降低投放成本之时，因为广告价格低、贴近城乡居民生活而获得了不少日用品、商场、医药类广告的份额。

2003年，数字广播市场正式启动，新一轮的广播竞争已经从原来的节目竞争跨到频率竞争。频率竞争时代的到来，为广播振兴带来了新的竞争经营模式，广电总局也将2003年定为“广播发展年”。可见广播这一历史悠久的媒体依然存在着巨大的潜力，具有相当高的挖掘价值。

第三节 平面媒体的广告经营

一 报纸媒体的广告经营

[一] 报纸的副刊增多

在中国广告恢复大潮中，报刊媒体一改往日高高在上、单纯说教的面孔，开始贴近百姓生活，纷纷办起了文化副刊、星期刊、周末版，从寻常百姓话题、读书读报心得到明星趣闻趣事，内容日渐活泼。

1981年《中国青年报》创办第一家星期刊[图43017]。1984年《南京日报》创办第一家周末报——《周末》[图43018]，办报初期的宗旨是将思想性、知识性、趣味性熔于一炉，寓思想教育于谈天说地之中，所以在开始的三四年中，以“三星”为主打文章，头版以影星、歌星、体育明星、知名人物做主打文章，是早期的以娱乐见长的报纸。

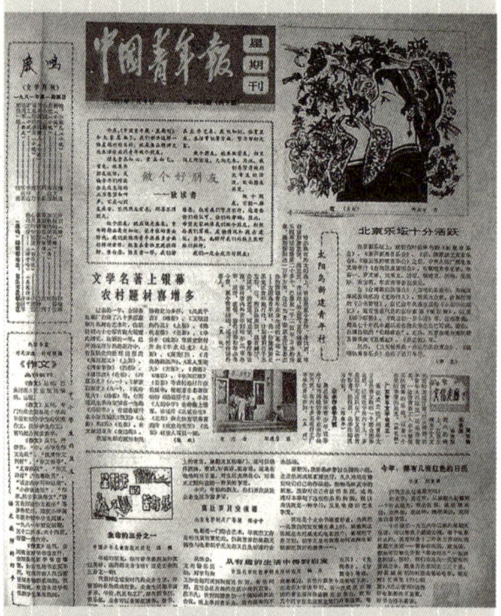

中国青年报 星期刊

北京乐坛十分活跃

文学名著上银幕 农村题材喜增多

/43017/ 第一家星期刊
（《中国青年报》1981年1月4日）

周末

ZHOUMO

/43018/ 第一家周末报
（《周末》2002年3月1日）

[二] 分类广告

随着媒体经营意识的增强，分类广告逐步被各大报纸重视并开发。1985年3月3日，分类广告首先出现在《羊城晚报》上[图43019]。80年代中早期工商广告和各类小广告是混排的，但是限于版面，大的广告总是把小的广告挤掉。为了满足小的广告客户的需要，也为了拓展新的市场，就把小广告集中起来每周定期刊出，满足人们了解各种生活信息的需求。

分类广告
招工启事
招　聘
广州市东建实业公司
招聘专业技术干部
香港电子零件商行
招　聘
招　聘
广州市河南阀门厂
个体户各种小型设备
广州市第三职工中学招生
（市工农教育办备案，承认学历）
华南工学院
招收1985年函授生
女子健美班招生
教授商业美术　提供咨询项目
集美广告装潢设计
函　授　班
出售种籽、种苗
多种树苗待售
误发货认领
寻　人
寻妹

/43019/ 分类广告的出现
(《羊城晚报》1985年3月3日)

[三] 扩版"风潮"

1992年邓小平南方谈话再次极大地解放了人们的思想，就在企业纷纷掀起广告神话，纷纷追随点子大王、策划大师，掀起各种大战的同时，媒体的市场化步伐也在加快，因此出现了1992年的报纸扩版热潮。

《新民晚报》学习南方谈话"思想更解放，胆子更大，路子更宽"的精神，在这一年进行了扩版，由原来4开8版，扩大到4开16版，既满足了读者对国内各种政治信息、经济建设信息的需求，对国际重大新闻信息的需求，也满足了广大读者对社会主义商品经济各种商品信息的需求。报纸的发展带来了发行量的增长，发行量的增长又促使广告客户的增加，1992年以前，《新民晚报》的广告收入只有两三千万元，1992年扩版后一下子上涨到了2.5亿多元。

[四] 整版与头版广告

1993年，整版广告的出现为报纸广告业带来了小小的震动；继整版广告之后，头版广告又为广告主看好，成为众多商家竞相投放的焦点。

1993年1月25日(农历正月初三)，上海《文汇报》敢为天下先，在当天报纸的头版(当时共出四版)刊登整版广告：版面正中是一台由杭州西泠电器集团生产的"西泠空调器"的主体画面，空调器上方是11个特大黑体字广告标题"今年夏天最冷的热门新闻"，空调器下方又有8个同样大的字"西泠冷气全面启动"，再下面是3小段琅琅上口的广告词。[图43020]这条广告收费90万元。据说，当天《文汇报》大楼内电话不断，读者询问："今天贵报怎么没有新闻？"《文汇报》总编辑妙语回答："这不就是最大的新闻吗？"这条广告开创了党报卖头版做广告的先例，对当时中国内地新闻界震动很大，也引发了人们对于新闻改革的思考。美、英、法、日等国的几家大通讯社及报纸都作了报道，有一家报纸甚至称其为"中国报纸广告一号"。

文匯報
WEN HUI BAO
今天
距
第一届东亚运动会开幕
还有104天
今年夏天
最冷的热门新闻
西泠冷气全面启动
显示豪华气派
发动强力冷气
解放今年夏天
西泠电器

/43020/《文汇报》整版广告
(《文汇报》1993年1月25日)

此后，其他一些向来以严谨著

称的大机关报也纷纷仿效。如1993年2月8日，《解放日报》紧步《文汇报》后尘，也同样以90万元的高价在当天头版推出整版广告，刊登的是上海浦东万丰房地产开发总公司等单位出售“浦东万丰别墅”的广告[图43021]。此后，全国有不少报纸也在头版刊登广告，仅在内陆省份安徽，就有《合肥晚报》、《安庆日报》、《马鞍山日报》等不下十家报纸纷纷仿效。

此风一开，许多企业为了显示自己的财力、造成轰动效应，便看准大报头版这块“黄金宝地”，竞相抬高买版价格，在不长的时间里，头版广告收费竟扶摇直上至120万元。“炒头版”一时成为报界、广告界的一道新景观。此外，有的报纸还迎合广告主的心理，在每年6月6日、6月8日、8月8日、8月18日等所谓“黄道吉日”之前，就刊登启事出售包括头版在内的全部广告版面。如：1993年5月2日，天津《今晚报》头版刊出一条通知[图43022]，该通知敬告工商企业，凡欲在6月6日刊登广告的客户，请错开时间，因为这一天该报所有广告版面将被一家企业全部买断。这仅有几十字的通知激起很大反响，询问电话不断。与此同时，许多厂商要求参与竞买。其中报价最高的是北京百龙绿色科技所，报价为40万元。《今晚报》这一天全部广告版面卖出100万元[图43023、43024]，这在当时国内是令人瞠目的数字。一时间，报纸纷纷拍卖所谓的“吉日”广告版面。这一现象的背后是当时经济飞速发展背景之下，很多企业的一种急功近利的冒进思想。

[五] 晚报与都市报的兴起

20世纪80年代末，城市晚报以超乎寻常的速度发展起来，1988年全国晚报已达40家，日发行量逾千万份，而且几乎全是市委机关报所办，绝大部分通过零售和自费订阅发行。随着发行量的日渐上升，晚报受到广告客户的青睐，开始出现了客户排队登广告的局面。

晚报蓬勃发展时期，省级机关报的广告收入被远远抛在了后面。1993年国内的报纸媒介出现了8个亿元广告大户，但几乎都是城市报纸，就在这一年，省委机关报结束了它在广告市场占统治地位的历史。为了扭转省委机关报的经济衰退，以《华西都市报》为代表的一批都市报纸纷纷诞生[图43025]，引发了都市报大潮。《华西都市报》“办报办不成广告最佳传播媒体，不如改行卖废纸”的广告理念也在这场大潮中不胫而走。着眼于市民生活的《华西都市报》在嫁接各类畅销报优势的基础上，确立了“每一条报道都对读者有用”的办报思路，摸索出了一套行之有效的“敲门发行学”，迅速占领读者市场的同时，广告效益也突飞猛进。

/43021/《解放日报》整版广告
(《解放日报》1993年2月8日)

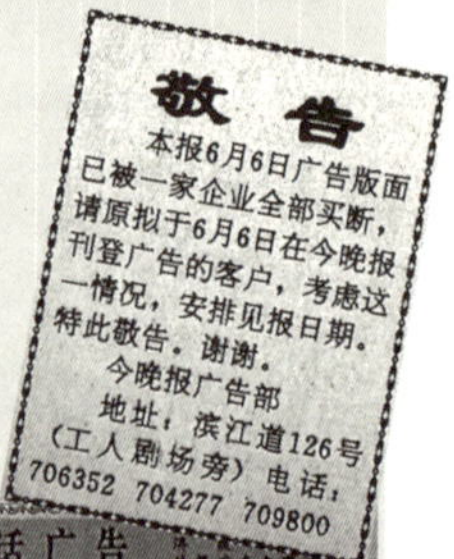
敬告
本报6月6日广告版面已被一家企业全部买断，请原拟于6月6日在今晚报刊登广告的客户，考虑这一情况，安排见报日期。特此敬告。谢谢。
今晚报广告部
地址：滨江道126号（工人剧场旁）电话：
706352 704277 709800

/43022/
《今晚报》广告版面拍卖通告(《今晚报》1993年5月2日)

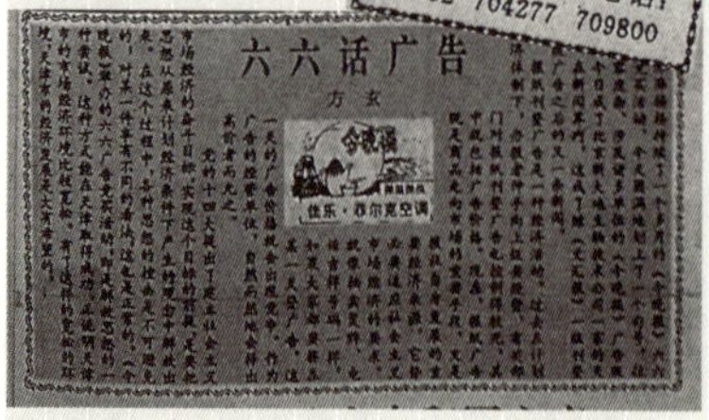

/43023/《六六话广告》
(《今晚报》1993年6月6日)

/43024/《今晚报》拍卖的广告版面
(《今晚报》1993年6月6日)

/43025/都市报的代表《华西都市报》
(《黑马雄风——华西都市报》)

[六] 报纸媒体的多种经营

随着广告经营日渐走上正轨，国内一些主要媒体将经营管理改革提上日程，经营部门在拓展广告业务、财务管理体制和多种经营方面做了大胆尝试，由统筹统支向自收自支转变。1981年开始，广州日报改革了体制和财务制度，1/3搞发展生产，1/3搞奖励，1/3搞福利，用经济手段来管理经济工作。1984年广州日报兴办了印刷、纸张、新闻器材等多家合资或独资的工商企业，办起广告、房地产等实业公司，试图使报社的经营同市场接轨。这一时期，为了增加信息量和广告机会，报纸开始定期增加版面，到1987年《广州日报》增至8个版[图43026]，成为全国第一家八版报纸。

20世纪80年代以后，报纸广告继续保持迅猛的发展势头。1983—1990年，报纸广告营业额在全国广告总营业额所占的比重一直名列榜首，直到1991年电视广告营业额突破10亿元大关后，才落后于电视广告营业额的比重。1985年，报纸广告营业额占全国广告营业总额的36.3%，这是报纸广告营业额占全国广告营业额比重的最高历史纪录。

参照广播方面的“珠江模式”，以及广电媒介频率分化、频道扩张，报纸媒介继扩版增刊等个体规模的扩张热潮之后，媒体广告经营的手段也开始了多方探索。早在1985年1月2日，《文汇报》在以往特别是“文革”期间通常是刊登毛主席语录的第一版位置刊登了第一个报眼广告——上海石洞口电厂工程招标通告[图43027]。

进入90年代，全国媒介市场竞争激烈，报纸媒体处于相对劣势的地位。为了争夺读者、增加发行量以及广告收入和经营收入，各家报纸使出浑身解数，扩版、彩印、自办发行、兼并报纸，兴办实体，在争取经济权益的同时，开展多种经营。1992年解放日报在上海浦东开办一家出租汽车公司，1993年跨行业兼并上海第36织布厂。上海的新民晚报也相继投资到其他行业，1998年《新民晚报》扩至4开32版，天天彩版不提价，日发行量由100万增至185万，发行量10年位居《人民日报》之后，居全国晚报首位。1997年全国已有30余家报社跨入了收入过亿元的行列。

为了打破邮局发行带来的种种限制，1999年南方日报自办发行成功，被誉为“石破天惊”的大事。在充当党和国家政府喉舌的同时，以社会效应为先的媒介也成为经济自给的企业。到1998年，全国自办发行的报纸已近800家。

/43026/ 第一家八版报纸《广州日报》(《广州日报》1987年1月1日)

/43027/ 第一个报眼广告
(《文汇报》1985年1月2日)

此时媒体广告人员已经把目光放远，考虑如何建立更为长久的良性循环，为此广州日报取消了广告部的任务定额，同时努力提升报纸的水准，做到广告多层次经营。这时许多媒体实际上已经具备了集团化的规模，成为具有雄厚经济实力的经济实体。1996年5月，中国第一家报业集团广州日报报业集团[图43028]正式挂牌运行，1999年《广州日报》广告营业额超出9亿元。

/43028/ 广州日报报业集团成立
(《中国广告20年》纪录片)

在广州日报报业集团成功试点两年的基础上，1998年国家新闻出版署正式批准成立5家报业集团：羊城晚报报业集团、南方日报报业集团、光明日报报业集团、经济日报报业集团和文汇新民联合报业集团。

2000年，先后又有北京日报报业集团、浙江日报报业集团、河南日报报业集团、四川日报报业集团、大众报业集团、解放日报报业集团等9家报业集团挂牌成立。2001年新闻出版署又批准了6家报社组建报业集团：湖南日报报业集团、长沙晚报报业集团、吉林日报报业集团、长春日报报业集团、河北日报报业集团、杭州日报报业集团。2002年，天津日报报业集团等9家报业集团相继挂牌成立。同年，由深圳特区报业集团和深圳商报社合并组建的深圳报业集团挂牌成立。

1997年，全国已有30余家报社跨入了年广告收入过亿元的行列，有10家以上报纸广告收入突破2亿元。特别是一部分省级党报和晚报的广告增长幅度令人瞩目。2003年报纸广告营业额达到243.01 亿元，增长28.93%，增幅超过电视媒体。

报纸广告保持了较大的增幅，其主要原因在于报业集团整合了属下的报纸资源，调整了经营策略，调动了子报的积极性；建立信息网络，提供一揽子服务；进一步改革报纸版面结构，挖掘报纸广告的潜力，各种专业版面的开辟，既适应了各类读者的要求，又受到广告客户的欢迎。

此时，人民日报也适时采取了加强广告经营的措施。1996年4月，经国家新闻出版署批准，人民日报将创办10省区广告专版，这10个省区为广东、广西、山东、湖北、陕西、黑龙江、辽宁、河南等。

在电视媒体、广播媒体相继竞拍广告黄金时间之后，中国报业史上也响起了拍卖庆典广告的第一槌。1996年7月1日，中国嘉德广州国际拍卖有限公司为《粤港信息日报》创办一年以后的同一日，即香港回归日广告版面拍卖活动[图 43029、43030]，广东长轻集团以210万元夺得头版，该报的广告版面共拍得641 万元[图 43031]。

总体来说，报纸广告的发展依然比较迅速。随着市场需求的日益凸显，报纸媒体的广告经营逐步走上了企业化经营管理的轨道。

/43029//43030//43031/香港回归日庆典广告拍卖会（《粤港信息日报》1996年7月）

二 杂志媒体的广告经营

在中国四大广告媒体中，杂志广告所占份额最少。尽管如此，杂志广告的发展仍旧不容忽视，1983年杂志广告的营业额为1081 万元，十年后的1993年营业额高达18447万元。

但1994—1997年杂志广告的发展不是很稳定，广告营业额的增长率时高时低，甚至在1995年和1997年出现过负增长。此后到2002年为止，杂志媒体连续五年广告经营额增长率超过24%，领先于其他三大媒体广告经营额增长幅度，达15.21亿元。2003年杂志广告发展更为迅猛，广告营业额达到24.38亿元，增长60.29%。

从20世纪80年代末开始，多姿多彩的时尚类报刊随着人们日益多元化的生活需求成长起来，带给人们信息的同时也满足了人们对文化时尚的需求。1988年，中国出现第一本综合类时装刊物《世界时装之苑》[图43032]，这本杂志从一开始就有广告经营，而且多是国人不甚知晓的国际知名品牌的广告，很多年轻女性就是从这本杂志上第一次知道了很多国际品牌。

在市场经济的背景下，没有广告收入，媒体很难办下去，尤其是那些新诞生的报刊，困难往往更大。例如由于资金匮乏，广东省新闻出版局的《新周刊》问世不到一年就面临停刊。后来在三九集团的全力支持下，《新周刊》[图43033、43034]采取了一系列的搞活措施，日渐有了一批忠实读者和稳定的广告收入，现已成为杂志市场的名牌。

虽然杂志的发展曾经陷入困境，但是与其他几大媒体相比，杂志有着印刷精美、信息传递详细、传阅率高等优势，近几年杂志广告营业额增长率大幅上扬也证明了杂志媒体的潜力。目前国内杂志市场日渐丰富，同类杂志之间竞争也日趋激烈，杂志广告的经营正向着更为规范、更为市场化的方向迈进。

/43032/《世界时装之苑》创刊号
(《中国广告20年》纪录片)

/43033/《新周刊》创刊8周年广告
(《新周刊》2004年8月)

/43034/《新周刊》创刊8周年酒会广告
(《新周刊》2004年)

从计划经济到市场经济，中国媒体广告经营活动的展开也同样在中国社会大背景下经历了一个艰难探索的过程，不断地突破，从谨慎地进行广告活动到组建媒介集团，名正言顺地开展集团化的经营，中国的媒体适应着市场竞争的形势，探索了一条有中国特色的媒体创新之路。

首先，随着竞争的加剧，媒体经营者对于广告代理制的认识不约而同有了一个共同的变化：早年为了留住15%的代理费，纷纷成立了自己的广告公司，原有的广告部和广告公司绝大部分是两块牌子、一个班子；随着广告公司专业力量的凸显，媒体重新认识自己和诸多专业广告公司的关系，接受了代理制。

其次，中国广告媒体规模迅速扩张的20世纪90年代也是大部分跨国广告公司进入中国的辉煌时期，媒体的广告经营开始寻求和国际接轨。然而各媒体在运作过程中表现出来的成熟程度和规范程度却相差悬殊。这些跨国广告公司吸收了国内一批高学历的新人，并按规范进行科学运作，在接轨中，国内一些媒体的运作和人员素质则相对滞后。为了提高从业人员的素质，为了更好地适应市场，一些媒体开始定期举办各种培训和专家研讨会。与此相应，媒体经营者们的营销意识、自我宣传意识却在市场竞争中突飞猛进。媒体服务意识增强的同时，开始以营销的思路为企业服务，市场化轨迹清晰可见。

第四章 企业的广告营销活动

企业作为广告主，是全部广告活动的起点。改革开放初期，一些思想先进的企业萌发了发布广告、推销产品的意识，促使中国的广告重新回到了市场，回到了人们的生活中。

随着经济的发展，中国的企业已经不再满足于简单的广告宣传活动。通过向国外企业的学习，各种营销活动开始成为中国企业参与市场竞争的有力武器，营销理念的发展和创新也由此得到中国企业的重视。

第一节 改革开放初期企业的广告活动

中国共产党十一届三中全会以后，中国城市经济体制改革开始进入试点阶段，在国家集中力量整顿企业的过程中，对企业实行放权让利，几十年的统购包销的体制开始松动，企业获得了初步的经营自主权，面对信息渠道的不畅，一部分企业已经开始迫不及待地寻找销售渠道。一些企业发现广告对开拓销售渠道的作用，它们开始迫切地在报纸、广播、电视上做广告。

早在1979年1月，天津牙膏厂就把自己的产品广告登上了《天津日报》，1月28日上海药材公司在上海电视台播出了中国内地第一条商业电视广告——参桂补酒广告。

一 生产资料广告率先登场

当处于生产竞争时期的中国厂家意识到广告的作用时，首先登场的是大量的生产资料广告。当时中国还处在“短缺经济”的时代，最短缺的还是生产资料，只有拿到生产资料，才能生产出消费品。从产品供给角度讲，中国改革开放最初的放权让利，实际上是给企业一点点自主权，即在计划经济或计划指标之外给企业一定的自由，企业多生产出来的产品自己销售，所以这时候的广告主要表现为生产资料的广告。

在广告恢复初期，企业认识到了广告的作用，它们采取了简单明了的广告方式：从厂门到车间，再到厂长演说。三段式的公式，没有太多创意，但它代表了中国广告发展的起点。在经历了多年的国家统包统销以后，企业第一次面对市场和用户，“我是谁，我在哪，生产什么”成了他们最渴望传达的声音。

/44001/ 第一条生产资料广告
《人民日报》1979年6月25日4版）

[一] 四川宁江机床厂的商业广告

1979年6月25日，作为国家首批扩权试点的企业之一，四川宁江机床厂把一则向国内外订货的商业广告[图44001]登在了《人民日报》上。这是1956年完成社会主义改造以来的第一条生产资料广告，广告登出以后，宁江机床厂有了“原先任务吃不饱，现在任务吃不了”的变化。

[二] 河北蓟县暖气片的广告

河北蓟县暖气片厂也爆出了“一条广告救活一个企业”的新闻。河北蓟县暖气片厂从1980年开始在中央人民广播电台做广告，改变了原来推销员四处奔波仍然库存积压的困境，产品开始供不应求。广告让处于整顿时期的企业尝到了甜头。

生产资料广告扮演了广告恢复初期的主要角色，成为中国广告业的开始恢复的标志。

二 生活资料广告的出现

随着经济建设的逐步正常化，国家采取了一系列旨在提高居民收入水平的消费倾斜政策，这一时期居民消费的需求得以迅猛增长。

由于特定的历史、经济和社会条件，20世纪80年代初期，上海拥有许多名牌产品，带有“上海造”字眼的商品都是人们喜爱的品牌。人们普遍向往的“老三件”，衣食住行中人们向往的凤凰[图44002]、永久牌自行车[图44003]，钻石牌手表[图44004]，蝴蝶、飞人、蜜蜂牌缝纫机[图44005]等品牌都是上海出产的。在广告恢复初期，上海的企业不仅在质量上下功夫，而且在广告宣传上走在了前面。

[一] 金星电视机广告

1980年中国第一条彩色电视机生产线——天津彩色电视机生产线投入试生产。随后，电视机作为中国老百姓的“新三件”之一日渐走进老百姓的生活。

作为国产电视行业的老品牌，金星与许多“上海造”的品牌一样是当时人们渴望拥有的产品。80年代初期，随着电视逐步进入中国家庭，上海的金星[图44006、44007]、凯歌[图44008]、飞跃[图44009]等品牌的电视机十分畅销，虽然电视还属于“新三件”，但广告竞争的帷幕已经拉开。上海广告装潢公司在80年代初期和中期已经为这三家电视机厂提供广告服务。在黑白电视机时代，“凯歌”、“飞跃”12英寸的牌子比较显眼，消费者印象也较深；“金星”打进市场后，三个厂由于实力不分上下，广告竞争异常激烈。1982年电台、电视台都播出了金星电视机的广告，电台还请当时著名歌唱家朱逢博演唱了“金星金星亮晶晶”这首歌。上海电视塔上面也有金星彩电的广告牌。

1980年上海四家电视机厂开展保修竞争，上海无线电十八厂首先在

/44003/ 永久牌自行车广告（《中国广告》1985年第3期）

/44002/ 凤凰牌自行车橱窗广告（《中国广告》1990年第2期）

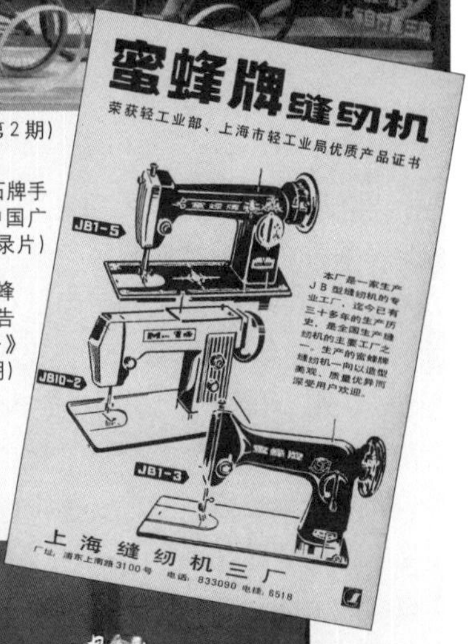

/44004/ 钻石牌手表广告（《中国广告20年》纪录片）

/44005/ 蜜蜂牌缝纫机广告（《中国广告》1981年第2期）

/44006//44007/ 金星牌电视机电视广告（《中国广告20年》纪录片）

/44008/ 凯歌电视机橱窗广告（《中国广告20年》纪录片）

/44009/ 飞跃牌电视机霓虹灯广告（《中国广告20年》纪录片）

报上登出上门服务的广告，上海电视一厂随即在广告中表示：“自8月1日起，金星牌电视机在售出的一年内，如有故障，上门维修；售出半月内，发生无光、无声、无图，均予以退换。”上海无线电一厂更进一步，提出凯歌牌电视机从9月1日售出起发生故障可凭用户联系单上门修理。随后上海无线电厂也提出类似的承诺。

1982年上海电视一厂引进彩电生产线。这时候，全国三大电视机名牌——天津的北京牌、北京的牡丹牌、上海的金星牌三家开始突破地域限制，展开了跨省市的广告较量。1983年中国彩电市场放开，一时间日本品牌蜂拥而入，中国彩电产品的广告又多了一些竞争的色彩。

[二] 蝙蝠电风扇广告

1981年4月，南京新街口百货商场橱窗里，两台蝙蝠牌电风扇吸引了许多人的目光，橱窗里醒目地标明：“从1981年4月1日起，昼夜连续运转。请您计算一下，至今已连续运转了多少小时？”[图44010]在凭票供应的岁月里，南京长江机器厂的实物广告无疑是超前的。1983年4月南京各大媒体报道，陈列在南京新街口百货商店橱窗内的两台蝙蝠电扇，自1981年4月1日起已经连续运转18000小时，在顾客代表的监督下，经检测质量合格。三年来，南京长江机器厂在全国布置了38个实物宣传橱窗，让电风扇昼夜运转，在全国都引起了轰动，赢得了质量信誉。

[三] 钻石手表广告

1982年上海钻石手表厂对华东地区以及北京、天津、上海三大城市的手表市场进行了调查，发现手表在城市的拥有量已渐趋饱和，而农村市场前景良好。但钻石手表在农村许多地方影响并不大，于是他们决定开展新一轮的广告攻势[图44011]。1983年，全国手表产量将近4000万块，从整个销售来看，有的产品已经滞销了，企业已经感到广告非做不可了，而且需要加大力度。钻石牌手表正好打了一个时间差。

[四] 凤凰自行车广告

虽然人们认识到广告疏通了信息，但这一时期，许多消费资料供不应求，所以在对待广告上还是存在不同的声音。

1980年上海凤凰自行车厂拍摄了第一个电视广告。据原凤凰自行车公司广告负责人介绍说：“当时为拍这个广告，把自行车吊起来，吊在半空中，后面喷绘的都是蓝天白云，还邀请了当时外国语学院的两个外国人，拍的都是骑着自行车在天空上飞。片子拍好以后，在圈子里面反响很大，在企业里领导也觉得不错，于是提出来想播这条广告，当时上级主管公司是自行车缝纫机公司，他们不同意播。买不到凤凰车消费者都有意见，你们还要做广告？”所以这个广告片虽然拍得很早，但始终没有载入上海电视广告第一批播放的名录中。[图44012]

这条未能播出的广告与同一时期的许多广告相比，创意已经是超前的了。当时电视广告中金奖漫天飞，广告语多是“实行三包，代办托运，誉满全球”等等。

1981年4月18日，生产凤凰牌自行车与永久牌自行车的两个自行车厂在质量和品种上展开竞争，积极开发国外市场。

继生产资料广告之后，更加贴

/44010/ 蝙蝠牌电扇橱窗广告
(《中国广告20年》纪录片)

/44011/ 钻石牌手表广告
(《中国广告20年》纪录片)

/44012/ 凤凰牌自行车电视广告
(《中国广告20年》纪录片)

近人们生活的生活资料广告大量涌现，为人们的日常生活提供了更加丰富的产品信息。行业间的广告竞争也在这一期间凸显出来，体现了企业竞争意识的萌发。

三 海外厂商的进入

改革开放初期，海外厂商开始尝试在国内媒体上投放广告，展开宣传。

1979年7月29日，《文汇报》整版登出这样的广告："海外侨胞邮寄礼券，国内亲友凭券到指定地点取表。"[图44013]在广告恢复期，即使在中国内地没有供货，国外厂商也迫不及待地在内地推出自己的形象。通过广告公司向阳社，日本企业的产品广告大举进入中国。

1980年1月1日，广州外贸中心正式成立，其主要任务是：为全国各外贸公司举办中国出口商品交易会，举办长期出口商品陈列馆，开设外币商场，接受外国厂商举办商品展览，设置外宾餐馆、电影馆、汽车队，承办商品广告牌等服务性设施和业务。

1980年7月4日，台湾商品首次在大陆上市。在北京、天津、上海、广州、福州等地的商店里，已有一些标明"产地：台湾"的商品出售，包括电风扇、电视机、录音机、手表、纯涤纶布、折叠伞、仿象牙筷等。8月9日，外贸部发出《关于对台湾贸易管理试行办法的通知》。

1980年，雀巢咖啡和麦氏咖啡[图44014]同时进入中国市场。1981年，经外国投资管委会批准，三家同外商合营的公司——新疆天山毛纺织有限公司、太阳宫饭店公司、中国迅达电梯有限公司成立。

四 改革开放初期国家颁布搞活企业的各项规定

改革开放以后，为了尽快使企业解放思想，从过去的封闭状态走出来，国家颁布了一系列旨在搞活企业的规定。

1979年，第一部关于利用外资的法律《中外合资经营企业法》颁布。同年，国家颁布《优质产品奖励条例》，决定对工业的优质产品颁发国家质量奖。1980年国家经委提出"扩大企业自主权"的试点。国务院颁布《关于推动经济联合的暂行规定》，为企业的重组创造了条件。工商行政管理总局召开颁发"国家著名商标证书"大会。商业体制改革也提出要求：打破省界，按照经济区域和历史习惯组织商品流通，把商业搞活。1982年，全国人大公布《商标法》。《中华人民共和国食品卫生法》(试行)也颁布实施。

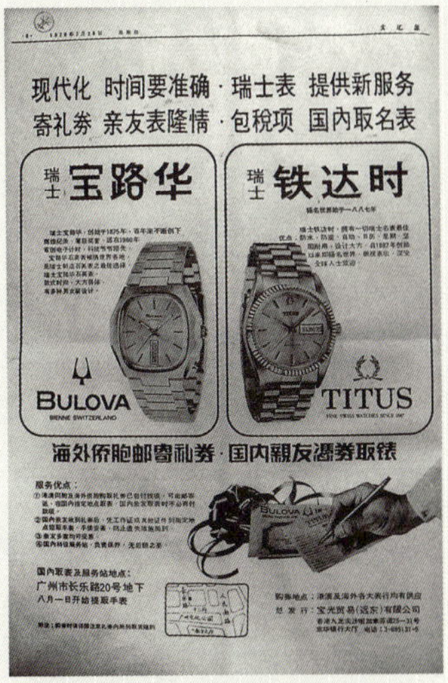

/44013/《文汇报》刊出国外厂商广告(《文汇报》1979年)

麦氏速溶咖啡广告。

/44014/麦氏咖啡广告(《中国广告猛进史1979—2003》)

第二节 企业广告营销策略的发展

随着改革开放的进一步深入，企业逐渐认识到广告营销策略的重要性，在此基础之上，一些企业开始了广告营销策略领域中的探索和尝试。

一 体育营销

[一] 健力宝首开体育营销先河

1984年在美国洛杉矶举行的第23届奥运会，是新中国第一次派代表团参加的奥运会[图44015]。在这次奥运会上，中国体育代表团的出色表现震惊了世界。赛场外还有一些东西让世界瞩目，许多记者都注意到了中国选手手中的饮料，这种名为“健力宝”[图44016]的饮料让许多记者认为它是中国人获胜的秘密。就在中国女排夺取奥运会冠军的当日，《东京新闻》刊发了题为《中国靠“魔水”加快出击》的新闻[图44017]。日本人毫不怀疑地宣布：“在中国队加快出击的背后有一种‘魔水’起了作用，喝上一口这种‘魔水’，精力马上就充沛了。这是一种新型饮料，今后世界各国将努力分析这种‘妙药’的成分，并很可能在运动饮料方面由此引起一场革命……”日本人所说的“魔水”就是“健力宝”。这是“健力宝”也是中国企业的产品第一次在奥运会上亮相。借助体育宣传自己的产品，“健力宝”打响了中国企业体育营销的第一枪，而此刻中国企业恢复广告活动已经是第五年了。[图44018]

其实早在1983年第5届全运会上，人们就已经可以在赛场周围看到一些广告牌的身影，如“水仙”牌洗衣机、“向阳”牌气压保温瓶

/44015/1984年奥运会开幕式（《人民画报》1984年第11期）

/44016/ 健力宝在1984年奥运会上亮相（《中国广告20年》纪录片）

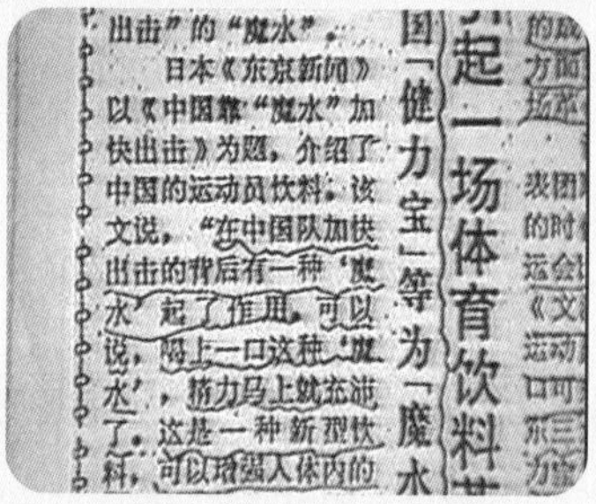

出击”的“魔水”，
日本《东京新闻》
以《中国靠“魔水”加
快出击》为题，介绍了
中国的运动员饮料，该
文说，“在中国队加快
出击的背后有一种‘魔
水’起了作用，可以
说，喝上一口这种‘魔
水’，精力马上就充沛
了，这是一种新型饮
料，可以增强人体内的

/44017/《东京新闻》报道《中国魔水》（《中国广告20年》纪录片）

/44018/ 对“中国魔水”的报道（《人民画报》1987年3期）

等[图44019、44020]，但是当时的企业只是简单地投放广告，并没有形成“体育营销”的意识。“健力宝”把握住了机会，借助1984年奥运会开始了其大规模体育营销的历程。

1984年奥运会让“健力宝”借助体育宣传自己的梦想成为现实。这一年，“健力宝”的销售收入由上年不足100万元，猛增至5000万元，1987年更是达到13000万元。中国饮料工业协会自1991年以后的统计资料表明，“健力宝”几乎囊括了1991年至1996年全国软饮料行业从产量、销量、利税到利润的所有第一名。

“健力宝”的发展与中国体育是紧紧联系在一起的。“健力宝”一直以体育赞助商的形象支持着中国体育事业的发展。在第23届奥运会初战告捷后，“健力宝”同中国12个国家级体育运动队签订了合同，约定在第24届奥运会上，免费为他们供应健力宝饮料。在1987年第6届全国运动会上，“健力宝”赞助了250万元人民币，获得第6届全运会饮料专利权。

在1990年的第11届亚运会上，广东健力宝集团有限公司击败国内外对手，独享了“亚运之光”火炬接力的赞助权。此外，“健力宝”还向亚运会组委会提供1亿元的体育赞助，同时被指定为第11届亚运会独家专用运动饮料，“健力宝”借此次运动会进一步巩固了自己的市场地位。[图44021]当时许多中国其他企业，对亚运会却缺乏足够的热情。这其中，除了与国内经济疲软有关之外，与中国企业市场营销观念的淡薄和国际竞争意识不强也有很大关系。

1992年8月，“健力宝”为参加第25届巴塞罗那奥运会的中国体育代表团赞助200多万元，赛后为18位金牌获得者颁发了健力宝金罐，每个含金575克，价值4万元。1993年8月，“健力宝”为中国少年足球队赴巴西训练提供了163388美元的经费，亲手打造了“健力宝”足球队；1994年“健力宝”又为在广岛举行的第12届亚运会赞助了460万元。可以说，“健力宝”充分利用了体育运动的影响和体育赛场的空间[图44022]。

受到“健力宝”的影响，广东的许多企业都在体育上做文章。1984年广州白云山制药厂承包广州足球队，1988年万宝集团承包广东省足球队[图44023]。广州奇星制药厂在中国女足举步维艰的时候，于1988年与中国足协签约共建中国国家女子足球队，时称“奇星模式”[图44024]。

1990年李宁加盟健力宝集团，创“李宁”牌运动服[图44025]，这是中国第一个以创始人名字命名的服装品牌，显示了中国企业与世界接轨的决心。自创办之日起，“李宁”服装数次赞助了中国参加世界级比赛的团队，与体育赞助结下不解之缘[图44026]。

/44019/ 第5届全运会上广告牌
(《人民画报》1983年第12期)

/44020/ 第5届全运会上广告牌
(《人民画报》1983年第12期)

/44021/ 健力宝赞助第11届亚运会(《人民日报》1990年8月5版)

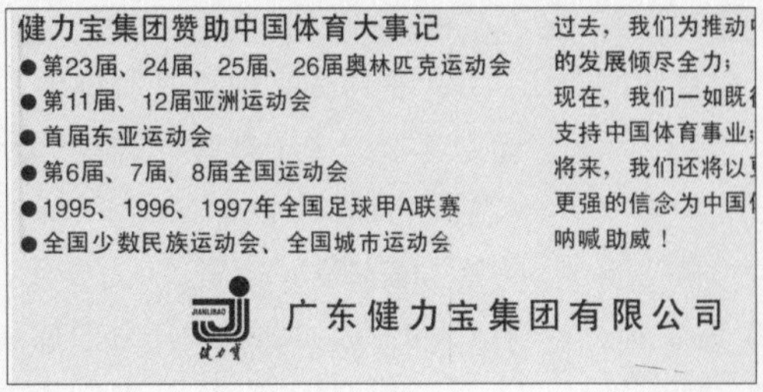

/44022/ 健力宝体育营销大事记

/44023/ 万宝集团承包广东省足球队(《中国广告20年》纪录片)

/44024/ 广东奇星药厂赞助中国女足
(《中国广告20年》纪录片)

/44025/ 李宁牌服装广告
(《人民日报》1990年8月28日5版)

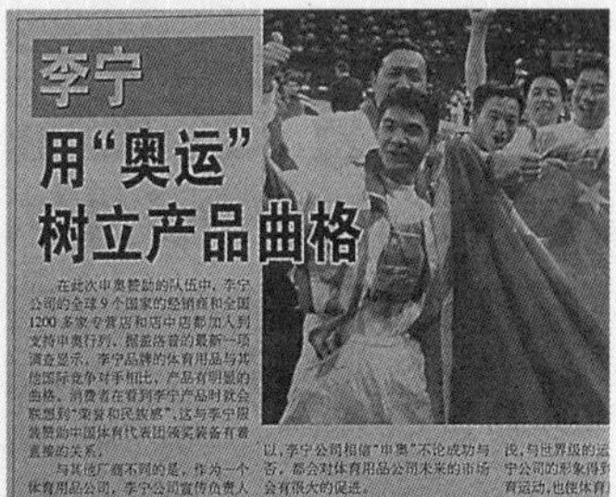

/44026/ “李宁”赞助奥运
(《中国经营报》2001年7月10日14版)

[二] 第11届亚运会上的体育赞助活动

1990年9月22日，第11届亚运会在北京开幕。这是中国第一次举办综合性的国际体育大赛。人们在谈论“亚运金牌”的同时，也感受到了现代体育运动中广告的巨大影响力。飞机场、火车站、公共汽车、商店橱窗内、电视上、赛场内，形形色色的广告举目可见。而在这次广告大战中，主角是众多的外资品牌，国内企业中除了“健力宝”等少数企业外，大多数的中国企业却没有意识到这一千载难逢的大好机遇，没有赢得这场亚运“金牌大战”背后的“广告大战”。

1 可口可乐

可口可乐作为世界知名品牌，其积极参与体育营销活动，为各项赛事提供赞助的营销策略，在很大程度上刺激了中国企业体育营销意识的觉醒，也为中国企业迈出体育营销这一步提供了可以借鉴的模式。

长期以来，可口可乐在全球范围内承载着“乐观奔放、积极向上、勇于面对困难”的精神内涵与价值观，这与体育精神极为吻合。第11届亚运会上，自1979年重返中国市场的可口可乐[图44027]除了在亚运会期间投放大量的电视广告以外，还在各比赛场馆举办了免费品尝活动。他们特装了445台可口可乐现调机，由“可乐小姐”为观众提供免费喝可口可乐的服务。

在中国市场，可口可乐一直没有放弃利用体育来进行营销活动，除了赞助1990年北京亚运会外，还赞助了1995年的哈尔滨冬季亚运会；2001年可口可乐击败百事可乐成为第9届全运会的碳酸饮料的独家赞助商。由于可口可乐对申奥活动大力的支持，2001年申奥成功后，可口可乐成为中国境内被授权可以使用五环标志的10家企业之一。中国申奥成功的消息传出不到半小时，3万箱为此特别设计的奥运金罐[图44028、44029]，就从北京可口可乐有限公司的生产线上下线并连夜送往各大商场和零售摊点。2001年10月为庆贺中国男足出线，可口可乐为中国男足赞助了300万元。此外可口可乐还全面赞助中国各级国家足球队，包括男女国家队、各年龄段的国少队和国奥队。由此，“可口可乐”深入人心，赢得了一笔巨大的无形资产。

2 其他品牌

许多外资品牌正是依靠综合性运动赛事这一千载难逢的机会而进入中国市场的。比如M&M's（马氏）巧克力[图44030]，出资200万美元，被第11届亚运会确定为巧克力独家赞助商，成功地进入了中国市场。M&M's公司中国市场经理评价此举：“我们选择这样一个机会进入中国市场，主要考虑到不但普通人会注意到我们的标志，新闻媒介也将由于对亚运会的报道而无法躲开M&M's巧克力，这对拓展中国市场将是一个良好的、轰轰烈烈的起步。”这也是一些国际性大公司热衷于赞助大型体育比赛活动的重要原因之一。

除可口可乐和M&M's公司以外，日本富士、德国阿迪达斯，以及初次在中国内地亮相的韩国金星集团、韩国航空公司等也以其独特的广告传播活动，在亚运会上给中国观众留下了非常深刻的印象。

[三] 全方位开展体育营销

1 足球职业联赛

1994年是中国足球职业化改革

/44027/ 可口可乐重返中国纪念装

/44028/ 可口可乐奥运金罐
(《人民画报》2003年9期)

可口可乐
新衣早做好

本报讯　凡事预则立，不预则废，这句话在此次北京申奥过程中体现的淋漓尽致。不少知名品牌更是早有预谋，借这一良机进行市场推广。7月14日一大早，北京市所有的麦当劳餐厅和各主要超市的可口可乐包装全部穿上了“喜庆装”。金光灿烂的申奥成功特别纪念罐，以金、红两色作为喜庆欢乐的主色调，巧妙加入长城、天坛等中国和北京的代表建筑以及各种运动画面，将成功的喜庆、体育的动感、更快更高更强的奥运精神以及中国文化有机地组合起来。北京可口可乐饮料有限公司总经理宋泰山说：“我们希望通过推出这款具有收藏价值的金色包装，与广大消费者共同庆祝和铭记这个令全中国人民都难以

/44029/ 可口可乐特别设计奥运金罐
(《中国经营报》2001年7月24日第9版)

/44030/M&M's巧克力借亚运会进入中国
(《人民日报》1989年3月14日8版)

的元年，企业出巨资赞助成立各足球俱乐部，10支甲A足球队各为其主，拉开了中国企业大规模体育营销的序幕。比如太阳神足球俱乐部[图44031]是由原广州白云山足球队组建而成，又与太阳神企业和当地体委联合经营，引入市场经营的规律和方法，具有商业机构的性质。这一年的甲A赛场上，引人注目的还有四川全兴足球队[图44032]，由四川全兴酒业公司赞助成立，正是借助这支足球队，全兴酒业在全国的知名度越来越大。足球介入企业，是企业的一种经济投入，也为企业带来了回报。

国外一些知名企业也积极借助足球联赛进行体育营销活动，如1994年由万宝路赞助冠名的“万宝路足球联赛”[图44033]，1998年由飞利浦赞助的“飞利浦足协杯”等足球赛事[图44034]。

2 足球世界杯

对于中国企业来说，2002年世界杯是一个开展体育营销活动的千载良机。2001年中国国家队首次出线后，中国的企业已经开始酝酿“追球”表演。

金六福在借力世界杯方面抢得先机。借助中国国家足球队在世界杯预选赛出线的大好时机，金六福专门以国足出线为题材制作了广告片：“44年的期盼、三代人的追求、13亿人的梦想，我们终于出线了！金六福，国足出线唯一庆功酒。”[图44035]还推出了新产品——国足世界杯出线庆功珍藏纪念酒，9999樽限量发售。此樽珍藏酒具有重大的纪念意义，尽管市场售价每瓶高达两万元，社会名流和酒界收藏家仍争相购买。金六福还率先聘请当时国家足球队的主教练米卢为品牌代言[图44036]。

中国移动和中国联通也在世界杯期间投放了大量广告。世界杯的举办国家韩国只有CDMA手机网

/44031/ 太阳神足球俱乐部视觉识别手册（《中国广告20年》纪录片）

/44032/ 四川全兴足球俱乐部（《中国广告20年》纪录片）

/44034/ “世界电信日”的“飞利浦足协杯”球赛广告（《中国经营报》1998年5月5日21版）

/44033/ “万宝路足球联赛”广告（《广州日报》1994年4月15日9版）

/44035/ 金六福“国足出线”题材广告（《中国广告作品年鉴2002年版》）

/44036/ 米卢出演金六福广告（《历届中国广告节金奖作品》）

络，因此中国联通大力宣传自己的CDMA手机业务[图44037]，而中国移动则和韩国的KTF公司合作在机场推出了出租CDMA手机的服务[图44038]，让去韩国的中国游客不需要更改手机号码也能使用韩国的CDMA网络。这些广告和活动对这两家电信服务公司在国外的知名度有一定的传播作用。

在这次世界杯中声势最为浩大的广告活动当属健力宝“第五季”的上市活动[图44039]。2002年5月15日，健力宝首先在郑州正式推出“第五季”系列饮品，广邀国内60余家媒体发动宣传攻势。为了借助世界杯的影响力，健力宝以3100万元的价格夺得中央电视台世界杯“赛事直播独家特约播出企业”冠名。在2002年韩日世界杯足球赛中央电视台赛事广告招标会上，东风汽车和春兰、TCL、美的、维维、康师傅、乐百氏等国内企业纷纷参与竞标，经过39轮争夺，最后健力宝胜出。在每次比赛转播一结束，“今年流行第五季”的口号就随后响起，“第五季”的知名度由此一路飙升。加上第五季的“品牌形象策略”很好地迎合了年轻、叛逆、崇尚运动的新一代的时尚心理，广告宣传取得了良好的效果。

3 申奥活动

2001年的申奥活动让许多企业看准了这一商机，纷纷于申奥成功后发布以申奥成功为主题的广告，抓住机会将企业形象与申奥紧密联系在一起。例如中国网通[图44040]、华夏银行和通用汽车，其中中国网通除了发布庆祝申奥成功广告之外，更是借助这一契机，成为2008年奥运会合作伙伴[图44041]。

近几年来，中国的企业已经越来越重视利用体育比赛来进行市场营销活动了，借力于体育的企业越来越多。比如，农夫山泉曾因赞助中国体育代表团，支持申办奥运等，在

/44038/ 中国移动广告
(《中国广告作品年鉴2002年版》)

/44037/ 中国联通广告
(《中国广告作品年鉴2002年版》)

/44039/ 健力宝“第五季”广告
(《中国广告作品年鉴2003年版》)

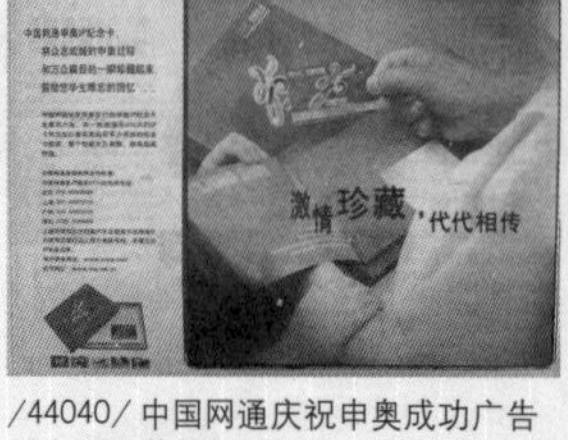

/44040/ 中国网通庆祝申奥成功广告
(《中国经营报》2001年7月31日4版)

/44041/ 北京2008年奥运会合作伙伴中国网通的广告
(《中国经营报》2004年8月)

饮用水市场上树立了崭新的形象。由于中国足球运动员李铁的加盟，科健手机成为英超埃弗顿俱乐部的主赞助商，声名远播海外；由于姚明登陆NBA，燕京啤酒也开始赞助NBA的火箭队。

二 各种形式的公关赞助活动

珠江三角洲是中国改革开放的前沿阵地，国外先进的营销经验与理念使广东的企业和品牌迅速成长。珠江三角洲企业的发展为恢复不久的中国广告业注入了活力，企业的营销手段不断丰富。

[一] 健力宝

除了体育公关之外，健力宝最为著名的公关活动是在美国利用克林顿夫人和戈尔夫人为公司做公关广告。1992年9月，克林顿夫人希拉里和副总统候选人戈尔的夫人到纽约为其丈夫助选，健力宝美国有限公司找到助选大会主办单位，商妥为大会提供饮料。当克林顿刚当选美国总统、戈尔新任美国副总统时，美国第一夫人和第二夫人同时畅饮健力宝的照片变成了无价的商品广告刊登在《纽约商报》上，为健力宝饮料打开美国市场铺平了道路。

健力宝从20世纪80年代开始所开展的一系列公关赞助活动，对中国市场营销的发展具有里程碑的意义。它不仅改变了以往人们对公关的狭隘认识和偏见，对中国企业的市场营销也具有启蒙作用，开拓了中国企业的营销思路，将中国企业组合市场营销策略时偏重商业广告的传统做法引到了与国际企业相近的思路上。中国的商家也从健力宝的成功经验中领悟到西方品牌进入中国市场时重视公关活动的缘由。从某种程度上讲，健力宝起到了良好的营销示范作用，带动了中国企业从传统经营向现代市场营销的转变。

[二] 万宝

1985年开始的“冰箱热”使万宝从1986年到1988年一直处于高速发展时期，产量最高时胜过上海的上菱、双鹿、航天和远东四家的总和。这一时期，万宝通过赞助广东足球队、参加1988年中央电视台年春节联欢晚会和广东龙舟节等一系列广告活动强化了万宝争夺市场的势头。现今广州街头万宝过街天桥，[图 44042]，就是万宝集团1989年赞助的，万宝的发展代表了80年代中后期一部分国有企业公关营销发展的轨迹。

/44042/ 广州万宝过街天桥
(《中国广告20年》纪录片)

三 中国企业引入CI

CI，是Corporate Identity的简称，意即企业形象识别或品牌形象识别，是指企业有意识有计划地将自己企业或品牌特征向公众展示，使公众对其有一个标准化、差异化、美观化的印象和认识，以便更好地识别，从而达到提升企业的经济效益和社会效益的目的。CIS，是英文Corporate Identity System（企业识别系统）的简称。一个完整的CIS由MI（Mind Identity）理念识别 、VI（Visual Identity）视觉识别、BI（Behavior Identity）行为识别组成。

1988年超过20%的通货膨胀，引起夏季物价大涨，抢购风遍及国内大江南北。大到电视机、小到火柴，全国性的抢购风使货源一时不足，企业开始盲目上马。1988年的抢购风潮后，中央采取治理整顿的方针，紧接着市场开始疲软，1989年，洗衣机销量比上年下降42%，彩电、冰箱的库存已相当于当年产量的30%，在强大的市场压力下，企业的广告意识更加强烈了，中国企业进入了一个新的市场竞争阶段。

80年代末，中国的广告也在摸索中继续前行。随着国外的广告经验逐渐引入，在世界风靡40多年的CI企业识别系统潮登陆中国。最早引入CI的企业之一就是广东太阳神集团。“当太阳升起的时候，我们的爱天长地久”的太阳神企业形象片以其壮阔的雄姿，感染了中国的电视观众，太阳神企业也随着这句广告语的传播迅速走上了崛起之路。

太阳神的前身是一家名叫东莞黄江保健品厂的乡镇企业，产品名称“生物健”，注册商标万事达，“生物健”在当时的广东市场已经有一定的知名度。重新设计企业的形象定位、品牌定位的想法，在企业内部引起很大的争论，很多人认为企业已有了一定的知名度，如果重新设计形象风险太大而且没必要，但是从企业的长期发展考虑，太阳神还是坚持企业形象战略这个概念。

负责创意设计太阳神CI系统的是广州新境界设计公司，他们坚持要提升产品和企业的宏观概念，认为“生物健”只是在做一个产品，而太阳神是一个横跨公司、产品、商标的三位一体的概念。从集团化角度来看的话，太阳神应该选择理性化的企业形象理念。

太阳神以其红色圆形和黑色三角形为基本型的、具有强烈冲击力和现代感的视觉识别系统迅速传遍中国内地[图44043、44044]，并远至港澳和东南亚等地区。正如太阳神电视广告所表现的一样，引入CI策略以后，太阳神集团的确表现出了如初升太阳那样的活力。销售额从1988年500万元达到1989年的4300万元，1990年达24000万元，1991年增至85000万元，1992年更达到12亿元。[图44045]

从1993年起，中国开始出现了一股CI的热潮，1993年被称为“中国CI年”。广东、北京、上海等地的企业纷纷导入CI概念，“企业形象”一词空前时兴，尤其是全国工商界人士都以极大的热忱关注这些成功企业的发展历程，并积极参与到这次企业形象革命的潮流之中，使中国CI与市场经济同步进入了发展时期。太阳神的CI神话使中国企业界认识到CI整合与提升企业的商品力、竞争力与形象力的作用，许多企业纷纷把它作为商战竞争的手段，开始了自己的CI战略。CI潮的兴起拉开了又一次广告竞争的序幕，同时也宣告了中国传统计划经济体制下“企业无形象”时代的结束。

在短短的几年中，以太阳神为开端，万宝、半球、健力宝、乐百氏、李宁、海王、三九、美菱、中国银行、联想等企业相继导入CI，鲜明的企业形象相继涌现于中国市场。1990年中央工艺美术学院协助青岛海尔集团导入CI，商标从“利勃海尔”演变为“海尔”，1993年再次修改视觉识别系统，以Haier作为商标标志。整体用于CI开发的费用达80余万元。

与此同时，全国各地广告协会、广告公司组织举办各种活动，帮助企业熟悉、了解CI策略，并为企业进行CI设计。1993年6月首届中国

/44043/ 太阳神企业视觉识别系统
（《中国广告20年》纪录片）

/44044/ 太阳神企业CI手册
（《中国广告20年》纪录片）

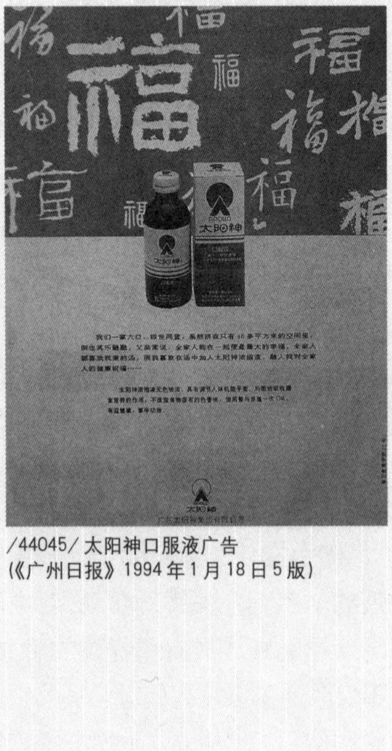

/44045/ 太阳神口服液广告
（《广州日报》1994年1月18日5版）

企业形象战略研讨会在京举办。紧接着，9月份第4届中国包装装潢暨首届企业形象CI设计展也顺利举办[图44046]。这次展览第一次总结了CI理论在中国实践的成果，为90年代出现的“中国CI热”做了最好的总结。在探索中国风格、中国特色的广告发展之路上，中国广告人的思考已从操作层面转向观念层面。

1994年5月，中央工艺美术学院举办的“对世纪企业新动力演讲会”，可以说是一次重要的国际性的学术演讲会，参与演讲者不乏国际CI设计界的大师。参加的学员不仅有设计界、广告界人士，也有许多企业界人士踊跃参加。这次演讲会从一个侧面反映了中国企业界和一些专业机构在观念上的巨大变化，开始注重学习海外先进经验，并注重国际经营战略的引进。1994年《国际广告》推出“CI大系”[图44047]，集中介绍美国、日本、台湾最具代表性的CI专业设计机构。

1994年8月26日，经由中国企业家管理协会、中国企业家协会批准，广东省企协与广州亚太经济新闻中心CI战略研究所在深圳共同主办了“94中国企业CI战略推广研讨会”。这是一次高层次的具有战略意义的探讨中国特色CI之路的研讨大会。这次会议首次总结推广了率先导入CIS战略的太阳神、健力宝、金利来、科龙、美的、深圳石化等12个成功CI范例，为中国企业界导入CI提供了示范性、可操作性的思路。会上还推出了中国第一部大型企业形象电视专题片《中国CIS之路》。该片在企业界广为传播，成为企业导入CI的参考范本。这次会议还将政府部门有关人士吸引到CI研究与推广活动中来，让他们关注中国的CI事业，这对CI在中国企业界的推广与传播是一个很大的推动力。1994年初开始，一些企业纷纷发布征集本企业CI设计的征稿启事[图44048]，许多关于CI设计的文章也纷纷见诸报端[图44049]。

1996年12月，第2届中国企业CI战略推广研讨会在广州开幕。这是更具有深远影响的一次全国性CI战略研讨推广大会。与会专家、学者和企业界观看了第二部《中国CIS之路》大型电视专题片。大会开展了首批“中国CIS战略成果认定”工作，开设“中国CI论坛”。国航、邯钢、长虹、海尔、嘉陵、茅台、青啤、健力宝、金利来、科龙、康佳、格力等全国十几家知名大企业领导人联名发布《中国CI宣言》。

CI的导入为中国企业的发展带来了更多的色彩与活力，在不断的学习、探索与创新中，中国企业在CI这一领域取得了一定的成就，CI理念在中国也日趋成熟。

四 国外企业刺激下的中国企业品牌之路

20世纪90年代，在经历了CI潮和一次次的广告大战之后，企业对市场的认识也日渐深入。就在中国企业努力在市场中摸索的时候，大批国外企业的进入又掀起了以品牌竞争天下的局面[图44050]。

[一] 国外名牌产品的广告营销攻势

改革开放使中国迅速进入国际大市场，国外的名牌企业主们把中国视为最后的“商业领地”，早期向中国输入产品，既而输入资本，90年代则以品牌入市，开始了以品牌闯中国的道路。可口可乐、柯达、三星等许多国际知名品牌的广告开始大

/44046/ 首届企业形象CI设计展
（《中国广告20年》纪录片）

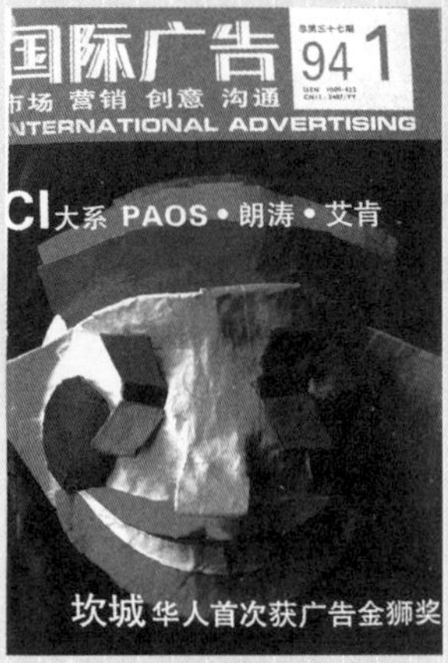

/44047/《国际广告》推出“CI大系”
（《国际广告》1994年第1期）

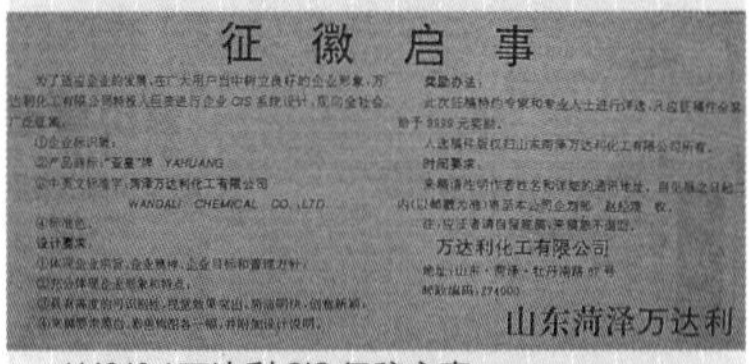

/44048/ 万达利CIS征稿启事
（《中国经营报》1994年1月3日5版）

/44049/《起步的CI设计》
（《经济日报》1996年12月1日4版）

/44050/ 外企进入中国

规模地出现在中国老百姓的眼中，使企业的产品迅速占有市场份额。

1979年可口可乐重返中国，同年雷达表的形象在上海电视台播出，1982年雀巢咖啡、人头马进入，1983年日本电器大规模进入中国，1984年第一块雷达表登陆上海，1987年博士伦进入中国，1987年摩托罗拉进入，1988年宝洁在中国推出洗发产品，1989年肯德基进入中国，1990年麦当劳进入。这些国际知名品牌自从进入中国后就一直在本行业中保持领先地位，至今仍然是本行业的领头羊。他们带来的市场经济的营销思想、企业战略，包括广告策划，和中国企业形成非常鲜明的对照，引领中国企业走出了一条品牌之路。

雀巢公司不断举办各种活动以宣传自身产品，尤其以面向母婴的活动为主，很好地提升了品牌知名度与好感度。雀巢公司曾经举办了诸如早期的雀巢通俗歌曲大赛[图44051]，90年代中期的雀巢维也纳儿童合唱团访华演唱会[图44052]、雀巢 '94活力宝宝大赛[图44053]，以及万人大抽奖[图44054]等一些促销活动[图44055]

麦当劳则展开其一贯热衷的赠券活动[图44056]，不但促进了销售，而且很好地增强了品牌亲和力。

1979年柯达公司重新登陆中国，1994年在上海开办柯达中国（电子）公司，在中国一贯推出的“柯达一刻”的广告诉求成为柯达品牌的入市法宝。1997年12月8日，柯达在北京市长安街旁的北京邮政大楼上竖起了当时中国最大的霓虹灯广告牌[图44057]。《中国经营报》对此进行了报道[图44058]。

如果说柯达以中国人的生活作为广告诉求点，那么国际名表欧米茄则实实在在地给中国老百姓带来了欧洲的时尚生活。1993年欧米茄入驻上海，坚持每年一个主题的广告活动，1996年更以世界名模辛迪·克劳馥为形象大使，宣传自己的品牌。昂贵的欧米茄手表不是每个消费者都能接受，但是欧米茄所带来的形象文化，是大家能够感觉并且接受的。通过这种广告活动，欧米茄在中国市场树立了时尚名贵的品牌形象，对于产品销售也大有裨益。

/44051/ 雀巢通俗歌曲大赛
（《中国广告20年》纪录片）

/44052/ 雀巢维也纳儿童合唱团访华演唱会
（《广州日报》1994年3月）

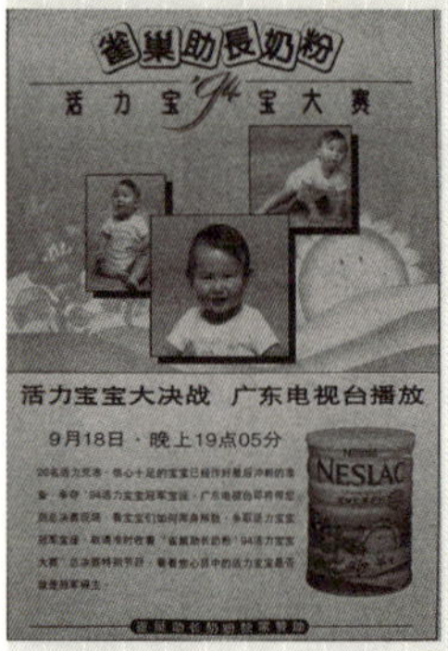

/44053/ 雀巢 '94活力宝宝大赛
（《广州日报》1994年9月14日10版）

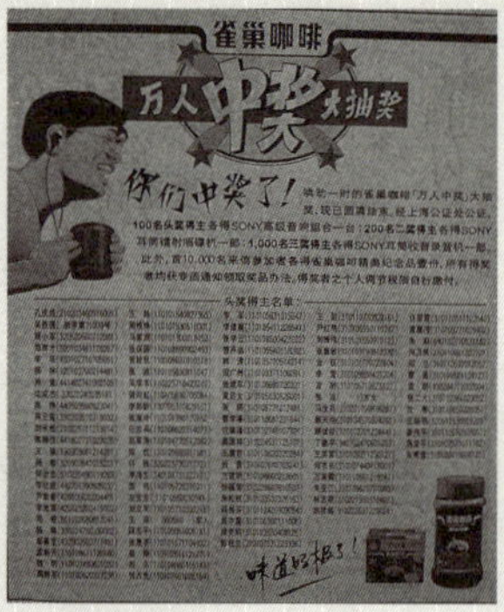

/44054/ 雀巢大抽奖活动
（《经济日报》1994年3月10日3版）

/44055/ 雀巢促销活动
（《广州日报》1994年4月25日9版）

/44056/ 麦当劳赠券促销
（《广州日报》1994年10月28日13版）

/44057/ 当时中国最大的霓虹灯广告
（《中国广告20年》纪录片）

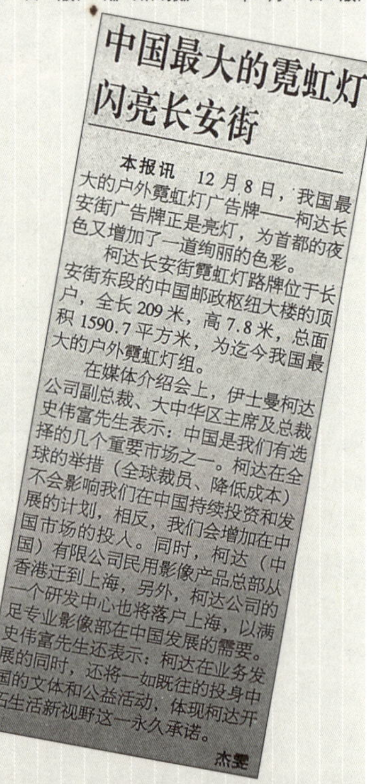
中国最大的霓虹灯闪亮长安街

本报讯 12月8日，我国最大的户外霓虹灯广告牌——柯达长安街广告牌正是亮灯，为首都的夜色又增加了一道绚丽的色彩。

柯达长安街霓虹灯路牌位于长安街东段的中国邮政枢纽大楼的顶户，全长209米，高7.8米，总面积1590.7平方米，为迄今我国最大的户外霓虹灯组。

在媒体介绍会上，伊士曼柯达公司副总裁、大中华区主席及总裁史伟富先生表示：中国是我们有选择的几个重要市场之一。柯达在全球的举措（全球裁员、降低成本）不会影响我们在中国持续投资和发展的计划，相反，我们会增加在中国市场的投入。同时，柯达（中国）有限公司民用影像产品总部从香港迁到上海，另外，柯达公司的一个研发中心也将落户上海，以满足专业影像部在中国发展的需要。史伟富先生还表示：柯达在业务发展的同时，还将一如既往的投身中国的文体和公益活动，体现柯达开拓生活新视野这一永久承诺。

杰雯

/44058/ 对中国最大的霓虹灯广告的报道
（《中国经营报》1997年12月16日9版）

[二] 国内品牌的重塑之路

面对着具有上百年营销经验的国际企业，中国的企业暴露出了自己的弱点，他们或被国外企业兼并，或处于自生自灭之中。在这场严酷的竞争中，中国企业纷纷学习国外企业的营销理念，效仿他们的管理办法。

上海家化是已有90年历史的中国最老的化妆品民族企业，以美加净、露美商标的产品占踞中国化妆品行业的龙头[图44059、44060]。1991年初，在中国盛行合资风潮的年头，上海家化厂以2／3的固定资产及美加净、露美两个著名品牌与美国庄臣父子公司合资组建了上海庄臣公司。正如许多外资公司的做法，庄臣对美加净和露美并没有足够重视，一度驰名中国的美加净、露美几乎在货架上消失。在这种情况下，上海家化厂决心拯救这两个品牌，他们借鉴了庄臣父子公司在科研市场、人事管理以及市场营销方面的经验，全盘否定了以前不科学的做法，在中国企业中率先采取了国际企业普遍采用的品牌经理制。1994年上海家化以重金赎回美加净，露美这两个著名品牌，使其重归上海家化厂[图44061]。如今美加净仍然是化妆品市场的主要品牌，与国内外众多品牌争夺化妆品市场，销售业绩尚佳。

国外品牌大举进入中国，给民族工业带来了挑战。在许多国人对民族工业忧虑的同时，运用民族情、打“民族牌”开始成为许多企业的市场战略。这些企业，有的结合企业自身的民族工业特色进行宣传，有的以民族感情赢取消费者的关注。重庆奥妮是一家中外合资企业，进入市场之初，却是以“国货”为诉求点抢占市场[图44062]。

民族牌并非都好打，奥妮后来的失败反映了消费者对洋品牌与国货的错综复杂的情感，也反映了“民族牌”作为市场战略的挑战性。与奥妮相反，长虹却是打“民族牌”最大的受益者。

80年代日本品牌的彩电在中国一直占上风，国内的彩电份额只占15%，此后随着中国国内彩电生产日渐成熟，彩电市场的争夺也日趋紧张，90年代中期一场彩电大战蓄势待发。当时在中国市场上29英寸彩电价格高达1.3万元左右，1996年的3月26日，长虹在全国范围内降低43厘米到74厘米规格彩电的售价。随即，康佳、TCL、熊猫等国内彩电厂商纷纷跟进，带动整个行业的价格往下降，结果是国产品牌抢回了大比例的市场份额，引起日本各大公司的震动。随后在VCD、冰箱、空调等产品市场上国内企业也全面取得成功。

在企业纷纷以品牌行天下的同时，广告竞争也日益加剧，这时期

上海家化
买回自己的自尊与自信

/44061/ 上海家化重金赎回自有品牌
(《中国经营报》1996年1月23日5版)

/44059/ 上海家化厂广告
(《中国广告》1990年第3期)

/44060/ “美加净”早期的广告
(《历届中国广告节金奖作品集》)

/44062/ 奥妮“国货当自强”广告
(《中国广告20年》纪录片)

许多广告中的新生事物出现了。市场经历飞速增长的混乱阶段后，企业开始对广告有了重新的认识，比如针对不同消费者的需求进行区隔诉求，强调明确的利益和承诺等等，这些来自西方的广告运作规则真正得到了重视。1997年乐百氏公司运用“独特销售主张”推出了27层纯净水过滤广告[图44063、44064]。事实上，27层过滤是所有

/44063/ 乐百氏纯净水电视广告（《历届中国广告节金奖作品》）

/44064/ 乐百氏纯净水平面广告（《历届中国广告节金奖作品》）

矿泉水都必须经过的环节。但只有乐百氏在广告中表达了这一点，当年这条广告被评为老百姓最放心的广告。

再比如凤凰自行车。面对新的市场压力和国内外企业的竞争，凤凰的鼎盛时期已经过去。老企业该如何调整自己的营销策略，如何使凤凰这个老品牌在年轻一代人的心目中树立昔日的地位，是一个关于未来生存发展的问题。

作为凤凰自行车的代理公司，智威汤逊和传立媒体致力于引进国际经验，对这一老品牌重新定位。他们作了一个调查，发现年轻人对凤凰了解比较少，但是随着年龄的增长，对凤凰的评价越来越高。考虑到既要沿用原来的凤凰品牌的沉淀效应、固有价值，又要考虑到年轻人求变的心理需要，他们推出一个新的副品牌，就是“凤凰飞鸟族”，取得了成功。

在国外品牌的冲击下，中国企业的品牌意识发生了从无到有，到重视品牌建设的转变。中国企业将来自西方的经营观念与自身的实际相结合，走出了一条具有自身特色的品牌之路。

五 以宝洁为代表的国外企业在中国的营销活动

国际知名品牌宝洁打入中国市场时，推出了独特的销售主张，并采取了一系列促销活动，迅速提高了品牌知名度，打开了中国市场，成为国外企业在中国采用营销活动比较成功的代表。

[一] 独特销售主张

1988年，宝洁公司与广州肥皂厂合资设厂。作为国际知名的大公司，

宝洁按照自己一贯的理性广告诉求，以“独特销售主张”策略推出海飞丝去头屑香波，强调产品的去屑功能，迅速打开中国市场，从海飞丝洗发水[图44065]起，接连打响飘柔、潘婷、舒肤佳、碧浪等洗洁用品品牌。

[二] 活动行销

广州宝洁在这一时期策划了几次大型的营销活动，取得了不同凡响的效果。当时活动行销正逐渐成为行销和促销的一种趋势，成为最贴近消费者的营销沟通方式，宝洁将其引进中国，对缺乏现代营销理念的中国管理者带来的冲击是很大的。

20世纪90年代初，广州宝洁在中国举办的活动营销主要有：海飞丝、飘柔美发亲善大行动，海飞丝南北笑星歌星光耀荧屏，1994年开始的“飘柔之星”活动，1995年的潘婷名人健谈有奖游戏等，影响面和影响力都很大。

1.1990年2月举行的海飞丝、飘柔美发亲善大行动紧紧抓住了春节人们总要洗发换新装的时机，借发廊的配合，促使消费者使用“飘柔”产品，并借其亲善形象提高知名购买率，目的是让消费者在实际使用中感受到其产品的种种优点，从而形成购买习惯。

2.1990年5月11—13日，广州宝洁出面赞助广州电视台《屏幕之友》周刊，举办了海飞丝南北笑星歌星光耀荧屏大型文艺晚会。该晚会的文艺演出引得一批中国大牌明星赶来捧场，演出获得巨大的成功。广州宝洁送出1万张门票，消费者还可凭购买宝洁公司产品的发票换得门票。消费者踊跃换票，极大地刺激了宝洁产品的销售。1990年度宝洁的海飞丝、飘柔、玉兰油在广州市场的销量比上年猛增4.5倍。

3.“飘柔之星”全国评选活动[图44066、44067]始于1994年，该活动的目标是在消费者心中形成崇拜，提高品牌的忠诚度，使得使用飘柔产品成为风尚，历届的活动都获得了不错的效果。

4.潘婷名人健谈有奖游戏[图44068]节目于1995年1月开始播出，该节目由名人从不同角度阐述他们对健康的体会及心得，收看节目的观众只要将名人与名言配对，即有机会领取奖品。

受此影响，中英合资联合利华公司也于1994年推出了“买力士，选力士影星，送力士幸运星”活动，购满力士产品满一定金额的顾客可参与投票，选出最受欢迎的力士影星，并可参加抽奖[图44069]。力士的这一活动延续了其将力士品牌与影视明星牢牢结合的风格，取得了很好的宣传及促销效果。

/44065/ 海飞丝“独特销售主张”广告（《中国广告20年》纪录片）

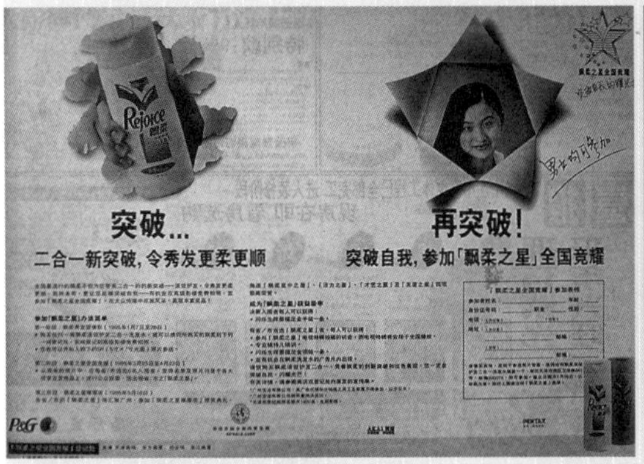

/44066/1995年“飘柔之星”竞耀活动广告（《广州日报》1995年1月）

/44067/1998年“飘柔之星”评选活动广告（《经济日报》1998年8月21日）

/44069/ 力士促销广告（《广州日报》1994年9月17日18版）

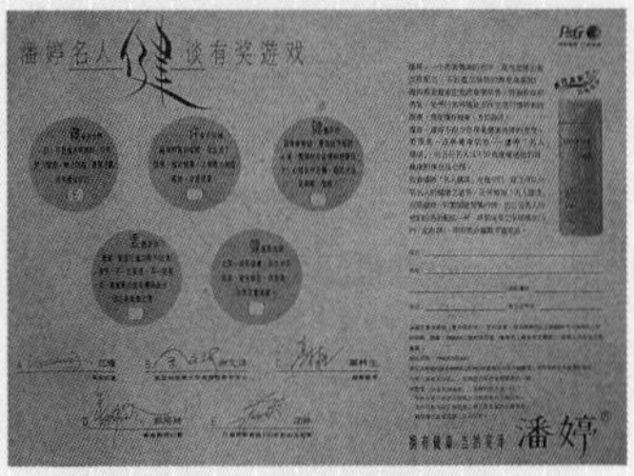

/44068/ 潘婷名人健谈有奖游戏的广告（《今晚报》1995年1月13日11版）

[三] 派发制造口碑效应

跨国公司还带来了派发促销活

动的方式。1992年7月，广州宝洁公司在北京举行潘婷洗发水入户大派发活动，同时还派发了“潘婷美发新姿大赏”的广告单页[图44070]，成为中国市场派发促销的先行者。这种走街串巷式的广告宣传引起中国老百姓的极大关注，使潘婷打入市场。经过几年的高投入后，广州宝洁公司开始扭亏为盈。

到了1997年，派发已经被众多的企业所接受，并在当年成为一种时尚。上海利华、广州宝洁等企业的小包装试用品经由培训过的促销人员，挨家上门赠送。这种策略与公司的广告运动相呼应，形成空中与地面紧密配合的整合优势。作为一种市场营销辅助手段，它以投资小、见效快、效果佳的优点为众多企业所运用，使企业营销锦上添花。

六 国内企业的广告传播与营销形式

[一] 巨奖销售热

上海电视台1985年2月17日的《经济信息》节目中，播出了观众来信反映有奖销售的问题[图44071]，继而播放了傻子瓜子30多分钟的有奖销售镜头[图44072]，这反映出广告恢复后的中国企业行销手段的活跃，也是巨奖销售热的源头。1988年全国抢购风潮之后，国内市场骤然降温，生产企业和商业部门产品积压严重。在这种状况之下，各行业纷纷求助于五花八门的促销渡过难关，最终演变成了一场横扫中国城乡的促销运动，最为流行的促销手段就是巨奖销售。随着一些有实力的大企业的参与，奖金金额直线上升，有的单位不顾自己所处的行业特点和企业实际，盲目跟进，甚至连餐馆也搞巨奖销售。1989年“巨奖销售热”席卷全国，送汽车、送别墅、送电器是巨奖销售的主要形式。

面对愈演愈烈的巨奖销售，1993年12月1日起颁布施行的《中华人民共和国反不正当竞争法》，的规定: 抽奖式的有奖销售，最高奖的金额不得超过5000元。

[二] 各种形式的表演

1983年，上海服装研究所新时装表演队成立，这是中国第一支时装表演队。此种形式能表现不同特色的服装，既满足了消费者的要求，又促销了产品。1987年，北京广告公司成立北京时装模特队[图44073]。1988年，甘肃省广告公司模特队受兰州24家企业委托，前往23个城市进行广告宣传。青岛双星集团1992年也在美国、德国及中国香港召开新闻发布会，其鞋文化表演引起关注。1992年富豪矿泉壶厂家花1.35 万元租用十辆卡迪拉克加长轿车，以两队摩托车开道在北京长安街及二环转圈亮相作宣传，一举成为次日各报头版新闻。1993年富豪矿泉壶厂又推出“母亲节，富豪献爱心，免费乘车”、“富豪献给幸运母亲”等活动[图44074]。

[三] “现场体验”促销

1985年，北京广告公司协办雀巢咖啡大型品尝会。1989年上海广播电台播出梅林饮料在淮海路上的饮品店推出3万瓶试尝活动的广告，联合推动市场，创立品牌。1992年北京一家公关事务所为北京地安门副食商场策划了一项巨型月饼现展

/44070/ “潘婷美发新姿大赏”的广告单页(实物拍摄)

/44071/ 上海电视台《经济信息》关于有奖销售的节目(《中国广告20年》纪录片)

/44072/ “傻子瓜子”巨奖销售现场(《中国广告20年》纪录片)

/44073/ 北京广告公司成立时装模特队(《人民画报》1987年6月)

现吃活动。这些“现场体验”的促销方法，都收到了很好的广告效果。

[四] 传销热

1995年中国出现传销热。继美国雅芳公司进入中国后，安利、仙妮蕾德、玫琳凯纷纷登陆中国，传销商品，并从广州急剧扩散到上海、天津、北京、沈阳、武汉、郑州、福州、西安等城市。然而在中国这个特殊商品市场，传销带来的影响并不被看好。同年年底，国务院办公厅发出《关于停止发展多层次传销企业的通知》。到第二年4月，全国各地工商机构根据《通知》精神查处各类非法传销案件128起，清理出163家多层次传销企业，对其中未经批准擅自开展传销活动的114家予以取缔，对经过批准的49家企业及其16个分支机构正式颁发了《准许多层次传销经营意见书》，标志着清理整顿工作告一段落。

1997年国家有关部门制定《传销管理办法》，国家工商局于9月批准了53家多层次传销企业，465家单层次传销企业在核准的范围内从事传销经营。但从当时全国各地的情况看，至少有1500家企业事实上在进行传销运作。对于从事传销的企业进行清理整顿和管理未能从根本上消除传销给社会带来的恶劣影响。1998年4月21日，国务院发出《关于禁止传销经营活动的通知》，禁止任何形式的传销经营活动。此前已经批准登记的从事传销经营的企业应一律停止传销经营活动，并于1998年10月31日之前到工商行政管理机关办理变更登记或注销登记[图44075]。

[五] 策划人热

市场经济的深入发展催生了对策划业的巨大需求，国外咨询公司纷纷涌入抢占中国市场，像麦肯锡、盖洛普、兰德、安达信等咨询公司，他们占据着国内咨询策划市场的大部分份额，买方也多是外资企业、中资上市公司。中国本土策划公司，除少数有实力的公司之外，大部分发展艰难。

1997年策划人热达到高潮。2002年6月，“首届中国十大策划风云人物”在北京评选揭晓，十位在各自领域中成绩显著的策划家获此殊荣，2002年11月30日，这十位中国策划业精英齐聚上海，发表了共同宣言。此次评选活动成为中国策划业的里程碑。

[六] 事件营销

2001年，北京申奥成功和世界杯足球亚洲区十强赛中国队出线，这两件事检验了中国企业界、广告界以及传媒业的“事件营销”能力，众多企业纷纷利用这两个热门话题宣传自己的产品，取得了不俗的业绩。2003年蒙牛纯牛奶借“神舟5号”上天，成为中国航天员唯一专用牛奶，进行事件营销[图44076]。同年，统一牌润滑油借中央电视台招标时段的广告一举成名之后，又借美伊战争进行事件营销，以“多一些润滑，少一些摩擦”的广告表现[图44077]，进军高端市场。越来越多的企业认识到制造社会话题往往是一个广告成功的关键所在，借助社会热门话题进行“事件营销”可以收到事半功倍的效果。

/44074/ 富豪矿泉壶母亲节的广告
(《今晚报》1993年5月7日6版)

/44075/ 仙妮蕾德转型公告
(《人民日报》1998年8月11日8版)

/44076/
蒙牛纯牛奶“成为中国航天员唯一专用牛奶”的广告(《中国广告猛进史1979—2003》)

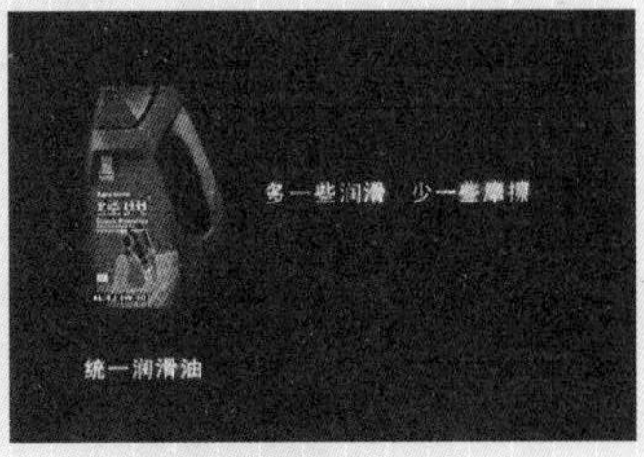

/44077/ 统一牌润滑油“多一些润滑，少一些摩擦”广告
(《中国广告猛进史1979—2003》)

-2000
-221
265
581
960
1368
1912
1949
1979
2000

七 本土企业具有较大影响力的广告策略案例

• 1984年，威力洗衣机[图44078]以“情感诉求”为主要策略，是中国电视广告走感性路线的开篇之作，使得威力成为当时洗衣机业的霸主。

• 1985年，大宝SOD蜜[图44079]以“大众化定位”为主要策略，树立了价廉物美、平民化的品牌路线，广告语一直沿用至今。

• 1989年，白丽美容香皂[图44080]以“定位＋口碑效应”为主要策略，打出“今年20，明年18”的广告语，使这个上海品牌在与国际化妆品品牌竞争中占得一席之地。[图44080]

• 1990年，郑州亚细亚商场[图44081]以“广告配合公关活动”为主要策略，不到一年时间，亚细亚商场的做法被全国各种报刊报道达上千次，“亚细亚现象”成了全国关注的热门话题。

• 1991年娃哈哈儿童营养液以“独特的销售主张”为主要策略，到1991年，创业只有三年的“娃哈哈”产值突破亿元大关。[图44082]

• 1991年，南方黑芝麻糊[图44083]以“共鸣策略”为主，在国内广告作品评比中荣获金奖，南方黑芝麻糊成为全国知名品牌。

• 1991年，活力28洗衣粉[图44084]以“独特的销售主张”为主要

/44078/ 威力洗衣机电视广告
(《中国广告20年》纪录片)

/44079/ 大宝SOD蜜平面广告图
(《中国经营报》1997年4月1日5版)

/44080/ 白丽美容香皂广告
(《中国广告》1992年1期)

/44081/ 亚细亚商场现址
(实景拍摄)

/44083/ 南方黑芝麻糊广告
(《中国广告20年》纪录片)

/44082/
娃哈哈儿童营养液广告
(《中国广告》1993年1期)

/44084/
活力28洗衣粉广告
(《国际广告》)

策略，成为第一个在中央电视台投放广告的洗衣粉品牌，第一个上市的本土日化企业，第一个将广告牌竖立在香港闹市区的内地品牌。

• 1992年，恒源祥毛线[图44085]以“知名度策略”为主，迅速成为国内毛线产业的第一品牌。

• 1993年，喜之郎果冻布丁[图44086]以“定位策略”为主，制造了品牌与行业的唯一相关性，喜之郎成了果冻布丁的代名词。

• 1994年，小霸王电脑学习机以“基于购买动机的沟通策略”为主，使其在1993年到1996年之间迅速崛起，产值高达10多亿元，占据了学习机市场份额的80%以上。

• 1994年，孔府家酒以“品牌形象策略”为主，营造家的感觉，取得很好的传播及销售效果，主要经济指标跨入全国白酒行业三强。

• 1995年，白加黑[图44087]以“定位策略”为主，创造了上市180天销售额突破1.6亿元，占据15%的市场份额，登上行业第二品牌地位的奇迹。

/44085/ 恒源祥毛线广告
(《中国广告20年》纪录片)

/44086/ 喜之郎果冻的广告
(《中国广告作品年鉴》)

/44087/
“白加黑”电视广告
(《中国广告作品年鉴》)

• 1997年，农夫山泉以“独特的销售主张”为主要策略，打出“农夫山泉有点甜”的广告语，成为瓶装水行业中最受消费者欢迎的唯一的民族品牌。

• 1998年，三元牛奶[图44088]以“共鸣策略”为主，广告播出一个月以后，央视调查显示“三元”品牌在北京地区知名度上升到85%。

• 1999年，波导手机[图44089]以“策略性创意”为主要策略，通过四个阶段循序渐进的广告策略，成为创新的国产名牌，2001年列国产手机销量第一。

• 2001年，脑白金[图44090]以“场合定位策略”为主，成为中国送礼定位策略的代表作，以“俗文化”制造消费流行。

• 2003年，联想电脑，以“品牌形象策略”为主，代表了本土企业打造国际品牌的主流策略。

/44088/ 三元牛奶电视广告
《中国广告作品年鉴》

/44089/ 波导手机电视广告
《中国广告作品年鉴》

/44090/ 脑白金电视广告
(《中国广告作品年鉴》)

从生产资料广告的最初登场到营销活动形式的复杂多样，从CI设计的风行到品牌建设的大力推行，在经历了国外企业先进的营销策略冲击之后，中国企业无论是在思想观念还是行动上都有了突破和发展，在不断摸索的过程中也逐渐形成了自己的特色。越来越多出色的本土企业营销案例说明，中国企业正朝着更加成熟的方向发展，在营销策略不断取得成效的动力下大步向前迈进。

第五章 广告管理、团体交流及教研

-2000
-221
265
581
960
1368
1912
1949
1979
2000

第一节 广告管理体系的形成与完善

建国初期，广告管理部门并不统一，没有全国适用的广告法规，部分地方政府根据自身情况制定过一些地方法规。"文革"期间，广告在中国内地一度沉寂，法规的建设亦不复存在。1979年，伴随着改革开放和广告业的恢复，广告法规的建设重新提上意识日程。中宣部作为中国宣传媒体的主管部门，对广告的刊播曾做出规定。北京、上海等地方宣传部门也在1979年前后，分别就户外广告、外商广告的刊布做出过规定。

1979年10月部分地区第一次广告业务交流会在上海举行，制定了最早的全国统一的价目表。同年，上海电视台恢复广告，并制定了中国第一份电视广告管理收费办法。这些都是当时对广告发布规定的初步探索。

从1980年起，国务院正式将广告的管理划归工商部门。这时，全国已有1000余家广告经营单位，年营业额超过1亿元。在这样一个正在迅速发展的行业中，行业发展中的无序现象不时出现。1982年2月，国务院颁布了第一部广告法规——《广告管理暂行条例》。1987年10月，第一部广告行业的正式法规《广告管理条例》出台，并有效实施至今。

法规的建立保证了中国广告业的高速发展，但违法广告、虚假广告事件并未停止，在20世纪80年代末一度成为社会焦点，给广告业发展带来了负面影响。

比如烟草业就是一个市场经济下的"怪圈"。这是一个几乎人人反对，但又创造巨大财富的产业。每年大量的体育竞赛、文化活动都可以得到烟草业的巨资支持，烟草广告也成为人们关注的对象。1987年《广告管理条例》中第10条规定："禁止利用广播电视报刊为卷烟做广告。"然而，巨大的利益诱惑使烟草违法广告不时出现在各地，甚至在1995年2月《广告法》出台之际，还曾发生过天津主要媒体刊播万宝路贺岁广告事件[图45001]。1995年广州清理公共场所的香烟广告，但1996年又死灰复燃。

总之，1979年以前中国广告管理比较分散，没有明确统一的管理机关和全国性的广告法律法规。随着广告事业的迅速恢复和发展，广告活动中出现了某些虚假欺骗性广告、格调低级庸俗的广告和某些新闻单位乱"拉"广告以及广告服务质量不高等问题，广告管理亟待加强。1980年，国务院决定由工商行政管理总局管理全国的广告行业后，中国的广告管理由此从过去分散状态进入到统一管理时期。

/45001/ 万宝路香烟的广告
（《中国广告20年》纪录片）

一 广告管理机构的健全与完善

《中华人民共和国广告法》第六条规定："县级以上人民政府工商行政管理部门是广告监督管理机关。"中国现行的广告管理制度为三级制：第一级为国家工商行政管理总局内设广告监督管理司，第二级为各省、自治区、直辖市及计划单列市工商行政管理局内设广告管理处（也有的与商标管理机构合并为商标广告处），第三级为地、市、县的工商行政管理局设广告管理科（股）。

根据《中华人民共和国广告法》和国务院的有关授权，广告管理机关在广告管理中主要行使以下职能：

第一，协助立法和法律、法规的宣传、贯彻、执行。主要是代国务院和国家立法机关起草有关广告的法律、法规，单独或会同有关部门制定广告管理规章，以及负责解释《广告管理条例》、《广告管理条例施行细则》和其他广告管理单项规章。地方广告管理机关可以依照立法程序和权限的有关规定，代有关部门起草地方性的广告管理法规。第二，审批、登记及核发执照。根据《中华人民共和国企业法人登记管理条例》和广告管理法规的规定，对申请经营广告的单位和个人进行审查（主要是核准经营权和核定经营范围）、登记，核发《企业法人营业执照》、《营业执照》和广告经营许可证。第三，制订行业规划。主要是对广告业的发展进行宏观的规划，并组织实施。第四，监督与指导。主要指对广告主、广告经营者、广告发布者的广告活动全过程实行监督和指导，确保广告活动在法律规定的范围内进行。第五，查处违法案件，依法制裁广告违法行为。第六，协调和服务。主要指协调广告管理机关与政府其他有关职能部门，以及广告管理部门内部的关系；为广告经营者服务，指导广告协会的工作。以上管理职能主要涉及两大类：法律法规管理及行政管理。

1980年，国务院明确授权广告业隶属国家工商行政管理局管理后，国家工商行政管理局开始筹建广告管理机构，着手制定有关广告管理法规。1981年，广告管理处正式成立（1982年改为广告司）。此后，全国各省、市工商行政管理部门都成立相应的广告管理机构。

1983年9月21日，经国家统计局同意，由国家工商行政管理局印发《广告经营统计表》，对全国广告经营情况进行系统、全面的统计。从此，中国广告业界第一次有了比较真实、准确的统计数据。

二 广告法规的健全与完善

[一]《广告管理暂行条例》的发布

如前所述，为加强广告管理，促进中国广告事业健康发展，1982年2月6日，国务院颁布《广告管理暂行条例》，明确规定由国家和地方各级工商行政管理部门负责管理全国广告。随后，国家工商局依据《广告管理暂行条例》制定了《广告管理暂行条例实施细则》，对《暂行条例》规定的内容作了详细、具体的规定。

从1982年2月到1987年10月的五年时间里，《广告管理暂行条例》和《广告管理暂行条例实施细则》成为工商行政管理机关开展广告管理工作的基本依据，成为各行各业从事广告活动的行为规范，并为新的广告管理法规的诞生奠定了基础。

为进一步规范广告活动，国家工商局单独或会同国务院有关部门先后制定颁布了十几个单行广告管理规章，分别就烟酒广告，药品广告，食品广告，文化、教育、卫生、社会广告，赞助广告，体育广告等问题做出专门管理规定。

1984年3月2日，国家工商局发出《关于烟酒广告和代理国内广告业务收取手续费的问题的通知》。《通知》规定禁止利用广播、电视、报纸、书刊、路牌、灯箱、霓虹灯、招贴等媒体做卷烟广告和40度以上烈性酒广告。国内经营、兼营广告单位之间相互代办广告业务，收取手续费最多不得超过广告费的10%。1987年10月26日，国务院发布的《广告管理条例》第十条规定，禁止利用广播、电视、报刊为卷烟做广告。

除了规定烟酒广告的发布媒体，国家有关部门还对其他商品广告做了管理规定。1987年4月23日，国家工商局与卫生部联合发出《食品广告管理办法》。同年，《关于进一步加强药品广告宣传管理的通知》发布。1988年，国家工商局转发当时国家体委通知，要求体育比赛的赞助广告活动，须报国家工商局和省、自治区、直辖市工商局审批，1990年，发布《关于对台湾企业和个人在大陆申请发布广告进行管理的通知》。1993年，国家工商局发布《化妆品广告管理办法》。同一年，国家工商局、卫生部联合发布《医疗广告管理办法》。

1984年和1986年全国先后组织了两次以打击虚假广告、取缔非法经营为重点的行业清理整顿工作，有效地扭转了广告业在发展过程中存在的某些混乱现象，保障了广告事业的健康发展。

[二]《广告管理条例》的发布和广告管理的进一步完善

随着广告业的发展，《广告管理暂行条例》中的某些规定已不适应形势的要求。国务院于1987年10月26日正式颁布《广告管理条例》，从12月1日起施行。《广告管理条例》（以下简称《条例》）的颁布实施，标志着中国广告管理法规的进一步健全和完善，它不仅为广告管理提供了更为全面、具体的法律依据，而且用法规的形式把广告宣传和广告经营的行为规范确立下来，为广告事业的健康发展提供了保障。

《条例》与《暂行条例》相比，突出体现了“宏观管住，微观搞活”的指导思想和原则。在加强宏观管理方面，《条例》扩大了广告管理范围，把通过各种媒介或形式在中华人民共和国境内发布广告均纳入管理之中，突出了对虚假广告和非法经营广告的监督管理，增加了禁止的行为和禁止的内容，确立了更为明确具体的广告证明制度，严格了广告违法行为的法律责任。在微观搞活方面，《条例》放开了对广告时间、版面的限制，将广告经费纳入市场调节的范围，取消了过去不允许个体工商户经营广告的限制，将竞争机制引入广告业中。

1988年，重信誉创优质服务活动展开，建立了广告审查程序，比如二级业务员制度。1988年底，国家工商局针对虚假广告在一些地区严重泛滥和广告经营中的新矛盾新问题，发出《关于整顿广告经营秩序，加强广告宣传管理的通知》，要求各地按照《条例》及《通知》规定的资质标准，对各种类型的广告经营单位进行一次整顿，采取有力措施严厉打击虚假广告和非法经营广告活动。1990年，国家工商局就关于切实抓好打击假冒行为，取缔虚假广告工作的通知，举行了新闻发布会。1993年，蒙妮坦奇妙换肤霜广告风靡上海，并且一路北上，在北京闹得沸沸扬扬，后因其夸大失实，误导消费，被工商行政管理部门责令停止刊播，广告主也被处以668万元罚款。

各地从1989年到1991年间，对广告业进行了一次全面深入的清理整顿。据统计，三年内共查处各类广告违法案件7100余起，罚没款600多万元，吊销近千家不具备经营条件和经营管理混乱单位的营业执照。经过三年治理整顿，广告宣传和广告经营秩序明显好转。据统计，1991年全国虚假广告案件比前两年同期下降50%左右。

国家工商局在一手抓清理整顿的同时，一手抓广告法制建设，并在全国统一实行了《广告业务员证制度》和《广告专用发票制度》。

[三]《中华人民共和国广告法》的发布实施

1992年，国家工商局根据党的十四大确定的经济体制改革总目标和中共中央、国务院《关于加快发展第三产业的决定》，就事关广告业发展大计的两项大事做出规划和安排：一是启动市场流通领域重要立法之一的《广告法》的调研、论证、起草工作。二是着手制定广告业恢复10年来的第一部发展规划纲要，并于1992年年底报送国务院。

1993年3月，在国务院批转的国家计委《全国第三产业发展规划基本思路》中，广告业与信息咨询服务业并列为第六个重要发展的行业领域。《思路》明确提出广告业是知识技术密集型产业，并规定了广告业今后发展的目标和任务。1993年7月，国家工商局和国家计委发布《关于加快广告业发展的规划纲要》。《纲要》明确规定，广告业属于知识密集、技术密集、人才密集的高新技术产业，是第三产业的重要组成部分。对于广告业在2000年前发展的总体目标、基本目标、发展重点和任务，以及为实现总体目标而采取的具体措施，《纲要》做出明确规定和布置。《纲要》的制定对于拓宽国内、国际市场信息交换渠道，辅佐企业开拓市场和指导消费，加快中国广告业的发展起着积极推进作用。1995年，《中华人民共和国广告法》[图45002]正式实施。

由于有了一系列法律法规，再加上国家有关职能部门的经常性的监督管理，中国的广告管理跃上了一个新台阶，走上了法制化管理轨道。

三 广告行业自律

中国广告协会在领导会员遵守广告法律、法规的同时，开始制定全国广告业界统一的自律规则和行业规范，先后制定了《广告行业自律规则》、《广告行业岗位职务规范》、《中国广告协会自律规则》等比较完善的广告行业规范。

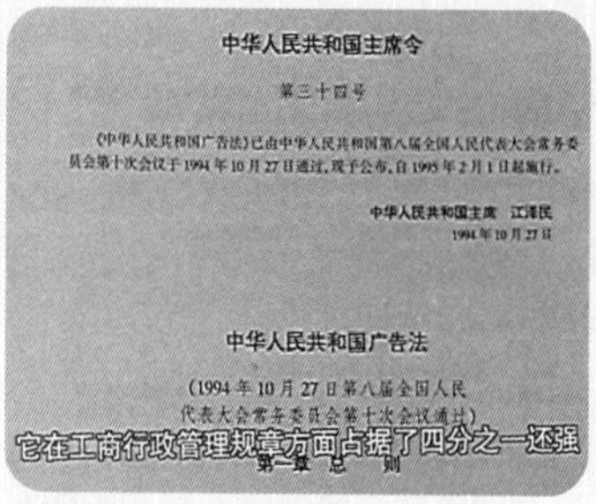
中华人民共和国主席令

第三十四号

《中华人民共和国广告法》已由中华人民共和国第八届全国人民代表大会常务委员会第十次会议于1994年10月27日通过，现予公布，自1995年2月1日起施行。

中华人民共和国主席 江泽民

1994年10月27日

中华人民共和国广告法

（1994年10月27日第八届全国人民代表大会常务委员会第十次会议通过）

第一章 总 则

/45002/《中华人民共和国广告法》
（《中国广告20年》纪录片）

[一] 《广告行业自律规则》

1990年制订了《广告行业自律规则》得以制定，对广告活动中应当遵循的基本原则和广告主、广告公司、广告媒体所应体现的道德水准，做出相应规定：

为了坚持社会主义方向，端正经营思想，切实贯彻执行《广告管理条例》，树立良好的行业风气，维护正当竞争，抵制不正当竞争，建立良好的广告经营秩序，提高广告业道德水准和整体服务水平，特制订本规则，会员须共同遵守。

(1) 一切广告活动应建立在为社会主义服务、为人民服务、为经济建设服务的原则基础上，力求广告的经济效益和社会效益的统一，并以此原则检验广告效果。

(2) 广告经营单位在接受广告时应认真按《广告管理条例》的规定，审查广告内容，查验有关证明。在各项经营活动中要建立严格的管理制度，以保证广告内容的真实性和广告工作的正常运转。

(3) 广告内容所体现的情操、趣味及思想倾向要健康、向上，符合社会主义精神文明建设的要求。

(4) 实施广告，应进行市场调查、消费者研究及相关法规许可范围的研究，以保证广告的科学性和合法性，避免盲目性。

(5) 凡在广告中有“独家”、“首创”、“独创”、“第一”、“最好”、“最多”、“最大”等一些绝对声明的，如不能充分证明其声明的可靠性，则应删去这类内容。

(6) 在广告中不得诽谤和贬低他人或竞争者。未经本人允许，不得引用党政高级领导人的言论和专家、科学权威的论断。

(7) 广告创作要坚持创新，尊重版权，不得抄袭他人的创意，不得侵犯公民的肖像权。

(8) 广告经营单位之间的竞争应体现在优质服务方面，不得采取不正当手段。要按规定支付国内外广告代理费用，不得随意压低或抬高代理费标准。

(9) 广告发布价格标准应根据媒介的收视率、收听率、读者范围、媒介的权威性以及服务水平来制定。各经营单位需按媒介价格标准统一报价，不得随意抬高或压低广告价格。

(10) 广告经营单位之间应当友好合作，密切配合。对于广告公司经过认真策划、设计制作的广告，各媒介单位应予以支持。广告公司应按媒介的特点和技术要求代理广告，保证广告质量。

[二] 《广告行业岗位职务规范》

为了提高广告从业人员的素质，中国广告协会制订了《广告行业岗位职务规范》，1991年试行。《规范》分别对广告公司正副经理、媒介单位广告部门正副经理（主任）的岗位职务规范，广告公司部门经理（科长）、媒介单位广告部门科长的岗位职务规范，以及广告策划人员、广告设计人员、市场调查人员、广告文案撰写人员、广告业务人员、广告审查人员和工商企业广告员的岗位职务规范，从政治素质、文化素质、业务知识和工作能力四个方面，作出了具体的规定。它的制定对中国广告行业逐步走向规范化，产生了积极的引导和促进作用。

[三] 《中国广告协会自律规则》

1994年，中国广告协会第四次会

员代表大会通过了《中国广告协会自律规则》，《规则》共有12条，要求会员树立良好的行业风气，维护正当竞争，抵制不正当竞争，建立良好的广告经营秩序，提高广告业道德水准和整体服务水平。

中国对外贸易广告协会也制定了《中国对外贸易广告协会会员关于出口广告工作的自律守则》，共有9条。这对于保障出口广告业务和经营活动的正常开展，促进出口广告工作健康发展，具有十分重要的意义。[1]

四 广告管理体系的进一步完善

随着广告业发展的深入，广告管理体系日趋完善，并落到实处。比如国家有关管理部门对电视广告进行检测和管理，1996年，中广协、国家统计局城调总队主办了“电视广告知多少”，在全国32个城市150个电视台进行监测，“中国电视广告监测网”开始运行。1997年，广播电影电视部发布《关于进一步加强广播电视广告宣传管理的通知》，对广播电视广告宣传作了19条限定，如每套节目播放广告不得超过该套节目播出总量的15%；18:00 —22:00不得超过该时间段的12%；电视媒介每套节目每日发布的酒类广告在特殊时段（19:00 —20:00）不超过2条，普通时段每日不超过10条。同年，中宣部、国家工商局等四个部门联合发出通知，规定了电视媒介在19:00 —20:00，每套节目发布公益广告时间应不少于商业广告时间的3%。

广告经营单位也受到广告管理部门的重视，列入管理内容之列。1996年国务院新闻办公室通知：国内广告公司特别是新闻单位所属的广告公司出境开展业务交流活动，未经驻外使馆同意，不得擅自与境外发生业务联系，否则将予以查处。1997年，《广告经营资格检查办法》和《广告活动道德规范》颁布。根据这些办法和规范，全国各级工商部门开展广告经营资格专项检查，共检查广告经营单位5.3万户，暂缓通过4098户，取消广告经营资格6239户。随着互联网业的兴旺，2000年国家工商局正式宣布，所有经营广告发布业务的网站都需申请许可证。上海12家网站向上海市工商局领取了国内首批营业执照副本（网络版）。

同时，对广告主的管理也逐步加强。1996年，国家工商局首次在全国各地开展对广告主的执法检查，公布1995年十大违法广告案例。1998年，全国开展广告企业等级标准评定工作。2000年国家税务总局发布国税发[2000]84号文件《企业所得税税前扣除办法》，其中规定，从2000年起，企业每年的广告费支出不得超过销售（营业）收入的2%，超过部分不能记入成本；可无限期向以后纳税年度分摊结转；对非媒体的广告性支出和业务宣传费，规定不得超过销售额的5%。2%的规定引发了业界大讨论，2001年8月，国家税务总局下发了[2001]89号文件，就部分行业广告费用所得税税前扣除标准做出了调整。规定从2001年1月1日起，制药、食品（包括保健品、饮料）、日化、家电、通信、软件开发、房地产开发、体育文化等行业的企业，每一纳税年度可在销售（营业）收入8%的比例内据实扣除广告支出，超过比例部分的广告支出可无限期向以后纳税年度结转。

药品的特殊性也使得国家加强

1 参见陈培爱：《中外广告史》，中国物价出版社1997年版，第110-116页。

了对该类商品的广告管理。2000年国家药品监督局下发紧急通知，要求立即停止销售和使用所有含有PPA的药品，不在被禁之列的生产企业快速反应，纷纷在广告中表示不含PPA。2001年2月，九届全国人大常务委员会第二十次会议修订、颁布的《中华人民共和国药品管理法》中第七章第六十条规定："处方药"不得在大众传播媒介上发布广告或者以其它方式进行以公众为对象的广告宣传。9月，新《药品广告审查办法》规定，明星在广告中以患者身份为药品证明的方式将被视为非法。

广告行业的健康发展离不开法律法规的规范和管理，广告业在中国逐步恢复并壮大，相应的管理体系也逐步跟上，对广告行业的各方面事宜进行监督和治理，为规范广告行业的运作、净化广告的生存环境起到了必不可少的作用。

第二节 广告团体与广告教研

广告业作为一个分散、多元的行业，在广告法规和广告行政管理的发展中，广告行业的自律组织——行业协会也发挥着不可替代的协调与引导作用。解放初期，国家曾组织过广告同业公会，后随着广告业的萎缩而消失。改革开放后广告重又恢复，1981年8月21日，隶属外贸部门的广告公司组成了中国对外经济贸易广告协会；1982年2月，经过一年多的筹备，第一个全国性广告组织——中华全国广告协会在北京成立。1983年12月，中华全国广告协会第一次代表大会召开，并最终确定了全国广告组织的名称——中国广告协会。

从1993年起，广告被国务院列为第三产业和高新技术产业。同年7月，国家工商局、国家计委联合制定了《关于加快广告业发展的规划纲要》，确立了广告业发展目标是建立一个企业自主经营，政府依法管理，最大限度发挥行业协会自律与协调的新体制。

一 广告团体成立

[一] 中国对外经济贸易广告协会

新时期，中国最早出现的广告行业组织是中国对外经济贸易广告协会（简称“外广协”）。该协会于1981年8月21日在北京正式成立。它由全国对外经济贸易系统的专业广告公司和报刊、出版社等兼营广告的单位，以及专业进出口总公司、工贸进出口公司的广告宣传部门联合组成，1986年8月，经国家经委批准成为全国性的社会经济团体，由对外经济贸易部直接领导，代表中国对外经济贸易广告界参加国际广告界活动。

中国对外经济贸易广告协会成立后，所做的工作主要包括如下两方面：

第一，积极组织各种形式的广告业务研究、广告学术研究活动，采用多种形式推动中国外经贸广告行业经营管理水平的提高。如从1984年开始，曾多次邀请海外广告专家来华讲学、在全国各大城市举办广告业务讲座；与“中广协”联合邀请国际上知名的广告专家，举办全国广告公司经理高级培训班。同时，还多次举办广告摄影作品展览会及广告业务、广告创作研讨会[图45003、45004]。此外，该会还创办了自己的会刊——《国际广告》，及时反映国内外广告业发展状况及其趋势。

第二，积极组织会员单位参加国际广告会议，开展对外交流、交往活动。自1986年以来，“外广协”与“中广协”联合组成中国广告代表团，先后出席了国际广告协会在日本召开的第29届（1984年）[图45005]、美国芝加哥的第30届（1986年）、澳大利亚悉尼的第31届（1988年）、德国汉堡的第32届（1990年）、西班牙巴塞罗那的第33届（1992年）、墨西哥坎昆的第34届（1994年）、韩国汉城的第35届（1996年）、埃及开罗的第36届（1998年）、英国伦敦的第37届（2000年）、黎巴嫩的第38届（2002年）世界广告大会，参加了在泰国曼谷举行的第15届（1986年）、巴基斯坦拉合尔第16届（1989年）、马来西亚吉隆坡第17届（1990年）、日本东京第18届（1993年）亚洲广告大会。特别是1987年6月，与英国《南方》杂志社共同举办首届第三世界广告大会，影响很大。2004年，第39届世界广告大会在北京隆重召开。

1997年4月15日，中国对外经济贸易广告协会正式作为团体会员，加入中国广告协会。

[二] 中华全国广告协会

1982年2月11日，中华全国广告协会[图45006]第一次代表大会在北京召开，同时更名为中国广告学会。该学会是由从事广告业工作的工艺美术人员、业务人员、科研人员、教育工作者及广告专（兼）营单位、大专院校有关广告专业科系组成的群众团体，主要任务是开展国内、国际广告学术交流活动、举办广告设计作品展览、评选优秀作品和论文。会员有团体会员和个人会员。1984年2月并入中国广告协会。1987年8月21日，中国广告协会学术委员会成立，中国广告学会同时撤销。

/45003/ 首届中国国际广告研讨会
（《中国广告》1992年第3期）

北京成功举办
’94国际广告研讨会

/45004/ ’94国际广告研讨会
（《国际广告》1994年6月）

/45005/ 中国广告代表团参加第29届世界广告大会（《中国广告20年》纪录片）

/45006/ 中华全国广告协会
（《中国广告20年》纪录片）

[三] 中国广告协会

1983年12月，中国规模最大、影响最大的广告行业组织——中国广告协会（简称“中广协”）宣告成立[图45007]。“中广协”是具有法人资格的社会团体，它接受国家工商行政管理总局的指导，是联系政府广告管理机关与广告主、广告经营者、广告发布者的桥梁和纽带。其主要职责是：宣传、贯彻国家有关广告管理的法律法规，协助政府进行行业管理；反映广告主、广告经营者和广告发布者的要求与意见，代表和维护会员的正当权益；制订行业发展规划及对广告行业进行指导、协调、咨询和提供各种服务。

此后，中国广告协会又先后成立了属下的电视委员会（1984年6月5日）、广播委员会（1984年6月18日）、广告公司委员会（1984年11月1日）、报纸委员会（1985年11月18日）、学术委员会（1987年8月6日）和广告主委员会（1997年8月25日）。这些分支委员会分别代表中国广告协会在本部门和本系统开展广告业务交流活动。中国广告协会相继举办了多届全国广告装潢设计展，这已成为中国广告界规模最大的展览会，有力地促进了广告创意制作水平的提高。[2]

[四] 国际广告协会中国分会

1987年5月12日，“中广协”和中国对外经济贸易广告协会共同组成国际广告协会中国分会，33名中国广告界人士成为国际广告协会会员。6月15日，当时的国际广告协会主席布罗迪设宴庆祝中国分会成立，并向中国分会及其会员颁发会员证书。1995年“中广协”赴美与国际广告协会总部就台湾加入国际广告协会名称问题进行磋商，国际广告协会同意将台北分会改名为中国台北分会。

二 与世界广告的交流

1987年6月16－20日，第三世界广告大会在北京人民大会堂举行[图45008]。这次会议是由英国《南方》杂志社和中国对外经济贸易广告协会共同举办的一次大型国际广告盛会，有50多个国家和地区的1500多名中外代表参加，其中700余名代表是来自世界各地的广告公司和传媒单位、大型企业和研究机构的专家。一些国家的政府官员和知名人士专程来华出席会议。这是中国第一次举办大型国际广告大会，来自世界数十个国家的广告界人士参加了这次大会。第三世界广告大会不仅受到广告界的关注，也第一次得到国家领导人的关心与支持。

大会的主题是“发挥广告在促进经济发展中的作用”，着重研讨了三方面的内容：一是如何最有效地运用北美、日本和欧洲先进的广告、销售和信息交流技术来满足发展中国家的需要，二是中国如何同国外广告、销售、媒介和信息传播公司建立联系，三是中国广告业如何促进同各国的经济贸易往来。会上，130多位代表发了言。外国广告界同行介绍了市场调查、广告策划、促销、公共关系方面的经验和广告设计制

2 参见刘家林：《新编中外广告通史》，暨南大学出版社2000年版，第252-254页。

/45007/ 中国广告协会（《中国广告20年》纪录片）

/45008/ 第三世界广告大会在北京人民大会堂召开（《中国广告20年》纪录片）

作（包括印刷、电脑、绘图、音响与录像、影片制作）方面的新技术、新趋势以及国际上先进的信息传播手段。这次盛大的专业广告会议，对全球经济贸易的发展产生了很大的推动作用。

1989年10月23日，由20人组成的中国广告代表团参加在马尼拉召开的第2届第三世界广告与营销大会。

中国广告与世界广告的交流还有：

• 1986年7月，中国被接纳为亚广联正式成员国。

• 1986年，中国广告代表团出席巴黎第5届世界户外广告会议。

• 1992年6月22日至28日，中国广告代表团应邀出席在奥地利举行的第六届世界户外广告会议。

• 1993年6月，中国台湾黄禾广告公司总经理何青辉荣获戛纳国际广告奖和美国纽约金像奖，这是华人首次荣获国际广告大奖。

• 1995年，中国广告代表团赴悉尼参加第42届世界广告主联盟代表大会。

• 1996年，首届华人平面设计大赛举行。

• 1996年，中国代表团参加世界广告主联盟代表大会。

• 1996年，中国第一次参加戛纳国际广告节（第43届）。

• 1998年外广协邀请香港贸发局组成“香港人广告协会”代表团赴京、沪演讲、交流、考察。

• 2001年，中国广告协会从美国市场营销协会引进艾菲实效广告奖，在中国广告节上举行颁奖活动。

• 2003年，第10届国际广告新媒体、新技术、新设备、新材料展示交易会在北京举行。

与世界广告的交流为中国广告业带来了先进的知识和技术，积极参与各种广告交流会议极大地开阔了中国广告人的视野，为促进中国广告业向国际水平迈进起到了不可估量的作用。

三 广告教育

虽然从五四时期就开始了广告学的研究与教育，但由于社会经济发展缓慢，广告教育的发展也受到局限。

新中国成立以来，诸多因素的干扰，使广告教育长期得不到发展。在“文化大革命”期间，连单一的广告课程都被挤出新闻院系，只有美术院校和外贸院校保留一些与广告相关的商标、包装、装潢方面的教学。

1993年，国家确定了广告业是知识密集、人才密集、技术密集的高新技术产业，而高新技术服务行业的核心是人才。在中国广告业逐渐发展之中，广告教育得到了长足发展，人才成为不断支撑中国广告发展的支柱。

[一] 全日制学历教育

1983年6月，厦门大学新闻传播系创办中国第一个广告学专业，并于1984年9月招收首批本科生，从而使中国的高层次广告专业人才培养走上正规教育的发展轨道，引起海内外舆论的极大关注，称其为“中国广告事业发展的新起点”。香港《快报》、《亚洲商业周刊》指出：“中国广告业已有好苗头——厦门大学开办了广告学专业。”随后，原北京广播学院新闻系、深圳大学大众传播系、北京商学院管理系也分别于1989年、1990年、1992年相继开设了广告学专业。至今，中国已有百余所高校开办了广告学系或广告学专业，为中国广告业的高水平发展奠定了教育基础。

1993年、1995年秋季，原北京广播学院新闻系广告学专业、厦门大学新闻传播系分别开始招收广告研究方向的硕士生，把广告教育推进到第二个新阶段。2000年，原北京广播学院成为国内第一家招收广告学博士的高等学府[图45009]。

此后广告学以及相关专业在各大学蓬勃发展，不仅如此，大学校园里的广告专业和业界甚至国外广告界的联系日益紧密。广告学专业学生的社会实践活动日益丰富，1999年，为庆祝原北京广播学院建院45周年，华文广告世纪论坛在北京召开。2000年，由原北京广播学院发起的首届北京大学生广告节在北京举行。

2001年，由国家工商局广告监督管理司主持，四川电视台投资，国际广告杂志社协助，原北京广播学院新闻传播学院广告系组织拍摄的大型纪录片《中国广告20年》问世发行[图45010]。《中国广告20年》从讲述1979年中国广告恢复过程开始，通过20年间的历史跨度，从广告公司、企业、广告媒介、管理、教育等角度生动地展示了中国广告在80年代、90年代的恢复、发展和起伏，其间涉及了大批早年涉足广告界的老广告人、老企业人、老媒介人以及那些久已封存于记忆中的生活故事，也涉及近年来广告界的潮起潮落。

2003年，首届中国大学生广告辩论赛在南京举办。

1999年，上海大学与上海广协联手创立上海大学CAM网络广告学院。2000年，由北京联合大学、人民日报、北京诺贝广告公司联合创办的北京联合大学广告学院宣告成立。这是中国第一所广告学院。2001年，原北京广播学院新闻传播学院广告学系开设公共关系专业。同年，日本电通与中国教育部、中广协和中国六所大学签署一项为期3年的"中日营销研究交流项目"。2002年，原北京广播学院成立广告学院。

[二] 在职人员培训

1993年7月，国家工商局、国家计划委员会发布《关于加快广告业发展的规划纲要》，明确了要大幅度增加对广告教育的投入，加快各类广告人才培养步伐，逐步建立起广告专业技术资格认证制度。1994年1月起，国家工商局对广告从业人员进行"广告专业技术岗位资格"培训。

有关方面准备在中央、京津沪三个直辖市、六大行政区域建立广告人才培训中心，扩大有关高等院

/45009/ 原北京广播学院广告学院

/45010/《中国广告20年》纪录片

校广告专业的招生规模，充实完善广告教学内容。到2000年，以广告人才培训中心为骨干，面向全行业，多层次（高、中级）、全日制、业余（电视、函授、自学考试）等多种形式相配合的人才培养系统和教育网络初步形成。到2000年，培养毕业生总数达到9万人，初步形成了一支以高级人才为骨干，中级人才为主体，技术等级构成合理的广告专业技术队伍；全国广告从业人员70%以上达到中高级技术水平，10%的人员成为具有跨世纪、跨国际经营能力和水平的高级专门人才。同时按国际通行做法，建立广告专业技术资格认证制度和认证机构，为广告业开拓国际市场打好基础，并采取有效措施，不断提高广告科研的水平，从而有效地促进中国广告教育水平的提高和广告人才的培养。

四 广告专业刊物与书籍

[一] 广告专业报刊

1 国家级广告专业报刊

1984年10月3日，中广协、中国新闻发展公司、工人日报科技开发总公司主办的大型广告专业报纸《中国广告报》创刊[图45011]，1985年1月6日发行第一份报纸，对开4版，周刊。1985年第三季度末，中广协与中国广告报社联合收集在全国性报纸上刊登过的工商广告，按产品分类编排不定期出版。1987年，《中国广告报》更名《中国工商报》[图45012]。

1985年9月，中国对外贸易广告协会会刊《国际广告》杂志在上海创刊［图45013］，为中国广告理论研究增添了力量。1988年，国际广告杂志社由上海迁往北京，1993年开始由季刊改为双月刊，1996年同美国《广告时代》签订版权协议，成为中国首批购买外国期刊版权的专业杂志。2003年，《国际广告》副刊《中国户外广告》面世。这份刊物后来对中国广告界的国内国际交流起到了积极的作用。1995年，国际广告杂志社举办引进的“广告饕餮之夜”世界电视广告精品展。2000年和湖南电广传媒共同主办2000年中国国际影视广告大奖。

1987年，新华社中国特稿社主编的《中国广告市场》是中国第一家用中英文报道中国广告和市场开拓业态的新闻媒介，受到国内外广告界的欢迎。1993年，《广告导报》诞生[图45014]，其内容主要以广告业界资讯为主。1999年，《广告导报》由报纸改为杂志［图45015]，成为目前国内广告行业最具影响的广告专业刊物之一。其他全国性发行的广告期刊还有《中国广告》、《现代广告》[图45016]、《广告直通车》［图45017］等。

/45011/《中国广告报》创刊号（《中国广告报》1985年1月6日）

/45012/《中国工商报》创刊号（《中国工商报》1987年7月3日）

/45013/《国际广告》创刊号
(《中国广告猛进史 1979—2003》)

/45014/《广告导报》报纸
/45015/《广告导报》杂志

/45016/《现代广告》

/45017/《广告直通车》

2 地方性广告专业报刊

一些地方性广告刊物也相继出现。同时，部分报纸也开辟了广告方面的专版和栏目。1985年元旦，厦门市广告公司主办的《厦门特区广告报》创刊。同年5月，湖南创办国内第一份地方性广告报纸《广告报》。1986年，广东省广告协会编辑的《市场媒介》正式出版，这是中国第一份中英文广告媒介小报。

[二] 广告专业书籍

提到广告专业书籍的发展，就不能不提到中国广告界的元老、“中国广告人终身成就奖”的唯一获得者——徐百益[图45018]，他从业70余年，为中国广告事业的继承和发展做出了不可磨灭的贡献。他编写的诸多广告专业书籍，如《实用广告手册》[图45019]、《广告运作入门》[图45020]、《简明汉英广告词典》[图45021]等，在广告书籍极为缺乏的年代，对广告从业人员专业水平的提高起到了相当大的指导作用；20世纪80年代中期，徐百益为中国广告函授学院撰写了广告专业教材——《广告简史》[图45022]。

20世纪80年代以来，广告专业书籍的出版日趋繁荣。1985年，暨南大学商学系主任、中国广告学会常务理事傅汉章编著的《广告学》一书出版[图45023]。

1987年，上海人民美术出版社出版了中国第一部广告设计专著《现代广告设计》[图45024、45025]。该书是丁允朋所著。1991年，由唐忠朴主编的《现代广告学名著丛书》，介绍了西方和港台地区较先进的广告理论，在中国广告业界产生了广泛深远的影响。目前，中国每年出版广告专业图书数百种。

1987年，中国第一部为企业服

/45018/ 中国广告界的元老徐百益

/45019/ 《实用广告手册》

/45020/ 《广告运作入门》

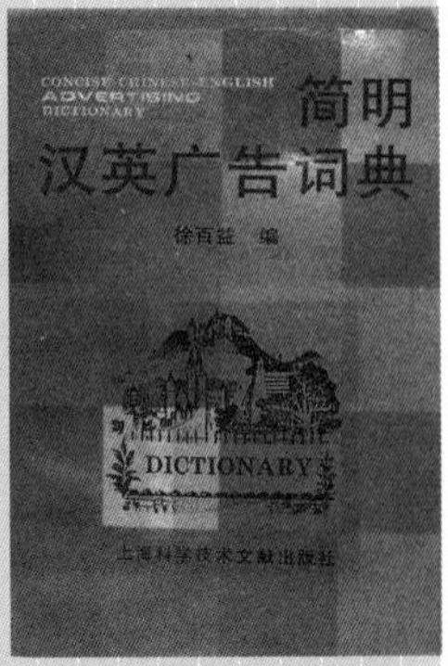

/45021/ 《简明汉英广告词典》

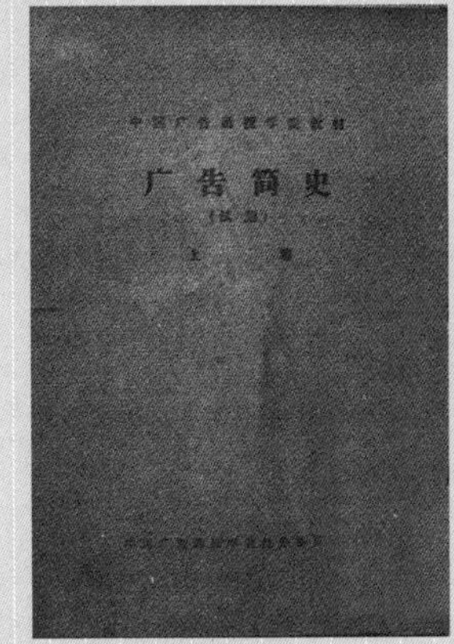

/45022/ 《广告简史》

/45023/ 《广告学》

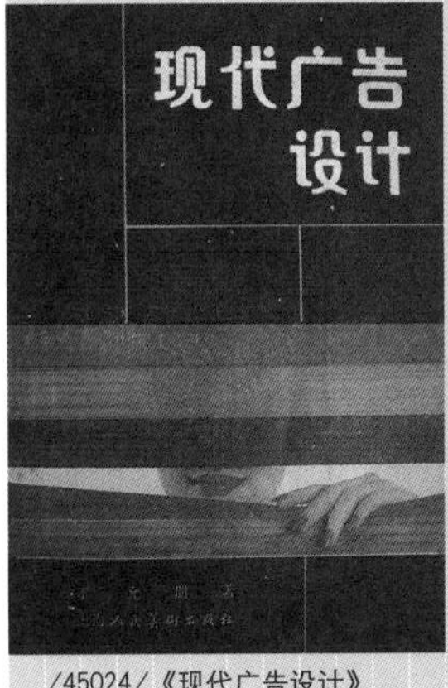

/45024/ 《现代广告设计》

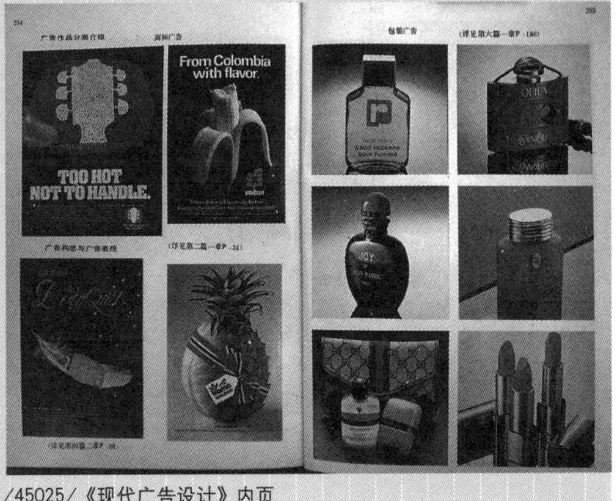

/45025/ 《现代广告设计》内页

-2000
-221
265
581
960
1368
1912
1949
1979
2000

务的权威性工具书《中国报刊广告指南》面世。1988年，由中国广告协会、中国寰球广告公司和新华出版社联合编辑出版的《中国广告年鉴》[图45026]在国内外发行。

1992年，韩国曾出版一本关于中国广告业的书籍《中国广告》。

1995年，由IMI市场信息研究所、原北京广播学院广告学系、国际广告杂志社等编辑的全国首部《IMI消费行为与生活形态年鉴·1995》问世[图45027]。

1996年出版的《广告观—— 一个广告学者的视点》 是著名广告学者、媒介专家黄升民的心血力作[图45028]，从历史与现实、理论与实务、分析与评论三个角度对当时广告业的各个方面进行了剖析与预测。2003年，黄升民又出版了《新广告观》[图45029]。该书忠实地记录了作者近5年来的思考轨迹和研究成果，精选了44篇发表于1996—2002年的文章，既包括作者的经典名篇，又收入了多篇短小精悍的杂谈偶感，融深刻理性与精辟性质于一书。

1997年，著名广告学专家丁俊杰编著了《现代广告通论》[图45030]。这本书成为许多广告初学者的入门之作。《营销·传播·广告新论》[图45031]是2001年由黄升民与丁俊杰两位学者合编，该书收录了国内许多广告学者的论文新作。

1997年，由厦门大学新闻传播系教授陈培爱撰写的《中外广告史》[图45032]出版。这是中国广告界较早的一本史学专著，史料翔实，结构明晰。

1999年，海南大学教授余虹和广告策划人邓正强合著的《中国当代

/45026/《中国广告年鉴》

/45027/《IMI消费行为与生活形态年鉴》

/45028/《广告观》

/45029/《新广告观》

/45030/《现代广告通论》

/45031/《营销·传播·广告新论》

/45032/《中外广告史》

广告史》[图 45033]。该书主要从广告观念和创意思维的角度记录了当代中国广告发展的历程。

1999年，由国际广告杂志社、原北京广播学院广告学系、合肥电视台、IAI国际广告研究所，联合整理编写的大型文献资料《中国广告20年猛进史》（1979—1998）在《国际广告》第8期发表[图 45034]。后于2004年9月出版增补单行本《中国广告猛进史》（1979—2003）（中英文两种版本）[图 45035]，在广告业界与理论界取得较大反响。

2000年，由国际广告杂志社、原北京广播学院和IAI国际广告研究所共同编撰的中国大陆首部广告作品年鉴《IAI中国广告作品年鉴·2000》问世，以“留存历史见证、提供创意参考、搭建沟通平台、尊重广告产权”为宗旨，收藏中国年度广告作品，在业界引起强烈反响。2001年，《IAI中国广告年鉴·2001》获全国中央级年鉴大奖。《IMI中国广告作品年鉴·2004》[图 45036]是中国目前唯一同时收入海峡两岸暨香港、澳门地区广告作品的年鉴。

2004年出版的《为世纪代言——中国近代广告》[图 45037]由上海图书馆历史文献中心的研究学者黄志伟编著。该书展示了著者长时间以来收集的报纸广告及月份牌广告等等，丰富翔实，难能可贵。

广告专业刊物、书籍的问世，填补了中国广告学术上的空白，一批广告人和学者积极投身到学术研究中来，为中国广告业的发展不断提供先进的知识和理论支持。

广告管理体系的完善、广告团体的成立，广告行业内的交流与自律、广告教育的长足发展以及专业报刊的出版发行，既标志着中国广告行业的发展已经取得不俗的成绩，也标志着中国广告已经进入一个全方位发展的时期，与广告相关的各个方面都在积极的建设当中，这种建设为中国广告在新世纪的发展打下了坚实的基础，同时也为中国广告走向美好的明天提供了强有力的保证。

/45033/《中国当代广告史》

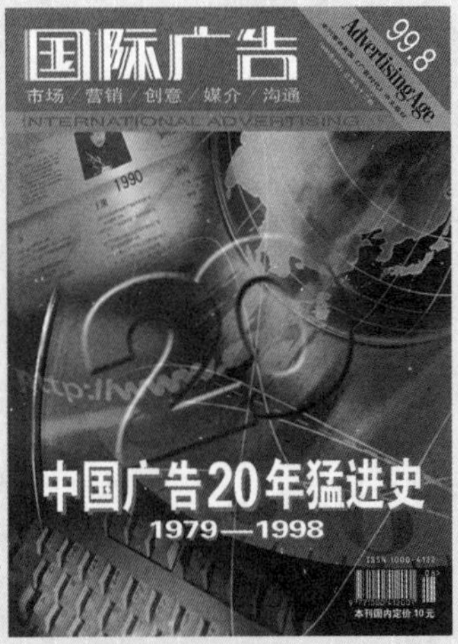

/45034/《国际广告》刊登《中国广告20年猛进史》

/45035/《中国广告猛进史（1979—2003）》

/45036/《IAI中国广告作品年鉴》

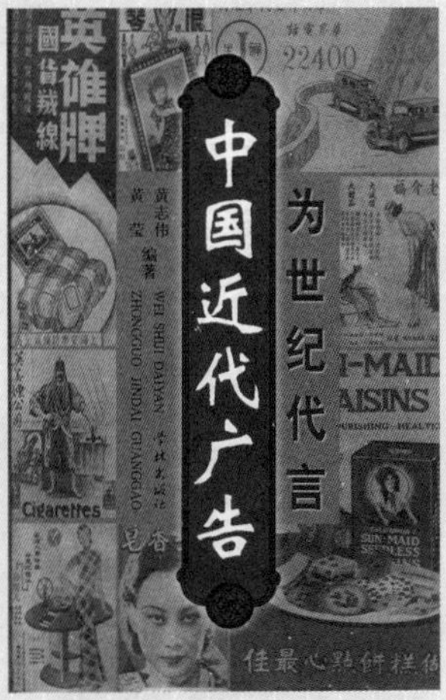

/45037/《为世纪代言——中国近代广告》

第五编

5 港澳台广告史

香港、澳门和台湾地区自古以来就是中国的神圣领土。香港、澳门和台湾的广告发展也是中国广告发展史的组成部分。但是，由于历史的原因，香港、澳门和台湾曾分别长期为英国、葡萄牙和日本殖民者霸占。20世纪90年代末，根据中英两国协议，中国政府于1997年7月1日对香港恢复行使了主权，成立了香港特别行政区；随后，根据中葡两国协议，中国政府又于1999年12月20日对澳门恢复行使主权，成立了澳门特别行政区。遵循“一国两制”的方针，按照“互不隶属、互不干涉”的原则，香港、澳门自行规划和发展自身的广告事业，同时多方面开展与内地广告界的交流与合作。1945年8月，日本投降后，台湾回归中国。1949年10月，中华人民共和国成立后，台湾为国民党当局占据，在大陆与台湾处于长期隔阂的状态下，台湾的广告事业自行发展。20世纪80年代后期以来，随着“一国两制”构想的提出和形势的发展，海峡两岸关系有了新的突破，大陆与台湾的广告交流和合作也随之开展起来。

香港地区广告发展史

秦汉时期，香港地区盛行制盐与采珠，朝廷就已派官员到香港地区管理贸易活动，当时已经出现了一些原始简单的广告活动。明朝万历年间开始有“香港”这一地名，最早见于郭棐所著的《粤大记》，书中所记载的《广东沿海图》里，就标有香港以及尖沙咀等地名［图51001］，当时香港隶属广东新安县，盛产香木及青花瓷器，远销内地及东南亚。19世纪初，香港岛的居民则是以捕鱼、耕种、打石维生。

香港地理位置优越，位于远东航海贸易路线的要冲。因此英国为了发展对华贸易，一直想把香港作为开拓远东航道的基地，据为己有。1842年8月，中英签订《南京条约》，英国正式占领香港岛。后来英国又宣布香港为自由港，允许各国商人和货物自由进出。到了19世纪末，香港成为远东最大的贸易转口港。期间，英国持续以各种手段扩张香港的殖民范围，从香港岛扩充到界限街以北、深圳河以南地区及大屿山等230多个岛屿，称为“新界”［图51002］。

/51001/《粤大记》书中所载《广东沿海图》

一 1842年—1945年：自由经济下的广告媒体发展时期

这是英国殖民统治初期至日本侵入香港时期。在经济方面，由于英国人向来奉行自由贸易，许多经济活动，英政府都采取自由公平竞争的原则。1918年第一次世界大战结束，香港开始建立自己的工业，如织染、玻璃、五金工业等。20世纪30年代，由于内地政治动荡，大批华商和手工业者来港谋生。大量资金及人力流入香港，香港的经济发展进入黄金时期，因而也触发了广告活动的发展。在对经济没有限制的情况下，第二次世界大战前香港与中国内地联系紧密，货物互相流通，时尚潮流相近，广告手法近似，广告媒体的发展尤为突出。

/51002/当年租借九龙所立的九龙关碑

[一] 中国近代报业发祥地之一

英国经济自由的观念，使商业报纸有了发展的空间。在言论和出版控制上，只要不损害英国政府利益，政府就不加以干涉限制，因而清末的各个政治力量都曾将香港作为舆论基地[1]。加之香港的特殊地位，处于中西文化交流之中，香港成为中国近代报业发祥地之一，中国近代化的报业发展，都和香港有着十分紧密的关联。近代中国报业广告的发展也从香港起步。

[二] 电影公司的成立

香港也是在中国较早发展电影事业的。1913年，香港第一家电影制片公司——华美制片公司成立，拍摄了《庄子试妻》。[2]

[三] 广播媒介

1923年，香港市民自发组成香港无线电学会，1928年6月30日成为正式广播组织。这是香港电台的前身。1948年8月正式命名为香港广播电台，简称RTHK，使用中英文广播，全部费用由英国政府支付，不播放广告。

第二次世界大战中，日本在1941年12月25日占领香港。在日本严厉管治下，香港经济受到了严重打击，百业萧条，广告发展空间极为狭小，1945年8月日本战败，同年9月英国重新收回香港。

二 1946年—1997年

本时期香港地区的广告依然沿着经济社会的发展变迁而改变，主要分期以1980年香港进入经济转型期和1997年回归为分期。

[一] 1945年－1980年：经济发展期

英国政府重新管治香港之后，经济逐步恢复 [图51003]。内战爆发期间，不少人从内地拥入香港，使香港人口急剧增加。此时中国内地占香港转口贸易的一大部分，但是在1950年抗美援朝期间，联合国对中国实施禁运，使香港的转口贸易受到了沉重打击。港商不得不另找出路，开展以人力需求的纺棉、制衣、搪瓷、玩具、塑胶业为主的轻工业，到了60年代，更是扩展至钟表、电子制品业等方面。随着轻工业的发展，香港人民的收入增加，生活逐渐富裕，消费水平提高。进入70年代以后，香港经济更是朝着多元化方向发展。当时，香港本地生产总值年平均增长率为9.2%，在亚洲新兴工业化国家和地区中增速最快，是亚洲轻工业制造中心之一，被称为“亚洲四小龙”之一。

1 广告行业

50年代到60年代初期，香港地区的广告业务基本上属于制作型和媒介代理型，如户外广告牌的设置、路牌广告的出租等。香港广告商会 [图51004] 在1957年成立，旨在使广

[1] 阵昌凤：《香港报业纵横》，法律出版社1997年版，第10页。

[2] 香港电影资料馆。

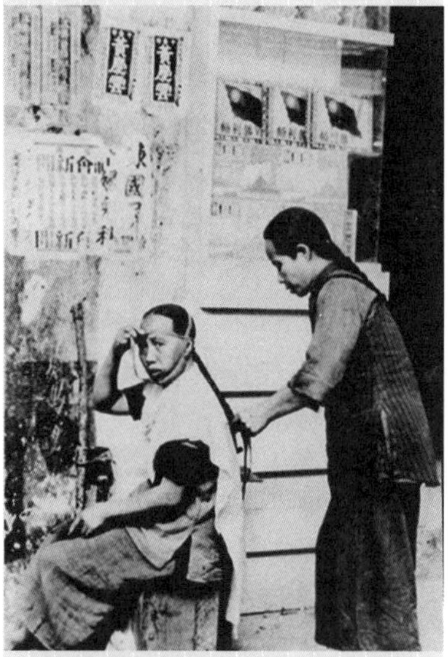

/51003/ 抗战胜利后，街道的左上角橱窗放着“胜利面”）。

/51004/ 香港广告商会标志

告业正常而规范的运作。到了70年代，香港地区的广告业随着经济的蓬勃发展而繁荣起来。

2 广播电视媒介广告

1 发展过程

1949年，伦敦“丽的呼声”有线公司在香港设立分支，通过铺设在地下的电线传输节目信号，进行有线广播，用户以专用的扬声器收听，电台向商家收费播出广告，但主要收入还是用户的收听费用。这是香港地区的第一个商业电台。

20世纪50年代，香港人口剧增，当时仅有香港电台和“丽的呼声”有线电台，难以满足市民对广播节目多元化的需要。1957年，香港5家机构竞投开办无线商业广播电台。10月，香港商业广播有限公司取得唯一的商业牌照，开始筹办电台。1959年8月26日，第一个无线商业电台香港商业电台正式开播。开播之初，设有中文、英文节目各一套，中文节目称为“商业一台”，英文节目称为“商业英文台”，每天7:00—24:00播音。与香港电台不同，商业电台是一座民营广播电台，以广告收入作为经济来源。

50年代末期是“丽的呼声”的全盛时期，该台的有线广播网线路遍布香港各区，并在1957年增设“丽的呼声”有线电视台（简称RTV），利用原有的电线播放黑白节目，但用户需向电视台租借电视或自行购买。原先用户不多，但是随着轻工业的发展，香港人的收入增加，到1967年增为9万多用户，家庭电视拥有率达到13%。然而广告收入依然不是电视台的主要经济来源。

随着时代改变，1966年，香港第一家无线电视台TVB出现，属于电视广播有限公司［图51005］，提供免费广播电视服务，使得香港家庭电视拥有率大幅提升。TVB以广告作为电视台的运营收入的做法获得成功，成为香港市民大众生活的一部分，后来RTV也开始转为无线播放，但已无力赶上TVB。加上财政困难的因素，“丽的呼声”有线公司在1975年宣布其有线广播服务停业，又在1982年更改RTV股东结构，改名为亚洲电视台ATV［图51006］。直到1985年开放有线电视网络，这段期间香港的电视媒介一直是ATV与RTV争夺香港观众。

2 影响最大的广告媒介

在家庭电视拥有率上升的同时，本地制作的电视节目也受到观众的欢迎，电视深入人们的日常生活，成为不可或缺的部分，因而电视媒介对广告的意义越来越大，到了70年代，电视成为香港最有影响力的广告媒介。

TVB开播之时，其电视广告的特色是利用电影厂现成的布景来制作电视广告，以产品资讯诉求为主。在电影厂内拍摄电影的现成的演艺人员，趁着空当为产品拍摄广告［图51007］，电视台不但能卖出广告时间又可以使电视广告得到发展。

Television Broadcasts Limited
電視廣播有限公司

/51005/ 电视广播有限公司TVB台标

亞洲電視
ASIA TELEVISION LTD
www.hkatv.com

/51006/ 亚洲电视台台标

/51007/1971年汪明荃、胡章钊拍摄的牧场鲜奶广告

3 报业广告

广告是香港报业的经济支柱，报纸的两大收入是卖报所得和广告收入，在20世纪五六十年代，电视业尚不发达，广播电台不需要靠广告支持，因此报纸是广告客户的最佳选择。然而办报成本却不断地向上攀升，一些小报尚能够以纸钱的

差价维生，对销量大的报纸而言，报纸长期的低价状态难以改变，只好扩大广告量，整版广告开始流行。然而当时的洋行商家对中文报纸不太重视，过高的收费使外商客户止步，广告收入还是无法提升。

到了70年代，香港商业化报纸的蓬勃发展，报业开支持续提高，卖报所得不抵成本，甚至到了销量越多亏损越大的地步，唯有靠着广告收入才能维持报纸的生存。此时正是香港经济的起飞时期，刺激了广告量，报纸的广告收入大为增加。

[二] 1980年－1997年：政治过渡、经济转型期

自70年代开始，香港的前途问题受到各方面的关注。1983年，中英两国进行正式会谈，解决香港的前途问题 [图51008]。1984年12月19日，两国正式签署《中英联合声明》，同意于1997年7月1日，中国对香港重新行使主权，从此香港政治进入了过渡期，经济也进入了新的转型阶段，香港从以工业、外贸为基础的多元化经济，转变成为以服务业为主体、多种经济全面发展的服务经济。

香港经济转型的另一项特征，是制造业大规模北移。香港历史上制造业工人数最多时，约有100万人，而到1996年年底，港商在珠江三角洲地区雇用的职工已经达到400万人。内地低廉的生产成本提高了香港工业的竞争能力，香港经济仍然持续高速增长。

1 广告业

据1983年的统计，香港地区的广告公司有602家[3]。到了90年代之后，许多香港广告商进入内地发展。

2 广播电视广告媒介

自“丽的呼声”停业后，香港的无线广播只有香港电台和香港商业电台两家。直到1990年，才出现第二个商业无线广播电台——新城广播电台，此电台定位于“窄播”，以争取持定、年轻的听众为主，与原有电台的受众市场相区隔。

无线电视台仍旧是ATV与TVB互相较量，而香港观众对TVB产生了持续至今的惯性收视。TVB推出了许多经典剧集和人物，许多具有劝导、教导性质的广告主角就是运用知名演员的剧中形象来吸引观众注意的。比如当时出现了银行自动柜员机这项新电子科技产品，汇丰银行为了让民众接受并了解如何使用，制作一系列广告，分别由在电视剧中常出现的郑少秋、沈殿霞来说明此服务如何使用及有何好处 [图51009]，而且二人以在电视中的形象而非其本人形象诠释广告，使观众感到亲切，易于接受广告所要传递的信息。

/51008/ 英国统治时期的香港政府徽章（1959年－1997年））

/51009/ 郑少秋以大侠楚留香形象出演广告

长期以来，香港的电视业一直由TVB和ATV两家统领，进入20世纪90年代后，这一局面开始打破。作为商业电视台，广告收入是其存在和发展的基础，而广告又是以收视率为依据。为了争取观众，提高收视率，长期以来，TVB和ATV两台在技术上、节目上展开了

[3] 陈培爱：《中外广告史》，中国物价出版社1997年版，第201页。

十分激烈的竞争。而中文频道晚上的黄金时段是两台竞争的重点。为迎合观众口味，这一时段几乎都是安排多集电视剧、大型晚会、综合节目和电影等娱乐性内容。

到了1985年，香港政府开放有线电视网络。1994年4月，香港的卫星电视正式开播，使香港的广播电视事业更进一步国际化。

3 报业广告

在90年代初期，香港和内地经济迅速发展，各行业的广告支出量庞大，使得香港报业的广告市场被分割。从60年代开始时常出现的头版整版广告开始消失，报业广告经营者开始注重到，比起贩卖头版广告的短期利益，增加读者的长期商业利益才能更好地经营报业。

三 1997年至今

1997年7月1日，香港回归中国[图51010]。回归后不久，受东南亚金融风暴的影响，加上回归前后存在的经济过热问题以及一些原本就存在的经济政策问题，90年代末，香港经济出现了持续衰退的现象，直至1999年第二季度才出现实质增长。1997年香港本地生产总值实质上升2.9%[4]。在香港经济逐渐复苏的过程中，2001年的"9·11"事件对香港经济冲击较大[5]。近几年香港地区经济逐渐回升，香港广告的发展也进入了一个新的层次。

香港的户外广告早先主要在交通要点，如码头和街头的大型广告招牌，发展至今则是无所不在[图51011]，到了夜晚，商场橱窗霓虹灯[图51012]闪烁炫目，甚至成为香港的一项观光特色。

在广告高等教育方面，香港理工大学商业设计系设有广告课程，香港中文大学新闻与传播系设有与广告相关的公关、传播课程。广告从业人员大部分具有留学欧美的经历，广告公司也非常重视人才的培养，一方面将人员送至欧美的大广告公司学习或者再进修，另一方面不断聘请国外广告权威人士讲学，保持与国外广告的衔接，这也是香港广告业不断保持较高水准的原因之一。

/51010/ 电车广告庆祝香港回归)

/51011/ 香港电扶梯旁的广告

/51012/ 商场外炫丽的橱窗与霓虹灯广告

[4] 香港特别行政区政府1997年年报。

[5] 香港特别行政区政府2001年年报。

澳门地区广告发展史

澳门原名为濠镜或濠镜澳，当时的泊口称为“澳”，澳门也因此而得名。

16世纪，第一批葡萄牙人抵达澳门时，询问居民当地的名称，居民误以为指庙宇，答称“妈阁”[图52001]。葡萄牙人以其音而译成“MACAU”，成为澳门葡文名称的由来。[图52002]

自古以来，澳门是海岛经济，经济规模必然受到市场、资源和结构等方面的局限，无法形成一个有系统的商品市场。到20世纪五六十年代时，澳门只有手工业和简单的工业。进入70年代，受香港经济发展影响，澳门经济有了大幅增长。

此后，中国内地的改革开放，尤其是邻近澳门的珠江三角洲地区的经济起飞，为澳门的发展带来新的机遇，澳门经济进入了一个全面发展的新时期，形成了出口加工业、旅游博彩业、房地产建筑业和金融保险业为四大支柱的开放型经济体系。旅游博彩业是当地经济体系中最主要的收入来源。

一 经济主干——旅游博彩业的广告方式

澳门人口只有46万，但澳门每年接待旅客超过1000万名[6]，旅游业是它最重要的经济支柱。特区政府明确制定以旅游博彩业为龙头、以服务业为主体，其他行业协调发展的经济政策，巩固澳门在区域经济中的独特角色。

1 博彩业的发展

博彩业在澳门旅游业中占有重要的地位。博彩税一直是澳门政府财政收入的重要来源，近年已占政府税收的50%左右，差不多占本地生产总值的1/3。全澳门约有1万多人直接从事与博彩有关的行业。

澳门的博彩业已有近200年历史。

/52001/ 妈祖庙

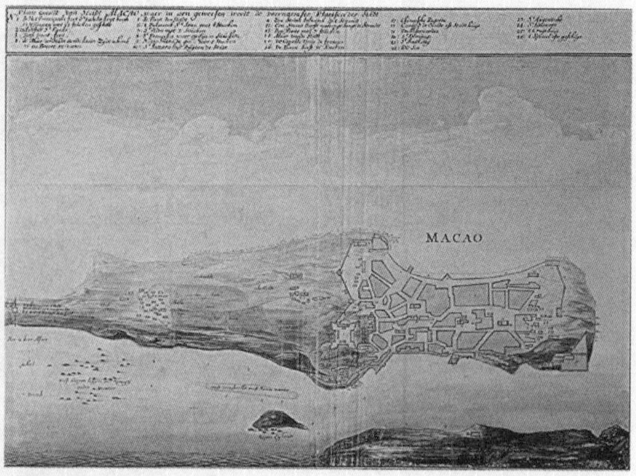

/52002/《澳门图》油画

[6] 澳门特别行政区政府统计暨普查局资料。

晚清时期，来自珠江三角洲的各路人马时常聚集澳门赌博。1847年，澳葡政府颁布法令宣布赌博合法化，一时澳门赌档林立。但澳葡政府设法进行管制，由政府主持赌牌招标，民间竞投，中标者必须按照与政府签订的合约，在指定地点开赌，而民间的私自聚赌则属非法，政府将予以禁止和取缔。自1962年起，澳门旅游娱乐有限公司［图52003］取得博彩专营权。

除娱乐场博彩外，澳门的博彩活动还包括赛马、赛狗、“白鸽票”彩票和近年兴起的“足球博彩”。博彩业变成了澳门经济的主导产业，因此澳门有“东方蒙地卡罗”的称号。旅游业以及客运、餐旅、百货、珠宝首饰等相关行业的蓬勃发展，都是因博彩事业而带动的。

澳门回归祖国，特区政府成立后，在2001年底，博彩的专营权期满后开放博彩业，以此来发展具有竞争力的博彩业，为澳门居民创造了更多的就业机会，进一步巩固了澳门作为区域内博彩中心的地位。

2 博彩业的广告方式

澳门赌场是以间接的方式进行广告宣传，以形象广告为主，不直接在广告中提及赌博［图52004］。澳门旅游娱乐有限公司时常以赞助方式推动澳门城市形象的各项活动，来达到海外宣传目的。

另一种方式是世界上各大赌场多采用的市场推广制度——赌博旅行团制度，由代理公司负责向邻近亚太地区招徕资本雄厚的赌客，再由赌场经营公司的提供酬劳和优惠。

二 澳门地区的广告经营业界

1 多元化的广告经营

由于澳门地区狭小，当地的大众传媒并不需要通过代理公司推广业务，因此澳门的广告代理公司都会兼营公关策划、平面设计等相关业务。所代理的媒介以户外广告为主，街道大型广告牌及公车广告，还有代理香港两家电视台和报刊杂志广告。

另一方面，澳门有许多大规模的酒店会议展览场，会议及展览活动频繁，需要公关策划、展场布置、平面设计整合的广告公司，因而澳门有许多这样的广告公司。

由于地理环境因素所致，澳门的广告公司必须有多元性的广告经营才能得以生存。

2 澳门广告学会

澳门广告学会［图52005］于1996年成立，由一群具有大专文化程度的广告相关从业人员为提升澳门广告业水准而组成。

三 广告媒体

1 报业

澳门是中国领土上最先出现外国报刊的地方。1822年9月12日，葡

/52003/ 澳门旅游娱乐有限公司所经营的澳门葡京酒店外观

/52004/ 澳门希腊神话娱乐场广告海报

/52005/ 澳门广告学会标志

文《蜜蜂华报》周刊在澳门创办，这是中国境内出现的第一家外文报纸。澳门的中文报业也已有110年的历史。清代时，林则徐曾在广州派人专门翻译英文报纸中有关澳门、广州及外商活动的消息，编印了《澳门新闻纸》。这是当地中文报纸的雏形。

澳门地小人少，却有不少报纸，至2003年，登记注册的有8家中文日报、2家中文周报、2家葡文日报、2家葡文周报。中文报以《大众报》创立最早，最有影响的则是创刊于1958年 8月15日的《澳门日报》，销量占澳门报业总销量的80%，不仅行销澳门，还获准在珠江三角洲及北京、成都等多个内地大城市发行。其他报纸的发行量小，仅以微薄的广告收入维生。

2 广播电视

澳门最早的广播电台于1933年8月开播，至1940年改为官办的澳门广播电台，后因经费不足停办，到1960年代才又开播。

私营的澳门绿村商业广播电台创办于1950年，开播之初，只是每天用广州话和葡萄牙语播送音乐节目，后逐渐扩展出多种类型节目。1964年起，该台全部节目改用广州话播出。该台节目有音乐、粤曲、广播剧、儿童故事、谐剧、点唱、赛狗消息等，至今没有自制新闻节目，只在综合节目中由主持人根据报纸，加播一些听众感兴趣的社会新闻。该台还办有一套调频立体声节目。电台收入来源主要是商业广告，还有教会赞助。

1982年澳门广播电台组成澳门广播公司，简称“澳广视”。1984年5月13日，澳门广播公司经营的澳门电视台正式开播，这是澳门第一家电视台。在此之前，澳门居民一直收看香港电视节目，对澳门电视台的兴趣很低，电视台难以拉到广告。澳门电视台开播之初，每晚18:00 —23:00播出，每周播出40个小时左右。澳门电视台开播后，经营不够景气，长期亏损。1989年1月后，澳门电视台开始接受私人股份，成立董事局来管理。虽然广告收入增加不少，但仍未改变亏损局面。这一年澳门电视台的经营赤字达2000万澳门元。1989年7月，澳门电视台推出一系列改革措施，包括延长播出时间，由7:30 一直到晚上24:00 。其中17:30 —21:00 专门播映中文节目，21:00 以后专播外语节目(葡萄牙语、英语)。新闻报道也受到重视，除本地新闻外，还有海峡两岸新闻、国际新闻以及东南亚各地财经市场消息等。此外，还推出早晨节目、电视连续剧、纪录片精选及周末音乐特辑等。大型节目也纷纷出台，如澳门歌唱比赛、澳门小姐竞选、澳门国际音乐节、电影精选和赛车等。一系列的改革措施，使得包括广告经营在内的电视台运营大有起色。

1996年1月，澳门卫星电视有限公司成立，这是一家私营公司。1998年1月19日获政府颁发的批准文件，按批准文件，澳门卫视可以开办六个频道，在投入运营的前五年陆续开办4 － 6个专业频道，并在15年中投资两亿元，澳门卫视开播前已经投资1个亿。澳门卫视最先开播的是旅游频道，2000年以后又开播了亚洲台和五星台。

2000年7月，澳门有线电视公司开始运营，并向用户提供收费电视服务。在澳门，有线电视用户每月交纳基本服务费168元和解码器租金30元，加密的影视频道、成人频道等另外付费，每个频道收费约七八十元。澳门有线电视目前没有自办节目，所有频道都是以整频道方式外购，同时也不插播自己的广告。

台湾地区广告发展史

台湾岛自古以来就是台湾原住民的家乡，千百年来一直是中国传统的农耕社会，到了1624年，因为荷兰人的入侵，开始发生本质的改变。台湾被纳入到世界体系，成为世界贸易的东亚转运站［图53001］。后来经过近40年，郑成功驱逐了荷兰人，1683年清朝政府正式将台湾纳入版图。

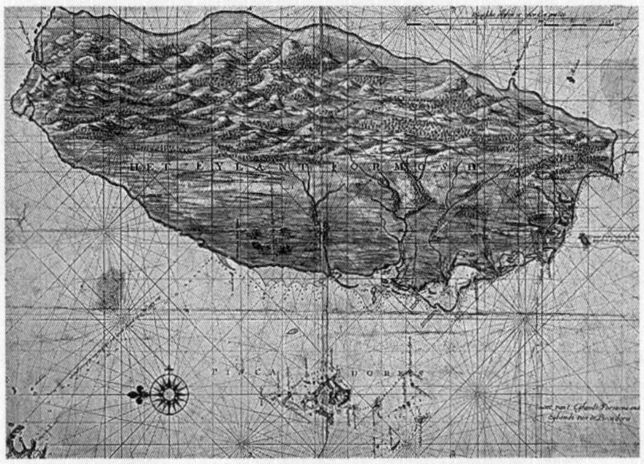

/53001/《澎湖岛及福尔摩沙海岛图》

一 1895年以前

1684年（清康熙二十三年），清政府建制将台湾辖属于福建省，设一府（即台湾府）三县（即台湾县、凤山县、诸罗县）。从此以后台湾的开发持续不断。随着移民的增多，垦荒和贸易活动不断兴盛，商业的兴盛带动了广告活动的活跃。

［一］1980年－1997年：政治过渡、经济转型期

在19世纪清中期嘉庆年间，台湾发展了三条城市群落带，临海的最初登陆点为第一线群落，有着非常明显的商业性格，商业港口鹿港成为台湾的经济重心。第二线的城市多形成在内陆平原或盆地中心，为农产集散地或交通要道。第三线城市，多位于平原与山麓地带之间的接触点，后来发展为山货集散地。

清道光以后，农业开发进展到

山地丘陵地带，北部的茶及中部的樟脑外销促成了这一时期的繁荣。海上贸易方面，原本为商业重镇的鹿港因港口淤塞而渐趋衰微，台湾经济重心由南向北移动，到1875年之后，台湾变成二府八县五厅，己成为商业重心的台北又成为台湾另一个政治重心。

由此可以看出，台湾的许多城市主要是因为商业活动的盛行集中而发展起来，以贸易作为后盾的。商人成为城市中的主体，以他们自己的利益组织主导着城市的发展。台湾现存的古迹建筑中，有不少是商业建筑，可以看出台湾的时代变化。其中最能表现出广告特点的就是商业建筑中的招牌广告。

因商业发展起来的城市形成商住合一的建筑形式，房屋前部为店铺，后面为家属员工居住所及仓储所用。台湾地少人稠，气候多雨又常有台风袭击，再加上盗贼猖獗，各种籍贯的移民时常互相械斗，为了尽量利用土地及保障安全，居民楼屋紧密相连，有些街道两旁的商店，屋顶相连不见天日，称为街屋［图53002］。因此很少有幌子、灯笼等形式的招牌广告，即使有也不可太大，因而店号招牌就成了最主要的广告形式。

另一方面，离开故乡漂洋过海移居至台湾的商人们，为了纪念远在对岸的祖先，将思念反映在店号上，显示了与祖先的关联，最明显的就是将店号冠上姓氏，或是以祖厝堂号为店号，延续至今，其实并不是创建者的名字。如台湾有名的“郭元益糕饼”，是由漳州人士郭梁桢开设，并以祖厝的“元益”堂号作为店号，直到第三代郭钦定才将“元益”上冠郭姓而成为“郭元益糕饼店”［图53003］[7]。店号除了提醒后人不忘祖先，更深层的含意是希望后人能够兢兢业业地守着本份做生意，将店铺永续经营下去。除此之外，当时之所以使用这样的广告形式，主要还是想靠着口碑相传店家信誉来招徕顾客，提高知名度。这也是台湾地区广告形式的特色。

[二] 集城市商业文化与民间信仰于一身的庙宇文化

清代的台湾社会，因为对外贸易发达，外商云集，买办随之兴起，城市的商业文化更加繁盛，形成的士绅阶级在清代中期以后扮演着重要的角色。1885年［图53004］台湾正式建省，刘铭传为首任巡抚，重用士绅协助新政建设，行政区建置又增为三府十一县四厅一直隶州，从而奠定了台湾近代化的基础。

在台湾，几乎每个地方都有庙宇，这是台湾移民精神生活的特点所决定的。在清代的台湾，庙宇是同籍移民地区内聚力量及意志的表现。历史较悠久的庙宇［图53005］，都是早期移民从内地的寺庙带来香火或分身神像再兴建的。

由此可知，庙的年代早表示其所在地开发的也早，庙的规模大表示其所在地地方经济力量雄厚。港口城市的庙宇是人们活动的聚集地，也是商家建筑所在，庙口经常有许多摊贩。每到庙宇在重要日子举行庆典仪式时，周围商家无不倾力赞助，除了寄望得到神明更多的庇护外，还为了想彰显自身的经济力量，甚至是为了与竞争对手角力，可以说也是一项广告宣传方式。

时至今日，民间信仰对于台湾地区的商业活动仍有极大的影响力和关联性，现今许多著名地方的夜市，当年即是依着当地庙宇发展起来的。

台湾第一家印刷店的出现也与民间信仰有关，1821年，在台南创立的松竹轩刻印坊以雕版印刷开始了台湾的出版事业，以在寺庙中印

7 郭元益信息网，公司简介见：http://www.kuos.com/company/index.html

/53002/ 清代鹿港街屋不见天的屋顶

/53003/ “郭元益” 标志

/53004/ 刘铭传画像

/53005/ 今大甲镇澜宫

送流通、规劝道德的善书为最主要刊印作品，其次则为神佛像与诗文集[8]，后来也用在印制广告方面。

[三] 开放通商口岸带来的商业与广告的繁荣

1858年，《中英天津条约》签订，加开台湾（安平）、沪尾（淡水）、鸡笼（基隆）及打狗（高雄）为通商口岸后，西方列强享受了在台湾通商的权利，商人及传教士接踵而至，商馆、洋行、教堂普遍设立，原本局限在台湾福建之间的贸易活动也发展成为国际贸易。

台湾许多的经济产品，如糖、茶叶、樟脑等被大量开发销售，洋行凭借雄厚的资本和丰富的外销经验，垄断和操纵台湾多项产业。从另一角度来看，也打响了台湾出产的茶[图53006]和樟树在国际上的知名度，使其成为台湾重要的外销产业。

洋行的全盛时期，有英商德记、怡记、和记，德商东兴与美商来记，合称台湾（安平）五大洋行，至1893年达到商务贸易的全盛期。其中建筑仍现存的德记洋行，见证了台湾地区洋行商务贸易的兴盛和衰退。至1979年时，在保存外貌的情况下，开辟为台湾开拓史料蜡像馆[图53007]。

[四] 报业的起点

早在明朝荷兰人入侵台湾时，荷兰人在印尼发行的《巴达维亚日记》已流传至台湾，是台湾最早的定期刊物。[9]此报刊就是日本第一份近代报纸，译为日文后，名为《官版巴达维亚新闻》。

在1885年，清官方发行邸抄，刊载官方文书资料供民众阅览，但就性质和形态而言，与报纸还有一定距离。同年出现了比邸抄更接近报纸形态的《台湾府城教会报》[图53008]，每月出刊一次，为台湾近代化报刊的雏形，也是台湾最早的定期印刷刊物。该报使用的是由英国长老教会所奉献的做为宣教之用的印刷机，这也是台湾第一部印刷机，但当时台湾无人懂得使用，为此教会牧师专门返回苏格兰学习技术，并在英国募资回台兴建印刷厂，名为聚珍堂，自1884年开始印刷各种文件，并在1885年7月开印《台湾府城教会报》，所使用的文字为罗马字拼音的闽南语白话文。1970年改以中文发行，该报目前仍以《台湾教会公报》的名义继续发行，已转型为彩色精致的综合性刊物，是台湾历史最久的刊物。

二 1895年—1945年

甲午战争后，清政府将台湾割让给日本，日本在台湾设立总督府，对台湾展开了50年的殖民统治。期间，日本对台湾的改造虽有现代化改革特性，但另一方面也是从根本上的破坏，这也是台湾广告发展的特殊性。

[一] 以日本利益为优先的经济政策

总督府为了配合日本的经济发展，使殖民经济能够成为日本向外发展的支援后盾，展开了各项经济改革和建设工作。如实施人口调查、统一货币和度量衡制度、对邮政、电

8 吴兴文：《光复前台湾出版事业论述》，《出版界》季刊，第52期，台北市出版公会。

9 刘延宁总纂：《重修台湾省通志卷六文教志文化事业篇》，台湾省文献，1995年5月，第11页。

/53006/ 清末大稻埕地区捡茶的妇女

/53007/ 清德记洋行原址，今为台湾开拓史料蜡像馆

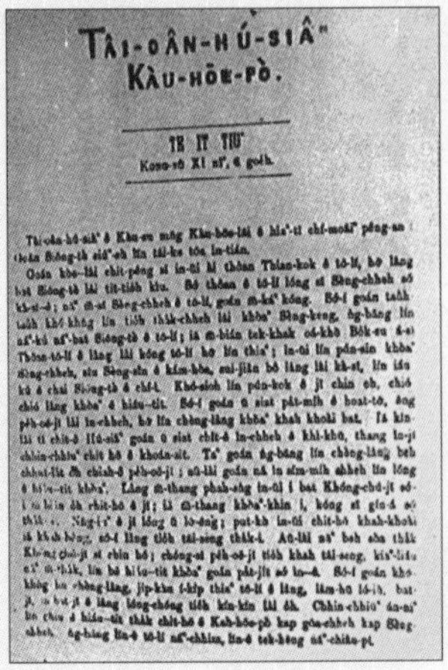

TÂI-OÂN-HÚ-SIÂⁿ
KÀU-HōE-PÒ.

/53008/ 第一期《台湾府城教会报》

信、航运、港湾、铁路、道路等进行扩充，使台湾整个西半部形成一个物资的流通圈，但这些基础建设主要还是为了能够将台湾产业物资可以大量输出供给日本本土。

重要的专卖事业有鸦片、樟脑、盐、烟草、酒等。总督府把清代洋行的独占权全部收回，再将部分产销特权，委托日资公司贩卖，成为总督府财政的重要来源［图53009］。

台湾所产的糖早在明朝荷兰占领期间就已是外销物品，然而直到清代，外销主导权一直在西方人手上。本时期总督府采用官商联手出击的方式，在总督府的强权保护以及日本雄厚资本及新进技术的入侵下，日本人所建的新式糖厂［图53010］，以大吃小、一面倒的优势，兼并台湾人所拥有的旧式糖厂，新式糖厂成为日本殖民统治前期台湾最庞大的殖民产业。

［二］殖民统治下的广告活动

1 深受外来文化影响的招牌广告

在日本的“市区整改”下，许多清代风格的街屋建筑因为所谓的“不透风、不卫生、交通不便、市容落后”被拆除，街道拓宽、路面整齐后，改建洋式立面建筑，这才有可能悬挂同一形式的广告招牌［图53011］。这些建设也反映出台湾受到日本文化直接的影响及西方文化的间接影响。

“市区整改”对于骑楼宽度有规定，并倡导洋式房屋立面。但具有本土意识的台湾士绅阶层建造了具有台湾风格的闽南式巴洛克风格店铺建筑［图53012］。此种建筑的门面材料以石材及混凝土为主，这就很容易将店号雕塑于顶层，与传统木横匾差异较大。同时将店号环绕以精美的雕花来显示自身财力，于是就成为另一种形态的广告招牌，以此来招揽生意。

现今台湾各地老街均保留有大量本时期的店铺，但现在的店主未必是原店号的后代，店号也随之改变。不过为了保护先人的遗产，大部分的现任店主都用新制招牌记录原有店号，并不消去，也有两个店号并存的现象。［图53013］

/53009/ 台北地区经销商参观台湾总督府专卖局

/53010/ 日本占领时期台湾糖业株式会社美女海报

/53011/ 本时期市区整改下的台北街道今（重庆南路）

/53012/ 大稻埕辜宅，当时富商华宅代表作

/53013/ 台北迪化街本时期的商家建筑，今成为便利商店

2 报纸广告

日本为了便于向台湾传递殖民思想和指示统治命令，引进大众传播事业，近代化报纸和报业此时在台湾出现。因此台湾报业的起初并非是人民的“喉舌”，虽然也有有志之士创办中文报纸，但在日本的严厉控制下很难维持。《台湾日日新报》是本时期日本在台最重要的言论工具，就发行量来说，是当时的台湾第一大报。

《台湾新民报》是唯一一份由台籍人士创办的日报。由于日本只允许日本人办报，一些台籍知识份子便以迂回策略，先在日本创办杂志然后发行至台湾，再将社址迁回台湾，最后逐步将杂志变为日报。

此时的报纸广告，多是商家的产品讯息广告和电影院、剧院的演出剧码等广告。通常第一版面安排的是商品和图书广告［图 53014］。

然而到了第二次世界大战末期，总督府为了控制舆论和节约物资，将《台湾日日新报》与《台湾新闻》、《东台湾新报》、《台湾日报》、《高雄新报》、《兴南新闻》（原《台湾新民报》）等六报合并成《台湾新报》。后来在物资持续缺乏之下，《台湾新报》不断减少篇幅，从十页直减至八页、六页、四页。

战后日本宣布投降，退出台湾后，《台湾新报》由台籍职员接收，台湾的殖民报业时期结束。

3 商家宣传品

在商业贸易方面，日本采用“同化关税”（殖民地台湾和日本之间贸易不课关税），因此外国货和中国货在有关税的负担下，竞争不过日本商品，台湾市场逐渐被日本商品所垄断。而众多的日本商品为了让台湾的消费者记住，许多商家利用日常生活用品作为广告宣传媒介［图 53015］。

［三］殖民政府的广告宣传

1 广播广告

台湾的无线广播事业始于 1925 年。6 月 17－26 日，在台湾总督府旧厅舍内，日本殖民统治者为庆祝“日本始政三十年”进行了为期十天的实验播送。1928 年，台湾总督府交通局递信部成立了台北放送局，这是台湾最早的广播电台，两年后，

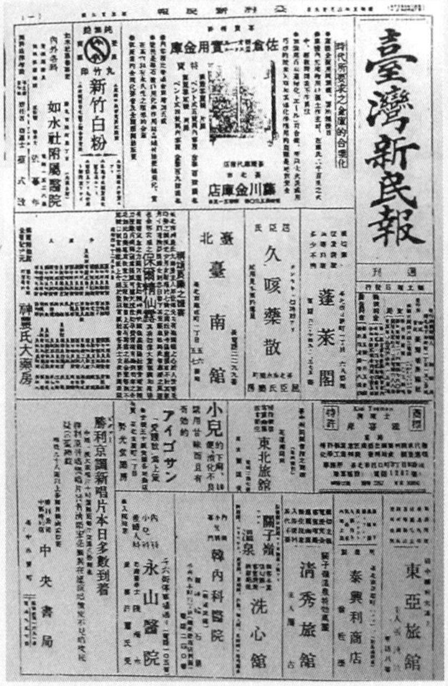
臺灣新民報
新竹白粉
如水社附屬醫院
臺南館
久咳藥散
蓬萊閣
アイゴサン
東北旅館
中央書局
永山醫院
韓內科醫院
洗心館
清秀旅館
泰興利商店
東亞旅館

/53014/1930 年 3 月 29 日的《台湾新民报》广告

该局位于台北新公园（今二二八和平公园）内的专属建筑物（今二二八纪念馆）落成［图 53016］，1931 年 1 月 15 日开始从事 10 千瓦的播送，同时并设立财团法人台湾放送协会，负责营运电台所需的各种业务。之后几年内台南、台中、嘉义、花莲等地的放送局也陆续成立。当时台湾放送协会的营运方式，以向民众收取收听费为主，运作方式类似于现今日本的公共广播和公共电视，由于没有商业广告，总督府可以完全掌握这一媒体[10]，因而广播就完全成为总督府的政策宣传工具。

/53015/ 本时期资生堂化妆品铁牌看板广告

/53016/ 建于 1934 年的台湾广播电台附属的喇叭小亭

10 周兆良：《战争与媒体——日治时期台湾国际广播媒体“台湾放送局”角色变迁之初探研究》，《传播管理学刊》，铭传大学传播学院出版，2003 年 4 月。

2 集广告大成的台湾博览会

本时期台湾的展览活动频繁，各有其作用和目的。博览会的举行，往往又跟旅游观光相辅相成，因此展览活动也就有了附加价值。展览中最盛大的是在1935年，为庆祝日本在台湾统治40年的“始政台湾四十周年纪念台湾博览会”，简称“台湾博览会”。除了强力推动台湾的国际观光地位外，最主要的目的是宣扬日本在台湾的殖民成果和经验。橱窗装饰艺术在20世纪20年代传入台湾，并为商家广泛使用，因为日本国内的照明、装饰技术都比台湾纯熟，为了“台湾博览会”，台湾电力株式会社特别聘请日本专家和人才来台湾指导商家，使台湾的橱窗广告更加美观。另外本次“台湾博览会”除了在报纸、广播媒体上大肆宣传外，还运用了公交车车体、博览会赞助商家游行等广告手法，甚至还运用了飞机分几次在空中散发了近60万张的广告传单[11]。

可以说1935年的“台湾博览会”是从各个方面来整合广告宣传。

1945年8月15日，日本宣布投降，结束了在台湾50年的统治。在这半个世纪，台湾的广告事业受到了日本各个层面的影响。

三 1945年以后至今

1945年之后，台湾社会有了重大的转变，进入了另一个完全不同的时期，这段时期的广告发展可分成五个阶段。

[一] 战后新萌芽期（1945年－1957年）

在这12年间，台湾从动荡到稳定，原有遭受损伤的广告基础重新获得发展，因为将此时期称为新萌芽期。

1945年“台湾光复”、1947年发生“二二八”事件、1949年国民党战败迁台，在短短时间内台湾受到各方面冲击，又涌入大量流离失所的人口，社会秩序混乱。由于受到时局的影响，工商业无法顺利发展，广告业自然也萎靡不振，加上政治因素，许多报纸的商业广告出现了与产品无关的政治标语。当时有不少主要为推销报纸广告版面的掮客型广告公司，但大都无法继续经营[12]。后期由于政府推行“三七五减租”及“耕者有其田”的土地改革措施，农民生活获得改善，社会状况也逐渐趋于稳定，广告活动得到新的发展。

1 短暂的办报热潮

1945年8月日本战败后，台湾脱离了日本政府的压制，新政府废除新闻许可检查制度，台湾曾出现一段短暂自由化时期。1946年间，各种报刊纷纷创刊，到1947年“二二八”事件爆发为止，报社总数超过20家，首家报纸是创刊于1945年10月10日的《民报》[图53017]。同时，考虑到台湾白话文尚未普及，政府允许报业有一年的缓冲期可以使用日文，因此报纸广告中有中日文夹杂的情况，厂商仍沿用着上一时代的地址番号。

“二二八”事件爆发后，政府公布戒严令，许多报社被迫停业或遭到整肃捣毁，才开办17个月的《民报》也被迫停业。为了控制言论，政府对报业进行限证、限张、限印、限价、限纸五项管制，统称“报禁”[13]，

[11] 程佳惠：《台湾史上第一大博览会》，远流出版公司2004年版，第60页。

[12] 刘毅志、刘会梁：《台湾广告史——整理与回顾》，《中华民国广告年鉴》第十辑，台北市广告同业代理公会出版，1998年。

[13] 王天滨：《台湾报业史》，亚太图书出版社2003年版，第152页。

民報
雙十節
熱烈舉行慶祝大會
建設理想的省份
奠定世界永久和平
國慶日演說辭
歡天喜地·極呈興奮

/53017/1945年10月11日的《民报》，现存最早的《民报》）

对台湾报业发展造成深远影响，也使得台湾报业广告规模发展停顿。

2 电台广告制度逐渐成形

战后，国民党接收了日治时期的台湾放送协会五个放送局所的地产与设备，成为中国广播公司的事业基础。原来台湾电台广告是毫无制度的，由大客户承包电台的部分时间或全部时间，由节目人员以叫卖方式宣传产品。当时台湾本省人对于国语（普通话）及白话文还不熟悉，电台由于不受到语言、教育程度和时空的限制，任何人都可以收听，所以被工商界认为是有特性的有效广告媒体。

1949年之后，广播广告开始有了将播出时间分等级的制度，广告长度则是以广告词的长短来计算，以200字、150字、80字来区分长中短三种广播广告稿[14]，但是还没有以广告播出次数为计费单位的概念，而是以月为计费单位。

[二] 代理导入期（1958年—1965年）

1958年，台湾第一家综合性广告代理公司成立，综合广告代理业正式踏入了台湾的社会经济面，透过媒体逐渐扮演对消费者进行沟通和说服的重要角色，广告发展进程由此进入了代理导入期。

本时期台湾的经济发展虽然缓慢但十分稳定，环境有利于发展广告事业。连接东西的横贯公路通车，促进了经济起步。高雄加工出口区的成立，显示了台湾正式进入外贸导向时期，出现不少中小型私人企业，为之后的台湾经济腾飞奠立了基础。

1 广告事业受日本影响

当台湾经济慢慢稳定后，日本商品重回台湾市场，日商成为主要客户，日货成为主要商品，许多广告公司创办人本身也具有日本教育背景，因而日本对台湾此时的广告事业仍有极大的影响。

台湾第一家综合广告代理商，是温春雄于1958年创立的东方广告社，1960年8月改名为东方广告股份有限公司。其在1959年写作出版的商品销售法，是台湾出版的第一本与广告有关的书籍。

1960年，在日本东京举行的第2届亚洲广告会议更促成了台湾几个主要广告公司的成立。当时台湾首次组团参加，在东京期间受到了日本电通公司的鼓励和协助，1961年陈福旺创立台湾广告公司，同年许炳棠创立国华广告公司；1962年李云鹏、张风我、刘毅志创立国际工商传播公司，钱存棠创立华商广告公司。

2 进入电视广告时代

1962年10月10日，台湾电视公司正式开播，是台湾第一家商业电视台，台湾广告不仅进入了电视广告时代，而且也真正进入了代理商的广告经营时代。“台视”开播后，前面提及的广告公司，均与“台视”签约成为其广告代理商[15]，但由于电视机尚不普遍，电视台也只有“台视”一家。主要广告传播媒介还是以报纸和广播为主，电视广告只占全部广告投资的9.3%[16]，电视广告的地位还不是很重要。

这段时期的电视经营虽未对广播电台经营造成压迫性的影响，但却促成了电台广告制度的最终形成。因为“台视”采用以秒为广告长度计算单位、以次数为计费单位的国际广告制度，这也促使了广播广告从业者接受了这项广告新制度。

3 广告教育起步

台湾的广告教育始于政治大学

[14] 樊志育：《世界广告史话》，中国友谊出版社1998年版，第106页。

[15] 《台视三十年》，台视1992年版。

[16] 樊志育：《世界广告史话》，中国友谊出版社1998年版，第95页。

新闻系于1957年开授的“广告学概论”。次年，现今中兴大学的前身——台湾省立法商学院，于企业管理系课程中开授广告学，1963年出版的由任教者王德馨所著的《广告学》，是台湾第一本广告教科书[17]。由此可见，广告学当时被认为是附属在其他学系下的一门课程，并非专业的学系。

在业界教育方面，为了提高自身的广告素质，1964年广告业界自动发起第一届广告研讨会，聘请美国著名广告公司来台讲学[18]。

[三] 成长期（1966年—1975年）

1966年，台湾主办了第5届亚洲广告会议，标志着台湾广告的发展到了一个新的时期。而1975年则是一个政治主导一切的环境阶段的完结和新阶段的开始。

外贸导向产品外销的结果，使得台湾的资本逐渐累积，但是许多基本建设，如道路、港埠、机场、发电厂等还显不足。因而在此时政府开始推动以交通运输和重工业为主的各项建设：在交通运输方面，兴建了多条高速公路以及进行铁路电气化；在重工业方面，则兴建了炼钢厂、造船厂；此外，还建设了石油化学工业和核能发电厂，称为“十大建设”[图53018]。

“十大建设”的实施，不但便利了交通运输，创造了许多就业机会，也提升了工业建设的技术水准，带动了台湾经济建设的发展，使台湾国民收入所得再度提高，启动了“台湾经济奇迹”的开端。因而台湾民众在小家电用品、房地产、休闲娱乐等方面消费力大增[图53019]。另外在媒体“中视”和“华视”的陆续开播，标志着正式进入电视主导休闲娱乐的时代。

1 广告业和广告活动的成长

1966年，第5届亚洲广告会议在台北举行，刺激了台湾广告界在经营制度上和广告表现技术上的进步，广告代理商不断成长，许多初具规模的广告公司也是在这个时期创立的。1975年，台北市广告代理商业同业公会[图53020]成立，是当今“台北市广告代理公会”的前身。

在奖项方面，”台视”从1968年开始，举办了电视广告金塔奖，按商品类别选出名次，到了1971，年考虑到“中视”和“华视”开播后，“台视”为了使金塔奖具有公正性和权威性，提议改由三家电视台共同或由电视学会来举办，但因另外两家电视台缺乏兴趣而停办。

/53018/“十大建设”之一的台中港

/53019/ 早期大同电扇广告单

/53020/ 台湾台北市广告代理商同业公会标志

2 电视主导休闲娱乐

1968年9月3日，“中国电视事业股份有限公司”（简称“中视”，英文缩写CTV）成立，1969年10月31日“中视”正式开播；1970年8月中华电视台筹备委员会成立，1971年10月31日财团法人中华电

17 郑自隆著、郭良文主编《广告与台湾社会的变迁》《台湾的广告发展》，台北：学富文化事业出版，2001，第10页

18 周文同：《十年来广告事业的发展》，《广告时代杂志》，第1期，1972年。

视台（简称“华视”，英文缩写CTS）正式开播。这两家电视台均是可播映广告的无线电视台。从此台湾的电视广告事业进入“台视”、“中视”、“华视”三台鼎立时期。“台视”、“中视”、“华视”都采取股份制，而且官股占有很大比重，因此，三台虽都称“民营”，实质并非纯属民营企业。但是三台完全采用商业电视的经营方式，收入有播映收入、服务收入、利息收入、杂项收入四个方面，其中播映收入即广告收入占全部收入的97%左右，其他三项总计为3%左右。因此，广告收入是三台生存发展的基础。三台都十分注重广告并以此展开激烈竞争。

同时，台湾经济的发展为电视广告的兴盛奠定了基础。1950年，台湾地区全年广告量是新台币1.6亿多元，到1990年，高达400亿元以上。多年来，报纸一直占据榜首，占45%上下，电视居第二，在35%上下浮动。但是，由于电视媒介仅三家，报纸数则高于电视10倍以上。因此，就单个媒介的广告占有量来说，除一两家报纸可与电视抗衡外，其他均不能相提并论。

电视广告是以收视率为依据的。为提高收视率，吸引大量观众，商业电视往往尽量使其节目大众化、通俗化乃至倾向低俗，其具体表现就是娱乐性节目比例偏高，教育节目、公共服务节目偏少，节目比例失衡。而且有的节目属于广告性质，是“广告节目化”的典型。

1970年后，台湾的电视热潮兴起，看电视成了民众的一项生活习惯，由电视主导休闲娱乐，因此带动了电视广告量的成长。到了1971年，全年电视广告增加到总广告量的19.5%。

另一项影响电视广告的因素是“客厅即工厂”运动，当时台湾政府鼓励妇女利用家务的余闲从事家庭副业，在家中客厅制作外销手工艺品来贴补家用。1977年有超过11万个社区的妇女加入到生产行列[19]，普通家庭成了小型轻工业加工工厂。这项运动不但提高了民众所得和购买力，也增加了收看电视的时间，这都有助于拓展电视广告对消费者的影响力。

在1970年之后还出现了“电视儿童”这一名词，因而许多电视广告都增加使用了广告歌曲，此时期出现了不少的经典广告歌曲，如经营家电用品为主的大同公司所出的大同歌，配合着购买产品时赠送的大同宝宝［图53021］，大同产品深入消费者的心中。

同一时期脍炙人口的还有三阳机车公司为野狼一二五机车所写的歌曲。这首歌曲使得“野狼一二五”［图53022］成为当时125CC的重型机车代名词。

3 三大报与专业报

自“报禁”开始后，许多报纸重整合并，本时期的主要大报有《征信新闻报》、《联合报》、《中央日报》，三家报纸竞争最为激烈。

《征信新闻报》在1968年9月更名为《中国时报》，同年3月启用从美国进口的照相制版彩色轮转机，为亚洲首家使用彩色印刷机器的报纸。[20]新闻图片和广告均实现彩色纸，使报纸的广告业务进入了另一个新的层次，引发其他报社的跟进。

除了《中时》、《联合》、《中央》三大报外，此时有不少专业报纸开始有了良好的发展，1948年成立的《国语日报》，以推行国语、增加读者文学素养为目的，到本时期已站稳脚步，逐步发挥影响力。经济专业方面的《经济日报》也在1967年创刊，经过不断改版、加强经济新闻报导和充实内容，随着快速发展的台湾工商经济一起成长。

[19] 《台湾：战后五十年》，中国时报出版社1995年版。

[20] 中国时报编辑委员会：《中国时报三十年》，中国时报出版社1980年版，第10页。

/53021/ 大同宝宝

/53022/ 野狼一二五机车广告

4 实验性的广告教育

私立醒吾商业专科学校（二年制）在1968年成立了台湾的第一个广告科系商业广告科，经四届后停办，被称之为“一次实验性的广告教育”。

另外同年政治大学新闻系在公共关系广告组的课程中，加设了“广告运动与企划”等广告专业课程。

[四] 竞争期（1976年—1988年）

这个时期台湾主要高速公路和“十大建设”陆续完工。台湾政府为了促进台湾的经济自由化与国际化，宣布开放市场，鼓励外商公司进入台湾市场，台湾本土广告业者因此面临了许多的竞争，使得广告业进入了开放市场的竞争期，而这些进入台湾的外商公司，也间接刺激了台湾社会的变迁。

另一方面，国民党的统治在各种压力和冲击下，逐渐民主化，在本时期的后期开放两岸探亲、解除戒严以及党禁、报禁。这些措施的影响在1989年之后的多元期开始显现出来。

1 国际化的影响和冲击

由于市场开放，在1982年之后，萨奇、李奥贝纳、达彼思、智威汤逊等外商广告公司陆续进入了台湾市场。这些外商广告公司的进入，给本土公司以强大的冲击。其中一个重要原因是外商公司所采用的全球代理政策，由于外商公司一般采取跨国转移(international transfer)的做法，也就是母公司的产品交给哪一家广告公司代理，若是在他国行销，广告也会交给此广告公司在他国的伙伴公司或子公司来代理。这种全球代理政策，让本土广告公司无法得到新进入台湾的外商客户，或因为外商广告公司的进入而失去原有的重要客户。

为了增进竞争力和国际化，本土广告从业者运用与外国广告公司合作或合并的方式进行。例如，国泰建业广告公司在1981年与美国Ogilvy & Mather技术合作，到了1985年共同出资改组，成立了奥美广告公司。华威广告公司也是先与美国Grey广告公司技术合作，进而成为合资关系，最后正式改名成为华威葛瑞广告公司。

2 以消费者为主体

战后四五十年代出生的人，到本时期已具有消费能力，而且消费力较之前所有时期更高，间接促使广告公司改变了广告诉求表现，将以往所使用的商品特质导向的行销方式，逐渐转向以感性诉求、以消费者为主体的行销方式。另外，在社会快速变迁、国际化背景下，外来文化与本土文化的冲突导致民众生活虽然富裕，心中却充满对未来的不确定感，人们的价值观也在转变。比如司迪麦口香糖早期的“我有话要说”广告，内容以一个青少年的“有话要说，没有人愿意倾听”的无奈作为表现手法，不仅得到目标消费者青少年的认同、迅速打响知名度攻占市场，也反映出当时人们在生活中遭受的挫折感，从而引起全社会的讨论。

为了能同时服务更多不同地区的消费者，自1980年开始，台湾出现一些连锁的零售店铺，这也慢慢影响着人们的消费方式。但此时消费者大多还是习惯在传统市场或传统杂货店购买，1990年后才真正改变了消费方式。

3 民营广播的崛起

截止1989年底，台湾共有民营广播电台20家、56座。主要的民营台有：台北的民本、民声、正声、中华天南，基隆的益世，台中的中声、民天，台南的建国、电声、胜利，高雄的成功等。民营台虽然数量不少，但大多数台发射功率较低，与公营台相比相差甚远。民营台大多实行全天24小时播音，节目突出娱乐性、服务性，千方百计吸引听众，满足听众需求。民营台经费除少量靠台湾当局的津贴(以联播节目时间费名义支付)外，绝大多数来源于广告。因此，广告成为各民营广播电台的生存基础。民营台之间，乃至民营台与公营台之间，围绕广告展开了激烈竞争，手段层出不穷。竞争促使民营台想方设法改进节目编排，提高节目质量，一些民营台的节目多次获奖。同时，一味追求收听率和广告收入也带来一些消极后果。

4 时报广告奖的诞生

1978年，《中国时报》为了庆祝发行1万份，创办了首届时报广告设计奖［图53023］，当时仅有一项平面广告奖，到了第3届更名为时报广告金像奖，之后陆续增设了各式各样奖项，时报广告金像奖成为台湾最受广告界重视的奖项之一。在以后的时期，1991年成立时报亚太广告奖，又在1992年举办了鼓励学生广告创作的金犊奖。1993年设立世界华文广告奖；1997年各奖项合并，只保留时报广告金像奖与金犊奖，对台湾广告业和广告教育的影响极为深远。

5 广告学系的出现

台湾的广告教育虽然早已出现，但多附属于其他学系之下，直到1986年，私立文化大学才开始设立独立的广告学系。1987年，政治大学也设立了广告系。台湾“教育部”也在1978年首度开办“广告学门”的公费留学考试，但前后仅办了两期。

［五］多元期（1989年至今）

1987年以后，台湾实行政党政治，政策限制相对减少，加上科技的进步及个人电脑的普及，人们的生活娱乐休闲方式和消费有了重大的转变。媒体生态也大为重组，使得台湾广告在代理形式、媒体类型与购买、广告表现手法等各个方面都因此而大幅改变。另外，市场上可供选择的商品及品牌数量多样但同质性高，消费者逐渐从注重商品本身转移到注重商品以外的服务以及品牌的附加价值。

1 政治变迁的影响

1 广告媒体生态重组

此前，台湾只有3家无线电视台、31家报社、17家广播电台以及100多家发行市面的杂志，多年来的规模几乎没有增减。自从“解严”之后，各项与媒体相关的法规得以制定与修正，不但解除了对报纸发行登记的限制，在1993年开放了广播电台的申请，通过了“有线电视法”，使媒体在数量和质量上出现了明显的变化。

在台湾，自1962年“台视”开播到“中视”、“华视”先后开办，三足鼎立的局面延续了30多年。随着广播频率的开放，民间又不断强烈要求开放无线电视频道。台湾当局主管部门从经营效益、媒体特性等各层面研究后，在1993年12月29日宣布开放一家覆盖全台湾的无线电视台。1994年1月29日，“民间全民联合无线电视台筹备处”获得第四家无线电视台的筹备许可，该台在1997年6月11日正式开播营运，结束了台湾无线电视三足鼎立的局面。

为平衡商业电视台可能造成的

/53023/ 首届广告设计奖得奖作品

负面影响，实践广播电视台公共服务的目的，1998年7月1日公共电视台开播。公共电视台由依法成立的财团法人公共电视文化事业基金会经营管理。经费由主管机关编列预算，同时又依法从有线电视播送系统收取的年度经营额的1%拨付“公视基金”使用。“公视”不得播出广告。

“民视”、“公视”先后开播后，台湾的无线电视市场形成了五台竞争的态势。加上卫星电视与有线电视的结合，台湾电视观众分流的现象日趋严重，无线电视所占的市场份额大幅度减少。据统计，无线电视台在1998年台湾广播、电视、报纸、有线电视等五大媒体中的广告预算的占有率为35.77%，2000年下降为22.06%。无线电视广告的占有率从1998年的 63.52% 下降为2000年的42.39%，而有线电视的广告占有率则从1998年的36.48% 骤升为2000年的57.61%。[21]

自20世纪60年代“台视”开播以来，台湾的独立电视节目制作公司也应运而生。在此之前已有电台以特别约定方式为某家电台制作节目，开启了广播节目供应业的先河。继“台视”之后，“中视”、“华视”又相继开播，由于收视率竞争激烈，各台都在努力制作或收购高质量的节目，并降低节目制作成本，因此更促进了独立节目制作业的发展。据统计，在目前的台湾，独立的节目制作公司制作的节目占据台湾电子媒体节目播出量的一半。为了规范这一行业，台湾在1978年公布施行了《广播电视节目供应业管理规则》。根据1995年12月修订的《广播电视节目供应事业者管理规则》规定，供应事业可分为三大类：一是广播电视节目业：包括广播节目制作业、电视节目制作业、广播电视节目发行业；二是广播电视广告业；三是录影节目带业：包括录影节目带制作业、录影节目带发行业。“管理规则”对业者的资本额及设备标准等均有明文规定。截至1997年1月底，在台湾当局主管部门登记立案的广播电视广告业共2509家。目前，台湾广播电视节目供应事业制作的节目占所有电子媒体播出节目的50%以上。在广播节目方面，除公营电台自制节目比例较高外，多数民营电台外制节目(即节目供应事业制作的节目)比例可高达五至七成。

台湾的报业发展到1999年时已有384家[22]，虽然不断有新报产生，但也有不少因各种经营上的问题而逐渐消失；自从通过“有线电视法”后，电视可播放的频道从3个扩展到120个，装设有线电视的家庭达七成五以上，拥有大量广告时段的有线电视瓜分了无线电视台的广告量；在广播方面，中功率与低功率电台开放，以及电台间的连播网形成，使原有的传统电台面临着广告市场的挑战；在杂志方面，对读者群的区隔越来越细分，提供了更多的选择。

由于四大广告媒体的重大改变以及新兴的电子技术媒体、户外交通媒体［图53024］、店头广告［图53025］等不断地出现并投入到广告市场，广告媒体生态越来越复杂，不但媒体本身重视利用媒体行销来维持固有的或吸引更多的视听众，而且因为可选择的媒体增加，媒体市场从卖方主导转变为买方主导，媒体采购方式也逐渐出现媒体集中购买的趋势，出现了专业媒体购买公司，或广告公司间成立媒体购买的策略联盟。

21　赵玉明：《中国广播电视通史》，北京广播学院出版社2004年版。

22　王天滨：《台湾报业史》，亚太图书出版社2003年版，第369页。

/53024/ 户外交通媒体——公车站牌广告

/53025/ 台北西门町商圈的户外广告

2 广告表现本土化

在政治变迁中产生的“本土化”现象也对广告表现产生了影响，广告中充满了怀旧与本土趣味。此外，方言广告也增加了许多，电视广告中出现了普通话与方言夹杂的对话，广告文案上也出现以注音（台湾所使用的拼音方式）或以字代替方言发音［图53026］。

3 两岸开始广告交流

1990年，台湾广告业者即组团考察大陆广告市场，1994年台湾“经济部”开放大陆商品在台湾的广告，台湾对大陆投资采取放任的态度，因此陆续有不少广告业者转往大陆投资开设广告公司。

2 科技进步的影响

1 科技进步对广告产业的影响

科技的进步影响媒介的形态和普及程度，从而间接地影响广告产业的变迁。由于科技进步，广告设计的美工手工作业也被电脑取代，电视电影广告也使用电脑合成与后期制作；以电脑运算做出更准确的收视率调查与市场调查统计分析。

再比如，2000年台湾台北地区的大众快捷运输网成形完备，每月平均有3000万人次的人流量，是非常大的广告接触率。捷运广告的另一个特点是，它是一个封闭性的媒体，可以达到完全的强迫接触率。还可针对不同路线、时间的乘客特性做出有效的广告方案［图53027、53028］。

2 新消费方式

电脑和网络的普及改变了人们的休闲方式和消费方式，网络广告应运而生。上网活动在一定程度上降低了电视的开机率，网络购物［图53029］的出现更是在消费者没有看到实物、没有实体店面、不与商家直接接触的情况下，可以完成交易。

另外，1980年左右出现在台湾的连锁零售商店，虽然门市数量不多，甚至长期亏损，然而在新科技的帮助下，以连线电脑整合订货、生产及物流配送，将作业流程数据化，提高了作业效率、监控商品库存量和销售量。到了1990年后，各行各业的零售商店形态增加，品牌也跟着增加。例如在台湾街头巷尾林立的24小时营业的便利商店，销售各种日常生活用品。由于连锁零售店铺的林立［图53030］，不同品牌的店铺销售同质性极高的商品，人们在消费时选择重视的不再只是商品本身，这样就促进了促销服务的手法和水平的提高。

/53026/ 广告词“天然乀尚好”（就是天然的最好之意）

/53027/ 捷运车身广告

/53028/ 捷运站内月台广告

/53029/ 网络购物广告

24小时经营的便利商店自2000年起陆续与其他产业合作，代收各项费用，如手机通话费、水电费、信用卡账单等等，因为便利商店四处林立而且24小时经营，人们可以随时缴费，企业也免去了不少催缴积欠账单和制造呆账的麻烦[图53031]。

网络科技进步也推动了“塑胶货币”——信用卡的使用，使原本在台湾是一种身份地位象征的信用卡，转变成为现钞的代用品。信用卡品牌广告开始在广告类别中占有一席之地。

3 广告教育不断进步

1995年，私立辅仁大学大众传播系广告组独立成广告传播系，1999年私立铭传大学广告学系成立。

1997年国立政治大学广告学系硕士班首次招生，开启了研究所层次的广告教育。此外，1993年，政大广告系举办了第一届广告暨公共关系学术研讨会，以后逐年举办。同年，政大广告系出版了《广告学研究》半年刊。同年，政大广告系与辅大广告系、文化广告系共同举办第一届广告系学生提案竞赛，作为校际性广告提案比赛。

自2000年后，台湾广告的发展又进入了新的时期，但仍延续着多元期的多元化市场，而前期重组的广告媒体生态在激烈的竞争下，有了较为稳定的发展和经营方向。

/53030/ 四处林立的便利商店

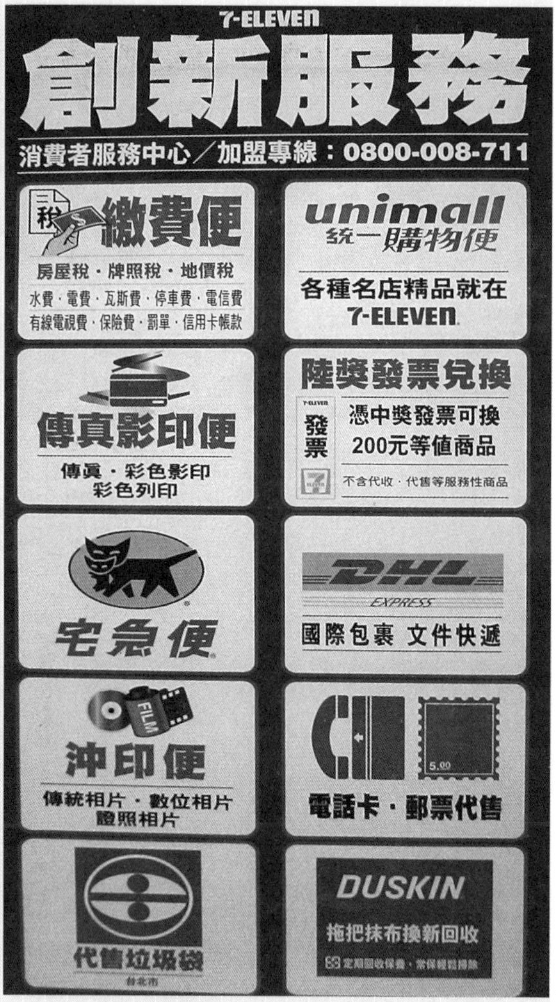

/53031/ 便利商店服务项目表

主要参考文献

第一编　中国古代广告（原始社会——1840年鸦片战争前）

陈培爱：《中外广告史》，中国物价出版社1997年版。

刘家林：《新编中外广告通史》，暨南大学出版社2000年版。

周月亮：《中国古代文化传播史》，北京广播学出版社2000年版。

任继愈：《中国古代商业》，商务印书馆1998年版。

侯外庐：《中国古代社会史论》，新知书店2002年版。

齐涛：《中国古代经济史》，山东大学出版社2003年版。

杨宽：《中国古代都城制度史研究》，上海人民出版社2003年版。

王维堤：《中国服饰文化》，上海古籍出版社2001年版。

沈从文：《中国服饰史》，陕西师范大学出版社2004年版。

曲彦斌：《中国招幌与招徕市声》，辽宁人民出版社2000年版。

蓝翔、冯懿有：《中国老360行》，百花文艺出版社2003年版。

韩鹏杰、朱金萍：《中国古代生活丛书　中国古代的江湖骗子和骗术》，商务印书馆1997年版。

张仁：《中国古代生活丛书　中国古代民间娱乐》，商务印书馆1996年版。

高世瑜：《中国古代生活丛书　中国古代妇女生活》，商务印书馆1996年版。

黄时鉴：《十九世纪中国市井风情：三百六十行》，上海古籍出版社2002年版。

丁长清：《中国古代的市场与贸易》，商务印书馆1997年版。

吴刚：《中国古代的城市生活》，商务印书馆1997年版。

周时奋：《市井》，山东画报出版2003年版。

尚秉和：《历代社会风俗事物考》，江苏古籍／中国书店2001年版。

佘惠敏：《仕女》，山东画报出版社2004年版。

卢寿荣：《名刹》，山东画报出版社2004年版。

徐庆文：《中国传统生活方式概论》山东教育出版社2002年版。

郑若葵：《解字说文——中国文字的起源》，四川人民出版社2004年版。

燕华君评说、李庆瑞点校：《上海旧闻》，古吴轩出版社2003年版。

卢群：《北京旧闻》，古吴轩出版社2003年版。

韦明铧：《扬州旧闻》，古吴轩出版社2003年版。

王稼句：《苏州旧闻》，古吴轩出版社2003年版。

戴庆钰、卢群：《杭州旧闻》，古吴轩出版社2003年版。

薛冰：《南京旧闻》，古吴轩出版社2003年版。
[美]伊佩霞：《剑桥插图中国史》，赵世瑜、赵世玲、张宏艳译，山东画报出版社2001年版。
[英]保罗·G·巴恩著：《剑桥插图史前艺术史》，郭晓玲 叶梅斌译，山东画报出版社2004年版。
房列曙、木华：《中国文化史纲》，科学出版社2003年版。
钱存训：《中国纸和印刷文化史》，广西师范大学出版社2004年版。
北京三多堂影视广告有限公司编：《晋商》，汉语大词典出版社2004年版。
田广林：《中国传统文化概论》，高等教育出版社2003年版。
梁方仲：《中国历代户口、田地、田赋统计》，上海人民出版社1980年版。
齐守成：《都市里的杂巴地》，辽宁人民出版社1999年版。
范伟：《中国古代广告设计》，岳麓出版社2004年版。
佟悦：《关东旧风俗》，辽宁大学出版社2001年版。
鲁威：《市井文化》，辽宁教育出版社1993年版。

第二编 中国近代广告（1840年鸦片战争—1949年中华人民共和国成立）

陈玉申：《晚清报业史》，山东画报出版社2003年版。
白云：《中国老广告》，台海出版社2003年版。
益斌：《老上海广告》，上海画报出版社1995年版。
赵琛：《中国近代广告文化》，吉林科学技术出版社2001年版。
赵玉明：《中国广播电视通史》，北京广播学院出版社2004年版。
陈培爱：《中外广告史》，中国物价出版社1997年版。
刘家林：《新编中外广告通史》，暨南大学出版社2000年版。
白光：《中外早期广告珍藏与评价》，中国广播电视出版社2003年版。
张伟：《沪渎旧影》，上海辞书出版社2002年版。
郑祖安：《海上剪影》，上海辞书出版社2001年版。
左旭初：《老商标》，上海画报出版社1999年版。
由国庆：《再见老广告》，百花文艺出版社2001年版。
卓南生：《中国近代报业发展史》（1815—1874），中国社会科学出版社2002年版。
仲富兰：《图说中国百年社会生活变迁》（1840—1894），学林出版社2001年版。

徐城北：《老北京·变奏前门》，江苏美术出版社2000年版。
韦清：《火花收藏与鉴赏》，上海科学技术出版社2002年版。
黄志伟：《流光波影：1905—1966年电影海报集粹》，上海科学技术文献出版社2004年版。
黄志伟、黄莹：《为世纪代言——中国近代广告》，学林出版社2004年版。
刘克祥、陈争平：《中国近代经济史简编》，浙江人民出版社1999年版。
张伟：《尘封的珍书异刊》，百花文艺出版社2004年版。
任中林：《中国广告实务大全》，科学技术文献出版社1992年版。
黄志伟：《老上海电影》，文汇出版社1998年版。
《旧中国的上海广播事业》，中国广播电视出版社／档案出版社1985年版。
《上海旧影》，人民美术出版社1998年版。
《重庆旧影》，人民美术出版社1998年版。
《南京旧影》，人民美术出版社1998年版。
《广州旧影》，人民美术出版社1998年版。
《民国社会群像》，中国文史出版社2002年版。
《上海旧影》丛书，上海人民美术出版社1999年版。
《月份牌年画》，中国摄影出版社2001年版。
周伟主编：《工商侧影———个世纪的广告经典》，光明日报出版社2003年版。
周伟主编：《标语口号——时代呐喊的最强音》，光明日报出版社2003年版。
周伟主编：《惊世之书——百年书窗的文学风景》，光明日报出版社2003年版。
周伟主编：《思想原声———百年来的思想激荡》，光明日报出版社2003年版。
余之：《摩登上海》，上海书店出版社2003年版。
余钊：《北京旧事》，学苑出版社2000年版。
常人春：《老北京的风情》，北京出版社2001年版。
徐城北：《花雨纷披老字号》，中国社会科学出版社2003年版。
秦雨：《你没见过多历史照片》，山东画报出版社2004年版。
左旭初：《中国近代商标简史》，学林出版社2003年版。
左旭初：《中国商标史话》，百花文艺出版社2002年版。
张永胜：《鸡尾酒时代的记录者——〈现代〉杂志》，上海人民出版社2003年版。
张更义：《报纸广告实务》，经济管理出版社2002年版。
罗小华：《中国近代书籍装帧》，人民美术出版社1990年版。

谢章其：《创刊号剪影》，北京图书馆出版社 2004 年版。
余建新：《中国时报四十年》，中国时报社 1990 年版。
饶立华：《〈上海犹太纪事报研究〉流亡者的精神家园》，新华出版社 2003 年版。
[美]李欧梵：《上海摩登——一种新都市文化在中国（1930—1945）》，毛尖译，北京大学出版社 2001 年版。

第三编　中国现代广告（1949 年中华人民共和国成立—1979 年改革开放前）

黄升民：《中国广告活动实证分析》，北京广播学院出版社 1992 年版。
陈培爱：《中外广告史》，中国物价出版社 1997 年版。
刘家林：《新编中外广告通史》，暨南大学出版社 2000 年版。
中央财经领导小组编：《中国经济发展五十年大事记》（1949.10—1999.10），人民出版社 1999 年版。
王桧林：《中国现代史》，高等教育出版社 2003 年版。
陈履生：《新中国美术图史》，中国青年出版社 2000 年版。
哈艳秋等著：《中国广播电视简史》，北京广播学院出版社 1997 年版。
郭德宏等编：《中华人民共和国专题史稿》（第 I、II、III 辑），四川人民出版社 2004 年版。
夏维中：《百年商业变迁》，江苏美术出版社 2000 年版。
王跃年等编：《百年风俗变迁》，江苏美术出版社 2000 年版。
武俊平主编：《时尚五十年》，内蒙古人民出版社 1999 年版。
宋强著：《人民记忆 50 年》，甘肃人民出版社 1998 年版。
周伟主编：《工商侧影——一个世纪的广告经典》，光明日报出版社 2003 年版。
周伟主编：《标语口号——时代呐喊最强音》，光明日报出版社 2003 年版。
陈先义等主编：《往事》，百花洲文艺出版社 1999 年版。
《人民画报》，1950 年—1978 年。
《老照片》（第 1—32 辑），山东画报出版社 2000 年版。

第四编　中国当代广告（1979 年改革开放至今）

《中国广告年鉴》（1992 年—2004 年）。

《中国广告》（1981年—2002年）。
《人民画报》（1979年—2003年）。
《中国经营报》（1994年—2004年）。
《广州日报》（1987年—1995年）。
《中华工商时报》（2000年）。
《中国广告猛进史》，《国际广告》1999年8月刊。
黄升民：《中国广告活动实证分析》，北京广播学院出版社1992年版。
黄升民：《新广告观》，中国物价出版社2003年版。
寇非：《广告·中国》，中国工商出版社2003年版。
刘家林：《新编中外广告通史》，暨南大学出版社1999年版。
陈培爱：《中外广告史》，中国物价出版社2002年版。
国际广告杂志社、北京广播学院广告学院编：《中国广告猛进史》(1979−2003)，华夏出版社2004年版。
汤应武：《抉择：1978年以来中国改革的历程》，经济日报出版社1998年版。
郭德宏等编：《中华人民共和国专题史稿》(1976−1990)，四川人民出版社2004年版。
郭德宏等编：《中华人民共和国专题史稿》(1990−2002)，四川人民出版社2004年版。

第五编　港澳台广告史

王文滨：《台湾报业史》，亚太图书出版社2003年版。
程佳惠：《台湾史上第一大博览会——1935年台湾魅力SHOW》，远流出版社2004年版。
郭良文主编：《台湾的广告发展》，学富文化2001年版。
黄沼元：《台湾的老街》，远足文化2004年版。
林满秋：《台湾放轻松7　产业台湾人》，远流出版社2001年版。
李怀、张嘉骅：《台湾放轻松1　正港台湾人》，远流出版社2001年版。
陈昌凤：《香港报业纵横》，法律出版社1997年版。
樊志育：《世界广告史话》，中国友谊出版社1998年版。
陈培爱：《中外广告史》，中国物价出版社1997年版。
赵玉明：《中国广播电视通史》，北京广播学院出版社2004年版。
香港特别行政区政府1997年—2003年年报。
胡锦汉主编：《探索澳门广告业》，澳门广告学会1999年版。

大甲镇澜宫全球资讯网 http://www.dajiamazu.org.tw
吴连三台湾史料基金会 http://www.twcenter.org.tw/
旧报纸资讯网 http://paper.ntl.gov.tw
台湾建设史 http://www.dm.ncyu.edu.tw
台湾 CF 历史资料馆 http://cf.nctu.edu.tw/
中华人民共和国香港特别行政区政府资讯中心 http://www.info.gov.hk/
中华人民共和国澳门特别行政区政府资讯中心 http://www.gov.mo

后记

进入新世纪以来，中国广告业进入一个调整的关键时期，改革力度进一步加大，发展速度进一步加快。同广告实践的不断成熟一样，包括广告史学研究在内的广告基础理论研究也是蒸蒸日上、硕果累累。一大批专家学者以极高的学术热情和扎实的学术功底，奉献出一批对广告业界以及广告史学学科建设都有重要价值的成果，对于一个实践性和操作性非常强的行业与学科，这些研究成果赢得了业界与社会的尊重。

广告史学是一门正在成长中的新兴学科。从学科归属上看，它属于历史科学的范围，与政治史、经济史、文化史、科技史乃至新闻传播史、市场营销发展史都有着密切的联系；从学科结构上看，它是广告学的一个分支学科，与广告理论、广告业务以及广告媒介等一起构成广告学的整体。对于一门具有合法性和科学性的学科而言，梳理自己的历史无疑是其走向成熟阶段的重要标志。

近年来分布在全国各大高校、科研机构的广告研究工作者，统筹安排，集中力量，重点突破，笔耕不辍，拿出了不少颇有分量的著作，取得了丰硕成果。此外，他们还发表了数以百计的广告史学方面的论文、文章等，其中的研究话题主要涉及广告史的相关史料争鸣、不同时期广告人物研究、古代广告史、近代广告史、广告史学建设等方面，既反映了广告史学研究领域的不断拓展和延伸，也显示出广告史学浩瀚无边的学术魅力。总的看来，上述成果较为系统地反映了中国广告业发展的历程和取得的主要成绩，具有十分珍贵的历史价值，是开展广告史学研究不可或缺的重要参考资料。

中国广告史学研究取得如此成果，应归功于迅猛推进的广告业改革与发展的实践，这大大激发了研究者的学术热情，为研究工作提供了坚实的现实基础；另外，大量有史料价值的研究成果引起广告行业和社会的重视，产生了良好的社会影响，对研究工作的投入不断加大。

对广告的起源与发展的探究，是广告学成其为一个独立学科的重要根基。但是目前对广告史的研究在很大程度上与近现代的学术传统是相断裂的，理论上还存在着对本学科学术源流的模糊认识。因此，对广告产生及发展的历史进行回顾、整理和分析，并恰当评价广告在不同历史时期的地位和影响，对于今天的中国广告学术界而言，有着“继承”与“创新”的双重意义。

但从目前广告学历史研究领域的现状而言，国内对于广告史的研究规模小而且零散，研究的重点大多放在广告发展的表征上，缺乏对于广告发展的实证研究，研究成果相对抽象、空泛；成型的、系统的研究成果基本还是空白。具体来看，目前的广告史学研究中主要存在以下不足：

一是研究方法陈旧，缺乏理论创新。表现在研究实践中，缺乏科学的定量研究，大多还是一般的定性归纳与总结；对当前中外新的史学理论学习和吸收不够，研究中的理论指导稍显苍白。方法与理论都急需由单一、经验向多元、科学演进。

二是研究视野还不够宽广，研究的水平、成果还不均衡，对广告史学学科自身的地位、性质及建设关注不足。

三是专门史、部门史的研究在中国广告史学研究中相对薄弱，文化、媒介传播、营销发展等条块专门史急需构建。专门史、部门史研究上的突破，可以丰富广告史学研究的内容，很好地促进广告史学研究的深化与成熟。

四是交叉、比较研究开展得不够。未能从传播学、文化学、历史学等多学科、多角度对广告史学进行全方位的整体研究，缺乏同其他门类的史学乃至国外广告史学的比较研究。新实践和理论的发展都要求我们从更广阔的社会科学、人文科学背景出发开拓和深化中国广告史学研究。

中国传媒大学（原北京广播学院）作为国内较早开办广告学专业与教学科研的老牌院校，一直以来走在国内广告学史论研究的前沿，广告学院（系）较早之前成立的“广告史研究课题组”自1998年就主持了为纪念当代中国广告恢复20周年而开展的“中国广告猛进史”的科研课题，至2003年全部完成，并于2004年9月由华夏出版社出版专著《中国广告猛进史（1979—2003）》（中英文两种版本）。以上科研成果提交有关部门后，均获得好评，并在学科发展建设中发挥了一定的作用；同时以上科研成果出版后在业界和理论界均产生了较大的影响，填补了我国此类研究的空白。

作为国内最早创建广告学硕士与博士培养体系与学科建设的高等院校，

一直以来我们不仅重视广告史学的基础理论研究，同时也有做国内广告史学研究与教学领域领军人物的决心和勇气。为此，我们进行了近十年大量广告史案头资料的收集积累。除了整理研究案头资料等传统的历史研究方法之外，我们还进行了一系列个案研究，力图立体地全方位地展现广告发展的历史、现状以及未来发展走向。从2003年开始，我院承办了中国广告档案馆的筹建工作，并开始筹备组建广告史论研究所和教研室。借中国档案馆筹建之际，我们派专人走访了山西平遥，河南郑州、洛阳、开封、登封以及北京和上海等与广告有关的文物出土地，这些地方的博物馆、档案馆、图书馆已积累了数百种相关图书和历史资料，尤其是那些珍贵的历史图片，为我们获取进行广告史研究的信息、资料以及资源提供了便利。

长期以来，我们形成了一个具备研究能力和有研究时间保证的“广告史学研究课题组”团队，这一课题组人员组成既有我国广告学、新闻传播学基础理论研究的知名专家、学者，又有精力充沛、思维活跃的青年教师和在读硕士及博士研究生，他们的专业涵盖了广告的史论研究、社会文化等各个方面。人员配备的梯队结构、学历层次、知识构成合理，而且由于以前共同合作完成过多项科研课题，配合良好，有效率。所有成员都有着扎实的学术功底，受过严谨的社会科学方法训练，并与新闻传播学界、广告学界和业界有着广泛的联系，既具有完成国家、省部级重大科研课题的经验和实力，也有进行调研、讨论、研究、写作的时间保证。同时具有国内外学习、访问交流的经验，视野开阔，具有一定的前瞻性。

本课题组进行广告史论研究可以利用的研究平台宽厚坚实。我院承担了数项教育部、国家广电总局、北京市社科等省部级重大科研项目，首都传媒经济研究基地就设在我院，这些科研内容不仅为我们营造了浓厚的学术气氛，同时也成为我们随时汲取的研究信息与资料来源。

除了可以利用中国传媒大学已有的相关研究成果，以及丰富的图书、音像及设备资源外，我们还可以整合利用新华社、中央电视台、国际广告杂志社、现代广告杂志社等各新闻媒体和专业期刊的资源，并能获得广告业界的广泛支持。

2003年，本课题组承担了中国传媒大学亚洲传媒研究中心重大研究项目“中国广告图史”的编撰工作，历时两年的研究成果——《中国广告图史》现终于完稿。从整体上看，这本书既有宏观的总体研究，也有微观的个案分析；既有纵向的历史研究，也有横向的比较研究。特别是其中有关广告媒介传播史、广告文化传播史以及广告营销传播史等条块史的观照，以及对不同历史时期中国政治和经济社会发展进程中的精彩瞬间的描绘，更表现出了我们一定的学术勇气与探索意识。这是一部完整的广告通史，我们力争做到既吸收广告史学研究的最新成果，又突出广告行业自身发展的特色。本着“系统论述、客观反映”的原则，从总体上呈现出成熟、科学治史的新风貌，为夯实广告史学的学科基础，规范和深化广告史学研究，推动广告史学研究的科学化而尽到我们的责任，我们想这对当前和今后我国广告史学研究的发展走向有着重要的理论价值和参考意义。

本次“中国广告图史”研究力争在消化和吸收原有研究成果的基础上，在形象性、系统性、科学性、完整性和前瞻性等五个方面有所突破，积极推进广告学理论的创新。本次研究采用“时经事纬”的历史研究体例，按照传统的古代、近代、现代、当代的历史分期，将广告的发展放在政治、经济、文化和社会发展的大背景下进行贯穿和完整的梳理；同时辅以广告媒介、广告营销、广告文化、广告传播、广告大事件等条块研究，突出广告系列史和广告学术史的研究特色。我们的广告史研究不仅可以验证广告是政治生活的晴雨表，是经济生活的催化剂，同时还将广告作为众多反映社会文化的镜子之一，来摸清消费者的情感走向和心态脉络，我们相信，我们研究的不仅是一部中国广告发展史，同时也是一幅中国民众的生活形态图。这将是我们潜心研究的另一个目的所在，因为这是以往广告史研究很少涉及的交叉点。同时我们的研究对于具有重大价值的广告历史文化遗产的抢救和整理工作，也具有重要意义。

当然，这也给本次研究活动增加了一定的难度，要在已有研究成果的基础上有所创新和突破，既需要坚实的广告学史论基础，又必须掌握历史研究的基本理论和方法，同时还要具备文学、社会学、经济学、市场学等交叉学科的知识。我们尽最大努力采用了多种研究方法，主要有：大量搜集整理广告史料的文献分析法；对研究广告发展历史的专家学者和广告发展的亲历者进行访问，同时进行大量的实地考察和考证，获取尽可能多的广告事业发展各方面的研究线索的调查访谈法；还有对不同社会阶段、历史时期、政治经济文化背景中的广告事业发展进行比较的比较研究法。

尽管历尽波折，我们终于完成了这部研究专著，但完稿的喜悦中掺杂着更多的是不安。因为就完稿来看，尽管初衷是好的，但在个别地方存在风格、体例差别较大的问题。因为书稿早已列入系列出版计划，只好本着“先有后好”的想法，端出来先请行家里手和广大读者品头论足，以臻加以完善。我们深知，我们的研究是挂一漏万的；面对学界诸位前辈的累累硕果，我们的广告史学研究工作刚刚起步；面对诸位同仁的丰富经验，我们的理论观点可能是不全面，甚至有的是失之偏颇的。本书如有不妥、稚嫩或疏漏之处，敬盼读者见谅，在此我们由衷地希望得到各界前辈和业内外同行的指正，我们深知研究工作必须有学术真诚的态度和承担错误的勇气，我们愿与广告史学研究这一充满新希望的研究领域一同成长。

当前，正值转型期广告学研究非凡活跃的有利时机，我们愿与所有广告史学研究者一起总结历史经验，探索历史规律，在对客观史实进行条分缕析之后，再进行公正的品评和冷静的思考，探寻其间的种种利弊得失，把事实判断上升为价值判断。这样建立在综合考察基础上的中国广告史研究将剥落沉重、僵死的表象，承载着理性，在当代广告学研究中展露出鲜活的亮点。把广告放在纵深的历史过程中研究，探讨广告在受众社会实践和社会关系中的媒质作用，探究中国广告发展的脉络，这将是当代中国广告研究者永恒不变的历史责任。

特别感谢本书的责任编辑老师，正是有了他们作为出版人的那种默默奉献、认真严谨的作风，以及宽容心和责任感，才最终有了这本书的出版。最后，感谢所有关注这本书的出版和我们课题组的人。

中国传媒大学广告学院“中国广告史研究课题组”
2005年10月29日

中国广告图史

南方日报出版社

图书在版编目（CIP）数据

中国广告图史 / 黄升民，丁俊杰，刘英华主编. —广州：南方日报出版社，2006

ISBN 7-80652-531-9

Ⅰ. 中…　Ⅱ. ①黄…②丁…③刘…　Ⅲ. 广告—历史—中国—图集　Ⅳ. F713. 8-092

中国版本图书馆 CIP 数据核字（2006）第 049073 号

中国广告图史　　黄升民 丁俊杰 刘英华 主编

出 版 人：丘克军

出版发行：南方日报出版社

地　　址：广州市广州大道中 289 号

电　　话：（020）87373998-8502

经　　销：全国新华书店

印　　刷：深圳华新彩印制版有限公司

开　　本：889mm×1194mm　1/16

印　　张：28

字　　数：430 千字

印　　数：1-2500 册

版　　次：2006 年 11 月第 1 版

印　　次：2006 年 11 月第 1 次印刷

定　　价：336.00 元

投稿热线：（020）87373998-8503　读者热线：（020）87373998-8502

网址：http://www.nanfangdaily.com.cn　　http://www.southcn.com/ebook